Herderbücherei

Band 270

Das Kleine Konzilskompendium, bereits in über 100000 Exemplaren verbreitet, bietet alle Konstitutionen, Dekrete und Erklärungen des Zweiten Vaticanums in der endgültigen Übersetzung, die unter Mitarbeit der Verfasser im Auftrag der deutschen Bischöfe erarbeitet wurde; es enthält eine allgemeine Einleitung, sechzehn spezielle Einführungen und ein ausführliches Sachregister aus der Feder Karl Rahners und Herbert Vorgrimlers.

Karl Rahner war einer der führenden Konzilstheologen und war an der nachkonziliaren Arbeit stark beteiligt; Herbert Vorgrimler, sein Schüler und Mitarbeiter, hatte die Schriftleitung des großen Konzilskommentars zum „Lexikon für Theologie und Kirche" inne.

Mit diesem Handbuch wird dem Leser eine zuverlässige, sachliche und präzise Kurzkommentierung geboten, die auch kritisch auf umstrittene Stellen eingeht, Parallelen zieht und manche Zukunftsperspektiven der Texte untersucht. Das sorgfältig erarbeitete Sachregister ist mehr als ein einfaches Nachschlageregister, es führt zu allen wichtigen Details in den Originaltexten und hilft dem Leser Sinn und Gehalt der Konzilsbeschlüsse zu erschließen.

Karl Rahner
Herbert Vorgrimler

Kleines
Konzilskompendium

Sämtliche Texte
des Zweiten Vatikanums

Allgemeine Einleitung — 16 spezielle Einführungen
ausführliches Sachregister

Mit einem Nachtrag vom Oktober 1968:
Die nachkonziliare Arbeit der römischen Kirchenleitung

Herderbücherei

Veröffentlicht als Herder-Taschenbuch

24. Auflage

INHALT

I. Die Konstitution über die heilige Liturgie „Sacrosanctum Concilium"

II. Das Dekret über die sozialen Kommunikationsmittel „Inter mirifica"

III. Die dogmatische Konstitution über die Kirche „Lumen Gentium"

Inhalt

Inhalt

Inhalt

Dieses Buch will alle 16 Texte des II. Vatikanischen Konzils in deutscher Übersetzung durch eine handliche Ausgabe möglichst vielen zugänglich machen, die sich dafür interessieren — oder interessieren sollten. Und das sind nicht nur die Kleriker der Kirche. Es gibt schon viele und gute Konzilsbücher. Keinem von ihnen wollten wir Konkurrenz machen. Was unsere Ausgabe — die wir trotz ihres Umfangs als Taschenbuch veröffentlichen, damit sie wirklich vielen erschwinglich ist — von anderen Konzilsbüchern unterscheidet, soll hier kurz angegeben werden.

Dieses Buch bietet zum erstenmal *alle* 16 Konzilstexte in der von den deutschen Bischöfen *approbierten* Übersetzung in *einem* Band. Die Übersetzungen sind das Werk mehrerer Teams von Fachleuten. Die älteren wurden zum Teil verbessert und werden hier in den Fassungen von 1966 abgedruckt, die vom Vorsitzenden der deutschen Bischofskonferenz genehmigt wurden. Die beiden Herausgeber dieses Buches konnten sich nicht nochmals der sprachlichen Gestalt aller Übersetzungen annehmen. Sie haben einen gewissen Anteil an den vorliegenden Fassungen der dogmatischen Konstitution über die Kirche und der pastoralen Konstitution über die Kirche in der Welt von heute.

Der Band will aber nicht nur die Texte zugänglich machen, sondern überdies ihrem Verständnis bei einem breiten Leserkreis dienen, soweit das in unserem Rahmen möglich ist. Darum enthält er eine allgemeine Einleitung über das Konzil, eine Zeittafel zur Geschichte des Konzils, 16 spezielle Einleitungen zu den 16 Texten und endlich ein Register der Sachen.

Die allgemeine Einleitung will über das Wesen eines Konzils der katholischen Kirche und über den Grundvorgang dieses Konzils informieren. Die Zeittafel will dem Leser zeigen, in welcher Reihenfolge die Konzilsentwürfe zur Diskussion kamen. Das ist für das Verständnis nicht unwichtig. Sie will ferner zeigen, in welcher Reihenfolge und in welchem Umfang die einzelnen Texte feierlich verkündet wurden. Das Register wurde unter theologischen Gesichtspunkten angelegt. Darum ist es bei theologischen Themen ausführlicher, als dies bei Registern gemeinhin üblich ist. Aber auch bei den übrigen „Sachen" des Konzils wurde im Register möglichst Ausführlichkeit angestrebt.

Die Einzeleinleitungen wollen natürlich eigentliche Kommentare nicht ersetzen. Der Leser sollte darin auf die Gliederung der Texte und die Abfolge des Gedankens aufmerksam gemacht werden; er sollte Hinweise auf besonders wichtige Punkte erhalten und dafür einige Verständnishilfen (z. B. durch kurze Bemerkungen zur Entstehungsgeschichte, durch Verweise auf parallele Konzilstexte) bekommen. Wenn es sich bei diesen Konzilsdokumenten immer *auch* (nicht nur!) um ein Werk von Menschen handelt (und dabei nie um feierliche dogmatische Definitionen), dann, so meinen wir, ist es auch erlaubt und angezeigt, den Leser in diesen Einzeleinleitungen, bescheiden und deutlich zugleich, auf Mängel der Texte hinzuweisen. Er ist dann besser gerüstet, das Bedeutsame, in die Zukunft Weisende und ihn selbst Anfordernde dieser Texte zu würdigen, als wenn ihm zugemutet wird, alles kritiklos zu bewundern (was er dann doch nicht tut), oder als wenn er in Versuchung gebracht wird, über seiner eigenen Einzelkritik die viel größeren Vorzüge der konziliaren Texte zu übersehen. Es ist selbstverständlich, daß diese kritischen Hinweise selbst wieder der freien Kritik anderer sich stellen müssen. Aber wir sind überzeugt: Nur ein kritischer Leser der Konzilstexte kann sich Geist und Buchstaben der Texte wirklich aneignen im freien Gehorsam des mündigen Christen. Nur so aber kann das Konzil der Erneuerung der Kirche wirklich dienen.

Freiburg, August 1966   *Karl Rahner   Herbert Vorgrimler*

VORWORT ZUR DRITTEN AUFLAGE

Die amtlichen lateinischen Texte der 11 Konzilsdokumente, die 1965 verabschiedet worden waren, wurden vom Oktober bis Dezember 1966 endlich auch in den „Acta Apostolicae Sedis" veröffentlicht. Der endgültige lateinische Text enthält so geringfügige redaktionelle Retuschen, daß eine Änderung der im Auftrag der deutschen Bischöfe besorgten Übersetzung nicht notwendig wurde. Größer waren die Eingriffe bei den Fußnoten, die zum Teil ergänzt, zum Teil anders gezählt wurden. Da unser kleines Kompendium beim Leser so freundlich aufgenommen wurde, daß in kurzer Zeit eine dritte Auflage (und auf vielfachen Wunsch hin eine Arbeitsausgabe mit Schreibrand) nötig wurde, haben wir alle deutschen Fassungen hier mit dem endgültigen lateinischen Text abgestimmt und zwei kleine Fehler in den speziellen Einleitungen (Kirchenkonstitution und Priesterdekret) berichtigt.

Freiburg, Juni 1967   *Karl Rahner   Herbert Vorgrimler*

Eine Einleitung in diesen Band, die dem Verständnis dieser Texte dienen soll, muß wohl zunächst (I.) einiges in aller Kürze darüber zu sagen versuchen, was nach dem katholischen Glaubensverständnis ein Konzil überhaupt und im allgemeinen ist. Danach kann dann (II.) einiges über das II. Vatikanische Konzil selbst gesagt werden, und schließlich sollen (III.) einige Einzelfragen über das Verständnis der hier vorgelegten Texte des Konzils beantwortet werden.

I.

Was ein Konzil im allgemeinen nach katholischem Glaubensverständnis ist, kann nur verständlich gemacht werden von der Lehre der Kirche über das Wesen dieser Kirche selbst her. Insofern sind wir hier bei dieser ersten Frage schon auf die dogmatische Konstitution des II. Vatikanischen Konzils über die Kirche und besonders auf die drei ersten Kapitel dieser dogmatischen Konstitution verwiesen. Denn hier wird das Wesen der Kirche von der Kirche selbst beschrieben, soweit dies bei dem Geheimnischarakter der Kirche möglich ist, und in diesem Zusammenhang spricht diese dogmatische Konstitution in ihrem dritten Kapitel selbst vom Wesen eines allgemeinen Konzils dieser Kirche.

Die Kirche ist die von Jesus Christus selbst herkommende Gemeinde („das Volk Gottes") der an Jesus Christus als ihren Herrn Glaubenden, auf seine volle, die Geschichte abschließende Wiederkunft Hoffenden und die Liebe Gottes als des sich selbst Mitteilenden in Jesus Christus liebend Annehmenden. Diese Einheit mit Jesus Christus in Glaube, Hoffnung und Liebe setzt Jesus Christus als die absolute, in der Geschichte erscheinende und unwiderrufliche Selbstmitteilung Gottes an die Menschheit voraus. Nach Jesus Christus geht die Geschichte der Menschheit zwar weiter, sie ist sogar in einem wesentlichen Sinne erst ganz eröffnet, aber sie geht im Raum des siegreichen und geschichtlich für den Glauben offenbar gewordenen Erbarmens Gottes weiter und nur so. Es kann keine Geschichtsperiode nach Christus kommen, in der das noch einmal umgestoßen oder überholt würde, was in Christus offenbar für den Glauben, die Hoffnung und die Liebe geworden ist, nämlich: daß

Gott die Welt trotz ihrer Endlichkeit und Sünde unbesiegbar eingefangen hat in seiner vergöttlichenden und vergebenden Selbstmitteilung an diese Welt. Weil Jesus Christus in diesem Sinne nicht irgendeine der geschichtlichen Mächte und Gewalten ist, sondern der Herr
der Geschichte, so unscheinbar und demütig er selbst in dieser Geschichte auftritt, darum ist er der, der als Heil, und zwar als geschichtlich gegenwärtig bleibendes Heil, in der Geschichte nicht mehr unter-
gehen kann.

Dieses Bleiben Christi in der Geschichte als das Urzeichen (das
Ursakrament) der Selbstmitteilung Gottes an die Welt ist gerade
gegeben in dem Glauben, Hoffen und Lieben seiner zu ihm sich be-
kennenden Gemeinde, die darum das Grundzeichen (das Grundsakra-
ment) seines Bleibens in der Geschichte zu deren Heil ist. Weil also
Christus der Herr der Geschichte ist, ist in der Kraft seines Geistes dieser
seiner Gemeinde und deren Glaube, Hoffnung und Liebe eine Unzer-
störbarkeit verheißen. Würde die Gemeinde Christi aufhören, wäre
vielleicht noch denkbar, daß der Geist Gottes ungreifbar in der Welt
waltet zu deren Heil, aber das gerade in Jesus Christus, dem Gekreuzigten und Auferstandenen, gegebene *geschichtliche* „Da-sein" dieses
Geistes hätte aufgehört. Die Kirche ist darum eine in diesem Sinne
selbst „eschatologische" Größe, das geschichtliche Zeichen dafür,
daß die Geschichte der Welt sich seit Jesus Christus als ganze nicht mehr
aus dem Raum der vergebenden Gnade Gottes herausbewegen kann
(ohne darum ihre geschichtliche Freiheit und Unabsehbarkeit zu
verlieren), der sich in seiner freien Liebe selbst zum innersten Prinzip
und innersten Leben dieser Geschichte gemacht hat.

Nun gehört aber zu eben dieser Kirche als unzerstörbarem geschicht-
lichem Zeichen des eschatologischen Sieges der Gnade nach katholischem Kirchenverständnis auch eine gesellschaftliche Struktur dieser
Heilsgemeinde, durch die sie sich im Bekenntnis zu Jesus Christus, in
der Verkündigung seiner Heilstat, in der vergegenwärtigenden Feier
seines Todes, in konkret getaner Hoffnung und Liebe als dieses Zeichen
immer neu konstituiert. Erster und letzter Träger dieser bleibenden
Zeichenfunktion der Kirche ist immer die eine und ganze Kirche mit
all ihren Gliedern und allen ihren Funktionen selbst. Aber eben diese
Kirche ist die gesellschaftlich geordnete und strukturierte Kirche, in der
diese verschiedenen Aufgaben und Funktionen ihre konkreten Träger
haben, durch welche sie das tut und tun muß, was sie zum Zeichen der
siegreichen Selbstmitteilung Gottes in Wahrheit und Liebe macht.
Nach katholischem Glaubensverständnis ist der höchste kollegiale
Träger leitender Art dieser Funktionen der Kirche dort, wo sie die
Einheit der Kirche und die Einheit des Handelns betreffen, die Gesamtheit der Bischöfe mit und unter dem römischen Papst als dem Nachfolger des Petrus als des Ersten der Zwölf, in denen Jesus zuerst seine Kirche
versammelte und ihr ihr Leitungsgremium gegeben hat. Wo und wenn

darum dieses Führungsgremium, der Gesamtepiskopat der Kirche mit und unter dem Papst, eine höchste, die ganze Kirche betreffende, die ganze Kirche zu einem letzten Selbstvollzug verpflichtende Entscheidung trifft, kann diese Entscheidung nicht so sein, daß sie die Kirche vor das Dilemma stellt, durch ihr Ja gegenüber dieser Glaube und Gehorsam heischenden Entscheidung aus der Wahrheit, Hoffnung und Liebe Christi herauszufallen oder durch ein Nein gegen sie die Kirche selbst in ihrer Einheit und gesellschaftlichen Strukturiertheit und so auch als das geschichtliche Zeichen Christi als des Herrn aufzulösen oder zu zerstören. Von daher erkennt das katholische Kirchenverständnis dem höchsten Amt in der Kirche eine „Unfehlbarkeit" zu, vorausgesetzt, daß dieses Amt hinsichtlich des Bekenntnisses des Glaubens Christi eine letztverbindliche Entscheidung über das gemeinsame Bekenntnis der Kirche trifft bzw. treffen will. Eine solche unfehlbare Glaubensentscheidung, die immer in dem einen Ganzen des Glaubens der Kirche an Jesus Christus verstanden und von diesem Ganzen her gedeutet werden muß, behält natürlich immer die Endlichkeit und Dunkelheit einer Aussage von Menschen über das unbegreifliche Geheimnis Gottes und seiner Liebe zu uns; sie ist nach vorn immer offen auf dieses je größere Geheimnis; was sie meint, kann grundsätzlich immer besser, Geist und Herz des Menschen tiefer treffend, umfassender gesagt werden. Aber eine solche Entscheidung letztverpflichtender Art kann, soll die Kirche sie selber bleiben, nicht so sein, daß ein an Christus Glaubender sie einfach nur mit einem harten Nein beantworten müßte, wenn er nicht aus der Wahrheit Christi herausfallen will. Weil ein Mensch und somit auch die Gemeinde Christi, die aus Menschen, ihrer Glaubenserkenntnis, ihrer Tat und ihrer Liebe gebildet wird, nie allein in und aus solchen letzten Entscheidungen lebt und leben kann, sondern auch immer Vorläufiges, aber hier und jetzt der Situation der Erkenntnis und Tat Entsprechendes erkennen und tun muß, darum kann auch die Kirche Lehre und Weisung erteilen, die den Einzelnen mindestens grundsätzlich auch in seinem Gewissen verpflichten, ohne ihm deshalb schon jene letzte Glaubensentscheidung abzuverlangen, die dem letztverbindlich gelehrten Dogma der Kirche antwortet.

Wenn wir von anderen Weisen, die hier im Augenblick nicht zu behandeln sind, absehen, in denen das höchste Führungsgremium der Kirche seine Aufgabe in der Kirche und für sie wahrnimmt, so ist ohne weiteres nach dem eben Gesagten verständlich, daß diese Aufgabe dadurch wahrgenommen werden kann, daß der Gesamtepiskopat mit und unter dem Papst an einem Ort zusammentritt und in dieser Weise beratend und entscheidend seine Aufgabe wahrnimmt, die dieses höchste Führungsgremium in der Kirche hat. Wenn so der Gesamtepiskopat zusammentritt unter dem Vorsitz des Papstes und in einem „kollegialen Akt" berät und beschließt, wobei die einzelnen Bischöfe nicht bloß als Berater des Papstes, sondern als mitentscheidende Glieder des Gesamtepiskopats handeln, dann haben wir das, was nach katholischer Kirchenlehre ein ökumenisches Konzil der katholischen Kirche ist. Ökumenisch heißt es, nicht weil es sich um eine Versammlung sämtlicher christlicher Kirchen und Gemeinschaften etwa wie beim Weltrat der Kirchen in Genf handelt, sondern weil es sich um eine Versammlung der Bischöfe der katholischen Kirche aus der ganzen Welt (Ökumene) handelt. Dazu ist natürlich nicht notwendig, daß schlechthin sie alle am Ort des Konzils leibhaftig versammelt sind; es genügt, daß so viele anwesend sind, daß die Gesamtheit des Episkopats in den örtlich anwesenden Bischöfen in genügend eindeutiger Weise repräsentiert ist. Die genauere Geschäftsordnung, in der dieses örtlich versammelte Kollegium der Bischöfe berät und beschließt, hängt von den konkreten geschichtlichen Umständen ab, ist menschlichen, also modifizierbaren Rechtes und ist in den letzten Konzilien durch den Papst selbst festgelegt worden. Es ist natürlich aus dem Wesen der Kirche heraus denkbar, daß eine kleinere Versammlung von Bischöfen berät und beschließt, die man, in sich allein betrachtet, noch nicht als eine eindeutig klare Repräsentanz des Gesamtepiskopates mit und unter dem Papst ansehen kann. Wenn die Beschlüsse einer solchen Versammlung tatsächlich ausdrücklich oder stillschweigend vom Gesamtepiskopat und dem Papst angenommen und als verbindlich für die Gesamtkirche anerkannt werden, dann wird faktisch dasselbe getan wie das, was auf einem eigentlichen ökumenischen Konzil mit seinem eben umschriebenen Wesen sich ereignet. Insofern ist es für uns hier eine sekundäre und hier nicht zu beantwortende Frage, ob alle die 21 ökumenischen Konzilien, die man aufzuzählen pflegt, in ihrem eigenen geschichtlichen Ablauf schon solche waren, oder ob einzelne Bischofsversammlungen an sich geringeren Ranges in einzelnen Fällen gleichsam nachträglich erst in ihren Beschlüssen dieselbe Geltung erlangten wie eigentliche ökumenische Konzilien, wie etwa das I. oder II. Vatikanische Konzil, die zweifellos in sich selbst den Charakter eines wirklichen ökumenischen Konzils hatten.

Da die Kirche nicht nur die Trägerin des Glaubens Christi, sondern auch der Hoffnung und der Liebe, also auch der Tat, des Gottesdienstes, des heiligen Rechtes, der Verantwortung der Kirche gegenüber der Welt ist, ist der Aufgabenbereich eines Konzils nicht von vornherein auf die Aussage der rechten Lehre und deren Abgrenzung gegenüber Irrtum beschränkt, sondern kann grundsätzlich durchaus auch andere, ebenso wichtige Aufgaben umfassen: Ordnung des Gottesdienstes, des kirchlichen Lebens durch rechtliche Satzungen, Weisungen für das konkrete Handeln der Kirche in einer bestimmten Zeit usw., vorausgesetzt nur, daß alle diese Aufgaben in irgendeiner Weise die Kirche als eine und ganze betreffen. Schon hier kann darum darauf hingewiesen werden, daß, wenn die Kirche nicht bloß eine theoretische Lehrgemeinde ist, sondern eine Gemeinschaft des Handelns in Hoffnung und Liebe, ein Konzil nicht nur Lehrentscheidungen treffen kann, auch nicht bloß durch rechtliche Normen das gottesdienstliche und gesellschaftliche Leben der Kirche normieren kann, sondern darüber hinaus Weisungen und Impulse geben kann für das Leben der Kirche und ihrer Glieder in einer konkreten geschichtlichen Situation und auf die Welt hin, vorausgesetzt nur, daß diese Weisungen und Impulse aus dem Geist des Evangeliums und aus dem Beistand des Geistes der Kirche sich herleiten.

Da der Gesamtepiskopat in seinem Handeln in der Kirche und für die Kirche nicht nur gegeben ist, wenn er auf einem Konzil zusammentritt, da ferner das Handeln des Gesamtepiskopats unbeschadet seiner Führungsfunktion in der Kirche nicht einfach identifiziert werden darf mit der Kirche als ganzer, mit ihrem Leben als ganzem, sondern das eine und ganze Volk Gottes, der Leib Christi, unter dem Beistand des Heiligen Geistes in allen seinen Gliedern lebt, wirkt und leidet, glaubt, hofft und liebt und somit dieser ganzen Kirche, auch wenn sie immer hierarchisch verfaßt ist, der Beistand des Geistes Christi wirksam verheißen ist, so darf die Bedeutung eines Konzils auch wiederum nicht überschätzt werden. Es ist durchaus möglich und sogar geschichtlich verifizierbar, daß es ein Handeln Gottes an der Kirche und Taten und Entscheidungen der Menschen der Kirche gibt, die nicht auf einem Konzil geschehen und dennoch ebenso wichtig für die Kirche und das Heil der Menschen sind wie ein Konzil. Ja es wird sogar von der Natur der Sache her so sein, daß die Wirkung eines Konzils immer wesentlich abhängig bleibt von dem Gehorsam der Menschen der Kirche gegenüber dem Walten des Geistes, das außerhalb eines Konzils selbst sich ereignet.

II.

Wenn nun einiges über das II. Vatikanische Konzil selbst gesagt werden soll, so handelt es sich hier nun nicht um den Ablauf der einzelnen Ereignisse dieses Konzils. Diese werden ja in diesem Buch eigens kurz in chronologischer Reihenfolge verzeichnet. Es handelt sich vielmehr darum, auf einige charakteristische Züge dieses Konzils aufmerksam zu machen, die weder durch den chronologischen Abriß des Konzilsverlaufes noch in den Einleitungen zu den einzelnen Konzilstexten deutlich genug berührt werden können.

Wie schon gesagt wurde, handelt es sich beim II. Vatikanischen Konzil um ein Konzil der katholischen Kirche, in *diesem* Sinne um ein ökumenisches Konzil, nicht aber um eine Versammlung der Vertreter der verschiedenen, in Bekenntnis, Ordnung und Gottesdienst getrennten Kirchen und kirchlichen Gemeinschaften. Das war für dieses Konzil von vornherein selbstverständlich. Dieses Konzil hat zwar immer auch eine ökumenische Zielsetzung gehabt, d. h., es wollte als ein Konzil der katholischen Kirche im Rahmen der Möglichkeiten eines solchen Konzils und entsprechend dem augenblicklich Erreichbaren der Einheit aller Christen in einer einen Kirche dienen, aber es heißt ökumenisches Konzil in dem oben schon gesagten Sinn. Daran ändert auch die sehr erfreuliche Tatsache nichts, die ein Zeichen der ökumenischen Zielsetzung des Konzils ist, aber auch nicht mehr, daß sehr viele „Beobachter" der verschiedensten christlichen Kirchen und kirchlichen Gemeinschaften an diesem Konzil teilnahmen, bei den konziliaren Beratungen anwesend sein konnten, auch darüber hinaus mit dem Gang der Beratungen vertraut gemacht wurden und so eigentlich alles erfahren konnten, was sich auf dem Konzil abspielte. Denn diese Beobachter waren eben — Beobachter. Sie hatten unter Umständen zwar durchaus auch einen Einfluß auf Gang und Ergebnis der Beratungen, insofern sie, besonders durch das Sekretariat für die Einheit der Christen unter Kardinal Bea, einen nicht unerheblichen Einfluß auf viele Konzilsväter und so auf das Konzil hatten. Aber sie hatten auf dem Konzil keinen Sitz und keine Stimme. Sie hörten zu, entschieden aber nicht mit in einem rechtlichen Sinne. Das Konzil wollte sein und war ein Konzil der katholischen Kirche.

Dieses Konzil war das *II. Vatikanische* Konzil. Sein Vorgänger war das I. Vatikanische Konzil 1869/70. Das hervorzuheben ist nicht ohne Bedeutung. Das I. Vatikanische Konzil war das Konzil, das neben anderem den Jurisdiktionsprimat des Papstes und seine „Unfehlbarkeit" definierte, wenn er als oberster Lehrer der Kirche mit dem höchsten Einsatz seiner Lehrautorität eine von Gott geoffenbarte Wahrheit als von der ganzen Kirche mit absoluter Glaubenszustimmung festzuhalten erklärt. Es hat gewiß nach dem I. Vatikanischen Konzil viele Leute in der Kirche gegeben, die meinten, dieses I. Vatikanische Konzil habe durch seine Definition des Jurisdiktionsprimates des Papstes und seiner „Unfehlbarkeit" ein weiteres Konzil selber überflüssig gemacht, ein Konzil habe das Konzil praktisch abgeschafft, weil es seitdem für das katholische Glaubensbewußtsein nicht mehr zweifelhaft sein kann, daß dem Papst dieselbe Leitungs- und Lehrautorität zukommt, als deren Träger für das katholische Glaubensbewußtsein ein ökumenisches Konzil der Kirche immer schon feststand. Natürlich hatte auch nach dem I. Vaticanum niemand theoretisch bestritten, was auch im Rechtsbuch der Kirche von 1917 ausdrücklich festgestellt wurde, daß einem Konzil, *wenn* es mit Billigung des Papstes zusammentritt, die volle und höchste Gewalt in der Kirche in jeder Hinsicht zukommt. Aber man konnte doch den Eindruck haben, als ob die Kirche nach dem I. Vaticanum keinen Grund mehr habe, wirklich von dieser Möglichkeit eines Konzils Gebrauch zu machen; es gehe ja einfacher auch durch den Papst allein. Insofern ist schon die Tatsache des II. Vaticanums als solche allein von großer Bedeutung. Es zeigt sich dadurch, daß das kollegiale und synodale Prinzip in der Struktur der Kirche nicht nur nicht theoretisch abgeschafft ist, sondern auch praktisch noch in Geltung ist, ja wiederum deutlicher in Erscheinung tritt. Es zeigt sich, daß der Papst, unbeschadet seiner Primatialrechte, nicht einfach mit der Kirche oder mit ihrer Leitung identifiziert werden darf. An sich war das auch zwischen diesen beiden Konzilien durchaus bemerkbar. Es sei nur daran erinnert, daß Pius XII. vor seiner Kathedralentscheidung von 1950, der einzigen, die zwischen diesen beiden Konzilien erfolgte, das Urteil des Gesamtepiskopats einholte. Aber die Tatsache des II. Vaticanums macht doch dieses kollegiale und synodale Prinzip, die Bedeutung des Gesamtepiskopats und damit der Teilkirchen der einen Kirche in der Welt im Bewußtsein der Kirche und in ihrer Praxis viel deutlicher und wirksamer, als es nach dem I. Vatikanischen Konzil der Fall war, nach dem man nur zu leicht den Eindruck haben konnte, auch wenn er dogmatisch immer unberechtigt war, die ganze Autorität in der Kirche sei im Papst allein so konzentriert, daß die Bischöfe nur die Beamten des Papstes seien, die die Befehle auszuführen haben, die von der höchsten Spitze der Kirche nach unten ausgehen. Die bloße Tatsache des II. Vatikanischen Konzils ist eine auch für die Praxis der Kirche sehr bedeutsame Korrektur dieses Mißverständnisses, das wenigstens in der Praxis der römischen kurialen Behörden sich sehr bemerkbar auswirken konnte. Es wird natürlich darauf ankommen, daß dieses ausgeglichenere lebendige Verhältnis zwischen Primat und Episkopat sich auch weiterhin und außerhalb eines Konzils in der Praxis weiter durchsetzt. Die Einrichtung eines Bischofsrates durch Paul VI., der regelmäßig tagen soll, ist ein Zeichen dafür, daß ein solcher Wille in der obersten Leitung der Kirche gegeben ist. Wenn dieser Bischofsrat hinsichtlich der Gegenstände, mit denen er sich befassen soll, und hinsichtlich einer nicht bloß beratenden, sondern auch mitentscheidenden Funktion weiterentwickelt wird und die Zusammensetzung dieses Bischofsrates so ist, daß er in Wahrheit die Gesamtkirche repräsentiert, dann kann er *praktisch* das werden, was eigentlich ein in regelmäßigen Abständen tagendes ökumenisches Konzil bedeutet, also das realisieren, was schon das ökumenische Konzil von Konstanz (1414–18) — vergeblich — angestrebt hatte. Die bloße Tatsache dieses Konzils nach dem I. Vaticanum ist also schon in sich ein kirchlich und kirchengeschichtlich außerordentlich bedeutsames Ereignis.

Dieses Konzil war, so könnte man formulieren, ein Konzil in Freiheit und echtem Dialog und gleichzeitig ein Konzil auf der Grundlage des alten und bleibenden Glaubens der katholischen Kirche. Das zweite zunächst ist eigentlich eine Selbstverständlichkeit. Aber dies festzustellen ist doch wichtig, weil es innerhalb und außerhalb der katholischen Kirche während des Konzils genug Leute gab, die meinten, auf diesem Konzil werde alles und jedes in Frage gestellt, auch definierte Glaubenswahrheiten der Kirche könnten nicht nur im Blick auf das Ganze des christlichen Glaubens ein vertiefteres und nuancierteres Verständnis finden, sondern auch unter Umständen abgeschafft werden, das Konzil sei ein Parlament, in dem über alles und jedes diskutiert werde. Das war natürlich nicht so. Selbst die oben erwähnte päpstliche Definition von 1950 über die Aufnahme der heiligsten Jungfrau mit Leib und Seele in die Vollendung wurde selbstverständlich und diskussionslos im VIII. Kapitel der Kirchenkonstitution wiederholt. Es gab auf dem Konzil keine Gruppen, auch keine Minoritäten, die ein definiertes Dogma der katholischen Kirche in Frage stellten. Natürlich gab es nicht nur hinsichtlich der Gestaltung der Liturgie, der seelsorglichen Praxis und des veränderlichen menschlichen Kirchenrechtes, sondern auch hinsichtlich eigentlicher theologischer Fragen Meinungsverschiedenheiten, heftige Diskussionen und auch lehramtliche Entscheidungen, wenn auch keine neuen absolut irreformablen Definitionen. So wurde z. B. die Sakramentalität der Bischofsweihe, die im Mittelalter durchaus umstritten war, in sehr autoritativer Weise gelehrt, so daß praktisch hinfort darüber keine ernsthafte Meinungsverschiedenheit in der katholischen Kirche mehr möglich ist. Aber auch solche dogmatischen lehrhaften Entscheidungen betrafen eine Klärung und Fortentwicklung der traditionellen Lehre in der Kirche und brachten keine Abschaffung irgendeines bisherigen Dogmas mit sich. Das schließt nicht aus, sondern ein, daß eine solche Weiterentwicklung von erheblicher Bedeutung, und zwar auch für die Praxis des christlichen Lebens, sein kann. Wenn z. B. der Diakonat, der als Teil des Weihesakramentes deutlicher wurde, hoffentlich in der Kirche wieder eine praktische Realität wird oder wenn das Verständnis der christlichen Ehe voller und von mancher Einseitigkeit gereinigt durch das Konzil dargestellt wird, dann hat eine solche Weiterentwicklung für das christliche Leben und das der Kirche gewiß eine große Bedeutung. Dasselbe gilt von vielen Fragen, die hier nicht eigens und erschöpfend aufgezählt werden können, so z. B. für die Stellung des Laien in der Kirche, für das Verhältnis des Ordenslebens zum gesamten Leben der Christen und der Kirche, für das Verhältnis der Kirche zur Autonomie der weltlichen Sach- und Lebensbereiche, vom Verhältnis der Christen zu einer echten Religionsfreiheit, zum jüdischen Volk und von vielen andern Fragen. Immer sind es auch eigentlich theologische, dogmatische Fragen, in deren Behandlung ein echter Fortschritt, unter Umständen durch eine deutliche Abgrenzung von bisher in der Kirche möglichen Irrtümern, erzielt worden ist. Aber es handelt sich dabei doch immer um das geschichtliche Leben der einen und bleibenden Offenbarung Jesu Christi, um den alten Glauben der Kirche. Auf diesem indiskutablen Boden des christlichen und katholischen Glaubens stehend, war das Konzil durchaus ein Konzil in Freiheit und im offenen Dialog. Es ist nicht zu bestreiten, daß eine gewisse Gruppe römischer Theologen in der Vorbereitung des Konzils der Einstellung war, das Konzil könne praktisch nichts tun, als den unter der Aufsicht des Papstes in der vorkonziliaren Zeit erarbeiteten Entwürfen von Konzilsdekreten applaudieren, eine längere Diskussion und auch nur einigermaßen erhebliche Meinungsverschiedenheiten seien konkret eigentlich gar nicht mehr möglich. Das Konzil hat, und zwar von der ersten Sitzungsperiode an bis zum Schluß, diese Meinung gründlich widerlegt. Es wurde wirklich in Freiheit und eindeutiger Offenheit diskutiert, und das Konzil kam so zu Beschlüssen, die vor dem Konzil nicht schon fertig, ja unter Umständen nicht einmal voraussehbar waren. Die Freiheit der Meinungsbildung war sogar so groß (wenn sie auch die Substanz des bisherigen Dogmas nicht in Frage stellte), daß es eigentlich, vom Menschen her gesehen, ein erstaunliches geistesgeschichtliches Ereignis war, daß das Konzil über das bisherige indiskutable Dogma hinaus nicht bloß zu kirchenrechtlichen Beschlüssen, sondern zu theologischen Aussagen kam, ohne dabei einfach im Stil eines weltlichen Parlaments Minoritäten zu überstimmen oder bloß Kompromisse zu schließen, die der Sache nach alles beim alten lassen. Wenn man weiß, wie schwer es heute für eine Theologie ist, in einer theologischen Beratung (etwa im Weltkirchenrat) zu einer einheitlichen, alle verpflichtenden Aussage zu kommen, dann wird man die Tatsache, daß es auf dem Konzil in freier Diskussion zu solchen Aussagen kam, nicht einfach für selbstverständlich halten dürfen, sondern das Recht haben, hier das Walten des Geistes der Kirche zu erblicken. Natürlich sind solche Aussagen teilweise auch auf dem Weg eines Kompromisses zustande gekommen, also teilweise dadurch, daß man manche und nicht unerhebliche theologische Fragen, über die man sich nicht einigen konnte, offen ließ, Formulierungen wählte, die von den einzelnen theologischen Gruppen und Richtungen auf dem Konzil noch verschieden gedeutet werden können; aber es ist nicht wahr, daß alle diese theologischen Aussagen des Konzils nur Formulierungen sind, die alles beim alten lassen. Wenn z. B. (ein ganz kleines und nicht sehr wichtiges Beispiel) vom Konzil gesagt wird, daß das Bußsakrament auch eine Versöhnung des Sünders mit der Kirche und nicht bloß mit Gott ist, so ist damit eine jetzt alle verpflichtende Lehre ausgesagt, die vorher durchaus nicht außerhalb jeder Kontroverse stand. Ähnliches gilt hinsichtlich nicht weniger Punkte in der dogmatischen Konstitution über die göttliche Offenbarung. Die Einzeleinleitungen zu den Konstitutionen, Dekreten und Erklärungen in diesem Buch bemühen sich, auf solche Punkte aufmerksam zu machen. Das Konzil hat somit bewiesen, daß es in der Kirche eine freie Meinungsbildung gibt, die zu Einheit und Resultaten gelangt, die in ernster Auseinandersetzung dennoch zu einer für alle verpflichtenden Aussage führt.

In diesem Zusammenhang ist noch etwas zu sagen über die päpstlichen Interventionen, die bei einigen Konzilsentwürfen den Text abänderten. Zunächst ist dazu zu sagen, daß auch diese Änderungen, die mehr oder weniger direkt auf den Einfluß des Papstes zurückgehen, von den Konzilsvätern angenommen wurden, also Aussagen des Konzils und nicht bloß des Papstes sind, ohne daß die Konzilsväter als solche zu einer solchen Annahme verpflichtet gewesen wären, auch nicht vom Lehrprimat des Papstes her, da die Konzilsväter im Konzil als solchem mit dem Papst zusammen Richter über Glaubenssachen und nicht bloß seine Berater oder die den Papst gehorsam Hörenden sind. Daß sich die Väter dieser ihrer Funktion bewußt waren, zeigt die Tatsache, daß sie z. B. einen vom Papst selbst sehr deutlich empfohlenen Entwurf des Missionsdekretes ablehnten. Weiterhin ist zu sagen, daß der Papst als Primas der Kirche und als — wenn auch höchstes und eigenartiges — Glied des Konzils genauso wie jeder Bischof das Recht hat, solche Abänderungsvorschläge einzubringen. Würde das Konzil, d. h. die andern Bischöfe auf dem Konzil, solche grundsätzlich berechtigt eingebrachten Abänderungsvorschläge ablehnen und würde der Papst dennoch auf ihnen bestehen, dann könnten zwar vom Wesen des Konzils her die übrigen Bischöfe den Papst nicht überstimmen, da ohne Zustimmung des Papstes ein Beschluß des Konzils unmöglich ist. Aber der Papst könnte seine Entscheidung als die des Papstes allein wohl zu einer gültigen Entscheidung machen, die auch die Bischöfe als einzelne verpflichtet, er könnte jedoch diese seine Entscheidung nicht zu einer Entscheidung des Konzils als solchen machen. Diese wenn auch ein wenig abstrakte und irreale Möglichkeit ist auf dem Konzil keine Tatsache geworden. Aber es ist doch nützlich, darauf hinzuweisen, damit Sinn und Bedeutung solcher päpstlichen Interventionen richtig gewürdigt werden. Sie heben die Freiheit des Konzils nicht auf. Weiter muß darauf hingewiesen werden, daß solche Abänderungsvorschläge des Papstes von Paul VI. nicht nur dem Konzil zur freien Entscheidung vorgelegt wurden, sondern meist auch in der dafür zuständigen konziliaren Kommission frei diskutiert und darin zur Abstimmung gebracht wurden. Und es war dabei hinsichtlich der dogmatischen Konstitution über die Kirche wie der über die göttliche Offenbarung gar nicht so, daß alle diese Abänderungsvorschläge angenommen wurden und in den endgültigen Text gelangten. Manches davon wurde abgelehnt oder nicht unerheblich modifiziert, und der Papst hat diese Änderungen an seinen Abänderungsvorschlägen durchaus akzeptiert. Bei den Erklärungen über die Religionsfreiheit und über die nichtchristlichen Religionen mag es vielleicht — teilweise aus den technischen Umständen der Textgestaltung — etwas anders gewesen sein; dafür sind aber diese Änderungen bei nüchterner Betrachtung wieder nicht von sehr erheblicher Bedeutung. Das gleiche gilt auch von den Änderungen am Ökumenismusdekret, die von Nichtkatholiken als Verstöße gegen ökumenisches Taktgefühl aufgefaßt wurden. Ob die Weise, in der solche Interventionen des Papstes zum Konzil gelangten, geschickt und für die Stimmung der Konzilsväter erfreulich war, ist eine andere Frage. Aber diese ist für den sachlichen Inhalt der Dekrete des Konzils auch nicht von großer

Bedeutung. Jedenfalls wird man sagen können, daß sowohl Johannes XXIII. wie Paul VI. erheblich sorgfältiger als etwa Pius IX. auf dem I. Vatikanischen Konzil darauf achteten, die Freiheit des Konzils und dessen eigene Initiative ungeschmälert zu lassen. Das gilt auch für die Zusammensetzung der für die Gestaltung der konziliaren Texte außerordentlich wichtigen konziliaren Kommissionen. Ihre Vorsitzenden und ungefähr ein Drittel ihrer Mitglieder waren vom Papst ernannt worden; aber da ja Beschlüsse der Kommissionen mit Zweidrittelmehrheit in der Kommission angenommen werden mußten und die vom Papst selbst und nicht vom Konzil gewählten Mitglieder nicht einfach bloß einer bestimmten festen Richtung angehörten (sehr im Unterschied zum I. Vatikanischen Konzil), kann man gewiß nicht sagen, daß die Entschlüsse dieser Kommissionen, deren Mitglieder zu zwei Dritteln vom Konzil selbst gewählt waren, gleichsam im voraus schon vom Papst gesteuert gewesen wären, zumal die vom Papst ernannten Kardinäle als Vorsitzer dieser Kommissionen mindestens im allgemeinen mit Zurückhaltung ihres Amtes walteten. Einzelheiten über solche päpstliche Abänderungsvorschläge zu den Textentwürfen werden noch in den Einzeleinleitungen erwähnt.

In diesem Zusammenhang darf vielleicht noch eine andere Frage berührt werden: die Frage nach der Beteiligung oder, richtiger, Nichtbeteiligung der Laien am Konzil. Zunächst muß in aller Nüchternheit aus Gründen dogmatischer Klarheit vom Wesen der Kirche nach katholischem Glaubensverständnis her gesagt werden, daß das auf dem Konzil wirklich entscheidende Gremium der Gesamtepiskopat mit und unter dem Papst ist und sonst niemand. Selbst wenn und insofern anderen als Bischöfen nicht nur das Recht der Beratung, sondern auch der Mitentscheidung eingeräumt ist oder werden kann (wie ja die Tatsache zeigt, daß auch auf diesem Konzil gewissen nichtbischöflichen höheren Oberen von Priesterorden ein solches Recht eingeräumt wurde), so ist auch eine solche Mitbeteiligung von Nichtbischöfen bei den Entscheidungen des Konzils ein freies Zugeständnis des Papstes oder des Konzils selbst, nicht aber ein unveräußerliches, notwendig einzuräumendes Recht solcher Nichtbischöfe. Das zeigt sich praktisch ja auch daran, daß die Theologen, die als Berater (Periti) einen faktisch sehr erheblichen Einfluß auf den Gang des Konzils und seine Beschlüsse hatten, Berater waren und nicht stimmberechtigte Mitglieder des Konzils. Eine ganz andere Frage ist es natürlich, ob und wieweit ein Konzil der Bischöfe und des Papstes aus Gründen sachlicher Information, des Respektes vor dem theologischen, pastoralen usw. Wissen, der menschlichen Erfahrung und des realen Einflusses in der Kirche nicht auch Nichtbischöfen eine solche Mitbestimmung auf dem Konzil einräumen könnte und sollte. Doch muß man, wenn man diese Frage als eine vom Wesen der Kirche her durchaus mögliche stellt, bedenken, daß das Konzil schon durch die heute über 2500 Bischöfe, die notwendig zu ihm gehörten, eine Körperschaft darstellt, die nicht mehr leicht viel größer gedacht werden darf, soll sie nicht handlungsunfähig werden. Ferner darf man sich diese Bischöfe ja nicht als völlig isoliert von der übrigen Kirche vorstellen; sie waren nicht bloß begleitet von ihren Theologen und gewährten diesen nicht bloß gern einen sehr realen Einfluß; sie haben doch auch im Durchschnitt, bei allen Ausnahmen, die zuzugeben sind, einen echten Kontakt mit den anderen Gliedern der Kirche, so daß, aufs Ganze gesehen, kaum denkbar ist, daß das Konzil anders verlaufen wäre, wenn noch andere Stimmberechtigte an ihm beteiligt gewesen wären. In diesem Rahmen muß man doch wohl die Nichtbeteiligung der Laien an dem Konzil sehen. Es gab zwar, und im Laufe des Konzils in etwas wachsendem Maße, einige Laien (Männer und Frauen), die auch bei den eigentlichen Sitzungen des Konzils als Hörer zugelassen wurden oder auch eine einigermaßen ernsthaft beratende Funktion — vor allem bei der Erstellung der pastoralen Konstitution über die Kirche in der Welt von heute — ausübten. Aber das ändert doch sachlich nichts an der Tatsache, daß an dem Konzil die Laien nicht wirklich unmittelbar mitwirkend beteiligt waren. Zudem kann man gewiß nicht sagen, daß die eben genannten wenigen Laien eine echte, von unten her gebildete Repräsentanz des Kirchenvolkes selbst waren. Man mag dies bedauern; man darf aber doch, wie gesagt, nicht meinen, das Konzil wäre unter den gegebenen Voraussetzungen in der Kirche wirklich anders verlaufen, wenn bei ihm auch Laien stimmberechtigt oder in einem größeren Umfang beratend beteiligt gewesen wären. Ob das einmal im Rahmen der eben angedeuteten Möglichkeiten in einem späteren Konzil anders gemacht und praktisch von Bedeutung werden könnte, ist eine andere Frage, die hier nicht erörtert werden kann. Eines muß hier noch hinzugefügt werden. Wenn man auch aus Laienkreisen kritisiert, daß mit der ganzen Welt auch die Laien über den Ablauf des Konzils unterrichtet wurden und Einblick in die Meinungsverschiedenheiten sogar unter Bischöfen erhielten, so ist dagegen zu sagen, daß eine solche Kritik leichtfertig oder aus Unverstand vom Wesen der Kirche absieht. Die Kirche ist nicht eine Klerikerorganisation. Und schon Pius XII. bemängelte das Fehlen einer öffentlichen Meinung in der Kirche als Fehler, Schwäche und Krankheit. Öffentliche Meinung aber wird erst durch Information möglich.

Dieses Konzil war ein Konzil der Kirche über die Kirche. Man muß nur die Themen des Konzils überblicken und sinnvoll ordnen, um dies zu sehen. Das Konzil war gewiß durch Johannes XXIII., gerade um seine Freiheit zu wahren, in seiner Thematik nicht systematisch geplant gewesen. Es sollte ein pastoral ausgerichtetes Konzil sein, in dem die Kirche sich allen Fragen stellt, die ihr in ihr selbst und in der Welt von der heutigen Situation gestellt werden. Aber darüber hinaus war eine feste Marschroute vor dem Konzil für es nicht wirklich festgelegt. Das zeigt ja auch die Menge der (über 70) vorkonziliaren Entwürfe für

Konzilsdekrete, die sich auf ungefähr alles bezogen, womit die Kirche sich überhaupt befassen kann. Es braucht auch nicht bestritten zu werden, daß die Auswahl aus dieser Thematik, die in den faktisch angenommenen 16 Dokumenten übrigblieb, immer noch eine gewisse Zufälligkeit hat, manches auch hätte wegbleiben und manches ebenso Wichtige oder Wichtigere hätte behandelt werden können. Aber wenn man die faktisch beschlossenen Konstitutionen, Dekrete und Erklärungen überblickt und sinnvoll ordnet, so schließen sie sich doch zu einer Einheit zusammen, die dieses Konzil der Kirche zu einem Konzil über die Kirche macht. Es ist darum vielleicht nützlich, diese faktisch gewordene Einheit der Konzilstexte dadurch deutlich zu machen, daß man eine gewisse, wenn auch nicht zwingende Systematik in diese Texte hineinbringt bzw. in ihnen angelegt entdeckt. Man könnte sagen, das Konzil behandelt:

1. das grundsätzliche Selbstverständnis der Kirche in der dogmatischen Konstitution über die Kirche;
2. das innere Leben der Kirche:
   a) ihre Heiligungsaufgabe durch ihre Liturgie in der Konstitution über die Liturgie;
   b) ihre Leitungsfunktion im Dekret über die Bischöfe und in dem Dekret über die katholischen Ostkirchen;
   c) ihr Lehramt in der dogmatischen Konstitution über die göttliche Offenbarung (mit den Ausführungen über Schrift, Tradition und Lehramt) und in der Erklärung über die christliche Erziehung;
   d) ihre Stände in den Dekreten über die Priester, ihren Dienst und ihr Leben und auch über ihre Ausbildung, im Dekret über die zeitgemäße Erneuerung des Ordenslebens und im Dekret über den Laienapostolat;
3. die Sendung der Kirche nach außen:
   a) ihr Verhältnis zu der nichtkatholischen Christenheit im Dekret über den Ökumenismus und im Dekret über die katholischen Ostkirchen;
   b) ihr Verhältnis zu den Nichtchristen in der Erklärung über die nichtchristlichen Religionen (vor allem über die Juden) und in dem Dekret über die Missionstätigkeit der Kirche;
   c) ihr Verhältnis zur heutigen profanen Weltsituation im allgemeinen in der pastoralen Konstitution über die Kirche in der Welt von heute und im Dekret über die heutigen Kommunikationsmittel;
   d) ihr Verhältnis zum weltanschaulichen Pluralismus der Gegenwart, im besonderen in der Erklärung über die Religionsfreiheit.

Selbstverständlich könnte man diese 16 Konzilstexte auch in eine teilweise andere Systematik einordnen, und manche Dekrete könnten bei einer solchen Systematik auch gleichzeitig an verschiedenen Orten auftauchen. Aber auch eine andere Systematik würde gewiß zu dem

Urteil berechtigen, daß das II. Vaticanum ein Konzil über die Kirche war. Man darf diese Thematik weder als selbstverständlich betrachten, noch muß man sie einer introvertierten Kehre der Kirche auf sich selbst zeihen. Die letzten und entscheidenden Fragen der Gegenwart, insofern sie eine religiöse Bedeutung haben und so Thema eines Konzils sein können, betreffen gewiß nicht die Kirche als solche; diese Fragen sind die alten und radikalen Fragen nach Gott, nach Jesus Christus, nach dem letzten Sinn der Geschichte und des Lebens, nach dem Tod und der Verantwortung des Menschen vor Gott, nach der Liebe zu Gott und dem Nächsten. Von da aus gesehen, ist, gemessen an den allerletzten Maßstäben, die explizite Thematik des Konzils, d. h. die Kirche selbst, ein zweitrangiges Thema. Aber selbst wenn wir davon absehen, daß manche Fragen, wie die der Neuordnung der Liturgie oder der Belebung des kollegialen und synodalen Prinzips in der Kirche, eben einfach durch die kirchengeschichtliche Entwicklung unweigerlich aufgegeben waren, so darf man die Thematik des Konzils doch nicht einer unzeitgemäßen Introvertiertheit der Kirche auf sich selbst zeihen. Nicht bloß deshalb, weil die Kirche auch innerhalb dieser Thematik sehr vieles und Wichtiges über die immer und besonders heute brennenden Fragen gesagt hat, wie z. B. über die Würde des Menschen, über seine Grundrechte, über seine Freiheit, über den heutigen Atheismus usw., sondern weil durch die Beschäftigung mit dieser ekklesiologischen Thematik die Kirche doch nichts anderes wollte als darüber nachdenken, wie sie Gott, dem Menschen, der Welt und ihrer Geschichte dienen kann, indem sie Zeugnis ablegt von Jesus Christus und seinem erlösenden Evangelium, sich also durch diese konziliare Thematik nur bereit machen wollte dafür, daß die Kirche sich den letzten Fragen des Menschen nach seinem Heil in Gott und nach Gottes Ehre stellt.

Das Konzil war ein pastorales Konzil. So war es von Johannes XXIII. von vornherein verstanden worden, und so hat sich dieses Konzil auch selbst verstanden. Es wollte ein Konzil der Sorge der Kirche um die Menschen selbst sein. Schon von daher wird verständlich, daß das Konzil es vermieden hat, im Stil der meisten früheren Konzilien, bis zum I. Vaticanum einschließlich, in Form von Anathematismen moderne Irrtümer zurückzuweisen, weil das doch immer den Eindruck macht, man lehne nicht Irrtümer ab, sondern verdamme die Irrenden. Damit ist natürlich nicht gegeben, daß das Konzil nicht auch theologische Irrtümer auf dem Gebiet der Dogmatik und der Moraltheologie abgelehnt hat. Mit dem pastoralen Sinn des Konzils ist überdies eine lehrhafte Absicht des Konzils zuinnerst verbunden. Johannes XXIII. hatte nachdrücklich in Erinnerung gerufen, daß das Wesen des kirchlichen Lehramtes selbst „pastoral" ist, und darauf macht die pastorale Konstitution auch ausdrücklich aufmerksam. Und so gibt es zwei Konstitutionen, die sich ausdrücklich „dogmatische" nennen: die über die Kirche und die über die göttliche Offenbarung. Selbstverständlich ist in den übrigen Texten ebenfalls eine Fülle von dogmatischen Aussagen gegeben, auch wenn man neue dogmatische Definitionen vermieden hat. Aber auch sie dienen einer pastoralen Zielsetzung. Das gleiche gilt, wie ohne weiteres verständlich ist, von den Konstitutionen, Dekreten und Erklärungen hinsichtlich ihres kirchenrechtlichen Gehaltes und der unmittelbar als pastoral erkennbaren Anweisung über die ökumenische Bewegung, über die Anpassung des Ordenslebens an die heutige Situation, über das Verhältnis der lateinischen Kirche zu den katholischen Ostkirchen, über das Leben und den Dienst der Priester usw.

Dennoch ist es, wenn man genauer zusieht, nicht so leicht, wirklich genau zu sagen, was ein pastorales Konzil eigentlich sei. Denn man könnte ja sagen, daß überhaupt kein Konzil einer allgemeinen pastoralen Zielsetzung entraten kann und daß alle Konzilien unmittelbar oder mittelbar bisher eine solche Zielsetzung, eben dem Heil des Menschen zu dienen, gehabt haben. In welchem Sinne ist also dieses Konzil in einem besonderen Sinne ein pastorales? Auf diese Frage kann man nicht leicht eine sichere Antwort geben, zumal da auf dem Konzil trotz allem seelsorglichen Eifer und trotz allem Bemühen, der gegenwärtigen Situation der Welt, der Menschen und der Kirche gerecht zu werden, eine theologisch tiefere Reflexion auf das Wesen gerade eines pastoralen Konzils als solchen nicht gegeben war. Vielleicht könnte man aber sagen: Dieses Konzil ist insofern ein im besonderen Sinne pastorales Konzil gewesen, als es nicht nur die bleibenden Prinzipien der Kirche, ihres Dogmas und ihrer Moraltheologie formuliert und darüber hinaus kirchenrechtliche, also gesetzhafte Normen für das Leben der Kirche erlassen hat, sondern den Mut hatte, Weisungen zu geben im Blick auf eine konkrete Situation, Weisungen einer in etwa charismatischen Art, die nicht einfach zwingend aus den Prinzipien, den allgemeinen Normen abgeleitet werden können, Weisungen, die auf die konkrete Situation mit einem gewissen konkreten Imperativ antworten und so die verantwortliche Freiheit der Menschen der Kirche anrufen. Im einzelnen ist es gewiß schwer und vielfach unmöglich, die genaue Grenze zwischen dogmatischen und moraltheologischen Prinzipien auf der einen Seite und solchen charismatisch inspirierten Weisungen auf der andern Seite zu ziehen. Das Konzil hat diesen Unterschied nicht durchreflektiert, aber er scheint nicht nur zu bestehen, sondern in diesem Konzil auch zur Geltung gekommen zu sein. So ist doch wohl die Theologie über das kollegiale und synodale Prinzip in der Kirche auf diesem Konzil nicht bloß gemeint als eine Darlegung immer gültiger Prinzipien in der Kirche, sondern als eine Art charismatischen Anrufs zugunsten einer intensiveren Geltendmachung dieses Prinzips, die aus dem Prinzip selbst allein nicht mehr eigentlich erzwungen werden kann. In der pastoralen Konstitution über die Kirche in der Welt von heute sind gewiß viele Vorschläge, Wünsche, Mahnungen gegeben für die Gestaltung eines wirklich humanen gesellschaftlichen Lebens, die aus den bleibenden

Prinzipien des Christentums nicht mehr streng abgeleitet werden können, wenn sie auch durchaus dem Geist des Evangeliums entspringen und nicht deswegen als unverbindliche Meinung abgelehnt oder bagatellisiert werden dürfen, weil sie nicht als strenge Deduktionen aus den ewigen Prinzipien aufgefaßt werden können. Ebendies gilt aber auch für die anderen Dekrete des Konzils und gerade für die Reformbeschlüsse (z. B. des Ordenslebens, der Priesterausbildung usw.). Man könnte also vielleicht sagen: dieses Konzil ist gerade darum in einem besonderen Sinne ein pastorales Konzil, weil es den Mut zu solchen charismatischen Weisungen, zu konkreten Imperativen im Unterschied von bloß doktrinären Prinzipien und von deren bloß rationalen Anwendungen hatte.

Das Konzil ist so das Konzil am Anfang einer neuen Zeit und so der Anfang eines Anfangs, der von der nachkonziliaren Kirche gemacht werden muß, und so das Konzil einer Frage an die Christen selbst. Die neu heraufkommende Zeit selbst ist in der pastoralen Konstitution in der einführenden Darlegung sehr gut beschrieben worden: die Zeit der Vereinheitlichung der Welt, der Industrialisierung, der Verstädterung, einer rationalen Verwissenschaftlichung des menschlichen Lebens, die Zeit, die nach der gesellschaftlichen Organisation der einen Menschheit ruft, in der jedes Volk für jedes andere eine Verantwortung trägt, die Zeit eines weltweiten, ja militanten Atheismus usw. Dieser Zukunft, die schon begonnen hat, sucht sich die Kirche unbefangen und ehrlich zu stellen, letztlich nicht um in dieser radikal neuen Situation sich selber besser behaupten zu können, sondern um sich zu fragen, wie sie darin ihren Heilsauftrag an die Menschheit und ihren Dienst am Menschen besser erfüllen könne. Diese neue Aufgabe konnte natürlich durch das Konzil selbst nicht schon erfüllt werden. Das Konzil konnte selbstverständlich nur das Bewußtsein dieser neuen Aufgabe zu wecken versuchen, die ersten doktrinären und institutionellen Voraussetzungen zu schaffen suchen, damit die Kirche dieser ihrer Aufgabe gerecht werden kann. So ist ein Anfang des Anfangs gemacht, und alle Christen sind gefragt, ob sie in der nachkonziliaren Zeit, jeder an seinem Platz, dieser Aufgabe der Kirche im Dienst am Menschen zur Ehre Gottes, der der Herr auch dieser kommenden Zeit ist, zu dienen gewillt sind. Damit ist nicht so sehr gemeint, daß die institutionellen Änderungen in der Kirche nach dem Konzil in immer schnellerem und radikalerem Tempo weitergehen müßten. Solche Aufgaben gibt es natürlich auch: die neue Liturgie z. B., die die Liturgiekonstitution verlangt, muß erst noch geschaffen werden; das neue Kirchenrecht, das dem Geist und vielen Anordnungen entspricht, muß erst noch abgefaßt werden; zu verschiedenen Dekreten des Konzils sind Ausführungsbestimmungen, Instruktionen und Direktorien, zu erlassen, die durch konkretere Forderungen und Anordnungen dafür sorgen sollen, daß die allgemeineren Normen des Konzils nicht toter Buchstabe bleiben. Aber das alles ist letztlich doch sekundär. Das Entscheidende sind Geist und Leben. Diese sind auch durch den Buchstaben des Konzils anerkannt und gefordert. Aber dieser Buchstabe ist nicht identisch mit dem Geist, dem er selber dienen will. Dieser Geist, der Geist des Evangeliums, des Glaubens an das ewige Geheimnis Gottes in dessen Unbegreiflichkeit, der Glaube an Jesus Christus und seine Gnade, der Geist der Freiheit und Brüderlichkeit, der Geist des selbstlosen Dienstes, ist es, was nach dem Konzil von Gott gegeben werden muß und unsere Aufgabe bleibt, wenn wir den eigentlichen Sinn dieses Konzils wirklich verstehen und ihm entsprechen wollen.

III.

Zum Verständnis der Konzilstexte sind noch einige Einzelfragen zu besprechen. Zunächst sind einige Bemerkungen darüber zu machen, in welcher Weise im allgemeinen solche Dekrete entstanden sind, ohne daß deswegen zu genau auf die Geschäftsordnung des Konzils eingegangen werden soll, die Johannes XXIII. für dieses Konzil festsetzte. Wie auch bei einem Parlament müssen Dekrete eines Konzils, die dem Plenum der stimmberechtigten Konzilsväter zur Entscheidung vorgelegt werden, vorher im Entwurf vorbereitet werden. Solch ein Entwurf wird in der Konzilssprache „Schema" genannt. Solche Schemata waren schon in den vorkonziliaren Kommissionen und Sekretariaten (10 bzw. 3) für die Vorbereitung des Konzils durch vom Papst ernannte Bischöfe und Theologen entworfen worden; sie wurden teils schon vor dem Konzil, teils während des Konzils gedruckt den Konzilsvätern zugeleitet. Sie mußten von diesen geprüft werden, sowohl in privatem Studium als auch in außerkonziliaren gemeinsamen Beratungen, z. B. in Konferenzen der Bischöfe eines ganzen Landes, also in Versammlungen von Bischofskonferenzen. Wenn dann eine bestimmte Vorlage tatsächlich von dem Präsidium des Konzils (zehn Kardinäle) bzw. von den vier „Moderatoren" des Konzils (von der zweiten Sitzungsperiode an) im Plenum des Konzils eingebracht wurde (viele vorkonziliare Schemata gelangten gar nie so weit) — in einer Art Vorstellung („Relatio") des Entwurfs durch ein Mitglied der zuständigen Kommission —, dann wurde in einer allgemeinen oder sich auch schon mit den einzelnen Stücken eines solchen Textes befassenden besonderen Debatte darüber beraten. Dann konnte über einen solchen Text zunächst abgestimmt werden, ob er als Grundlage eines konziliaren Dekrets, grundsätzlich wenigstens, angenommen oder als auch in seiner Substanz ungenügend an die dafür zuständige Konzilskommission zu einer mehr oder weniger gänzlichen Neufassung zurückgewiesen werden solle. Hatte ein solches Schema diese erste Hürde glücklich passiert, was durchaus nicht bei allen Dekreten gleich beim ersten Anlauf gelang, dann konnten in einer weiteren Debatte durch die einzelnen Bischöfe in mündlich vorgetragenen oder schriftlich eingereichten einzelnen Abänderungsvorschlägen weitere Verbesserungen gewünscht werden. Diese („Modi" genannt) mußten von der betreffenden Konzilskommission gesichtet und durchberaten werden. Modi, die gegen die schon im Plenum durch Abstimmung angenommene Grundkonzeption des Schemas waren, mußten natürlich ausgeschieden werden. Die übrigen Modi mußten von der betreffenden Kommission geprüft und, soweit es ihr tunlich schien, in das Schema eingearbeitet werden. Diese Verbesserungen in der Kommission mußten von dieser auch mit Zweidrittelmehrheit angenommen werden. Der neue Text wurde wiederum gedruckt, zusammen mit einer, Art Rechenschaftsbericht (ebenfalls „Relatio") darüber, welche Modi eingebracht worden waren und wie die betreffende, Kommission damit glaubte verfahren zu sollen. Während in der vorausgegangenen Abstimmung im Plenum der Text des Schemas von den einzelnen Konzilsvätern entweder angenommen („placet") oder nur, unter der Bedingung eines Abänderungsvorschlages angenommen („placet iuxta modum") oder abgelehnt werden konnte („non placet"), war nun in diesem weiteren Stadium sowohl bei den Abstimmungen über die Teilstücke eines solchen Entwurfs, die in einer sehr mühsamen Akribie vorgenommen wurden, als auch in der darauffolgenden Schlußabstimmung nur noch die Alternative möglich, zuzustimmen („placet") oder abzulehnen („non placet"). Nach diesen Abstimmungen wurde der endgültige Text nochmals gedruckt und den Vätern übergeben, feierlich in einer öffentlichen Sitzung abgestimmt und die Zustimmung des Papstes verkündet. Die feierliche Approbationsformel war (im Unterschied zum I. Vaticanum) so gewählt, daß der Akt als solcher des Gesamtkonzils (mit und unter dem Papst) deutlich wird. (Alle 16 Konzilstexte werden so eingeleitet: „Paulus, Bischof, Diener der Diener Gottes, zusammen mit den Vätern des Heiligen Konzils, zur fortwährenden Erinnerung." Der Schluß lautet: „Was in dieser Konstitution — bzw.: dogmatischen Konstitution, pastoralen Konstitution, in diesem Dekret, in dieser Erklärung — im gesamten und im einzelnen ausgesprochen ist, hat die Zustimmung der Väter gefunden. Und Wir, kraft der von Christus Uns übertragenen Apostolischen Vollmacht, billigen, beschließen und verordnen es zusammen mit den Ehrwürdigen Vätern im Heiligen Geiste und gebieten zur Ehre Gottes die Veröffentlichung dessen, was so durch das Konzil verordnet ist." Es folgen Ort, Datum und Unterschriften des Papstes — „Ich, Paulus, Bischof der katholischen Kirche" — und der Bischöfe. Aus Raumgründen werden diese Formeln in dieser Ausgabe bei den Texten selbst nicht mehr wiederholt.) Damit erlangte dann ein solches Schema den Charakter eines wirklichen Konzilstextes.

Es ist weiter noch etwas über den Verpflichtungscharakter der einzelnen Texte zu sagen. Soweit sie rechtlichen Charakter haben, somit Handlungsnormen erlassen, die von vornherein zeitbedingt sind, soweit es sich also um Akte des Konzils handelt, insofern es von seiner hoheitlichen Gewalt Gebrauch macht, besteht ja kein besonderes Problem. Es handelt sich um menschliches Kirchenrecht in der Kirche, dessen Sinn und Tragweite (eigentliches Gesetz, Empfehlung, Wunsch nach dem Erlaß eines Gesetzes usw.) sich aus dem Wortlaut des Textes von selbst ergeben. Schwieriger ist die Frage, wo es sich um lehramtliche Erklärungen des Konzils handelt, wo es sich also um einen Akt des Konzils handelt, insofern es die höchste lehramtliche Autorität in der Kirche ist. Hier ist deutlich zu sehen, daß das höchste Lehramt der Kirche, auch wenn es als solches spricht und seiner Erklärung darum eine sehr hohe Autorität zukommt, nicht notwendig mit dem letzten Einsatz seiner Autorität sprechen und so eigentliche Definitionen erlassen muß. Tatsächlich hat dieses Konzil in allen seinen Texten von diesem letzten Einsatz seiner Autorität, also von eigentlichen dogmatischen Definitionen, abgesehen. Natürlich wurde in sehr vielen Lehräußerungen auf frühere Definitionen von Konzilien und Päpsten hingewiesen, die selbstverständlich in Kraft bleiben. Und ebenso ist es klar, daß das Konzil in diesen Lehräußerungen sehr oft und weitgehend dasjenige Glaubensbewußtsein der Kirche zum Ausdruck bringt, das an einer bestimmten Lehre mit einer absoluten Glaubenszustimmung festhält. Wo dies aber nicht der Fall ist, trägt das Konzil eine authentische, aber an sich deswegen noch nicht schlechthin irreformable Lehre vor. Innerhalb dieser authentischen, den katholischen Christen zu einer inneren Zustimmung verpflichtenden Lehre gibt es selbstverständlich auch noch einmal große Unterschiede, die sich auch aus der Weise der Aussage selbst erkennen lassen. Wo etwas ausführlich und eindringlich gelehrt wird, ist der verpflichtende Charakter dieser Lehre natürlich größer als dort, wo etwas nur nebenbei, gleichsam als Anmerkung, zur weiteren Erläuterung bemerkt wird. Es ist auch klar, daß, wo das Gegenteil nicht ausdrücklich gesagt wird (was in diesem Konzil nie geschah), ein Schriftzitat an sich eher und zunächst zum Ausdruck dieser Lehre mit Worten der Schrift dient und nicht eine den Exegeten des ursprünglichen Schriftsinnes verpflichtende Auslegung des Schrifttextes bedeutet.

Zur Sprache der Konzilstexte sei noch folgendes gesagt. Es ist selbstverständlich, daß die Sprache des Konzils nicht einfach absolut einheitlich ist. Dafür sind die Themata, die behandelt wurden, zu verschieden, dafür haben zu viele und zu verschiedene Kommissionen an diesen Texten gearbeitet, dafür sind wenigstens manche der Texte auch unter einem zu großen Zeitdruck entstanden und fanden auch nicht alle die gleiche innere Anteilnahme der Konzilsväter. Auch ist das Latein der Texte gewiß von verschiedener Güte. Manchmal versuchte man eine Rückkehr zur Sprache der Kirchenväter und zu den sprachlichen Bildern der frühen Christenheit, die heute nicht jedermann naheliegen werden. Andererseits finden sich relativ wenige Rückfälle in dürren Moralismus und flache Aszetik, von denen kirchenamtliche Dokumente oft geprägt waren. Man hat sich bemüht, eine zu schulscholastische Terminologie, wie sie in der Schuldogmatik und auch im Kirchenrecht (jeweils noch einmal verschieden) gebraucht wird, zu vermeiden. Man hat sich bemüht, soweit es möglich ist, eine nur den Fachleuten verständliche Fachterminologie zu vermeiden, in einer allgemein verständlichen und von der Schrift her geprägten Sprache zu reden. Das ist natürlich, von der Sache her, nur bis zu einem gewissen Grade möglich. Das Konzil konnte nicht so sprechen, daß jedermann ohne jede theologische Vorbildung alles im ersten Anlauf schon verstehen könnte. Diese Grenze kann darum auch die Übersetzung der Texte nicht überschreiten; sie liegt in der Natur der Sache, wenn eine religiöse Aussage zunächst einmal in die Kirche selbst hineingesprochen werden und dabei kurz sein soll. Damit ist wiederum nicht behauptet, daß die Sprache des Konzils immer und überall das erreicht hat, was sie selbst anstrebte und was man von ihr wünschen kann. Dabei gehen natürlich Anforderungen an die Sprache und solche an den Inhalt ineinander über: Aussageweise und Aussageinhalt, Mängel und Vorzüge von beidem bedingen sich wenigstens teilweise gegenseitig; die Nähe der lateinischen Texte zu den modernen Sprachen, die Aufnahme einer modernen Begrifflichkeit sind in den einzelnen Dekreten verschieden groß. Das pastorale Bemühen, das an sich löblich ist, kann da und dort auch dazu führen, daß ein Text in eine zu „erbauliche" Kanzelsprache verfällt, die nicht ganz zu einem konziliaren Text paßt. Aber schließlich sind das Mängel, die in einem Text, der von Menschen gemacht wird, gar nicht ganz vermieden werden können. Dazu ist auch immer zu bedenken, daß die einzelnen Völker, die ja alle angesprochen werden sollen, in solchen Fragen einen verschiedenen Geschmack haben und so auch ein Konzilstext es nicht allen recht machen kann und in dem löblichen Bemühen, es doch zu tun, bei keinem einen vollen Beifall finden kann.

Endlich noch ein Wort zur Schriftverwendung in den Texten des Konzils. Es liegt in der Natur der Sache, daß diese Schriftverwendung, je nach dem Thema, um das es sich handelt, größer oder geringer ist. Es wäre gewiß ein falscher Biblizismus, hätte das Konzil versucht oder würde man von ihm erwarten, daß immer und überall, zu jeder Frage, möglichst viele Bibelstellen zitiert werden. Wo etwas in einer eigentlichen Berufung auf die Schrift, vor allem in den beiden dogmatischen Konstitutionen, ausgesagt wird, kann man den Texten gewiß das ehrliche Bemühen nicht absprechen, die Berufung auf die Schrift so zu gestalten, daß sie vor einer nüchternen und sachlichen Exegese von heute bestehen kann. Damit ist nicht gesagt, daß jedes Bibelzitat in seiner jeweiligen Verwendung exegetisch unanfechtbar sei. Es lag nicht in der Absicht des Konzils oder in seiner Möglichkeit, seine Themen unmittelbar aus einer biblischen Theologie heraus zu entwickeln. Wenigstens im allgemeinen ist der Gedankengang, der Aufbau und der Zusammenhang der Gedanken nicht unmittelbar aus der Schrift entwickelt, sondern war aus dem heutigen Glaubensverständnis der Kirche und ihrer Theologie (die aber selbst schon ein Stück bibeltheologischer inspiriert ist als etwa vor 40 Jahren) vorgegeben und wird dann, in etwa nachträglich, mit Bibelzitaten belegt. Diese Methode war konkret wohl unvermeidlich und läßt sich für ein Konzil wohl auch im ganzen theologisch rechtfertigen. Aber damit sind der Verwendung der Schrift, die gleichsam nach „dicta probantia" befragt wird, Grenzen gesetzt, die man unbefangen sehen muß. Es ist auch selbstverständlich, daß in den Konzilstexten die eigentlichen textkritischen, formgeschichtlichen und geschichtlichen Probleme, die die heutige Exegese beschäftigen, nicht behandelt werden konnten. Es genügt, daß das Konzil in der dogmatischen Konstitution über die göttliche Offenbarung eine solche Exegese und Bibeltheologie grundsätzlich als berechtigt anerkennt, auch wenn sie in den Konzilstexten selbst nicht angewendet werden konnten.

Die Kirche ist eine Gemeinschaft von Menschen, die Gottes Gnade nicht verläßt, von Menschen, die eine Geschichte tragen, eine Gegenwart haben und einer Zukunft als Aufgabe, Gefahr und Segen entgegengehen und in alldem mit sich als Sünder und mit der Gnade Gottes zu tun haben. Gilt das alles von der Kirche, so ist es auch wahr von einem Konzil der Kirche. Es gilt somit auch vom II. Vaticanum. Menschen haben es abgehalten und haben in seinen Verlauf und in sein Ergebnis auch das Menschliche hineingetragen. Sie haben nicht die Möglichkeit gehabt (weil das dem Menschen gar nicht ansteht und nicht möglich ist), die Vergangenheit der Kirche einfach als Ballast abzuwerfen und an einem Punkt Null neu zu beginnen. Aber sie haben sich redlich bemüht, Lebendiges und wirklich Totes zu unterscheiden, so gut sie konnten, und den immer bleibenden Anfang der Kirche aller Zeit zu finden: Jesus Christus und seine Gnade allein. Sie haben sich ihrer Gegenwart zu stellen gesucht („die Fenster aufgemacht", wie Johannes XXIII. forderte); sie haben der Zukunft entgegenzusehen und entgegenzugehen versucht, soweit es dem Menschen im allgemeinen und den konkreten Menschen, die das Konzil trugen, möglich war. Sie haben — hoffentlich — mit dem Bewußtsein gearbeitet: „Wenn ihr alles getan habt, was ich euch zu tun befohlen habe, sagt: wir sind unnütze Knechte." Das Konzil hat gewiß so viel getan, daß man nicht nur vom Glauben an den Geist in der Kirche her, sondern auch von der nüchternen geschichtlichen Empirie her der Überzeugung sein kann: Es war ein Konzil, das sagen darf: „Es hat dem Heiligen Geist und uns gefallen . . ." (Apg 15, 28). Was das Eigentliche und allein letztlich Entscheidende angeht, nämlich Glaube, Hoffnung und Liebe zu Gott und den Menschen, ist natürlich jetzt die Aufgabe in der Kirche gestellt (so wie sie heute für morgen gestellt werden muß), nicht aber vollbracht. Ob die Menschen der Kirche sie in Geduld vollbringen werden, das ist jetzt die Frage.

25. 1. 1959	Ankündigung des Konzils durch Johannes XXIII.
17. 5. 1959	Einsetzung der Commissio antepraeparatoria
5. 6. 1960	Einsetzung von 10 Kommissionen und 3 Sekretariaten zur Vorbereitung der Schemata und Organisation
25. 12. 1961	Apostolische Konstitution „Humanae salutis": Einberufung des Konzils für 1962
2. 2. 1962	Motuproprio „Consilium": Festlegung des Konzilsbeginns auf 11. Oktober
6. 8. 1962	Erlaß der Geschäftsordnung des Konzils
11. 10. 1962	1. Öffentliche Sitzung; Beginn der I. Sitzungsperiode (36 Generalkongregationen, Höchstzahl der Konzilsväter 2381, 640 Konzilsreden, 33 Abstimmungen)

Reihenfolge des Beginns der Diskussionen:
22. 10. 1962:   Über die Liturgie
14. 11. 1962:   Über die Offenbarung
23. 11. 1962:   Über die Kommunikationsmittel
26. 11. 1962:   Über die Ostkirchen
 1. 12. 1962:   Über die Kirche

8. 12. 1962	Abschluß der I. Sitzungsperiode
3. 6. 1963	Unterbrechung des Konzils durch den Tod Johannes' XXIII.
27. 6. 1963	Offizielle Wiedereinberufung des Konzils durch Paul VI.
29. 9. 1963	2. Öffentliche Sitzung; Beginn der II. Sitzungsperiode (43 Generalkongregationen, 637 Konzilsreden, 92 Abstimmungen)

Reihenfolge des Beginns der Diskussionen:
30. 9. 1963:   Über die Kirche
 5. 11. 1963:   Über die Bischöfe
18. 11. 1963:   Über den Ökumenismus

4. 12. 1963   3. Öffentliche Sitzung; Abschluß der II. Sitzungsperiode. Feierliche Verkündigung:

Konstitution über die heilige Liturgie (7806 Worte)
Dekret über die sozialen Kommunikationsmittel (2225 Worte)

25. 1. 1964   Errichtung des Rates zur Ausführung der Konstitution über die heilige Liturgie

2. 4. 1964   Errichtung der Kommission für Kommunikationsmittel

18. 5. 1964   Errichtung des Sekretariats für die nichtchristlichen Religionen

14. 9. 1964   4. Öffentliche Sitzung; Beginn der III. Sitzungsperiode (48 Generalkongregationen, 618 Konzilsreden, 147 Abstimmungen)

Reihenfolge des Beginns der Diskussionen:

15. 9. 1964:	Über die Kirche
18. 9. 1964:	Über die Bischöfe
23. 9. 1964:	Über die Religionsfreiheit
25. 9. 1964:	Über die nichtchristlichen Religionen
30. 9. 1964:	Über die Offenbarung
6. 10. 1964:	Über den Laienapostolat
13. 10. 1964:	Über Dienst und Leben der Priester
15. 10. 1964:	Über die Ostkirchen
20. 10. 1964:	Über die Kirche in der Welt von heute
6. 11. 1964:	Über die Missionen
10. 11. 1964:	Über die Orden
12. 11. 1964:	Über die Ausbildung der Priester
17. 11. 1964:	Über die christliche Erziehung
19. 11. 1964:	Über die Ehe (am 20. 11. 1964 zur weiteren Behandlung dem Papst übergeben)

21. 11. 1964   5. Öffentliche Sitzung; Abschluß der III. Sitzungsperiode. Feierliche Verkündigung:

Dogmatische Konstitution über die Kirche (16 200 Worte)
Dekret über die katholischen Ostkirchen (1806 Worte)
Dekret über den Ökumenismus (4790 Worte)

8. 4. 1965   Errichtung des Sekretariats für die Nichtglaubenden

14. 9. 1965 6. Öffentliche Sitzung; Beginn der IV. Sitzungsperiode (41 Generalkongregationen, Höchstzahl der Konzilsväter 2400, 332 Konzilsreden, 250 Abstimmungen)

Reihenfolge des Beginns der Diskussionen:
15. 9. 1965: Über die Religionsfreiheit
21. 9. 1965: Über die Kirche in der Welt von heute
7. 10. 1965: Über die Missionen
13. 10. 1965: Über Dienst und Leben der Priester

15. 9. 1965 Motuproprio Pauls VI. „Apostolica sollicitudo": Errichtung der Bischofssynode

28. 10. 1965 7. Öffentliche Sitzung. Feierliche Verkündigung:

Dekret über die Hirtenaufgabe der Bischöfe in der Kirche (5982 Worte)
Dekret über die Ausbildung der Priester (2987 Worte)
Dekret über die zeitgemäße Erneuerung des Ordenslebens (3189 Worte)
Erklärung über die christliche Erziehung (2604 Worte)
Erklärung über das Verhältnis der Kirche zu den nichtchristlichen Religionen (1117 Worte)

18. 11. 1965 8. Öffentliche Sitzung. Feierliche Verkündigung:

Dogmatische Konstitution über die göttliche Offenbarung (2996 Worte)
Dekret über das Apostolat der Laien (7016 Worte)

7. 12. 1965 9. Öffentliche Sitzung. Feierliche Verkündigung:

Pastorale Konstitution über die Kirche in der Welt von heute (23 335 Worte)
Dekret über Dienst und Leben der Priester (7896 Worte)
Dekret über die Missionstätigkeit der Kirche (9870 Worte)
Erklärung über die Religionsfreiheit (3195 Worte)

Aufhebung der Exkommunikation zwischen Konstantinopel und Rom.
Motuproprio des Papstes über die Ablösung des „Heiligen Offiziums" durch die „Kongregation für die Glaubenslehre"

8. 12. 1965 10. Öffentliche Sitzung. Feierlicher Schluß des Konzils

I.

DIE KONSTITUTION ÜBER DIE HEILIGE LITURGIE „SACROSANCTUM CONCILIUM"

wurde von der Vorbereitenden Liturgischen Kommission entworfen. Das nachträglich etwas abgeschwächte Schema wurde vom 22. Oktober 1962 ab als erster Konzilstext diskutiert und im November als Ganzes angenommen. Abänderungsvorschläge wurden bis Mai 1963 eingearbeitet. Im Oktober 1963 konnten bereits detaillierte Abstimmungen stattfinden, wobei neuerliche Änderungsvorschläge vorgebracht wurden. Die feierliche Schlußabstimmung ergab 2147 Jagegen 4 Nein-Stimmen; am gleichen Tag, dem 4. Dezember 1963, wurde die Konstitution feierlich verkündet.

Das Thema der Liturgie und ihrer Erneuerung nahm in den vorkonziliaren Erwägungen breiten Raum ein. Von den über 9000 Seiten Vorschlägen, die aus aller Welt vor dem Konzil in Rom eingereicht wurden, befaßte sich ein Viertel mit der Liturgie (J. A. Jungmann). Das hängt damit zusammen, daß erstens die Situation der Neuzeit mit ihrer „Wende zum Subjekt" (nicht zum Subjektivismus!) die angebliche „Objektivität" bloß äußerer Zeichen und Riten in Frage stellt und die hier latente Gefahr von Mechanismus, Magie und Aberglauben sehr genau sieht, daß zweitens „die Kirche in den Seelen erwacht" ist (R. Guardini), ein intersubjektives Bewußtsein immer deutlicher wird und so gerade im Gottesdienst eine theologisch unbegründete Kluft zwischen Klerikern und Laien als Ärgernis empfunden wird und daß drittens die Überlegungen auf diesem Gebiet bereits zu besten Vorarbeiten geführt hatten. Die neuere Liturgische Bewegung datiert ja schon seit dem Katholikentag in Mecheln 1909, ihre höchstamtliche Anerkennung seit der Enzyklika Pius' XII. „Mediator Dei" 1947.

Die Liturgiekonstitution des Konzils ist sicher in vielfacher Hinsicht bemerkenswert. Entsprechend dem begrenzten Ziel dieser kleinen Einzeleinleitungen zu den Konzilsdokumenten ist es nicht möglich, auf alles Gute, Verdienstvolle und Zukunftsweisende auch nur aufmerksam zu machen. Vieles wird hier nur stichwortartig angegeben und bleibt der — ohnedies unumgänglichen — Lektüre der Konstitution überlassen. Einiges, und besonders die theologische Problematik, wird ohne Anspruch auf Vollständigkeit besonders akzentuiert. So ist vorweg anzuerkennen, daß diese Konstitution die Mehrzahl der großen Themen des Konzils in aufgeschlossener und glücklicher Weise präludiert. Da das liturgische Schema unerwartet als erstes auf die Tagesordnung des Konzils gesetzt wurde, ist diese Tatsache keineswegs selbstverständlich. Die Vorbereitende Liturgische Kommission und die Liturgische Konzilskommission haben sich zweifellos wegen ihrer tapferen Vorarbeit Anspruch auf besonderen Dank erworben.

Zumal jene mehr praktischen Einzelheiten, in denen die Konstitution den Gottesdienst und das Leben der Kirche erneuern will, können hier nicht gewürdigt werden, auch deshalb nicht, weil sie bereits durch die nachkonziliare Arbeit präzisiert und ergänzt wurden und eine weitere Reformarbeit im Gange ist. Ein vollständiger Überblick wäre in diesem Rahmen auch darum unmöglich, weil die Konstitution mit 130 Artikeln und einem Anhang das detailreichste Dokument des Konzils ist.

Die Artikel 1–4 stellen das Vorwort dar. Sie bringen zum Ausdruck, daß zum Dienst des Konzils an Vertiefung, Erneuerung und Einheit des christlichen Lebens auch die Erneuerung und Pflege der Liturgie gehören (Artikel 1). Sie sprechen schon im Stil der Kirchenkonstitution vom sakramentalen Wesen der Kirche (Artikel 2; die Kirche als Sakrament kommt ausdrücklich in Artikel 5 und 26 vor). Sie halten fest, daß es hier um Grundsätze und Richtlinien (nicht also um alle Einzelheiten) geht und diese im allgemeinen nur den römischen Ritus betreffen (Artikel 3; die Kompetenz für die orientalischen Riten kommt grundsätzlich diesen selbst zu). Und sie heben hervor, daß alle Riten in der katholischen Kirche gleichberechtigt sind und ihnen gleiche Ehre zuzuerkennen ist (Artikel 4).

Kapitel I enthält in 42 Artikeln, die in 5 Teile gegliedert sind, die allgemeinen Grundsätze zur Erneuerung und Förderung der Liturgie. Davon behandelt der *erste Teil* in den Artikeln 5–13 Wesen und Bedeutung der Liturgie.

Artikel 5 setzt mit einer heilsgeschichtlichen Beschreibung des Erlösungswerkes Christi ein, ausgehend vom allgemeinen Heilswillen Gottes. Es wurde erfüllt, wie das Konzil sagt, im „Pascha-Mysterium" des Leidens, Sterbens, der Auferstehung und Himmelfahrt Christi. Dieses Wort „Pascha-Mysterium", das die deutsche Übersetzung absichtlich so stehenließ, ist ein Schlüsselbegriff für die Liturgieauffassung des Konzils. In diesem Artikel wird nun die Kirche als aus der Seite des entschlafenen Jesus hervorgegangenes „wunderbares Sakrament" (admirabile sacramentum; die deutsche Übersetzung gibt es leider mit „Geheimnis" wieder) bezeichnet. Artikel 6 zeichnet die Sendung der Apostel zur Verkündigung des Evangeliums und zum Vollzug des verkündeten Heilswerkes in Opfer und Sakrament nach. In ökumenischer Gesinnung und entsprechend den Ausführungen des Ökumenismusdekrets (Artikel 11) über die Hierarchie der Glaubenswahrheiten werden hier nur Taufe und Eucharistie erwähnt. Artikel 7 handelt von der Gegenwart Christi in den liturgischen Handlungen seiner Kirche. Eine fünffache Gegenwartsweise wird ausgesagt: Christus ist gegenwärtig im Priester (ein traditionelles Thema, das häufig im Konzil wiederkehrt) und in den eucharistischen Gestalten, in den Sakramenten, im Wort und im Beten und Singen der Kirche. Damit ist der Grund gelegt, die Liturgie zugleich als Tat Christi und seiner Kirche zu sehen und sie als Vollzug des Priesteramtes Christi zu kennzeichnen: in ihr wird die Heiligung des Menschen bezeichnet und bewirkt und der gesamte öffentliche Kult von Haupt und Gliedern vollzogen. Somit erreicht, wie das Konzil sagt, kein anderes Tun der Kirche den Rang der Liturgie. Mit dem Verhältnis von „irdischer" und „himmlischer" Liturgie befaßt sich Artikel 8. Einer Überschätzung der Liturgie, die zu verschiedenen sekundären Depravationsformen, aber vor allem zu einer Hintansetzung des Menschen und seines verantworteten Glaubensvollzugs führen könnte, beugt Artikel 9 vor, indem er feststellt, in der Liturgie erschöpfe sich nicht das ganze Tun der Kirche. Darum wird hier mit Nachdruck vom Glauben und seiner Fruchtbarkeit in Liebe, Frömmigkeit und Apostolat gesprochen. Dennoch ist, wie Artikel 10 sagt, die Liturgie Höhepunkt und Quelle für das Tun der Kirche. Natürlich werden diese beiden sorgfältig zu unterscheidenden Aspekte nicht gleichmäßig im konkreten christlichen Leben aktuell sein. In der Gegenwart wird Liturgie vielleicht eher als mühsam erreichtes Ziel und alles zusammenfassender Höhepunkt der zum kirchlichen Bewußtsein gereiften Existenz verstanden werden können statt als leicht zugängliche Quelle. Darum weist Artikel 11 auf die Hinführung des Menschen zur Mitfeier der Liturgie hin, eine Aufgabe, die nicht als bloßes Gebot für die Christen aufgestellt, sondern den Seelsorgern ans Herz gelegt wird. Artikel 12 sagt, auch das geistliche Leben decke sich nicht schlechthin mit der Teilnahme an der Liturgie. Durch Hinweis auf Gebet und Aszese will das Konzil dem Mißverständnis begegnen, als erschöpfe sich christliche Frömmigkeit im kollektiven Vollzug (eben der Liturgie). Damit ist auch eine Antwort auf den häufig geäußerten Vorwurf gerade auch von seiten „mündiger" Laien gegeben, die Liturgie „gebe" dem Menschen nichts oder komme seinen „Bedürfnissen" nicht entgegen. Als Vollzug der kirchlichen Gemeinschaft fordert die Liturgie die Hintansetzung religiöser Privatinteressen, die aber ihren legitimen Platz im individuellen Leben behalten. Etwas unorganisch angefügt ist Artikel 13, der die traditionellen, jedoch an die liturgische Zeit anzupassenden Andachtsübungen sehr empfiehlt (hinter der Begrifflichkeit dieses Artikels ist das Problem Liturgie der Kirche — Liturgie der Teilkirche verborgen, das durch die Ekklesiologie des Konzils bald überholt sein wird).

Der *zweite Teil* dieses Kapitels behandelt in den Artikeln 14–20 die liturgische Ausbildung und die tätige Teilnahme an der Liturgie.

Mit Berufung auf das Wesen der Liturgie und speziell auf das gemeinsame Priestertum aller Glaubenden fordert Artikel 14 die „volle, bewußte und tätige Teilnahme" aller an der Liturgie. Und ebendies wird im gleichen Artikel als Norm aller liturgischen Reformen statuiert (was, wie das Konzil sagt, natürlich eine entsprechende Überzeugung des Klerus voraussetzt). Die vom Konzil weitergeführte und auch für die Zukunft weiter gewünschte Liturgiereform ist in manchen Kreisen der Kirche auf Befremden und Widerstände gestoßen, wobei deren Ausmaß freilich übertrieben dargestellt wurde. Befremdet, nicht eigentlich verwirrt waren jene Schichten des vielzitierten und vielfach überschätzten „gläubigen Volkes", die Liturgie primär als Brauchtum und Folklore ansehen und den direkten religiösen Anspruch einer erneuerten Liturgie als lästig empfinden. Es handelt sich um jene Schichten, denen die Heilssorge der Kirche zwar immer zu gelten hat, die aber keinesfalls zum Maßstab kirchlichen Selbstvollzugs gemacht werden dürfen, da sie ohnedies aus eingewurzelter Trägheit nie zum Selbstvollzug der Kirche beitragen (es sei denn als Staffage bei Massendemonstrationen). Die das konkrete Dasein der Kirche tragenden Schichten haben die Liturgiereform überall als längst fällige Besinnung und als Anerkennung ihrer eigenen christlichen Reife begrüßt. Widerstände erheben sich aus sogenannten akademischen Kreisen, deren Angehörige ihre Unfähigkeit zur Kommunikation, ihren Bildungsdünkel und ihr steriles Verhältnis zur Geschichte hinter dem Anspruch besonderer Kirchlichkeit zu tarnen suchen, indem sie ihre Ressentiments als Maßstab des Katholischen ausgeben. Dem Konzil war es leichter, als dies einzelnen Bischofskonferenzen und Bischöfen geworden wäre, diese wortstarken und teilweise einflußreichen, aber in der Humanität gescheiterten tragikomischen Randfiguren der Kirche völlig außer acht zu lassen. Mit der liturgischen Ausbildung im ganzen befassen sich Artikel 15 (über die Liturgiedozenten), Artikel 16 (über den Ort der Liturgiewissenschaft in der theologischen Ausbildung; in theologischen Fakultäten wird Liturgiewissenschaft künftig zu den Hauptfächern gerechnet) und Artikel 17 (über die liturgische Formung des Lebens in Seminarien und Ordensinstituten). Artikel 18 sieht Hilfen aller Art vor, damit die Seelsorger in der Praxis selbst liturgisch weitergebildet werden und, so Artikel 19, auch die ihnen Anvertrauten liturgisch bilden. Etwas unorganisch angefügt ist Artikel 20 über taktvolle und würdige Übertragung heiliger Handlungen in Rundfunk und Fernsehen, ein Thema, das im Dekret über die sozialen Kommunikationsmittel übergangen wurde.

Der *dritte Teil* dieses Kapitels beschäftigt sich in den Artikeln 21–40 mit der Erneuerung der Liturgie.

Artikel 21 erklärt, es sei der Wunsch der Kirche, eine allgemeine Erneuerung der Liturgie in die Wege zu leiten. Er erklärt es ferner als Pflicht, alle Teile der Liturgie zu ändern, die reformbedürftig geworden sind, und er setzt als Grundsatz der Reform fest: Texte und Riten müssen das Bezeichnete deutlicher zum Ausdruck bringen; das christliche Volk muß sie „möglichst leicht erfassen und in voller, tätiger und gemeinschaftlicher Teilnahme mitfeiern" können. Dieser Artikel enthält damit das Grundgesetz aller Liturgiereform. Es wird im folgenden in mehreren Unterteilen konkretisiert.

Unterteil A enthält in den Artikeln 22–25 allgemeine Regeln. Artikel 22 bestimmt die für die liturgische Ordnung zuständige Autorität und nennt erstmals in diesem Konzil die Bischofskonferenzen. Artikel 23 bezeichnet die konkreten Grundlagen der Liturgiereform: gründliche Untersuchungen, Beachtung der allgemeinen Gestalt- und Sinngesetze der Liturgie und der Erfahrungen der neuesten Zeit, Einführung von Neuerungen, wenn davon sicher ein Nutzen für die Kirche zu erhoffen ist, Sorge für organisches Wachstum, schließlich Vermeidung allzu starker Unterschiede in den Riten benachbarter Gebiete. Artikel 24 mißt der Heiligen Schrift größtes Gewicht für die Liturgiefeier zu und wünscht darum ein inniges, lebendiges Ergriffensein von der Schrift. Damit klingt erstmals dieses für das Konzil so wichtige Thema an. Artikel 25 wünscht kurz und bündig eine baldigste Revision der liturgischen Bücher.

Unterteil B behandelt in den Artikeln 26–32 Regeln aus dem Wesen der Liturgie als hierarchischer und gemeinschaftlicher Handlung. Er macht damit unmißverständlich klar, daß die Liturgie der Kirche nicht eine bloße Klerikersache ist. In Artikel 26 wird eingeschärft, daß die liturgischen Handlungen nicht privater Natur sind, sondern Feiern der Kirche, die das „Sakrament der Einheit" ist. Sie gehen den ganzen Leib der Kirche an (das Beiwort „mystisch" ist in der deutschen Übersetzung hier überflüssigerweise eingefügt worden, es ist im lateinischen Text nicht enthalten); die einzelnen Glieder sind entsprechend ihrer Verschiedenheit beteiligt. Wo Riten auf gemeinschaftliche Feier angelegt sind, sagt Artikel 27, ist diese zu bevorzugen. „Dies gilt vor allem für die Feier der Messe", wenn diese auch „in jedem Fall öffentlichen und sozialen Charakter hat". Artikel 28 ist für eine ernstgemeinte Liturgiereform von großer Bedeutung. Er besagt, daß in der Liturgie jeder nur das, aber auch all das tun soll, was ihm aus der Natur der Sache und gemäß den liturgischen Normen zukommt (die Anwendung ist vielfältig; so soll z. B. der Amtspriester nicht tun, was Sache der Laien ist; ein Priester soll nicht „diakonieren" usw.). Artikel 29 beschäftigt sich mit den Laien, die in der Liturgie eine eigene Funktion haben, angefangen mit den Ministranten. Sie alle „vollziehen einen wahrhaft liturgischen Dienst" und sind so nicht bloße Handlanger des Priesters. Von historischem Interesse ist, daß dazu auch „die Mitglieder der Kirchenchöre" gehören, also auch Frauen, während noch eine römische Instruktion von 1958 einen delegierten liturgischen Dienst auf männliche Chormitglieder beschränkt hatte. Artikel 30 möchte die Weisen, auf die die

Gemeinde als ganze ihre aktive Teilnahme bekundet, gefördert sehen. Artikel 31 schreibt vor, daß auch die Rubriken den Artikel der Gläubigen vorsehen (und nicht nur von Klerikern sprechen). Nach Artikel 32 darf in der Liturgie ein Ansehen von Person und Rang (außer der Würde der Geweihten und der liturgischen Ehrung der weltlichen Autorität) nicht gelten.

Unterteil C enthält in den Artikeln 33–36 Regeln aus dem belehrenden und seelsorglichen Charakter der Liturgie. Artikel 33 mit seiner Aussage über den auf- und absteigenden Aspekt der Liturgie (von Gott zum Volk und umgekehrt) hätte gut schon früher in der Wesensbeschreibung der Liturgie Platz gehabt. In gleicher Weise hätte Artikel 34 zur Grundnorm der Liturgiereform gehört: die Riten sollen einfach, knapp, durchschaubar sein und nicht vieler Erklärungen bedürfen. Freilich hat der Artikel auch an dieser Stelle sein volles Gewicht und seine Maßgeblichkeit für praktisch sämtliche Bereiche der Liturgie. Artikel 35 enthält 4 Punkte über die Verbindung von Ritus und Wort, nämlich in der Schriftlesung, in der Predigt, in der Unterweisung (außerhalb der Predigt, aber innerhalb der Liturgie, besonders in romanischen Ländern beliebt) und im Wortgottesdienst (hier wird vom Konzil zum erstenmal der Diakon als Leiter eines priesterlosen Gottesdienstes anerkannt). Artikel 36 handelt in 4 Punkten über die Sprache im Gottesdienst. In den lateinischen Riten (das Konzil verwendet den Plural und deutet damit an, daß der lateinische Ritus nicht uniform ist und zu sein braucht) soll die lateinische Sprache erhalten bleiben; der Muttersprache soll ein weiterer Raum zugebilligt werden; Autoritäten dafür sind die Bischofskonferenzen mit Bestätigung durch den Apostolischen Stuhl; Übersetzungen sollen (wegen der Einheitlichkeit) von diesen Autoritäten gebilligt werden. Es ist heute, nachdem die nachkonziliare liturgische Arbeit in der Sprachenfrage entschlossen vorgegangen ist, leicht, die Forderung einer arkanen Sakralsprache als Nonsens und diese selbst als museales Relikt und als Widerspruch gegen das kommunikative Wesen der Sprache zu entlarven. Die Verdienstlichkeit dieses Artikels sollte darüber nicht vergessen werden. Freilich sind bisher die sprachlichen Probleme noch nicht gelöst, denn die bloße Übersetzung des in Jahrhunderten erstarrten liturgischen Textes hat erst recht neue Schwierigkeiten aufgeworfen.

Unterteil D geht in den Artikeln 37–40 auf die Regeln zur Anpassung an die Eigenart und Überlieferungen der Völker ein. Wie so viele Artikel dieser Einzelregeln hat auch Artikel 37 grundsätzliche Bedeutung, wenn er sagt, die Kirche wünsche dort, wo Glaube und Allgemeinwohl nicht betroffen sind, eine starre Einheitlichkeit der Form nicht zur Pflicht zu machen. So soll das Brauchtum der Völker sogar Einlaß in die Liturgie erhalten (vorausgesetzt, daß es dieses Brauchtum in einer Zeit nivellierender Weltzivilisation noch gibt und seine Übernahme in die Liturgie nicht als Anachronismus empfunden wird!). Der wichtige

Artikel 38 stellt fest, daß es auch im römischen Ritus berechtigte Vielfalt gibt. Artikel 39 umreißt die Aufgaben der zuständigen Autorität in Sachen dieser Anpassung. Genaueres dazu sagt Artikel 40.

Der *vierte Teil* dieses I. Kapitels hat die Förderung des liturgischen Lebens in Bistum und Pfarrei zum Thema. Artikel 41 zeigt den Bischof als den Liturgen seines Bistums (ein Thema, das mehrere andere Konzilstexte aufgreifen) unter besonderer Erwähnung der Liturgie in der Kathedralkirche. Gleichfalls für die weitere konziliare Entwicklung sehr wichtig war Artikel 42 mit der Aussage, daß die Ortsgemeinden (Pfarreien) in gewisser Weise die ganze sichtbare Kirche darstellen. Von da aus werden das liturgische Leben der Pfarrei und vor allem der Pfarrgottesdienst am Sonntag besonders hervorgehoben.

Der *fünfte Teil* des Kapitels spricht in den Artikeln 43–46 von der Förderung der pastoralliturgischen Bewegung. Artikel 43 enthält die bemerkenswerte Feststellung, daß die Liturgische Bewegung vom Heiligen Geist Gottes selber bewirkt wurde. Ähnliches sagen später das Dekret über den Ökumenismus von der Ökumenischen Bewegung und das Dekret über das Laienapostolat von der Laienbewegung, so daß (nimmt man noch die Offenbarungskonstitution mit ihren Ausführungen über die Heilige Schrift hinzu) alle großen innerkirchlichen „Bewegungen" dieses Jahrhunderts vom Konzil als geistgewirkt anerkannt sind. Die Artikel 44–46 handeln von den interdiözesanen und diözesanen Instituten und Kommissionen, die pastoralliturgisch arbeiten sollen.

Das II. Kapitel spricht in 12 Artikeln über das „heilige Geheimnis der Eucharistie" („Geheimnis" wurde hier gewählt, um in möglichst ökumenischer Sprache Opfer und Sakrament in einem zu bezeichnen). Artikel 47 enthält eine theologische Beschreibung der Eucharistie, wobei zwei Elemente besonders bemerkenswert sind. Es ist von einem „Fortdauernlassen" des Kreuzesopfers die Rede, während die Ausdrücke „Vergegenwärtigen" (Konzil von Trient) und „Erneuern" (neuere päpstliche Texte) absichtlich vermieden werden. Die Eucharistiefeier wird mit einem in der jüngsten evangelischen Diskussion viel verwendeten Wort als „Memoriale", „Gedächtnisfeier", des Todes und der Auferstehung Jesu bezeichnet. Artikel 48 nimmt die Hauptsorge dieser Konstitution wieder auf: die Christen dürfen nicht Außenstehende oder stumme Zuschauer bei der Eucharistiefeier sein; sie sollen das Mysterium verstehen lernen, und zwar gerade durch die Riten und Gebete der Feier selbst, und so zur bewußten, frommen und tätigen Mitfeier kommen. Der Artikel beschreibt im weiteren, wie die Gläubigen das Opfer durch den Priester und gemeinsam mit ihm darbringen, und nennt das Ziel: immer vollere Einheit mit Gott und untereinander. Nach Artikel 49 ist gerade für die Messen, die mit dem Volk gefeiert werden, eine Reform der Riten notwendig. Diese soll nach Artikel 50 auch den Meß-ordo (die „unveränderlichen Teile") einbeziehen, immer unter dem Gesichtspunkt der tätigeren Teilnahme. Die Substanz der Riten — die nicht präzisiert wird — soll gewahrt bleiben; eine Rückkehr zu alt-ehrwürdigen Formen wird nur angeregt, soweit sie angebracht oder nötig erscheint. Das Konzil vermeidet es bewußt, irgendeine der durch verdienstvolle Forschung in diesem Jahrhundert genauer erkannten Frühformen der lateinischen Messe als Ideal aufzustellen. Artikel 51 verlangt mit einer Wendung, die manchen als besonders treffend erscheint, eine reichere Bereitung des „Tisches des Wortes Gottes". Dazu soll helfen, daß die wichtigsten Teile der Schrift im Lauf einiger Jahre im Gottesdienst vorgelesen werden; ferner daß, so Artikel 52, die Homilie sehr empfohlen wird, besonders nachdrücklich für Sonn- und Feiertage. Artikel 53 wünscht die Wiedereinführung der Fürbitten, gerade unter dem Gesichtspunkt der Teilnahme des Volkes an der Liturgie. Artikel 54 geht auf die Muttersprache in der Messe ein. Der Rückverweis auf Artikel 40 macht großzügige Lösungen möglich. Im ersten Teil von Artikel 55 wird ein Wunsch der Enzyklika „Mediator Dei" „mit Nachdruck" wiederholt, der auch ökumenisch von großer Bedeutung ist: die Kommunion soll aus derselben Feier, also möglichst nicht aus dem Tabernakel, genommen werden; das wird als „vollkommenere Teilnahme" an der Messe bezeichnet. Ohne viel Aufhebens gestattet der zweite Teil des Artikels den „Laienkelch", unbeschadet der dogmatischen Prinzipien des Konzils von Trient, und gibt einige Anregungen, in welchen Fällen unter anderen möglichen (da die Zahl der Teilnehmer noch beschränkt bleibt, wohl nach hygienischen und praktischen Gesichtspunkten) künftig die Kommunion unter beiden Gestalten auch im lateinischen Ritus möglich sein kann. Artikel 56 stellt fest, daß Wortgottesdienst und Eucharistiefeier zusammen *einen* Kultakt darstellen, an dem vor allem sonn- und feiertags ganz teilgenommen werden sollte. Die Artikel 57 und 58 beschäftigen sich mit der Konzelebration. Sie soll weiter ausgedehnt werden, da sie „die Einheit des Priestertums passend in Erscheinung" bringt. Natürlich will das Konzil nur einen großzügigeren Weg bahnen, um ohne Nachteile für die einzelnen Priester die Unzuträglichkeiten vieler Einzelmessen abzuschaffen; es will jedoch sicher nicht die Konzelebration für Fälle vorsehen, in denen eine „gewöhnliche" Teilnahme von Priestern an einer Eucharistiefeier angemessener wäre und auch den Anschein einer neuen Klerikalisierung der Liturgie besser vermeiden würde. Somit ist es diesem wichtigen II. Kapitel gelungen, mehrere, zum Teil schon jahrhundertealte Streitpunkte friedlich zu bereinigen. Daß es, gerade wegen der Sorge um kontinuierlichen Übergang, andere anstehende Fragen — z. B. die Gestaltung der Eucharistiefeier als wirkliches Mahl, ohne völlige Preisgabe einer Stilisierung, aber auch ohne Hypertrophie des Sakralen und Ästhetischen — nicht aufgreifen konnte, ist verständlich.

Das III. Kapitel spricht in 24 Artikeln über die übrigen Sakramente und über die Sakramentalien. Artikel 59 zeichnet das theologische Wesen der Sakramente in der für dieses Konzil typischen nichtscholastischen Sprache nach, wobei aber der ekklesiologische Aspekt nur vorsichtig angedeutet wird („Aufbau des Leibes Christi"). Er wird in Artikel 63 mehr hervorgehoben, wo gewünscht wird, die Ritualien sollen Unterweisungen auch über die „soziale Bedeutung" der Sakramente enthalten. Sehr wichtig sei es, daß die sakramentalen Zeichen leicht verstanden werden. Artikel 60 interpretiert die Sakramentalien im Sinn des bisherigen kirchlichen Rechtsbuches als heilige Zeichen „in einer gewissen Nachahmung der Sakramente". Sie sollen dazu dienen, die Wirkung der Sakramente selbst aufzunehmen (ein guter Hinweis z. B. auf den Sinn des Weihwassers in seinem Zusammenhang mit der Taufe), aber auch das Leben „in seinen verschiedenen Gegebenheiten" zu heiligen. Die immerhin diskutierbare Frage, ob die „consecratio mundi" gerade dadurch am besten geschieht, daß möglichst viele Dinge des Profangebrauchs (Maschinen, Verkehrsmittel, Fabriken) gesegnet werden, wird nicht aufgegriffen. Auch wird die Gelegenheit nicht wahrgenommen, den Unterschied zwischen Segnung (die eine Fürbitte ist) und Weihe (als bleibende Übereignung an Gott) deutlicher zu machen. Artikel 61 hebt den mehr individuellen Aspekt der Sakramente und Sakramentalien in den verschiedenen Lebenssituationen des Menschen hervor. Artikel 62 sagt, die Riten der Sakramente und Sakramentalien seien zu reformieren, da sich im Lauf der Zeit einiges eingeschlichen habe, was sie in ihrem Wesen und Ziel weniger einsichtig macht. Kennzeichnend ist, daß nun Artikel 63 sogleich die Sprache nennt und ohne weiteres, also sogar bei den sakramentalen Formeln selbst, den möglichen Gebrauch der Muttersprache vorsieht. Der Artikel verlangt ferner baldmöglichst die Neuschaffung von Ritualien für die einzelnen (lateinischen) Regionen der Kirche auf der Basis eines neuen römischen Rahmen-Rituales. Von da aus wendet sich das Kapitel konkreten Reformen einzelner Sakramente und Sakramentalien zu. Artikel 64 sieht die Neuschaffung eines mehrstufigen Katechumenats vor (über diese Frage findet sich Weiteres im Missionsdekret, Artikel 14; zum theologischen Ort der Katechumenen *in* der Kirche vgl. Kirchenkonstitution, Artikel 14); nach Artikel 65 sollen einheimische Elemente in die Riten der christlichen Initiation übernommen werden dürfen. Mit Reformen der Erwachsenen- und Kindertaufe beschäftigen sich die Artikel 66–69 (hervorzuheben ist aus Artikel 67, daß künftig die Rolle der Eltern und Paten bei der Kindertaufe besser berücksichtigt werden soll; es ist zu hoffen, daß bei der Überarbeitung dieses Ritus auch die Teufelsaustreibungen verschwinden). Artikel 71 gilt dem Firmritus, 72 dem Bußritus, 73–75 der Krankensalbung, 76 dem Weiheritus, 77–78 dem Trauungsritus. Artikel 79 sieht die Überarbeitung der Sakramentalien vor „im Sinne des obersten Grundsatzes von der bewußten, tätigen und leicht zu vollziehenden Teilnahme der Gläubigen und im Hinblick auf die Erfordernisse unserer Zeit", wobei jedoch die Möglichkeit der Schaffung neuer Sakramentalien erwähnt wird. Nur sehr wenige Segnungen sollen in Zukunft noch „reserviert" sein, und zwar nur Bischöfen und Ordinarien. Dagegen sollen auch Laien manche Sakramentalien spenden können. Artikel 80 befaßt sich mit der Ritenreform bei Jungfrauenweihe und Profeß, 81 mit der des (von düsteren mythologischen Elementen durchsetzten) Totengottesdienstes und 82 mit der des Kinderbegräbnisses. Der Reformbereich ist also nicht gerade klein. Es ist eher zu wünschen, daß all diese Reformen nicht zu schnell entworfen werden, vor allem nicht die Neufassungen der Gebete und Spendeformeln, da gerade die Sprache stilistischer und theologischer Reife bedarf.

Das IV. Kapitel enthält 19 Artikel über das Stundengebet. Es versucht einen Ausgleich zwischen der ehrwürdigen monastischen Tradition und der heutigen Existenz eines (Welt-)Priesters, wobei freilich das erste Moment eindeutig den Sieg davongetragen hat. Artikel 83 faßt das Stundengebet gleichsam als Fortsetzung des menschlichen Gebetes Jesu auf. Artikel 84 bezeichnet es als Weihe des gesamten Ablaufs des Tages und der Nacht, wie das genau der Mönchstradition entspricht. Artikel 85 erklärt das Gebet aller, die dieses Stundengebet vollbringen, zum Gebet „im Namen der Mutter Kirche", ohne zu sagen, wie sich dies von anderem Beten genauer unterscheidet. In Artikel 86 werden speziell die Seelsorger zum Stundenlob ermahnt. Dieses aber bedarf einer Fortführung der Reform, die schon vor dem Konzil begonnen hat, wie Artikel 87 feststellt (wobei der römische Ritus gemeint ist; vgl. dazu Ostkirchendekret, Artikel 15 und 22). Grundsatz der Reform ist, die „Horen" möchten zur entsprechenden Tageszeit verrichtet werden, sagt Artikel 88. Dazu gibt Artikel 89 konkrete Anordnungen (mit kleinen Kürzungen des bisherigen Breviers). Artikel 90 wünscht ein persönlich beteiligtes Beten des Stundengebetes und darum eine bessere liturgische und biblische Bildung des Klerus, besonders in der Psalmenkenntnis. Nach Artikel 91 sollen die Psalmen auf einen längeren Zeitraum als eine Woche verteilt und die Revision des lateinischen Psalters soll fortgeführt werden. Artikel 92 geht auf die Lesungen des Stundengebets ein und fordert eine bessere Auswahl (sowie hinsichtlich der Heiligenleben historische Wahrheit). Eine Reform der Hymnen wird in Artikel 93 vorgesehen (hier heißt es ausdrücklich, sie sollen von mythologischen Zügen gereinigt werden). Artikel 94 wünscht möglichst Übereinstimmung von „Horen" und Tagesablauf. Die Artikel 95–97 handeln von der Verpflichtung zum Stundengebet, jedoch ohne den moraltheologischen Grad dieser Verpflichtung, die den „privat" Betenden allgemein erst seit 1917 betrifft, anzugeben. Ordensgemeinschaften, die nur Teile des Stundengebets entsprechend ihren Satzungen

verrichten, beten nach Artikel 98 ebenfalls „im Namen der Kirche". In
Artikel 99 wird vor allem den Priestern empfohlen, wenigstens einen Teil
des Stundengebets gemeinsam zu beten. Das monastische Übergewicht
dieses Kapitels zeigt sich auch in dem Schlußsatz dieses Artikels, das
gesungene Stundengebet habe den Vorzug. Artikel 100 sucht das gemeinsame Stundengebet in der Kirche zu fördern und empfiehlt dessen
gemeinsames oder privates Beten auch den Laien. Nach Artikel 101
kann der Ordinarius den Gebrauch der Muttersprache beim Stundengebet der Kleriker gestatten; wo es ein Kleriker gemeinsam mit Laien
oder Ordensleuten in der Muttersprache verrichtet, erfüllt er (ohne
weitere Erlaubnis) seine Pflicht.

Das V. Kapitel spricht in 11 Artikeln vom liturgischen Jahr. Dieses
setzt sich nach Artikel 102 aus stetigen Gedächtnisfeiern zusammen, die
während des Jahres in dreifacher Weise begegnen: am Sonntag (dem
Auferstehungsgedächtnis), an Ostern (dem höchsten Fest) und in den
Festkreisen. In diesem gedenkenden Feiern werden nach dem Wortlaut
des Artikels „die Mysterien der Erlösung jederzeit gewissermaßen
gegenwärtig gemacht". Das berechtigte Anliegen der sogenannten
Mysterientheologie ist damit in etwa berücksichtigt. Artikel 103 spricht
über die Verehrung Marias (vgl. dazu Kirchenkonstitution, Kapitel
VIII), Artikel 104 über die der anderen Heiligen (vgl. ebd. Kapitel VII).
Artikel 105 erwähnt die Teile des Kirchenjahrs, die einer intensiveren
Frömmigkeit (auch in Werken der Liebe) dienen (z. B. Fastenzeit).
Artikel 106 nennt den Sonntag den „Ur-Feiertag", an dem das Pascha-
Mysterium gefeiert wird. Er soll ein Tag der Freude und der Muße werden, sagt das Konzil, und andere liturgische Feste sollen ihm möglichst
nicht vorgezogen werden. Nach Artikel 107 ist auch das liturgische
Jahr erneuerungsbedürftig. Artikel 108 wünscht eine besondere Aufmerksamkeit gegenüber dem heilsgeschichtlichen Herrenfesten und
einen Vorrang des Herrenjahres vor den Heiligenfesten. Nach Artikel
109 soll der Doppelcharakter der Fastenzeit, Tauferinnerung (oder
-vorbereitung) und Buße zur Vorbereitung der Osterfeier, neu betont
werden. In sehr schöner Form kommen in Abschnitt b) der ekklesiologische Aspekt der Sünde und „die Rolle der Kirche im Bußgeschehen"
zur Geltung. Artikel 110 sieht eine Reform des Buß- und Fastenwesens
vor. Die Buße kann und darf je nach den Umständen verschieden sein,
soll aber auch äußerlich, nämlich in Taten der Liebe, spürbar sein.
„Empfehlungen" zur Bußpraxis kommen der Bischofskonferenz zu.
Das Karfreitagsfasten soll überall bleiben; eventuell soll ein Karsamstags-
fasten eingeführt werden. Auch mit diesem Artikel ist ein Weg frei,
eine lange und zu stark belastete religiöse Praxis zu reformieren, ohne
ihren wirklichen Gehalt zu opfern. Artikel 111 spricht zunächst von der
bleibenden Verehrung der Heiligen, ihrer echten Reliquien und ihrer
Bilder (der Anregung eines spanischen Bischofs, die unechten Reliquien

ehrfürchtig zu begraben und von der Sache nicht weiter zu sprechen, ist das Konzil leider nicht nachgekommen; sie wäre auch für Deutschland, und zwar für nicht unbekannte Fälle — z. B. Aachen, Trier —, aktuell). Der zweite Abschnitt des Artikels wünscht, daß die Heiligenfeste kein Übergewicht haben gegenüber den Festen der eigentlichen Heilsmysterien. „Eine beträchtliche Anzahl" von Heiligenfesten kann Teilkirchen, einzelnen Völkern oder Ordensgemeinschaften überlassen bleiben; die ganze Kirche soll nur Heilige feiern, „die wirklich von allgemeiner Bedeutung sind". Dazu werden wohl nur wenige Heilige gehören.

Das VI. Kapitel enthält 10 Artikel über die Kirchenmusik. Da es sich bei der Kirchenmusik (von Massenware, die es hier wie anderswo auch gibt, abgesehen) um echte Kunst handelt, die von ihrem im guten Sinn esoterischen Wesen her mit dem Wesen der Liturgie und dem obersten Grundsatz der Liturgiereform kaum in Übereinstimmung zu bringen ist, hat die Liturgische Bewegung gerade unter Kirchenmusikern heftige Feinde gefunden. Das Konzil mußte sich damit auseinandersetzen und einen Weg zur Anbahnung des Friedens finden. So spendet es zunächst in Artikel 112 der Kirchenmusik hohes Lob. In Artikel 113 stellt es fest, die liturgische Handlung sei dann (objektiv) am vornehmsten, wenn sie mit Gesang verbunden sei. Da hier die tätige Teilnahme des Volkes erwähnt wird, handelt es sich dabei eher um die sogenannte Gebrauchsmusik. Die Frage nach der Sprache der gesungenen Texte war vom Konzil schon früher entschieden worden (vgl. Artikel 36, 54, 63, 101). Auf die eigentliche Kunstmusik geht Artikel 114 ein. Zunächst wünscht er, was angesichts ihres hohen Ranges selbstverständlich ist, deren bestmögliche Pflege, sagt jedoch nicht, das müsse innerhalb der Liturgie geschehen. Sängerchöre sollen vor allem an den Kathedralkirchen gefördert werden. Einschränkend aber sagt er: Bischöfe und Seelsorger sollen dafür sorgen, daß in *jeder* liturgischen Feier mit Gesang die gesamte Gemeinde tätig Anteil nehmen kann. Artikel 115 handelt von der kirchenmusikalischen Ausbildung. Artikel 116 erkennt dem Gregorianischen Choral einen Ehrenplatz in der römischen Liturgie zu, ohne — so wird ausdrücklich gesagt — andere Arten der Kirchenmusik auszuschließen, wenn sie dem Geist der Liturgie entsprechen. Artikel 117 spricht von den Buchausgaben des Chorals. Nach Artikel 118 soll der religiöse Volksgesang eifrig gepflegt werden. Artikel 119 sieht vor, daß die eigene Musiküberlieferung der Völker, besonders in der Mission, in der Liturgie Raum habe. Artikel 120 preist die Pfeifenorgel und gestattet auch andere Instrumentalmusik. Artikel 121 zeigt sich um die Kirchenmusiker, ihre Kompositionen und die zugrunde liegenden Texte besorgt. Das Kapitel macht deutlich, daß der große kirchenmusikalische Reichtum unbedingt erhalten werden muß, daß aber in der Liturgie selbst die Teilnahme aller den Primat hat. Auf aktuelle

Einzelfragen — z. B. ob ein gesungenes Evangelium wirklich verkündigtes Wort Gottes ist — läßt das Konzil sich nicht ein.

Das VII. Kapitel widmet der sakralen Kunst, dem liturgischen Gewand und Gerät 9 Artikel. Artikel 122, ein vom Geist der Renaissance durchformtes Stück, wählt als Ausgangspunkt das Verhältnis von Kunst und Schönheit. Er lobt die Kirche als Freundin der schönen Künste und erkennt ihr „Schiedsrichteramt" über „sakrale" Kunst an. Nach Artikel 123 gibt es jedoch keinen „Stil der Kirche". Die Freiheit der Kunst — in „sakralen" Grenzen — wird ausdrücklich anerkannt. Artikel 124 wünscht, die Bischöfe möchten bei der Pflege sakraler Kunst mehr auf Schönheit als auf Aufwand bedacht sein. Um das, was künstlerisch in Gotteshäuser und an andere heilige Orte passe, sollen sich die Bischöfe kümmern (eine strikte Urteilsvollmacht wird ihnen aber nicht zugesprochen). Nach Artikel 125 sollen Bilder in den Kirchen bleiben, jedoch nur in mäßiger Zahl und in richtiger Ordnung. Artikel 126 sieht vor, die Bischöfe sollen bei Beurteilung von Kunstwerken die diözesane Kunstkommission (sowie gegebenenfalls Sachverständige und die in den Artikeln 44–46 genannten Kommissionen) hören. Kunstwerke sollen weder veräußert werden noch verkommen. Artikel 127 wünscht, daß sich die Bischöfe um die Künstler kümmern; nötigenfalls sollen Schulen oder Akademien für sakrale Kunst gegründet werden. Im letzten Absatz des Artikels werden die Künstler an ihre Aufgabe in der Kirche erinnert. Nach Artikel 128 sind alle kirchlichen Vorschriften, die „sich auf die Gestaltung der äußeren zur Liturgie gehörigen Dinge beziehen" (als Beispiele werden angeführt: Bau der Gotteshäuser, Gestalt und Errichtung der Altäre, Form, Ort und Sicherheit des Tabernakels, Anlage des Baptisteriums, Bilder), unverzüglich zu revidieren. Hinsichtlich des Materials und der Form von Geräten und Gewändern wird den Bischofskonferenzen die Vollmacht erteilt, die nötigen „Anpassungen" vorzunehmen. Artikel 129 verlangt, daß die Kleriker über sakrale Kunst und Denkmalpflege unterrichtet werden. Der letzte und nicht organisch angefügte Artikel 130 möchte den Gebrauch der Pontifikalien jenen kirchlichen Personen vorbehalten, die Bischöfe sind oder besondere Jurisdiktion haben. Jenes Zugeständnis an menschliche Eitelkeit, daß sich gewiß verdiente Kleriker mit Zeichen schmücken, die die (mehr oder weniger liturgischen) Zeichen der Bischöfe sind, soll also möglichst beseitigt werden. Die Pontifikalien (Mitra, Stab, Ring, Brustkreuz, zahlreiche Gewänder usw.) selbst werden nicht in Frage gestellt.

Der Konstitution ist ein Anhang beigegeben, der sich mit der Kalenderreform befaßt. Das Konzil gibt dazu zwei Erklärungen ab: Einer Festsetzung des Osterdatums auf einen bestimmten Sonntag widersetzt es sich nicht, wenn die von Rom getrennten Christen damit einverstanden sind; gegen einen immerwährenden Kalender wehrt es sich nicht, wenn die Siebentagewoche gewahrt bleibt — es sei denn, ganz schwerwiegende Gründe veranlaßten den Apostolischen Stuhl zu einem anderen Urteil.

Mit diesen mehr peripheren Angelegenheiten endet eine Konstitution, deren Sachaussagen von den „tätig teilnehmenden" Gliedern der Kirche schon lange erwartet wurden und die in der Kirche dennoch wie ein unerwartetes Geschenk empfunden wurde.

Konstitution über die heilige Liturgie

1. Das Heilige Konzil hat sich zum Ziel gesetzt, das christliche Leben unter den Gläubigen mehr und mehr zu vertiefen, die dem Wechsel unterworfenen Einrichtungen den Notwendigkeiten unseres Zeitalters besser anzupassen, zu fördern, was immer zur Einheit aller, die an Christus glauben, beitragen kann, und zu stärken, was immer helfen kann, alle in den Schoß der Kirche zu rufen. Darum hält es das Konzil auch in besonderer Weise für seine Aufgabe, sich um Erneuerung und Pflege der Liturgie zu sorgen.

2. In der Liturgie, besonders im heiligen Opfer der Eucharistie, „vollzieht sich" „das Werk unserer Erlösung"[1], und so trägt sie in höchstem Maße dazu bei, daß das Leben der Gläubigen Ausdruck und Offenbarung des Mysteriums Christi und des eigentlichen Wesens der wahren Kirche wird, der es eigen ist, zugleich göttlich und menschlich zu sein, sichtbar und mit unsichtbaren Gütern ausgestattet, voll Eifer der Tätigkeit hingegeben und doch frei für die Beschauung, in der Welt zugegen und doch unterwegs; und zwar so, daß dabei das Menschliche auf das Göttliche hingeordnet und ihm untergeordnet ist, das Sichtbare auf das Unsichtbare, die Tätigkeit auf die Beschauung, das Gegenwärtige auf die künftige Stadt, die wir suchen[2]. Dabei baut die Liturgie täglich die, welche drinnen sind, zum heiligen Tempel im Herrn auf, zur Wohnung Gottes im Geist[3] bis zum Maße des Vollalters Christi[4]. Zugleich stärkt sie wunderbar

---

[1] Sekret des 9. Sonntags nach Pfingsten.
[2] Vgl. Hebr 13, 14.   [3] Vgl. Eph 2, 21–22.   [4] Vgl. Eph 4, 13.

deren Kräfte, daß sie Christus verkünden. So stellt sie denen, die draußen sind, die Kirche vor Augen als Zeichen, das aufgerichtet ist unter den Völkern [5]. Unter diesem sollen sich die zerstreuten Söhne Gottes zur Einheit sammeln[6], bis eine Herde und ein Hirt wird[7].

3. Darum beschließt das Heilige Konzil, für die Förderung und Erneuerung der Liturgie folgende Grundsätze ins Gedächtnis zu rufen und praktische Richtlinien aufzustellen.

Unter diesen Grundsätzen und Richtlinien sind manche, die sowohl auf den römischen Ritus wie auf alle Riten angewandt werden können und müssen. Indes sind die folgenden praktischen Richtlinien so zu verstehen, daß sie nur für den römischen Ritus gelten, es sei denn, es handle sich um Normen, die aus der Natur der Sache auch die anderen Riten angehen.

4. Treu der Überlieferung erklärt das Heilige Konzil schließlich, daß die heilige Mutter Kirche allen rechtlich anerkannten Riten gleiches Recht und gleiche Ehre zuerkennt. Es ist ihr Wille, daß diese Riten in Zukunft erhalten und in jeder Weise gefördert werden, und es ist ihr Wunsch, daß sie, soweit es not tut, in ihrem ganzen Umfang gemäß dem Geist gesunder Überlieferung überprüft und im Hinblick auf die Verhältnisse und Notwendigkeiten der Gegenwart mit neuer Kraft ausgestattet werden.

ERSTES KAPITEL

ALLGEMEINE GRUNDSÄTZE
ZUR ERNEUERUNG UND FÖRDERUNG DER HEILIGEN LITURGIE

I. Das Wesen der heiligen Liturgie und ihre Bedeutung für das Leben der Kirche

5. Gott, der „will, daß alle Menschen gerettet werden und zur Erkenntnis der Wahrheit gelangen" (1 Tim 2, 4), „hat in früheren Zeiten vielfach und auf vielerlei Weise durch die Propheten

[5] Vgl. Is 11, 12.   [6] Vgl. Jo 11, 52.   [7] Vgl. Jo 10, 16.

zu den Vätern gesprochen" (Hebr 1, 1). Als aber die Fülle der Zeiten kam, sandte er seinen Sohn, das Wort, das Fleisch angenommen hat und mit dem Heiligen Geist gesalbt worden ist, den Armen das Evangelium zu predigen und zu heilen, die zerschlagenen Herzens sind[8], „den Arzt für Leib und Seele"[9], den Mittler zwischen Gott und den Menschen[10]. Denn seine Menschheit war in der Einheit mit der Person des Wortes Werkzeug unseres Heils. So ist in Christus „hervorgetreten unsere vollendete Versöhnung in Gnaden, und in ihm ist uns geschenkt die Fülle des göttlichen Dienstes"[11].

Dieses Werk der Erlösung der Menschen und der vollendeten Verherrlichung Gottes, dessen Vorspiel die göttlichen Machterweise am Volk des Alten Bundes waren, hat Christus, der Herr, erfüllt, besonders durch das Pascha-Mysterium: sein seliges Leiden, seine Auferstehung von den Toten und seine glorreiche Himmelfahrt. In diesem Mysterium „hat er durch sein Sterben unseren Tod vernichtet und durch sein Auferstehen das Leben neugeschaffen"[12]. Denn aus der Seite des am Kreuz entschlafenen Christus ist das wunderbare Geheimnis der ganzen Kirche hervorgegangen[13].

6. Wie daher Christus vom Vater gesandt ist, so hat er selbst die vom Heiligen Geist erfüllten Apostel gesandt, nicht nur das Evangelium aller Kreatur zu verkünden[14], die Botschaft, daß der Sohn Gottes uns durch seinen Tod und seine Auferstehung der Macht des Satans entrissen[15] und in das Reich des Vaters versetzt hat, sondern auch das von ihnen verkündete Heilswerk zu vollziehen durch Opfer und Sakrament, um die das ganze liturgische Leben kreist. So werden die Menschen durch die Taufe in das Pascha-Mysterium Christi eingefügt. Mit Christus gestorben, werden sie mit ihm begraben und mit ihm aufer-

[8] Vgl. Is 61, 1; Lk 4, 18.
[9] Ignatius von Antiochien, Ad Ephesios, 7, 2: ed. F. X. Funk, Patres Apostolici, I (Tübingen 1901) 218.
[10] Vgl. 1 Tim 2, 5.
[11] Sacramentarium Veronense (Leonianum): ed. C. Mohlberg (Rom 1956) n. 1265 S. 162.
[12] Osterpräfation im Missale Romanum.
[13] Vgl. die Oration nach der zweiten Lesung am Karsamstag, im Missale Romanum, vor der Erneuerung der Karwoche.
[14] Vgl. Mk 16, 15.
[15] Vgl. Apg 26, 18.

weckt[16]. Sie empfangen den Geist der Kindschaft, „in dem wir Abba, Vater, rufen" (Röm 8, 15) und werden so zu wahren Anbetern, wie der Vater sie sucht[17]. Ebenso verkünden sie, sooft sie das Herrenmahl genießen, den Tod des Herrn, bis er wiederkommt[18]. Deswegen wurden am Pfingstfest, an dem die Kirche in der Welt offenbar wurde, „diejenigen getauft, die das Wort" des Petrus „annahmen". Und „sie verharrten in der Lehre der Apostel, in der Gemeinschaft des Brotbrechens, im Gebet . . . sie lobten Gott und fanden Gnade bei allem Volk" (Apg 2, 41–47).

Seither hat die Kirche niemals aufgehört, sich zur Feier des Pascha-Mysteriums zu versammeln, dabei zu lesen, „was in allen Schriften von ihm geschrieben steht" (Lk 24, 27), die Eucharistie zu feiern, in der „Sieg und Triumph seines Todes dargestellt werden"[19], und zugleich „Gott für die unsagbar große Gabe dankzusagen" (2 Kor 9, 15), in Christus Jesus „zum Lob seiner Herrlichkeit" (Eph 1, 12). All das aber geschieht in der Kraft des Heiligen Geistes.

7. Um dieses große Werk voll zu verwirklichen, ist Christus seiner Kirche immerdar gegenwärtig, besonders in den liturgischen Handlungen. Gegenwärtig ist er im Opfer der Messe sowohl in der Person dessen, der den priesterlichen Dienst vollzieht — denn „derselbe bringt das Opfer jetzt dar durch den Dienst der Priester, der sich einst am Kreuz selbst dargebracht hat"[20] —, wie vor allem unter den eucharistischen Gestalten. Gegenwärtig ist er mit seiner Kraft in den Sakramenten, so daß, wenn immer einer tauft, Christus selber tauft[21]. Gegenwärtig ist er in seinem Wort, da er selbst spricht, wenn die heiligen Schriften in der Kirche gelesen werden. Gegenwärtig ist er schließlich, wenn die Kirche betet

---

[16] Vgl. Röm 6, 4; Eph 2, 6; Kol 3, 1; 2 Tim 2, 11.

[17] Vgl. Jo 4, 23.

[18] Vgl. 1 Kor 11, 26.

[19] Konzil von Trient, Sess. XIII, 11. Okt. 1551, Decr. De ss. Eucharist., c. 5: Concilium Tridentinum, Diariorum, Actorum, Epistularum, Tractatuum nova collectio, ed. Soc. Goerresiana, Bd. VII. Actorum pars IV (Freiburg i. Br. 1961) 202.

[20] Konzil von Trient, Sess. XXII, 17. Sept. 1562, Doctr. De ss. Missae sacrif., c. 2: Concilium Tridentinum. Ed. cit., Bd. VIII. Actorum pars V (Freiburg i. Br. 1919) 960.

[21] Vgl. Augustinus, In Ioannis Evangelium Tractatus VI, cap. I, n. 7: PL 35, 1428.

und singt, er, der versprochen hat: „Wo zwei oder drei versammelt sind in meinem Namen, da bin ich mitten unter ihnen" (Mt 18, 20).

In der Tat gesellt sich Christus in diesem großen Werk, in dem Gott vollkommen verherrlicht und die Menschheit geheiligt werden, immer wieder die Kirche zu, seine geliebte Braut. Sie ruft ihren Herrn an, und durch ihn huldigt sie dem ewigen Vater.

Mit Recht gilt also die Liturgie als Vollzug des Priesteramtes Jesu Christi; durch sinnenfällige Zeichen wird in ihr die Heiligung des Menschen bezeichnet und in je eigener Weise bewirkt und vom mystischen Leib Jesu Christi, d. h. dem Haupt und den Gliedern, der gesamte öffentliche Kult vollzogen.

Infolgedessen ist jede liturgische Feier als Werk Christi, des Priesters, und seines Leibes, der die Kirche ist, in vorzüglichem Sinn heilige Handlung, deren Wirksamkeit kein anderes Tun der Kirche an Rang und Maß erreicht.

8. In der irdischen Liturgie nehmen wir vorauskostend an jener himmlischen Liturgie teil, die in der heiligen Stadt Jerusalem gefeiert wird, zu der wir pilgernd unterwegs sind, wo Christus sitzt zur Rechten Gottes, der Diener des Heiligtums und des wahren Zeltes[22]. In der irdischen Liturgie singen wir dem Herrn mit der ganzen Schar des himmlischen Heeres den Lobgesang der Herrlichkeit. In ihr verehren wir das Gedächtnis der Heiligen und erhoffen Anteil und Gemeinschaft mit ihnen. In ihr erwarten wir den Erlöser, unseren Herrn Jesus Christus, bis er erscheint als unser Leben und wir mit ihm erscheinen in Herrlichkeit[23].

9. In der heiligen Liturgie erschöpft sich nicht das ganze Tun der Kirche; denn ehe die Menschen zur Liturgie hintreten können, müssen sie zu Glauben und Bekehrung gerufen werden: „Wie sollen sie den anrufen, an den sie nicht glauben? Wie sollen sie an den glauben, von dem sie nichts gehört haben? Wie sollen sie aber hören ohne Prediger? Doch wie sollen sie predigen, wenn sie nicht gesandt sind?" (Röm 10, 14–15).

Darum verkündet die Kirche denen, die nicht glauben, die Botschaft des Heils, damit alle Menschen den allein wahren

---

[22] Vgl. Apk 21, 2; Kol 3, 1; Hebr 8, 2.
[23] Vgl. Phil 3, 20; Kol 3, 4.

Gott erkennen und den, den er gesandt hat, Jesus Christus, und daß sie sich bekehren von ihren Wegen und Buße tun[24]. Denen aber, die schon glauben, muß sie immer wieder Glauben und Buße verkünden und sie überdies für die Sakramente bereiten. Sie muß sie lehren, alles zu halten, was immer Christus gelehrt hat[25], und sie ermuntern zu allen Werken der Liebe, der Frömmigkeit und des Apostolates. Durch solche Werke soll offenbar werden, daß die Christgläubigen zwar nicht von dieser Welt sind, daß sie aber Licht der Welt sind und den Vater vor den Menschen verherrlichen.

10. Dennoch ist die Liturgie der Höhepunkt, dem das Tun der Kirche zustrebt, und zugleich die Quelle, aus der all ihre Kraft strömt. Denn die apostolische Arbeit ist darauf hingeordnet, daß alle, durch Glauben und Taufe Kinder Gottes geworden, sich versammeln, inmitten der Kirche Gott loben, am Opfer teilnehmen und das Herrenmahl genießen.

Andererseits treibt die Liturgie die Gläubigen an, daß sie, mit den „österlichen Geheimnissen" gesättigt, „in Liebe eines Herzens sind"[26]; sie betet, daß sie „im Leben festhalten, was sie im Glauben empfangen haben"[27]; wenn der Bund Gottes mit den Menschen in der Feier der Eucharistie neu bekräftigt wird, werden die Gläubigen von der drängenden Liebe Christi angezogen und entzündet. Aus der Liturgie, besonders aus der Eucharistie, fließt uns wie aus einer Quelle die Gnade zu; in höchstem Maß werden in Christus die Heiligung der Menschen und die Verherrlichung Gottes verwirklicht, auf die alles Tun der Kirche als auf sein Ziel hinstrebt.

11. Damit aber dieses Vollmaß der Verwirklichung erreicht wird, ist es notwendig, daß die Gläubigen mit recht bereiteter Seele zur heiligen Liturgie hinzutreten, daß ihr Herz mit der Stimme zusammenklinge und daß sie mit der himmlischen Gnade zusammenwirken, um sie nicht vergeblich zu empfangen[28]. Darum sollen die Seelsorger bei liturgischen Handlungen darüber wachen, daß nicht bloß die Gesetze des gültigen und

---

[24] Vgl. Jo 17, 3; Lk 24, 27; Apg 2, 38.
[25] Vgl. Mt 28, 20.
[26] Postcommunio der Ostervigil und des Ostersonntags.
[27] Oration der Messe am Dienstag in der Osterwoche.
[28] Vgl. 2 Kor 6, 1.

erlaubten Vollzugs beachtet werden, sondern auch daß die Gläubigen bewußt, tätig und mit geistlichem Gewinn daran teilnehmen.

12. Das geistliche Leben deckt sich aber nicht schlechthin mit der Teilnahme an der heiligen Liturgie. Der Christ ist zwar berufen, in Gemeinschaft zu beten, doch muß er auch in sein Kämmerlein gehen und den Vater im Verborgenen anbeten[29], ja ohne Unterlaß beten, wie der Apostel mahnt[30]. Der gleiche Apostel lehrt uns, daß wir allezeit das Sterben Jesu an unserem Leibe tragen, auf daß auch das Leben Jesu offenbar werde an unserem sterblichen Fleische[31]. Deshalb flehen wir beim Opfer der Messe zum Herrn, daß er „die geistliche Gabe annehme und sich uns selbst zu einem ewigen Opfer" vollende[32].

13. Die Andachtsübungen des christlichen Volkes werden sehr empfohlen, sofern sie den Vorschriften und Regeln der Kirche entsprechen. Das gilt besonders, wenn sie vom Apostolischen Stuhl angeordnet sind.

Besonderer Würde erfreuen sich auch die gottesdienstlichen Feiern der Teilkirchen, die gemäß Gewohnheit oder nach rechtlich anerkannten Büchern in bischöflichem Auftrag gehalten werden.

Diese Übungen und Feiern sollen indes die liturgische Zeit gebührend berücksichtigen und so geordnet sein, daß sie mit der heiligen Liturgie zusammenstimmen, gewissermaßen aus ihr herausfließen und das Volk zu ihr hinführen; denn sie steht von Natur aus weit über ihnen.

II. Liturgische Ausbildung und tätige Teilnahme

14. Die Mutter Kirche wünscht sehr, alle Gläubigen möchten zu der vollen, bewußten und tätigen Teilnahme an den liturgischen Feiern geführt werden, wie sie das Wesen der Liturgie selbst verlangt und zu der das christliche Volk, „das auserwählte Geschlecht, das königliche Priestertum, der heilige Stamm, das

---

[29] Vgl. Mt 6, 6.   [30] Vgl. 1 Thess 5, 17.   [31] Vgl. 2 Kor 4, 10–11.
[32] Sekret am Pfingstmontag.

Eigentumsvolk" (1 Petr 2, 9; vgl. 2, 4–5) kraft der Taufe berechtigt und verpflichtet ist.

Diese volle und tätige Teilnahme des ganzen Volkes ist bei der Erneuerung und Förderung der heiligen Liturgie aufs stärkste zu beachten, ist sie doch die erste und unentbehrliche Quelle, aus der die Christen wahrhaft christlichen Geist schöpfen sollen. Darum ist sie in der ganzen seelsorglichen Arbeit durch gebührende Unterweisung von den Seelsorgern gewissenhaft anzustreben.

Es besteht aber keine Hoffnung auf Verwirklichung dieser Forderung, wenn nicht zuerst die Seelsorger vom Geist und von der Kraft der Liturgie tief durchdrungen sind und in ihr Lehrmeister werden. Darum ist es dringend notwendig, daß für die liturgische Bildung des Klerus gründlich gesorgt wird. Deswegen hat das Heilige Konzil folgende Bestimmungen zu treffen beschlossen.

15. Die Dozenten für das Fach Liturgiewissenschaft in den Seminarien, in den Studienhäusern der Orden und an den Theologischen Fakultäten sollen für ihr Amt durch Einrichtungen, die eigens dazu bestimmt sind, eine gediegene Ausbildung erhalten.

16. Das Lehrfach Liturgiewissenschaft ist in den Seminarien und den Studienhäusern der Orden zu den notwendigen und wichtigen Fächern und an den Theologischen Fakultäten zu den Hauptfächern zu rechnen. Es ist sowohl unter theologischem und historischem wie auch unter geistlichem, seelsorglichem und rechtlichem Gesichtspunkt zu behandeln. Darüber hinaus mögen die Dozenten der übrigen Fächer, insbesondere die der dogmatischen Theologie, die der Heiligen Schrift, der Theologie des geistlichen Lebens und der Pastoraltheologie, von den inneren Erfordernissen je ihres eigenen Gegenstandes aus das Mysterium Christi und die Heilsgeschichte so herausarbeiten, daß von da aus der Zusammenhang mit der Liturgie und die Einheit der priesterlichen Ausbildung deutlich aufleuchtet.

17. Die Kleriker in den Seminarien und Ordenshäusern sollen eine liturgische Formung des geistlichen Lebens erhalten, und zwar durch eine geeignete Anleitung, damit sie die heiligen Riten verstehen und aus ganzem Herzen mitvollziehen können,

dann aber auch durch die Feier der heiligen Mysterien selbst und durch die anderen vom Geist der heiligen Liturgie durchdrungenen Frömmigkeitsformen. Weiter sollen sie die Beobachtung der liturgischen Gesetze lernen. So soll das Leben in den Seminarien und Ordensinstituten durch und durch vom Geist der Liturgie geformt sein.

18. Welt- und Ordenspriester, die schon im Weinberg des Herrn arbeiten, sollen mit allen geeigneten Mitteln Hilfe erhalten, damit sie immer voller erkennen, was sie im heiligen Vollzug tun, damit sie ein liturgisches Leben führen und es mit den ihnen anvertrauten Gläubigen teilen.

19. Die Seelsorger sollen eifrig und geduldig bemüht sein um die liturgische Bildung und die tätige Teilnahme der Gläubigen, die innere und die äußere, je nach deren Alter, Verhältnissen, Art des Lebens und Grad der religiösen Entwicklung. Damit erfüllen sie eine der vornehmsten Aufgaben des treuen Spenders der Geheimnisse Gottes. Sie sollen ihre Herde dabei nicht bloß mit dem Wort, sondern auch durch das Beispiel führen.

20. Die Übertragung heiliger Handlungen durch Rundfunk und Fernsehen soll, besonders wenn es sich um die heilige Eucharistie handelt, taktvoll und würdig geschehen, und zwar unter der Leitung und Verantwortung einer geeigneten Persönlichkeit, die für diese Aufgabe von den Bischöfen bestimmt ist.

III. Die Erneuerung der heiligen Liturgie

21. Damit das christliche Volk in der heiligen Liturgie die Fülle der Gnaden mit größerer Sicherheit erlange, ist es der Wunsch der heiligen Mutter Kirche, eine allgemeine Erneuerung der Liturgie sorgfältig in die Wege zu leiten. Denn die Liturgie enthält einen kraft göttlicher Einsetzung unveränderlichen Teil und Teile, die dem Wandel unterworfen sind. Diese Teile können sich im Laufe der Zeit ändern, oder sie müssen es sogar, wenn sich etwas in sie eingeschlichen haben sollte, was der inneren Wesensart der Liturgie weniger entspricht oder wenn sie sich als weniger geeignet herausgestellt haben.

Bei dieser Erneuerung sollen Texte und Riten so geordnet

werden, daß sie das Heilige, dem sie als Zeichen dienen, deutlicher zum Ausdruck bringen, und so, daß das christliche Volk sie möglichst leicht erfassen und in voller, tätiger und gemeinschaftlicher Teilnahme mitfeiern kann.

Zu diesem Zweck hat das Heilige Konzil folgende allgemeinere Regeln aufgestellt.

A) Allgemeine Regeln

22. § 1. Das Recht, die heilige Liturgie zu ordnen, steht einzig der Autorität der Kirche zu. Diese Autorität liegt beim Apostolischen Stuhl und nach Maßgabe des Rechtes beim Bischof.

§ 2. Auch den rechtmäßig konstituierten, für bestimmte Gebiete zuständigen Bischofsvereinigungen verschiedener Art steht es auf Grund einer vom Recht gewährten Vollmacht zu, innerhalb festgelegter Grenzen die Liturgie zu ordnen.

§ 3. Deshalb darf durchaus niemand sonst, auch wenn er Priester wäre, nach eigenem Gutdünken in der Liturgie etwas hinzufügen, wegnehmen oder ändern.

23. Damit die gesunde Überlieferung gewahrt bleibe und dennoch einem berechtigten Fortschritt die Tür aufgetan werde, sollen jeweils gründliche theologische, historische und pastorale Untersuchungen vorausgehen, wenn die einzelnen Teile der Liturgie revidiert werden. Darüber hinaus sind sowohl die allgemeinen Gestalt- und Sinngesetze der Liturgie zu beachten als auch die Erfahrungen, die aus der jüngsten Liturgiereform und den weithin schon gewährten Indulten gewonnen wurden. Schließlich sollen keine Neuerungen eingeführt werden, es sei denn, ein wirklicher und sicher zu erhoffender Nutzen der Kirche verlange es. Dabei ist Sorge zu tragen, daß die neuen Formen aus den schon bestehenden gewissermaßen organisch herauswachsen.

Auch soll nach Möglichkeit verhütet werden, daß sich zwischen den Riten benachbarter Gebiete auffallend starke Unterschiede ergeben.

24. Von größtem Gewicht für die Liturgiefeier ist die Heilige Schrift. Aus ihr werden nämlich Lesungen vorgetragen und in der Homilie ausgedeutet, aus ihr werden Psalmen gesungen,

unter ihrem Anhauch und Antrieb sind liturgische Gebete, Orationen und Gesänge geschaffen worden, und aus ihr empfangen Handlungen und Zeichen ihren Sinn. Um daher Erneuerung, Fortschritt und Anpassung der heiligen Liturgie voranzutreiben, muß jenes innige und lebendige Ergriffensein von der Heiligen Schrift gefördert werden, von dem die ehrwürdige Überlieferung östlicher und westlicher Riten zeugt.

25. Die liturgischen Bücher sollen baldigst revidiert werden; dazu sollen aus den verschiedenen Gebieten des Erdkreises Fachleute herangezogen und Bischöfe befragt werden.

B) Regeln aus der Natur der Liturgie
als einer hierarchischen und gemeinschaftlichen Handlung

26. Die liturgischen Handlungen sind nicht privater Natur, sondern Feiern der Kirche, die das „Sakrament der Einheit" ist; sie ist nämlich das heilige Volk, geeint und geordnet unter den Bischöfen[33].

Daher gehen diese Feiern den ganzen mystischen Leib der Kirche an, machen ihn sichtbar und wirken auf ihn ein; seine einzelnen Glieder aber kommen mit ihnen in verschiedener Weise in Berührung je nach der Verschiedenheit von Stand, Aufgabe und tätiger Teilnahme.

27. Wenn Riten gemäß ihrer Eigenart auf gemeinschaftliche Feier mit Beteiligung und tätiger Teilnahme der Gläubigen angelegt sind, dann soll nachdrücklich betont werden, daß ihre Feier in Gemeinschaft — im Rahmen des Möglichen — der vom Einzelnen gleichsam privat vollzogenen vorzuziehen ist.

Das gilt vor allem für die Feier der Messe — wobei bestehen bleibt, daß die Messe in jedem Fall öffentlichen und sozialen Charakter hat — und für die Spendung der Sakramente.

28. Bei den liturgischen Feiern soll jeder, sei er Liturge oder Gläubiger, in der Ausübung seiner Aufgabe nur das und all das

---

[33] Cyprian, De cath. eccl. unitate, 7: ed. G. Hartel, CSEL III/1 (Wien 1868) 215 bis 216. Vgl. Ep. 66, n. 8, 3: ebd. III/2 (Wien 1871) 732–733.

tun, was ihm aus der Natur der Sache und gemäß den liturgischen Regeln zukommt.

29. Auch die Ministranten, Lektoren, Kommentatoren und die Mitglieder der Kirchenchöre vollziehen einen wahrhaft liturgischen Dienst. Deswegen sollen sie ihre Aufgabe in aufrichtiger Frömmigkeit und in einer Ordnung erfüllen, wie sie einem solchen Dienst ziemt und wie sie das Volk Gottes mit Recht von ihnen verlangt.

Deshalb muß man sie, jeden nach seiner Weise, sorgfältig in den Geist der Liturgie einführen und unterweisen, auf daß sie sich in rechter Art und Ordnung ihrer Aufgabe unterziehen.

30. Um die tätige Teilnahme zu fördern, soll man den Akklamationen des Volkes, den Antworten, dem Psalmengesang, den Antiphonen, den Liedern sowie den Handlungen und Gesten und den Körperhaltungen Sorge zuwenden. Auch das heilige Schweigen soll zu seiner Zeit eingehalten werden.

31. Bei der Revision der liturgischen Bücher soll sorgfältig darauf geachtet werden, daß die Rubriken auch den Anteil der Gläubigen vorsehen.

32. In der Liturgie soll außer den Auszeichnungen, die auf dem liturgischen Amt oder der heiligen Weihe beruhen, und außer den Ehrungen, die auf Grund liturgischer Gesetze der weltlichen Autorität zukommen, weder im Ritus noch im äußeren Aufwand ein Ansehen von Person oder Rang gelten.

C) Regeln aus dem belehrenden und seelsorglichen
Charakter der Liturgie

33. Obwohl die heilige Liturgie vor allem Anbetung der göttlichen Majestät ist, birgt sie doch auch viel Belehrung für das gläubige Volk in sich[34]. Denn in der Liturgie spricht Gott zu seinem Volk; in ihr verkündet Christus noch immer die Frohe Botschaft. Das Volk aber antwortet mit Gesang und Gebet.

---

[34] Vgl. Konzil von Trient, Sess. XXII, 17. Sept. 1562, Doctr. De ss. Missae sacrif., c. 8: Concilium Tridentinum. Ed. cit., Bd. VIII 961.

Überdies werden die Gebete, die der Priester, in der Rolle Christi an der Spitze der Gemeinde stehend, an Gott richtet, im Namen des ganzen heiligen Volkes und aller Umstehenden gesprochen. Die sichtbaren Zeichen endlich, welche die heilige Liturgie gebraucht, um die unsichtbaren göttlichen Dinge zu bezeichnen, sind von Christus und der Kirche ausgewählt. Daher wird nicht bloß beim Lesen dessen, „was zu unserer Belehrung geschrieben ist" (Röm 15, 4), sondern auch wenn die Kirche betet, singt oder handelt, der Glaube der Teilnehmer genährt und ihr Herz zu Gott hin erweckt, auf daß sie ihm geistlichen Dienst leisten und seine Gnade reichlicher empfangen.

Daher sollen bei der Erneuerung der Liturgie folgende allgemeine Regeln beachtet werden.

34. Die Riten mögen den Glanz edler Einfachheit an sich tragen und knapp, durchschaubar und frei von unnötigen Wiederholungen sein. Sie seien der Fassungskraft der Gläubigen angepaßt und sollen im allgemeinen nicht vieler Erklärungen bedürfen.

35. Damit deutlich hervortrete, daß in der Liturgie Ritus und Wort aufs engste miteinander verbunden sind, ist zu beachten:

1) Bei den heiligen Feiern soll die Schriftlesung reicher, mannigfaltiger und passender ausgestaltet werden.

2) Da die Predigt ein Teil der liturgischen Handlung ist, sollen auch die Rubriken ihr je nach der Eigenart des einzelnen Ritus einen passenden Ort zuweisen. Der Dienst der Predigt soll getreulich und recht erfüllt werden. Schöpfen soll sie vor allem aus dem Quell der Heiligen Schrift und der Liturgie, ist sie doch die Botschaft von den Wundertaten Gottes in der Geschichte des Heils, das heißt im Mysterium Christi, das allezeit in uns zugegen und am Werk ist, vor allem bei der liturgischen Feier.

3) Auch die Pflicht der Unterweisung, die sich unmittelbar mit der Liturgie befaßt, ist in jeder Weise zu betonen. In den Riten selbst sollen, wo es notwendig ist, kurze Hinweise vorgesehen werden; sie sollen vom Priester oder von dem, der für diesen Dienst zuständig ist, jedoch nur im geeigneten Augenblick, nach vorgeschriebenem Text oder in freier Anlehnung an ihn gesprochen werden.

4) Zu fördern sind eigene Wortgottesdienste an den Vorabenden der höheren Feste, an Wochentagen im Advent oder

in der Quadragesima sowie an den Sonn- und Feiertagen, besonders da, wo kein Priester zur Verfügung steht; in diesem Fall soll ein Diakon oder ein anderer Beauftragter des Bischofs die Feier leiten.

36. § 1. Der Gebrauch der lateinischen Sprache soll in den lateinischen Riten erhalten bleiben, soweit nicht Sonderrecht entgegensteht.

§ 2. Da bei der Messe, bei der Sakramentenspendung und in den anderen Bereichen der Liturgie nicht selten der Gebrauch der Muttersprache für das Volk sehr nützlich sein kann, soll es gestattet sein, ihr einen weiteren Raum zuzubilligen, vor allem in den Lesungen und Hinweisen und in einigen Orationen und Gesängen gemäß den Regeln, die hierüber in den folgenden Kapiteln im einzelnen aufgestellt werden.

§ 3. Im Rahmen dieser Regeln kommt es der für die einzelnen Gebiete zuständigen kirchlichen Autorität zu, im Sinne von Art. 22 § 2 — gegebenenfalls nach Beratung mit den Bischöfen der angrenzenden Gebiete des gleichen Sprachraumes — zu bestimmen, ob und in welcher Weise die Muttersprache gebraucht werden darf. Die Beschlüsse bedürfen der Billigung, das heißt der Bestätigung durch den Apostolischen Stuhl.

§ 4. Die in der Liturgie gebrauchte muttersprachliche Übersetzung des lateinischen Textes muß von der obengenannten für das Gebiet zuständigen Autorität approbiert werden.

D) Regeln zur Anpassung an die Eigenart und Überlieferungen der Völker

37. In den Dingen, die den Glauben oder das Allgemeinwohl nicht betreffen, wünscht die Kirche nicht eine starre Einheitlichkeit der Form zur Pflicht zu machen, nicht einmal in ihrem Gottesdienst; im Gegenteil pflegt und fördert sie das glanzvolle geistige Erbe der verschiedenen Stämme und Völker; was im Brauchtum der Völker nicht unlöslich mit Aberglauben und Irrtum verflochten ist, das wägt sie wohlwollend ab, und wenn sie kann, sucht sie es voll und ganz zu erhalten. Ja, zuweilen gewährt sie ihm Einlaß in die Liturgie selbst, sofern es grundsätzlich mit dem wahren und echten Geist der Liturgie vereinbar ist.

38. Unter Wahrung der Einheit des römischen Ritus im wesentlichen ist berechtigter Vielfalt und Anpassung an die verschiedenen Gemeinschaften, Gegenden und Völker, besonders in den Missionen, Raum zu belassen, auch bei der Revision der liturgischen Bücher. Dieser Grundsatz soll entsprechend beachtet werden, wenn die Gestalt der Riten und ihre Rubriken festgelegt werden.

39. Innerhalb der Grenzen, die in der „editio typica" der liturgischen Bücher bestimmt werden, wird es Sache der für ein Gebiet im Sinne von Art. 22 § 2 zuständigen kirchlichen Autorität sein, Anpassungen festzulegen, besonders hinsichtlich der Sakramentenspendung, der Sakramentalien, der Prozessionen, der liturgischen Sprache, der Kirchenmusik und der sakralen Kunst, jedoch gemäß den Grundregeln, die in dieser Konstitution enthalten sind.

40. Da jedoch an verschiedenen Orten und unter verschiedenen Verhältnissen eine tiefer greifende und deswegen schwierigere Anpassung der Liturgie dringlich ist, soll beachtet werden:
1) Die für die einzelnen Gebiete im Sinne von Art. 22 § 2 zuständige kirchliche Autorität möge sorgfältig und klug erwägen, welche Elemente aus Überlieferung und geistiger Anlage der einzelnen Völker geeignet sind, zur Liturgie zugelassen zu werden. Anpassungen, die für nützlich oder notwendig gehalten werden, sollen dem Apostolischen Stuhl vorgelegt und dann mit dessen Einverständnis eingeführt werden.
2) Damit die Anpassung aber mit der nötigen Umsicht geschehe, wird der kirchlichen Autorität des betreffenden Gebietes vom Apostolischen Stuhl die Vollmacht erteilt werden, gegebenenfalls in gewissen dazu geeigneten Gemeinschaften für bestimmte Zeit die notwendigen Vorversuche zu gestatten und zu leiten.
3) Weil vor allem in den Missionsländern die Anpassung liturgischer Gesetze besondere Schwierigkeiten mit sich zu bringen pflegt, sollen bereits bei der Abfassung der Gesetze Sachverständige aus dem betreffenden Fachgebiet herangezogen werden.

IV. Förderung des liturgischen Lebens in Bistum und Pfarrei

41. Im Bischof sehe man den Hohenpriester seiner Herde, von dem das Leben seiner Gläubigen in Christus gewissermaßen ausgeht und abhängt.

Daher sollen alle das liturgische Leben des Bistums, in dessen Mittelpunkt der Bischof steht, besonders in der Kathedralkirche, aufs höchste wertschätzen; sie sollen überzeugt sein, daß die Kirche auf eine vorzügliche Weise dann sichtbar wird, wenn das ganze heilige Gottesvolk voll und tätig an denselben liturgischen Feiern, besonders an derselben Eucharistiefeier, teilnimmt: in der Einheit des Gebets und an dem einen Altar und unter dem Vorsitz des Bischofs, der umgeben ist von seinem Presbyterium und den Dienern des Altars[35].

42. Da der Bischof nicht immer und nicht überall in eigener Person den Vorsitz über das gesamte Volk seiner Kirche führen kann, so muß er diese notwendig in Einzelgemeinden aufgliedern. Unter ihnen ragen die Pfarreien hervor, die räumlich verfaßt sind unter einem Seelsorger, der den Bischof vertritt; denn sie stellen auf eine gewisse Weise die über den ganzen Erdkreis hin verbreitete sichtbare Kirche dar.

Daher soll das liturgische Leben der Pfarrei und dessen Beziehung zum Bischof im Denken und Tun der Gläubigen und des Klerus vertieft werden. Es ist darauf hinzuarbeiten, daß der Sinn für die Pfarrgemeinschaft vor allem in der gemeinsamen Feier der Sonntagsmesse wachse.

V. Förderung der pastoralliturgischen Bewegung

43. Der Eifer für die Förderung und Erneuerung der Liturgie gilt mit Recht als ein Zeichen für die Fügungen der göttlichen Vorsehung über unserer Zeit, als ein Hindurchgehen des Heiligen Geistes durch seine Kirche; er gibt ihrem Leben, ja dem gesamten religiösen Fühlen und Handeln unserer Zeit eine eigene Note.

Deshalb beschließt das Heilige Konzil zur weiteren Förderung der pastoralliturgischen Bewegung in der Kirche das Folgende.

---

[35] Vgl. Ignatius von Antiochien, Ad Magn. 7; Ad Phil. 4; Ad Smyrn. 8: ed. F. X. Funk, a. a. O. I 236 266 281.

44. Es ist zweckmäßig, daß die für die einzelnen Gebiete im Sinne von Art. 22 § 2 zuständige kirchliche Autorität eine Liturgische Kommission einrichtet, die Fachleute für Liturgiewissenschaft, Kirchenmusik, sakrale Kunst und Seelsorgsfragen zur Unterstützung heranziehen möge. Dieser Kommission soll im Rahmen des Möglichen ein Pastoralliturgisches Institut zur Seite stehen, das sich aus sachverständigen Mitgliedern, gegebenenfalls auch Laien, zusammensetzt. Sache dieser Kommission wird es sein, unter Führung der obengenannten kirchlichen Autorität des jeweiligen Gebietes die pastoralliturgische Bewegung in dem betreffenden Raum zu leiten und die Studien und nötigen Experimente zu fördern, wenn immer es um Anpassungen geht, die dem Apostolischen Stuhl vorzulegen sind.

45. Im gleichen Sinn sollen die einzelnen Bistümer eine Liturgische Kommission haben, um unter Leitung des Bischofs die Liturgische Bewegung zu fördern.

Es kann manchmal förderlich sein, wenn mehrere Bistümer eine einzige Kommission gründen, die durch gemeinsame Beratung die liturgische Sache vorantreibt.

46. Außer der Kommission für die heilige Liturgie sollen womöglich in jedem Bistum auch eine Kommission für Kirchenmusik und eine weitere für sakrale Kunst eingesetzt werden.

Es ist notwendig, daß diese drei Kommissionen mit vereinten Kräften arbeiten; ja nicht selten wird es angebracht sein, daß sie zu einer einzigen Kommission zusammengefaßt werden.

ZWEITES KAPITEL

DAS HEILIGE GEHEIMNIS DER EUCHARISTIE

47. Unser Erlöser hat beim Letzten Abendmahl in der Nacht, da er überliefert wurde, das eucharistische Opfer seines Leibes und Blutes eingesetzt, um dadurch das Opfer des Kreuzes durch die Zeiten hindurch bis zu seiner Wiederkunft fortdauern zu lassen und so der Kirche, seiner geliebten Braut, eine Gedächtnisfeier seines Todes und seiner Auferstehung anzuvertrauen: das

Sakrament huldvollen Erbarmens, das Zeichen der Einheit, das Band der Liebe[36], das Ostermahl, in dem Christus genossen, das Herz mit Gnade erfüllt und uns das Unterpfand der künftigen Herrlichkeit gegeben wird[37].

48. So richtet die Kirche ihre ganze Sorge darauf, daß die Christen diesem Geheimnis des Glaubens nicht wie Außenstehende und stumme Zuschauer beiwohnen; sie sollen vielmehr durch die Riten und Gebete dieses Mysterium wohl verstehen lernen und so die heilige Handlung bewußt, fromm und tätig mitfeiern, sich durch das Wort Gottes formen lassen, am Tisch des Herrenleibes Stärkung finden. Sie sollen Gott danksagen und die unbefleckte Opfergabe darbringen nicht nur durch die Hände des Priesters, sondern auch gemeinsam mit ihm und dadurch sich selber darbringen lernen. So sollen sie durch Christus, den Mittler[38], von Tag zu Tag zu immer vollerer Einheit mit Gott und untereinander gelangen, damit schließlich Gott alles in allem sei.

49. Damit also das Opfer der Messe auch in der Gestalt seiner Riten seelsorglich voll wirksam werde, trifft das Heilige Konzil im Hinblick auf die mit dem Volk gefeierten Messen, besonders jene an Sonntagen und gebotenen Feiertagen, folgende Anordnungen.

50. Der Meß-Ordo soll so überarbeitet werden, daß der eigentliche Sinn der einzelnen Teile und ihr wechselseitiger Zusammenhang deutlicher hervortreten und die fromme und tätige Teilnahme der Gläubigen erleichtert werde.

Deshalb sollen die Riten unter treulicher Wahrung ihrer Substanz einfacher werden. Was im Lauf der Zeit verdoppelt oder weniger glücklich eingefügt wurde, soll wegfallen. Einiges dagegen, was durch die Ungunst der Zeit verlorengegangen ist, soll, soweit es angebracht oder nötig erscheint, nach der altehrwürdigen Norm der Väter wiederhergestellt werden.

---

[36] Vgl. Augustinus, In Ioannis Evangelium Tractatus XXVI, cap. VI, n. 13: PL 35, 1613.
[37] Breviarium Romanum, Antiphon zum Magnifikat in der 2. Vesper des Fronleichnamsfestes.
[38] Vgl. Cyrillus von Alex., Commentarium in Ioannis Evangelium, lib. XI, capp. XI–XII: PG 74, 557–564.

51. Auf daß den Gläubigen der Tisch des Gotteswortes reicher bereitet werde, soll die Schatzkammer der Bibel weiter aufgetan werden, so daß innerhalb einer bestimmten Anzahl von Jahren die wichtigsten Teile der Heiligen Schrift dem Volk vorgetragen werden.

52. Die Homilie, in der im Laufe des liturgischen Jahres aus dem heiligen Text die Geheimnisse des Glaubens und die Richtlinien für das christliche Leben dargelegt werden, wird als Teil der Liturgie selbst sehr empfohlen. Ganz besonders in den Messen, die an Sonntagen und gebotenen Feiertagen mit dem Volk gefeiert werden, darf man sie nicht ausfallen lassen, es sei denn, es liege ein schwerwiegender Grund vor.

53. Nach dem Evangelium und der Homilie soll — besonders an den Sonntagen und gebotenen Feiertagen — das „Allgemeine Gebet" oder „Gebet der Gläubigen" wiedereingeführt werden, damit unter Teilnahme des Volkes Fürbitten gehalten werden für die heilige Kirche, für die Regierenden, für jene, die von mancherlei Not bedrückt sind, und für alle Menschen und das Heil der ganzen Welt[39].

54. Der Muttersprache darf im Sinne von Art. 36 dieser Konstitution in den mit dem Volk gefeierten Messen ein gebührender Raum zugeteilt werden, besonders in den Lesungen und im „Allgemeinen Gebet" sowie je nach den örtlichen Verhältnissen in den Teilen, die dem Volk zukommen.

Es soll jedoch Vorsorge getroffen werden, daß die Christgläubigen die ihnen zukommenden Teile des Meß-Ordinariums auch lateinisch miteinander sprechen oder singen können.

Wenn indes darüber hinaus irgendwo der Gebrauch der Muttersprache bei der Messe in weiterem Umfang angebracht zu sein scheint, so ist die Vorschrift des Artikels 40 dieser Konstitution einzuhalten.

55. Mit Nachdruck wird jene vollkommenere Teilnahme an der Messe empfohlen, bei der die Gläubigen nach der Kommunion des Priesters aus derselben Opferfeier den Herrenleib entgegennehmen.

[39] Vgl. 1 Tim 2, 1–2.

Unbeschadet der durch das Konzil von Trient festgelegten dogmatischen Prinzipien[40] kann in Fällen, die vom Apostolischen Stuhl zu umschreiben sind, nach Ermessen der Bischöfe sowohl Klerikern und Ordensleuten wie auch Laien die Kommunion unter beiden Gestalten gewährt werden, so etwa den Neugeweihten in der Messe ihrer heiligen Weihe, den Ordensleuten in der Messe bei ihrer Ordensprofeß und den Neugetauften in der Messe, die auf die Taufe folgt.

56. Die beiden Teile, aus denen die Messe gewissermaßen besteht, nämlich Wortgottesdienst und Eucharistiefeier, sind so eng miteinander verbunden, daß sie einen einzigen Kultakt ausmachen. Daher mahnt die Heilige Versammlung die Seelsorger eindringlich, sie sollen in der religiösen Unterweisung die Gläubigen mit Eifer belehren, an der ganzen Messe teilzunehmen, vor allem an Sonntagen und gebotenen Feiertagen.

57. § 1. Die Konzelebration ist in der Kirche des Ostens wie des Westens bis auf den heutigen Tag in Übung geblieben. In ihr tritt passend die Einheit des Priestertums in Erscheinung. Deshalb hat es das Konzil für gut befunden, die Vollmacht zur Konzelebration auf folgende Fälle auszudehnen:

1. *a)* Die Messe der Chrisamweihe und die Abendmahlsmesse am Gründonnerstag.

b) Die Messen bei Konzilien, Bischofszusammenkünften und Synoden.

c) Die Messe bei der Abtsweihe.

2. Überdies auf folgende Fälle, wenn der Ordinarius, dem das Urteil zusteht, ob die Konzelebration angebracht ist, die Erlaubnis gibt:

a) Die Konventmesse und die Hauptmesse in jenen Kirchen, in denen das geistliche Wohl der Christgläubigen nicht die Einzelzelebration aller anwesenden Priester verlangt.

b) Messen bei den verschiedenartigen Zusammenkünften von Welt- und Ordenspriestern.

§ 2. 1. Dem Bischof steht es zu, im Bereich seines Bistums das Konzelebrationswesen zu leiten.

2. Jedem Priester bleibt die Freiheit, einzeln zu zelebrieren,

---

[40] Sessio XXI, 16. Juli 1562. Doctrina de Communione sub utraque specie et parvulorum, capp. 1–3: Concilium Tridentinum. Ed. cit., Bd. VIII 698–699.

jedoch nicht zur selben Zeit in derselben Kirche während einer Konzelebration und nicht am Gründonnerstag.

58. Es soll ein neuer Konzelebrationsritus geschaffen und in das Römische Pontifikale und Missale eingefügt werden.

DRITTES KAPITEL

DIE ÜBRIGEN SAKRAMENTE UND DIE SAKRAMENTALIEN

59. Die Sakramente sind hingeordnet auf die Heiligung der Menschen, den Aufbau des Leibes Christi und schließlich auf die Gott geschuldete Verehrung; als Zeichen haben sie auch die Aufgabe der Unterweisung. Den Glauben setzen sie nicht nur voraus, sondern durch Wort und Ding nähren sie ihn auch, stärken ihn und zeigen ihn an; deshalb heißen sie Sakramente des Glaubens. Sie verleihen Gnade, aber ihre Feier befähigt auch die Gläubigen in hohem Maße, diese Gnade mit Frucht zu empfangen, Gott recht zu verehren und die Liebe zu üben.

Es ist darum sehr wichtig, daß die Gläubigen die sakramentalen Zeichen leicht verstehen und immer wieder zu jenen Sakramenten voll Hingabe hinzutreten, die eingesetzt sind, um das christliche Leben zu nähren.

60. Außerdem hat die heilige Mutter Kirche Sakramentalien eingesetzt. Diese sind heilige Zeichen, durch die in einer gewissen Nachahmung der Sakramente Wirkungen, besonders geistlicher Art, bezeichnet und kraft der Fürbitte der Kirche erlangt werden. Durch diese Zeichen werden die Menschen bereitet, die eigentliche Wirkung der Sakramente aufzunehmen; zugleich wird durch solche Zeichen das Leben in seinen verschiedenen Gegebenheiten geheiligt.

61. Die Wirkung der Liturgie der Sakramente und Sakramentalien ist also diese: Wenn die Gläubigen recht bereitet sind, wird ihnen nahezu jedes Ereignis ihres Lebens geheiligt durch die göttliche Gnade, die ausströmt vom Pascha-Mysterium des Leidens, des Todes und der Auferstehung Christi, aus dem alle Sakramente und Sakramentalien ihre Kraft ableiten. Auch bewirken sie, daß es kaum einen rechten Gebrauch der materiellen

Dinge gibt, der nicht auf das Ziel ausgerichtet werden kann, den Menschen zu heiligen und Gott zu loben.

62. Da sich aber im Laufe der Zeiten einiges in die Riten der Sakramente und Sakramentalien eingeschlichen hat, wodurch ihre Natur und ihr Ziel uns heute weniger einsichtig erscheinen, und da es mithin notwendig ist, einiges an ihnen den Erfordernissen unserer Zeit anzupassen, so erläßt das Heilige Konzil für ihre Reform folgende Anordnungen.

63. Da nicht selten bei der Spendung der Sakramente und Sakramentalien beim Volk der Gebrauch der Muttersprache sehr nützlich sein kann, soll ihr breiterer Raum gewährt werden, und zwar nach folgenden Richtlinien:

a) Bei der Spendung der Sakramente und Sakramentalien kann die Muttersprache gebraucht werden unter Wahrung der Vorschriften von Art. 36.

b) Auf der Grundlage einer neuen Ausgabe des Römischen Rituale soll die nach Art. 22 § 2 zuständige territoriale kirchliche Autorität sobald wie möglich besondere Ritualien schaffen, die den Bedürfnissen der einzelnen Gebiete, auch in bezug auf die Sprache, angepaßt sind: nach Bestätigung der Beschlüsse durch den Apostolischen Stuhl sollen sie in den betreffenden Gebieten verwendet werden. Bei der Schaffung dieser Ritualien oder besonderer Ritensammlungen sollen Unterweisungen, wie sie im Römischen Rituale den einzelnen Riten vorausgeschickt werden, nicht ausgelassen werden, mögen sie nun die Seelsorge oder die Rubriken betreffen oder eine besondere soziale Bedeutung haben.

64. Ein mehrstufiger Katechumenat für Erwachsene soll wiederhergestellt und nach dem Urteil des Ortsordinarius eingeführt werden. So soll ermöglicht werden, daß die Zeit des Katechumenats, die zu angemessener Einführung bestimmt ist, durch heilige, in gewissen Zeitabschnitten aufeinanderfolgende Riten geheiligt wird.

65. In den Missionsländern soll es erlaubt sein, außer den Elementen der Initiation, die in der christlichen Überlieferung enthalten sind, auch jene zuzulassen, die sich bei den einzelnen Völkern im Gebrauch befinden, sofern sie im Sinne von Art.

37–40 dieser Konstitution dem christlichen Ritus angepaßt werden können.

66. Beide Riten für die Erwachsenentaufe, sowohl der einfache wie der feierliche mit dem wiederhergestellten Katechumenat, sollen revidiert werden; in das Römische Meßbuch soll eine eigene Messe „Bei der Spendung einer Taufe" aufgenommen werden.

67. Der Ritus der Kindertaufe soll überarbeitet und der tatsächlichen Situation der Kinder angepaßt werden; überdies sollen im Ritus selbst die Rolle der Eltern und Paten und ihre Pflichten deutlicher hervortreten.

68. Für den Fall einer großen Zahl von Täuflingen sollen im Taufritus entsprechende Anpassungen vorgesehen werden zur Verwendung nach dem Urteil des Ortsordinarius. Ferner soll eine Kurzform des Taufritus geschaffen werden, den die Katechisten, vor allem die in Missionsländern, und in Todesgefahr die Gläubigen allgemein gebrauchen können, wenn kein Priester oder Diakon anwesend ist.

69. An Stelle des Ritus, der den Titel trägt „Ordo supplendi omissa super infantem baptizatum" (Ordo, nach dem die bei der Nottaufe ausgefallenen Teile des Taufritus nachgeholt werden), soll ein neuer geschaffen werden, der deutlicher und zutreffender zum Ausdruck bringt, daß das notgetaufte Kind schon in die Kirche aufgenommen ist.

Ferner soll ein neuer Ritus geschaffen werden für gültig getaufte Konvertiten, in dem zum Ausdruck kommen soll, daß sie in die kirchliche Gemeinschaft aufgenommen werden.

70. Außerhalb der österlichen Zeit kann das Taufwasser bei der Taufspendung selbst mit einer approbierten kürzeren Formel geweiht werden.

71. Der Firmritus soll überarbeitet werden, auch in dem Sinne, daß der innere Zusammenhang dieses Sakraments mit der gesamten christlichen Initiation besser aufleuchte; daher ist es passend, daß dem Empfang des Sakramentes eine Erneuerung der Taufversprechen voraufgeht.

Die Firmung kann, wo es angezeigt erscheint, innerhalb der Messe gespendet werden; für den Ritus außerhalb der Messe sollen Texte bereitgestellt werden, die als Einleitung zu verwenden sind.

72. Ritus und Formeln des Bußsakramentes sollen so revidiert werden, daß sie Natur und Wirkung des Sakramentes deutlicher ausdrücken.

73. Die „Letzte Ölung", die auch — und zwar besser — „Krankensalbung" genannt werden kann, ist nicht nur das Sakrament derer, die sich in äußerster Lebensgefahr befinden. Daher ist der rechte Augenblick für ihren Empfang sicher schon gegeben, wenn der Gläubige beginnt, wegen Krankheit oder Altersschwäche in Lebensgefahr zu geraten.

74. Neben den Riten für getrennte Spendung von Krankensalbung und Wegzehrung soll ein zusammenhängender Ordo geschaffen werden, gemäß dem die Salbung dem Kranken nach der Beichte und vor dem Empfang der Wegzehrung erteilt wird.

75. Die Zahl der Salbungen soll den Umständen angepaßt werden; die Gebete, die zum Ritus der Krankensalbung gehören, sollen so revidiert werden, daß sie den verschiedenen Verhältnissen der das Sakrament empfangenden Kranken gerecht werden.

76. Die Liturgie für die Erteilung der Weihen soll nach Ritus und Text überarbeitet werden. Die Ansprachen des Bischofs zu Beginn der einzelnen Weihe oder Konsekration können in der Muttersprache gehalten werden.

Bei der Bischofsweihe dürfen alle anwesenden Bischöfe die Hände auflegen.

77. Der Eheritus des Römischen Rituale soll überarbeitet und bereichert werden, so daß er deutlicher die Gnade des Sakramentes bezeichnet und die Aufgaben der Eheleute eindringlich betont.

„Wenn es in einzelnen Gebieten bei der Feier des Ehesakramentes andere lobenswerte Gewohnheiten und Bräuche gibt, wünscht die Heilige Kirchenversammlung nachdrücklich, daß sie unbedingt beibehalten werden."[41]

Darüber hinaus bleibt der im Sinn von Art. 22 § 2 dieser Konstitution zuständigen territorialen kirchlichen Autorität nach Maßgabe von Art. 63 die Vollmacht, einen eigenen Ritus auszuarbeiten, der den Bräuchen des Landes und des Volkes entspricht; immer muß jedoch der assistierende Priester die Konsenserklärung der Brautleute erfragen und entgegennehmen.

78. Die Trauung möge in der Regel innerhalb der Messe, nach der Lesung des Evangeliums und nach der Homilie und vor dem „Gebet der Gläubigen" (Fürbitten) gefeiert werden. Der Brautsegen soll in geeigneter Weise überarbeitet werden, so daß er die gleiche gegenseitige Treuepflicht beider Brautleute betont; er kann in der Muttersprache erteilt werden.

Wenn aber die Trauung ohne die Messe gefeiert wird, sollen zu Beginn des Ritus Epistel und Evangelium der Brautmesse vorgetragen werden; den Brautleuten soll immer der Segen erteilt werden.

79. Die Sakramentalien sollen überarbeitet werden, und zwar im Sinne des obersten Grundsatzes von der bewußten, tätigen und leicht zu vollziehenden Teilnahme der Gläubigen und im Hinblick auf die Erfordernisse unserer Zeit. Bei der Überarbeitung der Ritualien nach Maßgabe von Art. 63 können nach Bedarf auch neue Sakramentalien zugefügt werden.

Nur sehr wenige Benediktionen sollen reserviert sein, und zwar nur für Bischöfe und Ordinarien.

Es soll vorgesehen werden, daß Laien, welche die entsprechenden Voraussetzungen erfüllen, gewisse Sakramentalien spenden können — wenigstens in besonderen Verhältnissen und nach dem Ermessen des Ordinarius.

80. Die Jungfrauenweihe des Römischen Pontifikale soll überarbeitet werden.

Außerdem soll ein Ritus für die Profeß und für die Erneuerung der Gelübde geschaffen werden, der zu größerer Einheit,

---

[41] Konzil von Trient, Sessio XXIV, 11. Nov. 1563, De reformatione, cap. 1: Concilium Tridentinum. Ed. cit., Bd. IX. Actorum pars VI (Freiburg i. Br. 1924) 969. Vgl. Rituale Romanum, tit. VIII, c. II, n. 6.

Schlichtheit und Würde beiträgt. Soweit nicht Sonderrecht vorliegt, soll er von denen übernommen werden, welche die Profeß oder die Erneuerung der Gelübde innerhalb der Messe halten.

Es ist zu begrüßen, wenn die Profeß künftig innerhalb der Messe stattfindet.

81. Der Ritus der Exsequien soll deutlicher den österlichen Sinn des christlichen Todes ausdrücken und besser den Voraussetzungen und Überlieferungen der einzelnen Gebiete entsprechen, auch was die liturgische Farbe betrifft.

82. Der Begräbnisritus für Kinder soll überarbeitet werden und eine eigene Messe erhalten.

VIERTES KAPITEL
DAS STUNDENGEBET

83. Als der Hohepriester des Neuen und Ewigen Bundes, Christus Jesus, Menschennatur annahm, hat er in die Verbannung dieser Erde jenen Hymnus mitgebracht, der in den himmlischen Wohnungen durch alle Ewigkeit erklingt. Die gesamte Menschengemeinschaft schart er um sich, um gemeinsam mit ihr diesen göttlichen Lobgesang zu singen.

Diese priesterliche Aufgabe setzt er nämlich durch seine Kirche fort; sie lobt den Herrn ohne Unterlaß und tritt bei ihm für das Heil der ganzen Welt ein nicht nur in der Feier der Eucharistie, sondern auch in anderen Formen, besonders im Vollzug des Stundengebetes.

84. Das Stundengebet ist nach alter christlicher Überlieferung so aufgebaut, daß der gesamte Ablauf des Tages und der Nacht durch Gotteslob geweiht wird. Wenn nun die Priester und andere kraft kirchlicher Ordnung Beauftragte oder die Christgläubigen, die zusammen mit dem Priester in einer approbierten Form beten, diesen wunderbaren Lobgesang recht vollziehen, dann ist dies wahrhaft die Stimme der Braut, die zum Bräutigam spricht, ja es ist das Gebet, das Christus vereint mit seinem Leibe an seinen Vater richtet.

85. Alle, die das vollbringen, erfüllen eine der Kirche obliegende Pflicht und haben zugleich Anteil an der höchsten Ehre der Braut Christi; denn indem sie Gott das Lob darbringen, stehen sie im Namen der Mutter Kirche vor dem Throne Gottes.

86. Die Priester im heiligen Dienst der Seelsorge werden das Stundenlob mit um so größerem Eifer vollziehen, je lebendiger sie sich bewußt sind, daß sie die Mahnung des heiligen Paulus zu befolgen haben: „Betet ohne Unterlaß" (1 Thess 5, 17); denn es ist der Herr allein, welcher der Arbeit, in der sie sich mühen, Wirksamkeit und Gedeihen geben kann, er, der gesagt hat: „Ohne mich könnt ihr nichts tun" (Jo 15, 5). Als die Apostel Diakone einsetzten, haben sie darum gesagt: „Wir aber werden uns dem Gebet und dem Dienst des Wortes widmen" (Apg 6, 4).

87. Damit aber das Stundengebet sowohl von den Priestern wie auch von den andern Gliedern der Kirche unter den gegebenen Verhältnissen besser und vollkommener verrichtet werde, hat es dem Heiligen Konzil gefallen, in Weiterführung der vom Apostolischen Stuhl glücklich begonnenen Reform im Hinblick auf das Stundengebet nach dem römischen Ritus folgendes zu verfügen.

88. Da die Heiligung des Tages Ziel des Stundengebetes ist, soll die überlieferte Folge der Gebetsstunden so neugeordnet werden, daß die Horen soweit wie möglich ihren zeitgerechten Ansatz wiedererhalten. Dabei soll zugleich den heutigen Lebensverhältnissen Rechnung getragen werden, in denen vor allem jene leben, die apostolisch tätig sind.

89. Deshalb sollen bei der Reform des Stundengebetes die folgenden Richtlinien eingehalten werden:

a) Die Laudes als Morgengebet und die Vesper als Abendgebet, nach der ehrwürdigen Überlieferung der Gesamtkirche die beiden Angelpunkte des täglichen Stundengebetes, sollen als die vornehmsten Gebetsstunden angesehen und als solche gefeiert werden.

b) Die Komplet soll so eingerichtet werden, daß sie dem Tagesabschluß voll entspricht.

c) Die sogenannte Matutin soll zwar im Chor den Charakter als nächtliches Gotteslob beibehalten, aber so eingerichtet werden, daß sie sinnvoll zu jeder Tageszeit gebetet werden kann. Sie soll aus weniger Psalmen und längeren Lesungen bestehen.

d) Die Prim soll wegfallen.

e) Im Chor sollen die kleinen Horen, Terz, Sext und Non beibehalten werden. Außerhalb des Chores darf man eine davon auswählen, die der betreffenden Tageszeit am besten entspricht.

90. Bei alledem bleibt das Stundengebet als öffentliches Gebet der Kirche auch Quelle der Frömmigkeit und Nahrung für das persönliche Beten. Deshalb werden die Priester und alle anderen, die am Stundengebet teilnehmen, eindringlich im Herrn gemahnt, daß dabei das Herz mit der Stimme zusammenklinge. Um das besser verwirklichen zu können, sollen sie sich eine reichere liturgische und biblische Bildung aneignen, zumal was die Psalmen betrifft.

Die ehrwürdigen, jahrhundertealten Kostbarkeiten des Römischen Stundengebetes sollen bei der Reform so neugefaßt werden, daß alle, denen sie in die Hand gegeben sind, leichter in ihren vollen Genuß gelangen können.

91. Damit die in Art. 89 vorgesehene Folge der Gebetsstunden auch wirklich eingehalten werden kann, sollen die Psalmen nicht mehr auf eine Woche, sondern auf einen längeren Zeitraum verteilt werden.

Die glücklich begonnene Revision des Psalters soll sobald wie möglich zu Ende geführt werden. Dabei soll der Eigenart des christlichen Lateins, der Verwendung in der Liturgie, und zwar auch beim Gesang, und der gesamten Tradition der lateinischen Kirche Rechnung getragen werden.

92. Für die Lesung soll folgendes gelten:

a) Die Lesungen der Heiligen Schrift sollen so geordnet werden, daß die Schätze des Gotteswortes leicht und in reicherer Fülle zugänglich werden.

b) Die Lesungen aus den Werken der Väter, der Kirchenlehrer und Kirchenschriftsteller sollen besser ausgewählt werden.

c) Die Leidensgeschichten und Lebensbeschreibungen der Heiligen sollen so gefaßt werden, daß sie der geschichtlichen Wahrheit entsprechen.

93. Die Hymnen sollen, soweit es angezeigt erscheint, in ihrer alten Gestalt wiederhergestellt werden; dabei soll beseitigt oder geändert werden, was mythologische Züge an sich trägt oder der christlichen Frömmigkeit weniger entspricht. Gegebenenfalls sollen auch andere Hymnen aufgenommen werden, die sich im Schatz der Überlieferung finden.

94. Wenn der Tagesablauf wirklich geheiligt und die Horen selber mit geistlicher Frucht gebetet werden sollen, werden sie besser zu einer Zeit vollzogen, die möglichst nahe an die eigentliche Stunde einer jeden kanonischen Hore herankommt.

95. Die zum Chor verpflichteten Gemeinschaften sind gehalten, außer der Konventsmesse täglich das Stundengebet im Chor zu feiern, und zwar:

a) Die Orden der Kanoniker, Mönche und Chorfrauen und anderer durch Recht oder Konstitution zum Chor verpflichteter Regularen das ganze Offizium;

b) die Kathedral- oder Kollegiatkapitel jene Teile des Offiziums, die ihnen durch allgemeines oder Sonderrecht auferlegt sind;

c) alle Glieder dieser Gemeinschaften, die höhere Weihen empfangen oder die feierliche Profeß abgelegt haben, müssen — mit Ausnahme der Laienbrüder und Laienschwestern — die kanonischen Horen, die sie im Chor nicht verrichten, für sich allein beten.

96. Die nicht zum Chor verpflichteten Kleriker sind, soweit sie höhere Weihen empfangen haben, gehalten, täglich gemeinsam oder allein das gesamte Stundengebet nach Maßgabe von Art. 89 zu verrichten.

97. Angezeigt erscheinende Austauschmöglichkeiten des Stundengebetes mit anderen liturgischen Handlungen sollen durch Rubriken festgelegt werden.

In besonderen Fällen und aus gerechtem Grunde können die Ordinarien ihre Untergebenen von der Verpflichtung zum Stundengebet ganz oder teilweise dispensieren oder eine Umwandlung vornehmen.

98. Die Mitglieder von Orden und ordensähnlichen Gemeinschaften aller Art, die kraft ihrer Konstitution einzelne Teile des Stundengebets verrichten, vollziehen öffentliches Gebet der Kirche.

Auch dann vollziehen sie öffentliches Gebet der Kirche, wenn sie kraft ihrer Konstitution ein „Kleines Offizium" rezitieren; nur muß dieses nach Art des (allgemeinen) Stundengebetes angelegt und ordnungsgemäß approbiert sein.

99. Da das Stundengebet Stimme der Kirche ist, des ganzen mystischen Leibes, der Gott öffentlich lobt, wird empfohlen, daß die nicht zum Chor verpflichteten Kleriker und besonders die Priester, die zusammenleben oder zusammenkommen, wenigstens einen Teil des Stundengebetes gemeinsam verrichten.

Dabei sollen sie alle, ob sie nun das Stundengebet im Chor oder gemeinsam verrichten, die ihnen anvertraute Aufgabe in der inneren Frömmigkeit wie im äußeren Verhalten so vollkommen wie möglich erfüllen.

Überdies ist vorzuziehen, daß man das Stundengebet im Chor oder in Gemeinschaft singt, soweit das möglich ist.

100. Die Seelsorger sollen darum bemüht sein, daß die Haupthoren, besonders die Vesper an Sonntagen und höheren Festen, in der Kirche gemeinsam gefeiert werden. Auch den Laien wird empfohlen, das Stundengebet zu verrichten, sei es mit den Priestern, sei es unter sich oder auch jeder einzelne allein.

101. § 1. Gemäß jahrhundertealter Überlieferung des lateinischen Ritus sollen die Kleriker beim Stundengebet die lateinische Sprache beibehalten. Jedoch ist der Ordinarius ermächtigt, in einzelnen Fällen jenen Klerikern, für die der Gebrauch der lateinischen Sprache ein ernstes Hindernis für den rechten Vollzug des Stundengebetes bedeutet, die Benützung einer nach Maßgabe von Art. 36 geschaffenen muttersprachlichen Übersetzung zu gestatten.

§ 2. Der zuständige Obere kann den Chorfrauen sowie den Mitgliedern der Orden und ordensähnlichen Gemeinschaften aller Art, seien es Männer, die nicht Kleriker sind, seien es Frauen, gestatten, daß sie für das Stundengebet auch im Chor die Muttersprache benutzen können, sofern die Übersetzung approbiert ist.

§ 3. Jeder zum Stundengebet verpflichtete Kleriker, der zusammen mit einer Gruppe von Gläubigen oder mit den in § 2 Genannten das Stundengebet in der Muttersprache feiert, erfüllt seine Pflicht, sofern der Text der Übertragung approbiert ist.

FÜNFTES KAPITEL

DAS LITURGISCHE JAHR

102. Als liebende Mutter hält die Kirche es für ihre Aufgabe, das Heilswerk ihres göttlichen Bräutigams an bestimmten Tagen das Jahr hindurch in heiligem Gedenken zu feiern. In jeder Woche begeht sie an dem Tag, den sie Herrentag genannt hat, das Gedächtnis der Auferstehung des Herrn, und einmal im Jahr feiert sie diese Auferstehung zugleich mit dem seligen Leiden des Herrn an Ostern, ihrem höchsten Fest.

Im Kreislauf des Jahres entfaltet sie das ganze Mysterium Christi von der Menschwerdung und Geburt bis zur Himmelfahrt, zum Pfingsttag und zur Erwartung der seligen Hoffnung und der Ankunft des Herrn.

Indem sie so die Mysterien der Erlösung feiert, erschließt sie die Reichtümer der Machterweise und der Verdienste ihres Herrn, so daß sie jederzeit gewissermaßen gegenwärtig gemacht werden und die Gläubigen mit ihnen in Berührung kommen und mit der Gnade des Heiles erfüllt werden.

103. Bei der Feier dieses Jahreskreises der Mysterien Christi verehrt die heilige Kirche mit besonderer Liebe Maria, die selige Gottesgebärerin, die durch ein unzerreißbares Band mit dem Heilswerk ihres Sohnes verbunden ist. In ihr bewundert und preist sie die erhabenste Frucht der Erlösung. In ihr schaut sie wie in einem reinen Bilde mit Freuden an, was sie ganz zu sein wünscht und hofft.

104. In diesen Kreislauf des Jahres hat die Kirche auch die Gedächtnistage der Martyrer und der anderen Heiligen eingefügt, die, durch Gottes vielfältige Gnade zur Vollkommenheit geführt, das ewige Heil bereits erlangt haben, Gott im Himmel das voll-

kommene Lob singen und Fürsprache für uns einlegen. In den Gedächtnisfeiern der Heiligen verkündet die Kirche das Pascha-Mysterium in den Heiligen, die mit Christus gelitten haben und mit ihm verherrlicht sind. Sie stellt den Gläubigen ihr Beispiel vor Augen, das alle durch Christus zum Vater zieht, und sie erfleht um ihrer Verdienste willen die Wohltaten Gottes.

105. Schließlich vertieft die Kirche die Erziehung der Gläubigen in den verschiedenen Teilen des Jahres nach überlieferter Ordnung durch fromme Übungen der Seele und des Leibes, durch Unterweisung, durch Gebet und durch Werke der Buße und der Barmherzigkeit.

So hat es denn dem Heiligen Konzil gefallen, das Folgende zu verfügen.

106. Aus apostolischer Überlieferung, die ihren Ursprung auf den Auferstehungstag Christi zurückführt, feiert die Kirche Christi das Pascha-Mysterium jeweils am achten Tage, der deshalb mit Recht Tag des Herrn oder Herrentag genannt wird. An diesem Tag müssen die Christgläubigen zusammenkommen, um das Wort Gottes zu hören, an der Eucharistiefeier teilzunehmen und so des Leidens, der Auferstehung und der Herrlichkeit des Herrn Jesus zu gedenken und Gott dankzusagen, der sie „wiedergeboren hat zu lebendiger Hoffnung durch die Auferstehung Jesu Christi von den Toten" (1 Petr 1, 3). Deshalb ist der Herrentag der Ur-Feiertag, den man der Frömmigkeit der Gläubigen eindringlich vor Augen stellen soll, auf daß er auch ein Tag der Freude und der Muße werde. Andere Feiern sollen ihm nicht vorgezogen werden, wenn sie nicht wirklich von höchster Bedeutung sind; denn der Herrentag ist Fundament und Kern des ganzen liturgischen Jahres.

107. Das liturgische Jahr soll so neugeordnet werden, daß die überlieferten Gewohnheiten und Ordnungen der heiligen Zeiten beibehalten oder im Hinblick auf die Verhältnisse der Gegenwart erneuert werden; jedoch soll der ursprüngliche Charakter der Zeiten gewahrt bleiben, damit die Frömmigkeit der Gläubigen durch die Feier der christlichen Erlösungsgeheimnisse, ganz besonders des Pascha-Mysteriums, genährt werde. Sollten auf Grund der örtlichen Verhältnisse Anpassungen notwendig sein, so soll nach Art. 39 und 40 verfahren werden.

108. Die Herzen der Gläubigen sollen vor allem auf die Herrenfeste hingelenkt werden, in denen die Heilsgeheimnisse das Jahr hindurch begangen werden. Daher soll das Herrenjahr den ihm zukommenden Platz vor den Heiligenfesten erhalten, damit der volle Kreis der Heilsmysterien in gebührender Weise gefeiert wird.

109. Die vierzigtägige Fastenzeit hat die doppelte Aufgabe, vor allem einerseits durch Tauferinnerung oder Taufvorbereitung, andererseits durch Buße die Gläubigen, die in dieser Zeit mit größerem Eifer das Wort Gottes hören und dem Gebet obliegen sollen, auf die Feier des Pascha-Mysteriums vorzubereiten. Dieser Doppelcharakter soll sowohl in der Liturgie wie auch in der Liturgiekatechese in helles Licht gerückt werden.

a) Daher sollen die der Fastenliturgie eigenen Taufmotive stärker genutzt werden; einige sollen gegebenenfalls aus der älteren Tradition wieder hervorgeholt werden.

b) Das gleiche ist zu sagen von den Bußelementen. In der Katechese aber soll den Gläubigen gleichzeitig mit den sozialen Folgen der Sünde das eigentliche Wesen der Buße eingeschärft werden, welche die Sünde verabscheut, insofern sie eine Beleidigung Gottes ist; dabei ist die Rolle der Kirche im Bußgeschehen wohl zu beachten und das Gebet für die Sünder sehr zu betonen.

110. Die Buße der vierzigtägigen Fastenzeit sei nicht bloß eine innere und individuelle Übung, sondern auch eine äußere und soziale. Die Bußpraxis soll je nach den Möglichkeiten unserer Zeit und der verschiedenen Gebiete wie auch nach den Verhältnissen der Gläubigen gepflegt und von den in Art. 22 benannten Autoritäten empfohlen werden.

Unangetastet aber bleiben soll das Pascha-Fasten am Freitag des Leidens und des Todes unseres Herrn; es ist überall zu begehen und, wo es angebracht erscheint, auf den Karsamstag auszudehnen, damit man so hochgestimmten und aufgeschlossenen Herzens zu den Freuden der Auferstehung des Herrn gelange.

111. Die Heiligen werden in der Kirche gemäß der Überlieferung verehrt, ihre echten Reliquien und ihre Bilder in Ehren gehalten. Denn die Feste der Heiligen künden die Wunder

Christi in seinen Knechten und bieten den Gläubigen zur Nachahmung willkommene Beispiele.

Die Feste der Heiligen sollen nicht das Übergewicht haben gegenüber den Festen, welche die eigentlichen Heilsmysterien begehen. Eine beträchtliche Anzahl von ihnen möge der Feier in den einzelnen Teilkirchen, Nationen oder Ordensgemeinschaften überlassen bleiben, und nur jene sollen auf die ganze Kirche ausgedehnt werden, die das Gedächtnis solcher Heiligen feiern, die wirklich von allgemeiner Bedeutung sind.

SECHSTES KAPITEL

DIE KIRCHENMUSIK

112. Die überlieferte Musik der Gesamtkirche stellt einen Reichtum von unschätzbarem Wert dar, ausgezeichnet unter allen übrigen künstlerischen Ausdrucksformen vor allem deshalb, weil sie als der mit dem Wort verbundene gottesdienstliche Gesang einen notwendigen und integrierenden Bestandteil der feierlichen Liturgie ausmacht.

In der Tat haben sowohl die Heilige Schrift[42] wie die heiligen Väter den gottesdienstlichen Gesängen hohes Lob gespendet; desgleichen die römischen Päpste, die in der neueren Zeit im Gefolge des heiligen Pius X. die dienende Aufgabe der Kirchenmusik im Gottesdienst mit größerer Eindringlichkeit herausgestellt haben.

So wird denn die Kirchenmusik um so heiliger sein, je enger sie mit der liturgischen Handlung verbunden ist, sei es, daß sie das Gebet inniger zum Ausdruck bringt oder die Einmütigkeit fördert, sei es, daß sie die heiligen Riten mit größerer Feierlichkeit umgibt. Dabei billigt die Kirche alle Formen wahrer Kunst, welche die erforderlichen Eigenschaften besitzen, und läßt sie zur Liturgie zu.

Unter Wahrung der Richtlinien und Vorschriften der kirchlichen Tradition und Ordnung sowie im Hinblick auf das Ziel der Kirchenmusik, nämlich die Ehre Gottes und die Heiligung der Gläubigen, verfügt das Heilige Konzil das Folgende.

---

[42] Vgl. Eph 5, 19; Kol 3, 16.

113. Ihre vornehmste Form nimmt die liturgische Handlung an, wenn der Gottesdienst feierlich mit Gesang gehalten wird und dabei Leviten mitwirken und das Volk tätig teilnimmt.

Was die zu verwendende Sprache betrifft, so gelten die Vorschriften von Art. 36; für die Messe von Art. 54, für die Sakramente von Art. 63, für das Stundengebet von Art. 101.

114. Der Schatz der Kirchenmusik möge mit größter Sorge bewahrt und gepflegt werden. Die Sängerchöre sollen nachdrücklich gefördert werden, besonders an den Kathedralkirchen. Dabei mögen aber die Bischöfe und die übrigen Seelsorger eifrig dafür Sorge tragen, daß in jeder liturgischen Feier mit Gesang die gesamte Gemeinde der Gläubigen die ihr zukommende tätige Teilnahme auch zu leisten vermag, im Sinne von Art. 28 und 30.

115. In den Seminarien, in den Noviziaten und Studienhäusern der Ordensleute beiderlei Geschlechts sowie auch in den übrigen katholischen Instituten und Schulen soll auf die musikalische Ausbildung und Praxis großes Gewicht gelegt werden. Um diese Ausbildung zu erreichen, sollen die Dozenten der Kirchenmusik sorgfältig vorgebildet werden.

Darüber hinaus wird empfohlen, wo es angebracht erscheint, höhere Kirchenmusik-Institute zu errichten.

Die Kirchenmusiker aber, die Sänger und besonders die Sängerknaben sollen auch eine gediegene Ausbildung erhalten.

116. Die Kirche betrachtet den Gregorianischen Choral als den der römischen Liturgie eigenen Gesang; demgemäß soll er in ihren liturgischen Handlungen, wenn im übrigen die gleichen Voraussetzungen gegeben sind, den ersten Platz einnehmen.

Andere Arten der Kirchenmusik, besonders die Mehrstimmigkeit, werden für die Feier der Liturgie keineswegs ausgeschlossen, wenn sie dem Geist der Liturgie im Sinne von Art. 30 entsprechen.

117. Die „editio typica" der Bücher des Gregorianischen Gesanges soll zu Ende geführt werden; darüber hinaus soll eine kritische Ausgabe der seit der Reform des heiligen Pius X. bereits herausgegebenen Bücher besorgt werden.

Es empfiehlt sich ferner, eine Ausgabe zu schaffen mit einfacheren Melodien für den Gebrauch der kleineren Kirchen.

118. Der religiöse Volksgesang soll eifrig gepflegt werden, so daß die Stimmen der Gläubigen bei Andachtsübungen und gottesdienstlichen Feiern und auch bei den liturgischen Handlungen selbst gemäß den Richtlinien und Vorschriften der Rubriken erklingen können.

119. Da die Völker mancher Länder, besonders in der Mission, eine eigene Musiküberlieferung besitzen, die in ihrem religiösen und sozialen Leben große Bedeutung hat, soll dieser Musik gebührende Wertschätzung entgegengebracht und angemessener Raum gewährt werden, und zwar sowohl bei der Formung des religiösen Sinnes dieser Völker als auch bei der Anpassung der Liturgie an ihre Eigenart, im Sinne von Art. 39 und 40.

Deshalb soll bei der musikalischen Ausbildung der Missionare sorgfältig darauf geachtet werden, daß sie im Rahmen des Möglichen imstande sind, die überlieferte Musik der betreffenden Völker sowohl in den Schulen als auch im Gottesdienst zu fördern.

120. Die Pfeifenorgel soll in der lateinischen Kirche als traditionelles Musikinstrument in hohen Ehren gehalten werden; denn ihr Klang vermag den Glanz der kirchlichen Zeremonien wunderbar zu steigern und die Herzen mächtig zu Gott und zum Himmel emporzuheben.

Andere Instrumente aber dürfen nach dem Ermessen und mit Zustimmung der für die einzelnen Gebiete zuständigen Autorität nach Maßgabe der Art. 22 § 2, 37 und 40 zur Liturgie zugelassen werden, sofern sie sich für den heiligen Gebrauch eignen oder für ihn geeignet gemacht werden können, der Würde des Gotteshauses angemessen sind und die Erbauung der Gläubigen wirklich fördern.

121. Die Kirchenmusiker mögen, von christlichem Geist erfüllt, sich bewußt sein, daß es ihre Berufung ist, die Kirchenmusik zu pflegen und deren Schatz zu mehren.

Sie sollen Vertonungen schaffen, welche die Merkmale echter Kirchenmusik an sich tragen und nicht nur von größeren Sängerchören gesungen werden können, sondern auch kleineren Chören angepaßt sind und die tätige Teilnahme der ganzen Gemeinde der Gläubigen fördern.

Die für den Kirchengesang bestimmten Texte müssen mit der katholischen Lehre übereinstimmen; sie sollen vornehmlich aus der Heiligen Schrift und den liturgischen Quellen geschöpft werden.

SIEBTES KAPITEL

DIE SAKRALE KUNST
LITURGISCHES GERÄT UND GEWAND

122. Zu den vornehmsten Betätigungen der schöpferischen Veranlagung des Menschen zählen mit gutem Recht die schönen Künste, insbesondere die religiöse Kunst und ihre höchste Form, die sakrale Kunst. Vom Wesen her sind sie ausgerichtet auf die unendliche Schönheit Gottes, die in menschlichen Werken irgendwie zum Ausdruck kommen soll, und sie sind um so mehr Gott, seinem Lob und seiner Herrlichkeit geweiht, als ihnen kein anderes Ziel gesetzt ist, als durch ihre Werke den Sinn der Menschen in heiliger Verehrung auf Gott zu wenden.

Darum war die lebenspendende Mutter Kirche immer eine Freundin der schönen Künste. Unablässig hat sie deren edlen Dienst gesucht und die Künstler unterwiesen, vor allem damit die Dinge, die zur heiligen Liturgie gehören, wahrhaft würdig seien, geziemend und schön: Zeichen und Symbol überirdischer Wirklichkeiten. Die Kirche hat mit Recht immer auch eine Art Schiedsrichteramt ausgeübt; sie hat über die Werke der Künstler geurteilt und entschieden, welche dem Glauben, der Frömmigkeit und den ehrfurchtsvoll überlieferten Gesetzen entsprächen und als geeignet für den Dienst im Heiligtum anzusehen seien.

Mit besonderem Eifer war die Kirche darauf bedacht, daß das heilige Gerät würdig und schön zur Zierde der Liturgie diente; sie hat dabei die Wandlungen in Material, Form und Schmuck zugelassen, die der Fortschritt der Technik im Laufe der Zeit mit sich gebracht hat.

So hat es denn den Vätern gefallen, in dieser Sache das Folgende zu verfügen.

123. Die Kirche hat niemals einen Stil als ihren eigenen betrachtet, sondern hat je nach Eigenart und Lebensbedingungen der

Völker und nach den Erfordernissen der verschiedenen Riten die Sonderart eines jeden Zeitalters zugelassen und so im Laufe der Jahrhunderte einen Schatz zusammengetragen, der mit aller Sorge zu hüten ist. Auch die Kunst unserer Zeit und aller Völker und Länder soll in der Kirche Freiheit der Ausübung haben, sofern sie nur den Gotteshäusern und den heiligen Riten mit der gebührenden Ehrfurcht und Ehrerbietung dient, so daß sie einstimmen kann in den wunderbaren Chor, den die größten Männer in den vergangenen Jahrhunderten zur Verherrlichung des christlichen Glaubens angestimmt haben.

124. Bei der Förderung und Pflege wahrhaft sakraler Kunst mögen die Ordinarien mehr auf edle Schönheit bedacht sein als auf bloßen Aufwand. Das gilt auch für die heiligen Gewänder und die Ausstattung der heiligen Orte.

Die Bischöfe mögen darauf hinwirken, daß von den Gotteshäusern und anderen heiligen Orten streng solche Werke von Künstlern ferngehalten werden, die dem Glauben, den Sitten und der christlichen Frömmigkeit widersprechen und die das echt religiöse Empfinden verletzen, sei es, weil die Formen verunstaltet sind oder weil die Werke künstlerisch ungenügend, allzu mittelmäßig oder kitschig sind.

Beim Bau von Kirchen ist sorgfältig darauf zu achten, daß sie für die liturgischen Feiern und für die tätige Teilnahme der Gläubigen geeignet sind.

125. Der Brauch, in den Kirchen den Gläubigen heilige Bilder zur Verehrung darzubieten, werde nicht angetastet. Doch sollen sie in mäßiger Zahl und rechter Ordnung aufgestellt werden, damit sie nicht die Verwunderung der Gläubigen erregen oder einer weniger gesunden Frömmigkeit Vorschub leisten.

126. Bei der Beurteilung von Kunstwerken sollen die Ortsordinarien die Diözesankommission für sakrale Kunst hören und gegebenenfalls auch andere besonders sachverständige Persönlichkeiten sowie die Kommissionen, von denen in den Artikeln 44, 45, 46 die Rede ist.

Sorgfältig sollen die Ordinarien darüber wachen, daß nicht etwa heiliges Gerät und Paramente oder kostbare Kunstwerke veräußert werden oder verkommen, sind sie doch Zierde des Hauses Gottes.

127. Die Bischöfe sollen sich entweder persönlich oder durch geeignete Priester, die Sachverständnis und Liebe zur Kunst besitzen, um die Künstler kümmern, um sie mit dem Geist der sakralen Kunst und der Liturgie zu erfüllen.

Überdies wird empfohlen, in Gegenden, wo es angezeigt erscheint, Schulen oder Akademien für sakrale Kunst zur Heranbildung von Künstlern zu gründen.

Die Künstler aber, die, angetrieben von ihrer schöpferischen Begabung, danach streben, der Herrlichkeit Gottes in der heiligen Kirche zu dienen, mögen sich alle immerdar wohl bewußt sein, daß es dabei um ein Stück heiliger Nachahmung des Schöpfergottes geht und um Werke, die für den katholischen Gottesdienst, für die Auferbauung der Gläubigen wie auch zu deren Frömmigkeit und religiösen Unterweisung bestimmt sind.

128 Die Canones und kirchlichen Statuten, die sich auf die Gestaltung der äußeren zur Liturgie gehörigen Dinge beziehen, sind zugleich mit den liturgischen Büchern im Sinne von Art. 25 unverzüglich zu revidieren. Das gilt besonders von den Bestimmungen über würdigen und zweckentsprechenden Bau der Gotteshäuser, Gestalt und Errichtung der Altäre, edle Form des eucharistischen Tabernakels, seinen Ort und seine Sicherheit, richtige und würdige Anlage des Baptisteriums, schließlich von den Bestimmungen über die rechte Art der heiligen Bilder, des Schmuckes und der Ausstattung der Kultgebäude. Bestimmungen, die der erneuerten Liturgie weniger zu entsprechen scheinen, mögen abgeändert oder abgeschafft werden; solche aber, die sie fördern, sollen beibehalten oder neueingeführt werden.

In diesem Zusammenhang wird den Bischofsversammlungen der einzelnen Gebiete, besonders hinsichtlich von Material und Form der heiligen Geräte und Gewänder, die Vollmacht erteilt, Anpassungen an die örtlichen Erfordernisse und Sitten vorzunehmen, nach Maßgabe von Art. 22 dieser Konstitution.

129. Die Kleriker sollen während ihrer philosophischen und theologischen Studienzeit auch über Geschichte und Entwicklung der sakralen Kunst unterrichtet werden, wie auch über die gesunden Grundsätze, auf die sich die Werke der sakralen Kunst stützen müssen. So sollen sie die ehrwürdigen Denkmäler der Kirche schätzen und bewahren lernen und den Künstlern

bei der Schaffung ihrer Werke passende Ratschläge erteilen können.

130. Es ist angemessen, den Gebrauch der Pontifikalien jenen kirchlichen Personen vorzubehalten, die Bischöfe sind oder irgendeine besondere Jurisdiktion besitzen.

ANHANG

ERKLÄRUNG DES ZWEITEN VATIKANISCHEN KONZILS ZUR KALENDERREFORM

Das Heilige Allgemeine Zweite Vatikanische Konzil mißt dem Verlangen vieler, das Osterfest auf einen bestimmten Sonntag anzusetzen und den Kalender festzulegen, nicht geringe Bedeutung bei. Nach sorgfältiger Abwägung aller Folgen, die aus der Einführung eines neuen Kalenders entspringen können, erklärt es Folgendes.

1) Das Heilige Konzil widerstrebt nicht der Festlegung des Osterfestes auf einen bestimmten Sonntag im Gregorianischen Kalender, wenn alle, die es angeht, besonders die von der Gemeinschaft mit dem Apostolischen Stuhl getrennten Brüder, zustimmen.

2) Ebenso erklärt das Heilige Konzil, daß es sich nicht gegen Versuche wendet, in der bürgerlichen Gesellschaft einen immerwährenden Kalender einzuführen.

Von den verschiedenen Systemen, die zur Festlegung eines immerwährenden Kalenders und dessen Einführung im bürgerlichen Leben ausgedacht werden, steht die Kirche nur jenen nicht ablehnend gegenüber, welche die Siebentagewoche mit dem Sonntag bewahren und schützen, ohne einen wochenfreien Tag einzuschieben, so daß die Folge der Wochen unangetastet bleibt, es sei denn, es tauchten ganz schwerwiegende Gründe auf, über die dann der Apostolische Stuhl zu urteilen hat.

DAS DEKRET ÜBER DIE SOZIALEN KOMMUNIKATIONSMITTEL „INTER MIRIFICA"

wurde von einem Sekretariat „für Presse und Schauspiel" (errichtet Pfingsten 1960) erarbeitet. Dieses Sekretariat ging bei Konzilsbeginn in der konziliaren Kommission für das Laienapostolat auf. Das Schema wurde schon im November 1962 diskutiert; eine Abstimmung empfahl eine gründliche Überarbeitung unter Beibehaltung der Substanz. Im November 1963 wurde ohne Diskussion über den neuen Text abgestimmt, Änderungsvorschläge wurden sodann eingearbeitet. Bemühungen um eine neuerliche Diskussion über die Substanz des Schemas scheiterten an der Geschäftsordnung des Konzils. Die feierliche Schlußabstimmung ergab 1960 Ja- gegen 164 Nein-Stimmen; am gleichen Tag, dem 4. Dezember 1963, wurde das Dekret feierlich verkündet.

Dieses Dekret hat seit seiner Verkündung ebenso heftige Kontroversen hervorgerufen wie während seiner Beratung. Daß die Kritik an ihm nicht einer vorlauten Besserwisserei entspringt, sondern ihren Ursprung in der Mitte des Konzils hat, zeigt nichts besser als die wachsende Opposition gegen es im Konzil, die sich an den bloßen Ja- und Nein-Stimmen ablesen läßt:

27. November 1962	Ja:	2138	Nein:	15
14. November 1963	Ja:	1832	Nein:	92
		1893		103
24. November 1963	Ja:	1598	Nein:	503

Hier zeigte sich — am deutlichsten für das ganze Konzil — eine (in anderen Fällen heilsame) Härte der Geschäftsordnung. Nachdem der Entwurf am 27. November 1962 als Diskussionsgrundlage angenommen worden war, durfte hinfort keine Änderung mehr angenommen werden, die die Substanz des Textes berührte, und das, obwohl eine wachsende Zahl der Väter sich der Schwächen des Textes bewußt wurde. Worin bestehen diese? Der französische Fachmann É. Gabel nennt folgende:

1. Das Dekret bleibt hinter dem Konzil zurück. Das Konzil hat zu den Themenkreisen „Kirche in sich selbst" und „Kirche und Welt" grundsätzliche Aussagen gefunden, die in diesem Dekret hätten berück-

sichtigt werden müssen. Aber dem Geschäftsordnungsplan gegenüber wäre das auch dann nicht mehr möglich gewesen, wenn das Dekret erst ein oder zwei Jahre später verabschiedet worden wäre.

2. Das Dekret bleibt hinter der Lehre Pius' XII. zurück. Es bietet nämlich zum Thema der öffentlichen Meinung (der „öffentlichen Meinungen", wie es seltsamerweise sagt) nur „eine Anhäufung von Gemeinplätzen". Gerade hier wird es der Funktion der Laien in der Kirche am wenigsten gerecht.

3. Das Dekret bleibt hinter der wissenschaftlichen Erforschung der sozialen Kommunikationsmittel zurück. In besonderem Ausmaß gilt dies — wie É. Gabel nachweist — von der jungen Wissenschaft der Publizistik.

Folgt man der Grundintention des Konzils, so ist das Dekret gemäß der dogmatischen Konstitution über die Kirche und nach der Pastoralkonstitution über die Kirche in der Welt von heute zu interpretieren. Es ist zu hoffen, daß die in Artikel 23 angekündigte Pastoralinstruktion einige der genannten Schwächen behebt. Das Programm des Dekrets wird im Vorwort (Artikel 1 und 2) umrissen.

Kapitel I beschäftigt sich vor allem mit dem rechten Gebrauch der Kommunikationsmittel. Artikel 3 spricht aber vor diesem allgemeinen Thema vom Recht der Kirche, jedes der sozialen Kommunikationsmittel (Presse, Film, Funk, Fernsehen) zu benutzen und zu besitzen. Auch mit Hilfe dieser Mittel könnten die Gläubigen das Heil für sich und für die Menschheitsfamilie erstreben. Die Beseelung dieser Mittel mit humanem und christlichem Geist komme vor allem den Laien zu. Artikel 4 fordert als Grundlage für den richtigen Gebrauch der Kommunikationsmittel die Kenntnis der Grundsätze der sittlichen Wertordnung und Sachkenntnis der einzelnen Kommunikationsmittel. Artikel 5 kündigt drei Punkte für eine notwendige klare Gewissensbildung an. Der erste betrifft die „Information". Das Recht auf Information in der menschlichen Gesellschaft wird nachdrücklich betont, das Recht auf Information in der Kirche wird mit Schweigen übergangen. In der menschlichen Gesellschaft muß die Information wahr, rücksichtsvoll und in der Form ethisch einwandfrei sein. „Eine zweite Frage betrifft die Beziehungen zwischen der ,Freiheit der Kunst' und den Normen des Sittengesetzes" (Artikel 6). Der Vorrang der „objektiven sittlichen Ordnung in allem und für alle" wird betont, ohne daß auf diese und deren Erkenntnis (unter Berücksichtigung der Erklärung über die Religionsfreiheit) mit einem Wort eingegangen würde. Das dritte Thema nennt Artikel 7: die Schilderung, Beschreibung oder Darstellung des sittlichen Bösen. Diese könne zur besseren Erkenntnis und Erforschung des Menschen beitragen, müsse sich aber den ethischen Forderungen unterordnen. Zu Artikel 8 über die „öffentlichen Meinungen" ist nichts zu bemerken. Artikel 9 besagt: Nach rechtzeitiger Information über das Gebotene habe sich der Mensch für das Gute zu entscheiden,

das Schlechte aber abzulehnen. Artikel 10 wünscht Zucht und Maß beim
Gebrauch der sozialen Kommunikationsmittel, tieferes Verständnis und
darum Diskussion des Dargebotenen und Obhut der Eltern, daß nirgendwo den Kindern etwas Glaubens- oder Sittenwidriges begegne.
Die Aufgabe aller, die aktiv an den Kommunikationsmitteln beteiligt
sind, wird in Artikel 11 unter dem Aspekt der Sorge für das Gemeinwohl beschrieben. Dazu sollen Berufsvereinigungen und „festgelegte
moralische Richtlinien" helfen. Darbietungen religiösen Inhalts sollen
„ernsten und erfahrenen Bearbeitern" anvertraut „und mit gebotener
Ehrfurcht gestaltet" werden. Bemerkenswert ist Artikel 12. In ihm
wird der öffentlichen Gewalt die Pflicht zugeschrieben, die wahre und
rechte Freiheit der Information, insbesondere die Pressefreiheit, zu verteidigen und zu schützen. Die öffentliche Gewalt hat weiter schützende
und fördernde Aufgaben im Gesamtbereich der Kultur, auch durch Verhinderung von Mißbrauch der sozialen Kommunikationsmittel; konkrete und auch schon bewährte Regelungen, die Institute der Kommunikationsmittel geschaffen haben, werden hier nicht berücksichtigt.

Kapitel II geht nun die Frage an, wie die sozialen Kommunikationsmittel in den Dienst des Apostolats gestellt werden könnten. Artikel 13
sagt, das könnten alle Glieder der Kirche vollbringen. Artikel 14
wünscht, daß die „gute Presse" gefördert und eine katholische Presse
gegründet und unterstützt werden (unmittelbar von der Kirche oder
von katholischen Persönlichkeiten ins Leben gerufen und getragen)
und unter Hilfe der Gläubigen „mit dem Naturrecht und den katholischen Lehren" übereinstimmende „öffentliche Meinungen" zu bilden
seien. Gefördert werden sollen auch — unter Umständen durch organisatorische Maßnahmen — die Produktion und Vorführung wertvoller
Filme. Auch wertvolle, besonders katholische Rundfunk- und Fernsehsendungen sind zu unterstützen. Wohlüberlegt sollen katholische Sender, die sich in ihren Sendungen „durch entsprechende Qualität und
Reichweite auszeichnen", errichtet werden. Schließlich soll auch die
„edle und alte Kunst des Theaters" zur menschlichen und sittlichen
Bildung der Zuschauer beitragen. Für all dies sollen Geistliche, Ordensleute und Laien rechtzeitig ausgebildet werden, wie Artikel 15 sagt,
durch eigene Schulen, Fakultäten und Institute. Geschult werden sollen
auch die Schauspieler und Kritiker. Ferner brauchen, nach Artikel 16,
alle, die die sozialen Kommunikationsmittel gebrauchen, eine eigene
Schulung. Dazu sollen Institutionen besonders für Jugendliche gegründet werden; vorerst aber sollen diese Fragen im Religionsunterricht
behandelt werden. Artikel 17 deutet vorsichtig an, daß es bei katholischen Kommunikationsmitteln technische Unzulänglichkeiten und
fehlende Mittel gibt. Darum sollen alle Gläubigen die katholischen
Kommunikationsmittel unterstützen; zugleich gilt dieser Aufruf für
Verbände und Einzelpersönlichkeiten, die in Wirtschaft oder Technik
einflußreich sind. Artikel 18 wünscht, daß jährlich in allen Diözesen

— nach dem Ermessen der Bischöfe — ein Tag festgesetzt werde, an dem die Gläubigen für das Apostolat auf dem Gebiet der Kommunikationsmittel beten und Geld sammeln. Artikel 19 sieht die Errichtung einer eigenen, für diese Fragen zuständigen Stelle beim Apostolischen Stuhl vor (im April 1964 verwirklicht). Artikel 20 mahnt die Bischöfe an ihre Sorge in diesem Bereich; Artikel 21 ordnet eigene Stellen für die sozialen Kommunikationsmittel in den einzelnen Ländern unter Leitung einer Bischofskommission oder eines beauftragten Bischofs an. In ihnen sollen auch erfahrene Laien vertreten sein. Diese nationalen Gremien sollen nach Artikel 22 in internationaler Verbindung miteinander stehen.

Hinsichtlich der positiven Würdigung dieses Dekretes nennt É. Gabel an erster Stelle die Tatsache, daß das Konzil sich überhaupt mit dem Thema beschäftigt hat. Weiter erwähnt er: Die Kompetenz der öffentlichen Gewalt wird verhältnismäßig zurückhaltend angeführt. Dem Urteil des einzelnen Menschen wird viel zugetraut. Besonders wichtig ist, wie positiv sich das Konzil über das Recht auf Information und über die Pressefreiheit ausspricht. Aktuellen Wert mißt er dem Artikel 14 bei: eine katholische Zeitung ist nicht deswegen katholisch, weil sie sich so nennt, sondern gemäß ihrem Inhalt, zu dem der Stil ja auch gehört. Diese Frage ist in Deutschland so aktuell wie in Frankreich.

Ganz allgemein darf man sagen, daß dieses Dekret unter recht vielen theoretischen Schwächen ein imposantes praktisches Programm entwickelt, dessen Verwirklichung der Kirche viel Segen bringen würde, ohne Nichtkatholiken zu beeinträchtigen, das aber wohl den realen Möglichkeiten auch in „reichen" Ländern zuwenig entspricht.

Dekret über die
sozialen Kommunikationsmittel

1. Unter den erstaunlichen Erfindungen der Technik, welche die menschliche Geisteskraft gerade in unserer Zeit mit Gottes Hilfe aus der Schöpfung entwickelt hat, richtet sich die besondere Aufmerksamkeit der Kirche auf jene, die sich unmittelbar an den Menschen selbst wenden und neue Wege erschlossen haben, um Nachrichten jeder Art, Gedanken und Weisungen leicht mitzuteilen. Unter ihnen treten vor allem jene „Mittel" hervor, die in ihrer Eigenart nicht nur den einzelnen Menschen, sondern die Masse und die ganze menschliche Gesellschaft erreichen und beeinflussen können: die Presse, der Film, der Rundfunk, das Fernsehen und andere gleicher Art. Man nennt sie darum zu Recht „soziale Kommunikationsmittel".

2. Der Kirche ist sehr wohl bekannt, daß die sozialen Kommunikationsmittel bei rechtem Gebrauch den Menschen wirksame Hilfe bieten, denn sie leisten einen wichtigen Beitrag zur Erholung und Bildung des Geistes; sie dienen ebenso auch der Ausbreitung und Festigung des Gottesreiches. Die Kirche weiß ebenfalls, daß die Menschen diese technischen Erfindungen gegen Gottes Schöpfungsplan und zu ihrem eigenen Schaden mißbrauchen können. Die Sorge einer Mutter erfüllt sie wegen des Unheils, das durch deren Mißbrauch häufig der menschlichen Gesellschaft erwachsen ist.

Das Konzil hält es darum für seine Pflicht, die wache Sorge der Päpste und Bischöfe in dieser wichtigen Sache aufzunehmen und die vordringlichen Fragen zu behandeln, die mit den sozialen Kommunikationsmitteln zusammenhängen. Es hofft zudem, daß seine hier vorgelegte Lehre und Weisung nicht allein dem Heil der Gläubigen, sondern auch dem Fortschritt der ganzen menschlichen Gesellschaft dienen werde.

Kommunikationsmittel

3. Die Katholische Kirche ist von Christus, dem Herrn, gegründet, um allen Menschen das Heil zu bringen, und darum der Verkündigung des Evangeliums unbedingt verpflichtet. Deshalb hält sie es für ihre Pflicht, die Heilsbotschaft auch mit Hilfe der sozialen Kommunikationsmittel zu verkünden und Grundsätze über deren richtige Anwendung aufzustellen.

Die Kirche hat also ein ursprüngliches Recht darauf, jedes dieser sozialen Kommunikationsmittel zu benutzen und zu besitzen, soweit es für die christliche Erziehung und ihr Wirken am Heile der Seelen notwendig und nützlich ist. Zum Auftrag der Oberhirten gehört es, die Gläubigen zu lehren und zu leiten, damit sie das Heil und die Vollendung für sich und die ganze Menschheitsfamilie auch mit Hilfe dieser Mittel erstreben.

Im übrigen gehört es vor allem zur Aufgabe der Laien, die sozialen Kommunikationsmittel mit echt humanem und christlichem Geist zu beseelen, um so den großen Erwartungen der Menschheit und dem Plane Gottes voll zu entsprechen.

4. Die rechte Benutzung der sozialen Kommunikationsmittel setzt bei allen, die mit ihnen umgehen, die Kenntnis der Grundsätze sittlicher Wertordnung voraus und die Bereitschaft, sie auch hier zu verwirklichen. Man muß also zunächst auf den Sachverhalt achten, der je nach der Eigengesetzlichkeit jedes einzelnen Mediums mitgeteilt wird; doch zugleich sind auch alle Begleitumstände zu berücksichtigen, wie Absicht, Personen, Ort, Zeit, und all die Dinge, die zur Vollständigkeit der Mitteilung gehören, und was ihren sittlichen Wert verändern oder völlig umkehren kann. Hierzu zählt auch die jedem sozialen Kommunikationsmittel eigene Wirkungsart, seine Eindruckskraft, die so groß sein kann, daß es den Menschen, insbesondere den unerfahrenen, schwerfällt, sie wahrzunehmen, geistig zu verarbeiten und gegebenenfalls sich ihrer zu erwehren.

5. Vor allem sind für den Gebrauch der sozialen Kommunikationsmittel bei allen Beteiligten klare Gewissensgrundsätze notwendig. Dies gilt besonders für einige gerade in unserer Zeit heftig umstrittene Probleme.

Der erste Fragenkreis umfaßt die „Information", das ist das Sammeln und Verbreiten von Nachrichten. Zweifellos ist bei der heutigen Entwicklung der menschlichen Gesellschaft und der immer engeren Verbindung ihrer Mitglieder die Information wertvoll, ja unumgänglich notwendig. Eine öffentliche und rechtzeitige Berichterstattung über Ereignisse und Zusammenhänge gibt jedem einzelnen Menschen eine reichere und umfassendere Kenntnis, so daß jeder einen wirksamen Beitrag zum Gemeinwohl leisten kann und alle beim Ausbau der bürgerlichen Gesellschaft leichter mitwirken können. Es gibt also in der menschlichen Gesellschaft ein Recht auf Information über alle Tatsachen, die den Menschen, als einzelnen oder als Mitgliedern der Gesellschaft, je nach ihrer besonderen Situation zu wissen zukommt. Der richtige Gebrauch des Rechtes fordert aber, daß die Mitteilung inhaltlich stets der Wahrheit entspricht und bei Beachtung der durch Recht und menschliche Rücksichtnahme gezogenen Grenzen vollständig ist. Auch in der Form muß sie ethisch einwandfrei sein, d. h., beim Sammeln und Verbreiten von Nachrichten müssen die ethischen Grundsätze sowie die Rechte und Würde des Menschen beachtet werden; denn nicht alles Wissen bringt Nutzen, „die Liebe aber baut auf" (1 Kor 8, 1).

6. Eine zweite Frage betrifft die Beziehungen zwischen der „Freiheit der Kunst" und den Normen des Sittengesetzes. Die sich mehrenden Diskussionen darüber beruhen häufig auf falschen Auffassungen von Ethik und Ästhetik. Das Konzil betont darum, daß der Vorrang der objektiven sittlichen Ordnung in allem und für alle gilt. Die Sittenordnung überragt alle übrigen menschlichen Ordnungen, die Kunst nicht ausgenommen, so wertvoll sie auch sein mögen, und bringt sie in das rechte Verhältnis. Allein die sittliche Wertordnung umfaßt die ganze Natur des Menschen, der ein geistbegabtes und zu Höherem berufenes Geschöpf Gottes ist. Wird sie in vollem Umfang getreu beachtet, ist sie für den Menschen der Weg zu seiner Erfüllung und zu seinem Heil.

7. Zum Dritten: Die Schilderung, Beschreibung oder Darstellung des sittlich Bösen kann gewiß auch mit den sozialen Kommunikationsmitteln zur besseren Erkenntnis und Ergründung des Menschen beitragen. Sie kann die Erhabenheit des Wahren und Guten offenbaren und dabei besonders wirksame dramatische Effekte erzielen. Doch auch sie muß sich den ethi-

schen Forderungen unterordnen, wenn sie nicht eher Schaden als Nutzen stiften will, vor allem bei Themen, deren Behandlung eine gewisse Zurückhaltung gebietet oder die im erbsündlich belasteten Menschen leicht niedrige Instinkte wecken.

8. „Öffentliche Meinungen" üben heute einen bestimmenden und richtunggebenden Einfluß auf das private und öffentliche Leben der Menschen aller gesellschaftlichen Schichten aus. Darum müssen alle Glieder der Gesellschaft ihren Verpflichtungen zu Gerechtigkeit und Liebe auch in diesem Bereich nachkommen und mit Hilfe dieser Mittel ebenfalls zur Bildung und Verbreitung richtiger öffentlicher Meinungen beitragen.

9. Eine besondere Verantwortung tragen die Leser, Zuschauer und Zuhörer, die sich ja in freier und persönlicher Entscheidung der sozialen Kommunikationsmittel bedienen. Dabei gilt es, sich für das zu entscheiden, was sowohl ethisch wie künstlerisch wertvoll und wissenswert ist. Es gilt aber auch, das Minderwertige oder Verführerische abzulehnen, ebenso alles, was schlechtes Beispiel gibt, und auch, was gute Darbietungen hindert oder schlechte fördert. Dies geschieht häufig dann, wenn man Geld für Darbietungen ausgibt, die von ihren Veranstaltern lediglich aus Gründen gewinnsüchtigen Profits angeboten werden.

Leser, Zuschauer und Hörer dürfen es daher nicht unterlassen, sich rechtzeitig bei den Stellen zu informieren, die dafür zuständig sind, und sie müssen deren Beurteilung nach bestem Wissen und Gewissen befolgen. Um zweifelhaften Anpreisungen leichter zu widerstehen und auf gute Anregungen einzugehen, ist eine rechte Gewissensbildung durch geeignete Hilfe notwendig.

10. Leser, Hörer und Zuschauer, besonders die Jugendlichen, sollen sich im Gebrauch dieser sozialen Kommunikationsmittel an Zucht und Maß gewöhnen. Ferner sollen sie sich um ein tieferes Verständnis dessen bemühen, was sie gesehen, gehört oder gelesen haben. Mit Erziehern und Fachleuten mögen sie sich darüber besprechen, um selbst richtig urteilen zu lernen. Die Eltern aber sollen sorgfältig darauf achten, daß nicht glaubens- und sittenwidrige Darbietungen, Druckerzeugnisse und ähnliches ins Haus gelangen oder den Kindern anderswo begegnen.

11. Eine besondere Verantwortung für die sozialen Kommunikationsmittel tragen die Journalisten, Schriftsteller, Schauspieler, Regisseure, Produzenten, Geldgeber, Verleiher, Theaterleiter, Agenten, Kritiker und überhaupt alle, die irgendwie bei der Produktion und Verbreitung sozialer Kommunikationsmittel beteiligt sind. Die Größe und der Ernst ihrer Verpflichtungen unter den heutigen gesellschaftlichen Verhältnissen liegen klar auf der Hand. Ihre Information und Einwirkung können dem Menschen Segen oder Fluch bringen.

Ihre Aufgabe wird es darum sein, die wirtschaftlichen, politischen und künstlerischen Belange so aufeinander abzustimmen, daß sie dem Gemeinwohl niemals zuwiderlaufen. Um dies wirksamer zu erreichen, empfiehlt es sich, Berufsvereinigungen beizutreten, die ihren Mitgliedern Achtung vor dem Sittengesetz in ihren beruflichen Arbeiten und Pflichten auferlegen — wenn nötig, auch unter Eingehung der gegenseitigen Verpflichtung, festgelegte moralische Richtlinien zu beobachten. Immer aber mögen sie daran denken, daß ein großer Teil der Leser und Zuschauer aus Jugendlichen besteht. Diese brauchen Schriften und Darbietungen mit sauberer Unterhaltung und Anregung zum Guten. Sie sollen auch dafür sorgen, daß Darbietungen religiösen Inhalts ernsten und erfahrenen Bearbeitern anvertraut und mit gebotener Ehrfurcht gestaltet werden.

12. Die öffentliche Gewalt hat hier mit Rücksicht auf das Gemeinwohl, dem die sozialen Kommunikationsmittel zugeordnet sind, besondere Verpflichtungen. Im Rahmen ihrer Zuständigkeit hat sie die wahre und rechte Freiheit der Information, deren die heutige Gesellschaft zu ihrem Fortschritt bedarf, zu verteidigen und zu schützen, das gilt besonders für die Pressefreiheit. Der öffentlichen Gewalt obliegt auch die Förderung der Religion, der Kultur und der schönen Künste sowie der Schutz der Leser, Zuschauer und Zuhörer im freien Gebrauch ihrer Rechte. Zudem ist es Sache der öffentlichen Hand, solche Unternehmen zu unterstützen, die sonst nicht zu verwirklichen wären, die aber besonders für die Jugend wertvoll sind.

Schließlich muß die gleiche öffentliche Gewalt, die kraft ihres Amtes für das Wohl der Bürger Sorge trägt, durch Erlaß und sorgfältige Durchführung von Gesetzen schwere Schäden für die öffentliche Sitte und den Fortschritt der Gesellschaft verhindern, die durch Mißbrauch der sozialen Kommunikationsmittel entstehen könnten. Die Freiheit der Einzelnen oder gesellschaftlicher Gruppen wird durch diese wache Sorge keineswegs beeinträchtigt, zumal wenn wirksame Vorsichtsmaßnahmen jener fehlen, die beruflich mit diesen Mitteln zu tun haben.

Besondere Schutzmaßnahmen müssen getroffen werden, um die Jugendlichen vor Presseerzeugnissen und Darbietungen zu bewahren, die ihrem Alter schädlich sind.

ZWEITES KAPITEL

13. Alle Glieder der Kirche sollen einmütig und planmäßig darangehen, ohne Aufschub und mit größtem Eifer die sozialen Kommunikationsmittel in den vielfältigen Arbeiten des Apostolates, wie es Zeit und Umstände erfordern, zu benutzen und schädlichen Unternehmungen zuvorzukommen, besonders in den Gegenden, wo sittlicher oder religiöser Fortschritt erhöhte Anstrengungen erfordert.

Die kirchlichen Oberhirten sollen darum auf diesem Gebiet, das mit ihrer Pflicht zur Verkündigung so eng verbunden ist, ihrem Auftrag eilends nachkommen. Auch die mit den sozialen Kommunikationsmitteln arbeitenden Laien sollen vor allem durch Erfüllung ihrer jeweiligen Berufsaufgabe mit Sachverstand und in apostolischem Geiste bereitwillig für Christus Zeugnis ablegen.

Sie sollen auch, je nach Möglichkeit, mit ihren technischen, wirtschaftlichen, kulturellen und künstlerischen Kräften die kirchliche Seelsorge unmittelbar unterstützen.

14. Vor allem ist die gute Presse zu fördern. Um jedoch die Leser ganz mit christlichem Geist zu erfüllen, soll auch eine katholische Presse gegründet und gefördert werden, die diesen Namen wirklich verdient. Sie soll — entweder unmittelbar von der Kirche oder von katholischen Persönlichkeiten ins Leben gerufen und getragen — in der erklärten Absicht erscheinen, um öffentliche Meinungen zu bilden, zu festigen und zu fördern, die mit dem Naturrecht und den katholischen Lehren und Grundsätzen übereinstimmen, sie soll Nachrichten über das Leben der Kirche bringen und kommentieren. Die Gläubigen aber sind von der Notwendigkeit zu überzeugen, die

katholische Presse zu lesen und zu verbreiten, um sich über alle Ereignisse ein christliches Urteil bilden zu können.

Die Produktion und Vorführung von Filmen, die gute Unterhaltung bieten, die belehrend und künstlerisch wertvoll sind, insbesondere von Filmen für die Jugend, sollte man mit allen wirksamen Mitteln fördern und sicherstellen. Dazu wird die Unterstützung und Zusammenarbeit guter Produzenten auf wirtschaftlichem und organisatorischem Gebiet empfohlen, ferner anerkennende Kritik und Verleihung von Preisen an Filme, die es verdienen, und endlich die Förderung und der Zusammenschluß von Lichtspieltheatern, die von katholischen und zuverlässigen Persönlichkeiten geleitet werden.

Gute Rundfunk- und Fernsehsendungen sind zu unterstützen, vor allem jene, die für die Familie wertvoll sind. Katholische Sendungen, welche Hörer und Zuschauer am Leben der Kirche teilnehmen lassen und mit religiösen Wahrheiten vertraut machen, sind besonders zu fördern. Wohlüberlegt sollen dort, wo es angebracht erscheint, katholische Sender errichtet werden. Man achte jedoch darauf, daß sich ihre Übertragungen durch entsprechende Qualität und Reichweite auszeichnen.

Man trage überdies Sorge dafür, daß die edle und alte Kunst des Theaters, die nun auch durch die sozialen Kommunikationsmittel weite Verbreitung findet, zur menschlichen und sittlichen Bildung der Zuschauer beiträgt.

15. Um den dargelegten Erfordernissen gerecht zu werden, ist rechtzeitig für die Ausbildung von Geistlichen, Ordensleuten und Laien zu sorgen. Sie müssen genügend Sachkenntnis besitzen, um diese Mittel für das Apostolat zu gebrauchen.

Insbesondere sollen die Laien eine technische, theoretische und charakterliche Ausbildung erhalten. Die Zahl der Schulen, Fakultäten und Institute, auf denen Journalisten, Autoren für Film, Rundfunk und Fernsehen sowie andere interessierte Personen eine umfassende Ausbildung erhalten können, ist zu vermehren. Eine solche Ausbildung soll von christlichem Geist geprägt sein und insbesondere die Soziallehre der Kirche berücksichtigen. Die Schauspieler sollen Anregung und Hilfe erhalten, um in ihrer Kunst der menschlichen Gesellschaft in rechter Weise zu dienen. Sorgfältig auszubilden sind ferner Kritiker für Literatur, Film, Rundfunk, Fernsehen und andere Gebiete. Sie alle sollen ihr Sachgebiet wirklich beherrschen. Desgleichen sollen sie befähigt und angeregt werden, in ihren Kritiken stets die sittlichen Gesichtspunkte zu berücksichtigen.

16. Der rechte Gebrauch der sozialen Kommunikationsmittel, die sich ja an Menschen verschiedenen Alters und unterschiedlicher Bildung wenden, setzt bei diesen eine eigene Schulung und Übung voraus. Darum sind geeignete Einrichtungen — insbesondere für Jugendliche — in den katholischen Schulen und Hochschulen aller Arten, in Bildungsstätten und den Organisationen des Laienapostolates zu unterstützen, zu vermehren und nach christlichen Grundsätzen zu leiten. Um hier schneller voranzukommen, sollen diese Fragen sowohl im Grundsätzlichen wie in ihrer praktischen Handhabung auch im Religionsunterricht behandelt und erläutert werden.

17. Es ist ein unwürdiger Zustand, wenn es von den Mitgliedern der Kirche untätig hingenommen wird, daß das Wort des Heiles durch technische Unzulänglichkeit und unzureichende Mittel gefesselt und gehindert ist. Allerdings ist der bei den sozialen Kommunikationsmitteln erforderliche finanzielle Aufwand sehr groß. Darum erinnert das Konzil die Gläubigen an ihre Pflicht, die katholischen Zeitungen, Zeitschriften und Filmunternehmungen, die Rundfunk- und Fernsehstationen und ihre Sendungen zu unterstützen, deren besonderes Ziel es ist, die Wahrheit zu verbreiten und zu verteidigen sowie christliches Geistesgut den Menschen zu vermitteln. Zugleich lädt das Konzil die in Wirtschaft oder Technik einflußreichen Verbände und Einzelpersönlichkeiten dringend ein, mit ihren finanziellen Beiträgen und ihrer Erfahrung die sozialen Kommunikationsmittel, soweit sie wahrer Kultur und dem Apostolat dienen, bereitwillig zu unterstützen.

18. Um das vielgestaltige Apostolatswerk der Kirche auf dem Gebiet der sozialen Kommunikationsmittel wirksam zu kräftigen, soll in allen Diözesen des Erdkreises, nach dem Ermessen der Bischöfe, jährlich ein Tag festgesetzt werden, an dem die Gläubigen auf die hier liegenden Aufgaben eindringlich hingewiesen und eingeladen werden, dieser Frage im Gebet zu gedenken und Spenden für sie zu entrichten. Der Erlös soll zum Unterhalt und zur Unterstützung aller kirchlichen Einrichtungen und Unternehmungen auf diesem Gebiet dienen. Maßgebend sind dabei die Bedürfnisse der Weltkirche.

19. Zur Erfüllung seiner obersten Hirtenpflicht auf dem Gebiet der sozialen Kommunikationsmittel steht dem Papst eine eigene Stelle beim Apostolischen Stuhl zur Verfügung[1].

20. Nun aber wird es Sache der Bischöfe sein, den Werken und Unternehmungen dieser Art in den eigenen Diözesen ihre wache Sorge zuzuwenden, sie zu fördern und ihre Tätigkeit zu koordinieren, soweit sie das Apostolat in der Öffentlichkeit betrifft. Auch die von exemten Ordensgenossenschaften geleiteten Unternehmungen sind davon nicht ausgenommen.

21. Ein wirksames Apostolat für ein ganzes Land verlangt Einheitlichkeit in der Planung und im Einsatz der Kräfte. Darum bestimmt und ordnet das Konzil an, daß in den einzelnen Ländern eigene Stellen für Presse, Film, Rundfunk und Fernsehen errichtet und mit allen Mitteln unterstützt werden.

Aufgabe dieser nationalen Stellen ist vor allem die Sorge um die Gewissensbildung der Gläubigen beim Gebrauch der sozialen Kommunikationsmittel; ferner sollen sie das unterstützen und ordnen, was in diesem Bereich von Katholiken unternommen wird.

In jeder Nation soll die Leitung dieser Stellen einer eigenen Bischofskommission oder einem beauftragten Bischof anvertraut werden. In den genannten Stellen sollen auch Laien vertreten sein, die in der katholischen Lehre und in diesen Sachgebieten erfahren sind.

22. Die Auswirkung der sozialen Kommunikationsmittel geht über die Grenzen der Nationen hinaus und macht die Einzelnen gleichsam zu Bürgern der ganzen Menschheit. Darum sollen die nationalen Unternehmungen auch im internationalen Rahmen zusammenarbeiten. Die in Nr. 21 genannten Stellen sollen in enger Verbindung mit ihrer jeweiligen internationalen katholischen Vereinigung stehen. Diese internationalen katholischen Verbände aber erhalten ihre Bestätigung ausschließlich vom Apostolischen Stuhl und unterstehen nur diesem.

---

[1] Die Konzilsväter schließen sich bereitwillig dem Wunsche des „Sekretariats für Presse und Darstellung" an und bitten den Heiligen Vater ehrerbietigst um Erweiterung der Aufgaben und Zuständigkeiten der genannten Stelle für alle sozialen Kommunikationsmittel einschließlich der Presse. Aus den verschiedenen Nationen sollen Sachverständige, auch Laien, hinzuberufen werden.

23. Um alle Grundsätze und Weisungen dieses Konzils über die sozialen Kommunikationsmittel zum Erfolg zu führen, soll im ausdrücklichen Auftrag des Konzils ein Pastoralschreiben herausgegeben werden. Dafür ist die in Nr. 19 genannte Stelle des Apostolischen Stuhles beauftragt, die aus den verschiedenen Nationen Sachverständige hinzuziehen soll.

24. Abschließend spricht die Konzilsversammlung die Hoffnung aus, daß diese ihre Grundsätze und Weisungen von allen Gliedern der Kirche bereitwillig angenommen und gewissenhaft beachtet werden. Sie sollen durch den Gebrauch dieser Hilfen keinen Schaden leiden, sondern wie das Salz die Erde würzen und wie das Licht die Welt erleuchten. Das Konzil ruft alle Menschen guten Willens und vor allem die verantwortlichen Leiter der sozialen Kommunikationsmittel auf, sie ausschließlich zum Wohl der menschlichen Gemeinschaft zu verwenden, deren Schicksal von Tag zu Tag mehr von ihrem rechten Gebrauch abhängt. So werde der Name des Herrn, wie schon durch die Werke der Vergangenheit, so auch durch diese neuen Erfindungen verherrlicht, nach dem Wort des Apostels: „Jesus Christus, gestern und heute, derselbe auch in Ewigkeit" (Hebr 13, 8).

DIE DOGMATISCHE KONSTITUTION ÜBER DIE KIRCHE „LUMEN GENTIUM"

wurde zunächst von der Theologischen Vorbereitungskommission entworfen, mit 11 Kapiteln und einem Zusatzkapitel über Maria. Das Dokument wurde Ende der I. Sitzungsperiode 1962 diskutiert mit der Folge, daß 1963 eine zweite Fassung entstand. Über diese fand im Herbst 1963 eine breite Diskussion statt. Testabstimmungen im Oktober 1963 ergaben, daß die Sakramentalität der Bischofsweihe, die Kollegialität des Episkopats und die Erneuerung des Diakonats in dieser Konstitution ausgesagt werden sollten. Eine Abstimmung gleichfalls im Oktober 1963 brachte das Ergebnis, daß das Kapitel über Maria dieser Konstitution eingegliedert und nicht ein selbständiges Konzilsdokument werden solle. Aus den Abänderungsvorschlägen entstand eine dritte Fassung mit 8 Kapiteln, über die im Herbst 1964 detailliert abgestimmt wurde. Neuerlich mußten Abänderungsvorschläge berücksichtigt werden. Im November 1964 ließ der Papst „Bekanntmachungen" und eine „Erläuternde Vorbemerkung" ergehen, die sich auf die theologische Qualifikation der Konzilsaussagen und auf die Kollegialität der Bischöfe beziehen und im Anschluß an die Konstitution abgedruckt werden sollten. Die feierliche Schlußabstimmung ergab 2151 Ja- gegen 5 Nein-Stimmen; am gleichen Tag, dem 21. November 1964, wurde die dogmatische Konstitution feierlich verkündet.

Der jetzige Text ist eine „dogmatische Konstitution". Wenn auch nach seinem Wortlaut und nach einer späteren päpstlichen Interpretation kein neues Dogma definiert wurde, so ist die Konstitution doch eine Lehraussage des höchsten Lehramts der katholischen Kirche mit dem Anspruch, das Glaubensgewissen der Katholiken zu verpflichten. Mit dem Wort „dogmatisch" ist aber noch ein weiterer Sachverhalt gegeben, der in diesem Zusammenhang nicht unwichtig ist. Die Konstitution ist nicht „fundamentaltheologisch". Sie beabsichtigt nach Artikel 1, das Wesen und die universale Sendung der Kirche den Gläubigen und aller Welt eingehender zu erklären. Daher beabsichtigt sie nicht, fundamentaltheologische Fragen zum Thema der Kirche — z. B. das genauere Wie der Stiftung der Kirche durch Jesus — zu beantworten. Das ist für die Verwendung der Bibelzitate in dieser Konstitution zu beachten.

Kapitel I spricht in 8 Artikeln vom Mysterium der Kirche. „Mysterium" spielt deutlich auf den Sprachgebrauch der Schrift und der Kirchenväter an und meint hier die Einheit von Sichtbarem und Unsichtbarem, Erkennbarem und Verborgenem, die für die Kirche charakteristisch ist. Dem entspricht es, daß die Kirche gleich in Artikel 1 „gleichsam das Sakrament, das heißt Zeichen und Werkzeug, für die innigste Vereinigung mit Gott wie für die Einheit der ganzen Menschheit" genannt wird. Die Kirche als Sakrament war bereits in der Liturgiekonstitution (5, 2 und 26) erwähnt worden; die Bezeichnung kehrt noch mehrere Male wieder. Das Konzil greift nicht in die theologische Frage ein, ob die Kirche als „Ur-" oder „Wurzel-" („Grund-") Sakrament bezeichnet und durch die Terminologie sowohl von den 7 Einzelsakramenten als auch von dem Ursakrament Christus abgehoben werden solle. Es leitet aber die Sakramentalität der Kirche auch nicht erst aus der Existenz der 7 Sakramente in ihr ab, sondern bringt sie direkt mit Christus in Zusammenhang. Von hier aus wird sogleich die Funktion der Kirche in zweifachem Hinblick beschrieben: als Sakrament, d. h. als wirksames Zeichen der Gnade, das diese Gnade nicht selbst ist, sondern sie nur anzeigt und bewirkt, dient sie zugleich der innigsten Vereinigung der Menschen mit Gott und der Einheit der Menschheit. Man darf darin wohl das Generalthema des Konzils sehen, das in dieser Konstitution, in der Pastoralkonstitution und in mehreren anderen Texten wiederkehrt. Es bedeutet eine Konzentration auf das innerste Wesen der Kirche, eine Reduktion ihres Selbstbewußtseins, jedoch ohne Aufgabe des Wesentlichen, das ja gerade mit „Sakrament" ausgesprochen ist, sowie das Bekenntnis zu ihrem Weltauftrag, der hier und an vielen anderen Stellen im brüderlichen Dienst an der Einheit aller Menschen gesehen wird. Die Artikel 2–4 entfalten die Heilsgeschichte der Kirche unter bewußt trinitarischem Aspekt. Artikel 2 sagt, der ewige Vater habe den Menschen, auch nachdem sie in Adam gefallen waren, jederzeit Hilfen zum Heil um des Erlösers Christus willen gewährt. In seinem letzten Satz spricht er von der allumfassenden Kirche (Ecclesia universalis), die erst am Ende der Weltzeiten beim Vater versammelt wird und alle Gerechten von Adam an in sich begreift. Artikel 3 erwähnt die biblischen Begriffe des Reiches (d. h. der endzeitlichen Königsherrschaft) Gottes und des Reiches Christi und sagt vom ersteren, Christus habe es auf Erden begründet, vom zweiten, es sei im Mysterium der Kirche schon gegenwärtig. Die Wirksamkeit der Kirche wird hier sakramental von der Eucharistie her gesehen. Artikel 4 spricht vom Geist des Lebens, der die Kirche eint, durch die verschiedenen hierarchischen und charismatischen Gaben lenkt und sie sich allezeit verjüngen läßt. Im Anschluß an die Synoptiker wird die Kirchengründung durch Jesus in Artikel 5 beschrieben. Hier geht es wiederum um das Verhältnis von Kirche und Reich Gottes. Die Kirche hat dieses anzukündigen und in allen Völkern zu begründen, aber nach dem vollendeten Reich streckt sie sich selbst erst noch verlangend aus. Artikel 6 bietet die zum Teil schon von den Propheten vorbereiteten Bilder der Kirche in der Schrift dar, und zwar bewußt vor dem Thema des Leibes Christi in Artikel 7. Der folgende Artikel 8 greift mehrere aktuelle Fragen der Ekklesiologie auf. Er betont zunächst die Sichtbarkeit der Kirche und geht dann auf die „eine komplexe Wirklichkeit" der Kirche aus menschlichem und göttlichem Element ein, eine, wie der Text sagt, nicht unbedeutende Analogie zum Mysterium des fleischgewordenen Wortes. Die Identifizierung der Kirche mit dem „fortlebenden Christus", wie sie manche Theologen des 19. Jahrhunderts versuchten, wird hier vermieden. Im zweiten Abschnitt erklärt der Artikel, die Kirche Christi (charakterisiert durch die vier Merkmale des Glaubensbekenntnisses) sei verwirklicht in der katholischen Kirche unter der Leitung des Nachfolgers Petri und der Bischöfe in Gemeinschaft mit ihm. Das „ist verwirklicht" („subsistit") ersetzt absichtlich ein früheres „ist" — „ist die katholische Kirche" — und öffnet sich damit auf den Schluß des Absatzes, daß außerhalb des (sichtbaren, gesellschaftlichen) „Gefüges" der katholischen Kirche vielfältige Elemente der Heiligung und der Wahrheit („und der Wahrheit" bewußt nach langer Diskussion eingefügt) „als der Kirche Christi eigene Gaben" zu finden sind. Die katholische Kirche ist also wohl *die* — institutionell vollkommene — Verwirklichung der von Christus gewollten Kirche, aber die Verwirklichung der Kirche erschöpft sich nicht im Institutionellen. Schon gar nicht ist die katholische Kirche „lateinisch". In diesem ökumenischen Geist wird die Kirche hier (und öfter) nicht als „römisch", der Nachfolger Petri nicht als „Pontifex Romanus" bezeichnet; entsprechende frühere Formulierungen wurden gestrichen. Im dritten Absatz des Artikels wird die Analogie Kirche—Christus fortgeführt in den Bereich heutiger Existenzweise der Kirche; damit werden die Kirche der Armut und der Armen, der Verzicht auf irdische Herrlichkeit und die Berufung zum guten Beispiel christologisch begründet. Im Unterschied zu Christus aber kennt die Kirche die Sünde in sich; sie wird zwar nicht ausdrücklich als „Kirche der Sünder" bezeichnet, doch ist das mitausgesagt: sie selbst ist stets der Reinigung bedürftig und geht immerfort den Weg der Buße und Erneuerung. Der letzte Absatz spricht vom Pilgerweg der Kirche.

Kapitel II mit 9 Artikeln über das Volk Gottes wurde in der Absicht, zuerst von der Einheit der ganzen Kirche vor allen hierarchischen Unterschieden zu sprechen, vor die Ausführungen über die hierarchischen „Stufen" (Kapitel III) gestellt. Artikel 9 beginnt mit einem bedeutsamen Satz über den souveränen Heilswillen Gottes und begründet im folgenden, warum es trotz der Heilsmöglichkeit für die Menschen aller Zeiten ein spezielles Eigentumsvolk Gottes gibt. Dieses umfaßt tatsächlich nicht alle Menschen und „erscheint gar oft als kleine Herde", bildet aber für die Gesamtmenschheit „die unzerstörbare Keimzelle der Einheit, der Hoffnung und des Heils". Konsequent wird auch hier im zweiten Absatz die Kirche als „das sichtbare Sakrament dieser heilbringenden Einheit" für alle und für jeden bezeichnet. Der Artikel geht noch einmal auf den Pilgerweg der Kirche und auf ihre stete Erneuerungsbedürftigkeit ein. Artikel 10 nimmt ein Thema auf, das der reformatorischen Theologie teuer ist und nach langer Mißachtung seit Pius XII. deutlich wieder Heimatrecht in der katholischen Kirche hat: das gemeinsame (ein glücklicherer Ausdruck als: das „allgemeine") Priestertum aller Glaubenden. Der zweite Absatz des Artikels beschreibt in der traditionellen Sprache den Wesensunterschied von gemeinsamem und hierarchischem Priestertum. Artikel 11, auf der Höhe der heutigen theologischen Diskussion, zeigt den ekklesiologischen Aspekt aller 7 Einzelsakramente. Er legt erhebliche Konsequenzen für die bisherige sakramentale Praxis, die Liturgie und die Religionspädagogik nahe. Artikel 12 enthält zwei wichtige Themen. Er spricht einmal von der Irrtumslosigkeit der Gesamtkirche im Glauben, die „durch den übernatürlichen Glaubenssinn des ganzen Volkes" kund wird, also keineswegs auf das Lehramt beschränkt ist, zum anderen von den Charismen in der Kirche, die zur Erneuerung und zum vollen Aufbau der Kirche jederzeit (nicht nur in der Urkirche) gegeben sind und denen gegenüber die Amtsträger eine besondere Verantwortung haben. Artikel 13 beschäftigt sich mit der Universalität der Kirche, die, wie der Text umschreibt, nicht uniform, sondern plural ist. Darum geht das Konzil hier auf das Thema der Teilkirchen ein, aus denen die Kirche rechtmäßig zusammengesetzt ist und deren Vielfalt der „Primat des Stuhles Petri" schützt. Der letzte Absatz des Artikels leitet über zu dem wichtigen und schweren Thema der Kirchengliedschaft — wobei das Konzil den Begriff der „Kirchengliedschaft" ausdrücklich vermeidet. Das Konzil unterscheidet hier Zugehörigkeit und Zuordnung zur Kirche, nimmt aber keinen einzigen Menschen, der zum Heil berufen ist, von einer dieser beiden Formen aus. Artikel 14 sagt zunächst die Heilsnotwendigkeit der Kirche aus, präzisiert diese aber dahin: nur wer um diese Heilsnotwendigkeit wisse, aber dennoch in die Kirche schuldhaft nicht eintreten oder nicht in ihr verbleiben wolle, könnte nicht gerettet werden (dieses Endurteil, wie es sich gebührt, sehr vorsichtig formuliert: „salvari non possent"). In einem zweiten Schritt beschreibt der Artikel das *volle* (ein wichtiges Wort, mit dem die Alternative „zugehörig oder nicht" aufgegeben wird) Eingegliedertsein in die katholische Kirche. Hier wird entsprechend den biblischen Drohreden bestimmter gesagt, daß nicht gerettet wird, wer zwar der Kirche eingegliedert ist, aber nicht in der Liebe bleibt. Nachdrücklich wird betont, daß das In-der-Kirche-Sein nicht auf dem Verdienst des Menschen beruht. Im letzten Teil wird den Katechumenen ein Verbundensein mit der Kirche zugesprochen. Artikel 15 befaßt sich mit den Christen, die den „vollen Glauben" nicht bekennen oder die Einheit der Gemeinschaft mit dem Nachfolger Petri nicht wahren. Das Konzil verzichtet in diesem Zusammenhang nicht nur auf die Begriffe der Häresie und des Schismas, sondern spricht sogar im Unterschied zu der Redeweise von den „getrennten" Brüdern hier von einer Verbundenheit mit diesen aus mehrfachem Grunde. Diese Elemente der Verbundenheit werden (zuerst unter Anspielung auf das Bekenntnis des Weltkirchenrates in Neu-Delhi 1961) kurz erwähnt, ohne Anspruch auf Vollständigkeit. Weiteres zum Thema bietet das Dekret über den Ökumenismus, vor allem Artikel 3. Der Ausblick auf die Einheit der Kirche ist mit einer Mahnung zu Läuterung und Erneuerung verbunden. Artikel 16 geht auf die Nichtchristen ein: sie „sind auf das Gottesvolk auf verschiedene Weisen hingeordnet". Der Artikel betont nachdrücklich den allgemeinen und wirksamen Heilswillen Gottes, von dem die nichtchristlichen Religionen umfaßt sind, in einzigartiger Weise das Volk der Juden (vgl. dazu die Erklärung über das Verhältnis der Kirche zu den nichtchristlichen Religionen), der aber auch bei solchen zum Heil wirksam bleibt, „die ohne Schuld noch nicht zur ausdrücklichen Anerkennung Gottes gekommen sind". Wenn diese sich um die Führung eines rechten Lebens bemühen, so ist das „nicht ohne die göttliche Gnade", und so findet sich bei diesen „Gutes und Wahres". Das Konzil gibt hier sowenig wie im Dekret über die Missionstätigkeit der Kirche, Artikel 7, eine theologische Antwort, *wie* genau Gottes Gnade außerhalb der Kirche wirksam wird, sagt aber das Daß eindeutig aus und läßt die Souveränität Gottes unangetastet. Schließlich leitet der Artikel über zu Artikel 17 mit dem Thema der Mission (vgl. dazu das erwähnte Dekret).

Kapitel III mit 12 Artikeln ist der hierarchischen Verfassung der Kirche, insbesondere dem Bischofsamt, gewidmet. Das Thema war fällig aus den verschiedensten Gründen: Ergänzung der Lehre des I. Vaticanums, das wegen seines Abbruchs nur über den Papst sprechen konnte; Diskussion der Kirchenverfassung, die mit den Evangelischen über das Amt überhaupt, mit den Orthodoxen über Möglichkeit und Grenzen einer synodalen Verfassung der katholischen (bzw. in diesem Fall besser: der römischen) Kirche geführt wird; weitverbreitetes, latentes Unbehagen am Klerikalismus; auffällige Tendenzen der Gegenwart in Richtung auf Gleichheit und Brüderlichkeit; funktionale Auffassungen; Ablehnung „mythologisch" gedeuteter Vollmachten und unechter Repräsentation. Artikel 18 spricht jene Grundsätze der hierarchischen Kirchenverfassung aus, von denen die katholische Kirche nicht abgeht. Dem Wortlaut des ersten Absatzes ist zu entnehmen, daß das Konzil das Bestehen einer „heiligen Vollmacht" in den Amtsträgern behauptet, ohne daß deren Wesen und Begründung beschrieben würden. Artikel 19 handelt vom Apostolat der Zwölf, von der Einheit der Apostel unter und mit Petrus und charakterisiert die Sendung der Apostel durch ihren Dienst der Verkündigung. Der Text sagt ausdrücklich, daß die Zwölf (wegen der zwölf Stämme Israels) zuerst zu den Kindern Israels gesandt wurden, nützt aber die Möglichkeit, von da her die „Kollegialität" allererst zu begründen, nicht aus. Auf die Problematik des Apostelbegriffs und die Sendung der „Apostel" zu allen Völkern durch den historischen Jesus geht der Text nicht ein. Um der Konzilsminderheit entgegenzukommen, wird der Begriff „Kollegium" mit dem Begriff eines „festen Kreises" gleichgesetzt. Damit soll die Vorstellung kollegialer Gleichberechtigung abgewehrt und die Spitzenstellung des Petrus gewahrt werden. Artikel 20 spricht von der geschichtlichen Weiterführung des Apostelamtes. Die Bestellung von Nachfolgern wurde von den Aposteln selbst besorgt, wobei unter den Nachfolgern in ihrem Dienstamt „vor allem" die Bischöfe zu verstehen sind. Eine wichtige Ergänzung der Lehre des I. Vaticanums ist damit gegeben, daß die Fortdauer des Apostelamtes in strikte Parallele zur Fortdauer des Petrusamtes gesetzt wird. Und so kommt der Schluß des Artikels zu der Lehre — die weiter nicht begründet und erklärt wird, die keine dogmatische Definition, aber doch eine verpflichtende Erklärung des Konzils sein will —, die Bischöfe seien „aufgrund göttlicher Einsetzung" an die Stelle der Apostel als Hirten der Kirche getreten. Der Einleitungssatz von Artikel 21 erwähnt, daß den Bischöfen die Priester zur Seite stehen. Deutlicher sagt Artikel 28, daß die Apostel die Aufgabe ihres Dienstamtes in mehrfacher Abstufung verschiedenen Trägern in der Kirche rechtmäßig weitergegeben haben (Bischöfen, Priestern und Diakonen). Wenn hier und in den folgenden Artikeln die Bischöfe im Vordergrund des Interesses stehen, so darf doch nicht übersehen werden, daß das eine ganze Amt „göttlicher Einsetzung" in der Kirche in seinen verschiedenen Vollzugsweisen latentes Thema und damit präsent ist. Folglich gilt nicht alles, was von den Bischöfen gesagt wird, nur von den Bischöfen. Artikel 21 erklärt zunächst, daß Christus selbst in den Bischöfen gegenwärtig ist und wirkt, insofern sie seine Diener sind. Ihr Dienst macht also das Wirken Christi „nur" sakramental greifbar, ersetzt es aber nicht. Er wirkt „vorzüglich", aber nicht ausschließlich durch ihren Dienst in dieser sakramentalen Weise (zu der, auch hier an erster Stelle genannt, die Verkündigung des Wortes Gottes gehört). Von da aus geht das Konzil — wiederum nicht in einer feierlichen Definition, aber in einer verpflichtenden Erklärung — zu der Lehre über, durch die Bischofsweihe werde „die Fülle des Weihesakramentes" übertragen. Das Weihesakrament wird nicht vom einfachen Priestertum und, wie es eine recht lange Tradition wollte, von der Vollmacht des Priesters zur eucharistischen Konsekration her konzipiert. Darum kann das Konzil auch leicht zwei sehr unbefriedigende

Aspekte der traditionellen scholastischen Weihetheologie vermeiden, nämlich die einbahnige, aufsteigende Stufenleiter der Weihen und die Auffassung der Bischofsweihe als eines würde-, aber nicht wesensmäßigen Zusatzes zur Priesterweihe. Das Weihesakrament wird als komplexe Größe verstanden (entsprechend der alten Bezeichnung „Ordo", insofern dieser nicht jeden „Stand" in der Kirche, sondern die sakramental Geweihten meinte; entsprechend auch dem alten Sprachgebrauch „Sacerdotium" im Unterschied zu Episkopat, Presbyterat und Diakonat). Dieses „volle Priestertum" kommt dem Bischof zu; die anderen „Weihegrade" geben daran begrenzten, aber nicht in jeder Hinsicht unselbständigen Anteil. In der Folge wird gesagt, die Bischofsweihe übertrage die drei Ämter der Heiligung, der Lehre und der Leitung. Diese Aussage bedeutet in einer Hinsicht einen Fortschritt gegenüber der traditionellen katholischen Theologie, die zwei „Gewalten" unterschied, die Weihegewalt, die eben durch die Weihe erteilt werde, und die Jurisdiktionsgewalt, die ursprünglich und nur vom Papst oder anderen übergeordneten Amtsträgern verliehen werde. Beide Gewalten oder Vollmachten werden nun vom Konzil in einer inneren Einheit gesehen, und zwar im Sakrament. Das Konzil sagt aber, auch entsprechend einem Wunsch des Papstes, daß die Ausübung des Lehr- und Leitungsamtes „naturgemäß" nur in voller Einheit mit dem Papst und dem Gesamtepiskopat geschehen kann. Das betrifft jene Kirchen, die, wie Artikel 15 sagt, einen Episkopat haben, bei dem diese volle Einheit nicht gegeben ist. Über die Gültigkeit von Lehr- und Leitungsakten dieses Episkopates spricht sich das Konzil nicht aus. Ganz genau gleich verhält es sich nicht mit dem Heiligungsamt, da das Konzil in mehreren Dokumenten die Gültigkeit von Sakramenten außerhalb der vollen kirchlichen Einheit voraussetzt. Ein gewisser Nachteil dieser vom Konzil vorgenommenen Konzentration der „Gewalten" auf das Weihesakrament liegt jedoch darin, daß sie verbunden wurde mit einer Übernahme der nicht sehr alten und biblisch nicht besonders begründbaren, reichlich konstruierten Drei-Ämter-Lehre. Der Schluß des Artikels bestimmt den sakramentalen Charakter der Bischofsweihe und deren Erteilung durch Bischöfe. Von da aus wendet sich Artikel 22 dem Thema des Bischofskollegiums zu. Um die Auffassung einer Gleichberechtigung aller im Kollegium zu verhindern, wird „Kollegium" abwechselnd mit den alten Ausdrücken „Ordo" (Ordnung) und „Corpus" (Körperschaft) der Bischöfe gebraucht. Ein solches Kollegium besteht durch göttliche Einsetzung in der Kirche, und es ist nicht die nachträgliche Summe der einzelnen Bischöfe. Darum kommt die „Vollmacht" (die drei Ämter) dem einzelnen Bischof zu, insofern er Mitglied des Kollegiums ist. Dieses Bischofskollegium ist Nachfolger des Apostelkollegiums, doch ist das Verhältnis der Bischöfe zum Papst nicht schlechthin dasselbe wie das der Apostel zu Petrus (das will das „pari ratione", „in entsprechender Weise", sagen). Der Papst ist Haupt und mitkonstituierendes Element dieses Kollegiums; ohne ihn hört es auf, Kollegium zu sein. Dieses Kollegium hat die höchste und volle Gewalt in der Kirche inne, also mit und unter dem Papst dieselbe Vollmacht wie der Papst, die ihm nicht vom Papst erst erteilt wird. Die Ausübung dieser Vollmacht des Kollegiums muß ein kollegialer Akt sein; dazu ist aus dem Wesen dieses Kollegiums heraus die Mitwirkung des Papstes erforderlich. Es gibt heute noch keine kirchenrechtlichen Normen, die es verhindern könnten, daß der Papst jederzeit die Initiativen des Kollegiums unterbindet. Die mit der „Kollegialität" grundsätzlich gegebenen ökumenischen Möglichkeiten sind auch durch den Bischofsrat beim Papst (errichtet im September 1965) noch nicht voll verwirklicht. Anderseits darf auf hier mögliche Befürchtungen doch gesagt werden, wie das auch während der Konzilsdiskussionen gesagt wurde, daß der Papst an das Evangelium, die Sittlichkeit, Gerechtigkeit und Fairneß usw. gebunden ist und eine verfassungsrechtliche Größe, die wie das Kollegium von Christus gestiftet ist, nicht bloß theoretisch bestehen lassen oder gar ausschalten darf. Artikel 23 spricht von den Beziehungen des einzelnen Bischofs zur Gesamtkirche und zu den Teilkirchen im Licht der Kollegialität. Dieses Thema ist verbunden mit dem des Verhältnisses der Gesamtkirche zu den Teilkirchen. Schon hier werden die Diözesen „Kirchen" genannt (weiteres in Artikel 26). Der Bischof von Rom ist das bleibende sichtbare Prinzip „für die Einheit der Vielheit" („sichtbares", weil das eigentliche und letzte Prinzip der Geist Christi ist). In Parallele dazu ist der Einzelbischof sichtbares Prinzip der Einheit seiner Teilkirche. Eine wichtige Lehraussage: In den Teilkirchen und aus ihnen besteht die Gesamtkirche. Die Einzelbischöfe üben ihr Hirtenamt nur über ihre Teilkirche aus, haben aber eine auf Christus zurückgehende Pflicht zur Sorge für die Gesamtkirche. Sie wird hier nachdrücklich hervorgehoben, aber in ihrem genaueren Wesen nicht erklärt. Der dritte Abschnitt spricht in diesem Zusammenhang von der besonderen Verpflichtung der Bischöfe für die äußere Missionstätigkeit der Kirche und mahnt die Bischöfe zu einer Art innerkirchlicher „Entwicklungshilfe". Der vierte Abschnitt geht auf die historisch gewachsenen organischen Verbindungen einzelner Teilkirchen miteinander ein. Es wird festgestellt, daß solche Gemeinschaften eigene Disziplin, eigene Liturgie und eigenes theologisch-spirituelles Erbe haben (weiteres dazu in den Dekreten über den Ökumenismus und über die katholischen Ostkirchen). Dieser „Pluralismus", der in bisher „lateinischen" Teilkirchen eine Zukunft haben könnte, die auch ökumenisch wichtig ist, wird als Vorzug gerühmt. Der Schlußsatz erwähnt als ähnliche Hilfe zur Verwirklichung der kollegialen Gesinnung die Bischofskonferenzen (weiteres dazu im Dekret über die Hirtenaufgabe der Bischöfe). Artikel 24 behandelt (wie auch 26 und 27) die Aufgaben des einzelnen Bischofs in seiner Diözese. Er beginnt mit einem erneuten Hinweis auf die Sendung zur

Verkündigung des Evangeliums. Hervorgehoben wird, daß das Amt des Bischofs „Diakonia", Dienst, ist. Der zweite Abschnitt handelt von der Mitteilung einer eigentlichen Regierungsgewalt in einer bestimmten Diözese. Diese geschieht, nachdem die drei Ämter sakramental gegeben sind, durch eine „kanonische Sendung", die aber nicht nur vom Papst vorgenommen wird, sondern auch durch Gewohnheitsrecht (was beinhaltet, daß der Papst nicht widerspricht) anders geschehen kann. Damit wird die Praxis der Ostkirchen respektiert. Artikel 25 geht zunächst auf das Lehramt der Bischöfe ein. Es wird aber nicht primär mit dem intellektualistischen „Lehren", sondern mit dem biblischen, umfassenderen Begriff „Verkündigen" beschrieben. Der dritte Abschnitt spricht über die Pflicht des einzelnen Gläubigen, der Lehre seines Bischofs zu gehorchen. Dieser Gehorsam ist als religiöser, d. h. von der christlichen Glaubensüberzeugung als ganzer getragener, gefordert, wenn und insoweit der Bischof als Zeuge des Glaubens der Gesamtkirche lehrt und sein Zeugnis sich auf die christliche Offenbarung und nicht auf profane Erkenntnisse bezieht. In diese Thematik des Lehramts des einzelnen Bischofs sind nun jedoch in einer nicht sehr klaren Ordnung weitere Themen eingefügt. Das Ende des ersten Abschnitts spricht vom ordentlichen (nicht unfehlbaren) Lehramt des Papstes. Allgemein wird innere Zustimmung zu seinen Lehren verlangt; doch wird die allgemeine Lehre der theologischen Tradition, daß diese Zustimmung unter bestimmten Bedingungen unterlassen werden kann, hier nicht abgewiesen und bleibt somit in Geltung. Der zweite Abschnitt geht auf das unter bestimmten Voraussetzungen unfehlbare Lehramt des Bischofskollegiums ein. Wenn der Gesamtepiskopat einhellig etwas als Glaubens- und Sittenlehre vorträgt, ist er — nach der Formulierung „als endgültig verpflichtend vorgetragen", die bewußt als Klausel eingefügt wurde — noch nicht ohne weiteres unfehlbar, sondern nur wenn er absolute Zustimmung ausdrücklich verlangt. Das kann logischerweise nur in einem kollegialen Akt geschehen. Der dritte Abschnitt beschreibt zunächst den bekannten Umfang der unfehlbaren Lehrautorität des Gesamtepiskopats und des Papstes und geht dann auf die unfehlbare Lehrautorität des Papstes allein ein. Hier wird die Lehre des I. Vaticanums wiederholt, jedoch so, daß die Unfehlbarkeit des Papstes behutsamer in die Unfehlbarkeit der Gesamtkirche eingebettet wird. Der letzte Abschnitt spricht im ersten Satz das dogmatische Grundprinzip aus: Alle — Papst und Bischofskollegium — haben sich in ihrer Lehre an die Offenbarung Christi zu halten (zum Begriff der Offenbarung und zum Verhältnis der Schrift und Tradition weiteres in der dogmatischen Konstitution über die göttliche Offenbarung). Eine neue amtliche Offenbarung geschieht nicht. Die Träger des Lehramtes haben die sittliche Pflicht, mit der Offenbarung Christi dauernd Kontakt zu halten und diese auch aktuell richtig auszusagen. Dazu helfen die „geeigneten Mittel", d. h. eben,

daß Papst und Bischöfe studieren, meditieren, einen vielfältigen Dialog
führen müssen. Artikel 26 sollte thematisch vom Heiligungsamt des
Bischofs handeln. Eingefügt ist ein wichtiger Passus über die Ortsgemeinde, der das konkrete Leben der Kirche, wo sie sich real vollzieht,
einzufangen versucht. In der Ortsgemeinde in Wort, Abendmahl und
Liebe ist die Kirche als ganze wahrhaft da. Nun wird gesagt, daß der
Bischof der eigentliche priesterliche Vorsteher auch dieser einzelnen
Orts- und Altargemeinden ist. Dem Heiligungsamt des Bischofs, das
ihn persönlich, wie ausdrücklich gesagt wird, auf das schwerste verpflichtet, gilt der letzte Teil des Artikels. Artikel 27 spricht dann über
das Leitungsamt des Bischofs. Betont wird, daß der Bischof trotz seiner
Unterordnung unter den Papst nicht dessen Vertreter ist, sondern seine
Diözese in eigener Verantwortung leitet. Der dritte Teil des Artikels
verdient hervorgehoben zu werden. Nachdem das Konzil dem Bischofsamt so viel Zeit und Kraft gewidmet hat und so der Bischof neu gewürdigt wurde, darf kein bischöflicher Triumphalismus bestehen-
bleiben oder sich wiederum einschleichen. Darum stellt dieser Abschnitt
eine massive Mahnung der Bischöfe an ihre amtlichen und persönlichen
Pflichten dar und erinnert sie, daß auch sie zu den Sündern gehören.
Artikel 28 handelt von den Priestern im engeren Sinn. Leider war dem
Konzil die Möglichkeit einer begrifflichen Klärung nicht präsent; so
spricht es hier vorzugsweise von den „Presbytern", verwendet aber
auch den anderen und im Grund umfassenderen Ausdruck „sacerdotes"
(„sacerdotium" wird oft mit „ordo" gleichgesetzt). Auf historische
Fragen im einzelnen wird nicht eingegangen, nur wird gesagt, daß die
Apostel selbst „die Aufgabe ihres Dienstamtes in mehrfacher Abstufung
verschiedenen Trägern in der Kirche rechtmäßig weitergegeben"
haben, unter Verweis auf Ignatius von Antiochien. Als Ergänzung
dieses Artikels ist vor allem das Dekret über Dienst und Leben der
Priester beizuziehen. Es gelingt dem Konzil nicht, die theologische
Herkunft des Priesteramtes recht deutlich zu machen („nach dem Bilde
Christi", „Anteil am Amt des einzigen Mittlers" bis zu dem traditionellen „in der Person Christi handeln"), doch bleibt festzuhalten, daß
das Konzil eine besondere und direkte Beziehung des Priesters zu
Christus aussagen wollte. An den drei Ämtern haben die Priester —
parallel zu den Bischöfen — kraft der sakramentalen Weihe teil und sind
so wahre Priester. Auch in der Vorbetonung der Verkündigungsaufgabe
liegt eine Parallele zur Lehre über die Bischöfe. Die Priester einer Ortskirche bilden in Einheit mit ihrem Bischof ein „einziges Presbyterium";
ein Analogon zur bischöflichen Kollegialität. In der Ortsgemeinde
machen sie den Bischof „gewissermaßen gegenwärtig", übernehmen sie zum Teil seine Amtsaufgaben, leiten den ihnen zugewiesenen
Teil der Herde des Herrn und machen die Gesamtkirche an ihrem Ort
sichtbar; darüber hinaus haben sie Mitsorge für die Diözese und die
ganze Kirche. Hier liegen zwar noch nicht konkretisierte, aber einheit-

liche Elemente einer durchstrukturierten Ekklesiologie zugrunde, die in den Kirchenvätern gründet, aber in der Gegenwartssituation einer Bewährung erst noch bedarf. Das wird deutlich, wenn man die anschließenden Bemerkungen über das Verhältnis von Bischof und Priestern sowie über das Verhältnis der Priester untereinander liest. Ähnlich wie den Bischöfen gilt auch den Priestern in den letzten zwei Abschnitten des Artikels eine massive Ermahnung. Artikel 29 behandelt in zwei Abschnitten den Diakonat. Die Diakone werden sakramental geweiht und gehören dadurch zur Hierarchie. Im Unterschied zu Bischöfen und Priestern werden ihre Vollmachten aber nicht aus der Weihe abgeleitet. Die Weihe wird hier darum mehr traditionell verstanden: von den Vollmachten bei der eucharistischen Konsekration her; eine Auffassung, die im III. Kapitel sonst überwunden ist. Darum sagt der Text, die Diakone stünden „eine Stufe tiefer"; was ihnen als solchen in besonderer Weise zukommt, wird nur eben angedeutet: den Dienst der Hierarchie am Volk Gottes greifbar zu machen. Die hier den Diakonen zugeschriebenen Aufgaben sind solche, die in der Kirchengeschichte mehr oder weniger häufig von Diakonen erfüllt wurden. Der zweite Abschnitt geht auf die Erneuerung des Diakonates in der abendländischen Kirche ein (zu den Ostkirchen vgl. Dekret über die katholischen Ostkirchen, Artikel 17). Die Wiederherstellung des ständigen Diakonates ist nach dem Text hier wegen der vor allem durch Priestermangel charakterisierten Seelsorgesituation möglich (so auch die Konstitution über die heilige Liturgie, Artikel 35, 4), da die aufgezählten Aufgaben für die Kirche „in höchstem Maße lebensnotwendig" sind. Daß der Diakonat als solcher nicht vernachlässigt werden darf, daß diakonische Aufgaben in der heutigen Kirche existieren und tatsächlich ausgeübt werden, daß die Kirche solchen Diakonen die dafür eingesetzte Weihe nicht verweigern darf: diese tiefere Thematik ist erst im Dekret über die Missionstätigkeit der Kirche, Artikel 16, präsent. Der Diakonat kann — wie das schon das Konzil von Trient vorsah! — wiederhergestellt werden. Zuständig dafür sind die Bischofskonferenzen mit Zustimmung des Papstes. Entgegen der alten Tradition dehnt das Konzil die Zölibatsverpflichtung auf junge Diakone aus; Diakone, die „verheiratete Männer reiferen Alters" sind, dürfen jedoch auch nach dem Wortlaut nicht als die Ausnahme angesehen werden. Wird das Wesen des Diakonates genau beachtet, dann wird sich aus der Wiederherstellung dieses hierarchischen Amtes weder ein verfestigter soziologischer Stand in der Kirche ergeben noch irgendeine Beeinträchtigung der Laienaktivität zu befürchten sein, da die Diakone Aufgaben in Kirche und Welt und von der Kirche in die Welt hinein zu erfüllen haben, die Aufgaben der Hierarchie als solcher sind.

Kapitel IV spricht in 9 Artikeln von den Laien. Verständlicherweise war es dem Konzil nicht möglich, den in mehr als einer Hinsicht belasteten und leicht irreführenden Ausdruck „Laien" zu vermeiden. Wenn in Artikel 30 von ihnen gesagt wird, sie seien ein „Stand", so darf das nicht im Sinn einer festen soziologischen Gruppe interpretiert werden. Bemerkenswert an Artikel 30 ist noch, daß er ehrlich sagt, es sei nicht Aufgabe der Hirten, die ganze Heilssendung der Kirche in der Welt allein auf sich zu nehmen. Die vornehmliche Aufgabe der Hirten wird hier und öfter als „Weiden" beschrieben. Der Ausdruck aus der Hirtenkultur soll offenbar die Vorstellung eines „Regierens" abweisen. Artikel 31 versucht eine Definition des „Laien", die aber die grundsätzliche theologische Frage nicht lösen soll, sondern nur zum Gebrauch in Kapitel IV zusammengestellt wurde. Es wird versucht (ohne daß dies ganz gelänge), den Laien nicht nur negativ durch das zu beschreiben, was er nicht ist. Zunächst wird erwähnt, was den Laien mit dem Klerus und mit den Ordensleuten im weiten Sinn gemeinsam ist, dann wird ihnen, auf ihre Weise, eine Teilhabe an den drei Ämtern Christi und an der Sendung des ganzen christlichen Volkes zugeschrieben. Der zweite Abschnitt beschäftigt sich mit dem besonderen „Weltcharakter" der Laien. „Welt" wird hier weder positiv noch negativ charakterisiert; es meint einfach die „normalen Verhältnisse". In ihnen sollen die Laien das Reich Gottes suchen, und sie sollen durch das Zeugnis der Laien wie durch einen Sauerteig „geheiligt" werden („sanctificatio mundi"); oder: die „zeitlichen Dinge", ein Sammelbegriff, der auch in anderen Konzilstexten häufig vorkommt, sollen von den Laien christlich durchleuchtet und geordnet werden. Es ist anzuerkennen, daß das Konzil damit den Weltauftrag positiv beschreiben will. Wo die Laien sind, die das alles bewirken sollen, ist eine andere Frage; der Artikel (wie auch Artikel 36) stellt sich, mit anderen Worten, der Diasporasituation der Kirche nicht. Artikel 32 führt in gewisser Weise das Thema des Artikels 12, Einheit und Pluralität im Volk Gottes, aus. Dabei liegt eine deutliche Betonung auf der „wahren Gleichheit" aller Glaubenden vor den hierarchischen Unterschieden; der letzte Absatz ist wichtig, insofern er in einer für ein amtliches Dokument neuen Weise die Brüderlichkeit von Laien und Amtsträgern aussagt. Artikel 33 geht auf die Berufung der Laien innerhalb der Kirche und auf ihr besonderes Apostolat ein. Von Bedeutung ist die Definition des Laienapostolats als (echte) „Teilnahme an der Heilssendung der Kirche selbst". Die Bestellung dazu geschieht durch den Herrn selbst in Taufe und Firmung. Seele des ganzen Apostolats ist die vor allem in der Eucharistie genährte Liebe zu Gott und den Menschen. Insoweit betreffen die Ausführungen nicht nur die Laien. Deren besondere Berufung wird aber im gleichen zweiten Abschnitt darin gesehen, „die Kirche an jenen Stellen und in den Verhältnissen anwesend und wirksam zu machen", wo die Kirche eben nur durch die Laien sein und wirken kann. Ob diese besondere Berufung prinzipiell und immer gilt (dann aber mit welcher Begründung in der Offenbarung und in welchem Verhältnis zum Selbstvollzug der Urkirche?) oder ob sie hier aus Erwägungen über die Gegenwartssituation aufgestellt wird, wird aus dem Text nicht deutlich. Der dritte Abschnitt spricht von der speziellen Mitarbeit der Laien mit der Hierarchie. Hierzu Genaueres im Dekret über das Apostolat der Laien. Der Schlußsatz verpflichtet die Hierarchie, den Laien zu ihrer Teilnahme am Heilswirken der Kirche „in jeder Hinsicht" den Weg zu öffnen. Artikel 34 sagt, Christus gebe den Laien auch Anteil an seinem Priesteramt. Dieser Anteil wird in einer Begrifflichkeit umschrieben, die der biblischen Lehre vom gemeinsamen Priestertum entnommen ist. Darum weihen auch die Laien aktiv die Welt an Gott („consecratio mundi"). Nach Artikel 35 übt Christus ferner sein prophetisches Amt auch durch die Laien aus. Dazu sind sie mit dem Glaubenssinn und mit der „Gnade des Wortes" ausgerüstet. Der Artikel zeigt drei Momente, in denen die Laien dieses Amt mitausführen: die Existenz in der Hoffnung, die Evangelisation „in den gewöhnlichen Verhältnissen der Welt" und die Ehe. Vom letzten Abschnitt ist besonders hervorzuheben, daß er die Laien zu einer Vertiefung ihrer Kenntnisse der geoffenbarten Wahrheit mahnt. Dieser Artikel stellt wohl den inhaltsreichsten des Kapitels dar, und man wird mit ihm die Niederhaltung und Entmündigung der Laien in der Kirche endgültig als erledigt betrachten dürfen. Artikel 36 zeigt die Teilnahme auch der Laien am königlichen Amt Christi, das durch demütigen Dienst ausgeübt wird. Neben den schon erwähnten maximalen Vorstellungen von der Wirksamkeit der Laien in der Welt sind einige Einzelaussagen wichtig: Die Laien sind in den profanen Bereichen zuständig (weiteres hierzu in der Pastoralkonstitution); sie sollen genau unterscheiden zwischen ihren Rechten und Pflichten als Glieder der Kirche und denen als Glieder der menschlichen Gesellschaft; die weltliche Gesellschaft aber hat weltliche Aufgaben und darin eigene Prinzipien, so daß mit dem in Anm. 116 zitierten Pius XII. von einer „legitimen, gesunden Laizität des Staates" gesprochen werden kann und muß; was natürlich nicht Rücksichtslosigkeit gegenüber der Religion oder Bekämpfung der Religionsfreiheit besagt. Weiteres dazu in der Erklärung über die Religionsfreiheit. Artikel 37 spricht vom Verhältnis der Laien zu den Amtsträgern in der Kirche. Der erste Absatz sagt, daß die Laien entsprechend ihrer Kompetenz immer die Möglichkeit haben, ihre Meinung in kirchlichen Fragen zu äußern; das „immer" ergibt sich daraus, daß sogar gesagt wird, „bisweilen" hätten sie sogar die Pflicht dazu. Der Abschnitt sieht vor, daß es hierzu eigene Plattformen in der Kirche geben kann. Die Wünsche der Laien sollen freimütig und mit Vertrauen vorgebracht werden. Was den Gehorsam der Laien wie aller Gläubigen (eine nicht unwichtige Formulierung) gegenüber der Lehre der Hirten angeht, so wird nichts anderes als in Artikel 25 gesagt. Sollen die Laien für ihre Hirten beten, so werden umgekehrt die Hirten ebenfalls nachdrücklich an ihre Pflichten gegenüber den Laien gemahnt. Der letzte Satz des vorletzten Abschnitts ist von kaum zu unterschätzender

Bedeutung: „Die gerechte Freiheit, die allen im irdischen bürgerlichen Bereich zusteht, sollen die Hirten sorgfältig anerkennen." Er bedarf einer weiteren Klärung, da dieser Bereich wohl umfassender ist, als die gegenwärtige kirchliche Praxis annimmt. Leider läßt der Artikel eine Lücke zwischen dieser weltlichen Freiheit und der vorher genannten „Freiheit der Kinder Gottes", die nach dem Beispiel Christi durch Gehorsam bis zum Tode erlangt wird. In diesem mittleren Bereich vollzieht sich — nicht in der Theorie, die hinreichend zur Geltung kommt, sondern praktisch und konkret — die Freiheit in der Kirche. Der Schlußabsatz besagt, daß die Erfahrung der Laien für das Werk der Hirten nicht nur in weltlichen, sondern auch in geistlichen Dingen wichtig ist. Artikel 38 bildet einen kurzen (heilsökonomisch-trinitarischen) Abschluß.

Kapitel V handelt in 4 Artikeln von der allgemeinen Berufung zur Heiligkeit in der Kirche. Die Einfügung dieses Kapitels läßt sich nur aus den Diskussionen der Konzilsgremien erklären. Ursprünglich war (vor dem Kapitel über die Laien) ein Kapitel über den Ordensstand in der Kirche vorgesehen mit der Überschrift „Die Stände der zu erlangenden evangelischen Vollkommenheit". Vor allem um den Eindruck zu vermeiden, Heiligkeit sei ein Reservat der Ordensleute, wurde das Kapitel unter der jetzigen Überschrift neu erstellt. Da sich nun die Ordensleute zu kurz gekommen fühlten, wurde durch Konzilsabstimmung die Zweiteilung des Kapitels in die jetzigen Kapitel V und VI beschlossen. Somit schließt Kapitel V — nachdem die Kapitel III und IV der hierarchischen Verfassung der Kirche gewidmet waren — an Kapittel II über das ganze Volk Gottes an. Unter anderem Gesichtspunkt könnte man sagen, nachdem in Kapitel III die Kirche als eine, katholische und apostolische beschrieben worden war, werde sie nun in Kapitel V als heilige dargestellt. Das Vorhandensein einer solchen Gliederung darf jedoch nicht übertrieben werden, da jedes Kapitel um eine möglichst allseitige Redeweise bemüht ist. Auch kommt in Kapitel V weniger die Heiligkeit der Kirche als die des christlichen Individuums zur Geltung. Nach Artikel 39 darf die Heiligkeit nicht als autonome Leistung des Menschen mißverstanden werden: sie wird bewirkt in der Kirche durch die Liebe Christi mit den Gaben des Heiligen Geistes. Ihre Realisierung aber ist „vielgestaltig". Sie findet einen besonders deutlichen Ausdruck in der Übung der sogenannten evangelischen Räte (wobei hier traditionell Armut, Ehelosigkeit und Gehorsam gemeint sind). Artikel 40 bekundet noch einmal mit Nachdruck, daß die Heiligung nicht mittels der Werke zu erlangen ist, sondern allein durch die Rechtfertigungsgnade bewirkt wird. Auch die Bewahrung und Entfaltung der Heiligung ist nur durch die Hilfe der Gnade möglich. In diesem Zusammenhang wird daran erinnert, daß wir alle Sünder sind. Der zweite Abschnitt sagt wiederum, daß die Berufung durch den gnädigen Willen Gottes allen ohne Ansehen des Standes oder Ranges gilt. Etwas isoliert, aber in seinen Konsequenzen für die Auffassung der Heiligkeit bedeutend ist der Satz: „Durch diese Heiligkeit wird auch in der irdischen Gesellschaft eine menschlichere (humanere) Weise zu leben gefördert." Artikel 41 möchte sagen, wie die Heiligkeit je nach den empfangenen Gaben und in den je eigenen kirchlichen Aufgaben entfaltet wird. Dabei werden zum Teil Aussagen früherer Kapitel zusammenfassend wiederholt. Besondere Darstellung finden: die Bischöfe, die Priester, die Diakone und anderen Kleriker, die Eheleute, Witwen und Unverheirateten, die Arbeiter, dann besonders die Armen, Kranken und Verfolgten. Artikel 42, vielleicht als Zusammenfassung des Kapitels anzusehen, rühmt im ersten Abschnitt die Gottes- und Nächstenliebe, im zweiten das höchste Zeugnis dieser Liebe: das Martyrium, im dritten die Jungfräulichkeit „oder den Zölibat" als Gnadengabe, die Zeichen und Antrieb für die Liebe ist, im vierten die Bekundung der Liebe in Armut und Gehorsam. Der Schlußabsatz gilt in eschatologischer Perspektive noch einmal der Berufung aller zur Heiligkeit.

Das VI. Kapitel handelt in 5 Artikeln von den Ordensleuten. Damit sind jene Menschen in der Kirche gemeint, die den Weg der evangelischen Räte, besonders der erwähnten drei traditionellen, in entsprechenden „dauerhaften Lebensformen" gehen, wobei die Mitglieder der im Lauf der Jahrhunderte entstandenen Orden, Genossenschaften (Kongregationen), Gesellschaften und Weltinstitute unter dem Sammelnamen „Ordensleute" zusammengefaßt werden. Artikel 43 stellt fest, die mannigfaltigen Formen und Gemeinschaften seien unter dem Antrieb des Heiligen Geistes entstanden und von der kirchlichen Autorität betreut worden; das Wesen der Gemeinschaften wird hier eher in der Hilfe zur Selbstvervollkommnung der Mitglieder als im Dienst in der Kirche gesehen. Weiteres dazu im Dekret über die zeitgemäße Erneuerung des Ordenslebens. Der zweite Abschnitt des Artikels wendet auf die Gesamtheit dieser dauerhaften Lebensformen den Begriff „Stand" an und erklärt, dieser Stand sei im Hinblick auf die göttliche, hierarchische Verfassung der Kirche kein Stand zwischen denen der Kleriker und der Laien; ähnlich der Schlußsatz des folgenden Artikels 44. Die Reihenfolge „Kleriker, Ordensleute, Laien" gibt also keineswegs drei Stände der Kirche und keineswegs die Struktur der Kirche wieder. Nach der Auffassung des Konzils sind die beiden Stände der Kirche (als Verfassungselemente genommen) Klerus und Laien; aus beiden würden Menschen in den Ordensstand gerufen. Die französischen Konzilskommentare pflegen zu sagen, die Ordensleute seien nicht ein Stand der Kirche, sondern ein Stand in der Kirche. Artikel 44 handelt zuerst von den Gelübden oder ähnlichen Bindungen, durch die jemand sich zu den genannten drei Räten verpflichtet und sich damit Gott auf neue und besondere Weise übereignet. Mit einer bemerkenswerten Diskretion spricht der Artikel von der größeren Freiheit von Hindernissen, von der innigeren Weihe an Gott, ohne durch übertriebene Floskeln andere Wege des Menschen zu Gott abzuwerten. Der zweite Abschnitt handelt vom Dienst der Orden an der Kirche, der dritte vom eschatologischen Zeichen- und christlichen Nachfolgecharakter des Ordensstandes (beide Themen leider nicht so ausgeführt, wie sie es verdienten). Artikel 45 spricht von der Autorität der Hierarchie über das Ordenswesen, über das Problem der Exemtion (Weiteres dazu im Dekret über die Hirtenaufgabe der Bischöfe in der Kirche, Artikel 4) und über die liturgische Feier der Gelübdeablegung. Artikel 46 mahnt zunächst die Ordensleute zu einem glaubhaften Zeugnis, sagt im zweiten Absatz, das Ordensleben stehe — trotz des Verzichts „auf zweifellos hochzuschätzende Werte" — der wahren Entfaltung der menschlichen Person nicht entgegen, sondern fördere aus seinem Wesen heraus diese aufs höchste, wenn und insofern es frei übernommen wird, und bekundet die Anerkennung des Konzils für die Ordensleute. Artikel 47 stellt eine trinitarisch gefaßte Schlußmahnung dar.

K a p i t e l VII über den endzeitlichen Charakter der pilgernden Kirche und ihre Einheit mit der himmlischen Kirche, entstanden aus dem Wunsch Johannes' XXIII., das Konzil möge auch etwas zur Heiligenverehrung sagen, spricht in 2 Artikeln vom eschatologischen Charakter der Kirche, in 2 weiteren von der Verdeutlichung dieses endzeitlichen Charakters in der Heiligenverehrung. Artikel 48 handelt von der Vollendung der Kirche am Ende der Zeiten und von der in Christus bereits begonnenen Erneuerung der Welt. In diesem Zusammenhang wird die Kirche das „allumfassende Heilssakrament" genannt und so die Verbindung vor allem zu Kapitel I hergestellt. Die damit gegebene Selbstbescheidung der Kirche ohne Preisgabe ihrer Heilssendung findet einen Höhepunkt in dem Satz dieses Artikels: „Die pilgernde Kirche trägt in ihren Sakramenten und Einrichtungen, die noch zu dieser Weltzeit gehören, die Gestalt dieser Welt, die vergeht, und zählt selbst so zu der Schöpfung, die bis jetzt noch seufzt und in Wehen liegt und die Offenbarung der Kinder Gottes erwartet" (unter Verweis auf Röm 8, 19 ff.). Damit ist erheblich mehr gesagt als nur die gängige Unterscheidung zwischen göttlichem und menschlichem Element in der Kirche. Die weiteren Ausführungen des Artikels skizzieren in einer Abfolge von Schriftzitaten die eschatologische Existenz des einzelnen Christen. Artikel 49 vermeidet die unbiblische Terminologie der drei Stände der Kirche als der streitenden auf Erden, leidenden im Fegfeuer und triumphierenden im Himmel, sagt der Sache nach aber diese verschiedenen Weisen aus, ohne auf die Problematik bezüglich Fegfeuer und Anschauung Gottes einzugehen. Die Ausführungen bieten genug Anhaltspunkte, sich künftig das fürbittende Wirken der Heiligen weniger naiv als weithin üblich zu denken. Artikel 50 bringt zunächst eine kurze

Geschichte der Heiligenverehrung in der Kirche. Er sagt dann, inwiefern die Heiligen uns in je verschiedenen Lebensverhältnissen Wegweisung sein können und wie die Heiligenverehrung die Brüderlichkeit in der Kirche stärkt. Diese Abschnitte sind bemerkenswert christozentrisch aufgebaut. Schließlich spricht der Artikel von der Verbindung der irdischen mit der himmlischen Liturgie, um so den Blick von einer isolierten Heiligenverehrung zu lösen und auf die gemeinsame Anbetung Gottes zu lenken. Artikel 51 sieht die heutigen Gefahren für die Heiligenverehrung nicht in einem Zuwenig, sondern in Mißbräuchen, Übertreibungen und Mängeln, die die Hirten abstellen sollen. Der letzte Abschnitt faßt das eschatologische Thema biblisch zusammen.

Kapitel VIII spricht in 18 Artikeln über Maria. Dieses Kapitel war Gegenstand heftiger Konzilsdiskussionen; eine Abstimmung Ende Oktober 1963 beschloß mit kleiner Mehrheit, das Kapitel, wie ursprünglich vorgesehen, in die Kirchenkonstitution einzugliedern und aus ihm nicht ein selbständiges Dokument zu machen. Dafür waren maßgeblich die Gefahr der Isolierung Marias aus dem Heilswerk und ökumenische Rücksicht (O. Semmelroth). Zu einer Würdigung des Kapitels ist nicht nur die Sache in sich zu betrachten, sondern auch die manchmal maßlose Ausweitung der Mariologie (von Umfang und Gestalt der Marienverehrung in manchen Ländern ganz zu schweigen) zur Zeit Pius' XII. Demgegenüber bedeutet das Kapitel trotz seiner unproportionellen Länge einen erheblichen Fortschritt. Die Artikel 52–54 stellen die Einleitung zum Kapitel dar. Hervorzuheben sind aus Artikel 53 die Eingliederung Marias in die Reihe der erlösungsbedürftigen Menschen und ihre Darstellung als Typus und Urbild der Kirche im Glauben, aus Artikel 54 die Betonung der Freiheit der theologischen Schulen. Die Artikel 55–59 sprechen über die Aufgabe Marias in der Heilsökonomie, angefangen von ihrer Vor-bedeutung im Alten Testament bis zu ihrer Aufnahme in die himmlische Herrlichkeit. Hervorzuheben ist, daß das Konzil die Verwendung des Begriffes „Miterlöserin" bewußt unterließ. Die Artikel 60–65 gelten dem genaueren Verhältnis Marias zur Kirche. Artikel 60 weist mit eindeutigen Worten jede Vorstellung ab, als werde durch die Aufgabe Marias in der Heilsgeschichte die einzigartige Mittlerschaft Christi in irgendeiner Weise verdunkelt oder gemindert. Artikel 61 bestimmt genauer, was unter Mittlerschaft und Mutterschaft Marias zu verstehen ist. Das Thema der Mutterschaft Marias wird in Artikel 62 fortgeführt. Der vom Konzil nicht gewollte, von Paul VI. Maria nachträglich verliehene Titel „Mutter der Kirche" ist mehrdeutig, kann aber korrekt verstanden werden. Hervorzuheben ist, daß der Titel „Mittlerin" Maria nicht ausdrücklich zuerkannt, sondern daß nur die Tatsache ihrer Anrufung unter diesem Titel zusammen mit anderen festgestellt wird. Auch hier ist (zweiter Absatz) einem Mißverständnis dieser Mittlerschaft Marias vorgebeugt. Artikel

63 handelt von Maria als Jungfrau und Mutter, Artikel 64 von der Kirche als Jungfrau und Mutter. Artikel 65 spricht von der konkreten Vorbildhaftigkeit Marias. Die Artikel 66 und 67 befassen sich konsequent mit der Verehrung Marias in der Kirche. Artikel 66 geht auf das Alter dieser Verehrung ein, hebt aber nachdrücklich hervor, daß sie von der Anbetung Gottes wesentlich unterschieden ist. Artikel 67 mahnt zur rechten Marienverehrung, die weder in Gefühlen noch in Leichtgläubigkeit bestehen darf. Theologen und Prediger werden vor Übertreibung und Geistesenge gewarnt. Marienerscheinungen werden im ganzen VIII. Kapitel nicht erwähnt. An den ökumenischen Geist der Katholiken wird ausdrücklich appelliert. Die abschließenden Artikel 68 und 69 sprechen von Maria als dem Zeichen der sicheren Hoffnung und des Trostes für das wandernde Gottesvolk.

Der Konstitution sind „Bekanntmachungen“ beigefügt, die in ihrem Grundbestand von der Theologischen Kommission entworfen, an einzelnen Stellen aber auf Weisung des Papstes verändert und den Konzilsakten einverleibt wurden, so daß sie hinfort zusammen mit der Konstitution über die Kirche abgedruckt werden. Der erste Teil bezieht sich auf den theologischen Verbindlichkeitsgrad der Konzilslehre in dieser Konstitution und bedarf keiner weiteren Bemerkungen. Der zweite Teil (die sogenannte „Erläuternde Vorbemerkung“, „Nota explicativa praevia“) bezieht sich auf das III. Kapitel, speziell auf Artikel 22, mit der Tendenz, die auf dem Konzil umstrittene Thematik der Kollegialität so weitgehend zu entschärfen, daß die Bedenken der Minderheit ausgeräumt würden. Punkt 1 über den Begriff des Kollegiums wurde sachlich bereits erwähnt. Punkt 2 beschäftigt sich mit dem Verhältnis von Weihe- und Hirtengewalt. Punkt 3 gilt dem Verhältnis des Kollegiums (mit dem Papst) zum Papst (für sich allein). Der Papst suchte seine Vollmacht durch die Wendung „nach eigenem Urteil“ im letzten Satz zusätzlich zu sichern. Hier wurde jedoch eingefügt: „in Ausrichtung auf das Wohl der Kirche“, „um die inneren Grenzen der päpstlichen Gewalt wenigstens anzudeuten“ (J. Ratzinger). Das Thema wird in Punkt 4 fortgeführt. Der erste Satz ist ähnlich wie der letzte von Punkt 3 aufgebaut: Heißt es zuerst, der Papst könne „seine Vollmacht jederzeit nach Gutdünken ausüben“, so heißt es sogleich einschränkend: „wie es von seinem Amt her gefordert wird“. Der Schluß (Notabene) ist, wie J. Ratzinger hervorhebt, im Licht der Dekrete über die katholischen Ostkirchen und über den Ökumenismus zu interpretieren.

Dogmatische Konstitution über die Kirche

1. Christus ist das Licht der Völker. Darum ist es der dringende Wunsch dieser im Heiligen Geist versammelten Heiligen Synode, alle Menschen durch seine Herrlichkeit, die auf dem Antlitz der Kirche widerscheint, zu erleuchten, indem sie das Evangelium allen Geschöpfen verkündet (vgl. Mk 16, 15). Die Kirche ist ja in Christus gleichsam das Sakrament, das heißt Zeichen und Werkzeug für die innigste Vereinigung mit Gott wie für die Einheit der ganzen Menschheit. Deshalb möchte sie das Thema der vorausgehenden Konzilien fortführen, ihr Wesen und ihre universale Sendung ihren Gläubigen und aller Welt eingehender erklären. Die gegenwärtigen Zeitverhältnisse geben dieser Aufgabe der Kirche eine besondere Dringlichkeit, daß nämlich alle Menschen, die heute durch vielfältige soziale, technische und kulturelle Bande enger miteinander verbunden sind, auch die volle Einheit in Christus erlangen.

2. Der ewige Vater hat die ganze Welt nach dem völlig freien, verborgenen Ratschluß seiner Weisheit und Güte erschaffen. Er hat auch beschlossen, die Menschen zur Teilhabe an dem göttlichen Leben zu erheben. Und als sie in Adam gefallen waren, verließ er sie nicht, sondern gewährte ihnen jederzeit Hilfen zum Heil um Christi, des Erlösers, willen, „der das Bild des unsichtbaren Gottes ist, der Erstgeborene aller Schöpfung" (Kol 1,15). Alle Erwählten aber hat der Vater vor aller Zeit „vorhergekannt und vorherbestimmt, gleichförmig zu werden dem Bild seines Sohnes, auf daß dieser der Erstgeborene sei unter vielen Brüdern" (Röm 8, 29). Die aber an Christus glauben, beschloß er in

der heiligen Kirche zusammenzurufen. Sie war schon seit dem Anfang der Welt vorausbedeutet; in der Geschichte des Volkes Israel und im Alten Bund wurde sie auf wunderbare Weise vorbereitet[1], in den letzten Zeiten gestiftet, durch die Ausgießung des Heiligen Geistes offenbart, und am Ende der Weltzeiten wird sie in Herrlichkeit vollendet werden. Dann werden, wie bei den heiligen Vätern zu lesen ist, alle Gerechten von Adam an, „von dem gerechten Abel bis zum letzten Erwählten"[2], in der allumfassenden Kirche beim Vater versammelt werden.

3. Es kam also der Sohn, gesandt vom Vater, der uns in ihm vor Grundlegung der Welt erwählt und zur Sohnesannahme vorherbestimmt hat, weil es ihm gefallen hat, in Christus alles zu erneuern (vgl. Eph 1, 4–5 u. 10). Um den Willen des Vaters zu erfüllen, hat Christus das Reich der Himmel auf Erden begründet, uns sein Geheimnis offenbart und durch seinen Gehorsam die Erlösung gewirkt. Die Kirche, das heißt das im Mysterium schon gegenwärtige Reich Christi, wächst durch die Kraft Gottes sichtbar in der Welt. Dieser Anfang und dieses Wachstum werden zeichenhaft angedeutet durch Blut und Wasser, die der geöffneten Seite des gekreuzigten Jesus entströmten (vgl. Jo 19, 34), und vorherverkündet durch die Worte des Herrn über seinen Tod am Kreuz: „Und ich, wenn ich von der Erde erhöht bin, werde alle an mich ziehen" (Jo 12, 32). Sooft das Kreuzesopfer, in dem Christus, unser Osterlamm, dahingegeben wurde (1 Kor 5, 7), auf dem Altar gefeiert wird, vollzieht sich das Werk unserer Erlösung. Zugleich wird durch das Sakrament des eucharistischen Brotes die Einheit der Gläubigen, die einen Leib in Christus bilden, dargestellt und verwirklicht (1 Kor 10, 17). Alle Menschen werden zu dieser Einheit mit Christus gerufen, der das Licht der Welt ist: Von ihm kommen wir, durch ihn leben wir, zu ihm streben wir hin.

4. Als das Werk vollendet war, das der Vater dem Sohn auf Erden zu tun aufgetragen hatte (vgl. Jo 17, 4), wurde am Pfingsttag der Heilige Geist gesandt, auf daß er die Kirche

---

[1] Vgl. Cyprian, Epist. 64, 4: PL 3, 1017; CSEL (Hartel), III B, 720. Hilarius v. Poitiers, In Mt. 23, 6: PL 9, 1047. Augustinus, passim. Cyrill v. Alex., Glaph. in Gen. 2, 10: PG 69, 110 A.
[2] Vgl. Gregor d. Gr., Hom. in Evang. 19, 1: PL 76, 1154 B. Augustinus, Serm. 341, 9, 11: PL 39, 1499f. Johannes v. Damaskus, Adv. Iconocl. 11: PG 96, 1357.

immerfort heilige und die Gläubigen so durch Christus in
einem Geiste Zugang hätten zum Vater (vgl. Eph 2, 18). Er ist
der Geist des Lebens, die Quelle des Wassers, das zu ewigem
Leben aufsprudelt (vgl. Jo 4, 14; 7, 38–39); durch ihn macht
der Vater die in der Sünde erstorbenen Menschen lebendig, um
endlich ihre sterblichen Leiber in Christus aufzuerwecken (vgl.
Röm 8, 10–11). Der Geist wohnt in der Kirche und in den Herzen der Gläubigen wie in einem Tempel (vgl. 1 Kor 3, 16; 6, 19),
in ihnen betet er und bezeugt ihre Annahme an Sohnes Statt
(vgl. Gal 4, 6; Röm 8, 15–16 u. 26). Er führt die Kirche in
alle Wahrheit ein (vgl. Jo 16, 13), eint sie in Gemeinschaft
und Dienstleistung, bereitet und lenkt sie durch die verschiedenen hierarchischen und charismatischen Gaben und schmückt
sie mit seinen Früchten (vgl. Eph 4, 11–12; 1 Kor 12, 4; Gal 5, 22).
Durch die Kraft des Evangeliums läßt er die Kirche allezeit sich
verjüngen, erneut sie immerfort und geleitet sie zur vollkommenen Vereinigung mit ihrem Bräutigam[3]. Denn der
Geist und die Braut sagen zum Herrn Jesus: „Komm" (vgl.
Apk 22, 17).

So erscheint die ganze Kirche als „das von der Einheit des
Vaters und des Sohnes und des Heiligen Geistes her geeinte
Volk"[4].

5. Das Geheimnis der heiligen Kirche wird in ihrer Gründung
offenbar. Denn der Herr Jesus machte den Anfang seiner Kirche,
indem er frohe Botschaft verkündigte, die Ankunft nämlich
des Reiches Gottes, das von alters her in den Schriften verheißen
war: „Erfüllt ist die Zeit, und genaht hat sich das Reich Gottes"
(Mk 1, 15; vgl. Mt 4, 17). Dieses Reich aber leuchtet im Wort, im
Werk und in der Gegenwart Christi den Menschen auf. Denn
das Wort des Herrn ist gleich einem Samen, der auf dem Acker
gesät wird (Mk 4, 14): die es im Glauben hören und der kleinen
Herde Christi (Lk 12, 32) beigezählt werden, haben das Reich
selbst angenommen; aus eigener Kraft sproßt dann der Same und
wächst bis zur Zeit der Ernte (vgl. Mk 4, 26–29). Auch die
Wunder Jesu erweisen, daß das Reich schon auf Erden angekom-
men ist: „Wenn ich im Finger Gottes die Dämonen austreibe,

[3] Vgl. Irenäus, Adv. Haer. III, 24, 1: PG 7, 966 B; Harvey 2, 131; ed. Sagnard,
Sources Chr., 398.
[4] Cyprian, De Orat. Dom. 23: PL 4, 553; Hartel, III A, 285. Augustinus, Serm.
71, 20, 33: PL 38, 463 f. Johannes v. Damaskus, Adv. Iconocl. 12: PG 96, 1358 D.

ist wahrlich das Reich Gottes zu euch gekommen" (Lk 11, 20; vgl. Mt 12, 28). Vor allem aber wird dieses Reich offenbar in der Person Christi selbst, des Sohnes Gottes und des Menschensohnes, der gekommen ist, „um zu dienen und sein Leben hinzugeben als Lösegeld für die Vielen" (Mk 10, 45).

Als aber Jesus nach seinem für die Menschen erlittenen Kreuzestod auferstanden war, ist er als der Herr, der Gesalbte und als der zum Priester auf immerdar Bestellte erschienen (vgl. Apg 2, 36; Hebr 5, 6; 7, 17–21) und hat den vom Vater verheißenen Geist auf die Jünger ausgegossen (vgl. Apg 2, 33). Von daher empfängt die Kirche, die mit den Gaben ihres Stifters ausgestattet ist und seine Gebote der Liebe, der Demut und der Selbstverleugnung treulich hält, die Sendung, das Reich Christi und Gottes anzukündigen und in allen Völkern zu begründen. So stellt sie Keim und Anfang dieses Reiches auf Erden dar. Während sie allmählich wächst, streckt sie sich verlangend aus nach dem vollendeten Reich; mit allen Kräften hofft und sehnt sie sich danach, mit ihrem König in Herrlichkeit vereint zu werden.

6. Wie im Alten Testament die Offenbarung des Reiches häufig in Vorbildern geschieht, so erschließt sich auch uns jetzt das innerste Wesen der Kirche in verschiedenen Bildern, die vom Hirten- und Bauernleben, vom Hausbau oder auch von der Familie und der Brautschaft genommen sind und schon in den Büchern der Propheten vorbereitet werden.

So ist die Kirche der *Schafstall*, dessen einzige und notwendige Tür Christus ist (Jo 10, 1–10). Sie ist auch die Herde, als deren künftigen Hirten Gott selbst sich vorherverkündigt hat (vgl. Is 40, 11; Ez 34, 11 ff). Wenngleich ihre Schafe von menschlichen Hirten geleitet werden, so werden sie dennoch immerfort von Christus, dem guten Hirten und dem Ersten der Hirten, geführt und genährt (vgl. Jo 10, 11; 1 Petr 5, 4), der sein Leben hingegeben hat für die Schafe (vgl. Jo 10, 11–15).

Die Kirche ist die *Pflanzung*, der Acker Gottes (1 Kor 3, 9). Auf jenem Acker wächst der alte Ölbaum, dessen heilige Wurzel die Patriarchen waren und in dem die Versöhnung von Juden und Heiden geschehen ist und geschehen wird (Röm 11, 13–26). Sie ist vom himmlischen Ackerherrn als auserlesener Weingarten gepflanzt (Mt 21, 33–43 par.; vgl. Is 5, 1 ff). Der wahre Weinstock aber ist Christus, der den Rebzweigen Leben und Fruchtbarkeit gibt, uns nämlich, die wir durch die Kirche in ihm bleiben, und ohne den wir nichts tun können (Jo 15, 1–5).

Des öftern wird die Kirche auch Gottes *Bauwerk* genannt (1 Kor 3, 9). Der Herr selbst hat sich mit dem Stein verglichen, den die Bauleute verworfen haben, der aber zum Eckstein geworden ist (Mt 21, 42 par.; vgl. Apg 4, 11; 1 Petr 2, 7; Ps 117 [118], 22). Auf diesem Fundament wird die Kirche von den Aposteln erbaut (vgl. 1 Kor 3, 11), von ihm empfängt sie Festigkeit und Zusammenhalt. Dieser Bau trägt verschiedene Benennungen: Haus Gottes (1 Tim 3, 15), in dem nämlich die *Familie* Gottes wohnt, Wohnstatt Gottes im Geiste (Eph 2, 19–22), Zelt Gottes unter den Menschen (Apk 21, 3), vor allem aber heiliger *Tempel*, den die heiligen Väter in den steinernen Heiligtümern dargestellt sehen und preisen und der in der Liturgie mit Recht verglichen wird mit der heiligen Stadt, dem neuen Jerusalem[5]. In diesen Bau werden wir schon auf Erden als lebendige Steine eingefügt (1 Petr 2, 5). Diese heilige Stadt sieht Johannes bei der Erneuerung der Welt aus dem Himmel von Gott herabsteigen, bereitet wie eine Braut, die geschmückt ist für ihren Mann (Apk 21, 1 f).

Die Kirche wird auch bezeichnet als „das Jerusalem droben" und als „unsere Mutter" (Gal 4, 26; vgl. Apk 12, 17); sie wird beschrieben als die makellose *Braut* des makellosen Lammes (Apk 19, 7; 21, 2 u. 9; 22, 17); Christus hat sie „geliebt und sich für sie hingegeben, um sie zu heiligen" (Eph 5, 26). In unauflöslichem Bund hat er sie zu sich genommen, immerfort „nährt und hegt er" sie (Eph 5, 29). Nach seinem Willen soll sie als die von ihm Gereinigte ihm zugehören und in Liebe und Treue ihm untertan sein (vgl. Eph 5, 24). Er hat sie schließlich auf ewig mit himmlischen Gütern überreich beschenkt, damit wir Gottes und Christi Liebe zu uns begreifen, die alles Einsehen übersteigt (vgl. Eph 3, 19). Solange aber die Kirche hier auf Erden in Pilgerschaft fern vom Herrn lebt (vgl. 2 Kor 5, 6), weiß sie sich in der Fremde, so daß sie sucht und sinnt nach dem, was oben

---

[5] Vgl. Origenes, In Mt. 16, 21: PG 13, 1443 C. Tertullian, Adv. Marc. 3, 7: PL 2, 357 C; CSEL 47, 3, 386. Für die liturgischen Dokumente vgl. Sacramentarium Gregorianum: PL 78, 160 B; oder C. Mohlberg, Liber Sacramentorum Romanae Ecclesiae (Rom 1960) 111, XC: „Gott, der du dir aus der ganzen Versammlung der Heiligen eine ewige Wohnstatt gründest . . ." Hymnus „Urbs Ierusalem beata" im monastischen Brevier und „Coelestis urbs Ierusalem" im Römischen Brevier.

ist, wo Christus zur Rechten des Vaters sitzt, wo das Leben der Kirche mit Christus in Gott verborgen ist, bis sie mit ihrem Bräutigam vereint in Herrlichkeit erscheint (vgl. Kol 3, 1–4).

7. Gottes Sohn hat in der mit sich geeinten menschlichen Natur durch seinen Tod und seine Auferstehung den Tod besiegt und so den Menschen erlöst und ihn umgestaltet zu einem neuen Geschöpf (vgl. Gal 6, 15; 2 Kor 5, 17). Indem er nämlich seinen Geist mitteilte, hat er seine Brüder, die er aus allen Völkern zusammenrief, in geheimnisvoller Weise gleichsam zu seinem Leib gemacht.

In jenem Leibe strömt Christi Leben auf die Gläubigen über, die durch die Sakramente auf geheimnisvolle und doch wirkliche Weise mit Christus, der gelitten hat und verherrlicht ist, vereint werden[6]. Durch die Taufe werden wir ja Christus gleichgestaltet: „Denn in einem Geiste sind wir alle getauft in einen Leib hinein" (1 Kor 12, 13). Durch diesen heiligen Ritus wird die Vereinigung mit Tod und Auferstehung Christi dargestellt und bewirkt: „Wir sind nämlich mit ihm durch die Taufe hineinbegraben in den Tod"; wenn wir aber „eingepflanzt worden sind dem Gleichbild seines Todes, so werden wir es zugleich auch dem seiner Auferstehung sein" (Röm 6, 4–5). Beim Brechen des eucharistischen Brotes erhalten wir wirklich Anteil am Leib des Herrn und werden zur Gemeinschaft mit ihm und untereinander erhoben. „Denn ein Brot, ein Leib sind wir, die Vielen, alle, die an dem einen Brote teilhaben" (1 Kor 10, 17). So werden wir alle zu Gliedern jenes Leibes (vgl. 1 Kor 12, 27), „die Einzelnen aber untereinander Glieder" (Röm 12, 5).

Wie aber alle Glieder des menschlichen Leibes, obschon sie viele sind, dennoch den einen Leib ausmachen, so auch die Gläubigen in Christus (vgl. 1 Kor 12, 12). Auch bei der Auferbauung des Leibes Christi waltet die Verschiedenheit der Glieder und der Aufgaben. Der eine Geist ist es, der seine vielfältigen Gaben gemäß seinem Reichtum und den Erfordernissen der Dienste zum Nutzen der Kirche austeilt (vgl. 1 Kor 12, 1–11). Unter diesen Gaben ragt die Gnade der Apostel heraus, deren Autorität der Geist selbst auch die Charismatiker unterstellt (vgl. 1 Kor 14). Derselbe Geist eint durch sich und durch seine Kraft wie durch die innere Verbindung der Glieder den Leib;

---

[6] Vgl. Thomas v. Aquin, Summa Theol. III, q. 62, a. 5, ad 1.

er bringt die Liebe der Gläubigen untereinander hervor und treibt sie an. Folglich leiden, wenn ein Glied leidet, alle Glieder mit, und wenn ein Glied Ehre empfängt, freuen sich alle Glieder mit (vgl. 1 Kor 12, 26).

Das Haupt dieses Leibes ist Christus. Er ist das Bild des unsichtbaren Gottes, und in ihm ist alles geschaffen. Er ist vor allem, und alles hat in ihm seinen Bestand. Er ist das Haupt des Leibes, welcher die Kirche ist. Er ist der Anfang, der Erstgeborene aus den Toten, auf daß er in allem den Vorrang innehabe (vgl. Kol 1, 15–18). Durch die Größe seiner Macht herrscht er über Himmlisches und Irdisches, und durch seine alles überragende Vollkommenheit und Wirksamkeit erfüllt er den ganzen Leib mit dem Reichtum seiner Herrlichkeit (vgl. Eph 1, 18–23)[7].

Alle Glieder müssen ihm gleichgestaltet werden, bis Christus Gestalt gewinnt in ihnen (vgl. Gal 4, 19). Deshalb werden wir aufgenommen in die Mysterien seines Erdenlebens, sind ihm gleichgestaltet, mit ihm gestorben und mit ihm auferweckt, bis wir mit ihm herrschen werden (vgl. Phil 3, 21; 2 Tim 2, 11; Eph 2, 6; Kol 2, 12 usw.). Solange wir auf Erden in Pilgerschaft sind und in Bedrängnis und Verfolgung ihm auf seinem Weg nachgehen, werden wir — gleichwie der Leib zum Haupt gehört — in sein Leiden hineingenommen; wir leiden mit ihm, um so mit ihm verherrlicht zu werden (vgl. Röm 8, 17).

Von ihm her „entfaltet sich der ganze Leib, durch Gelenke und Bänder getragen und zusammengehalten, im Wachstum Gottes" (Kol 2, 19). Er selbst verfügt in seinem Leib, der Kirche, die Dienstgaben immerfort, vermöge deren wir durch seine Kraft uns gegenseitig Dienste leisten zum Heil, so daß wir, die Wahrheit in Liebe vollbringend, in allem auf ihn hin wachsen, der unser Haupt ist (vgl. Eph 4, 11–16).

Damit wir aber in ihm unablässig erneuert werden (vgl. Eph 4, 23), gab er uns von seinem Geist, der als der eine und gleiche im Haupt und in den Gliedern wohnt und den ganzen Leib so lebendig macht, eint und bewegt, daß die heiligen Väter sein Wirken vergleichen konnten mit der Aufgabe, die das Lebensprinzip — die Seele — im menschlichen Leibe erfüllt[8].

[7] Vgl. Pius XII, Enz. Mystici Corporis, 29. Juni 1943: AAS 35 (1943) 208.
[8] Vgl. Leo XIII, Enz. Divinum illud, 9. Mai 1897: ASS 29 (1896–97) 650. Pius XII, Enz. Mystici Corporis, a. a. O. 219 f; Denz. 2288 (3808). Augustinus, Serm. 268, 2: PL 38, 1232 u. ö. Johannes Chrysostomus, In Eph. Hom. 9, 3: PG 62, 72.

Kirche

Christus aber liebt die Kirche als seine Braut; er ist zum Urbild des Mannes geworden, der seine Gattin liebt wie seinen
eigenen Leib (vgl. Eph 5, 25–28); die Kirche ihrerseits ist ihrem
Haupte untertan (ebd. 23–24). „Denn in ihm wohnt die ganze
Fülle der Gottheit leibhaftig" (Kol 2, 9). Die Kirche, die sein
Leib und seine Fülle ist, erfüllt er mit seinen göttlichen Gaben
(vgl. Eph 1, 22–23), damit sie sich ausweite und gelange zu der
ganzen Fülle Gottes (vgl. Eph 3, 19).

8. Der einzige Mittler Christus hat seine heilige Kirche, die
Gemeinschaft des Glaubens, der Hoffnung und der Liebe, hier
auf Erden als sichtbares Gefüge verfaßt und trägt sie als solches
unablässig[9]; so gießt er durch sie Wahrheit und Gnade auf alle
aus. Die mit hierarchischen Organen ausgestattete Gesellschaft
und der geheimnisvolle Leib Christi, die sichtbare Versammlung und die geistliche Gemeinschaft, die irdische Kirche und
die mit himmlischen Gaben beschenkte Kirche sind nicht als
zwei verschiedene Größen zu betrachten, sondern bilden eine
einzige komplexe Wirklichkeit, die aus menschlichem und
göttlichem Element zusammenwächst[10]. Deshalb ist sie in einer
nicht unbedeutenden Analogie dem Mysterium des fleischgewordenen Wortes ähnlich. Wie nämlich die angenommene
Natur dem göttlichen Wort als lebendiges, ihm unlöslich ge-
eintes Heilsorgan dient, so dient auf eine ganz ähnliche Weise
das gesellschaftliche Gefüge der Kirche dem Geist Christi, der
es belebt, zum Wachstum seines Leibes (vgl. Eph 4, 16)[11].
Dies ist die einzige Kirche Christi, die wir im Glaubensbekenntnis als die eine, heilige, katholische und apostolische bekennen[12]. Sie zu weiden, hat unser Erlöser nach seiner Auferstehung dem Petrus übertragen (Jo 21, 17), ihm und den übri-

Didymus v. Alex., Trin. 2,1: PG 39, 449 f. Thomas v. Aquin, In Col. 1, 18, lect. 5;
ed. Marietti, II, n. 46: „Wie der eine Leib von der Einheit der Seele her konstituiert
wird, so die Kirche von der Einheit des Geistes her . . ."
[9] Leo XIII, Enz. Sapientiae christianae, 10. Jan. 1890: ASS 22 (1889–90) 392. Ders.,
Enz. Satis cognitum, 29. Juni 1896: ASS 28 (1895–96) 710 u. 724 ff. Pius XII, Enz.
Mystici Corporis, a. a. O. 199 f.
[10] Vgl. Pius XII, Enz. Mystici Corporis, a. a. O. 221 ff. Ders., Enz. Humani
generis, 12. Aug. 1950: AAS 42 (1950) 571.
[11] Leo XIII, Enz. Satis cognitum, a. a. O. 713.
[12] Vgl. Symbolum Apostolicum: Denz. 6–9 (10–13); Symbolum Nicaeno-
Constantinopolitanum: Denz. 86 (150); aufgenommen in Professio fidei Tridentina: Denz. 994 u. 999 (1862 u. 1868).

gen Aposteln hat er ihre Ausbreitung und Leitung anvertraut
(vgl. Mt 28, 18 ff), für immer hat er sie als „Säule und Feste der
Wahrheit" errichtet (1 Tim 3, 15). Diese Kirche, in dieser Welt
als Gesellschaft verfaßt und geordnet, ist verwirklicht in der
katholischen Kirche, die vom Nachfolger Petri und von den
Bischöfen in Gemeinschaft mit ihm geleitet wird[13]. Das schließt
nicht aus, daß außerhalb ihres Gefüges vielfältige Elemente der
Heiligung und der Wahrheit zu finden sind, die als der Kirche
Christi eigene Gaben auf die katholische Einheit hindrängen.

Wie aber Christus das Werk der Erlösung in Armut und Verfolgung vollbrachte, so ist auch die Kirche berufen, den gleichen
Weg einzuschlagen, um die Heilsfrucht den Menschen mitzuteilen. Christus Jesus hat, „obwohl er doch in Gottesgestalt
war, . . . sich selbst entäußert und Knechtsgestalt angenommen"
(Phil 2, 6); um unseretwillen „ist er arm geworden, obgleich er
doch reich war" (2 Kor 8, 9). So ist die Kirche, auch wenn sie
zur Erfüllung ihrer Sendung menschlicher Mittel bedarf, nicht
gegründet, um irdische Herrlichkeit zu suchen, sondern um
Demut und Selbstverleugnung auch durch ihr Beispiel auszubreiten. Christus wurde vom Vater gesandt, „den Armen
frohe Botschaft zu bringen, zu heilen, die bedrückten Herzens
sind" (Lk 4, 18), „zu suchen und zu retten, was verloren war"
(Lk 19, 10). In ähnlicher Weise umgibt die Kirche alle mit ihrer
Liebe, die von menschlicher Schwachheit angefochten sind, ja
in den Armen und Leidenden erkennt sie das Bild dessen, der
sie gegründet hat und selbst ein Armer und Leidender war. Sie
müht sich, deren Not zu erleichtern, und sucht Christus in
ihnen zu dienen. Während aber Christus heilig, schuldlos, un-
befleckt war (Hebr 7, 26) und Sünde nicht kannte (2 Kor 5, 21),
sondern allein die Sünden des Volkes zu sühnen gekommen ist
(vgl. Hebr 2, 17), umfaßt die Kirche Sünder in ihrem eigenen
Schoße. Sie ist zugleich heilig und stets der Reinigung bedürftig,
sie geht immerfort den Weg der Buße und Erneuerung.

Die Kirche „schreitet zwischen den Verfolgungen der Welt
und den Tröstungen Gottes auf ihrem Pilgerweg dahin"[14] und
verkündet das Kreuz und den Tod des Herrn, bis er wiederkommt
(vgl. 1 Kor 11, 26). Von der Kraft des auferstandenen Herrn aber

---

[13] Die Formel „Sancta (catholica apostolica) Romana Ecclesia" findet sich in
Professio fidei Tridentina, a. a. O. und in Conc. Vat. I, Sess. III, Const. dogm. de
fide cath.: Denz. 1782 (3001).
[14] Augustinus, Civ. Dei, XVIII, 51, 2: PL 41, 614.

wird sie gestärkt, um ihre Trübsale und Mühen, innere gleichermaßen wie äußere, durch Geduld und Liebe zu besiegen und sein Mysterium, wenn auch schattenhaft, so doch getreu in der Welt zu enthüllen, bis es am Ende im vollen Lichte offenbar werden wird.

ZWEITES KAPITEL

DAS VOLK GOTTES

9. Zu aller Zeit und in jedem Volk ruht Gottes Wohlgefallen auf jedem, der ihn fürchtet und gerecht handelt (vgl. Apg. 10, 35). Gott hat es aber gefallen, die Menschen nicht einzeln, unabhängig von aller wechselseitigen Verbindung, zu heiligen und zu retten, sondern sie zu einem Volke zu machen, das ihn in Wahrheit anerkennen und ihm in Heiligkeit dienen soll. So hat er sich das Volk Israel zum Eigenvolk erwählt und hat mit ihm einen Bund geschlossen und es Stufe für Stufe unterwiesen. Dies tat er, indem er sich und seinen Heilsratschluß in dessen Geschichte offenbarte und sich dieses Volk heiligte. Dies alles aber wurde zur Vorbereitung und zum Vorausbild jenes neuen und vollkommenen Bundes, der in Christus geschlossen, und der volleren Offenbarung, die durch das Wort Gottes selbst in seiner Fleischwerdung übermittelt werden sollte. „Siehe, es kommen Tage, spricht der Herr, da schließe ich mit dem Hause Israel und dem Hause Juda einen neuen Bund . . . Ich werde mein Gesetz in ihr Inneres geben, und ihrem Herzen will ich es einschreiben, und ich werde ihnen Gott sein, und sie werden mir zum Volke sein . . . Alle nämlich werden mich kennen, vom Kleinsten bis zum Größten, spricht der Herr" (Jr 31, 31–34). Diesen neuen Bund hat Christus gestiftet, das Neue Testament nämlich in seinem Blute (vgl. 1 Kor 11, 25). So hat er sich aus Juden und Heiden ein Volk berufen, das nicht dem Fleische nach, sondern im Geiste zur Einheit zusammenwachsen und das neue Gottesvolk bilden sollte. Die an Christus glauben, werden nämlich, durch das Wort des lebendigen Gottes (vgl. 1 Petr 1, 23) wiedergeboren nicht aus vergänglichem, sondern aus unvergänglichem Samen, nicht aus dem Fleische, sondern aus dem Wasser und dem Heiligen Geist (vgl. Jo 3, 5–6), schließlich gemacht zu „einem auserwählten Geschlecht, einem königlichen

Priestertum . . ., einem heiligen Stamm, einem Volk der Erwerbung . . . Die einst ein Nicht-Volk waren, sind jetzt Gottes Volk" (1 Petr 2, 9–10).

Dieses messianische Volk hat zum Haupte Christus, „der hingegeben worden ist wegen unserer Sünden und auferstanden ist um unserer Rechtfertigung willen" (Röm 4, 25) und jetzt voll Herrlichkeit im Himmel herrscht, da er den Namen über allen Namen erlangt hat. Seinem Stande eignet die Würde und die Freiheit der Kinder Gottes, in deren Herzen der Heilige Geist wie in einem Tempel wohnt. Sein Gesetz ist das neue Gebot (vgl. Jo 13, 34), zu lieben, wie Christus uns geliebt hat. Seine Bestimmung endlich ist das Reich Gottes, das von Gott selbst auf Erden grundgelegt wurde, das sich weiter entfalten muß, bis es am Ende der Zeiten von ihm auch vollendet werde, wenn Christus, unser Leben (vgl. Kol 3, 4), erscheinen wird und „die Schöpfung selbst von der Knechtschaft der Vergänglichkeit zur Freiheit der Herrlichkeit der Kinder Gottes befreit wird" (Röm 8, 21). So ist denn dieses messianische Volk, obwohl es tatsächlich nicht alle Menschen umfaßt und gar oft als kleine Herde erscheint, für das ganze Menschengeschlecht die unzerstörbare Keimzelle der Einheit, der Hoffnung und des Heils. Von Christus als Gemeinschaft des Lebens, der Liebe und der Wahrheit gestiftet, wird es von ihm auch als Werkzeug der Erlösung angenommen und als Licht der Welt und Salz der Erde (vgl. Mt 5, 13–16) in alle Welt gesandt.

Wie aber schon das Israel dem Fleische nach auf seiner Wüstenwanderung Kirche Gottes genannt wird (2 Esr 13, 1; vgl. Nm 20, 4; Dt 23, 1 ff), so wird auch das neue Israel, das auf der Suche nach der kommenden und bleibenden Stadt (vgl. Hebr 13, 14) in der gegenwärtigen Weltzeit einherzieht, Kirche Christi genannt (vgl. Mt 16, 18). Er selbst hat sie ja mit seinem Blut erworben (vgl. Apg 20, 28), mit seinem Geiste erfüllt und mit geeigneten Mitteln sichtbarer und gesellschaftlicher Einheit ausgerüstet. Gott hat die Versammlung derer, die zu Christus als dem Urheber des Heils und dem Ursprung der Einheit und des Friedens glaubend aufschauen, als seine Kirche zusammengerufen und gestiftet, damit sie allen und jedem das sichtbare Sakrament dieser heilbringenden Einheit sei[15]. Bestimmt zur Verbreitung

---

[15] Vgl. Cyprian, Epist. 69, 6: PL 3, 1142 B; Hartel 3 B, 754: „Das unauflösliche Sakrament der Einheit".

über alle Länder, tritt sie in die menschliche Geschichte ein und übersteigt doch zugleich Zeiten und Grenzen der Völker. Auf ihrem Weg durch Prüfungen und Trübsal wird die Kirche durch die Kraft der ihr vom Herrn verheißenen Gnade Gottes gestärkt, damit sie in der Schwachheit des Fleisches nicht abfalle von der vollkommenen Treue, sondern die würdige Braut ihres Herrn verbleibe und unter der Wirksamkeit des Heiligen Geistes nicht aufhöre, sich selbst zu erneuern, bis sie durch das Kreuz zum Lichte gelangt, das keinen Untergang kennt.

10. Christus der Herr, als Hoherpriester aus den Menschen genommen (vgl. Hebr 5, 1–5), hat das neue Volk „zum Königreich und zu Priestern für Gott und seinen Vater gemacht" (vgl. Apk 1, 6; 5, 9–10). Durch die Wiedergeburt und die Salbung mit dem Heiligen Geist werden die Getauften zu einem geistigen Bau und einem heiligen Priestertum geweiht, damit sie in allen Werken eines christlichen Menschen geistige Opfer darbringen und die Machttaten dessen verkünden, der sie aus der Finsternis in sein wunderbares Licht berufen hat (vgl. 1 Petr 2, 4–10). So sollen alle Jünger Christi ausharren im Gebet und gemeinsam Gott loben (vgl. Apg 2, 42–47) und sich als lebendige, heilige, Gott wohlgefällige Opfergabe darbringen (vgl. Röm 12, 1); überall auf Erden sollen sie für Christus Zeugnis geben und allen, die es fordern, Rechenschaft ablegen von der Hoffnung auf das ewige Leben, die in ihnen ist (vgl. 1 Petr 3, 15).

Das gemeinsame Priestertum der Gläubigen aber und das Priestertum des Dienstes, das heißt das hierarchische Priestertum, unterscheiden sich zwar dem Wesen und nicht bloß dem Grade nach. Dennoch sind sie einander zugeordnet: das eine wie das andere nämlich nimmt je auf besondere Weise am Priestertum Christi teil[16]. Der Amtspriester nämlich bildet kraft seiner heiligen Gewalt, die er innehat, das priesterliche Volk heran und leitet es; er vollzieht in der Person Christi das eucharistische Opfer und bringt es im Namen des ganzen Volkes Gott dar; die Gläubigen hingegen wirken kraft ihres königlichen Priestertums an der eucharistischen Darbringung mit[17] und üben ihr

[16] Vgl. Pius XII, Anspr. Magnificate Dominum, 2. Nov. 1954: AAS 46 (1954) 669. Ders., Enz. Mediator Dei, 20. Nov. 1947: AAS 39 (1947) 555.
[17] Vgl. Pius XI, Enz. Miserentissimus Redemptor, 8. Mai 1928: AAS 20 (1928) 171 f. Pius XII, Anspr. Vous nous avez, 22. Sept. 1956: AAS 48 (1956) 714.

Priestertum aus im Empfang der Sakramente, im Gebet, in der Danksagung, im Zeugnis eines heiligen Lebens, durch Selbstverleugnung und tätige Liebe.

11. Das heilige und organisch verfaßte Wesen dieser priesterlichen Gemeinschaft vollzieht sich sowohl durch die Sakramente wie durch ein tugendhaftes Leben. Durch die Taufe der Kirche eingegliedert, werden die Gläubigen durch das Prägemal zur christlichen Gottesverehrung bestellt, und, wiedergeboren zu Söhnen Gottes, sind sie gehalten, den von Gott durch die Kirche empfangenen Glauben vor den Menschen zu bekennen[18]. Durch das Sakrament der Firmung werden sie vollkommener der Kirche verbunden und mit einer besonderen Kraft des Heiligen Geistes ausgestattet. So sind sie in strengerer Weise verpflichtet, den Glauben als wahre Zeugen Christi in Wort und Tat zugleich zu verbreiten und zu verteidigen[19]. In der Teilnahme am eucharistischen Opfer, der Quelle und dem Höhepunkt des ganzen christlichen Lebens, bringen sie das göttliche Opferlamm Gott dar und sich selbst mit ihm[20]; so übernehmen alle bei der liturgischen Handlung ihren je eigenen Teil, sowohl in der Darbringung wie in der heiligen Kommunion, nicht unterschiedslos, sondern jeder auf seine Art. Durch den Leib Christi in der heiligen Eucharistiefeier gestärkt, stellen sie sodann die Einheit des Volkes Gottes, die durch dieses hocherhabene Sakrament sinnvoll bezeichnet und wunderbar bewirkt wird, auf anschauliche Weise dar.

Die aber zum Sakrament der Buße hinzutreten, erhalten für ihre Gott zugefügten Beleidigungen von seiner Barmherzigkeit Verzeihung und werden zugleich mit der Kirche versöhnt, die sie durch die Sünde verwundet haben und die zu ihrer Bekehrung durch Liebe, Beispiel und Gebet mitwirkt. Durch die heilige Krankensalbung und das Gebet der Priester empfiehlt die ganze Kirche die Kranken dem leidenden und verherrlichten Herrn, daß er sie aufrichte und rette (vgl. Jak 5, 14–16), ja sie ermahnt sie, sich bewußt dem Leiden und dem Tode Christi zu vereinigen (vgl. Röm 8, 17; Kol 1, 24; 2 Tim 2, 11–12; 1 Petr

---

[18] Vgl. Thomas v. Aquin, Summa Theol. III, q. 63, a. 2.
[19] Vgl. Cyrill v. Jerusalem, Catech. 17, de Spiritu Sancto, II, 35–37: PG 33, 1009–1012. Nik. Kabasilas, De vita in Christo, lib. III, de utilitate chrismatis: PG 150, 569–580. Thomas v. Aquin, Summa Theol. III, q. 65, a. 3 u. q. 72, a. 1 u. 5.
[20] Vgl. Pius XII, Enz. Mediator Dei, 20. Nov. 1947: AAS 39 (1947) bes. S. 552f.

4, 13) und so zum Wohle des Gottesvolkes beizutragen. Wer sodann unter den Gläubigen die heilige Weihe empfängt, wird im Namen Christi dazu bestellt, die Kirche durch das Wort und die Gnade Gottes zu weiden. Die christlichen Gatten endlich bezeichnen das Geheimnis der Einheit und der fruchtbaren Liebe zwischen Christus und der Kirche und bekommen daran Anteil (vgl. Eph 5, 32). Sie fördern sich kraft des Sakramentes der Ehe gegenseitig zur Heiligung durch das eheliche Leben sowie in der Annahme und Erziehung der Kinder und haben so in ihrem Lebensstand und in ihrer Ordnung ihre eigene Gabe im Gottesvolk (vgl. 1 Kor 7, 7)[21]. Aus diesem Ehebund nämlich geht die Familie hervor, in der die neuen Bürger der menschlichen Gesellschaft geboren werden, die durch die Gnade des Heiligen Geistes in der Taufe zu Söhnen Gottes gemacht werden, um dem Volke Gottes im Fluß der Zeiten Dauer zu verleihen. In solch einer Art Hauskirche sollen die Eltern durch Wort und Beispiel für ihre Kinder die ersten Glaubensboten sein und die einem jeden eigene Berufung fördern, die geistliche aber mit besonderer Sorgfalt.

Mit so reichen Mitteln zum Heile ausgerüstet, sind alle Christgläubigen in allen Verhältnissen und in jedem Stand je auf ihrem Wege vom Herrn berufen zu der Vollkommenheit in Heiligkeit, in der der Vater selbst vollkommen ist.

12. Das heilige Gottesvolk nimmt auch teil an dem prophetischen Amt Christi, in der Verbreitung seines lebendigen Zeugnisses vor allem durch ein Leben in Glauben und Liebe, in der Darbringung des Lobesopfers an Gott als Frucht der Lippen, die seinen Namen bekennen (vgl. Hebr 13, 15). Die Gesamtheit der Gläubigen, welche die Salbung von dem Heiligen haben (vgl. 1 Jo 2, 20 u. 27), kann im Glauben nicht irren. Und diese ihre besondere Eigenschaft macht sie durch den übernatürlichen Glaubenssinn des ganzen Volkes dann kund, wenn sie „von den Bischöfen bis zu den letzten gläubigen Laien"[22] ihre allgemeine Übereinstimmung in Sachen des Glaubens und der Sitten äußert. Durch jenen Glaubenssinn nämlich, der vom Geist der Wahrheit

---

[21] 1 Kor 7, 7: „Jeder hat seine eigene Gnadengabe (idion charisma) von Gott: der eine so, der andere aber so." Vgl. Augustinus, De Dono Persev. 14, 37: PL 45, 1015 f: „Nicht nur die Enthaltsamkeit ist eine Gabe Gottes, sondern auch die Keuschheit der Verheirateten."

[22] Vgl. Augustinus, De Praed. Sanct. 14, 27: PL 44, 980.

geweckt und genährt wird, hält das Gottesvolk unter der Leitung des heiligen Lehramtes, in dessen treuer Gefolgschaft es nicht mehr das Wort von Menschen, sondern wirklich das Wort Gottes empfängt (vgl. 1 Thess 2, 13), den einmal den Heiligen übergebenen Glauben (vgl. Jud 3) unverlierbar fest. Durch ihn dringt es mit rechtem Urteil immer tiefer in den Glauben ein und wendet ihn im Leben voller an.

Derselbe Heilige Geist heiligt außerdem nicht nur das Gottesvolk durch die Sakramente und die Dienstleistungen, er führt es nicht nur und bereichert es mit Tugenden, sondern „teilt den Einzelnen, wie er will" (1 Kor 12, 11), seine Gaben aus und verteilt unter den Gläubigen jeglichen Standes auch besondere Gnaden. Durch diese macht er sie geeignet und bereit, für die Erneuerung und den vollen Aufbau der Kirche verschiedene Werke und Dienste zu übernehmen gemäß dem Wort: „Jedem wird der Erweis des Geistes zum Nutzen gegeben" (1 Kor 12, 7). Solche Gnadengaben, ob sie nun von besonderer Leuchtkraft oder aber schlichter und allgemeiner verbreitet sind, müssen mit Dank und Trost angenommen werden, da sie den Nöten der Kirche besonders angepaßt und nützlich sind. Außerordentliche Gaben soll man aber nicht leichthin erstreben. Man darf auch nicht vermessentlich Früchte für die apostolische Tätigkeit von ihnen erwarten. Das Urteil über ihre Echtheit und ihren geordneten Gebrauch steht bei jenen, die in der Kirche die Leitung haben und denen es in besonderer Weise zukommt, den Geist nicht auszulöschen, sondern alles zu prüfen und das Gute zu behalten (vgl. 1 Thess 5, 12 u. 19–21).

13. Zum neuen Gottesvolk werden alle Menschen gerufen. Darum muß dieses Volk eines und ein einziges bleiben und sich über die ganze Welt und durch alle Zeiten hin ausbreiten. So soll sich das Ziel des Willens Gottes erfüllen, der das Menschengeschlecht am Anfang als eines gegründet und beschlossen hat, seine Kinder aus der Zerstreuung wieder zur Einheit zu versammeln (vgl. Jo 11, 52). Dazu sandte nämlich Gott seinen Sohn, den er zum Erben des Alls gemacht hat (vgl. Hebr 1, 2), daß er Lehrer, König und Priester aller sei, das Haupt des neuen und allumfassenden Volkes der Söhne Gottes. Dazu sandte Gott schließlich den Geist seines Sohnes, den Herrn und Lebensspender, der für die ganze Kirche und die Gläubigen einzeln und insgesamt der Urgrund der Vereinigung und Einheit in der Lehre der Apostel und

in der Gemeinschaft, im Brotbrechen und im Gebet ist (vgl. Apg 2, 42).

In allen Völkern der Erde wohnt also dieses eine Gottesvolk, da es aus ihnen allen seine Bürger nimmt, Bürger eines Reiches freilich nicht irdischer, sondern himmlischer Natur. Alle über den Erdkreis hin verstreuten Gläubigen stehen mit den übrigen im Heiligen Geiste in Gemeinschaft, und so weiß „der, welcher zu Rom wohnt, daß die Inder seine Glieder sind"[23]. Da aber das Reich Christi nicht von dieser Welt ist (vgl. Jo 18, 36), so entzieht die Kirche oder das Gottesvolk mit der Verwirklichung dieses Reiches nichts dem zeitlichen Wohl irgendeines Volkes. Vielmehr fördert und übernimmt es Anlagen, Fähigkeiten und Sitten der Völker, soweit sie gut sind. Bei dieser Übernahme reinigt, kräftigt und hebt es sie aber auch. Sie ist dessen eingedenk, daß sie mit jenem König sammeln muß, dem die Völker zum Erbe gegeben sind (vgl. Ps 2, 8) und in dessen Stadt sie Gaben und Geschenke herbeibringen (vgl. Ps 71 [72], 10; Is 60, 4–7; Apk 21, 24). Diese Eigenschaft der Weltweite, die das Gottesvolk auszeichnet, ist Gabe des Herrn selbst. In ihr strebt die katholische Kirche mit Tatkraft und Stetigkeit danach, die ganze Menschheit mit all ihren Gütern unter dem einen Haupt Christus zusammenzufassen in der Einheit seines Geistes[24].

Kraft dieser Katholizität bringen die einzelnen Teile ihre eigenen Gaben den übrigen Teilen und der ganzen Kirche hinzu, so daß das Ganze und die einzelnen Teile zunehmen aus allen, die Gemeinschaft miteinander halten und zur Fülle in Einheit zusammenwirken. So kommt es, daß das Gottesvolk nicht nur aus den verschiedenen Völkern sich sammelt, sondern auch in sich selbst aus verschiedenen Ordnungen gebildet wird. Unter seinen Gliedern herrscht eine Verschiedenheit, sei es in den Ämtern, da manche im heiligen Dienst zum Nutzen ihrer Brüder wirken, sei es in Stand und Lebensordnung, da viele im Ordensstand auf einem engeren Weg nach Heiligkeit trachten und die Brüder durch ihr Beispiel anspornen. Darum gibt es auch in der kirchlichen Gemeinschaft zu Recht Teilkirchen, die sich eigener Überlieferungen erfreuen, unbeschadet des Primats des Stuhles Petri, welcher der gesamten Liebesgemeinschaft

---

[23] Vgl. Johannes Chrysostomus, In Io. Hom. 65, 1: PG 59, 361.

[24] Vgl. Irenäus, Adv. Haer. III, 16, 6; III, 22, 1–3: PG 7, 925 C – 926 A u. 955 C bis 958 A; Harvey 2, 87f u. 120–123; ed. Sagnard, Sources Chrét., 290–292 u. 372ff.

vorsteht[25], die rechtmäßigen Verschiedenheiten schützt und zugleich darüber wacht, daß die Besonderheiten der Einheit nicht nur nicht schaden, sondern ihr vielmehr dienen. Daher bestehen schließlich zwischen den verschiedenen Teilen der Kirche die Bande einer innigen Gemeinschaft der geistigen Güter, der apostolischen Arbeiter und der zeitlichen Hilfsmittel. Zu dieser Gütergemeinschaft nämlich sind die Glieder des Gottesvolkes berufen, und auch von den Einzelkirchen gelten die Worte des Apostels: „Dienet einander, jeder mit der Gnadengabe, wie er sie empfangen hat, als gute Verwalter der vielfältigen Gnadengaben Gottes" (1 Petr 4, 10).

Zu dieser katholischen Einheit des Gottesvolkes, die den allumfassenden Frieden bezeichnet und fördert, sind alle Menschen berufen. Auf verschiedene Weise gehören ihr zu oder sind ihr zugeordnet die katholischen Gläubigen, die anderen an Christus Glaubenden und schließlich alle Menschen überhaupt, die durch die Gnade Gottes zum Heile berufen sind.

14. Den katholischen Gläubigen wendet die Heilige Synode besonders ihre Aufmerksamkeit zu. Gestützt auf die Heilige Schrift und die Tradition, lehrt sie, daß diese pilgernde Kirche zum Heile notwendig sei. Christus allein ist Mittler und Weg zum Heil, der in seinem Leib, der Kirche, uns gegenwärtig wird; indem er aber selbst mit ausdrücklichen Worten die Notwendigkeit des Glaubens und der Taufe betont hat (vgl. Mk 16, 16; Jo 3, 5), hat er zugleich die Notwendigkeit der Kirche, in die die Menschen durch die Taufe wie durch eine Türe eintreten, bekräftigt. Darum könnten jene Menschen nicht gerettet werden, die um die katholische Kirche und ihre von Gott durch Christus gestiftete Heilsnotwendigkeit wissen, in sie aber nicht eintreten oder in ihr nicht ausharren wollten.

Jene werden der Gemeinschaft der Kirche voll eingegliedert, die, im Besitze des Geistes Christi, ihre ganze Ordnung und alle in ihr eingerichteten Heilsmittel annehmen und in ihrem sichtbaren Verband mit Christus, der sie durch den Papst und die Bischöfe leitet, verbunden sind, und dies durch die Bande des Glaubensbekenntnisses, der Sakramente und der kirchlichen Leitung und Gemeinschaft. Nicht gerettet wird aber, wer, obwohl der Kirche eingegliedert, in der Liebe nicht verharrt und

---

[25] Vgl. Ignatius v. A., Ad Rom., Vorrede: ed. Funk I, 252.

im Schoße der Kirche zwar „dem Leibe", aber nicht „dem Herzen" nach verbleibt[26]. Alle Söhne der Kirche sollen aber dessen eingedenk sein, daß ihre ausgezeichnete Stellung nicht den eigenen Verdiensten, sondern der besonderen Gnade Christi zuzuschreiben ist; wenn sie ihr im Denken, Reden und Handeln nicht entsprechen, wird ihnen statt Heil strengeres Gericht zuteil[27].

Die Katechumenen, die, getrieben vom Heiligen Geist, mit ausdrücklicher Willensäußerung um Aufnahme in die Kirche bitten, werden durch eben dieses Begehren mit ihr verbunden. Die Mutter Kirche umfaßt sie schon in liebender Sorge als die Ihrigen.

15. Mit jenen, die durch die Taufe der Ehre des Christennamens teilhaft sind, den vollen Glauben aber nicht bekennen oder die Einheit der Gemeinschaft unter dem Nachfolger Petri nicht wahren, weiß sich die Kirche aus mehrfachem Grunde verbunden[28]. Viele nämlich halten die Schrift als Glaubens- und Lebensnorm in Ehren, zeigen einen aufrichtigen religiösen Eifer, glauben in Liebe an Gott, den allmächtigen Vater, und an Christus, den Sohn Gottes und Erlöser[29], empfangen das Zeichen der Taufe, wodurch sie mit Christus verbunden werden; ja sie anerkennen und empfangen auch andere Sakramente in ihren eigenen Kirchen oder kirchlichen Gemeinschaften. Mehrere unter ihnen besitzen auch einen Episkopat, feiern die heilige Eucharistie und pflegen die Verehrung der jungfräulichen Gottesmutter[30]. Dazu kommt die Gemeinschaft im Gebet und in anderen geistlichen Gütern; ja sogar eine wahre Verbindung im Heiligen Geiste, der in Gaben und Gnaden auch in ihnen mit seiner heiligenden Kraft wirksam ist und manche von ihnen bis

[26] Vgl. Augustinus, Bapt. c. Donat. V, 28, 39: PL 43, 197: „Ganz offenbar ist die Redeweise: ‚in der Kirche drinnen oder draußen' vom Herzen, nicht vom Leibe zu verstehen." Vgl. ebd. III, 19, 26: Sp. 152; V, 18, 24: Sp. 189; In Io. Tr. 61, 2: PL 35, 1800; und anderwärts oft.

[27] Vgl. Lk 12, 48: „Von dem aber, dem viel gegeben ist, wird viel verlangt werden." Vgl. auch Mt 5, 19–20; 7, 21–22; 25, 41–46; Jak 2, 14.

[28] Vgl. Leo XIII, Apost. Schreiben Praeclara gratulationis, 20. Juni 1894: ASS 26 (1893–94) 707.

[29] Vgl. Leo XIII, Enz. Satis cognitum, 29. Juni 1896: ASS 28 (1895–96) 738. Ders., Enz. Caritatis studium, 25. Juli 1898: ASS 31 (1898–99) 11. Pius XII, Radiobotschaft Nell'alba, 24. Dez. 1941: AAS 34 (1942) 21.

[30] Vgl. Pius XI, Enz. Rerum Orientalium, 8. Sept. 1928: AAS 20 (1928) 287. Pius XII, Enz. Orientalis Ecclesiae, 9. April 1944: AAS 36 (1944) 137.

zur Vergießung des Blutes gestärkt hat. So erweckt der Geist in allen Jüngern Christi Sehnsucht und Tat, daß alle in der von Christus angeordneten Weise in der einen Herde unter dem einen Hirten in Frieden geeint werden mögen[31]. Um dies zu erlangen, betet, hofft und wirkt die Mutter Kirche unaufhörlich, ermahnt sie ihre Söhne zur Läuterung und Erneuerung, damit das Zeichen Christi auf dem Antlitz der Kirche klarer erstrahle.

16. Diejenigen endlich, die das Evangelium noch nicht empfangen haben, sind auf das Gottesvolk auf verschiedene Weise hingeordnet[32]. In erster Linie jenes Volk, dem der Bund und die Verheißungen gegeben worden sind und aus dem Christus dem Fleische nach geboren ist (vgl. Röm 9, 4–5), dieses seiner Erwählung nach um der Väter willen so teure Volk: die Gaben und Berufung Gottes nämlich sind ohne Reue (vgl. Röm 11, 28–29). Der Heilswille umfaßt aber auch die, welche den Schöpfer anerkennen, unter ihnen besonders die Muslim, die sich zum Glauben Abrahams bekennen und mit uns den einen Gott anbeten, den barmherzigen, der die Menschen am Jüngsten Tag richten wird. Aber auch den anderen, die in Schatten und Bildern den unbekannten Gott suchen, auch solchen ist Gott nicht ferne, da er allen Leben und Atem und alles gibt (vgl. Apg 17, 25–28) und als Erlöser will, daß alle Menschen gerettet werden (vgl. 1 Tim 2, 4). Wer nämlich das Evangelium Christi und seine Kirche ohne Schuld nicht kennt, Gott aber aus ehrlichem Herzen sucht, seinen im Anruf des Gewissens erkannten Willen unter dem Einfluß der Gnade in der Tat zu erfüllen trachtet, kann das ewige Heil erlangen[33]. Die göttliche Vorsehung verweigert auch denen das zum Heil Notwendige nicht, die ohne Schuld noch nicht zur ausdrücklichen Anerkennung Gottes gekommen sind, jedoch, nicht ohne die göttliche Gnade, ein rechtes Leben zu führen sich bemühen. Was sich nämlich an Gutem und Wahrem bei ihnen findet, wird von der Kirche als Vorbereitung für die Frohbotschaft[34] und als Gabe dessen geschätzt, der jeden Menschen erleuchtet, damit er schließlich das Leben habe. Vom

---

[31] Vgl. Instruktion des Heiligen Offiziums vom 20. Dez. 1949: AAS 42 (1950) 142.

[32] Vgl. Thomas v. Aquin, Summa Theol. III, q. 8, a. 3, ad 1.

[33] Vgl. Brief des Heiligen Offiziums an den Erzbischof von Boston: Denz. 3869 bis 3872.

[34] Vgl. Eusebius v. Caes., Praeparatio Evangelica 1, 1: PG 21, 28 AB.

Bösen getäuscht, wurden freilich die Menschen oft eitel in ihren Gedanken, vertauschten die Wahrheit Gottes mit der Lüge und dienten der Schöpfung mehr als dem Schöpfer (vgl. Röm 1, 21 u. 25) oder sind, ohne Gott in dieser Welt lebend und sterbend, der äußersten Verzweiflung ausgesetzt. Daher ist die Kirche eifrig bestrebt, zur Ehre Gottes und zum Nutzen des Heils all dieser Menschen die Missionen zu fördern, eingedenk des Befehls des Herrn, der gesagt hat: „Predigt das Evangelium der ganzen Schöpfung" (Mk 16, 16).

17. Wie nämlich der Sohn vom Vater gesandt ist, so hat er selbst die Apostel gesandt (vgl. Jo 20, 21) mit den Worten: „Gehet hin und lehret alle Völker, taufet sie im Namen des Vaters und des Sohnes und des Heiligen Geistes, lehret sie alles halten, was ich euch geboten habe. Und siehe, ich bin bei euch alle Tage bis ans Ende der Welt" (Mt 28, 18–20). Diesen feierlichen Auftrag Christi zur Verkündigung der Heilswahrheit hat die Kirche von den Aposteln erhalten und muß ihn erfüllen bis zu den Grenzen der Erde (vgl. Apg 1, 8). Daher macht sie sich die Worte des Apostels zu eigen: „Weh . . . mir, wenn ich die Frohbotschaft nicht verkünde!" (1 Kor 9, 16.) Unablässig fährt sie darum fort, Verkünder auszusenden, bis die neuen Kirchen voll errichtet sind und auch selbst das Werk der Verkündigung fortsetzen können. Sie wird nämlich vom Heiligen Geiste angetrieben, mitzuwirken, daß der Ratschluß Gottes, der Christus zum Ursprung des Heils für die ganze Welt bestellt hat, tatsächlich ausgeführt werde. In der Verkündigung der Frohbotschaft sucht die Kirche die Hörer zum Glauben und zum Bekenntnis des Glaubens zu bringen, bereitet sie für die Taufe vor, befreit sie aus der Knechtschaft des Irrtums und gliedert sie Christus ein, damit sie durch die Liebe bis zur Fülle in ihn hineinwachsen. Ihre Mühe aber bewirkt, daß aller Same des Guten, der sich in Herz und Geist der Menschen oder in den eigenen Riten und Kulturen der Völker findet, nicht nur nicht untergehe, sondern geheilt, erhoben und vollendet werde zur Ehre Gottes, zur Beschämung des Teufels und zur Seligkeit des Menschen. Jedem Jünger Christi obliegt die Pflicht, nach seinem Teil den Glauben auszusäen[35]. Wenn auch jeder die Glaubenden taufen kann, so ist

---

[35] Vgl. Benedikt XV, Apost. Schreiben Maximum illud: AAS 11 (1919) 440, bes. S. 451ff. Pius XI, Enz. Rerum Ecclesiae: AAS 18 (1926) 68–69. Pius XII, Enz. Fidei donum, 21. April 1957: AAS 49 (1957) 236–237.

es doch Sache des Priesters, die Auferbauung des Leibes durch das eucharistische Opfer zu vollenden und so die Worte Gottes, die er durch den Propheten gesprochen hat, zu erfüllen: „Vom Aufgang der Sonne bis zu ihrem Untergang ist mein Name groß unter den Völkern, und an jedem Ort wird geopfert und meinem Namen eine reine Opfergabe dargebracht" (Mal 1, 11)[36]. So aber betet und arbeitet die Kirche zugleich, daß die Fülle der ganzen Welt in das Volk Gottes eingehe, in den Leib des Herrn und den Tempel des Heiligen Geistes, und daß in Christus, dem Haupte aller, jegliche Ehre und Herrlichkeit dem Schöpfer und Vater des Alls gegeben werde.

DRITTES KAPITEL

DIE HIERARCHISCHE VERFASSUNG DER KIRCHE, INSBESONDERE DAS BISCHOFSAMT

18. Um Gottes Volk zu weiden und immerfort zu mehren, hat Christus der Herr in seiner Kirche verschiedene Dienstämter eingesetzt, die auf das Wohl des ganzen Leibes ausgerichtet sind. Denn die Amtsträger, die mit heiliger Vollmacht ausgestattet sind, stehen im Dienste ihrer Brüder, damit alle, die zum Volke Gottes gehören und sich daher der wahren Würde eines Christen erfreuen, in freier und geordneter Weise sich auf das nämliche Ziel hin ausstrecken und so zum Heile gelangen.

Diese Heilige Synode setzt den Weg des ersten Vatikanischen Konzils fort und lehrt und erklärt feierlich mit ihm, daß der ewige Hirt Jesus Christus die heilige Kirche gebaut hat, indem er die Apostel sandte wie er selbst gesandt war vom Vater (vgl. Jo 20, 21). Er wollte, daß deren Nachfolger, das heißt die Bischöfe, in seiner Kirche bis zur Vollendung der Weltzeit Hirten sein sollten. Damit aber der Episkopat selbst einer und ungeteilt sei, hat er den heiligen Petrus an die Spitze der übrigen Apostel gestellt und in ihm ein immerwährendes und sichtbares Prinzip und Fundament der Glaubenseinheit und der Gemeinschaft eingesetzt[37]. Diese Lehre über Einrichtung, Dauer, Ge-

[36] Vgl. Didache, 14: ed. Funk I, 32. Justin, Dial. 41: PG 6, 564. Irenäus, Adv. Haer. IV, 17, 5: PG 7, 1023; Harvey 2, 199f. Konzil von Trient, Sess. 22, cap. 1: Denz. 939 (1742).
[37] Vgl. I. Vat. Konzil, Sess. IV, Const. Dogm. Pastor aeternus: Denz. 1821 (3050f).

walt und Sinn des dem Bischof von Rom zukommenden heiligen Primates sowie über dessen unfehlbares Lehramt legt die Heilige Synode abermals allen Gläubigen fest zu glauben vor. Das damals Begonnene fortführend, hat sie sich entschlossen, nun die Lehre von den Bischöfen, den Nachfolgern der Apostel, die mit dem Nachfolger Petri, dem Stellvertreter Christi[38] und sichtbaren Haupt der ganzen Kirche, zusammen das Haus des lebendigen Gottes leiten, vor allen zu bekennen und zu erklären.

19. Der Herr Jesus rief, nachdem er sich betend an den Vater gewandt hatte, die zu sich, die er selbst wollte, und bestimmte zwölf, daß sie mit ihm seien und er sie sende, das Reich Gottes zu verkündigen (vgl. Mk 3, 13–19; Mt 10, 1–42). Diese Apostel (vgl. Lk 6, 13) setzte er nach Art eines Kollegiums oder eines festen Kreises ein, an dessen Spitze er den aus ihrer Mitte erwählten Petrus stellte (vgl. Jo 21, 15–17). Er sandte sie zuerst zu den Kindern Israels und dann zu allen Völkern (vgl. Röm 1, 16), damit sie in Teilhabe an seiner Gewalt alle Völker zu seinen Jüngern machten und sie heiligten und leiteten (vgl. Mt 28, 16 bis 20; Mk 16, 15; Lk 24, 45–48; Jo 20, 21–23). So sollten sie die Kirche ausbreiten und unter der Leitung des Herrn durch ihren Dienst weiden alle Tage bis zum Ende der Welt (vgl. Mt 28, 20). In dieser Sendung würden sie am Pfingsttag voll bekräftigt (vgl. Apg 2, 1–26) gemäß der Verheißung des Herrn: „Ihr werdet die Kraft des Heiligen Geistes empfangen, der über euch kommen wird, und werdet mir Zeugen sein in Jerusalem und in ganz Judäa und Samaria und bis ans Ende der Erde" (Apg 1, 8). Die Apostel aber verkündigten allenthalben die frohe Botschaft (vgl. Mk 16, 20), die von den Hörenden kraft des Heiligen Geistes angenommen wurde, und versammelten so die universale Kirche, die der Herr in den Aposteln gegründet und auf den heiligen Petrus, ihren Vorsteher, gebaut hat, wobei Christus Jesus selbst der Eckstein ist (vgl. Apk 21, 14; Mt 16, 18; Eph 2, 20)[39].

[38] Vgl. Konzil v. Florenz, Decretum pro Graecis: Denz. 694 (1307) u. I. Vat. Konzil: ebd. Denz. 1826 (3059).

[39] Vgl. Liber sacramentorum S. Gregorii, Präfationen zu den Festen St. Matthias u. St. Thomas: PL 78, 51 u. 152; vgl. Cod. Vat. lat. 3548, f. 18. Hilarius v. Poitiers, In Ps. 67, 10: PL 9, 450; CSEL 22, 286. Hieronymus, Adv. Jovin. 1, 26: PL 23, 247 A. Augustinus, In Ps. 86, 4: PL 37, 1103. Gregor d. Gr., Mor. in Iob, XXVIII, V: PL 76, 455–456. Primasius, Comm. in Apoc. V: PL 68, 924 BC. Paschasius Radb., In Mt. L. VIII, Kap. 16: PL 120, 561 C. Vgl. Leo XIII, Epist. Et sane, 17. Dez. 1888: ASS 21 (1888) 321.

20. Jene göttliche Sendung, die Christus den Aposteln anvertraut hat, wird bis zum Ende der Welt dauern (vgl. Mt 28, 20). Denn das Evangelium, das sie zu überliefern haben, ist für alle Zeiten der Ursprung jedweden Lebens für die Kirche. Aus diesem Grunde trugen die Apostel in dieser hierarchisch geordneten Gesellschaft für die Bestellung von Nachfolgern Sorge.

Sie hatten nämlich nicht bloß verschiedene Helfer im Dienstamt[40], sondern übertrugen, damit die ihnen anvertraute Sendung nach ihrem Tod weitergehe, gleichsam nach Art eines Testaments ihren unmittelbaren Mitarbeitern die Aufgabe, das von ihnen begonnene Werk zu vollenden und zu kräftigen[41]. Sie legten ihnen ans Herz, achtzuhaben auf die ganze Herde, in welcher der Heilige Geist sie gesetzt habe, die Kirche Gottes zu weiden (vgl. Apg 20, 28). Deshalb bestellten sie solche Männer und gaben dann Anordnung, daß nach ihrem Hingang andere bewährte Männer ihr Dienstamt übernähmen[42]. Unter den verschiedenen Dienstämtern, die so von den ersten Zeiten her in der Kirche ausgeübt werden, nimmt nach dem Zeugnis der Überlieferung das Amt derer einen hervorragenden Platz ein, die zum Bischofsamt bestellt sind und kraft der auf den Ursprung zurückreichenden Nachfolge[43] Ableger apostolischer Pflanzung besitzen[44]. So wird nach dem Zeugnis des heiligen Irenäus durch die von den Aposteln eingesetzten Bischöfe und deren Nachfolger bis zu uns hin die apostolische Überlieferung in der ganzen Welt kundgemacht[45] und bewahrt[46].

Die Bischöfe haben also das Dienstamt in der Gemeinschaft zusammen mit ihren Helfern, den Priestern und den Diakonen, übernommen[47]. An Gottes Stelle stehen sie der Herde vor[48], deren Hirten sie sind, als Lehrer in der Unterweisung, als Prie-

---

[40] Vgl. Apg 6, 2–6; 11, 30; 13, 1; 14, 23; 20, 17; 1 Thess 5, 12–13; Phil 1, 1; Kol 4, 11 u. ö.
[41] Vgl. Apg 20, 25–27; 2 Tim 4,6 f vgl. mit 1 Tim 5, 22; 2 Tim 2, 2; Tit 1, 5; Clemens v. Rom, Ad Cor. 44, 3: ed. Funk I, 156.
[42] Clemens v. Rom, Ad Cor. 44, 2: ed. Funk I, 154 f.
[43] Vgl. Tertullian, Praescr. Haer. 32: PL 2, 52 f. Ignatius v. A., öfters.
[44] Vgl. Tertullian, Praescr. Haer. 32: PL 2, 53.
[45] Vgl. Irenäus, Adv. Haer. III, 3, 1: PG 7, 848 A; Harvey 2, 8; Sagnard 100 f: „manifestatam".
[46] Vgl. Irenäus, Adv. Haer. III, 2, 2: PG 7, 847; Harvey 2, 7; Sagnard 100: „custoditur", vgl. ebd. IV, 26, 2: Sp. 1053; Harvey 2, 236, u. IV, 33, 8: Sp. 1077; Harvey 2, 262.
[47] Ignatius v. A., Philad., Vorrede: ed. Funk I, 264.
[48] Ignatius v. A., Philad., 1, 1; Magn. 6, 1: ed. Funk I, 264 u. 234.

ster im heiligen Kult, als Diener in der Leitung[49]. Wie aber das Amt fortdauern sollte, das vom Herrn ausschließlich dem Petrus, dem ersten der Apostel, übertragen wurde und auf seinen Nachfolger übergehen sollte, so dauert auch das Amt der Apostel, die Kirche zu weiden, fort und muß von der heiligen Ordnung der Bischöfe immerdar ausgeübt werden[50]. Aus diesem Grunde lehrt die Heilige Synode, daß die Bischöfe aufgrund göttlicher Einsetzung an die Stelle der Apostel als Hirten der Kirche getreten sind[51]. Wer sie hört, hört Christus, und wer sie verachtet, verachtet Christus und ihn, der Christus gesandt hat (vgl. Lk 10, 16)[52].

21. In den Bischöfen, denen die Priester zur Seite stehen, ist also inmitten der Gläubigen der Herr Jesus Christus, der Hohepriester, anwesend. Zur Rechten des Vaters sitzend, ist er nicht fern von der Versammlung seiner Bischöfe[53], sondern vorzüglich durch ihren erhabenen Dienst verkündet er allen Völkern Gottes Wort und spendet den Glaubenden immerfort die Sakramente des Glaubens. Durch ihr väterliches Amt (vgl. 1 Kor 4, 15) fügt er seinem Leib kraft der Wiedergeburt von oben neue Glieder ein. Durch ihre Weisheit und Umsicht endlich lenkt und ordnet er das Volk des Neuen Bundes auf seiner Pilgerschaft zur ewigen Seligkeit. Diese Hirten, die ausgewählt sind, die Herde des Herrn zu weiden, sind Diener Christi und Ausspender der Geheimnisse Gottes (vgl. 1 Kor 4, 1). Ihnen ist das Zeugnis für die frohe Botschaft von der Gnade Gottes anvertraut (vgl. Röm 15, 16; Apg 20, 24) und der Dienst des Geistes und der Gerechtigkeit in Herrlichkeit (vgl. 2 Kor 3, 8–9).

Um solche Aufgaben zu erfüllen, sind die Apostel mit einer besonderen Ausgießung des herabkommenden Heiligen Geistes von Christus beschenkt worden (vgl. Apg 1, 8; 2, 4; Jo 20, 22–23). Sie hinwiederum übertrugen ihren Helfern durch

---

[49] Clemens v. Rom, a. a. O., 42, 3–4; 44, 3–4; 57, 1–2: ed. Funk I, 152, 156, 171 f. Ignatius v. A., Philad. 2; Smyrn. 8, Magn. 3; Trall. 7: ed. Funk I, 265 f; 282; 232; 246 f u. a.; Justin, Apol., 1, 65: PG 6, 428; Cyprian, Epist. passim.
[50] Vgl. Leo XIII., Enz. Satis cognitum, 29. Juni 1896: ASS 28 (1895–96) 732.
[51] Vgl. Conc. Trid., Sess. 23, Decr. de sacr. Ordinis, Kap. 4: Denz. 960 (1768); Conc. Vat. I, Sess. 4, Const. Dogm. 1 De Ecclesia Christi, Kap. 3: Denz. 1828 (3061). Pius XII, Enz. Mystici Corporis, 29. Juni 1943: AAS 35 (1943) 209 u. 212. CIC, can. 329 § 1.
[52] Vgl. Leo XIII., Brief Et sane, 17. Dez. 1888: ASS 21 (1888) 321 f.
[53] Leo d. Gr., Serm. 5, 3: PL 54, 154.

die Auflegung der Hände die geistliche Gabe (vgl. 1 Tim 4, 14; 2 Tim 1, 6–7), die in der Bischofsweihe bis auf uns gekommen ist[54]. Die Heilige Synode lehrt aber, daß durch die Bischofsweihe die Fülle des Weihesakramentes übertragen wird. Sie heißt ja auch im liturgischen Brauch der Kirche wie in den Worten der heiligen Väter das Hohepriestertum, die Ganzheit des heiligen Dienstamtes[55]. Die Bischofsweihe überträgt mit dem Amt der Heiligung auch die Ämter der Lehre und der Leitung, die jedoch ihrer Natur nach nur in der hierarchischen Gemeinschaft mit Haupt und Gliedern des Kollegiums ausgeübt werden können. Aufgrund der Überlieferung nämlich, die vorzüglich in den liturgischen Riten und in der Übung der Kirche des Ostens wie des Westens deutlich wird, ist es klar, daß durch die Handauflegung und die Worte der Weihe die Gnade des Heiligen Geistes so übertragen[56] und das heilige Prägemal so verliehen wird[57], daß die Bischöfe in hervorragender und sichtbarer Weise die Aufgabe Christi selbst, des Lehrers, Hirten und Priesters, innehaben und in seiner Person handeln[58]. Sache der Bischöfe ist es, durch das Weihesakrament neue Erwählte in die Körperschaft der Bischöfe aufzunehmen.

22. Wie nach der Verfügung des Herrn der heilige Petrus und die übrigen Apostel ein einziges apostolisches Kollegium bilden,

---

[54] Das Konzil v. Trient (Sess. 23, Kap. 3) zitiert 2 Tim 1, 6–7, um zu beweisen, daß der Ordo (= das Weihesakrament) ein wirkliches Sakrament ist: Denz. 959 (1766).

[55] In Trad. Apost. 3: ed. Botte, Sources Chr. 27–30: Dem Bischof wird „der erste Rang des Priestertums" zugeteilt. Vgl. Sacramentarium Leonianum: ed. C. Mohlberg, Sacramentarium Veronense (Rom 1955) 119: „zum Dienstamt des Hohenpriestertums . . . Vollende in Deinen Priestern die Ganzheit des Mysteriums" . . . Ders., Liber Sacramentorum Romanae Ecclesiae (Rom 1960) 121–122: „Übergib ihnen, Herr, den bischöflichen Stuhl zur Leitung deiner Kirche und des gesamten Volkes." Vgl. PL 78, 224.

[56] Trad. Apost. 2: ed. Botte, 27.

[57] Das Konzil v. Trient, Sess. 23, Kap. 4 lehrt, daß das Weihesakrament ein unauslöschliches Prägemal verleiht: Denz. 960 (1767). Vgl. Johannes XXIII, Anspr. Iubilate Deo, 8. Mai 1960: AAS 52 (1960) 466. Paul VI, Homilie in der Vatikanbasilika, 20. Okt. 1963: AAS 55 (1963) 1014.

[58] Cyprian, Epist. 63, 14: PL 4, 386; Hartel III B, 713: „Der Priester waltet an Christi Statt." Johannes Chrysostomus, In 2 Tim. Hom. 2, 4: PG 62, 612: Der Priester ist „symbolon" Christi. Ambrosius, In Ps. 38, 25–26: PL 14, 1051–1052; CSEL 64, 203–204. Ambrosiaster, In 1 Tim. 5, 19: PL 17, 479 C u. In Eph. 4, 11–12: PL 17, 387 C. Theodor v. Mopsuestia, Hom. Catech. XV, 21 u. 24: ed. Tonneau, 497 u. 503. Hesychius v. Jerusalem, In Lev. L. 2, 9, 23: PG 93, 894 B.

so sind in entsprechender Weise der Bischof von Rom, der Nachfolger Petri, und die Bischöfe, die Nachfolger der Apostel, untereinander verbunden. Schon die uralte Disziplin, daß die auf dem ganzen Erdkreis bestellten Bischöfe untereinander und mit dem Bischof von Rom im Bande der Einheit, der Liebe und des Friedens Gemeinschaft hielten[59], desgleichen das Zusammentreten von Konzilien[60] zur gemeinsamen Regelung gerade der wichtigeren Angelegenheiten[61] in einem durch die Überlegung vieler abgewogenen Spruch[62] weisen auf die kollegiale Natur und Beschaffenheit des Episkopates hin. Diese beweisen die im Lauf der Jahrhunderte gefeierten ökumenischen Konzilien. Darauf deutet aber auch schon der früh eingeführte Brauch hin, mehrere Bischöfe zur Teilnahme an der Erhebung eines Neuerwählten zum hohenpriesterlichen Dienstamt beizuziehen. Glied der Körperschaft der Bischöfe wird man durch die sakramentale Weihe und die hierarchische Gemeinschaft mit Haupt und Gliedern des Kollegiums.

Das Kollegium oder die Körperschaft der Bischöfe hat aber nur Autorität, wenn das Kollegium verstanden wird in Gemeinschaft mit dem Bischof von Rom, dem Nachfolger Petri, als seinem Haupt, und unbeschadet dessen primatialer Gewalt über alle Hirten und Gläubigen. Der Bischof von Rom hat nämlich kraft seines Amtes als Stellvertreter Christi und Hirt der ganzen Kirche volle, höchste und universale Gewalt über die Kirche und kann sie immer frei ausüben. Die Ordnung der Bischöfe aber, die dem Kollegium der Apostel im Lehr- und Hirtenamt nachfolgt, ja, in welcher die Körperschaft der Apostel immerfort weiter besteht, ist gemeinsam mit ihrem Haupt, dem Bischof von Rom, und niemals ohne dieses Haupt, gleichfalls Träger der höchsten und vollen Gewalt über die ganze Kirche[63]. Diese Gewalt kann nur unter Zustimmung des Bischofs von Rom ausgeübt werden. Der Herr hat allein Simon zum Fels und Schlüsselträger der Kirche bestellt (vgl. Mt 16, 18–19) und ihn als Hirten seiner ganzen Herde eingesetzt (vgl.

---

[59] Vgl. Eusebius, Hist. Eccl. V, 24, 10: GCS II, 1, 495; ed. Bardy, Sources Chr. II, 69. Dionysius, bei Eusebius, ebd. VII, 5, 2: GCS II, 2, 638 f; Bardy II, 168 f.
[60] Vgl. über die alten Konzilien Eusebius, Hist. Eccl. V, 23–24: GCS II, 1, 488 ff; Bardy II, 66 ff, und oft. Konzil v. Nicaea, Can. 5: Conc. Oec. Decr. 7.
[61] Tertullian, De Ieiunio, 13: PL 2, 972 B; CSEL 20, 292 Z. 13–16.
[62] Cyprian, Epist. 56, 3: Hartel III B, 650; Bayard 154.
[63] Vgl. die amtliche Relation von Zinelli, in Conc. Vat. I: Mansi 52, 1109 C.

23

Jo 21, 15 ff). Es steht aber fest, daß jenes Binde- und Löseamt, welches dem Petrus verliehen wurde (Mt 16, 19), auch dem mit seinem Haupt verbundenen Apostelkollegium zugeteilt worden ist (Mt 18, 18; 28, 16–20)[64]. Insofern dieses Kollegium aus vielen zusammengesetzt ist, stellt es die Vielfalt und Universalität des Gottesvolkes, insofern es unter einem Haupt versammelt ist, die Einheit der Herde Christi dar. In diesem Kollegium wirken die Bischöfe, unter treuer Wahrung des primatialen Vorrangs ihres Hauptes, in eigener Vollmacht zum Besten ihrer Gläubigen, ja der ganzen Kirche, deren organische Struktur und Eintracht der Heilige Geist immerfort stärkt. Die höchste Gewalt über die ganze Kirche, die dieses Kollegium besitzt, wird in feierlicher Weise im ökumenischen Konzil ausgeübt. Ein ökumenisches Konzil gibt es nur, wenn es vom Nachfolger Petri als solches bestätigt oder wenigstens angenommen wird; der Bischof von Rom hat das Vorrecht, diese Konzilien zu berufen, auf ihnen den Vorsitz zu führen und sie zu bestätigen[65]. Die gleiche kollegiale Gewalt kann gemeinsam mit dem Papst von den in aller Welt lebenden Bischöfen ausgeübt werden, wofern nur das Haupt des Kollegiums sie zu einer kollegialen Handlung ruft oder wenigstens die gemeinsame Handlung der räumlich getrennten Bischöfe billigt oder frei annimmt, so daß ein eigentlich kollegialer Akt zustande kommt.

23. Die kollegiale Einheit tritt auch in den wechselseitigen Beziehungen der einzelnen Bischöfe zu den Teilkirchen wie zur Gesamtkirche in Erscheinung. Der Bischof von Rom ist als Nachfolger Petri das immerwährende, sichtbare Prinzip und Fundament für die Einheit der Vielheit von Bischöfen und Gläubigen[66]. Die Einzelbischöfe hinwiederum sind sichtbares Prinzip und Fundament der Einheit in ihren Teilkirchen[67], die nach dem Bild der Gesamtkirche gestaltet sind. In ihnen und aus ihnen besteht die eine und einzige katholische Kirche[68].

[64] Vgl. I. Vat. Konzil, Schema Const. Dogm. II, De Ecclesia Christi, c. 4: Mansi 53, 310. Vgl. die Relation von Kleutgen über das umgearbeitete Schema: Mansi 53, 321 B – 322 B, und die Erklärung von Zinelli: Mansi 52, 1110 A. Siehe auch Leo d. Gr., Serm. 4, 3: PL 54, 151 A.

[65] Vgl. CIC, can. 227.

[66] Vgl. I. Vat. Konzil, Const. Dogm. Pastor aeternus: Denz. 1821 (3050 f).

[67] Vgl. Cyprian, Epist. 66, 8: Hartel III, 2, 733: „Der Bischof ist in der Kirche und die Kirche im Bischof."

[68] Vgl. Cyprian, Epist. 55, 24: Hartel 642, Z. 13: „Die eine Kirche ist über die

Daher stellen die Einzelbischöfe je ihre Kirche, alle zusammen aber in Einheit mit dem Papst die ganze Kirche im Band des Friedens, der Liebe und der Einheit dar.

Die Bischöfe, die den Teilkirchen vorstehen, üben als einzelne ihr Hirtenamt über den ihnen anvertrauten Anteil des Gottesvolkes, nicht über andere Kirchen und nicht über die Gesamtkirche aus. Aber als Glieder des Bischofskollegiums und rechtmäßige Nachfolger der Apostel sind sie aufgrund von Christi Stiftung und Vorschrift zur Sorge für die Gesamtkirche gehalten[69]. Diese wird zwar nicht durch einen hoheitlichen Akt wahrgenommen, trägt aber doch im höchsten Maße zum Wohl der Gesamtkirche bei. Alle Bischöfe müssen nämlich die Glaubenseinheit und die der ganzen Kirche gemeinsame Disziplin fördern und schützen sowie die Gläubigen anleiten zur Liebe zum ganzen mystischen Leibe Christi, besonders zu den armen und leidenden Gliedern und zu jenen, die Verfolgung erdulden um der Gerechtigkeit willen (vgl. Mt 5, 10). Endlich müssen sie alle Bestrebungen fördern, die der ganzen Kirche gemeinsam sind, vor allem dazu, daß der Glaube wachse und das Licht der vollen Wahrheit allen Menschen aufgehe. Im übrigen aber gilt unverbrüchlich: Indem sie ihre eigene Kirche als Teil der Gesamtkirche recht leiten, tragen sie wirksam bei zum Wohl des ganzen mystischen Leibes, der ja auch der Leib der Kirchen ist[70].

Die Sorge, das Evangelium überall auf Erden zu verkündigen, geht die ganze Körperschaft der Hirten an. Ihnen allen zusammen hat Christus den Auftrag gegeben und die gemeinsame Pflicht auferlegt, wie schon Papst Coelestin den Vätern des Konzils von Ephesus ins Bewußtsein rief[71]. Deshalb sind die einzelnen Bischöfe gehalten, soweit die Verwaltung ihres eigenen Amtes es zuläßt, in Arbeitsgemeinschaft zu treten untereinander und mit dem Nachfolger Petri, dem das hohe Amt, den christlichen Namen auszubreiten, in besonderer Weise über-

---

ganze Welt hin in vielen Gliedern verteilt." Ders., Epist. 36, 4: Hartel 575, Z. 20 bis 21.

[69] Vgl. Pius XII, Enz. Fidei Donum, 21. April 1957: AAS 49 (1957) 237.

[70] Vgl. Hilarius v. Poitiers, In Ps. 14, 3: PL 9, 206; CSEL 22, 86. Gregor d. Gr., Moral. IV, 7, 12: PL 75, 643 C. Ps.-Basilius, In Is. 15, 296: PG 30, 637 C.

[71] Papst Coelestin, Epist. 18, 1–2, an das Konzil von Ephesus: PL 50, 505 AB; Schwartz, Acta Conc. Oec. I, 1, 1, S. 22. Vgl. Benedikt XV, Apost. Brief Maximum illud: AAS 11 (1919) 440. Pius XI, Enz. Rerum Ecclesiae, 28. Febr. 1926: AAS 18 (1926) 69. Pius XII, Enz. Fidei Donum, a. a. O.

tragen ist[72]. Daher müssen sie mit allen Kräften den Missionen Arbeiter für die Ernte wie auch geistliche und materielle Hilfen vermitteln, sowohl unmittelbar durch sich selbst wie durch Weckung der eifrigen Mitarbeit ihrer Gläubigen. Schließlich sollen die Bischöfe nach dem ehrwürdigen Beispiel der Vorzeit in umfassender Liebesgemeinschaft den anderen Kirchen, besonders den benachbarten und bedürftigeren, gern brüderliche Hilfe gewähren.

Dank der göttlichen Vorsehung aber sind die verschiedenen Kirchen, die an verschiedenen Orten von den Aposteln und ihren Nachfolgern eingerichtet worden sind, im Lauf der Zeit zu einer Anzahl von organisch verbundenen Gemeinschaften zusammengewachsen. Sie erfreuen sich unbeschadet der Einheit des Glaubens und der einen göttlichen Verfassung der Gesamtkirche ihrer eigenen Disziplin, eines eigenen liturgischen Brauches und eines eigenen theologischen und geistlichen Erbes. Darunter haben vorzüglich gewisse alte Patriarchatskirchen wie Stammütter des Glaubens andere Kirchen sozusagen als Töchter geboren, mit denen sie durch ein engeres Liebesband im sakramentalen Leben und in der gegenseitigen Achtung von Rechten und Pflichten bis auf unsere Zeiten verbunden sind[73]. Diese einträchtige Vielfalt der Ortskirchen zeigt in besonders hellem Licht die Katholizität der ungeteilten Kirche. In ähnlicher Weise können in unserer Zeit die Bischofskonferenzen vielfältige und fruchtbare Hilfe leisten, um die kollegiale Gesinnung zu konkreter Verwirklichung zu führen.

24. Die Bischöfe empfangen als Nachfolger der Apostel vom Herrn, dem alle Gewalt im Himmel und auf Erden gegeben ist, die Sendung, alle Völker zu lehren und das Evangelium jedwedem Geschöpf zu verkündigen. So sollen alle Menschen durch Glaube, Taufe und Erfüllung der Gebote das Heil erlangen (vgl. Mt 28, 18; Mk 16, 15–16; Apg 26, 17 f). Zur Erfüllung dieser Sendung verhieß Christus der Herr den Aposteln den Heiligen Geist und sandte ihn am Pfingsttag vom Himmel

---

[72] Leo XIII, Enz. Grande munus, 30. Sept. 1880: ASS 13 (1880) 145. Vgl. CIC, can. 1327; can. 1350 § 2.
[73] Über die Rechte der Patriarchatssitze vgl. Konzil v. Nicaea, can. 6 bezüglich Alexandrien und Antiochien sowie can. 7 bezüglich Jerusalem: Conc. Oec. Decr. S. 8. IV. Laterankonzil (1215) Const. V: de dignitate Patriarcharum: ebd. 212. Konzil v. Ferrara-Florenz: ebd. 504.

her. Durch dessen Kraft sollten sie ihm Zeugen sein bis ans Ende der Erde, vor Stämmen, Völkern und Königen (vgl. Apg 1, 8; 2, 1 ff; 9, 15). Jenes Amt aber, das der Herr den Hirten seines Volkes übertragen hat, ist ein wahres Dienen, weshalb es in der Heiligen Schrift bezeichnenderweise mit dem Wort „Diakonia", d. h. Dienst, benannt wird (vgl. Apg 1, 17 u. 25; 21, 19; Röm 11, 13; 1 Tim 1, 12).

Die kanonische Sendung der Bischöfe kann geschehen durch rechtmäßige, von der höchsten und universalen Kirchengewalt nicht widerrufene Gewohnheiten, durch von der nämlichen Autorität erlassene oder anerkannte Gesetze oder unmittelbar durch den Nachfolger Petri selbst. Falls er Einspruch erhebt oder die apostolische Gemeinschaft verweigert, können die Bischöfe nicht zur Amtsausübung zugelassen werden[74].

25. Unter den hauptsächlichsten Ämtern der Bischöfe hat die Verkündigung des Evangeliums einen hervorragenden Platz[75]. Denn die Bischöfe sind Glaubensboten, die Christus neue Jünger zuführen; sie sind authentische, das heißt mit der Autorität Christi ausgerüstete Lehrer. Sie verkündigen dem ihnen anvertrauten Volk die Botschaft zum Glauben und zur Anwendung auf das sittliche Leben und erklären sie im Licht des Heiligen Geistes, indem sie aus dem Schatz der Offenbarung Neues und Altes vorbringen (vgl. Mt 13, 52). So lassen sie den Glauben fruchtbar werden und halten die ihrer Herde drohenden Irrtümer wachsam fern (vgl. 2 Tim 4, 1–4). Die Bischöfe, die in Gemeinschaft mit dem römischen Bischof lehren, sind von allen als Zeugen der göttlichen und katholischen Wahrheit zu verehren. Die Gläubigen aber müssen mit einem im Namen Christi vorgetragenen Spruch ihres Bischofs in Glaubens- und Sittensachen übereinkommen und ihm mit religiös gegründetem Gehorsam anhangen. Dieser religiöse Gehorsam des Willens und Verstandes ist in besonderer Weise dem authentischen Lehramt des Bischofs von Rom, auch wenn er nicht kraft höchster Lehrautorität spricht, zu leisten; nämlich so, daß sein ober-

---

[74] Vgl. den Codex für die Ostkirchen, can. 216–314: über die Patriarchen; can. 324–339: über die Großerzbischöfe; can. 362–391: über die anderen Würdenträger; bes. can. 238 § 3; 216; 240; 251; 255: über die Ernennung der Bischöfe von seiten des Patriarchen.

[75] Vgl. Konzil v. Trient, Decr. de reform., Sess. V, c. 2, n. 9, u. Sess. XXIV, can. 4: Conc. Oec. Decr. 645 u. 739.

stes Lehramt ehrfürchtig anerkannt und den von ihm vorgetragenen Urteilen aufrichtige Anhänglichkeit gezollt wird, entsprechend der von ihm kundgetanen Auffassung und Absicht. Diese läßt sich vornehmlich erkennen aus der Art der Dokumente, der Häufigkeit der Vorlage ein und derselben Lehre, und der Sprechweise.

Die einzelnen Bischöfe besitzen zwar nicht den Vorzug der Unfehlbarkeit; wenn sie aber, in der Welt räumlich getrennt, jedoch in Wahrung des Gemeinschaftsbandes untereinander und mit dem Nachfolger Petri, authentisch in Glaubens- und Sittensachen lehren und eine bestimmte Lehre übereinstimmend als endgültig verpflichtend vortragen, so verkündigen sie auf unfehlbare Weise die Lehre Christi[76]. Dies ist noch offenkundiger der Fall, wenn sie auf einem Ökumenischen Konzil vereint für die ganze Kirche Lehrer und Richter des Glaubens und der Sitten sind. Dann ist ihren Definitionen mit Glaubensgehorsam anzuhangen[77].

Diese Unfehlbarkeit, mit welcher der göttliche Erlöser seine Kirche bei der Definierung einer Glaubens- und Sittenlehre ausgestattet sehen wollte, reicht so weit wie die Hinterlage der göttlichen Offenbarung, welche rein bewahrt und getreulich ausgelegt werden muß, es erfordert. Dieser Unfehlbarkeit erfreut sich der Bischof von Rom, das Haupt des Bischofskollegiums, kraft seines Amtes, wenn er als oberster Hirt und Lehrer aller Christgläubigen, der seine Brüder im Glauben stärkt (vgl. Lk 22, 32), eine Glaubens- oder Sittenlehre in einem endgültigen Akt verkündet[78]. Daher heißen seine Definitionen mit Recht aus sich und nicht erst aufgrund der Zustimmung der Kirche unanfechtbar, da sie ja unter dem Beistand des Heiligen Geistes vorgebracht sind, der ihm im heiligen Petrus verheißen wurde. Sie bedürfen daher keiner Bestätigung durch andere und dulden keine Berufung an ein anderes Urteil. In diesem Falle trägt nämlich der Bischof von Rom seine Entscheidung nicht als Privatperson vor, sondern legt die katholische Glaubens

---

[76] Vgl. I. Vat. Konzil, Const. Dogm. Dei Filius, 3: Denz. 1712 (3011). Vgl. die dem Schema I über die Kirche beigefügte Anmerkung (entnommen aus Rob. Bellarmin): Mansi 51, 579 C; sowie das umgearbeitete Schema Const. II de Ecclesia Christi mit dem Kommentar von Kleutgen: Mansi 53, 313 AB. Pius IX, Brief Tuas libenter: Denz. 1683 (2879).

[77] Vgl. CIC, can. 1322–1323.

[78] Vgl. I. Vat. Konzil, Const. Dogm. Pastor Aeternus: Denz. 1839 (3074).

lehre aus und schützt sie in seiner Eigenschaft als oberster Lehrer der Gesamtkirche, in dem als einzelnem das Charisma der Unfehlbarkeit der Kirche selbst gegeben ist[79]. Die der Kirche verheißene Unfehlbarkeit ist auch in der Körperschaft der Bischöfe gegeben, wenn sie das oberste Lehramt zusammen mit dem Nachfolger Petri ausübt. Diesen Definitionen kann aber die Beistimmung der Kirche niemals fehlen vermöge der Wirksamkeit desselben Heiligen Geistes, kraft deren die gesamte Herde Christi in der Einheit des Glaubens bewahrt wird und voranschreitet[80].

Wenn aber der Bischof von Rom oder die Körperschaft der Bischöfe mit ihm einen Satz definieren, legen sie ihn vor gemäß der Offenbarung selbst, zu der zu stehen und nach der sich zu richten alle gehalten sind. In Schrift oder Überlieferung wird sie durch die rechtmäßige Nachfolge der Bischöfe und insbesondere auch durch die Sorge des Bischofs von Rom unversehrt weitergegeben und im Licht des Geistes der Wahrheit in der Kirche rein bewahrt und getreu ausgelegt[81]. Um ihre rechte Erhellung und angemessene Darstellung mühen sich eifrig mit geeigneten Mitteln der Bischof von Rom und die Bischöfe, entsprechend ihrer Pflicht und dem Gewicht der Sache[82]. Eine neue öffentliche Offenbarung als Teil der göttlichen Glaubenshinterlage empfangen sie jedoch nicht[83].

26. Der Bischof ist, mit der Fülle des Weihesakramentes ausgezeichnet, „Verwalter der Gnade des höchsten Priestertums"[84], vorzüglich in der Eucharistie, die er selbst darbringt oder darbringen läßt[85] und aus der die Kirche immerfort lebt und wächst. Diese Kirche Christi ist wahrhaft in allen rechtmäßigen Ortsgemeinschaften der Gläubigen anwesend, die in der Verbunheit mit ihren Hirten im Neuen Testament auch selbst Kirchen heißen[86]. Sie sind nämlich je an ihrem Ort, im Heiligen Geist und mit großer Zuversicht (vgl. 1 Thess 1, 5), das von Gott ge-

---

[79] Vgl. die Erläuterungen von Gasser auf dem I. Vat. Konzil: Mansi 52, 1213 AC.
[80] Gasser, ebd.: Mansi 1214 A.
[81] Gasser, ebd.: Mansi 1215 CD, 1216–1217 A.
[82] Gasser, ebd.: Mansi 1213.
[83] I. Vat. Konzil, Const. dogm. Pastor Aeternus, 4: Denz. 1836 (3070).
[84] Gebet zur Bischofsweihe im byzantinischen Ritus: Euchologion to mega (Rom 1873) 139.
[85] Vgl. Ignatius v. A., Smyrn. 8, 1: ed. Funk I, 282.
[86] Vgl. Apg 8, 1; 14, 22–23; 20, 17 u. ö.

rufene neue Volk. In ihnen werden durch die Verkündigung der Frohbotschaft Christi die Gläubigen versammelt, in ihnen wird das Mysterium des Herrenmahls begangen, „auf daß durch Speise und Blut des Herrn die ganze Bruderschaft verbunden werde"[87]. In jedweder Altargemeinschaft erscheint unter dem heiligen Dienstamt des Bischofs[88] das Symbol jener Liebe und jener „Einheit des mystischen Leibes, ohne die es kein Heil geben kann"[89]. In diesen Gemeinden, auch wenn sie oft klein und arm sind oder in der Diaspora leben, ist Christus gegenwärtig, durch dessen Kraft die eine, heilige, katholische und apostolische Kirche geeint wird[90]. Denn „nichts anderes wirkt die Teilhabe an Leib und Blut Christi, als daß wir in das übergehen, was wir empfangen"[91].

Jede rechtmäßige Eucharistiefeier steht unter der Leitung des Bischofs, dem die Pflicht übertragen ist, den christlichen Gottesdienst der göttlichen Majestät darzubringen und zu betreuen gemäß den Geboten des Herrn und den Gesetzen der Kirche, die durch seine besondere Verfügung für die Diözese näher bestimmt werden.

So spenden die Bischöfe durch Gebet und Arbeit für das Volk vielfältige und reiche Gaben von der Fülle der Heiligkeit Christi aus. Durch den Dienst des Wortes teilen sie die Kraft Gottes den Glaubenden zum Heil mit (vgl. Röm 1, 16), und durch die Sakramente, deren geregelte und fruchtbare Verwaltung sie mit ihrer Autorität ordnen[92], heiligen sie die Gläubigen. Sie leiten die Taufspendung, die Anteil am königlichen Priestertum Christi gewährt. Sie sind die erstberufenen Firmspender, sie erteilen die heiligen Weihen und regeln die Bußdisziplin. Ferner ermahnen und unterweisen sie sorgsam ihr Volk, daß es in der Liturgie und vorzüglich im Meßopfer seinen Anteil gläubig und ehrfürchtig erfülle. Schließlich müssen sie ihre Anbefohlenen mit dem Beispiel ihres Lebenswandels voranbringen, ihr eigenes sittliches Verhalten vor allem Bösen bewahren und nach Kräften mit der Hilfe des Herrn zum Guten hin wandeln,

---

[87] Mozarabische Oration: PL 96, 759 B.
[88] Vgl. Ignatius v. A., Smyrn. 8, 1: ed. Funk I, 282.
[89] Thomas v. A., Summa Theol. III, q. 73, a. 3.
[90] Vgl. Augustinus, C. Faustum, 12, 20: PL 42, 265; Serm. 57, 7: PL 38, 389 u. a.
[91] Leo d. Gr., Serm. 63, 7: PL 54, 357 C.
[92] Traditio Apostolica des Hippolyt, 2–3: ed. Botte, 26–30.

damit sie zusammen mit der ihnen anvertrauten Herde zum ewigen Leben gelangen[93].

27. Die Bischöfe leiten die ihnen zugewiesenen Teilkirchen als Stellvertreter und Gesandte Christi[94] durch Rat, Zuspruch, Beispiel, aber auch in Autorität und heiliger Vollmacht, die sie indes allein zum Aufbau ihrer Herde in Wahrheit und Heiligkeit gebrauchen, eingedenk, daß der Größere werden soll wie der Geringere und der Vorsteher wie der Diener (vgl. Lk 22, 26–27). Diese Gewalt, die sie im Namen Christi persönlich ausüben, kommt ihnen als eigene, ordentliche und unmittelbare Gewalt zu, auch wenn ihr Vollzug letztlich von der höchsten kirchlichen Autorität geregelt wird und im Hinblick auf den Nutzen der Kirche oder der Gläubigen mit bestimmten Grenzen umschrieben werden kann. Kraft dieser Gewalt haben die Bischöfe das heilige Recht und vor dem Herrn die Pflicht, Gesetze für ihre Untergebenen zu erlassen, Urteile zu fällen und alles, was zur Ordnung des Gottesdienstes und des Apostolats gehört, zu regeln.

Ihnen ist das Hirtenamt, das heißt die beständige tägliche Sorge für ihre Schafe, im vollen Umfang anvertraut. Sie sind nicht als Stellvertreter der Bischöfe von Rom zu verstehen, denn sie haben eine ihnen eigene Gewalt inne und heißen in voller Wahrheit Vorsteher des Volkes, das sie leiten[95]. Folglich wird ihre Gewalt von der obersten und allgemeinen Gewalt nicht ausgeschaltet, sondern im Gegenteil bestätigt, gestärkt und in Schutz genommen[96]. Dabei bewahrt der Heilige Geist die von Christus dem Herrn in seiner Kirche gesetzte Form der Leitung ohne Minderung.

Der Bischof, der vom Hausvater gesandt ist, seine Familie zu lenken, soll sich das Beispiel des guten Hirten vor Augen halten,

---

[93] Vgl. den Text des sog. Examens am Anfang der Bischofsweihe und die Oration am Schluß der Weihemesse nach dem Te Deum.

[94] Benedikt XIV, Br. Romana Ecclesia, 5. Okt. 1752, § 1: Bullarium Benedicti XIV, t. IV (Rom 1758) 21: „Der Bischof stellt den Typus Christi dar und waltet Seines Amtes." Pius XII, Enz. Mystici Corporis, a. a. O. 211: „Die einzelnen (Bischöfe) weiden und leiten die jeweils ihnen zugewiesene Herde im Namen Christi."

[95] Leo XIII, Enz. Satis cognitum, 29. Juni 1896: ASS 28 (1895–96) 732. Ders., Epist. Officio sanctissimo, 22. Dez. 1887: ASS 20 (1887) 264. Pius IX, Apost. Brief an die deutschen Bischöfe, 12. März 1875, u. Konsist.-Anspr., 15. März 1875: Denz. 3112–3117 (nur in der Neuauflage enthalten).

[96] I. Vat. Konzil, Dogm. Konst. Pastor aeternus, 3: Denz. 1828 (3061). Vgl. die Relation von Zinelli: Mansi 52, 1114 D.

der nicht gekommen ist, sich bedienen zu lassen, sondern zu dienen (vgl. Mt 20, 28; Mk 10, 45) und sein Leben für seine Schafe hinzugeben (vgl. Jo 10, 11). Aus den Menschen genommen und mit Schwachheit behaftet, kann er mitleiden mit denen, die in Unwissenheit und Irrtum sind (vgl. Hebr 5, 1–2). Er soll sich nicht weigern, seine Untergebenen zu hören, die er wie wirkliche Söhne umsorgt und zu eifriger Mitarbeit mahnt. Da er für ihre Seelen Gott wird Rechenschaft ablegen müssen (vgl. Hebr 13, 17), soll er für sie durch Gebet, Predigt und jederlei Liebeswerk Sorge tragen, desgleichen für jene, die noch nicht von der einen Herde sind und die er doch im Herrn als ihm anempfohlen betrachten soll. Da er wie der Apostel Paulus allen Schuldner ist, sei er bereit, allen das Evangelium zu predigen (vgl. Röm 1, 14–15) und seine Gläubigen zu apostolischem und missionarischem Tatwillen zu ermuntern. Die Gläubigen aber müssen dem Bischof anhangen wie die Kirche Jesus Christus und wie Jesus Christus dem Vater, damit alles in Einigkeit übereinstimme[97] und überströme zur Verherrlichung Gottes (vgl. 2 Kor 4, 15).

28. Christus, den der Vater geheiligt und in die Welt gesandt hat (Jo 10, 36), hat durch seine Apostel deren Nachfolger, die Bischöfe, seiner eigenen Weihe und Sendung teilhaftig gemacht. Diese wiederum haben die Aufgabe ihres Dienstamtes in mehrfacher Abstufung verschiedenen Trägern in der Kirche rechtmäßig weitergegeben[98]. So wird das aus göttlicher Einsetzung kommende kirchliche Dienstamt in verschiedenen Ordnungen ausgeübt von jenen, die schon seit alters Bischöfe, Priester, Diakone heißen[99]. Die Priester haben zwar nicht die höchste Stufe der priesterlichen Weihe und hängen in der Ausübung ihrer Gewalt von den Bischöfen ab; dennoch sind sie mit ihnen in der priesterlichen Würde verbunden[100] und kraft des Weihesakramentes[101] nach dem Bilde Christi, des höchsten und ewigen Priesters (Hebr 5, 1–10; 7, 24; 9, 11–28), zur Verkündigung der

---

[97] Vgl. Ignatius v. A., Ad Ephes. 5, 1: ed. Funk I, 216.
[98] Vgl. Ignatius v. A., Ad Ephes. 6, 1: ed. Funk I, 218.
[99] Vgl. Konzil v. Trient, Sess. 23, De sacr. Ordinis, Kap. 2: Denz. 958 (1765), u. can. 6: Denz. 966 (1776).
[100] Vgl. Innozenz I, Brief an Decentius: PL 20, 554 A; Mansi 3, 1029; Denz. 98 (215): „Die Presbyter haben als Priester zweiter Ordnung nicht die volle Höhe des geistlichen Amtes inne." Cyprian, Epist. 61, 3: ed. Hartel 696.
[101] Vgl. Konzil v. Trient, a. a. O.: Denz. 956a–968 (1763–1778), u. bes. can. 7:

Frohbotschaft, zum Hirtendienst an den Gläubigen und zur Feier des Gottesdienstes geweiht und so wirkliche Priester des Neuen Bundes[102]. Auf der Stufe ihres Dienstamtes haben sie Anteil am Amt des einzigen Mittlers Christus (1 Tim 2, 5) und verkünden allen das Wort Gottes. Am meisten üben sie ihr heiliges Amt in der eucharistischen Feier oder Versammlung aus, wobei sie in der Person Christi handeln[103] und sein Mysterium verkünden, die Gebete der Gläubigen mit dem Opfer ihres Hauptes vereinigen und das einzige Opfer des Neuen Bundes, das Opfer Christi nämlich, der sich ein für allemal dem Vater als unbefleckte Gabe dargebracht hat (vgl. Hebr 9, 11–28), im Meßopfer bis zur Wiederkunft des Herrn (vgl. 1 Kor 11, 26) vergegenwärtigen und zuwenden[104]. Für die büßenden oder von Krankheit heimgesuchten Gläubigen walten sie vollmächtig des Amtes der Versöhnung und der Wiederaufrichtung; die Nöte und Bitten der Gläubigen tragen sie zu Gott dem Vater hin (vgl. Hebr 5, 1–4). Das Amt Christi des Hirten und Hauptes üben sie entsprechend dem Anteil ihrer Vollmacht aus[105], sie sammeln die Familie Gottes als von einem Geist durchdrungene Gemeinde von Brüdern[106] und führen sie durch Christus im Geist zu Gott dem Vater. Inmitten der Herde beten sie ihn im Geist und in der Wahrheit an (vgl. Jo 4, 24). Endlich mühen sie sich im Wort und in der Lehre (vgl. 1 Tim 5, 17), sie glauben, was sie im Gesetz des Herrn meditierend gelesen haben, lehren, was sie glauben, verwirklichen, was sie lehren[107].

Als sorgsame Mitarbeiter[108], als Hilfe und Organ der Ordnung der Bischöfe bilden die Priester, die zum Dienst am Volke Gottes gerufen sind, in Einheit mit ihrem Bischof ein einziges Presbyterium[109], das freilich mit unterschiedlichen Aufgaben

---

Denz. 967 (1777). Pius XII, Apost. Konst. Sacramentum Ordinis: Denz. 2301 (3857–3861).

[102] Vgl. Innozenz I, a. a. O. Gregor v. Naz., Apol. II, 22: PG 35, 432 B. Ps-Dionysius, Eccl. Hier., 1, 2: PG 3, 372 D.

[103] Vgl. Konzil v. Trient, Sess. 22: Denz. 940 (1743). Pius XII, Enz. Mediator Dei, 20. Nov. 1947: AAS 39 (1947) 553; Denz. 2300 (3850).

[104] Vgl. Konzil v. Trient, Sess. 22: Denz. 938 (1739–1740). II. Vat. Konzil, Konst. über die heilige Liturgie, n. 7 u. n. 47.

[105] Vgl. Pius XII, Enz. Mediator Dei, a. a. O. unter Nr. 67.

[106] Vgl. Cyprian, Epist. 11, 3: PL 4, 242 B; Hartel III, 2, 497.

[107] Liturgie der Priesterweihe, beim Anlegen der Gewänder.

[108] Liturgie der Priesterweihe, Präfation.

[109] Vgl. Ignatius v. A., Philad. 4: ed. Funk I, 266. Cornelius I, bei Cyprian, Epist. 48, 2: Hartel III, 2, 610.

betraut ist. In den einzelnen örtlichen Gemeinden der Gläubigen machen sie den Bischof, mit dem sie in vertrauensvoller und großzügiger Gesinnung verbunden sind, gewissermaßen gegenwärtig; sie übernehmen zu ihrem Teil seine Amtsaufgaben und seine Sorge und stellen sich täglich in ihren Dienst. Unter der Autorität des Bischofs heiligen und leiten sie den ihnen zugewiesenen Anteil der Herde des Herrn, machen die Gesamtkirche an ihrem Orte sichtbar und leisten einen wirksamen Beitrag zur Erbauung des gesamten Leibes Christi (vgl. Eph 4, 12). Auf das Wohl der Kinder Gottes allzeit bedacht, sollen sie darüber hinaus bestrebt sein, ihren Anteil beizutragen zur Hirtenarbeit an der ganzen Diözese, ja an der ganzen Kirche. Um dieser Teilhabe an Priestertum und Sendung willen sollen die Priester den Bischof wahrhaft als ihren Vater anerkennen und ihm ehrfürchtig gehorchen. Der Bischof hinwiederum soll seine priesterlichen Mitarbeiter als Söhne und Freunde ansehen, gleichwie Christus seine Jünger nicht mehr Knechte, sondern Freunde nennt (vgl. Jo 15, 15). Diözesan- wie Ordenspriester sind also alle zusammen aufgrund ihrer Weihe und ihres Dienstamtes dem Kollegium der Bischöfe zugeordnet und wirken vermöge ihrer Berufung und der ihnen verliehenen Gnade zum Wohl der gesamten Kirche.

Kraft der Gemeinsamkeit der heiligen Weihe und Sendung sind die Priester alle einander in ganz enger Brüderlichkeit verbunden. Diese soll sich spontan und freudig äußern in gegenseitiger Hilfe, geistiger wie materieller, pastoraler wie persönlicher Art, in Zusammenkünften, in der Gemeinschaft des Lebens, der Arbeit und der Liebe.

Die Fürsorge für die Gläubigen, die sie geistlich in Taufe und Lehre gezeugt haben (vgl. 1 Kor 4, 15; 1 Petr 1, 23), sollen sie wie Väter in Christus wahrnehmen. Als Vorbilder der Herde aus Überzeugung (1 Petr 5, 3) sollen sie ihrer Ortsgemeinde so vorstehen und dienen, daß diese zu Recht mit jenem Namen benannt werden kann, der die Auszeichnung des einen und ganzen Gottesvolkes ist: Kirche Gottes (vgl. 1 Kor 1, 2; 2 Kor 1, 1 u. öfter). Sie seien eingedenk, daß sie in ihrem täglichen Wandel und ihrer Obsorge für Gläubige und Ungläubige, Katholiken und Nichtkatholiken, das Antlitz des wahren Priester- und Hirtendienstes zeigen und allen das Zeugnis der Wahrheit und des Lebens geben müssen. Als gute Hirten haben sie die Pflicht, auch jenen nachzugehen (vgl. Lk 15, 4–7), die zwar in der katholischen Kirche getauft, aber sich von der Übung des sakramentalen Lebens oder gar vom Glauben entfernt haben.

Weil die Menschheit heute mehr und mehr zur Einheit im bürgerlichen, wirtschaftlichen und sozialen Bereich zusammenwächst, sollen die Priester um so mehr in vereinter Sorge und Arbeit unter Leitung der Bischöfe und des Papstes jede Art von Spaltung beseitigen, damit die ganze Menschheit der Einheit der Familie Gottes zugeführt werde.

29. In der Hierarchie eine Stufe tiefer stehen die Diakone, welche die Handauflegung „nicht zum Priestertum, sondern zur Dienstleistung empfangen"[110]. Mit sakramentaler Gnade gestärkt, dienen sie dem Volke Gottes in der Diakonie der Liturgie, des Wortes und der Liebestätigkeit in Gemeinschaft mit dem Bischof und seinem Presbyterium. Sache des Diakons ist es, je nach Weisung der zuständigen Autorität, feierlich die Taufe zu spenden, die Eucharistie zu verwahren und auszuteilen, der Eheschließung im Namen der Kirche zu assistieren und sie zu segnen, die Wegzehrung den Sterbenden zu überbringen, vor den Gläubigen die Heilige Schrift zu lesen, das Volk zu lehren und zu ermahnen, dem Gottesdienst und dem Gebet der Gläubigen vorzustehen, Sakramentalien zu spenden und den Beerdigungsritus zu leiten. Den Pflichten der Liebestätigkeit und der Verwaltung hingegeben, sollen die Diakone eingedenk sein der Mahnung des heiligen Polykarp: „Barmherzig, eifrig, wandelnd nach der Wahrheit des Herrn, der aller Diener geworden ist."[111]

Weil diese für die Kirche in höchstem Maße lebensnotwendigen Ämter bei der gegenwärtig geltenden Disziplin der lateinischen Kirche in zahlreichen Gebieten nur schwer ausgeübt werden können, kann in Zukunft der Diakonat als eigene und beständige hierarchische Stufe wiederhergestellt werden. Den zuständigen verschiedenartigen territorialen Bischofskonferenzen kommt mit Billigung des Papstes die Entscheidung zu, ob und wo es für die Seelsorge angebracht ist, derartige Diakone

---

[110] Constitutiones Ecclesiae aegypticae, III, 2: ed. Funk, Didascalia, II, 103. Statuta Eccl. Ant. 37–41: Mansi 3, 954.

[111] Polykarp, Ad Phil. 5, 2: ed. Funk I, 300: Von Christus wird gesagt, er sei „aller Diener geworden". Vgl. Didache, 15, 1: ebd. 32. Ignatius v. A., Trall. 2, 3: ebd. 242. Constitutiones Apostolorum, 8, 28, 4: ed. Funk, Didascalia, I, 530.

zu bestellen. Mit Zustimmung des Bischofs von Rom wird dieser Diakonat auch verheirateten Männern reiferen Alters erteilt werden können, ferner geeigneten jungen Männern, für die jedoch das Gesetz des Zölibats in Kraft bleiben muß.

VIERTES KAPITEL

DIE LAIEN

30. Nachdem die Heilige Synode von den hierarchischen Ämtern gehandelt hat, wendet sie nun bereitwillig ihre Aufmerksamkeit dem Stand jener Christgläubigen zu, die man Laien nennt. Gewiß richtet sich alles, was über das Volk Gottes gesagt wurde, in gleicher Weise an Laien, Ordensleute und Kleriker. Doch einiges gilt in besonderer Weise für die Laien, Männer und Frauen, aufgrund ihrer Stellung und Sendung. Die Grundzüge davon müssen wegen der besonderen Verhältnisse unserer Zeit eingehender erörtert werden. Die geweihten Hirten wissen sehr gut, wieviel die Laien zum Wohl der ganzen Kirche beitragen. Sie wissen ja, daß sie von Christus nicht bestellt sind, um die ganze Heilsmission der Kirche an der Welt allein auf sich zu nehmen, sondern daß es ihre vornehmliche Aufgabe ist, die Gläubigen so als Hirten zu führen und ihre Dienstleistungen und Charismen so zu prüfen, daß alle in ihrer Weise zum gemeinsamen Werk einmütig zusammenarbeiten. Wir alle müssen nämlich, „indem wir die Wahrheit in Liebe tun, in allem auf ihn hin wachsen, der das Haupt ist, Christus: von ihm her besorgt der ganze Leib, durch ein jedes hilfreiche Gelenk zusammengefügt und zusammengehalten, kräftig nach dem Maß eines jeden Teiles, das Wachstum des Leibes zum Aufbau seiner selbst in Liebe" (Eph 4, 15–16).

31. Unter der Bezeichnung Laien sind hier alle Christgläubigen verstanden mit Ausnahme der Glieder des Weihestandes und des in der Kirche anerkannten Ordensstandes, das heißt die Christgläubigen, die, durch die Taufe Christus einverleibt, zum Volk Gottes gemacht und des priesterlichen, prophetischen und königlichen Amtes Christi auf ihre Weise teilhaftig, zu ihrem Teil die Sendung des ganzen christlichen Volkes in der Kirche und in der Welt ausüben.

Den Laien ist der Weltcharakter in besonderer Weise eigen. Die Glieder des geweihten Standes können zwar bisweilen mit weltlichen Dingen zu tun haben, sogar in Ausübung eines weltlichen Berufes. Aufgrund ihrer besonderen Erwählung aber sind sie vor allem und von Berufs wegen dem heiligen Dienstamt zugeordnet; und die Ordensleute geben durch ihren Stand ein deutliches und hervorragendes Zeugnis dafür, daß die Welt nicht ohne den Geist der Seligpreisungen verwandelt und Gott dargebracht werden kann. Sache der Laien ist es, kraft der ihnen eigenen Berufung in der Verwaltung und gottgemäßen Regelung der zeitlichen Dinge das Reich Gottes zu suchen. Sie leben in der Welt, das heißt in all den einzelnen irdischen Aufgaben und Werken und den normalen Verhältnissen des Familien- und Gesellschaftlebens, aus denen ihre Existenz gleichsam zusammengewoben ist. Dort sind sie von Gott gerufen, ihre eigentümliche Aufgabe, vom Geist des Evangeliums geleitet, auszuüben und so wie ein Sauerteig zur Heiligung der Welt gewissermaßen von innen her beizutragen und vor allem durch das Zeugnis ihres Lebens, im Glanz von Glaube, Hoffnung und Liebe Christus den anderen kund zu machen. Ihre Aufgabe ist es also in besonderer Weise, alle zeitlichen Dinge, mit denen sie eng verbunden sind, so zu durchleuchten und zu ordnen, daß sie immer Christus entsprechend geschehen und sich entwickeln und zum Lob des Schöpfers und Erlösers gereichen.

32. Die heilige Kirche ist kraft göttlicher Einrichtung in wunderbarer Mannigfaltigkeit geordnet und geleitet. „Wie wir nämlich an dem einen Leibe viele Glieder haben, die Glieder aber nicht alle den gleichen Dienst verrichten, so sind wir als viele ein einziger Leib in Christus, als einzelne aber untereinander Glieder" (Röm 12, 4–5).

Eines ist also das auserwählte Volk Gottes: „Ein Herr, ein Glaube, eine Taufe" (Eph 4, 5); gemeinsam die Würde der Glieder aus ihrer Wiedergeburt in Christus, gemeinsam die Gnade der Kindschaft, gemeinsam die Berufung zur Vollkommenheit, eines ist das Heil, eine die Hoffnung und ungeteilt die Liebe. Es ist also in Christus und in der Kirche keine Ungleichheit aufgrund von Rasse und Volkszugehörigkeit, sozialer Stellung oder Geschlecht; denn „es gilt nicht mehr Jude und Grieche, nicht Sklave und Freier, nicht Mann und Frau; denn alle seid ihr einer in Christus Jesus" (Gal 3, 28 griech.; vgl. Kol 3, 11).

Wenn also in der Kirche nicht alle denselben Weg gehen, so sind doch alle zur Heiligkeit berufen und haben den gleichen Glauben erlangt in Gottes Gerechtigkeit (vgl. 2 Petr 1, 1). Wenn auch einige nach Gottes Willen als Lehrer, Ausspender der Geheimnisse und Hirten für die anderen bestellt sind, so waltet doch unter allen eine wahre Gleichheit in der allen Gläubigen gemeinsamen Würde und Tätigkeit zum Aufbau des Leibes Christi. Der Unterschied, den der Herr zwischen den geweihten Amtsträgern und dem übrigen Gottesvolk gesetzt hat, schließt eine Verbundenheit ein, da ja die Hirten und die anderen Gläubigen in enger Beziehung miteinander verbunden sind. Die Hirten der Kirche sollen nach dem Beispiel des Herrn einander und den übrigen Gläubigen dienen, diese aber sollen voll Eifer mit den Hirten und Lehrern eng zusammenarbeiten. So geben alle in der Verschiedenheit Zeugnis von der wunderbaren Einheit im Leibe Christi: denn gerade die Vielfalt der Gnadengaben, Dienstleistungen und Tätigkeiten vereint die Kinder Gottes, weil „dies alles der eine und gleiche Geist wirkt" (1 Kor 12, 11).

Wie die Laien aus Gottes Herablassung Christus zum Bruder haben, der, obwohl aller Herr, doch gekommen ist, nicht um sich bedienen zu lassen, sondern um zu dienen (vgl. Mt 20, 28), so haben sie auch die geweihten Amtsträger zu Brüdern, die in Christi Autorität die Familie Gottes durch Lehre, Heiligung und Leitung so weiden, daß das neue Gebot der Liebe von allen erfüllt wird. Daher sagt der heilige Augustinus sehr schön: „Wo mich erschreckt, was ich für euch bin, da tröstet mich, was ich mit euch bin. Für euch bin ich Bischof, mit euch bin ich Christ. Jenes bezeichnet das Amt, dieses die Gnade, jenes die Gefahr, dieses das Heil."[112]

33. Die im Volk Gottes versammelten und dem einen Leibe Christi unter dem einen Haupt eingefügten Laien sind, wer auch immer sie sein mögen, berufen, als lebendige Glieder alle ihre Kräfte, die sie durch das Geschenk des Schöpfers und die Gnade des Erlösers empfangen haben, zum Wachstum und zur ständigen Heiligung der Kirche beizutragen.

Der Apostolat der Laien ist Teilnahme an der Heilssendung der Kirche selbst. Zu diesem Apostolat werden alle vom Herrn selbst durch Taufe und Firmung bestellt. Durch die Sakramente,

---

[112] Augustinus, Serm. 340, 1: PL 38, 1483.

vor allem durch die heilige Eucharistie, wird jene Liebe zu Gott und den Menschen mitgeteilt und genährt, die die Seele des ganzen Apostolates ist. Die Laien sind besonders dazu berufen, die Kirche an jenen Stellen und in den Verhältnissen anwesend und wirksam zu machen, wo die Kirche nur durch sie das Salz der Erde werden kann[113]. So ist jeder Laie kraft der ihm geschenkten Gaben zugleich Zeuge und lebendiges Werkzeug der Sendung der Kirche selbst „nach dem Maß der Gabe Christi" (Eph 4, 7).

Außer diesem Apostolat, das schlechthin alle Christgläubigen angeht, können die Laien darüber hinaus in verschiedener Weise zu unmittelbarerer Mitarbeit mit dem Apostolat der Hierarchie berufen werden[114], nach Art jener Männer und Frauen, die den Apostel Paulus in der Verkündigung des Evangeliums unterstützten und sich sehr im Herrn mühten (vgl. Phil 4, 3; Röm 16, 3 ff). Außerdem haben sie die Befähigung dazu, von der Hierarchie zu gewissen kirchlichen Ämtern herangezogen zu werden, die geistlichen Zielen dienen.

So obliegt allen Laien die ehrenvolle Bürde, dafür zu wirken, daß der göttliche Heilsratschluß mehr und mehr alle Menschen aller Zeiten und überall auf der Erde erreiche. Es soll daher auch ihnen in jeder Hinsicht der Weg offenstehen, nach ihren Kräften und entsprechend den Zeitbedürfnissen am Heilswirken der Kirche in tätigem Eifer teilzunehmen.

34. Da der ewige Hohepriester Christus Jesus auch durch die Laien sein Zeugnis und seinen Dienst fortsetzen will, macht er sie durch seinen Geist lebendig und treibt sie unaufhörlich an zu jedem guten und vollkommenen Werk.

Denen nämlich, die er mit seinem Leben und seiner Sendung innigst verbindet, gibt er auch Anteil an seinem Priesteramt zur Ausübung eines geistlichen Kultes zur Verherrlichung Gottes und zum Heil der Menschen. Deshalb sind die Laien Christus geweiht und mit dem Heiligen Geist gesalbt und dadurch wunderbar dazu berufen und ausgerüstet, daß immer reichere Früchte des Geistes in ihnen hervorgebracht werden. Es sind nämlich alle ihre Werke, Gebete und apostolischen Unternehmungen, ihr Ehe- und Familienleben, die tägliche

---

[113] Vgl. Pius XI, Enz. Quadragesimo anno, 15. Mai 1931: AAS 23 (1931) 221 f. Pius XII, Anspr. De quelle consolation, 14. Okt. 1951: AAS 43 (1951) 790 f.
[114] Vgl. Pius XII, Anspr. Six ans se sont écoulés, 5. Okt. 1957: AAS 49 (1957) 927.

Arbeit, die geistige und körperliche Erholung, wenn sie im Geist getan werden, aber auch die Lasten des Lebens, wenn sie geduldig ertragen werden, „geistige Opfer, wohlgefällig vor Gott durch Jesus Christus" (1 Petr 2, 5). Bei der Feier der Eucharistie werden sie mit der Darbringung des Herrenleibes dem Vater in Ehrfurcht dargeboten. So weihen auch die Laien, überall Anbeter in heiligem Tun, die Welt selbst Gott.

35. Christus, der große Prophet, der durch das Zeugnis seines Lebens und in Kraft seines Wortes die Herrschaft des Vaters ausgerufen hat, erfüllt bis zur vollen Offenbarung der Herrlichkeit sein prophetisches Amt nicht nur durch die Hierarchie, die in seinem Namen und in seiner Vollmacht lehrt, sondern auch durch die Laien. Sie bestellt er deshalb zu Zeugen und rüstet sie mit dem Glaubenssinn und der Gnade des Wortes aus (vgl. Apg 2, 17–18; Apk 19, 10), damit die Kraft des Evangeliums im alltäglichen Familien- und Gesellschaftsleben aufleuchte. Sie zeigen sich als Söhne der Verheißung, wenn sie stark in Glauben und Hoffnung den gegenwärtigen Augenblick auskaufen (vgl. Eph 5, 16; Kol 4, 5) und die künftige Herrlichkeit in Geduld erwarten (vgl. Röm 8, 25). Diese Hoffnung sollen sie aber nicht im Inneren des Herzens verbergen, sondern in ständiger Bekehrung und im Kampf „gegen die Weltherrscher dieser Finsternis, gegen die Geister des Bösen" (Eph 6, 12) auch durch die Strukturen des Weltlebens ausdrücken.

Wie die Sakramente des Neuen Bundes, durch die das Leben und der Apostolat der Gläubigen genährt werden, einen neuen Himmel und eine neue Erde (vgl. Apk 21, 1) vorbilden, so werden die Laien gültige Verkünder des Glaubens an die zu erhoffenden Dinge (vgl. Hebr 11, 1), wenn sie mit dem Leben aus dem Glauben ohne Zögern das Bekenntnis des Glaubens verbinden. Diese Evangelisation, das heißt die Verkündigung der Botschaft Christi durch das Zeugnis des Lebens und das Wort, bekommt eine eigentümliche Prägung und besondere Wirksamkeit von da her, daß sie in den gewöhnlichen Verhältnissen der Welt erfüllt wird.

In dieser Aufgabe erscheint als besonders wertvoll jener Lebensstand, der durch ein besonderes Sakrament geheiligt wird, das Ehe- und Familienleben. Dort gibt es eine hervorragende Übung und Schule des Laienapostolates, wo die christliche Religion die ganze Einrichtung des Lebens durchdringt und von Tag zu Tag mehr umbildet. Dort haben die Eheleute ihre eigene Berufung, sich gegenseitig und den Kindern den Glauben und die Liebe Christi zu bezeugen. Die christliche Familie verkündet mit lauter Stimme die gegenwärtige Wirkkraft des Gottesreiches, besonders aber auch die Hoffnung auf das selige Leben. So überführt sie durch Beispiel und Zeugnis die Welt der Sünde und erleuchtet jene, die die Wahrheit suchen.

Daher können und müssen die Laien, wenn auch den zeitlichen Sorgen verpflichtet, eine wertvolle Wirksamkeit zur Evangelisation der Welt ausüben. Wenn nun einige von ihnen beim Mangel an geweihten Amtsträgern oder bei deren Verhinderung unter einem Verfolgungsregime nach Möglichkeit gewisse heilige Aufgaben stellvertretend erfüllen und viele von ihnen ihre ganzen Kräfte dem apostolischen Werk widmen, so müssen doch alle zur Ausweitung und zum Wachstum des Reiches Christi in der Welt mitarbeiten. Deshalb sollen die Laien sich um eine tiefere Kenntnis der geoffenbarten Wahrheit bemühen und inständig von Gott die Gabe der Weisheit erbitten.

36. Christus ist gehorsam geworden bis zum Tod. Deshalb wurde er vom Vater erhöht (vgl. Phil 2, 8–9) und ging in die Herrlichkeit seines Reiches ein. Ihm ist alles unterworfen, bis er selbst sich und alles Geschaffene dem Vater unterwirft, damit Gott alles in allem sei (vgl. 1 Kor 15, 27–28). Diese Gewalt teilte er seinen Jüngern mit, damit auch sie in königlicher Freiheit stehen und durch Selbstverleugnung und ein heiliges Leben das Reich der Sünde in sich selbst besiegen (vgl. Röm 6, 12), aber auch Christus in den anderen dienen und ihre Brüder in Demut und Geduld zu dem König hinführen, dem zu dienen herrschen bedeutet. Der Herr will ja sein Reich auch durch die gläubigen Laien ausbreiten, das Reich der Wahrheit und des Lebens, das Reich der Heiligkeit und der Gnade, das Reich der Gerechtigkeit, der Liebe und des Friedens[115]. In diesem Reich wird auch die Schöpfung von der Knechtschaft der Vergänglichkeit befreit werden zur Freiheit der Herrlichkeit der Kinder Gottes (vgl. Röm 8, 21). Eine wahrlich große Verheißung und ein großer Auftrag ist den Jüngern gegeben: „Alles ist euer, ihr aber seid Christi, Christus aber ist Gottes" (1 Kor 3, 23).

[115] Aus der Präfation des Christkönigsfestes.

Die Gläubigen müssen also die innerste Natur der ganzen Schöpfung, ihren Wert und ihre Hinordnung auf das Lob Gottes anerkennen. Sie müssen auch durch das weltliche Wirken sich gegenseitig zu einem heiligeren Leben verhelfen. So soll die Welt vom Geist Christi erfüllt werden und in Gerechtigkeit, Liebe und Frieden ihr Ziel wirksamer erreichen. In der Erfüllung dieser allgemeinen Pflicht haben die Laien einen besonderen Platz. Sie sollen also durch ihre Zuständigkeit in den profanen Bereichen und durch ihre innerlich von der Gnade Christi erhöhte Tätigkeit einen gültigen Beitrag leisten, daß die geschaffenen Güter gemäß der Ordnung des Schöpfers und im Lichte seines Wortes durch menschliche Arbeit, Technik und Kultur zum Nutzen wirklich aller Menschen entwickelt und besser unter ihnen verteilt werden und in menschlicher und christlicher Freiheit auf ihre Weise dem allgemeinen Fortschritt dienen. So wird Christus durch die Glieder der Kirche die ganze menschliche Gesellschaft mehr und mehr mit seinem heilsamen Licht erleuchten.

Außerdem sollen die Laien, auch in Zusammenarbeit, die Einrichtungen und Verhältnisse der Welt, da wo Gewohnheiten zur Sünde aufreizen, so zu heilen suchen, daß dies alles nach der Norm der Gerechtigkeit umgestaltet wird und der Ausübung der Tugenden eher förderlich als schädlich ist. Auf diese Weise erfüllen sie die Kultur und die menschlichen Leistungen mit sittlichem Wert. Gleichzeitig wird dadurch das Ackerfeld der Welt besser für den Samen des Gotteswortes bereitet, und es öffnen sich der Kirche weiter die Tore für die Verkündigung des Friedens in der Welt.

Um der Heilsökonomie selbst willen sollen die Gläubigen genau zu unterscheiden lernen zwischen den Rechten und Pflichten, die sie haben, insofern sie zur Kirche gehören, und denen, die sie als Glieder der menschlichen Gesellschaft haben. Beide sollen sie harmonisch miteinander zu verbinden suchen und daran denken, daß sie sich auch in jeder zeitlichen Angelegenheit vom christlichen Gewissen führen lassen müssen; keine menschliche Tätigkeit, auch in weltlichen Dingen nicht, läßt sich ja der Herrschaft Gottes entziehen. Heutzutage ist es aber besonders wichtig, daß diese Unterscheidung und Harmonie zugleich möglichst klar im Handeln der Gläubigen aufleuchten, damit die Sendung der Kirche den besonderen Verhältnissen der heutigen Welt voller entsprechen kann. Man muß gewiß anerkennen, daß die irdische Gesellschaft mit Recht den weltlichen Bestrebungen zugeordnet ist und darin von eigenen Prinzipien geleitet wird. Ebenso aber wird mit Recht jene unselige Lehre verworfen, die eine Gesellschaft ohne Rücksicht auf die Religion zu errichten sucht und die Religionsfreiheit der Bürger bekämpft und austilgt[116].

37. Die Laien haben wie alle Christgläubigen das Recht, aus den geistlichen Gütern der Kirche, vor allem die Hilfe des Wortes Gottes und der Sakramente, von den geweihten Hirten reichlich zu empfangen[117]. Und ihnen sollen sie ihre Bedürfnisse und Wünsche mit der Freiheit und dem Vertrauen, wie es den Kindern Gottes und den Brüdern in Christus ansteht, eröffnen. Entsprechend dem Wissen, der Zuständigkeit und hervorragenden Stellung, die sie einnehmen, haben sie die Möglichkeit, bisweilen auch die Pflicht, ihre Meinung in dem, was das Wohl der Kirche angeht, zu erklären[118]. Gegebenenfalls soll das durch die dazu von der Kirche festgesetzten Einrichtungen geschehen, immer in Wahrhaftigkeit, Mut und Klugheit, mit Ehrfurcht und Liebe gegenüber denen, die aufgrund ihres geweihten Amtes die Stelle Christi vertreten.

Die Laien sollen wie alle Gläubigen das, was die geweihten Hirten in Stellvertretung Christi als Lehrer und Leiter in der Kirche festsetzen, in christlichem Gehorsam bereitwillig aufnehmen nach dem Beispiel Christi, der durch seinen Gehorsam bis zum Tode den seligen Weg der Freiheit der Kinder Gottes für alle Menschen eröffnet hat. Sie sollen auch nicht unterlassen, ihre Vorgesetzten Gott zu empfehlen, die ja wachen, um Rechenschaft für unsere Seelen zu geben, damit sie das mit Freude tun können und nicht mit Seufzen (vgl. Hebr 13, 17).

Die geweihten Hirten aber sollen die Würde und Verantwortung der Laien in der Kirche anerkennen und fördern. Sie sollen gern deren klugen Rat benutzen, ihnen vertrauensvoll Aufgaben im Dienst der Kirche übertragen und ihnen Freiheit

---

[116] Vgl. Leo XIII, Enz. Immortale Dei, 1. Nov. 1885: ASS 18 (1885) 166 ff. Ders., Enz. Sapientiae christianae, 10. Jan. 1890: ASS 22 (1889–90) 397 ff. Pius XII, Anspr. Alla vostra filiale, 23. März 1958: AAS 50 (1958) 220: „la legittima sana laicità dello Stato".
[117] CIC, can. 682.
[118] Vgl. Pius XII, Anspr. De quelle consolation, a. a. O. 789: „Dans les batailles décisives, c'est parfois du front que partent les plus heureuses initiatives . . ." Ders., Anspr. L'importance de la presse catholique, 17. Febr. 1950: AAS 42 (1950) 256.

und Raum im Handeln lassen, ihnen auch Mut machen, aus eigener Initiative Werke in Angriff zu nehmen. Mit väterlicher Liebe sollen sie Vorhaben, Eingaben und Wünsche, die die Laien vorlegen, aufmerksam in Christus in Erwägung ziehen[119]. Die gerechte Freiheit, die allen im irdischen bürgerlichen Bereich zusteht, sollen die Hirten sorgfältig anerkennen.

Aus diesem vertrauten Umgang zwischen Laien und Hirten kann man viel Gutes für die Kirche erwarten. In den Laien wird so der Sinn für eigene Verantwortung gestärkt, die Bereitwilligkeit gefördert. Die Kraft der Laien verbindet sich leichter mit dem Werk der Hirten. Sie können mit Hilfe der Erfahrung der Laien in geistlichen wie in weltlichen Dingen genauer und besser urteilen. So mag die ganze Kirche, durch alle ihre Glieder gestärkt, ihre Sendung für das Leben der Welt wirksamer erfüllen.

38. Jeder Laie muß vor der Welt Zeuge der Auferstehung und des Lebens Jesu, unseres Herrn, und ein Zeichen des lebendigen Gottes sein. Alle zusammen und jeder Einzelne zu seinem Teil müssen die Welt mit den Früchten des Geistes nähren (vgl. Gal 5, 22), in sie hinein den Geist ausgießen, der jene Armen, Sanftmütigen und Friedfertigen beseelt, die der Herr im Evangelium seligpries (vgl. Mt 5, 3–9). Mit einem Wort: „Was die Seele im Leibe ist, das sollen in der Welt die Christen sein."[120]

FÜNFTES KAPITEL

DIE ALLGEMEINE BERUFUNG ZUR HEILIGKEIT IN DER KIRCHE

39. Es ist Gegenstand des Glaubens, daß die Kirche, deren Geheimnis die Heilige Synode vorlegt, unzerstörbar heilig ist. Denn Christus, der Sohn Gottes, der mit dem Vater und dem Geist als „allein Heiliger" gepriesen wird[121], hat die Kirche als seine Braut geliebt und sich für sie hingegeben, um sie zu heiligen (vgl. Eph 5, 25–26), er hat sie als seinen Leib mit sich verbunden

---

[119] Vgl. 1 Thess 5, 19 und 1 Jo 4, 1.

[120] Brief an Diognet, 6: ed. Funk I, 400. Vgl. Johannes Chrysostomus, In Mt. Hom. 46 (47), 2: PG 58, 478, über den Sauerteig in der Masse.

[121] Römisches Meßbuch, Gloria in excelsis Deo. Vgl. Lk 1, 35; Mk 1, 24; Lk 4, 34; Jo 6, 69 (ho hagios tou Theou); Apg 3, 14; 4, 27 u. 30; Hebr 7, 26; 1 Jo 2, 20; Apk 3, 7.

und mit der Gabe des Heiligen Geistes reich beschenkt zur Ehre Gottes. Daher sind in der Kirche alle, mögen sie zur Hierarchie gehören oder von ihr geleitet werden, zur Heiligkeit berufen gemäß dem Apostelwort: „Das ist der Wille Gottes, eure Heiligung" (1 Thess 4, 3; vgl. Eph 1, 4). Diese Heiligkeit der Kirche tut sich aber in den Gnadenfrüchten, die der Heilige Geist in den Gläubigen hervorbringt, unaufhörlich kund und muß das tun. Sie drückt sich vielgestaltig in den Einzelnen aus, die in ihrer Lebensgestaltung zur Vollkommenheit der Liebe in der Erbauung anderer streben. In eigener Weise erscheint sie in der Übung der sogenannten evangelischen Räte. Diese von vielen Christen auf Antrieb des Heiligen Geistes privat oder in einer von der Kirche anerkannten Lebensform, einem Stand, übernommene Übung der Räte gibt in der Welt ein hervorragendes Zeugnis und Beispiel dieser Heiligkeit und muß es geben.

40. Der Herr Jesus, göttlicher Lehrer und Urbild jeder Vollkommenheit, hat die Heiligkeit des Lebens, deren Urheber und Vollender er selbst ist, allen und jedem einzelnen seiner Jünger in jedweden Lebensverhältnissen gepredigt: „Seid ihr also vollkommen, wie auch euer Vater im Himmel vollkommen ist" (Mt 5, 48)[122]. Allen hat er den Heiligen Geist gesandt, daß er sie innerlich bewege, Gott aus ganzem Herzen, aus ganzer Seele, aus ganzem Gemüt und aus ganzer Kraft zu lieben (vgl. Mk 12, 30), und einander zu lieben, wie Christus sie geliebt hat (vgl. Jo 13, 34; 15, 12). Die Anhänger Christi sind von Gott nicht kraft ihrer Werke, sondern aufgrund seines gnädigen Ratschlusses berufen und in Jesus dem Herrn gerechtfertigt, in der Taufe des Glaubens wahrhaft Kinder Gottes und der göttlichen Natur teilhaftig und so wirklich heilig geworden. Sie müssen daher die Heiligung, die sie empfangen haben, mit Gottes Gnade im Leben bewahren und zur vollen Entfaltung bringen. Vom Apostel werden sie gemahnt, zu leben, „wie es Heiligen geziemt" (Eph 5, 3), und „als von Gott erwählte Heilige und Geliebte herzliches Erbarmen, Güte, Demut, Milde, Geduld" anzuziehen (Kol 3, 12), und die Früchte des Geistes zur Heiligung zu zeitigen (vgl. Gal 5, 22; Röm 6, 22). Da wir aber in vielem alle fehlen (vgl. Jak 3, 2), bedürfen wir auch ständig der Barm-

---

[122] Vgl. Origenes, Comm. Rom. 7, 7: PG 14, 1122 B. Ps.-Makarios, De Oratione, 11: PG 34, 861 AB. Thomas v. Aquin, Summa Theol. II–II, q. 184, a. 3.

herzigkeit Gottes und müssen täglich beten: „Und vergib uns unsere Schuld" (Mt 6, 12)[123].

Jedem ist also klar, daß alle Christgläubigen jeglichen Standes oder Ranges zur Fülle des christlichen Lebens und zur vollkommenen Liebe berufen sind[124]. Durch diese Heiligkeit wird auch in der irdischen Gesellschaft eine menschlichere Weise zu leben gefördert. Zur Erreichung dieser Vollkommenheit sollen die Gläubigen die Kräfte, die sie nach Maß der Gnadengabe Christi empfangen haben, anwenden, um, seinen Spuren folgend und seinem Bild gleichgestaltet, dem Willen des Vaters in allem folgsam, sich mit ganzem Herzen der Ehre Gottes und dem Dienst des Nächsten hinzugeben. So wird die Heiligkeit des Gottesvolkes zu überreicher Frucht anwachsen, wie es die Kirchengeschichte durch das Leben so vieler Heiliger strahlend zeigt.

41. In den verschiedenen Verhältnissen und Aufgaben des Lebens wird die eine Heiligkeit von allen entfaltet, die sich vom Geist Gottes leiten lassen und, der Stimme des Vaters gehorsam, Gott den Vater im Geist und in der Wahrheit anbeten und dem armen, demütigen, das Kreuz tragenden Christus folgen und so der Teilnahme an seiner Herrlichkeit würdig werden. Jeder aber muß nach seinen eigenen Gaben und Gnaden auf dem Weg eines lebendigen Glaubens, der die Hoffnung weckt und durch Liebe wirksam ist, entschlossen vorangehen.

Vor allem die Hirten der Herde Christi müssen nach dem Bild des ewigen Hohenpriesters, des Hirten und Bischofs unserer Seelen, heilig und freudig, demütig und kraftvoll ihr Amt ausüben, das auch für sie, wenn sie es so erfüllen, das hervorragende Mittel der Heiligung ist. Sie wurden zur Fülle des Priestertums erwählt und sind mit sakramentaler Gnade beschenkt, damit sie durch Gebet, Opfer und Verkündigung, durch jede Weise ihres bischöflichen Sorgens und Dienens vollkommen das Amt der Hirtenliebe ausüben[125], nicht fürchten, ihr Leben für ihre Schafe

---

[123] Vgl. Augustinus, Retract. II, 18: PL 32, 637 f. Pius XII, Enz. Mystici Corporis, 29. Juni 1943: AAS 35 (1943) 225.
[124] Vgl. Pius XI, Enz. Rerum omnium, 26. Jan. 1923: AAS 15 (1923) 50 u. 59–60. Ders., Enz. Casti Connubii, 31. Dez. 1930: AAS 22 (1930) 548. Pius XII, Apost. Konst. Provida Mater, 2. Febr. 1947: AAS 39 (1947) 117. Ders., Anspr. Annus sacer, 8. Dez. 1950: AAS 43 (1951) 27–28. Ders., Anspr. Nel darvi, 1. Juli 1956: AAS 48 (1956) 574 f.
[125] Vgl. Thomas v. Aquin, Summa Theol. II–II, q. 184, a. 5 u. 6. Ders., De perf. vitae spir., Kap. 18. Origenes, In Is. Hom. 6, 1: PG 13, 239.

einzusetzen, und als Vorbild für die Herde (vgl. 1 Petr 5, 3) die Kirche auch durch ihr Beispiel zu täglich größerer Heiligkeit voranführen.

Die Priester sollen ähnlich wie die Ordnung der Bischöfe, um die sie einen geistlichen Kranz bilden[126], in Teilnahme an deren Amtsgnade durch Christus, den ewigen und einzigen Mittler, in täglicher Ausübung ihrer Pflicht in der Liebe zu Gott und dem Nächsten wachsen. Sie sollen das Band der priesterlichen Gemeinschaft wahren, an jedem geistlichen Gut Überfluß haben und vor allen ein lebendiges Zeugnis für Gott geben[127], als eifrige Nachahmer jener Priester, die im Laufe der Jahrhunderte in oft demütigem und verborgenem Dienst ein hervorragendes Beispiel von Heiligkeit hinterließen. Ihr Lob lebt in der Kirche Gottes. Im pflichtmäßigen Gebet und Opfer für ihre Gemeinde und das ganze Volk Gottes sollen sie erkennen, was sie tun, und nachahmen, was sie vollziehen[128]. Es sollen ihnen die apostolischen Sorgen, Gefahren und Mühsale so wenig ein Hindernis sein, daß sie dadurch vielmehr zu höherer Heiligkeit emporsteigen, indem sie aus der Fülle der Kontemplation ihre Tätigkeit nähren und fördern zur Freude der ganzen Kirche Gottes. Alle Priester, und vor allem die, die auf ihren besonderen Weihetitel hin Diözesanpriester heißen, sollen bedenken, wie sehr die treue Verbundenheit und großmütige Zusammenarbeit mit ihrem Bischof zu ihrer Heiligkeit beiträgt.

An der Sendung und Gnade des Hohenpriesters haben in eigener Weise auch die Amtsträger der niederen Ordnung teil, vor allem die Diakone, die den Geheimnissen Christi und der Kirche dienen[129] und sich deshalb von jedem Laster rein bewahren, Gott gefallen und für alles Gute vor den Menschen sorgen müssen (vgl. 1 Tim 3, 8–10 und 12–13). Die Kleriker, die, vom Herrn gerufen und in seinen Besitz abgesondert, sich unter der Aufsicht der Hirten auf die Aufgaben ihres Amtes vorbereiten, müssen Geist und Herz entsprechend der so erhabenen Erwählung bilden, eifrig im Gebet, glühend in Liebe, denkend, was wahr, gerecht und guten Rufes ist. Alles sollen sie zur Verherrlichung und Ehre Gottes tun. Dazu kommen jene von Gott

---

[126] Vgl. Ignatius v. A., Magn. 13, 1: ed. Funk I, 241.

[127] Vgl. Pius X, Exhort. Haerent animo, 4. Aug. 1908: ASS 41 (1908) 560 f. CIC, can. 124. Pius XI, Enz. Ad catholici sacerdotii, 20. Dez. 1935: AAS 28 (1936) 22 f.

[128] Liturgie der Priesterweihe, in der Eingangsermahnung.

[129] Vgl. Ignatius v. A., Trall. 2, 3: ed. Funk I, 244.

erwählten Laien, die vom Bischof gerufen sind, sich voll dem apostolischen Wirken hinzugeben, und im Ackerfeld des Herrn mit reicher Frucht arbeiten[130].

Die christlichen Eheleute und Eltern müssen auf ihrem eigenen Weg in treuer Liebe das ganze Leben hindurch einander in der Gnade Halt und Stütze sein und die von Gott gerne empfangenen Kinder mit den christlichen Lehren und den Tugenden des Evangeliums erfüllen. So geben sie allen das Beispiel einer unermüdlichen und großmütigen Liebe, sie bauen die Bruderschaft der Liebe auf, sind Zeugen und Mitarbeiter der fruchtbaren Mutter Kirche, zum Zeichen und in Teilnahme jener Liebe, in der Christus seine Braut geliebt und sich für sie hingegeben hat[131]. Ein ähnliches Beispiel wird auf andere Weise von den Witwen und Unverheirateten gegeben; auch sie können nicht wenig zur Heiligkeit und Wirksamkeit in der Kirche beitragen. Jene aber, die — oft so schwer — arbeiten, müssen durch die menschliche Arbeit sich selbst vollenden, das Wohl der Mitbürger fördern und die ganze Gesellschaft und Schöpfung höherführen. Sie sollen aber auch Christus in tätiger Liebe nachahmen, der handwerklich gearbeitet hat und immer mit dem Vater zum Heil aller wirkt. In freudiger Hoffnung soll einer des anderen Last tragen und gerade durch die tägliche Arbeit zu einer höheren, auch apostolischen Heiligkeit emporsteigen.

Die Armen, Schwachen, Kranken und von verschiedener Mühseligkeit Bedrückten oder die um der Gerechtigkeit willen Verfolgten sollen sich in besonderer Weise mit Christus in seinem Leiden für das Heil der Welt zu vereinigen wissen. Sie hat der Herr im Evangelium seliggepriesen, und „der Gott . . . aller Gnade, der uns in Christus Jesus zu seiner ewigen Herrlichkeit berufen hat, wird (sie) nach kurzer Zeit des Leidens selber vollenden, stärken, kräftigen und festigen" (1 Petr 5, 10).

Alle Christgläubigen also werden in ihrer Lebenslage, ihren Pflichten und Verhältnissen und durch dies alles von Tag zu Tag mehr geheiligt, wenn sie alles aus der Hand des himmlischen Vaters im Glauben entgegennehmen und mit Gottes Willen zusammenwirken und so die Liebe, mit der Gott die Welt geliebt hat, im zeitlichen Dienst selbst allen kundmachen.

---

130 Vgl. Pius XII, Anspr. Sous la maternelle protection, 9. Dez. 1957: AAS 50 (1958) 36.
131 Pius XI, Enz. Casti Connubii, 31. Dez. 1930: AAS 22 (1930) 548 f. Vgl. Johannes Chrysostomus, In Ephes. Hom. 20, 2: PG 62, 136 ff.

42. „Gott ist die Liebe, und wer in der Liebe bleibt, der bleibt in Gott und Gott in ihm" (1 Jo 4, 16). Gott aber gießt seine Liebe in unseren Herzen aus durch den Heiligen Geist, der uns gegeben ist (vgl. Röm 5, 5). Daher ist die erste und notwendigste Gabe die Liebe, durch die wir Gott über alles und den Nächsten um Gottes willen lieben. Damit aber die Liebe wie ein guter Same in der Seele wachse und Frucht bringe, muß jeder Gläubige das Wort Gottes bereitwillig hören und seinen Willen mit Hilfe seiner Gnade in der Tat erfüllen, an den Sakramenten, vor allem der Eucharistie, und an den gottesdienstlichen Handlungen häufig teilnehmen und sich standhaft dem Gebet, der Selbstverleugnung, dem tatkräftigen Bruderdienst und der Übung aller Tugenden widmen. Denn die Liebe als Band der Vollkommenheit und Fülle des Gesetzes (vgl. Kol 3, 14; Röm 13, 10) leitet und beseelt alle Mittel der Heiligung und führt sie zum Ziel[132]. Daher ist die Liebe zu Gott wie zum Nächsten das Siegel des wahren Jüngers Christi.

Da Jesus, der Sohn Gottes, seine Liebe durch die Hingabe seines Lebens für uns bekundet hat, hat keiner eine größere Liebe, als wer sein Leben für ihn und die Brüder hingibt (vgl. 1 Jo 3, 16; Jo 15, 13). Dieses höchste Zeugnis der Liebe vor allen, besonders den Verfolgern, zu geben war die Berufung einiger Christen schon in den ersten Zeiten und wird es immer sein. Das Martyrium, das den Jünger dem Meister in der freien Annahme des Todes für das Heil der Welt ähnlich macht und im Vergießen des Blutes gleichgestaltet, wertet die Kirche als hervorragendes Geschenk und als höchsten Erweis der Liebe. Wenn es auch wenigen gegeben wird, so müssen doch alle bereit sein, Christus vor den Menschen zu bekennen und ihm in den Verfolgungen, die der Kirche nie fehlen, auf dem Weg des Kreuzes zu folgen.

Ferner wird die Heiligkeit der Kirche in besonderer Weise gefördert durch die vielfachen Räte, deren Beobachtung der Herr im Evangelium seinen Jüngern vorlegt[133]. Darunter ragt die kostbare göttliche Gnadengabe hervor, die der Vater

---

[132] Vgl. Augustinus, Enchir. 121, 32: PL 40, 288. Thomas v. Aquin, Summa Theol. II–II, q. 184, a. 1. Pius XII, Adhort. Apost. Menti nostrae, 23. Sept. 1950: AAS 42 (1950) 660.
[133] Zu den Räten im allgemeinen vgl. Origenes, Comm. Rom. X, 14: PG 14, 1275 B. Augustinus, De S. Virginitate 15, 15: PL 40, 403. Thomas v. Aquin, Summa Theol. I–II, q. 100, a. 2C (am Schluß); II–II, q. 44, a. 4, ad 3.

einigen gibt (vgl. Mt 19, 11; 1 Kor 7, 7), die Jungfräulichkeit oder der Zölibat, in dem man sich leichter ungeteilten Herzens (vgl. 1 Kor 7, 32–34) Gott allein hingibt[134]. Diese vollkommene Enthaltsamkeit um des Himmelreiches willen wurde von der Kirche immer besonders in Ehren gehalten als Zeichen und Antrieb für die Liebe und als eine besondere Quelle geistlicher Fruchtbarkeit in der Welt.

Die Kirche bedenkt auch die Mahnung des Apostels, der die Gläubigen zur Liebe aufruft und sie ermahnt, die Gesinnung in sich zu tragen, die auch in Christus Jesus war, der „sich selbst entäußerte und Knechtsgestalt annahm . . . und gehorsam wurde bis in den Tod" (Phil 2, 7–8) und der um unseretwillen „arm wurde, da er reich war" (2 Kor 8, 9). Diese Nachahmung und Bezeugung der Liebe und Demut Christi müssen die Jünger immer leisten. Deshalb freut sich die Mutter Kirche darüber, daß sich in ihrem Schoß viele Männer und Frauen finden, die die Entäußerung des Erlösers nachdrücklicher befolgen und deutlicher erweisen, indem sie die Armut in der Freiheit der Kinder Gottes übernehmen und auf den Eigenwillen verzichten, das heißt, sie unterwerfen sich einem Menschen um Gottes willen hinsichtlich der Vollkommenheit über das Maß des Gebotes hinaus, um sich dem gehorsamen Christus mehr gleichzugestalten[135].

Alle Christgläubigen sind also zum Streben nach Heiligkeit und ihrem Stand entsprechender Vollkommenheit eingeladen und verpflichtet. Alle sollen deshalb ihre Willensantriebe richtig leiten, um nicht im Umgang mit Dingen der Welt und durch die Anhänglichkeit an die Reichtümer wider den Geist der evangelischen Armut im Streben nach vollkommener Liebe gehindert zu werden. Mahnt doch der Apostel: Die mit dieser Welt umgehen, sollen sich in ihr nicht festsetzen; denn die Gestalt dieser Welt vergeht (vgl. 1 Kor 7, 31 griech.)[136].

---

[134] Über die Erhabenheit der heiligen Jungfräulichkeit vgl. Tertullian, Exhort. Cast. 10: PL 2, 925 C. Cyprian, Hab. Virg. 3 u. 22: PL 4, 443 B und 461 AB. Athanasius (?), De Virg.: PG 28, 252 ff. Johannes Chrysostomus, De Virg.: PG 48, 533 ff.
[135] Zur geistlichen Armut, vgl. Mt 5, 3 u. 19, 21; Mk 10, 21; Lk 18, 22; zum Gehorsam wird auf das Beispiel Christi hingewiesen: Jo 4, 34 u. 6, 38; Phil 2, 8–10; Hebr 10, 5–7. Zahlreiche Belege bei Vätern und Ordensstiftern.
[136] Zur Verwirklichung der Räte, die nicht allen auferlegt ist, vgl. Johannes Chrysostomus, In Mt. Hom. 7, 7: PG 57, 81 f. Ambrosius, De Viduis 4, 23: PL 16, 241 f.

Kirche

43. Die evangelischen Räte der Gott geweihten Keuschheit, der Armut und des Gehorsams sind, in Wort und Beispiel des Herrn begründet und von den Aposteln und den Vätern wie auch den Lehrern und Hirten der Kirche empfohlen, eine göttliche Gabe, welche die Kirche von ihrem Herrn empfangen hat und in seiner Gnade immer bewahrt. Die Autorität der Kirche selbst hat unter Leitung des Heiligen Geistes für ihre Auslegung, die Regelung ihrer Übung und die Festsetzung entsprechender dauerhafter Lebensformen gesorgt. So sind wie an einem Baum, der aus einem von Gott gegebenen Keim wunderbar und vielfältig auf dem Ackerfeld des Herrn Zweige treibt, verschiedene Formen des eremitischen und gemeinschaftlichen Lebens und verschiedene Gemeinschaften gewachsen. Sie bieten reichliche Hilfen zum Fortschritt ihrer Mitglieder wie zum Besten des ganzen Leibes Christi[137]. Jene Gemeinschaften verhelfen nämlich ihren Mitgliedern zu größerer Beständigkeit in der Lebensweise, zu einer erprobten Lehre über das Streben nach Vollkommenheit, zu einer brüderlichen Gemeinschaft im Kriegsdienst Christi und zu einer durch den Gehorsam gefestigten Freiheit. Dadurch können sie ihr Ordensgelöbnis sicher erfüllen und getreu bewahren und auf dem Weg der Liebe in geistlicher Freude voranschreiten[138].

Ein derartiger Stand ist, in bezug auf die göttliche, hierarchische Verfassung der Kirche, kein Zwischenstand zwischen dem der Kleriker und dem der Laien. Vielmehr werden in beiden Gruppen Christgläubige von Gott gerufen, im Leben der Kirche sich einer besonderen Gabe zu erfreuen und, jeder in seiner Weise, ihrer Heilssendung zu nützen[139].

44. Durch die Gelübde oder andere heilige Bindungen, die jeweils in ihrer Eigenart den Gelübden ähnlich sind, verpflichtet

---

[137] Vgl. Rosweydus, Vitae Patrum (Antwerpen 1628). Apophthegmata Patrum: PG 65. Palladius, Historia Lausiaca: PG 34, 995 ff; ed. C. Butler (Cambridge 1898) (1904). Pius XI, Apost. Konst. Umbratilem, 8. Juli 1924: AAS 16 (1924) 386–387. Pius XII, Anspr. Nous sommes heureux, 11. April 1958: AAS 50 (1958) 283.
[138] Paul VI, Anspr. Magno gaudio, 23. Mai 1964: AAS 56 (1964) 566.
[139] Vgl. CIC, can. 487 u. 488, 4⁰. Pius XII, Anspr. Annus sacer, 8. Dez. 1950: AAS 43 (1951) 27 f. Ders., Apost. Konst. Provida Mater, 2. Febr. 1947: AAS 39 (1947) 120 ff.

sich der Christgläubige zu den drei genannten evangelischen Räten und gibt sich dadurch dem über alles geliebten Gott vollständig zu eigen, so daß er selbst durch einen neuen und besonderen Titel auf Gottes Dienst und Ehre hingeordnet wird. Er ist zwar durch die Taufe der Sünde gestorben und Gott geweiht. Um aber reichere Frucht aus der Taufgnade empfangen zu können, will er durch die Verpflichtung auf die evangelischen Räte in der Kirche von den Hindernissen, die ihn von der Glut der Liebe und der Vollkommenheit der Gottesverehrung zurückhalten könnten, frei werden und wird dem göttlichen Dienst inniger geweiht[140]. Die Weihe ist aber um so vollkommener, je mehr sie durch die Festigkeit und Beständigkeit der Bande die unlösliche Verbindung Christi mit seiner Braut, der Kirche, darstellt.

Weil aber die evangelischen Räte ihre Befolger durch die Liebe, zu der sie hinführen[141], auch in besonderer Weise mit der Kirche und ihrem Geheimnis verbinden, muß ihr geistliches Leben auch dem Wohl der ganzen Kirche gewidmet sein. Daraus ergibt sich die Pflicht, nach Kräften und entsprechend der Gestalt der eigenen Berufung, durch Gebet oder auch tätiges Wirken sich um die Einwurzelung und Festigung des Reiches Christi in den Seelen und seine weltweite Ausbreitung zu bemühen. Deshalb auch schützt und fördert die Kirche den eigenen Charakter der verschiedenen Ordensinstitute.

So erscheint das Bekenntnis zu den evangelischen Räten als ein Zeichen, das alle Glieder der Kirche wirksam zur eifrigen Erfüllung der Pflichten ihrer christlichen Berufung hinziehen kann und soll. Das Volk Gottes hat ja hier keine bleibende Heimstatt, sondern sucht die zukünftige. Deshalb macht der Ordensstand, der seine Glieder von den irdischen Sorgen mehr befreit, mehr die himmlischen Güter, die schon in dieser Zeit gegenwärtig sind, auch allen Gläubigen kund, bezeugt das neue und ewige, in der Erlösung Christi erworbene Leben und kündigt die zukünftige Auferstehung und die Herrlichkeit des Himmelreiches an. Auch die Lebensform, die der Sohn Gottes annahm, als er in die Welt eintrat, um den Willen des Vaters zu tun, und die er den Jüngern, die ihm nachfolgen, vorgelegt hat,

---

[140] Paul VI, a. a. O. 567.
[141] Vgl. Thomas v. Aquin, Summa Theol. II–II, q. 184, a. 3 u. q. 188, a. 2. Bonaventura, Opusc. XI, Apologia Pauperum, 3. Kap., 3: Ausg. der Werke, Quaracchi, Bd. 8 (1898) 245a.

ahmt dieser Stand ausdrücklicher nach und bringt sie in der Kirche ständig zur Darstellung. Schließlich macht er die Erhabenheit des Gottesreiches gegenüber allem Irdischen und seine höchsten Ansprüche in besonderer Weise offenkundig. Er zeigt auch allen Menschen die überragende Größe der Herrscherkraft Christi und die wunderbare, unbegrenzte Macht des Heiligen Geistes in der Kirche auf.

Der Stand, der durch das Gelöbnis der evangelischen Räte begründet wird, ist also zwar nicht Teil der hierarchischen Struktur der Kirche, gehört aber unerschütterlich zu ihrem Leben und ihrer Heiligkeit.

45. Da die kirchliche Hierarchie die Aufgabe hat, das Volk Gottes zu leiten und auf reiche Weiden zu führen (vgl. Ez 34, 14), ist sie dafür zuständig, die Übung der evangelischen Räte, durch die die vollkommene Liebe zu Gott und dem Nächsten einzigartig gefördert wird, durch ihre Gesetze weise zu lenken[142]. Sie nimmt auch in gelehriger Gefolgschaft gegenüber den Antrieben des Heiligen Geistes die von vortrefflichen Männern und Frauen vorgelegten Regeln entgegen, läßt sie weiter ordnen und erkennt sie authentisch an. Außerdem wacht sie mit ihrer Autorität schützend über die zum Aufbau des Leibes Christi allenthalben errichteten Institute, damit sie nach dem Geist ihrer Stifter wachsen und gedeihen.

Zur besseren Vorsorge gegenüber den Erfordernissen der ganzen Herde des Herrn können alle Institute des Standes der Vollkommenheit und ihre einzelnen Mitglieder vom Papst aufgrund seines Primats über die ganze Kirche im Hinblick auf den allgemeinen Nutzen der Jurisdiktion der Ortsordinarien entzogen und ihm allein unterstellt werden[143]. In ähnlicher Weise können sie bei den eigenen patriarchalen Autoritäten belassen oder ihnen unterstellt werden. Die Mitglieder selbst müssen die Pflicht gegenüber der Kirche nach ihrer besonderen Lebensform erfüllen und dabei den Bischöfen gemäß den kanonischen Gesetzen Ehrfurcht und Gehorsam leisten wegen

---

[142] Vgl. Conc. Vatic. I, Schema Über die Kirche Christi, Kap. XV u. Anmerkung 48: Mansi 51, 549f u. 619f. Leo XIII, Brief Au milieu des consolations, 23. Dez. 1900: ASS 33 (1900–01) 361. Pius XII, Apost. Konst. Provida Mater, a. a. O. 114f.

[143] Vgl. Leo XIII, Konst. Romanos Pontifices, 8. Mai 1881: ASS 13 (1880–81) 483. Pius XII, Anspr. Annus sacer, 8. Dez. 1950: AAS 43 (1951) 28f.

ihrer Hirtenautorität in den Teilkirchen und der notwendigen Einheit und Eintracht im apostolischen Wirken[144].

Die Kirche erhebt aber nicht nur den Ordensberuf durch ihre Bestätigung zur Würde eines kanonischen Standes, sondern macht ihn auch durch ihre liturgische Feier zu einem Gott geweihten Stand. Denn die Kirche selbst nimmt kraft der ihr von Gott übertragenen Autorität die Gelübde der Gelobenden entgegen, erbittet ihnen durch ihr öffentliches Gebet Hilfe und Gnade von Gott, empfiehlt sie Gott, erteilt ihnen eine geistliche Segnung und vereint ihre Hingabe mit dem eucharistischen Opfer.

46. Die Ordensleute sollen sorgfältig darauf achten, daß durch sie die Kirche wirklich von Tag zu Tag mehr den Gläubigen wie den Ungläubigen Christus sichtbar mache, wie er auf dem Berg in der Beschauung weilt oder wie er den Scharen das Reich Gottes verkündigt oder wie er die Kranken und Schwachen heilt und die Sünder zum Guten bekehrt oder wie er die Kinder segnet und allen Wohltaten erweist, immer aber dem Willen des Vaters gehorsam ist, der ihn gesandt hat[145].

Alle sollen schließlich einsehen, daß das Gelöbnis der evangelischen Räte, wenn es auch den Verzicht auf hochzuschätzende Werte mit sich bringt, dennoch der wahren Entfaltung der menschlichen Person nicht entgegensteht, sondern aus ihrem Wesen heraus sie aufs höchste fördert. Die Räte nämlich tragen, wenn sie entsprechend der persönlichen Berufung eines jeden in freiem Entschluß übernommen werden, nicht wenig zur Reinigung des Herzens und zur geistlichen Freiheit bei, fachen ständig die Glut der Liebe an und vermögen den Christen gleichförmiger zu machen vor allem der jungfräulichen und armen Lebensweise, die Christus der Herr gewählt und die seine jungfräuliche Mutter sich zu eigen gemacht hat. Das beweist das Beispiel so vieler heiliger Ordensgründer. Und es darf keiner meinen, die Ordensleute würden durch ihre Weihe den Menschen fremd oder für die irdische Gesellschaft nutzlos. Denn, wenn sie auch zuweilen ihren Zeitgenossen nicht in unmittelbarer Weise hilfreich sind, haben sie diese doch auf tiefere Weise in der Liebe Christi gegenwärtig und wirken geistlich

---

[144] Vgl. Pius XII, Anspr. Annus sacer, a. a. O. 28. Ders., Apost. Konst. Sedes Sapientiae, 31. Mai 1956: AAS 48 (1956) 355. Paul VI, a. a. O., 570–571.

[145] Vgl. Pius XII, Enz. Mystici Corporis, 29. Juni 1943: AAS 35 (1943) 214f.

mit ihnen zusammen, daß der Bau der irdischen Gesellschaft immer in Gott gründe und auf ihn ausgerichtet sei und seine Erbauer nicht vergeblich arbeiten[146].

Gerade darum bestätigt und lobt die Heilige Synode die Männer und Frauen, Brüder und Schwestern, die in den Klöstern oder in Schulen und Krankenhäusern oder in den Missionen in standhafter und demütiger Treue zu der genannten Weihe die Braut Christi zieren und allen Menschen die verschiedensten großmütigen Dienste leisten.

47. Jeder, der zum Lebensstand der Räte berufen ist, soll eifrig bemüht sein, in der Berufung, zu der er von Gott gerufen wurde, zu bleiben und sich darin mehr auszuzeichnen, zu vollerer Heiligkeit der Kirche, zur größeren Ehre der einen und ungeteilten Dreifaltigkeit, die in Christus und durch Christus Quelle und Ursprung jeder Heiligkeit ist.

SIEBTES KAPITEL

DER ENDZEITLICHE CHARAKTER DER PILGERNDEN KIRCHE
UND IHRE EINHEIT MIT DER HIMMLISCHEN KIRCHE

48. Die Kirche, zu der wir alle in Christus Jesus berufen werden und in der wir mit der Gnade Gottes die Heiligkeit erlangen, wird erst in der himmlischen Herrlichkeit vollendet werden, wenn die Zeit der allgemeinen Wiederherstellung kommt (Apg 3, 21). Dann wird mit dem Menschengeschlecht auch die ganze Welt, die mit dem Menschen innigst verbunden ist und durch ihn ihrem Ziele entgegengeht, vollkommen in Christus erneuert werden (vgl. Eph 1, 10; Kol 1, 20; 2 Petr 3, 10–13).

Christus hat, von der Erde erhöht, alle an sich gezogen (vgl. Jo 12, 32 griech.). Auferstanden von den Toten (vgl. Röm 6, 6), hat er seinen lebendigmachenden Geist den Jüngern mitgeteilt und durch ihn seinen Leib, die Kirche, zum allumfassenden Heilssakrament gemacht. Zur Rechten des Vaters sitzend, wirkt er beständig in der Welt, um die Menschen zur Kirche zu führen und durch sie enger mit sich zu verbinden, um sie mit seinem eigenen Leib und Blut zu ernähren und sie seines verherrlichten

---

[146] Vgl. Pius XII, Anspr. Annus sacer, a. a. O. 30. Ders., Anspr. Sous la maternelle protection, 9. Dez. 1957: AAS 50 (1958) 39 f.

Lebens teilhaftig zu machen. Die Wiederherstellung also, die uns verheißen ist und die wir erwarten, hat in Christus schon begonnen, nimmt ihren Fortgang in der Sendung des Heiligen Geistes und geht durch ihn weiter in der Kirche, in der wir durch den Glauben auch über den Sinn unseres zeitlichen Lebens belehrt werden, bis wir das vom Vater uns in dieser Welt übertragene Werk mit der Hoffnung auf die künftigen Güter zu Ende führen und unser Heil wirken (vgl. Phil 2, 12).

Das Ende der Zeiten ist also bereits zu uns gekommen (vgl. 1 Kor 10, 11), und die Erneuerung der Welt ist unwiderruflich schon begründet und wird in dieser Weltzeit in gewisser Weise wirklich vorausgenommen. Denn die Kirche ist schon auf Erden durch eine wahre, wenn auch unvollkommene Heiligkeit ausgezeichnet. Bis es aber einen neuen Himmel und eine neue Erde gibt, in denen die Gerechtigkeit wohnt (vgl. 2 Petr 3, 13), trägt die pilgernde Kirche in ihren Sakramenten und Einrichtungen, die noch zu dieser Weltzeit gehören, die Gestalt dieser Welt, die vergeht, und zählt selbst so zu der Schöpfung, die bis jetzt noch seufzt und in Wehen liegt und die Offenbarung der Kinder Gottes erwartet (vgl. Röm 8, 19–22).

Mit Christus also in der Kirche verbunden und mit dem Heiligen Geist gezeichnet, „der das Angeld unserer Erbschaft ist" (Eph 1, 14), heißen wir wahrhaft Kinder Gottes und sind es (vgl. 1 Jo 3, 1). Wir sind aber noch nicht mit Christus in der Herrlichkeit erschienen (vgl. Kol 3, 4), in der wir Gott ähnlich sein werden, da wir ihn schauen werden, wie er ist (vgl. 1 Jo 3, 2). „Solange wir im Leibe sind, pilgern wir ferne vom Herrn" (2 Kor 5, 6), und im Besitz der Erstlinge des Geistes seufzen wir in uns (vgl. Röm 8, 23) und wünschen mit Christus zu sein (vgl. Phil 1, 23). Die gleiche Liebe aber drängt uns, mehr für den zu leben, der für uns gestorben und auferstanden ist (vgl. 2 Kor 5, 15). Wir sind also bestrebt, in allem dem Herrn zu gefallen (vgl. 2 Kor 5, 9), und ziehen die Waffenrüstung Gottes an, um standhalten zu können gegen die Nachstellungen des Teufels und zu widerstehen am bösen Tage (vgl. Eph 6, 11—13). Da wir aber weder Tag noch Stunde wissen, so müssen wir nach der Mahnung des Herrn standhaft wachen, damit wir am Ende unseres einmaligen Erdenlebens (vgl. Hebr 9, 27) mit ihm zur Hochzeit einzutreten und den Gesegneten zugezählt zu werden verdienen (vgl. Mt 25, 31–46) und nicht wie böse und faule Knechte (vgl. Mt 25, 26) ins ewige Feuer weichen müssen (vgl. Mt 25, 41), in die Finsternis draußen, wo „Heulen und Zähneknirschen sein wird" (Mt 22, 13 und 25, 30). Denn bevor wir mit dem verherrlichten Christus herrschen können, werden wir alle erscheinen „vor dem Richterstuhl Christi, damit ein jeder Rechenschaft ablege über das, was er in seinem leiblichen Leben getan hat, Gutes oder Böses" (2 Kor 5, 10). Am Ende der Welt „werden die, welche Gutes getan haben, hervorgehen zur Auferstehung des Lebens, die aber Böses getan haben, zur Auferstehung des Gerichtes" (Jo 5, 29; vgl. Mt 25, 46). Wir halten also dafür, daß „die Leiden dieser Zeit nicht zu vergleichen sind mit der künftigen Herrlichkeit, die an uns offenbar werden wird" (Röm 8, 18; vgl. 2 Tim 2, 11–12), und erwarten tapfer im Glauben „die selige Hoffnung und die Ankunft der Herrlichkeit unseres großen Gottes und Erlösers Jesus Christus" (Tit 2, 13), „der unseren Leib der Niedrigkeit verwandeln wird zur Gleichgestalt mit dem Leibe seiner Herrlichkeit" (Phil 3, 21). Er wird kommen, „um verherrlicht zu werden in seinen Heiligen und wunderbar in allen, die geglaubt haben" (2 Thess 1, 10).

49. Bis also der Herr kommt in seiner Majestät und alle Engel mit ihm (vgl. Mt 25, 31) und nach der Vernichtung des Todes ihm alles unterworfen sein wird (vgl. 1 Kor 15, 26–27), pilgern die einen von seinen Jüngern auf Erden, die andern sind aus diesem Leben geschieden und werden gereinigt, wieder andere sind verherrlicht und schauen „klar den dreieinen Gott selbst, wie er ist"[147]. Wir alle jedoch haben, wenn auch in verschiedenem Grad und auf verschiedene Weise, Gemeinschaft in derselben Gottes- und Nächstenliebe und singen unserem Gott denselben Lobgesang der Herrlichkeit. Alle nämlich, die Christus zugehören und seinen Geist haben, wachsen zu der einen Kirche zusammen und sind in ihm miteinander verbunden (vgl. Eph 4, 16). Die Einheit der Erdenpilger mit den Brüdern, die im Frieden Christi entschlafen sind, hört keineswegs auf, wird vielmehr nach dem beständigen Glauben der Kirche gestärkt durch die Mitteilung geistlicher Güter[148]. Dadurch nämlich, daß die

---

[147] Konzil v. Florenz, Dekret für die Griechen: Denz. 693 (1305).
[148] Neben den älteren Dokumenten gegen jegliche Form der Geisterbeschwörung seit Alexander IV. (27. Sept. 1258) vgl. Enz. des Heiligen Offiziums, De magnetismi abusu, 4. Aug. 1856: ASS (1865) 177–178; Denz. 1653–1654 (2823 bis 2825); Antwort des Heiligen Offiziums, 24. April 1917: AAS 9 (1917) 268; Denz. 2182 (3642).

Seligen inniger mit Christus vereint sind, festigen sie die ganze
Kirche stärker in der Heiligkeit, erhöhen die Würde des Gottesdienstes, den sie auf Erden Gott darbringt, und tragen auf vielfältige Weise zum weiteren Aufbau der Kirche bei (vgl. 1 Kor
12, 12–27)[149]. Denn in die Heimat aufgenommen und dem
Herrn gegenwärtig (vgl. 2 Kor 5, 8), hören sie nicht auf, durch
ihn, mit ihm und in ihm beim Vater für uns Fürbitte einzulegen[150], indem sie die Verdienste darbringen, die sie durch den
einen Mittler zwischen Gott und den Menschen, Christus Jesus
(vgl. 1 Tim 2, 5), auf Erden erworben haben, zur Zeit, da sie in
allem dem Herrn dienten und für seinen Leib, die Kirche, in
ihrem Fleisch ergänzten, was an den Leiden Christi noch fehlt
(vgl. Kol 1, 24)[151]. Durch ihre brüderliche Sorge also findet
unsere Schwachheit reichste Hilfe.

50. Aus der tiefen Anerkennung dieser Gemeinschaft des ganzen
mystischen Leibes Jesu Christi hat die pilgernde Kirche seit den
Anfängen der christlichen Religion das Gedächtnis der Verstorbenen mit großer Ehrfurcht gepflegt[152] und hat auch
Fürbitten für sie dargebracht, „weil es ein heiliger und heilsamer
Gedanke ist, für die Verstorbenen zu beten, damit sie von ihren
Sünden erlöst werden" (2 Makk 12, 46). Daß aber die Apostel
und Martyrer Christi, die mit ihrem Blut das höchste Zeugnis
des Glaubens und der Liebe gegeben hatten, in Christus in
besonderer Weise mit uns verbunden seien, hat die Kirche immer
geglaubt, sie hat sie zugleich mit der seligen Jungfrau Maria und
den heiligen Engeln mit besonderer Andacht verehrt[153] und
hat fromm ihre fürbittende Hilfe erbeten. Bald wurden ihnen
auch andere beigezählt, die Christi Jungfräulichkeit und Armut
entschiedener nachgeahmt haben[154], und schließlich die übrigen,
welche die hervorragende Übung der christlichen Tugenden[155]

[149] Siehe die zusammenfassende Darlegung dieser paulinischen Lehre in: Pius XII, Enz. Mystici Corporis: AAS 35 (1943) 200 und passim.
[150] Vgl. u. a. Augustinus, Enarr. in Ps. 85, 24: PL 37, 1099. Hieronymus, Liber contra Vigilantium, 6: PL 23, 344. Thomas v. Aquin, In 4m Sent., d. 45, q. 3, a. 2. Bonaventura, In 4mSent., d. 45, a. 3, q. 2; u. a.
[151] Vgl. Pius XII, Enz. Mystici Corporis: AAS 35 (1943) 245.
[152] Vgl. zahlreiche Inschriften in den römischen Katakomben.
[153] Vgl. Gelasius I, Decretale De libris recipiendis, 3: PL 59, 160; Denz. 165 (353).
[154] Vgl. Methodius, Symposion, VII, 3: GCS (Bonwetsch) 74.
[155] Vgl. Benedikt XV, Decretum approbationis virtutum in Causa beatificationis et canonizationis Servi Dei Ioannis Nepomuceni Neumann: AAS 14 (1922) 23.

und die göttlichen Charismen der frommen Andacht und
Nachahmung der Gläubigen empfahlen[156].

Wenn wir nämlich auf das Leben der treuen Nachfolger
Christi schauen, erhalten wir neuen Antrieb, die künftige
Stadt zu suchen (vgl. Hebr 13, 14 und 11, 10). Zugleich werden
wir einen ganz verläßlichen Weg gewiesen, wie wir, jeder nach
seinem Stand und seinen eigenen Lebensverhältnissen, durch
die irdischen Wechselfälle hindurch zur vollkommenen Vereinigung mit Christus, nämlich zur Heiligkeit, kommen
können[157]. Im Leben derer, die, zwar Schicksalsgenossen unserer
Menschlichkeit, dennoch vollkommener dem Bilde Christi
gleichgestaltet werden (vgl. 2 Kor 3, 18), zeigt Gott den Menschen in lebendiger Weise seine Gegenwart und sein Antlitz.
In ihnen redet er selbst zu uns, gibt er uns ein Zeichen seines
Reiches[158], zu dem wir, mit einer so großen Wolke von Zeugen
umgeben und angesichts solcher Bezeugung der Wahrheit des
Evangeliums, mächtig hingezogen werden.

Aber nicht bloß um des Beispiels willen begehen wir das
Gedächtnis der Heiligen, sondern mehr noch, damit die Einheit
der ganzen Kirche durch die Übung der brüderlichen Liebe im
Geiste gestärkt werde (vgl. Eph 4, 1–6). Denn wie die christliche
Gemeinschaft unter den Erdenpilgern uns näher zu Christus
bringt, so verbindet auch die Gemeinschaft mit den Heiligen uns
mit Christus, von dem als Quelle und Haupt jegliche Gnade
und das Leben des Gottesvolkes selbst ausgehen[159]. So ziemt es
sich also durchaus, diese Freunde und Miterben Christi, unsere
Brüder und besonderen Wohltäter, zu lieben, Gott für sie den
schuldigen Dank abzustatten[160], „sie hilfesuchend anzurufen
und zu ihrem Gebet, zu ihrer mächtigen Hilfe Zuflucht zu nehmen, um Wohltaten zu erflehen von Gott durch seinen Sohn
Jesus Christus, der allein unser Erlöser und Retter ist"[161]. Jedes

---

Mehrere Ansprachen Pius' XI über die Heiligen: Inviti all'eroismo. Discorsi . . . t.
I–III (Rom 1941–42) passim. Pius XII, Discorsi e Radiomessaggi, t. 10 (1949)
37–43.

[156] Vgl. Pius XII, Enz. Mediator Dei: AAS 39 (1947) 581.

[157] Vgl. Hebr 13, 7; Sir 44–50; Hebr 11, 3–40. Vgl. auch Pius XII, Enz. Mediator
Dei: AAS 39 (1947) 582–583.

[158] Vgl. I. Vatikan. Konzil. Konst. De fide catholica, Kap. 3: Denz. 1794 (3013).

[159] Vgl. Pius XII, Enz. Mystici Corporis: AAS 35 (1943) 216.

[160] Bezüglich der Dankbarkeit gegenüber den Heiligen vgl. E. Diehl, Inscrip-
tiones latinae christianae veteres, I (Berlin 1925) Nr. 2008, 2382 u. ö.

[161] Konzil von Trient, Sess. 25, De invocatione . . . Sanctorum: Denz 984 (1821).

echte Zeugnis unserer Liebe zu den Heiligen zielt nämlich seiner Natur nach letztlich auf Christus, der „die Krone aller Heiligen" ist[162], und durch ihn auf Gott, der wunderbar in seinen Heiligen ist und in ihnen verherrlicht wird[163].

Auf vornehmste Weise wird aber unsere Einheit mit der himmlischen Kirche verwirklicht, wenn wir, besonders in der heiligen Liturgie, in der die Kraft des Heiligen Geistes durch die sakramentalen Zeichen auf uns einwirkt, das Lob der göttlichen Majestät in gemeinsamem Jubel feiern[164]. So verherrlichen wir alle, die im Blute Christi aus allen Stämmen, Sprachen, Völkern und Nationen erkauft (vgl. Apk 5, 9) und zur einen Kirche versammelt sind, in dem einen Lobgesang den einen und dreifaltigen Gott. Bei der Feier des eucharistischen Opfers sind wir also sicherlich dem Kult der himmlischen Kirche innigst verbunden, da wir uns in verehrendem Gedenken vereinigen vor allem mit Maria, der glorreichen, allzeit reinen Jungfrau, aber auch mit dem heiligen Joseph wie auch den heiligen Aposteln und Martyrern und allen Heiligen[165].

51. Diesen ehrwürdigen Glauben unserer Vorfahren an die lebendige Gemeinschaft mit den Brüdern, die in der himmlischen Herrlichkeit sind oder noch nach dem Tode gereinigt werden, übernimmt diese Heilige Synode mit großer Ehrfurcht und legt die Beschlüsse des II. Konzils von Nicaea[166], der Konzilien von Florenz[167] und von Trient[168] wiederum vor. Zugleich mahnt sie aber in ihrer Hirtensorge alle, die es angeht, bemüht zu sein, jegliche vielleicht da und dort eingeschlichenen Mißbräuche, Übertreibungen oder Mängel fernzuhalten oder zu beheben. Alles sollen sie erneuern zu vollerem Lob Christi und Gottes. Sie mögen also die Gläubigen darüber belehren, daß echte Heiligenverehrung nicht so sehr in der Vielfalt äußerer Akte als vielmehr in der Stärke unserer tätigen Liebe besteht,

---

162 Das Römische Brevier, Invitatorium zum Fest Allerheiligen.
163 Vgl. z. B. 2 Thess 1, 10.
164 II. Vatikan. Konzil, Konst. über die heilige Liturgie, Kap. 5, Nr. 104.
165 Der Kanon der Römischen Messe.
166 II. Konzil von Nicaea, Act. VII: Denz. 302 (600).
167 Konzil von Florenz, Dekret für die Griechen: Denz. 693 (1304).
168 Konzil von Trient, Sess. 25, De invocatione, veneratione et reliquiis Sanctorum et sacris imaginibus: Denz. 984–988 (1821–1824); Sess. 25, Decretum de Purgatorio: Denz. 983 (1820); Sess. 6, Decretum de iustificatione, can. 30: Denz. 840 (1580).

durch die wir zum größeren Wohl für uns und die Kirche „im Wandel das Beispiel, in der Gemeinschaft die Teilnahme, in der Fürbitte die Hilfe" der Heiligen suchen[169]. Andererseits aber sollen sie die Gläubigen unterrichten, daß unsere Gemeinschaft mit den Heiligen, sofern im vollen Lichte des Glaubens verstanden, in keiner Weise den Kult der Anbetung abschwächt, der Gott dem Vater durch Christus im Heiligen Geiste dargebracht wird, sondern ihn vielmehr reicher gestaltet[170].

Denn wir alle, die wir Kinder Gottes sind und eine Familie in Christus bilden (vgl. Hebr 3, 6), entsprechen der innersten Berufung der Kirche und bekommen im voraus Anteil an der Liturgie der vollendeten Herrlichkeit[171], wofern wir in gegenseitiger Liebe und in dem einen Lob der Heiligsten Dreifaltigkeit miteinander Gemeinschaft haben. Wenn nämlich Christus erscheint und die Toten in Herrlichkeit auferstehen, wird der Lichtglanz Gottes die himmlische Stadt erhellen, und ihre Leuchte wird das Lamm sein (vgl. Apk 21, 24). Dann wird die ganze Kirche der Heiligen in der höchsten Seligkeit der Liebe Gott und das „Lamm, das geschlachtet ist" (Apk 5, 12), anbeten und mit einer Stimme rufen: „Dem, der auf dem Thron sitzt, und dem Lamm: Lobpreis und Ehre und Herrlichkeit und Macht in alle Ewigkeit" (Apk 5, 13–14).

ACHTES KAPITEL

DIE SELIGE JUNGFRÄULICHE GOTTESMUTTER MARIA
IM GEHEIMNIS CHRISTI UND DER KIRCHE

I. Einleitung

52. Da der gütigste und weiseste Gott die Erlösung der Welt vollenden wollte, „sandte er, als die Fülle der Zeit gekommen war, seinen Sohn, von der Frau geboren . . . damit wir die Annahme zu Söhnen empfingen" (Gal 4, 4–5). „Er stieg für uns Menschen und um unseres Heils willen vom Himmel herab und ist Fleisch geworden durch den Heiligen Geist aus Maria,

---

[169] Aus der Präfation, die einigen Diözesen gestattet worden ist.
[170] Vgl. Petrus Canisius, Catechismus Maior seu Summa Doctrinae christianae, cap. III (ed. crit. F. Streicher), Pars I, 15–16, n. 44, u. 100–101,.n. 49.
[171] Vgl. II. Vatikan. Konzil, Konst. über die heilige Liturgie, Kap. 1, Nr. 8.

der Jungfrau."[172] Dieses göttliche Heilsmysterium wird uns offenbar und wird fortgesetzt in der Kirche. Sie hat der Herr als seinen Leib gegründet, und in ihr müssen die Gläubigen, die Christus, dem Haupt, anhangen und mit allen seinen Heiligen verbunden sind, auch das Gedächtnis „vor allem Marias, der glorreichen, allzeit jungfräulichen Mutter unseres Gottes und Herrn Jesus Christus"[173] feiern.

53. Die Jungfrau Maria, die auf die Botschaft des Engels Gottes Wort in ihrem Herzen und in ihrem Leib empfing und der Welt das Leben brachte, wird als wahre Mutter Gottes und des Erlösers anerkannt und geehrt. Im Hinblick auf die Verdienste ihres Sohnes auf erhabenere Weise erlöst und mit ihm in enger und unauflöslicher Verbindung geeint, ist sie mit dieser höchsten Aufgabe und Würde beschenkt, die Mutter des Sohnes Gottes und daher die bevorzugt geliebte Tochter des Vaters und das Heiligtum des Heiligen Geistes zu sein. Durch dieses hervorragende Gnadengeschenk hat sie bei weitem den Vorrang vor allen anderen himmlischen und irdischen Kreaturen. Zugleich aber findet sie sich mit allen erlösungsbedürftigen Menschen in der Nachkommenschaft Adams verbunden, ja „sie ist sogar Mutter der Glieder (Christi), . . . denn sie hat in Liebe mitgewirkt, daß die Gläubigen in der Kirche geboren würden, die dieses Hauptes Glieder sind"[174]. Daher wird sie auch als überragendes und völlig einzigartiges Glied der Kirche wie auch als ihr Typus und klarstes Urbild im Glauben und in der Liebe gegrüßt, und die katholische Kirche verehrt sie, vom Heiligen Geist belehrt, in kindlicher Liebe als geliebte Mutter.

54. Daher will die Heilige Synode mit Bedacht im Rahmen der Lehre von der Kirche, in der der göttliche Erlöser das Heil wirkt, sowohl die Aufgabe Marias im Geheimnis des fleischgewordenen Wortes und seines Mystischen Leibes wie auch die Pflichten der erlösten Menschen gegenüber der Gottesgebärerin, der Mutter Christi und der Mutter der Menschen,

---

[172] Das Credo in der Römischen Messe: das Konstantinopolitanische Glaubensbekenntnis: Mansi 3, 566. Vgl. das Konzil v. Ephesus: ebd. 4, 1138 (ferner ebd. 2, 665 und 4, 1071); das Konzil v. Chalcedon: ebd. 7, 111–116; das II. Konzil v. Konstantinopel: ebd. 9, 375–396.
[173] Der Kanon der Römischen Messe.
[174] Augustinus, De S. Virginitate, 6: PL 40, 399.

vor allem der Gläubigen, beleuchten. Dabei hat sie allerdings nicht im Sinn, eine vollständige Lehre über Maria vorzulegen oder Fragen zu entscheiden, die durch die Arbeit der Theologen noch nicht völlig geklärt sind. Ihr Recht behalten daher die in den katholischen Schulen als frei vorgetragenen Auffassungen über jene, die in der heiligen Kirche nach Christus den höchsten Platz einnimmt und doch uns besonders nahe ist[175].

II. Die Aufgabe der seligen Jungfrau in der Heilsökonomie

55. Die Heilige Schrift des Alten und Neuen Testamentes und die verehrungswürdige Überlieferung zeigen die Aufgabe der Mutter des Erlösers in der Heilsökonomie immer klarer und legen sie anschaulich vor. Die Bücher des Alten Testamentes beschreiben die Heilsgeschichte, durch die die Ankunft Christi in der Welt in langsamem Voranschreiten vorbereitet wird. Diese ersten Dokumente, so wie sie in der Kirche gelesen und im Licht der weiteren und vollen Offenbarung verstanden werden, bieten Schritt für Schritt deutlicher die Gestalt der Frau dar, der Mutter des Erlösers. Sie ist in diesem Licht schon prophetisch in der Verheißung vom Sieg über die Schlange, die den in die Sünde gefallenen Stammeltern gegeben wurde (vgl. Gn 3, 15), schattenhaft angedeutet. Ähnlich bedeutet sie die Jungfrau, die empfangen und einen Sohn gebären wird, dessen Namen Emmanuel heißen wird (vgl. Is 7, 14; vgl. Mich 5, 2–3; Mt 1, 22–23). Sie ragt unter den Demütigen und Armen des Herrn hervor, die das Heil mit Vertrauen von ihm erhoffen und empfangen. Mit ihr als der erhabenen Tochter Sion ist schließlich nach langer Erwartung der Verheißung die Zeit erfüllt und die neue Heilsökonomie begonnen, als der Sohn Gottes die Menschennatur aus ihr annahm, um durch die Mysterien seines Fleisches den Menschen von der Sünde zu befreien.

56. Der Vater der Erbarmungen wollte aber, daß vor der Menschwerdung die vorherbestimmte Mutter ihr empfangendes Ja sagte, damit auf diese Weise so, wie eine Frau zum Tode beigetragen hat, auch eine Frau zum Leben beitrüge. Das gilt in erhabenster Weise von der Mutter Jesu, die das Leben selbst, das

[175] Vgl. Paul VI, Anspr. im Konzil, 4. Dez. 1963: AAS 56 (1964) 37.

alles erneuert, der Welt geboren hat und von Gott mit den einer solchen Aufgabe entsprechenden Gaben beschenkt worden ist. Daher ist es nicht verwunderlich, daß es bei den heiligen Vätern gebräuchlich wurde, die Gottesmutter ganz heilig und von jeder Sündenmakel frei zu nennen, gewissermaßen vom Heiligen Geist gebildet und zu einer neuen Kreatur gemacht[176]. Vom ersten Augenblick ihrer Empfängnis an im Glanz einer einzigartigen Heiligkeit, wird die Jungfrau von Nazareth vom Engel bei der Botschaft auf Gottes Geheiß als „voll der Gnade" gegrüßt (vgl. Lk 1, 28), und sie antwortet dem Boten des Himmels: „Siehe, ich bin die Magd des Herrn, mir geschehe nach deinem Wort" (Lk 1, 38). So ist die Adamstochter Maria, dem Wort Gottes zustimmend, Mutter Jesu geworden. Sie umfing den Heilswillen Gottes mit ganzem Herzen und von Sünde unbehindert und gab sich als Magd des Herrn ganz der Person und dem Werk ihres Sohnes hin und diente so unter ihm und mit ihm in der Gnade des allmächtigen Gottes dem Geheimnis der Erlösung. Mit Recht also sind die heiligen Väter der Überzeugung, daß Maria nicht bloß passiv von Gott benutzt wurde, sondern in freiem Glauben und Gehorsam zum Heil der Menschen mitgewirkt hat. So sagt der heilige Irenäus, daß sie „in ihrem Gehorsam für sich und das ganze Menschengeschlecht Ursache des Heils geworden ist"[177]. Deshalb sagen nicht wenige der alten Väter in ihrer Predigt gern, „daß der Knoten des Ungehorsams der Eva gelöst worden sei durch den Gehorsam Marias; und was die Jungfrau Eva durch den Unglauben gebunden hat, das habe die Jungfrau Maria durch den Glauben gelöst"[178]; im Vergleich mit Eva nennen sie Maria „die Mutter der Lebendigen"[179] und öfters betonen sie: „Der Tod kam durch Eva, das Leben durch Maria."[180]

---

[176] Vgl. Germanus v. Konstantinopel, Hom. in Annunt. Deiparae: PG 98, 328 A. Ders., In Dorm. 2: PG 98, 357. Anastasius v. Ant., Serm. 2 de Annunt., 2: PG 89, 1377 AB. Ders., Serm. 3, 2: PG 89, 1388 C. Andreas v. Kreta, Can. in B. V. Nat. 4: PG 97, 1321 B. Ders., In B. V. Nat., 1: PG 97, 812 A. Ders., Hom. in dorm. 1: PG 97, 1068 C. Sophronius, Or. 2 in Annunt., 18: PG 87 (3), 3237 BD.

[177] Irenäus, Adv. Haer. III, 22, 4: PG 7, 959 A; Harvey, 2, 123.

[178] Irenäus, ebd.: Harvey, 2, 124.

[179] Epiphanius, Haer. 78, 18: PG 42, 728 CD – 729 AB.

[180] Hieronymus, Epist. 22, 21: PL 22, 408. Vgl. Augustinus, Serm. 51, 2, 3: PL 38, 335. Ders., Serm. 232, 2: PL 38, 1108. Cyrill v. Jerusalem, Catech. 12, 15: PG 33, 741 AB. Johannes Chrysostomus, In Ps. 44, 7: PG 55, 193. Johannes v. Damaskus, Hom. 2 in dorm. B. M. V., 3: PG 96, 728.

57. Diese Verbindung der Mutter mit dem Sohn im Heilswerk zeigt sich vom Augenblick der jungfräulichen Empfängnis Christi bis zu seinem Tod; zunächst da Maria sich eilends aufmachte, um Elisabeth zu besuchen, von dieser wegen ihres Glaubens an das verheißene Heil seliggepriesen wird und der Vorläufer im Mutterschoß aufjubelte (vgl. Lk 1, 41–45); dann als bei der Geburt die Gottesmutter ihren erstgeborenen Sohn, der ihre jungfräuliche Unversehrtheit nicht minderte, sondern heiligte[181], den Hirten und Magiern in Freuden zeigte. Als sie ihn aber im Tempel unter. Darbringung der Gabe der Armen dem Herrn darstellte, hörte sie, wie Simeon gleichzeitig vorherverkündigte, daß der Sohn das Zeichen des Widerspruches sein und die Seele der Mutter das Schwert durchbohren werde, damit die Gedanken aus vielen Herzen offenkundig würden (vgl. Lk 2, 34–35). Als die Eltern den Knaben Jesus verloren und mit Schmerzen gesucht hatten, fanden sie ihn im Tempel dem hingegeben, was seines Vaters war; sie verstanden aber das Wort des Sohnes nicht. Und seine Mutter bewahrte all dies betrachtend in ihrem Herzen (vgl. Lk 2, 41–51).

58. Im öffentlichen Leben Jesu erscheint seine Mutter ausdrücklich am Anfang, da sie bei der Hochzeit zu Kana in Galiläa durch ihr Mitgefühl den Anfang der Zeichen Jesu als des Messias durch ihre Fürbitte veranlaßt hat (vgl. Jo 2, 1–11). Im Verlauf seiner Verkündigung nahm sie die Worte auf, in denen der Sohn das die Ansprüche und Bande von Fleisch und Blut übersteigende Reich predigte und die seligpries, die das Wort Gottes hören und bewahren (vgl. Mk 3, 35 und Parall.; Lk 11, 27–28), wie sie selbst es getreulich tat (vgl. Lk 2, 19 und 51). So ging auch die selige Jungfrau den Pilgerweg des Glaubens. Ihre Vereinigung mit dem Sohn hielt sie in Treue bis zum Kreuz, wo sie nicht ohne göttliche Absicht stand (vgl. Jo 19, 25), heftig mit ihrem Eingeborenen litt und sich mit seinem Opfer in mütterlichem Geist verband, indem sie der Darbringung des Schlachtopfers, das sie geboren hatte, liebevoll zustimmte. Und schließlich wurde sie von Christus Jesus selbst, als er am Kreuz starb, dem

---

[181] Vgl. Laterankonzil v. J. 649, Can. 3: Mansi 10, 1151. Leo d. Gr., Epist. ad Flav.: PL 54, 759. Das Konzil v. Chalcedon: Mansi 7, 462. Ambrosius, De instit. virg.: PL 16, 320.

Jünger zur Mutter gegeben mit den Worten: Frau, siehe da dein Sohn (vgl. Jo 19, 26–27)[182].

59. Da es aber Gott gefiel, das Sakrament des menschlichen Heils nicht eher feierlich zu verkünden, als bis er den verheißenen Heiligen Geist ausgegossen hatte, sehen wir die Apostel vor dem Pfingsttag „einmütig in Gebet verharren mit den Frauen und Maria, der Mutter Jesu, und seinen Brüdern" (Apg 1, 14) und Maria mit ihren Gebeten die Gabe des Geistes erflehen, der sie schon bei der Verkündigung überschattet hatte. Schließlich wurde die unbefleckte Jungfrau, von jedem Makel der Erbsünde unversehrt bewahrt[183], nach Vollendung des irdischen Lebenslaufs mit Leib und Seele in die himmlische Herrlichkeit aufgenommen[184] und als Königin des Alls vom Herrn erhöht, um vollkommener ihrem Sohn gleichgestaltet zu sein, dem Herrn der Herren (vgl. Apk 19, 16) und dem Sieger über Sünde und Tod[185].

III. Die selige Jungfrau und die Kirche

60. Ein einziger ist unser Mittler nach dem Wort des Apostels: „Es gibt nämlich nur einen Gott und nur einen Mittler Gottes und der Menschen, den Menschen Christus Jesus, der sich selbst als Erlösung für alle gegeben hat" (1 Tim 2, 5–6). Marias mütterliche Aufgabe gegenüber den Menschen aber verdunkelt oder mindert diese einzige Mittlerschaft Christi in keiner Weise, sondern zeigt ihre Wirkkraft. Jeglicher heilsame Einfluß der seligen Jungfrau auf die Menschen kommt nämlich nicht aus irgendeiner sachlichen Notwendigkeit, sondern aus dem Wohlgefallen Gottes und fließt aus dem Überfluß der Verdienste

---

[182] Vgl. Pius XII, Enz. Mystici Corporis, 29. Juni 1943: AAS 35 (1943) 247–248.

[183] Vgl. Pius IX, Bulle Ineffabilis, 8. Dez. 1854: Acta Pii IX, 1, I, 616; Denz. 1641 (2803).

[184] Vgl. Pius XII, Apost. Konst. Munificentissimus, 1. Nov. 1950: AAS 42 (1950); Denz. 2333 (3903). Vgl. Johannes v. Damaskus, Enc. in dorm. Dei genitricis, Hom. 2 u. 3: PG 96, 721–761, besonders 728 B. Germanus v. Konstantinopel, In S. Dei gen. dorm. Serm. 1: PG 98 (6), 340–348; Serm. 3: PG 98 (6), 361. Modestus v. Jerusalem, In dorm. SS. Deiparae: PG 86 (2), 3277–3312.

[185] Vgl. Pius XII, Enz. Ad caeli Reginam, 11. Okt. 1954: AAS 46 (1954) 633–636; Denz. 3913 ff. Vgl. Andreas v. Kreta, Hom. 3 in dorm. SS. Deiparae: PG 97, 1089–1109. Johannes v. Damaskus, De fide orth., IV, 14: PG 94, 1153–1161.

Christi, stützt sich auf seine Mittlerschaft, hängt von ihr vollständig ab und schöpft aus ihr seine ganze Wirkkraft. Die unmittelbare Vereinigung der Glaubenden mit Christus wird
dadurch aber in keiner Weise gehindert, sondern vielmehr gefördert.

61. Die selige Jungfrau, die von Ewigkeit her zusammen mit
der Menschwerdung des göttlichen Wortes als Mutter Gottes
vorherbestimmt wurde, war nach dem Ratschluß der göttlichen
Vorsehung hier auf Erden die erhabene Mutter des göttlichen
Erlösers, in einzigartiger Weise vor anderen seine großmütige
Gefährtin und die demütige Magd des Herrn. Indem sie Christus
empfing, gebar und nährte, im Tempel dem Vater darstellte
und mit ihrem am Kreuz sterbenden Sohn litt, hat sie beim Werk
des Erlösers in durchaus einzigartiger Weise in Gehorsam, Glaube,
Hoffnung und brennender Liebe mitgewirkt zur Wiederherstellung des übernatürlichen Lebens der Seelen. Deshalb ist sie
uns in der Ordnung der Gnade Mutter.

62. Diese Mutterschaft Marias in der Gnadenökonomie dauert
unaufhörlich fort, von der Zustimmung an, die sie bei der Verkündigung gläubig gab und unter dem Kreuz ohne Zögern
festhielt, bis zur ewigen Vollendung aller Auserwählten. In den
Himmel aufgenommen, hat sie diesen heilbringenden Auftrag
nicht aufgegeben, sondern fährt durch ihre vielfältige Fürbitte
fort, uns die Gaben des ewigen Heils zu erwirken[186]. In ihrer
mütterlichen Liebe trägt sie Sorge für die Brüder ihres Sohnes,
die noch auf der Pilgerschaft sind und in Gefahren und Bedrängnissen weilen, bis sie zur seligen Heimat gelangen. Deshalb wird
die selige Jungfrau in der Kirche unter dem Titel der Fürsprecher-
rin, der Helferin, des Beistandes und der Mittlerin angerufen[187].
Das aber ist so zu verstehen, daß es der Würde und Wirksamkeit

---

[186] Vgl. Kleutgen, neugefaßter Text De Mysterio Verbi incarnati, Kap. IV:
Mansi 53, 290. Vgl. Andreas v. Kreta, In nat. Mariae, sermo 4: PG 97, 865 A. Germanus v. Konstantinopel, In annunt. Deiparae: PG 98, 321 BC. Ders., In dorm.
Deiparae, III: PG 98, 361 D. Johannes v. Damaskus, In dorm. B. V. Mariae, Hom.
1, 8: PG 96, 712 BC – 713 A.
[187] Vgl. Leo XIII, Enz. Adiutricem populi, 5. Sept. 1895: ASS 15 (1895–96) 303.
Pius X, Enz. Ad diem illum, 2 Febr. 1904: Acta, I, 154; Denz. 1978a (3370).
Pius XI, Enz. Miserentissimus, 8. Mai 1928: AAS 20 (1928) 178. Pius XII, Radiobotschaft, 13. Mai 1946: AAS 38 (1946) 266.

Christi, des einzigen Mittlers, nichts abträgt und nichts hinzu-fügt[188].

Keine Kreatur nämlich kann mit dem menschgewordenen Wort und Erlöser jemals in einer Reihe aufgezählt werden. Wie vielmehr am Priestertum Christi in verschiedener Weise einerseits die Amtspriester, andererseits das gläubige Volk teil-nehmen und wie die eine Gutheit Gottes auf die Geschöpfe in verschiedener Weise wirklich ausgegossen wird, so schließt auch die Einzigkeit der Mittlerschaft des Erlösers im geschöpf-lichen Bereich eine unterschiedliche Teilnahme an der einzigen Quelle in der Mitwirkung nicht aus, sondern erweckt sie.

Eine solche untergeordnete Aufgabe Marias zu bekennen, zögert die Kirche nicht, sie erfährt sie auch ständig und legt sie den Gläubigen ans Herz, damit sie unter diesem mütterlichen Schutz dem Mittler und Erlöser inniger anhangen.

63. Die selige Jungfrau ist aber durch das Geschenk und die Auf-gabe der göttlichen Mutterschaft, durch die sie mit ihrem Sohn und Erlöser vereint ist, und durch ihre einzigartigen Gnaden und Gaben auch mit der Kirche auf das innigste verbunden. Die Gottesmutter ist, wie schon der heilige Ambrosius lehrte, der Typus der Kirche unter der Rücksicht des Glaubens, der Liebe und der vollkommenen Einheit mit Christus[189]. Im Geheimnis der Kirche, die ja auch selbst mit Recht Mutter und Jungfrau genannt wird, ist die selige Jungfrau Maria vorangegangen, da sie in hervorragender und einzigartiger Weise das Urbild sowohl der Jungfrau wie der Mutter darstellt[190]. Im Glauben und Ge-horsam gebar sie den Sohn des Vaters auf Erden, und zwar ohne einen Mann zu erkennen, vom Heiligen Geist überschattet, als neue Eva, die nicht der alten Schlange, sondern dem Boten Gottes einen von keinem Zweifel verfälschten Glauben schenkte. Sie gebar aber einen Sohn, den Gott gesetzt hat zum Erst-geborenen unter vielen Brüdern (Röm 8, 29), den Gläubigen nämlich, bei deren Geburt und Erziehung sie in mütterlicher Liebe mitwirkt.

---

[188] Ambrosius, Epist. 63: PL 16, 1218.
[189] Ambrosius, Expos. Lc. II, 7: PL 15, 1555.
[190] Vgl. Ps.-Petrus Dam., Serm. 63: PL 144, 861 AB. Godefrid v. St. Viktor, In nat. B. M., Ms. Paris, Mazarine, 1002, fol. 109r. Gerhoh v. Reich., De gloria et honore Filii hominis, 10: PL 194, 1105 AB.

64. Nun aber wird die Kirche, indem sie Marias geheimnisvolle Heiligkeit betrachtet, ihre Liebe nachahmt und den Willen des Vaters getreu erfüllt, durch die gläubige Annahme des Wortes Gottes auch selbst Mutter: Durch Predigt und Taufe nämlich gebiert sie die vom Heiligen Geist empfangenen und aus Gott geborenen Kinder zum neuen und unsterblichen Leben. Auch sie ist Jungfrau, da sie das Treuewort, das sie dem Bräutigam gegeben hat, unversehrt und rein bewahrt und in Nachahmung der Mutter ihres Herrn in der Kraft des Heiligen Geistes jungfräulich einen unversehrten Glauben, eine feste Hoffnung und eine aufrichtige Liebe bewahrt[191].

65. Während aber die Kirche in der seligsten Jungfrau schon zur Vollkommenheit gelangt ist, in der sie ohne Makel und Runzel ist (vgl. Eph 5, 27), bemühen sich die Christgläubigen noch, die Sünde zu besiegen und in der Heiligkeit zu wachsen. Daher richten sie ihre Augen auf Maria, die der ganzen Gemeinschaft der Auserwählten als Urbild der Tugenden voranleuchtet. Indem die Kirche über Maria in frommer Erwägung nachdenkt und sie im Licht des menschgewordenen Wortes betrachtet, dringt sie verehrend in das erhabene Geheimnis der Menschwerdung tiefer ein und wird ihrem Bräutigam mehr und mehr gleichgestaltet. Denn Maria vereinigt, da sie zuinnerst in die Heilsgeschichte eingegangen ist, gewissermaßen die größten Glaubensgeheimnisse in sich und strahlt sie wider. Daher ruft ihre Verkündigung und Verehrung die Gläubigen hin zu ihrem Sohn und seinem Opfer und zur Liebe des Vaters. Die Kirche aber wird, um die Ehre Christi bemüht, ihrem erhabenen Typus ähnlicher durch dauerndes Wachstum in Glaube, Hoffnung und Liebe und durch das Suchen und Befolgen des Willens Gottes in allem. Daher blickt die Kirche auch in ihrem apostolischen Wirken mit Recht zu ihr auf, die Christus geboren hat, der dazu vom Heiligen Geist empfangen und von der Jungfrau geboren wurde, daß er durch die Kirche auch in den Herzen der Gläubigen geboren werde und wachse. Diese Jungfrau war in ihrem Leben das Beispiel jener mütterlichen Liebe, von der alle beseelt sein müssen, die in der apostolischen Sendung der Kirche zur Wiedergeburt der Menschen mitwirken.

---

[191] Ambrosius, ebd. und Expos. Lc. X, 24–25: PL 15, 1810. Augustinus, In Io. Tr. 13, 12: PL 35, 1499. Vgl. Serm. 191, 2, 3: PL 38, 1010; u. a. Vgl. auch Beda Ven., In Lc. Expos. I, Kap. 2: PL 92, 330. Isaac v. Stella, Serm. 51: PL 194, 1863 A.

IV. Die Verehrung der seligen Jungfrau in der Kirche

66. Maria wird, durch Gottes Gnade nach Christus, aber vor allen Engeln und Menschen erhöht, mit Recht, da sie ja die heilige Mutter Gottes ist und in die Mysterien Christi einbezogen war, von der Kirche in einem Kult eigener Art geehrt. Schon seit ältester Zeit wird die selige Jungfrau unter dem Titel der „Gottesgebärerin" verehrt, unter deren Schutz die Gläubigen in allen Gefahren und Nöten bittend Zuflucht nehmen[192]. Vor allem seit der Synode von Ephesus ist die Verehrung des Gottesvolkes gegenüber Maria wunderbar gewachsen in Verehrung und Liebe, in Anrufung und Nachahmung, gemäß ihren eigenen prophetischen Worten: „Selig werden mich preisen alle Geschlechter, da mir Großes getan hat, der da mächtig ist" (Lk 1, 48). Dieser Kult, wie er immer in der Kirche bestand, ist zwar durchaus einzigartig, unterscheidet sich aber wesentlich vom Kult der Anbetung, der dem menschgewordenen Wort gleich wie dem Vater und dem Heiligen Geist dargebracht wird, und er fördert diesen gar sehr. Die verschiedenen Formen der Verehrung der Gottesmutter, die die Kirche im Rahmen der gesunden und rechtgläubigen Lehre je nach den Verhältnissen der Zeiten und Orte und je nach Eigenart und Veranlagung der Gläubigen anerkannt hat, bewirken, daß in der Ehrung der Mutter der Sohn, um dessentwillen alles ist (vgl. Kol 1, 15–16) und in dem nach dem Wohlgefallen des ewigen Vaters die ganze Fülle wohnt (Kol 1, 19), richtig erkannt, geliebt, verherrlicht wird und seine Gebote beobachtet werden.

67. Diese katholische Lehre trägt die Heilige Synode wohlbedacht vor. Zugleich mahnt sie alle Kinder der Kirche, die Verehrung, vor allem die liturgische, der seligen Jungfrau großmütig zu fördern, die Gebräuche und Übungen der Andacht zu ihr, die im Laufe der Jahrhunderte vom Lehramt empfohlen wurden, hochzuschätzen und das, was in früherer Zeit über die Verehrung der Bilder Christi, der seligen Jungfrau und der Heiligen festgesetzt wurde, ehrfürchtig zu bewahren[193]. Die Theologen und die Prediger des Gotteswortes ermahnt sie aber eindringlich, sich ebenso jeder falschen Übertreibung wie zu großer Geistesenge

---

[192] „Unter deinen Schutz und Schirm".
[193] II. Konzil von Nicaea v. J. 787: Mansi 13, 378–379; Denz. 302 (600–601). Konzil v. Trient, Sess. 25: Mansi 33, 171–172.

bei der Betrachtung der einzigartigen Würde der Gottesmutter sorgfältig zu enthalten[194]. Unter der Führung des Lehramtes sollen sie in der Pflege des Studiums der Heiligen Schrift, der heiligen Väter und Kirchenlehrer und der kirchlichen Liturgien die Aufgaben und Privilegien der seligen Jungfrau recht beleuchten, die sich immer auf Christus beziehen, den Ursprung aller Wahrheit, Heiligkeit und Frömmigkeit. Sorgfältig sollen sie vermeiden, was in Wort, Schrift oder Tat die getrennten Brüder oder jemand anders bezüglich der wahren Lehre der Kirche in Irrtum führen könnte. Die Gläubigen aber sollen eingedenk sein, daß die wahre Andacht weder in unfruchtbarem und vorübergehendem Gefühl noch in irgendwelcher Leichtgläubigkeit besteht, sondern aus dem wahren Glauben hervorgeht, durch den wir zur Anerkennung der Erhabenheit der Gottesmutter geführt und zur kindlichen Liebe zu unserer Mutter und zur Nachahmung ihrer Tugenden angetrieben werden.

V. Maria als Zeichen der sicheren Hoffnung und des
Trostes für das wandernde Gottesvolk

68. Wie die Mutter Jesu, im Himmel schon mit Leib und Seele verherrlicht, Bild und Anfang der in der kommenden Weltzeit zu vollendenden Kirche ist, so leuchtet sie auch hier auf Erden in der Zwischenzeit bis zur Ankunft des Tages des Herrn (vgl. 2 Petr 3, 10) als Zeichen der sicheren Hoffnung und des Trostes dem wandernden Gottesvolk voran.

69. Dieser Heiligen Synode bereitet es große Freude und Trost, daß auch unter den getrennten Brüdern solche nicht fehlen, die der Mutter des Herrn und Erlösers die gebührende Ehre erweisen, dies besonders unter den Orientalen, die sich zur Verehrung der allzeit jungfräulichen Gottesmutter mit glühendem Eifer und andächtiger Gesinnung vereinen[195]. Alle Christgläubigen mögen inständig zur Mutter Gottes und Mutter der Menschen flehen, daß sie, die den Anfängen der Kirche mit ihren Gebeten zur Seite stand, auch jetzt, im Himmel über alle Seligen und Engel erhöht, in Gemeinschaft mit allen Heiligen bei ihrem

---

[194] Vgl. Pius XII, Radiobotschaft, 24. Okt. 1954: AAS 46 (1954) 679. Ders., Enz. Ad caeli Reginam, 11. Okt. 1954: AAS 46 (1954) 637.
[195] Vgl. Pius XI, Enz. Ecclesiam Dei, 12. Nov. 1923: AAS 15 (1923) 581. Pius XII, Enz. Fulgens corona, 8. Sept. 1953: AAS 45 (1953) 590–591.

Sohn Fürbitte einlege, bis alle Völkerfamilien, mögen sie den christlichen Ehrennamen tragen oder ihren Erlöser noch nicht kennen, in Friede und Eintracht glückselig zum einen Gottesvolk versammelt werden, zur Ehre der heiligsten und ungeteilten Dreifaltigkeit.

AUS DEN AKTEN DES HEILIGEN
ÖKUMENISCHEN ZWEITEN VATIKANISCHEN KONZILS

BEKANNTMACHUNGEN

die der Generalsekretär des Konzils
in der 123. Generalkongregation am 16. November 1964
mitgeteilt hat

Es ist gefragt worden, welcher *theologische Verbindlichkeitsgrad* der Lehre zukommt, die im Schema *über die Kirche* ausgeführt und der Abstimmung unterbreitet wird.

Die Theologische Kommission hat auf diese Frage bei der Prüfung der *Änderungsvorschläge* zum dritten Kapitel des Schemas *über die Kirche* so geantwortet:

„Ein Text des Konzils ist selbstverständlich immer nach den allgemeinen, allseits bekannten Regeln auszulegen."

Bei dieser Gelegenheit verweist die Theologische Kommission auf ihre *Erklärung* vom 6. März 1964, deren Wortlaut wir hier wiedergeben:

„Unter Berücksichtigung des konziliaren Verfahrens und der pastoralen Zielsetzung des gegenwärtigen Konzils definiert das Konzil nur das als für die Kirche verbindliche Glaubens- und Sittenlehre, was es selbst deutlich als solche erklärt.

Was aber das Konzil sonst vorlegt, müssen alle und jeder der Christgläubigen als Lehre des obersten kirchlichen Lehramtes annehmen und festhalten entsprechend der Absicht der Heiligen Synode selbst, wie sie nach den Grundsätzen der theologischen Interpretation aus dem behandelten Gegenstand oder aus der Aussageweise sich ergibt."

*

Seitens der höheren Autorität wird den Vätern eine erläuternde Vorbemerkung zu den Änderungsvorschlägen des dritten Kapitels des *Kirchenschemas* mitgeteilt, nach deren Absicht

und Sinn die in diesem dritten Kapitel dargelegte Lehre erklärt
und verstanden werden muß.

ERLÄUTERNDE VORBEMERKUNG

„Die Kommission hat beschlossen, der Prüfung der *Änderungsvorschläge* folgende allgemeinen Hinweise vorauszuschicken:

1. *Kollegium* wird nicht im *streng juridischen* Sinne verstanden,
das heißt nicht von einem Kreis von Gleichrangigen, die etwa
ihre Gewalt auf ihren Vorsitzenden übertrügen, sondern als
fester Kreis, dessen Struktur und Autorität der Offenbarung
entnommen werden müssen. Darum wird in der Antwort auf
den Änderungsvorschlag 12 ausdrücklich von den Zwölfen
gesagt, daß der Herr sie bestellt hat „nach Art eines Kollegiums
oder eines *festen Kreises*". Vgl. auch Änderungsvorschlag 53c. —
Aus dem gleichen Grunde werden immer wieder auf das
Bischofskollegium auch die Ausdrücke „*Ordnung*" *(Ordo)*
oder „*Körperschaft*" *(Corpus)* angewandt. Der Parallelismus
zwischen Petrus und den übrigen Aposteln auf der einen Seite
und Papst und Bischöfen auf der anderen schließt nicht die Übertragung der außerordentlichen Vollmacht der Apostel auf ihre
Nachfolger und selbstverständlich auch nicht eine *Gleichheit*
zwischen Haupt und Gliedern des Kollegiums ein, sondern nur
eine *Verhältnisgleichheit* zwischen der ersten Beziehung (Petrus—
Apostel) und der zweiten (Papst—Bischöfe). Daher hat die
Kommission beschlossen, in Nr. 22 nicht *in derselben*, sondern *in
entsprechender Weise* zu schreiben. Vgl. Änderungsvorschlag 57.

2. *Glied des Kollegiums* wird man kraft der Bischofsweihe und
durch die hierarchische Gemeinschaft mit Haupt und Gliedern
des Kollegiums. Vgl. Nr. 22, Absatz 1, am Schluß.

In der *Weihe* wird die *seinsmäßige* Teilnahme an den *heiligen*
Ämtern verliehen, wie unbestreitbar aus der Überlieferung,
auch der liturgischen, feststeht. Mit Bedacht ist der Ausdruck
Ämter (munera) verwendet und nicht *Vollmachten* (potestates),
weil das letztgenannte Wort von der *zum Vollzug völlig frei-
gegebenen* Vollmacht verstanden werden könnte. Damit aber
eine solche zum Vollzug völlig freigegebene Vollmacht vorhanden sei, muß noch die *kanonische*, das heißt *rechtliche Be-*

stimmung (determinatio) durch die hierarchische Obrigkeit hinzukommen. Diese Bestimmung der Vollmacht (determinatio)
kann bestehen in der Zuweisung einer besonderen Dienst-
obliegenheit oder in der Zuordnung von Untergebenen, und
sie wird erteilt nach den von der höchsten Obrigkeit gebilligten
Richtlinien. Eine derartige weitere Norm ist *aus der Natur der
Sache* gefordert, weil es sich um Ämter handelt, die *von mehreren
nach Christi Willen hierarchisch zusammenwirkenden Trägern*
ausgeübt werden müssen. Offenkundig ist diese „Gemeinschaft"
im Leben der Kirche den Zeitumständen gemäß schon in Übung
gewesen, bevor sie *im Recht* sozusagen kodifiziert worden ist.

Darum wird ausdrücklich gesagt, es sei eine *hierarchische* Gemeinschaft mit Haupt und Gliedern der Kirche erfordert. „*Gemeinschaft*" *(Communio)* ist ein Begriff, der in der alten Kirche
(wie auch heute noch vor allem im Osten) hoch in Ehren steht.
Man versteht darunter nicht irgendein unbestimmtes *Gefühl,*
sondern eine *organische Wirklichkeit,* die eine rechtliche Gestalt
verlangt und zugleich von der Liebe beseelt ist. Daher hat die
Kommission fast mit Stimmeneinheit zu formulieren beschlossen: „in *hierarchischer* Gemeinschaft". Vgl. Änderungsvorschlag
40 sowie auch die Aussagen über die *Missio canonica* unter Nr. 24.

Die päpstlichen Dokumente aus jüngerer Zeit über die Jurisdiktion der Bischöfe verstehen sich von dieser notwendigen
Festlegung der Vollmacht her.

3. Von dem Kollegium, das es ohne Haupt nicht gibt, wird gesagt: „Es ist *ebenfalls Träger der höchsten und vollen Gewalt* über die
ganze Kirche." Das anzunehmen ist notwendig, damit die Fülle
der Gewalt des Bischofs von Rom nicht in Frage gestellt wird.
Denn bei dem Kollegium wird sein Haupt immer und notwendigerweise mitverstanden, *das in dem Kollegium sein Amt als
Statthalter Christi und Hirt der Gesamtkirche unverkürzt bewahrt.*
Mit anderen Worten: Die Unterscheidung waltet nicht zwischen
dem Bischof von Rom einerseits und den Bischöfen zusammengenommen anderseits, sondern zwischen dem Bischof von Rom
für sich und dem Bischof von Rom vereint mit den Bischöfen.
Da aber der Papst das *Haupt* des Kollegiums ist, kann er allein
manche Handlungen vollziehen, die den Bischöfen in keiner
Weise zustehen, z. B. das Kollegium einberufen und leiten, die
Richtlinien für das Verfahren approbieren usw. Vgl. Änderungsvorschlag 81. Dem Urteil des Papstes, dem die Sorge für die ganze

Herde Christi anvertraut ist, unterliegt es, je nach den im Laufe der Zeit wechselnden Erfordernissen der Kirche die Weise festzulegen, wie diese Sorge tunlich ins Werk gesetzt wird, sei es persönlich, sei es kollegial. Der Bischof von Rom geht bei der Leitung, Förderung und Billigung der kollegialen Betätigung in Ausrichtung auf das Wohl der Kirche nach eigenem Urteil vor.

4. Der Papst als höchster Hirte der Kirche kann seine Vollmacht jederzeit nach Gutdünken ausüben, wie es von seinem Amt her gefordert wird. Das Kollegium aber handelt, wenn es auch immer besteht, darum nicht auch schon beständig in *streng kollegialem Akt*, wie die Überlieferung der Kirche beweist. Mit anderen Worten: Das Kollegium ist nicht immer „in voller Tätigkeit", vielmehr handelt es nur von Zeit zu Zeit in streng kollegialem Akt und nicht ohne *Zustimmung des Hauptes*. Es heißt aber „nicht ohne *Zustimmung des Hauptes*", damit man nicht an eine *Abhängigkeit* wie von einem *Außenstehenden* denke. Der Ausdruck „Zustimmung" erinnert im Gegenteil an die *Communio* zwischen Haupt und Gliedern und schließt die Notwendigkeit des *Aktes*, der dem Haupt als solchem zusteht, mit ein. Die Sache wird ausdrücklich ausgesprochen in Nr. 22, Absatz 2, und wird erklärt ebd., gegen Ende. Die negative Formulierung mit „*nicht ohne*" umfaßt alle Fälle; so ist deutlich, daß die von der höchsten Autorität gebilligten *Richtlinien* immer zu beobachten sind. Vgl. Änderungsvorschlag 84.

Im ganzen aber wird ersichtlich, daß es sich um die *Verbundenheit* der Bischöfe *mit ihrem Haupt* handelt, niemals jedoch um die Betätigung der Bischöfe *unabhängig* vom Papst. In diesem Falle, wenn die Tätigkeit des Hauptes ausfällt, können die Bischöfe als Kollegium nicht handeln, wie aus dem Begriff „Kollegium" hervorgeht. Diese hierarchische Gemeinschaft aller Bischöfe mit dem Papst ist in der Tradition fest verwurzelt.

N. B. Ohne die hierarchische Gemeinschaft *kann* das sakramental seinsmäßige Amt, das von dem kanonisch-rechtlichen Gesichtspunkt zu unterscheiden is, *nicht* ausgeübt werden. Die Kommission war aber der Auffassung, daß sie auf die Fragen der *Erlaubtheit* und *Gültigkeit* nicht eingehen sollte, die der theologischen Forschung überlassen bleiben. Insbesondere gilt das von der Vollmacht, die tatsächlich bei den getrennten Orientalen ausgeübt wird und über deren Erklärung verschiedene Lehrmeinungen bestehen."

IV.

DAS DEKRET ÜBER DIE KATHOLISCHEN OSTKIRCHEN
„ORIENTALIUM ECCLESIARUM"

ist das Ergebnis einer Zusammenfassung (mit wiederholten Überarbeitungen) von 15 vorkonziliaren Entwürfen. Einer davon, „De Ecclesiae unitate", wurde aufgrund der Konzilsdiskussionen der I. Sitzungsperiode bei der Erstellung des Dekrets über den Ökumenismus mitverwendet; andere Teile davon gingen mit den 14 anderen Schemata in dieses Dekret ein. Bei der Diskussion und Abstimmung im Oktober 1964 wurden die Artikel 2–4 nicht gebilligt. Nach einer Überarbeitung und neuen Abstimmung Ende November 1964 wurde das Dekret angenommen. Die feierliche Schlußabstimmung ergab 2110 Ja- gegen 39 Nein-Stimmen; am gleichen Tag, dem 21. November 1964, wurde das Dekret feierlich verkündet.

Das Dekret muß streng unter seinem Titel betrachtet werden: es handelt von den „katholischen", d. h. in voller Gemeinschaft mit dem Apostolischen Stuhl in Rom stehenden, nichtlateinischen Teilkirchen. Es richtet sich also nicht an die orthodoxen Kirchen. Von diesen und zu diesen sprechen die Konstitution über die Kirche, besonders Artikel 15 und 23, und das Dekret über den Ökumenismus, besonders Artikel 14 bis 18. In Betracht kommen insgesamt vor allem die Konzilsaussagen über die berechtigte Autonomie der Teilkirchen und über deren Wesen (einschließlich des Bischofs selbst), über deren eigenes theologisches, liturgisches und spirituelles Erbe und über den legitimen Pluralismus in der Kirche überhaupt. Für die orthodoxen Kirchen von Belang sind ferner die trinitarischen und pneumatologischen Akzente in den Konzilstexten, während die konziliare Auffassung der Kollegialität der Bischöfe weniger ihre Zustimmung gefunden hat. Das vorliegende Konzilsdekret spricht die sogenannten „Unierten" an. Von ihnen gibt es (seit der Union der Maroniten im Jahr 1181) heute 16 Teilkirchen im Sinn eigener Hierarchien, davon 6 Patriarchate, im Nahen Osten, in Osteuropa, Südeuropa, Äthiopien und Indien; unselbständige Teilkirchen gibt es in fast allen Teilen der Welt. Mit rund 10 Millionen Gläubigen machen sie etwa 5% der ostkirchlichen Christen aus. Das Verhältnis der unierten Bischöfe zu den lateinischen auf dem Konzil war etwa 120:2200.

Das Problem der sogenannten „unierten" Kirchen belastet das Verhältnis der lateinischen Kirche zu den orthodoxen Kirchen (mit ihren 4 alten und 4 neuen Patriarchaten neben einigen anderen autokephalen Kirchen) schwer, da die Orthodoxie diese Unierten als „unlautere Konkurrenz" (J. M. Hoeck) in ihren Territorien betrachtet, wozu die Parallelschaffung von Patriarchatssitzen durch Rom nicht wenig beitrug. Umgekehrt wurden die „unierten" Kirchen jahrzehnte-, teilweise jahrhundertelang von Rom für ihre Treue schlecht belohnt. Ihre Riten wurden oft nur widerwillig toleriert; ihr Recht und ihre Pflicht zur eigenen Missionstätigkeit wurden praktisch unterbunden; Latinisierungsbestrebungen aller Art machten die Wahrung ihres eigenen Erbes oft schwer; ihre Unterstützung war mangelhaft und blieb oft frommen Vereinen (wie der Catholica Unio) überlassen. Ein letzter, hart empfundener Schritt in diese Richtung war die Teilpublikation eines orientalischen Kirchenrechts in Rom (seit 1949).

Zur faktischen Änderung der Mentalität trug vor allem die persönliche Haltung Johannes' XXIII. gegenüber den Ostkirchen bei. Vor diesem Hintergrund erklärt sich die Textgestalt des vorliegenden Dekrets. Ihr gegenüber hatten viele der unierten Bischöfe genug Vorbehalte, die bis zur völligen Ablehnung des Schemas gingen. Ihnen stimmten jedoch die lateinischen Bischöfe nicht bei aus Angst, eine Ablehnung könnte bei den Ostkirchen als Zeichen der Unfreundlichkeit angesehen werden. Umgekehrt wünschten andere und angesehene unierte Bischöfe dringend die Annahme des Schemas, weil nur die Autorität des Konzils eine Änderung belastender Bestimmungen des Ostkirchenrechts Pius' XII. erreichen konnte und überdies andere akute Probleme der unierten Ostkirchen eine schnelle Lösung verlangten (so die Synode des melchitischen Patriarchen Maximos IV.).

Das Dekret enthält ohne Kapiteleinteilung 30 Artikel in 6 Stücken.

Das Vorwort (Artikel 1) bringt die Hochschätzung des Konzils für die Ostkirchen zum Ausdruck.

Teil I mit den Artikeln 2–4 über die Teilkirchen oder Riten gilt für alle Teilkirchen, auch für die lateinischen (J. M. Hoeck). Artikel 2 rühmt die Vielfalt der Teilkirchen (vgl. dazu Kirchenkonstitution, Artikel 23 und 13; Ökumenismusdekret, Artikel 14, 16) und wünscht deren unverletzte Erhaltung. Artikel 3 erwähnt die „Hirtenführung des römischen Papstes" über alle Teilkirchen und hebt dann die grundsätzliche Gleichheit aller Teilkirchen in Würde, Rechten und Pflichten hervor, wobei nun die Mission ausdrücklich genannt wird. Artikel 4 spricht im ersten Abschnitt von der Errichtung eigener Pfarreien und Hierarchien der Teilkirchen, „wo immer das geistige Wohl der Gläubigen dies fordert". Ein Vergleich mit Artikel 23 des Dekrets über die Hirtenaufgabe der Bischöfe zeigt, daß die Identifizierung von Teilkirche mit Ritus (Artikel 2) keineswegs glücklich ist. Das Konzil konnte in der heutigen Situation nichts tun, um — bei aller selbstverständlichen Wahrung der legitimen Autonomie der Teilkirchen — der stark national bedingten Verschiedenheit der Riten an ein und demselben Ort der

Teilkirche zu begegnen. Manche möchten freilich hier einen Ansatzpunkt für eine Union mit evangelischen Kirchen (die ihren „Ritus" behalten würden) sehen. Der zweite Abschnitt des Artikels fordert zunächst eine Unterrichtung aller Kleriker und Laien der ganzen Kirche über die Existenz verschiedener Riten und deren Beziehungen zueinander; er wünscht dann, jeder Katholik und jeder Konvertit möge bei seinem Ritus bleiben; als Schiedsrichter über die Beziehungen der Teilkirchen zueinander wird der Apostolische Stuhl genannt.

Teil II handelt in den Artikeln 5 und 6 von der Bewahrung des geistigen Erbgutes der Ostkirchen. Hier sind ganz offenkundig die orthodoxen Kirchen mitgemeint. Mit diesem Teil, der in Artikel 5 eine der wenigen „feierlichen Erklärungen" des Konzils (jedoch kein Dogma) enthält, stehen Artikel 14 und 16 des Ökumenismusdekrets in Zusammenhang.

Teil III mit den Artikeln 7–11 spricht von den ostkirchlichen Patriarchen. Artikel 7 stellt fest, daß schon die ersten ökumenischen Konzilien die Institution des Patriarchats anerkannt, also als ältere Institution vorgefunden haben (J. M. Hoeck). Manche Theologen möchten diese Institution auf die Weltkirche ausgedehnt sehen, so daß der Pluralismus der Teilkirchen auch in der lateinischen Kirche deutlicher institutionalisiert und neue ökumenische Wege gebahnt würden. Das Konzil hat sich auf diese Frage nicht weiter eingelassen, ihre künftige positive Beantwortung aber auch nicht gehindert. Die Einzelbestimmungen der Artikel 8–11 sind für die Ostkirchen von großer Bedeutung (gerade auch als Modifizierungen des römischen Ostkirchenrechts von 1949).

Teil IV beschäftigt sich in den Artikeln 12–18 mit der Sakramentenordnung. Artikel 12 bestätigt ausdrücklich die alte Sakramentenordnung der Ostkirchen und wünscht gegebenenfalls deren Wiederherstellung. Speziell auf die Firmung (durch Priester) gehen Artikel 13 und 14 ein. Artikel 15 verpflichtet die Gläubigen, an Sonn- und Feiertagen der eucharistischen Liturgie oder (dem eigenen Ritus entsprechend) dem „feierlichen Gotteslob" (ähnlich dem lateinischen Stundengebet, in den Ostkirchen jedoch nicht individuell verpflichtend, sondern Sache der Gemeinschaft) beizuwohnen. Dazu ist anzumerken, daß die Ostkirchen nie eine Pflicht des „sonntäglichen Meßbesuchs" gekannt haben. In jeder Kirche findet grundsätzlich nur eine eucharistische Liturgie (um 9 Uhr) statt, wobei die Anwesenden die Nichtanwesenden repräsentieren. Die Heiligung des Sonntags durch Teilnahme am „Gotteslob" des Vorabends galt immer schon als gleichwertig. Die abendländische Tradition hatte wenigstens in Landgebieten mit ihren großen Sprengeln und relativ wenigen Kirchen eine ähnliche Auffassung. Der Versuch des Artikels, alle Gläubigen zum Gottesdienstbesuch zu verpflichten, wird jedenfalls nicht dazu führen, daß die Ostkirchen an Sonntagen eine Abfolge von Liturgien bieten, wie dies im Abendland oft zum Schaden der Meßfeier selbst, der Predigt und auch der Priester der Fall ist. Artikel 16 dehnt die Beichtvollmacht der Priester einer Region oder eines Territoriums auf die Gläubigen aller Riten in diesen Bereichen aus. Artikel 17 wünscht „dringend" die Wiederherstellung des ständigen Diakonates in den Ostkirchen. Anordnungen über Subdiakonat und niedere Weihen (die als museale Relikte ohne entsprechende Ämter in der ganzen Kirche ohne Schaden wegfallen könnten) gehören in die Kompetenz der Obrigkeiten der Teilkirchen. Artikel 18 besagt, daß bei Mischehen zwischen ostkirchlichen Christen die katholische Trauung („kanonische Eheschließungsform") nicht mehr zur Gültigkeit der Ehe erforderlich ist. Die kirchenrechtliche Verschärfung der Mischehenpraxis, die — entsprechend der Verschärfung in der lateinischen Kirche allgemein seit 1917 — in den Jahren 1949 bis 1965 in Kraft war, ist damit für die Bereiche der Ostkirchen wieder abgeschafft. Die Formulierungen des Artikels sind so gewählt, daß sie auch für Mischehen mit protestantischen Ostchristen gelten (J. M. Hoeck).

Teil V hat in den Artikeln 19–23 den Gottesdienst (soweit er nicht in Teil IV zur Sprache kam) zum Thema. Die Artikel 19 über Feiertage und Feste, 20 über das Datum des Osterfestes, 21 über die Einhaltung „heiliger Zeiten" von Einzelnen und Familien und 22 über das schon erwähnte „Gotteslob" erklären sich von selbst. Artikel 23 spricht bedeutsamerweise das Recht, liturgische Sprachen festzulegen, den Patriarchen bzw. anderen höchsten Obrigkeiten einer Teilkirche zu.

Teil VI handelt in den Artikeln 24–29 vom Verkehr mit den Brüdern aus den getrennten Kirchen (vgl. Ökumenismusdekret, Artikel 8, 15). Artikel 24 beschäftigt sich mit der Aufgabe der „unierten" Kirchen. Artikel 25 — als Entgegenkommen gemeint — geht in psychologisch nicht sehr glücklicher Weise auf Einzelkonversionen ein. Die Artikel 26–29 sprechen — leider ohne ausreichenden vorherigen Kontakt mit den getrennten Ostkirchen — von den Möglichkeiten einer Gottesdienstgemeinschaft („Communicatio in sacris") mit den getrennten Ostkirchen. Artikel 26 ruft in ökumenischem Geist die Grundsätze dieses Problems in Erinnerung. Artikel 27 nennt die Sakramente, bei denen eine solche Gottesdienstgemeinschaft möglich ist: Buße, Eucharistie und Krankensalbung. Artikel 28 spricht von der „gemeinsamen Beteiligung an heiligen Handlungen, Sachen und Stätten bei Katholiken und getrennten Ostchristen", die ebenfalls unter Beachtung der Grundsätze gestattet wird. Schließlich weist Artikel 29 die „Handhabung" der „Communicatio in sacris" sowie die Besprechung darüber mit den orthodoxen Hierarchen den Oberhirten zu.

Der abschließende Artikel 30 sieht vor, die Rechtsbestimmungen dieses Dekrets sollten nur gelten, bis die Vollendung der kirchlichen Gemeinschaft erreicht ist. Und das ist ein weiteres Zeichen dafür, daß das Konzil die Rechtsordnung der Teilkirchen in ihrer Autonomie bestätigen will, auch die jener Kirchen, die jetzt noch vom Apostolischen Stuhl rechtlich getrennt sind. Der Artikel ruft zum Gebet für die Einheit auf und erinnert an jene Kirchen, die in bedrängter Lage sind.

Dekret über die
katholischen Ostkirchen

Vorwort

1. Die Ostkirchen mit ihren Einrichtungen und liturgischen Bräuchen, ihren Überlieferungen und ihrer christlichen Lebensordnung sind in der katholischen Kirche hochgeschätzt. In diesen Werten von ehrwürdigem Alter leuchtet ja eine Überlieferung auf, die über die Kirchenväter bis zu den Aposteln zurückreicht. Sie bildet ein Stück des von Gott geoffenbarten und ungeteilten Erbgutes der Gesamtkirche[1]. Für diese Überlieferung sind die Ostkirchen lebendige Zeugen. Dem Heiligen Ökumenischen Konzil liegt daher die Sorge für die Ostkirchen sehr am Herzen. Es wünscht, daß diese Kirchen neu erblühen und mit frischer apostolischer Kraft die ihnen anvertraute Aufgabe meistern. Darum hat es neben den die Gesamtkirche betreffenden Anordnungen auch über sie einige Beschlüsse gefaßt. Indes überläßt es weitere Entscheidungen der Obsorge der orientalischen Synoden und des Apostolischen Stuhles.

Die Teilkirchen oder Riten

2. Die heilige katholische Kirche ist der mystische Leib Christi und besteht aus den Gläubigen, die durch denselben Glauben, dieselben Sakramente und dieselbe oberhirtliche Führung im Heiligen Geist organisch geeint sind. Durch ihre Hierarchie zu verschiedenen Gemeinschaften zusammengeschlossen, bilden sie „Teilkirchen" oder „Riten". Unter diesen herrscht eine wunderbare Verbundenheit, so daß ihre Vielfalt in der Kirche

---

[1] Leo XIII, Litt. Ap. Orientalium dignitas (30. Nov. 1894), in: Leonis XIII Acta, Bd. XIV, S. 360f.

keinesfalls der Einheit Abbruch tut, sondern im Gegenteil diese Einheit deutlich aufzeigt. Das ist nämlich das Ziel der katholischen Kirche: daß die Überlieferungen jeder einzelnen Teilkirche oder eines jeden Ritus unverletzt erhalten bleiben; zugleich soll sich der Lebensstil dieser Kirchen den verschiedenen zeitlichen und örtlichen Notwendigkeiten anpassen[2].

3. Diese Teilkirchen — seien es die östlichen oder westlichen — unterscheiden sich in gewissem Grade durch ihre sogenannten Riten, d. h. durch ihre Liturgie, ihr kirchliches Recht und ihr geistiges Erbgut; aber alle sind sie in gleicher Weise der Hirtenführung des Bischofs von Rom anvertraut, der nach göttlichem Recht dem hl. Petrus im Primat über die ganze Kirche nachfolgt. Alle nehmen sie daher die gleiche Würde ein, so daß auf Grund ihres Ritus keine von ihnen einen Vorrang vor den anderen hat. Alle genießen dieselben Rechte und haben dieselben Verpflichtungen, auch bezüglich der unter Oberleitung des Bischofs von Rom auszuübenden Verkündigung des Evangeliums an die ganze Welt (vgl. Mk 16, 15).

4. Auf der ganzen Welt soll daher für die Erhaltung und das Wachstum aller Teilkirchen gesorgt werden. Daher sollen eigene Pfarreien und eine eigene Hierarchie errichtet werden, wo immer das geistige Wohl der Gläubigen dies fordert. Doch sollen die Hierarchen der verschiedenen Teilkirchen, die im selben Gebiet ihre Oberhirtengewalt ausüben, durch regelmäßige gemeinsame Beratungen dafür sorgen, daß die Einheitlichkeit des Handelns gefördert wird und daß mit vereinten Kräften gemeinsame Unternehmungen zum Segen der Religion und zum wirksameren Schutz der Ordnung innerhalb der Geistlich-

---

[2] Leo IX, Brief In terra pax (1053): „Ut enim"; Innozenz III, IV. Lat. Konzil (1215), 4. Kap.: „Licet Graecos"; Brief Inter quatuor (2. Aug. 1206): „Postulasti postmodum"; Innozenz IV, Brief Cum de cetero (27. Aug. 1247); Brief Sub catholicae (6. März 1254), Vorwort; Nikolaus III, Instructio Istud est memoriale (9. Okt. 1278); Leo X, Litt. Ap. Accepimus nuper (18. Mai 1521); Paul III, Litt. Ap. Dudum (23. Dez. 1534); Pius IV, Konst. Romanus Pontifex (16. Febr. 1564) § 5; Klemens VIII, Konst. Magnus Dominus (23. Dez. 1595) § 10; Paul V, Konst. Solet circumspecta (10. Dez. 1615) § 3; Benedikt XIV, Enz. Demandatam (24. Dez. 1743) § 3; Enz. Allatae sunt (26. Juni 1755) §§ 3, 6–19, 32; Pius VI, Enz. Catholicae communionis (24. Mai 1787); Pius IX, Brief In suprema (6. Jan. 1848) § 3; Litt. Ap. Ecclesiam Christi (26. Nov. 1853); Konst. Romani Pontificis (6. Jan. 1862); Leo XIII, Ep. Ap. Praeclara (20. Juni 1894), Nr. 7; Litt. Ap. Orientalium dignitas (30. Nov. 1894), Vorw.; u. a.

keit verwirklicht werden[3]. Alle Geistlichen und alle, die zu den heiligen Weihen aufsteigen, sollen gründlich über die Riten unterrichtet werden und vor allem über die praktischen Regeln für die Beziehungen der einzelnen Riten zueinander. Auch die Laien sollen in der Glaubensunterweisung über die verschiedenen Riten und ihre Bestimmungen belehrt werden. Endlich soll jeder Katholik wie auch jeder in irgendeiner nichtkatholischen Kirche oder Gemeinschaft Getaufte, der zur vollen katholischen Einheit kommt, auf der ganzen Welt seinen eigenen Ritus pflegen und nach besten Kräften bewahren[4]. Dabei bleibt in Sonderfällen einzelner Personen, einzelner Gemeinschaften oder einzelner Gebiete das Recht des Rekurses an den Apostolischen Stuhl gewahrt. Dieser wird als höchster Schiedsrichter über die Beziehungen der Teilkirchen zueinander in ökumenischem Geiste durch geeignete Richtlinien, Anordnungen oder Reskripte selbst oder unter Einschaltung anderer Obrigkeiten den Erfordernissen Rechnung tragen.

Das geistige Erbgut der Ostkirchen soll bewahrt werden

5. Die Geschichte, die Überlieferungen und zahlreiche kirchliche Einrichtungen legen ein glänzendes Zeugnis für die großen Verdienste der Ostkirchen um die Gesamtkirche ab[5]. Darum begnügt sich das Heilige Konzil nicht damit, diesem kirchlichen und geistigen Erbgut schuldige Achtung und gebührendes Lob zu zollen. Es betrachtet all das darüber hinaus als echtes Erbgut der gesamten Kirche Christi. Daher erklärt es feierlich: Die Kirchen des Ostens wie auch des Westens haben das volle Recht und die Pflicht, sich jeweils nach ihren eigenen Grundsätzen zu richten, die sie durch ihr ehrwürdiges Alter empfehlen, den Gewohnheiten ihrer Gläubigen besser entsprechen und der Sorge um das Seelenheil angemessener erscheinen.

[3] Pius XII, Motupr. Cleri sanctitati (2. Juni 1957), can. 4.
[4] Pius XII, Motupr. Cleri sanctitati (2. Juni 1957), can. 8: „sine licentia Sedis Apostolicae", folgt der Praxis der voraufgehenden Jahrhunderte; ebenso heißt es in can. 11 hinsichtlich der getauften Nichtkatholiken: „Sie können den Ritus annehmen, den sie vorziehen." Im vorliegenden Text wird die Befolgung des Ritus positiv für alle und für überall geregelt.
[5] Vgl. Leo XIII, Litt. Ap. Orientalium dignitas (30. Nov. 1894); Ep. Ap. Praeclara gratulationis (20. Juni 1894); ferner die unter (2) beigebrachten Dokumente.

6. Alle Ostchristen sollen wissen und davon überzeugt sein, daß sie ihre rechtmäßigen liturgischen Bräuche und die ihnen eigene Ordnung bewahren dürfen und müssen, es sei denn, daß aus eigenständigem und organischem Fortschritt Änderungen eingeführt werden sollten. Über das alles sollen also die Orientalen selbst mit größter Gewissenhaftigkeit wachen. Sie sollen auch immer tiefer eindringen in die Kenntnis dieser Dinge und sich immer mehr vervollkommnen in deren praktischer Verwirklichung. Wenn sie aber wegen besonderer Zeitumstände oder persönlicher Verhältnisse ungebührlich von ihren östlichen Gebräuchen abgekommen sind, sollen sie sich befleißigen, zu den Überlieferungen ihrer Väter zurückzukehren. Indessen sollen sich alle, die durch ihr Amt oder ihren apostolischen Dienst in engere Berührung mit den Ostkirchen oder ihren Gläubigen kommen, angesichts ihrer verantwortungsschweren Aufgabe in der Kenntnis und Ausübung ostkirchlicher Gebräuche, in ostkirchlicher Ordnung, Lehre, Geschichte und charakterlicher Eigenart gründlich unterrichten lassen[6]. Den Orden und Genossenschaften des lateinischen Ritus aber, die in ostkirchlichen Gebieten oder unter ostkirchlichen Gläubigen seelsorglich tätig sind, wird dringend empfohlen, daß sie nach Möglichkeit, um ihr Apostolat wirksamer zu machen, Häuser oder auch Provinzen des östlichen Ritus errichten[7].

Die ostkirchlichen Patriarchen

7. Seit den ältesten Zeiten besteht in der Kirche die Einrichtung des Patriarchates, die schon von den ersten ökumenischen Konzilien anerkannt worden ist[8].

Als ostkirchlichen Patriarchen bezeichnet man einen Bischof, dem im Rahmen des Rechtes, unbeschadet des Primates des Bischofs von Rom, die Regierungsgewalt über alle Bischöfe, die

[6] Vgl. Benedikt XV, Motupr. Orientis catholici (15. Okt. 1917); Pius XI, Enz. Rerum orientalium (8. Sept. 1928); u. a.
[7] Die Praxis der katholischen Kirche unter Pius XI, Pius XII, Johannes XXIII zeigt reichlich diese Tendenz.
[8] Vgl. Konzil v. Nicaea I, can. 6; Konstant. I, can. 2 und 3; Chalc., can. 28, can. 9; Konstant. IV, can. 17 und 21; Lat. IV, can. 5 und 30; Florent., Decr. pro Graecis; u. a.

Metropoliten einbezogen, sowie über den Klerus und das Volk seines Gebietes oder Ritus zukommt[9].

Wo immer ein Oberhirte eines bestimmten Ritus außerhalb des Patriarchatsgebietes eingesetzt wird, bleibt er unter Wahrung der sonstigen kirchenrechtlichen Bestimmungen der Hierarchie seines Patriarchates angegliedert.

8. Die ostkirchlichen Patriarchen sind zwar zu verschiedenen Zeiten aufgekommen, aber hinsichtlich ihrer Patriarchenwürde alle gleichen Ranges. Dabei bleibt jedoch der gesetzlich festgelegte Ehrenvortritt gewahrt[10].

9. Nach ältester kirchlicher Überlieferung gebührt den Patriarchen der Ostkirchen ein einzigartiger Ehrenvorzug; stehen sie doch als Vater und Oberhaupt über ihrem Patriarchat.

Daher bestimmt dieses Heilige Konzil, daß ihre Rechte und Privilegien nach den alten Traditionen einer jeden Kirche und nach den Beschlüssen der Ökumenischen Konzilien wiederhergestellt werden sollen[11].

Es sind dies jene Rechte und Privilegien, die galten, als Ost und West noch geeint waren, mag auch eine gewisse Anpassung an die heutigen Verhältnisse notwendig sein.

Die Patriarchen bilden mit ihren Synoden die Oberbehörde für alle Angelegenheiten des Patriarchates; nicht ausgenommen ist das Recht zur Errichtung neuer Eparchien und zur Ernennung von Bischöfen ihres Ritus innerhalb der Grenzen des Patriarchalgebietes, unbeschadet des Rechtes des Bischofs von Rom, in Einzelfällen einzugreifen.

10. Das über die Patriarchen Gesagte gilt im Rahmen des Rechtes auch von den Großerzbischöfen, die einer ganzen Teilkirche oder einem Ritus vorstehen[12].

---

[9] Vgl. Nicaen. I, can. 6; Konstant. I, can. 3; Konstant. IV, can. 17; Pius XII, Motupr. Cleri sanctitati, can. 216, § 2, 1.

[10] Auf Ökumenischen Konzilien: Nicaen. I, can. 6; Konstant. I, can. 3; Konstant. IV, can. 21; Lat. IV, can. 5; Florent., Decr. pro Graecis (6. Juli 1439) § 9. Vgl. Pius XII, Motupr. Cleri sanctitati (2. Juni 1957), can. 219; u. a.

[11] Vgl. oben, Anm. 8.

[12] Vgl. Konz. v. Ephesus, can. 8; Klemens VIII, Decet Romanum Pontificem (23. Febr. 1596); Pius VII, Litt. Ap. In universalis Ecclesiae (22. Febr. 1807); Pius XII, Motupr. Cleri sanctitati (2. Juni 1957), can. 324–327; Synode v. Karthago (419), can. 17.

11. Da die Einrichtung des Patriarchates in den Ostkirchen die überlieferte Form der Kirchenregierung ist, wünscht dieses Heilige Ökumenische Konzil, daß, wo es nötig ist, neue Patriarchate gegründet werden. Ihre Errichtung ist dem Ökumenischen Konzil oder dem Bischof von Rom vorbehalten[13].

Sakramentenordnung

12. Das Heilige Ökumenische Konzil bestätigt und heißt gut die alte bei den Ostkirchen bestehende Ordnung der Sakramente und die Art ihres Vollzuges und ihrer Spendung. Gegebenenfalls wünscht es die Wiederherstellung dieser alten Ordnung.

13. Die seit den ältesten Zeiten bei den Ostchristen gültige Ordnung, die den Spender des Sakramentes des heiligen Chrisams betrifft, soll in vollem Umfang wiederhergestellt werden. Demgemäß können die Priester dieses Sakrament spenden unter Gebrauch von Chrisam, der vom Patriarchen oder Bischof geweiht ist[14].

14. Alle ostkirchlichen Priester können dieses Sakrament in gültiger Weise allen Gläubigen eines jeden Ritus, den lateinischen inbegriffen, spenden, sei es in Verbindung mit der Taufe oder getrennt von ihr. Was die Erlaubtheit betrifft, sind die Bestimmungen des allgemeinen und des Partikularrechtes zu beachten[15]. Wenn lateinische Priester Vollmacht haben, dieses

---

[13] Synode v. Karth. (419), can. 17 u. 57; Chalc. (451), can. 12; Innozenz I, Brief Et onus et honor (um 415): „Nam quid sciscitaris"; Nikolaus I, Brief Ad consulta vestra (13. Nov. 866): „A quo autem"; Innozenz III, Brief Rex regum (25. Febr. 1214); Leo XII, Const. Ap. Petrus Apostolorum Princeps (15. Aug. 1824); Leo XIII, Litt. Ap. Christi Domini (1895); Pius XII, Motupr. Cleri sanctitati (2. Juni 1957), can. 159.

[14] Vgl. Innozenz IV, Brief Sub catholicae (6. März 1254) § 3, Nr. 4; Lyon II (1274), Glaubensbekenntnis des Michael Paläologus vor Gregor X; Eugen IV auf dem Florent., Konst. Exsultate Deo (22. Nov. 1439) § 11; Klemens VIII, Instructio Sanctissimus (31. Aug. 1595); Benedikt XIV, Konst. Etsi pastoralis (26. Mai 1742) § II, Nr. 1, § III, Nr. 1 usw.; Synode v. Laodicea (347/381), can. 48; armenische Synode v. Sis (1342); maronitische Synode im Libanon v. 1736, Teil II, Kap. III, Nr. 2; und andere Partikularsynoden.

[15] Vgl. Heiliges Offizium, Instructio an den Bischof v. Zips (1783); Prop. Fide für die Kopten (15. März 1790), Nr. XIII; Dekret v. 6. Okt. 1863, C, a; Kongr. f. d. Ostkirchen v. 1. Mai 1948; Heiliges Offizium, Antwort v. 22. Apr. 1896 mit Brief v. 19. Mai 1896.

Sakrament zu spenden, so können sie es gültigerweise auch ostkirchlichen Gläubigen spenden, ohne dabei deren Ritus zu ändern. Zur Erlaubtheit der Spendung ist das allgemeine und das Partikularrecht einzuhalten[16].

15. Die Gläubigen sind verpflichtet, an den Sonn- und Feiertagen der Göttlichen Liturgie oder, gemäß den Vorschriften oder Gewohnheiten ihres eigenen Ritus, dem feierlichen Gotteslob beizuwohnen[17]. Damit die Gläubigen diese Pflicht leichter erfüllen können, wird festgelegt, daß die Frist zur Erfüllung dieser Pflicht mit dem Abend des Vortages beginnt und bis zum Ende des Sonn- oder Festtages läuft[18]. Dringend wird den Gläubigen empfohlen, an diesen Tagen und noch öfter, ja täglich, die heilige Eucharistie zu empfangen[19].

16. Mit Rücksicht auf die allgemeine Vermischung der Gläubigen verschiedener Teilkirchen in derselben ostkirchlichen Region* oder in demselben ostkirchlichen Territorium** wird die Beichtvollmacht für Priester aller Riten, die eine solche Vollmacht von ihrem eigenen Oberhirten ordnungsgemäß und ohne Vorbehalt empfangen haben, auf den ganzen Bereich dessen ausgedehnt, der die Vollmacht gegeben hat. Sie hat auch

---

[16] CIC, can. 782 § 4; Kongr. f. d. Ostkirchen, Dekret „Über die Spendung der Firmung auch an ostkirchliche Gläubige durch Priester des lateinischen Ritus, die sich dieses Indultes für Gläubige ihres Ritus erfreuen" (1. Mai 1948).

[17] Vgl. Synode v. Laodicea (347/381), can. 29; Nikephoros v. Konstant., Kap. 14; armenische Synode v. Dwin (719), can. 31; Theodor der Studit, Predigt 21; Nikolaus I, Brief Ad consulta vestra (13. Nov. 866): „In quorum Apostolorum"; „Nos cupitis"; „Quod interrogatis"; „Praeterea consulitis"; „Si die Dominico"; sowie Partikularsynoden.

[18] Eine Neuerung, wenigstens wo die Verpflichtung zum Anhören der heiligen Liturgie besteht; sie lehnt sich übrigens an den liturgischen Tag bei den Orientalen an.

[19] Vgl. Canones Apostolorum 8 und 9; Synode v. Antiochien (341), can. 2; Timotheus v. Alex., Interrogatio 3; Innozenz III, Konst. Quia divinae (4. Jan. 1215); sowie sehr viele ostkirchliche Partikularsynoden in jüngerer Zeit.

* „Region" bedeutet hier ein Gebiet, in dem seit alter Zeit ein ostkirchlicher Ritus besteht, unabhängig davon, ob an dem Ort eine ostkirchliche Eparchie (Bistum), eine Kirchenprovinz, ein Erzbistum oder ein Patriarchat errichtet ist (Motuproprio Postquam Apostolicis v. 9. Februar 1952, can. 303 § 1, 2) (Anm. des Übers.).

** „Territorium" bedeutet ein Gebiet, in dem wenigstens ein Exarchat für ostkirchliche Gläubige errichtet ist, die außerhalb einer ostkirchlichen „Region" (s. o.) wohnen (a. a. O., can. 303 § 1, 3) (Anm. des Übers.).

für Stätten und Gläubige jedes anderen Ritus in diesem Bereich Geltung, es sei denn, daß ein Ortsoberhirte dies für Stätten seines Ritus ausdrücklich verweigert hätte[20].

17. Damit die alte Ordnung des Weihesakramentes in den Ostkirchen wieder zur Geltung komme, wünscht das Heilige Konzil dringend, daß die Einrichtung des dauernden Diakonates, wo sie außer Übung gekommen ist, wieder eingeführt wird[21]. Über Subdiakonat und Niedere Weihen sowie über deren Rechte und Pflichten soll die gesetzgebende Obrigkeit jeder Teilkirche Anordnungen treffen[22].

18. Um der Ungültigkeit von Ehen vorzubeugen sowie um der Dauerhaftigkeit der Ehe, ihrer Heiligkeit und dem häuslichen Frieden Rechnung zu tragen, bestimmt das Heilige Konzil, daß für Ehen zwischen katholischen Ostchristen und getauften, ostkirchlichen Nichtkatholiken die kanonische Eheschließungsform nur zur Erlaubtheit vorgeschrieben ist. Zur Gültigkeit einer solchen Ehe genügt die Anwesenheit eines gültig geweihten Amtsträgers***. Voraussetzung dafür ist, daß die sonstigen Rechtsvorschriften eingehalten werden[23].

---

[20] Unbeschadet des Territorialprinzips in der Leitungsgewalt zielt der Kanon zum Heil der Seelen auf Vorkehrungen bei einer Mehrzahl von Jurisdiktionen im gleichen Gebiet.

[21] Vgl. Nicaen. I, can. 18; Syn. v. Neocaesarea (314/325), can. 12; Syn. v. Sardika (343), can. 8; Leo d. Gr., Brief Omnium quidem (13. Jan. 444); Chalc., can. 6; Konstant. IV, can. 23, 26; u. a.

[22] Der Subdiakonat wird bei einer Reihe von Ostkirchen als Niedere Weihe betrachtet; durch das Motuproprio Pius' XII Cleri sanctitati jedoch werden für ihn die Verpflichtungen der Höheren Weihen vorgeschrieben. Der Kanon sieht vor, daß man hinsichtlich der Subdiakonatsverpflichtungen zur alten Ordnung der einzelnen Kirchen zurückkehre, unter Abschaffung des gemeinen Rechtes von Cleri sanctitati.

[23] Vgl. Pius XII, Motupr. Crebrae allatae (22. Febr. 1949), can. 32 § 2, Nr. 5 (Vollmacht der Patriarchen zur Dispens von der Formpflicht); Pius XII, Motupr. Cleri sanctitati (2. Juni 1957), can. 267 (Vollmacht der Patriarchen für sanatio in radice); das Heilige Offizium und die Kongr. f. d. Ostkirchen gewähren 1957 auf fünf Jahre die Vollmacht zur Dispens von der Formpflicht und zur Heilung bei Formmangel „den Metropoliten und anderen Ortsoberhirten außerhalb der Patriarchate . . ., die außer dem Heiligen Stuhl keinen anderen Vorgesetzten haben".

*** im Urtext: minister sacer (Anm. des Übers.).

Gottesdienst

19. In Zukunft ist es allein das Recht des Ökumenischen Konzils oder des Apostolischen Stuhles, für alle Ostkirchen gemeinschaftliche Feiertage einzuführen, sie zu verlegen oder aufzuheben. Für die einzelnen Teilkirchen Feste einzuführen, zu verlegen oder aufzuheben steht außer dem Apostolischen Stuhl auch den Patriarchalsynoden oder den erzbischöflichen Synoden zu. Doch soll dabei auf das ganze Gebiet und auf die übrigen Teilkirchen Rücksicht genommen werden [24].

20. Bis es zur ersehnten Übereinkunft aller Christen über einen einheitlichen Ostertermin kommt, wird es den Patriarchen oder den höchsten örtlichen Obrigkeiten zur Förderung der Einheit aller Christen desselben Gebietes oder desselben Volkes anheimgegeben, daß sie bei einheiliger Zustimmung und nach Beratung mit allen Beteiligten sich auf einen bestimmten Sonntag als Ostertermin einigen [25].

21. Einzelne Gläubige, die sich außerhalb einer Region oder eines Territoriums ihres Ritus aufhalten, können sich hinsichtlich der heiligen Zeiten ganz der Ordnung anpassen, wie sie an ihrem Aufenthaltsort gültig ist. Familien, deren Glieder verschiedenen Riten angehören, können diese Ordnung einheitlich nach einem der Riten halten [26].

22. Das kirchliche Gotteslob stand seit alter Zeit bei allen Ostkirchen in hohen Ehren. Darum sollen es die ostkirchlichen Kleriker und Ordensleute nach den Vorschriften und Überlieferungen ihrer eigenen Kirchenordnung feiern [27]. Auch die

---

[24] Vgl. Leo d. Gr., Brief Quod saepissime (15. Apr. 454): „Petitionem autem“; Nikephoros v. Konst., Kap. 13; Synode des Patriarchen Sergius (18. Sept. 1596), can. 17; Pius VI, Litt. Ap. Assueto paterne (8. Apr. 1775); u. a.

[25] Vgl. Vat. II, Konst. über die heilige Liturgie (4. Dez. 1963).

[26] Vgl. Klemens VIII, Instructio Sanctissimus (31. Aug. 1595) § 6: „Si ipsi graeci“; Heiliges Offizium am 7. Juni 1673 zu 1 u. 3, am 13. März 1727 zu 1; Prop. Fide, Dekret v. 18. Aug. 1913, Art. 33; Dekret v. 14. Aug. 1914, Art. 27; Dekret v. 27. März 1916, Art. 14; Kongr. f. d. Ostkirchen, Dekret v. 1. März 1929, Art. 36; Dekret v. 4. Mai 1930, Art. 41.

[27] Vgl. Syn. v. Laodicea (347/381), can. 18; chaldäische Synode des Mar Issak (410), can. 15; Nerses v. Hromklay, armenisch (1166); Innozenz IV, Brief Sub catholicae (6. März 1254) § 8; Benedikt XIV, Konst. Etsi pastoralis (26. Mai 1742) § 7, Nr. 5; Instructio Eo quamvis tempore (4. Mai 1745) §§ 42 ff; sowie Partiku-

Gläubigen sollen sich, treu dem Vorbild ihrer Väter, andächtig und nach besten Kräften dem Gotteslob widmen.

23. Der Patriarch mit seiner Synode oder die höchste Obrigkeit einer Kirche gemeinsam mit den Oberhirten haben das Recht, die bei den liturgischen Handlungen verwendeten Sprachen festzulegen. Unter Berichterstattung an den Heiligen Stuhl steht es ihnen auch zu, die Übersetzung der liturgischen Texte in die Volkssprache zu approbieren[28].

Verkehr mit den Brüdern aus den getrennten Kirchen

24. Den mit dem Römischen Apostolischen Stuhl in Gemeinschaft stehenden Ostkirchen obliegt die besondere Aufgabe, gemäß den Grundsätzen des von diesem Heiligen Konzil erlassenen Dekretes über den Ökumenismus die Einheit aller Christen, besonders der ostkirchlichen, zu fördern. Dieser Aufgabe dienen vor allem ihre Gebete, das Beispiel ihres Lebens, die ehrfürchtige Treue gegenüber den alten ostkirchlichen Überlieferungen, eine bessere gegenseitige Kenntnis und Zusammenarbeit sowie brüderliche Wertschätzung[29] des äußeren und inneren Lebens der anderen.

25. Von getrennten Ostchristen, die unter der Gnadenwirkung des Heiligen Geistes zur katholischen Einheit kommen, soll nicht mehr verlangt werden, als was das einfache katholische Glaubensbekenntnis fordert. Da ferner das Priestertum bei ihnen gültig bewahrt worden ist, haben ostkirchliche Kleriker, die zur katholischen Einheit kommen, das Recht, nach den Anordnungen der zuständigen Obrigkeit ihre Weihegewalt auszuüben[30].

26. Wenn eine Communicatio in sacris die Einheit der Kirche verletzt oder wenn sie eine formale Bejahung einer Irrlehre, die Gefahr eines Glaubensabfalles, eines Ärgernisses oder religiöser

---

larsynoden in jüngerer Zeit: armenische (1911), koptische (1898), maronitische (1736), rumänische (1872), ruthenische (1891), syrische (1888).

[28] Gemäß ostkirchlicher Überlieferung.

[29] Gemäß dem Tenor der Unionsbullen der einzelnen katholischen Ostkirchen.

[30] Konziliare Festlegung hinsichtlich der getrennten ostkirchlichen Brüder und aller Weihestufen göttlichen wie kirchlichen Rechts.

Gleichgültigkeit in sich birgt, dann ist sie durch göttliches Gesetz verboten[31]. Die Seelsorgepraxis zeigt aber, daß bei den in Frage kommenden ostkirchlichen Brüdern mancherlei persönliche Umstände in Betracht zu ziehen sind, unter denen weder die Einheit der Kirche verletzt wird noch irgendeine Gefahr zu fürchten ist, vielmehr ein Heilsnotstand und das geistliche Wohl der Seelen drängt. Daher hat die katholische Kirche je nach zeitlichen, örtlichen und persönlichen Umständen in Vergangenheit und Gegenwart oft eine mildere Handlungsweise angewandt und allen die Mittel zum Heil und das Zeugnis gegenseitiger christlicher Liebe durch Teilnahme an Sakramenten und anderen heiligen Handlungen und Sachen dargeboten. Aus diesen Erwägungen hat das Heilige Konzil, „damit wir nicht durch die Härte des Urteils den Erlösten zum Hindernis werden"[32], und zur immer stärkeren Förderung der Einheit mit den von uns getrennten Ostkirchen folgende Richtlinien festgelegt:

27. Unter Wahrung der erwähnten Grundsätze können Ostchristen, die guten Glaubens von der katholischen Kirche getrennt sind, wenn sie von sich aus darum bitten und recht vorbereitet sind, zu den Sakramenten der Buße, der Eucharistie und der Krankensalbung zugelassen werden. Ebenso ist es Katholiken erlaubt, dieselben Sakramente von nichtkatholischen Geistlichen zu erbitten, in deren Kirche die Sakramente gültig gespendet werden, sooft dazu ein ernstes Bedürfnis oder ein wirklicher geistlicher Nutzen rät und der Zugang zu einem katholischen Priester sich als physisch oder moralisch unmöglich herausstellt[33].

28. Unter Festhalten der gleichen Grundsätze wird auch die gemeinsame Beteiligung an heiligen Handlungen, Sachen und Stätten bei Katholiken und getrennten Ostchristen aus triftigen Gründen gestattet[34].

[31] Diese Lehre gilt auch in den getrennten Kirchen.
[32] Basilius d. Gr., Ep. can. ad Amphilochium: PG 32, 669 B.
[33] Als Grundlage der Erleichterung ist anzusehen: 1. die Gültigkeit der Sakramente, 2. der gute Glaube und die Disposition, 3. die Notwendigkeit für das ewige Heil, 4. die Abwesenheit eines eigenen Priesters, 5. der Ausschluß zu meidender Gefahren und formellen Anschlusses an den Irrtum.
[34] Es handelt sich um die obengenannte „außersakramentale communicatio in sacris". Die Erleichterungen gewährt das Konzil, wobei die Vorschriften einzuhalten sind.

29. Diese mildere Handhabung der Communicatio in sacris mit den Brüdern der getrennten Ostkirchen wird der Wachsamkeit und der Regelung der Ortsoberhirten anvertraut. Sie sollen darüber miteinander beraten und — falls es angezeigt erscheint — auch die Oberhirten der getrennten Kirchen hören. Dann sollen sie durch geeignete und wirksame Vorschriften und Regeln das Zusammenleben der Christen ordnen.

Schlußwort

30. Das Heilige Konzil ist hocherfreut über die fruchtbare und tatkräftige Zusammenarbeit der katholischen Ost- und Westkirchen. Gleichzeitig erklärt es: Alle Rechtsbestimmungen dieses Dekretes gelten nur für die gegenwärtigen Verhältnisse, bis die katholische Kirche und die getrennten Ostkirchen zur Vollendung der Gemeinschaft zusammenfinden.

Bis dahin aber werden alle Christen, die des Ostens und die des Westens, inständig gebeten, glühende und ausdauernde, ja tägliche Gebete an Gott zu richten, auf daß mit der Hilfe der hochheiligen Gottesgebärerin alle eins werden. Sie sollen auch beten, daß den vielen Christen der verschiedenen Kirchen, die Leid und Bedrängnis ertragen, weil sie den Namen Christi tapfer bekennen, vom Heiligen Geist, dem Beistand, die Fülle der Kraft und des Trostes zuströme.

„Laßt uns einander in brüderlicher Liebe zugetan sein, einander mit Achtung zuvorkommen" (Röm 12, 10).

DAS DEKRET ÜBER DEN ÖKUMENISMUS
„UNITATIS REDINTEGRATIO"

wurde entworfen, nachdem das Konzil im Dezember 1962 beschlossen hatte, drei Textentwürfe unterschiedlicher Herkunft zu ökumenischen Fragen sollten in einem einzigen Dekret zusammengefaßt werden. Das Schema dieses Dekrets, das unter der Verantwortung des Sekretariats für die Förderung der Einheit der Christen entstand, enthielt zunächst fünf Kapitel, von denen IV und V später abgetrennt und zu eigenen Konzilserklärungen (über das Verhältnis der Kirche zu den nichtchristlichen Religionen und über die religiöse Freiheit) wurden. Die ersten drei Kapitel wurden am Ende der II. Konzilssitzungsperiode 1963 diskutiert. Nach Einarbeitung der Änderungsvorschläge wurde in der III. Konzilssitzungsperiode 1964 detailliert über das Schema abgestimmt. Nachdem alle Teile des Schemas vom Konzil bereits angenommen worden waren, wurden auf Weisung des Papstes 19 Textänderungen vorgenommen. Die feierliche Schlußabstimmung ergab 2137 Ja gegen 11 Nein-Stimmen; am gleichen Tag, dem 21. November 1964, wurde das Dekret feierlich verkündet.

Die Lehre des Konzils über das Verhältnis der katholischen Kirche zu den nichtkatholischen Kirchen und Christen ist in der dogmatischen Konstitution über die Kirche, im Dekret über den Ökumenismus und auch im Dekret über die katholischen Ostkirchen enthalten. Diese Lehre muß zusammengenommen betrachtet werden. Es wäre falsch, das Dekret über den Ökumenismus nur als die Übersetzung der Lehre der Kirchenkonstitution in das Praktische anzusehen, zumal da für die mehr praktischen ökumenischen Fragen ein eigenes „Direktorium" vorgesehen ist. Der Hinweis darauf konnte dieses Dekret vor manchen Widerständen seitens der Konzilsminderheit retten.

Der Begriff „Ökumenismus" meint die „Ökumenische Bewegung", die sich mit dem Fernziel der Wiederherstellung der kirchlichen Einheit der Christen erst in diesem Jahrhundert gebildet hat. Als Begriff ist er dem romanischen Sprachbereich entlehnt und im Deutschen wenig glücklich (alle -ismen sind ideologieverdächtig). Es besteht kein Grund, die Überschrift des Dekrets „De oecumenismo" nicht mit „Über die Ökumenische Bewegung" wiederzugeben. Es handelt sich auch tatsächlich um jene Bewegung, die konkret außerhalb der katholischen Kirche aufbrach, zu der in der ersten Hälfte dieses Jahrhunderts nur einzelne charismatische Katholiken beitrugen und der sich nun die katholische Kirche selbst „amtlich" durch das Konzil anschließt. Es geht nicht um eine eigens zu fördernde katholische Bewegung, die gar noch in Konkurrenz zur früher entstandenen träte. Das wurde vom Konzil selbst so entschieden, bereits in der Behandlung der Überschrift des I. Kapitels. Es gibt keinen katholischen Ökumenismus; es gibt nur katholische Grundsätze der Teilnahme an der gemeinsamen Ökumenischen Bewegung.

Die außerhalb der katholischen Kirche entstandene Ökumenische Bewegung hat sich als Nahziel gesetzt, die getrennten Kirchen unbeschadet ihres eigenen dogmatischen Selbstverständnisses im Forum des Weltrats der Kirchen (statutenmäßig 1948 gegründet) zu gemeinsamen Überlegungen und zu gemeinsamem Handeln in der Welt zu bringen. 1965 gehörten ihm rund 214 Mitgliedskirchen an. Das Dekret versäumt es, diese ökumenische Arbeit zu würdigen. Seit 1965 wurde aber beim Weltrat ein Konsultativausschuß mit katholischen Mitgliedern aufgebaut, wofür das Sekretariat zur Förderung der Einheit der Christen sich große Verdienste erworben hat.

Das Vorwort stellt in seinem ersten Teil die traurige Tatsache fest, daß die Christen gespalten sind gegen den Willen des Herrn, der nur eine einige und einzige Kirche gegründet hat. Auf die theologische Frage, die im Licht der Kirchenkonstitution zu erwägen ist, ob diese Kirche selbst gespalten ist, geht der Text nicht ein. Der zweite Abschnitt spricht von der Tatsache der Ökumenischen Bewegung; dabei ist die Wendung, sie sei „auch" unter unseren getrennten Brüdern entstanden, weniger glücklich. Jedenfalls wird hier aber im Sinne der Erklärung des früheren „Heiligen Offiziums" vom 20. Dezember 1949 diese Bewegung dem Wirken der Gnade des Heiligen Geistes zugeschrieben, und das Wollen der Ökumenischen Bewegung wird unter Verwendung der Basisformel des Weltkirchenrates (Neu-Delhi 1961) korrekt wiedergegeben. Mit „Wiederherstellung der Einheit" ist ein Hinweis darauf gegeben, daß diese Einheit schon einmal verwirklicht war und somit innerhalb der Geschichte neu zu erhoffen ist, ohne daß damit von einer unhistorischen „Rückkehr" die Rede wäre. Schließlich wird gesagt, dieses Dekret gelte den Katholiken, aber *allen* Katholiken, damit sie dem Ruf und der Gnade Gottes, die in der Ökumenischen Bewegung zu sehen sind, entsprechen können.

Auf die katholischen Prinzipien der Ökumenischen Bewegung geht nun das I. Kapitel in 3 langen Artikeln ein. Artikel 2 spricht dreifach vom Werk Jesu selbst für die Einheit: von der Einigung der Menschheit durch die Menschwerdung, vom Gebet Jesu für die Einheit (Jo 17) und von der Stiftung der Eucharistie als wirksamen Zeichens der Einheit der Kirche; sodann vom Gebot der Liebe und der Verheißung des Geistes.

Der zweite Abschnitt handelt vom Wirken des Geistes für die Einheit in Jesus Christus. Der dritte Abschnitt nimmt die Lehre der Kirchenkonstitution über die sichtbare Verfassung der Kirche unter dem dreifachen Amt des Apostelkollegiums mit und unter Petrus wieder auf. Gleichfalls entsprechend der Kirchenkonstitution führt der vierte Abschnitt das Thema weiter durch die Nennung des Bischofskollegiums mit und unter dem Nachfolger Petri. Der Selbstvollzug der Kirche wird in einem Parallelismus von drei Gliedern geschildert: gläubige Predigt des Evangeliums — Verwaltung der Sakramente — Leitung in Liebe / Bekenntnis des einen Glaubens — gemeinsame Feier der Liturgie — brüderliche Eintracht. Auch die Abschnitte fünf und sechs entsprechen der Kirchenkonstitution. Damit ist kurz das konziliare Selbstverständnis der katholischen Kirche als ein katholisches Prinzip der Ökumenischen Bewegung umrissen. Artikel 3 geht nun auf die Spaltungen der kirchlichen Einheit und das Verhältnis der getrennten Christen zueinander ein. Der erste Abschnitt stellt die Tatsache von schon frühen Spaltungen und der späteren Trennungen auch großer Gemeinschaften von der *vollen* Gemeinschaft der katholischen Kirche" fest. Damit wird, ein erstes wichtiges Moment, das Fortbestehen einer Gemeinschaft bereits ausgesagt. Der Text läßt sich nur in einem Punkt auf historische Gegebenheiten ein, ein zweites wichtiges Moment: die Trennungen traten „oft nicht ohne Schuld der Menschen auf beiden Seiten" ein. Leider versäumt er hier aber, ausdrücklich zuzugeben, daß auch eine Schuld der Kirche als solcher beim direkten und konkreten Vorgang der Trennung vorliegen kann, wenn und sofern dabei nämlich Organe der Kirche, die legitim im Namen der Kirche handeln, im Namen der Kirche eine Trennung mitbegründeten. Der Text wendet sich sogleich der Gegenwart zu: Den Menschen, die jetzt in solchen Gemeinschaften geboren sind, darf die Schuld der Trennung nicht zur Last gelegt werden. Da sie guten Glaubens sind (der nach den Grundsätzen christlichen Verhaltens bei anderen bis zum Beweis des Gegenteils immer vorauszusetzen ist: L. Kardinal Jaeger), dürfen sie nicht formell als Häretiker angesehen werden. Der Text sagt, die katholische Kirche betrachte sie in Verehrung und Liebe als Brüder, weil sie — wegen des Glaubens an Christus und der recht empfangenen Taufe — in einer gewissen (wenn auch nicht vollkommenen) Gemeinschaft mit der katholischen Kirche stehen. Der Text streift kurz die Hindernisse der vollen kirchlichen Gemeinschaft und geht dann wieder auf die tiefsten Elemente der dennoch bestehenden Gemeinschaft mit ihnen ein: Rechtfertigung durch den Glauben in der Taufe und Eingliederung in Christus. Darum sind sie wahrhaft Christen und für den Katholiken Brüder im Herrn. Es gibt aber, wie nun der zweite Abschnitt ausführt, über die Grundelemente hinaus auch andere innere und sichtbare

Güter der Kirche Christi außerhalb ihrer sichtbaren Grenzen. Daß diese Güter „Rechtens" („iure") der Kirche Christi gehören, ist eine jener 19 päpstlichen Änderungen, die im November 1964 nachträglich in den Text eingefügt wurden, über den schon abgestimmt war, und die wegen ihrer Ängstlichkeit einen ungünstigeren Eindruck machen als sachlich von ihrem Lehrgehalt her gerechtfertigt ist. (Hier wird nur auf jene Änderungen hingewiesen, durch die sich nichtkatholische Christen besonders gekränkt fühlten.) Der dritte Abschnitt führt die Nennung dieser gemeinsamen Elemente fort und erwähnt (ohne Unterscheidung von Orthodoxen und Protestanten) „zahlreiche liturgische Handlungen, die tatsächlich das Leben der Gnade zeugen können". Von großer Bedeutung ist der vierte Abschnitt. Er sagt, daß die getrennten Kirchen und Gemeinschaften „nicht ohne Bedeutung und Gewicht im Geheimnis des Heils" sind und vom Geist Christi „als Mittel des Heils" gebraucht werden. Damit wird der Sache nach nicht nur anerkannt, daß die entsprechenden Gemeinschaften *als solche* für ihre Glieder Mittel des Heils sind, sondern es wird darüber hinaus gesagt, daß sie überhaupt — trotz aller Mängel — eine positive heilsgeschichtliche Funktion haben. Der hier gegebene Ansatzpunkt wird aber nicht weiter ausgebaut, sondern der fünfte Abschnitt geht nun in der geforderten Ehrlichkeit auf die bereits genannten Mängel der Nichtkatholiken ein: keine umfassende Einheit, kein Zutritt zur „Fülle der Heilsmittel", keine völlige Eingliederung in den Leib Christi auf Erden (die Einschränkung „auf Erden" ist bemerkenswert). Der letzte Satz zeichnet in eschatologischer Perspektive den Pilgerweg der Kirche. Daß das Volk Gottes der Sünde ausgesetzt bleibe, wurde vom Papst ergänzt: „in seinen Gliedern". Der lange Artikel 4 handelt im ganzen von der unter der Gnade des Heiligen Geistes entstandenen Ökumenischen Bewegung. Im ersten Abschnitt werden alle Katholiken ermahnt, an ihr mit Eifer teilzunehmen. Im zweiten Abschnitt werden das Wesen der Ökumenischen Bewegung und deren wichtigste Arbeitsgebiete sehr gut beschrieben. Hier ist ausdrücklich die Rede von der notwendigen Erneuerung *und* Reform der Kirche. Der dritte Abschnitt äußert die Hoffnung, daß das Ziel der Ökumenischen Bewegung erreicht werde, wobei wiederum die gemeinsame Eucharistiefeier eigens als wesentlicher Ausdruck dieses Zieles hervorgehoben wird. Der vierte Abschnitt sagt in erfreulicher Klarheit, daß ökumenische Arbeit etwas wesenhaft anderes ist als die Förderung von Einzelkonversionen. Abschnitt fünf und sechs gehen in großer Ehrlichkeit auf die Mängel ein, die dem ökumenischen Bemühen auf katholischer Seite entgegenstehen. Der fünfte Abschnitt sagt, die Katholiken sollten sich in erster Linie um ihre eigene Erneuerung kümmern und erst dann um die getrennten Christen besorgt sein. Der sechste Abschnitt spricht von der Erneuerungsbedürftigkeit der ganzen katholischen Kirche, deren Glieder nicht entsprechend leben, deren Antlitz nicht recht aufleuchtet. In Abwandlung eines bekannten,

Johannes XXIII. besonders teuren Spruchs proklamiert Abschnitt sieben im Notwendigen die Einheit, in Spiritualität, Lebensgestaltung, Liturgie und Theologie aber die Freiheit und in allem die Liebe. Der achte Abschnitt verlangt von den Katholiken, daß sie die wahrhaft christlichen Güter (bis zum Martyrium) bei den getrennten Brüdern als wunderbare Werke Gottes anerkennen und hochschätzen. Abschnitt neun sagt noch mehr: daß alles, was der Geist Gottes bei diesen gewirkt hat, auch zu unserer eigenen Auferbauung und zu tieferem Erfassen des Geheimnisses Christi und der Kirche beitragen kann. „Was wahrhaft christlich ist, steht niemals im Gegensatz zu den echten Gütern des Glaubens." Nach dem zehnten Abschnitt kann wegen der Spaltungen die Fülle der Katholizität weder „in jenen Söhnen der Kirche" wirksam werden, die „ihr zwar durch die Taufe zugehören, aber von ihrer völligen Gemeinschaft getrennt sind", noch in der Kirche selbst unter jedem Aspekt deutlich werden. Der Schlußabschnitt empfiehlt die Förderung der Ökumenischen Bewegung unter den Katholiken besonders den Bischöfen.

Kapitel II handelt in 8 Artikeln von der praktischen Verwirklichung der ökumenischen Arbeit. Artikel 5 sagt, daß die Sorge um Wiederherstellung der Einheit die ganze Kirche und jeden Einzelnen angeht; darüber hinaus ist wichtig, daß er unter den bereits verbindenden Elementen nun auch diese Sorge nennt, die also den in Artikel 3 genannten Elementen hinzuzufügen ist. In Artikel 6 bekennt sich das Konzil nachdrücklich zur dauernden Reform der Kirche, „soweit sie menschliche und irdische Einrichtung ist"; diese Reform wird gleichzeitig als wesentlicher Bestandteil der Ökumenischen Bewegung gesehen. Unter den reformbedürftigen Einzelheiten, die der erste Abschnitt anführt, ist „die Art der Lehrverkündigung" hervorzuheben, „die von dem Glaubensschatz selbst genau unterschieden werden muß". Weiteres zur ständigen Reform der Kirche in der Kirchenkonstitution, Artikel 9, und in der Offenbarungskonstitution, Kapitel II und VI. Der zweite Abschnitt sagt, die (vor wenigen Jahren noch mit Mißtrauen betrachteten) Bewegungen in der katholischen Kirche seien verheißungsvolle Zeichen für die Zukunft der Ökumenischen Bewegung. Artikel 7 spricht mit aufrichtigen und bewegenden Worten von der notwendigen Bekehrung der Herzen (die Geweihten werden eigens angesprochen; „Priestertum" meint hier nicht nur die Presbyter) und enthält eine ehrliche Bitte um und Gewährung von Verzeihung gegenüber den getrennten Brüdern im Hinblick auf alle Sünden gegen die Einheit. Artikel 8 nennt außer der Bekehrung des Herzens und der Heiligkeit des Lebens das Gebet für die Einheit „die Seele der ganzen Ökumenischen Bewegung". Man wird nicht sagen können, die hier im dritten Abschnitt ausgesprochene Empfehlung des gemeinsamen Betens der getrennten Christen sei kleinlich; zumal diese Gebete nicht nur dem Ziel der Einheit dienen sollen, sondern „eine echte Bezeugung" des immer noch fortbestehenden Bandes genannt werden. Abschnitt vier geht dann auf die (über Gebet und Wortgottesdienst, so die Interpretation von L. Kardinal Jaeger, hinausgehende) „communicatio in sacris", Gottesdienstgemeinschaft, ein. Da hier nur allgemeine Prinzipien aufgestellt werden, alles weitere den kirchlichen Autoritäten und dem oben erwähnten „Direktorium" überlassen wird, ist vorerst in Geduld und Hoffnung abzuwarten. Von großer, überregionaler Bedeutung sind jedoch die Ausführungen dazu im Dekret über die katholischen Ostkirchen, Artikel 26–29. Artikel 9 erklärt die Kenntnis der Sinnesart der getrennten Brüder zur Notwendigkeit und gibt dazu und zum ökumenischen Dialog geeignete Hinweise. Artikel 10 geht auf die ökumenische Unterweisung ein. Sehr wichtig ist, daß dieser Artikel vorschreibt, die gesamte Theologie einschließlich der historischen Fächer müsse in ökumenischem Geist geschehen (wobei die Priesterausbildung eigens erwähnt wird; vgl. Priesterausbildungsdekret, Artikel 16). Mit der Errichtung ökumenischer Institute ist also für die übrige Theologie kein Alibi gegeben. Der Schlußabsatz weist auf das ökumenische Problem in den Missionen wenigstens hin; da das Missionsdekret zwar deutlicher und öfter, aber nicht viel konkreter auf die Frage eingeht, verbinden sich viele Hoffnungen mit dem künftigen „Direktorium". Artikel 11 ist ein Teil des Dekrets, der für die katholische Theologie insgesamt von großer Bedeutung ist. Er spricht von der Art und Weise, wie die Glaubenslehre ausgesagt und vorgelegt wird. Der erste Abschnitt lehnt mit Recht den verwaschenen und verschwommenen Irenismus ab. Der zweite fordert — in einem Satz eine ungeheure Forderung — eine Sprache, die von den getrennten Brüdern wirklich verstanden werden kann. Dieser Anspruch stellt sich gleichermaßen an Predigten, Katechese, Theologie und private Gespräche. Der dritte Abschnitt gilt dem theologischen Dialog. Von fundamentaler Wichtigkeit auch für die gesamte Glaubenssituation der Gegenwart ist die Mahnung des Konzils, nicht zu vergessen, „daß es nach katholischer Lehre eine Rangordnung oder ‚Hierarchie' der Wahrheiten gibt, je nach der verschiedenen Art ihres Zusammenhanges mit dem Fundament des christlichen Glaubens". Den Hinweis darauf verdankt das Konzil dem italienischen Bischof Pangrazio; eine der wirklichen Großtaten des Konzils. Es ist damit nicht gemeint, die amtliche Kirche könne eine Art von „Fundamentalartikeln" aufstellen, über die sich die getrennten Kirchen leichter einigen würden als über die Glaubenswahrheit insgesamt. Aber die Katholiken sind hiermit angewiesen, weniger fundamentale Wahrheiten nicht in Sonderlehren und frommen Praktiken hochzuspielen und darüber hinaus nachzudenken, wie die einzelnen Glaubenswahrheiten so verkündet werden können, daß ihr Zusammenhang mit dem Glaubensfundament ganz klar wird und von dieser Herkunft erst Sinn und Grenzen des Sinnes der abgeleiteten Sätze wirklich deutlich werden. Man kann nicht behaupten, daß das

z. B. in den Lehren über Maria, die Sakramente, die Kirche, die Liturgie usw. bereits genügend geschieht. Artikel 12 zählt nun eine ganze Reihe von Arbeitsgebieten auf, in denen es schon heute eine konkrete Zusammenarbeit der getrennten Christen geben kann; nach dem Text muß dabei schon heute ein gemeinsames Zeugnis vor der Welt sowohl für den Glauben an den dreieinigen Gott als auch für die bereits bestehende Verbundenheit der getrennten Christen möglich sein.

Das III. Kapitel will in 12 Artikeln auf die Frage eingehen, wie die vom „Römischen Apostolischen Stuhl" getrennten Kirchen und kirchlichen Gemeinschaften genauer beschaffen sind und was sich aus ihrer Eigenart für die Teilnahme der Katholiken an der Ökumenischen Bewegung ergibt. Die Überschrift des Artikels verwendet die auf dem Konzil geprägte Bezeichnung „Kirchliche Gemeinschaften" („Communitates ecclesiales").

Wenn sie neben den „Kirchen" genannt werden, so soll damit auf die Vielfalt der inneren Strukturen und des eigenen Selbstverständnisses der von Rom getrennten Gemeinschaften hingewiesen werden; es ist jedoch nichts Abwertendes damit gemeint. Der einleitende Artikel 13 weist darauf hin, daß es zwei große Kategorien von Kirchenspaltungen gibt, woraus sich später je verschiedene Erscheinungsformen kirchlichen Christentums ergeben haben, die für die ökumenische Arbeit je eigene Probleme aufgeben. Das entspricht auch den Erfahrungen im Weltrat der Kirchen. Gerade weil das Konzil nicht nur die Beziehung zu den einzelnen getrennten Christen betrachtet, sondern mit den Gemeinschaften als solchen in die Ökumenische Bewegung eintreten will, ist der Versuch, die verschiedenen Verhältnisse möglichst genau zu erfassen, anerkennenswert. Es handelt sich um die Spaltungen im Osten, wobei Absatz zwei zunächst die sogenannten „monophysitischen" Kirchen (deren Glaubensbekenntnis heute nicht mehr monophysitisch ist) und dann die von Rom getrennten Patriarchate nennt, und um die Spaltungen im Abendland seit dem 16. Jahrhundert, die zur Existenz vieler getrennter Gemeinschaften (auch außerhalb des Abendlandes) geführt haben, von denen der anglikanischen Gemeinschaft (so deren Selbstbezeichnung) eine ehrenvolle Erwähnung zuteil wird. Der Text vermeidet absichtlich jede Formulierung, die die Schuldfrage berühren würde.

Teil I geht in 5 Artikeln auf die Ostkirchen ein. Artikel 14 weist darauf hin, daß die Kirchen des Orients und des Abendlandes schon von früh an eigene Wege gegangen sind, was lange Zeiten hindurch der brüderlichen Gemeinschaft in Glaube und Sakramenten und der Führungsrolle des Römischen Stuhles nicht schadete. Unter den Vorzügen der Ostkirchen nennt der Artikel die besonders deutliche Verfassung in Teil- oder Ortskirchen und die Patriarchalstruktur. Daß nicht wenige Patriarchalkirchen sich ihres apostolischen Ursprungs rühmen, ist eine korrekte Feststellung des Sachverhalts; bedauerlich nur, daß es eine nachträglich eingefügte päpstliche Änderung ist, während der vorletzte Text sagte, daß solche Kirchen „von den Aposteln selbst ihren Ursprung herleiten". An weiteren Vorzügen erwähnt der Artikel den „Schatz" der Liturgie, Spiritualität und Rechtsordnung, aus dem auch die Kirche des Abendlandes „vielfach geschöpft hat", die Tatsache, daß die trinitarischen, christologischen und mariologischen Grunddogmen auf ökumenischen Konzilien im Orient definiert wurden, und schließlich die Leiden dieser Kirchen für die Bewahrung des Glaubens. Der dritte Abschnitt geht darauf ein, daß die verschiedene Interpretation des alten gemeinsamen Besitzes, die Verschiedenheit der Mentalität und Lebensverhältnisse und ein gegenseitiger Mangel an Verständnis und Liebe zur Trennung geführt haben. Der letzte Abschnitt mahnt, diese eigenen Wege der Ostkirchen und die Eigenart der Trennung gut zu studieren und gerecht zu beurteilen. Artikel 15 rühmt im ersten Absatz die Eucharistiefeier der Ostkirche, ihre Liturgie und Konzelebration, und kommt zu dem bemerkenswerten Satz: „So baut sich durch die Feier der Eucharistie des Herrn in diesen Einzelkirchen die Kirche Gottes auf und wächst" (vgl. dazu Kirchenkonstitution, Artikel 23, 26; auch 13). Der zweite Abschnitt spricht von der Verehrung Marias und anderer, darunter gemeinsamer Heiliger in den Ostkirchen. Der konkret sehr wichtige dritte Abschnitt stellt fest, daß diese Ostkirchen trotz der Trennung wahre Sakramente, besonders kraft der apostolischen Sukzession das Priestertum und die Eucharistie, haben; wegen dieser „ganz nahen Verwandtschaft" mit uns sei eine gewisse Gottesdienstgemeinschaft („communicatio in sacris") unter entsprechenden Voraussetzungen (dazu Dekret über die katholischen Ostkirchen, Artikel 26–29) nicht nur möglich, sondern auch ratsam. Diese Lehre ist nicht ganz ausgeglichen mit jener herkömmlichen, auch vom Konzil wiederholten Auffassung, daß der Papst *das* Prinzip der (sichtbaren) Einheit sei; ein naheliegender Schritt wäre die Einbeziehung des Papstes selbst in die Gottesdienstgemeinschaft, in der im Geist und im Zeichen die Einheit aktuell wird und in Erscheinung tritt. Absatz vier rühmt und empfiehlt den Katholiken den geistlichen Reichtum des Orients. Der fünfte Absatz faßt die Bedeutung der liturgischen und geistlichen Tradition des Ostens zusammen. Artikel 16 spricht von den Kirchenordnungen, Sitten und Bräuchen der Ostkirchen und enthält eine feierliche Erklärung des Konzils, daß die Ostkirchen sich nach ihren eigenen Ordnungen regieren können. Offen wird bekannt, daß dieses Prinzip (sinngemäß: von der lateinischen Kirche) nicht immer beachtet worden ist. Nun geht Artikel 17 auf die in Ost und West verschiedene Lehrverkündigung ein. Wegen der verschiedenen Methoden der Erkenntnis hat die eine wie die andere Seite manchmal bestimmte Aspekte des Offenbarungsgeheimnisses „besser verstanden", „so daß man bei jenen verschiedenartigen theologischen Formulierungen oft mehr von einer gegenseitigen

Ergänzung als von einer Gegensätzlichkeit sprechen muß". Das „oft" ist eine nachträgliche Einfügung des Papstes. Das Konzil faßt die Vorzüge der authentischen ostkirchlichen Theologie zusammen und folgert daraus, daß diese Traditionen „zur vollständigen Betrachtung der christlichen Wahrheit hinführen". Im zweiten Abschnitt erklärt es, daß dieser ganze Besitz der Ostkirchen „zur vollen Katholizität und Apostolizität der Kirche gehört"; die Erwähnung auch der „Apostolizität" zeugt von großer Aufrichtigkeit. Der diesen Teil abschließende Artikel 18 stellt eine Mahnung zur Förderung der Einheit mit den Ostkirchen dar. Von Bedeutung ist die feierliche Erklärung des Konzils, daß zur „Wiederherstellung oder Erhaltung der Gemeinschaft und Einheit" keine Lasten auferlegt werden sollen, die „über das Notwendige hinausgehen". (Damit ist wohl eine deutliche Korrektur verheißen hinsichtlich der Weise, wie seit 1929 die Neuordnung des katholischen Ostkirchenrechts begonnen wurde.)

Teil II spricht nun in 5 Artikeln von den getrennten Kirchen und kirchlichen Gemeinschaften im Abendland. Absichtlich wird nicht gesagt, wer die Kirchen und wer die kirchlichen Gemeinschaften sind, denn keiner Gemeinschaft, die sich selbst als Kirche verstehen will, soll der Name „Kirche" vorenthalten werden. Artikel 19 stellt im ersten Abschnitt fest, daß es zu all diesen schon allein wegen der jahrhundertelangen gemeinsamen Geschichte eine „besondere Nähe und Verwandtschaft" gebe. Aber, so Abschnitt zwei, wegen ihrer Verschiedenheit (auch dem Ursprung nach) ist es nicht möglich, sie zu beschreiben. Abschnitt drei spricht den Wunsch aus, daß alle ökumenische Gesinnung hegen möchten (eine taktvolle Erinnerung an jene Sekten, die auch den Weltrat der Kirchen ablehnen). Der letzte Absatz erinnert an die großen Unterschiede dieser getrennten Gemeinschaften zur katholischen Kirche vor allem in der Interpretation der Offenbarungswahrheit, und unter diesem Aspekt möchte das Konzil das Fundament für einen Dialog legen. Artikel 20 nennt als erstes die Gemeinsamkeit mit jenen Christen, die Jesus Christus als Gott und Herrn und einzigen Mittler zur Ehre des einen Gottes, des Vaters, des Sohnes und des Heiligen Geistes bekennen (unter wiederum deutlichem Anklang an die Formulierung von Neu-Delhi 1961). Die Unterschiede in Christologie, Soteriologie, Ekklesiologie und Mariologie werden erwähnt, aber der Artikel endet mit dem Ausdruck der Freude über Christusbezogenheit und -zeugnis dieser Christen. Artikel 21 führt als nächstes gemeinsames Element die Liebe und Hochschätzung der Heiligen Schrift an. In seinem zweiten Abschnitt wurde durch den Papst eine heftig kritisierte Abänderung vorgenommen. Die Formulierung: „Auf Antrieb des Heiligen Geistes finden sie in der Heiligen Schrift Gott, der zu ihnen spricht in Christus . . ." wurde geändert in: „Unter Anrufung des Heiligen Geistes suchen sie in der Heiligen Schrift Gott, wie er zu ihnen spricht in Christus . . ." Sachlich bedeutet die Änderung nichts, weil das Wirken des

Heiligen Geistes in den getrennten Christen in der Kirchenkonstitution, Artikel 15, und hier im Dekret, Artikel 3 und 4, klar ausgesagt ist; weil das Suchen und das Finden Gottes (auch bei den Katholiken!) die Gabe Gottes allein ist; weil das „quasi" (wie oben) mit „wie er" wiederzugeben ist und nicht etwa mit „als ob". Hätte schon die frühere Fassung so gelautet, so hätte kein nichtkatholischer Christ an ihr Anstoß genommen, so aber wurde sie unvermeidlich als Kränkung empfunden. Der dritte Absatz spricht von den verschiedenen Auffassungen über das Verhältnis von Schrift und Kirche und sagt, das authentische Lehramt nehme nach katholischem Glauben bei Erklärung und Verkündigung der Schrift „einen besonderen Platz" (nicht aber eine übergeordnete Stellung; vgl. Konstitution über die göttliche Offenbarung, Artikel 10) ein. Dennoch, so der vierte Abschnitt, ist der Dialog gerade mittels der Schrift sehr gut möglich. Artikel 22 geht auf die Gemeinsamkeit im Bereich der Sakramente ein. In seinen beiden ersten Abschnitten spricht er von der Taufe. Er nennt vorsichtig die „rechte Spendung"; die Abklärung dieser Frage ist im direkten Gespräch mit den evangelischen Kirchenleitungen heute leicht möglich. Entsprechend der Kirchenkonstitution, Artikel 15, heißt es von der Taufe im zweiten Abschnitt zunächst: „Die Taufe begründet also ein sakramentales Band der Einheit zwischen allen, die durch sie wiedergeboren sind." Im folgenden wird gesagt, daß sie ihrem ganzen Wesen nach auf volle Verwirklichung der Einheit mit dem Höhepunkt in der gemeinsamen Eucharistie hinzielt. Der dritte Abschnitt spricht im wesentlichen von der Eucharistie; lediglich im Schlußsatz werden die übrigen Sakramente, die Liturgie und die Dienstämter als Gegenstand des Dialogs genannt. Negativ heißt es zuerst, die volle Einheit der getrennten kirchlichen Gemeinschaften mit uns fehle, sie hätten nach unserem Glauben das Weihesakrament nicht und hätten vor allem deswegen „die ursprüngliche und vollständige Wirklichkeit des eucharistischen Mysteriums nicht bewahrt". Auch diese Formulierung („genuinam atque integram substantiam") ist eine vom Papst verfügte Änderung des ursprünglichen „die volle Wirklichkeit" („plenam realitatem"). Dieser Teil des Satzes ist theologisch nicht besonders klar. Das „vor allem" soll nach einer Erläuterung des Einheitssekretariats Raum lassen für die Anerkennung der vollen Wirklichkeit der Eucharistie z. B. bei den Altkatholiken. Was „Substanz" oder „Realität" des eucharistischen Mysteriums bedeuten soll, wenn es nicht die Transsubstantiation und Realpräsenz allein bedeutet, und welcher Unterschied hier zwischen Realität und Substanz bestehen könnte, ist schwer zu sagen. Positiv versucht der zweite Teil des Satzes das Abendmahl als Gedächtnisfeier zu würdigen. Der Gedanke von der „geistlichen" Kommunion, in der Christus selbst — nach dem Trienter Konzil — sich uns wirklich gibt, auch wenn die sakramentalen Zeichen dieser Mitteilung nicht oder nicht vollständig gegeben sind, kann hier zum Verständnis wesentlich weiterhelfen. In ehrlicher Gesinnung rühmt Artikel 23 in den beiden ersten Abschnitten das christliche Leben dieser getrennten Brüder; der dritte Abschnitt weist auf Unterschiede im Bereich der Moral und Gesellschaftslehre hin.

Artikel 24 stellt den Schluß des Dekrets dar, eine Mahnung zu Nüchternheit, Besonnenheit, unermüdlicher Arbeit in der Ökumenischen Bewegung, Treue zur eigenen Wahrheit und vor allem einen Anruf zur Hoffnung.

Das Dekret ist in Sprache und Mentalität ein Fortschritt innerhalb einer seit Gründung des Weltrates der Kirchen angebahnten Entwicklung. Der Sache nach bringt es einen entscheidenden Schritt nach vorwärts: den Eintritt der katholischen Kirche in die Ökumenische Bewegung. Die schwächsten Seiten liegen wohl darin, daß das Dekret noch zuwenig Anknüpfungspunkte für konkrete Einzelschritte bietet. Innerhalb dessen ist besonders bedauerlich, daß das Konzil die Gelegenheit nicht wahrgenommen hat, die Mischehenfrage in ökumenischem Geist zu lösen oder aber die Lösung den örtlichen Kirchenautoritäten anzuvertrauen. Somit bleibt die Hoffnung auf das „Direktorium" (oder dessen Nachfolger; der I. Teil erschien 1967), in dem die Erstellung der Einheit stufenweise je nach den Bereichen, in denen heute schon Übereinstimmung besteht (und das ist auch in zahlreichen Lehrpunkten der Fall), vorgesehen werden könnte.

Dekret über den Ökumenismus

1. Die Einheit aller Christen wiederherstellen zu helfen ist eine der Hauptaufgaben des Heiligen Ökumenischen Zweiten Vatikanischen Konzils. Denn Christus der Herr hat eine einige und einzige Kirche gegründet, und doch erheben mehrere christliche Gemeinschaften vor den Menschen den Anspruch, das wahre Erbe Jesu Christi darzustellen; sie alle bekennen sich als Jünger des Herrn, aber sie weichen in ihrem Denken voneinander ab und gehen verschiedene Wege, als ob Christus selber geteilt wäre[1]. Eine solche Spaltung widerspricht aber ganz offenbar dem Willen Christi, sie ist ein Ärgernis für die Welt und ein Schaden für die heilige Sache der Verkündigung des Evangeliums vor allen Geschöpfen.

Der Herr der Geschichte aber, der seinen Gnadenplan mit uns Sündern in Weisheit und Langmut verfolgt, hat in jüngster Zeit begonnen, über die gespaltene Christenheit ernste Reue und Sehnsucht nach Einheit reichlicher auszugießen. Von dieser Gnade sind heute überall sehr viele Menschen ergriffen, und auch unter unsern getrennten Brüdern ist unter der Einwirkung der Gnade des Heiligen Geistes eine sich von Tag zu Tag ausbreitende Bewegung zur Wiederherstellung der Einheit aller Christen entstanden. Diese Einheitsbewegung, die man als ökumenische Bewegung bezeichnet, wird von Menschen getragen, die den dreieinigen Gott anrufen und Jesus als Herrn und Erlöser bekennen, und zwar nicht nur einzeln für sich, sondern auch in ihren Gemeinschaften, in denen sie die frohe Botschaft vernommen haben und die sie ihre Kirche und Gottes Kirche nennen. Fast alle streben, wenn auch auf verschiedene Weise, zu einer einen, sichtbaren Kirche Gottes hin, die in Wahrheit

[1] Vgl. 1 Kor 1, 13.

allumfassend und zur ganzen Welt gesandt ist, damit sich die Welt zum Evangelium bekehre und so ihr Heil finde zur Ehre Gottes.

Dies alles erwägt die Heilige Synode freudigen Herzens und, nachdem sie die Lehre von der Kirche dargestellt hat, möchte sie, bewegt von dem Wunsch nach der Wiederherstellung der Einheit unter allen Jüngern Christi, allen Katholiken die Mittel und Wege nennen und die Weise aufzeigen, wie sie selber diesem göttlichen Ruf und dieser Gnade Gottes entsprechen können.

ERSTES KAPITEL

DIE KATHOLISCHEN PRINZIPIEN DES ÖKUMENISMUS

2. Darin ist unter uns die Liebe Gottes erschienen, daß der eingeborene Sohn Gottes vom Vater in die Welt gesandt wurde, damit er, Mensch geworden, das ganze Menschengeschlecht durch die Erlösung zur Wiedergeburt führe und in eins versammle[2]. Bevor er sich selbst auf dem Altar des Kreuzes als makellose Opfergabe darbrachte, hat er für alle, die an ihn glauben, zum Vater gebetet, „daß alle eins seien, wie Du, Vater, in mir, und ich in Dir, daß auch sie in uns eins seien: damit die Welt glaubt, daß Du mich gesandt hast" (Jo 17, 21), und er hat in seiner Kirche das wunderbare Sakrament der Eucharistie gestiftet, durch das die Einheit der Kirche bezeichnet und bewirkt wird. Seinen Jüngern hat er das neue Gebot der gegenseitigen Liebe gegeben[3] und den Geist, den Beistand, verheißen[4], der als Herr und Lebensspender in Ewigkeit bei ihnen bleiben sollte.

Nachdem der Herr Jesus am Kreuze erhöht und verherrlicht war, hat er den verheißenen Geist ausgegossen, durch den er das Volk des Neuen Bundes, das die Kirche ist, zur Einheit des Glaubens, der Hoffnung und der Liebe berufen und versammelt, wie uns der Apostel lehrt: „Ein Leib und ein Geist, wie ihr berufen seid in einer Hoffnung eurer Berufung. *Ein* Herr, *ein* Glaube, *eine* Taufe" (Eph 4, 4–5). Denn „ihr alle, die ihr auf Christus getauft seid, habt Christus angezogen . . . Ihr alle seid ja einer in Christus

---

[2] Vgl. 1 Jo 4, 9; Kol 1, 18–20; Jo 11, 52.
[3] Vgl. Jo 13, 34.   [4] Vgl. Jo 16, 7.

Jesus" (Gal 3, 27–28). Der Heilige Geist, der in den Gläubigen wohnt und die ganze Kirche leitet und regiert, schafft diese wunderbare Gemeinschaft der Gläubigen und verbindet sie in Christus so innig, daß er das Prinzip der Einheit der Kirche ist. Er selbst wirkt die Verschiedenheit der Gaben und Dienste[5], indem er die Kirche Jesu Christi mit mannigfaltigen Gaben bereichert „zur Vollendung der Heiligen im Werk des Dienstes, zum Aufbau des Leibes Christi" (Eph 4, 12).

Um nun diese seine heilige Kirche überall auf Erden bis zum Ende der Zeiten fest zu begründen, hat Christus das Amt der Lehre, der Leitung und der Heiligung dem Kollegium der Zwölf anvertraut[6]. Unter ihnen hat er den Petrus ausgewählt, auf dem er nach dem Bekenntnis des Glaubens seine Kirche zu bauen beschlossen hat; ihm hat er die Schlüssel des Himmelreiches verheißen[7] und nach dessen Liebesbekenntnis alle Schafe anvertraut, damit er sie im Glauben stärken[8] und in vollkommener Einheit weiden solle[9], wobei Christus Jesus selbst der höchste Eckstein[10] und der Hirt unserer Seelen[11] in Ewigkeit bleibt.

Jesus Christus will, daß sein Volk durch die gläubige Predigt des Evangeliums und die Verwaltung der Sakramente durch die Apostel und durch ihre Nachfolger, die Bischöfe mit dem Nachfolger Petri als Haupt, sowie durch ihre Leitung in Liebe unter der Wirksamkeit des Heiligen Geistes wachse, und er vollendet seine Gemeinschaft in der Einheit: im Bekenntnis des einen Glaubens, in der gemeinsamen Feier des Gottesdienstes und in der brüderlichen Eintracht der Familie Gottes.

So ist die Kirche, Gottes alleinige Herde, wie ein unter den Völkern erhobenes Zeichen[12]. Indem sie dem ganzen Menschengeschlecht den Dienst des Evangeliums des Friedens leistet[13], pilgert sie in Hoffnung dem Ziel des ewigen Vaterlandes entgegen[14].

---

[5] Vgl. 1 Kor 12, 4–11.
[6] Vgl. Mt 28, 18–20 in Verbindung mit Jo 20, 21–23.
[7] Vgl. Mt 16, 19 in Verbindung mit Mt 18, 18.
[8] Vgl. Lk 22, 32.   [9] Vgl. Jo 21, 15–17.   [10] Vgl. Eph 2, 20.
[11] Vgl. 1 Petr 2, 25; I. Vatikanisches Konzil, Sessio IV (1870), Constitutio Pastor Aeternus: Coll. Lac. 7, 482a.
[12] Vgl. Is 11, 10–12.
[13] Vgl. Eph 2, 17–18, in Verbindung mit Mk 16, 15.
[14] Vgl. 1 Petr 1, 3–9.

Dies ist das heilige Geheimnis der Einheit der Kirche in Christus und durch Christus, indes der Heilige Geist die Mannigfaltigkeit der Gaben schafft. Höchstes Vorbild und Urbild dieses Geheimnisses ist die Einheit des einen Gottes, des Vaters und des Sohnes im Heiligen Geist in der Dreiheit der Personen.

3. In dieser einen und einzigen Kirche Gottes sind schon von den ersten Zeiten an Spaltungen entstanden[15], die der Apostel aufs schwerste tadelt und verurteilt[16]; in den späteren Jahrhunderten aber sind ausgedehntere Verfeindungen entstanden, und es kam zur Trennung recht großer Gemeinschaften von der vollen Gemeinschaft der katholischen Kirche, oft nicht ohne Schuld der Menschen auf beiden Seiten. Den Menschen jedoch, die jetzt in solchen Gemeinschaften geboren sind und in ihnen den Glauben an Christus erlangen, darf die Schuld der Trennung nicht zur Last gelegt werden — die katholische Kirche betrachtet sie als Brüder, in Verehrung und Liebe. Denn wer an Christus glaubt und in der rechten Weise die Taufe empfangen hat, steht dadurch in einer gewissen, wenn auch nicht vollkommenen Gemeinschaft mit der katholischen Kirche. Da es zwischen ihnen und der katholischen Kirche sowohl in der Lehre und bisweilen auch in der Disziplin wie auch bezüglich der Struktur der Kirche Diskrepanzen verschiedener Art gibt, so stehen sicherlich nicht wenige Hindernisse der vollen kirchlichen Gemeinschaft entgegen, bisweilen recht schwerwiegende, um deren Überwindung die ökumenische Bewegung bemüht ist. Nichtsdestoweniger sind sie durch den Glauben in der Taufe gerechtfertigt und Christus eingegliedert[17], darum gebührt ihnen der Ehrenname des Christen, und mit Recht werden sie von den Söhnen der katholischen Kirche als Brüder im Herrn anerkannt[18].

Hinzu kommt, daß einige, ja sogar viele und bedeutende Elemente oder Güter, aus denen insgesamt die Kirche erbaut wird und ihr Leben gewinnt, auch außerhalb der sichtbaren Grenzen der katholischen Kirche existieren können: das geschriebene Wort Gottes, das Leben der Gnade, Glaube, Hoffnung und Liebe und andere innere Gaben des Heiligen Geistes und sicht-

[15] Vgl. 1 Kor 11, 18–19; Gal 1, 6–9; 1 Jo 2, 18–19.
[16] Vgl. 1 Kor 1, 11 ff; 11, 22.
[17] Vgl. Konzil v. Florenz, Sess. VIII (1439), Dekret Exsultate Deo: Mansi 31, 1055 A.
[18] Vgl. Augustinus, In Ps. 32, Enarratio II, 29: PL 36, 299.

bare Elemente: all dieses, das von Christus ausgeht und zu ihm hinführt, gehört rechtens zu der einzigen Kirche Christi.

Auch zahlreiche liturgische Handlungen der christlichen Religion werden bei den von uns getrennten Brüdern vollzogen, die auf verschiedene Weise je nach der verschiedenen Verfaßtheit einer jeden Kirche und Gemeinschaft ohne Zweifel tatsächlich das Leben der Gnade zeugen können und als geeignete Mittel für den Zutritt zur Gemeinschaft des Heiles angesehen werden müssen.

Ebenso sind diese getrennten Kirchen[19] und Gemeinschaften trotz der Mängel, die ihnen nach unserem Glauben anhaften, nicht ohne Bedeutung und Gewicht im Geheimnis des Heiles. Denn der Geist Christi hat sich gewürdigt, sie als Mittel des Heiles zu gebrauchen, deren Wirksamkeit sich von der der katholischen Kirche anvertrauten Fülle der Gnade und Wahrheit herleitet.

Dennoch erfreuen sich die von uns getrennten Brüder, sowohl als einzelne wie auch als Gemeinschaften und Kirchen betrachtet, nicht jener Einheit, die Jesus Christus all denen schenken wollte, die er zu einem Leibe und zur Neuheit des Lebens wiedergeboren und lebendig gemacht hat, jener Einheit, die die Heilige Schrift und die verehrungswürdige Tradition der Kirche bekennt. Denn nur durch die katholische Kirche Christi, die das allgemeine Hilfsmittel des Heiles ist, kann man Zutritt zu der ganzen Fülle der Heilsmittel haben. Denn einzig dem Apostelkollegium, an dessen Spitze Petrus steht, hat der Herr, so glauben wir, alle Güter des Neuen Bundes anvertraut, um den einen Leib Christi auf Erden zu konstituieren, welchem alle völlig eingegliedert werden müssen, die schon auf irgendeine Weise zum Volke Gottes gehören. Dieses Volk Gottes bleibt zwar während seiner irdischen Pilgerschaft in seinen Gliedern der Sünde ausgesetzt, aber es wächst in Christus und wird von Gott nach seinem geheimnisvollen Ratschluß sanft geleitet, bis es zur ganzen Fülle der ewigen Herrlichkeit im himmlischen Jerusalem freudig gelangt.

4. Unter dem Wehen der Gnade des Heiligen Geistes gibt es heute in vielen Ländern auf Erden Bestrebungen, durch Gebet,

---

[19] Vgl. IV. Laterankonzil (1215), Constitutio IV: Mansi 22, 990; II. Konzil v. Lyon (1274), Professio Fidei Michaelis Palaeologi: Mansi 24, 71 E; Konzil v. Florenz, Sessio VI (1439), Definitio Laetentur caeli: Mansi 31, 1026 E.

Wort und Werk zu jener Fülle der Einheit zu gelangen, die Jesus Christus will. Daher mahnt dieses Heilige Konzil alle katholischen Gläubigen, daß sie, die Zeichen der Zeit erkennend, mit Eifer an dem ökumenischen Werk teilnehmen.

Unter der „Ökumenischen Bewegung" versteht man Tätigkeiten und Unternehmungen, die je nach den verschiedenartigen Bedürfnissen der Kirche und nach Möglichkeit der Zeitverhältnisse zur Förderung der Einheit der Christen ins Leben gerufen und auf dieses Ziel ausgerichtet sind. Dazu gehört: Zunächst alles Bemühen zur Ausmerzung aller Worte, Urteile und Taten, die der Lage der getrennten Brüder nach Gerechtigkeit und Wahrheit nicht entsprechen und dadurch die gegenseitigen Beziehungen mit ihnen erschweren; ferner der „Dialog", der bei Zusammenkünften der Christen aus verschiedenen Kirchen oder Gemeinschaften, die vom Geist der Frömmigkeit bestimmt sind, von wohlunterrichteten Sachverständigen geführt wird, wobei ein jeder die Lehre seiner Gemeinschaft tiefer und genauer erklärt, so daß das Charakteristische daran deutlich hervortritt. Durch diesen Dialog erwerben alle eine bessere Kenntnis der Lehre und des Lebens jeder von beiden Gemeinschaften und eine gerechtere Würdigung derselben. Von hier aus gelangen diese Gemeinschaften auch zu einer stärkeren Zusammenarbeit in den Aufgaben des Gemeinwohls, die jedes christliche Gewissen fordert, und sie kommen, wo es erlaubt ist, zum gemeinsamen Gebet zusammen. Schließlich prüfen hierbei alle ihre Treue gegenüber dem Willen Christi hinsichtlich der Kirche und gehen tatkräftig ans Werk der notwendigen Erneuerung und Reform.

Wenn dies alles von den Gläubigen der katholischen Kirche unter der Aufsicht ihrer Hirten mit Klugheit und Geduld vollzogen wird, trägt es zur Verwirklichung der Gerechtigkeit und Wahrheit, Eintracht und Zusammenarbeit, der brüderlichen Liebe und Einheit bei, so daß dadurch allmählich die Hindernisse, die sich der völligen kirchlichen Gemeinschaft entgegenstellen, überwunden und alle Christen zur selben Eucharistiefeier, zur Einheit der einen und einzigen Kirche versammelt werden, die Christus seiner Kirche von Anfang an geschenkt hat, eine Einheit, die nach unserem Glauben unverlierbar in der katholischen Kirche besteht, und die, wie wir hoffen, immer mehr wachsen wird bis zur Vollendung der Zeiten.

Es ist klar, daß die Vorbereitung und die Wiederaufnahme solcher Einzelner, die die volle katholische Gemeinschaft wünschen, ihrer Natur nach etwas von dem ökumenischen Werk Verschiedenes ist; es besteht jedoch kein Gegensatz zwischen ihnen, da beides aus dem wunderbaren Ratschluß Gottes hervorgeht.

Ohne Zweifel müssen die katholischen Gläubigen bei ihrer ökumenischen Aktion um die getrennten Christen besorgt sein, indem sie für sie beten, sich über kirchliche Angelegenheiten mit ihnen austauschen, den ersten Schritt zu ihnen tun. Aber in erster Linie sollen sie doch ehrlich und eifrig ihr Nachdenken darauf richten, was in der eigenen katholischen Familie zu erneuern und was zu tun ist, damit ihr Leben mit mehr Treue und Klarheit für die Lehre und die Einrichtungen Zeugnis gebe, die ihnen von Christus her durch die Apostel überkommen sind.

Obgleich nämlich die katholische Kirche mit dem ganzen Reichtum der von Gott geoffenbarten Wahrheit und der Gnadenmittel beschenkt ist, ist es doch Tatsache, daß ihre Glieder nicht mit der entsprechenden Glut daraus leben, so daß das Antlitz der Kirche den von uns getrennten Brüdern und der ganzen Welt nicht recht aufleuchtet und das Wachstum des Reiches Gottes verzögert wird. Deshalb müssen alle Katholiken zur christlichen Vollkommenheit streben[20] und, ihrer jeweiligen Stellung entsprechend, bemüht sein, daß die Kirche, die die Niedrigkeit und das Todesleiden Christi an ihrem Leibe trägt[21], von Tag zu Tag geläutert und erneuert werde, bis Christus sie sich dereinst glorreich darstellt, ohne Makel und Runzeln[22].

Alle in der Kirche sollen unter Wahrung der Einheit im Notwendigen je nach der Aufgabe eines jeden in den verschiedenen Formen des geistlichen Lebens und der äußeren Lebensgestaltung, in der Verschiedenheit der liturgischen Riten sowie der theologischen Ausarbeitung der Offenbarungswahrheit die gebührende Freiheit walten lassen, in allem aber die Liebe üben. Auf diese Weise werden sie die wahre Katholizität und Apostolizität der Kirche immer vollständiger zum Ausdruck bringen.

Auf der anderen Seite ist es notwendig, daß die Katholiken die wahrhaft christlichen Güter aus dem gemeinsamen Erbe mit Freude anerkennen und hochschätzen, die sich bei den von uns getrennten Brüdern finden. Es ist billig und heilsam, die Reichtümer Christi und das Wirken der Geisteskräfte im Leben der an-

[20] Vgl. Jak 1, 4; Röm 12, 1–2.   [21] Vgl. 2 Kor 4, 10; Phil 2, 5–8.
[22] Vgl. Eph 5, 27.

deren anzuerkennen, die für Christus Zeugnis geben, manchmal bis zur Hingabe des Lebens: Denn Gott ist immer wunderbar und bewunderungswürdig in seinen Werken.

Man darf auch nicht übergehen, daß alles, was von der Gnade des Heiligen Geistes in den Herzen der getrennten Brüder gewirkt wird, auch zu unserer eigenen Auferbauung beitragen kann. Denn was wahrhaft christlich ist, steht niemals im Gegensatz zu den echten Gütern des Glaubens, sondern kann immer dazu helfen, daß das Geheimnis Christi und der Kirche vollkommener erfaßt werde.

Aber gerade die Spaltungen der Christen sind für die Kirche ein Hindernis, daß sie die ihr eigene Fülle der Katholizität in jenen Söhnen wirksam werden läßt, die ihr zwar durch die Taufe zugehören, aber von ihrer völligen Gemeinschaft getrennt sind. Ja, es wird dadurch auch für die Kirche selber schwieriger, die Fülle der Katholizität unter jedem Aspekt in der Wirklichkeit des Lebens auszuprägen.

Mit Freude bemerkt das Heilige Konzil, daß die Teilnahme der katholischen Gläubigen am ökumenischen Werk von Tag zu Tag wächst, und empfiehlt sie den Bischöfen auf dem ganzen Erdkreis, daß sie von ihnen eifrig gefördert und mit Klugheit geleitet werde.

ZWEITES KAPITEL

DIE PRAKTISCHE VERWIRKLICHUNG DES ÖKUMENISMUS

5. Die Sorge um die Wiederherstellung der Einheit ist Sache der ganzen Kirche, sowohl der Gläubigen wie auch der Hirten, und geht einen jeden an, je nach seiner Fähigkeit, sowohl in seinem täglichen christlichen Leben wie auch bei theologischen und historischen Untersuchungen. Diese Sorge macht schon einigermaßen deutlich, daß eine brüderliche Verbindung zwischen allen Christen schon vorhanden ist; sie ist es, die schließlich nach dem gnädigen Willen Gottes zur vollen und vollkommenen Einheit hinführt.

6. Jede Erneuerung der Kirche[23] besteht wesentlich im Wachstum der Treue gegenüber ihrer eigenen Berufung, und so ist

---

[23] Vgl. V. Laterankonzil, Sessio XII (1517), Constitutio Constituti: Mansi 32, 988 B–C.

ohne Zweifel hierin der Sinn der Bewegung in Richtung auf
die Einheit zu sehen. Die Kirche wird auf dem Wege ihrer
Pilgerschaft von Christus zu dieser dauernden Reform gerufen,
deren sie allzeit bedarf, soweit sie menschliche und irdische
Einrichtung ist; was also etwa je nach den Umständen und Zeit-
verhältnissen im sittlichen Leben, in der Kirchenzucht oder auch
in der Art der Lehrverkündigung — die von dem Glaubensschatz selbst genau unterschieden werden muß — nicht genau
genug bewahrt worden ist, muß deshalb zu gegebener Zeit
sachgerecht und pflichtgemäß erneuert werden.

Dieser Erneuerung kommt also eine besondere ökumenische
Bedeutung zu. Und so sind die verschiedenen Lebensäußerun-
gen der Kirche, in denen diese Erneuerung sich schon verwirklicht — wie etwa die biblische und die liturgische Bewegung, die
Predigt des Wortes Gottes und die Katechese, das Laienapostolat, neue Formen des gottgeweihten Lebens, die Spiritualität der
Ehe, die Lehre und Wirksamkeit der Kirche im sozialen Bereich
— als Unterpfand und als gute Vorbedeutung zu sehen, die den
künftigen Fortschritt des Ökumenismus schon verheißungsvoll
ankündigen.

7. Es gibt keinen echten Ökumenismus ohne innere Bekehrung.
Denn aus dem Neuwerden des Geistes[24], aus der Selbstverleugnung und aus dem freien Strömen der Liebe erwächst und reift
das Verlangen nach der Einheit. Deshalb müssen wir vom göttlichen Geiste die Gnade aufrichtiger Selbstverleugnung, der
Demut und des geduldigen Dienstes sowie der brüderlichen
Herzensgüte zueinander erflehen. Der Völkerapostel sagt:
„So ermahne ich euch denn, ich der Gefangene im Herrn,
wandelt würdig der Berufung, zu der ihr berufen seid, mit aller
Demut und Sanftmut, ertraget einander geduldig in Liebe;
bestrebt euch, die Einheit des Geistes zu bewahren durch das
Band des Friedens" (Eph 4, 1–3). Diese Mahnung gilt besonders
denen, die die heiligen Weihen empfangen haben, damit die
Sendung Christi, der zu uns kam, „nicht um bedient zu werden,
sondern um zu dienen" (Mt 20, 28), ihre Fortsetzung finde.

Auch von den Sünden gegen die Einheit gilt das Zeugnis des
heiligen Johannes: „Wenn wir sagen, wir hätten nicht gesündigt,
so machen wir ihn zum Lügner, und sein Wort ist nicht in uns"

[24] Vgl. Eph 4, 23.

(1 Jo 1, 10). In Demut bitten wir also Gott und die getrennten Brüder um Verzeihung, wie auch wir unseren Schuldigern vergeben.

Alle Christgläubigen sollen sich bewußt sein, daß sie die Einheit der Christen um so besser fördern, ja sogar einüben, je mehr sie nach einem reinen Leben gemäß dem Evangelium streben. Je inniger die Gemeinschaft ist, die sie mit dem Vater, dem Wort und dem Geist vereint, um so inniger und leichter werden sie imstande sein, die gegenseitige Brüderlichkeit zu vertiefen.

8. Diese Bekehrung des Herzens und die Heiligkeit des Lebens ist in Verbindung mit dem privaten und öffentlichen Gebet für die Einheit der Christen als die Seele der ganzen ökumenischen Bewegung anzusehen; sie kann mit Recht geistlicher Ökumenismus genannt werden.

Es ist unter Katholiken schon üblich geworden, daß sie häufig zu diesem Gebet für die Einheit der Kirche zusammenkommen, die der Heiland selbst am Vorabend seines Todes vom Vater inständig erfleht hat: „Daß alle eins seien" (Jo 17, 21).

Bei besonderen Anlässen, zum Beispiel bei Gebeten, die „für die Einheit" verrichtet werden, und bei ökumenischen Versammlungen, ist es erlaubt und auch erwünscht, daß sich die Katholiken mit den getrennten Brüdern im Gebet zusammenfinden. Solche gemeinsamen Gebete sind ein höchst wirksames Mittel, um die Gnade der Einheit zu erflehen, und ein echter Ausdruck der Gemeinsamkeit, in der die Katholiken mit den getrennten Brüdern immer noch verbunden sind: „Denn wo zwei oder drei versammelt sind in meinem Namen, da bin ich mitten unter ihnen" (Mt 18, 20).

Man darf jedoch die Gemeinschaft beim Gottesdienst (communicatio in sacris) nicht als ein allgemein und ohne Unterscheidung gültiges Mittel zur Wiederherstellung der Einheit der Christen ansehen. Hier sind hauptsächlich zwei Prinzipien maßgebend: die Bezeugung der Einheit der Kirche und die Teilnahme an den Mitteln der Gnade. Die Bezeugung der Einheit verbietet in den meisten Fällen die Gottesdienstgemeinschaft, die Sorge um die Gnade empfiehlt sie indessen in manchen Fällen. Wie man sich hier konkret zu verhalten hat, soll unter Berücksichtigung aller Umstände der Zeit, des Ortes und der Personen die örtliche bischöfliche Autorität in klugem Ermessen entscheiden, soweit nicht etwas anderes von der Bischofskonferenz nach Maßgabe ihrer eigenen Statuten oder vom Heiligen Stuhl bestimmt ist.

9. Man muß den Geist und die Sinnesart der getrennten Brüder kennen. Dazu bedarf es notwendig des Studiums, das der Wahrheit gemäß und in wohlwollender Gesinnung durchzuführen ist. Katholiken, die dazu gebührend gerüstet sind, sollen sich eine bessere Kenntnis der Lehre und der Geschichte, des geistlichen und liturgischen Lebens, der religiösen Psychologie und Kultur, die den Brüdern eigen ist, erwerben. Dazu sind gemeinsame Zusammenkünfte, besonders zur Behandlung theologischer Fragen, sehr dienlich, bei denen ein jeder mit dem anderen auf der Ebene der Gleichheit spricht („par cum pari agat"), vorausgesetzt, daß die, die unter der Aufsicht ihrer Oberen daran teilnehmen, wirklich sachverständig sind. Aus einem solchen Dialog kann auch klarer zutage treten, was die wirkliche Situation der katholischen Kirche ist. Auf diesem Wege wird auch die Denkweise der getrennten Brüder besser erkannt und ihnen unser Glaube in geeigneterer Weise auseinandergesetzt.

10. Die Unterweisung in der heiligen Theologie und in anderen, besonders den historischen Fächern muß auch unter ökumenischem Gesichtspunkt geschehen, damit sie um so genauer der Wahrheit und Wirklichkeit entspricht.

Denn es liegt viel daran, daß die zukünftigen Hirten und Priester über eine Theologie verfügen, die ganz in diesem Sinne und nicht polemisch erarbeitet wurde, besonders bei jenen Gegenständen, die die Beziehungen der getrennten Brüder zur katholischen Kirche betreffen.

Von der Ausbildung der Priester hängt ja die notwendige Unterweisung und geistliche Bildung der Gläubigen und der Ordensleute ganz besonders ab.

Auch die Katholiken, die in denselben Ländern wie andere Christen im Dienst der Mission stehen, müssen gerade heute erkennen, welche Fragen sich hier ergeben und welche Früchte für ihr Apostolat der Ökumenismus heranreifen läßt.

11. Die Art und Weise der Formulierung des katholischen Glaubens darf keinerlei Hindernis bilden für den Dialog mit den Brüdern. Die gesamte Lehre muß klar vorgelegt werden.

Nichts ist dem ökumenischen Geist so fern wie jener falsche Irenismus, durch den die Reinheit der katholischen Lehre Schaden leidet und ihr ursprünglicher und sicherer Sinn verdunkelt wird.

Zugleich muß aber der katholische Glaube tiefer und richtiger ausgedrückt werden auf eine Weise und in einer Sprache, die auch von den getrennten Brüdern wirklich verstanden werden kann.

Darüber hinaus müssen beim ökumenischen Dialog die katholischen Theologen, wenn sie in Treue zur Lehre der Kirche in gemeinsamer Forschungsarbeit mit den getrennten Brüdern die göttlichen Geheimnisse zu ergründen suchen, mit Wahrheitsliebe, mit Liebe und Demut vorgehen. Beim Vergleich der Lehren miteinander soll man nicht vergessen, daß es eine Rangordnung oder „Hierarchie" der Wahrheiten innerhalb der katholischen Lehre gibt, je nach der verschiedenen Art ihres Zusammenhangs mit dem Fundament des christlichen Glaubens. So wird der Weg bereitet werden, auf dem alle in diesem brüderlichen Wettbewerb zur tieferen Erkenntnis und deutlicheren Darstellung der unerforschlichen Reichtümer Christi angeregt werden[25].

12. Vor der ganzen Welt sollen alle Christen ihren Glauben an den einen, dreifaltigen Gott, an den menschgewordenen Sohn Gottes, unsern Erlöser und Herrn, bekennen und in gemeinsamem Bemühen in gegenseitiger Achtung Zeugnis geben für unsere Hoffnung, die nicht zuschanden wird. Da in heutiger Zeit die Zusammenarbeit im sozialen Bereich sehr weit verbreitet ist, sind alle Menschen ohne Ausnahme zu gemeinsamem Dienst gerufen, erst recht diejenigen, die an Gott glauben, am meisten aber alle Christen, die ja mit dem Namen Christi ausgezeichnet sind. Durch die Zusammenarbeit der Christen kommt die Verbundenheit, in der sie schon untereinander vereinigt sind, lebendig zum Ausdruck, und das Antlitz Christi, des Gottesknechtes, tritt in hellerem Licht zutage. Diese Zusammenarbeit, die bei vielen Völkern schon besteht, muß mehr und mehr vervollkommnet werden, besonders in jenen Ländern, wo die soziale und technische Entwicklung erst im Werden ist. Das gilt sowohl für die Aufgabe, der menschlichen Person zu ihrer

---

[25] Vgl. Eph 3, 8.

wahren Würde zu verhelfen, für die Förderung des Friedens, für die Anwendung des Evangeliums auf die sozialen Fragen, für die Pflege von Wissenschaft und Kunst aus christlichem Geiste, wie auch für die Bereitstellung von Heilmitteln aller Art gegen die Nöte unserer Zeit, wie gegen Hunger und Katastrophen, gegen den Analphabetismus und die Armut, gegen die Wohnungsnot und die ungerechte Verteilung der Güter. Bei dieser Zusammenarbeit können alle, die an Christus glauben, unschwer lernen, wie sie einander besser kennen und höher achten können und wie der Weg zur Einheit der Christen bereitet wird.

DRITTES KAPITEL

DIE VOM RÖMISCHEN APOSTOLISCHEN STUHL GETRENNTEN
KIRCHEN UND KIRCHLICHEN GEMEINSCHAFTEN

13. Zwei besondere Kategorien von Spaltungen, durch die der nahtlose Leibrock Christi getroffen wurde, wollen wir nun näher ins Auge fassen.

Die erste dieser Spaltungen geschah im Orient, und zwar entweder aufgrund einer dogmatischen Bestreitung von Glaubensformeln der Konzilien von Ephesus und Chalkedon oder, in späterer Zeit, durch die Aufhebung der kirchlichen Gemeinschaft zwischen den Patriarchaten des Orients und dem Römischen Stuhl.

Andere Spaltungen entstanden sodann mehr als vier Jahrhunderte später im Abendland aufgrund von Ereignissen, die man die Reformation nennt. Seither sind mehrere nationale oder konfessionelle Gemeinschaften vom Römischen Stuhl getrennt. Unter denjenigen von ihnen, bei denen katholische Traditionen und Strukturen zum Teil fortbestehen, nimmt die Anglikanische Gemeinschaft einen besonderen Platz ein.

Indessen sind diese einzelnen Trennungen untereinander sehr verschieden, nicht allein bedingt durch ihre Entstehung und durch die Umstände von Ort und Zeit, sondern vor allem nach Art und Bedeutsamkeit der Probleme, die sich auf den Glauben und die kirchliche Struktur beziehen.

Deshalb hat das Heilige Konzil, das weder die andersartige Situation der verschiedenen Gemeinschaften der Christen geringachtet noch die trotz der Spaltung unter ihnen bestehenden Bande übergehen will, beschlossen, folgende Erwägungen zur Verwirklichung einer besonnenen ökumenischen Arbeit vorzulegen.

I. Die besondere Betrachtung der orientalischen Kirchen

14. Die Kirchen des Orients und des Abendlandes sind Jahrhunderte hindurch je ihren besonderen Weg gegangen, jedoch miteinander verbunden in brüderlicher Gemeinschaft des Glaubens und des sakramentalen Lebens, wobei dem Römischen Stuhl mit allgemeiner Zustimmung eine Führungsrolle zukam, wenn Streitigkeiten über Glaube oder Disziplin unter ihnen entstanden. Mit Freude möchte die Heilige Synode neben anderen sehr bedeutsamen Dingen allen die Tatsache in Erinnerung rufen, daß im Orient viele Teilkirchen oder Ortskirchen bestehen, unter denen die Patriarchalkirchen den ersten Rang einnehmen und von denen nicht wenige sich ihres apostolischen Ursprungs rühmen. Deshalb steht bei den Orientalen bis auf den heutigen Tag der Eifer und die Sorge im Vordergrund, jene brüderlichen Bande der Gemeinschaft im Glauben und in der Liebe zu bewahren, die zwischen Lokalkirchen als Schwesterkirchen bestehen müssen.

Es darf ebenfalls nicht unerwähnt bleiben, daß die Kirchen des Orients von Anfang an einen Schatz besitzen, aus dem die Kirche des Abendlandes in den Dingen der Liturgie, in ihrer geistlichen Tradition und in der rechtlichen Ordnung vielfach geschöpft hat. Auch das darf in seiner Bedeutung nicht unterschätzt werden, daß die Grunddogmen des christlichen Glaubens von der Dreifaltigkeit und von dem Wort Gottes, das aus der Jungfrau Maria Fleisch angenommen hat, auf ökumenischen Konzilien definiert worden sind, die im Orient stattgefunden haben. Jene Kirchen haben für die Bewahrung dieses Glaubens viel gelitten und leiden noch heute.

Das von den Aposteln überkommene Erbe aber ist in verschiedenen Formen und auf verschiedene Weise übernommen, und daher schon von Anfang an in der Kirche hier und dort verschieden ausgelegt worden, wobei auch die Verschiedenheit der Mentalität und der Lebensverhältnisse eine Rolle spielten. Dies alles hat, neben äußeren Gründen, auch infolge des Mangels an Verständnis und Liebe füreinander zu der Trennung Anlaß geboten.

Deshalb ermahnt das Heilige Konzil alle, besonders diejenigen, die sich um die so erwünschte Wiederherstellung der vollen Gemeinschaft zwischen den orientalischen Kirchen und der katholischen Kirche bemühen wollen, daß sie diese besonderen Umstände der Entstehung und des Wachstums der Kirchen des Orients sowie die Art der vor der Trennung zwischen ihnen und dem Römischen Stuhl bestehenden Beziehungen gebührend berücksichtigen und sich über dies alles ein rechtes Urteil bilden. Die genaue Beachtung dieser Frage wird zu dem beabsichtigten Dialog im höchsten Maße beitragen.

15. Es ist allgemein bekannt, mit welcher Liebe die orientalischen Christen die liturgischen Feiern begehen, besonders die Eucharistiefeier, die Quelle des Lebens der Kirche und das Unterpfand der kommenden Herrlichkeit, bei der die Gläubigen, mit ihrem Bischof geeint, Zutritt zu Gott dem Vater haben durch den Sohn, das fleischgewordene Wort, der gelitten hat und verherrlicht wurde, in der Ausgießung des Heiligen Geistes, und so die Gemeinschaft mit der allerheiligsten Dreifaltigkeit erlangen, indem sie „der göttlichen Natur teilhaftig" (2 Petr 1, 4) geworden sind. So baut sich auf und wächst[26] durch die Feier der Eucharistie des Herrn in diesen Einzelkirchen die Kirche Gottes, und durch die Konzelebration wird ihre Gemeinschaft offenbar.

Bei diesem liturgischen Kult preisen die Orientalen mit herrlichen Hymnen Maria, die allzeit Jungfräuliche, die das Ökumenische Konzil von Ephesus feierlich als heilige Gottesgebärerin verkündet hat, damit dadurch wahrhaft und eigentlich Christus als Gottes- und Menschensohn gemäß der Schrift anerkannt werde. Ebenso verehren sie viele Heilige, unter ihnen Väter der gesamten Kirche.

Da nun diese Kirchen trotz ihrer Trennung wahre Sakramente besitzen, vor allem aber in der Kraft der apostolischen Sukzession das Priestertum und die Eucharistie, wodurch sie in ganz enger Verwandtschaft bis heute mit uns verbunden sind, so ist eine gewisse Gottesdienstgemeinschaft unter gegebenen geeigneten Umständen mit Billigung der kirchlichen Autorität nicht nur möglich, sondern auch ratsam.

Im Orient finden sich auch die Reichtümer jener geistlichen

[26] Vgl. Johannes Chrysostomus, In Ioannem Homelia XLVI: PG 59, 260–262.

Traditionen, die besonders im Mönchtum ihre Ausprägung gefunden haben. Denn seit den glorreichen Zeiten der heiligen Väter blühte dort jene monastische Spiritualität, die sich von dorther auch in den Gegenden des Abendlandes ausbreitete und aus der das Ordenswesen der Lateiner als aus seiner Quelle seinen Ursprung nahm und immer wieder neue Kraft erhielt. Deshalb wird mit Nachdruck empfohlen, daß die Katholiken sich mehr mit diesen geistlichen Reichtümern der orientalischen Väter vertraut machen, die den Menschen in seiner Ganzheit zur Betrachtung der göttlichen Dinge emporführen.

Alle sollen um die große Bedeutung wissen, die der Kenntnis, Verehrung, Erhaltung und Pflege des überreichen liturgischen und geistlichen Erbes der Orientalen zukommt, damit die Fülle der christlichen Tradition in Treue gewahrt und die völlige Wiederversöhnung der orientalischen und der abendländischen Christen herbeigeführt werde.

16. Schon von den ältesten Zeiten her hatten die Kirchen des Orients ihre eigenen Kirchenordnungen, die von den heiligen Vätern und Synoden, auch von ökumenischen, sanktioniert worden sind. Da nun eine gewisse Verschiedenheit der Sitten und Gebräuche, wie sie oben erwähnt wurde, nicht im geringsten der Einheit der Kirche entgegensteht, sondern vielmehr ihre Zierde und Schönheit vermehrt und zur Erfüllung ihrer Sendung nicht wenig beiträgt, so erklärt das Heilige Konzil feierlich, um jeden Zweifel auszuschließen, daß die Kirchen des Orients, im Bewußtsein der notwendigen Einheit der ganzen Kirche, die Fähigkeit haben, sich nach ihren eigenen Ordnungen zu regieren, wie sie der Geistesart ihrer Gläubigen am meisten entsprechen und dem Heil der Seelen am besten dienlich sind. Die vollkommene Beobachtung dieses Prinzips, das in der Tradition vorhanden, aber nicht immer beachtet worden ist, gehört zu den Dingen, die zur Wiederherstellung der Einheit als notwendige Vorbedingung durchaus erforderlich sind.

17. Was oben von der legitimen Verschiedenheit gesagt wurde, dasselbe soll nun auch von der verschiedenen Art der theologischen Lehrverkündigung gesagt werden. Denn auch bei der Erklärung der Offenbarungswahrheit sind im Orient und im Abendland verschiedene Methoden und Arten des Vorgehens zur Erkenntnis und zum Bekenntnis der göttlichen Dinge an-

gewendet worden. Daher darf es nicht wundernehmen, daß von der einen und von der anderen Seite bestimmte Aspekte des offenbarten Mysteriums manchmal besser verstanden und deutlicher ins Licht gestellt wurden, und zwar so, daß man bei jenen verschiedenartigen theologischen Formeln oft mehr von einer gegenseitigen Ergänzung als von einer Gegensätzlichkeit sprechen muß. Gerade gegenüber den authentischen theologischen Traditionen der Orientalen muß anerkannt werden, daß sie in ganz besonderer Weise in der Heiligen Schrift verwurzelt sind, daß sie durch das liturgische Leben gefördert und zur Darstellung gebracht werden, daß sie genährt sind von der lebendigen apostolischen Tradition und von den Schriften der Väter und geistlichen Schriftsteller des Orients und daß sie zur rechten Gestaltung des Lebens, überhaupt zur vollständigen Betrachtung der christlichen Wahrheit hinführen.

Dieses Heilige Konzil erklärt, daß dies ganze geistliche und liturgische, disziplinäre und theologische Erbe mit seinen verschiedenen Traditionen zur vollen Katholizität und Apostolizität der Kirche gehört; und sie sagt Gott dafür Dank, daß viele orientalische Söhne der katholischen Kirche, die dieses Erbe bewahren und den Wunsch haben, es reiner und vollständiger zu leben, schon jetzt mit den Brüdern, die die abendländische Tradition pflegen, in voller Gemeinschaft leben.

18. Im Hinblick auf all dies erneuert das Heilige Konzil feierlich, was in der Vergangenheit von Heiligen Konzilien und von römischen Päpsten erklärt wurde, daß es nämlich zur Wiederherstellung oder Erhaltung der Gemeinschaft und Einheit notwendig sei, „keine Lasten aufzuerlegen, die über das Notwendige hinausgehen" (Apg 15, 28). Es spricht den dringenden Wunsch aus, daß von nun an alle ihr Bestreben darauf richten, diese Einheit allmählich zu erlangen in den verschiedenen Einrichtungen und Lebensformen der Kirche, besonders durch das Gebet und den brüderlichen Dialog über die Lehre und über die drängenden Notwendigkeiten der Seelsorgsaufgaben in unserer Zeit. In gleicher Weise empfiehlt das Heilige Konzil den Hirten und den Gläubigen der katholischen Kirche eine enge Verbundenheit mit denen, die nicht mehr im Orient, sondern fern von ihrer Heimat leben, damit die brüderliche Zusammenarbeit mit ihnen im Geist der Liebe und unter Ausschluß jeglichen Geistes streitsüchtiger Eifersucht wachse. Wenn dieses Werk mit ganzer

Seele in Angriff genommen wird, so hofft das Heilige Konzil, daß die Wand, die die abendländische und die orientalische Kirche trennt, einmal hinweggenommen werde und schließlich nur eine einzige Wohnung sei, deren fester Eckstein Jesus Christus ist, der aus beidem eines machen wird[27].

II. Die getrennten Kirchen und Kirchlichen Gemeinschaften im Abendland

19. Die Kirchen und Kirchlichen Gemeinschaften, die in der schweren Krise, die im Abendland schon vom Ende des Mittelalters ihren Ausgang genommen hat, oder auch in späterer Zeit vom Römischen Apostolischen Stuhl getrennt wurden, sind mit der katholischen Kirche durch das Band besonderer Verwandtschaft verbunden, da ja das christliche Volk in den Jahrhunderten der Vergangenheit so lange Zeit sein Leben in kirchlicher Gemeinschaft geführt hat.

Da jedoch diese Kirchen und Kirchlichen Gemeinschaften wegen ihrer Verschiedenheit nach Ursprung, Lehre und geistlichem Leben nicht nur uns gegenüber, sondern auch untereinander nicht wenige Unterschiede aufweisen, so wäre es eine überaus schwierige Aufgabe, sie recht zu beschreiben, was wir hier zu unternehmen nicht beabsichtigen.

Obgleich die ökumenische Bewegung und der Wunsch nach Frieden mit der katholischen Kirche sich noch nicht überall durchgesetzt hat, so hegen wir doch die Hoffnung, daß bei allen ökumenischer Sinn und gegenseitige Achtung allmählich wachsen.

Dabei muß jedoch anerkannt werden, daß es zwischen diesen Kirchen und Gemeinschaften und der katholischen Kirche Unterschiede von großem Gewicht gibt, nicht nur in historischer, soziologischer, psychologischer und kultureller Beziehung, sondern vor allem in der Interpretation der offenbarten Wahrheit. Damit jedoch trotz dieser Unterschiede der ökumenische Dialog erleichtert werde, wollen wir im folgenden einige Gesichtspunkte hervorheben, die das Fundament und ein Anstoß zu diesem Dialog sein können und sollen.

[27] Vgl. Konzil v. Florenz, Sessio VI (1439), Definitio Laetentur caeli: Mansi 31, 1026 E.

20. Unser Geist wendet sich zuerst den Christen zu, die Jesus Christus als Gott und Herrn und einzigen Mittler zwischen Gott und den Menschen offen bekennen zur Ehre des einen Gottes, des Vaters und des Sohnes und des Heiligen Geistes. Wir wissen zwar, daß nicht geringe Unterschiede gegenüber der Lehre der katholischen Kirche bestehen, insbesondere über Christus als das fleischgewordene Wort Gottes und über das Werk der Erlösung, sodann über das Geheimnis und den Dienst der Kirche und über die Aufgabe Mariens im Heilswerk. Dennoch freuen wir uns, wenn wir sehen, wie die getrennten Brüder zu Christus als Quelle und Mittelpunkt der kirchlichen Gemeinschaft streben. Aus dem Wunsch zur Vereinigung mit Christus werden sie notwendig dazu geführt, die Einheit mehr und mehr zu suchen und für ihren Glauben überall vor allen Völkern Zeugnis zu geben.

21. Die Liebe und Hochschätzung, ja fast kultische Verehrung der Heiligen Schrift führen unsere Brüder zu einem unablässigen und beharrlichen Studium dieses heiligen Buches: Das Evangelium ist ja „eine Kraft Gottes zum Heile für jeden, der glaubt, für den Juden zuerst, aber auch für den Griechen" (Röm 1, 16).

Unter Anrufung des Heiligen Geistes suchen sie in der Heiligen Schrift Gott, wie er zu ihnen spricht in Christus, der von den Propheten vorherverkündigt wurde und der das für uns fleischgewordene Wort Gottes ist. In der Heiligen Schrift betrachten sie das Leben Christi und was der göttliche Meister zum Heil der Menschen gelehrt und getan hat, insbesondere die Geheimnisse seines Todes und seiner Auferstehung.

Während die von uns getrennten Christen die göttliche Autorität der Heiligen Schrift bejahen, haben sie jedoch, jeder wieder auf andere Art, eine von uns verschiedene Auffassung von dem Verhältnis zwischen der Schrift und der Kirche, wobei nach dem katholischen Glauben das authentische Lehramt bei der Erklärung und Verkündigung des geschriebenen Wortes Gottes einen besonderen Platz einnimmt.

Nichtsdestoweniger ist die Heilige Schrift gerade beim Dialog ein ausgezeichnetes Werkzeug in der mächtigen Hand Gottes, um jene Einheit zu erreichen, die der Erlöser allen Menschen anbietet.

22. Der Mensch wird durch das Sakrament der Taufe, wenn es gemäß der Einsetzung des Herrn recht gespendet und in der gebührenden Geistesverfassung empfangen wird, in Wahrheit dem gekreuzigten und verherrlichten Christus eingegliedert und wiedergeboren zur Teilhabe am göttlichen Leben nach jenem Wort des Apostels: „Ihr seid in der Taufe mit ihm begraben, in ihm auch auferstanden durch den Glauben an das Wirken Gottes, der ihn von den Toten auferweckt hat" (Kol 2, 12)[28].

Die Taufe begründet also ein sakramentales Band der Einheit zwischen allen, die durch sie wiedergeboren sind. Dennoch ist die Taufe nur ein Anfang und Ausgangspunkt, da sie ihrem ganzen Wesen nach hinzielt auf die Erlangung der Fülle des Lebens in Christus. Daher ist die Taufe hingeordnet auf das vollständige Bekenntnis des Glaubens, auf die völlige Eingliederung in die Heilsveranstaltung, wie Christus sie gewollt hat, schließlich auf die vollständige Einfügung in die eucharistische Gemeinschaft.

Obgleich bei den von uns getrennten Kirchlichen Gemeinschaften die aus der Taufe hervorgehende volle Einheit mit uns fehlt und obgleich sie nach unserem Glauben vor allem wegen des Fehlens des Weihesakramentes die ursprüngliche und vollständige Wirklichkeit (substantia) des eucharistischen Mysteriums nicht bewahrt haben, bekennen sie doch bei der Gedächtnisfeier des Todes und der Auferstehung des Herrn im Heiligen Abendmahl, daß hier die lebendige Gemeinschaft mit Christus bezeichnet werde, und sie erwarten seine glorreiche Wiederkunft. Deshalb sind die Lehre vom Abendmahl des Herrn, von den übrigen Sakramenten, von der Liturgie und von den Dienstämtern der Kirche notwendig Gegenstand des Dialogs.

23. Das christliche Leben dieser Brüder wird genährt durch den Glauben an Christus, gefördert durch die Gnade der Taufe und das Hören des Wortes Gottes. Dies zeigt sich im privaten Gebet, in der biblischen Betrachtung, im christlichen Familienleben und im Gottesdienst der zum Lob Gottes versammelten Gemeinde. Übrigens enthält ihr Gottesdienst nicht selten deutlich hervortretende Elemente der alten gemeinsamen Liturgie.

Der Christusglaube zeitigt seine Früchte in Lobpreis und

---

[28] Vgl. Röm 6, 4.

Danksagung für die von Gott empfangenen Wohltaten; hinzu kommt ein lebendiges Gerechtigkeitsgefühl und eine aufrichtige Nächstenliebe. Dieser werktätige Glaube hat auch viele Einrichtungen zur Behebung der geistlichen und leiblichen Not, zur Förderung der Jugenderziehung, zur Schaffung menschenwürdiger Verhältnisse im sozialen Leben und zur allgemeinen Festigung des Friedens hervorgebracht.

Wenn auch viele Christen das Evangelium auf dem Gebiet der Moral weder stets in der gleichen Weise auslegen wie die Katholiken noch in den sehr schwierigen Fragen der heutigen Gesellschaft zu denselben Lösungen wie sie gelangen, so wollen sie doch ebenso wie wir an dem Worte Christi als der Quelle christlicher Tugend festhalten und dem Gebot des Apostels folgen, der da sagt: „Alles, was immer ihr tut in Wort oder Werk, tut alles im Namen unseres Herrn Jesus Christus, und danket durch ihn Gott dem Vater" (Kol 3, 17). Von da her kann der ökumenische Dialog über die Anwendung des Evangeliums auf dem Bereich der Sittlichkeit seinen Ausgang nehmen.

24. Nach dieser kurzen Darlegung der Bedingungen für die praktische Durchführung der ökumenischen Arbeit und der Prinzipien, nach denen sie auszurichten ist, richten wir unsern Blick vertrauensvoll auf die Zukunft. Das Heilige Konzil mahnt die Gläubigen, jede Leichtfertigkeit wie auch jeden unklugen Eifer zu meiden, die dem wahren Fortschritt der Einheit nur schaden können. Ihre ökumenische Betätigung muß ganz und echt katholisch sein, das heißt in Treue zur Wahrheit, die wir von den Aposteln und den Vätern empfangen haben, und in Übereinstimmung mit dem Glauben, den die katholische Kirche immer bekannt hat, zugleich aber auch im Streben nach jener Fülle, die sein Leib nach dem Willen des Herrn im Ablauf der Zeit gewinnen soll.

Das Heilige Konzil wünscht dringend, daß alles, was die Söhne der katholischen Kirche ins Werk setzen, in Verbindung mit den Unternehmungen der getrennten Brüder fortschreitet, ohne den Wegen der Vorsehung irgendein Hindernis in den Weg zu legen und ohne den künftigen Anregungen des Heiligen Geistes vorzugreifen. Darüber hinaus erklärt es seine Überzeugung, daß dieses heilige Anliegen der Wiederversöhnung aller Christen in der Einheit der einen und einzigen Kirche Christi die menschlichen Kräfte und Fähigkeiten übersteigt.

Darum setzt es seine Hoffnung gänzlich auf das Gebet Christi für die Kirche, auf die Liebe des Vaters zu uns und auf die Kraft des Heiligen Geistes. „Die Hoffnung aber wird nicht zuschanden: Denn die Liebe Gottes ist ausgegossen in unseren Herzen durch den Heiligen Geist, der uns geschenkt ist" (Röm 5, 5).

VI.

DAS DEKRET ÜBER DIE HIRTENAUFGABE DER BISCHÖFE
IN DER KIRCHE „CHRISTUS DOMINUS"

geht auf 7 Entwürfe zurück, die nach der I. Sitzungsperiode des Konzils 1962 auf 2 reduziert wurden, deren erster mehr die rechtlichen Fragen klären, während ihn der zweite von der pastoralen Seite ergänzen sollte. Der erste wurde in der II. Sitzungsperiode 1963 diskutiert. Die Konzilskommission für die Bischöfe und Leitung der Diözesen erhielt anschließend den Auftrag, den Ertrag der Diskussion über den ersten Entwurf sowie den zweiten Entwurf zusammenzufassen und zu einem einheitlichen, kürzeren Schema zu machen. Das neue Schema wurde zu Beginn der III. Sitzungsperiode 1964 vorgelegt. Zahlreiche Abänderungsvorschläge machten eine Überarbeitung der Kapitel I und II nötig. Im Oktober 1965 wurde über das Schema abgestimmt. Die feierliche Schlußabstimmung ergab 2322 Ja- gegen 2 Nein-Stimmen; am gleichen Tag, dem 28. Oktober 1965, wurde das Dekret feierlich verkündet.

Das Dekret möchte die Lehre der „dogmatischen Konstitution über die Kirche" über den Episkopat konkret auf das Leben der Kirche anwenden. Diese Lehre ist, wie die Konzilsdiskussionen gezeigt haben, für die Textgestalt immer maßgeblicher geworden. Sie muß darum bei der Lektüre der 3 Kapitel dieses Dekrets immer präsent sein. So ist es auch nicht nötig, hier weiter auf die Artikel 1–3 (das Vorwort) einzugehen.

Das I. Kapitel handelt in 4 Artikeln von der Funktion der Bischöfe in der Gesamtkirche und in 3 Artikeln vom Verhältnis der Bischöfe zum „Apostolischen Stuhl". Auch die Artikel 4–7 wiederholen im Grunde nur die Lehre des III. Kapitels der Kirchenkonstitution über die Bischöfe, vielleicht mit den Ausnahmen, daß in Artikel 4 allen Mitgliedern des Bischofskollegiums (also auch den „Weihbischöfen") das Recht der Teilnahme an einem ökumenischen Konzil ausdrücklich zuerkannt wird und daß in Artikel 6 die Mitsorgepflicht des einzelnen Bischofs für die Gesamtkirche etwas konkreteren Ausdruck findet. Die in Artikel 5 vorgesehene Errichtung einer Bischofssynode beim Papst wurde von diesem am 15. September 1965 vorweggenommen. Artikel 8 geht in Teil a) auf die Gewalt (potestas) des Papstes und der Bischöfe ein; in Teil b) erteilt er den Diözesanbischöfen die Vollmacht, ihre Gläubigen in besonderem Fall von einem allgemeinen Kirchengesetz zu dispensieren (die beiden Bedingungen hierfür erklären sich von selbst). Die beiden Teile hängen deswegen zusammen, weil die Gewalt der Bischöfe nach Teil a) nun nicht mehr so verstanden werden darf, als räume sie der Papst auf dem Weg von „Fakultäten" großherzig ein. Man darf aber grundsätzlich bedauern, daß die gewiß unverzichtbare rechtliche Regelung des kirchlichen Lebens in Teil b) (wie noch öfters) den in vieler Hinsicht problematischen Weg von „Dispensen" weitergeht. Artikel 9 und 10 sprechen von der Kurienreform. Artikel 9 stellt im ersten Abschnitt klar, daß die Behörden der römischen Kurie ihr Amt im Namen und in der Vollmacht des Papstes versehen, dabei aber den „geweihten Hirten" Dienst leisten. Der zweite Absatz sagt ausdrücklich, daß diese Behörden nach Meinung des Konzils in mehrfacher Hinsicht reformbedürftig sind. Der Schlußsatz des Artikels weist darauf hin, daß dem Amt der päpstlichen Nuntien unter Berücksichtigung des Hirtenamtes der Bischöfe Grenzen gezogen werden sollen. Artikel 10 fordert in den beiden ersten Abschnitten eine größere Internationalisierung der römischen Kurie und der Nuntiaturen. Der letzte Absatz des Artikels wünscht, daß auch diese Behörden Laien zur Beratung beiziehen. So ist in zwei knappen Artikeln ein großes Programm kirchlicher Erneuerung entworfen.

Kapitel II geht auf das Thema der Bischöfe und ihrer Teilkirchen (Diözesen) ein. 11 Artikel sind dem Diözesanbischof, 3 Artikel der Abgrenzung der Diözesen und 11 Artikel den Mitarbeitern des Diözesanbischofs im Hirtendienst gewidmet. Artikel 11 definiert im Sinne der Kirchenkonstitution die Diözese als Teilkirche, beschreibt zum anderen Male die Gewalt der Bischöfe im Verhältnis zum Papst (und auch zu den Patriarchen und anderen hierarchischen Autoritäten) und weist die Bischöfe auf ihre Zeugnispflicht vor allen Menschen hin. Die Artikel 12–14 gehen auf das Lehramt der Bischöfe konkreter als die Kirchenkonstitution ein. Artikel 12 betont wie diese den Vorrang der Verkündigung des Evangeliums unter den Aufgaben der Bischöfe. Die folgenden Abschnitte und Artikel 13 entwerfen ein Maximalprogramm für die Bischöfe, das von der Stärkung des Glaubens über die konkreten, auch internationalen Probleme und die zeitgemäße Anpassung der christlichen Lehre bis zum Dialog zwischen Kirche und Welt reicht. Danach werden künftig die Bischöfe u. a. auf die Glaubensschwierigkeiten von heute genau eingehen, sich der Armen und Schwachen annehmen und zu den ungläubigen Menschen gehen, um mit ihnen ins Gespräch zu kommen, dabei alle modernen Mittel der Pädagogik und Kommunikation verwenden. Artikel 14 spricht von der Sorgfaltspflicht der Bischöfe im Bereich der Katechese und Katechetenausbildung. Artikel 15 hat die Heiligungsaufgabe des Bischofs zum Thema. Der erste Abschnitt erinnert entsprechend der Kirchenkonstitution an die Fülle des Weihesakramentes im Bischof und an dessen theologisches

Verhältnis zu Priestern und Diakonen. Der zweite Abschnitt geht auf die Heiligung der Gläubigen durch die Eucharistie, das Gebet und die anderen Sakramente ein. Nach dem dritten Abschnitt sind die Bischöfe verpflichtet, Vorbilder der Heiligkeit zu sein, dementsprechend Kleriker, Ordensleute und Laien zu führen und für geistliche Berufe (auch für die Missionen) zu sorgen. Die Artikel 16–21 handeln von der „Vater- und Hirtenaufgabe" der Bischöfe. Die beiden ersten Abschnitte von Artikel 16 charakterisieren den Bischof als opferbereiten Diener und Hirten. Der dritte Abschnitt mahnt die Bischöfe, jederzeit mit besonderer Liebe den Priestern zugetan zu sein, die ja für ihren Teil die Aufgaben der Bischöfe übernehmen, ein vertrauensvolles Verhältnis zu ihnen zu haben usw. Das wird im vierten Abschnitt noch präzisiert: um die geistliche, intellektuelle und wirtschaftliche Lage aller Priester, auch der gefährdeten, soll sich der Bischof kümmern. Nach dem fünften Abschnitt sollen die Bischöfe unter Verwendung moderner Methoden das Milieu ihrer Gläubigen genau kennenlernen, allen ohne Unterschied die gleiche Sorge zuwenden und den Gläubigen (d. h. hier den Laien) den ihnen gebührenden Anteil beim Aufbau des Leibes Christi belassen. Der sechste Abschnitt fordert die Liebe (es heißt ausdrücklich „amor"!) der Bischöfe zu den Nichtkatholiken und Nichtgetauften. Artikel 17 spricht von den verschiedenen Formen des Apostolats in der Diözese und deren Koordinierung, Förderung und Reform durch den Bischof. Nach Artikel 18 muß eine besondere Sorge jenen gelten, die einer speziellen Seelsorge bedürfen (Auswanderer, Seeleute usw.); deren Probleme soll auch die Bischofskonferenz genau studieren. Die Artikel 19 und 20 handeln vom Verhältnis der Bischöfe zur weltlichen Gewalt. Mit Recht fordert Artikel 19 volle Freiheit für die Bischöfe bei der Ausübung ihres Amtes, garantiert aber auch der staatlichen Obrigkeit die Unterstützung der Bischöfe „im Rahmen ihres Amtes und wie es Bischöfen geziemt". Diese Einschränkung ist wohl zu beachten. Artikel 20 enthält die ausdrückliche Erklärung des Konzils, daß es nur das Recht der kirchlichen Obrigkeit ist, Bischöfe zu ernennen und einzusetzen. Inhaber entgegengesetzter Privilegien werden gebeten, auf diese zu verzichten. Artikel 21 — ein nicht unwichtiger „Anhang" — geht auf die Altersgrenze der Bischöfe und rechtlich gleichgestellter Prälaten ein. Leider erfolgt keine präzisere Bestimmung, vielmehr wird an die Einsicht solcher appelliert, die oft dieser Einsicht nicht mehr fähig sind. Artikel 22 ist für die konkrete Verwirklichung der Theologie des Episkopates von entscheidender Bedeutung. Er beschreibt das theologische Wesen der Diözese. Von daher legt sich eine Überprüfung der jetzigen Diözesangrenzen nahe. Genaueres dazu sagt in 3 Unterpunkten der folgende Artikel 23. Dessen letzter Teil trifft Sorge für die bestmögliche Koexistenz verschiedener Riten in einem Diözesangebiet. Dabei sieht das Konzil offenbar die Koexistenz verschiedener Hierarchien an einem Ort als letzte und darum wohl schlechteste Möglichkeit vor, was zunächst für die Existenz lateinischer Hierarchien in ostkirchlichen Territorien von Belang ist. Artikel 24 sieht vor, daß sich entsprechend der Grundsätze der Artikel 22 und 23 die Bischofskonferenzen mit der Prüfung neuer Diözesanabgrenzungen befassen und ihre Vorschläge und Wünsche nach Rom melden. Von alldem soll die Rechtsordnung der Ostkirchen unberührt bleiben. Unter den Mitarbeitern des Diözesanbischofs im Hirtendienst nennen die Artikel 25 und 26 nun an erster Stelle die Koadjutoren und Weihbischöfe. Wenn Artikel 25 sagt, bei zu großer Ausdehnung der Diözesen müßten nicht selten Weihbischöfe (Plural!) aufgestellt werden, so ist dabei nicht klargemacht, wie sich dies mit Artikel 22 und 23 vereinbaren läßt. Vgl. auch Artikel 26, der zur Bestellung der Weihbischöfe und Koadjutoren mehrere rechtliche Einzelnormen enthält. Wenn der Weihbischof zum Generalvikar ernannt werden soll, so ist dies begrüßenswert, weil dadurch das hohe Amt des Generalvikars entsprechend der Lehre des Konzils über den Ursprung der „Gewalt" aus dem Weihesakrament „religiöser" verwurzelt wird. Die rechtliche Ausgestaltung dieser Institutionen ist im übrigen für den Vollzug der Kirche weniger wichtig als ein in jeder Hinsicht christliches Verhältnis der Bischöfe zu ihren Weihbischöfen, worauf die Artikel 25 und 26 nachdrücklich hinweisen. Die Artikel 26 und 27 sehen die Schaffung von „bischöflichen Vikaren" vor, beide Male unter einer gewissen Zurücksetzung des „bloßen" Generalvikars. Der zweite Absatz des Artikels 27 spricht vom „Senat oder Rat" des Bischofs, der aus Priestern besteht; dazu gehören auch die Domkapitel, die reformiert werden sollen. Die beiden folgenden Abschnitte würdigen die Diözesankurie insgesamt. Der Schlußabsatz wünscht sehr, daß in jeder Diözese ein Seelsorgerat eingesetzt werde, dem außer Klerikern auch Ordensleute und Laien angehören. Die Artikel 28–32 sprechen vom Diözesanklerus. Das Dekret setzt auch hier die theologische Grundlage der Kirchenkonstitution voraus, die es hier zum Teil wiederholt (die Priester ein einziges Presbyterium mit dem Bischof als Vater: Artikel 28). Was in diesem Dekret noch vermißt werden mag, ist teilweise im Dekret über Dienst und Leben der Priester enthalten. Dies vorausgesetzt, ist anzuerkennen, wie sehr sich das Dekret um eine Neugestaltung des Verhältnisses zwischen Bischof und Priestern bemüht. Auch dieser Teil des Dekrets enthält einige kirchenrechtliche Neuerungen, so die Erwähnung der Priester, die in überpfarrlicher Arbeit stehen (Artikel 29), die Abschaffung des Präsentationsrechtes der Pfarrer und des Pfarrkonkurses sowie der Unabsetzbarkeit der Pfarrer (Artikel 31). Besondere Betonung liegt natürlich auf Artikel 30, der den Pfarrern gewidmet ist. Die letzte Nummer dieses Artikels gilt den Pfarrvikaren. Leider visiert er nur deren Verhältnis zu den Pfarrern, nicht aber das zum Bischof bzw. zur Diözesankurie an. Das Konzil stellt sich (obwohl gerade von nordamerikanischen Bischöfen darauf aufmerksam gemacht) der Frage nicht, ob nicht gerade der behördenhafte Umgang mit jüngeren Priestern und das System rollender Versetzungen eine Hauptursache des Priestermangels und gebrochener Priesterexistenzen ist. Der Schlußabsatz des Artikels 31 geht auf die Altersgrenze der Pfarrer ein. Artikel 32 erwähnt die Neugestaltung der Pfarrgrenzen. An vierter Stelle unter den Mitarbeitern des Bischofs werden in den Artikeln 33–35 die Ordensleute behandelt. Artikel 33 wiederholt, was die Kirchenkonstitution und das Dekret über die zeitgemäße Erneuerung des Ordenslebens grundsätzlich sagen. Buchstäblich genommen, könnte der erste Satz des Artikels 34 wesentlich zur Klärung des Problems beitragen, ob wirklich alle gebildeten Mitglieder eines Mönchsordens Priester sein sollen: „Die Ordensgeistlichen werden zum priesterlichen Dienst geweiht, damit auch sie umsichtige Mitarbeiter des Bischofsstandes sind." Im übrigen geht die Tendenz dieser Artikel dahin, die Ordensleute möglichst taktvoll mehr zur Mitarbeit in der Diözesanseelsorge zu gewinnen und die „Exemtion" tunlichst auf die innere Ordnung der Verbände zu beschränken.

Kapitel III sucht in 8 Artikeln die Zusammenarbeit der Bischöfe in rechtliche Normen zu fassen. Die Artikel 36–38 sind den Synoden, Konzilien und Bischofskonferenzen gewidmet. Ohne Vorbehalt wünscht das Konzil in Artikel 36, daß die seit den ersten Jahrhunderten bestehenden Einrichtungen der Synoden und Konzilien neu aufblühen. Dann gehen Artikel 37 und 38 in 6 Nummern auf die Bischofskonferenzen ein, ein neues Thema des Kirchenrechts. Artikel 38, Nummer 1 versucht eine Definition der Bischofskonferenz zu geben; Nummer 2 legt die Teilnahmeberechtigten einer Bischofskonferenz fest (die päpstlichen Nuntien gehören nicht dazu), schiebt aber die merkwürdigerweise umstrittene Frage, ob die Weihbischöfe entscheidende oder nur beratende Stimme haben, den einzelnen Bischofskonferenzen selbst zu. Nummer 3 handelt von den Statuten der Bischofskonferenz. Nummer 4 sieht eine verpflichtende Rechtskraft der Beschlüsse der Bischofskonferenzen auf relativ wenige Fälle beschränkt vor. Nummer 5 handelt von übernationalen Bischofskonferenzen und von den Beziehungen verschiedener Bischofskonferenzen zueinander; Nummer 6 möchte Zusammenkünfte der Vertreter verschiedener Riten in den entsprechenden Gebieten fördern. Mit diesem Teil des Kapitels wird von der teilweise schon fortgeschrittenen Praxis her eine Lücke des bestehenden Kirchenrechts geschlossen, ohne daß aus ihm allein zu entnehmen wäre, ob die Bischofskonferenzen nun auch tatsächlich zu wirksamen Gremien werden. Die Artikel 39–41 handeln von der Abgrenzung der Kirchenprovinzen und der Errichtung kirchlicher Regionen. Hervorzuheben ist, daß Nummer 2 des Artikels 40 die Abschaffung der „exemten" Diözesen vorsieht, d. h., keine Diözese soll mehr dem Heiligen Stuhl unmittelbar unterstellt, alle Diözesen sollen einer Kirchenprovinz eingegliedert sein. Die Artikel 42 und 43 beschäftigen sich mit den Bischöfen, die ein überdiözesanes Amt ausüben. Bischöfe solcher Art sind bisher vor allem die in Artikel 43 behandelten Militärbischöfe; Artikel 42 wünscht, daß weitere analoge Bischofsämter überdiözesaner Art errichtet werden.

Artikel 44 stellt einen trockenen rechtlichen Abschluß des Dekrets dar: Nicht nur die Grundsätze des Dekrets, sondern auch die in der Konzilsdiskussion vorgebrachten Bemerkungen sollen bei der Neubearbeitung des kirchlichen Gesetzbuchs berücksichtigt werden. Für die Seelsorge der Bischöfe und Pfarrer sollen Seelsorgedirektorien aufgestellt werden. Schließlich werden noch zwei weitere Direktorien vorgesehen, eines für Sonderseelsorgeformen, das zweite für katechetische Unterweisung.

Das Dekret darf wegen seiner mehr rechtlichen Sprechweise nicht kritisiert werden. In Einzelheiten spricht es vielleicht sogar zuwenig entschieden rechtlich. Sicher hat es keinen Ewigkeitswert, da bei den verschiedensten Reformen, die es fordert, erst Erfahrungen gesammelt werden müssen und diese dann zu neuen Wegweisungen führen werden. Einige davon wurden im Sommer 1966 schon veröffentlicht (vgl. Herder-Korrespondenz, Oktober 1966, S. 458–465). Jedenfalls aber ist es ein echtes Reformdekret, das bei gehorsamer Beachtung zu einer neuen Gestalt des Episkopats führen kann.

Dekret über die Hirtenaufgabe
der Bischöfe in der Kirche

VORWORT

1. Christus der Herr, der Sohn des lebendigen Gottes, ist gekommen, sein Volk von den Sünden zu erlösen[1] und alle Menschen zu heiligen. Wie er selbst vom Vater gesandt worden ist, so sandte er seine Apostel[2]. Darum heiligte er sie, indem er ihnen den Heiligen Geist gab, damit auch sie auf Erden den Vater verherrlichen und die Menschen retten, „zum Aufbau des Leibes Christi" (Eph 4, 12), der die Kirche ist.

2. In dieser Kirche besitzt der römische Bischof als Nachfolger des Petrus, dem Christus seine Schafe und Lämmer zu weiden anvertraute, aufgrund göttlicher Einsetzung die höchste, volle, unmittelbare und universale Seelsorgsgewalt. Weil er also als Hirte aller Gläubigen gesandt ist, für das Gemeinwohl der ganzen Kirche und für das Wohl der einzelnen Kirchen zu sorgen, hat er den Vorrang der ordentlichen Gewalt über alle Kirchen.

Aber auch die Bischöfe sind vom Heiligen Geist eingesetzt und treten an die Stelle der Apostel als Hirten der Seelen[3]. Gemeinsam mit dem Papst und unter seiner Autorität sind sie gesandt, das Werk Christi, des ewigen Hirten, durch alle Zeiten fortzusetzen[4]. Christus hat nämlich den Aposteln und ihren Nachfolgern den Auftrag und die Vollmacht gegeben, alle Völker zu lehren, die Menschen in der Wahrheit zu heiligen und sie zu weiden. Daher sind die Bischöfe durch den Heiligen Geist,

---

[1] Vgl. Mt 1, 21.   [2] Vgl. Jo 20, 21.
[3] Vgl. I. Vat. Konzil, Dogm. Konst. De Ecclesia Christi, Pastor aeternus: Denz. 1828 (3061).
[4] Vgl. I. Vat. Konzil, Dogm. Konst. De Ecclesia Christi, Pastor aeternus: Denz. 1821 (3050).

der ihnen mitgeteilt worden ist, wahre und authentische Lehrer des Glaubens, Priester und Hirten geworden[5].

3. Die Bischöfe haben Anteil an der Sorge für alle Kirchen; deshalb üben sie das bischöfliche Amt, das sie durch die Bischofsweihe empfangen haben[6], in der Gemeinschaft und unter der Autorität des Papstes im Hinblick auf die ganze Kirche Gottes aus, wenn sie, was die Lehrverkündigung und die Hirtenleitung angeht, alle im Bischofskollegium oder als Körperschaft vereint sind.

Sie üben es einzeln für die ihnen zugewiesenen Teile der Herde des Herrn aus, indem jeder für die ihm anvertraute Teilkirche sorgt oder wenn mehrere zusammen bestimmte gemeinsame Anliegen verschiedener Kirchen besorgen.

Daher beabsichtigt die Heilige Synode, auch im Hinblick auf die Lage der menschlichen Gesellschaft, die sich in dieser unserer Zeit auf dem Weg zu einer neuen Ordnung befindet[7], die Hirtenaufgabe der Bischöfe näher zu bestimmen. Sie hat darum folgende Anordnungen getroffen.

ERSTES KAPITEL

DIE BISCHÖFE UND DIE GESAMTKIRCHE

I. Die Rolle der Bischöfe in der Gesamtkirche

4. Die Bischöfe werden kraft der sakramentalen Weihe und durch die hierarchische Gemeinschaft mit dem Haupt und den Gliedern des Kollegiums zu Gliedern der Bischofskörperschaft[1]. „Die Ordnung der Bischöfe aber, die dem Kollegium der Apostel im Lehr- und Hirtenamt nachfolgt, ja, in welcher die Körperschaft der Apostel immerfort weiter besteht, ist gemein-

---

[5] Vgl. II. Vat. Konzil, Dogm. Konst. über die Kirche Lumen Gentium, 3. Kap., Nr. 21, 24, 25: AAS 57 (1965) 24–25, 29–31.

[6] Vgl. II. Vat. Konzil, Dogm. Konst. über die Kirche Lumen Gentium, 3. Kap., Nr. 21: AAS 57 (1965) 24–25.

[7] Vgl. Johannes XXIII., Apost. Konst. Humanae salutis, 25. Dez. 1961: AAS 54 (1962) 6.

[1] Vgl. II. Vat. Konzil, Dogm. Konst. über die Kirche Lumen Gentium, 3. Kap., Nr. 22: AAS 57 (1965) 25–27.

sam mit ihrem Haupt, dem Bischof von Rom, und niemals ohne dieses Haupt gleichfalls Träger der höchsten und vollen Gewalt über die ganze Kirche. Diese Gewalt kann nur unter Zustimmung des Bischofs von Rom ausgeübt werden."[2] Diese Gewalt nun „wird in feierlicher Weise im Ökumenischen Konzil ausgeübt"[3]. Daher beschließt die Heilige Synode, daß allen Bischöfen, die Glieder des Bischofskollegiums sind, das Recht zusteht, am Ökumenischen Konzil teilzunehmen.

„Die gleiche kollegiale Gewalt kann gemeinsam mit dem Papst von den in aller Welt lebenden Bischöfen ausgeübt werden, wofern nur das Haupt des Kollegiums sie zu einer kollegialen Handlung ruft oder wenigstens die gemeinsame Handlung der räumlich getrennten Bischöfe billigt oder frei annimmt, so daß ein eigentlich kollegialer Akt zustande kommt."[4]

5. Aus den verschiedenen Gegenden der Erde ausgewählte Bischöfe leisten dem obersten Hirten der Kirche in einem Rat, der die Bezeichnung „Bischofssynode" trägt[5], einen wirksameren Beistand in der vom Papst bestimmten oder noch zu bestimmenden Art und Weise. Als Vertretung des gesamten katholischen Episkopates bringt diese Bischofssynode gleichzeitig zum Ausdruck, daß alle Bischöfe in der hierarchischen Gemeinschaft an der Sorge für die ganze Kirche teilhaben[6].

6. Als rechtmäßige Nachfolger der Apostel und Glieder des Bischofskollegiums sollen sich die Bischöfe immer einander verbunden wissen und sich für alle Kirchen besorgt zeigen. Durch göttliche Einsetzung und Vorschrift ist ja jeder einzelne gemeinsam mit den übrigen Bischöfen mitverantwortlich für die apostolische Aufgabe der Kirche[7]. Vor allem seien sie besorgt um jene Gegenden der Erde, in denen das Wort Gottes noch nicht verkündet ist oder in denen die Gläubigen, besonders wegen der geringen Anzahl der Priester, in der Gefahr

[2] II. Vat. Konzil, Dogm. Konst. über die Kirche, ebd.
[3] II. Vat. Konzil, Dogm. Konst. über die Kirche, ebd.
[4] II. Vat. Konzil, Dogm. Konst. über die Kirche, ebd.
[5] Vgl. Paul VI., Motupr. Apostolica sollicitudo, 15. Sept. 1965: AAS 57 (1965) 775–780.
[6] Vgl. II. Vat. Konzil, Dogm. Konst. über die Kirche Lumen Gentium, 3. Kap., Nr. 23: AAS 57 (1965) 27–28.
[7] Vgl. Pius XII., Enz. Fidei donum, 21. April 1957: AAS 49 (1957) 237; vgl. auch Benedikt XV., Apost. Brief Maximum illud, 30. Nov. 1919: AAS 11 (1919) 440; Pius XI., Enz. Rerum Ecclesiae, 28. Febr. 1926: AAS 18 (1926) 68ff.

schweben, den Geboten des christlichen Lebens untreu zu werden, ja den Glauben selbst zu verlieren.

Mit allen Kräften seien sie deshalb bemüht, daß die Gläubigen die Werke der Verkündigung und des Apostolats freudig unterstützen und fördern. Weiter sollen sie mit Eifer dafür sorgen, daß geeignete Diener des Heiligtums sowie Helfer aus dem Ordens- und Laienstand für die Missionen und die priesterarmen Gegenden ausgebildet werden. Auch sollen sie, soweit möglich, dafür sorgen, daß einige ihrer Priester in die erwähnten Missionsgebiete oder Diözesen gehen, um dort den heiligen Dienst für immer oder wenigstens für eine bestimmte Zeit auszuüben.

Ferner sollen sich die Bischöfe vor Augen halten, daß sie beim Gebrauch des kirchlichen Vermögens nicht nur die eigene Diözese berücksichtigen dürfen, sondern auch der anderen Teilkirchen zu gedenken haben, die ja Teile der einen Kirche Christi sind. Schließlich mögen sie ihre Aufmerksamkeit darauf richten, die Notlage, unter der andere Diözesen oder Gegenden leiden, nach Kräften zu lindern.

7. Vor allem sollen sie jenen Bischöfen, die um des Namens Christi willen von Not und Verleumdung bedrängt, in Gefängnissen festgehalten oder an der Ausübung ihres Amtes gehindert werden, in brüderlicher Gesinnung zugetan sein und ihnen ihre echte, tatkräftige Sorge widmen, damit deren Leiden durch das Gebet und die Unterstützung der Mitbrüder gelindert und erleichtert werden.

II. *Die Bischöfe und der Apostolische Stuhl*

8. a) Als Nachfolgern der Apostel steht den Bischöfen in den ihnen anvertrauten Diözesen von selbst jede ordentliche, eigenständige und unmittelbare Gewalt zu, die zur Ausübung ihres Hirtenamtes erforderlich ist. Die Gewalt, die der Papst kraft seines Amtes hat, sich selbst oder einer anderen Obrigkeit Fälle vorzubehalten, bleibt dabei immer und in allem unangetastet.

b) Den einzelnen Diözesanbischöfen wird die Vollmacht erteilt, die Gläubigen, über die sie nach Maßgabe des Rechtes ihre Gewalt ausüben, in einem besonderen Fall von einem allgemeinen Kirchengesetz zu dispensieren, sooft sie es für deren geistliches Wohl für nützlich erachten, wenn nicht von der höchsten Autorität der Kirche ein besonderer Vorbehalt gemacht wurde.

9. Bei der Ausübung der höchsten, vollen und unmittelbaren Gewalt über die Gesamtkirche bedient sich der Papst der Behörden der römischen Kurie. Diese versehen folglich ihr Amt in seinem Namen und mit seiner Vollmacht zum Wohle der Kirchen und als Dienst, den sie den geweihten Hirten leisten.

Die Väter des Heiligen Konzils wünschen jedoch, daß diese Behörden, die zwar dem Papst und den Hirten der Kirche eine vorzügliche Hilfe geleistet haben, eine neue Ordnung erhalten, die den Erfordernissen der Zeit, der Gegenden und der Riten stärker angepaßt ist, besonders was ihre Zahl, Bezeichnung, Zuständigkeit, Verfahrensweise und die Koordinierung ihrer Arbeit angeht[8]. Desgleichen wünschen sie, daß unter Berücksichtigung des den Bischöfen eigenen Hirtenamtes das Amt der päpstlichen Legaten genauer abgegrenzt werde.

10. Diese Behörden sind zum Wohle der ganzen Kirche geschaffen. Daher wird weiter gewünscht, daß ihre Mitglieder, Beamten und Berater sowie die päpstlichen Legaten, soweit es geschehen kann, mehr aus den verschiedenen Gebieten der Kirche genommen werden, so daß die zentralen Behörden oder Organe der katholischen Kirche eine wahrhaft weltweite Prägung aufweisen.

Ferner ist zu wünschen, daß auch einige Bischöfe, vor allem Diözesanbischöfe, unter die Mitglieder der Behörden aufgenommen werden, damit sie die Ansichten, Wünsche und Anliegen aller Kirchen dem Papst ausführlicher unterbreiten können.

Schließlich halten es die Konzilsväter für sehr nützlich, wenn diese Behörden Laien, die sich durch Tugend, Wissen und Erfahrung auszeichnen, mehr zu Rate ziehen. So erhalten auch diese in den Angelegenheiten der Kirche den ihnen gebührenden Anteil.

---

[8] Vgl. Paul VI., Ansprache an die Kardinäle, Bischöfe, Prälaten und übrigen Mitglieder der römischen Kurie, 21. September 1963: AAS (1963) 793 ff.

ZWEITES KAPITEL

DIE BISCHÖFE UND DIE TEILKIRCHEN ODER DIÖZESEN

I. Die Diözesanbischöfe

11. Die Diözese ist der Teil des Gottesvolkes, der dem Bischof in Zusammenarbeit mit dem Presbyterium zu weiden anvertraut wird. Indem sie ihrem Hirten anhängt und von ihm durch das Evangelium und die Eucharistie im Heiligen Geist zusammengeführt wird, bildet sie eine Teilkirche, in der die eine, heilige, katholische und apostolische Kirche wahrhaft wirkt und gegenwärtig ist.

Die einzelnen Bischöfe, denen die Sorge für eine Teilkirche anvertraut ist, weiden unter der Autorität des Papstes als deren eigentliche, ordentliche und unmittelbare Hirten ihre Schafe im Namen des Herrn, indem sie ihre Aufgabe zu lehren, zu heiligen und zu leiten an ihnen ausüben. Sie selbst sollen jedoch die Rechte anerkennen, die den Patriarchen oder anderen hierarchischen Autoritäten rechtmäßig zustehen [1].

Ihrer apostolischen Aufgabe sollen sich die Bischöfe zuwenden als Zeugen Christi vor allen Menschen. Sie sollen sich nicht bloß um die kümmern, die schon dem obersten Hirten nachfolgen, sondern sich mit ganzem Herzen auch jenen widmen, die irgendwie vom Weg der Wahrheit abgewichen sind oder die Frohbotschaft Christi und sein heilbringendes Erbarmen nicht kennen, bis schließlich alle „in lauter Güte und Gerechtigkeit und Wahrheit" (Eph 5, 9) wandeln.

12. Bei der Erfüllung ihrer Aufgabe zu lehren, sollen sie den Menschen die Frohbotschaft Christi verkünden; das hat den Vorrang unter den hauptsächlichen Aufgaben der Bischöfe [2]. In der Kraft des Geistes sollen sie die Menschen zum Glauben rufen oder im lebendigen Glauben stärken. Das Geheimnis Christi sollen sie ihnen unverkürzt vorlegen, jene Wahrheiten nämlich, deren Unkenntnis gleichbedeutend ist mit der Unkenntnis

---

[1] Vgl. II. Vat. Konzil, Dekret über die katholischen Ostkirchen Orientalium Ecclesiarum, Nr. 7–11: AAS 57 (1965) 79–80.

[2] Vgl. Konzil von Trient, Sess. V, Dekret über die Reform, c. 2: Mansi 33, 30; Sess. XXIV, Dekret über die Reform, c. 4: Mansi 33, 159; vgl. II. Vat. Konzil, Dogm. Konst. über die Kirche Lumen Gentium, 3. Kap., Nr. 25: AAS 57 (1965) 29ff.

Christi, desgleichen den Weg, den Gott geoffenbart hat, die Verherrlichung Gottes und damit zugleich die ewige Seligkeit zu erreichen [3].

Ferner sollen sie aufzeigen, daß selbst die irdischen Dinge und die menschlichen Einrichtungen nach dem Plan des Schöpfergottes auf das Heil der Menschen hingeordnet sind und somit zum Aufbau des Leibes Christi nicht wenig beitragen können.

Sie mögen also aufzeigen, wie sehr nach der Lehre der Kirche die menschliche Person zu achten ist, mit ihrer Freiheit und auch mit ihrem leiblichen Leben; ebenso die Familie, ihre Einheit und Festigkeit sowie die Zeugung und Erziehung der Nachkommenschaft; die weltliche Gesellschaft mit ihren Gesetzen und Berufsständen; die Arbeit und die Freizeit; die Künste und die technischen Erfindungen; die Armut und der Reichtum. Schließlich sollen sie die Grundsätze darlegen, nach denen die überaus schwierigen Fragen über Besitz, Vermehrung und rechte Verteilung der materiellen Güter, über Krieg und Frieden sowie über das brüderliche Zusammenleben aller Völker zu lösen sind [4].

13. Die christliche Lehre sollen sie auf eine Weise vortragen, die den Erfordernissen der Zeit angepaßt ist, das heißt, die den Schwierigkeiten und Fragen, von denen die Menschen so sehr bedrängt und geängstigt werden, entspricht. Diese Lehre sollen sie auch schützen, indem sie die Gläubigen lehren, sie zu verteidigen und auszubreiten. Bei ihrer Verkündigung sollen sie die mütterliche Sorge der Kirche um alle Menschen, seien sie gläubig oder ungläubig, unter Beweis stellen und sich mit besonderer Sorge der Armen und Schwachen annehmen; ihnen die Frohbotschaft zu verkünden, hat der Herr sie gesandt.

Da es der Kirche aufgegeben ist, mit der menschlichen Gesellschaft, in der sie lebt, in ein Gespräch zu kommen [5], ist es in erster Linie Pflicht der Bischöfe, zu den Menschen zu gehen und das Gespräch mit ihnen zu suchen und zu fördern. Damit immer Wahrheit mit Liebe, Einsicht mit Güte gepaart sind, muß sich dieser Heilsdialog sowohl durch Klarheit der Rede als auch zu-

---

[3] Vgl. II. Vat. Konzil, Dogm. Konst. über die Kirche Lumen Gentium, 3. Kap., Nr. 25: AAS 57 (1965) 29–31.
[4] Vgl. Johannes XXIII., Enz. Pacem in terris, 11. Apr. 1963: AAS 55 (1963) 257–304.
[5] Vgl. Paul VI., Enz. Ecclesiam suam, 6. Aug. 1964: AAS 56 (1964) 639.

gleich durch Demut und Sanftmut auszeichnen, ferner durch gebührende Klugheit, die jedoch mit Vertrauen verbunden sein muß, das ja die Freundschaft fördert und somit darauf hinwirkt, die Geister zu einen [6].

Bei der Verkündigung der christlichen Lehre seien sie bemüht, die verschiedenen Mittel anzuwenden, die in der heutigen Zeit zur Verfügung stehen, und zwar zunächst die Predigt und die katechetische Unterweisung, die ja immer den ersten Platz einnehmen, aber auch die Darlegung der Lehre in Schulen, Akademien, Konferenzen und Versammlungen jedweder Art sowie deren Verbreitung durch öffentliche Erklärungen bei bestimmten Anlässen, durch die Presse und die verschiedenen sozialen Kommunikationsmittel, die man zur Verkündigung des Evangeliums Christi unbedingt benützen muß [7].

14. Die katechetische Unterweisung trachtet danach, daß in den Menschen der Glaube, durch die Lehre erleuchtet, lebendig wird, sich entfaltet und zu Taten führt. Die Bischöfe sollen darüber wachen, daß dieser Unterricht sowohl den Kindern und Heranwachsenden als auch den Jugendlichen und ebenso den Erwachsenen mit Eifer und Sorgfalt erteilt wird; daß bei dieser Unterweisung eine geeignete Ordnung und eine Methode eingehalten werden, die nicht nur dem zu behandelnden Stoff, sondern auch der Eigenart, den Fähigkeiten, dem Alter und den Lebensbedingungen der Zuhörer entsprechen; daß diese Unterweisung auf der Heiligen Schrift, der Überlieferung, der Liturgie, dem Lehramt und dem Leben der Kirche aufbaut.

Ferner mögen sie dafür sorgen, daß die Katecheten für ihre Aufgabe gebührend vorbereitet werden, indem sie die Lehre der Kirche gründlich kennenlernen und auch die psychologischen Gesetze und pädagogischen Fächer theoretisch und praktisch erlernen.

Sie seien auch bemüht, daß der Unterricht für erwachsene Katechumenen wieder eingeführt oder besser angepaßt wird.

15. Bei der Erfüllung ihrer Aufgabe zu heiligen sollen die Bischöfe bedenken, daß sie aus den Menschen genommen und für die Menschen bestellt sind in ihren Angelegenheiten bei

[6] Vgl. Paul VI., Enz. Ecclesiam suam, 6. Aug. 1964: AAS 56 (1964) 644–645.
[7] Vgl. II. Vat. Konzil, Dekret über die sozialen Kommunikationsmittel Inter mirifica: AAS 56 (1964) 145–153.

Gott, um Gaben und Opfer für die Sünden darzubringen. Die Bischöfe erfreuen sich nämlich der Fülle des Weihesakramentes. Von ihnen hängen bei der Ausübung ihrer Gewalt sowohl die Priester ab, die ja, um sorgsame Mitarbeiter des Bischofsstandes zu sein, selbst zu wahren Priestern des Neuen Bundes geweiht sind, als auch die Diakone, die, zum Dienst geweiht, dem Gottesvolk in der Gemeinschaft mit dem Bischof und seinem Presbyterium dienen. Die Bischöfe selbst sind also die hauptsächlichen Ausspender der Geheimnisse Gottes, wie sie auch die Leitung, Förderung und Aufsicht des gesamten liturgischen Lebens in der ihnen anvertrauten Kirche innehaben[8].

Unablässig sollen sie sich daher bemühen, daß die Gläubigen durch die Eucharistie das österliche Geheimnis tiefer erkennen und leben, so daß sie einen festgefügten Leib in der Einheit der Liebe Christi bilden[9]. ,,Dem Gebet und dem Dienst am Wort sollen sie obliegen'' (Apg 6, 4) und sich darum bemühen, daß alle, die ihrer Sorge anvertraut sind, in einmütigem Gebet verharren[10], durch den Empfang der Sakramente in der Gnade wachsen und dem Herrn treue Zeugen sind.

Als Führer zur Vollkommenheit seien die Bischöfe darauf bedacht, die Heiligkeit der Kleriker, Ordensleute und Laien nach der Berufung eines jeden zu fördern[11]. Dabei seien sie sich freilich bewußt, daß sie gehalten sind, das Beispiel der Heiligkeit in Liebe, Demut und Einfachheit des Lebens zu geben. Die ihnen anvertrauten Kirchen sollen sie so heiligen, daß in ihnen der Sinn für die ganze Kirche Christi voll aufleuchtet. Deswegen sollen sie die Priester- und Ordensberufe soviel wie möglich fördern und dabei den Missionsberufen besondere Sorgfalt widmen.

16. Bei der Erfüllung ihrer Vater- und Hirtenaufgabe seien die Bischöfe in der Mitte der Ihrigen wie Diener[12], gute Hirten, die ihre Schafe kennen und deren Schafe auch sie kennen, wahre

---

[8] Vgl. II. Vat. Konzil, Konst. über die heilige Liturgie Sacrosanctum Concilium: AAS 56 (1964) 97 ff.; Paul VI., Motupr. Sacram Liturgiam, 25. Jan. 1964: AAS 56 (1964) 139 ff.
[9] Vgl. Pius XII., Enz. Mediator Dei, 20. Nov. 1947: AAS 39 (1947) 521 ff.; Paul VI., Enz. Mysterium fidei, 3. Sept. 1965: AAS 57 (1965) 753–774.
[10] Vgl. Apg 1, 14; 2, 46.
[11] Vgl. II. Vat. Konzil, Dogm. Konst. über die Kirche Lumen Gentium, 6. Kap., Nr. 44–45: AAS 57 (1965) 50–52.
[12] Vgl. Lk 22, 26–27.

Väter, die sich durch den Geist der Liebe und der Sorge für alle auszeichnen und deren von Gott verliehener Autorität sich alle bereitwillig unterwerfen. Die ganze Familie ihrer Herde sollen sie so zusammenführen und heranbilden, daß alle, ihrer Pflichten eingedenk, in der Gemeinschaft der Liebe leben und handeln.

Um dies wirksam tun zu können, müssen die Bischöfe „zu jedem guten Werk bereit" (2 Tim 2, 21) sein, „alles um der Auserwählten willen ertragen" (2 Tim 2, 10) und ihr Leben so ordnen, daß es den Anforderungen der Zeit entspricht.

Mit besonderer Liebe seien sie jederzeit den Priestern zugetan, die ja für ihren Teil die Aufgaben und Sorgen der Bischöfe übernehmen und in täglicher Mühewaltung so eifrig verwirklichen. Sie sollen sie als Söhne und Freunde betrachten [13]. Deshalb sollen sie sie bereitwillig anhören und sich durch ein vertrauensvolles Verhältnis zu ihnen um den Fortschritt der gesamten Seelsorgsarbeit in der ganzen Diözese bemühen.

Sie sollen sich um deren geistliche, intellektuelle und wirtschaftliche Lage kümmern, damit sie heilig und fromm leben und ihren Dienst treu und fruchtbar verrichten können. Sie sollen daher Einrichtungen fördern und besondere Kurse veranstalten, in denen die Priester gelegentlich zusammenkommen, sowohl um an längeren geistlichen Übungen zur Erneuerung des Lebens teilzunehmen, als auch um tiefere Kenntnisse der kirchlichen Wissenschaften, besonders der Heiligen Schrift und der Theologie, der wichtigeren sozialen Fragen und der neuen Methoden der Seelsorgsarbeit zu erwerben. Mit tatkräftigem Erbarmen sollen sie jenen Priestern nachgehen, die irgendwie in Gefahr schweben oder sich in bestimmten Punkten verfehlt haben.

Damit sie für das Wohl der Gläubigen, deren jeweiliger Lage entsprechend, besser sorgen können, seien sie bemüht, deren Bedürfnisse in Anbetracht der sozialen Verhältnisse, in denen sie leben, gebührend kennenzulernen. Dazu mögen sie geeignete Mittel, besonders das der soziologischen Untersuchung, anwenden. Um alle sollen sie sich besorgt zeigen, gleich welchen Alters, welchen Standes, welcher Nationalität sie sind, um die Einheimischen sowohl als auch um die Zugezogenen und die Fremden. Bei der Wahrnehmung dieser Hirtensorge mögen sie ihren Gläubigen in den Angelegenheiten der Kirche den

---

[13] Vgl. Jo 15, 15.

ihnen gebührenden Anteil belassen und deren Pflicht und Recht anerkennen, aktiv am Aufbau des mystischen Leibes Christi mitzuwirken.

Die getrennten Brüder sollen sie lieben und auch ihren Gläubigen empfehlen, jenen mit großer Freundlichkeit und Liebe zu begegnen, und auch den Ökumenismus, wie er von der Kirche verstanden wird, fördern[14]. Auch die Nichtgetauften sollen ihnen am Herzen liegen, damit auch ihnen die Liebe Jesu Christi aufleuchte, dessen Zeugen die Bischöfe vor allen Menschen sind.

17. Die verschiedenen Formen des Apostolates sollen gefördert werden wie auch, unter der Leitung des Bischofs, die Abstimmung aller Apostolatswerke aufeinander und ihre innige Verbindung in der ganzen Diözese oder in ihren besonderen Gebietsteilen. Dadurch werden alle Unternehmungen und Einrichtungen, ob sie nun die Katechese, die Missionen, die Caritas, die sozialen Fragen, die Familien, die Schulen oder irgendein anderes pastorales Ziel betreffen, zu einer einheitlichen Aktion zusammengefaßt. So tritt die Einheit der Diözese zugleich auch klarer in Erscheinung.

Mit Nachdruck werde die Pflicht der Gläubigen hervorgehoben, je nach ihrem Stand und ihrer Fähigkeit das Apostolat auszuüben. Es werde ihnen empfohlen, an den verschiedenen Werken des Laienapostolates, besonders an der Katholischen Aktion, teilzunehmen und sie zu unterstützen. Es sollen auch Vereinigungen gefördert und gepflegt werden, die das übernatürliche Ziel unmittelbar oder mittelbar anstreben, indem sie sich zum Ziele gesetzt haben, ein vollkommeneres Leben zu führen, die Frohbotschaft Christi allen Menschen zu verkünden, die christliche Lehre oder die Ausbreitung des öffentlichen Kultes zu fördern, soziale Zielsetzungen zu verwirklichen oder Werke der Frömmigkeit und der Caritas zu üben.

Die Formen des Apostolates sollen den heutigen Erfordernissen gebührend angepaßt werden. Man muß dabei nicht nur die geistlichen und moralischen, sondern auch die sozialen, demographischen und wirtschaftlichen Verhältnisse der Menschen berücksichtigen. Soziologische und religiöse Unter-

---

[14] Vgl. II. Vat. Konzil, Dekret über den Ökumenismus Unitatis redintegratio: AAS 57 (1965) 90–107.

suchungen durch pastoralsoziologische Institute tragen sehr viel dazu bei, dieses Ziel wirksam und fruchtbar zu erreichen. Sie werden eindringlich empfohlen.

18. Eine besondere Sorge werde den Gläubigen gewidmet, die wegen ihrer Lebensbedingungen die allgemeine ordentliche Hirtensorge der Pfarrer nicht genügend in Anspruch nehmen können oder sie vollständig entbehren. Dazu gehören zahlreiche Auswanderer, Vertriebene und Flüchtlinge, Seeleute und Luftfahrer, Nomaden und ähnliche Gruppen. Geeignete Seelsorgsmethoden sollen entwickelt werden, um das geistliche Leben jener zu betreuen, die zur Erholung zeitweilig andere Gegenden aufsuchen.

Die Bischofskonferenzen, besonders innerhalb eines Landes, sollen die dringlicheren Fragen, die jene Gruppen betreffen, gründlich untersuchen und mit geeigneten Mitteln und Einrichtungen einmütig alle Kraft aufbieten, um deren geistliche Betreuung zu fördern. Sie sollen dabei besonders die vom Apostolischen Stuhl erlassenen[15] oder noch zu erlassenden Normen beachten und sie an die Gegebenheiten der Zeit, des Ortes und der Personen entsprechend anpassen.

19. Bei der Ausübung ihres apostolischen Amtes, das auf das Heil der Seelen ausgerichtet ist, erfreuen sich die Bischöfe der damit gegebenen vollen und uneingeschränkten Freiheit und Unabhängigkeit von jeglicher weltlicher Macht. Deshalb ist es nicht erlaubt, die Ausübung ihres kirchlichen Amtes direkt oder indirekt zu behindern oder ihnen zu verbieten, mit dem Apostolischen Stuhl und anderen kirchlichen Obrigkeiten wie auch mit ihren Untergebenen frei zu verkehren.

Indem sich die geweihten Hirten die geistliche Betreuung ihrer Herde angelegen sein lassen, sorgen sie in der Tat auch für das staatsbürgerliche Wohl und den sozialen Fortschritt. Zu diesem Zweck leihen sie im Rahmen ihres Amtes und wie es Bischöfen geziemt den staatlichen Obrigkeiten ihre tatkräftige Unterstützung und leiten zum Gehorsam gegenüber den gerechten Gesetzen und zur Ehrfurcht gegenüber den rechtmäßig bestellten Gewalten an.

---

[15] Vgl. Pius X., Motupr. Iampridem, 14. März 1914: AAS 6 (1914) 174 ff.; Pius XII., Apost. Konst. Exsul Familia, 1. Aug. 1952: AAS 44 (1952) 652 ff.; Satzungen des Werkes für das Seeapostolat, im Auftrag Pius' XII. erlassen, 21. Nov. 1957: AAS 50 (1958) 375–383.

20. Das apostolische Amt der Bischöfe ist von Christus dem Herrn eingesetzt und verfolgt ein geistliches und übernatürliches Ziel. Daher erklärt die Heilige Ökumenische Synode, daß es wesentliches, eigenständiges und an sich ausschließliches Recht der zuständigen kirchlichen Obrigkeiten ist, Bischöfe zu ernennen und einzusetzen.

Um daher die Freiheit der Kirche in rechter Weise zu schützen und das Wohl der Gläubigen besser und ungehinderter zu fördern, äußert das Heilige Konzil den Wunsch, daß in Zukunft staatlichen Obrigkeiten keine Rechte oder Privilegien mehr eingeräumt werden, Bischöfe zu wählen, zu ernennen, vorzuschlagen oder zu benennen. Die staatlichen Obrigkeiten aber, deren Wohlwollen gegenüber der Kirche die Heilige Synode dankbar anerkennt und hochschätzt, werden freundlichst gebeten, sie mögen auf die genannten Rechte oder Privilegien, die sie gegenwärtig durch Vertrag oder Gewohnheit genießen, nach Rücksprache mit dem Apostolischen Stuhl freiwillig verzichten.

21. Die Hirtenaufgabe der Bischöfe ist von großer Bedeutung und Wichtigkeit. Wenn daher Diözesanbischöfe oder die ihnen rechtlich gleichgestellten Prälaten wegen zunehmenden Alters oder aus einem anderen schwerwiegenden Grund nicht mehr recht in der Lage sind, ihr Amt zu versehen, werden sie inständig gebeten, von sich aus freiwillig oder auf Einladung der zuständigen Obrigkeit den Verzicht auf ihr Amt anzubieten. Wenn aber die zuständige Obrigkeit den Verzicht annimmt, wird sie auch für den standesgemäßen Unterhalt der aus dem Amte Scheidenden und für die besonderen Rechte, die ihnen zugebilligt werden sollen, Vorkehrungen treffen.

II. Die Abgrenzung der Diözesen

22. Wenn die Diözese ihr eigentliches Ziel erreichen soll, muß im Gottesvolk, das zur Diözese gehört, das Wesen der Kirche deutlich sichtbar werden; ferner müssen die Bischöfe ihre Hirtenaufgaben in ihnen wirksam erfüllen können; und schließlich muß dem Heil des Gottesvolkes so vollkommen wie nur möglich gedient werden können.

Das erfordert aber sowohl eine entsprechende Abgrenzung

der Diözesangebiete als auch eine vernünftige und auf die Bedürfnisse der Seelsorge abgestimmte Verteilung des Klerus und der finanziellen Mittel. Das alles gereicht nicht nur den Klerikern und den Gläubigen, die unmittelbar davon betroffen sind, sondern auch der ganzen katholischen Kirche zum Nutzen.

Was nun die Abgrenzung der Diözesen angeht, so bestimmt die Heilige Synode, soweit das Heil der Seelen es verlangt, möglichst bald mit Umsicht eine entsprechende Überprüfung vorzunehmen. Dabei sollen Diözesen geteilt, abgetrennt oder zusammengelegt, ihre Grenzen geändert oder ein günstigerer Ort für die Bischofssitze bestimmt werden; schließlich sollen sie, besonders wenn es sich um Diözesen handelt, die aus größeren Städten bestehen, eine neue innere Organisation erhalten.

23. Bei der Überprüfung der Diözesanabgrenzungen soll vor allem die organische Einheit einer jeden Diözese hinsichtlich des Personals, der Ämter und der Einrichtungen sichergestellt werden, damit ein lebensfähiger Organismus entsteht. In den einzelnen Fällen wäge man alle Umstände genau ab und halte sich dabei folgende allgemeine Richtlinien vor Augen:

1) Bei der Abgrenzung des Diözesangebietes nehme man, soweit möglich, auf die verschiedenartige Zusammensetzung des Gottesvolkes Rücksicht, die viel dazu beitragen kann, die Seelsorge besser auszuüben. Gleichzeitig trage man dafür Sorge, daß demographische Zusammenfassungen der Bevölkerung mit den staatlichen Behörden und sozialen Einrichtungen, die ihre organische Struktur ausmachen, möglichst in ihrer Einheit gewahrt bleiben. Daher soll jede Diözese aus einem zusammenhängenden Gebiet bestehen.

Gegebenenfalls achte man auch auf die Grenzen der staatlichen Bezirke und auf die besonderen Eigenheiten der Menschen und der Gegenden, z. B. psychologischer, wirtschaftlicher, geographischer oder geschichtlicher Art.

2) Die Größe des Diözesangebietes und die Zahl seiner Bewohner seien im allgemeinen derart, daß einerseits der Bischof selbst, wenn auch von anderen unterstützt, imstande ist, die bischöflichen Amtshandlungen und die Pastoralvisitationen gebührend vorzunehmen, die gesamte Seelsorgstätigkeit der Diözese in gehöriger Weise zu leiten und zu koordinieren, vor allem aber seine Priester kennenzulernen und auch die Ordensleute und Laien, die in der Diözesanarbeit tätig sind. Anderer-

seits aber soll ein hinreichendes und geeignetes Arbeitsfeld zur Verfügung stehen, in dem sowohl der Bischof wie auch die Kleriker alle ihre Kräfte nutzbringend für den kirchlichen Dienst einsetzen können; dabei darf man die Erfordernisse der Gesamtkirche nicht übersehen.

3) Damit schließlich der Dienst am Heil in der Diözese besser ausgeübt werden kann, gelte als Regel, daß jeder Diözese nach Zahl und Eignung wenigstens genügend Kleriker zur Verfügung stehen, um das Gottesvolk recht zu betreuen. Die Ämter, Einrichtungen und Werke, die für die Teilkirche wesentlich und erfahrungsgemäß für ihre gehörige Leitung und die Seelsorgsarbeit notwendig sind, sollen nicht fehlen. Schließlich sollen die Mittel zum Unterhalt des Personals und der Einrichtungen entweder schon vorhanden sein oder wenigstens nach kluger Voraussicht doch späterhin nicht fehlen.

Zum gleichen Zweck sorge der Diözesanbischof da, wo Gläubige eines anderen Ritus wohnen, für deren geistliche Betreuung. Das kann er tun durch Priester oder Pfarreien dieses Ritus oder durch einen bischöflichen Vikar, der mit geeigneten Vollmachten ausgestattet ist und gegebenenfalls auch die Bischofsweihe empfangen hat. Er kann aber auch selbst das Amt des Oberhirten für die verschiedenen Riten ausüben. Wenn dies alles aus besonderen Gründen nach dem Urteil des Apostolischen Stuhles nicht möglich ist, werde für die verschiedenen Riten eine eigene Hierarchie errichtet[16].

Unter ähnlichen Voraussetzungen werde ebenso für die Gläubigen einer anderen Muttersprache gesorgt, sei es durch Priester oder Pfarreien dieser Sprache, sei es durch einen bischöflichen Vikar, der diese Sprache beherrscht und gegebenenfalls auch mit der Bischofsweihe ausgestattet ist, sei es schließlich auf eine andere sachdienliche Weise.

24. Bei der Umgestaltung oder Neuerrichtung von Diözesen nach Maßgabe der Nr. 22 und 23 empfiehlt es sich, daß die zuständigen Bischofskonferenzen diese Angelegenheit für ihr jeweiliges Gebiet einer Prüfung unterziehen. Wenn es der Sache dient, mögen sie auch eine besondere Bischofskommission einsetzen und, nach Anhörung vor allem der Bischöfe der be-

---

[16] Vgl. II. Vat. Konzil, Dekret über die katholischen Ostkirchen Orientalium Ecclesiarum, Nr. 4: AAS 57 (1965) 77.

troffenen Provinzen oder Regionen, ihre Vorschläge und Wünsche dem Apostolischen Stuhl unterbreiten. Die Rechtsordnung der Ostkirchen bleibt davon unberührt.

III. Die Mitarbeit des Diözesanbischofs im Hirtendienst

1) Die Koadjutoren und Weihbischöfe

25. Bei der Leitung der Diözesen werde für den Hirtendienst der Bischöfe in einer Weise Vorsorge getroffen, daß das Wohl der Herde des Herrn immer oberster Grundsatz ist. Um dieses Wohl zu gewährleisten, werden nicht selten Weihbischöfe aufgestellt werden müssen, weil der Diözesanbischof wegen der zu großen Ausdehnung der Diözese oder der zu großen Zahl der Bewohner, wegen besonderer Seelsorgsbedingungen oder aus verschiedenartigen anderen Gründen nicht selbst allen bischöflichen Obliegenheiten nachkommen kann, wie es das Heil der Seelen erfordert. Ja zuweilen machen besondere Verhältnisse es erforderlich, daß zur Unterstützung des Diözesanbischofs ein Koadjutor bestellt werde. Diese Koadjutoren und Weihbischöfe sollen mit entsprechenden Vollmachten ausgestattet werden, so daß zwar die Einheit der Diözesanleitung und die Autorität des Diözesanbischofs immer gewahrt bleiben, aber ihre Tätigkeit wirksamer und die den Bischöfen eigene Würde sichergestellt werde.

Weil also die Koadjutoren und Weihbischöfe zur Teilnahme an der Seelsorge des Diözesanbischofs berufen sind, sollen sie ihren Dienst so verrichten, daß sie in allen Angelegenheiten in voller Übereinstimmung mit diesem vorgehen. Außerdem sollen sie dem Diözesanbischof immer Gehorsam und Ehrfurcht erweisen, der seinerseits die Koadjutoren und Weihbischöfe brüderlich lieben und ihnen mit Hochachtung begegnen soll.

26. Wenn das Heil der Seelen es erfordert, soll sich der Diözesanbischof nicht sträuben, von der zuständigen Obrigkeit einen oder mehrere Weihbischöfe zu erbitten. Sie werden ohne Recht der Nachfolge für die Diözese bestellt.

Wenn im Ernennungsschreiben nichts vorgesehen ist, bestelle der Diözesanbischof seinen Weihbischof oder seine Weihbischöfe zu Generalvikaren oder wenigstens zu bischöflichen Vikaren, die nur von seiner Autorität abhängen. Bei der Beratung wichtiger Fragen, besonders pastoraler Art, möge er sie hinzuziehen.

Wurde von der zuständigen Autorität nichts anderes bestimmt, erlöschen die Gewalten und Vollmachten, die die Weihbischöfe von Rechts wegen besitzen, nicht mit dem Amt des Diözesanbischofs. Es ist auch zu wünschen, daß bei der Sedisvakanz das Amt, die Diözese zu leiten, dem Weihbischof, oder, wo mehrere Weihbischöfe sind, einem von ihnen übertragen wird, sofern nicht schwerwiegende Gründe etwas anderes nahelegen.

Der Koadjutor wird mit dem Recht der Nachfolge ernannt; er werde vom Diözesanbischof immer zum Generalvikar bestellt. In besonderen Fällen können ihm von der zuständigen Obrigkeit aber auch größere Vollmachten eingeräumt werden. Um das gegenwärtige und das zukünftige Wohl der Diözese möglichst stark zu fördern, sollen es der Diözesanbischof und sein Koadjutor nicht unterlassen, die wichtigeren Angelegenheiten miteinander zu beraten.

2) Diözesankurie und Diözesanräte

27. In der Diözesankurie ragt das Amt des Generalvikars hervor. Sooft aber die rechte Leitung der Diözese es erfordert, können vom Bischof ein oder mehrere bischöfliche Vikare bestellt werden. Sie besitzen von Rechts wegen in einem bestimmten Teil der Diözese oder in einem bestimmten Geschäftsbereich oder für die Gläubigen eines bestimmten Ritus jene Gewalt, die das allgemeine Recht dem Generalvikar zuerkennt.

Zu den Mitarbeitern des Bischofs in der Leitung der Diözese zählen auch jene Priester, die seinen Senat oder Rat bilden, wie z. B. das Domkapitel, der Kreis der Diözesankonsultoren und andere Beiräte, je nach den Verhältnissen und Gegebenheiten der verschiedenen Gegenden. Diese Einrichtungen, besonders die Domkapitel, sollen, soweit es nötig ist, eine den heutigen Erfordernissen angepaßte neue Ordnung erhalten.

Die Priester und Laien, die zur Diözesankurie gehören, sollen wissen, daß sie dem Hirtenamt des Bischofs Hilfe und Unterstützung leisten.

Die Diözesankurie soll so geordnet werden, daß sie für den Bischof ein geeignetes Mittel wird nicht nur für die Verwaltung der Diözese, sondern auch für die Ausübung des Apostolats.

Es ist sehr zu wünschen, daß in jeder Diözese ein besonderer Seelsorgsrat eingesetzt wird, dem der Diözesanbischof selbst vorsteht und dem besonders ausgewählte Kleriker, Ordensleute und Laien angehören. Aufgabe dieses Rates wird es sein, alles, was die Seelsorgsarbeit betrifft, zu untersuchen, zu beraten und daraus praktische Folgerungen abzuleiten.

3) Der Diözesanklerus

28. Es haben zwar alle Priester, die Diözesan- wie die Ordensgeistlichen, mit dem Bischof an dem einen Priestertum Christi und dessen Ausübung Anteil und werden so zu umsichtigen Mitarbeitern des Bischofsstandes bestellt. In der Ausübung der Seelsorge jedoch nehmen die Diözesanpriester den ersten Platz ein. Sie sind ja einer Teilkirche inkardiniert oder zugewiesen und sollen sich ihrem Dienst ganz widmen, um einen Teil der Herde des Herrn zu weiden. Daher bilden sie ein einziges Presbyterium und eine einzige Familie, deren Vater der Bischof ist. Damit dieser die heiligen Dienste unter seinen Priestern besser und gerechter verteilen kann, muß er bei der Verteilung der Ämter und Benefizien die notwendige Freiheit besitzen; Rechte und Privilegien, die diese Freiheit irgendwie beschränken, werden daher abgeschafft.

Die Beziehungen zwischen dem Bischof und den Diözesanpriestern müssen vor allem auf den Banden der übernatürlichen Liebe aufbauen, und zwar so, daß die Einheit des Willens der Priester mit dem Willen des Bischofs ihre Seelsorgsarbeit fruchtbarer werden läßt. Um den Dienst an den Seelen mehr und mehr zu fördern, möge daher der Bischof die Priester, auch gemeinsam, zu Gesprächen, besonders über Seelsorgsfragen, einladen, nicht nur gelegentlich, sondern wenn möglich auch zu fest bestimmten Zeiten.

Außerdem sollen alle Diözesanpriester untereinander verbunden sein und so von der Sorge um das geistliche Wohl der ganzen Diözese gedrängt werden. Ferner sollen sie bedenken, daß das Vermögen, das sie sich anläßlich des kirchlichen Dienstes erwerben, mit ihrer heiligen Aufgabe zusammenhängt; sie sollen deshalb nach der Anordnung des Bischofs auch die materiellen Werke der Diözese nach Kräften freigiebig unterstützen.

29. Engere Mitarbeiter des Bischofs sind auch jene Priester, denen er eine Seelsorgsaufgabe oder Apostolatswerke überpfarrlicher Art anvertraut, sei es für ein bestimmtes Gebiet der Diözese, sei es für besondere Gruppen der Gläubigen oder für einen eigenen Tätigkeitsbereich.

Vortreffliche Hilfe und Unterstützung leisten auch jene Priester, denen der Bischof bestimmte Apostolatsaufgaben entweder in Schulen oder in anderen Einrichtungen oder Vereinen überträgt. Auch die Priester, die überdiözesanen Arbeiten obliegen, üben hervorragende Apostolatswerke aus und werden der besonderen Obhut vor allem desjenigen Bischofs empfohlen, in dessen Diözese sie sich aufhalten.

30. In vorzüglicher Weise sind aber die Pfarrer Mitarbeiter des Bischofs. Ihnen wird als eigentlichen Hirten die Seelsorge in einem bestimmten Teil der Diözese unter der Autorität des Bischofs anvertraut.

1) In dieser Seelsorgsarbeit aber sollen die Pfarrer mit ihren Gehilfen den Dienst des Lehrens, der Heiligung und der Leitung so ausüben, daß die Gläubigen und die Pfarrgemeinden sich wirklich als Glieder sowohl der Diözese wie auch der ganzen Kirche fühlen. Deshalb sollen sie mit den anderen Pfarrern und mit den Priestern, die eine Hirtenaufgabe in ihrem Gebiet erfüllen (wie z. B. die Dekane) oder denen Arbeiten überpfarrlicher Art zugeteilt sind, zusammenarbeiten, damit die Seelsorgsarbeit in der Diözese nicht der Einheit entbehrt und wirksamer wird.

Zudem sei die Seelsorge immer von missionarischem Geist beseelt, so daß sie sich in gehöriger Weise auf alle, die in der Pfarrei wohnen, erstreckt. Wenn aber die Pfarrer gewisse Personenkreise nicht erreichen können, sollen sie andere, auch Laien, zu Hilfe rufen, damit sie ihnen im Bereich des Apostolats Beistand leisten.

Um aber diese Seelsorge wirksamer werden zu lassen, wird das gemeinschaftliche Leben der Priester, besonders wenn sie der gleichen Pfarrei zugeteilt sind, sehr empfohlen. Es kommt der apostolischen Tätigkeit zugute und bietet den Gläubigen ein Beispiel der Liebe und der Einheit.

2) Ihr Auftrag zur Lehre fordert von den Pfarrern, daß sie allen Gläubigen das Wort Gottes verkündigen, damit diese, in Glaube, Hoffnung und Liebe verwurzelt, in Christus wachsen und die christliche Gemeinde jenes Zeugnis der Liebe gebe, das

der Herr anempfohlen hat[17]. Auch obliegt es den Pfarrern, durch die katechetische Unterweisung die Gläubigen zur vollen, dem jeweiligen Alter angepaßten Kenntnis des Heilsgeheimnisses zu führen. Für diesen Unterricht aber sollen sie nicht nur die Hilfe der Ordensleute erbitten, sondern ebenso die Mitarbeit der Laien, indem sie auch die Bruderschaft von der christlichen Lehre errichten.

Beim Vollzug des Werkes der Heiligung sollen die Pfarrer dafür sorgen, daß die Feier des eucharistischen Opfers Mitte und Höhepunkt des ganzen Lebens der christlichen Gemeinde ist. Ferner sollen sie darauf hinwirken, daß die Gläubigen durch den andächtigen und häufigen Empfang der Sakramente und durch die bewußte und tätige Teilnahme an der Liturgie mit geistlicher Speise genährt werden. Die Pfarrer sollen auch bedenken, daß das Bußsakrament sehr viel dazu beiträgt, das christliche Leben zu fördern. Deshalb seien sie gerne bereit, die Beichten der Gläubigen zu hören; wenn es nötig ist, sollen sie dazu auch andere Priester beiziehen, die der verschiedenen Sprachen mächtig sind.

Bei der Erfüllung der Hirtenpflicht seien die Pfarrer vor allem bemüht, die eigene Herde kennenzulernen. Da sie aber Diener aller Schafe sind, sollen sie das Wachstum des christlichen Lebens sowohl in den einzelnen Gläubigen fördern als auch in den Familien und den Vereinigungen, besonders in jenen, die sich dem Apostolat widmen, und schließlich in der ganzen Pfarrgemeinde. Sie sollen also die Häuser und die Schulen besuchen, wie es die Hirtenaufgabe verlangt, sich eifrig um die Heranwachsenden und die Jugendlichen kümmern, den Armen und Kranken ihre väterliche Liebe schenken und schließlich ihre besondere Sorge den Werktätigen widmen. Auch mögen sie darauf hinwirken, daß die Gläubigen die Werke des Apostolats unterstützen.

3) Die Pfarrvikare vollbringen als Mitarbeiter des Pfarrers täglich eine ausgezeichnete und tatkräftige Leistung für den Seelsorgsdienst, den sie unter der Autorität des Pfarrers verrichten. Deshalb soll zwischen dem Pfarrer und seinen Vikaren ein brüderliches Verhältnis bestehen und immer gegenseitige Liebe und Ehrfurcht herrschen; durch Rat, Hilfe und Beispiel sollen sie einander unterstützen und einmütig und mit gemeinsamem Eifer der Pfarrseelsorge obliegen.

---

[17] Vgl. Jo 13, 35.

31. Beim Urteil über die Eignung eines Priesters, eine Pfarrei zu leiten, berücksichtige der Bischof nicht nur seine wissenschaftlichen Kenntnisse, sondern auch seine Frömmigkeit, seinen Seelsorgseifer und die übrigen Begabungen und Eigenschaften, die für die rechte Ausübung der Seelsorge erforderlich sind.

Der einzige Sinn des pfarrlichen Dienstes besteht im Heil der Seelen. Damit nun der Bischof bei der Verleihung von Pfarreien leichter und angemessener vorgehen kann, sollen unter Wahrung des Rechtes der Ordensleute alle Vorschlags-, Ernennungs- und Vorbehaltsrechte sowie das Gesetz des allgemeinen oder des besonderen Pfarrkonkurses, wo es in Geltung ist, abgeschafft werden.

Die Pfarrer aber sollen sich in ihrer jeweiligen Pfarrei jener Festigkeit im Amt erfreuen, die das Seelenheil erfordert. Die Unterscheidung zwischen absetzbaren und unabsetzbaren Pfarrern wird daher abgeschafft, und die Verfahrensweise bei der Versetzung von Pfarrern soll überprüft und vereinfacht werden. So kann der Bischof besser den Erfordernissen des Seelenheiles Rechnung tragen, wobei er freilich die natürliche und die kanonische Billigkeit wahren muß.

Pfarrer jedoch, die wegen zunehmenden Alters oder aus einem anderen schwerwiegenden Grund gehindert sind, ihr Amt vorschriftsmäßig und wirksam auszuüben, werden dringend gebeten, aus eigenem Antrieb oder dem Wunsch des Bischofs entsprechend auf ihr Amt zu verzichten. Der Bischof soll für einen angemessenen Unterhalt der aus dem Amte Scheidenden sorgen.

32. Das Heil der Seelen soll endlich auch entscheidend sein für die Errichtung oder Aufhebung von Pfarreien wie auch für andere Neugestaltungen dieser Art, die der Bischof kraft eigener Vollmacht vornehmen kann.

4) Die Ordensleute

33. Alle Ordensleute, zu denen im folgenden auch die Mitglieder der übrigen Institute zählen, die sich zu den evangelischen Räten bekennen, haben entsprechend der ihnen je eigenen Berufung die Pflicht, mit großem Eifer am Aufbau und Wachstum des ganzen mystischen Leibes Christi und am Wohl der Teilkirchen mitzuwirken.

Diese Ziele aber müssen sie vor allem durch Gebet, Bußwerke und das Beispiel des eigenen Lebens anstreben, und diese Heilige Synode ermahnt sie inständig, in der Hochschätzung und im Eifer dafür immer mehr Fortschritte zu machen. Sie sollen sich jedoch auch stärker den äußeren Werken des Apostolats widmen, wobei die Eigenart eines jeden Verbandes zu berücksichtigen ist.

34. Die Ordensgeistlichen werden zum priesterlichen Dienst geweiht, damit auch sie umsichtige Mitarbeiter des Bischofsstandes sind. Sie können heute, angesichts der wachsenden Notlage der Seelen, den Bischöfen noch größere Hilfe leisten. Deshalb muß man sie in einem wahren Sinne als zum Klerus der Diözese gehörend betrachten, insofern sie unter der Autorität der geweihten Oberhirten Anteil an der Seelsorge und an den Werken des Apostolats haben.

Auch die anderen Ordensleute, Männer wie Frauen, gehören in einer besonderen Weise zur Familie der Diözese. Auch sie leisten der heiligen Hierarchie große Hilfe, und sie können und müssen diese Hilfe, weil die Anforderungen des Apostolats gewachsen sind, von Tag zu Tag mehr leisten.

35. Damit aber die Werke des Apostolats in den einzelnen Diözesen immer einmütig verwirklicht werden und die Einheit der Bistumsordnung gewahrt bleibt, werden folgende grundlegende Richtlinien erlassen:

1) Den Bischöfen als den Nachfolgern der Apostel sollen die Ordensleute immer ergebenen Gehorsam und Ehrfurcht erweisen. Zudem sind sie, sooft sie berechtigterweise zu Werken des Apostolats herangezogen werden, gehalten, ihre Aufgaben so zu erfüllen, daß sie den Bischöfen als Gehilfen beistehen und unterstehen[18]. Mehr noch: die Ordensleute sollen den Gesuchen und Wünschen der Bischöfe, größeren Anteil am Dienst zum Heile der Menschen zu übernehmen, bereitwillig und treu nachkommen, unter Wahrung der Eigenart des Verbandes und nach Maßgabe der Konstitutionen, die nötigenfalls nach den Richtlinien dieses Konzilsdekretes zweckentsprechend angepaßt werden sollen.

---

[18] Vgl. Pius XII., Ansprache, 8. Dez. 1950: AAS 43 (1951) 28; Paul VI., Ansprache, 23. Mai 1964: AAS 56 (1964) 571.

Vor allem können die Ordensverbände, die sich nicht einem rein beschaulichen Leben widmen, angesichts der drängenden Notlage der Seelen und des Mangels an Diözesanklerus von den Bischöfen herangezogen werden, um in den verschiedenen Seelsorgediensten Hilfe zu leisten; dabei ist jedoch auf die Eigenart eines jeden Verbandes zu achten. Diese Hilfeleistung, die auch durch die zeitweilige Übernahme von Pfarreien erfolgen kann, mögen die Oberen nach Kräften fördern.

2) Diejenigen Ordensleute aber, die in das äußere Apostolat gesandt sind, müssen vom Geist des eigenen Ordens beseelt sein und der klösterlichen Observanz und der Unterwerfung unter ihre eigenen Oberen treu bleiben. Die Bischöfe sollen es nicht unterlassen, diese Pflicht einzuschärfen.

3) Die Exemtion, durch die der Papst oder eine andere kirchliche Obrigkeit die Ordensleute an sich zieht und von der Jurisdiktion der Bischöfe ausnimmt, betrifft vor allem die innere Ordnung der Verbände. Dadurch soll erreicht werden, daß in ihnen alles besser aufeinander abgestimmt und verbunden ist und so für das Wachstum und den Fortschritt im klösterlichen Lebenswandel gesorgt ist[19]; ferner, daß der Papst über sie zum Besten der gesamten Kirche verfügen kann[20], eine andere zuständige Obrigkeit jedoch zum Wohle der Kirchen des eigenen Jurisdiktionsbereiches.

Diese Exemtion schließt jedoch nicht aus, daß die Ordensleute in den einzelnen Diözesen der Jurisdiktion der Bischöfe nach Maßgabe des Rechtes unterstehen, soweit die Verrichtung ihres Hirtendienstes und die geregelte Seelsorge dies verlangen[21].

4) Alle Ordensleute, die exemten und die nichtexemten, unterstehen der Gewalt der Ortsoberhirten in den Dingen, die den öffentlichen Vollzug des Gottesdienstes betreffen, jedoch unter Wahrung der Verschiedenheit der Riten; ferner in bezug auf die Seelsorge, die heilige Predigt für das Volk, die religiöse und sittliche Unterweisung der Gläubigen, besonders der Kinder, den katechetischen Unterricht und die liturgische Bildung sowie die Würde des Klerikerstandes und endlich die verschiedenen Werke, insoweit sie die Ausübung des Apostolats betreffen. Auch die katholischen Schulen der Ordensleute unterstehen den

[19] Vgl. Leo XIII., Apost. Konst. Romanos Pontifices, 8. Mai 1881: Acta Leonis XIII, Bd. II (1882) 234 ff.

[20] Vgl. Paul VI., Ansprache, 23. Mai 1964: AAS 56 (1964) 570–571.

[21] Vgl. Pius XII., Ansprache, 8. Dez. 1950: a. a. O.

Ortsoberhirten in bezug auf ihre allgemeine Ordnung und Aufsicht, wobei jedoch das Recht der Ordensleute hinsichtlich der Schulleitung erhalten bleibt. Die Ordensleute sind ebenfalls gehalten, alles zu beobachten, was die Bischofskonzilien oder -konferenzen rechtmäßig als für alle verbindlich anordnen.

5) Unter den verschiedenen klösterlichen Verbänden sowie zwischen diesen und dem Diözesanklerus werde eine geordnete Zusammenarbeit gepflegt. Außerdem herrsche eine straffe Koordinierung aller apostolischen Werke und Initiativen, die entscheidend von einer übernatürlichen, in der Liebe verwurzelten und gegründeten Haltung der Seele und des Geistes abhängt. Diese Koordinierung herbeizuführen steht dem Apostolischen Stuhl für die Gesamtkirche zu, den geweihten Hirten aber für ihre jeweilige Diözese, den Patriarchalsynoden und den Bischofskonferenzen endlich für ihr eigenes Gebiet.

Die Bischöfe oder Bischofskonferenzen und die Ordensoberen oder Vereinigungen der höheren Ordensoberen mögen im Interesse der Apostolatswerke, die von den Ordensleuten verrichtet werden, nach vorausgegangener gegenseitiger Beratung vorgehen.

6) Um einmütig und fruchtbar die gegenseitigen Beziehungen zwischen den Bischöfen und den Ordensleuten zu pflegen, mögen die Bischöfe und die Ordensoberen zu bestimmten Zeiten und sooft es nützlich erscheint zur Behandlung von Fragen zusammenkommen, die allgemein das Apostolat im Gebiet betreffen.

DRITTES KAPITEL

DIE ZUSAMMENARBEIT DER BISCHÖFE
ZUM GEMEINSAMEN WOHL MEHRERER KIRCHEN

I. Die Synoden, Konzilien und besonders die Bischofskonferenzen

36. Seit den ersten Jahrhunderten der Kirche wurden die Bischöfe, obwohl sie Teilkirchen vorstanden, von der Gemeinschaft der brüderlichen Liebe und vom Eifer für die den Aposteln aufgetragene allgemeine Sendung gedrängt, ihre Kräfte und ihren Willen zu vereinen, um sowohl das gemeinsame Wohl wie auch das Wohl der einzelnen Kirchen zu fördern. Aus diesem

Grund wurden Synoden, Provinzialkonzilien und schließlich Plenarkonzilien abgehalten, in denen die Bischöfe sowohl in bezug auf die Verkündigung der Glaubenswahrheiten als auch auf die kirchliche Disziplin eine einheitliche Regelung für verschiedene Kirchen festlegten.

Diese Heilige Ökumenische Synode wünscht, daß die ehrwürdigen Einrichtungen der Synoden und Konzilien mit neuer Kraft aufblühen; dadurch soll besser und wirksamer für das Wachstum des Glaubens und die Erhaltung der Disziplin in den verschiedenen Kirchen, entsprechend den Gegebenheiten der Zeit, gesorgt werden.

37. Vor allem in der heutigen Zeit können die Bischöfe ihr Amt oft nur dann angemessen und fruchtbar ausüben, wenn sie ihr einträchtiges Wirken mit den anderen Bischöfen immer enger und straffer gestalten. Da nun die Bischofskonferenzen, die in mehreren Ländern schon errichtet sind, vorzügliche Beweise eines fruchtbaren Apostolats erbracht haben, hält es diese Heilige Synode für sehr angebracht, daß sich überall die Bischöfe desselben Landes oder Gebietes zu einem Gremium zusammenfinden. Sie sollen sich zu festgesetzten Zeiten treffen, damit durch den Austausch von Kenntnissen und Erfahrung und durch gegenseitige Beratung ein heiliges Zusammenwirken der Kräfte zum gemeinsamen Wohl der Kirchen zustande kommt.

Deshalb trifft das Konzil bezüglich der Bischofskonferenzen folgende Anordnungen:

38. 1) Die Bischofskonferenz ist gleichsam ein Zusammenschluß, in dem die Bischöfe eines bestimmten Landes oder Gebietes ihren Hirtendienst gemeinsam ausüben, um das höhere Gut, das die Kirche den Menschen bietet, zu fördern, besonders durch Formen und Methoden des Apostolats, die auf die gegebenen Zeitumstände in geeigneter Weise abgestimmt sind.

2) Der Bischofskonferenz gehören alle Ortsoberhirten eines jeden Ritus mit Ausnahme der Generalvikare, die Koadjutoren, die Weihbischöfe und diejenigen anderen Titularbischöfe an, die ein besonderes vom Apostolischen Stuhl oder von den Bischofskonferenzen übertragenes Amt ausüben. Die übrigen Titularbischöfe sowie die päpstlichen Legaten aufgrund des besonderen Amtes, das sie im Gebiet bekleiden, sind nicht von Rechts wegen Mitglieder der Konferenz.

Den Ortsoberhirten und den Koadjutoren kommt eine entscheidende Stimme zu. Für die Weihbischöfe und die anderen Bischöfe, die das Recht haben, an der Konferenz teilzunehmen, bestimmen die Statuten der Konferenz, ob sie entscheidende oder beratende Stimme besitzen.

3) Jede Bischofskonferenz gebe sich Statuten, die vom Apostolischen Stuhl überprüft werden müssen. Darin sollen unter anderem Organe vorgesehen werden, die dem erstrebten Ziel wirksamer dienen, z. B. ein ständiger Bischofsrat, bischöfliche Kommissionen, ein Generalsekretariat.

4) Beschlüsse der Bischofskonferenz, sofern sie rechtmäßig und wenigstens mit zwei Dritteln der Stimmen jener Prälaten, die Mitglieder mit entscheidendem Stimmrecht der Konferenz sind, gefaßt und vom Apostolischen Stuhl gutgeheißen wurden, besitzen verpflichtende Rechtskraft nur in den Fällen, in denen entweder das allgemeine Recht es vorschreibt oder eine besondere Anordnung, die der Apostolische Stuhl motu proprio oder auf Bitten der Konferenz erlassen hat, es bestimmt.

5) Wo besondere Verhältnisse es erfordern, können die Bischöfe mehrerer Länder mit Zustimmung des Apostolischen Stuhles eine einzige Konferenz bilden.

Darüber hinaus sollen die Beziehungen zwischen den Bischofskonferenzen verschiedener Länder gepflegt werden, um die höheren Ziele zu fördern und zu sichern.

6) Eindringlich wird empfohlen, daß die Prälaten der Ostkirchen, wenn sie die Disziplin ihrer eigenen Kirche in den Synoden fördern, um die Bemühungen zum Besten der Religion wirksamer zu gestalten, auch Rücksicht nehmen auf das Gemeinwohl des gesamten Gebietes, wo mehrere Kirchen verschiedener Riten bestehen. Entsprechend den Normen, die die zuständige Obrigkeit erläßt, möge man sich in interrituellen Zusammenkünften beraten.

II. Die Abgrenzung der Kirchenprovinzen und die Errichtung von kirchlichen Regionen

39. Das Heil der Seelen verlangt nicht nur eine geeignete Abgrenzung der Diözesen, sondern auch der Kirchenprovinzen und legt sogar die Errichtung von kirchlichen Regionen nahe. So kann für die Bedürfnisse der Seelsorge entsprechend den

sozialen und örtlichen Verhältnissen besser gesorgt werden; auch können die Beziehungen der Bischöfe sowohl zueinander als auch zu den Metropoliten und den übrigen Bischöfen des gleichen Landes wie zu den weltlichen Obrigkeiten leichter und fruchtbarer gestaltet werden.

40. Daher hat die Heilige Synode, um die erwähnten Ziele zu erreichen, folgende Beschlüsse gefaßt:

1) Die Abgrenzungen der Kirchenprovinzen sollen zweckmäßig überprüft und die Rechte und Privilegien der Metropoliten durch neue geeignete Normen festgelegt werden.

2) Es gelte als Regel, daß alle Diözesen und andere Gebietsumschreibungen, die rechtlich den Diözesen gleichgestellt sind, einer Kirchenprovinz zugeteilt werden. Deshalb sollen Diözesen, die gegenwärtig dem Apostolischen Stuhl unmittelbar unterstellt und mit keiner anderen vereinigt sind, entweder, wenn möglich, zusammen zu einer neuen Kirchenprovinz vereinigt oder jener Kirchenprovinz angegliedert werden, die am nächsten oder am günstigsten gelegen ist. Sie sollen nach Maßgabe des allgemeinen Rechts dem Metropolitanrecht des Erzbischofs unterstellt werden.

3) Wo es nützlich erscheint, sollen die Kirchenprovinzen zu kirchlichen Regionen zusammengeschlossen werden, deren Ordnung vom Recht festzulegen ist.

41. Es empfiehlt sich, daß die zuständigen Bischofskonferenzen die Frage einer derartigen Abgrenzung der Kirchenprovinzen und Errichtung von Regionen prüfen, entsprechend den Normen, die in den Nr. 23 und 24 schon über die Abgrenzung der Diözesen aufgestellt wurden, und ihre Vorschläge und Wünsche dem Apostolischen Stuhl vorlegen.

III. Bischöfe, die ein überdiözesanes Amt ausüben

42. Die pastoralen Bedürfnisse erfordern mehr und mehr, daß einige Seelsorgsaufgaben einheitlich geleitet und gefördert werden. Es ist daher von Nutzen, im Dienste aller oder mehrerer Diözesen eines bestimmten Gebietes oder Landes einige Ämter einzurichten, die auch Bischöfen übertragen werden können.

Die Heilige Synode empfiehlt aber, daß zwischen den Prälaten

oder Bischöfen, die diese Ämter bekleiden, und den Diözesanbischöfen und Bischofskonferenzen immer eine brüderliche
Gemeinschaft und einmütiges Zusammenwirken in den Seelsorgsaufgaben bestehe, deren Richtlinien auch durch das allgemeine Recht festzulegen sind.

43. Da auf die geistliche Betreuung der Soldaten wegen ihrer
besonderen Lebensbedingungen eine außerordentliche Sorgfalt
verwandt werden muß, werde nach Möglichkeit in jedem Land
ein Militärvikariat errichtet. Sowohl der Militärbischof als auch
die Militärpfarrer mögen sich in einträchtiger Zusammenarbeit
mit den Diözesanbischöfen eifrig dieser schwierigen Arbeit
widmen[1].

Deshalb sollen die Diözesanbischöfe dem Militärbischof
genügend Priester zur Verfügung stellen, die für diese schwere
Aufgabe geeignet sind. Gleichzeitig seien sie allen Bemühungen,
das geistliche Wohl der Soldaten zu fördern, gewogen[2].

Allgemeiner Auftrag

44. Die Heilige Synode bestimmt, daß bei der Neubearbeitung
des Codex Iuris Canonici geeignete Gesetze abgefaßt werden,
die den Grundsätzen, die in diesem Dekret aufgestellt worden
sind, entsprechen. Dabei sollen auch die Bemerkungen, die von
den Kommissionen oder von den Konzilsvätern vorgebracht
worden sind, in Erwägung gezogen werden.

Ferner bestimmt die Heilige Synode, allgemeine Seelsorgs-
direktorien zum Gebrauch der Bischöfe wie auch der Pfarrer
auszuarbeiten, damit ihnen zuverlässige Richtlinien zur leichteren und besseren Ausübung ihres Hirtendienstes geboten werden.

Es werde auch ein besonderes Direktorium für die seelsorg-

---

[1] Vgl. S. C. Consistorialis, Instruktion über die Militärbischöfe, 23. Apr. 1951:
AAS 43 (1951) 562–565; Formular für den Bericht über den Stand des Militär-
vikariats, 20. Oktober 1956: AAS 49 (1957) 150–163; Dekret über die Visitatio
Liminum der Militärbischöfe, 28. Febr. 1959: AAS 51 (1959) 272–274; Dekret,
Die Beichtvollmacht der Militärpfarrer wird ausgedehnt, 27. Nov. 1960: AAS 53
(1961) 49–50. — Vgl. auch S. C. de Religiosis, Instruktion über die Militärpfarrer aus dem Ordensstand, 2. Febr. 1955: AAS 47 (1955) 93–97.
[2] Vgl. S. C. Consistorialis, Brief an die Kardinäle, Erzbischöfe, Bischöfe und die
übrigen Oberhirten im spanischen Herrschaftsbereich, 21. Juni 1951: AAS 43
(1951) 566.

liche Betreuung besonderer Gruppen von Gläubigen entsprechend den unterschiedlichen Gegebenheiten in den einzelnen Ländern oder Gebieten herausgegeben, ebenso ein Direktorium für die katechetische Unterweisung des christlichen Volkes, in dem die grundlegenden Prinzipien und die Ordnung dieses Unterrichts sowie die Ausarbeitung einschlägiger Bücher behandelt werden sollen. Bei der Abfassung dieser Direktorien sollen ebenfalls die Anregungen, die von den Kommissionen oder von den Konzilsvätern vorgebracht wurden, berücksichtigt werden.

DAS DEKRET ÜBER DIE AUSBILDUNG DER PRIESTER
„OPTATAM TOTIUS"

entstand aus einem Text „Über die Ausbildung der Seminaristen", der von der Konzilskommission für Studien und Seminare mehrfach revidiert wurde. In Gestalt eines Kurzschemas von 22 Leitsätzen wurde der Text in der III. Sitzungsperiode im November 1964 diskutiert und angenommen. Nach Einarbeitung der Änderungsvorschläge wurden in der IV. Sitzungsperiode im Oktober 1965 Einzelabstimmungen vorgenommen. Die feierliche Schlußabstimmung ergab 2318 Ja- gegen 4 Nein-Stimmen; am gleichen Tag, dem 28. Oktober 1965, wurde das Dekret feierlich verkündet.

Nach der Einleitung will das Dekret nur Leitsätze und Richtlinien bieten, die direkt den Diözesanklerus angehen. Soll die Kirche aber erneuert werden, wie das auch dieses Vorwort verlangt, dann betrifft das *alle* Priester, auf deren Mitarbeit die Erneuerung ja angewiesen ist. Darum sieht das Vorwort eine „entsprechende Anpassung" für alle Priester aller Riten und Ordensgesellschaften vor.

Genauer sagt der einzige Artikel des I. Teils, die „Ordnung" („Ratio studiorum") der Priesterausbildung solle für die einzelnen Völker und Riten je eigens aufgestellt werden, und zwar von den Bischofkonferenzen unter Approbation des Heiligen Stuhls. Diese je eigene „Ratio studiorum" muß — ein wichtiger Konzilsbeschluß! — in bestimmten Zeitabständen revidiert werden.

Teil II handelt von der stärkeren Förderung der Priesterberufe. Es ist eine Aufgabe, die die Gemeinden im ganzen (Artikel 2) wie die Priester besonders (vgl. auch Dekret über Dienst und Leben der Priester, Artikel 11) angeht. Auf die in der ersten Hälfte dieses Jahrhunderts stark diskutierte Frage nach dem Wesen und der Erkennbarkeit einer geistlichen Berufung läßt sich das Dekret nicht ein; es bestätigt lediglich, daß die Prüfung dieser Berufungen der legitimen kirchlichen Autorität zukommt. Dagegen beschreibt es das Milieu, in dem eine Berufung deutlich werden kann: die Familien, die Pfarrgemeinden, der Bereich der Erziehung (unter besonderer Nennung der katholischen Organisationen) und, mit auffallendem Nachdruck, die von den Priestern ausstrahlende Atmosphäre. Ist das Leben der Priester von innerer Freude erfüllt, zeigen sie gegenseitige priesterliche Liebe und brüderliche Gemeinschaft, so läßt sich das Herz der jungen Menschen leichter für das Priestertum gewinnen. Im folgenden Abschnitt über die Aufgabe der Bischöfe an den Berufungen wird das wichtige Thema dieser Atmosphäre nicht erwähnt. Das Konzil nennt in diesem Artikel 2 auch konkrete Förderungsmöglichkeiten und legt einen gewissen Akzent auf methodische Planung und Anwendung moderner Möglichkeiten (Kommunikationsmittel, Psychologie und Soziologie). Artikel 3 geht auf das spezielle Gebiet der „Kleinen Seminare" ein, verweist aber ausdrücklich darauf, daß der Inhalt der folgenden Artikel 4–22 über die „Großen Seminare" (Priesterseminare) unter entsprechender Abwandlung auch für die Kleinen Seminare gilt. Einer wirklichen Reform dienen folgende Aussagen des Artikels: In den Kleinen Seminaren soll die geistliche Führung „angemessen" sein; das Leben der Alumnen soll — unter entsprechender Mitarbeit der Eltern! — ihrem Alter, ihrer geistigen Eigenart und ihrer Entwicklungsstufe „angemessen" sein und mit den Normen einer gesunden Psychologie in Einklang stehen; dabei dürfen eine „angemessene" Lebenserfahrung und der Kontakt mit der eigenen Familie nicht fehlen. Die Studien sollen so angeordnet werden, „daß sie ohne Schwierigkeiten auch anderswo fortgesetzt werden können, wenn die Schüler sich für einen anderen Lebensstand ententscheiden sollten". Die damit vom Konzil verfügte Reform ist in der Tat sehr einschneidend. Der zweite Absatz des Artikels sieht vor, daß diese Weisung auch in solchen Instituten Geltung hat, die in manchen Ländern den Zweck der Kleinen Seminare erfüllen (z. B. Gymnasialkonvikte, Studienheime usw.). Auf ein wichtiges Problem der heutigen Kirche geht das Dekret mit einem kleinen Satz ein: auf die Frage der Spätberufenen.

Teil III gibt die Normen für die Priesterseminare (denen in Deutschland auch die „Theologischen Konvikte" zuzuzählen sind). Gewisse radikale Reformvorschläge werden mit dem Einleitungssatz von Artikel 4 zurückgewiesen: Priesterseminare sind zur priesterlichen Ausbildung notwendig. Der Artikel geht dann sofort auf den Geist dieser priesterlichen Ausbildung ein. Er ist „pastoral", ganz auf künftigen beispielhaften Dienst am Menschen bezogen. Die Ausbilder in allen Bereichen haben sich diesem Ziel unterzuordnen. Von ihnen spricht Artikel 5 mit maximalen Anforderungen. Hinzunehmen ist Artikel 62 der Pastoralkonstitution über die Kirche in der Welt von heute. Artikel 6 ist bei aller gedrängten Kürze ein wichtiger und guter Bestandteil dieses Dekrets. Zunächst erkennt er an, daß es bei den „Kandidaten" verschiedene Entwicklungsstufen geben kann (was die notwendige Konsequenz hat, daß sie im Seminar weder uniformiert noch überfordert werden dürfen). Er weist ferner darauf hin, daß neben den bisher üblichen Prüfungen der Kandidaten auch eine psychologische Untersuchung nicht fehlen darf. Die „Auswahl" soll streng sein; der Priestermangel darf nicht zu Kompromissen verführen. Abschließend findet das Konzil ein positives Wort für solche, die das Seminar verlassen: sie sollen sich ihrer christlichen Berufung auch als Laien bewußt werden. Das katholische „Milieu" müßte diesen oft mit einem Trauma behafteten Menschen helfen und jegliche Diffamierung unterlassen, wenn es der Weisung des Konzils gehorchen will. Artikel 7 sieht vor, daß mehrere Diözesen ein gemeinsames Seminar errichten (eventuell für eine ganze Nation), wenn dadurch eine wirksamere Ausbildung garantiert ist. Die Statuten dafür sind von den beteiligten Bischöfen zu erstellen und vom Heiligen Stuhl zu approbieren. Diese Bestimmung ist offenbar nicht genau abgestimmt mit notwendigen Erwägungen über die Größe der einzelnen Diözesen (vgl. Bischofsdekret, Artikel 22 und 23). Der zweite Absatz macht die Problematik offenbar: wo zu große Seminare gegeben sind, sollen die Alumnen in Gruppen aufgeteilt werden, wobei Einheit der Leitung und der wissenschaftlichen Ausbildung erhalten bleiben. Hier sind praktische Probleme und pädagogische Ideale („Teamwork") angedeutet, deren Lösung sich noch lange nicht abzeichnet.

Teil IV ist der geistlichen (spirituellen) Bildung gewidmet. Nach Meinung des Konzils soll sie vor allem dem Spiritual anvertraut sein, wie Artikel 8 sagt. Dieser Artikel bemüht sich um eine christozentrische Frömmigkeit der Alumnen. Der folgende Artikel 9 will in seinem ersten Teil vor allem die Ergebenheit gegenüber der kirchlichen Hierarchie fördern; im weiteren umreißt er in aszetischem Tonfall die Lasten des priesterlichen Dienstes. Diese sollen den Alumnen offen dargelegt werden. Artikel 10 geht auf den Zölibat ein. Er bietet zunächst die traditionellen Konvenienzgründe für den Zölibat; sodann deutet er diesen „Stand" („status"; gemeint ist der Zölibat) als Charisma, das erbeten und dem frei und großherzig entsprochen werden soll. Im weiteren spricht der Artikel vom Vorrang der Christus geweihten Jungfräulichkeit vor der christlichen Ehe, ohne daß hier die Ordnung dieses Vorrangs so dargelegt würde, wie es der Einsicht der heutigen Theologie entspricht. Die Einleitung des Artikels deutet wenigstens an, daß es in den nichtlateinischen Riten der katholischen Kirche einen Weltklerus ohne Zölibatsverpflichtung gibt. Weitere Ausführungen zur Zölibatsfrage des Weltpriesters sind im Dekret über Dienst und Leben der Priester (Artikel 16) enthalten. (Über den Zölibat im Ordensleben vgl. die Kirchenkonstitution, Kapitel VI, und das Dekret über die zeitgemäße Erneuerung des Ordenslebens, Artikel 12.) Der Schluß des Artikels spricht von den Gefahren für die Keuschheit und von der positiven Integration der Ehelosigkeit in das Priesterleben. Insgesamt stellen sich die Artikel 9 und 10 weniger, als es wünschenswert ist, der heutigen Diskussion über Gehorsam, Armut und Ehelosigkeit gerade auch der Weltpriester.

Dadurch entsteht ein gewisser Bruch gegenüber dem folgenden

Artikel 11, der der Bildung der Gesamtpersönlichkeit gewidmet ist. Bei der Ausbildung sind die neueren Erkenntnisse der Psychologie und Pädagogik beizuziehen. Menschliche Reife der Alumnen ist notwendig; sie besteht in innerer Beständigkeit, in der Fähigkeit, „durchdachte Entscheidungen zu fällen", in Menschenkenntnis. Die Alumnen „sollen zu persönlichem Mut erzogen werden", was gewiß auch im Verhältnis zu den Vorgesetzten gilt. Gut und deutlich als lehramtliche Aussage ist der Passus: die Alumnen sollen „überhaupt jene Tugenden schätzen lernen, auf die die Menschen Wert legen und die den Diener Christi gewinnend machen, dazu gehören Aufrichtigkeit, wacher Gerechtigkeitssinn, das Halten des gegebenen Wortes, gute Umgangsformen, Bescheidenheit und Liebenswürdigkeit im Gespräch". Das entspricht dem bekannten Wort Pius' XII.: „Um ein vollkommener Priester zu sein, muß man vorher ein vollkommener Mensch sein." Hier ist der Finger auf mehr als nur eine Wunde des Klerikalismus gelegt. Im zweiten Absatz fordert der Artikel eine Reform der Hausordnung des Seminars; diese soll nämlich den Alumnen dazu verhelfen, allmählich „auf sich selber zu stehen", „ihre Freiheit vernünftig zu gebrauchen, aus eigener Initiative und Überlegung zu handeln und mit Mitbrüdern und Laien zusammenzuarbeiten". Sehr realistisch ist auch Artikel 12. Darin wird vorgesehen, daß die Dauer der geistlichen Ausbildung vom Bischof festgesetzt wird und daß die Studien unterbrochen werden können. Außerdem sollen die Bischöfe entscheiden, ob das heutige Weihealter heraufgesetzt werden soll und ob ein „Diakonat" (der natürlich vom ständigen Diakonat in der Kirche sorgfältig zu unterscheiden ist) vor der Priesterweihe angebracht wäre. Auch das sind höchst aktuelle Probleme; ist doch ein Weihekandidat von 23 oder 24 Jahren heute kaum zu jener menschlichen Reife gelangt, die das Konzil in diesem Dekret für das Priestertum voraussetzt.

Teil V geht auf die Erneuerung der kirchlichen (d. h. im umfassenderen Sinn theologischen) Studien ein. Als Ergänzung sind die Artikel 10–12 der Erklärung über die christliche Erziehung heranzuziehen. Artikel 13 spricht von der Vorbildung vor dem Theologiestudium sowie vom Sprachenstudium. An Vorbildung wird für die Alumnen die Hochschulreife je nach Landesrecht verlangt; über die Erfordernisse bei einem „zweiten Bildungsweg" für „Spätberufene" und in heute erst selten (Missionen) oder noch nicht gegebenen anderen gesellschaftlichen Verhältnissen (als in Europa oder den USA) ist damit natürlich nichts vorentschieden. Kenntnisse des Latein und der Sprache des jeweiligen Ritus werden verlangt; Kenntnisse der biblischen Sprachen sollen sehr gefördert werden. Artikel 14 ist bei aller Kürze für die Reform des Theologiestudiums von zentraler Bedeutung. Dazu fordert das Konzil zwei Schritte: a) eine bessere Abstimmung der philosophischen und theologischen Disziplinen untereinander; Ziel dabei ist die Erschließung des „Mysteriums Christi"; b) die Errichtung eines Einführungskurses zu Beginn des theologischen Studiums; die drei Ziele dieses Kurses sind: Einsicht in das Wesen des Theologiestudiums, Grundlegung des persönlichen Glaubens der Studierenden, Festigung der geistlichen Berufung; Gegenstand des Kurses ist das „Heilsmysterium". Artikel 15 über das Philosophiestudium vermeidet bei der Nennung des „immer gültigen philosophischen Erbes" absichtlich den Begriff „philosophia perennis" und zeigt sich gegenüber den heutigen Fragen der Philosophie aufgeschlossen. Der Artikel erwähnt die „Verbindung" von Philosophie und Theologie, ohne jedoch auf dieses auch ökumenisch wichtige Thema einzugehen. Artikel 16 über das Theologiestudium bedeutet wiederum die Forderung einer Reform. Im ersten Teil wird besondere Sorgfalt im Studium der Heiligen Schrift, „die gleichsam die Seele der ganzen Theologie sein muß" (hier ohne Zusatz: „und der Tradition", wie in der Offenbarungskonstitution, Artikel 24), verlangt. Im Unterschied zur bisherigen scholastischen Schultradition, die „analytisch" vorging (d. h. von der fertigen These als durch das Lehramt gegeben ausging, sie begrifflich erklärte und sie dann aus den Glaubensquellen bewies), wird deutlich eine synthetische, den geschichtlichen Werdeprozeß nachzeichnende Methode gewünscht. Auch die Dogmatik soll zunächst die biblischen Themen vorlegen, dann die Überlieferung und Dogmengeschichte, wobei die östlichen (an erster Stelle genannt) und westlichen Väter sowie die allgemeine Kirchengeschichte beigezogen werden sollen; bei der spekulativen Durchdringung der Heilsgeheimnisse — „mit Thomas als Meister", eine diskrete und berechtigte Erwähnung — soll das Ziel sein, den Zusammenhang zu verstehen; gegenüber einer vorwiegend an dogmatischen Einzelsätzen interessierten Dogmatik eine gar nicht selbstverständliche Forderung (vgl. Ökumenismusdekret, Artikel 11). Die Theologie soll weiter dadurch aktualisiert werden, daß die Studierenden dieselben Heilsgeheimnisse in der Liturgie und im gesamten Leben der Kirche gegenwärtig und wirksam sehen lernen, in der Offenbarung Antwort auf die Fragen von heute suchen und die Verkündigung auf die heutige Zeit abstimmen. Auch die übrigen theologischen Disziplinen sollen unter heilsgeschichtlichem Aspekt reformiert werden. Daß die Moraltheologie in dieser Hinsicht besonderer Anstrengungen und einer Wendung ins Positive bedarf, wird ausdrücklich gesagt. Die beiden Schlußabschnitte melden umfangreiche Wünsche für die Bereiche der Ökumenik und Religionsgeschichte an. Was die Programme dieses Artikels angeht, so wurde seit Verkündigung des Dekrets bisher höchstamtlich nur die liturgische Ausbildung zu reformieren versucht durch eine Instruktion der Studienkongregation vom Januar 1966. Artikel 17 gibt weitere Hinweise auf die Reform des Theologiestudiums. Soll die Theologie im Sinn der Artikel 4, 14 und 16 zu einer inneren Einheit gebracht werden, so sind die Anhäufung von Stoff und die weitere Spezialisierung von Schaden. Der Artikel bekennt offen, daß es theologische Fragen gibt, die kaum mehr Bedeutung haben: diese sollen ausgelassen werden. Andere sind besser in „höhere akademische Studien" zu verweisen. Artikel 18 bezeichnet es als Aufgabe der Bischöfe, eine besondere wissenschaftliche Weiterbildung von Priestern oder angehenden Priestern zu fördern (trotz des Priestermangels!); die Auswahl darf sich aber nicht nur nach der Begabung richten, vielmehr werden vorher Charakter und Tugend genannt.

In Teil VI über die Förderung der pastoralen Ausbildung im engeren Sinn sprechen die Artikel 19 und 20 in klaren Worten über die weiteren, praktischeren Disziplinen, die die Grundlagen für eine fruchtbare Seelsorgearbeit bieten. Artikel 21 sieht vor, daß die Alumnen schon während der Ausbildung und in den Ferien mit der pastoralen Arbeit unter Anleitung von Praktikern vertraut gemacht werden. Wie dies mit einem intensiveren Studium vereinbart werden kann, sagt das Konzil nicht.

Der VII., wiederum nur aus einem Artikel (22) bestehende Teil verlangt die priesterliche Weiterbildung auch nach abgeschlossenem Seminarstudium. Das Konzil gibt einen möglichen Hinweis: auf Pastoralinstitute, die mit ausgewählten Pfarreien zusammenarbeiten. Auch periodische Zusammenkünfte und Übungen werden genannt. Weiteres zum Thema findet sich in dem Dekret über Dienst und Leben der Priester. Der allerletzte Satz des Dekrets stellt die in der Diskussion gewünschte, aber recht kärglich ausgefallene Grußbotschaft des Konzils an die Seminaristen dar.

Das Dekret läßt viele Wünsche offen. Seine Direktiven aber sind nicht „reaktionär", und ihre Realisierung in Seminaren wie Fakultäten wäre sicher dazu geeignet, das Antlitz der Kirche zu erneuern.

Dekret über die Ausbildung der Priester

Die erstrebte Erneuerung der gesamten Kirche hängt zum großen Teil vom priesterlichen Dienst ab[1], der vom Geist Christi belebt ist; dessen ist sich die Heilige Synode voll bewußt. Deshalb unterstreicht sie die entscheidende Bedeutung der priesterlichen Ausbildung und weist einige grundlegende Leitsätze auf; durch sie sollen die schon durch Jahrhunderte praktisch bewährten Gesetze bestätigt und Neuerungen in sie eingeführt werden, die den Konstitutionen und Dekreten dieses Heiligen Konzils wie auch den veränderten Zeitumständen entsprechen. Da eine solche Priesterausbildung wegen der Einheit des katholischen Priestertums für alle Priester des Welt- und Ordensklerus und aller Riten notwendig ist, sind diese Vorschriften, die unmittelbar den Diözesanklerus betreffen, mit entsprechender Anpassung auf alle anzuwenden.

I. Die Neuordnung der Priesterausbildung in den einzelnen Völkern

1. Bei der großen Verschiedenheit der Völker und Gebiete können nur allgemeine Gesetze aufgestellt werden. Darum soll für die einzelnen Völker und Riten eine eigene „Ordnung der

---

[1] Wie sehr die Entfaltung des ganzen Gottesvolkes nach dem Willen Christi selbst vom Dienst der Priester abhängt, geht aus den Worten hervor, mit denen der Herr die Apostel, ihre Nachfolger und Mitarbeiter zu Verkündern des Evangeliums, zu Vorstehern des auerwählten neuen Volkes und zu Verwaltern der Geheimnisse Gottes eingesetzt hat; ebendies wird auch durch Aussprüche der Väter und Heiligen und durch wiederholte Verlautbarungen der Päpste bestätigt.

Vgl. besonders: Pius X., Exhort. ad Clerum catholicum Haerent animo, 4. Aug. 1908: S. Pii X. Acta, Bd. IV, 237–264; Pius XI., Enz. Ad catholici Sacerdotii,

Priesterausbildung" eingeführt werden. Sie ist von den Bischofskonferenzen aufzustellen[2], von Zeit zu Zeit zu revidieren und
vom Apostolischen Stuhl zu approbieren. In ihr sollen die allgemeinen Gesetze den besonderen örtlichen und zeitlichen
Verhältnissen so angepaßt werden, daß die Priesterausbildung
immer den pastoralen Erfordernissen der Länder entspricht, in
denen die Priester ihren Dienst auszuüben haben.

II. Die stärkere Förderung der Priesterberufe

2. Berufe zu fördern[3] ist Aufgabe der gesamten christlichen
Gemeinde. Sie erfüllt sie vor allem durch ein wirklich christliches
Leben. Den wichtigsten Beitrag dazu leisten einmal die Familien;
durchdrungen vom Geist des Glaubens, der Liebe und der Frömmigkeit werden sie gleichsam zum ersten Seminar; zum anderen
die Pfarrgemeinden, an deren blühendem Leben die Jugendlichen
selbst teilnehmen. Die Lehrer und alle, die mit der Erziehung
von Kindern und Jugendlichen in irgendeiner Weise betraut
sind — besonders die katholischen Verbände —, sollen die ihnen
anvertrauten jungen Menschen so zu erziehen suchen, daß sie den
göttlichen Ruf wahrnehmen und ihm bereitwillig folgen kön-

20. Dez. 1935: AAS 28 (1936) bes. 37–52; Pius XII., Adhort. Apost. Menti
Nostrae, 23. Sept. 1950: AAS 42 (1950) 657–702; Johannes XXIII., Enz. Sacerdotii
Nostri Primordia, 1. Aug. 1959: AAS 51 (1959) 545–579; Paul VI., Ep. Apost.
Summi Dei Verbum, 4. Nov. 1963: AAS 55 (1963) 979–995.

[2] Die ganze Ausbildung der Priester, d. h. die Seminarordnung, die geistliche
Formung, die Studienordnung, das gemeinsame Leben und die Disziplin der
Alumnen sowie die pastoralen Einübungen, ist den verschiedenen örtlichen Ver-
hältnissen anzupassen. Diese Anpassung soll hinsichtlich der grundlegenden
Prinzipien für den Weltklerus von den Bischofskonferenzen und für den Ordens-
klerus in entsprechender Weise von den zuständigen Oberen nach den allgemeinen
Richtlinien vorgenommen werden (S. Congreg. de Religiosis, Konst. Apost.
Sedes Sapientiae und die beigefügten allgemeinen Statuten, Art. 19, 2. Aufl.,
Rom 1957, 38 f.).

[3] Unter den besonderen Bedrängnissen, von denen die Kirche heute heimgesucht
wird, steht die geringe Zahl von Berufungen fast überall an erster Stelle. — Vgl.
Pius XII., Adhort. Apost. Menti Nostrae: „. . . die Zahl der Priester ist sowohl in
den katholischen Gegenden wie in den Missionsländern für die wachsenden
Bedürfnisse meistens nicht ausreichend" (AAS 42 [1950] 682); Johannes XXIII.:
„Das Problem der Priester- und Ordensberufungen ist eine tägliche Sorge des
Papstes . . ., ist ein Gegenstand seines flehentlichen Betens, ein glühendes Verlangen seiner Seele": aus der Ansprache an den Ersten Internationalen Kongreß
über die Berufungen zum Stand der Vollkommenheit, 16. Dez. 1961: AAS 54
(1962) 33.

nen. Alle Priester sollen ihren apostolischen Eifer vor allem in der Förderung der Berufe zeigen. Sie sollen das Herz der jungen Menschen durch ihr eigenes, bescheidenes, arbeitsames und von innerer Freude erfülltes Leben für das Priestertum gewinnen sowie durch die gegenseitige priesterliche Liebe und die brüderliche Gemeinschaft in der Arbeit.

Aufgabe der Bischöfe ist es, ihre Herde in der Förderung von Berufen anzueifern und für den Zusammenschluß aller Kräfte und Anstrengungen zu sorgen; auch sollen sie diejenigen, die nach ihrem Urteil zum Anteil des Herrn berufen sind, väterlich unterstützen, ohne dabei irgendein Opfer zu scheuen.

Dieses tatkräftige Zusammenwirken des ganzen Gottesvolkes zur Förderung von Berufen ist die Antwort auf das Handeln der göttlichen Vorsehung; sie verleiht den Menschen, die von Gott zur Teilnahme am hierarchischen Priestertum Christi erwählt sind, die entsprechenden Gaben und unterstützt sie mit ihrer Gnade; zugleich überträgt sie den rechtmäßigen kirchlichen Amtsträgern die Aufgabe, die als geeignet erkannten Kandidaten, die in rechter Absicht und mit voller Freiheit ein so hohes Amt erstreben, zu prüfen, zu berufen und mit dem Siegel des Heiligen Geistes für den göttlichen Kult und den Dienst der Kirche zu weihen[4].

Die Heilige Synode empfiehlt vor allem die Mittel, die sich in der Sorge aller für die Priesterberufe schon immer bewährt haben: eifriges Gebet, christliche Buße und immer höhere Bildung der Christgläubigen in Predigt und Katechese wie auch durch die verschiedenen Mittel der öffentlichen Meinungsbildung. Sie sollen die Notwendigkeit, das Wesen und die Schönheit des Priesterberufes aufleuchten lassen. Ferner verordnet das Konzil, daß die Werke zur Förderung von Berufen, die nach einschlägigen päpstlichen Dokumenten auf diözesaner, regionaler und nationaler Ebene schon errichtet sind oder errichtet werden sollen, ihre ganze der Berufsförderung dienende pastorale Arbeit unter Verwertung aller von der heutigen Psychologie und Soziologie zur Verfügung gestellten geeigneten Hilfsmittel methodisch und systematisch planen und mit ebensoviel Eifer wie Diskretion durchführen sollen[5].

---

[4] Pius XII., Apost. Konst. Sedes Sapientiae, 31. Mai 1956: AAS 48 (1956) 357; Paul VI., Ep. Apost. Summi Dei Verbum, 4. Nov. 1963: AAS 55 (1963) 984 ff.

[5] Vgl. besonders: Pius XII., Motupr. Cum nobis „über die Errichtung des Päpstlichen Werkes für Priesterberufe bei der S. Congr. Stud.", 4. Nov. 1941: AAS 33

Priesterausbildung

Das Werk der Berufsförderung soll großherzig die Grenzen der Diözesen, der Völker, der Ordensfamilien und der Riten überschreiten und mit dem Blick auf die Bedürfnisse der Gesamtkirche vor allem jenen Gegenden Hilfe bringen, in denen Arbeiter für den Weinberg des Herrn besonders dringend benötigt werden.

3. In den Kleinen Seminarien, die zur Entfaltung keimender Berufe errichtet sind, sollen die Alumnen durch intensive religiöse Formung und vor allem durch geeignete geistliche Führung dazu angeleitet werden, Christus dem Erlöser mit großherzigem Sinn und reinem Herzen nachzufolgen. Unter der väterlichen Leitung der Oberen und durch entsprechende Mitarbeit der Eltern sollen sie ein Leben führen, wie es zu Alter, Sinnesart und Entwicklung der jungen Menschen paßt und mit den Grundsätzen einer gesunden Psychologie in Einklang steht. Eine hinreichende Lebenserfahrung und der Umgang mit der eigenen Familie dürfen nicht fehlen[6]. Daneben soll das, was im folgenden für die Priesterseminarien bestimmt wird, auch auf die Kleinen Seminarien angewandt werden, soweit es ihrer Aufgabe und ihrem Wesen entspricht. Der Unterricht der Alumnen soll so eingerichtet werden, daß sie ohne Schwierigkeiten anderweitig auf ihn aufbauen können, wenn sie einen anderen Lebensstand wählen sollten.

Mit gleicher Sorge soll man sich darüber hinaus des keimenden Berufes der jungen Menschen in den besonderen Instituten annehmen, die in manchen Ländern auch den Zweck der Kleinen Seminarien erfüllen, desgleichen jener Jugendlichen, die in anderen Schulen oder sonstigen Ausbildungsstätten unterrichtet werden. Mit besonderer Liebe soll für Spätberufene durch geeignete Studienstätten und andere Initiativen gesorgt werden.

(1941) 479 (mit den beigefügten, von der gleichen Kongregation am 8. Sept. 1943 veröffentlichten Statuen und Richtlinien); ders., Motupr. Cum supremae „über das erste Päpstliche Werk für Ordensberufe", 11. Febr. 1955: AAS 47 (1955) 266; mit den beigefügten, von der S. Congr. Rel. veröffentlichten Statuten und Richtlinien; a. a. O. 298–301; II. Vat. Konzil, Dekret über die zeitgemäße Erneuerung des Ordenslebens Perfectae caritatis, Nr. 24; Dekret über die Hirtenaufgabe der Bischöfe in der Kirche Christus Dominus, Nr. 15.

[6] Vgl. Pius XII., Adhort. Apost. Menti Nostrae, 23. Sept. 1950: AAS 42 (1950) 685.

III. Die Ordnung der Priesterseminare

4. Die Priesterseminare sind zur priesterlichen Ausbildung notwendig. In ihnen muß die gesamte Ausbildung der Alumnen dahin zielen, daß sie nach dem Vorbild unseres Herrn Jesus Christus, des Lehrers, Priesters und Hirten, zu wahren Seelenhirten geformt werden[7]; sie müssen also zum Dienst am Wort vorbereitet werden, daß sie das geoffenbarte Gotteswort immer besser verstehen, durch Meditation mit ihm vertraut werden und es in Wort und Leben darstellen; zum Dienst des Kultes und der Heiligung, daß sie in Gebet und im Vollzug der heiligen Liturgie das Heilswerk durch das eucharistische Opfer und die Sakramente vollziehen; zum Dienst des Hirten, daß sie den Menschen Christus darstellen können, der „nicht kam, um sich bedienen zu lassen, sondern um zu dienen und sein Leben als Lösegeld für viele hinzugeben" (Mk 10, 45; vgl. Jo 13, 12–17), und daß sie Diener aller werden und so viele gewinnen (vgl. 1 Kor 9, 19).

Daher müssen alle Bereiche der Ausbildung, der geistliche, intellektuelle und disziplinäre, harmonisch auf dieses pastorale Ziel hingeordnet werden; dieses Ziel zu erreichen, sollen alle Oberen und Professoren in treuem Gehorsam gegenüber der bischöflichen Autorität eifrig und einmütig bemüht sein.

5. Da die Ausbildung der Alumnen wohl von sinnvollen Gesetzen, ganz besonders aber von geeigneten Erziehern abhängt, sollen Seminarobere und Professoren aus den besten Kräften ausgewählt werden[8]. Sie müssen durch gediegene Studien, entsprechende pastorale Erfahrung und eine besondere geistliche und pädagogische Ausbildung sorgfältig vorbereitet sein. Zu diesem Zweck müssen geeignete Institute oder wenigstens gut geplante Kurse eingerichtet und regelmäßige Konferenzen der Seminaroberen abgehalten werden.

---

[7] Vgl. II. Vat. Konzil, Dogm. Konst. über die Kirche Lumen Gentium, Nr. 28: AAS 57 (1965) 34.

[8] Vgl. Pius XI., Enz. Ad Catholici Sacerdotii, 20. Dez. 1935: AAS 28 (1936) 37: „Besonders sorgfältig muß die Auswahl der Oberen und Professoren sein . . . Gebt den Seminaren Priester, die mit höchster Tugend geschmückt sind; fürchtet auch nicht, sie Aufgaben zu entziehen, die scheinbar wichtiger sind, aber in Wirklichkeit mit dieser grundlegenden und unersetzbaren Tätigkeit nicht verglichen werden können." Dieses Prinzip, die Besten auszuwählen, wird auch von Pius XII. in den Litt. Apost. an die Bischöfe Brasiliens vom 23. Apr. 1947 eingeschärft: Discorsi e Radiomessaggi IX, 579–580.

Die Oberen und Professoren sollen immer daran denken, wie sehr der Bildungserfolg bei den Alumnen von der Art und Weise ihres Denkens und Handelns abhängt. Unter Leitung des Regens sollen sie eine enge Gemeinschaft in Gesinnung und Tat eingehen. Sie sollen untereinander und mit den Alumnen eine Familie bilden, die dem Gebet des Herrn „Auf daß sie eins seien" (vgl. Jo 17, 11) entspricht und in den Alumnen die Freude am eigenen Beruf nährt. Der Bischof aber soll mit steter, liebevoller Sorge die am Seminar Tätigen ermuntern und auch den Alumnen selbst ein wahrer Vater in Christus sein. Alle Priester sollen das Seminar als das Herz der Diözese betrachten und ihm gern ihre eigene Hilfe zur Verfügung stellen[9].

6. Mit wacher Sorge, dem Alter und der Entwicklungsstufe der einzelnen entsprechend, müssen die rechte Absicht und der freie Wille der Kandidaten, ihre geistliche, moralische und intellektuelle Eignung, die erforderliche physische und seelische Gesundheit geprüft werden; dabei müssen auch von der Familie eventuell ererbte Anlagen beachtet werden. Auch soll man sich über die Fähigkeit der Kandidaten, die Lasten des Priesteramtes zu tragen und die pastoralen Aufgaben zu erfüllen, ein Urteil bilden[10].

Bei der Auslese und Prüfung der Kandidaten soll man mit der nötigen geistigen Festigkeit vorgehen, auch dann, wenn Priestermangel zu beklagen ist[11]. Gott läßt es ja seiner Kirche nicht an Dienern fehlen, wenn man die fähigen auswählt, die nicht geeigneten aber rechtzeitig in väterlicher Weise anderen Berufen zuführt und ihnen dazu verhilft, daß sie sich im Bewußtsein ihrer christlichen Berufung mit Eifer dem Laienapostolat widmen.

7. Wo die einzelnen Diözesen nicht in der Lage sind, ein eigenes Seminar entsprechend einzurichten, soll man gemeinsame Seminarien für mehrere Diözesen, für eine ganze Region oder

[9] Über die gemeinsame Aufgabe, den Seminaren mit Eifer Dienste zu leisten, vgl. Paul VI., Ep. Apost. Summi Dei Verbum, 4. Nov. 1963: AAS 53 (1963) 984.
[10] Vgl. Pius XII., Adhort. Apost. Menti Nostrae, 23. Sept. 1950: AAS 42 (1950) 684; vgl. auch S. Congr. Sacr., Rundschreiben Magna equidem an die Ortsordinarien, 27. Dez. 1935, Nr. 10. Für die Ordensangehörigen vgl. die der Apost. Konst. Sedes Sapientiae (31. Mai 1956, Art. 33) beigefügten allgemeinen Richtlinien. Paul VI., Ep. Apost. Summi Dei Verbum, 4. Nov. 1963: AAS 55 (1963) 987 f.
[11] Vgl. Pius XI., Enz. Ad Catholici Sacerdotii, 20. Dez. 1935: AAS 28 (1936) 41.

Nation gründen und fördern, damit die gründliche Ausbildung der Alumnen, die hierin oberstes Gesetz sein muß, wirksamer gewährleistet wird. Die Leitung solcher regionaler oder nationaler Seminarien soll sich nach Statuten richten, die von den beteiligten Bischöfen[12] aufgestellt und vom Heiligen Stuhl approbiert sind.

In Seminarien, in denen eine große Zahl von Alumnen zusammenlebt, soll man die Alumnen in passender Weise in kleinere Gruppen aufteilen, um so die Ausbildung der einzelnen persönlicher gestalten zu können; die Einheit der Leitung und wissenschaftlichen Ausbildung soll aber erhalten bleiben.

IV. Die Sorge um die gründlichere geistliche Formung

8. Die geistliche Formung soll mit der wissenschaftlichen und pastoralen Ausbildung eng verbunden sein. Unter Anleitung vor allem des Spirituals[13] sollen die Alumnen lernen, in inniger und steter Gemeinschaft mit dem Vater durch seinen Sohn Jesus Christus im Heiligen Geist zu leben. Durch die heilige Weihe werden sie einst Christus dem Priester gleichförmig; so sollen sie auch lernen, ihm wie Freunde in enger Gemeinschaft des ganzen Lebens verbunden zu sein[14]. Sein Pascha-Mysterium sollen sie so darleben, daß sie das Volk, das ihnen anvertraut wird, darin einzuführen vermögen. Sie sollen angeleitet werden, Christus zu suchen: in der gewissenhaften Meditation des Gotteswortes, in der aktiven Teilnahme an den heiligen Geheimnissen der Kirche, vor allem in der Eucharistie und im Stundengebet[15], im Bischof,

---

[12] Es wird angeordnet, daß bei der Aufstellung der Statuten der regionalen oder nationalen Seminare alle betroffenen Bischöfe beteiligt sind, unter Abschaffung der Vorschrift von CIC can. 1357, § 4.

[13] Vgl. Pius XII., Exhort. Apost. Menti Nòstrae, 23. Sept. 1950: AAS 42 (1950) 674; S. Congr. Stud., La Formazione spirituale del candidato al sacerdozio (Città del Vaticano 1965).

[14] Vgl. Pius X., Exhort. ad Clerum catholicum Haerent animo, 4. Aug. 1908: S. Pii X. Acta, Bd. IV, 242–244; Pius XII., Adhort. Apost. Menti Nostrae, 23. Sept. 1950: AAS 42 (1950) 659–661; Johannes XXIII., Enz. Sacerdotii Nostri Primordia, 1. Aug. 1959: AAS 51 (1959) 550 f.

[15] Vgl. Pius XII., Enz. Mediator Dei, 20. Nov. 1947: AAS 39 (1947) 547 ff. 572 f.; Johannes XXIII., Adhortatio Apost. Sacrae Laudis, 6. Jan. 1962: AAS 54 (1962) 69; II. Vat. Konzil, Konst. über die heilige Liturgie Sacrosanctum Concilium, Art. 16 u. 17: AAS 56 (1964) 104 f.; S. Congr. Rit., Instructio ad exsecutionem Constitutionis de Sacra Liturgia recte ordinandam, 26. Sept. 1964, Nr. 14–17: AAS 56 (1964) 880 f.

der ihnen die Sendung gibt, und in den Menschen, zu denen sie gesandt werden, vor allem in den Armen, den Kindern und den Kranken, den Sündern und Ungläubigen. Die seligste Jungfrau Maria, die von Christus Jesus bei seinem Tod am Kreuz dem Jünger als Mutter gegeben wurde, sollen sie mit kindlichem Vertrauen lieben und verehren.

Die Frömmigkeitsformen, die durch den ehrwürdigen Brauch der Kirche empfohlen sind, sollen eifrig gefördert werden; man muß aber dafür sorgen, daß die geistliche Ausbildung sich nicht in ihnen erschöpfe und nicht einseitig das religiöse Gefühl anspreche. Vielmehr sollen die Alumnen lernen, nach dem Vorbild des Evangeliums zu leben, in Glaube, Hoffnung und Liebe stark zu werden, damit sie in der Übung dieser Tugenden die Gesinnung des Betens erwerben[16], Festigkeit und Sicherheit in ihrem Beruf finden, die übrigen Tugenden zur Reife bringen und im Eifer, alle Menschen für Christus zu gewinnen, wachsen.

9. Das Geheimnis der Kirche, das von dieser Heiligen Synode besonders dargelegt wurde, soll sie so erfüllen, daß sie dem Stellvertreter Christi in demütiger und kindlicher Liebe ergeben sind und daß sie später als Priester ihrem eigenen Bischof als ergebene Mitarbeiter anhangen und in gemeinschaftlicher Arbeit mit ihren Mitbrüdern Zeugnis für jene Einheit geben, durch die die Menschen zu Christus hingezogen werden[17]. Mit weitem Herzen sollen sie am Leben der ganzen Kirche teilzunehmen lernen, nach jenem Augustinuswort: „In dem Maße, wie einer die Kirche Christi liebt, hat er den Heiligen Geist."[18] Die Alumnen müssen mit voller Klarheit verstehen, daß sie nicht zum Herrschen oder für Ehrenstellen bestimmt sind, sondern sich ganz dem Dienst Gottes und der Seelsorge widmen sollen. Mit besonderer Sorgfalt sollen sie im priesterlichen Gehorsam, in armer Lebensweise und im Geist der Selbstverleugnung erzogen werden[19], so daß sie sich daran gewöhnen, auch auf er-

---

[16] Vgl. Johannes XXIII., Enz. Sacerdotii Nostri Primordia: AAS 51 (1959) 559f.
[17] Vgl. II. Vat. Konzil, Dogm. Konst. über die Kirche Lumen Gentium, Nr. 28: AAS 57 (1965) 35f.
[18] Augustinus, In Ioannem tract. 32, 8: PL 35, 1646.
[19] Vgl. Pius XII., Adhort. Apost. Menti Nostrae: AAS 42 (1950) 662f. 685 690; Johannes XXIII., Enz. Sacerdotii Nostri Primordia: AAS 51 (1959) 551–553 556f.; Paul VI., Enz. Ecclesiam suam, 6. Aug. 1964: AAS 56 (1964) 634f.; II. Vat. Konzil, Dogm. Konst. über die Kirche Lumen Gentium, bes. Nr. 8: AAS 57 (1965) 12.

laubte, aber unnötige Dinge bereitwillig zu verzichten und dem gekreuzigten Christus ähnlich zu werden.

Die Alumnen sollen über die Lasten, die sie auf sich zu nehmen haben, aufgeklärt werden, ohne daß man ihnen irgendeine der Schwierigkeiten des Priesterlebens verschweigt. Sie sollen aber in ihrer zukünftigen Tätigkeit nicht fast ausschließlich eine Gefahrenquelle sehen, vielmehr soll man sie dazu anleiten, daß sie gerade aus ihrer pastoralen Tätigkeit für ihr geistliches Leben so viel Kraft wie möglich schöpfen.

10. Die Alumnen, die gemäß den heiligen und festen Gesetzen ihres eigenen Ritus die verehrungswürdige Tradition des priesterlichen Zölibats auf sich nehmen, sollen mit großer Sorgfalt auf diesen Stand hin erzogen werden: sie verzichten darin um des Himmelreiches willen (vgl. Mt 19, 12) auf die eheliche Gemeinschaft, hangen dem Herrn mit ungeteilter Liebe an[20], wie sie dem Neuen Bund in besonderer Weise entspricht; sie geben Zeugnis für die Auferstehung in der künftigen Welt (vgl. Lk 20, 36)[21] und gewinnen besonders wirksame Hilfe zur ständigen Übung jener vollkommenen Liebe, die sie in ihrer priesterlichen Arbeit allen alles werden läßt[22]. Sie sollen tief davon durchdrungen sein, wie dankbar sie diesen Stand entgegennehmen sollen, nicht etwa bloß als eine Vorschrift kirchlicher Gesetzgebung, sondern als ein kostbares Geschenk Gottes, das sie in Demut erbitten und dem sie mit der erweckenden und helfenden Gnade des Heiligen Geistes frei und großherzig zu entsprechen suchen sollen.

Um die Pflichten und die Würde der christlichen Ehe, die ein Bild der Liebe zwischen Christus und seiner Kirche ist (vgl. Eph 5, 32 f.), sollen die Alumnen gebührend wissen; sie sollen aber klar den Vorrang der Christus geweihten Jungfräulichkeit erkennen[23], so daß sie nach reiflich überlegter Wahl und mit Hochherzigkeit sich in ganzer Hingabe von Leib und Seele dem Herrn weihen.

Auf die Gefahren, die ihrer Keuschheit besonders in der gegenwärtigen Gesellschaft drohen, sollen sie hingewiesen wer-

---

[20] Vgl. Pius XII., Enz. Sacra Virginitas, 25. März 1954: AAS 46 (1954) 165 ff.
[21] Cyprian, De habitu virginum 22: PL 4, 475; Ambrosius, De virginibus I, 8, 52: PL 16, 202 f.
[22] Vgl. Pius XII., Adhort. Apost. Menti Nostrae: AAS 42 (1950) 663.
[23] Vgl. Pius XII., Enz. Sacra Virginitas, a. a. O. 170–174.

den[24]. Sie müssen lernen, sich durch geeignete göttliche und menschliche Hilfsmittel zu schützen und den Verzicht auf die Ehe so in ihr Dasein zu integrieren, daß sie in ihrem Leben und in ihrer Wirksamkeit vom Zölibat her nicht nur keinen Schaden nehmen, vielmehr eine vollkommenere Herrschaft über Leib und Seele und eine höhere menschliche Reife gewinnen und die Seligkeit des Evangeliums tiefer erfahren.

11. Die Grundsätze christlicher Erziehung sollen hochgehalten und durch die neueren Erkenntnisse einer gesunden Psychologie und Pädagogik ergänzt werden. In klug abgestufter Ausbildung sollen die Alumnen auch zur nötigen menschlichen Reife geführt werden, die sich vor allem in innerer Beständigkeit bewähren muß, in der Fähigkeit, abgewogene Entscheidungen zu fällen, und in einem treffenden Urteil über Ereignisse und Menschen. Die Alumnen müssen ihren Charakter formen lernen. Sie sollen zu geistiger Entschlossenheit erzogen werden und überhaupt jene Tugenden schätzen lernen, auf die die Menschen Wert legen und die den Diener Christi gewinnend machen[25]. Dazu gehören Aufrichtigkeit, wacher Gerechtigkeitssinn, Zuverlässigkeit bei Versprechungen, gute Umgangsformen, Bescheidenheit und Liebenswürdigkeit im Gespräch.

Die Lebensordnung des Seminars soll nicht nur als ein wirksamer Schatz des gemeinsamen Lebens und der Liebe betrachtet werden, vielmehr als notwendiger Bestandteil der ganzen Ausbildung zur Gewinnung von Selbstbeherrschung, zur Entfaltung einer reifen Persönlichkeit und zur Heranbildung aller jener geistigen Haltungen, die zu einem disziplinierten und fruchtbaren Wirken der Kirche in hohem Maße beitragen. Die Disziplin soll aber so gehandhabt werden, daß die Alumnen von sich aus die Autorität der Oberen aus persönlicher Überzeugung, also um des Gewissens willen (vgl. Röm 13, 5), und aus übernatürlichen Motiven annehmen. Die Regeln der Hausordnung aber sollen dem Alter der Alumnen so angepaßt werden, daß sie allmählich lernen, auf sich selber zu stehen, und sich daran gewöhnen, ihre Freiheit vernünftig zu gebrauchen, aus eigener Initiative und Überlegung zu handeln[26] und mit

---

[24] Vgl. Pius XII., Adhort. Apost. Menti Nostrae, a. a. O. 664 690 f.

[25] Vgl. Paul VI., Ep. Apost. Summi Dei Verbum, 4. Nov. 1963: AAS 55 (1963) 991.

[26] Vgl. Pius XII., Adhort. Apost. Menti Nostrae, a. a. O. 686.

den Mitbrüdern und den Laien zusammenzuarbeiten. Der gesamte Lebensstil des Seminars soll von der Bemühung um die Frömmigkeit und das Schweigen und von gegenseitiger Hilfsbereitschaft geprägt und so gestaltet sein, daß er schon eine gewisse Einführung in das spätere Leben des Priesters ist.

12. Es ist Sache der Bischöfe, einen entsprechenden Zeitraum für eine intensivere geistliche Schulung der Alumnen festzusetzen, damit ihre geistliche Bildung festere Grundlagen habe und sie in reifer Überlegung ihren Beruf bejahen. Außerdem sollen sie die Möglichkeit erwägen, die Studien zu unterbrechen oder einen angemessenen Zeitraum pastoraler Schulung einzulegen, um eine zuverlässigere Erprobung der Priesterkandidaten zu gewährleisten. Weiter sollen die Bischöfe je nach den regionalen Gegebenheiten entscheiden, ob das nach dem zur Zeit gültigen gemeinen Recht geforderte Weihealter zu erhöhen ist, und überlegen, ob es angebracht ist, die Alumnen nach Abschluß des theologischen Studiums noch eine angemessene Zeit den Weihediakonat ausüben zu lassen, bevor sie zur Priesterweihe zugelassen werden.

V. Neugestaltung der kirchlichen Studien

13. Vor Beginn der eigentlichen kirchlichen Studien sollen die Alumnen den Grad humanistischer und naturwissenschaftlicher Bildung erreichen, der in ihrem Land zum Eintritt in die Hochschulen berechtigt. Sie sollen zudem so viel Latein lernen, daß sie die zahlreichen wissenschaftlichen Quellen und die kirchlichen Dokumente verstehen und benützen können[27].Das Studium der dem eigenen Ritus entsprechenden liturgischen Sprache muß als notwendig verlangt werden; die angemessene Kenntnis der Sprachen der Heiligen Schrift und der Tradition soll sehr gefördert werden.

14. Bei der Neugestaltung der kirchlichen Studien ist vor allem darauf zu achten, daß die philosophischen und die theologischen Disziplinen besser aufeinander abgestimmt werden; sie sollen harmonisch darauf hinstreben, den Alumnen immer tiefer das Mysterium Christi zu erschließen, das die ganze Ge-

---

[27] Vgl. Paul VI., Ep. Apost. Summi Dei Verbum, a. a. O. 993.

schichte der Menschheit durchzieht, sich ständig der Kirche mitteilt und im priesterlichen Dienst in besonderer Weise wirksam wird[28].

Damit diese Sicht den Seminaristen schon vom Anfang ihrer Ausbildung an vertraut werde, sollen die kirchlichen Studien mit einem ausreichend langen Einführungskurs beginnen. In dieser Einführung soll das Heilsmysterium so dargelegt werden, daß die Alumnen den Sinn, den Aufbau und das pastorale Ziel der kirchlichen Studien klar sehen; daß ihnen zugleich geholfen werde, ihr ganzes persönliches Leben auf den Glauben zu gründen und mit ihm zu durchdringen; daß sie endlich in der persönlichen und frohen Hingabe an ihren Beruf gefestigt werden.

15. Die philosophischen Disziplinen sollen so dargeboten werden, daß die Alumnen vor allem zu einem gründlichen und zusammenhängenden Wissen über Mensch, Welt und Gott hingeführt werden. Sie sollen sich dabei auf das stets gültige philosophische Erbe stützen[29]. Es sollen aber auch die philosophischen Forschungen der neueren Zeit berücksichtigt werden, zumal jene, die beim eigenen Volk bedeutenderen Einfluß ausüben, und der Fortschritt der modernen Naturwissenschaften. So sollen die Alumnen über die charakteristischen Erscheinungen der heutigen Zeit gut Bescheid wissen und auf das Gespräch mit den Menschen ihrer Zeit entsprechend vorbereitet werden[30].

Die Philosophiegeschichte soll so gelehrt werden, daß die Studenten zu den letzten Prinzipien der verschiedenen Systeme vordringen, den Wahrheitsgehalt festhalten, die Irrtümer aber in ihren Wurzeln erkennen und widerlegen können.

Durch die ganze Lehrweise wecke man in den Alumnen den Drang, mit methodischer Strenge nach der Wahrheit zu suchen, in sie einzudringen und sie zu beweisen und gleichzeitig die Grenzen menschlicher Erkenntnis ehrlich anzuerkennen. Ganz besonders achte man auf den engen Zusammenhang der Philosophie mit den wirklichen Lebensproblemen und den Fragen, die die Studenten innerlich bewegen. Man soll ihnen auch dazu helfen, die Verbindung zu sehen, die zwischen

[28] Vgl. II. Vat. Konzil, Dogm. Konst. über die Kirche Lumen Gentium, Nr. 7 u. 28: AAS 57 (1965) 9–11 33f.
[29] Vgl. Pius XII., Enz. Humani generis, 12. Aug. 1950: AAS 42 (1950) 571–575.
[30] Vgl. Paul VI., Enz. Ecclesiam suam, 6. Aug. 1964: AAS 56 (1964) 637ff.

den philosophischen Gedankengängen und den Heilsgeheimnissen besteht, die die Theologie im höheren Licht des Glaubens betrachtet.

16. Die theologischen Fächer sollen im Licht des Glaubens unter Führung des kirchlichen Lehramtes[31] so gelehrt werden, daß die jungen Theologen die katholische Lehre sorgfältig aus der göttlichen Offenbarung schöpfen, tief in sie eindringen, sie für ihr geistliches Leben fruchtbar machen[32] und sie in ihrem künftigen priesterlichen Dienst verkünden, darlegen und verteidigen können.

Mit besonderer Sorgfalt sollen sie im Studium der Heiligen Schrift, die die Seele der ganzen Theologie sein muß[33], gefördert werden. Nach einer entsprechenden Einführung sollen sie in der exegetischen Methode gründlich geschult werden; mit den Hauptthemen der göttlichen Offenbarung sollen sie vertraut werden und für ihre tägliche Schriftlesung und Schriftbetrachtung Anregung und Nahrung erhalten[34].

Die dogmatische Theologie soll so angeordnet werden, daß zuerst die biblischen Themen selbst vorgelegt werden; dann erschließe man den Alumnen, was die Väter der östlichen und westlichen Kirche zur treuen Überlieferung und zur Entfaltung der einzelnen Offenbarungswahrheiten beigetragen haben, ebenso die weitere Dogmengeschichte, unter Berücksichtigung ihrer Beziehungen zur allgemeinen Kirchengeschichte[35]; so-

---

[31] Vgl. Pius XII., Enz. Humani generis, 12. Aug. 1950: AAS 42 (1950) 567–569; ders., Ansprache Si diligis, 31. Mai 1954: AAS 46 (1954) 314 f.; Paul VI., Ansprache an der Päpstlichen Universität Gregoriana, 12. März 1964: AAS 56 (1964) 364 f.; II. Vat. Konzil, Dogm. Konst. über die Kirche Lumen Gentium, Nr. 25: AAS 57 (1965) 29–31.

[32] Vgl. Bonaventura, Itinerarium mentis in Deum, Prol., Nr. 4: ,,(Niemand) möge glauben, ihm genüge die Lesung ohne Salbung, die Spekulation ohne Hingabe, die Forschung ohne Verehrung, die Umsicht ohne Begeisterung, der Fleiß ohne Frömmigkeit, die Wissenschaft ohne Liebe, der Verstand ohne Demut, das Studium ohne die göttliche Gnade, die Beobachtungsgabe ohne die göttlich inspirierte Weisheit" (Bonaventura, Opera Omnia V [Quaracchi 1891] 296).

[33] Vgl. Leo XIII., Enz. Providentissimus Deus, 18. Nov. 1893: ASS 26 (1893–94) 283.

[34] Vgl. Päpstliche Bibelkommission, Instructio de Sacra Scriptura recte docenda, 13. Mai 1950: AAS 42 (1950) 502.

[35] Vgl. Pius XII., Enz. Humani generis, 12. Aug. 1950: AAS 42 (1950) 568 f.: ,, . . . aus dem Studium der heiligen Quellen strömen der theologischen Wissenschaft stets jugendliche Kräfte zu; eine Spekulation hingegen, welche die weitere Erforschung des Glaubensgutes vernachlässigt, bleibt erfahrungsgemäß unfruchtbar."

dann sollen sie lernen, mit dem heiligen Thomas als Meister, die Heilsgeheimnisse in ihrer Ganzheit spekulativ tiefer zu durchdringen und ihren Zusammenhang zu verstehen, um sie, soweit möglich, zu erhellen[36]. Sie sollen geschult werden, diese selben Heilsgeheimnisse stets in den liturgischen Handlungen[37] und im gesamten Leben der Kirche gegenwärtig und wirksam zu sehen, und lernen, die Lösung der menschlichen Probleme im Lichte der Offenbarung zu suchen, ihre ewige Wahrheit auf die wandelbare Welt menschlicher Dinge anzuwenden und sie in angepaßter Weise den Menschen unserer Zeit mitzuteilen[38].

Ebenso sollen die übrigen theologischen Disziplinen aus einem lebendigeren Kontakt mit dem Geheimnis Christi und der Heilsgeschichte neu gefaßt werden. Besondere Sorge verwende man auf die Vervollkommnung der Moraltheologie, die, reicher genährt aus der Lehre der Schrift, in wissenschaftlicher Darlegung die Erhabenheit der Berufung der Gläubigen in Christus und ihre Verpflichtung, in der Liebe Frucht zu tragen für das Leben der Welt, erhellen soll. Ebenso lenke man bei der Behandlung des kanonischen Rechtes und bei der Darlegung der Kirchengeschichte den Blick auf das Mysterium der Kirche im Sinne der Dogmatischen Konstitution „Über die Kirche", die von der Heiligen Synode erlassen wurde. Die heilige Liturgie, die als erste und notwendige Quelle des wahrhaft christlichen Geistes zu betrachten ist, soll entsprechend den

---

[36] Vgl. Pius XII., Ansprache an die Alumnen der Seminare, 24. Juni 1939: AAS 31 (1939) 247: „Der Eifer . . . bei der Suche und Verbreitung der Wahrheit wird durch die Empfehlung der Lehre des heiligen Thomas nicht beeinträchtigt, sondern vielmehr angespornt und sicher geleitet." Paul VI., Ansprache an der Päpstlichen Universität Gregoriana, 12. März 1964: AAS 56 (1964) 365: „(Die Professoren) . . . sollen mit Ehrerbietung die Stimme der Kirchenlehrer hören, unter denen der göttliche Aquinate einen hervorragenden Platz innehat; die Geisteskraft des engelgleichen Lehrers ist nämlich so gewaltig, seine Liebe zur Wahrheit so aufrichtig und seine Weisheit bei den zu erforschenden, zu erklärenden und durch das Band der Einheit am passendsten zusammenzufassenden höchsten Wahrheiten so groß, daß seine Lehre das wirksamste Mittel ist nicht nur für die sicher zu erstellenden Glaubensfundamente, sondern auch für den nützlichen und sicheren Empfang der Früchte eines gesunden Fortschritts." Vgl. auch die Ansprache vor dem Sechsten Internationalen Thomistischen Kongreß, 10. Sept. 1965: AAS 57 (1965) 788–792.

[37] Vgl. II. Vat. Konzil, Konst. über die heilige Liturgie Sacrosanctum Concilium, Nr. 7 u. 16: AAS 56 (1964) 100f. 104f.

[38] Vgl. Paul VI., Enz. Ecclesiam suam, 6. Aug. 1964: AAS 56 (1964) 640f.

Artikeln 15 und 16 der Konstitution „Über die heilige Liturgie"
gelehrt werden[39].

Unter angemessener Berücksichtigung der regionalen Verhältnisse führe man die Alumnen zu einer volleren Kenntnis der
Kirchen und kirchlichen Gemeinschaften, die vom Apostolischen Römischen Stuhl getrennt sind, damit sie zur Förderung
der Wiederherstellung der Einheit unter allen Christen nach
den Vorschriften dieser Heiligen Synode beizutragen vermögen[40].

Auch in die Kenntnis der anderen Religionen, die in den betreffenden Gegenden stärker verbreitet sind, führe man sie ein,
auf daß sie besser das, was sie nach Gottes Fügung an Gutem und
Wahrem haben, anerkennen, Irrtümer zurückzuweisen lernen
und das volle Licht der Wahrheit denen, die es nicht haben, mitzuteilen vermögen.

17. Da die wissenschaftliche Ausbildung nicht der bloßen Mitteilung von Begriffen dient, sondern die wahre innere Formung
der Alumnen anstreben muß, sollen die Lehrmethoden überprüft werden; das gilt sowohl für die Vorlesungen, Kollo-
quien und Übungen als auch für die Förderung des privaten
Studiums der Alumnen und ihrer Zusammenarbeit in kleinen Zirkeln. Großen Wert lege man auf die Einheit der Ausbildung und auf ihre Gründlichkeit; man vermeide eine zu
große Vermehrung von Fächern und Vorlesungen; man lasse
die Fragen aus, die kaum mehr Bedeutung haben, wie auch
solche, die in die höheren akademischen Studien zu verweisen
sind.

18. Es ist die Aufgabe der Bischöfe, dafür zu sorgen, daß junge
Leute, die nach Charakter, Tugend und Begabung geeignet sind,
an besondere Institute, Fakultäten oder Universitäten geschickt
werden, um so Priester heranzubilden, die in den heiligen Wissenschaften und in anderen wichtigen Wissenszweigen eine
gründlichere wissenschaftliche Ausbildung erhalten haben und
den verschiedenen Erfordernissen des Apostolats entsprechen

---

[39] II. Vat. Konzil, Konst. über die heilige Liturgie Sacrosanctum Concilium,
Nr. 10 14 15 16; S. Congr. Rit., Instructio ad exsecutionem Constitutionis de Sacra
Liturgia recte ordinandam, 26. Sept. 1964, Nr. 11 u. 12: AAS 56 (1964) 879f.
[40] Vgl. II. Vat. Konzil, Dekret über den Ökumenismus Unitatis redintegratio,
Nr. 1 9 10: AAS 57 (1965) 90 98f.

können. Ihre geistliche und pastorale Unterweisung darf dabei in keiner Weise vernachlässigt werden, besonders wenn sie noch vor der Priesterweihe stehen.

VI. Die Förderung der pastoralen Ausbildung im engeren Sinn

19. Die pastorale Sorge, die die gesamte Erziehung der Alumnen durchdringen soll[41], fordert auch, daß sie sorgfältig in den für den priesterlichen Dienst charakteristischen Aufgaben ausgebildet werden, vor allem in Katechese und Homiletik, in Liturgie und Sakramentenspendung, in caritativer Arbeit, in der Aufgabe, den Irrenden und Ungläubigen zu Hilfe zu kommen, und in den übrigen pastoralen Pflichten. Sorgfältig sollen sie in die Kunst der Seelenführung eingeführt werden, damit sie alle Glieder der Kirche in erster Linie zu einem voll bewußten und apostolischen Christenleben und zur Erfüllung ihrer Standespflichten führen können. Mit gleicher Sorgfalt sollen sie lernen, Ordensmänner und Ordensfrauen so zu führen, daß sie ihrer Berufsgnade treu bleiben und im Geist ihres Ordens voranschreiten[42].

Überhaupt sollen die Eigenschaften der Alumnen ausgebildet werden, die am meisten dem Dialog mit den Menschen dienen: wie die Fähigkeit, anderen zuzuhören und im Geist der Liebe

---

[41] Die vollkommene Gestalt des Seelsorgers kann aus den jüngeren päpstlichen Verlautbarungen entnommen werden, die wohlabgewogen vom Leben, von den Gaben und der Ausbildung der Priester sprechen, so besonders: Pius X., Exhort. ad Clerum catholicum Haerent animo, 4. Aug. 1908: S. Pii X. Acta, Bd. IV, 237 ff.; Pius XI., Enz. Ad Catholici Sacerdotii: AAS 28 (1936) 5 ff.; Pius XII., Adhort. Apost. Menti Nostrae: AAS 42 (1952) 657 ff.; Johannes XXIII., Enz. Sacerdotii Nostri Primordia: AAS 51 (1959) 545 ff.; Paul VI., Ep. Apost. Summi Dei Verbum: AAS 55 (1963) 979 ff. Mancherlei Aussagen über die geistliche Formung finden sich auch in den Enzykliken Mystici Corporis (1943), Mediator Dei (1947), Evangelii Praecones (1951), Sacra Virginitas (1954), Musicae Sacrae Disciplina (1955), Princeps Pastorum (1959) und schließlich in der Apost. Konst. Sedes Sapientiae (1956) für die Ordensmitglieder. Pius XII., Johannes XXIII. und Paul VI. haben auch in ihren Ansprachen an Seminaristen und Priester die Gestalt des Guten Hirten mehrfach herausgestellt.

[42] Über die Bedeutung des Standes, der durch das Gelöbnis der evangelischen Räte begründet wird, vgl. II. Vat. Konzil, Dogm. Konst. über die Kirche Lumen Gentium, 6. Kap.: AAS 57 (1965) 49–53; Dekret über die zeitgemäße Erneuerung des Ordenslebens Perfectae caritatis.

sich seelisch den verschiedenen menschlichen Situationen zu öffnen[43].

20. Im Gebrauch der pädagogischen, psychologischen und soziologischen Hilfsmittel[44] sollen sie methodisch richtig und den Richtlinien der kirchlichen Autorität entsprechend unterrichtet werden, das apostolische Wirken der Laien anzuregen und zu fördern[45] sowie die verschiedenen und wirkungsvolleren Formen des Apostolats zu pflegen. Durchdrungen von einer wahrhaft katholischen Geisteshaltung, sollen sie immer über die Grenzen der eigenen Diözese, der Nation oder des Ritus zu blicken und für die Bedürfnisse der ganzen Kirche einzustehen lernen, stets bereit, das Evangelium überall zu verkünden[46].

21. Da die Alumnen die Ausübung des Apostolats nicht nur theoretisch, sondern auch praktisch erlernen und imstande sein sollen, aus eigener Verantwortung und in Gemeinschaftsarbeit zu handeln, sollen sie schon im Verlauf des Studiums und auch während der Ferien mit der pastoralen Praxis durch geeignete Übungen vertraut werden. Diese müssen je nach dem Alter der Alumnen und den örtlichen Umständen gemäß dem einsichtigen Urteil der Bischöfe methodisch und unter der Führung pastoral erfahrener Männer abgehalten werden. Die entscheidende Kraft der übernatürlichen Hilfen werde dabei immer bedacht[47].

VII. Die Weiterbildung nach dem Studienabschluß

22. Die priesterliche Bildung muß gerade wegen der Bedürfnisse der heutigen Gesellschaft auch nach abgeschlossenem

[43] Paul VI., Enz. Ecclesiam suam, 6. Aug. 1964: AAS 56 (1964) passim, bes. 635 f. 640 ff.
[44] Vgl. bes. Johannes XXIII., Enz. Mater et Magistra, 15. Mai 1961: AAS 53 (1961) 401 ff.
[45] Vgl. bes. II. Vat. Konzil, Dogm. Konst. über die Kirche Lumen Gentium, Nr. 33: AAS 57 (1965) 39.
[46] Vgl. II. Vat. Konzil, Dogm. Konst. über die Kirche Lumen Gentium, Nr. 17: AAS 57 (1965) 20 f.
[47] Sehr viele päpstliche Dokumente warnen mit Nachdruck vor der Gefahr, bei der Seelsorgetätigkeit das übernatürliche Ziel zu vernachlässigen und wenigstens praktisch die übernatürlichen Hilfen geringzuschätzen; vgl. besonders die in Anm. 41 genannten Dokumente.

Seminarstudium noch fortgesetzt und vervollständigt werden[48].
Die Bischofskonferenzen müssen darum in den einzelnen
Ländern geeignete Wege finden, wie zum Beispiel Pastoralinstitute, die mit Musterpfarreien zusammenarbeiten, sowie
periodische Zusammenkünfte und entsprechende Übungen.
Durch sie soll der jüngere Klerus in geistlicher, intellektueller
und pastoraler Hinsicht schrittweise ins priesterliche Leben und
ins apostolische Wirken eingeführt werden; sie sollen eine ständige Quelle der Erneuerung und Förderung sein.

SCHLUSSWORT

Die Väter dieser Heiligen Synode führen das Werk des Konzils
von Trient fort, wenn sie den Oberen und Professoren der
Seminarien vertrauensvoll die Aufgabe übertragen, die künftigen Priester Christi im Geist der Erneuerung, wie sie von dieser
Heiligen Synode gefordert wird, zu erziehen. Jene, die sich auf
das Priesteramt vorbereiten, ermahnen sie eindringlich, in dem
Bewußtsein zu leben, daß ihnen die Hoffnung der Kirche und
das Heil der Menschen anvertraut sind; sie mögen die Bestimmungen dieses Dekrets bereitwillig annehmen und reiche,
unvergängliche Frucht bringen.

---

[48] Die jüngeren Verlautbarungen des Heiligen Stuhles befassen sich eindringlich mit der besonderen Sorge um die Neupriester. Zu erwähnen sind hier vor
allem: Pius XII., Motupr. Quandoquidem, 2. Apr. 1949: AAS 41 (1949) 165–167;
ders., Exhort. Apost. Menti Nostrae, 23. Sept. 1950: AAS 42 (1950); ders., Apost.
Konst. (für die Ordensangehörigen) Sedes Sapientiae, 31. Mai 1956, und die beigefügten allgemeinen Statuten; ders., Ansprache an die Priester „Convictus Bar-
cinonensis", 14. Juni 1957: Discorsi e Radiomessaggi XIX, 271–273; Paul VI.,
Ansprache vor den Priestern des Institutes „Gian Matteo Giberti" der Diözese
Verona, 11. März 1964: L'Osservatore Romano, 13. März 1964.

DAS DEKRET ÜBER DIE ZEITGEMÄSSE ERNEUERUNG DES ORDENSLEBENS „PERFECTAE CARITATIS"

ging aus einem langen vorkonziliaren Text „Über die Stände der zu erlangenden Vollkommenheit" hervor. Dieser wurde im Zug der Straffung und Beschleunigung der Arbeit zu einem erheblich kürzeren Schema kondensiert, aber auch so unterlag er noch der Weisung vom Dezember 1963/Januar 1964, daß für viele Themen des Konzils bloße Leitsätze genügen müßten. Die neu erstellten „Leitsätze über die Ordensleute" wurden aufgrund schriftlicher Änderungsvorschläge überarbeitet. Diese Fassung wurde in der III. Sitzungsperiode im November 1964 diskutiert und zog sich einen Rekord in weiteren Änderungsvorschlägen zu (über 14 000). Die nächste Fassung wurde im Oktober 1965 detaillierten Abstimmungen unterzogen. Die feierliche Schlußabstimmung ergab 2321 Ja- gegen 4 Nein-Stimmen; am gleichen Tag, dem 28. Oktober 1965, wurde das Dekret feierlich verkündet.

Das Dekret, das 25 Artikel ohne Kapiteleinteilung enthält, baut bewußt auf dem VI. Kapitel der Kirchenkonstitution auf. Es fügt diesem vor allem ordensrechtliche Hinweise hinzu, ohne dabei allzu konkret zu werden. Weitere Erklärungen zum Ordenswesen sind vor allem im Dekret über die Hirtenaufgabe der Bischöfe in der Kirche (Artikel 33 bis 35), in dem die Frage der „Exemtion" angegangen und Weiteres zum apostolischen Wirken der Orden in der Kirche gesagt wird, enthalten, ferner in den Dekreten über Dienst und Leben der Priester und über die Ausbildung der Priester, die in den Vorworten sagen, ihr Inhalt gelte unter entsprechender Anpassung auch von den (männlichen) Ordensleuten.

Das Vorwort (Artikel 1) gibt Vorhaben und Grenzen des Dekrets an. Nur allgemeine Grundsätze einer zeitgemäßen Erneuerung sollen dargelegt werden. Von Anfang an wird klargemacht, daß diese vom Konzil viel mehr als innere Erneuerung denn als äußere Reform verstanden wird. So hebt das Vorwort hervor, es gebe immer schon in der Kirche Männer und Frauen, die durch Befolgung der (drei traditionellen) evangelischen Räte Christus freier nachzufolgen und ihn ausdrücklicher nachzuahmen wünschten; die Vielfalt der Ordensgemeinschaften, die daraus entstand, wird als „wunderbar" bezeichnet; sie wird zur Einheit gebracht in der engeren, lebensumfassenden Christusbezogenheit und -verbundenheit, die in aller Vielfalt möglich ist.

Artikel 2 definiert „zeitgemäße Erneuerung" als ständige Rückkehr sowohl zu den Quellen des christlichen Lebens im allgemeinen als auch zum Geist des Ursprungs der Institute und als deren Anpassung an die veränderten Zeitverhältnisse. Die Grundsätze dafür werden in 5 Punkten aufgestellt: Letzte Norm des Ordenslebens ist die Nachfolge Christi gemäß dem Evangelium; der Geist der Gründer der Institute und deren gesunde Überlieferungen sind treu zu erforschen und zu bewahren; alle Institute sollen am Leben der Kirche und deren Erneuerungsbestrebungen teilnehmen und sie fördern (entsprechend dem eigenen Charakter); die Mitglieder der Institute sollen die Zeitlage und die Erfordernisse der Kirche wirklich kennen; die geistliche Erneuerung ist bei jeder Anpassung das Wesentliche.

Artikel 3 stellt Notwendigkeit und Kriterien einer zeitgemäßen Erneuerung fest. Erneuerungsbedürftig sind Lebensweise, Gebet und Arbeit der Institute, deren Regierungsweise sowie deren offizielle Bücher (von den Konstitutionen bis zu den Gebetbüchern). Dabei zu berücksichtigen sind: die körperlichen und seelischen Voraussetzungen des heutigen Menschen, das Apostolat, die Kulturansprüche und die Umwelt.

Nach Artikel 4 müssen alle Mitglieder eines Instituts zur Erneuerung und Anpassung zusammenarbeiten, wobei die Richtlinien und etwaige Experimente freilich zur Zuständigkeit der „rechtmäßigen Autoritäten" gehören. Jedenfalls sollen die Untergebenen befragt und angehört werden. Für Nonnenklöster werden gemeinsame Sitzungen der Föderationen oder ähnlicher Gremien angeregt. Der Schlußsatz betont, daß die Erneuerung mehr von einer gewissenhaften Beobachtung der jeweiligen Regel (Konstitution) als von einer Vermehrung der Vorschriften zu erhoffen ist.

Artikel 5 spricht zuerst von der individuellen Würde der Ordensleute, die durch ihr Gelöbnis Gott selbst übereignet sind; „das begründet gleichsam eine besondere Weihe, die zutiefst in der Taufweihe wurzelt und diese voller zum Ausdruck bringt" (so daß also nicht von einem eigenen geweihten Stand der Ordensleute die Rede sein kann). Er weist aber sogleich darauf hin, daß diese Übereignung an Gott von der Kirche angenommen wurde und die Ordensleute sich somit deren Dienst verpflichtet wissen sollen. Hieran schließt das Konzil die Aufforderung zur Ausbildung „praktischer Tugend", die Mahnung, Kontemplation mit apostolischer Liebe zu verbinden, an.

Artikel 6 sucht die Einheit von Gottes- und Nächstenliebe in der Praxis der evangelischen Räte nachzuzeichnen und begründet das Wachsen dieser Liebe „aus den echten Quellen christlicher Frömmigkeit": Schriftlesung, Liturgie und vor allem Eucharistie. Daraus ergibt sich ein Leben und Fühlen mit der Kirche, eine tätige Teilnahme an ihrer Sendung.

Nach dieser Darlegung der Grundsätze einer zeitgemäßen Erneuerung des Ordenslebens geht das Konzil im folgenden auf die verschiedenen Formen des Ordenslebens ein. Artikel 7 ist den „beschaulichen" Instituten gewidmet, denen eine bleibende hervorragende Stelle in der Kirche zuerkannt wird; aber auch ihre Lebensweise muß überprüft werden. Artikel 8 handelt von den zahlreichen Kleriker- und Laieninstituten mit apostolischen Aufgaben, Artikel 9 von den Mönchen und von jenen Orden, die Apostolat und monastisches Leben verbinden, Artikel 10 von den Laien, deren Ordensleben „Vollwertigkeit" zuerkannt wird. Sie alle werden in den ersten Teilen der Artikel gelobt; in den zweiten Teilen werden sie zur notwendigen Erneuerung ermahnt. Artikel 10 sieht im Schlußsatz vor, daß in Brüdergemeinschaften einige Mitglieder zu Priestern geweiht werden können, ohne daß der Laiencharakter des Instituts dadurch angetastet wird. Artikel 11 geht auf eine neuere Institution in der Kirche ein: die Weltgemeinschaften (besserer Ausdruck als „Säkularinstitute"). Sie sind seit Pius XII. (1947) kirchlich anerkannt und streben die christliche Vollkommenheit und ein Leben nach den evangelischen Räten „in der Welt" an. Es gibt zur Zeit etwa 400 solcher (meist sehr kleiner) Institute. Der Artikel sagt, sie seien keine Ordensgemeinschaften, aber die wahre, vollkommene, von der Kirche gutgeheißene Verpflichtung ihrer Mitglieder verleihe diesen eine „Weihe", so daß sie, wie man in Frankreich sagt, Ordensleute sind, ohne in einem Orden zu sein. Insgesamt suchen die Artikel 7–11 die heute bestehenden Formen des Ordenslebens ohne Reduktion zu erhalten; sie weisen nur auf die je notwendige Erneuerung hin und berücksichtigen dabei einige Wünsche mancher Institute. Auf theologische Fragen, die sich z. B. auf den Laiencharakter nichtgeweihter Ordensleute oder auf den „Weltcharakter" der Weltgemeinschaften beziehen, läßt sich das Dekret nicht ein.

In den Artikeln 12–14 beschäftigt es sich mit Ehelosigkeit, Armut und Gehorsam der Ordensleute. An Artikel 12 ist bemerkenswert, daß er die Ablegung eines Gelübdes der Ehelosigkeit erst gestattet, wenn die „psychologische und affektive Reife" eines Kandidaten gewährleistet ist. Damit wird darauf hingewiesen, daß ein solches Gelübde erst nach gründlicher Prüfung zu verantworten ist. Artikel 13 sagt, die freiwillige Armut werde heute als Zeichen der Nachfolge Christi besonders geschätzt. Er legt aber gegebenenfalls „neue Formen" der Armut nahe und verweist nachdrücklich auf die Armut der Gesinnung. Wichtig ist die Weisung des dritten Abschnitts, daß sich alle Ordensleute dem allgemeinen Gesetz der Arbeit verpflichtet wissen sollen. Wird die Arbeit nicht nur als eine Pflicht gegenüber der Gesellschaft aufgefaßt, die heute überraschend oft Beschaulichkeit und Klosterleben zu würdigen weiß, aber kein Verständnis dafür aufbringt, daß das auf Kosten der Gesellschaft gehen soll (und gar noch auf dem „Tauschweg": Gebet gegen materielle Unterstützung), sondern entsprechend der Formulierung der allgemeinen Menschenrechte und der Pastoralkonstitution als Recht des Menschen, in dem seine personale schöpferische Würde zur Geltung kommt, so ergeben sich daraus schwerwiegende Konsequenzen für das Ordensleben. Nicht nur die Praxis der Bettelorden, wo es sie als solche der Sache nach wirklich noch gibt, wird dadurch in Frage gestellt. Die Orden sind in der heutigen Weltsituation aufgefordert, am Arbeitsprozeß echt teilzunehmen und ihre Arbeit nicht in Fiktionen (z. B. ausschließliche Verfertigung von Devotionalien) zu verrichten. Wo rein „beschauliche" Orden autark für ihren Lebensunterhalt sorgen können, wird dagegen nichts einzuwenden sein, weil die Arbeit nicht immer nur nach Gesichtspunkten der Produktivität beurteilt werden darf und die Zahl der Kontemplativen begrenzt bleiben wird. Aber weder sie alle noch die übrigen Orden können und dürfen unter den konkreten Umständen nach einer solchen Autarkie streben. Wenn so eine sachlich und menschlich sinnvolle Arbeit geleistet wird, ist für die Orden auch der Vorteil verbunden, daß ihre Mitglieder ihnen als vollwertige Menschen immer frei zugehörig bleiben und nicht unter Umständen nur deshalb im Kloster aushalten, weil sie — sonst nichts können. Der Artikel übergeht auch die Frage der kollektiven Armut der Orden nicht. Artikel 14 geht auf den Gehorsam im Ordensleben ein. Bei dessen Verwirklichung sollen die Ordensleute, wie das Konzil sagt, ihre eigene Verstandes- und Willenskraft einsetzen. Die Oberen sollen Achtung vor der menschlichen Person haben, eine freiwillige Unterordnung fördern und speziell im Bereich der Beicht und Gewissensleitung „die geschuldete Freiheit lassen". Sie sollen die Untergebenen anhören und mitplanen lassen, wobei ihnen selber freilich das Recht auf Entscheidung belassen wird. Somit fördert dieser Artikel den „aktiven und verantwortlichen Gehorsam" in der Kirche.

Der Rest des Dekretes ist konkreteren Reformwünschen gewidmet. Artikel 15 hat die Ordensgemeinschaft zum Thema. Die „Klassenunterschiede" in den Klöstern haben sicher nicht wenig zum Rückgang des Nachwuchses beigetragen. So sieht dieser Artikel vor, daß „Brüder" in bestehenden Priesterorden (z. B. Jesuiten) eng am Leben der Gemeinschaft teilnehmen; daß in Schwesternorden möglichst nur ein „Stand" bestehe; daß andere Männergemeinschaften (z. B. Benediktiner) Klerikern und Laien — außer in dem, was sich aus der Weihe ergibt — gleiche Rechte und gleiche Pflichten einräumen. Artikel 16 geht behutsam auf die Frage der Klausur bei Nonnenorden ein. Nonnen des beschaulichen Lebens sollen unter entsprechender Anpassung die (strengere) Klausur päpstlichen Rechtes behalten. Alle übrigen Nonnenorden sollen von der Klausur päpstlichen Rechtes befreit sein, prinzipiell aber die (gelockerte, Ausgang der Klosterfrauen gestattende) Klausur beibehalten. Artikel 17 wünscht eine Reform der Ordensgewänder, die nicht zuletzt unter den Gesichtspunkten der Hygiene und der Arbeit erfolgen soll. Wenn Orden sich dieser (schon von Pius XII. verlangten) Reform widersetzen und auch dem Konzil nicht gehorchen sollten — die Ordensgründer, deren Geist das Konzil beschwört, haben eine bescheidene Kleidung, nicht aber eine auffällige fremde „Tracht" gewollt —, werden sie den Ungehorsam selbst bezahlen müssen. Artikel 18 geht auf die Ausbildung und Weiterbildung der Ordensmitglieder ein; die gründliche Schulung wird so ernst genommen, daß künftig Nichtkleriker und Ordensfrauen nicht mehr unmittelbar nach dem Noviziat apostolische Aufgaben erhalten, sondern sich in die Ausbildung vertiefen sollen. Die notwendige Anpassung des Ordenslebens an die Erfordernisse unserer Zeit dürfe sich nicht in Äußerlichkeiten erschöpfen, sagt der Artikel im zweiten Abschnitt. Gerade auch der Vermittlung genauer Kenntnisse der heutigen Gesellschaft soll die Ausbildung dienen. Artikel 19 hat eventuelle Neugründungen von Ordensinstituten zum Thema. Eine ernstliche Prüfung, ob sie nötig, wirklich nützlich und entwicklungsfähig sind, wird vorgeschrieben. In den Missionen sollen solche Ordensformen gefördert werden, die den Landeserfordernissen Rechnung tragen. Artikel 20 verlangt eine Überprüfung der Tätigkeit der einzelnen Institute im Hinblick auf heutige Bedürfnisse vor allem auch der Diözese, Gesamtkirche und der Missionen. Nach Artikel 21 sollen nicht lebensfähige Institute und Klöster (nach Rücksprache mit dem Ortsordinarius und nach dem Urteil des Heiligen Stuhles) keine Novizen mehr aufnehmen dürfen und sich möglichst mit verwandten Instituten, die lebenskräftiger sind, vereinigen. Dies ist das einzige Stück, das aus einer ausgedehnten Diskussion dieses Themas in das Konzilsdekret eingegangen ist. Erwägungen, daß es bei Männer- wie Frauenorden im Grunde nur wenige wesentliche Formen gibt (Vorbetonung der Kontemplation, der Liturgie, des Apostolates im weiteren Sinn, verschiedene Formen der Sozialhilfe und Caritas auch in Ordensinstituten) und daß die Vielzahl der Orden zu einem unproportionellen Personalaufwand in der Verwaltung (z. B. auch in Generalaten und Vertretungen in Rom) und zu ungesunden Sondererscheinungen in aszetischen Praktiken — Unterscheidung von anderen Orden um jeden Preis — geführt hat, werden ganz gewiß weitergehen. Betrachtet man die heutigen Zahlen — z. B. über eine Million Schwestern in 1079 verschiedenen Frauenorden —, dann wird begreiflich, daß das Konzil hier keine Einzelanweisungen geben konnte und manches einem natürlichen Gesundschrumpfungsprozeß überlassen mußte. Artikel 22 sieht vor, daß die Orden je nach Art ihrer Verwandtschaft mit anderen Orden Föderationen, Zusammenschlüsse oder Arbeitsgemeinschaften anstreben. Nach Artikel 23 sollen auch die Ordensoberenkonferenzen oder -räte gefördert werden und diese sich mit den Bischofskonferenzen abstimmen. Artikel 24 wünscht, daß Priester (auch in der Predigt), christliche Erzieher und Eltern sich um Ordensberufungen kümmern.

Die Ordensinstitute selbst sollen kluge Werbung treiben dürfen (die Klausel „mit der notwendigen Klugheit" müßte für die Werbung sowohl in ordenseigenen Schulen als auch in Annoncen ganz streng ausgelegt werden). Wichtig und realistisch ist die Feststellung, daß ein beispielhaftes Leben der Ordensleute selbst die beste Empfehlung für ihr Institut ist.

Der abschließende Artikel 25 enthält Mahnung, Anerkennung und Bekundung der Zuversicht für das Ordensleben.

Das Dekret bietet genug Ansatzpunkte zu einer wirklich zeitgemäßen Erneuerung des Ordenslebens. Es zeigt, daß die Orden für die Kirche lebensnotwendig sind und daß sie nur gewinnen können, wenn sie die Einfalt des Evangeliums nicht mit Unbedarftheit, die Anstößigkeit eines Lebens nach den Räten nicht mit Skurrilität verwechseln. Es gibt viele mahnende Hinweise, daß die Menschenwürde in den Klöstern respektiert werden muß, und dies nicht erst deshalb, weil menschenunwürdige Praktiken mit zu einem katastrophalen Rückgang des Nachwuchses beigetragen haben. Dennoch spricht das Konzil wohl nicht energisch genug, um den „exklusiv moralischen, theologisch dürren Geist vieler Institute, der der des 19. Jahrhunderts ist" (J. Kardinal Döpfner), zu beseitigen, sosehr seine Bemühung um eine positive Sprache und daher auch der Mangel an Kritik verstanden werden kann. Angesichts des Beharrungsvermögens mancher Orden, das schon über viele Päpste siegreich war, kommt hier das meiste auf die nachkonziliare Arbeit an. Einige Ausführungsbestimmungen wurden inzwischen erlassen (vgl. Herder-Korrespondenz, Oktober 1966, S. 465–468).

Dekret über die zeitgemäße Erneuerung des Ordenslebens

1. Die Heilige Synode hat bereits in der Konstitution, die mit den Worten „Das Licht der Völker" beginnt, dargelegt, daß das Streben nach vollkommener Liebe auf dem Weg der evangelischen Räte in Lehre und Leben des göttlichen Meisters seinen Ursprung hat und wie ein leuchtendes Zeichen des Himmelreiches erscheint. Sie möchte nun von der Lebensordnung der Institute handeln, in denen Keuschheit, Armut und Gehorsam gelobt werden, und für deren zeitbedingte Erfordernisse Vorsorge treffen.

Von Anfang an gab es in der Kirche Männer und Frauen, die durch die Befolgung der evangelischen Räte Christus in größerer Freiheit nachzufolgen und ihn ausdrücklicher nachzuahmen verlangten und die — jeder auf seine Weise — ein Leben führten, das Gott geweiht war. Viele wählten unter dem Antrieb des Heiligen Geistes ein Einsiedlerleben, andere gaben den Anstoß zu religiösen Gemeinschaften, die von der Kirche kraft ihrer Vollmacht gern unterstützt und bestätigt wurden. So erwuchs nach göttlichem Ratschluß eine wunderbare Vielfalt von Ordensgemeinschaften, die sehr dazu beitrug, daß die Kirche nicht nur zu jedem guten Werk gerüstet (vgl. 2 Tim 3, 17) und für den Dienst am Aufbau des Leibes Christi (vgl. Eph 4, 12) bereit ist, sondern auch mit den mannigfachen Gnadengaben ihrer Kinder wie eine Braut für ihren Mann geschmückt dasteht (vgl. Apk 21, 2) und die vielgestaltige Weisheit Gottes kundtut (vgl. Eph 3, 10).

Inmitten der Vielfalt von Gnadengaben weihen sich alle, die von Gott zum Leben der evangelischen Räte berufen werden und dieses aufrichtig geloben, in besonderer Weise dem Herrn, indem sie Christus nachfolgen, der selbst jungfräulich und arm gelebt (vgl. Mt 8, 20; Lk 9, 58) und durch seinen Gehorsam bis zum Tod am Kreuz (vgl. Phil 2, 8) die Menschen erlöst und geheiligt hat. Von der Liebe gedrängt, die der Heilige Geist in ihre Herzen ausgegossen hat (vgl. Röm 5, 5), leben sie mehr und mehr für Christus und seinen Leib, die Kirche (vgl. Kol 1, 24). Je inniger sie also durch solche Selbsthingabe, die das ganze Leben umfaßt, mit Christus vereinigt werden, desto reicher wird das Leben der Kirche und desto fruchtbarer deren Apostolat.

Damit aber der besondere Wert eines durch die Verpflichtung auf die evangelischen Räte geweihten Lebens und dessen notwendige Aufgabe der Kirche in der gegenwärtigen Zeit zu größerem Nutzen gereiche, erläßt diese Heilige Synode die folgenden Bestimmungen. Sie berücksichtigen aber nur die allgemeinen Grundsätze einer zeitgemäßen Erneuerung der Ordensgemeinschaften sowie — unter Wahrung ihrer jeweiligen Eigenart — der Gesellschaften des gemeinsamen Lebens ohne Gelübde und der Weltinstitute. Die besonderen Richtlinien für ihre rechte Auslegung und Anwendung sind nach dem Konzil von der zuständigen Autorität zu erlassen.

2. Zeitgemäße Erneuerung des Ordenslebens heißt: ständige Rückkehr zu den Quellen jedes christlichen Lebens und zum Geist des Ursprungs der einzelnen Institute, zugleich aber deren Anpassung an die veränderten Zeitverhältnisse. Diese Erneuerung ist unter dem Antrieb des Heiligen Geistes und unter der Führung der Kirche nach folgenden Grundsätzen zu verwirklichen:

a) Letzte Norm des Ordenslebens ist die im Evangelium dargelegte Nachfolge Christi. Sie hat allen Instituten als oberste Regel zu gelten.

b) Es ist der Kirche zum Nutzen, daß die Institute ihre Eigenart und ihre besondere Aufgabe haben. Darum sind der Geist und die eigentlichen Absichten der Gründer wie auch die gesunden Überlieferungen, die zusammen das Erbe jedes Institutes ausmachen, treu zu erforschen und zu bewahren.

c) Alle Institute sollen am Leben der Kirche teilnehmen und sich entsprechend ihrem besonderen Charakter deren Erneuerungsbestrebungen — auf biblischem, liturgischem, dogmatischem, pastoralem, ökumenischem, missionarischem und sozialem Gebiet — zu eigen machen und sie nach Kräften fördern.

d) Die Institute sollen dafür sorgen, daß ihre Mitglieder die Lebensverhältnisse der Menschen, die Zeitlage sowie die Erfordernisse der Kirche wirklich kennen, damit sie die heutige

Welt im Licht des Glaubens richtig beurteilen und den Menschen mit lebendigem apostolischem Eifer wirksamer helfen können.

e) Da das Ordensleben durch die Verpflichtung auf die evangelischen Räte vor allem anderen auf die Nachfolge Christi und die Vereinigung mit Gott abzielt, ist ernst zu bedenken, daß auch die besten Anpassungen an die Erfordernisse unserer Zeit ohne geistliche Erneuerung unwirksam bleiben; diese hat darum auch bei aller Förderung äußerer Werke immer das Wesentliche zu sein.

3. Lebensweise, Gebet und Arbeit müssen den körperlichen und seelischen Voraussetzungen der Menschen von heute, aber auch — soweit die Eigenart des Instituts es verlangt — den Erfordernissen des Apostolats, den Ansprüchen der Kultur, der sozialen und wirtschaftlichen Umwelt entsprechen. Das gilt überall, vor allem in den Missionsgebieten.

Nach denselben Kriterien ist auch die Art und Weise der Leitung in den Instituten zu überprüfen.

Darum sind die Konstitutionen, die „Direktorien", die Gebräuchebücher, Gebetbücher, Zeremonienbücher und dergleichen entsprechend durchzusehen und nach Ausscheiden veralteter Bestimmungen mit den Dokumenten dieser Heiligen Synode in Einklang zu bringen.

4. Zur wirksamen Erneuerung und echten Anpassung ist die Zusammenarbeit aller Mitglieder eines Instituts unerläßlich.

Richtlinien für die zeitgemäße Erneuerung festzusetzen, Vorschriften zu erlassen und hinreichende, kluge Erprobung zu gestatten ist jedoch einzig Sache der rechtmäßigen Autoritäten, vor allem der Generalkapitel, unbeschadet der Gutheißung durch den Heiligen Stuhl oder die Ortsordinarien, wo es die Rechtsnormen erfordern. Die Obern jedoch sollen in dem, was die Belange des ganzen Instituts betrifft, ihre Untergebenen in geeigneter Weise befragen und hören.

Um Wünsche und Vorschläge für die zeitgemäße Erneuerung der Nonnenklöster zu erlangen, können auch Sitzungen der Föderationen oder andere rechtmäßige Zusammenkünfte einberufen werden.

Alle sollen sich indes bewußt bleiben, daß die Erneuerung mehr von einer gewissenhaften Beobachtung der Regel und der

Konstitutionen als von einer Vermehrung der Vorschriften zu erhoffen ist.

5. Die Mitglieder aller Institute sollen sich bewußt bleiben, daß sie durch ihr Gelöbnis der evangelischen Räte vor allem einem göttlichen Ruf geantwortet haben und dadurch nicht nur der Sünde gestorben sind (vgl. Röm 6, 1), sondern auch der Welt entsagt haben, um Gott allein zu leben; denn sie haben ihr ganzes Leben seinem Dienst überantwortet. Das begründet gleichsam eine besondere Weihe, die zutiefst in der Taufweihe wurzelt und diese voller zum Ausdruck bringt.

Da aber diese Selbsthingabe von der Kirche angenommen wurde, sollen sie sich auch zu deren Dienst verpflichtet wissen.

Solches Übereignetsein an Gott muß sie immer mehr zu praktischer Tugend drängen, besonders zu Demut und Gehorsam, Tapferkeit und Keuschheit, die ihnen Anteil geben an Christi Erniedrigung (vgl. Phil 2, 7) und zugleich an dessen Leben im Geist (vgl. Röm 8, 1–13).

Die Ordensleute sollen also, treu ihren Gelübden, alles um Christi willen aufgeben (vgl. Mk 10, 28) und ihm nachfolgen (vgl. Mt 19, 21): Er muß für sie das „Eine Notwendige" sein (vgl. Lk 10, 42). Auf sein Wort hörend (vgl. Lk 10, 39), sollen sie um seine Sache besorgt sein (vgl. 1 Kor 7, 32).

Darum müssen die Mitglieder aller Institute, da sie zuerst und einzig Gott suchen, die Kontemplation, durch die sie ihm im Geist und im Herzen anhangen, mit apostolischer Liebe verbinden, die sie dem Erlösungswerk zugesellt und zur Ausbreitung des Reiches Gottes drängt.

6. Wer sich auf die evangelischen Räte verpflichtet, muß vor allem Gott, der uns zuvor geliebt hat (vgl. 1 Jo 4, 10), suchen und lieben und sich in allen Lebensumständen bemühen, ein mit Christus verborgenes Leben (vgl. Kol 3, 3) zu führen. Daraus fließt die Nächstenliebe zum Heil der Welt und zum Aufbau der Kirche und erhält neuen Antrieb. Diese Liebe beseelt und leitet auch selbst wieder die Verwirklichung der evangelischen Räte.

Darum müssen die Mitglieder der Institute den Geist des Gebetes und das Gebet selbst aus den echten Quellen der christlichen Frömmigkeit schöpfen und mit beharrlichem Eifer pflegen. Täglich sollen sie die Heilige Schrift zur Hand nehmen, um durch Lesung und Betrachtung des Gotteswortes „die überragende Erkenntnis Jesu Christi" (Phil 3, 8) zu gewinnen. Im Geist der Kirche sollen sie die heilige Liturgie, zumal das heilige Mysterium der Eucharistie, mit innerer und äußerer Anteilnahme feiern und aus diesem überreichen Quell ihr geistliches Leben nähren.

So werden sie, am Tisch des göttlichen Wortes und des heiligen Altares gespeist, Christi Glieder brüderlich lieben, den Hirten in Hochachtung und Liebe begegnen, mehr und mehr mit der Kirche leben und fühlen und sich deren Sendung ganz überantworten.

7. Die gänzlich auf die Kontemplation hingeordneten Institute, deren Mitglieder in Einsamkeit und Schweigen, anhaltendem Gebet und hochherziger Buße für Gott allein da sind, nehmen — mag die Notwendigkeit zum tätigen Apostolat noch so sehr drängen — im mystischen Leib Christi, dessen „Glieder nicht alle den gleichen Dienst verrichten" (Röm 12, 4), immer eine hervorragende Stelle ein. Sie bringen Gott ein erhabenes Lobopfer dar und schenken dem Volk Gottes durch überreiche Früchte der Heiligkeit Licht, eifern es durch ihr Beispiel an und lassen es in geheimnisvoller apostolischer Fruchtbarkeit wachsen. So sind sie eine Zier der Kirche und verströmen himmlische Gnaden. Allerdings muß ihre Lebensweise nach den genannten Grundsätzen und Richtlinien zeitgemäßer Erneuerung überprüft werden, jedoch unter ehrfürchtiger Wahrung ihrer Trennung von der Welt und der dem kontemplativen Leben eigenen Übungen.

8. Zahlreich sind in der Kirche die Kleriker- und Laieninstitute, die sich mannigfachen apostolischen Aufgaben widmen. Ihre Gaben sind verschieden gemäß der ihnen verliehenen Gnade. Wer die Gabe hat zu dienen, der diene; zu lehren, der lehre; zu mahnen, der ermahne; wer spendet, tue es schlichten Sinnes; wer Barmherzigkeit übt, tue es in Freudigkeit (vgl. Röm 12, 5 bis 8). „Vielfältig sind die Gnadengaben, aber es ist derselbe Geist" (1 Kor 12, 4).

In diesen Instituten gehören die apostolische und die caritative Tätigkeit zum eigentlichen Wesen des Ordenslebens. Sie ist ihnen als ihr heiliger Dienst und als ihr Liebeswerk von der Kirche anvertraut und in deren Namen auszuüben. Das ganze

Ordensleben der Mitglieder muß darum von apostolischem Geist durchdrungen und alle apostolische Arbeit vom Ordensgeist geprägt sein. Damit also die Mitglieder in erster Linie ihrer Berufung zur Christusnachfolge entsprechen und Christus selbst in seinen Gliedern dienen, muß ihre apostolische Arbeit aus einer tiefen Verbundenheit mit ihm hervorgehen. So wird die Gottes- und Nächstenliebe selbst gefördert.

Deshalb müssen diese Institute ihre Lebensart und ihr Brauchtum auf das von ihnen geübte Apostolat einstellen. Das Ordensleben mit apostolischer Zielsetzung ist jedoch vielgestaltig. Seine zeitgemäße Erneuerung hat darum diese Unterschiede zu berücksichtigen, und das Leben der Mitglieder im Dienst Christi muß in den einzelnen Instituten von den ihnen eigenen und entsprechenden Mitteln getragen sein.

9. Die ehrwürdige Einrichtung des monastischen Lebens, die sich im Laufe vieler Jahrhunderte um Kirche und menschliche Gesellschaft hervorragende Verdienste erworben hat, soll im Osten und Westen in ihrem echten Geist treu bewahrt werden und von Tag zu Tag heller erstrahlen. Vornehmste Aufgabe der Mönche ist der demütig-hohe Dienst vor der göttlichen Majestät innerhalb des klösterlichen Bereichs, ob sie sich nun in Verborgenheit ganz der Gottesverehrung weihen oder nach ihrer Satzung eine apostolische oder caritative Arbeit übernommen haben. Unter Wahrung ihrer jeweiligen Eigenart sollen sie die alten, dem Wohl des Nächsten dienenden Überlieferungen erneuern und sie den gegenwärtigen Bedürfnissen der Menschen so anpassen, daß ihre Klöster gleichsam Pflanzstätten zur Auferbauung des christlichen Volkes werden.

Ebenso sollen jene Orden, die aufgrund ihrer Regel oder ihrer Satzungen die apostolische Tätigkeit eng mit Chordienst und monastischem Brauchtum verbinden, ihre Lebensweise so auf die Erfordernisse ihres Apostolats abstimmen, daß sie ihre Lebensform, die dem besonderen Wohl der Kirche dienen soll, treu bewahren.

10. Das Ordensleben der Laien, der Männer wie der Frauen, verwirklicht in vollwertiger Weise den Stand der Verpflichtung auf die evangelischen Räte. Es dient dem Seelsorgsauftrag der Kirche in Jugenderziehung, Krankenpflege und anderen Diensten. Darum schätzt die Heilige Synode es hoch ein, bestärkt

die Mitglieder in ihrer Berufung und fordert sie zur Anpassung ihrer Lebensweise an die heutigen Verhältnisse auf.

Die Heilige Synode erklärt, es stehe nichts im Wege, daß in Brüdergemeinschaften nach Ermessen des Generalkapitels einige Mitglieder für den priesterlichen Dienst in den eigenen Häusern die heiligen Weihen empfangen. Der Laiencharakter des Institutes bleibt dabei unangetastet.

11. Obwohl die Weltinstitute keine Ordensgemeinschaften sind, erfordern sie dennoch eine wahre und vollkommene, von der Kirche gutgeheißene Verpflichtung zu einem Leben nach den evangelischen Räten in der Welt. Diese Verpflichtung verleiht den in der Welt lebenden Männern und Frauen, Laien und Klerikern, eine Weihe. Darum müssen auch sie das Streben nach Ganzhingabe an Gott in vollkommener Liebe als ihre wichtigste Aufgabe betrachten; die Institute ihrerseits müssen den ihnen eigenen und besonderen Weltcharakter bewahren, damit sie dem Apostolat in der Welt und gleichsam von der Welt her, das der Grund für ihre Entstehung war, überall wirksam gerecht zu werden vermögen.

Doch sollen sie wohl wissen, daß sie sich einer so schweren Aufgabe nur unterziehen können, wenn ihre Mitglieder im religiösen und im profanen Bereich sorgfältig geschult werden; nur so werden sie im wahren Sinn zum Sauerteig der Welt, zur Stärkung und zum Wachstum des Leibes Christi. Ihre Vorgesetzten sollen also ernstlich für die Unterweisung, zumal für die geistliche, und ebenso für die Weiterbildung Sorge tragen.

12. Die Ehelosigkeit „um des Himmelreiches willen" (Mt 19, 12), zu der die Ordensleute sich verpflichten, soll von ihnen als überaus hohe Gnadengabe angesehen werden. Sie macht das Herz des Menschen in einzigartiger Weise für eine größere Liebe zu Gott und zu allen Menschen frei (vgl. 1 Kor 7, 32–35). Darum ist sie ein besonderes Zeichen für die himmlischen Güter und für die Ordensleute ein vorzügliches Mittel, sich mit Eifer dem göttlichen Dienst und den Werken des Apostolats zu widmen. So rufen sie allen Christgläubigen jenen wunderbaren Ehebund in Erinnerung, den Gott begründet hat und der erst in der kommenden Welt ganz offenbar wird, den Ehebund der Kirche mit Christus, ihrem einzigen Bräutigam.

Die Ordensleute sollen also treu zu ihrem Gelöbnis stehen, den

Worten des Herrn Glauben schenken, auf Gottes Hilfe vertrauen und sich nicht auf die eigenen Kräfte verlassen, Abtötung üben und die Sinne beherrschen. Auch die natürlichen Hilfen, die der seelischen und körperlichen Gesundheit dienen, sollen sie nicht außer acht lassen. So werden sie nicht durch irrige Meinungen, völlige Enthaltsamkeit sei unmöglich oder stehe der menschlichen Entfaltung entgegen, beeindruckt und werden alles, was die Keuschheit gefährdet, gleichsam instinktiv von sich weisen. Dazu sollen alle, zumal die Obern, bedenken, daß die Keuschheit sicherer bewahrt wird, wenn in der Gemeinschaft wahre Liebe herrscht und alle miteinander verbindet.

Die Beobachtung vollkommener Enthaltsamkeit rührt sehr unmittelbar an tiefere Neigungen der menschlichen Natur. Darum dürfen Kandidaten nur nach wirklich ausreichender Prüfung und nach Erlangung der erforderlichen psychologischen und affektiven Reife zum Gelöbnis der Keuschheit hinzutreten und zugelassen werden. Man soll sie nicht nur auf die Gefahren für die Keuschheit aufmerksam machen, sondern sie anleiten, die gottgewollte Ehelosigkeit zum Wohl der Gesamtperson innerlich zu übernehmen.

13. Die freiwillige Armut um der Nachfolge Christi willen, als deren Zeichen sie heute besonders geschätzt wird, sollen die Ordensleute mit liebendem Eifer pflegen und gegebenenfalls auch in neuen Formen üben. Sie ist Anteil an Christi Armut, der unseretwegen arm wurde, da er doch reich war, damit wir durch seine Entbehrung reich würden (vgl. 2 Kor 8, 9; Mt 8, 20).

Die Ordensarmut beschränkt sich nicht auf die Abhängigkeit von den Obern im Gebrauch der Dinge. Die Mitglieder müssen tatsächlich und in der Gesinnung arm sein, da sie ihr Besitztum im Himmel haben (vgl. Mt 6, 20).

Alle sollen sich — jeder in seiner Aufgabe — dem allgemeinen Gesetz der Arbeit verpflichtet wissen. Im Erwerb aber dessen, was zu ihrem Lebensunterhalt und für ihre Aufgaben notwendig ist, sollen sie alle unangebrachte Sorge von sich weisen und sich der Vorsehung des himmlischen Vaters anheimgeben (vgl. Mt 6, 25).

Ordensgenossenschaften können in ihren Konstitutionen den Mitgliedern den Verzicht auf ihr schon erworbenes oder noch anfallendes Erbe erlauben.

Auch die Institute als ganze sollen danach trachten, ein gleich-

sam kollektives Zeugnis der Armut abzulegen, so wie es in ihrer
Umwelt angebracht ist, und von ihrem eigenen Besitz gern etwas
beitragen für andere Erfordernisse der Kirche und für den Unterhalt der Armen, die alle Ordensleute im Herzen Christi lieben
sollen (vgl. Mt 19, 21; 25, 34–46; Jak 2, 15–16; 1 Jo 3, 17).
Die Ordensprovinzen und die einzelnen Häuser sollen sich
gegenseitig materiell aushelfen, indem jene, die mehr haben,
diejenigen, die Not leiden, unterstützen.

Obschon die Institute, unbeschadet der Regeln und Konstitutionen, das Recht auf Besitz alles dessen haben, was für ihr Leben
und ihre Arbeiten notwendig ist, sollen sie doch allen Schein
von Luxus, von ungeordnetem Gewinnstreben und von Güter-
anhäufung vermeiden.

14. Im Gelöbnis des Gehorsams bringen die Ordensleute die
volle Hingabe ihres Willens gleichsam als Opfer ihrer selbst
Gott dar. Dadurch werden sie fester und sicherer dem göttlichen
Heilswillen geeint. Unter der Anregung des Heiligen Geistes
unterstellen sie sich im Glauben den Obern, die Gottes Stelle
vertreten, nach dem Beispiel Jesu Christi, der in die Welt kam,
um den Willen des Vaters zu erfüllen (vgl. Jo 4, 34; 5, 30; Hebr
10, 7; Ps 39, 9), und in der Annahme der Knechtsgestalt (Phil 2, 7)
aus seinem Leiden Gehorsam erlernte (vgl. Hebr 5, 8). Durch die
Obern werden sie zum Dienst an allen Brüdern in Christus bestellt, wie auch Christus selbst im Gehorsam gegen den Vater
den Brüdern diente und sein Leben als Lösepreis für viele dahingab (vgl. Mt 20, 28; Jo 10, 14–18). So sind sie dem Dienst der
Kirche enger verbunden und streben danach, zum Vollmaß der
Fülle Christi (vgl. Eph 4, 13) zu gelangen.

Die Untergebenen sollen also im Geist des Glaubens und der
Liebe zum Willen Gottes gemäß der Regel und den Konstitutionen den Obern demütig Gehorsam leisten, und zwar so, daß
sie in der Ausführung dessen, was angeordnet ist, und in der
Erfüllung der ihnen anvertrauten Aufgaben die eigene Verstan-
des- und Willenskraft einsetzen und die Gaben, die ihnen Natur
und Gnade verliehen haben, gebrauchen, im Wissen, daß sie
damit zur Auferbauung des Leibes Christi nach Gottes Absicht
beitragen. So führt der Ordensgehorsam, weit entfernt, die
Würde der menschlichen Person zu mindern, diese durch die
größer gewordene Freiheit der Kinder Gottes zu ihrer Reife.

Die Obern aber, die für die ihnen anvertrauten Seelen Rechenschaft ablegen müssen (vgl. Hebr 13, 17), sollen in der Erfüllung ihres Amtes auf den Willen Gottes horchen und ihre Autorität im Geist des Dienstes an den Brüdern ausüben, so daß sie Gottes Liebe zu jenen zum Ausdruck bringen. Sie sollen ihre Untergebenen als Kinder Gottes und in Achtung vor der menschlichen Person leiten und deren freiwillige Unterordnung fördern. Darum sollen sie ihnen besonders die geschuldete Freiheit in bezug auf die Beichte und die Gewissensleitung lassen. Sie sollen ihre Untergebenen dahin führen, daß sie bei der Durchführung des ihnen Aufgetragenen und bei der Inangriffnahme neuer Aufgaben in aktivem und verantwortlichem Gehorsam mitarbeiten. Sie sollen sie deshalb auch bereitwillig anhören und ihr Mitplanen zum Wohl des Instituts und der Kirche fördern, bei voller Wahrung freilich ihres Rechtes, zu entscheiden und anzuordnen, was zu tun ist.

Die Kapitel und Räte sollen das ihnen für die Leitung anvertraute Amt gewissenhaft ausüben und je auf ihre Weise die sorgende Teilnahme aller Mitglieder am Wohl des ganzen Instituts zum Ausdruck bringen.

15. Das Leben in Gemeinschaft nach dem Beispiel der Urkirche, in der die Menge der Gläubigen ein Herz und eine Seele war (vgl. Apg 4, 32), soll, genährt durch die Lehre des Evangeliums, durch die heilige Liturgie, vor allem die Eucharistie, in Gebet und Gemeinsamkeit des Geistes beharrlich gepflegt werden (vgl. Apg 2, 42). Die Ordensleute sollen als Glieder Christi im brüderlichen Umgang einander mit Achtung zuvorkommen (vgl. Röm 12, 10); einer trage des anderen Last (vgl. Gal 6, 2). Denn durch die Liebe Gottes, die durch den Heiligen Geist in den Herzen ausgegossen ist (vgl. Röm 5, 5), erfreut sich eine Gemeinschaft, die wie eine wahre Familie im Namen des Herrn beisammen ist, seiner Gegenwart (vgl. Mt 18, 20). Die Liebe aber ist die Erfüllung des Gesetzes (vgl. Röm 13, 10) und das Band der Vollkommenheit (vgl. Kol 3, 14); in ihr wissen wir, daß wir aus dem Tod in das Leben hinübergeschritten sind (vgl. 1 Jo 3, 14). Ja die Einheit der Brüder macht das Kommen Christi offenbar (vgl. Jo 13, 35; 17, 21), und es geht von ihr eine große apostolische Kraft aus.

Damit aber das brüderliche Band unter den Mitgliedern noch inniger werde, sollen diejenigen, die man als Konversen, Kooperatoren oder ähnlich bezeichnet, eng mit dem Leben

und Arbeiten der Gemeinschaft verbunden werden. In Frauen-
gemeinschaften ist dafür zu sorgen, daß man zu einem einzigen
Stand von Schwestern kommt, außer wenn die Umstände es
wirklich anders nahelegen. In dem Fall soll aber nur jener Unterschied unter den Mitgliedern erhalten bleiben, den die Verschiedenheit andersgearteter Arbeiten erfordert, in denen die
Schwestern aufgrund besonderer göttlicher Berufung oder
besonderer Eignung tätig sind.

Mönchsklöster und andere Männergemeinschaften, die keine
reinen Laieninstitute sind, können entsprechend ihrer Eigenart
und nach ihren Konstitutionen Kleriker und Laien aufnehmen,
in gleicher Weise, mit den gleichen Rechten und Pflichten,
abgesehen von denen, die sich aus den heiligen Weihen ergeben.

16. Die päpstliche Klausur der Nonnen des rein beschaulichen
Lebens soll nicht angetastet werden. Sie ist aber den zeitbedingten und örtlichen Umständen anzupassen; dabei sind überlebte
Gebräuche abzuschaffen, wozu aber die Wünsche der Klöster
selbst gehört werden sollen.

Die übrigen Nonnen aber, die sich nach ihren Satzungen
äußeren Apostolatswerken widmen, sollen von der päpstlichen
Klausur ausgenommen sein, damit sie die ihnen anvertrauten
apostolischen Aufgaben besser erfüllen können; die Klausur aber
bleibt bestehen; sie ist von den Konstitutionen festzulegen.

17. Das Ordensgewand als Zeichen der Weihe sei einfach und
schlicht, arm und zugleich schicklich, dazu den gesundheitlichen Erfordernissen, den Umständen von Zeit und Ort sowie
den Erfordernissen des Dienstes angepaßt. Ein Gewand, das diesen Richtlinien nicht entspricht, muß geändert werden. Das
gilt sowohl für Männer wie für Frauen.

18. Die zeitgemäße Erneuerung der Institute hängt wesentlich
von der Ausbildung der Mitglieder ab. Daher sollen auch die
Nichtkleriker und die Ordensfrauen nicht unmittelbar nach
dem Noviziat mit apostolischen Arbeiten beschäftigt werden;
vielmehr ist ihre religiöse und apostolische, ihre theoretische
und praktische Ausbildung, auch durch Erwerb der entsprechenden Zeugnisse, in geeigneten Häusern angemessen weiterzuführen.

Die Anpassung des Ordenslebens an die Erfordernisse unserer

Zeit darf sich nicht in Äußerlichkeiten erschöpfen. Damit diejenigen, die nach ihrer Zielsetzung sich äußeren Apostolatswerken widmen, ihrer Aufgabe wirklich gewachsen sind, sollen sie entsprechend ihren geistigen Fähigkeiten und ihrer Veranlagung in geeigneter Form über die Gepflogenheiten, das Denken und Empfinden der heutigen Gesellschaft unterwiesen werden. Die Ausbildung soll so sein, daß ihre einzelnen Elemente aufeinander abgestimmt sind und dadurch das Leben der Mitglieder einheitlich gestaltet wird.

Diese selbst sollen sich aber ihr ganzes Leben hindurch ernsthaft um die geistliche, wissensmäßige und praktische Weiterbildung bemühen; die Obern sollen ihnen dazu nach Kräften Gelegenheit, Hilfsmittel und Zeit geben.

Die Obern haben die Pflicht, dafür zu sorgen, daß diejenigen, denen die Ausbildung obliegt, die geistlichen Leiter und Lehrkräfte, aufs sorgfältigste ausgewählt und gründlich vorbereitet werden.

19. Bei Gründungen neuer Institute soll man ernstlich prüfen, ob diese nötig oder wenigstens von wirklichem Nutzen und ob sie entwicklungsfähig sind, damit nicht voreilig unzweckmäßige oder kaum lebensfähige Institute entstehen. In den Missionsgebieten möge man mit besonderer Sorge solche Formen des Ordenslebens fördern und pflegen, die dem Charakter und den Sitten der Bewohner des Landes wie auch den örtlichen Gebräuchen und Lebensbedingungen Rechnung tragen.

20. Die Institute sollen ihre eigenen Arbeiten beibehalten und durchführen, sie aber den zeitbedingten und örtlichen Bedürfnissen durch Anwendung geeigneter, auch neuer Mittel anpassen. Dabei sollen sie auf den Nutzen der Gesamtkirche und der Diözesen schauen. Tätigkeiten, die dem Geist und der wahren Eigenart des Instituts heute kaum mehr entsprechen, sind aufzugeben.

Die Ordensinstitute sollen ihren missionarischen Geist bewahren und entsprechend ihrer Eigenart den heutigen Erfordernissen anpassen, damit das Evangelium bei allen Völkern wirksamer verkündet werde.

21. Instituten und Klöstern, die nach Rücksprache mit den zuständigen Ortsordinarien und nach dem Urteil des Heiligen

Stuhles kein fruchtbares Wirken mehr erhoffen lassen, soll die weitere Aufnahme von Novizen verwehrt werden; soweit möglich, sind sie mit einem anderen, lebenskräftigeren Institut oder Kloster, das ihnen nach Zielsetzung und Geist nahesteht, zu vereinigen.

22. Wo es angebracht erscheint, sollen Institute und Klöster eigenen Rechts, die irgendwie zur gleichen Ordensfamilie gehören, mit Gutheißung des Heiligen Stuhles Föderationen untereinander anstreben oder Zusammenschlüsse, wenn sie nahezu gleiche Satzungen haben und ihre Gebräuche vom selben Geist beseelt sind — zumal wenn ihre Mitgliederzahl sehr gering ist —, oder Arbeitsgemeinschaften, wenn sie sich den gleichen oder ähnlichen äußeren Aufgaben widmen.

23. Die vom Heiligen Stuhl errichteten Konferenzen oder Räte der Höheren Obern, die zur besseren Verwirklichung des Zieles der einzelnen Institute, zum wirksameren Einvernehmen hinsichtlich des Wohles der Kirche, zur gerechteren Verteilung der Mitarbeiter im Evangelium in einem bestimmten Gebiet sowie zur Behandlung gemeinsamer Belange der Ordensleute sehr dienlich sein können, sind zu fördern. In der Ausübung des Apostolats ist auf entsprechende Abstimmung und Zusammenarbeit mit den Bischofskonferenzen zu achten.

Ähnliche Obernkonferenzen können auch für die Weltinstitute errichtet werden.

24. Priester und christliche Erzieher sollen sich ernstlich darum bemühen, daß die Ordensberufe, sorgfältig und gewissenhaft ausgewählt, ein neues Wachstum erfahren, das den Erfordernissen der Kirche voll entspricht. Auch bei der regelmäßigen Verkündigung ist öfter auf die evangelischen Räte und den Eintritt in den Ordensstand hinzuweisen. Die Eltern sollen eine Berufung ihrer Kinder zum Ordensleben durch eine christliche Erziehung pflegen und schützen.

Die Institute haben das Recht, ihre Gemeinschaft bekannt zu machen, um Berufe zu fördern und Kandidaten zu suchen; das soll jedoch mit der notwendigen Klugheit und unter Wahrung der Richtlinien des Heiligen Stuhles und der Ortsordinarien geschehen.

Die Ordensleute aber sollen sich bewußt sein, daß das Beispiel ihres eigenen Lebens die beste Empfehlung ihres Instituts und eine Einladung zum Ordensleben ist.

25. Die Institute, für die diese Normen einer zeitgemäßen Erneuerung aufgestellt sind, mögen bereiten Herzens ihrer göttlichen Berufung und ihrer Aufgabe in der Kirche zur gegenwärtigen Stunde entsprechen. Die Heilige Synode schätzt ihren Stand des jungfräulichen, armen und gehorsamen Lebens, dessen Vorbild Christus der Herr selbst ist, und setzt eine große Hoffnung auf die Fruchtbarkeit ihrer verborgenen und offenkundigen Werke. So mögen alle Ordensleute durch die Reinheit des Glaubens, durch Liebe zu Gott und zum Nächsten, durch die liebende Hinneigung zum Kreuz und die Hoffnung auf die künftige Herrlichkeit Christi frohe Botschaft in der ganzen Welt verbreiten, auf daß ihr Zeugnis allen kund und unser Vater im Himmel verherrlicht werde (Mt 5, 16). So werden sie auf die Fürsprache der gütigen Gottesmutter und Jungfrau Maria, „deren Leben für alle eine Lehre ist"[1], täglich wachsen und reichere Frucht des Heiles bringen.

---

[1] Ambrosius, De Virginitate II, 2, 15.

IX

DIE ERKLÄRUNG ÜBER DIE CHRISTLICHE ERZIEHUNG
„GRAVISSIMUM EDUCATIONIS"

ist die vierte Fassung des Textes, der aus dem vorkonziliaren Schema über die katholischen Schulen hervorging. Die zweite war ein Votum aufgrund der Kürzungsanweisungen, die dritte ein Kurzschema. Die vierte Fassung wurde in der III. Sitzungsperiode im November 1964 diskutiert und angenommen. Nach Einarbeitung der Abänderungsvorschläge wurde das Schema im Oktober 1965 erneut vorgelegt; dabei wurde von mehreren Vätern geltend gemacht, es handle sich um einen substantiell neuen Text, der erneut diskutiert werden müßte. Diesem Wunsch wurde jedoch nicht stattgegeben. Die feierliche Schlußabstimmung ergab 2290 Ja- gegen 35 Nein-Stimmen; am gleichen Tag, dem 28. Oktober 1965, wurde die Erklärung feierlich verkündet.

Das Dokument stellt eine Etappe dar zwischen der Erziehungsenzyklika „Divini illius magistri" Pius' XI. von 1929 und den großen Konstitutionen des II. Vatikanischen Konzils (E. Vandermeersch SJ). Seine Mängel erklären sich zum großen Teil aus seiner ungünstigen Plazierung während der III. Sitzungsperiode, als die Konzilsväter mit anderen Themen beschäftigt waren und sich eine Mehrheit bereit fand, eher das vorgelegte Schema als Diskussionsgrundlage anzunehmen, als auf das Thema der christlichen Erziehung völlig zu verzichten. Eine gänzliche Neubearbeitung war nach dieser globalen Annahme nicht mehr möglich. Seine Grenzen erkennt das Dokument gleichsam selbst an, wenn es in Vorwort heißt, es sollten nur einige grundlegende Richtlinien hinsichtlich der christlichen Erziehung, vor allem in den Schulen, geboten werden, die durch eine nachkonziliare Kommission weiter ausgearbeitet werden sollen.

Das Vorwort spricht mit unverhüllter Sympathie von den technischen, wissenschaftlichen und kulturellen Errungenschaften der Welt von heute sowie von allen Anstrengungen im Bereich der Erziehung. Ausdrücklich erwähnt es die feierlichen Erklärungen der Menschenrechte und der dazu gehörenden Rechte der Kinder und der Eltern. Gleichzeitig beklagt es, daß vielerorts eine geeignete Erziehung noch fehlt oder Mängel aufweist. Damit stellt sich das Dokument in die Reihe der

„optimistischen" neueren kirchlichen Lehraussagen, die mit den Enzykliken Johannes' XXIII. ihren Anfang nahmen.

Artikel 1 befaßt sich mit dem unveräußerlichen Recht aller Menschen auf eine „wahre Erziehung", deren Wesen das Konzil hier zu beschreiben sucht. Die Mitarbeit der Christen zur Ermöglichung einer angemessenen Erziehung und Bildung aller Menschen auf der ganzen Welt ist Gegenstand einer besonderen Ermahnung des Konzils.

In Artikel 2 wird die Eigentümlichkeit christlicher Erziehung umschrieben: sich der empfangenen Gabe des Glaubens immer mehr bewußt zu werden. Daraus ergeben sich die Aufgaben des Christen: Aufbau der Kirche — Zeugnis für die Hoffnung — Weltauftrag unter Einbeziehung der „natürlichen Werte".

Artikel 3 spricht mit eindringlichen Worten von der fast unersetzlichen Erziehungsaufgabe der Eltern, von der gesellschaftlichen Funktion der Familie und von der spezifisch christlichen Familie. Rechte und Pflichten des Staates werden dem Subsidiaritätsprinzip entsprechend bestimmt, und in diesem Zusammenhang findet sich der bemerkenswerte Satz, es gehöre zu den Aufgaben des Staates (der Gesellschaft), auch *eigene* Schulen und Institute zu gründen, soweit dies das Allgemeinwohl erfordert. Nicht gesagt wird, wer diese Forderung des Gemeinwohls feststelle, welches die Kriterien dafür seien und wie sich die so pflichtgemäß errichteten Schulen zu den kirchlichen verhielten. Ein dritter Absatz spricht vom Auftrag der Kirche in Fragen der Erziehung in doppelter Hinsicht, gegenüber ihren Gliedern im Bewußtsein, zur Fülle des Lebens Christi verhelfen zu können, gegenüber „allen Völkern" im Bewußtsein, zum Wohl der Einzelpersönlichkeit, der Gesellschaft und einer „humaneren Welt" beitragen zu können.

Artikel 4 handelt von den Hilfsmitteln, um die sich die Kirche bei ihrer Erziehungsaufgabe bemüht. Ausdrücklich genannt werden: die katechetischen Hilfsmittel als Eigengut der Kirche; die sozialen Kommunikationsmittel, die Vereinigungen zu geistiger und körperlicher Ertüchtigung, die Jugendgemeinschaften und die Schulen als „Hilfsmittel", die zum gemeinsamen menschlichen Besitz gehören. Die Reihenfolge dieser Aufzählung läßt keinen bestimmten Plan erkennen.

Artikel 5 rühmt die allgemeine Bedeutung der Schule und die verantwortungsvolle Aufgabe der Lehrer.

In Artikel 6 bestätigt das Konzil nachdrücklich das erste und unveräußerliche Recht der Eltern zur Erziehung ihrer Kinder, ebenso die Pflicht dazu; wiederholt wird gesagt, daß die Eltern in der Wahl der Schule wirklich frei sein müssen. Die Pflichten des Staates werden dargelegt: gegenüber der Gewissensfreiheit der Eltern, gegenüber dem Recht auf Erziehung, hinsichtlich der Befähigung der Lehrer und der Qualität des Unterrichts sowie der Gesundheit der Schüler. Diese Pflichten des Staates begründen selbstverständlich auch entsprechende staatliche Rechte, ohne daß darüber Genaueres gesagt würde. Unter ausdrücklicher Berufung auf den „Pluralismus" wird jede Art von Schulmonopol abgelehnt. Die Glieder der Kirche werden ermahnt, an der Hebung der Qualität des Unterrichts konkret mitzuarbeiten, sich in Elternvereinigungen zusammenzuschließen und die sittliche Bildung zu fördern.

Artikel 7 spricht in einer Weise, die für Nichtkatholiken und Nichtchristen nicht verletzend sein kann, von der großen Zahl derer, die ihre Ausbildung in nichtkatholischen Schulen erhalten. Freilich werden hier die Qualitäten und positiven Funktionen nichtkatholischer und nichtchristlicher Schulen nicht gewürdigt, und man wird diesen Mangel an Generosität, den das Konzil auch an anderen Stellen zeigte, bedauern dürfen. Aber unbefangen wird die Tatsache vorausgesetzt, daß solche Schulen nicht nur in kirchenfeindlichen Staaten bestehen. Es geht nämlich im ersten Teil dieses Artikels um das lebendige Vorbild der Katholiken, um das Apostolat gegenüber den Mitschülern und um die katholischen Lehrer und Priester an solchen Schulen. Der zweite Teil begrüßt wiederum die Rücksichtnahme auf den „Pluralismus der heutigen Gesellschaft", die religiöse Freiheit und das daraus entspringende Elternrecht.

Artikel 8 geht zum speziellen Thema der katholischen Schule über. Dabei ist allerdings zu sagen, daß das Dokument in ökumenischer Sprache die katholische Schule so charakterisiert, daß die Beschreibung auch auf andere christliche Schulen zutreffen kann: eine Schulgemeinschaft, in der der Geist des Evangeliums, der Freiheit und der Liebe lebendig ist; eine Entfaltung der Persönlichkeit auf die neue Schöpfung hin; eine Erleuchtung der Erkenntnis durch den Glauben; eine Aufgeschlossenheit gegenüber den Anforderungen der Zeit; eine Bereitung „als Sauerteig des Heils für die menschliche Gesellschaft"; ein Nutzen für das Gespräch zwischen Kirche und menschlicher Gesellschaft. Kein exklusives Kennzeichen katholischer Schulen wird angegeben. Der zweite Absatz des Artikels betont das Recht der Kirche zur Gründung und Leitung eigener Schulen. Die Ausübung dieses Rechts sei der Gewissensfreiheit, dem Schutz des Elternrechts und dem Kulturfortschritt höchst zuträglich. Staatlich subventionierte katholische Schulen zieht das Konzil nicht explizit in Betracht. Im dritten Absatz werden die Lehrer an katholischen Schulen an die Qualitäten erinnert, die von ihnen idealerweise erwartet werden. Dies geht so weit, daß man von den Lehrern sogar erwartet, sie möchten sich auch nach Beendigung der Schulzeit um ihre Schüler kümmern. Die katholischen Eltern haben die Pflicht, ihre Kinder, „wann und wo sie die Möglichkeit haben", katholischen Schulen anzuvertrauen. Dieses „quando et ubi possunt" wird nicht weiter verdeutlicht. Wann eine solche Möglichkeit einer wirklich guten, *allen* Erfordernissen einer Schule genügend entsprechenden katholischen Schule gegeben ist und gegeben bleibt, darüber wird es auch unter Katholiken Meinungsverschiedenheiten geben können, die in Freiheit und Liebe auszutragen sind.

Artikel 9 gibt nun einer gewissen Differenzierung der katholischen Schulen Raum, je nach örtlichen Verhältnissen. Der mittlere Absatz legt sehr optimistisch nahe, daß katholische Schulen von der Grundstufe bis hin zur Lehrerausbildung errichtet werden sollten. Nicht ohne Grund werden darum Hirten und Gläubige zu Opfern aufgerufen.

Artikel 10 wendet sich sodann, wohl in Fortführung der eben erwähnten Skala, den Hochschulen, besonders den Universitäten und Fakultäten, zu. Erstrangige Betonung findet die wissenschaftliche Forschungsfreiheit. Hierbei sollen sich Glaube und Vernunft in der einen Wahrheit treffen; die Kirchenlehrer, besonders Thomas von Aquin, seien dabei Vorbilder. Für die Hochschulen im allgemeinen wird betont, daß der christliche Geist präsent sein müsse; das Erziehungsziel bei den Studenten wird knapp umschrieben. Ein eigener Absatz wünscht die Errichtung theologischer Institute oder Lehrstühle an katholischen Universitäten (unter Betonung einer Theologie für Laien) sowie die Förderung wissenschaftlicher Forschungsinstitute. Das Problem der katholischen Universitäten selbst wird im dritten Absatz so charakterisiert: sie sollten nicht durch ihre Zahl, sondern durch ihre wissenschaftliche Leistung hervortreten und besonders den Begabten offenstehen, auch wenn diese arm sind. Abschließend wird die Studentenseelsorge an katholischen und nichtkatholischen Universitäten erwähnt.

Artikel 11 ist den theologischen Fakultäten gewidmet. Ihre Reformbedürftigkeit wird vorsichtig angedeutet.

Artikel 12 wünscht eine Koordinierung zwischen den katholischen Schulen untereinander sowie Kooperation zwischen katholischen und nichtkatholischen Schulen. Der gleiche Wunsch wird hinsichtlich der Universitäten ausgesprochen unter Angabe konkreter Möglichkeiten: wissenschaftliche Tagungen, Teilung der Forschungsgebiete, Austausch der Professoren.

Ein Schlußwort mahnt die Jugend, dankt allen in der Erziehung Tätigen und ermuntert sie in ihrem Wirken für Kirche und Welt.

Wenn das Dokument sich auch nirgendwo konkreter auf eine aktuelle Problematik einläßt, weder im Bereich der pädagogischen Sachbereiche, der Lehr- und Studienpläne noch in der Frage konfessioneller Schulen usw., so wird man doch seinen „offenen" Geist anerkennen, die Sorge um den Menschen, um das Kind, die Dienstbereitschaft der Kirche gegenüber der Welt, das ökumenische Taktgefühl, die Anerkennung gewisser eigengesetzlicher Rechte und Pflichten des Staates.

Erklärung über die christliche Erziehung

Über die entscheidende Bedeutung der Erziehung im menschlichen Leben und ihren ständig wachsenden Einfluß auf den gesellschaftlichen Fortschritt der Gegenwart hat das Heilige Ökumenische Konzil eingehende Erwägungen angestellt[1]. Tatsächlich machen die Gegebenheiten unserer Zeit die Erziehung der Jugend, ja sogar eine stetige Erwachsenenbildung leichter und vor allem dringlicher. Denn die Menschen sind sich der eigenen Würde und Aufgabe voller bewußt und verlangen immer mehr nach einer aktiveren Teilnahme am gesellschaftlichen und besonders am wirtschaftlichen und politischen Leben[2]. Die staunenswerten Fortschritte der Technik und wissenschaftlichen Forschung sowie die modernen Kommunikationsmittel der Gesellschaft geben den Menschen, die heute nicht selten über mehr Freizeit verfügen, die Möglichkeit, zum geistig-kulturellen Erbe einen leichteren Zugang zu finden und durch eine engere Verbindung zwischen den Gruppen und den Völkern selbst sich gegenseitig zu ergänzen.

Daher werden überall Versuche unternommen, das Er-

[1] Von den zahlreichen Verlautbarungen, die die Bedeutung der Erziehung herausstellen, vgl. besonders: Benedikt XV., Ep. Apost. Communes Litteras, 10. Apr. 1919: AAS 11 (1919) 172; Pius XI., Enz. Divini Illius Magistri, 31. Dez. 1929: AAS (1930) 49–86; Pius XII., Ansprache an die Jugendlichen der A.C.I.: Discorsi e Radiomessaggi VIII, 53–57; ders., Ansprache an die Familienväter Frankreichs, 18. Sept. 1951: Discorsi e Radiomessaggi XIII, 241–245; Johannes XXIII., Botschaft zum 30. Jahrestag des Erscheinens der Enz. Divini Illius Magistri, 30. Dez. 1959: AAS 52 (1960) 57–59; Paul VI., Ansprache an die Sodalen der F.I.D.A.E. (Federazione Istituti Dipendenti dall'Autorità Ecclesiastica), 30. Dez. 1963: Encicliche e Discorsi di S.S. Paolo VI, I (Rom 1964) 601–603. Darüber hinaus vgl. die Acta et Documenta Concilio Oecumenico Vaticano II apparando, series I, Antepraeparatoria, Bd. III, 363–364 370–371 373–374.

[2] Johannes XXIII., Enz. Mater et Magistra, 15. Mai 1961: AAS 53 (1961) 413 415–417 424; ders., Enz. Pacem in terris, 11. Apr. 1963: AAS 55 (1963) 278 f.

ziehungswerk mehr und mehr zu fördern. Die grundlegenden
Menschenrechte, die sich mit der Erziehung befassen, insbesondere die der Kinder und der Eltern, stellt man klar heraus und
legt sie in öffentlichen Erklärungen nieder[3]. Um der schnell
anwachsenden Schülerzahl gerecht zu werden, vermehrt und
verbessert man auf breiter Basis die Schulen und gründet neue
Erziehungsinstitute; neuartige Versuche wollen die Methoden
von Erziehung und Unterricht vervollkommnen. Außerordentliche Anstrengungen werden unternommen, diese allen Menschen zugänglich zu machen, wenn auch bis jetzt einer großen
Zahl von Kindern und Jugendlichen selbst der elementarste
Unterricht noch versagt bleibt und so viele andere eine geeignete Erziehung entbehren müssen, bei der die Wahrheit und die
Liebe zugleich gepflegt werden.

In der Erfüllung des Auftrags ihres göttlichen Stifters soll die
heilige Mutter Kirche das Heilsmysterium allen Menschen verkünden und alles in Christus erneuern. Ihrer Sorge ist daher
auch das ganze irdische Leben des Menschen aufgegeben, insofern es mit der himmlischen Berufung im Zusammenhang
steht[4]; so hat sie auch bei der Förderung und Ausweitung der
Erziehung ihre Aufgabe zu erfüllen. Darum legt das Heilige
Konzil hinsichtlich der christlichen Erziehung, vor allem in den
Schulen, einige grundlegende Richtlinien nieder, die dann durch
eine besondere nachkonziliare Kommission weiter ausgearbeitet und durch die Bischofskonferenzen auf die unterschiedlichen Situationen ihrer Gebiete angewendet werden sollen.

1. Alle Menschen, gleich welcher Herkunft, welchen Standes
und Alters, haben kraft ihrer Personenwürde das unveräußerliche Recht auf eine Erziehung[5], die ihrem Lebensziel[6], ihrer
Veranlagung, dem Unterschied der Geschlechter Rechnung

[3] Vgl. die allgemeine Erklärung der Menschenrechte (Déclaration des droits de
l'homme) durch die UN am 10. Dez. 1948; vgl. außerdem die Erklärung der
Rechte des Kindes vom 20. Nov. 1959; Protocole additionnel à la convention de
sauvegarde des droits de l'homme et des libertés fondamentales, Paris, 20. März
1952; über jene allgemeine Erklärung der Menschenrechte vgl. Johannes XXIII.,
Enz. Pacem in terris, 11. Apr. 1963: AAS 55 (1963) 295 f.
[4] Vgl. Johannes XXIII., Enz. Mater et Magistra, 15. Mai 1961: AAS 53 (1961)
402. II. Vat. Konzil, Dogm. Konst. über die Kirche Lumen Gentium, Nr. 17:
AAS 57 (1965) 21.
[5] Pius XII., Radiobotschaft, 24. Dez. 1942: AAS 35 (1943) 12 19; Johannes XXIII.,
Enz. Pacem in terris, 11. Apr. 1963: AAS 55 (1963) 259 f. Vgl. auch die in Anm. 3
genannten Erklärungen der Menschenrechte.
[6] Vgl. Pius XI., Enz. Divini Illius Magistri, 31. Dez. 1929: AAS 22 (1930) 50 f.

trägt, der heimischen kulturellen Überlieferung angepaßt und zugleich der brüderlichen Partnerschaft mit anderen Völkern geöffnet ist, um der wahren Einheit und dem Frieden auf Erden zu dienen. Die wahre Erziehung erstrebt die Bildung der menschlichen Person in Hinordnung auf ihr letztes Ziel, zugleich aber auch auf das Wohl der Gemeinschaften, deren Glied der Mensch ist und an deren Aufgaben er als Erwachsener einmal Anteil erhalten soll.

Unter Verwertung der Fortschritte der psychologischen, der pädagogischen und der didaktischen Wissenschaft sollen also die Kinder und Jugendlichen in der harmonischen Entfaltung ihrer körperlichen, sittlichen und geistigen Anlagen so gefördert werden, daß sie allmählich ein tieferes Verantwortungsbewußtsein erwerben für ihr eigenes Leben und seine im steten Streben zu leistende Entfaltung und für das Wachsen in der wahren Freiheit, in der tapferen und beharrlichen Überwindung der widerstreitenden Kräfte. Nach den jeweiligen Altersstufen sollen sie durch eine positive und kluge Geschlechtserziehung unterwiesen werden. Außerdem müssen sie für die Teilnahme am gesellschaftlichen Leben so geformt werden, daß sie, versehen mit dem notwendigen und geeigneten Rüstzeug, sich in die verschiedenen Gruppen der menschlichen Gemeinschaft tätig einzugliedern vermögen, dem Gespräch mit anderen sich öffnen und bereitwillig für das Allgemeinwohl eintreten.

Ebenso erklärt die Heilige Synode: Die Kinder und Heranwachsenden haben ein Recht darauf, angeleitet zu werden, die sittlichen Werte mit richtigem Gewissen zu schätzen und sie in personaler Bindung zu erfassen und Gott immer vollkommener zu erkennen und zu lieben. Daher richtet sie an alle Staatenlenker und Erzieher die dringende Bitte, dafür zu sorgen, daß die Jugend niemals dieses heiligen Rechtes beraubt werde. Die Söhne der Kirche aber ermahnt sie zum hochherzigen Einsatz ihrer Kräfte im gesamten Bereich der Erziehung; vor allem sollen sie mitarbeiten, daß möglichst bald alle Menschen auf der ganzen Welt in den Genuß einer angemessenen Erziehung und Bildung gelangen können[7].

2. Alle Christen, die, durch die Wiedergeburt aus dem Wasser und dem Heiligen Geist zu einer neuen Schöpfung geworden[8],

---

[7] Vgl. Johannes XXIII., Enz. Mater et Magistra, 15. Mai 1961: AAS 53 (1961) 441 f.

[8] Vgl. Pius XI., Enz. Divini Illius Magistri, a. a. O. 83.

Söhne Gottes heißen und es auch sind, haben das Recht auf eine christliche Erziehung. Diese erstrebt nicht nur die eben umrissene Reifung der menschlichen Person, sondern zielt hauptsächlich darauf ab, daß die Getauften, indem sie stufenweise in die Erkenntnis des Heilsmysteriums eingeführt werden, der empfangenen Gabe des Glaubens immer mehr bewußt werden. Sie sollen lernen, Gott den Vater im Geist und in der Wahrheit (vgl. Jo 4, 23) vornehmlich durch die Mitfeier der Liturgie anzubeten und ihr eigenes Leben nach dem neuen Menschen in Gerechtigkeit und wahrer Heiligkeit (vgl. Eph 4, 22–24) zu gestalten. So sollen sie zur Mannesreife gelangen, zum Vollmaß des Alters Christi (Eph 4, 13), und so zum Aufbau des mystischen Leibes ihren Beitrag leisten. Überdies sollen sie sich im Bewußtsein ihrer Berufung darin einüben, Zeugnis abzulegen für die Hoffnung, die in ihnen ist (1 Petr 3, 15), und an der christlichen Weltgestaltung mitzuhelfen; hierbei sollen ja die natürlichen Werte, die in die Gesamtschau des von Christus erlösten Menschen einbezogen sind, zum Wohl der ganzen Gesellschaft wirksam werden[9]. Deshalb erinnert die Heilige Synode die Oberhirten an die schwere Verantwortung, alles daranzusetzen, daß alle Gläubigen diese christliche Erziehung genießen, vor allem die jungen Menschen, die die Hoffnung der Kirche sind[10].

3. Da die Eltern ihren Kindern das Leben schenkten, haben sie die überaus schwere Verpflichtung zur Kindererziehung[11]. Daher müssen sie als die ersten und bevorzugten Erzieher ihrer Kinder anerkannt werden. Ihr Erziehungswirken ist so entscheidend, daß es dort, wo es fehlt, kaum zu ersetzen ist. Den Eltern obliegt es, die Familie derart zu einer Heimstätte der Frömmigkeit und Liebe zu Gott und den Menschen zu gestalten, daß die gesamte Erziehung der Kinder nach der persönlichen wie der gesellschaftlichen Seite hin davon getragen wird. So ist die Familie die erste Schule der sozialen Tugenden, deren kein gesellschaftliches Gebilde entraten kann. Besonders aber sollen in der christlichen Familie, die mit der Gnade und dem Auftrag des

---

[9] Vgl. II. Vat. Konzil, Dogm. Konst. über die Kirche Lumen Gentium, Nr. 36: AAS 57 (1965) 41 f.

[10] Vgl. II. Vat. Konzil, Dekret über die Hirtenaufgabe der Bischöfe in der Kirche Christus Dominus, Nr. 12–14.

[11] Vgl. Pius XI., Enz. Divini Illius Magistri, a. a. O. 59 f.; ders., Enz. Mit brennender Sorge, 14. März 1937: AAS 29 (1937) 164 f.; Pius XII., Ansprache an den ersten nationalen Kongreß der Vereinigung der katholischen Lehrer Italiens (A.I.M.C.), 8. Sept. 1946: Discorsi e Radiomessaggi VIII, 218.

Ehesakramentes ausgestattet ist, die Kinder schon von den frühesten Jahren an angeleitet werden, gemäß dem in der Taufe empfangenen Glauben Gott zu erkennen und zu verehren und den Nächsten zu lieben. Was gesunde menschliche Gemeinschaft und was Kirche ist, erfahren die Kinder zum erstenmal in einer solchen christlichen Familie; durch sie werden sie auch allmählich in die weltliche Gemeinschaft und in das Volk Gottes eingeführt. Daher sollen die Eltern wohl bedenken, wie entscheidend die echt christliche Familie für das Leben und das Wachstum des Gottesvolkes ist[12].

Wenn auch die Erziehungsaufgabe in erster Linie der Familie zufällt, so bedarf diese doch der Hilfe der gesamten Gesellschaft. Neben den Rechten der Eltern und derer, denen diese einen Teil der Erziehungsaufgabe anvertrauen, stehen daher gewisse Rechte und Pflichten auch dem Staat zu, soweit dieser das zu ordnen hat, was das zeitliche Allgemeinwohl erfordert. Zu seinen Aufgaben gehört es, die Erziehung der Jugend in vielfacher Weise zu fördern; er hat die Pflichten und Rechte der Eltern und all derer, die an der Erziehungsaufgabe teilhaben, zu schützen und ihnen Hilfe zu leisten, und wenn die Initiativen der Eltern und anderer Gemeinschaften nicht genügen, kommt dem Subsidiaritätsprinzip entsprechend dem Staat die Pflicht zu, die Erziehung in die Hand zu nehmen, immer aber unter Beachtung des elterlichen Willens. Schließlich gehört es zu seinen Aufgaben, eigene Schulen und Institute zu gründen, soweit dies das Allgemeinwohl erfordert[13].

Ein ganz besonderer Erziehungsauftrag ist der Kirche zu eigen, nicht nur weil auch sie als eine zur Erziehung fähige menschliche Gemeinschaft anzuerkennen ist, sondern vor allem deshalb, weil sie die Aufgabe hat, allen Menschen den Heilsweg zu verkünden, den Gläubigen das Leben Christi mitzuteilen und ihnen mit unablässiger Sorge zu helfen, daß sie zur Fülle dieses Lebens gelangen können[14]. Diesen ihren Kindern hat daher die

[12] Vgl. II. Vat. Konzil, Dogm. Konst. über die Kirche Lumen Gentium, Nr. 11 und 35: AAS 57 (1965) 16 und 40 f.
[13] Vgl. Pius XI., Enz. Divini Illius Magistri, a. a. O. 63 f.; Pius XII., Radiobotschaft, 1. Juni 1941: AAS 33 (1941) 200; Ansprache an den ersten nationalen Kongreß der Vereinigung der katholischen Lehrer Italiens, 8. Sept. 1946: Discorsi e Radiomessaggi VIII, 218. Zum Subsidiaritätsprinzip vgl. Johannes XXIII., Enz. Pacem in terris, 11. Apr. 1963: AAS 55 (1963) 294.
[14] Vgl. Pius XI., Enz. Divini Illius Magistri, a. a. O. 53 f. 56 f.; ders., Enz. Non abbiamo bisogno, 29. Juni 1931: AAS 23 (1931) 311 f.; Pius XII., Schreiben des

Kirche gleichsam als ihre Mutter jene Erziehung zu schenken, die ihr ganzes Leben mit dem Geiste Christi erfüllt; zugleich aber bietet sie ihre wirksame Hilfe allen Völkern an zur Vervollkommnung der menschlichen Persönlichkeit, zum Wohl der irdischen Gesellschaft und zum Aufbau einer Welt, die menschlicher gestaltet werden muß[15].

4. In der Erfüllung ihrer Erziehungsaufgabe ist die Kirche um alle geeigneten Hilfsmittel bemüht, besonders um jene, die ihr eigentümlich sind. Zu ihnen gehört als erstes die katechetische Unterweisung[16]: sie erleuchtet den Glauben und stärkt ihn, sie nährt das Leben im Geiste Christi, führt zum bewußten und aktiven Mitvollzug des Mysteriums der Liturgie[17] und ermuntert zur apostolischen Tat. Aber auch die anderen zum gemeinsamen menschlichen Erbe gehörenden Hilfsmittel, die zur Bildung des Geistes und zur Formung des Menschen sehr viel beitragen, schätzt die Kirche hoch und sucht sie mit ihrem Geiste zu durchdringen und zu vervollkommnen; so etwa die Kommunikationsmittel der Gesellschaft[18], die verschiedenen der geistigen und körperlichen Ertüchtigung dienenden Vereinigungen, die Jugendgemeinschaften und vor allem die Schulen.

5. Unter allen Erziehungsmitteln hat die Schule eine ganz besondere Bedeutung[19], weil sie kraft ihrer Mission die geistigen Fähigkeiten in beharrlicher Mühe heranbildet, das rechte Urteils-

---

Staatssekretariats zur 28. italienischen sozialen Woche, 20. Sept. 1955: L'Osservatore Romano, 29. Sept. 1955.

[15] Die Kirche lobt jene zivilen, lokalen, nationalen und internationalen Autoritäten, die im Bewußtsein der vordringlichen Bedürfnisse der gegenwärtigen Zeit alle Kräfte aufbieten, um alle Völker an einer umfassenderen Erziehung und an der menschlichen Kultur teilnehmen zu lassen. Vgl. Paul VI., Ansprache vor der Vollversammlung der Vereinten Nationen, 4. Okt. 1965: AAS 57 (1965) 877–885.

[16] Vgl. Pius XI., Motupr. Orbem catholicum, 29. Juni 1923: AAS 15 (1923) 327–329; ders., Dekret Provide sane, 12. Jan. 1935: AAS 27 (1935) 145–152; II. Vat. Konzil, Dekret über die Hirtenaufgabe der Bischöfe in der Kirche Christus Dominus, Nr. 13 und 14.

[17] Vgl. II. Vat. Konzil, Konst. über die heilige Liturgie Sacrosanctum Concilium, Nr. 14: AAS 56 (1964) 104.

[18] Vgl. II. Vat. Konzil, Dekret über die sozialen Kommunikationsmittel Inter mirifica, Nr. 13 und 14: AAS 56 (1964) 149 f.

[19] Vgl. Pius XI., Enz. Divini Illius Magistri, a. a. O. 76; Pius XII., Ansprache an die Vereinigung der katholischen Lehrer Bayerns, 31. Dez. 1956: Discorsi e Radiomessaggi XVIII, 746.

vermögen entwickelt, in das von den vergangenen Generationen erworbene kulturelle Erbe einführt, den Sinn für die Werte erschließt und auf das Berufsleben vorbereitet. Zudem stiftet sie zwischen den Schülern verschiedener Anlagen und verschiedenen Standes ein freundschaftliches Zusammenleben und schafft so die Grundlage für ein gegenseitiges Verständnis. Darüber hinaus wird sie gleichsam zu einem Zentrum, an dessen Bestrebungen und Fortschritten zugleich teilnehmen sollen die Familien, die Lehrer, die verschiedenen Vereinigungen für das kulturelle, das bürgerliche und das religiöse Leben, die Gesellschaft, ja die gesamte Menschheitsfamilie.

Schön, freilich auch schwer ist darum die Berufung all derer, die als Helfer der Eltern und Vertreter der menschlichen Gesellschaft in den Schulen die Erziehungsaufgabe übernehmen. Ihre Berufung erfordert besondere Gaben des Geistes und des Herzens, eine sehr sorgfältige Vorbereitung und die dauernde Bereitschaft zur Erneuerung und Anpassung.

6. Die Eltern, die zuerst und unveräußerlich die Pflicht und das Recht haben, ihre Kinder zu erziehen, müssen in der Wahl der Schule wirklich frei sein. Die Staatsgewalt, deren Aufgabe es ist, die bürgerlichen Freiheiten zu schützen und zu verteidigen, muß zur Wahrung der „austeilenden Gerechtigkeit" darauf sehen, daß die öffentlichen Mittel so ausgegeben werden, daß die Eltern für ihre Kinder die Schulen nach ihrem Gewissen wirklich frei wählen können[20].

Im übrigen kommt es dem Staat zu, dafür zu sorgen, daß allen Bürgern eine entsprechende Teilnahme an der Kultur ermöglicht wird und sie auf die Übernahme der bürgerlichen Pflichten und Rechte gebührend vorbereitet werden. Der Staat muß daher das Recht der Kinder auf angemessene schulische Erziehung schützen, die Befähigung der Lehrer und die Qualität des Unterrichts überwachen, für die Gesundheit der Schüler Sorge tragen und im allgemeinen dem ganzen Schulwesen seine Förderung angedeihen lassen. Dabei soll er das Subsidiaritätsprinzip vor Augen haben, unter Ausschluß jeder Art von Schulmonopol, das den angeborenen Rechten der menschlichen Person widerstreitet, dem Fortschritt und der Ausbreitung der Kul-

---

[20] Vgl. Provinzialsynode von Cincinnati III (1861): Collectio Lacensis III, 1240, c/d; Pius XI., Enz. Divini Illius Magistri, a. a. O. 60 63 f.

tur, dem friedlichen Zusammenleben der Bürger und dem in sehr vielen Staaten heute herrschenden Pluralismus widerspricht[21].

An die Gläubigen aber richtet die Heilige Synode die Mahnung, hilfsbereit mitzuwirken an der Erarbeitung guter Erziehungsmethoden und Unterrichtspläne sowie an der Ausbildung von Lehrern, die die Jugend recht zu erziehen vermögen. Zudem sollen sie, vor allem durch den Zusammenschluß in Elternvereinigungen, das gesamte Schulwesen unterstützen und insbesondere die dadurch zu vermittelnde sittliche Bildung mit ihren Hilfsmitteln fördern[22].

7. Da die Kirche um ihre überaus schwere Pflicht weiß, für die sittliche und religiöse Erziehung aller ihrer Kinder zu sorgen, muß sie mit besonders liebevoller Hilfsbereitschaft der großen Zahl jener nahe sein, die ihre Ausbildung in nichtkatholischen Schulen erhalten: durch das lebendige Vorbild jener Katholiken, die sie dort lehren und leiten, durch das apostolische Wirken ihrer Mitschüler[23], vor allem aber durch den Dienst der Priester und Laien, die ihnen die Heilslehre in einer den Altersstufen und sonstigen Gegebenheiten angepaßten Weise vermitteln und ihnen geistige Hilfe leisten durch Einrichtungen, die den jeweiligen Umständen Rechnung tragen.

Die Eltern aber erinnert die Kirche an die ihnen auferlegte schwere Verantwortung, alles zu veranlassen und auch zu fordern, daß ihre Kinder solcher Hilfeleistung teilhaftig werden und daß mit der profanen auch die christliche Ausbildung gleichen Schritt hält. Daher begrüßt die Kirche jene weltlichen Autoritäten und Gemeinwesen, die dem Pluralismus der heutigen Gesellschaft Rechnung tragen, für die gebührende religiöse Freiheit sorgen und so den Familien dazu verhelfen, daß ihren Kindern in allen Schulen eine Erziehung nach den

---

[21] Vgl. Pius XI., Enz. Divini Illius Magistri, a. a. O. 63; ders., Enz. Non abbiamo bisogno, 29. Juni 1931: AAS 23 (1931) 305; Pius XII., Schreiben des Staatssekretariats an die 28. italienische soziale Woche, 20. Sept. 1955: L'Osservatore Romano, 29. Sept. 1955; Paul VI., Ansprache an die christliche Vereinigung der Arbeiter Italiens (A.C.L.I.), 6. Okt. 1963: Encicliche e Discorsi di Paolo VI, I (Rom 1964) 230.

[22] Vgl. Johannes XXIII., Botschaft zum 30. Jahrestag des Erscheinens der Enzyklika Divini Illius Magistri, 30. Dez. 1959: AAS 52 (1960) 57.

[23] Die Kirche schätzt das apostolische Wirken, das die katholischen Lehrer und Schüler auch in jenen Schulen auszuüben vermögen, sehr hoch.

sittlichen und religiösen Grundsätzen der Familien erteilt werden kann[24].

8. Die Präsenz der Kirche im schulischen Bereich zeigt sich in besonderer Weise durch die katholische Schule. Diese verfolgt nicht weniger als andere Schulen die Bildungsziele und die menschliche Formung der Jugend. Ihre besondere Aufgabe aber ist es, einen Lebensraum zu schaffen, in dem der Geist der Freiheit und der Liebe des Evangeliums lebendig ist. Sie hilft dem jungen Menschen, seine Persönlichkeit zu entfalten und zugleich der neuen Schöpfung nach zu wachsen, die er durch die Taufe geworden ist. Ferner richtet sie die gesamte menschliche Bildung auf die Heilsbotschaft aus, so daß die Erkenntnis, welche die Schüler stufenweise von der Welt, vom Leben und vom Menschen gewinnen, durch den Glauben erleuchtet wird[25]. So erzieht die katholische Schule, indem sie sich den Anforderungen der Zeit gebührend aufschließt, ihre Schüler dazu, das Wohl der irdischen Gemeinschaft wirksam zu fördern, und bereitet sie zum Dienst an der Ausbreitung des Reiches Gottes, damit sie in einem vorbildhaften und apostolischen Leben gleichsam zum Sauerteig des Heils für die menschliche Gemeinschaft werden.

Weil die katholische Schule also dem Volk Gottes in der Erfüllung seines Auftrages so förderlich und dem Gespräch zwischen Kirche und menschlicher Gemeinschaft zu deren beiderseitigem[i] Vorteil nützlich sein kann, behält sie auch in unserer heutigen Welt eine entscheidende Bedeutung. Deshalb verkündet die Heilige Synode von neuem das in zahlreichen Äußerungen des kirchlichen Lehramtes bereits niedergelegte Recht der Kirche[26], Schulen jeder Art und jeder Rangstufe frei zu gründen und zu leiten. Dabei erinnert sie daran, daß die Ausübung solchen

---

[24] Vgl. Pius XII., Anspr. an die Vereinigung der katholischen Lehrer Bayerns, 31. Dez. 1956: Discorsi e Radiomessaggi XVIII, 745 f.

[25] Vgl. Provinzialsynode von Westminster I (1852): Collectio Lacensis III, 1240, c/d; Pius XI., Enz. Divini Illius Magistri, a. a. O. 77 f.; Pius XII., Ansprache an die Vereinigung der katholischen Lehrer Bayerns, 31. Dez. 1956: Discorsi e Radiomessaggi XVIII, 746; Paul VI., Ansprache an die Sodalen der F.I.D.A.E. (Federazione Istituti Dipendenti dall'Autorità Ecclesiastica), 30. Dez. 1963: Encicliche e Discorsi di Paolo VI, I (Rom 1964) 602 f.

[26] Vgl. besonders die in Anm. 1 genannten Dokumente; dieses Recht der Kirche wird außerdem auf vielen Provinzialsynoden und in den jüngsten Erklärungen zahlreicher Bischofskonferenzen verkündet.

Rechts auch der Gewissensfreiheit, dem Schutz des elterlichen Rechts und dem kulturellen Fortschritt selbst höchst zuträglich ist.

Die Lehrer aber seien sich bewußt, daß es in höchstem Maße von ihnen abhängt, wieweit die katholische Schule ihre Absichten und Initiativen verwirklichen kann[27]. Darum sollen sie mit besonderer Sorgfalt ausgebildet werden, damit sie mit einem profanen wie auch religiösen Wissen ausgerüstet sind, das durch hinreichende Zeugnisse bestätigt ist, und über Erziehungsmethoden verfügen, die mit den Ergebnissen der weiterrückenden Zeit Schritt halten. In Liebe untereinander und mit den Schülern eng verbunden und von apostolischem Geist beseelt, sollen sie in Leben und Lehre für Christus, den einzigen Lehrer, Zeugnis ablegen. Besonders mit den Eltern sollen sie eng zusammenarbeiten; gemeinsam mit ihnen sollen sie in der gesamten Erziehung der Verschiedenheit der Geschlechter und der jedem der beiden Geschlechter in Familie und Gesellschaft eigenen, von der göttlichen Vorsehung bestimmten Zielsetzung Rechnung tragen; sie seien bestrebt, ihre Schüler zur Eigeninitiative anzueifern, und sie sollen nach Beendigung der Schulzeit fortfahren, um sie bemüht zu sein durch Rat und Freundschaft sowie durch die Gründung besonderer Vereinigungen, die von wahrem kirchlichem Geist beseelt sind. Die Heilige Synode erklärt: Der Dienst dieser Lehrer ist im wahren Sinn des Wortes Apostolat, er ist auch für unsere Zeit in höchstem Maße nützlich und notwendig und zugleich ein echter Dienst an der Gesellschaft. Die katholischen Eltern jedoch erinnert sie an ihre Pflicht, ihre Kinder, wann und wo sie die Möglichkeit haben, katholischen Schulen anzuvertrauen, diese nach Kräften zu unterstützen und mit ihnen zum Wohle ihrer Kinder zusammenzuarbeiten[28].

9. Diesem Leitbild der katholischen Schule müssen alle von der Kirche in irgendeiner Weise abhängigen Schulen zu entsprechen suchen, wenn auch die katholische Schule, den örtlichen Verhältnissen angepaßt, verschiedene Formen annehmen

---

[27] Vgl. Pius XI., Enz. Divini Illius Magistri, a. a. O. 80 f.; Pius XII., Ansprache an die katholische Vereinigung der Lehrer Italiens an den Sekundarschulen (U.C. I.I.M.), 5. Jan. 1954: Discorsi e Radiomessaggi XV, 551–556; Johannes XXIII., Ansprache an den 6. Kongreß der Vereinigung der katholischen Lehrer Italiens (A.I.M.C.), 5. Sept. 1959: Discorsi, Messaggi, Colloqui I (Rom 1960) 427–431.
[28] Vgl. Pius XII., Ansprache an die katholische Vereinigung der Lehrer Italiens an den Sekundarschulen (U.C.I.I.M.), 5. Jan. 1954, a. a. O. 555.

kann[29]. Als sehr wertvoll betrachtet die Kirche auch die katholischen Schulen, die besonders im Bereich der jungen Kirchen auch von nichtkatholischen Schülern besucht werden.

Im übrigen ist bei der Gründung und Einrichtung katholischer Schulen den aus der Zeitentwicklung sich ergebenden Notwendigkeiten Rechnung zu tragen. Während deshalb Schulen der Grund- und Mittelstufe, die das Fundament der Bildung legen, weiterhin zu fördern sind, soll man sich auch um jene Schulen kümmern, die von den heutigen Lebensbedingungen in besonderer Weise gefordert sind, nämlich um die Berufsschulen[30] und die technischen Schulen, die Institute für Erwachsenenbildung und für soziale Berufe und auch für solche, die wegen anlagebedingter Mängel besonderer Sorge bedürfen, sowie Schulen, in denen Lehrer sowohl für die religiöse Unterweisung als auch für andere Unterrichtsfächer vorbereitet werden.

Die Heilige Synode mahnt die Oberhirten und alle Gläubigen nachdrücklich, daß sie keine Opfer scheuen, um den katholischen Schulen zu helfen, ihre Aufgabe immer vollkommener zu erfüllen, und daß sie sich besonders derjenigen annehmen, die arm sind an zeitlichen Gütern, den Schutz und die Liebe der Familie entbehren müssen oder der Gnade des Glaubens fernstehen.

10. Gleicherweise widmet die Kirche den Hochschulen, insbesondere den Universitäten und Fakultäten, ihre angelegentliche Sorge. In der Tat ist sie bei denen, die ihr unterstehen, naturgemäß bestrebt, daß die einzelnen Disziplinen mit den ihnen eigenen Prinzipien, mit ihrer eigenen Methode und mit einer der wissenschaftlichen Forschung eigenen Freiheit so gepflegt werden, daß sich in ihnen die Erkenntnisse mehr und mehr vertiefen, die neuen Fragen und Forschungsergebnisse der voranschreitenden Zeit sorgfältige Beachtung finden und so tiefer erfaßt wird, wie Glaube und Vernunft sich in der einen Wahrheit treffen. Dabei dienen die Kirchenlehrer, besonders der heilige Thomas von Aquin, als Vorbilder[31]. So soll gleichsam der

[29] Vgl. Paul VI., Ansprache an das internationale Werk katholischer Erziehung (O.I.E.C.), 25. Febr. 1964: Encicliche e Discorsi di Paolo VI, II (Rom 1964) 232.
[30] Vgl. Paul VI., Ansprache an die christliche Vereinigung der Arbeiter Italiens (A.C.L.I.), 6. Okt. 1963: Encicliche e Discorsi di Paolo VI, I (Rom 1964) 229.
[31] Vgl. Paul VI., Ansprache vor dem Sechsten Internationalen Thomistischen Kongreß, 10. Sept. 1965: AAS 57 (1965) 788–792.

christliche Geist bei dem gesamten Bemühen um die Förderung
einer höheren Kultur öffentlich, stets und universell präsent
sein. Die Studenten dieser Anstalten sollen zu Menschen herangebildet werden, die in ihrer Wissenschaft bestens bewandert,
wichtigen Aufgaben im öffentlichen Leben gewachsen und
Zeugen des Glaubens in der Welt sind[32].

An katholischen Universitäten, an denen keine theologische
Fakultät besteht, werde ein Institut oder ein Lehrstuhl für Theologie unterhalten, an dem Vorlesungen gegeben werden sollen,
die auch für Laienhörer geeignet sind. Weil die Wissenschaften
hauptsächlich durch Spezialforschungen von hohem wissen-
schaftlichem Wert weiterentwickelt werden, sollen an den
Universitäten und Fakultäten Institute sehr gefördert werden,
die in erster Linie der wissenschaftlichen Forschung dienen.

Die Heilige Synode empfiehlt sehr die Förderung der in angemessener Weise auf die verschiedenen Teile der Welt ver-
teilten katholischen Universitäten und Fakultäten, jedoch so,
daß sie nicht durch ihre Zahl, sondern durch ihre wissenschaftliche Leistung hervortreten. Sie sollen besonders den begabten
Studenten offenstehen, auch wenn diese zu den Armen zählen,
vor allem aber auch denen, die aus den jungen Völkern stammen.

Weil das Schicksal der Gesellschaft und der Kirche selbst mit
der Entwicklung der Hochschulstudenten sehr eng verbunden
ist[33], sollen die Oberhirten der Kirche nicht nur für das geistliche
Leben der Studenten an katholischen Universitäten Sorge tragen;
sie sollen vielmehr, um die geistliche Bildung aller ihrer Söhne
besorgt, nach sachdienlichen Beratungen der Bischöfe darauf
achten, daß auch an nichtkatholischen Universitäten katholische
Studentenheime und Universitätszentren errichtet werden, in
denen sorgfältig ausgewählte und vorgebildete Priester, Ordens-

---

[32] Vgl. Pius XII., Ansprache an die Professoren und Studenten der katholischen
Hochschulen Frankreichs, 21. Sept. 1950: Discorsi e Radiomessaggi XII, 219–221;
ders., Schreiben an den 22. Kongreß der „Pax Romana", 12. Aug. 1952: Discorsi
e Radiomessaggi XIV, 567–569; Johannes XXIII., Ansprache an den Verband
katholischer Universitäten, 1. Apr. 1959: Discorsi, Messaggi, Colloqui I (Rom
1960) 226–229; Paul VI., Ansprache an den Akademischen Senat der katholischen
Universität Mailand, 5. Apr. 1964: Enciclche e Discorsi di Paolo VI, II (Rom
1964) 438–443.
[33] Vgl. Pius XII., Ansprache an den Akademischen Senat und an die Studenten
der Universität Rom, 15. Juni 1952: Discorsi e Radiomessaggi XIV, 208: „Die
Entwicklung der Gesellschaft von morgen hängt wesentlich von dem Geist und
dem Herzen der Universitätsangehörigen von heute ab."

leute und Laien der studierenden Jugend dauernde geistliche und geistige Hilfe bieten. Besonders begabte Studenten katholischer oder anderer Universitäten, die zur Lehr- und Forschungstätigkeit befähigt erscheinen, sollen mit besonderer Sorgfalt ausgebildet und für die Übernahme des Lehramtes vorbereitet werden.

11. Von der Tätigkeit der theologischen Fakultäten erwartet die Kirche sehr viel[34]. Ihnen nämlich vertraut sie die überaus wichtige Aufgabe an, ihre Studenten nicht nur auf den priesterlichen Dienst, sondern besonders für die Tätigkeit auf den Lehrstühlen der Theologie und auf eigenständige Weiterarbeit in der Wissenschaft oder auf schwierigere Aufgaben im geistigen Apostolat vorzubereiten. Ebenso ist es die Aufgabe der genannten Fakultäten, die verschiedenen Gebiete der Theologie gründlicher zu erforschen, so daß das Verständnis der göttlichen Offenbarung sich mehr und mehr vertieft, das von den Vätern überkommene Erbe christlicher Weisheit sich immer besser erschließt, das Gespräch mit den getrennten Brüdern und den Nichtchristen gepflegt wird und die durch den Fortschritt der Wissenschaft aufgeworfenen Fragen eine Antwort finden[35].

Deshalb sollen die kirchlichen Fakultäten unter entsprechender Neugestaltung ihrer eigenen Gesetze die Theologie und die mit ihr zusammenhängenden Wissenschaften tatkräftig weiterentwickeln und durch Anwendung auch moderner Methoden und Hilfsmittel die Hörer zu tiefergehenden Studien anleiten.

12. Weil die Zusammenarbeit, die auf diözesaner, nationaler und internationaler Ebene mit jedem Tag dringender und stärker wird, auch im Schulwesen sich als höchst notwendig erweist, muß mit allen Mitteln danach gestrebt werden, daß zwischen den katholischen Schulen eine angemessene Koordinierung zustande kommt und zwischen ihnen und den übrigen Schulen jene Zusammenarbeit gefördert wird, die das Wohl der gesamten menschlichen Gesellschaft erfordert[36].

[34] Vgl. Pius XI., Apost. Konst. Deus Scientiarum Dominus, 24. Mai 1931: AAS 23 (1931) 245–247.
[35] Vgl. Pius XII., Enz. Humani generis, 12. Aug. 1950: AAS 42 (1950) 568f. 578; Paul VI., Enz. Ecclesiam suam, Tl. III, 6. Aug. 1964: AAS 56 (1964) 637–659; II. Vat. Konzil, Dekret über den Ökumenismus Unitatis redintegratio: AAS 57 (1965) 90–107.
[36] Vgl. Johannes XXIII., Enz. Pacem in terris, 11. Apr. 1963: AAS 55 (1963) 284 und passim.

Aus stärkerer Koordinierung und gemeinsamer Arbeit lassen sich besonders auf der Ebene der Hochschulen reichere Früchte erwarten. In jeder Universität sollen daher die Fakultäten, soweit ihr Gegenstand es zuläßt, sich gegenseitige Hilfe leisten. Auch die Universitäten selbst sollen in engere Zusammenarbeit treten, indem sie gemeinsam internationale Tagungen veranstalten, wissenschaftliche Forschungsgebiete unter sich aufteilen, Entdeckungen einander vorlegen, Professoren zeitweilig unter sich austauschen und alle Initiativen fördern, die zu stärkerer Hilfeleistung beitragen.

SCHLUSSWORT

Die Heilige Synode wendet sich mit der eindringlichen Mahnung an die Jugend, sich der überragenden Bedeutung der Erziehungsaufgaben bewußt zu werden und zu ihrer Übernahme sich großherzig bereit zu finden, besonders dort, wo Lehrermangel die Jugenderziehung in Frage stellt.

Schließlich dankt die Heilige Synode all den Priestern, Ordensmännern, Schwestern und Laien, die im Geiste des Evangeliums sich für das einzigartige Werk der Erziehung und für die Schulen jedwelcher Art aufopfern. Sie ermuntert diese, in der übernommenen Aufgabe frohen Herzens auszuharren und in der Formung ihrer Schüler mit dem Geiste Christi, in der Kunst des rechten Erziehens und in der wissenschaftlichen Arbeit nach so guten Leistungen zu streben, daß sie nicht nur die innere Erneuerung der Kirche fördern, sondern auch deren segensreiche Präsenz in der heutigen Welt, besonders unter den Gebildeten, erhalten und vertiefen.

X.

DIE ERKLÄRUNG ÜBER DAS VERHÄLTNIS DER KIRCHE ZU DEN NICHTCHRISTLICHEN RELIGIONEN „NOSTRA AETATE"

wurde in der Urfassung auf Wunsch Johannes' XXIII. vom Sekretariat für die Förderung der Einheit der Christen ausgearbeitet und im Juni 1962 der Zentralkommission vorgelegt. Das Schema war gegen den Antisemitismus gerichtet und wurde auf arabischen Druck hin zurückgezogen. Eine Intervention Kardinal Beas beim Papst erreichte, daß es in der II. Sitzungsperiode im November 1963 als Kapitel IV des Schemas über den Ökumenismus vorgelegt wurde. Aufgrund der heftigen Einwände wurde es dort wieder ausgegliedert und mit dem Text über die Religionsfreiheit in den Anhang des Ökumenismusschemas versetzt. Die im September 1964 vorgelegte selbständige neue Fassung war so abgeschwächt in ihrer Substanz, daß die Diskussion eine neue Bearbeitung forderte. Versuche, das Schema der Zuständigkeit des Sekretariats zu entziehen, scheiterten. Der im November 1964 vorgelegte neue Text enthielt Ausführungen auch über andere nichtchristliche Religionen. In dieser erweiterten Form wurde das Schema im November 1964 grundsätzlich angenommen. Eine leicht abgeschwächte Fassung wurde im Oktober 1965 den Einzelabstimmungen unterzogen und gebilligt. Die feierliche Schlußabstimmung ergab 2221 Ja- gegen 88 Nein-Stimmen; am gleichen Tag, dem 28. Oktober 1965, wurde die Erklärung feierlich verkündet.

Zu einer gerechten Würdigung der Erklärung darf nicht vergessen werden, daß sie sich ursprünglich auf das Verhältnis der Kirche zu den Juden beschränken sollte und daß die Aussagen über die anderen nichtchristlichen Religionen zunächst eher als eine Art Vehikel dienen sollten, mit dessen Hilfe eine möglichst große Zustimmung der Konzilsväter zu der „Judenerklärung" gewonnen werden sollte. So können dem Dokument heute verschiedene Vorwürfe gemacht werden: Es sei theologisch nicht gerade angemessen, den „Stamm Abrahams" global mit anderen nichtchristlichen Religionen zusammen zu behandeln; es sei auch im Hinblick auf die Intention Johannes' XXIII., der Feindschaft zwischen Juden und Christen ein für allemal ein Ende zu setzen, psychologisch nicht sehr geschickt, diese Frage in einer bloßen „Erklärung" zusammen mit anderen wichtigen Problemen anzupacken; schließlich seien auch die allzu kurzen Deskriptionen der anderen Religionen nicht über alle Zweifel erhaben. Über solchen und anderen möglichen Einwänden darf nicht übersehen werden, daß die Erklärung nach ihrem heute vorliegenden Wortlaut und nach ihrer inneren Dynamik in der Geschichte der Kirche, ihrer Konzilien und ihrer Theologie einzigartig ist.

Artikel 1, der das Vorwort darstellt, wirft gleich zu Beginn eine Frage auf, der sich die Kirche bisher in dieser Deutlichkeit noch nicht gestellt hat: Es gibt ein Verhältnis der Kirche zu den nichtchristlichen Religionen als solchen und nicht nur ein Verhältnis der Kirche zu nichtchristlichen Einzelnen. Die Frage wird von vornherein gar nicht unter dem Gesichtspunkt gestellt, wie die Kirche sich nach ihrem Selbstverständnis als einmalige Größe von allen anderen Religionsgemeinschaften unterscheide. Der gewohnte apologetisch-„missionarische" Weg wird hier also nicht beschritten. Das Motiv der Erklärung wird nicht aus dem Missionsbefehl genommen, sondern aus der Aufgabe der Kirche, „Einheit und Liebe unter den Menschen und damit auch unter den Völkern zu fördern". Damit bezweifelt das Konzil weder das Selbstverständnis der Kirche als der „einzig wahren" noch ihre dringliche Verpflichtung zur Mission; es eröffnet aber eine Perspektive zu größerer Gelassenheit in der Mission selbst wie auch zu einer ganz neuen Missionsmethode, nämlich unter der Voraussetzung einer geduldigen und positiven Koexistenz der Kirche mit den anderen Religionsgemeinschaften und in einem Dialog mit diesen als solchen. Diesem Ansatz entsprechend erinnert das Konzil im zweiten Absatz an die theologische Basis dafür, d. h. an den universalen Heilswillen des souveränen und gütigen Gottes, des Urhebers der allgemeinen, vom Anfang bis zur Endvollendung dauernden, auch durch die Sünde nicht aufgehobenen Heilsgeschichte. Der dritte Absatz nennt als Gründe, warum es auch heute noch Religion und somit konkret auch Religionen geben muß, die Daseinsfragen des Menschen. Auf die vieldiskutierte Religionsproblematik (Glaube oder Religion?) konnte sich das Konzil verständlicherweise nicht einlassen.

Der 2. Artikel erkennt in klaren und eindeutigen Worten die religiöse Erfahrung der verschiedenen Völker, insofern sie Erfahrung einer verborgenen Macht, eines höchsten Gottes oder sogar eines Vaters ist, als authentisch an. Die „Religionen" werden als genauere Artikulationen dieser Erfahrung verstanden, wobei nun Hinduismus und Buddhismus besonders gewürdigt werden. Das Konzil sagt feierlich, daß es in den verschiedenen Religionen „Wahres" und „Heiliges" gebe und daß es selbst die konkreten Formen und Lehren dieser Religionen mit aufrichtigem Ernst betrachte. Zur Würdigung dieser Aussagen müßte freilich herangezogen werden, was in der Kirchenkonstitution (Artikel 16), im Missionsdekret (Artikel 7), in der pastoralen Konstitution (Artikel 22) gesagt wird: auch ein Mensch sogar, der von der geschichtlichen

Botschaft des Christentums nicht erreicht wurde, ja auch ein Atheist, kann schuldlos sein und so, von der erlösenden Gnade Gottes („auf Gott bekannten Wegen") erreicht, einen heilswirkenden Glauben (und Liebe) haben und so das Heil erlangen. Von da aus ist es eigentlich selbstverständlich, daß sich von diesem in ungeheuerem Heilsoptimismus anerkannten inneren Besitz des eigentlichen Heilsgutes auch im „Heiden" Auswirkungen in den Religionen selbst finden müssen, in denen er konkret sein Verhältnis zu Gott lebt. Zu der eigenen Sendung der Kirche bekennt sich das Konzil in einer ausgewogenen Formulierung: die Kirche muß unablässig Jesus Christus verkünden, in dem die „Fülle des religiösen Lebens" zu finden ist, „in dem Gott *alles* mit sich versöhnt hat". Aber auch an dieser Stelle bleibt die frühere Sendungsauffassung der Kirche, alle Menschen möglichst schnell sich eingliedern zu können, unerwähnt. Vielmehr werden die Glieder der Kirche zum Gespräch und zur Zusammenarbeit mit den Bekennern anderer Religionen ermahnt, ja sogar: sie sollen die geistlichen und sittlichen Güter und die sozial-kulturellen Werte der anderen anerkennen, wahren und fördern, dabei immer das Zeugnis des eigenen Glaubens geben. Auf eine weitere Konkretisierung dieses Dialogs, dem das an Pfingsten 1964 gegründete Sekretariat für die Nichtchristen dienen will, wird hier nicht eingegangen.

Artikel 3 spricht voller Hochachtung vom Islam, dem ebenfalls eine kurze Beschreibung gewidmet wird. Die Tatsache, daß dieser Artikel wohl eher aus taktischen Erwägungen zustande kam, sollte dessen sachliche Bedeutung nicht mehr beeinträchtigen (vgl. Kirchenkonstitution, Artikel 16). Der Appell an alle, das Vergangene beiseite zu lassen und sich in Zukunft zu verstehen und zusammenzuarbeiten, ist wichtig genug und eines der Zeugnisse aufrichtiger Großherzigkeit des Konzils.

Der 4. Artikel bringt nun das Thema, um dessentwillen die ganze Erklärung (für die die Verdienste von J. M. Oesterreicher eigens genannt werden müssen) entstand: das Verhältnis von Juden und Christen. In dieser Frage gab es mehr zu bereinigen als nur eine grausame, unbewältigte Vergangenheit, in der sich die Christen vieler Sünden, blutiger und moralischer Verfolgungen der Juden und heute offenkundiger Lügen (z. B. Ritualmordlüge und Verzerrungen der jüdischen Lehre) schuldig gemacht hatten. Tatsache ist, daß bis zu diesem Konzil der unmenschliche und unchristliche Antisemitismus auch aus vielen Bestandteilen der katholischen Liturgie, Katechese und Predigt immer neue Nahrung erhielt. Johannes XXIII. war entschlossen, dem ein Ende zu machen, was jedoch mit nur administrativen Maßnahmen (Säuberung der liturgischen Bücher) angesichts der Hartnäckigkeit unterschwelliger Komplexe und Aggressionstriebe nicht möglich war. Neben alldem fehlte in der katholischen Theologie eine „Theologie Israels" (im Unterschied zu der primitiven Auseinandersetzung „Kirche"—„Synagoge") so gut wie ganz. Die Art und Weise, wie der Artikel in 7

knappen Absätzen diese komplexen Probleme angeht, ist bewunderns-
wert.

Der erste Teil ruft nachdrücklich in Erinnerung, daß der Glaube, die
Erwählung und die Berufung der Kirche in Israel ihren Anfang haben
und Israel die bleibende Wurzel der Kirche aus Juden und Heiden ist.
Die Worte, daß die Kirche das „dankbaren Herzens" anerkenne, sind
aus unbegreiflichen Gründen in der letzten Textfassung gestrichen
worden. Im Fortgang Abrahams aus seiner Heimat, im Auszug Israels
aus Ägypten: in dieser Pilgerschaft im Glauben erkennt sich die Kirche
in Wahrheit vorgebildet. Der zweite Absatz sagt mit Paulus (Röm 9),
was alles in der Kirche den Juden gehört und von den Juden stammt,
nicht zuletzt Jesus, dem Fleische nach ein Jude. Mit Nachdruck erklärt
der dritte Absatz, daß nach dem Zeugnis des Apostels die Juden immer
noch von Gott geliebt sind. Die Gnadengaben und die Berufung Gottes
sind unwiderruflich. Für die katholische Theologie wird diese neuerliche Betonung des souveränen Heilswillens Gottes von großer Bedeutung sein. Darüber hinaus sind hier wertvolle Elemente für eine
Theologie der Heilsgeschichte und für eine christliche Eschatologie
enthalten. Als praktische Folgerung ergibt sich schon aus diesem Absatz,
daß trotz der hier erwähnten Ablehnung Jesu in Israel die Juden niemals
als „verworfen" bezeichnet werden dürfen. Der vierte Absatz weist
auf die nötige gegenseitige Kenntnis und Achtung hin, der vor allem
biblische und theologische Studien und brüderliche Gespräche dienen.
Im fünften Absatz wird auf die Verantwortlichkeit der Juden für den
Tod Jesu eingegangen. In historischer Argumentation wird festgestellt,
daß die Ereignisse des Lebens Jesu weder allen damals lebenden Juden
noch den heutigen Juden (eine bare Selbstverständlichkeit) zur Last
gelegt werden dürfen. Historisch gesehen, sind für den Tod Jesu verantwortlich: „eine kleine Gruppe Juden, ein Römer und eine Handvoll
Syrer, die zur 10., in Palästina stationierten Kohorte gehörten" (Kardinal F. König). Und all diesen hat der Herr am Kreuz vergeben. Eine
solche historische Argumentation ist nur angesichts einer unbegreiflichen menschlichen Borniertheit notwendig, die den Sinn des Todes
Jesu nicht zu erfassen vermag, der wegen der „Sünde der Welt", also
auch wegen unserer eigenen, unser Todesschicksal erlitt. Daß in der
Endfassung des Textes die Anklage der Juden wegen „Gottesmord"
nicht mehr zurückgewiesen wird, ist verständlich, weil die Worte
„Mord" und „Gottesmord" in diesem Zusammenhang zu patholo-
gisch-dumm sind, als daß das Konzil darauf hätte eingehen müssen.
Statt dessen wird im Blick auf die Zukunft allen Katholiken untersagt,
in Katechese und Predigt die Juden als von Gott verworfen oder verflucht darzustellen. Der sechste Absatz beklagt alle Verfolgungen gegen
irgendwelche Menschen, namentlich und ausdrücklich aber den
Antisemitismus jedweder Spielart. Der Wortlaut ist eindeutig und wird
künftig jeden Zuwiderhandelnden in der Kirche bloßstellen. Dennoch

hätte das Konzil gerade an dieser Stelle mit größerem Autoritätseinsatz als nur mit dem schwächlichen „beklagt" sprechen können. Um alle theologischen Zweifel zu zerstreuen, geht der siebte Absatz noch einmal auf die Freiheit des Leidens Christi ein, auf die Sünden aller Menschen, auf das Kreuz als Zeichen der universalen Liebe Gottes.

Artikel 5 spricht zum Schluß von der Brüderlichkeit aller Menschen, von der Gleichheit von Mensch und Mensch, von Volk und Volk. Feierlich wird jede Diskriminierung eines Menschen, jeder Gewaltakt gegen einen Menschen wegen seiner Rasse oder Farbe, wegen seines Standes oder seiner Religion verurteilt. Dieser Appell wird „mit leidenschaftlichem Ernst" vorgetragen.

Erklärung über das Verhältnis der Kirche zu den nichtchristlichen Religionen

1. In unserer Zeit, da sich das Menschengeschlecht von Tag zu Tag enger zusammenschließt und die Beziehungen unter den verschiedenen Völkern sich mehren, erwägt die Kirche mit um so größerer Aufmerksamkeit, in welchem Verhältnis sie zu den nichtchristlichen Religionen steht. Gemäß ihrer Aufgabe, Einheit und Liebe unter den Menschen und damit auch unter den Völkern zu fördern, faßt sie vor allem das ins Auge, was den Menschen gemeinsam ist und sie zur Gemeinschaft untereinander führt.

Alle Völker sind ja eine einzige Gemeinschaft, sie haben denselben Ursprung, da Gott das ganze Menschengeschlecht auf dem gesamten Erdkreis wohnen ließ[1]; auch haben sie Gott als ein und dasselbe letzte Ziel. Seine Vorsehung, die Bezeugung seiner Güte und seine Heilsratschlüsse erstrecken sich auf alle Menschen[2], bis die Erwählten vereint sein werden in der Heiligen Stadt, deren Licht die Herrlichkeit Gottes sein wird; werden doch alle Völker in seinem Lichte wandeln[3].

Die Menschen erwarten von den verschiedenen Religionen Antwort auf die ungelösten Rätsel des menschlichen Daseins, die heute wie von je die Herzen der Menschen im tiefsten bewegen: Was ist der Mensch? Was ist Sinn und Ziel unseres Lebens? Was ist das Gute, was die Sünde? Woher kommt das Leid, und welchen Sinn hat es? Was ist der Weg zum wahren Glück? Was ist der Tod, das Gericht und die Vergeltung nach dem Tode? Und schließlich: Was ist jenes letzte und unsagbare Geheimnis unserer Existenz, aus dem wir kommen und wohin wir gehen?

[1] Vgl. Apg 17, 26.
[2] Vgl. Weish 8, 1; Apg 14, 17; Röm 2, 6-7; 1 Tim 2, 4.
[3] Vgl. Apg 21, 23f.

2. Von den ältesten Zeiten bis zu unseren Tagen findet sich bei den verschiedenen Völkern eine gewisse Wahrnehmung jener verborgenen Macht, die dem Lauf der Welt und den Ereignissen des menschlichen Lebens gegenwärtig ist, und nicht selten findet sich auch die Anerkenntnis einer höchsten Gottheit oder sogar eines Vaters. Diese Wahrnehmung und Anerkenntnis durchtränkt ihr Leben mit einem tiefen religiösen Sinn. Im Zusammenhang mit dem Fortschreiten der Kultur suchen die Religionen mit genaueren Begriffen und in einer mehr durchgebildeten Sprache Antwort auf die gleichen Fragen. So erforschen im Hinduismus die Menschen das göttliche Geheimnis und bringen es in einem unerschöpflichen Reichtum von Mythen und in tiefdringenden philosophischen Versuchen zum Ausdruck und suchen durch aszetische Lebensformen oder tiefe Meditation oder liebend-vertrauende Zuflucht zu Gott Befreiung von der Enge und Beschränktheit unserer Lage. In den verschiedenen Formen des Buddhismus wird das radikale Ungenügen der veränderlichen Welt anerkannt und ein Weg gelehrt, auf dem die Menschen mit frommem und vertrauendem Sinn entweder den Zustand vollkommener Befreiung zu erreichen oder — sei es durch eigene Bemühung, sei es vermittels höherer Hilfe — zur höchsten Erleuchtung zu gelangen vermögen. So sind auch die übrigen in der ganzen Welt verbreiteten Religionen bemüht, der Unruhe des menschlichen Herzens auf verschiedene Weise zu begegnen, indem sie Wege weisen: Lehren und Lebensregeln sowie auch heilige Riten.

Die katholische Kirche lehnt nichts von alledem ab, was in diesen Religionen wahr und heilig ist. Mit aufrichtigem Ernst betrachtet sie jene Handlungs- und Lebensweisen, jene Vorschriften und Lehren, die zwar in manchem von dem abweichen, was sie selber für wahr hält und lehrt, doch nicht selten einen Strahl jener Wahrheit erkennen lassen, die alle Menschen erleuchtet. Unablässig aber verkündet sie und muß sie verkündigen Christus, der ist „der Weg, die Wahrheit und das Leben" (Jo 14, 6), in dem die Menschen die Fülle des religiösen Lebens finden, in dem Gott alles mit sich versöhnt hat[4].

Deshalb mahnt sie ihre Söhne, daß sie mit Klugheit und Liebe, durch Gespräch und Zusammenarbeit mit den Bekennern anderer Religionen sowie durch ihr Zeugnis des christlichen

---

[4] Vgl. 2 Kor 5, 18-19.

Glaubens und Lebens jene geistlichen und sittlichen Güter und auch die sozial-kulturellen Werte, die sich bei ihnen finden, anerkennen, wahren und fördern.

3. Mit Hochachtung betrachtet die Kirche auch die Muslim, die den alleinigen Gott anbeten, den lebendigen und in sich seienden, barmherzigen und allmächtigen, den Schöpfer Himmels und der Erde[5], der zu den Menschen gesprochen hat. Sie mühen sich, auch seinen verborgenen Ratschlüssen sich mit ganzer Seele zu unterwerfen, so wie Abraham sich Gott unterworfen hat, auf den der islamische Glaube sich gerne beruft. Jesus, den sie allerdings nicht als Gott anerkennen, verehren sie doch als Propheten, und sie ehren seine jungfräuliche Mutter Maria, die sie bisweilen auch in Frömmigkeit anrufen. Überdies erwarten sie den Tag des Gerichtes, an dem Gott alle Menschen auferweckt und ihnen vergilt. Deshalb legen sie Wert auf sittliche Lebenshaltung und verehren Gott besonders durch Gebet, Almosen und Fasten.

Da es jedoch im Lauf der Jahrhunderte zu manchen Zwistigkeiten und Feindschaften zwischen Christen und Muslim kam, ermahnt die Heilige Synode alle, das Vergangene beiseite zu lassen, sich aufrichtig um gegenseitiges Verstehen zu bemühen und gemeinsam einzutreten für Schutz und Förderung der sozialen Gerechtigkeit, der sittlichen Güter und nicht zuletzt des Friedens und der Freiheit für alle Menschen.

4. Bei ihrer Besinnung auf das Geheimnis der Kirche gedenkt die Heilige Synode des Bandes, wodurch das Volk des Neuen Bundes mit dem Stamme Abrahams geistlich verbunden ist.

So anerkennt die Kirche Christi, daß nach dem Heilsgeheimnis Gottes die Anfänge ihres Glaubens und ihrer Erwählung sich schon bei den Patriarchen, bei Moses und den Propheten finden. Sie bekennt, daß alle Christgläubigen als Söhne Abrahams dem Glauben nach[6] in der Berufung dieses Patriarchen eingeschlossen sind und daß in dem Auszug des erwählten Volkes aus dem Lande der Knechtschaft das Heil der Kirche geheimnisvoll vorgebildet ist. Deshalb kann die Kirche auch nicht vergessen, daß sie durch jenes Volk, mit dem Gott aus unsagbarem Erbarmen den Alten

---

[5] Vgl. Gregor VII., Ep. III, 21 ad Anazir (Al-Nāṣir), regem Mauritaniae, ed. E. Caspar in MGH, Ep. sel. II, 1920, I, 288, 11–15; PL 148, 451 A.

[6] Vgl. Gal 3, 7.

Bund geschlossen hat, die Offenbarung des Alten Testamentes empfing und genährt wird von der Wurzel des guten Ölbaums, in den die Heiden als wilde Schößlinge eingepfropft sind[7]. Denn die Kirche glaubt, daß Christus, unser Friede, Juden und Heiden durch das Kreuz versöhnt und beide in sich vereinigt hat[8].

Die Kirche hat auch stets die Worte des Apostels Paulus vor Augen, der von seinen Stammverwandten sagt, daß „ihnen die Annahme an Sohnes Statt und die Herrlichkeit, der Bund und das Gesetz, der Gottesdienst und die Verheißungen gehören wie auch die Väter und daß aus ihnen Christus dem Fleische nach stammt" (Röm 9, 4–5), der Sohn der Jungfrau Maria. Auch hält sie sich gegenwärtig, daß aus dem jüdischen Volk die Apostel stammen, die Grundfesten und Säulen der Kirche, sowie die meisten jener ersten Jünger, die das Evangelium Christi der Welt verkündet haben.

Wie die Schrift bezeugt, hat Jerusalem die Zeit seiner Heimsuchung nicht erkannt[9], und ein großer Teil der Juden hat das Evangelium nicht angenommen, ja nicht wenige haben sich seiner Ausbreitung widersetzt[10]. Nichtsdestoweniger sind die Juden nach dem Zeugnis der Apostel immer noch von Gott geliebt um der Väter willen; sind doch seine Gnadengaben und seine Berufung unwiderruflich[11]. Mit den Propheten und mit demselben Apostel erwartet die Kirche den Tag, der nur Gott bekannt ist, an dem alle Völker mit *einer* Stimme den Herrn anrufen und ihm „Schulter an Schulter dienen" (Soph 3, 9)[12].

Da also das Christen und Juden gemeinsame geistliche Erbe so reich ist, will die Heilige Synode die gegenseitige Kenntnis und Achtung fördern, die vor allem die Frucht biblischer und theologischer Studien sowie des brüderlichen Gespräches ist.

Obgleich die jüdischen Obrigkeiten mit ihren Anhängern auf den Tod Christi gedrungen haben[13], kann man dennoch die Ereignisse seines Leidens weder allen damals lebenden Juden ohne Unterschied noch den heutigen Juden zur Last legen. Gewiß ist die Kirche das neue Volk Gottes, trotzdem darf man

---

[7] Vgl. Röm 11, 17–24.   [8] Vgl. Eph 2, 14–16.
[9] Vgl. Lk 19, 44.   [10] Vgl. Röm 11, 28
[11] Vgl. Röm 11, 28–29; vgl. II. Vat. Konzil, Dogm. Konst. über die Kirche Lumen Gentium: AAS 57 (1965) 20.
[12] Vgl. Is 66, 23; Ps 65, 4; Röm 11, 11–32.   [13] Vgl. Jo 19, 6.

die Juden nicht als von Gott verworfen oder verflucht darstellen, als wäre dies aus der Heiligen Schrift zu folgern. Darum sollen alle dafür Sorge tragen, daß niemand in der Katechese oder bei der Predigt des Gotteswortes etwas lehre, das mit der evangelischen Wahrheit und dem Geiste Christi nicht im Einklang steht.

Im Bewußtsein des Erbes, das sie mit den Juden gemeinsam hat, beklagt die Kirche, die alle Verfolgungen gegen irgendwelche Menschen verwirft, nicht aus politischen Gründen, sondern auf Antrieb der religiösen Liebe des Evangeliums alle Haßausbrüche, Verfolgungen und Manifestationen des Antisemitismus, die sich zu irgendeiner Zeit und von irgend jemandem gegen die Juden gerichtet haben.

Auch hat ja Christus, wie die Kirche immer gelehrt hat und lehrt, in Freiheit, um der Sünden aller Menschen willen, sein Leiden und seinen Tod aus unendlicher Liebe auf sich genommen, damit alle das Heil erlangen. So ist es die Aufgabe der Predigt der Kirche, das Kreuz Christi als Zeichen der universalen Liebe Gottes und als Quelle aller Gnaden zu verkünden.

5. Wir können aber Gott, den Vater aller, nicht anrufen, wenn wir irgendwelchen Menschen, die ja nach dem Ebenbild Gottes geschaffen sind, die brüderliche Haltung verweigern. Das Verhalten des Menschen zu Gott dem Vater und sein Verhalten zu den Menschenbrüdern stehen in so engem Zusammenhang, daß die Schrift sagt: „Wer nicht liebt, kennt Gott nicht" (1 Jo 4, 8).

So wird also jeder Theorie oder Praxis das Fundament entzogen, die zwischen Mensch und Mensch, zwischen Volk und Volk bezüglich der Menschenwürde und der daraus fließenden Rechte einen Unterschied macht.

Deshalb verwirft die Kirche jede Diskriminierung eines Menschen oder jeden Gewaltakt gegen ihn um seiner Rasse oder Farbe, seines Standes oder seiner Religion willen, weil dies dem Geist Christi widerspricht. Und dementsprechend ruft die Heilige Synode, den Spuren der heiligen Apostel Petrus und Paulus folgend, die Gläubigen mit leidenschaftlichem Ernst dazu auf, daß sie „einen guten Wandel unter den Völkern führen" (1 Petr 2, 12) und womöglich, soviel an ihnen liegt, mit allen Menschen Frieden halten[14], so daß sie in Wahrheit Söhne des Vaters sind, der im Himmel ist[15].

[14] Vgl. Röm 12, 18.   [15] Vgl. Mt 5, 45.

XI

DIE DOGMATISCHE KONSTITUTION
ÜBER DIE GÖTTLICHE OFFENBARUNG „DEI VERBUM"

entstand als Nachfolgerin eines Textes, an dem sich die Geister schieden und das Konzil sein Selbstbewußtsein fand. Von der Theologischen Vorbereitungskommission war ein Schema „Über die Quellen der Offenbarung" vorgelegt worden, das Mitte November 1962 vom Konzil sehr kritisch diskutiert wurde. Eine Abstimmung ergab eine starke, aber ungenügende Mehrheit gegen eine Fortsetzung der heftigen Debatte. Johannes XXIII. ordnete daraufhin den Abbruch der Diskussion an, setzte eine neue, gemische Kommission mit den gleichberechtigten Präsidenten Ottaviani und Bea ein und wünschte die Erstellung eines Schemas „Über die göttliche Offenbarung". Die gemischte Kommission erstellte im Frühjahr 1963 den neuen Text. Schriftliche Abänderungsvorschläge wurden von der Theologischen Kommission eingearbeitet, so daß dieser dritte Text Ende September 1964 dem Konzil vorgelegt werden konnte. Als Ergebnis der Diskussion entstand noch während der III. Sitzungsperiode ein vierter Text, über den erst im September 1965 abgestimmt werden konnte. Wieder ergaben sich Abänderungsvorschläge, darunter auch einige von seiten des Papstes, der jedoch frei über sie in der Theologischen Kommission abstimmen ließ und mit Umformulierungen einverstanden war. Die feierliche Schlußabstimmung ergab 2344 Ja- gegen 6 Nein-Stimmen, am gleichen Tag, dem 18. November 1965, wurde die dogmatische Konstitution feierlich verkündet.

Der endgültige Text ist eine „dogmatische Konstitution". Das Konzil wollte zwar keine neuen Dogmen definieren, aber seine dogmatischen Konstitutionen stellen Aussagen des höchsten Lehramtes der katholischen Kirche dar, die das Gewissen des katholischen Christen, auch der lehrenden, binden und nicht als pastorale Erbaulichkeiten abgetan werden dürfen. Das schließt selbstverständlich nicht aus, daß auch hier auf Mißverständlichkeiten und weniger geglückte Formulierungen des Textes aufmerksam gemacht werden darf.

Das Vorwort (Artikel 1) gibt das Thema der Konstitution genauer an, die Offenbarung Gottes und ihre Weitergabe. Ein Eingehen auf hier naheliegende fundamentaltheologische Thematiken — Wie vernimmt der Offenbarungsträger die göttliche Offenbarung als die des sich selbst bezeugenden Gottes? Warum ist diese Selbstbezeugung Gottes in genau derselben Weise der Zeit nach Jesus Christus versagt? Wie kann der Mensch heute zu einer abgeschlossenen, vielfach vermittelten Offenbarung einen Glaubenszugang finden? — ist in dieser Konstitution nicht beabsichtigt gewesen.

Im I. Kapitel, das von der Offenbarung Gottes selbst handelt, wird manches verdeutlicht, was das Konzil von Trient und das I. Vaticanum in einer gewissen Einseitigkeit gesagt hatten, und so wird, wie das Vorwort ankündigte, die Lehre dieser Konzilien wohl nicht revidiert, aber weitergeführt. Dazu gehört, daß Offenbarung als Selbstmitteilung Gottes verstanden wird und darum hinfort nicht mehr intellektualistisch als bloße Mitteilung von Sätzen „über" Gott und seine Heilsabsichten mißverstanden werden darf. Sie ist überhaupt nicht nur im Wort und in der Lehre zu sehen, sondern als Einheit von Tat- und Wortoffenbarung, als ereignishaftes Handeln Gottes am Menschen, zu dem das dem Glauben gesagte Wort als ein inneres Wesensmoment gehört. Die Tatoffenbarung aber ist weder auf die sogenannte „natürliche Offenbarung" beschränkt, der das Konzil hier kein besonderes Gewicht beimißt, noch auf die „Wunder" und erfüllten Prophezeiungen, die zur fundamentaltheologischen Thematik gehören. Das Konzil richtet seine Aufmerksamkeit vielmehr umfassender auf die Konkretion des allgemeinen Heilswillens Gottes (der überall seine Gnade anbietet und mitteilt) in der besonderen, amtlichen Heilsgeschichte. Diese wird bis zu ihrem Höhepunkt in Jesus Christus dargestellt, allerdings nicht in einer exegetischen Anstrengung, so daß die angeführten Schriftstellen mehr zufällige Belege sind. Von dieser Offenbarung Gottes sagt das Konzil, daß sie abgeschlossen und erfüllt ist, daß sie aber dadurch immerfort neu wirkt, „daß Gott mit uns ist" (Artikel 4).

Von dem Thema der Offenbarung geht der Konzilstext unvermittelt zum Glauben des Menschen über. Artikel 5 enthält zwei Aussagen, die als Aussagen des Lehramts von großer Bedeutung sind. Der Glaube des Menschen wird in erster Linie im Sinn des Römerbriefs als Gehorsam, als personale Begegnung mit Gott und als Übereignung des ganzen Menschen verstanden. Diese Glaubenszustimmung wird durch das Zuvorkommen der Gnade Gottes allererst ermöglicht, und der Glaube erfährt ständige Vervollkommnung durch die Gaben des Geistes. Der intellektuelle Aspekt des Glaubens kommt erst danach in Artikel 6 zur Geltung.

Das II. Kapitel über die Weitergabe der Offenbarung hebt hervor, daß das „Evangelium" der Kirche zur getreuen Predigt und Bewahrung anvertraut wurde. Bei diesem Vollzug werden nicht nur Heilswahrheit und Sittenlehre, sondern auch göttliche Gaben mitgeteilt. Der Konzilstext geht nicht auf die Bewahrung der Offenbarung in Israel ein, sondern auf das, was die Apostel von Jesus empfingen oder „unter der Eingebung des Heiligen Geistes gelernt hatten" (ein für die exegetische

Arbeit wichtiger Satz des Artikels 7), was sie mündlich verkündigten oder was von ihnen oder „apostolischen Männern" (ein vorsichtiger Ausdruck) niedergeschrieben wurde. Eben dieses weitergebende Lehramt ging auf die Nachfolger der Apostel über. Damit stellt sich das Konzil dem Verhältnis von Überlieferung und Schrift. Das beide Umfassende ist die ursprüngliche „apostolische Predigt". Der Schrift kommt besondere Würde zu, weil in ihr diese Predigt „besonders deutlichen Ausdruck" gefunden hat. Über sie hinaus gibt es einen Fortschritt nicht quantitativer, sondern qualitativer Art: durch Betrachtung, Studium und geistliche Erfahrung. Insofern Überlieferung nicht das Ganze ist, sondern von der Schrift unterschieden werden muß, schreibt ihr das Konzil lediglich zwei Funktionen zu, einmal die Erkenntnis des „vollständigen Kanons" (Artikel 8), zum anderen — nach einem Zusatz, den der Papst in einer späten Phase gewünscht hat — die Gewißheit über alles Geoffenbarte (Artikel 9). Dieser Zusatz verändert die Konzilsauffassung nicht, daß die Tradition nicht als quantitative materiale Ergänzung der Schrift gelehrt werden soll (diese Frage wird bewußt offengelassen), da ja nur von der „Gewißheit" die Rede ist. Zu der vieldiskutierten Frage also, ob die Offenbarung Gottes uns in einem oder in zwei voneinander getrennten „Zuflüssen" (mit wenigstens teilweise material verschiedener Inhaltlichkeit) zukomme (das Wort „Quelle" wäre hier von vornherein falsch), nimmt das Konzil nur insofern Stellung, als es die Einheit der Weitergabe betont. Artikel 10 verläßt dieses Thema und ergänzt es bedeutsam, weil die Einheit des Volkes Gottes, von Vorstehern und Gläubigen, gegenüber dem Wort Gottes und im Wort Gottes hervorgehoben wird. Weiter wird gesagt, das Lehramt sei nicht über dem Wort Gottes, sondern es diene ihm, indem es darauf höre. Beides sind wichtige Selbstaussagen des Lehramtes über seine dienende Funktion. Es ist nicht Norm der Schrift, sondern eine Norm des Schriftverständnisses des einzelnen Christen in der Kirche.

Kapitel III über die Inspiration und Interpretation der Schrift legt neueren katholischen Versuchen zum Verständnis der Inspiration kein Hindernis in den Weg. Deutlicher als die Schultheologie unterscheidet es zwischen Gott als dem „Urheber" der Schrift und den Menschen als deren „echten *Verfassern*" (nicht „Sekretäre!"). Der Schrift wird nicht, wie in früheren Textentwürfen dieser Konstitution, „Irrtumslosigkeit" zugeschrieben, sondern es wird gesagt, daß sie die „Wahrheit" lehre. Was in diesem Zusammenhang „Wahrheit" heißen soll, wird überdies umschrieben. Zwar heißt es auf Wunsch des Papstes nun nicht mehr, die Schrift lehre die „Heilswahrheit", aber die jetzige Fassung: „die Wahrheit, die Gott um unseres Heiles willen in heiligen Schriften aufgezeichnet haben wollte", sagt substantiell dasselbe. Sie schließt die Tatsache jedenfalls nicht aus, daß in der Schrift menschliche Fehler, d. h. Sätze, die, wenn sie außerhalb des Kontextes und dessen literarischer Art gelesen und als wirklich vertretene Aussagen für sich verstanden werden, mit Recht als profane „Irrtümer" zu gelten hätten, enthalten sind, die mit der Wahrheit um unseres Heiles willen in keinem Zusammenhang stehen (Artikel 11). Der folgende Artikel 12 geht, ganz im Gefolge der Offenheit gegenüber der Bibelerforschung unter Pius XII. und der Instruktion der Päpstlichen Bibelkommission von 1964, auf die Prinzipien der Schriftauslegung ein. Es geht darum, die Aussage*absicht* der biblischen Schriftsteller („Hagiographen") zu ermitteln. Bei der Ermittlung der Absicht von Menschen, die ihre eigene Absicht nicht mehr selbst interpretieren können, ist ein umfangreicher Komplex von methodischen Analysen anzuwenden. Für die Heilige Schrift stellt ihn die Bibelwissenschaft bereit. Der Konzilstext nennt aus diesem ganzen Komplex, den er mit den Worten „neben anderem" andeutet, nur die „literarischen Gattungen", um deren Erforschung sich nach der Überwindung der reinen Literarkritik seit Anfang des 20. Jahrhunderts die sogenannte „Formgeschichtliche Schule" verdient gemacht hat. Das Konzil erkennt an, daß es mehrere solcher literarischer Gattungen in der Schrift gibt, darunter auch dichterische und solche „von in *verschiedener* Weise geschichtlicher Art". In welchem Sinn die Schrift Geschichte bietet oder überhaupt bieten will, läßt sich auf den ersten Blick hin heute nicht eindeutig erkennen, auch von der Kirche nicht, als deren eigenes heiliges Buch diese Schrift ist. Darum braucht die Kirche die wissenschaftliche Exegese, deren Forschungsfreiheit gerade durch diesen Konzilstext gesichert wird und deren Rang ausdrücklich anerkannt wird: durch ihre wissenschaftliche Vorarbeit reift erst das Urteil der Kirche. Die kritische Exegese ist indes nicht die einzige Methode, deren die Kirche bei der Beschäftigung mit der Schrift bedarf. Gleichsam ergänzend muß jene hinzukommen, „die auf den Inhalt und die Einheit der ganzen Schrift achtet unter Berücksichtigung der lebendigen Überlieferung der Gesamtkirche und der Analogie des Glaubens". Die hier genannte Aufgabe, den Gesamtglauben der Kirche zu objektivieren und die Einzelinhalte und -aussagen in ihrer Zugehörigkeit zu ihm zu verstehen und auszulegen, ist ein entscheidender Auftrag in der Glaubenssituation der Gegenwart.

Das IV. Kapitel über das Alte Testament zeichnet die Heilsgeschichte in der Geschichte des Bundes Gottes mit Israel nach. Man braucht die Mängel dieses Kapitels nicht zu verschweigen, das der Tatsache, daß das Alte Testament das Heilige Buch Jesu und der Urgemeinde war und eine viel längere Erfahrung der Menschheit mit Gott enthält als das Neue Testament, kaum gerecht wird. Der „unvergängliche Wert" der Heiligen Schrift Israels wird hier doch eher in ihrer „göttlichen Erziehungskunst" auf Jesus Christus hin gesehen. Ein schwacher Ausgleich findet sich in Artikel 16: daß das Neue Testament auch erst im Licht des Alten Testaments ganz verstanden werden kann.

Nicht viel länger ist das V. Kapitel über das Neue Testament. Die Betonung liegt in eigentümlicher Weise, wie Artikel 18 auch ausdrücklich sagt, auf den vier Evangelien. Damit nimmt das Konzil auf seine Art die Frage nach dem „historischen Jesus" auf. Zunächst geht es auf den Ursprung der vier Evangelien ein. Das Konzil sagt sehr vorsichtig, sie seien apostolischen Ursprungs; die Überlieferung der Evangelien gehe auf die Apostel oder auf „apostolische Männer" zurück. Artikel 19 sucht die Frage anzugehen, in welchem Sinn und Ausmaß die Evangelien historisch geschehene Geschichte berichten. Der erste Entwurf hatte alle Exegeten verurteilt, die bezweifelten, daß alles, was die Evangelien berichten und wie sie es berichten, historische Wahrheit sei. Dieser Passus wurde schon zu Beginn der Überarbeitungen gestrichen. Gegen die vorletzte Fassung, die Evangelien böten Wahres und Ehrliches aus der schöpferischen Kraft der Urgemeinde, erhob die Minderheit auf dem Konzil stürmischen Protest, unterstützt vom Papst. Die Kommission strich die „schöpferische Kraft der Urgemeinde", ließ das „Wahre und Ehrliche" stehen und fügte im ersten Satz ein: „deren (d. h. der vier Evangelien) Geschichtlichkeit sie ohne Bedenken bejaht". Der Papst war damit einverstanden. Der Begriff „Geschichtlichkeit" („historicitas") wird hier nicht erklärt und bedarf daher weiterer Studien. Der Einschub läßt selbstverständlich die Aussage von Artikel 12, daß es biblische Texte „von in *verschiedener* Weise geschichtlicher Art" gibt — die auch vom Neuen Testament gilt —, ganz unberührt. Der zweite Satz des Artikels macht sich die Ergebnisse der modernen Exegese behutsam zu eigen. Erster Schritt: Die Apostel haben, nachdem Jesus weggenommen worden war, aus einem volleren Verständnis Christi heraus gepredigt. Zweiter Schritt: Die Verfasser der Evangelien haben dieses so überlieferte Predigtmaterial „redigiert", nämlich ausgewählt, zusammengezogen, im Hinblick auf die Lage der Kirche verdeutlicht („aktualisiert", wie die Exegeten sagen). Dabei haben sie die Form der Verkündigung (was wiederum die Gattungen und die Stilistik betrifft) beibehalten. Recht summarisch spricht Artikel 20 von den übrigen Büchern des Neuen Testaments. Die theologischen Interessen der neutestamentlichen Briefliteratur (und der Apg und der Apk) fanden offenbar nicht die besondere Aufmerksamkeit des Konzils.

K a p i t e l VI spricht über die Schrift im Leben der Kirche. Man darf es nicht „pastoral" mißverstehen. Artikel 21 und 26 bilden einen Rahmen, in dem die Verehrung des Wortes Gottes bzw. der Schrift mit der Verehrung der Eucharistie in Parallele gesetzt und so ein Thema fortgeführt wird, das schon in der Konstitution über die Liturgie (Artikel 7, 24, 51, 56) anklang. In Artikel 21 heißt es weiter, in der Schrift („zusammen mit der Heiligen Überlieferung") sehe die Kirche „die höchste Richtschnur ihres Glaubens". Mit der Formulierung wollte man ursprünglich auf die evangelische Frage antworten, ob die Schrift für die Kirche Norm sei. Man vermied den Ausdruck „norma", verwendete aber das ebenso eindeutige „suprema regula". Die Aussageintention wird aber beeinträchtigt durch das „zusammen mit der Heiligen Überlieferung", einer Formulierung, die sich mit Kapitel II nur dann zu voller Übereinstimmung bringen läßt, wenn die Tradition als bleibend lebendiges — und normatives — Schriftverständnis verstanden wird. Diese Intention wird insofern durchgehalten, als im folgenden von der Schrift allein die Rede ist. An ihr müssen sich Verkündigung, Predigt und Katechese orientieren. Artikel 22 beschäftigt sich damit, wie die Schrift in guten Übersetzungen an den heutigen Menschen herankommen könne, und öffnet die Tür für „ökumenische" Bibelübersetzungen. Artikel 23 weist die Exegeten auf ihre Aufgabe hin, dem Volk Gottes zu dienen, wiederholt aber auch Bekenntnis und Aufmunterung zu den wissenschaftlichen Methoden der Exegese. Artikel 24 wendet sich sehr summarisch der Frage zu, wie die genaue Beziehung zwischen Theologie und Heiliger Schrift zu denken ist. Hier heißt es: „Die heilige Theologie ruht auf dem geschriebenen Wort Gottes, zusammen mit der Heiligen Überlieferung, wie auf einem bleibenden Fundament." Das „zusammen mit der Heiligen Überlieferung" (vgl. Artikel 21) wurde spät zur Beruhigung der Konzilsminderheit eingefügt. Es darf nicht im Sinne der nachtridentinischen „Zweiquellentheorie" mißverstanden werden; vielmehr wurde der Antrag von 144 Vätern, hier vom „geschriebenen und überlieferten Wort Gottes" zu sprechen, ausdrücklich abgelehnt. Die Sätze, daß die Theologie sich ständig verjüngt, wenn sie „biblisch" ist, und daß das Studium der Schrift „gleichsam die Seele der Theologie" ist, sind wichtig. Aber stärker und praktischer, konkreter in der Anweisung ist die Ausdrucksweise im Dekret über die Ausbildung der Priester (dort Artikel 16). Auch dieser Artikel geht noch einmal auf die Verkündigung ein und hebt die Homilie hervor. Artikel 25 appelliert nachdrücklich an alle, die den Dienst am Wort haben, ständig Schriftlesung zu halten und die Bibel wissenschaftlich zu studieren. Eine eindringliche Mahnung zur Schriftlesung gilt sodann den Ordensleuten (im Blick auf das Problem der sogenannten „Betrachtung") und allen Gläubigen, denn — sagt das Konzil — wenn man die Schrift nicht kennt, kennt man Christus nicht. Die kirchlichen Vorsteher werden auf ihre Pflicht, für gute und gut kommentierte Bibelausgaben zu sorgen, hingewiesen. Sie sollen auch für Nichtchristen brauchbar sein.

Noch nie hat ein Konzil oder überhaupt das höchste Lehramt der katholischen Kirche so intensiv und so ausführlich über das Wort Gottes und über die Heilige Schrift gesprochen. Die Konstitution läßt die Forschungsfreiheit der Exegeten bestehen und erkennt die Legitimität ihrer wissenschaftlichen Methoden an. Sie greift nicht verurteilend in die innerkatholischen Kontroversen ein. Sie unterbindet den ökumenischen Dialog über Schrift und Tradition nicht. Und das ist weitaus mehr, als im November 1962 zu erhoffen war. Darüber hinaus entwirft sie ein Programm für das christliche Leben und für die Theologie, das auszuführen nicht wenig Mühe und Arbeit kosten wird.

Dogmatische Konstitution
über die göttliche Offenbarung

1. Gottes Wort voll Ehrfurcht hörend und voll Zuversicht verkündigend, folgt die Heilige Synode den Worten des heiligen Johannes: „Wir künden euch das ewige Leben, das beim Vater war und uns erschien. Was wir gesehen und gehört haben, künden wir euch, damit auch ihr Gemeinschaft habt mit uns und unsere Gemeinschaft Gemeinschaft sei mit dem Vater und mit seinem Sohn Jesus Christus" (1 Jo 1, 2–3). Darum will die Synode in Nachfolge des Trienter und des Ersten Vatikanischen Konzils die echte Lehre über die göttliche Offenbarung und deren Weitergabe vorlegen, damit die ganze Welt im Hören auf die Botschaft des Heiles glaubt, im Glauben hofft und in der Hoffnung liebt[1].

ERSTES KAPITEL

DIE OFFENBARUNG

2. Gott hat in seiner Güte und Weisheit beschlossen, sich selbst zu offenbaren und das Geheimnis seines Willens kundzutun (vgl. Eph 1, 9): daß die Menschen durch Christus, das fleischgewordene Wort, im Heiligen Geist Zugang zum Vater haben und teilhaftig werden der göttlichen Natur (vgl. Eph 2, 18; 2 Petr 1, 4). In dieser Offenbarung redet der unsichtbare Gott (vgl. Kol 1, 15; 1 Tim 1, 17) aus überströmender Liebe die Menschen an wie Freunde (vgl. Ex 33, 11; Jo 15, 14–15) und ver-

---

[1] Vgl. Augustinus, Büchlein vom ersten katechetischen Unterricht, 4: PL 40, 316.

kehrt mit ihnen (vgl. Bar 3, 38), um sie in seine Gemeinschaft einzuladen und aufzunehmen. Das Offenbarungsgeschehen ereignet sich in Tat und Wort, die innerlich miteinander verknüpft sind: die Werke nämlich, die Gott im Verlauf der Heilsgeschichte wirkt, offenbaren und bekräftigen die Lehre und die durch die Worte bezeichneten Wirklichkeiten; die Worte verkündigen die Werke und lassen das Geheimnis, das sie enthalten, ans Licht treten. Die Tiefe der durch diese Offenbarung über Gott und über das Heil des Menschen erschlossenen Wahrheit leuchtet uns auf in Christus, der zugleich der Mittler und die Fülle der ganzen Offenbarung ist[2].

3. Gott, der durch das Wort alles erschafft (vgl. Jo 1, 3) und erhält, gibt den Menschen jederzeit in den geschaffenen Dingen Zeugnis von sich (vgl. Röm 1, 19–20). Da er aber den Weg übernatürlichen Heiles eröffnen wollte, hat er darüber hinaus sich selbst schon am Anfang den Stammeltern kundgetan. Nach ihrem Fall hat er sie wiederaufgerichtet in Hoffnung auf das Heil, indem er die Erlösung versprach (vgl. Gn 3, 15). Ohne Unterlaß hat er für das Menschengeschlecht gesorgt, um allen das ewige Leben zu geben, die das Heil suchen durch Ausdauer im guten Handeln (vgl. Röm 2, 6–7). Später berief er Abraham, um ihn zu einem großen Volk zu machen (vgl. Gn 12, 2), das er dann nach den Patriarchen durch Moses und die Propheten erzog, ihn allein als lebendigen und wahren Gott, als fürsorgenden Vater und gerechten Richter anzuerkennen und auf den versprochenen Erlöser zu harren. So hat er dem Evangelium den Weg durch die Zeiten bereitet.

4. Nachdem Gott viele Male und auf viele Weisen durch die Propheten gesprochen hatte, „hat er zuletzt in diesen Tagen zu uns gesprochen im Sohn" (Hebr 1, 1–2). Er hat seinen Sohn, das ewige Wort, das Licht aller Menschen, gesandt, damit er unter den Menschen wohne und ihnen vom Innern Gottes Kunde bringe (vgl. Jo 1, 1–18). Jesus Christus, das fleischgewordene Wort, als „Mensch zu den Menschen" gesandt[3], „redet die Worte Gottes" (Jo 3, 34) und vollendet das Heilswerk, dessen Durchführung der Vater ihm aufgetragen hat (vgl. Jo 5, 36;

---

[2] Vgl. Mt 11, 27; Jo 1, 14 und 17; 14, 6; 17, 1–3; 2 Kor 3, 16; 4, 6; Eph 1, 3–14.
[3] Brief an Diognet VII, 4: F. X. Funk, Patres Apostolici I (Tübingen 1901) 403.

17, 4). Wer ihn sieht, sieht auch den Vater (vgl. Jo 14, 9). Er ist es, der durch sein ganzes Dasein und seine ganze Erscheinung, durch Worte und Werke, durch Zeichen und Wunder, vor allem aber durch seinen Tod und seine herrliche Auferstehung von den Toten, schließlich durch die Sendung des Geistes der Wahrheit die Offenbarung erfüllt und abschließt und durch göttliches Zeugnis bekräftigt, daß Gott mit uns ist, um uns aus der Finsternis von Sünde und Tod zu befreien und zu ewigem Leben zu erwecken.

Daher ist die christliche Heilsordnung, nämlich der neue und endgültige Bund, unüberholbar, und es ist keine neue öffentliche Offenbarung mehr zu erwarten vor der Erscheinung unseres Herrn Jesus Christus in Herrlichkeit (vgl. 1 Tim 6, 14 und Tit 2, 13).

5. Dem offenbarenden Gott ist der „Gehorsam des Glaubens" (Röm 16, 26; vgl. Röm 1, 5; 2 Kor 10, 5–6) zu leisten. Darin überantwortet sich der Mensch Gott als ganzer in Freiheit, indem er sich „dem offenbarenden Gott mit Verstand und Willen voll unterwirft"[4] und seiner Offenbarung willig zustimmt. Dieser Glaube kann nicht vollzogen werden ohne die zuvorkommende und helfende Gnade Gottes und ohne den inneren Beistand des Heiligen Geistes, der das Herz bewegen und Gott zuwenden, die Augen des Verstandes öffnen und „es jedem leicht machen muß, der Wahrheit zuzustimmen und zu glauben"[5]. Dieser Geist vervollkommnet den Glauben ständig durch seine Gaben, um das Verständnis der Offenbarung mehr und mehr zu vertiefen.

6. Durch seine Offenbarung wollte Gott sich selbst und die ewigen Entscheidungen seines Willens über das Heil der Menschen kundtun und mitteilen, „um Anteil zu geben am göttlichen Reichtum, der die Fassungskraft des menschlichen Geistes schlechthin übersteigt"[6].

Die Heilige Synode bekennt, „daß Gott, aller Dinge Ursprung

---

[4] I. Vat. Konzil, Dogm. Konst. über den katholischen Glauben Dei Filius, Kap. 3: Denz. 1789 (3008).
[5] II. Konzil von Orange, can. 7: Denz. 180 (377); I. Vat. Konzil, a. a. O.: Denz. 1791 (3010).
[6] I. Vat. Konzil, Dogm. Konst. über den katholischen Glauben Dei Filius, Kap. 2: Denz. 1786 (3005).

und Ziel, mit dem natürlichen Licht der menschlichen Vernunft aus den geschaffenen Dingen sicher erkannt werden kann" (vgl. Röm 1, 20); doch lehrt sie, seiner Offenbarung sei es zuzuschreiben, „daß, was im Bereich des Göttlichen der menschlichen Vernunft an sich nicht unzugänglich ist, auch in der gegenwärtigen Lage des Menschengeschlechtes von allen leicht, mit sicherer Gewißheit und ohne Beimischung von Irrtum erkannt werden kann"[7].

ZWEITES KAPITEL

DIE WEITERGABE DER GÖTTLICHEN OFFENBARUNG

7. Was Gott zum Heil aller Völker geoffenbart hatte, das sollte — so hat er in Güte verfügt — für alle Zeiten unversehrt erhalten bleiben und allen Geschlechtern weitergegeben werden. Darum hat Christus der Herr, in dem die ganze Offenbarung des höchsten Gottes sich vollendet (vgl. 2 Kor 1, 20; 3, 16 – 4, 6), den Aposteln geboten, das Evangelium, das er als die Erfüllung der früher ergangenen prophetischen Verheißung selbst gebracht und persönlich öffentlich verkündet hat, allen zu predigen als die Quelle jeglicher Heilswahrheit und Sittenlehre[1] und ihnen so göttliche Gaben mitzuteilen. Das ist treu ausgeführt worden, und zwar sowohl durch die Apostel, die durch mündliche Predigt, durch Beispiel und Einrichtungen weitergaben, was sie aus Christi Mund, im Umgang mit ihm und durch seine Werke empfangen oder was sie unter der Eingebung des Heiligen Geistes gelernt hatten, als auch durch jene Apostel und apostolischen Männer, die unter der Inspiration des gleichen Heiligen Geistes die Botschaft vom Heil niederschrieben[2].

Damit das Evangelium in der Kirche für immer unversehrt und lebendig bewahrt werde, haben die Apostel Bischöfe als ihre Nachfolger zurückgelassen und ihnen „ihr eigenes Lehramt überliefert"[3]. Diese Heilige Überlieferung und die Heilige Schrift beider Testamente sind gleichsam ein Spiegel, in dem die

---

[7] Ebd.: Denz. 1785 und 1786 (3004 und 3005).
[1] Vgl. Mt 28, 19–20 und Mk 16, 15. Konzil von Trient, Dekret über die kanonischen Schriften: Denz. 783 (1501).
[2] Vgl. Konzil von Trient, a. a. O.; I. Vat. Konzil, Dogm. Konst. über den katholischen Glauben Dei Filius, Kap. 2: Denz. 1787 (3006).
[3] Irenäus, Adv. Haer. III, 3, 1: PG 7, 848; Harvey 2, 9.

Kirche Gott, von dem sie alles empfängt, auf ihrer irdischen Pilgerschaft anschaut, bis sie hingeführt wird, ihn von Angesicht zu Angesicht zu sehen, so wie er ist (vgl. 1 Jo 3, 2).

8. Daher mußte die apostolische Predigt, die in den inspirierten Büchern besonders deutlichen Ausdruck gefunden hat, in ununterbrochener Folge bis zur Vollendung der Zeiten bewahrt werden. Wenn die Apostel das, was auch sie empfangen haben, überliefern, mahnen sie die Gläubigen, die Überlieferungen, die sie in mündlicher Rede oder durch einen Brief gelernt haben (vgl. 2 Thess 2, 15), festzuhalten und für den Glauben zu kämpfen, der ihnen ein für allemal überliefert wurde (vgl. Jud 3)[4]. Was von den Aposteln überliefert wurde, umfaßt alles, was dem Volk Gottes hilft, ein heiliges Leben zu führen und den Glauben zu mehren. So führt die Kirche in Lehre, Leben und Kult durch die Zeiten weiter und übermittelt allen Geschlechtern alles, was sie selber ist, alles, was sie glaubt.

Diese apostolische Überlieferung kennt in der Kirche unter dem Beistand des Heiligen Geistes einen Fortschritt[5]: es wächst das Verständnis der überlieferten Dinge und Worte durch das Nachsinnen und Studium der Gläubigen, die sie in ihrem Herzen erwägen (vgl. Lk 2, 19 51), durch innere Einsicht, die aus geistlicher Erfahrung stammt, durch die Verkündigung derer, die mit der Nachfolge im Bischofsamt das sichere Charisma der Wahrheit empfangen haben; denn die Kirche strebt im Gang der Jahrhunderte ständig der Fülle der göttlichen Wahrheit entgegen, bis an ihr sich Gottes Worte erfüllen.

Die Aussagen der heiligen Väter bezeugen die lebenspendende Gegenwart dieser Überlieferung, deren Reichtümer sich in Tun und Leben der glaubenden und betenden Kirche ergießen. Durch dieselbe Überlieferung wird der Kirche der vollständige Kanon der Heiligen Bücher bekannt, in ihr werden die Heiligen Schriften selbst tiefer verstanden und unaufhörlich wirksam gemacht. So ist Gott, der einst gesprochen hat, ohne Unterlaß im Gespräch mit der Braut seines geliebten Sohnes, und der Heilige Geist, durch den die lebendige Stimme des Evangeliums in der Kirche und durch sie in der Welt widerhallt, führt die

---

[4] Vgl. II. Konzil von Nicaea: Denz. 303 (602). IV. Konzil von Konstantinopel, Sess. X, can. 1: Denz. 336 (650–652).

[5] Vgl. I. Vat. Konzil, Dogm. Konst. über den katholischen Glauben Dei Filius, Kap. 4: Denz. 1800 (3020).

Gläubigen in alle Wahrheit ein und läßt das Wort Christi in Überfülle unter ihnen wohnen (vgl. Kol 3, 16).

9. Die Heilige Überlieferung und die Heilige Schrift sind eng miteinander verbunden und haben aneinander Anteil. Demselben göttlichen Quell entspringend, fließen beide gewissermaßen in eins zusammen und streben demselben Ziel zu. Denn die Heilige Schrift ist Gottes Rede, insofern sie unter dem Anhauch des Heiligen Geistes schriftlich aufgezeichnet wurde. Die Heilige Überlieferung aber gibt das Wort Gottes, das von Christus dem Herrn und vom Heiligen Geist den Aposteln anvertraut wurde, unversehrt an deren Nachfolger weiter, damit sie es unter der erleuchtenden Führung des Geistes der Wahrheit in ihrer Verkündigung treu bewahren, erklären und ausbreiten. So ergibt sich, daß die Kirche ihre Gewißheit über alles Geoffenbarte nicht aus der Heiligen Schrift allein schöpft. Daher sollen beide mit gleicher Liebe und Achtung angenommen und verehrt werden[6].

10. Die Heilige Überlieferung und die Heilige Schrift bilden den einen der Kirche überlassenen heiligen Schatz des Wortes Gottes. Voller Anhänglichkeit an ihn verharrt das ganze heilige Volk, mit seinen Hirten vereint, ständig in der Lehre und Gemeinschaft der Apostel, bei Brotbrechen und Gebet (vgl. Apg 8, 42 griech.), so daß im Festhalten am überlieferten Glauben, in seiner Verwirklichung und seinem Bekenntnis ein einzigartiger Einklang herrscht zwischen Vorstehern und Gläubigen[7].

Die Aufgabe aber, das geschriebene oder überlieferte[8] Wort Gottes verbindlich zu erklären, ist nur dem lebendigen Lehramt der Kirche anvertraut[9], dessen Vollmacht im Namen Jesu Christi ausgeübt wird. Das Lehramt ist nicht über dem Wort Gottes, sondern dient ihm, indem es nichts lehrt, als was überliefert ist, weil es das Wort Gottes aus göttlichem Auftrag und mit dem Beistand des Heiligen Geistes voll Ehrfurcht hört,

[6] Vgl. Konzil von Trient, Dekret über die kanonischen Schriften: Denz. 783 (1501).

[7] Vgl. Pius XII., Apost. Konst. Munificentissimus Deus, 1. Nov. 1950: AAS 42 (1950) 756. Vgl. die Worte Cyprians: „die Kirche, das mit dem Priester vereinte Volk und die ihrem Hirten anhängende Herde", Ep. 66, 8: CSEL 3, 2, 733.

[8] Vgl. I. Vat. Konzil, Dogm. Konst. über den katholischen Glauben Dei Filius, Kap. 3: Denz. 1792 (3011).

[9] Vgl. Pius XII., Enz. Humani generis, 12. Aug. 1950: AAS 42 (1950) 568–569; Denz. 2314 (3886).

heilig bewahrt und treu auslegt und weil es alles, was es als von Gott geoffenbart zu glauben vorlegt, aus diesem einen Schatz des Glaubens schöpft.

Es zeigt sich also, daß die Heilige Überlieferung, die Heilige Schrift und das Lehramt der Kirche gemäß dem weisen Ratschluß Gottes so miteinander verknüpft und einander zugesellt sind, daß keines ohne die anderen besteht und daß alle zusammen, jedes auf seine Art, durch das Tun des einen Heiligen Geistes wirksam dem Heil der Seelen dienen.

DRITTES KAPITEL

DIE GÖTTLICHE INSPIRATION UND DIE AUSLEGUNG DER HEILIGEN SCHRIFT

11. Das von Gott Geoffenbarte, das in der Heiligen Schrift enthalten ist und vorliegt, ist unter dem Anhauch des Heiligen Geistes aufgezeichnet worden; denn aufgrund apostolischen Glaubens gelten unserer heiligen Mutter, der Kirche, die Bücher des Alten wie des Neuen Testamentes in ihrer Ganzheit mit allen ihren Teilen als heilig und kanonisch, weil sie, unter der Einwirkung des Heiligen Geistes geschrieben (vgl. Jo 20, 31; 2 Tim 3, 16; 2 Petr 1, 19–21; 3, 15–16), Gott zum Urheber haben und als solche der Kirche übergeben sind[1]. Zur Abfassung der Heiligen Bücher hat Gott Menschen erwählt, die ihm durch den Gebrauch ihrer eigenen Fähigkeiten und Kräfte dazu dienen sollten[2], all das und nur das, was er — in ihnen und durch sie wirksam[3] — geschrieben haben wollte, als echte Verfasser schriftlich zu überliefern[4].

Da also alles, was die inspirierten Verfasser oder Hagiographen aussagen, als vom Heiligen Geist ausgesagt zu gelten

---

[1] Vgl. I. Vat. Konzil, Dogm. Konst. über den katholischen Glauben Dei Filius, Kap. 2: Denz. 1787 (3006); Bibelkommission, Dekret, 18. Juni 1915: Denz. 2180 (3629) und Ench. Bibl. 420; Hl. Officium, Brief, 22. Dez. 1923: Ench. Bibl. 499.
[2] Vgl. Pius XII., Enz. Divino afflante, 30. Sept. 1943: AAS 35 (1943) 314; Ench. Bibl. 556.
[3] In und durch den Menschen: vgl. Hebr 1, 1; 4, 7 (in); 2 Sam 23, 2; Mt 1, 22 und passim (durch); I. Vat. Konzil, Schema über die katholische Lehre, Note 9: Coll. Lac. VII, 522.
[4] Leo XIII., Enz. Providentissimus Deus, 18. Nov. 1893: Denz. 1952 (3293); Ench. Bibl. 125.

hat, ist von den Büchern der Schrift zu bekennen, daß sie sicher, getreu und ohne Irrtum die Wahrheit lehren, die Gott um unseres Heiles willen in heiligen Schriften aufgezeichnet haben wollte⁵. Daher „ist jede Schrift, von Gott eingegeben, auch nützlich zur Belehrung, zur Beweisführung, zur Zurechtweisung, zur Erziehung in der Gerechtigkeit, damit der Gott gehörige Mensch bereit sei, wohlgerüstet zu jedem guten Werk" (2 Tim 3, 16–17 griech.).

12. Da Gott in der Heiligen Schrift durch Menschen nach Menschenart gesprochen hat⁶, muß der Schrifterklärer, um zu erfassen, was Gott uns mitteilen wollte, sorgfältig erforschen, was die heiligen Schriftsteller wirklich zu sagen beabsichtigten und was Gott mit ihren Worten kundtun wollte.

Um die Aussageabsicht der Hagiographen zu ermitteln, ist neben anderem auf die literarischen Gattungen zu achten.

Denn die Wahrheit wird je anders dargelegt und ausgedrückt in Texten von in verschiedenem Sinn geschichtlicher, prophetischer oder dichterischer Art, oder in anderen Redegattungen.

Weiterhin hat der Erklärer nach dem Sinn zu forschen, wie ihn aus einer gegebenen Situation heraus der Hagiograph den Bedingungen seiner Zeit und Kultur entsprechend — mit Hilfe der damals üblichen literarischen Gattungen — hat ausdrücken wollen und wirklich zum Ausdruck gebracht hat⁷. Will man richtig verstehen, was der heilige Verfasser in seiner Schrift aussagen wollte, so muß man schließlich genau auf die vorgegebenen umweltbedingten Denk-, Sprach- und Erzählformen achten, die zur Zeit des Verfassers herrschten, wie auf die Formen, die damals im menschlichen Alltagsverkehr üblich waren⁸.

Da die Heilige Schrift in dem Geist gelesen und ausgelegt werden muß, in dem sie geschrieben wurde⁹, erfordert die rechte Ermittlung des Sinnes der heiligen Texte, daß man mit

---

⁵ Vgl. Augustinus, De Gen. ad litt. 2, 9, 20: PL 34, 270–271; CSEL 28, 1, 46–47 und Brief 82, 3: PL 33, 277; CSEL 34, 2, 354; Thomas v. Aquin, De ver. q. 12, a. 2, C; Konzil von Trient, Dekret über die kanonischen Schriften: Denz. 783 (1501); Leo XIII., Enz. Providentissimus Deus: Ench. Bibl. 121 124 126–127; Pius XII., Enz. Divino afflante: Ench. Bibl. 539.
⁶ Augustinus, De Civ. Dei XVII, 6, 2: PL 41, 537; CSEL 40, 2, 228.
⁷ Augustinus, De Doctr. Christ. III, 18, 26: PL 34, 75–76; CSEL 80, 95.
⁸ Pius XII., a. a. O.: Denz. 2294 (3829–3830); Ench. Bibl. 557–562.
⁹ Vgl. Benedikt XV., Enz. Spiritus Paraclitus, 15. Sept. 1920: Ench. Bibl. 469; Hieronymus, In Gal. 19–21: PL 26, 417 A.

nicht geringerer Sorgfalt auf den Inhalt und die Einheit der ganzen Schrift achtet, unter Berücksichtigung der lebendigen Überlieferung der Gesamtkirche und der Analogie des Glaubens. Aufgabe der Exegeten ist es, nach diesen Regeln auf eine tiefere Erfassung und Auslegung des Sinnes der Heiligen Schrift hinzuarbeiten, damit so gleichsam auf Grund wissenschaftlicher Vorarbeit das Urteil der Kirche reift. Alles, was die Art der Schrifterklärung betrifft, untersteht letztlich dem Urteil der Kirche, deren gottgegebener Auftrag und Dienst es ist, das Wort Gottes zu bewahren und auszulegen[10].

13. In der Heiligen Schrift also offenbart sich, unbeschadet der Wahrheit und Heiligkeit Gottes, eine wunderbare Herablassung der ewigen Weisheit, „damit wir die unsagbare Menschenfreundlichkeit Gottes kennenlernen und erfahren, wie sehr er sich aus Sorge für unser Geschlecht in seinem Wort herabgelassen hat"[11]. Denn Gottes Worte, durch Menschenzunge formuliert, sind menschlicher Rede ähnlich geworden, wie einst des ewigen Vaters Wort durch die Annahme menschlich-schwachen Fleisches den Menschen ähnlich geworden ist.

VIERTES KAPITEL

DAS ALTE TESTAMENT

14. Der liebende Gott, der um das Heil des ganzen Menschengeschlechtes besorgt war, bereitete es vor, indem er sich nach seinem besonderen Plan ein Volk erwählte, um ihm Verheißungen anzuvertrauen. Er schloß mit Abraham (vgl. Gn 15, 8) und durch Moses mit dem Volke Israel (vgl. Ex 24, 8) einen Bund. Dann hat er sich dem Volk, das er sich erworben hatte, durch Wort und Tat als einzigen, wahren und lebendigen Gott so geoffenbart, daß Israel Gottes Wege mit den Menschen an sich erfuhr, daß es sie durch Gottes Wort aus der Propheten Mund allmählich voller und klarer erkannte und sie unter den Völkern mehr und mehr sichtbar machte (vgl. Ps 21, 28–29; 95, 1–3; Is 2, 1–4; Jr 3, 17). Die Geschichte des Heiles liegt, von heiligen

---

[10] Vgl. I. Vat. Konzil, Dogm. Konst. über den katholischen Glauben Dei Filius, Kap. 2: Denz. 1788 (3007).

[11] Johannes Chrysostomus, In Gn. 3, 8 (hom. 17, 1): PG 53, 134: „herabgelassen", lateinisch „attemperatio", griechisch „synkatábasis".

Verfassern vorausverkündet, berichtet und gedeutet, als wahres Wort Gottes vor in den Büchern des Alten Bundes; darum behalten diese von Gott eingegebenen Schriften ihren unvergänglichen Wert: „Alles nämlich, was geschrieben steht, ist zu unserer Unterweisung geschrieben, damit wir durch die Geduld und den Trost der Schriften Hoffnung haben" (Röm 15, 4).

15. Gottes Geschichtsplan im Alten Bund zielte vor allem darauf, das Kommen Christi, des Erlösers des Alls, und das Kommen des messianischen Reiches vorzubereiten, prophetisch anzukündigen (vgl. Lk 24, 44; Jo 5, 39; 1 Petr 1, 10) und in verschiedenen Vorbildern anzuzeigen (vgl. 1 Kor 10, 11). Die Bücher des Alten Bundes erschließen allen entsprechend der Lage, in der sich das Menschengeschlecht vor der Wiederherstellung des Heils in Christus befand, Wissen über Gott und Mensch und erschließen die Art und Weise, wie der gerechte und barmherzige Gott an den Menschen zu handeln pflegt. Obgleich diese Bücher auch Unvollkommenes und Zeitbedingtes enthalten, zeigen sie doch eine wahre göttliche Erziehungskunst[1]. Ein lebendiger Sinn für Gott drückt sich in ihnen aus. Hohe Lehren über Gott, heilbringende menschliche Lebensweisheit, wunderbare Gebetsschätze sind in ihnen aufbewahrt. Schließlich ist das Geheimnis unseres Heiles in ihnen verborgen. Deshalb sollen diese Bücher von denen, die an Christus glauben, voll Ehrfurcht angenommen werden.

16. Gott, der die Bücher beider Bünde inspiriert hat und ihr Urheber ist, wollte in Weisheit, daß der Neue im Alten verborgen und der Alte im Neuen erschlossen sei[2]. Denn wenn auch Christus in seinem Blut einen Neuen Bund gestiftet hat (vgl. Lk 22, 20; 1 Kor 11, 25), erhalten und offenbaren die Bücher des Alten Bundes, die als Ganzes in die Verkündigung des Evangeliums aufgenommen wurden[3], erst im Neuen Bund ihren vollen Sinn (vgl. Mt 5, 17; Lk 24, 27; Röm 16, 25–26; 2 Kor 3, 14–16), wie sie diesen wiederum beleuchten und deuten.

---

[1] Pius XI., Enz. Mit brennender Sorge, 14. März 1937: AAS 29 (1937) 151.

[2] Augustinus, Quaest. in Hept. 2, 73: PL 34, 623.

[3] Irenäus, Adv. Haer. III, 21, 3: PG 7, 950 (= 25, 1: Harvey 2, 115); Cyrill von Jerusalem, Catech. 4, 35: PG 33, 497; Theodor von Mopsuestia, In Soph. 1, 4–6: PG 66, 452 D – 453 A.

FÜNFTES KAPITEL

DAS NEUE TESTAMENT

17. Das Wort Gottes, Gottes Kraft zum Heil für jeden, der glaubt (vgl. Röm 1, 16), kommt zu einzigartiger Darstellung und Kraftentfaltung in den Schriften des Neuen Bundes; denn als die Fülle der Zeit kam (vgl. Gal 4, 4), ist das Wort Fleisch geworden und hat unter uns gewohnt, voll Gnade und Wahrheit (vgl. Jo 1, 14). Christus hat das Reich Gottes auf Erden wiederhergestellt, in Tat und Wort seinen Vater und sich selbst geoffenbart und sein Werk durch Tod, Auferstehung, herrliche Himmelfahrt und Sendung des Heiligen Geistes vollendet. Von der Erde erhöht zieht er alle an sich (vgl. Jo 12, 32 griech.); denn er allein hat Worte des ewigen Lebens (vgl. Jo 6, 68).

Anderen Geschlechtern ward dieses Geheimnis nicht kundgetan, wie es nun geoffenbart worden ist seinen heiligen Aposteln und Propheten im Heiligen Geist (vgl. Eph 3, 4–6 griech.), damit sie das Evangelium verkünden, den Glauben an Jesus als Christus und Herrn wecken und die Kirche sammeln. Dafür sind die Schriften des Neuen Bundes das unvergängliche und göttliche Zeugnis.

18. Niemandem kann es entgehen, daß unter allen Schriften, auch unter denen des Neuen Bundes, den Evangelien mit Recht ein Vorrang zukommt. Denn sie sind das Hauptzeugnis für Leben und Lehre des fleischgewordenen Wortes, unseres Erlösers.

Am apostolischen Ursprung der vier Evangelien hat die Kirche immer und überall festgehalten und hält daran fest; denn was die Apostel nach Christi Gebot gepredigt haben, das haben später unter dem Anhauch des Heiligen Geistes sie selbst und Apostolische Männer uns als Fundament des Glaubens schriftlich überliefert: das viergestaltige Evangelium nach Matthäus, Markus, Lukas und Johannes[1].

19. Unsere heilige Mutter, die Kirche, hat entschieden und unentwegt daran festgehalten und hält daran fest, daß die vier genannten Evangelien, deren Geschichtlichkeit sie ohne Be-

---

[1] Irenäus, Adv. Haer. III, 11, 8: PG 7, 885; Ausg. Sagnard, 194.

denken bejaht, zuverlässig überliefern, was Jesus, der Sohn Gottes, in seinem Leben unter den Menschen zu deren ewigem Heil wirklich getan und gelehrt hat bis zu dem Tag, da er aufgenommen wurde (vgl. Apg 1, 1–2). Die Apostel haben nach der Auffahrt des Herrn das, was er selbst gesagt und getan hatte, ihren Hörern mit jenem volleren Verständnis überliefert, das ihnen aus der Erfahrung der Verherrlichung Christi und aus dem Licht des Geistes der Wahrheit[2] zufloß[3]. Die biblischen Verfasser aber haben die vier Evangelien redigiert, indem sie einiges aus dem vielen auswählten, das mündlich oder auch schon schriftlich überliefert war, indem sie anderes zu Überblicken zusammenzogen oder im Hinblick auf die Lage in den Kirchen verdeutlichten, indem sie schließlich die Form der Verkündigung beibehielten, doch immer so, daß ihre Mitteilungen über Jesus wahr und ehrlich waren[4]. Denn ob sie nun aus eigenem Gedächtnis und Erinnern schrieben oder auf Grund des Zeugnisses jener, „die von Anfang an Augenzeugen und Diener des Wortes waren", es ging ihnen immer darum, daß wir die „Wahrheit" der Worte erkennen sollten, von denen wir Kunde erhalten haben (vgl. Lk 1, 2–4).

20. Der neutestamentliche Kanon umfaßt außer den vier Evangelien auch die Briefe des heiligen Paulus und andere apostolische Schriften, die unter der Eingebung des Heiligen Geistes verfaßt sind. In ihnen wird nach Gottes weisem Ratschluß die Botschaft von Christus dem Herrn bestätigt, seine echte Lehre mehr und mehr erklärt, die heilbringende Kraft des göttlichen Werkes Christi verkündet; die Anfänge der Kirche und ihre wunderbare Ausbreitung werden erzählt und ihre herrliche Vollendung vorausverkündet.

Denn der Herr Jesus ist bei seinen Aposteln geblieben, wie er verheißen hatte (vgl. Mt 28, 20), und hat ihnen als Beistand den Geist gesandt, der sie in die Fülle der Wahrheit einführen sollte (vgl. Jo 16, 13).

---

[2] Vgl. Jo 14, 26; 16, 13.
[3] Vgl. Jo 2, 22; 16, 16; vgl. 14, 26; 16, 12–13; 7, 39.
[4] Vgl. die Instruktion Sancta Mater Ecclesia der Päpstlichen Bibelkommission: AAS 56 (1964) 715.

SECHSTES KAPITEL

DIE HEILIGE SCHRIFT IM LEBEN DER KIRCHE

21. Die Kirche hat die Heiligen Schriften immer verehrt wie den Herrenleib selbst, weil sie, vor allem in der heiligen Liturgie, vom Tisch des Wortes Gottes wie des Leibes Christi ohne Unterlaß das Brot des Lebens nimmt und den Gläubigen reicht. In ihnen zusammen mit der Heiligen Überlieferung sah sie immer und sieht sie die höchste Richtschnur ihres Glaubens, weil sie, von Gott eingegeben und ein für alle Male niedergeschrieben, das Wort Gottes selbst unwandelbar vermitteln und in den Worten der Propheten und der Apostel die Stimme des Heiligen Geistes vernehmen lassen. Wie die christliche Religion selbst, so muß auch jede kirchliche Verkündigung sich von der Heiligen Schrift nähren und sich an ihr orientieren. In den Heiligen Büchern kommt ja der Vater, der im Himmel ist, seinen Kindern in Liebe entgegen und nimmt mit ihnen das Gespräch auf. Und solche Gewalt und Kraft west im Worte Gottes, daß es für die Kirche Halt und Leben, für die Kinder der Kirche Glaubensstärke, Seelenspeise und reiner, unversieglicher Quell des geistlichen Lebens ist. Darum gelten von der Heiligen Schrift in besonderer Weise die Worte: „Lebendig ist Gottes Rede und wirksam" (Hebr 4, 12), „mächtig aufzubauen und das Erbe auszuteilen unter allen Geheiligten" (Apg 20, 32; vgl. 1 Thess 2, 13).

22. Der Zugang zur Heiligen Schrift muß für die an Christus Glaubenden weit offenstehen. Darum hat die Kirche schon in ihren Anfängen die älteste Übersetzung des Alten Testamentes, die griechische, die nach den Siebzig (Septuaginta) benannt wird, als die ihre übernommen. Die anderen orientalischen und die lateinischen Übersetzungen, besonders die sogenannte Vulgata, hält sie immer in Ehren. Da aber das Wort Gottes allen Zeiten zur Verfügung stehen muß, bemüht sich die Kirche in mütterlicher Sorge, daß brauchbare und genaue Übersetzungen in die verschiedenen Sprachen erarbeitet werden, mit Vorrang aus dem Urtext der Heiligen Bücher. Wenn die Übersetzungen bei sich bietender Gelegenheit und mit Zustimmung der kirchlichen Autorität in Zusammenarbeit auch mit den getrennten Brüdern zustande kommen, dann können sie von allen Christen benutzt werden.

23. Die Braut des fleischgewordenen Wortes, die Kirche, bemüht sich, vom Heiligen Geist belehrt, zu einem immer tieferen Verständnis der Heiligen Schriften vorzudringen, um ihre Kinder unablässig mit dem Worte Gottes zu nähren; darum fördert sie auch in gebührender Weise das Studium der Väter des Ostens wie des Westens und der heiligen Liturgien. Die katholischen Exegeten und die anderen Vertreter der theologischen Wissenschaft müssen in eifriger Zusammenarbeit sich darum mühen, unter Aufsicht des kirchlichen Lehramts mit passenden Methoden die göttlichen Schriften so zu erforschen und auszulegen, daß möglichst viele Diener des Wortes in den Stand gesetzt werden, dem Volke Gottes mit wirklichem Nutzen die Nahrung der Schriften zu reichen, die den Geist erleuchtet, den Willen stärkt und die Menschenherzen zur Gottesliebe entflammt[1]. Die Heilige Synode ermutigt die Söhne der Kirche, die Bibelwissenschaft treiben, das glücklich begonnene Werk mit immer neuen Kräften und ganzer Hingabe im Geist der Kirche fortzuführen[2].

24. Die heilige Theologie ruht auf dem geschriebenen Wort Gottes, zusammen mit der Heiligen Überlieferung, wie auf einem bleibenden Fundament. In ihm gewinnt sie sichere Kraft und verjüngt sich ständig, wenn sie alle im Geheimnis Christi beschlossene Wahrheit im Lichte des Glaubens durchforscht. Die Heiligen Schriften enthalten das Wort Gottes und, weil inspiriert, sind sie wahrhaft Wort Gottes: Deshalb sei das Studium des heiligen Buches gleichsam die Seele der heiligen Theologie[3]. Auch der Dienst des Wortes, nämlich die seelsorgliche Verkündigung, die Katechese und alle christliche Unterweisung — in welcher die liturgische Homilie einen hervorragenden Platz haben muß — holt aus dem Wort der Schrift gesunde Nahrung und heilige Kraft.

25. Darum müssen alle Kleriker, besonders Christi Priester und die anderen, die sich als Diakone oder Katecheten ihrem Auftrag

---

[1] Vgl. Pius XII., Enz. Divino afflante: Ench. Bibl. 551 553 567; Päpstl. Bibelkommission, Instruktion über die rechte Art, in Klerikalseminarien und Ordenskollegien über die Bibel zu dozieren, 30. Mai 1950: AAS 42 (1950) 495–505.
[2] Vgl. Pius XII., ebd. 569.
[3] Vgl. Leo XIII., Enz. Providentissimus Deus: Ench. Bibl. 114; Benedikt. XV., Enz. Spiritus Paraclitus: Ench. Bibl. 483.

entsprechend dem Dienst des Wortes widmen, in beständiger heiliger Lesung und gründlichem Studium sich mit der Schrift befassen, damit keiner von ihnen werde zu „einem hohlen und äußerlichen Prediger des Wortes Gottes, ohne dessen innerer Hörer zu sein"[4], wo er doch die unübersehbaren Schätze des göttlichen Wortes, namentlich in der heiligen Liturgie, den ihm anvertrauten Gläubigen mitteilen soll. Ebenso ermahnt die Heilige Synode alle an Christus Glaubenden, zumal die Glieder religiöser Gemeinschaften, besonders eindringlich, durch häufige Lesung der Heiligen Schrift sich die „alles übertreffende Erkenntnis Jesu Christi" (Phil 3, 8) anzueignen. „Die Schrift nicht kennen heißt Christus nicht kennen."[5] Sie sollen deshalb gern an den heiligen Text selbst herantreten, einmal in der mit göttlichen Worten gesättigten heiligen Liturgie, dann in frommer Lesung oder auch durch geeignete Institutionen und andere Hilfsmittel, die heute mit Billigung und auf Veranlassung der Hirten der Kirche lobenswerterweise allenthalben verbreitet werden. Sie sollen daran denken, daß Gebet die Lesung der Heiligen Schrift begleiten muß, damit sie zu einem Gespräch werde zwischen Gott und Mensch; denn „ihn reden wir an, wenn wir beten; ihn hören wir, wenn wir Gottes Weisungen lesen"[6].

Die kirchlichen Vorsteher, „bei denen die Lehre der Apostel ist"[7], sollen die ihnen anvertrauten Gläubigen zum rechten Gebrauch der Heiligen Bücher, namentlich des Neuen Testamentes und in erster Linie der Evangelien, in geeigneter Weise anleiten durch Übersetzungen der heiligen Texte, die mit den notwendigen und wirklich ausreichenden Erklärungen versehen sind, damit die Kinder der Kirche sicher und mit Nutzen mit den Heiligen Schriften umgehen und von ihrem Geist durchdrungen werden.

Darüber hinaus sollen mit entsprechenden Anmerkungen versehene Ausgaben der Heiligen Schrift geschaffen werden, die auch Nichtchristen gebrauchen können und die ihren Verhältnissen angepaßt sind. Die Seelsorger und die Christen jeden Standes sollen auf jede Weise klug für ihre Verbreitung sorgen.

[4] Augustinus, Serm. 179, 1: PL 38, 966.
[5] Hieronymus, Comm. in Is., Prol.: PL 24, 17; vgl. Benedikt XV., Enz. Spiritus Paraclitus: Ench. Bibl. 475–480; Pius XII., Enz. Divino afflante: Ench. Bibl. 544.
[6] Ambrosius, De officiis ministrorum I, 20, 88; PL 16, 50.
[7] Irenäus, Adv. Haer. IV, 32, 1: PG 7, 1071 (= 49, 2: Harvey 2, 255).

26. So möge durch Lesung und Studium der Heiligen Bücher „Gottes Wort seinen Lauf nehmen und verherrlicht werden" (2 Thess 3, 1). Der Schatz der Offenbarung, der Kirche anvertraut, erfülle mehr und mehr die Herzen der Menschen. Wie das Leben der Kirche sich mehrt durch die ständige Teilnahme am eucharistischen Geheimnis, so darf man neuen Antrieb für das geistliche Leben erhoffen aus der gesteigerten Verehrung des Wortes Gottes, welches „bleibt in Ewigkeit" (Is 40, 8; vgl. 1 Petr 1, 23–25).

XII

DAS DEKRET ÜBER DAS LAIENAPOSTOLAT
„APOSTOLICAM ACTUOSITATEM"

entstand in einer vorkonziliaren Kommission über das Laienapostolat, die keine Entsprechung in den traditionellen Kongregationen der römischen Kurie hatte. Laien gehörten ihr nicht an. Der Text wurde zweimal gekürzt, danach wieder erweitert. Die vierte Fassung wurde in der III. Sitzungsperiode im Oktober 1964 diskutiert. Danach wurden zahlreiche Änderungsvorschläge eingearbeitet. Die feierliche Schluß-abstimmung ergab 2340 Ja- gegen 2 Nein-Stimmen (eine Zahl, die wegen eines Zählfehlers ursprünglich 2305:2 gelautet hatte und offiziell korrigiert wurde); am gleichen Tag, dem 18. November 1965, wurde das Dekret feierlich verkündet.

Das Dekret über das Apostolat der Laien stößt in eine vielfältige Problematik hinein, die mehr umfaßt als nur Fragen des Apostolates. Grundsätzliches über die sogenannten Laien in der Kirche ist in den Konstitutionen „Lumen gentium" und „Gaudium et spes" gesagt. Andere Texte, in denen sich das Konzil außerdem mit den Laien be-schäftigt, werden hier in der Anmerkung 2 des Artikels 1 angegeben.

Der einleitende Artikel 1 enthält neben dem Satz, daß ein Laien-apostolat schon in der Bibel greifbar ist, und neben einer Beschreibung der heutigen Situation, in der die Laien gebraucht werden, zwei wichtige Feststellungen. Einmal wird das gewachsene Selbstbewußt-sein der Laien ausdrücklich dem „unverkennbaren Wirken des Heiligen Geistes" zugeschrieben; ebenso wie die Ökumenische und die Litur-gische Bewegung wird also die Laienbewegung im weiten Sinn auf Gott selbst zurückgeführt. Zum andern wird vorgesehen, daß die Aus-führungen des Dekrets in das künftige Kirchenrecht als Norm ein-gehen sollen. Damit wird der Laie seinen schon lange gewünschten Ort im Kirchenrecht erhalten.

Das I. Kapitel spricht in 3 Artikeln über die Berufung der Laien zum Apostolat. Artikel 2 sagt zunächst, was unter „Apostolat" zu ver-stehen ist: jede Tätigkeit des mystischen Leibes zur Verwirklichung des Zieles der Kirche. Damit ist ein neuerer, sehr umfassender, mit dem biblischen Apostelbegriff nicht mehr zusammenhängender Sprach-gebrauch, der mit Apostolat im Grunde den Selbstvollzug der Kirche meint, endgültig in den kirchenamtlichen Wortschatz übernommen. Der theologische Ort der Laien wird sodann entsprechend der Kirchenkonstitution (Artikel 31) durch ihre Teilhabe am dreifachen Amt Christi und durch ihren eigenen Anteil an der Sendung der Kirche bestimmt. Von dieser ursprünglichen Würde der Laien her ist jene Auffassung der kirchlichen Struktur, die vor allem im romanischen Sprachbereich unter den Bildern Hirten—Schafe oder Offiziere—Soldaten viel Ärgernis erregt hat, erledigt. Das Apostolat der Laien wird in folgenden beiden Elementen gesehen: Bemühung um „Evangelisation" und Heiligung der Menschen und Durchdringung und Vervollkommnung der zeitlichen Ordnung mit dem Geist des Evangeliums. Darauf ist bei den Artikeln 5–7 zurückzukommen. Artikel 3 sagt, die Laien hätten Pflicht und Recht zum Apostolat durch ihre Vereinigung mit Christus. Um hervorzuheben, daß die Laien schon kraft „göttlichen Rechts" nicht erst auf einen Auftrag der Hierarchie warten müssen und dürfen, erinnert der Artikel an die Konkretion dieser Vereinigung mit Christus in Taufe, Firmung, gemeinsamem Priestertum, in der Eucharistie und den anderen Sakramenten, in Glaube, Hoffnung und Liebe, um von da aus die Pflicht aller Christen zu diesem weit verstandenen Apostolat abzuleiten. Überdies hebt der Artikel hervor, daß die Laien besondere Gaben des Geistes empfangen und sowohl Recht als auch Pflicht haben, diese Charismen in Kirche und Welt zu gebrauchen. Die Hirten dürfen diesen Geist keinesfalls auslöschen; ihnen steht nur die Prüfung dieser Gaben zu, die von den Laien in der Freiheit des Heiligen Geistes und in Gemeinschaft mit der Hierarchie fruchtbar gemacht werden sollen. Artikel 4 befaßt sich in stark biblischen Ausführungen mit dem geistlichen Leben der Laien unter dem besonderen Gesichtspunkt der Fruchtbarkeit des Apostolates. Diese Fruchtbarkeit hängt, wie der Artikel sagt, von der Vereinigung mit Christus ab. Die kirchlichen Hilfen zum geistlichen Leben — von denen hier die Liturgie mit Vorrang erwähnt wird — dürfen auf keinen Fall zu einer Abspaltung vom konkreten realen Leben führen; so wird auch betont, daß die Laien in der Vereinigung mit Christus gerade dadurch wachsen, „daß sie ihre Arbeit gemäß dem Willen Gottes leisten". Das geistliche Leben der Laien soll überdies eine besondere Prägung je von der konkreten Lebenssituation her annehmen. Berufliche und mitmenschliche Qualitäten sollen weitergebildet werden. Der Schluß des Artikels stellt Maria als vollendetes Vorbild eines solchen geistlichen und apostolischen Lebens hin.

Kapitel II handelt in 4 Artikeln von den Zielen des Laienapostolats. Artikel 5 enthält eine grundsätzliche, weit über das Thema des Laienapostolats hinausgreifende Aussage, deren zwei Glieder in den Artikeln 6 und 7 präzisiert werden. Nach Artikel 5 zielt das Erlösungswerk Christi auf das Heil der Menschen und umfaßt gleichzeitig den Aufbau der gesamten zeitlichen Ordnung. Was letztere angeht, so ist es Sendung der Kirche, sie zu durchdringen und zu vervollkommnen. Die beiden „Ordnungen" werden als voneinander verschieden und miteinander verbunden bezeichnet. Die Laien betrifft die Mahnung, sie sollen sich in beiden von ihrem Gewissen leiten lassen. Artikel 6 geht auf das Heil der Menschen ein, insofern die Kirche durch ihre Sendung daran einen Auftrag hat. Diese Sendung wird erfüllt durch den Dienst des Wortes und durch den Dienst der Sakramente. An beiden haben die Laien „bedeutsamen Anteil". Laienapostolat und Dienst der Hirten ergänzen sich gegenseitig. Während der sakramentale Dienst der Laien übergangen wird, wird festgestellt, daß die Laien für den Dienst am Wort „unzählige Gelegenheiten" hätten. Artikel 7 befaßt sich dann mit der zeitlichen Ordnung und ihren Gütern: all das sei nicht nur Hilfsmittel zur Erreichung des letzten Zieles, sondern habe auch Eigenwert und Autonomie, eine besondere Beziehung zur Würde der Person und zu Christus selbst. Der Aufbau der zeitlichen Ordnung komme nun gerade den Laien zu, wobei sie unmittelbar und entschieden handeln müßten. Hier liegt eine Grundkonzeption des Konzils vor, die zwar andern Dokumenten, besonders den beiden großen Konstitutionen, auch zugrunde liegt, dort aber durch die Selbstbezeichnung der Kirche als Sakrament vor Mißverständnissen eher geschützt und kaum so direkt wie hier entwickelt wird (vgl. z. B. die viel behutsamere Ausdrucksweise in der Pastoralkonstitution, Artikel 42). Nach ihr gibt es also einen Dienst am Heil (in Wort und Sakrament) und einen Dienst am Aufbau der zeitlichen Ordnung (die zugleich Hilfsmittel zum Heil und autonom ist). Damit sind zwei, wie das Konzil sagt, verschiedene und verbundene Bereiche gegeben. Sie dürfen keinesfalls als die Bereiche von Gnade und Natur angesehen werden, erst recht nicht als antagonistische Dualität von Himmlischem und Irdischem oder von Kirche und Welt. Das Konzil sagt in Artikel 7 zwar ausdrücklich, daß der zweite Bereich „durch schwere Mißbräuche entstellt" wurde. Aber es sei Aufgabe der ganzen Kirche, an der Hinordnung dieses gesamten Bereichs durch Christus auf Gott zu arbeiten. Diese Konzeption wird zweifellos noch genauer durchdacht werden müssen. In unserem Zusammenhang ist wichtig, daß das Konzil den Ort der Laien in jedem der beiden Bereiche anerkennt. Der schöne Artikel 8 zeigt, wie alles apostolische Wirken Ursprung und Kraft aus der Liebe haben muß, und nimmt die Gelegenheit wahr, hier eine Magna Charta der Caritas der Kirche zu entwerfen, wobei er nicht versäumt, auf menschliche Qualitäten bei der Caritashilfe, wie Taktgefühl und lautere Absicht, besonders hinzuweisen.

Das III. Kapitel beschäftigt sich in 6 Artikeln mit verschiedenen Bereichen des Apostolats (die nicht mit den eben erwähnten zwei Grundbereichen verwechselt werden dürfen). Artikel 9 stellt nur eine Aufzählung der wichtigeren Bereiche dar, wünscht aber in einem etwas unorganischen Zusatz eine größere Teilnahme der Frauen am Apostolat der Kirche. Artikel 10 setzt neu mit grundsätzlichen Ausführungen über das Apostolat der Laien an, die sich mit Artikel 1 und 2 decken. Dann nennt er als besondere Orte dieses Apostolats die Pfarrei, das Bistum und „den zwischenpfarrlichen, interdiözesanen, nationalen und internationalen Bereich". So wie in anderen Dokumenten Bischöfe und Priester werden hier die Laien an ihre Mitverantwortung für die Gesamtkirche, besonders die Mission, erinnert. Artikel 11 handelt vom Apostolat der Ehe. Sehr wichtig und aktuell ist die Feststellung des zweiten Abschnitts, daß die Gatten füreinander, für die Kinder und für die Angehörigen „Mitarbeiter der Gnade und Zeugen des Glaubens" sind. Während einerseits viele Eheleute heute nicht mehr die Unbefangenheit zu geistlichen Gesprächen haben, sind die Ehen anderseits oft durch unnötige einseitige Beiziehung von Klerikern in den Intimbereich gefährdet. Beides muß im Sinn dieses Dekrets abgestellt werden. Die Gatten sind einander die ersten und wichtigsten Seelsorger. Der Artikel geht weiter auf die Sendung der christlichen Familie in die Öffentlichkeit ein und beschreibt die konkreten Möglichkeiten eines Familienapostolats. Hier wäre der Ort gewesen, sich der Frage zu stellen, ob Brautleute, die eine Übernahme des christlichen Zeugnisses nicht gewährleisten, kirchlich getraut werden dürfen, wenn die Ehe als Sakrament nicht als bloß individuelle Heiligung aufgefaßt wird. Das Konzil umgeht jedoch eine Kritik des üblichen bloßen Brauchtums. Zum Schluß weist der Artikel auf den Nutzen von Familiengruppen hin. Artikel 12 spricht ein wenig enthusiastisch vom Apostolat der Jugend (wenn die Jugend charakterisiert wird als „getrieben von vitaler Begeisterung und überschäumendem Tatendrang", so kann man zweifeln, ob damit die Jugend heute getroffen ist). Der Artikel spricht weiter vom Verhältnis der Erwachsenen zu den Jugendlichen und vom Apostolat der Kinder. Artikel 13 müht sich um den gesellschaftlichen, besonders beruflichen Ort des Apostolats und betont, wie wichtig die Einheit von Glauben und Leben ist. Artikel 14 geht auf Apostolatsmöglichkeiten im nationalen und internationalen Bereich ein und spricht sachverständige Katholiken an, sie möchten sich der Übernahme öffentlicher Aufgaben nicht versagen. Ein wieder etwas unorganischer Schlußsatz mahnt die Reisenden aller Arten an ihre Aufgaben als Boten Christi.

Kapitel IV beschäftigt sich in 8 Artikeln mit den verschiedenen Formen des Laienapostolats. Artikel 15, einer der kürzesten des ganzen Konzils, sagt, das Apostolat könne einzeln und in Zusammenschlüssen ausgeübt werden. Genauer sagt Artikel 16, das Apostolat des Einzelnen sei durch nichts ersetzbar. Dieser Artikel müßte von den Verfechtern der Organisation, die einen Nichtorganisierten für amtlich nicht existent halten, beherzigt werden. Artikel 17 weist darauf hin, daß dieses Apostolat der Einzelnen besonders dringlich ist, wo die Freiheit der Kirche behindert wird oder sie in Diaspora lebt, wenn hier auch kleine, nichtinstitutionelle Gruppen nützlich sein können. Unter Berufung darauf, daß der Mensch ein Gemeinschaftswesen ist, handelt Artikel 18 vom Apostolat in Gemeinschaft. Die Stärkung der gemeinschaftlichen und organisatorischen Form des Apostolats sei heute unerläßlich. Artikel 19 stellt fest, die existierenden Vereinigungen des Apostolats seien sehr verschieden. Jene seien besonders wichtig, die die Einheit von Leben und Glauben fördern. Weiter müßten vor allem Formen auf internationaler Ebene vervollkommnet werden. Grundsätzlich wird gesagt, daß die Laien unter Wahrung der nötigen Verbundenheit mit der kirchlichen Autorität das Recht haben, Vereinigungen zu gründen, zu leiten und gegründeten beizutreten. Auf jeden Fall ist eine Zersplitterung der Kräfte zu vermeiden. Darum sind nicht unbesehen neue Vereinigungen zu gründen, veraltete sind aufzugeben und nicht alle Formen, die in einem Land vorkommen, sind in einem anderen tauglich. Damit kommt Artikel 20 zu dem komplizierten Thema der „Katholischen Aktion", die seit ihrer Errichtung unter Pius XI. so viele Diskussionen heraufbeschworen hat. Der Artikel nennt 4 Punkte, die zusammen verwirklicht sein müssen, damit eine Aktion oder Vereinigung als „Katholische Aktion" angesehen werden kann; davon ist Nr. d formal am wichtigsten: die Vereinigung muß unter der Oberleitung, teils unter einem speziellen „Mandat", der Hierarchie stehen. Sind diese Bedingungen verwirklicht, sagt der Artikel, so sind im übrigen Formen und Namen unwichtig. Solche Vereinigungen der Katholischen Aktion aber werden den Laien besonders empfohlen. In Artikel 21 werden auch andere Vereinigungen als förderungswürdig erklärt, die die Hierarchie empfiehlt. Abermals wird auf internationale Zusammenschlüsse hingewiesen. Artikel 22 will jene Laien besonders ehren, die zeitweilig oder ganz im Dienst kirchlicher Institutionen oder Werke stehen. Für ihren Unterhalt und ihre Weiterbildung soll gesorgt werden.

In 5 Artikeln spricht Kapitel V von der Ordnung des Laienapostolats. Artikel 23 weist darauf hin, daß eine Koordinierung nötig ist (wie schon in Artikel 20 der Katholischen Aktion brüderliche Zusammenarbeit mit anderen Organisationen empfohlen wurde). Artikel 24 stellt fest, es gebe verschiedenartige Beziehungen der Laien zur Hierarchie. Ausdrücklich wird gebilligt, daß „sehr viele apostolische Werke" durch freien Entschluß der Laien entstanden sind. Mit gutem Grund wird jedoch gesagt, kein Werk dürfe sich ohne Zustimmung der rechtmäßigen kirchlichen Autorität „katholisch" nennen. Die Beziehungen zur Hierarchie gehen weiter von Anerkennung über besondere Förderung (zuweilen „in kirchlichen Dokumenten ‚Mandat' genannt") bis zur vollen Unterstellung unter die Hierarchie. Bei letzterem werden die Aufgabenbereiche in der Lehre, Liturgie und Seelsorge eigens genannt: hier ist eine Autonomie der Laien nicht vorgesehen. Im übrigen wird der Hierarchie für den Bereich der „zeitlichen Ordnung" das Recht auf Verkündung und Durchsetzung nur der Grundsätze zugesprochen. Artikel 25 mahnt Bischöfe, Pfarrer und andere Priester, Recht und Pflicht des Apostolats zu respektieren. Besondere Formen des Laienapostolats aber sollen nach diesem Artikel von eigenen Priestern unterstützt werden, die dann die Hierarchie repräsentieren. Hier wären genauere Umgrenzungen der priesterlichen Einflußnahme wohl angebracht gewesen. Artikel 26 sieht die Errichtung von Beratungsgremien in den Diözesen vor, die die Laienwerke unterstützen und koordinieren sollen, ohne deren Autonomie zu beeinträchtigen; ähnlich sollen auch überregionale Gremien geschaffen werden. Für Fragen des Laienapostolats soll beim Heiligen Stuhl ein eigenes Sekretariat gegründet werden, an dem die Laienapostolatswerke aus der ganzen Welt beteiligt sein sollen. Hier wird, ebenso wie bei den Pfarr- und Diözesanräten, die Frage einer *echten* Repräsentation der Laien dringend. Artikel 27 legt den Katholiken die Zusammenarbeit mit anderen Christen (aufgrund der Verbindung im Evangelium als gemeinsamem väterlichem Erbe) und mit Nichtchristen ans Herz.

Das VI. Kapitel handelt in 5 Artikeln von der Bildung zum Apostolat. Wenn französische Konzilskommentare dem Dekret neben Lob auch Tadel spenden, weil es zu viele Banalitäten enthalte und fast nur aus Aufzählungen bestehe, so ist wohl vor allem dieses Kapitel gemeint. Artikel 28 erklärt eine vielfältige und umfassende Bildung der Laien zur Voraussetzung des Apostolats (die Anmerkung weist hier auf andere Konzilstexte hin, in denen die Grundlagen dieser Bildung beschrieben werden). Artikel 29 faßt zusammen, welche Anforderungen des Geistes und Herzens an die Laien gestellt werden. Artikel 30 führt aus, diese Bildung müsse schon in der Kindheit beginnen; sehr wichtig sei die Jugendzeit; Eltern, Pfarrer, Schulen u. a. werden auf ihre Bildungsaufgabe im Interesse des Apostolats hingewiesen. Als „oft sogar der normale Weg" dieser Bildung werden jedoch die bereits bestehenden Laiengruppen und -vereinigungen hervorgehoben, in denen theoretische, geistliche und praktische Bildung vereint sei. Artikel 31 greift die Bereiche der Laienarbeit im Sinn der Artikel 5–7 auf und erwähnt zunächst die Bildung zum Heilsdienst, wobei den Laien eine besondere Verpflichtung, gegen den Materialismus das eigene Lebenszeugnis abzulegen, zugesprochen wird; sodann erwähnt er die „christliche Ausrichtung der zeitlichen Ordnung" und verlangt hier eine gute Bildung der Laien in Soziallehre und Caritas. Artikel 32 stellt fest, daß bereits viele Hilfsmittel für Laien im Apostolat existieren. Zusätzlich sollen Dokumentations- und Studienzentren für alle Bereiche des Apostolats errichtet werden.

Artikel 33 ist ein abschließender Aufruf des Konzils an alle Laien, dem Anruf des Heiligen Geistes gehorsam sich mit Christus enger zu verbinden und im Apostolat seine Mitarbeiter zu werden.

Dekret über das Apostolat der Laien

1. Um dem apostolischen Wirken des Gottesvolkes mehr Gewicht zu verleihen[1], wendet sich die Heilige Synode nunmehr eindringlich an die Laienchristen, von deren spezifischem und in jeder Hinsicht notwendigem Anteil an der Sendung der Kirche sie schon andernorts gesprochen hat[2]. Denn das Apostolat der Laien, das in deren christlicher Berufung selbst seinen Ursprung hat, kann in der Kirche niemals fehlen. Wie spontan und fruchtbar dieses Wirken in der Frühzeit der Kirche war, zeigt klar die Heilige Schrift selbst (vgl. Apg 11, 19–21; 18, 26; Röm 16, 1–16; Phil 4, 3).

Unsere Zeit aber erfordert keinen geringeren Einsatz der Laien, im Gegenteil: die gegenwärtigen Verhältnisse verlangen von ihnen ein durchaus intensiveres und weiteres Apostolat. Das dauernde Anwachsen der Menschheit, der Fortschritt von Wissenschaft und Technik, das engere Netz der gegenseitigen menschlichen Beziehungen haben nicht nur die Räume des Apostolats der Laien, die großenteils nur ihnen offenstehen, ins unermeßliche erweitert; sie haben darüber hinaus auch neue Probleme hervorgerufen, die das eifrige Bemühen sachkundiger Laien erfordern. Dieses Apostolat wird um so dringlicher, als die Autonomie vieler Bereiche des menschlichen Lebens — und zwar mit vollem Recht — sehr gewachsen ist, wenngleich dieses

---

[1] Vgl. Johannes XXIII., Apost. Konst. Humanae salutis, 25. Dez. 1961: AAS 54 (1962) 7–10.
[2] Vgl. II. Vat. Konzil, Dogm. Konst. über die Kirche Lumen Gentium, Art. 33 ff.: AAS 57 (1965) 39 f.; vgl. auch Konst. über die heilige Liturgie Sacrosanctum Concilium, Art. 26–40: AAS 56 (1964) 107–111; vgl. Dekret über die sozialen Kommunikationsmittel Inter mirifica: AAS 56 (1964) 145–153; vgl. Dekret über den Ökumenismus Unitatis redintegratio: AAS 57 (1965) 90–107; vgl. Dekret über das Hirtenamt der Bischöfe in der Kirche Christus Dominus, Art. 16 17 18; Erklärung über die christliche Erziehung Gravissimum educationis, Art. 3 5 7.

Wachstum bisweilen mit einer gewissen Entfremdung von der ethischen und religiösen Ordnung und mit einer schweren Krise des christlichen Lebens verbunden ist. Zudem könnte die Kirche in vielen Gebieten, in denen es nur ganz wenige Priester gibt oder diese, wie es öfters der Fall ist, der für ihren Dienst notwendigen Freiheit beraubt sind, ohne die Arbeit der Laien kaum präsent und wirksam sein. Ein Hinweis auf diese vielfältige und dringende Notwendigkeit des Laienapostolats liegt auch in dem unverkennbaren Wirken des Heiligen Geistes, der den Laien heute mehr und mehr das Bewußtsein der ihnen eigentümlichen Verantwortung schenkt und sie allenthalben zum Dienst für Christus und seine Kirche aufruft[3].

In diesem Dekret möchte nun das Konzil Natur, Eigenart und Vielgestaltigkeit des Laienapostolates erläutern, zugleich aber auch grundlegende Prinzipien vorlegen und pastorale Weisungen geben, die zu seiner wirksameren Betätigung helfen sollen. Dies alles soll dann auch bei der Revision des kanonischen Rechts, soweit es das Laienapostolat betrifft, als Norm gelten.

ERSTES KAPITEL

DIE BERUFUNG DER LAIEN ZUM APOSTOLAT

2. Dazu ist die Kirche ins Leben getreten: sie soll zur Ehre Gottes des Vaters die Herrschaft Christi über die ganze Erde ausbreiten und so alle Menschen der heilbringenden Erlösung teilhaftig machen[1], und durch diese Menschen soll die gesamte Welt in Wahrheit auf Christus hingeordnet werden. Jede Tätigkeit des mystischen Leibes, die auf dieses Ziel gerichtet ist, wird Apostolat genannt; die Kirche verwirklicht es, wenn auch auf verschiedene Weise, durch alle ihre Glieder; denn die christliche Berufung ist ihrer Natur nach auch Berufung zum Apostolat. Wie sich im Gefüge eines lebendigen Leibes ein Glied nicht nur passiv verhält, sondern zugleich mit dem Leben des Leibes auch an seinem Tun teilnimmt, so bewirkt auch im Leib Christi, der die

---

[3] Vgl. Pius XII., Ansprache an die Kardinäle, 20. Febr. 1946: AAS 38 (1946) 149f.; ders., Ansprache an die Teilnehmer des ersten Weltkongresses der christlichen Arbeiterjugend (J.O.C.), 25. Aug. 1957: AAS 49 (1957) 843.
[1] Vgl. Pius XI., Enz. Rerum Ecclesiae: AAS 18 (1926) 65.

Kirche ist, der ganze Leib „gemäß der jedem einzelnen Glied zugemessenen Wirkkraft das Wachstum des Leibes" (Eph 4, 16). Ja so stark ist in diesem Leib die Verbindung und der Zusammenhalt der Glieder (vgl. Eph 4, 16), daß man von einem Glied, das nicht nach seinem Maß zum Wachstum des Leibes beiträgt, sagen muß, es nütze weder der Kirche noch sich selber.

Es besteht in der Kirche eine Verschiedenheit des Dienstes, aber eine Einheit der Sendung. Den Aposteln und ihren Nachfolgern wurde von Christus das Amt übertragen, in seinem Namen und in seiner Vollmacht zu lehren, zu heiligen und zu leiten. Die Laien hingegen, die auch am priesterlichen, prophetischen und königlichen Amt Christi teilhaben, verwirklichen in Kirche und Welt ihren eigenen Anteil an der Sendung des ganzen Volkes Gottes[2]. Durch ihr Bemühen um die Evangelisierung und Heiligung der Menschen und um die Durchdringung und Vervollkommnung der zeitlichen Ordnung mit dem Geist des Evangeliums üben sie tatsächlich ein Apostolat aus. So legt ihr Tun in dieser Ordnung offen für Christus Zeugnis ab und dient dem Heil der Menschen. Da es aber dem Stand der Laien eigen ist, inmitten der Welt und der weltlichen Aufgaben zu leben, sind sie von Gott berufen, vom Geist Christi beseelt nach Art des Sauerteigs ihr Apostolat in der Welt auszuüben.

3. Pflicht und Recht zum Apostolat haben die Laien kraft ihrer Vereinigung mit Christus, dem Haupt. Denn durch die Taufe dem mystischen Leib Christi eingegliedert und durch die Firmung mit der Kraft des Heiligen Geistes gestärkt, werden sie vom Herrn selbst mit dem Apostolat betraut. Sie werden zu einer königlichen Priesterschaft und zu einem heiligen Volk (vgl. 1 Petr 2, 4–10) geweiht, damit sie durch alle ihre Werke geistliche Opfergaben darbringen und überall auf Erden Zeugnis für Christus ablegen. Durch die Sakramente, vor allem die heilige Eucharistie, wird jene Liebe mitgeteilt und genährt, die sozusagen die Seele des gesamten Apostolates ist[3].

Das Apostolat verwirklicht sich in Glaube, Hoffnung und Liebe, die der Heilige Geist in den Herzen aller Glieder der Kirche ausgießt. Ja das Gebot der Liebe, das der große Auftrag des Herrn ist, drängt alle Christen, für die Ehre Gottes, die durch das Kom-

[2] Vgl. II. Vat. Konzil, Dogm. Konst. über die Kirche Lumen Gentium, Art. 31: AAS 57 (1965) 37.
[3] Vgl. ebd. Art. 33: AAS 57 (1965) 39; vgl. auch Art. 10, a. a. O. 14.

men seines Reiches offenbar wird, und für das ewige Leben aller Menschen zu wirken, damit sie den einzigen wahren Gott erkennen und den, den er gesandt hat, Jesus Christus (vgl. Jo 17, 3).

Allen Christen ist also die ehrenvolle Last auferlegt, mitzuwirken, daß die göttliche Heilsbotschaft überall auf Erden von allen Menschen erkannt und angenommen wird.

Zum Vollzug dieses Apostolates schenkt der Heilige Geist, der ja durch den Dienst des Amtes und durch die Sakramente die Heiligung des Volkes Gottes wirkt, den Gläubigen auch noch besondere Gaben (vgl. 1 Kor 12, 7); „einem jeden teilt er sie zu, wie er will" (1 Kor 12, 11), damit „alle, wie ein jeder die Gnadengabe empfangen hat, mit dieser einander helfen" und so auch selbst „wie gute Verwalter der mannigfachen Gnade Gottes" seien (1 Petr 4, 10) zum Aufbau des ganzen Leibes in der Liebe (vgl. Eph 4, 16). Aus dem Empfang dieser Charismen, auch der schlichteren, erwächst jedem Glaubenden das Recht und die Pflicht, sie in Kirche und Welt zum Wohl der Menschen und zum Aufbau der Kirche zu gebrauchen. Das soll gewiß mit der Freiheit des Heiligen Geistes geschehen, der „weht, wo er will" (Jo 3, 8), aber auch in Gemeinschaft mit den Brüdern in Christus, besonders mit ihren Hirten. Ihnen steht es zu, über Echtheit und geordneten Gebrauch der Charismen zu urteilen, natürlich nicht um den Geist auszulöschen, sondern um alles zu prüfen und, was gut ist, zu behalten (vgl. 1 Thess 5, 12 19 21)[4].

4. Da Christus, vom Vater gesandt, Quell und Ursprung des gesamten Apostolates der Kirche ist, kann es nicht anders sein, als daß die Fruchtbarkeit des Apostolates der Laien von ihrer lebendigen Vereinigung mit Christus abhängt; sagt doch der Herr: „Wer in mir bleibt und in wem ich bleibe, der bringt viele Frucht; denn ohne mich könnt ihr nichts tun" (Jo 15, 5). Dieses Leben innigster Vereinigung mit Christus in der Kirche nähren die gleichen geistlichen Hilfen, die allen Gläubigen zu Gebote stehen, vor allem die tätige Teilnahme an der heiligen Liturgie[5]. Dieser Hilfen müssen sich die Laien so bedienen, daß sie bei der rechten Erfüllung ihrer weltlichen Pflichten in den gewöhnlichen Lebensverhältnissen die Vereinigung mit Christus nicht von ihrem Leben abspalten, vielmehr in dieser Vereini-

---

[4] Vgl. ebd. Art. 12: AAS 57 (1965) 16.
[5] Vgl. II. Vat. Konzil, Konst. über die heilige Liturgie Sacrosanctum Concilium, Art. 11: AAS 56 (1964) 102–103.

gung dadurch noch wachsen, daß sie ihre Arbeit gemäß dem Willen Gottes leisten. Das ist der Weg, auf dem die Laien mit freudig-bereitem Herzen zu immer höherer Heiligkeit fortschreiten müssen; Schwierigkeiten sollen sie mit Klugheit und Geduld zu überwinden versuchen[6]. Weder die häuslichen Sorgen noch die anderen Aufgaben, die das Leben in der Welt stellt, dürfen außerhalb des Bereiches ihres geistlichen Lebens stehen gemäß dem Wort des Apostels: „Was ihr auch tut in Wort und Werk, tut alles im Namen des Herrn Jesus Christus, und sagt Dank Gott und dem Vater durch ihn" (Kol 3, 17).

Ein solches Leben fordert einen ständigen Vollzug von Glaube, Hoffnung und Liebe.

Nur im Licht des Glaubens und in der betenden Versenkung in Gottes Wort wird es möglich, immer und überall Gott zu erkennen, in dem „wir leben, uns bewegen und sind" (Apg 17, 28), in allem Geschehen seinen Willen zu suchen, in allen Menschen, ob sie uns nun nahe- oder fernstehen, Christus zu sehen und richtig zu beurteilen, welche Bedeutung und welchen Wert die zeitlichen Dinge in sich selbst und in Hinordnung auf das Ziel des Menschen haben.

Die diesen Glauben haben, leben in der Hoffnung auf das Offenbarwerden der Söhne und Töchter Gottes, da sie des Kreuzes und der Auferstehung des Herrn eingedenk bleiben.

Mit Christus noch in Gott verborgen, frei von der Sklaverei des Reichtums und auf jene Güter bedacht, die ewig währen, weihen sie sich während der Pilgerschaft dieses Lebens großmütig der Aufgabe, die Herrschaft Gottes auszubreiten und die zeitliche Ordnung mit dem Geist Christi zu durchdringen und zu vervollkommnen. Inmitten der Widrigkeiten dieses Lebens finden sie Kraft in der Hoffnung, sind sie doch überzeugt, daß „die Leiden dieser Zeit in keinem Verhältnis zu der kommenden Herrlichkeit stehen, die in uns offenbar werden wird" (Röm 8, 18).

Angetrieben durch die Liebe, die aus Gott stammt, tun sie allen Gutes, zumal denen, die uns im Glauben verbunden sind (vgl. Gal 6, 10); „alle Bosheit und Tücke, alle Heuchelei und Mißgunst und alle üble Nachrede legen sie ab" (1 Petr 2, 1) und ziehen so die Menschen zu Christus. Die Liebe Gottes aber, die

[6] Vgl. II. Vat. Konzil, Dogm. Konst. über die Kirche Lumen Gentium, Art. 32: AAS 57 (1965) 38; vgl. auch 40–41, a. a. O. 45–47.

„in unseren Herzen ausgegossen ist durch den Heiligen Geist, der uns gegeben ist" (Röm 5, 5), befähigt die Laien, den Geist der Seligpreisungen in ihrem Leben wirklich zum Ausdruck zu bringen. Da sie Jesus auch in seiner Armut nachfolgen wollen, werden sie weder durch den Mangel an zeitlichen Gütern niedergedrückt noch durch deren Fülle aufgebläht. In Nachahmung des erniedrigten Christus sind sie nicht auf eitle Ehre aus (vgl. Gal 5, 26), sondern suchen mehr Gott zu gefallen als den Menschen, immer bereit, um Christi willen alles zu verlassen (vgl. Lk 14, 26) und Verfolgung zu leiden um der Gerechtigkeit willen (vgl. Mt 5, 10), eingedenk des Herrenwortes: „Wenn einer mir nachfolgen will, gebe er sich selbst auf, nehme sein Kreuz auf sich und folge mir" (Mt 16, 24). Sie pflegen untereinander die Freundschaft der Christen und helfen einander in jeglicher Not.

Dieses geistliche Leben der Laien muß vom Stand der Ehe und der Familie, der Ehelosigkeit oder Witwenschaft, aus der Situation einer Krankheit, vom beruflichen oder gesellschaftlichen Wirken her ein besonderes Gepräge annehmen. Die Laien mögen darum nicht aufhören, jene ihnen verliehenen Eigenschaften und Gaben mit Bedacht auszubilden, die diesen Lebenslagen entsprechen, und auch die ihnen je eigenen Gnadengaben zu gebrauchen, die sie vom Heiligen Geist empfangen haben.

Außerdem sollen sich die Laien, die ihrer Berufung gemäß einer der von der Kirche approbierten Vereinigungen oder Institute beigetreten sind, die diesen eigentümliche, besondere Ausprägung des geistlichen Lebens getreu anzueignen suchen.

Hochschätzen mögen sie auch berufliche Sachkenntnis, familiären und mitbürgerlichen Sinn und alle jene Tugendhaltungen, die sich auf den mitmenschlichen Umgang beziehen, wie Rechtschaffenheit, Sinn für Gerechtigkeit, Aufrichtigkeit, Menschlichkeit, Starkmut, ohne die auch ein wahrhaft christliches Leben nicht bestehen kann.

Ein vollendetes Vorbild eines solchen geistlichen und apostolischen Lebens ist die seligste Jungfrau Maria, die Königin der Apostel. Während sie auf Erden ein Leben wie jeder andere verbrachte, voll von Sorge um die Familie und von Arbeit, war sie doch immer innigst mit ihrem Sohn verbunden und arbeitete auf ganz einzigartige Weise am Werk des Erlösers mit; jetzt aber, in den Himmel aufgenommen, „sorgt sie in ihrer mütterlichen

Liebe für die Brüder ihres Sohnes, die noch auf der Pilgerschaft sind und in Gefahren und Bedrängnissen weilen, bis sie zur seligen Heimat gelangen"[7]. Alle sollen sie innig verehren und ihr Leben und ihr Apostolat ihrer mütterlichen Sorge empfehlen.

ZWEITES KAPITEL

DIE ZIELE

5. Das Erlösungswerk Christi zielt an sich auf das Heil der Menschen, es umfaßt aber auch den Aufbau der gesamten zeitlichen Ordnung. Darum besteht die Sendung der Kirche nicht nur darin, die Botschaft und Gnade Christi den Menschen nahezubringen, sondern auch darin, die zeitliche Ordnung mit dem Geist des Evangeliums zu durchdringen und zu vervollkommnen. Die Laien, die diese Sendung der Kirche vollziehen, üben also ihr Apostolat in der Kirche wie in der Welt, in der geistlichen wie in der weltlichen Ordnung aus. Beide Ordnungen, die man gewiß unterscheiden muß, sind in dem einzigen Plan Gottes so verbunden, daß Gott selbst in Christus die ganze Welt als neue Schöpfung wieder aufnehmen will, im Keim hier auf Erden, vollendet am Ende der Tage. In beiden Ordnungen muß sich der Laie, der zugleich Christ ist und Bürger dieser Welt, unablässig von dem einen christlichen Gewissen leiten lassen.

6. Die Sendung der Kirche geht auf das Heil der Menschen, das im Glauben an Christus und in seiner Gnade erlangt wird. Das Apostolat der Kirche und aller ihrer Glieder ist darum vor allem darauf gerichtet, die Botschaft Christi der Welt durch Wort und Tat bekanntzumachen und ihr seine Gnade zu vermitteln. Das geschieht vorzüglich durch den Dienst des Wortes und der Sakramente. Dieser ist zwar in besonderer Weise dem Klerus anvertraut, an ihm haben aber auch die Laien ihren bedeutsamen Anteil zu erfüllen, damit sie „Mitarbeiter der Wahrheit" (3 Jo 8) seien. Vornehmlich in dieser Ordnung ergänzen einander das Apostolat der Laien und der Dienst der Hirten.

Unzählige Gelegenheiten zur Ausübung des Apostolates der Evangelisierung und Heiligung stehen den Laien offen. Das

---

[7] Vgl. ebd. Art. 62, a. a. O. 63; vgl. auch Art. 65, a. a. O. 64–65.

Zeugnis des christlichen Lebens selbst und die guten in über-
natürlichem Geist vollbrachten Werke haben die Kraft, Men-
schen zum Glauben und zu Gott zu führen; sagt doch der Herr:
„So leuchte euer Licht vor den Menschen, damit sie eure guten
Werke sehen und euren Vater preisen, der im Himmel ist"
(Mt 5, 16).

Dennoch besteht dieses Apostolat nicht nur im Zeugnis des
Lebens. Ein wahrer Apostel sucht nach Gelegenheiten, Christus
auch mit seinem Wort zu verkünden, sei es den Nichtgläubigen,
um sie zum Glauben zu führen, sei es den Gläubigen, um sie zu
unterweisen, zu stärken und sie zu einem einsatzfreudigen Leben
zu erwecken; „denn die Liebe Christi drängt uns" (2 Kor 5, 14),
und im Herzen aller sollten jene Worte des Apostels ein Echo
finden: „Weh mir, wenn ich die gute Botschaft nicht verkünden wollte" (1 Kor 9, 16)[1].

Da sich aber in dieser unserer Zeit neue Fragen erheben und
schwerste Irrtümer verbreitet werden, die die Religion, die
sittliche Ordnung, ja die menschliche Gesellschaft selbst von
Grund aus zu verkehren trachten, ist es dieser Heiligen Synode
ein ernstes Anliegen, die Laien, jeden nach seiner Begabung und
Bildung, zu ermutigen, im Geist der Kirche noch eifriger bei
der Herausarbeitung, Verteidigung und entsprechenden Anwendung der christlichen Grundsätze auf die Probleme unserer Zeit
ihren Beitrag zu leisten.

7. Das ist der Plan Gottes hinsichtlich der Welt, daß die Menschen
die zeitliche Ordnung einträchtig miteinander aufbauen und
immer mehr vervollkommnen.

Alles, was die zeitliche Ordnung ausmacht, die Güter des
Lebens und der Familie, Kultur, Wirtschaft, Kunst, berufliches
Schaffen, die Einrichtungen der politischen Gemeinschaft, die
internationalen Beziehungen und ähnliches mehr, sowie die
Entwicklung und der Fortschritt von alldem sind nicht nur Hilfsmittel zur Erreichung des letzten Zieles des Menschen, sondern
haben ihren Eigenwert, den Gott in sie gelegt hat, ob man sie
nun einzeln in sich selbst betrachtet oder als Teile der gesamten
zeitlichen Ordnung: „Und Gott sah alles, was er geschaffen
hatte, und es war sehr gut" (Gn 1, 31). Diese natürliche Gutheit

---

[1] Vgl. Pius XI., Enz. Ubi arcano, 23. Dez. 1922: AAS 14 (1922) 695; Pius XII.,
Enz. Summi Pontificatus, 20. Okt. 1939: AAS 31 (1939) 442–443.

von alldem erhält eine spezifische Würde durch die Beziehung dieser Dinge zur menschlichen Person, zu deren Dienst sie geschaffen sind. Endlich hat es Gott gefallen, alles, das Natürliche und das Übernatürliche, in Christus Jesus zu einer Einheit zusammenzufassen, „so daß er selbst in allem den ersten Rang hat" (Kol 1, 18). Dennoch nimmt diese Bestimmung der zeitlichen Ordnung in keiner Weise ihre Autonomie, ihre eigenen Ziele, Gesetze, Methoden und ihre eigene Bedeutung für das Wohl der Menschen. Sie vollendet sie vielmehr in ihrer Bedeutsamkeit und ihrem Eigenwert. Zugleich richtet sie sie auf die volle Berufung des Menschen auf Erden aus.

Im Lauf der Geschichte wurden die zeitlichen Dinge durch schwere Mißbräuche entstellt. Die Menschen, von der Erbschuld belastet, erlagen oft mannigfachen Irrtümern über das wahre Wesen Gottes, die Natur des Menschen und die Grundforderungen des Sittengesetzes. Das führte zu einem Verfall der Sitten und der menschlichen Einrichtungen, ja die menschliche Person selbst wurde nicht selten mit Füßen getreten. Auch in unseren Tagen setzen nicht wenige ein allzu großes Vertrauen auf den Fortschritt der Naturwissenschaften und der Technik und neigen zu einer gewissen Vergötzung der zeitlichen Dinge, mehr deren Sklaven als deren Herren.

Aufgabe der ganzen Kirche ist es, daran zu arbeiten, daß die Menschen fähig werden, die gesamte zeitliche Ordnung richtig aufzubauen und durch Christus auf Gott hinzuordnen. Den Hirten obliegt es, die Grundsätze über das Ziel der Schöpfung und über den Gebrauch der Welt klar zu verkünden, sittliche und geistliche Hilfen zu gewähren, damit die zeitliche Ordnung auf Christus ausgerichtet werde.

Die Laien aber müssen den Aufbau der zeitlichen Ordnung als die gerade ihnen zukommende Aufgabe auf sich nehmen und dabei, vom Licht des Evangeliums und vom Geist der Kirche geleitet sowie von christlicher Liebe gedrängt, unmittelbar und entschieden handeln. Sie sollen aus ihrer spezifischen Sachkenntnis heraus und in eigener Verantwortung als Bürger mit ihren Mitbürgern zusammenarbeiten und überall und in allem die Gerechtigkeit des Reiches Gottes suchen. Die zeitliche Ordnung ist so auszurichten, daß sie, unter völliger Wahrung der ihr eigentümlichen Gesetze, den höheren Grundsätzen des christlichen Lebens entsprechend gestaltet, dabei jedoch den verschiedenen Situationen der Orte, Zeiten und Völker angepaßt wird.

Unter den Werken dieses Apostolates ist die soziale Tätigkeit der Christen von besonderer Bedeutung, und zwar wünscht die Heilige Synode, daß sie sich heute auf den ganzen zeitlichen Bereich, auch auf den kulturellen, erstrecke[2].

8. Alles apostolische Wirken muß seinen Ursprung und seine Kraft von der Liebe herleiten. Einige Werke sind jedoch schon ihrer Natur nach geeignet, die Liebe lebendig zum Ausdruck zu bringen. Sie sollten, so wollte es Christus der Herr, Zeichen seiner messianischen Sendung sein (vgl. Mt 11, 4–5).

Das größte Gebot im Gesetz ist, Gott aus ganzem Herzen zu lieben und seinen Nächsten wie sich selbst (vgl. Mt 22, 37–40). Dieses Gebot der Nächstenliebe machte Christus zu seinem charakteristischen Gebot und gab ihm eine neue, reichere Bedeutung: Er selbst wollte gleichsam derselbe Gegenstand der Liebe sein wie die Brüder, als er sagte: ,,Wann ihr etwas auch nur einem von diesen meinen geringsten Brüdern getan habt, habt ihr es mir getan" (Mt 25, 40). Er selbst hat ja, als er die menschliche Natur annahm, die ganze Menschheit in einer übernatürlichen Solidarität zu einer Familie zusammengefaßt und an sich gebunden, und er hat die Liebe zum Zeichen seiner Jünger bestimmt mit den Worten: ,,Daran werden alle erkennen, daß ihr meine Jünger seid, wenn ihr Liebe zueinander habt" (Jo 13, 35).

Wie darum die heilige Kirche schon in ihrer Frühzeit die Feier der Agape mit dem eucharistischen Mahl verband und so, als ganze durch das Band der Liebe um Christus geeint, in Erscheinung trat, wird sie zu allen Zeiten an diesem Zeichen der Liebe erkannt. Wenn sie sich auch über alles freut, was andere in dieser Hinsicht tun, nimmt sie doch die Werke der Liebe als ihre eigene Pflicht und ihr unveräußerliches Recht in Anspruch. Der barmherzige Sinn für die Armen und Kranken und die sogenannten caritativen Werke, die gegenseitige Hilfe zur Erleichterung aller menschlichen Nöte, stehen deshalb in der Kirche besonders in Ehren[3].

Heute, da die Kommunikationsmittel immer vollkommener arbeiten, die Entfernungen unter den Menschen sozusagen überwunden sind und die Bewohner der ganzen Erde gleichsam

---

[2] Vgl. Leo XIII., Enz. Rerum novarum: ASS 23 (1890–91) 647; Pius XI., Enz. Quadragesimo anno: AAS 23 (1931) 190; Pius XII., Rundfunkansprache, 1. Juni 1941: AAS 33 (1941) 207.
[3] Vgl. Johannes XXIII., Enz. Mater et Magistra: AAS 53 (1961) 402.

zu Gliedern einer einzigen Familie wurden, sind jene Tätigkeiten und Werke viel dringlicher und umfassender geworden. Das caritative Tun kann und muß heute alle Menschen und Nöte umfassen. Wo immer Menschen leben, denen es an Speise und Trank, an Kleidung, Wohnung, Medikamenten, Arbeit, Unterweisung, notwendigen Mitteln zu einem menschenwürdigen Leben fehlt, wo Menschen von Drangsal und Krankheit gequält werden, Verbannung und Haft erdulden müssen, muß die christliche Hilfe sie suchen und finden, alle Sorgen für sie aufwenden, um sie zu trösten und mit tätiger Hilfe ihr Los zu erleichtern. Diese Verpflichtung obliegt in erster Linie den einzelnen Menschen wie den Völkern, die in Wohlstand leben [4].

Damit die Übung dieser Liebe über jeden Verdacht erhaben sei und als solche auch in Erscheinung trete, muß man im Nächsten das Bild Gottes sehen, nach dem er geschaffen ist, und Christus den Herrn, dem in Wahrheit all das dargeboten wird, was einem Bedürftigen gegeben wird. Man muß auch in tiefer Menschlichkeit auf die personale Freiheit und Würde dessen Rücksicht nehmen, der die Hilfe empfängt. Weder das Suchen des eigenen Vorteils noch Herrschsucht dürfen die Reinheit der Absicht beflecken [5]. Zuerst muß man den Forderungen der Gerechtigkeit Genüge tun, und man darf nicht als Liebesgabe anbieten, was schon aus Gerechtigkeit geschuldet ist. Man muß die Ursachen der Übel beseitigen, nicht nur die Wirkungen. Die Hilfeleistung sollte so geordnet sein, daß sich die Empfänger, allmählich von äußerer Abhängigkeit befreit, auf die Dauer selbst helfen können.

Die Laien mögen also die Werke der Liebe und die Unternehmungen der sozialen Hilfe, private oder öffentliche, auch die internationalen Hilfswerke hochschätzen und nach Kräften fördern. Durch sie wird einzelnen Menschen und ganzen Völkern in ihrer Not wirklich geholfen. Dabei sollen die christlichen Laien mit allen Menschen guten Willens zusammenarbeiten [6].

---

[4] Vgl. ebd. 440–441.   [5] Vgl. ebd. 442–443.
[6] Vgl. Pius XII., Ansprache an die „Pax Romana" (M.I.I.C.), 25. März 1957: AAS 49 (1957) 298–299; und vor allem Johannes XXIII., Ansprache an den Kongreß des Rates der Food and Agriculture Organization (FAO), 10. Nov. 1959: AAS 51 (1959) 865–866.

DRITTES KAPITEL

VERSCHIEDENE BEREICHE DES APOSTOLATES

9. Die Laien betätigen ihr vielfältiges Apostolat sowohl in der Kirche als auch in der Welt. In jeder dieser beiden Ordnungen tun sich verschiedene Bereiche apostolischen Wirkens auf. Die wichtigeren sollen hier erwähnt werden: die kirchlichen Gemeinschaften im engeren Sinn, die Familie, die Jugend, die sozialen Milieus, das nationale und internationale Leben. Da heute die Frauen eine immer aktivere Funktion im ganzen Leben der Gesellschaft ausüben, ist es von großer Wichtigkeit, daß sie auch an den verschiedenen Bereichen des Apostolates der Kirche wachsenden Anteil nehmen.

10. Als Teilnehmer am Amt Christi, des Priesters, Propheten und Königs, haben die Laien ihren aktiven Anteil am Leben und Tun der Kirche. Innerhalb der Gemeinschaften der Kirche ist ihr Tun so notwendig, daß ohne dieses auch das Apostolat der Hirten meist nicht zu seiner vollen Wirkung kommen kann. Denn wie jene Männer und Frauen, die Paulus in der Verkündigung des Evangeliums unterstützt haben (vgl. Apg 18, 18 26; Röm 16, 3), ergänzen Laien von wahrhaft apostolischer Einstellung, was ihren Brüdern fehlt; sie stärken geistig die Hirten und das übrige gläubige Volk (vgl. 1 Kor 16, 17–18). Durch tätige Teilnahme am liturgischen Leben ihrer Gemeinschaft genährt, nehmen sie ja angelegentlich an deren apostolischen Werken teil. Menschen, die vielleicht weit abseits stehen, führen sie der Kirche zu. Angestrengt arbeiten sie an der Weitergabe des Wortes Gottes mit, vor allem durch katechetische Unterweisung. Durch ihre Sachkenntnis machen sie die Seelsorge und die Verwaltung der kirchlichen Güter wirksamer.

Die Pfarrei bietet ein augenscheinliches Beispiel für das gemeinschaftliche Apostolat; was immer sie in ihrem Raum an menschlichen Unterschiedlichkeiten vorfindet, schließt sie zusammen und fügt es dem Ganzen der Kirche ein[1]. Die Laien

---

[1] Vgl. Pius X., Apost. Schreiben Creationis duarum novarum paroeciarum, 1. Juni 1905: ASS 38 (1905) 65–67; Pius XII., Ansprache an die Gläubigen der Pfarrei S. Saba, 11. Jan. 1953: Discorsi e Radiomessaggi XIV (1952–53) 449–454; Johannes XXIII., Ansprache an den Klerus und die Gläubigen des suburbikarischen Bistums Albano, 26. Aug. 1962: AAS 54 (1962) 656–660.

mögen sich daran gewöhnen, aufs engste mit ihren Priestern vereint in der Pfarrei zu arbeiten[2]; die eigenen Probleme und die der Welt, sowie die Fragen, die das Heil der Menschen angehen, in die Gemeinschaft der Kirche einzubringen, um sie dann in gemeinsamer Beratung zu prüfen und zu lösen; endlich jede apostolische und missionarische Initiative der eigenen kirchlichen Familie nach Kräften zu unterstützen.

Stets mögen sie den Sinn für das ganze Bistum pflegen, dessen Zelle gleichsam die Pfarrei ist, immer bereit, auf Einladung ihres Bischofs auch für die diözesanen Unternehmungen ihre Kräfte einzusetzen. Ja um den Bedürfnissen von Stadt und Land[3] zu entsprechen, mögen sie ihre Mitarbeit nicht auf die engen Grenzen ihrer Pfarrei oder ihres Bistums beschränken, sondern sie auf den zwischenpfarrlichen, interdiözesanen, nationalen und internationalen Bereich auszudehnen bestrebt sein; dies um so mehr, als die von Tag zu Tag zunehmende Wanderung der Menschen und Völker, die Zunahme der gegenseitigen Verbundenheit und die Leichtigkeit des Nachrichtenaustausches nicht mehr zulassen, daß irgendein Teil der Gesellschaft in sich abgeschlossen weiterlebt. So sollen sie sich um die Nöte des über den ganzen Erdkreis verstreuten Volkes Gottes kümmern. Vor allem sollen sie die Missionswerke zu ihrem eigenen Anliegen machen und ihnen materielle, aber auch personelle Hilfe leisten. Es ist ja Pflicht und Ehre der Christen, Gott einen Teil der Güter zurückzugeben, die sie von ihm empfangen haben.

11. Der Schöpfer aller Dinge hat die eheliche Gemeinschaft zum Ursprung und Fundament der menschlichen Gesellschaft bestimmt und durch seine Gnade zu einem großen Geheimnis in Christus und seiner Kirche (vgl. Eph 5, 32) gemacht. Darum hat das Apostolat der Eheleute und Familien eine einzigartige Bedeutung für die Kirche wie für die menschliche Gesellschaft. Die christlichen Eheleute sind füreinander, für ihre Kinder und die übrigen Familienangehörigen Mitarbeiter der Gnade und Zeugen des Glaubens. Ihren Kindern sind sie die ersten Künder und Erzieher des Glaubens. Durch Wort und Beispiel

---

[2] Vgl. Leo XIII., Ansprache, 28. Jan. 1894: Acta Leonis XIII Bd. XIV (1894) 424–425.
[3] Vgl. Pius XII., Ansprache an die Pfarrer usw., 6. Febr. 1951: Discorsi e Radiomessaggi XII (1950–51) 437–443, 8. März 1952: ebd. (1952–53) 5–10, 27. März 1953: ebd. XV (1953–54) 27–35, 28. Febr. 1954: ebd. 585–590.

bilden sie diese zu einem christlichen und apostolischen Leben heran, helfen ihnen klug in der Wahl ihres Berufes und pflegen mit aller Sorgfalt eine vielleicht in ihnen sich zeigende Berufung zum Priester- und Ordensstand.

Schon immer war es Pflicht der Gatten, heute aber ist es ein hochbedeutsamer Teil ihres Apostolates geworden: die Unauflöslichkeit und Heiligkeit des ehelichen Bandes durch ihr Leben sichtbar zu machen und zu erweisen, Recht und Pflicht der Eltern und Vormünder zur christlichen Erziehung ihrer Kinder entschlossen zu vertreten sowie die Würde und das rechtmäßige Eigenleben der Familie zu verteidigen. Sie, wie auch alle übrigen Christen, mögen mit allen Menschen guten Willens daraufhin zusammenarbeiten, daß diese Rechte in der bürgerlichen Gesetzgebung gesichert bleiben. Die Führung des Gemeinwesens soll den Bedürfnissen der Familien hinsichtlich Wohnung, Kindererziehung, Arbeitsbedingungen, sozialer Sicherheit und Steuern Rechnung tragen. In der Organisation des Aus- und Einwanderungswesens soll das Zusammenleben der Familie in jeder Weise sichergestellt sein[4].

Die Familie selbst empfing von Gott die Sendung, Grund- und Lebenszelle der Gesellschaft zu sein. Diese Sendung wird sie erfüllen, wenn sie sich in der gegenseitigen Liebe ihrer Glieder und im gemeinsamen Gebet vor Gott als häusliches Heiligtum der Kirche erweist; wenn sich die ganze Familie in den liturgischen Gottesdienst der Kirche eingliedert; wenn schließlich die Familie zu echter Gastfreundschaft bereit ist, Gerechtigkeit und andere gute Werke zum Dienst aller notleidenden Brüder fördert. Unter den verschiedenen Werken des Familienapostolates seien folgende genannt: verlassene Kinder an Kindes Statt annehmen, Fremde freundlich aufnehmen, bei der Gestaltung des Schullebens helfend mitwirken, Heranwachsenden mit Rat und Tat zur Seite stehen, Brautleuten zu einer besseren Ehevorbereitung helfen, in der Katechese mitarbeiten, Eheleute und Fami-

---

[4] Vgl. Pius XI., Enz. Casti connubii: AAS 22 (1930) 554; Pius XII., Rundfunkbotschaft, 1. Juni 1941: AAS 33 (1941) 203; ders., Ansprache an die Delegierten zum Kongreß der Internationalen Union der Vereinigungen zum Schutz der Familienrechte, 20. Sept. 1949: AAS 41 (1949) 552; ders., Ansprache an französische Familienväter anläßlich ihrer Pilgerfahrt nach Rom, 18. Sept. 1951: AAS 43 (1951) 731; ders., Rundfunkbotschaft zum Weihnachtstag 1952: AAS 45 (1953) 41; Johannes XXIII., Enz. Mater et Magistra, 15. Mai 1961: AAS 53 (1961) 429–439.

lien in materieller und sittlicher Not stützen, alte Menschen nicht nur mit dem Notwendigen versehen, sondern ihnen auch einen angemessenen Anteil am wirtschaftlichen Fortschritt zukommen lassen.

Immer und überall, besonders aber in den Gegenden, in denen der Same des Evangeliums zum erstenmal ausgestreut wird, die Kirche erst in ihren Anfängen steht oder sich in einer irgendwie bedrohlichen Lage befindet, legen christliche Familien vor der Welt ein überaus kostbares Zeugnis für Christus ab, wenn sie durch ihr ganzes Leben dem Evangelium verbunden sind und das Beispiel einer christlichen Ehe geben[5].

Um die Ziele ihres Apostolates leichter erreichen zu können, kann es zweckmäßig sein, daß sich die Familien zu Gruppen zusammenschließen[6].

12. Die Jugend hat in der heutigen Gesellschaft einen sehr bedeutsamen Einfluß[7]. Dabei sind ihre Lebensverhältnisse, ihre Geisteshaltung und die Bindungen zur eigenen Familie weitgehend geändert. Oft wechseln die Jugendlichen viel zu schnell in eine neue gesellschaftliche und wirtschaftliche Situation hinein. Während aber ihre soziale und auch ihre politische Bedeutung von Tag zu Tag wächst, scheinen sie für eine entsprechende Übernahme der neuen Belastungen nicht gerüstet.

Diese ihre gesteigerte Gewichtigkeit in der Gesellschaft fordert von ihnen ein ähnlich gesteigertes apostolisches Wirken. Ihre eigene natürliche Art macht sie dazu ja auch geeignet. Im wachsenden Bewußtsein der eigenen Persönlichkeit, getrieben von vitaler Begeisterung und überschäumendem Tatendrang, übernehmen sie eigene Verantwortung, begehren sie ihren Anteil am sozialen und kulturellen Leben: Wenn dieser Eifer vom Geist Christi, von Gehorsam und Liebe gegenüber den Hirten der Kirche erfüllt ist, kann man davon überreiche Frucht erhoffen. Junge Menschen selbst müssen die ersten und unmittelbaren

[5] Vgl. Pius XII., Enz. Evangelii Praecones, 2. Juni 1951: AAS (1951) 514.
[6] Vgl. Pius XII., Ansprache an die Delegierten zum Kongreß der Internationalen Union der Vereinigungen zum Schutz der Familienrechte, 20. Sept. 1949: AAS 41 (1949) 552.
[7] Vgl. Pius X., Ansprache an die Vereinigung der katholischen Jugend Frankreichs über Frömmigkeit, Wissen und Aktion, 25. Sept. 1904: ASS 37 (1904–05) 296–300.

Apostel der Jugend werden und in eigener Verantwortung unter ihresgleichen apostolisch wirken, immer unter Berücksichtigung des sozialen Milieus, in dem sie leben[8].

Die Erwachsenen mögen dafür Sorge tragen, mit den Jugendlichen in ein freundschaftliches Gespräch zu kommen, das beiden Teilen erlaubt, den Altersabstand zu überwinden, sich gegenseitig kennenzulernen und die je eigenen reichen Werte einander mitzuteilen. Die Erwachsenen mögen die Jugend zunächst durch ihr Beispiel, bei gegebener Gelegenheit auch durch klugen Rat und tatkräftige Hilfe zum Apostolat anregen. Die Jugendlichen mögen sich um Achtung und Vertrauen gegenüber den Erwachsenen bemühen; und wenn sie auch von Natur aus dem jeweils Neuen zuneigen, mögen sie doch auch lobenswerte Überlieferungen geziemend achten.

Auch die Kinder haben schon eine ihnen eigentümliche apostolische Betätigung. Ihren Kräften entsprechend sind sie wahre Zeugen für Christus unter ihren Kameraden.

13. Das Apostolat im sozialen Milieu, nämlich das Bemühen, Mentalität und Sitte, Gesetz und Strukturen der Gemeinschaft, in der jemand lebt, im Geist Christi zu gestalten, ist so sehr Aufgabe und Pflicht der Laien, daß sie durch andere niemals entsprechend erfüllt werden kann. In diesem Bereich können die Laien ein Apostolat unter ihresgleichen ausüben. Hier ergänzen sie das Zeugnis des Lebens durch das Zeugnis des Wortes[9]. Hier im Bereich der Arbeit, des Berufes, des Studiums, der Wohnstätte, der Freizeit, des kameradschaftlichen Zusammenseins, sind sie eher imstande, ihren Brüdern zu helfen.

Diese Sendung der Kirche in der Welt erfüllen die Laien vor allem durch jene Einheit von Leben und Glauben, durch die sie zum Licht der Welt werden; durch die Rechtschaffenheit in all ihrem Tun, in der sie alle für die Liebe zum Wahren und Guten und schließlich für Christus und die Kirche gewinnen; durch eine brüderliche Liebe, die sie am Leben, Arbeiten, Leiden und Sehnen ihrer Brüder teilnehmen läßt und in der sie die Herzen aller allmählich und unaufdringlich für das Wirken der Heils-

[8] Vgl. Pius XII., Brief Dans quelques semaines an den Erzbischof von Montréal über die Versammlungen der christlichen Arbeiterjugend Kanadas, 24. Mai 1947: AAS 39 (1947) 257; ders., Rundfunkbotschaft an die J.O.C. in Brüssel, 3. Sept. 1950: AAS 42 (1950) 640–641.
[9] Vgl. Pius XI., Enz. Quadragesimo anno, 15. Mai 1931: AAS 23 (1931) 225–226.

gnade vorbereiten; endlich durch jenes volle Bewußtsein ihres Anteils am Aufbau der Gesellschaft, in dem sie ihre häusliche, gesellschaftliche und berufliche Tätigkeit mit christlichem Großmut auszuüben trachten. So durchdringt ihre Art zu handeln allmählich das ganze Lebens- und Arbeitsmilieu. Dieses Apostolat muß alle umfassen, die in jenem Milieu leben. Es darf auch kein erreichbares geistliches oder zeitliches Gut ausschließen. Aber die wahren Apostel begnügen sich nicht mit solchem Tun; sie sind darüber hinaus bestrebt, Christus auch durch ihr Wort ihren Nächsten zu verkünden. Viele Menschen kommen ja nur durch ihnen nahestehende Laien dazu, das Evangelium zu hören und Christus zu erkennen.

14. Ein unermeßliches Feld des Apostolates tut sich im nationalen und internationalen Bereich auf, wo vor allem die Laien Mitarbeiter der christlichen Weisheit sind. In Liebe gegenüber ihrer Nation und in treuer Erfüllung ihrer bürgerlichen Aufgaben sollen die Katholiken sich verpflichtet wissen, das wahre Gemeinwohl zu fördern und das Gewicht ihrer Meinung stark zu machen, damit die staatliche Gewalt gerecht ausgeübt wird und die Gesetze der sittlichen Ordnung und dem Gemeinwohl entsprechen. Katholiken, die in öffentlichen Fragen sachverständig und in Glauben und christlicher Lehre entsprechend gefestigt sind, mögen sich der Übernahme öffentlicher Aufgaben nicht versagen. Durch deren gute Erfüllung dienen sie dem Gemeinwohl und können zugleich dem Evangelium einen Weg bahnen.

Die Katholiken seien bestrebt, mit allen Menschen guten Willens zusammenzuarbeiten zur Förderung alles dessen, was wahr, gerecht, heilig und liebenswert ist (vgl. Phil 4, 8). Sie mögen mit ihnen im Gespräch bleiben, sie an Kenntnis und Menschlichkeit übertreffen und nachforschen, wie man die gesellschaftlichen und öffentlichen Einrichtungen im Geist des Evangeliums vervollkommnen kann.

Unter den charakteristischen Zeichen unserer Zeit verdient der wachsende und unwiderstehliche Sinn für die Solidarität aller Völker besondere Beachtung; ihn sorgsam zu fördern und in eine reine und wahre Leidenschaft der Brüderlichkeit zu läutern ist eine Aufgabe des Laienapostolates. Zudem müssen die Laien den internationalen Bereich mit all den theoretischen und praktischen Fragen und Lösungen im Auge behalten, die darin anstehen, vor allem im Hinblick auf die Völker in den Entwicklungsländern[10].

Alle, die in fremden Nationen arbeiten oder helfen, sollen bedenken, daß die Beziehungen zwischen den Völkern ein wirklich brüderlicher Austausch sein müssen, bei dem beide Teile zugleich geben und empfangen. Wer aber auf Reisen ist — mögen internationale Angelegenheiten, wirtschaftliche Interessen oder Freizeit der Anlaß dazu sein —, soll bedenken, daß er überall auch wandernder Bote Christi ist; er soll sich als solcher auch in der Tat verhalten.

VIERTES KAPITEL

VERSCHIEDENE FORMEN DES APOSTOLATES

15. Die Laien können ihre apostolische Tätigkeit als einzelne ausüben; sie können sich dabei aber auch zu verschiedenen Gemeinschaften oder Vereinigungen zusammenschließen.

16. Das von jedem einzelnen zu übende Apostolat, das überreich aus einem wahrhaft christlichen Leben strömt (vgl. Jo 4, 14), ist Ursprung und Voraussetzung jedes Apostolates der Laien, auch des gemeinschaftlichen. Es kann durch nichts ersetzt werden.

Zu diesem immer und überall fruchtbringenden, aber unter bestimmten Umständen einzig entsprechenden und möglichen Apostolat sind alle Laien, wo immer sie stehen, gerufen und verpflichtet, auch wenn ihnen Gelegenheit oder Möglichkeit fehlt, in Vereinigungen mit anderen zusammenzuarbeiten.

Es gibt viele Formen des Apostolates, durch die die Laien die Kirche aufbauen, die Welt heiligen und in Christus beleben.

Eine besondere Form des Apostolates und ein auch unseren Zeiten höchst gemäßes Zeichen, Christus, der in seinen Gläubigen lebt, sichtbar zu machen, ist das Zeugnis des ganzen Lebens eines Laien, das aus Glaube, Hoffnung und Liebe entspringt. Im Apostolat des Wortes dagegen, das in gewissen Situationen unbedingt notwendig ist, verkünden die Laien Christus, stellen sie den Kern seiner Lehre heraus, verbreiten diese, wie es der

---

[10] Vgl. Johannes XXIII., Enz. Mater et Magistra, 15. Mai 1961: AAS 53 (1961) 448–450.

Stellung und Sachkundigkeit eines jeden entspricht, und bekennen sie treu.

Als Mitarbeiter beim Aufbau und in der Gestaltung der zeitlichen Ordnung — sind sie doch Bürger dieser Welt — müssen die Laien überdies für ihr Leben in Familie, Beruf, Kultur und Gesellschaft höhere Grundsätze des Handelns im Licht des Glaubens zu finden suchen und anderen bei gegebener Gelegenheit aufzeigen. Sie dürfen dabei das Bewußtsein haben, daß sie so Mitarbeiter Gottes des Schöpfers, Erlösers und Heiligmachers werden und ihm Rühmung erweisen.

Endlich mögen die Laien ihr Leben durch die Liebe beleben und dies möglichst durch die Tat zum Ausdruck bringen.

Alle seien eingedenk, daß ihr öffentlicher Gottesdienst, ihr Gebet, ihre Buße und die freie Annahme der Mühen und Drangsale des Lebens, durch die sie dem leidenden Christus gleichförmig werden (vgl. 2 Kor 4, 10; Kol 1, 24), alle Menschen erreichen und zum Heil der ganzen Welt beitragen können[1].

17. Von größter und dringender Notwendigkeit ist dieses persönliche Apostolat dort, wo die Freiheit der Kirche schwer behindert ist. In diesen schwierigsten Verhältnissen treten die Laien, soweit es ihnen möglich ist, an die Stelle der Priester. Sie setzen oft ihre eigene Freiheit, bisweilen auch ihr Leben aufs Spiel, lehren die Menschen ihrer Umgebung die Lehre Christi, unterweisen sie im religiösen Leben und im katholischen Denken und leiten sie zu häufigem Empfang der Sakramente und vor allem zur Pflege der eucharistischen Frömmigkeit an[1]. Die Heilige Synode dankt aus ganzem Herzen Gott, der auch in unserer Zeit nicht aufhört, inmitten der Verfolgungen Laien von heroischer Tapferkeit zu wecken, und versichert sie ihrer väterlichen Liebe und Dankbarkeit.

Das persönliche Apostolat hat ein besonderes Wirkungsfeld in den Ländern, in denen die Katholiken eine Minderheit bilden und in der Diaspora leben. Hier kann es nützlich sein, wenn Laien, die nur als einzelne apostolisch tätig sind, sei es aus den oben erwähnten, sei es aus besonderen, auch in der eigenen beruflichen Tätigkeit liegenden Gründen, sich doch in kleineren Gruppen, ohne strengere institutionelle oder organisatorische Form, zum

[1] Vgl. Pius XII., Ansprache an den ersten Weltkongreß für Laienapostolat, 14. Okt. 1951: AAS 43 (1951) 788.

Gespräch zusammenfinden, jedoch so, daß immer das Zeichen der Gemeinschaft der Kirche vor den anderen als ein wahres Zeugnis der Liebe in Erscheinung tritt. So helfen sie durch Freundschaft und Erfahrungsaustausch geistlich einander, gewinnen Kraft zur Überwindung der Unannehmlichkeiten eines allzu isolierten Lebens und Tuns, und dadurch bringt auch ihr Apostolat reichere Frucht.

18. Die Gläubigen sind gewiß als einzelne zur Verwirklichung des Apostolates in ihren verschiedenen Lebenslagen berufen; dennoch mögen sie bedenken, daß der Mensch seiner Natur nach ein gesellschaftliches Wesen ist und daß es Gott gefallen hat, die an Christus Glaubenden zu einem Volk Gottes (vgl. 1 Petr 2, 5–10) und zu einem Leib zu vereinigen (vgl. 1 Kor 12, 12). Das in Gemeinschaft geübte Apostolat der Gläubigen entspricht also in glücklicher Weise ebenso einem menschlichen wie einem christlichen Bedürfnis. Es stellt zugleich ein Zeichen der Gemeinschaft und der Einheit der Kirche in Christus dar, der gesagt hat: „Wo zwei oder drei in meinem Namen versammelt sind, da bin ich mitten unter ihnen" (Mt 18, 20). Darum mögen die Gläubigen in einmütigem Zusammenwirken apostolisch tätig sein[2]. Sie seien Apostel in ihrer Familiengemeinschaft wie in Pfarrei und Bistum, die selbst ein Ausdruck des Gemeinschaftscharakters des Apostolates sind, aber auch in freien Gruppierungen, zu denen sie sich zusammenschließen wollen.

Das in Gemeinschaft vollzogene Apostolat ist auch deshalb von großer Bedeutung, weil das Apostolat sowohl in den Gemeinschaften der Kirche als auch in den verschiedenen Milieus oft ein gemeinsames Vorgehen verlangt. Die für gemeinsame apostolische Betätigung errichteten Vereinigungen geben nämlich ihren Mitgliedern Halt, bilden sie für das Apostolat aus, ordnen und leiten ihre apostolische Tätigkeit, so daß man viel reichere Frucht erwarten kann, als wenn jeder einzeln für sich handelt.

In der gegenwärtigen Situation aber ist es geradezu unerläßlich, daß man im Bereich der Tätigkeit der Laien die gemeinschaftliche und organisierte Form des Apostolates stärkt; denn ein enges Verbundensein der Kräfte ist allein imstande, alle Ziele des heutigen Apostolates voll zu erreichen und seine Werte

---

[2] Vgl. Pius XII., ebd.: 787–788.

wirksam zu verteidigen[3]. Dabei ist es von besonderer Wichtigkeit, daß sich das Apostolat auch mit der gemeinsamen geistigen Einstellung und mit der sozialen Situation derer befaßt, an die es sich wendet. Sonst werden diese oft dem Druck der öffentlichen Meinung und der Institutionen nicht gewachsen sein.

19. Bei den Vereinigungen des Apostolates finden wir eine große Verschiedenheit[4]. Einige nehmen sich das allgemeine apostolische Ziel der Kirche vor, andere verfolgen nur die Teilziele der Evangelisierung und Heiligung, andere die Ziele der christlichen Beseelung der zeitlichen Ordnung, andere wieder legen in besonderer Weise durch Werke der Barmherzigkeit und der Liebe Zeugnis für Christus ab.

Unter diesen Vereinigungen sind vor allem jene beachtenswert, die eine innigere Einheit zwischen dem praktischen Leben ihrer Mitglieder und ihrem Glauben fördern und betonen. Die Vereinigungen sind sich nicht selbst Zweck, sollen vielmehr der Erfüllung der Sendung der Kirche an der Welt dienen. Ihre apostolische Kraft hängt von ihrer Gleichförmigkeit mit den Zielen der Kirche ab sowie vom christlichen Zeugnis und vom evangelischen Geist ihrer einzelnen Mitglieder und der ganzen Vereinigung.

Die universale Aufgabe der Sendung der Kirche erfordert aber angesichts der fortschreitenden Institutionalisierung und der unerhörten Entwicklung der heutigen Gesellschaft, daß die apostolischen Initiativen der Katholiken immer vollkommenere Formen auf internationaler Ebene entwickeln. Die internationalen katholischen Organisationen werden ihr Ziel besser erreichen, wenn die Gruppen, die in ihnen zusammengefaßt sind, und deren Mitglieder enger mit ihnen verbunden werden.

Unter Wahrung der erforderlichen Verbundenheit mit der kirchlichen Autorität[5] haben die Laien das Recht, Vereinigungen zu gründen[6], zu leiten und den gegründeten beizutreten. Doch ist dabei eine Zersplitterung der Kräfte zu vermeiden.

---

[3] Vgl. Pius XII., Enz. Le pèlerinage de Lourdes, 2. Juli 1957: AAS 49 (1957) 615.
[4] Vgl. Pius XII., Ansprache an den Rat des Internationalen Verbandes katholischer Männer, 8. Dez. 1956: AAS 49 (1957) 26–27.
[5] Vgl. unten 5. Kapitel, Art. 24.
[6] Vgl. Entscheidung der Konzilskongregation, Corrienten., 13. Nov. 1920: AAS 13 (1921) 139.

Diese tritt dann ein, wenn man ohne ausreichenden Grund neue Vereinigungen und Werke fördert oder an veralteten Vereinigungen und Methoden festhält, die keinen Nutzen mehr bringen. Es ist auch nicht immer zweckmäßig, Formen, die in einer Nation eingerichtet sind, unterschiedslos auf andere zu übertragen [7].

20. In mehreren Nationen haben sich seit einigen Jahrzehnten Laien, die sich immer intensiver dem Apostolat widmeten, zu verschiedenen Formen von Aktionen und Vereinigungen zusammengeschlossen, die in engerer Verbindung mit der Hierarchie die im eigentlichen Sinn apostolischen Ziele verfolgten und noch verfolgen. Unter diesen oder auch ähnlichen älteren Einrichtungen sind vor allem die zu erwähnen, die, wenn auch mit verschiedenen Methoden, reichste Frucht für die Herrschaft Christi hervorgebracht haben, von den Päpsten und vielen Bischöfen mit Recht empfohlen und gefördert wurden und von ihnen den Namen Katholische Aktion erhalten haben. Sie wurden wiederholt als Mitarbeit der Laien am hierarchischen Apostolat beschrieben [8].

Diese Formen des Apostolates, ob sie nun den Namen Katholische Aktion führen oder einen anderen, die in unserer Zeit ein Apostolat von hohem Wert ausüben, sind dadurch gekennzeichnet, daß bei ihnen folgende Merkmale zusammentreffen und zusammen bejaht werden:

a) Das unmittelbare Ziel dieser Organisationen ist das apostolische Ziel der Kirche, nämlich in Hinordnung auf die Evangelisierung und Heiligung der Menschen sowie auf die christliche Bildung ihres Gewissens, so daß sie die verschiedenen Gemeinschaften und Milieus mit dem Geist des Evangeliums durchdringen können.

b) Die Laien arbeiten in der ihnen eigentümlichen Weise mit der Hierarchie zusammen, tragen ihre eigene Erfahrung bei und übernehmen Verantwortung in der Leitung dieser Organisationen, in der Beurteilung der Verhältnisse, unter denen die pastorale Tätigkeit der Kirche auszuüben ist, und in der Planung und Durchführung des Aktionsprogramms.

[7] Vgl. Johannes XXIII., Enz. Princeps Pastorum, 10. Dez. 1959: AAS 51 (1959) 856.
[8] Vgl. Pius XI., Brief Quae nobis an Kardinal Bertram, 13. Nov. 1928: AAS 20 (1928) 385; vgl. auch Pius XII., Ansprache an die Katholische Aktion Italiens, 4. Sept. 1940: AAS 32 (1940) 362.

c) Die Laien handeln vereint nach Art einer organischen Körperschaft, so daß die Gemeinschaft der Kirche deutlicher zum Ausdruck gebracht und so das Apostolat wirksamer wird.

d) Die Laien, die sich freiwillig anbieten oder zum Wirken und zur direkten Mitarbeit mit dem hierarchischen Apostolat eingeladen werden, handeln unter der Oberleitung der Hierarchie selbst. Diese kann die Mitarbeit auch durch ein ausdrückliches Mandat bestätigen.

Die Organisationen, in denen sich diese Merkmale nach dem Urteil der Hierarchie zusammen vorfinden, sind als Katholische Aktion anzusehen, wenn sie auch wegen der lokalen und nationalen Erfordernisse verschiedene Formen und Namen annehmen.

Das Heilige Konzil empfiehlt nachdrücklich diese Einrichtungen, die zweifellos den Notwendigkeiten des Apostolates der Kirche bei vielen Völkern entsprechen. Es lädt die Priester und Laien, die in ihnen mitarbeiten, ein, die oben erwähnten Merkmale mehr und mehr zu verwirklichen und mit allen anderen Formen des Apostolates immer brüderlich in der Kirche zusammenzuarbeiten.

21. Alle apostolischen Vereinigungen sind gebührend zu schätzen. Die aber, die die Hierarchie entsprechend den zeitlichen und örtlichen Notwendigkeiten lobt oder empfiehlt oder deren Errichtung sie als besonders dringlich erklärt, sind von Priestern, Ordensleuten und Laien besonders hochzuschätzen und nach den Möglichkeiten eines jeden zu fördern. Zu ihnen gehören heute vor allem die internationalen Vereinigungen und Zusammenschlüsse der Katholiken.

22. Besondere Ehre und Empfehlung verdienen in der Kirche jene Laien, die, ehelos oder verheiratet, sich selbst für immer oder auf Zeit mit ihrem Fachwissen dem Dienst an den kirchlichen Institutionen und an deren Werken hingeben. Es gereicht ihr zur großen Freude, daß die Zahl der Laien von Tag zu Tag wächst, die den ihnen eigentümlichen Dienst den apostolischen Vereinbarungen und Werken anbieten, sei es innerhalb der Grenzen ihres eigenen Volkes, sei es auf internationaler Ebene, sei es vor allem in den katholischen Gemeinschaften der Mission und der jungen Kirchen.

Die Hirten der Kirche sollen diese Laien gern und dankbar

aufnehmen und dafür sorgen, daß die Bedingungen, unter denen sie leben, den Erfordernissen der Gerechtigkeit, der Billigkeit und der Liebe möglichst entsprechen. Das gilt vor allem vom standesgemäßen Unterhalt dieser Laien und ihrer Familien. Dazu sollten sich die Laien immer der nötigen Unterweisung, der geistlichen Stützung und Ermunterung erfreuen.

FÜNFTES KAPITEL

DIE ORDNUNG

23. Das Apostolat der Laien muß, ob es nun vom Einzelnen oder in Gemeinschaft ausgeübt wird, in rechter Weise in das Apostolat der Gesamtkirche eingeordnet sein. Ja die Verbindung mit denen, die der Heilige Geist dazu bestellt hat, die Kirche Gottes zu leiten (vgl. Apg 20, 28), ist ein wesentliches Element des christlichen Apostolates. Nicht weniger notwendig ist die Zusammenarbeit der verschiedenen apostolischen Werke. Sie ist von der Hierarchie entsprechend zu ordnen.

Um den Geist der Einheit zu fördern, im ganzen Apostolat der Kirche die brüderliche Liebe aufleuchten zu lassen, die gemeinsamen Ziele zu erreichen und verderbliche Eifersüchteleien zu vermeiden, ist die gegenseitige Hochschätzung aller Formen des Apostolates in der Kirche und — unter Wahrung der Eigenart einer jeden einzelnen — ihre angemessene Koordinierung nötig[1]. Das gilt vor allem, wenn eine besondere Aktion in der Kirche Einmütigkeit und apostolische Zusammenarbeit von Welt- und Ordensklerus, Ordensleuten und Laien verlangt.

24. Es ist die Aufgabe der Hierarchie, das Apostolat der Laien zu fördern, Grundsätze und geistliche Hilfen zu geben, seine Ausübung auf das kirchliche Gemeinwohl hinzuordnen und darüber zu wachen, daß Lehre und Ordnung gewahrt bleiben.

Freilich läßt das Apostolat der Laien, je nach seinen verschiedenen Formen und Inhalten, verschiedenartige Beziehungen zur Hierarchie zu. In der Kirche gibt es nämlich sehr viele apostolische Werke, die durch freie Entschließung der Laien zu-

---

[1] Vgl. Pius XI., Brief Quamvis Nostra, 27. Okt. 1935: AAS 28 (1936) 160–161.

stande kommen und auch nach ihrem klugen Urteil geleitet werden. Durch solche Werke kann die Sendung der Kirche unter bestimmten Umständen sogar besser erfüllt werden. Deshalb werden sie auch nicht selten von der Hierarchie gelobt und empfohlen[2]. Kein Werk aber darf sich ohne Zustimmung der rechtmäßigen kirchlichen Autorität „katholisch" nennen.

Gewisse Formen des Apostolates der Laien werden, wenn auch in unterschiedlicher Weise, von der Hierarchie ausdrücklich anerkannt.

Darüber hinaus kann die kirchliche Autorität mit Rücksicht auf die Erfordernisse des kirchlichen Gemeinwohls aus den apostolischen Vereinigungen und Werken, die unmittelbar ein geistliches Ziel anstreben, einige auswählen und in besonderer Weise fördern, in denen sie dann auch eine besondere Verantwortung auf sich nimmt. Die Hierarchie, die das Apostolat je nach den Umständen auf verschiedene Weise ordnet, verbindet so eine seiner Formen enger mit ihrem eigenen apostolischen Amt, freilich unter Wahrung der Natur und der Verschiedenheit beider und darum auch der notwendigen Möglichkeit der Laien, in eigener Verantwortung zu handeln. Dieser Akt der Hierarchie wird in verschiedenen kirchlichen Dokumenten Mandat genannt. Schließlich vertraut die Hierarchie den Laien auch gewisse Aufgaben an, die enger mit den Ämtern der Hirten verbunden sind, etwa bei der Unterweisung in der christlichen Lehre, bei gewissen liturgischen Handlungen und in der Seelsorge. Kraft dieser Sendung unterstehen dann die Laien bei der Ausübung ihres Amtes voll der höheren kirchlichen Leitung. Hinsichtlich der Werke und Einrichtungen der zeitlichen Ordnung ist es Aufgabe der kirchlichen Hierarchie, die in den zeitlichen Dingen zu befolgenden sittlichen Grundsätze zu lehren und authentisch zu interpretieren. Ihr steht das Recht zu, nach gehöriger Überlegung und unter Beiziehung der Hilfe von Sachverständigen über die Übereinstimmung solcher Werke und Einrichtungen mit den sittlichen Grundsätzen zu urteilen und darüber zu bestimmen, was zur Wahrung und Förderung der Güter der übernatürlichen Ordnung erforderlich ist.

[2] Vgl. Entscheidung der Konzilskongregation, Corrienten., 13. Nov. 1920: AAS 13 (1921) 137–140.

25. Bischöfe und Pfarrer sowie die übrigen Priester des Welt- und Ordensklerus mögen sich vor Augen halten, daß das Recht und die Pflicht zur Ausübung des Apostolates allen Gläubigen, Klerikern und Laien, gemeinsam ist und daß auch die Laien bei der Auferbauung der Kirche eine ihnen eigentümliche Aufgabe haben[3]. Darum mögen sie brüderlich mit den Laien in der Kirche und für die Kirche arbeiten und diesen in ihrem apostolischen Wirken besondere Sorge schenken[4].

Zur Unterstützung der besonderen Formen des Laienapostolates sollen geeignete und wohlausgebildete Priester sorgfältig ausgewählt werden[5].

Die sich aber diesem Dienst widmen, repräsentieren bei ihrem pastoralen Wirken die Hierarchie aufgrund der von ihr empfangenen Sendung. Dem Geist und der Lehre der Kirche stets treu, sollen sie ein gutes Verhältnis der Laien zur Hierarchie fördern. Für die Pflege des geistlichen Lebens und des apostolischen Sinnes der ihnen anvertrauten katholischen Vereinigungen mögen sie sich ganz einsetzen. Mit ihrem weisen Rat sollen sie der apostolischen Tätigkeit dieser Vereinigungen zur Seite stehen und ihre Initiativen fördern. In ständig mit den Laien geführtem Gespräch sollen sie aufmerksam die Formen suchen, die die apostolische Aktion fruchtbarer machen. Sie sollen den Geist der Einheit innerhalb der betreffenden Vereinigung und zwischen ihr und den übrigen Vereinigungen fördern.

Die Ordensleute endlich, Brüder oder Schwestern, sollen die apostolischen Werke der Laien schätzen und sich entsprechend dem Geist und den Bestimmungen der Institute gern der Förderung der Werke der Laien widmen[6]. Sie sollen die priesterlichen Aufgaben zu stützen, zu fördern und zu ergänzen trachten.

26. In den Diözesen sollen nach Möglichkeit beratende Gremien eingerichtet werden, die die apostolische Tätigkeit der Kirche im Bereich der Evangelisierung und Heiligung, im caritativen

---

[3] Vgl. Pius XII., Ansprache an den zweiten Weltkongreß für Laienapostolat, 5. Okt. 1957: AAS 49 (1957) 927.
[4] Vgl. II. Vat. Konzil, Dogm. Konst. über die Kirche Lumen Gentium, Art. 37: AAS 57 (1965) 42–43.
[5] Vgl. Pius XII., Apost. Mahnschreiben Menti Nostrae, 23. Sept. 1950: AAS 42 (1950) 660.
[6] Vgl. II. Vat. Konzil, Dekret über die zeitgemäße Erneuerung des Ordenslebens Perfectae caritatis, Art. 8.

und sozialen Bereich und in anderen Bereichen bei entsprechender Zusammenarbeit von Klerikern und Ordensleuten mit den Laien unterstützen. Unbeschadet des je eigenen Charakters und der Autonomie der verschiedenen Vereinigungen und Werke der Laien werden diese Beratungskörper deren gegenseitiger Koordinierung dienen können [7].

Solche Gremien sollten, soweit wie möglich, auch auf pfarrlicher, zwischenpfarrlicher und interdiözesaner Ebene, aber auch im nationalen und internationalen Bereich geschaffen werden[8].

Beim Heiligen Stuhl soll darüber hinaus ein besonderes Sekretariat zum Dienst und zur Anregung für das Laienapostolat errichtet werden; ein Zentrum, das mit geeigneten Mitteln Informationen über die verschiedenen apostolischen Unternehmungen der Laien vermitteln, Untersuchungen über die heute in diesem Bereich erwachsenden Fragen anstellen und mit seinem Rat der Hierarchie und den Laien in den apostolischen Werken zur Verfügung stehen soll. An diesem Sekretariat sollen die verschiedenen Bewegungen und Werke des Laienapostolates der ganzen Welt beteiligt sein. Dabei sollen auch Kleriker und Ordensleute mit den Laien zusammenarbeiten.

27. Das Evangelium, das uns wie ein gemeinsames väterliches Erbe miteinander verbindet, und die daraus sich ergebende gemeinsame Pflicht zum christlichen Zeugnis empfehlen, ja fordern oft genug die Zusammenarbeit der Katholiken mit anderen Christen, von den einzelnen und von den Gemeinschaften der Kirche, bei Einzelaktionen und in Vereinigungen, auf nationaler und internationaler Ebene [9].

Die gemeinsamen menschlichen Werte verlangen darüber hinaus nicht selten eine ähnliche Zusammenarbeit der Christen, die apostolische Ziele verfolgen, mit Menschen, die sich zum christlichen Namen nicht bekennen, aber jene Werte anerkennen.

---

[7] Vgl. Benedikt XIV., De Synodo Dioecesana l. III, c. IX, n. VII–VIII: Opera omnia in tomos XVII distributa, tom. XI (Prati 1844) 76–77.
[8] Vgl. Pius XI., Brief Quamvis Nostra, 27. Okt. 1935: AAS 28 (1936) 160–161.
[9] Vgl. Johannes XXIII., Enz. Mater et Magistra, 15. Mai 1961: AAS 53 (1961) 456–457; vgl. II. Vat. Konzil, Dekret über den Ökumenismus Unitatis redintegratio, Art. 12: AAS 57 (1965) 99–100.

Durch diese dynamische und kluge Zusammenarbeit[10], die für die Tätigkeiten im zeitlichen Bereich von großer Bedeutung ist, legen die Laien Zeugnis für Christus, den Erlöser der Welt, und für die Einheit der Menschheitsfamilie ab.

SECHSTES KAPITEL

BILDUNG ZUM APOSTOLAT

28. Das Apostolat kann seine volle Wirksamkeit nur unter Voraussetzung einer vielfältigen und umfassenden Bildung erreichen. Eine solche verlangen nicht nur der stetige geistliche und geistige Fortschritt des Laien selbst, sondern auch die verschiedenen Sachbereiche, Personen und Aufgaben, denen sich sein Wirken anpassen muß. Die Bildung zum Apostolat muß sich auf jene Grundlagen stützen, die dieses Konzil schon in anderen Dokumenten beschrieben und erläutert hat[1]. Außer der allen Christen gemeinsamen Bildung fordern nicht wenige Formen des Apostolates wegen der Verschiedenheit der Personen und Umstände auch eine spezifische und gesonderte Bildung.

29. Da die Laien auf ihre Weise an der Sendung der Kirche teilnehmen, erhält ihre apostolische Bildung vom weltbezogenen Eigencharakter des Laientums selbst und von seiner Spiritualität eine besondere Prägung.

Die Bildung zum Apostolat setzt eine gewisse, der Begabung und der Situation eines jeden gemäße gesamtmenschliche Bildung voraus. Der Laie muß nämlich die Welt dieser unserer Zeit gut kennen und darum ein Glied seiner eigenen Gesellschaft sein, das für deren Kultur aufgeschlossen ist.

Vor allem aber muß der Laie lernen, die Sendung Christi und der Kirche zu erfüllen, indem er aus dem Glauben im göttlichen Mysterium der Schöpfung und Erlösung lebt, gedrängt vom Heiligen Geist, der das Volk Gottes belebt und alle Menschen bewegt, Gott den Vater zu lieben und Welt und Menschen

---

[10] Vgl. II. Vat. Konzil, Dekret über den Ökumenismus Unitatis redintegratio, Art. 12: AAS 57 (1965) 100; vgl. auch Dogm. Konst. über die Kirche Lumen Gentium, Art. 15: AAS 57 (1965) 19–20.

[1] Vgl. II. Vat. Konzil, Dogm. Konst. über die Kirche Lumen Gentium, Kap. II IV V: AAS 57 (1965) 12–21 37–49; vgl. auch das Dekret über den Ökumenismus Unitatis redintegratio, Art. 4 6 7 12: AAS 57 (1965) 94 96 97 99 100; vgl. auch oben, Art. 4.

in ihm. Diese Bildung ist als Fundament und Voraussetzung jedes fruchtbaren Apostolates anzusehen.

Außer der geistlichen Bildung ist eine gründliche theoretische Unterweisung erforderlich, und zwar eine theologische, ethische, philosophische, immer entsprechend der Verschiedenheit des Alters, der Stellung und Begabung. Auch die Bedeutung einer Allgemeinbildung, in der das praktische und technische Moment nicht fehlt, darf keineswegs geringgeschätzt werden.

Zur Wahrung guter mitmenschlicher Beziehungen sind die wahrhaft menschlichen Werte zu pflegen, vor allem die Kunst brüderlichen Zusammenlebens, der Zusammenarbeit und des Gespräches.

Weil aber die Bildung zum Apostolat nicht in bloß theoretischer Unterweisung bestehen kann, möge der Laie, zwar stufenweise und klug, aber doch vom Anfang seiner Bildung an, lernen, alles im Licht des Glaubens zu betrachten, zu beurteilen und zu tun, durch sein Handeln sich selbst mit den anderen weiterzubilden und zu vervollkommnen und so in einen wirkungsreichen Dienst für die Kirche hineinzuwachsen[2]. Diese Bildung, die immer mehr zu vervollkommnen ist, verlangt schon mit Rücksicht auf die wachsende Reife der Person und auf die immer neuen Probleme ein von Tag zu Tag tieferes Wissen und eine entsprechend angepaßte Tätigkeit. Um allen Bildungsansprüchen gerecht zu werden, ist immer die Einheit und Ganzheit der menschlichen Person im Auge zu halten, so daß ihre Harmonie und ihr Gleichgewicht gewahrt und gestärkt werden.

So fügt sich der Laie selbst reif und geflissentlich in die Wirklichkeit der zeitlichen Ordnung ein und übernimmt erfolgreich seine Funktion bei ihrer Gestaltung. Zugleich macht er die Kirche als ihr lebendiges Glied und als ihr Zeuge inmitten der zeitlichen Dinge präsent und wirksam[3].

30. Die Bildung zum Apostolat muß mit der ersten Unterweisung in der Kindheit beginnen. Besonders aber sollen die Heranwachsenden und Jugendlichen in das Apostolat eingeführt und von seinem Geist durchdrungen werden. Diese Bildung ist, wie es neu übernommene Aufgaben jeweils erfordern, durch das

---

[2] Vgl. Pius XII., Ansprache an die erste internationale Konferenz der Pfadfinder, 6. Juni 1952: AAS 44 (1952) 579–580; Johannes XXIII., Enz. Mater et Magistra, 15. Mai 1961: AAS 53 (1961) 456.
[3] Vgl. II. Vat. Konzil, Dogm. Konst. über die Kirche Lumen Gentium, Art. 33: AAS 57 (1965) 39.

ganze Leben hindurch zu vervollständigen. Darum kann es nicht anders sein, als daß den christlichen Erziehern auch die Pflicht der Bildung zum Apostolat obliegt.

Es ist Sache der Eltern, schon ihre Kinder in der Familie von klein auf dazu zu befähigen, daß sie die Liebe Gottes gegen alle Menschen immer mehr erkennen. Sie mögen sie stufenweise, vor allem durch ihr Beispiel, lehren, sich um die materiellen und geistigen Nöte ihres Nächsten zu kümmern. So soll die ganze Familie und ihr Gemeinschaftsleben geradezu eine Schule des Apostolates werden.

Zudem müssen die Kinder dazu erzogen werden, über die Familie hinauszuwachsen und für die kirchlichen und weltlichen Gemeinschaften aufgeschlossen zu sein. In die örtliche Gemeinschaft der Pfarrei sollen sie so hineingenommen werden, daß sie in ihr das Bewußtsein gewinnen, schon lebendige und aktive Glieder des Volkes Gottes zu sein. Die Priester aber mögen in der Katechese, im Dienst des Wortes, in der Seelenführung und bei anderen pastoralen Dienstleistungen die Bildung zum Apostolat im Auge behalten.

Auch die Schulen, die Kollegien und andere katholische Bildungseinrichtungen haben die Aufgabe, bei den Jugendlichen katholisches Denken und apostolisches Tun zu fördern. Wenn diese Bildung fehlt, entweder weil die Jugendlichen solche Schulen nicht besuchen oder aus anderen Gründen, mögen die Eltern, die Seelsorger und apostolischen Vereinigungen um so mehr dafür Sorge tragen. Die Lehrer und Erzieher aber, die schon kraft ihrer Berufung und ihres Amtes eine hervorragende Form des Laienapostolates ausüben, sollen mit dem nötigen Wissen und dem entsprechenden pädagogischen Geschick ausgestattet sein, um diese Unterweisung wirksam geben zu können.

Ebenso sollen die Gruppen und Vereinigungen der Laien, ob sie nun das Apostolat oder andere übernatürliche Ziele anstreben, je nach ihrem Ziel und ihrer Weise die Bildung zum Apostolat fördern[4]. Sie sind oft sogar der normale Weg zu einer ausgewogenen apostolischen Bildung. In ihnen finden sich nämlich die theoretische, geistliche und praktische Bildung vereint. Ihre Mitglieder besprechen mit ihren Kameraden und

---

[4] Vgl. Johannes XXIII., Enz. Mater et Magistra, 15. Mai 1961: AAS 53 (1961) 455.

Freunden in kleinen Gruppen Methoden und Ergebnisse ihrer apostolischen Tätigkeit und konfrontieren ihr tägliches Leben mit dem Evangelium.

Dabei ist diese Bildung so einzurichten, daß sie das ganze Laienapostolat berücksichtigt, das ja nicht nur innerhalb der Zusammenkünfte der einzelnen Vereinigungen selbst, sondern auch in allen Verhältnissen durch das ganze Leben hindurch zur Verwirklichung kommt, vor allem im beruflichen und gesellschaftlichen Leben. Ja auch jeder einzelne muß sich selbst eifrig zum Apostolat vorbereiten; das gilt besonders für das Erwachsenenalter. Denn mit fortschreitendem Alter weitet sich der Geist; so kann jeder gründlicher die Talente entdecken, die Gott ihm geschenkt hat, und wirksamer jene Charismen einsetzen, die ihm der Heilige Geist zum Wohl seiner Brüder verliehen hat.

31. Die verschiedenen Formen des Apostolates erfordern auch eine jeweils angemessene Bildung.

a) Was das Apostolat der Evangelisierung und Heiligung der Menschen angeht, sind die Laien besonders zum Gespräch mit anderen, Gläubigen und Ungläubigen, und zur Kundmachung der Botschaft Christi an alle zu bilden [5].

Da aber der Materialismus in verschiedenster Ausprägung heute überall, auch unter den Katholiken, weit verbreitet ist, sollen die Laien nicht nur die katholischen Wahrheiten besser studieren, vor allem jene, die besonders umstritten sind, sondern sie sollen auch jeder Form von Materialismus das Zeugnis eines Lebens nach dem Evangelium entgegenstellen.

b) Was die christliche Ausrichtung der zeitlichen Ordnung angeht, soll den Laien die Lehre von der wahren Bedeutung und dem Wert der zeitlichen Güter vermittelt werden: vom Wert, den sie in sich selbst wie auch im Zusammenhang mit dem Gesamtziel der menschlichen Person haben. Die Laien sollen sich im rechten Gebrauch der Dinge und in der Organisation von Einrichtungen üben, immer unter Bedachtnahme auf das Gemeinwohl gemäß den Grundsätzen der kirchlichen Sitten- und Soziallehre. Vor allem die Grundsätze der Soziallehre und deren Auswirkungen sollen sie so studieren, daß sie fähig werden, für ihren Teil am Fortschritt der Lehre wie an der rech-

---

[5] Vgl. Pius XII., Enz. Sertum laetitiae, 1. Nov. 1939: AAS 31 (1939) 636–644; vgl. ders., Ansprache an die Akademiker der italienischen Katholischen Aktion, 24. Mai 1953: AAS 45 (1953) 411–415.

ten Anwendung derselben auf den einzelnen Fall mitzuwirken[6].

c) Da die Werke der Liebe und der Barmherzigkeit ein hervorragendes Zeugnis christlichen Lebens darstellen, muß die apostolische Bildung auch zur Ausübung dieser Werke anleiten, damit die Gläubigen schon von Kindheit an lernen, mit ihren Brüdern mitzuleiden und ihnen in der Not großmütig zu Hilfe zu kommen[7].

32. Den Laien, die sich dem Apostolat widmen, stehen schon viele Hilfsmittel zur Verfügung, wie Tagungen, Kongresse, Tage der Besinnung, geistliche Übungen, häufige Zusammenkünfte, Vorträge, Bücher, Handreichungen. Dadurch erlangen sie ein tieferes Verständnis der Heiligen Schrift und der katholischen Lehre, werden im geistlichen Leben gestärkt, lernen auch die Situation der Welt beurteilen und geeignete Methoden finden und erproben[8].

Diese Hilfen zur Bildung nehmen auf die verschiedenen Formen des Milieuapostolates Rücksicht.

Zum gleichen Zweck wurden auch Zentren und höhere Institute errichtet, die schon beste Erfolge verzeichnen.

Das Heilige Konzil bringt seine Freude über alle diese Errichtungen zum Ausdruck, die schon in verschiedenen Gegenden in Blüte stehen, und wünscht sehr, daß sie überall, wo sie vonnöten sind, gefördert werden.

Darüber hinaus sollen Dokumentations- und Studienzentren für alle Bereiche des Apostolates errichtet werden, und zwar nicht nur in theologischer, sondern auch in anthropologischer, psychologischer, soziologischer und methodologischer Richtung, damit die Möglichkeiten und Fähigkeiten der Laien, der Männer und Frauen, der Jugendlichen und Erwachsenen, besser ausgewertet werden.

---

[6] Vgl. Pius XII., Ansprache an den Weltkongreß der Katholischen weiblichen Jugend, 18. Apr. 1952: AAS 44 (1952) 414–419; vgl. ders., Ansprache an die christliche Arbeitervereinigung Italiens (A.C.L.I.), 1. Mai 1955: AAS 47 (1955) 403–404.

[7] Vgl. Pius XII., Ansprache an die Delegierten des Kongresses der Caritasverbände, 27. Apr. 1952: AAS (1952) 470–471.

[8] Vgl. Johannes XXIII., Enz. Mater et Magistra, 15. Mai 1961: AAS 53 (1961) 454.

AUFRUF DES KONZILS

33. Das Heilige Konzil beschwört also im Herrn inständig alle Laien, dem Ruf Christi, der sie in dieser Stunde noch eindringlicher einlädt, und dem Antrieb des Heiligen Geistes gern, großmütig und entschlossen zu antworten. In besonderer Weise möge die jüngere Generation diesen Anruf als an sich gerichtet betrachten und ihn mit Freude und Hochherzigkeit aufnehmen; denn der Herr selbst lädt durch diese Heilige Synode alle Laien noch einmal ein, sich von Tag zu Tag inniger mit ihm zu verbinden und sich in seiner heilbringenden Sendung zusammenzuschließen; dabei seien sie auf das, was sein ist, wie auf ihr eigenes bedacht (vgl. Phil 2, 5). Von neuem sendet er sie in alle Städte und Ortschaften, in die er selbst kommen will (Lk 10, 1), damit sie sich in den verschiedenen Formen und Weisen des einen Apostolates der Kirche, das dauernd den neuen Bedürfnissen der Zeiten anzupassen ist, als seine Mitarbeiter erweisen. So wirken sie allezeit und mit aller Kraft für das Werk des Herrn; dabei wissen sie wohl, daß ihre Mühe nicht vergebens ist im Herrn (vgl. 1 Kor 15, 58).

XIII

DIE PASTORALE KONSTITUTION ÜBER DIE KIRCHE
IN DER WELT VON HEUTE „GAUDIUM ET SPES"

wurde in 8 Textfassungen erarbeitet. Gleichsam ein Vorspiel war die Botschaft der Konzilsväter an die Welt vom 20. Oktober 1962. Gegen Ende der I. Sitzungsperiode zeichnete sich in den Konzilsreden der Kardinäle Suenens und Montini die Absicht einer Teilung der Thematik ab, die sich auf die Kirche bezog, und zwar derart, daß in einem ersten Ansatz das Selbstverständnis der Kirche (in der dogmatischen Konstitution über die Kirche „Lumen gentium") und in einem zweiten das Verhältnis der Kirche zur heutigen profanen Weltsituation (unter anderem und vor allem in dieser pastoralen Konstitution) geschildert würde. Vier vorkonziliare Texte hatten sich mit dem letzteren Thema befaßt und können darum als erste Phase gerechnet werden: das Kapitel (IX) über das Verhältnis von Kirche und Staat im Schema über die Kirche sowie die Schemata über die Sozialordnung, über die Völkergemeinschaft und über Keuschheit, Ehe und Familie. Eine neu zusammengestellte Konzilskommission aus Mitgliedern der Theologischen Kommission und der Kommission für das Laienapostolat erarbeitete im Frühjahr 1963 ein Schema, das nach der Kürzung der 73 Konzilsentwürfe auf 20, dann auf 16 die Ordnungszahl 17 erhielt. Es gelangte nicht vor das Konzil. Eine weitere, auf Initiative von Kardinal Suenens in Mecheln erstellte mehr systematisch-theologische Fassung wurde ebenfalls dem Konzil nicht vorgelegt. Die nächste, im Frühjahr 1964 in Zürich diskutierte „biblischere" Fassung wurde von den Konzilsgremien besser aufgenommen; aus ihr entstand ein Schema mit der Ordnungszahl 13, das vier Kapitel über Grundsätzliches und fünf Annexe über konkrete Probleme enthielt. Während letztere vom Konzil nie diskutiert wurden, kamen erstere im Oktober und November 1964 auf dem Konzil zur Sprache. Nach der Annahme dieses Schemas als Diskussionsbasis wurden Änderungsvorschläge eingebracht und der Wunsch ausgesprochen, die beiden Teile sollten wieder vereinigt werden. Diese 6., in Ariccia erstellte Fassung mit zwei Hauptteilen wurde in der IV. Sitzungsperiode im September und Oktober 1965 diskutiert. Aufgrund der vorgebrachten Änderungsvorschläge entstand die 7. Fassung, die noch im November diskutiert und mit neuerlichen Änderungsvorschlägen versehen wurde. Über die 8. Fassung wurde im

Dezember 1965 abgestimmt. Die feierliche Schlußabstimmung ergab 2309 Ja- gegen 75 Nein-Stimmen; am gleichen Tag, dem 7. Dezember 1965, wurde die pastorale Konstitution feierlich verkündet.

Mehr als jedes andere Konzilsdokument hat diese pastorale Konstitution ihren Ursprung im Konzil selbst. In einem Maß, wie dies höchstens noch bei der Erklärung über die Religionsfreiheit der Fall ist, hat sich dieser Konzilstext von den vorbereiteten Entwürfen gelöst, die, wie eben erwähnt, bei diesem Thema des Verhältnisses von Kirche und Welt nicht selbständig, sondern in verschiedenen anderen Zusammenhängen zerstreut waren. Zwei Dinge sind für die Konstitution im ersten Hinblick charakteristisch. Es war sicher für viele Bischöfe des Konzils überraschend, in welchem Ausmaß die „Welt" am Konzil Anteil nahm, und dies ganz gewiß nicht nur aus Neugier. Wenn an der Kirche sonst uninteressierte Kreise den Konzilsablauf in echter Erwartung verfolgten, so war dies zweifellos die Antwort der „Welt" auf die Vorleistung des Vertrauens durch Johannes XXIII. Es spricht für die Mehrheit der Bischöfe, daß sie sensibel für solche Erwartungen war. Diese Erwartungen richteten sich nur zum kleinen Teil auf das, was die Kirche über sich selbst zu sagen habe und womit sie ihre innere Ordnung neu regeln würde. Sie galten auch nicht einer etwaigen Verkündigung naturrechtlicher oder evangelischer Prinzipien (verbunden mit entsprechendem Tadel aller Zuwiderhandelnden) aus der hohen Warte eines der Zeit entrückten, in die Sphäre der Heiligkeit und der Ideale erhobenen kirchlichen Lehramtes. Gerade das Gegenteil wurde gefragt: Inwieweit wird die Kirche sich mit der konkreten Menschheit von heute solidarisch erklären und inwieweit wird sie die aktuellen Probleme überhaupt zur Kenntnis nehmen? Für eine solche Mentalität ist die Bekundung der Ehrlichkeit und Bescheidenheit, verbunden mit einer realistischen Einschätzung der Situation, wichtiger als die Antwort selbst. Theologen mögen diese eigentümliche Frage der „Welt" an die Kirche im Vorfeld ihrer Interessen ansiedeln; sie gehört jedenfalls in den eminent fundamentaltheologischen Bereich hinein: Inwiefern ist die Kirche — und damit letztlich das von ihr zu verkündende Evangelium — glaubwürdig? Im vorhinein ist zu sagen, daß das Konzil dieser Frage standgehalten und sich ihr gegenüber bewährt hat. Ein Symptom dafür ist die Tatsache, daß die Pastoralkonstitution sich auch bei nichtkirchlichen, zum Teil dezidiert atheistischen Menschen einer hohen Wertschätzung erfreut. Wenn Fachtheologen der Konstitution vorwerfen, sie sei „unausgereift" und „unvollkommen", so ist damit — allerdings anders, als solche Leute es sich vorzustellen vermögen — genau das Richtige gesagt. Ein „ausgereifter" Text wäre unvermeidlich von jener platonischen Klarheit, prinzipiellen Strenge und ewigen Gültigkeit, die bei einer solchen Thematik dem Menschen letztlich —

nichts sagen. Man darf ohne weiteres sagen, daß die Kirche mit diesem Dokument höchstamtlich den Dialog mit denen, die ihr institutionell nicht angehören, aufgenommen hat im echten Sinn eines Dialogs: in der Umreißung einer gemeinsamen Basis, in der Bereitschaft zum Hören und gegenseitigen Lernen, in dem (mehr oder weniger deutlichen) Eingeständnis eigener Unkenntnis und Fehler. Es ist gewiß problematisch, das biblische Bild des — einzigen — Guten Hirten auf die Kirche oder ihre Amtsträger zu übertragen (obwohl das auf diesem Konzil einige Male vorkam); akzeptiert man es trotz mancher Bedenken, so tritt an diesem Bild — das dem Wort „pastoral" zugrunde liegt — besonders hervor, wie der Hirt dem ihm anvertrauten Schaf dorthin folgt, wohin es gelaufen ist. Wie dieses Konzilsdokument genannt werden sollte, war so umstritten, daß darüber eigens abgestimmt wurde. Man entschied sich für „pastorale Konstitution". Ein zweites Charakteristikum dieser Konstitution ist ihr Mut, in der komplexen Situation des heutigen Menschen und seiner Welt konkrete Weisungen zu geben, die als Weisungen zunächst die Glieder der Kirche betreffen, als Hinweise, Empfehlungen und Einladungen aber an alle Menschen gerichtet sind. Zur theologischen Eigenart solcher Weisungen, die gleichfalls „unvollkommen" sind, wie das Konzil in diesem Text (Artikel 91) selbst sagt, vgl. die allgemeine Einleitung zu diesem Band. Ein solches Engagement der Kirche im Konkreten steht nicht nur im Widerspruch zu jenen „weltlichen" Kreisen, die meinen, Aufgabe der Kirche sei die Befriedigung „religiöser Bedürfnisse" (während sie gleichzeitig das Christentum sehr streng an seinen tatsächlichen Auswirkungen im Konkreten messen). Es tritt auch in einen gewissen Gegensatz zu der kirchlichen Auffassung, die Kirche habe allein durch die Verkündigung des Wortes Gottes und durch die Feier der Sakramente jene Gnade anzubieten, die ihr selbst durch die Gabe des Geistes zur treuen Wahrung und Vermittlung anvertraut wurde. Eine solche Auffassung wird vor allem — freilich unter ganz anderen sozio-kulturellen Bedingungen — von den Ostkirchen vertreten. Ein endgültiger, statischer „Ausgleich" dieser Auffassungen ist in der Geschichte nicht möglich; die Kirche muß darauf bedacht sein, keiner von ihnen Ausschließlichkeit zuzuerkennen.

Das Vorwort (Artikel 1–3) spricht die existentielle Solidarität der Menschen in der Kirche mit den Menschen in der Welt aus und bekundet den Willen des Konzils zum Dialog mit der Menschheitsfamilie über den Menschen. Zu dessen hoher Berufung und zur Errichtung einer brüderlichen Gemeinschaft aller, die dieser Berufung entspricht, glaubt das Konzil etwas sagen zu können. Es lag dem Konzil fern, theologisch zu definieren, was „Welt" ist. Die „Welt", über die diese Konstitution spricht, ist — der Mensch. Von Bedeutung für die Interpretation des Textes ist die 1. Anmerkung.

Eine Einführung (Artikel 4–10) versucht eine Kurzdarstellung der Gegenwartssituation der Welt und des Menschen in ihr. Sie geht (Artikel 4) den „Zeichen der Zeit" in einer soziologisch beeinflußten Analyse nach, wie dies für die großen Enzykliken Johannes' XXIII. typisch war (auch „Pacem in terris" mißt den „Zeichen der Zeit" besondere Bedeutung zu). Als solche Charakteristika der Welt von heute werden genannt: tiefgehende und rasche Veränderungen (die in Artikel 4 in grundsätzlichem Optimismus als „Wachstumskrise" bezeichnet werden), Gegensätze von Reichtum und Elend, Freiheit und Knechtung, zunehmende Einswerdung der Welt und Fortdauer gefährlicher Spannungen (Artikel 4); positiv-wissenschaftliche Einstellung der Menschen und Leistungen der Technik, „Übergang zu einem mehr dynamischen und evolutiven Verständnis der Ordnung der Gesamtwirklichkeit" (Artikel 5); Industrialisierung, Verstädterung, verbreitete Information, Bevölkerungsfluktuation und schließlich „Sozialisation", d. h. immer stärkere Verflechtungen der gesellschaftlichen Einheiten untereinander und der Menschen miteinander; ferner das Nebeneinander von wirtschaftlich-technisch fortschrittlichen Ländern und Entwicklungsländern (Artikel 6). Weiter kennzeichnend sind Spannungen zwischen der jüngeren und der älteren Generation. Die Auswirkungen von alldem auf den religiösen Bereich sind beträchtlich: positiv wird — eine bemerkenswerte Aussage des kirchlichen Lehramts! — der geschärfte kritische Sinn empfunden, der „das religiöse Leben von einem magischen Weltverständnis und von noch vorhandenen abergläubischen Elementen läutert" und eine personalere Glaubensentscheidung fordert, also „zu einer lebendigeren Gotteserfahrung" beiträgt; anderseits, so wird nüchtern festgestellt, „geben breite Volksmassen das religiöse Leben praktisch auf". Die Leugnung Gottes oder der Religion oder völlige Gleichgültigkeit ihnen gegenüber ist nicht mehr das esoterische Hobby Einzelner, sondern Massenerscheinung (Artikel 7). Bestehende Spannungen und Gleichgewichtsstörungen werden durch diesen raschen Wandel der Zustände vermehrt, neue werden geschaffen: im Menschen selbst, in den Familien, in der Menschheit (Artikel 8). Gleichzeitig nimmt die Überzeugung zu, daß eine bessere politische, soziale und wirtschaftliche Ordnung in der Menschheit geschaffen werden muß: für die wenig Bemittelten, für die „aufsteigenden Völker", die Hungernden, die Frauen, die Arbeiter und Bauern — deren Ansprüche hier beschrieben werden. „Zum erstenmal in der Geschichte der Menschheit haben alle Völker die Überzeugung, daß die Vorteile der Zivilisation auch wirklich allen zugute kommen können und müssen." Diese Ansprüche aber werden vom Konzil keineswegs moralisierend verdammt, vielmehr wird hinter ihnen ein tieferes und umfassenderes Verlangen gesehen: nach einem menschenwürdigen Leben und nach einer umfassenden Völkergemeinschaft. Das Konzil zeigt, daß der Weg offen, die „Lage" also keine Unheilssituation ist und daß der

Mensch sich der Aufgabe bewußt wird, die Kräfte zu lenken (Artikel 9). Bei aller Analyse der „Sachen" haben diese Artikel jeweils darauf hingewiesen, daß der Mensch selbst die Ursache der Zustände und zugleich von ihnen geprägt ist. Auf den Menschen mit seinen widersprüchlichen Elementen und seiner inneren Zwiespältigkeit geht nun Artikel 10 besonders ein. Er stellt fest, daß viele sich den tieferen Fragen nicht stellen oder — eine wichtige Bemerkung — sich „unter dem Druck ihrer Verelendung" nicht mit ihnen beschäftigen können. Die aber, die die Grundfragen des menschlichen Daseins schärfer oder neu stellen, weist das Konzil auf Jesus Christus hin, „Schlüssel, Mittelpunkt und Ziel der ganzen Menschheitsgeschichte".

Der I. Hauptteil handelt in 4 Kapiteln mit insgesamt 35 Artikeln von der Kirche und der Berufung des Menschen. Die Anordnung dieses Teils wird in den Artikeln 11 und 40 begründet. Um die Absicht des Konzils zu verstehen, muß man beachten, daß es (so Artikel 2) zu allen Menschen und nicht nur zu Christen oder zu Katholiken sprechen will. Darum steht in diesem I. Hauptteil mit Bedacht das Kapitel über die Kirche selbst erst an vierter und letzter Stelle. Auch innerhalb der einzelnen Kapitel wird das jeweilige Thema erst im letzten Artikel mit Jesus Christus konfrontiert. Das Konzil folgt in dieser Konstitution im allgemeinen dem Schema: Analyse einer Situation (bzw. einer Auffassung) — Beurteilung sowohl auf einer Basis, die für alle Menschen annehmbar erscheint, als auch im Licht der kirchlichen Heilslehre — Hinweis auf die Konsequenzen, die zu ziehen sind. Dieses Schema läßt sich teils in den Kapiteln, teils in den einzelnen Artikeln verfolgen. Es war von solchen Konzilsvätern nicht begrüßt worden, die bei jedem Thema entweder einen Ausgang von der theologischen Analyse (bzw. kirchlichen Lehre) oder eine Kurzdarstellung der entsprechenden biblischen Aussagen gewünscht hätten (bei Berücksichtigung des letzteren Anliegens hätte die Konstitution vermutlich von evangelischer Seite größeren Beifall erhalten; sie hätte damit aber wohl die „Welt" als ihren Adressaten verfehlt). Der diesen I. Hauptteil einleitende Artikel 11 gibt die Grundabsicht an und spricht die Hoffnung aus, durch die Aussagen des Konzils möge deutlich werden, „daß das Volk Gottes und die Menschheit, der es eingefügt ist, in gegenseitigem Dienst stehen".

Das I. Kapitel spricht in 11 Artikeln von der Würde der menschlichen Person. Dieses Thema ist dem Konzil sehr teuer (bekanntlich bildet es die Basis der ganzen Erklärung über die Religionsfreiheit). Artikel 12 stellt fest, daß Gläubigen wie Nichtgläubigen der Mensch als Mittel- und Höhepunkt von allem auf Erden gilt. „Was ist aber der Mensch?" Das Konzil weist auf zwei Antworten hin, die die Kirche zu geben hat: Der Mensch ist zum Bild Gottes geschaffen, und er ist nicht zur Einsamkeit, sondern als gesellschaftliches Wesen geschaffen.

Artikel 13 spricht von der Sünde des Menschen von Anfang an, von der Zwiespältigkeit des Menschen zwischen Gut und Böse und von seiner Befreiung aus der Knechtschaft der Sünde durch Christus. Artikel 14 stellt in seinem ersten Abschnitt eine Würdigung der menschlichen Leiblichkeit dar; der zweite Abschnitt sagt, der Mensch betrachte sich mit Recht nicht als bloßen Teil der Natur oder als anonymes Element der Gesellschaft. Hier wird an die Wirklichkeit der Seele erinnert. Artikel 15 handelt von der menschlichen Vernunft und deren Vollendung in der Weisheit. Sehr gut wird betont, daß es wirtschaftlich arme Völker gibt, die an Weisheit reicher als andere, technisch entwickeltere sind. Artikel 16 hat das menschliche Gewissen zum Thema, wobei anerkannt wird, daß das irrende — nicht das abgestumpfte — Gewissen seine Würde nicht verliert. Artikel 17 ist der menschlichen Freiheit gewidmet: dem heutigen leidenschaftlichen Streben nach Freiheit wird Lob zuteil, und die personale Freiheitstat, die der Gnade Gottes bedarf und verantwortet werden muß, wird gewürdigt. In Artikel 18 kommt das Konzil auf den Tod zu sprechen. In der christlichen Antwort auf die Todesfrage wird nicht mit der natürlichen Unsterblichkeit argumentiert, sondern mit der Besiegung des leiblichen Todes durch das Heilsgeschenk des Erlösers. Artikel 19 setzt mit der Berufung des Menschen zur Gemeinschaft mit Gott an und kommt von da aus auf den Atheismus zu sprechen, ein Thema, das in den Artikeln 20 und 21 weitergeführt wird. Diese Abschnitte waren Gegenstand mancher Diskussionen im Konzil. Bewußt wurde ein Weg gewählt und gegen manche Manöver durchgehalten, der zwischen billigem und feigem Totschweigen und blinder Verdammung die wahrhaft christliche Haltung darstellt: Kirche und Christen müssen sich selbst vom Atheismus befragen lassen; sie müssen ihren Anteil am Aufkommen des Atheismus klar erkennen; sie müssen so über den Atheismus sprechen, daß sie nicht Zerrbilder, Klischees oder Schlagworte von sich geben, sondern die Atheisten sich selbst wiedererkennen (F. Kardinal König). Einer militanten Konzilsminderheit ohne menschliches Takt- und politisches Fingerspitzengefühl gelang es nicht, das Konzil zur ausdrücklichen Nennung und abermaligen Verurteilung einer bestimmten politischen Ausprägung des Atheismus zu bewegen, gerade weil das Konzil für die humanistische Basis und Tendenz dieses Atheismus sehr sensibel war. Es war dem Konzil auch durchaus bewußt, daß es nicht angeht, Theorie mit Praxis zu vergleichen und umgekehrt (eine Vergleichsunart, bei der auch die Christen nicht gut abschneiden). Artikel 19 schildert das Phänomen des Atheismus der Wirklichkeit entsprechend ganz differenziert. Die den Atheisten entschuldigenden Momente werden offen ausgesprochen, nicht zuletzt der „erhebliche Anteil" der Gläubigen am Aufkommen des Atheismus als kritischer Reaktion gegen die Religionen. Die Atheisten werden nur schuldig gesprochen, wenn und insofern sie gegen den Spruch ihres Gewissens urteilen (vgl. auch hier Artikel 22 und 28 und die Kirchenkonstitution, Artikel 16). Artikel 20 gilt den mehr systematischen Formen des Atheismus. Artikel 21 wiederholt die Verurteilung aller Formen des Atheismus (als objektive Theorie), „die der Vernunft und der allgemein menschlichen Erfahrung widersprechen und den Menschen seiner angeborenen Größe entfremden", weist aber nachdrücklich darauf hin, daß die Gründe für die Leugnung Gottes ernst und gründlicher (als bisher) geprüft werden müssen. In dem wichtigen dritten Abschnitt „lehrt die Kirche, daß durch die eschatologische Hoffnung die Bedeutung der irdischen Aufgaben nicht gemindert wird, daß vielmehr ihre Erfüllung durch neue Motive unterbaut wird". Die Anerkennung Gottes widerstreitet der Würde des Menschen keineswegs, sagt der Artikel. Seine drei letzten Abschnitte enthalten drei bedeutsame Aussagen. Erstens: In entscheidenden Situationen des Lebens kann der Mensch die Frage, die er sich selbst ist und die nur Gott voll und ganz sicher zu beantworten vermag, nicht verdrängen. Zweitens: „Das Heilmittel gegen den Atheismus kann nur von einer situationsgerechten Darlegung der Lehre und vom integren Leben der Kirche und ihrer Glieder erwartet werden"; dabei werden ein kritisch reflektierter Glaube und Bruderliebe besonders erwähnt. Drittens: Glaubende und Nichtglaubende müssen zum Aufbau dieser Welt zusammenarbeiten; dazu ist ein aufrichtiger und kluger Dialog nötig. Das Konzil beklagt die Diskriminierung zwischen Glaubenden und Nichtglaubenden und verlangt Handlungsfreiheit für die Kirche, „damit die Glaubenden in dieser Welt auch den Tempel Gottes errichten können". Damit ist ein würdiges Wort an die Atheisten gerichtet, das weder von Apologetik und Angst noch von Kreuzzugsstimmung diktiert ist. Es betrifft hier in diesem Kapitel mehr das Grundsätzliche und ist nicht das einzige Wort des Konzils an den heutigen Atheismus. Auf andere seiner Fragen — Entfremdung des Menschen durch die Religion, Ausbeutung des Menschen durch den Menschen — geht das Konzil in anderen Teilen dieser Konstitution weiter ein. Artikel 22 spricht in ausführlicher biblischer Zitation vom Geheimnis des fleischgewordenen Wortes, in dem allein „sich das Geheimnis des Menschen wahrhaft aufklärt", freilich in das Geheimnis Gottes hinein. Der sehr wichtige vorletzte Abschnitt spricht von der Möglichkeit auch der Atheisten, auf einem nur Gott bekannten Weg durch seine Gnade mit dem österlichen Geheimnis verbunden zu werden.

Das II. Kapitel handelt in 10 Artikeln von der menschlichen Gemeinschaft. Der einleitende Artikel 23 gibt die Themen an, gegenseitige Verflechtungen unter den Menschen heute — brüderliches Gespräch — Vollendung in personaler Gemeinschaft. Er weist darauf hin, daß neuere Dokumente des kirchlichen Lehramts die christliche Lehre über die Gesellschaft ausführlich dargelegt haben, worunter nach der Zitation vor allem die beiden großen Enzykliken Johannes' XXIII. und das

Rundschreiben „Ecclesiam Suam" Pauls VI. zu verstehen sind; somit
möchte das Konzil nur an einige Hauptpunkte erinnern. Thema des
Artikels 24 ist die Einheit von Gottes- und Nächstenliebe. Artikel 25
spricht von der wesenhaften gegenseitigen Bezogenheit von Person
und Gemeinschaft und stellt sich in diesem Zusammenhang positiv zum
Vorgang der „Sozialisation"; er weist aber auch auf die Gefährdung des
Menschen durch das „Milieu" hin. Artikel 26 weitet den Begriff des
Gemeinwohls — wie schon Johannes XXIII. — über das Gruppen- oder
Staatsgemeinwohl hinaus auf das Gemeinwohl der Menschheitsfamilie aus (vgl. in dieser Konstitution Artikel 74). Er meldet zahlreiche
Forderungen zugunsten der menschlichen Person an, „denn die Ordnung der Dinge muß der Ordnung der Personen dienstbar werden und
nicht umgekehrt". Jede Art partikulärer Ideologie (der Faschismus
aller Art, von dem auch die Kirche zeitweilig beeinflußt war: „Du bist
nichts, das Volk — die Rasse, die Kirche — ist alles") ist hier eindeutig
als unmenschlich abgewiesen (daneben sind noch die vielen Verurtei-
lungen der Diskriminierungen durch das Konzil zu nennen). Das
Konzil verlangt in diesem Artikel nicht nur einen Gesinnungswandel,
sondern auch „weitreichende Änderungen in der Gesellschaft selbst",
und zwar als notwendig. Es erteilt also dem Konservativismus, der
gewiß von ehrenwerten Personen vertreten wird, aber — nicht durch
Handlungen, sondern durch Unterlassungen — verbrecherisch werden
kann, eine klare Absage. Die Kirche ist nicht die Ordnungsmacht in der
Welt, die die Erhaltung der bestehenden Zustände garantiert. Artikel 27
sagt von sich selbst, er gehe zu praktischen und dringlicheren Folgerungen über. Mit bewegenden und eindringlichen Worten mahnt er, in
jedem Menschen ein „anderes Ich" zu sehen, jeden Nächsten ohne Ausnahme zu lieben, und verurteilt all die Greuel gegen die Menschlichkeit,
die auch heutzutage vorkommen. Artikel 28 fordert Achtung und
Liebe denen gegenüber, „die in gesellschaftlichen, politischen oder auch
religiösen Fragen anders denken und handeln als wir": solchen ist
„inneres Verständnis" entgegenzubringen. Er erinnert an die Unterscheidung von Irrtum und Irrenden und an das Verbot Gottes, „über
die innere Schuld von irgend jemandem zu urteilen", zum Schluß an
das Gebot der Feindesliebe. Später führt Artikel 75 sogar den Begriff
der „caritas politica" ein. Artikel 29 verlangt die Anerkennung der
grundlegenden Gleichheit aller Menschen; er weist auf die fortbestehenden Diskriminierungen, ungerechten Ungleichheiten und Ver-
knechtungen hin. Artikel 30 wendet sich gegen eine rein individualistische Ethik. Konkrete Mahnungen des Konzils beziehen sich hier auf
die Achtung der sozialen Gesetze, der Steuermoral, Gesundheitsvor-
schriften und auf die Rücksichtnahme im Straßenverkehr. Artikel 31
wünscht zunächst bessere Erziehungsmöglichkeiten (hierzu Näheres in
der Erklärung über die christliche Erziehung). Er kommt dann darauf
zu sprechen, daß die Lebensbedingungen oft ein Verantwortungs-

bewußtsein fast unmöglich machen und einen Vollzug der Freiheit einschränken, und rühmt schließlich die Opfer, die zugunsten der Gemeinschaft gebracht werden. Artikel 32 erinnert daran, daß auch das Heil der Menschheit nicht individualistisch geschenkt wurde; Volk, Bund, Brüderlichkeit, Liebe, Kirche sind die Schlüsselworte dafür.

In 7 Artikeln handelt das III. Kapitel vom menschlichen Schaffen in der Welt. Ausgangspunkt von Artikel 33 sind die Technik und — wiederum — die Sozialisation mit der Feststellung: „Die Folge von alldem ist, daß sich der Mensch heute viele Güter, die er einst vor allem von höheren Mächten erwartete, durch seine eigene Tat beschafft." Wie Artikel 34 sagt, entspricht das persönliche und gemeinsame menschliche Schaffen der Absicht Gottes. Das Konzil bezeichnet hier die menschliche Tätigkeit als Weiterführung des Werkes des Schöpfers, die somit zu diesem in keinerlei Gegensatz oder Rivalität tritt. Notwendige theologische Ergänzungen zu dieser heilsgeschichtlich nicht ganz überzeugenden Perspektive finden sich in den Artikeln 37–39. Nach Artikel 35 vervollkommnet der Mensch durch seine Arbeit auch sich selbst, wobei äußerer Besitz nicht maßgeblich und technischer Fortschritt höchstens die Basis ist. Artikel 36 geht auf die Autonomie der irdischen Wirklichkeiten ein, ein Thema, das angesichts einer früheren, vielleicht mehr unterschwelligen als thematischen Haltung christlicher Weltverachtung und -flucht auch vom Konzil nicht übergangen werden konnte, obgleich es in der heutigen Theologie schon zum Gemeingut (vielleicht auch ein wenig zum unreflektierten Gemeinplatz) geworden ist. Das Konzil beschreibt diese Autonomie genauer und erkennt sie in aller Form an. In diesem Zusammenhang wird erklärt, daß es zwischen der wissenschaftlichen Forschung, die ihre eigene Methode und die sittlichen Normen respektiert, und dem Glauben keinen echten Konflikt geben kann. Das Konzil bedauert „gewisse Geisteshaltungen" auch unter Christen, die kein Verständnis für die legitime Autonomie der Wissenschaft hatten. In einer Fußnote wird hier auf das umfangreiche Werk eines verdienten, mit Johannes XXIII. befreundeten römischen Theologen (P. Paschini) über Galilei hingewiesen. In früheren Textfassungen war das Bedauern des Konzils über den „Fall Galilei" viel deutlicher ausgesprochen. Die Abschwächung erklärt sich daraus, daß sehr viele Konzilsväter des II. Vaticanum noch in der Mentalität erzogen sind, die Kirche und ihre Behörden hätten sich nicht zu entschuldigen und Fehler nur auf dem stillen Weg wiedergutzumachen, weil jedes offene Eingeständnis der Schuld und des Versagens das „Bild" der Kirche bei den Menschen beeinträchtige und ihre Autorität mindere. Für Leute dieser Art waren schon die Konzilsgeständnisse (und manche Worte Pauls VI.) über die Schuld der Katholiken gegenüber den getrennten Christen, über kirchliche Intoleranz, über christliche Mitverantwortung am Atheismus zu stark und zu gefährlich. Daß die

Kirche durch Ehrlichkeit nur gewinnt, liegt außerhalb des Gesichtskreises solcher Leute. Das ändert jedoch nichts daran, daß diese Stelle im Konzilstext Galilei höchstamtlich rehabilitiert und, was wichtiger ist, künftige Übergriffe des kirchlichen Lehramtes in einen Bereich, in dem es nicht zuständig ist, erschwert. Der Schluß des Artikels weist ein falsches Verständnis der Autonomie der irdischen Wirklichkeiten ab. Artikel 37 deutet auf ein Mißverständnis hin, das bei allzu fortschrittsgläubigen Christen heute naheliegt. Der menschliche Fortschritt ist nicht nur ein positiver Prozeß. Der Christ darf über allem Enthusiasmus zum Schöpfungsauftrag die Realität des Kreuzes Christi nicht übersehen. Es wäre allerdings ein Unrecht, diese Mahnung des Konzils ausschließlich auf Teilhard de Chardin zu beziehen. Die von Pius XII. sehr geförderte Ideologie einer „besseren Welt" ist durchaus mitgemeint. Artikel 38 zeigt die Heilsfunktion Christi für den Kosmos, nicht ohne erneuten Hinweis auf das Kreuz. Artikel 39 geht auf die Vollendung der Welt ein. Das Konzil bekennt mit Paulus, daß nichts, was in Liebe getan wurde, vergehen wird. Noch einmal erinnert es daran, daß die eschatologische Hoffnung „die Sorge für die Gestaltung dieser Erde nicht abschwächen darf". Das Kapitel endet mit dem Ausdruck der Erwartung, daß wir „alle guten Erträgnisse der Natur und unserer eigenen Bemühungen" im Reich Gottes gereinigt und verklärt wiederfinden werden.

Das IV. Kapitel spricht in 6 Artikeln über die Aufgabe der Kirche in der Welt von heute. Artikel 40 verbindet dieses Kapitel mit den bisherigen Kapiteln I–III. Das genauere Verhältnis von Kirche und Welt, das schon in der Schrift unter verschiedenen Aspekten gesehen wird, soll hier keine Darstellung finden: das Konzil erklärt es zum „Geheimnis". Der Artikel würdigt im letzten Abschnitt nicht nur unbefangen den Beitrag der anderen christlichen Kirchen und kirchlichen Gemeinschaften zu einer humaneren Gestaltung der Menschheitsfamilie; er bekennt sogar, daß die Kirche selbst von der „Welt" „viele und mannigfache Hilfe zur Wegbereitung für das Evangelium erfahren kann". Genaueres dazu sagt Artikel 44. Artikel 41 faßt gleichsam all jene Elemente zusammen, die in den vorhergehenden Kapiteln jeweils als „Antwort der Kirche" dargeboten wurden. Artikel 42 beschränkt den Sendungsbereich der Kirche ausdrücklich auf die „religiöse Ordnung"; eine Sendung der Kirche im politischen, wirtschaftlichen oder sozialen Bereich wird ebenso ausdrücklich verneint. Lediglich wird gesagt, daß der Kirche aus ihrer religiösen Sendung viele Möglichkeiten zukommen, der menschlichen Gemeinschaft behilflich zu sein (unter besonderer Erwähnung eigener caritativer Werke). Der Artikel greift in diesem Zusammenhang die Selbstbezeichnung der Kirche als Sakrament für die Vereinigung mit Gott wie für die Einheit der Menschheit (vgl. Kirchenkonstitution, Artikel 1) wieder auf. Diese Aussagen sind bemerkenswert, weil sie eine ausdrückliche Absage an die mittelalterliche Theorie der zwei Gewalten, der Herrschaft der Kirche auch über das Zeitliche, darstellen (Pius XII. hatte sich schon 1955 von Bonifaz VIII. distanziert, und Paul VI. sprach 1966 von einem „Kontrast" der heutigen kirchlichen Lehre in dieser Sache zur früheren). Erst im Licht dieses Verzichts wirkt das Bekenntnis der Kirche zur Kraft ihrer Liebe überzeugend. Wichtig ist auch die Feststellung des vorletzten Absatzes, daß die Kirche weder von ihrer Sendung noch von ihrem Wesen her an eine besondere Form menschlicher Kultur oder an ein besonderes politisches, wirtschaftliches oder gesellschaftliches System gebunden ist und gerade darum zur universalen Einheit beitragen kann. Der letzte Absatz lobt die internationalen Institutionen, denen die Förderung der Kirche gelten soll, und bringt den Wunsch der Kirche zum Ausdruck, „unter jeglicher Regierungsform, die die Grundrechte der Person und der Familie und die Erfordernisse des Gemeinwohls anerkennt", sich im Dienst des Wohles aller frei entfalten zu können. Artikel 43 mahnt die Christen zur Erfüllung ihrer irdischen Pflichten. Zwei Extreme sind zu vermeiden: die christlich motivierte Vernachlässigung des Irdischen und das bloße Aufgehen im Irdischen. In beschwörenden Worten wendet sich das Konzil gegen die Spaltung zwischen dem Glauben und dem täglichen Leben, die „zu den schweren Verirrungen unserer Zeit gehört". Im dritten Absatz geht das Konzil auf die Kompetenz der Laien für die weltlichen Aufgaben und Tätigkeiten ein (vgl. dazu auch das Dekret über das Laienapostolat und die dort weniger nuancierten Ausführungen in Artikel 5–7). Neu und wichtig ist, daß das Konzil hier erklärt, die Seelsorger hätten nicht einmal für alle schweren Fragen die Kompetenz einer Antwort oder sogar einer Sendung. Die Laien werden auf ihre eigene Aufgabe nachdrücklich hingewiesen. Der vierte Abschnitt erklärt nüchtern, daß Christen bei gleicher Gewissenhaftigkeit in der gleichen Frage zu verschiedenen Urteilen kommen. Der Idee eines christlichen „Monolithismus" und „Integralismus" wird damit entschieden abgesagt. Das Konzil erläßt für solche in der pluralistischen Welt häufige Situationen zwei Weisungen: Niemand hat das Recht, die Autorität der Kirche ausschließlich für sich und seine eigene Meinung in Anspruch zu nehmen (unbefangen nimmt das Konzil die Möglichkeit hin, daß dadurch Organisationen, die sich „christlich" nennen, beträchtliche Einbußen erleiden, weil sie künftig, auf ihre eigenen Qualitäten gestellt, sich nicht mit dem falschen Prestige besonderer Kirchlichkeit brüsten können), und die verschieden denkenden Christen sollen den offenen Dialog nicht umgehen, die Liebe wahren und auf das Gemeinwohl bedacht sein. Der fünfte Abschnitt mahnt in engem Anschluß an die Kirchenkonstitution Laien (hier an erster Stelle genannt) und Klerus an ihre Aufgabe als Zeugen Christi und der Kirche. Der sechste Abschnitt stellt wiederum ein Schuldbekenntnis der Kirche dar, diesmal gegenüber der Welt im ganzen. Dem Wortlaut nach ist es wohl das eindeutigste und eindrücklichste des Konzils. Artikel 44 geht genauer darauf ein, was die Kirche der „Welt", nämlich der Geschichte und Entwicklung der Menschheit, verdankt. Er verdient eine eingehende Lektüre. Hervorzuheben ist, daß Seelsorger und Theologen besonders „auf die verschiedenen Sprachen unserer Zeit hören" sollen und daß sogar die Feindschaft der Gegner und Verfolger der Kirche sehr nützlich war. Nachdem Artikel 45 noch einmal an die Kirche als das „allumfassende Sakrament des Heils" erinnert hat, schließt er mit einem Hinblick auf Jesus Christus als den „Punkt", „auf den hin alle Bestrebungen der Geschichte und der Kultur konvergieren" (und so ist auch Teilhard zu Ehren gekommen!), der das Alpha und Omega ist.

Der II. Hauptteil handelt in 5 Kapiteln mit insgesamt 45 Artikeln über einige wichtigere Einzelfragen, von denen Kirche und Welt heute betroffen sind. Der Substanz nach enthält er das Wichtigste der fünf obenerwähnten Annexe, die dem „Züricher Text" beigefügt waren. Artikel 46 stellt nur eine Inhaltsangabe dar.

In 6 Artikeln spricht das I. Kapitel von der Förderung der Würde der Ehe und Familie. Wer die heutigen Probleme sachlich betrachtet, wird das Konzil nicht einer Fixierung auf das Sexuelle (die in der Tagesseelsorge vorkommen mag) zeihen, wenn es dieses Thema hier an die erste Stelle rückte. Tatsächlich war das Konzil gerade hinsichtlich dieser Frage mit einer Flut von Denkschriften förmlich eingedeckt worden. Bei der Ausarbeitung der verschiedenen Fassungen dieses Kapitels wurde auch der Rat von Laien beigezogen, in der zuständigen Subkommission, in einzelnen Bischofszirkeln und durch Befragung der Laienhörerinnen und -hörer des Konzils. Vermerkt sei, daß das Konzil nicht hier allein von Ehe und Familie handelt. Zu beachten sind auch die Kirchenkonstitution, Artikel 11, 35 und 41, diese Pastoralkonstitution, Artikel 12, 61, 67 und 87, das Dekret über das Laienapostolat, Artikel 10 und 29, und die Erklärung über die christliche Erziehung, Artikel 3, 6 und 8.

Artikel 47 begrüßt die Bemühungen um die Würde von Ehe und Familie auch außerhalb der Christenheit und weist auf die heutigen Bedrohungen beider hin. Artikel 48 wählt zur Bezeichnung der Ehe das Wort „Bund" und möchte damit von der rechtlich-sachlichen Auffassung, die in der katholischen Kirche ungebührlich in den Vordergrund gerückt war und in dem Fachausdruck „Ehevertrag" deutlich wird, loskommen; Plädoyers für das Wort „Vertrag" („Kontrakt") wurden entschieden abgelehnt (die kirchenrechtliche Beschreibung des „Vertragsgegenstandes" als gegenseitige Übertragung des „Rechtes auf den Leib" mußte erst recht als unerträgliche Versachlichung abgelehnt werden). Der Artikel spricht zwar davon, daß die Ehe auf Zeugung und Erziehung von Nachkommenschaft hingeordnet ist, aber er hütet sich sorgfältig, irgendeine Rangordnung der „Ehegüter" zu konstruieren. Zum Ausgleich gegenüber früheren biologistischen Auffassungen hebt er vielmehr die zentrale Bedeutung der Liebe hervor (Abschnitt zwei) und beschreibt von da aus die Sakramentalität der christlichen Ehe. Der Rest des Artikels geht vor allem auf die Pflichten der Kinder ein (mit einer kleinen Würdigung der Witwenschaft) und sieht Ehe und Familie als Zeugnis „der lebendigen Gegenwart des Erlösers in der Welt". Artikel 49 spricht von der „wahren Liebe zwischen Mann und Frau in der Ehe". Er beschreibt, was diese Liebe ist und wirkt, und stellt fest, daß sie durch den eigentlichen Vollzug der Ehe in besonderer Weise ausgedrückt und verwirklicht wird. Darum schreibt das Konzil den ehelichen Akten sittliche Würde zu; die einzige und ganz sinnvolle mahnende Klausel lautet: „wenn sie human vollzogen werden" (was je nach beiden Beteiligten differieren kann). Den reifen Christen von heute wird diese Feststellung des Konzils seltsam, weil allzu selbstverständlich anmuten. Aber zu viele Schichten der katholischen Gläubigen sind noch in einer Mentalität erzogen, die in der Ehe so etwas wie legalisierte Unzucht sehen und für jeden ehelichen Akt ein ihm zusätzliches versittlichendes Motiv verlangen wollte. Mit dieser Auffassung hat das Konzil aufgeräumt. Der Schluß des Artikels weist darauf hin, daß die öffentliche Meinung über die Ehe durch das Zeugnis der Gatten in der Gesellschaft beeinflußt werden kann; er macht auch auf rechtzeitige und richtige Sexualaufklärung der Kinder aufmerksam. Auf die Zeugung und Erziehung von Nachkommenschaft, ein Thema, das die katholische Moral jahrhundertelang einseitig beherrscht hat, geht nun Artikel 50 ein. Er sagt aber weder ausdrücklich noch durch Andeutungen, jeder einzelne eheliche Akt sei, als solcher in sich allein genommen, auf Zeugung hin angelegt oder anzulegen. Er sagt nichts anderes, als daß die Ehe als ganze von ihrem Wesen her auf die Zeugung und Erziehung von Nachkommenschaft ausgerichtet ist. Die Gatten sind dabei, wie der zweite Abschnitt sagt, Mitwirkende mit der Liebe Gottes des Schöpfers „und gleichsam Interpreten dieser Liebe". Die hier gewählten Ausdrücke zeigen, daß die Gatten nicht blinden bloß biologischen Naturgesetzen unterjocht sind und sich nicht in einem falsch verstandenen Gottvertrauen dem Zufall überlassen sollen. Der Artikel erwähnt die Faktoren, die bei einer verantworteten Elternschaft zu berücksichtigen sind, und kommt zur der Feststellung, daß die Gatten letztlich selbst das Urteil über ein zu erzeugendes Kind (Zeitpunkt, Zahl) fällen müssen (und dürfen!). Der letzte Abschnitt des Artikels ruft noch einmal in Erinnerung, daß die Ehe nicht nur zur Zeugung von Kindern eingesetzt ist, und begründet gerade damit — mit dem Hinweis auf die Liebe der Gatten — das Recht kinderloser Eheleute zum vollen Ehevollzug. Artikel 51 geht auf die Schwierigkeiten ein, die oft einer Vermehrung der Kinderzahl im Wege stehen. Mit eindeutigen und klaren Worten weist er auf die Gefahren völliger ehelicher Enthaltsamkeit hin. Er zieht klare Grenzen gegen Abtreibung und Tötung des Kindes; er ruft nachdrücklich die besondere Würde menschlicher Geschlechtlichkeit in Erinnerung und stellt noch einmal fest, daß die entsprechend der menschlichen Würde gestalteten ehelichen Akte „zu achten und zu ehren" sind. Ferner sagt er, daß bei einer verantworteten Geburtenregelung nicht nur gute Absicht und Motive, sondern auch objektive Kriterien die sittliche Qualität der Handlungsweise bestimmen. Damit ist der Grund angegeben, warum die Kirche in diesem Bereich grundsätzlich das Recht zur Mitsprache hat, wenn die Ausübung dieses Rechtes auch dringend andere Formen annehmen müßte als Detailanalyse des Eheaktes, Einzelnormen für Eheleute durch Beichtväter usw. Die Methodenfrage der Geburtenregelung selbst umgeht der Artikel unter Hinweis auf die Päpstliche Kommission. Die Feststellung ist angebracht, daß es sich bei solchen kirchlichen Normen zur Geburtenregelung — sofern diese nicht gegen die Menschenwürde und gegen ein gezeugtes Leben verstößt — nicht um Dogmen, sondern um authentische Weisungen handelt, die vom Gläubigen mit Respekt und innerer, aber nicht unwiderruflicher Zustimmung angenommen werden müssen. Über das Wesen der Familie, die Aufgaben der Menschen in ihr, die Pflichten des Staates ihr gegenüber handelt Artikel 52. Die letzten drei Abschnitte gehen darauf ein, daß die Profanwissenschaften sich weiterhin um die Möglichkeiten einer Geburtenregelung kümmern sollen, daß die Seelsorger die Gatten stützen und stärken sollen (man beachte die diskreten und taktvollen Formulierungen!) und schließlich daß die Eheleute treue Zeugen des Liebesgeheimnisses Christi werden sollen. Bedenkt man, wie rigoristische kirchliche Stellungnahmen, an pathologische Neugier grenzende moraltheologische Aktuntersuchungen und pastorale Indiskretion in der Vergangenheit das christliche Eheleben oft in schwere Konflikte verwickelten und sich an vielen Glaubenskrisen mitschuldig machten, dann ermißt man die Bedeutung dieses Kapitels in seiner würdigen, von echt priesterlichem und christlichem Verstehen geprägten Sprache leichter. Man wird es als einen der schönsten Texte des Konzils begrüßen.

In 10 Artikeln mit 3 Unterteilen behandelt Kapitel II die richtige Förderung des kulturellen Fortschritts. Der einleitende Artikel 53 versucht eine Definition von „Kultur" und geht auf die Frage der Kulturen (in der Mehrzahl) ein. Der *erste Abschnitt* des Kapitels gilt nun der Situation der Kultur in der Welt von heute. Artikel 54 kommt noch einmal (entsprechend Artikel 4–10) auf die Veränderungen der Lebensbedingungen des modernen Menschen zu sprechen und stellt fest, es bilde sich bei aller Verschiedenheit der Kulturen allmählich „eine universalere Form der menschlichen Kultur". Nach Artikel 55 nimmt die Zahl der Menschen, die sich bewußt sind, selbst Gestalter und Schöpfer der Kultur ihrer Gemeinschaft zu sein, immer mehr zu. Der

Artikel beurteilt den kulturellen Weltprozeß positiv und meint, wir seien Zeugen der Geburt eines neuen Humanismus. Artikel 56 sammelt einige der wichtigsten Fragen, die sich aus diesem kulturellen Prozeß ergeben. Der *zweite Abschnitt* will einige Prinzipien zur richtigen Förderung der Kultur vorlegen. Ein weiteres Mal versichert Artikel 57, daß die eschatologische Hoffnung der Christen die Bedeutung ihrer Aufgabe, mit allen Menschen am Aufbau einer menschlicheren Welt zusammen-zuarbeiten, nicht vermindert, sondern mehrt. Die Kultur wird als Ausführung des göttlichen Schöpfungsauftrags gesehen; Wissenschaft und Kunst finden als Wege zur göttlichen Weisheit Beachtung. So sieht der Artikel in diesem heutigen Prozeß größere Möglichkeiten, zu „Kontemplation und Anbetung" zu kommen; er weist aber auch auf mögliche Fehlentwicklungen hin, die sich jedoch — wie ausdrücklich gesagt wird — nicht zwangsläufig aus der heutigen Kultur ergeben und nicht zur Verkennung ihrer Werte führen dürfen. Artikel 58 handelt von den Beziehungen zwischen Evangelium und menschlicher Kultur. Gott hat in seiner Offenbarung entsprechend den verschiedenen Kul-turen gesprochen. Die Kirche bedient sich zur Verkündigung der Botschaft Christi der „Errungenschaften der einzelnen Kulturen". An keine von ihnen ist sie unlöslich gebunden, aber sie läutert und erneuert sie in Christus. Und schließlich trägt die Kirche selbst zur Kultur bei. Von einer speziell christlichen Kultur wird nicht gesprochen. In Artikel 59 wird daran erinnert, daß die Kultur der „Gesamtentfaltung der menschlichen Person" und dem „Wohl der menschlichen Gemeinschaft" dienen muß. Der Artikel fordert den nötigen Freiheitsraum für die Kultur und anerkennt deren eigene Prinzipien und eine „gewisse Un-verletzlichkeit". Auf der Basis der zwei verschiedenen Erkenntnis-ordnungen (I. Vaticanum) anerkennt das Konzil die eigenen Methoden und die rechtmäßige Eigengesetzlichkeit von Kultur, Kunst und Wissenschaft. Der wichtige Schluß des Artikel fordert (unter Wahrung der sittlichen Ordnung und des Gemeinnutzes; vgl. Erklärung über die Religionsfreiheit) Freiheit der Forschung, der Meinungsäußerung und der Kunst und postuliert das Recht des Menschen auf Information über „öffentliche Vorgänge". Die öffentliche Gewalt wird der Kultur gegenüber in ihre Grenzen gewiesen. Der *dritte Abschnitt* des Kapitels will einige dringliche Aufgaben der Christen im Bereich der Kultur aufzeigen. Artikel 60 fordert nachdrücklich, daß allen Menschen ohne Unterschied das Recht auf menschliche und mitmenschliche Kultur zuerkannt und dieses verwirklicht wird. Das Konzil weist vor allem auf solche hin, denen dieses Recht bisher noch vorenthalten wurde. Da es — nach Artikel 61 — heute schwerer als früher ist, Wissenschaften und Künste „in eine Synthese zu bringen", sollen wenigstens die personalen Werte gewahrt werden. Möglichkeiten dafür sind gegeben in der Familie und durch die Arbeitszeitverkürzung, die das Konzil samt den Hobbies, dem Tourismus und dem Sport unbefangen lobt. Artikel 62 bekennt, daß sich „aus historisch bedingten Ursachen" ein friedliches Verhältnis von Kultur und Christentum nicht immer ohne Schwierigkeiten einstellt. Von diesen Schwierigkeiten wird gesagt, sie bräuchten das Glaubensleben nicht notwendig zu schädigen, sondern könnten zu genauerem und tieferem Glaubensverständnis anregen. Das Konzil weist vor allem auf die dadurch gegebene heilsame Belastung der Theologie und Seelsorge hin. Literatur und Kunst werden gerade in ihrem Ringen um den Menschen gewürdigt, und ein eigener Abschnitt soll den Künstlern bewußt machen, von der Kirche in ihrem Schaffen anerkannt zu sein und in ihrer Freiheit (auch, ausdrücklich, für die moderne Kunst) respektiert zu werden. Der Artikel führt weiter aus, die Christen müßten die Geisteskultur ihrer Mitmenschen „vollkommen verstehen" können und ihre Bildung so vervollkommnen, daß ihre Frömmigkeit und Rechtschaffenheit mit ihrem Wissen Schritt hielten. Der Artikel schließt mit einem Abschnitt über die Theologie. Die Fachtheologen sollen nach ihm mit Vertretern anderer Wissenschaften zusammenarbeiten. Sie sollen die Verbindung mit der eigenen Zeit nicht vernachlässigen (und das kommt einer besseren Predigt und Unterweisung bei den Seelsorgern zugute, worauf ausdrücklich hingewiesen wird). Der Artikel wünscht, daß eine große Zahl Laien Theologie studiere und recht viele dieser Laientheologen die wissenschaftliche Theologie selbst wieder fördern (was nur unzureichend verwirklicht werden kann, wenn man ihnen die Zugehörigkeit zu theologischen Fakultäten verwehrt). Klerikern wie Laien — damit endet dieses Kapitel — soll „in allen Bereichen ihrer Zuständigkeit" Forschungsfreiheit, Denkfreiheit und Freiheit zugleich demütiger und entschiedener Meinungsäußerung zuerkannt werden. Das Konzil hat in diesem Kapitel viele Fragen zur heutigen Kultur in offenem und tolerantem Geist angeschnitten, den Kulturpluralismus und die Wissenschaftsspezialisierung respektiert und für die Katholiken Weisungen gegeben, die in sich unzählige Programme konkreter Art bergen. Man vermißt freilich ein Wort darüber, warum gerade „katholische" Länder kulturell inferior sind, und eine Andeutung, daß zahlenmäßig die Mehrzahl der Katholiken heute auch durch die Mitschuld von Katholiken zu jenen Rückständigen und Benachteiligten gehört, auf die das Konzil mahnend so hinweist, als seien sie vor allem außerhalb der Kirche zu finden.

In 10 Artikeln, eingeteilt in 2 Abschnitte, spricht Kapitel III vom Wirtschaftsleben, im Grunde genommen aber nicht vom Leben der Wirtschaft, sondern vom menschlichen und gesellschaftlichen Leben, insofern es von der Wirtschaft bestimmt ist. Mit einigen Sätzen weist Artikel 63 auf positive Eigentümlichkeiten der Wirtschaft heute hin, um sogleich zu dem Thema überzugehen, das ihm am Herzen liegt: die Gefährdung des Menschen durch die Wirtschaft, teils dadurch, daß einige nur noch wirtschaftlich denken, teils und vor allem durch die soziale Ungleichheit. Der Artikel fordert „vielfältige institutionelle Reformen" und „allgemeine Umstellung der Gesinnung" und kündigt an, das Konzil wolle Grundsätze dazu darlegen, wie sie von der Kirche „im Lauf der Jahrhunderte unter dem Licht des Evangeliums erarbeitet" wurden (und von der Kirche seit gut 100 Jahren dargelegt und weiterentwickelt werden). Der *erste Abschnitt* ist dem wirtschaftlichen Fortschritt gewidmet. In Artikel 64 spricht sich das Konzil positiv über die dynamische Expansion der heutigen Wirtschaft aus, doch wird deren Zweck — der Dienst am Menschen — gegenüber bloßer Produktivität und gegenüber Erzielung von Gewinn und Macht hervorgehoben. Der Schluß des Artikels erkennt der Wirtschaft im Rahmen der sittlichen Ordnung Eigengesetzlichkeit zu (wie erstmals „Quadragesimo anno" 1931). Artikel 65 bemüht sich zunächst um Respektierung der „Gruppen" zwischen wirtschaftsmächtigen Einzelnen einerseits und dem Staat bzw. wenigen wirtschaftsmächtigen Nationen anderseits sowie um Koordination und Verbund dieser Größen. Lehren, die notwendige Reformen verhindern wollen oder grundlegende Rechte der Personen und Gruppen hintansetzen, sind — eine relativ starke Ausdrucksweise des Konzils — „gleicherweise als irrig abzulehnen". Der letzte Abschnitt weist hin auf die Verpflichtung aller, zum Gemeinwohl beizutragen (unbeschadet jedoch des Auswanderungsrechtes). Im ersten Abschnitt von Artikel 66 geht es um die Anstrengungen zum Abbau der übergroßen wirtschaftlichen Ungleichheiten und der damit verbundenen Diskriminierung; ferner um besondere Maßnahmen zugunsten der Bauern. Der zweite Teil handelt von menschenwürdiger und sozialer Behandlung der Gastarbeiter. Der dritte Teil verlangt angesichts der wirtschaftlichen und industriellen Umwandlung (erwähnt wird die Automation) Maßnahmen für Arbeitsgelegenheit und Ausbildung aller sowie für Lebensunterhalt und Sicherung der Menschenwürde besonders bei Kranken oder Alten. Der *zweite Abschnitt* des Kapitels will einige für das ganze sozialökonomische Leben verbindliche Grundsätze bieten. Artikel 67 spricht (in großer Nähe zur Enzyklika „Mater et Magistra") von der Arbeit und dem Arbeiter. Die vom Konzil gewählte Beschreibung der Arbeit läßt zunächst nur an handwerkliche Arbeit denken (O. v. Nell-Breuning); die hier ausgesprochene Hochschätzung der Arbeit in ihrer anthropologischen, gesellschaftlichen und theologischen Funktion ist jedoch unschwer auch auf andere Formen der Arbeit übertragbar. Das Konzil stellt für jeden Pflicht zur Arbeit und Recht auf Arbeit fest und fordert entsprechenden Lohn für den Arbeiter, damit er sein Leben und das seiner Angehörigen allseitig „angemessen" gestalten könne. Im zweiten Abschnitt verlangt das Konzil mit energischen Worten, daß der Arbeiter vor Schaden geschützt werde, daß er auf keinen Fall als Sklave ausgebeutet werde, daß namentlich bei arbeitenden Müttern auf Geschlecht und Alter Rücksicht genommen werde, daß ausreichende Ruhezeiten und Muße gewährt werden und daß alle auch ihre außerberuflichen Fähigkeiten entfalten können. Die Sympathie des Konzils steht eindeutig auf seiten des Arbeiters und seiner Menschenwürde. In Artikel 68 geht es um den „Verbund" in wirtschaftlichen Unternehmen. An erster Stelle wünscht das Konzil, daß „die aktive Beteiligung aller an der Unternehmensgestaltung" weiter vorangebracht werde. Die Art und Weise gibt das Konzil nicht an; es besteht jedoch kein Zweifel, daß es die „institutionalisierte Mitbestimmung" im Unternehmen (O. v. Nell-Breuning; „bei unternehmerischen Entscheidungen und auf der übergeordneten Ebene der Wirtschafts- und Sozialpolitik") meint. Das Wort „Unternehmensgestaltung" (= „curatio") ist aus „Quadragesimo anno" entnommen und meint nicht, wie es katholische Unternehmer minimalisieren wollen, bloße Mitsorge im Betrieb. Eine Mitbeteiligung der Arbeiter an wirtschaftlichen und sozialen Entscheidungen wird vom Konzil auch dort verlangt, wo diese „an höheren Stellen" als im einzelnen Unternehmen getroffen werden. Diese Beteiligung kann auch durch frei gewählte Delegierte geschehen. Im zweiten Teil erklärt das Konzil, die Koalitionsfreiheit gehöre zu den Grundrechten des Menschen; darum wird hier das Gewerkschaftswesen mit Pathos gelobt (O. v. Nell-Breuning). Der dritte Abschnitt zieht nüchtern den Arbeitskampf in Betracht und erklärt den Streik, wenn die Bemühungen um friedliche Lösung in der notwendigen ehrlichen Aussprache gescheitert sind, als unentbehrlichen letzten Behelf. So schnell als möglich müsse dann versucht werden, einen Weg zur Verständigung zu finden. Ein Recht der Unternehmer zur Aussperrung wird nicht erwähnt. Die Artikel 69–71 handeln vom Eigentum. Der wichtige Artikel 69 beginnt mit der Feststellung, daß die Erdengüter allen bestimmt sind und allen zustatten kommen müssen. Erst dann geht er auf deren Nutzung im Eigentum — das zugleich persönliches Eigentum und Gemeingut ist, wie das Konzil sagt — ein. Das Konzil postuliert das Recht auf Eigentum und greift dabei auf die alten christlichen Lehren zurück: es bestehe eine Pflicht, den Armen zu helfen, und zwar nicht nur vom Überfluß, und es sei das Recht des äußerste Not Leidenden, das Notwendige vom Reichtum anderer an sich zu nehmen. Dabei erinnert es an den Hunger in der Welt. Der zweite Teil sucht gerade im Interesse wirtschaftlich unterentwickelter Gesellschaften einem dynamischen Verständnis der „Gemeinwidmung der Güter" — gegen „starre Gewohnheiten" — die Wege zu bahnen; die Sozialeinrichtungen in fortgeschrittenen Gesellschaften sollen die Staatsbürger nicht zur Passivität gegenüber der Gesellschaft verleiten. Artikel 70 spricht von der Ethik bei Investitions- und Währungsfragen. Der wiederum wichtige Artikel 71 umreißt zunächst die positiven Funktionen eines Privateigentums. Das Recht auf Privateigentum schließt jedoch, wie das Konzil sagt, das Recht des Staates, entsprechend dem Gemeinwohl und gegen „billige Entschädigung" Güter in Gemeineigentum zu überführen, nicht aus. Auch kommt es dem

Staat zu, gegen Mißbrauch des Privateigentums Vorsorge zu treffen.
Noch einmal erwähnt das Konzil die „Widmung der Erdengüter an
alle", aus der sich die „wesentliche soziale Seite" des Privateigentums
ergibt. Der sechste Abschnitt des Artikels über den Landbesitz im
großen ist vielleicht der praktisch-politisch bedeutsamste der ganzen
Konstitution (O. v. Nell-Breuning), zumal schon heute fast die Hälfte
aller Katholiken in solchen wirtschaftlich unterentwickelten Ländern
lebt, in denen der Landbesitz einer dünnen, gleichfalls katholischen
Oberschicht gehört, die ihn teils ungenügend nützt, teils aus Spekula-
tionsgier ungenützt läßt, teils die Pächter menschenunwürdig behandelt
und schamlos ausbeutet. Die Stellungnahme des Konzils ist drastisch.
Artikel 72 lobt zum Schluß alle, die zugleich am sozialökonomischen
Fortschritt mitwirken und für Gerechtigkeit und Liebe eintreten.

Das IV. Kapitel spricht in 4 Artikeln vom Leben der politischen
Gemeinschaft. Dieses Thema gehörte nicht zu den oben erwähnten
Annexen. Es wurde auch vom Konzil etwas stiefmütterlich behandelt
(nur 4 Wortmeldungen). Dafür sind die positiven Seiten des Kapitels
um so mehr anzuerkennen. Artikel 73 geht auf die Veränderungen im
politischen Bereich ein. Von ihnen werden besonders genannt und anerkannt: das weltweite Streben nach einer Ordnung, die die Menschenrechte schützt, das Verlangen nach Mitgestaltung des politischen Lebens,
die Sensibilität gegenüber Minderheiten, das Streben nach Toleranz und
Rechtsgleichheit aller. Artikel 74 stellt fest, die politische Gemeinschaft
bestehe um des Gemeinwohls willen (das hier abermals definiert wird)
und leite aus ihm ihr „ursprüngliches Eigenrecht" ab. Die so verstandene
politische Gemeinschaft und die dem Gemeinwohl dienende öffentliche
Autorität gehören wegen dieses Bezugs zum Gemeinwohl zu der von
Gott vorgebildeten Ordnung. Die Bestimmung der Regierungsform
und die Auswahl der Regierenden aber „bleiben dem freien Willen der
Staatsbürger überlassen". Die Ausübung der politischen Gewalt hat im
Rahmen der sittlichen Ordnung und zur Verwirklichung des Gemein-
wohls zu geschehen, dieses aber — ein Zusatz von außerordentlicher
Tragweite — „dynamisch verstanden". Ferner hat sie entsprechend
einer legitimen juridischen Ordnung zu geschehen. Sind diese Bedingungen erfüllt, dann haben die Staatsbürger, wie das Konzil sagt, die
Gewissenspflicht zum Gehorsam. Überschreitet die öffentliche Gewalt
ihre Zuständigkeit, so „sollen sie sich nicht weigern, das zu tun, was das
Gemeinwohl objektiv verlangt"; im übrigen haben sie das Recht der
Verteidigung gegen den Mißbrauch der staatlichen Autorität, „freilich
innerhalb der Grenzen des Naturrechts und des Evangeliums" (leider
äußert sich das Konzil dazu nicht genauer!). Die konkrete Ordnung des
politischen Lebens kann je nach Volk und geschichtlicher Entwicklung
verschieden sein, sagt der letzte Abschnitt. Artikel 75 enthält ein unein-
geschränktes Lob des Konzils für die Demokratie. Die katholische

Staatsauffassung des 19. Jahrhunderts, die Staat und Kirche hierarchisch strukturiert sein ließ und die Souveräne beider in nachbarschaftliche Beziehung brachte, ist damit aufgegeben. Der Staat, den das Konzil vor Augen hat, ist prinzipiell demokratisch (O. v. Nell-Breuning). Nüchtern zieht der Artikel in Erwägung, daß im Zeitalter der „Sozialisation" die Ausübung persönlicher Rechte um des Gemeinwohls willen beschränkt werden kann; in diesem Fall muß die Freiheit wiederhergestellt werden, sobald die Voraussetzungen für die Beschränkung entfallen. Rechtsverletzende totalitäre oder diktatorische Formen werden als unmenschlich bezeichnet. Der vorletzte Absatz sucht die Vaterlandsliebe der Christen aufzusprengen auf das „Wohl der ganzen Menschheitsfamilie" hin. Er wünscht ferner beispielhaftes Verhalten der Christen in der Politik. Weiter sagt er, daß es berechtigte Meinungsverschiedenheiten „in Fragen der Ordnung irdischer Dinge" gibt. Diese Tatsache haben die Christen anzuerkennen; die Vertreter anderer Meinungen und Parteien sind von den Christen zu achten. Das ist nichts anderes als eine klare Absage an die noch weitverbreitete, nicht sach-, sondern machtpolitisch orientierte und weltanschaulich verbrämte „monolithische" Einmütigkeit der Katholiken in politischen Fragen. Der letzte Satz dieses Abschnitts mahnt die Parteien, ihre Sonderinteressen nicht über das Gemeinwohl zu stellen. Der Schlußabschnitt erinnert an die staatsbürgerliche Erziehung und lobt diejenigen, die sich unter Hintansetzung eigenen Vorteils und materiellen Gewinns dem Beruf des Politikers widmen. Von großer Bedeutung ist schließlich der letzte Artikel, 76, in diesem Kapitel. Im ersten Abschnitt erklärt er es für sehr wichtig — „besonders in einer pluralistischen Gesellschaft" —, klar zu unterscheiden zwischen dem, was die Christen in ihrem eigenen Namen als Staatsbürger tun, und dem, was sie zusammen mit ihren Hirten im Namen der Kirche tun. Da die Kirche keiner Organisation verbieten kann, sich den Namen „christlich" zuzulegen, ist dieser Satz die einzig mögliche Form, in der sie die pluralistische Gesellschaft bitten kann, genau zu unterscheiden, was christlich ist und was nicht. Im zweiten Abschnitt wird zunächst erklärt, die Kirche dürfe in keiner Weise mit der politischen Gemeinschaft, weder in der Aufgabe noch in der Zuständigkeit, verwechselt werden; ferner wird gesagt, sie sei an kein politisches System gebunden. Die Kirche wird „Zeichen und Schutz der Transzendenz der menschlichen Person" genannt. Das besagt, daß der Mensch nicht in jeder Hinsicht dem Staat gehört (O. v. Nell-Breuning). Der dritte Abschnitt erklärt, daß politische Gemeinschaft und Kirche je auf ihrem Gebiet voneinander unabhängig und autonom sind. Insofern beide dem Menschen dienen, können sie zusammenwirken (verschieden nach Ort und Zeit). Der Beitrag der Kirche liegt darin, innerhalb einer Nation und im internationalen Rahmen Gerechtigkeit und Liebe zu fördern, und so — sagt das Konzil — fördert sie die politische Freiheit der Staatsbürger. Selbst bei behutsamer Interpretation muß man sagen, daß das Konzil sich gegenüber einer freundschaftlichen Trennung von Kirche und Staat, wie sie vor allem anglo-amerikanischen Bischöfen am Herzen liegt, in keiner Weise ablehnend verhält (O. v. Nell-Breuning). Der vierte Abschnitt sagt: Wer sich dem Dienst am Wort Gottes weiht, muß sich der Wege und Hilfsmittel bedienen, die dem Evangelium eigen und weitgehend von denen der irdischen Gesellschaft verschieden sind. Diese Weisung ist geeignet, das Erscheinungsbild der Kirche in der Öffentlichkeit völlig zu verwandeln. Sie wird noch verdeutlicht im folgenden fünften Abschnitt. Danach setzt die Kirche keine Hoffnung auf Privilegien seitens der staatlichen Autorität. Sogar auf die Ausübung legitim erworbener Rechte wird sie verzichten, „wenn feststeht, daß durch deren Inanspruchnahme die Lauterkeit ihres Zeugnisses in Frage gestellt ist, oder wenn veränderte Lebensverhältnisse eine andere Regelung fordern". Es ist keine Frage, daß damit wesentlich auch Rechte aus Konkordaten gemeint sind. Natürlich kann nun, wie das in gewissen Gegenden hinsichtlich dieses Artikels wie hinsichtlich des Wirtschaftskapitels bereits geschehen ist, ein regionales Gremium feststellen, die bisherige Praxis sei angemessen und redlich und keiner Änderung bedürftig. Aber solange der Buchstabe des Konzils steht und sein Geist lebt, wird jede Scheinheiligkeit daran scheitern. Die „Verzichterklärung" des Konzils stellt einen seiner Höhepunkte dar (O. v. Nell-Breuning). Der letzte Abschnitt des Kapitels gehört im Grunde nicht hierher, da er nur eine Überleitung zum nächsten Kapitel darstellt.

Das V. Kapitel beschäftigt sich in zwei Unterabschnitten und 14 Artikeln mit der Förderung des Friedens und dem Aufbau der Völkergemeinschaft. Artikel 77 umreißt den Inhalt dieses Kapitels und weist schon auf den tiefen Ernst der Probleme hin. Artikel 78 enthält in einer Sprache, die sich zu prophetischer Höhe aufschwingt, eine dynamische Beschreibung des Friedens als immer neu zu erfüllender Aufgabe. Nachdem das Konzil eindringlich daran erinnert hat, daß Jesus Christus den Haß an seinem eigenen Leib getötet und den Geist der Liebe in die Herzen der Menschen ausgegossen hat, erklärt das Konzil, daß es einen eindringlichen Anruf an alle Christen ergehen lasse. Es bekundet denen feierliche Anerkennung, die auf Anwendung von Gewalt verzichten und sich auf solche Verteidigungsmittel beschränken, die auch Schwächeren zur Verfügung stehen. Das bedeutet die Proklamation der Gewaltlosigkeit bis an die Grenzen dessen, was auf Erden, in pluralistischen Gesellschaften, die als ganze nicht auf das Evangelium zu verpflichten sind, möglich ist. Der *erste Abschnitt* des Kapitels handelt von der Vermeidung des Krieges. Artikel 79 erinnert an die Kompliziertheit der heutigen Weltsituation und an neue barbarische und terroristische Möglichkeiten der Kriegführung. Angesichts dessen appelliert das Konzil zunächst an „die bleibende Geltung des natürlichen Völkerrechts", dessen Prinzipien von der Menschheit zunehmend akzeptiert werden. Ausdrücklich wird die unmenschliche militaristische Ausrede „Befehl ist Befehl" als unentschuldbar abgewiesen. Völkermord und Ausrottung von Minderheiten werden als Scheußlichkeiten ersten Ranges aufs schärfste verurteilt (das Konzil spricht hier Verdammungen aus — und wie sehr zu Recht! —, die in anderen Konzilstexten ihresgleichen suchen). Die solchen Befehlen offenen Widerstand leisten, erhalten vom Konzil „höchste Anerkennung". Im vierten Absatz erinnert das Konzil an die bestehenden internationalen Konventionen und fordert deren Beachtung. Es ist schade, daß das Konzil hier caritative Organisationen, z. B. das Rote Kreuz, nicht mit einem ausdrücklichen Lob bedacht hat. An diesen Abschnitt angehängt ist ein Satz, der humane Sorge für Wehrdienstverweigerer durch Gesetze verlangt unter der Voraussetzung, daß sie zu einem anderen Dienst an der Gemeinschaft bereit sind. Solche Gesetze gibt es noch nicht einmal in allen Staaten mit höchstem humanem Anspruch wie z. B. der Schweiz. Der Satz ist das kümmerliche Überbleibsel eines längeren Passus, der den Wehrdienstverweigerern aus Gewissensgründen Anerkennung zollte „entweder wegen ihres Zeugnisses für die christliche Sanftmut oder wegen ihrer Ehrfurcht vor dem menschlichen Leben oder wegen aufrichtigen Abscheus vor Gewalttätigkeit" (vorletzte Fassung). Im Gedränge der letzten Konzilswochen erreichten einige Bischöfe die Streichung dieser Sätze. Immerhin aber wird hier die Wehrdienstverweigerung in ihrer Berechtigung grundsätzlich anerkannt, ohne daß sich das Konzil auf die recht unbedachte Theorie vom „irrigen Gewissen" eingelassen hätte (sowenig übrigens wie bei der Erklärung über die Religionsfreiheit). Der fünfte Abschnitt spricht für den Fall, daß „alle Möglichkeiten einer friedlichen Regelung erschöpft sind", das Recht (nicht die Pflicht!) einer sittlich erlaubten Verteidigung aus, da der Krieg nicht aus der Welt geschafft ist. Die Grenzen werden sehr eng gezogen. Der konventionelle Angriffskrieg wird leider übergangen. Der letzte Abschnitt über die Würde des Soldatenberufs bleibt zu sehr im Abstrakten stehen. Er geht nicht auf die konkrete Situation des Militärs ein, die nirgendwo dem gesetzten Ideal entspricht, vielmehr in vielen Ländern Entwürdigung des Menschen, sinnlosen Leerlauf, Verschwendung des Volksvermögens und mehr oder weniger die Züchtung einer Sonderklasse darstellt. Artikel 80 stellt sich realistisch den heutigen Vernichtungsmöglichkeiten. Er bekundet offen, daß die Konzilsväter die Frage des Krieges „mit einer ganz neuen inneren Einstellung zu prüfen" haben. Das haben nicht alle begriffen, sonst hätten die Kardinäle Spellman und Shehan, Erzbischof Hannan und einige andere Bischöfe nicht in letzter Minute eine theatralische Kollektiverklärung gegen den Konzilstext abgegeben. Solchen Bestrebungen, die die Kirche auf eine Seite der internationalen Blöcke zu zerren versuchten, war jedoch kein Erfolg beschieden. Das Konzil verurteilt mit aller Festigkeit und Entschiedenheit den totalen Krieg, der auch auf konventionelle Art geführt werden kann (z. B.

durch Napalmbomben, die Freund und Feind, Soldaten und Zivilisten verbrennen, oder durch Vernichtung ganzer Ernten), als Verbrechen gegen Gott und die Menschen. Vor der Verwendung der modernen wissenschaftlichen (d. h. ABC-)Waffen warnen die Bischöfe mit beschwörenden Worten. Die frühere Fassung verurteilte allerdings, und hier errang die Spellman-Gruppe einen Teilsieg, den bloßen Besitz solcher Waffen. In Artikel 81 geht das Konzil auf den Rüstungswettlauf ein, der schwere Probleme aufgibt, auch wenn er nicht unmittelbar zum Krieg führt. Das Konzil weist darauf hin, daß das Gleichgewicht der Abschreckung in keiner Weise „Frieden" genannt werden kann. Es erinnert an die riesigen Summen, die für Rüstungen verschleudert werden, während für die Bekämpfung des Elends nicht genug Geld da ist. Es erklärt, daß neue Wege gegangen werden müssen, und bezeichnet den Rüstungswettlauf als „eine der schrecklichsten Wunden der Menschheit". Der Schlußabschnitt des Artikels mahnt, „die Frist, die uns noch von oben gewährt wurde", zur Findung menschenwürdiger Methoden, Meinungsverschiedenheiten zu lösen, auszunützen. Artikel 82 erhofft sich solche Übereinkünfte von einer von allen anerkannten Weltautorität, wie sie schon Papst Benedikt XV. forderte. Ehe diese bestehe, müßten die existierenden höchsten Gremien sich intensiv bemühen. Alle sollten sich anstrengen, dem Wettrüsten ein Ende zu machen, jedoch könne die Abrüstung nicht einseitig vorgehen. Das Konzil wünscht, daß alle unterstützt werden, die gegen den Krieg arbeiten. Es nennt die Arbeit für den Frieden „tapfer", also durchaus männlich. Es spricht von der Pflicht zum Gebet für den Frieden und vom Verzicht auf nationalen Ehrgeiz. Der vorletzte Abschnitt des Artikels weist darauf hin, daß alle Anstrengungen zum Frieden nichts nützen, wenn die öffentliche Meinung nicht mit einem entsprechenden neuen Geist geformt und die Jugend in entsprechendem neuem Geist erzogen wird (A. Kardinal Ottaviani). Wenn das Konzil sagt: „Wir alle müssen uns wandeln in unserer Gesinnung", so ist dies in besonderer Hinsicht wichtig: die neueren Kriege waren nicht das Werk der Jugend. Sie waren in erster Linie von den sogenannten staatstragenden Kräften, nicht ohne die Zustimmung des hohen und niederen Klerus aller einbezogenen Länder, ausgelöst worden, wenn auch zum Teil nur aus falsch verstandener nationaler Treue und Borniertheit und nicht aus Böswilligkeit. Ohne den Schrecken vor einer globalen Vernichtung würde sich keine vaterländische Prestigesinnung wandeln, auch nicht bei Kirchenmännern. Das, was der Menschheit droht, „kein anderer Friede als die schaurige Ruhe des Todes", wie das Konzil sagt, ist die letzte Chance. — Der zweite Abschnitt des Kapitels handelt vom Aufbau der internationalen Gemeinschaft. Er steht mit dem ersten Abschnitt in engem Zusammenhang, weil, wie Artikel 83 sagt, gerade die Ungerechtigkeiten beseitigt werden sollen, die zum Krieg führen. So erinnert der Artikel in der Nachfolge der Enzyklika „Pacem in terris" an die Arbeit der internationalen Institutionen. Dieses Thema wird — mit ausdrücklichem Lob für diese Institutionen — in Artikel 84 vertieft. Artikel 85 handelt von der Notwendigkeit einer vor allem wirtschaftlichen Entwicklungshilfe. Hierzu stellt Artikel 86 vier Punkte auf. Artikel 87 läßt sich auf das heutige Bevölkerungswachstum ein und gibt Hinweise für kurzfristige und auf längere Sicht geplante Nothilfe. Das Konzil schärft hier noch einmal ein, daß die Entscheidung über die Kinderzahl nur den Eltern zukommt, keinesfalls dem Staat. Für die Eltern selbst fordert das Konzil zunächst religiöse Bildung oder wenigstens umfassende sittliche Unterweisung, damit dieses Urteil verantwortlich gefällt wird; ferner sollen die Eltern über Fortschritte „in der Erforschung von sicheren und moralisch einwandfreien Methoden, die den Eheleuten bei der Regelung der Kinderzahl helfen können", unterrichtet werden; das heißt aber auch, daß diese Fragen von Seelsorgern nicht tabuisiert und die Eltern damit in antiquierten Auffassungen belassen werden dürfen. Artikel 88 ruft die Christen zur Mitarbeit an der Erstellung einer internationalen Ordnung auf. Er weist auf das Ärgernis hin, daß bei einigen reichen Nationen die Mehrzahl der Bürger sich christlich nennt, während andere Nationen „nicht genug zum Leben haben". Entwicklungshelfer werden besonders gelobt. Das Volk Gottes, sagt der Artikel ferner, solle nicht nur vom Überfluß, sondern auch von der Substanz weggeben, um die Not zu lindern, „wobei die Bischöfe mit Wort und Beispiel vorangehen müssen". Der Schluß des Artikels geht auf die Notwendigkeit organisierter kirchlicher Hilfe und auf die institutionalisierte Ausbildung der Entwicklungshelfer ein. Den Beitrag, den die Christen, die Kirche, ihre Organisationen heute international leisten können, umschreiben nochmals die Artikel 89 und 90, wobei auch an die Zusammenarbeit aller Christen und an die Zusammenarbeit mit allen friedliebenden Menschen erinnert wird. Der Schluß des Artikels 90 sieht ein Organ der Gesamtkirche für zweckmäßig an, das immer wieder den Aufstieg der notleidenden Gebiete und die soziale Gerechtigkeit unter den Völkern fördern soll. Ein erster Versuch, ein solches Sekretariat für soziale Gerechtigkeit zu schaffen (Sommer 1966), zeigte — ähnlich wie bei katholischen Laienorganisationen — einen erschreckenden Mangel an qualifizierten Kräften. Auf die Kirche wartet noch viel Arbeit, sollen die riesigen Programme nicht in Deklamationen und Dilettantismus steckenbleiben.

Die Artikel 91–93 stellen das Schlußwort dieser Konstitution dar. Artikel 91 erinnert noch einmal daran, daß die Kirche mit dieser Konstitution zu einer menschenwürdigen Gestaltung der Welt in Brüderlichkeit und Liebe beitragen will. Er erklärt ferner die Gründe, warum diese Konstitution sich in vielen Teilen nur ganz allgemein äußert und ihre Aussagen in Zukunft entwicklungsfähig sind. Artikel 92 bekennt sich zu Dialog und Toleranz im Inneren der Kirche (hier wird das bekannte Wort eingeschärft: „Im Notwendigen Einheit, im Zweifel Freiheit, in allem die Liebe") und der Christenheit und nach außen hin. Die ökumenische Aufgabe wird, gerade weil viele Nichtchristen heute die Einheit der Christen erwarten und wünschen, besonders erwähnt. Der Wunsch nach Dialog gilt ferner den nichtchristlichen Religionen und den Atheisten, auch den Gegnern und Verfolgern der Kirche, verbunden mit dem ehrlichen Willen zur Zusammenarbeit beim Aufbau einer wahrhaft friedlichen Welt „ohne Gewalt und ohne Hintergedanken". Artikel 93 geht zum Schluß auf die vom Evangelium verlangte Bruderliebe ein: in allen Menschen Christus als Bruder zu sehen und in Wort und Tat zu lieben. Mit dem Bekenntnis zur eschatologischen Hoffnung der Christen und einem Lobpreis Gottes endet diese Konstitution.

Eine Diskussion der umfangreichen Materie wird nicht ausbleiben und ist vom Konzil ja auch direkt gewünscht. Dabei wird man, wie es zum Teil schon geschehen ist, darauf aufmerksam machen, daß die Kapitel und deren einzelne Themen mit verschieden großer Kompetenz erarbeitet wurden. Das ändert an der Tatsache nichts, daß diese Konstitution ihr primäres Ziel erreicht hat: die ehrliche Erklärung der Solidarität von Kirche und Menschheit, die Einschärfung der Menschenwürde und Brüderlichkeit, die Bekundung der Bescheidenheit der Kirche in ihrem Dienst. Das Konzil mußte bei den verschiedenen fachlichen Themen nicht jeweils die Grenzen seiner Kompetenz herausstellen. Sie treten in der sprachlichen Form und in den Aussagen selbst deutlich zutage. Es gibt kein Dokument eines Konzils oder des übrigen kirchlichen Lehramts, das so viele Fragezeichen enthielte wie diese Konstitution. Eine Kirche, die sich zu ihren Fragen bekennt, statt falsche Sicherheit vorzuspiegeln, ist dem Menschen heute glaubwürdig.

Pastoralkonstitution
Die Kirche in der Welt von heute*

VORWORT

1. *(Die engste Verbundenheit der Kirche mit der ganzen Mensch-heitsfamilie).* Freude und Hoffnung, Trauer und Angst der Menschen von heute, besonders der Armen und Bedrängten aller Art, sind auch Freude und Hoffnung, Trauer und Angst der Jünger Christi. Und es gibt nichts wahrhaft Menschliches, das nicht in ihren Herzen seinen Widerhall fände. Ist doch ihre eigene Gemeinschaft aus Menschen gebildet, die, in Christus geeint, vom Heiligen Geist auf ihrer Pilgerschaft zum Reich des Vaters geleitet werden und eine Heilsbotschaft empfangen haben, die allen auszurichten ist. Darum erfährt diese Gemeinschaft sich mit der Menschheit und ihrer Geschichte wirklich engstens ver-bunden.

---

* Die Pastoralkonstitution über die Kirche in der Welt von heute besteht zwar aus zwei Teilen, bildet jedoch ein Ganzes.

Sie wird „pastoral" genannt, weil sie, gestützt auf Prinzipien der Lehre, das Verhältnis der Kirche zur Welt und zu den Menschen von heute darzustellen be-absichtigt. So fehlt weder im ersten Teil die pastorale Zielsetzung noch im zweiten Teil die lehrhafte Zielsetzung.

Im ersten Teil entwickelt die Kirche ihre Lehre vom Menschen, von der Welt, in die der Mensch eingefügt ist, und von ihrem Verhältnis zu beiden. Im zweiten Teil betrachtet sie näher die verschiedenen Aspekte des heutigen Lebens und der menschlichen Gesellschaft, vor allem Fragen und Probleme, die dabei für unsere Gegenwart besonders dringlich erscheinen. Daher kommt es, daß in diesem zwei-ten Teil die Thematik zwar den Prinzipien der Lehre unterstellt bleibt, aber nicht nur unwandelbare, sondern auch geschichtlich bedingte Elemente enthält.

Die Konstitution ist also nach den allgemeinen theologischen Interpretations-regeln zu deuten, und zwar, besonders im zweiten Teil, unter Berücksichtigung des Wechsels der Umstände, der mit den Gegenständen dieser Thematik ver-bunden ist.

(Anmerkung des Übersetzers: Die Titel der einzelnen Nummern gehören bei dieser Konstitution aufgrund einer eigenen Abstimmung zum verkündeten Kon-zilstext selbst.)

2. *(Wen das Konzil hier anspricht).* Daher wendet sich das Zweite Vatikanische Konzil nach einer tieferen Klärung des Geheimnisses der Kirche ohne Zaudern nicht mehr bloß an die Kinder der Kirche und an alle, die Christi Namen anrufen, sondern an alle Menschen schlechthin in der Absicht, allen darzulegen, wie es Gegenwart und Wirken der Kirche in der Welt von heute versteht.

Vor seinen Augen steht also die Welt der Menschen, das heißt die ganze Menschheitsfamilie mit der Gesamtheit der Wirklichkeiten, in denen sie lebt; die Welt, der Schauplatz der Geschichte der Menschheit, von ihren Unternehmungen, Niederlagen und Siegen geprägt; die Welt, die nach dem Glauben der Christen durch die Liebe des Schöpfers begründet ist und erhalten wird; die unter die Knechtschaft der Sünde geraten, von Christus aber, dem Gekreuzigten und Auferstandenen, durch Brechung der Herrschaft des Bösen befreit wurde; bestimmt, umgestaltet zu werden nach Gottes Heilsratschluß und zur Vollendung zu kommen.

3. *(Der Auftrag zum Dienst am Menschen).* Gewiß ist die Menschheit in unseren Tagen voller Bewunderung für die eigenen Erfindungen und die eigene Macht; trotzdem wird sie oft ängstlich bedrückt durch die Fragen nach der heutigen Entwicklung der Welt, nach Stellung und Aufgabe des Menschen im Universum, nach dem Sinn seines individuellen und kollektiven Schaffens, schließlich nach dem letzten Ziel der Dinge und Menschen. Als Zeuge und Künder des Glaubens des gesamten in Christus geeinten Volkes Gottes kann daher das Konzil dessen Verbundenheit, Achtung und Liebe gegenüber der ganzen Menschheitsfamilie, der dieses ja selbst eingefügt ist, nicht beredter bekunden als dadurch, daß es mit ihr in einen Dialog eintritt über all diese verschiedenen Probleme; daß es das Licht des Evangeliums bringt und daß es dem Menschengeschlecht jene Heilskräfte bietet, die die Kirche selbst, vom Heiligen Geist geleitet, von ihrem Gründer empfängt. Es geht um die Rettung der menschlichen Person, es geht um den rechten Aufbau der menschlichen Gesellschaft. Der Mensch also, der eine und ganze Mensch, mit Leib und Seele, Herz und Gewissen, Vernunft und Willen steht im Mittelpunkt unserer Ausführungen.

Die Heilige Synode bekennt darum die hohe Berufung des Menschen, sie erklärt, daß etwas wie ein göttlicher Same in ihn eingesenkt ist, und bietet der Menschheit die aufrichtige Mitarbeit der Kirche an zur Errichtung jener brüderlichen Gemeinschaft aller, die dieser Berufung entspricht. Dabei bestimmt die Kirche kein irdischer Machtwille, sondern nur dies eine: unter Führung des Geistes, des Trösters, das Werk Christi selbst weiterzuführen, der in die Welt kam, um der Wahrheit Zeugnis zu geben[1]; zu retten, nicht zu richten; zu dienen, nicht sich bedienen zu lassen[2].

EINFÜHRUNG

DIE SITUATION DES MENSCHEN IN DER HEUTIGEN WELT

4. *(Hoffnung und Angst).* Zur Erfüllung dieses ihres Auftrags obliegt der Kirche allzeit die Pflicht, nach den Zeichen der Zeit zu forschen und sie im Licht des Evangeliums zu deuten. So kann sie dann in einer jeweils einer Generation angemessenen Weise auf die bleibenden Fragen der Menschen nach dem Sinn des gegenwärtigen und des zukünftigen Lebens und nach dem Verhältnis beider zueinander Antwort geben. Es gilt also, die Welt, in der wir leben, ihre Erwartungen, Bestrebungen und ihren oft dramatischen Charakter zu erfassen und zu verstehen. Einige Hauptzüge der Welt von heute lassen sich folgendermaßen umschreiben.

Heute steht die Menschheit in einer neuen Epoche ihrer Geschichte, in der tiefgehende und rasche Veränderungen Schritt um Schritt auf die ganze Welt übergreifen. Vom Menschen, seiner Vernunft und schöpferischen Gestaltungskraft gehen sie aus; sie wirken auf ihn wieder zurück, auf seine persönlichen und kollektiven Urteile und Wünsche, auf seine Art und Weise, die Dinge und die Menschen zu sehen und mit ihnen umzugehen. So kann man schon von einer wirklichen sozialen und kulturellen Umgestaltung sprechen, die sich auch auf das religiöse Leben auswirkt.

Wie es bei jeder Wachstumskrise geschieht, bringt auch diese Umgestaltung nicht geringe Schwierigkeiten mit sich. So dehnt der Mensch seine Macht so weit aus und kann sie doch nicht immer so steuern, daß sie ihm wirklich dient. Er unternimmt es,

[1] Vgl. Jo 18, 37. [2] Vgl. Jo 3, 17; Mt 20, 28; Mk 10, 45.

in immer tiefere seelische Bereiche einzudringen, und scheint doch oft ratlos über sich selbst. Schritt für Schritt entdeckt er die Gesetze des gesellschaftlichen Lebens und weiß doch nicht, welche Ausrichtung er ihm geben soll.

Noch niemals verfügte die Menschheit über soviel Reichtum, Möglichkeiten und wirtschaftliche Macht, und doch leidet noch ein ungeheurer Teil der Bewohner unserer Erde Hunger und Not, gibt es noch unzählige Analphabeten. Niemals hatten die Menschen einen so wachen Sinn für Freiheit wie heute, und gleichzeitig entstehen neue Formen von gesellschaftlicher und psychischer Knechtung. Die Welt spürt lebhaft ihre Einheit und die wechselseitige Abhängigkeit aller von allen in einer notwendigen Solidarität und wird doch zugleich heftig von einander widerstreitenden Kräften auseinandergerissen. Denn harte politische, soziale, wirtschaftliche, rassische und ideologische Spannungen dauern an; selbst die Gefahr eines Krieges besteht weiter, der alles bis zum Letzten zerstören würde. Zwar nimmt der Meinungsaustausch zu; und doch erhalten die gleichen Worte, in denen sich gewichtige Auffassungen ausdrücken, in den verschiedenen Ideologien einen sehr unterschiedlichen Sinn. Man strebt schließlich unverdrossen nach einer vollkommeneren Ordnung im irdischen Bereich, aber das geistliche Wachstum hält damit nicht gleichen Schritt.

Betroffen von einer so komplexen Situation, tun sich viele unserer Zeitgenossen schwer, die ewigen Werte recht zu erkennen und mit dem Neuen, das aufkommt, zu einer richtigen Synthese zu bringen; so sind sie, zwischen Hoffnung und Angst hin und her getrieben, durch die Frage nach dem heutigen Lauf der Dinge zutiefst beunruhigt. Dieser verlangt eine Antwort vom Menschen. Ja er zwingt ihn dazu.

5. *(Der tiefgehende Wandel der Situation)*. Die heute zu beobachtende Unruhe und der Wandel der Lebensbedingungen hängen mit einem umfassenden Wandel der Wirklichkeit zusammen, so daß im Bildungsbereich die mathematischen, naturwissenschaftlichen und anthropologischen Disziplinen, im praktischen Bereich die auf diesen Disziplinen aufbauende Technik ein wachsendes Gewicht erlangen. Diese positiv-wissenschaftliche Einstellung gibt der Kultur und dem Denken des Menschen ein neues Gepräge gegenüber früheren Zeiten. Schon geht die Technik so weit, daß sie das Antlitz der Erde selbst

umformt, ja sie geht schon an die Bewältigung des planetarischen Raumes.

Auch über die Zeit weitet der Geist des Menschen gewissermaßen seine Herrschaft aus; über die Vergangenheit mit Hilfe der Geschichtswissenschaft; über die Zukunft durch methodisch entwickelte Voraussicht und Planung. In ihrem Fortschritt geben Biologie, Psychologie und Sozialwissenschaften dem Menschen nicht nur ein besseres Wissen um sich selbst; sie helfen ihm auch, in methodisch gesteuerter Weise das gesellschaftliche Leben unmittelbar zu beeinflussen. Gleichzeitig befaßt sich die Menschheit in immer steigendem Maß mit der Vorausberechnung und Steuerung ihres eigenen Bevölkerungswachstums.

Der Gang der Geschichte selbst erfährt eine so rasche Beschleunigung, daß der Einzelne ihm schon kaum mehr zu folgen vermag. Das Schicksal der menschlichen Gemeinschaft wird eines und ist schon nicht mehr aufgespalten in verschiedene geschichtliche Abläufe. So vollzieht die Menschheit einen Übergang von einem mehr statischen Verständnis der Ordnung der Gesamtwirklichkeit zu einem mehr dynamischen und evolutiven Verständnis. Die Folge davon ist eine neue, denkbar große Komplexheit der Probleme, die wiederum nach neuen Analysen und Synthesen ruft.

6. *(Wandlungen in der Gesellschaft).* Damit aber erfahren die überlieferten örtlichen Gemeinschaften, wie patriarchalische Familien, Clans, Stämme, Dörfer, die verschiedenen Gruppen und sozialen Verflochtenheiten einen immer tiefer greifenden Wandel.

Es breitet sich allmählich der Typ der Industriegesellschaft aus; einige Nationen gelangen durch ihn zu wirtschaftlichem Wohlstand; zugleich gestaltet er in Jahrhunderten gewordene Denk- und Lebensformen der Gesellschaft völlig um. Entsprechend nimmt die Verstädterung zu, teils infolge des Wachstums der Städte und ihrer Einwohnerzahl, teils durch das Ausgreifen der städtischen Lebensart auf die Landbevölkerung.

Die neuen und immer mehr vervollkommneten sozialen Kommunikationsmittel tragen dazu bei, daß man über das Zeitgeschehen informiert wird und daß sich Ansichten und Einstellungen rasch und weit verbreiten mit all den damit verbundenen Kettenreaktionen.

Nicht zu unterschätzen ist die Bedeutung der Tatsache, daß Menschen, aus verschiedenen Gründen zur Wanderung veranlaßt, dadurch ihre Lebensart ändern.

So nehmen unablässig die Verflechtungen der Menschen untereinander zu und führt die „Sozialisation" zu immer neuen Verflechtungen, ohne aber immer eine entsprechende Reifung der Person und wirklich personale Beziehungen („Personalisation") zu fördern.

Diese Entwicklung zeichnet sich klarer ab in den durch wirtschaftlichen und technischen Fortschritt begünstigten Nationen; sie ergreift aber auch die Entwicklungsländer, die auch für ihre Gegenden die Vorteile der Industrialisierung und städtischen Kultur erringen möchten. Gleichzeitig erfahren diese Völker, besonders jene mit alten Überlieferungen, eine Bewegung hin zu einem entwickelteren und persönlicheren Vollzug der Freiheit.

7. *(Psychologische, sittliche und religiöse Wandlungen).* Die Wandlungen von Denkweisen und Strukturen stellen häufig überkommene Werte in Frage, zumal bei der jüngeren Generation, die nicht selten ungeduldig, ja angsthaft rebellisch wird und im Bewußtsein der eigenen Bedeutung im gesellschaftlichen Leben rascher daran teilzuhaben beansprucht. Von daher erfahren Eltern und Erzieher bei der Erfüllung ihrer Aufgabe immer größere Schwierigkeiten.

Die von früheren Generationen überkommenen Institutionen, Gesetze, Denk- und Auffassungsweisen scheinen aber den wirklichen Zuständen von heute nicht mehr in jedem Fall gut zu entsprechen. So kommt es zu schweren Störungen im Verhalten und sogar in den Verhaltensnormen.

Die neuen Verhältnisse üben schließlich auch auf das religiöse Leben ihren Einfluß aus. Einerseits läutert der geschärfte kritische Sinn das religiöse Leben von einem magischen Weltverständnis und von noch vorhandenen abergläubischen Elementen und fordert mehr und mehr eine ausdrücklicher personal vollzogene Glaubensentscheidung, so daß nicht wenige zu einer lebendigeren Gotteserfahrung kommen. Andererseits geben breite Volksmassen das religiöse Leben praktisch auf. Anders als in früheren Zeiten sind die Leugnung Gottes oder der Religion oder die völlige Gleichgültigkeit ihnen gegenüber keine Ausnahme und keine Sache nur von Einzelnen mehr. Heute wird eine solche Haltung gar nicht selten als Forderung des wissenschaftlichen Fortschritts und eines sogenannten neuen Humanismus ausgegeben. Das alles findet sich in vielen Ländern nicht nur in Theorien von Philosophen, sondern bestimmt in größtem Ausmaß die Literatur, die Kunst, die Deutung der Wissenschaft und Geschichte und sogar das bürgerliche Recht. Die Verwirrung vieler ist die Folge.

8. *(Die Störungen des Gleichgewichts in der heutigen Welt).* Ein so rascher Wandel der Zustände, der oft ordnungslos vor sich geht, und dazu ein schärferes Bewußtsein für die Spannungen in der Welt erzeugen oder vermehren Widersprüche und Störungen des Gleichgewichts.

Schon in der Einzelperson entsteht öfters eine Störung des Gleichgewichts zwischen dem auf das Praktische gerichteten Bewußtsein von heute und einem theoretischen Denken, dem es nicht gelingt, die Menge der ihm angebotenen Erkenntnisse selber zu bewältigen und sie hinlänglich in Synthesen zu ordnen. Eine ähnliche Störung des Gleichgewichts entsteht ferner zwischen dem entschlossenen Willen zu wirkmächtigem Handeln und den Forderungen des sittlichen Gewissens, aber oft auch zwischen den kollektiven Lebensbedingungen und den Voraussetzungen für ein persönliches Denken oder sogar eines besinnlichen Lebens. Endlich entsteht eine Störung des Gleichgewichts zwischen der Spezialisierung des menschlichen Tuns und einer umfassenden Weltanschauung.

In der Familie entstehen Spannungen unter dem Druck der demographischen, wirtschaftlichen und sozialen Situation, aus den Konflikten zwischen den aufeinanderfolgenden Generationen, aus den neuen gesellschaftlichen Beziehungen zwischen Mann und Frau.

Große Spannungen entstehen auch zwischen den Rassen, sogar zwischen den verschiedenartigen Gruppen einer Gesellschaft, zwischen reicheren und schwächeren oder notleidenden Völkern, schließlich zwischen den internationalen Institutionen, die aus der Friedenssehnsucht der Völker entstanden sind, und der rücksichtslosen Propaganda der eigenen Ideologie samt dem Kollektivegoismus in den Nationen und anderen Gruppen.

Die Folge davon sind gegenseitiges Mißtrauen und Feindschaft, Konflikte und Notlagen. Ihre Ursache und ihr Opfer zugleich ist der Mensch.

9. *(Das umfassendere Verlangen der Menschheit)*. Gleichzeitig wächst die Überzeugung, daß die Menschheit nicht nur ihre Herrschaft über die Schöpfung immer weiter verstärken kann und muß, sondern daß es auch ihre Aufgabe ist, eine politische, soziale und wirtschaftliche Ordnung zu schaffen, die immer besser im Dienst des Menschen steht und die dem Einzelnen wie den Gruppen dazu hilft, die ihnen eigene Würde zu behaupten und zu entfalten.

Daher erheben sehr viele heftig Anspruch auf jene Güter, die ihnen nach ihrer tief empfundenen Überzeugung durch Ungerechtigkeit oder falsche Verteilung vorenthalten werden. Die aufsteigenden Völker, wie jene, die erst jüngst unabhängig geworden sind, verlangen ihren Anteil an den heutigen Kulturgütern nicht nur auf politischem, sondern auch auf wirtschaftlichem Gebiet und wollen frei ihre Rolle in der Welt spielen, während andererseits zugleich ihr Abstand und häufig auch ihre wirtschaftliche Abhängigkeit von den reicheren Völkern wächst, die sich schneller weiterentwickeln. Die vom Hunger heimgesuchten Völker fordern Rechenschaft von den reicheren Völkern. Die Frauen verlangen für sich die rechtliche und faktische Gleichstellung mit den Männern, wo sie diese noch nicht erlangt haben. Die Arbeiter und Bauern wollen nicht bloß das zum Lebensunterhalt Notwendige erwerben können, sondern durch ihre Arbeit auch ihre Persönlichkeitswerte entfalten und überdies an der Gestaltung des wirtschaftlichen, gesellschaftlichen, politischen und kulturellen Lebens ihren Anteil haben. Zum erstenmal in der Geschichte der Menschheit haben alle Völker die Überzeugung, daß die Vorteile der Zivilisation auch wirklich allen zugute kommen können und müssen.

Hinter allen diesen Ansprüchen steht ein tieferes und umfassenderes Verlangen: die Einzelpersonen und die Gruppen begehren ein erfülltes und freies Leben, das des Menschen würdig ist, indem sie sich selber alles, was die heutige Welt ihnen so reich darzubieten vermag, dienstbar machen. Die Völker streben darüber hinaus immer stärker nach einer gewissen alle umfassenden Gemeinschaft.

Unter diesen Umständen zeigt sich die moderne Welt zugleich stark und schwach, in der Lage, das Beste oder das Schlimmste zu tun; für sie ist der Weg offen zu Freiheit oder Knechtschaft, Fortschritt oder Rückschritt, Brüderlichkeit oder Haß. Zudem wird nun der Mensch sich dessen bewußt, daß es seine eigene Aufgabe ist, jene Kräfte, die er selbst geweckt hat und die ihn zermalmen oder ihm dienen können, richtig zu lenken. Wonach er fragt, ist darum er selber.

10. *(Die tieferen Fragen der Menschheit).* In Wahrheit hängen die Störungen des Gleichgewichts, an denen die moderne Welt leidet, mit jener tiefer liegenden Störung des Gleichgewichts zusammen, die im Herzen des Menschen ihren Ursprung hat. Denn im Menschen selbst sind viele widersprüchliche Elemente gegeben. Einerseits erfährt er sich nämlich als Geschöpf vielfältig begrenzt, andererseits empfindet er sich in seinem Verlangen unbegrenzt und berufen zu einem Leben höherer Ordnung. Zwischen vielen Möglichkeiten, die ihn anrufen, muß er dauernd unweigerlich eine Wahl treffen und so auf dieses oder jenes verzichten. Als schwacher Mensch und Sünder tut er oft das, was er nicht will, und was er tun wollte, tut er nicht[3]. So leidet er an einer inneren Zwiespältigkeit, und daraus entstehen viele und schwere Zerwürfnisse auch in der Gesellschaft. Freilich werden viele durch eine praktisch materialistische Lebensführung von einer klaren Erfassung dieses dramatischen Zustandes abgelenkt oder vermögen unter dem Druck ihrer Verelendung sich nicht mit ihm zu beschäftigen. Viele glauben, in einer der vielen Weltdeutungen ihren Frieden zu finden. Andere wieder erwarten vom bloßen menschlichen Bemühen die wahre und volle Befreiung der Menschheit und sind davon überzeugt, daß die künftige Herrschaft des Menschen über die Erde alle Wünsche ihres Herzens erfüllen wird. Andere wieder preisen, am Sinn des Lebens verzweifelnd, den Mut derer, die in der Überzeugung von der absoluten Bedeutungslosigkeit der menschlichen Existenz versuchen, ihr nun die ganze Bedeutung ausschließlich aus autonomer Verfügung des Subjekts zu geben. Dennoch wächst angesichts der heutigen Weltentwicklung die Zahl derer, die die Grundfragen stellen oder mit neuer Schärfe spüren: Was ist der Mensch? Was ist der Sinn des Schmerzes, des Bösen, des Todes — alles Dinge, die trotz solchen Fortschritts noch immer weiterbestehen? Wozu diese Siege, wenn sie so teuer erkauft werden mußten? Was kann der Mensch der Gesellschaft geben, was von ihr erwarten? Was kommt nach diesem irdischen Leben?

[3] Vgl. Röm 7, 14ff.

Die Kirche aber glaubt: Christus, der für alle starb und auferstand[4], schenkt dem Menschen Licht und Kraft durch seinen Geist, damit er seiner höchsten Berufung nachkommen kann; es ist kein anderer Name unter dem Himmel den Menschen gegeben, in dem sie gerettet werden sollen[5]. Sie glaubt ferner, daß in ihrem Herrn und Meister der Schlüssel, der Mittelpunkt und das Ziel der ganzen Menschheitsgeschichte gegeben ist. Die Kirche bekennt überdies, daß allen Wandlungen vieles Unwandelbare zugrunde liegt, was seinen letzten Grund in Christus hat, der derselbe ist gestern, heute und in Ewigkeit[6]. Im Licht Christi also, des Bildes des unsichtbaren Gottes, des Erstgeborenen vor aller Schöpfung[7], will das Konzil alle Menschen ansprechen, um das Geheimnis des Menschen zu erhellen und mitzuwirken dabei, daß für die dringlichsten Fragen unserer Zeit eine Lösung gefunden wird.

I. Hauptteil

Die Kirche und die Berufung des Menschen

11. *(Antworten auf die Antriebe des Geistes).* Im Glauben daran, daß es vom Geist des Herrn geführt wird, der den Erdkreis erfüllt, bemüht sich das Volk Gottes, in den Ereignissen, Bedürfnissen und Wünschen, die es zusammen mit den übrigen Menschen unserer Zeit teilt, zu unterscheiden, was darin wahre Zeichen der Gegenwart oder der Absicht Gottes sind. Der Glaube erhellt nämlich alles mit einem neuen Licht, enthüllt den göttlichen Ratschluß hinsichtlich der integralen Berufung des Menschen und orientiert daher den Geist auf wirklich humane Lösungen hin.

Das Konzil beabsichtigt, vor allem jene Werte, die heute besonders in Geltung sind, in diesem Licht zu beurteilen und auf ihren göttlichen Ursprung zurückzuführen. Insofern diese Werte nämlich aus der gottgegebenen Anlage des Menschen hervorgehen, sind sie gut. Infolge der Verderbtheit des menschlichen Herzens aber fehlt ihnen oft die notwendige letzte Ausrichtung, so daß sie einer Läuterung bedürfen.

---

[4] Vgl. 2 Kor 5, 15. [5] Vgl. Apg 4, 12.
[6] Vgl. Hebr 13, 8. [7] Vgl. Kol 1, 15.

Was denkt die Kirche vom Menschen? Welche Empfehlungen erscheinen zum Aufbau der heutigen Gesellschaft angebracht? Was ist die letzte Bedeutung der menschlichen Tätigkeit in der gesamten Welt? Auf diese Fragen erwartet man Antwort. Von da wird klarer in Erscheinung treten, daß das Volk Gottes und die Menschheit, der es eingefügt ist, in gegenseitigem Dienst stehen, so daß die Sendung der Kirche sich als eine religiöse und gerade dadurch höchst humane erweist.

ERSTES KAPITEL

DIE WÜRDE DER MENSCHLICHEN PERSON

12. *(Der Mensch nach dem Bild Gottes).* Es ist fast einmütige Auffassung der Gläubigen und der Nichtgläubigen, daß alles auf Erden auf den Menschen als seinen Mittel- und Höhepunkt hinzuordnen ist.

Was ist aber der Mensch? Viele verschiedene und auch gegensätzliche Auffassungen über sich selbst hat er vorgetragen und trägt er vor, in denen er sich oft entweder selbst zum höchsten Maßstab macht oder bis zur Hoffnungslosigkeit abwertet, und ist so unschlüssig und voll Angst. In eigener Erfahrung dieser Nöte kann die Kirche doch, von der Offenbarung Gottes unterwiesen, für sie eine Antwort geben, um so die wahre Verfassung des Menschen zu umreißen und seine Schwäche zu erklären, zugleich aber auch die richtige Anerkennung seiner Würde und Berufung zu ermöglichen.

Die Heilige Schrift lehrt nämlich, daß der Mensch „nach dem Bild Gottes" geschaffen ist, fähig, seinen Schöpfer zu erkennen und zu lieben, von ihm zum Herrn über alle irdischen Geschöpfe gesetzt[1], um sie in Verherrlichung Gottes zu beherrschen und zu nutzen[2]. „Was ist der Mensch, daß du seiner gedenkst? Oder des Menschen Kind, daß du dich seiner annimmst? Wenig geringer als Engel hast du ihn gemacht, mit Ehre und Herrlichkeit ihn gekrönt und ihn über die Werke deiner Hände gesetzt. Alles hast du ihm unter die Füße gelegt" (Ps 8, 5–7).

Aber Gott hat den Menschen nicht allein geschaffen: denn von Anfang an hat er ihn „als Mann und Frau geschaffen" (Gn 1, 27); ihre Verbindung schafft die erste Form personaler Gemein-

---

[1] Vgl. Gn 1, 26; Weish 2, 23.   [2] Vgl. Sir 17, 3–10.

schaft. Der Mensch ist nämlich aus seiner innersten Natur ein gesellschaftliches Wesen; ohne Beziehung zu den anderen kann er weder leben noch seine Anlagen zur Entfaltung bringen.

Gott sah also, wie wir wiederum in der Heiligen Schrift lesen, „alles, was er gemacht hatte, und es war sehr gut" (Gn 1, 31).

13. *(Die Sünde).* Obwohl in Gerechtigkeit von Gott begründet, hat der Mensch unter dem Einfluß des Bösen gleich von Anfang der Geschichte an durch Auflehnung gegen Gott und den Willen, sein Ziel außerhalb Gottes zu erreichen, seine Freiheit mißbraucht. „Obwohl sie Gott erkannten, haben sie ihn nicht als Gott verherrlicht, sondern ihr unverständiges Herz wurde verfinstert, und sie dienten den Geschöpfen statt dem Schöpfer."[3] Was uns aus der Offenbarung Gottes bekannt ist, steht mit der Erfahrung in Einklang: der Mensch erfährt sich, wenn er in sein Herz schaut, auch zum Bösen geneigt und verstrickt in vielfältige Übel, die nicht von seinem guten Schöpfer herkommen können. Oft weigert er sich, Gott als seinen Ursprung anzuerkennen; er durchbricht dadurch auch die geschuldete Ausrichtung auf sein letztes Ziel, zugleich aber auch seine ganze Ordnung hinsichtlich seiner selbst wie hinsichtlich der anderen Menschen und der ganzen Schöpfung.

So ist der Mensch in sich selbst zwiespältig. Deshalb stellt sich das ganze Leben der Menschen, das einzelne wie das kollektive, als Kampf dar, und zwar als einen dramatischen, zwischen Gut und Böse, zwischen Licht und Finsternis. Ja, der Mensch findet sich unfähig, durch sich selbst die Angriffe des Bösen wirksam zu bekämpfen, so daß ein jeder sich wie in Ketten gefesselt fühlt. Der Herr selbst aber ist gekommen, um den Menschen zu befreien und zu stärken, indem er ihn innerlich erneuerte und „den Fürsten dieser Welt" (Jo 12, 31) hinauswarf, der ihn in der Knechtschaft der Sünde festhielt[4]. Die Sünde mindert aber den Menschen selbst, weil sie ihn hindert, seine Erfüllung zu erlangen.

Im Licht dieser Offenbarung finden zugleich die erhabene Berufung wie das tiefe Elend, die die Menschheit erfährt, ihre letzte Erklärung.

14. *(Der Wesensstand des Menschen).* In Leib und Seele einer, vereint der Mensch durch seine Leiblichkeit die Elemente der

---

[3] Vgl. Röm 1, 21–25.   [4] Vgl. Jo 8, 34.

stofflichen Welt in sich: Durch ihn erreichen diese die Höhe ihrer Bestimmung und erheben ihre Stimme zum freien Lob des Schöpfers[5]. Das leibliche Leben darf also der Mensch nicht geringachten; er muß im Gegenteil seinen Leib als von Gott geschaffen und zur Auferweckung am Jüngsten Tage bestimmt für gut und der Ehre würdig halten. Durch die Sünde aber verwundet, erfährt er die Widerstände seiner Leiblichkeit. Daher verlangt die Würde des Menschen, daß er Gott in seinem Leibe verherrliche[6] und ihn nicht den bösen Neigungen seines Herzens dienen lasse.

Der Mensch irrt aber nicht, wenn er seinen Vorrang vor den körperlichen Dingen bejaht und sich selbst nicht nur als Teil der Natur oder als anonymes Element in der menschlichen Gesellschaft betrachtet, denn in seiner Innerlichkeit übersteigt er die Gesamtheit der Dinge. In diese Tiefe geht er zurück, wenn er in sein Herz einkehrt, wo Gott ihn erwartet, der die Herzen durchforscht[7], und wo er selbst unter den Augen Gottes über sein eigenes Geschick entscheidet. Wenn er daher die Geistigkeit und Unsterblichkeit seiner Seele bejaht, wird er nicht zum Opfer einer trügerischen Einbildung, die sich von bloß physischen und gesellschaftlichen Voraussetzungen herleitet, sondern erreicht er im Gegenteil die tiefe Wahrheit der Wirklichkeit.

15. *(Die Würde der Vernunft, die Wahrheit und die Weisheit).* In Teilnahme am Licht des göttlichen Geistes urteilt der Mensch richtig, daß er durch seine Vernunft die Dingwelt überragt. In unermüdlicher Anwendung seiner Geistesanlagen hat er im Lauf der Zeit die empirischen Wissenschaften, die Technik und seine geistige und künstlerische Bildung sehr entwickelt. In unserer Zeit aber hat er mit ungewöhnlichem Erfolg besonders die materielle Welt erforscht und sich dienstbar gemacht. Immer jedoch suchte und fand er eine tiefere Wahrheit. Die Vernunft ist nämlich nicht auf die bloßen Phänomene eingeengt, sondern vermag geistig-tiefere Strukturen der Wirklichkeit mit wahrer Sicherheit zu erreichen, wenn sie auch infolge der Sünde zum Teil verdunkelt und geschwächt ist.

Die zu erstrebende Vollendung der Vernunftnatur der menschlichen Person ist die Weisheit, die den Geist des Menschen sanft

---

[5] Vgl. Dn 3, 57–90.
[6] Vgl. 1 Kor 6, 13–20.
[7] Vgl. 1 Kg 16, 7; Jr 17, 10.

zur Suche und Liebe des Wahren und Guten hinzieht und den durch sie geleiteten Menschen vom Sichtbaren zum Unsichtbaren führt.

Unsere Zeit braucht mehr als die vergangenen Jahrhunderte diese Weisheit, damit humaner wird, was Neues vom Menschen entdeckt wird. Es gerät nämlich das künftige Geschick der Welt in Gefahr, wenn nicht weisere Menschen entstehen. Zudem ist zu bemerken, daß viele Nationen an wirtschaftlichen Gütern verhältnismäßig arm, an Weisheit aber reicher sind und den übrigen hervorragende Hilfe leisten können.

Dank der Gabe des Heiligen Geistes kommt der Mensch im Glauben zu Erkenntnis und innerem Einverständnis des Geheimnisses des göttlichen Ratschlusses[8].

16. *(Die Würde des sittlichen Gewissens).* Im Innern seines Gewissens entdeckt der Mensch ein Gesetz, das er sich nicht selbst gibt, sondern dem er gehorchen muß und dessen Stimme ihn immer zur Liebe und zum Tun des Guten und zur Unterlassung des Bösen anruft und, wo nötig, in den Ohren des Herzens tönt: Tu dies, meide jenes. Denn der Mensch hat ein Gesetz, das von Gott seinem Herzen eingeschrieben ist, dem zu gehorchen eben seine Würde ist und gemäß dem er gerichtet werden wird[9]. Das Gewissen ist die verborgenste Mitte und das Heiligtum im Menschen, wo er allein ist mit Gott, dessen Stimme in diesem seinem Innersten zu hören ist[10]. Im Gewissen erkennt man in wunderbarer Weise jenes Gesetz, das in der Liebe zu Gott und dem Nächsten seine Erfüllung hat[11]. Durch die Treue zum Gewissen sind die Christen mit den übrigen Menschen verbunden im Suchen nach der Wahrheit und zur wahrheitsgemäßen Lösung all der vielen moralischen Probleme, die im Leben der Einzelnen wie im gesellschaftlichen Zusammenleben entstehen. Je mehr also das rechte Gewissen sich durchsetzt, desto mehr lassen die Personen und Gruppen von der blinden Willkür ab und suchen sich nach den objektiven Normen der Sittlichkeit zu richten. Nicht selten jedoch geschieht es, daß das Gewissen aus unüberwindlicher Unkenntnis irrt, ohne daß es dadurch seine Würde verliert. Das kann man aber nicht sagen, wenn

---

[8] Vgl. Sir 17, 7–8.   [9] Vgl. Röm 2, 14–16.
[10] Vgl. Pius XII., Radiobotschaft über die rechte Ausbildung des christlichen Gewissens in den Jugendlichen, 23. März 1952: AAS 44 (1952) 271.
[11] Vgl. Mt 22, 37–40; Gal 5, 14.

der Mensch sich zuwenig darum müht, nach dem Wahren und Guten zu suchen, und das Gewissen durch Gewöhnung an die Sünde allmählich fast blind wird.

17. *(Die hohe Bedeutung der Freiheit)*. Aber nur frei kann der Mensch sich zum Guten hinwenden. Und diese Freiheit schätzen unsere Zeitgenossen hoch und erstreben sie leidenschaftlich. Mit Recht. Oft jedoch vertreten sie sie in verkehrter Weise, als Berechtigung, alles zu tun, wenn es nur gefällt, auch das Böse. Die wahre Freiheit aber ist ein erhabenes Kennzeichen des Bildes Gottes im Menschen: Gott wollte nämlich den Menschen „in der Hand seines Entschlusses lassen"[12], so daß er seinen Schöpfer aus eigenem Entscheid suche und frei zur vollen und seligen Vollendung in Einheit mit Gott gelange. Die Würde des Menschen verlangt daher, daß er in bewußter und freier Wahl handle, das heißt personal, von innen her bewegt und geführt und nicht unter blindem innerem Drang oder unter bloßem äußerem Zwang. Eine solche Würde erwirbt der Mensch, wenn er sich aus aller Knechtschaft der Leidenschaften befreit und sein Ziel in freier Wahl des Guten verfolgt sowie sich die geeigneten Hilfsmittel wirksam und in angestrengtem Bemühen verschafft. Die Freiheit des Menschen, die durch die Sünde verwundet ist, kann nur mit Hilfe der Gnade Gottes die Hinordnung auf Gott zur vollen Wirksamkeit bringen. Jeder aber muß vor dem Richterstuhl Gottes Rechenschaft geben von seinem eigenen Leben, so wie er selber Gutes oder Böses getan hat[13].

18. *(Das Geheimnis des Todes)*. Angesichts des Todes wird das Rätsel des menschlichen Daseins am größten. Der Mensch erfährt nicht nur den Schmerz und den fortschreitenden Abbau des Leibes, sondern auch, ja noch mehr die Furcht vor immerwährendem Verlöschen. Er urteilt aber im Instinkt seines Herzens richtig, wenn er die völlige Zerstörung und den endgültigen Untergang seiner Person mit Entsetzen ablehnt. Der Keim der Ewigkeit im Menschen läßt sich nicht auf die bloße Materie zurückführen und wehrt sich gegen den Tod. Alle Maßnahmen der Technik, so nützlich sie sind, können aber die Angst des Menschen nicht beschwichtigen. Die Verlängerung der biologischen Lebensdauer kann jenem Verlangen nach einem wei-

---

[12] Vgl. Sir 15, 14.   [13] Vgl. 2 Kor 5, 10.

teren Leben nicht genügen, das unüberwindlich in seinem Herzen lebt.

Während vor dem Tod alle Träume nichtig werden, bekennt die Kirche, belehrt von der Offenbarung Gottes, daß der Mensch von Gott zu einem seligen Ziel jenseits des irdischen Elends geschaffen ist. Außerdem lehrt der christliche Glaube, daß der leibliche Tod, dem der Mensch, hätte er nicht gesündigt, entzogen gewesen wäre[14], besiegt wird, wenn dem Menschen sein Heil, das durch seine Schuld verlorenging, vom allmächtigen und barmherzigen Erlöser wiedergeschenkt wird. Gott rief und ruft nämlich den Menschen, daß er ihm in der ewigen Gemeinschaft unzerstörbaren göttlichen Lebens mit seinem ganzen Wesen anhange. Diesen Sieg hat Christus, da er den Menschen durch seinen Tod vom Tod befreite, in seiner Auferstehung zum Leben errungen[15]. Jedem also, der ernsthaft nachdenkt, bietet daher der Glaube, mit stichhaltiger Begründung vorgelegt, eine Antwort auf seine Angst vor der Zukunft an; und zugleich zeigt er die Möglichkeit, mit den geliebten Brüdern, die schon gestorben sind, in Christus Gemeinschaft zu haben in der Hoffnung, daß sie das wahre Leben bei Gott erlangt haben.

19. *(Formen und Wurzeln des Atheismus)*. Ein besonderer Wesenszug der Würde des Menschen liegt in seiner Berufung zur Gemeinschaft mit Gott. Zum Dialog mit Gott ist der Mensch schon von seinem Ursprung her aufgerufen: er existiert nämlich nur, weil er, von Gott aus Liebe geschaffen, immer aus Liebe erhalten wird; und er lebt nicht voll gemäß der Wahrheit, wenn er diese Liebe nicht frei anerkennt und sich seinem Schöpfer anheimgibt. Viele unserer Zeitgenossen erfassen aber diese innigste und lebensvolle Verbindung mit Gott gar nicht oder verwerfen sie ausdrücklich. So muß man den Atheismus zu den ernstesten Gegebenheiten dieser Zeit rechnen und aufs sorgfältigste prüfen.

Mit dem Wort Atheismus werden voneinander sehr verschiedene Phänomene bezeichnet. Manche leugnen Gott ausdrücklich; andere meinen, der Mensch könne überhaupt nichts über ihn aussagen; wieder andere stellen die Frage nach Gott unter

[14] Vgl. Weish 1, 13; 2, 23–24; Röm 5, 21; 6, 23; Jak 1, 15.
[15] Vgl. 1 Kor 15, 56–57.

solchen methodischen Voraussetzungen, daß sie von vornherein sinnlos zu sein scheint. Viele überschreiten den Zuständigkeitsbereich der Erfahrungswissenschaften und erklären, alles sei nur Gegenstand solcher naturwissenschaftlicher Forschung, oder sie verwerfen umgekehrt jede Möglichkeit einer absoluten Wahrheit. Manche sind, wie es scheint, mehr interessiert an der Bejahung des Menschen als an der Leugnung Gottes, rühmen aber den Menschen so, daß ihr Glaube an Gott keine Lebensmacht mehr bleibt. Andere machen sich ein solches Bild von Gott, daß jenes Gebilde, das sie ablehnen, keineswegs der Gott des Evangeliums ist. Andere nehmen die Fragen nach Gott nicht einmal in Angriff, da sie keine Erfahrung der religiösen Unruhe zu machen scheinen und keinen Anlaß sehen, warum sie sich um Religion kümmern sollten. Der Atheismus entsteht außerdem nicht selten aus dem heftigen Protest gegen das Übel in der Welt oder aus der unberechtigten Übertragung des Begriffs des Absoluten auf gewisse menschliche Werte, so daß diese an Stelle Gottes treten. Auch die heutige Zivilisation kann oft, zwar nicht von ihrem Wesen her, aber durch ihre einseitige Zuwendung zu den irdischen Wirklichkeiten, den Zugang zu Gott erschweren.

Gewiß sind die, die in Ungehorsam gegen den Spruch ihres Gewissens absichtlich Gott von ihrem Herzen fernzuhalten und religiöse Fragen zu vermeiden suchen, nicht ohne Schuld; aber auch die Gläubigen selbst tragen daran eine gewisse Verantwortung. Denn der Atheismus, allseitig betrachtet, ist nicht eine ursprüngliche und eigenständige Erscheinung; er entsteht vielmehr aus verschiedenen Ursachen, zu denen auch die kritische Reaktion gegen die Religionen, und zwar in einigen Ländern vor allem gegen die christliche Religion, zählt. Deshalb können an dieser Entstehung des Atheismus die Gläubigen einen erheblichen Anteil haben, insofern man sagen muß, daß sie durch Vernachlässigung der Glaubenserziehung, durch mißverständliche Darstellung der Lehre oder auch durch die Mängel ihres religiösen, sittlichen und gesellschaftlichen Lebens das wahre Antlitz Gottes und der Religion eher verhüllen als offenbaren.

20. *(Der systematische Atheismus)*. Der moderne Atheismus stellt sich oft auch in systematischer Form dar, die, außer anderen Ursachen, das Streben nach menschlicher Autonomie so weit treibt, daß er Widerstände gegen jedwede Abhängigkeit von

Gott schafft. Die Bekenner dieses Atheismus behaupten, die Freiheit bestehe darin, daß der Mensch sich selbst Ziel und einziger Gestalter und Schöpfer seiner eigenen Geschichte sei. Das aber, so behaupten sie, sei unvereinbar mit der Anerkennung des Herrn, des Urhebers und Ziels aller Wirklichkeit, oder mache wenigstens eine solche Bejahung völlig überflüssig. Diese Lehre kann begünstigt werden durch das Erlebnis der Macht, das der heutige technische Fortschritt dem Menschen gibt.

Unter den Formen des heutigen Atheismus darf jene nicht übergangen werden, die die Befreiung des Menschen vor allem von seiner wirtschaftlichen und gesellschaftlichen Befreiung erwartet. Er behauptet, daß dieser Befreiung die Religion ihrer Natur nach im Wege stehe, insofern sie die Hoffnung des Menschen auf ein künftiges und trügerisches Leben richte und ihn dadurch vom Aufbau der irdischen Gesellschaft abschrecke. Daher bekämpfen die Anhänger dieser Lehre, wo sie zur staatlichen Macht kommen, die Religion heftig und breiten den Atheismus aus, auch unter Verwendung, vor allem in der Erziehung der Jugend, jener Mittel der Pression, die der öffentlichen Gewalt zur Verfügung stehen.

21. *(Die Haltung der Kirche zum Atheismus).* Die Kirche kann, in Treue zu Gott wie zu den Menschen, nicht anders, als voll Schmerz jene verderblichen Lehren und Maßnahmen, die der Vernunft und der allgemein menschlichen Erfahrung widersprechen und den Menschen seiner angeborenen Größe entfremden, mit aller Festigkeit zu verurteilen, wie sie sie auch bisher verurteilt hat[16].

Jedoch sucht die Kirche die tiefer in der atheistischen Mentalität liegenden Gründe für die Leugnung Gottes zu erfassen und ist im Bewußtsein vom Gewicht der Fragen, die der Atheismus aufgibt, wie auch um der Liebe zu allen Menschen willen der Meinung, daß diese Gründe ernst und gründlicher geprüft werden müssen.

Die Kirche hält daran fest, daß die Anerkennung Gottes der Würde des Menschen keineswegs widerstreitet, da diese Würde eben in Gott selbst gründet und vollendet wird. Denn der

---

[16] Vgl. Pius XI., Enz. Divini Redemptoris, 19. März 1937: AAS 29 (1937) 65–106; Pius XII., Enz. Ad Apostolorum Principis, 29. Juni 1958: AAS 50 (1958) 601–614; Johannes XXIII., Enz. Mater et Magistra, 15. Mai 1961: AAS 53 (1961) 451–453; Paul VI., Enz. Ecclesiam suam, 6. Aug. 1964: AAS 56 (1964) 651–653.

Mensch ist vom Schöpfergott mit Vernunft und Freiheit als Wesen der Gemeinschaft geschaffen; vor allem aber ist er als dessen Kind zur eigentlichen Gemeinschaft mit Gott und zur Teilnahme an dessen eigener Seligkeit berufen. Außerdem lehrt die Kirche, daß durch die eschatologische Hoffnung die Bedeutung der irdischen Aufgaben nicht gemindert wird, daß vielmehr ihre Erfüllung durch neue Motive unterbaut wird. Wenn dagegen das göttliche Fundament und die Hoffnung auf das ewige Leben schwinden, wird die Würde des Menschen aufs schwerste verletzt, wie sich heute oft bestätigt, und die Rätsel von Leben und Tod, Schuld und Schmerz bleiben ohne Lösung, so daß die Menschen nicht selten in Verzweiflung stürzen.

Jeder Mensch bleibt vorläufig sich selbst eine ungelöste Frage, die er dunkel spürt. Denn niemand kann in gewissen Augenblicken, besonders in den bedeutenderen Ereignissen des Lebens, diese Frage gänzlich verdrängen. Auf diese Frage kann nur Gott die volle und ganz sichere Antwort geben; Gott, der den Menschen zu tieferem Nachdenken und demütigerem Suchen aufruft.

Das Heilmittel gegen den Atheismus kann nur von einer situationsgerechten Darlegung der Lehre und vom integren Leben der Kirche und ihrer Glieder erwartet werden. Denn es ist Aufgabe der Kirche, Gott den Vater und seinen menschgewordenen Sohn präsent und sozusagen sichtbar zu machen, indem sie sich selbst unter der Führung des Heiligen Geistes unaufhörlich erneuert und läutert[17]; das wird vor allem erreicht durch das Zeugnis eines lebendigen und gereiften Glaubens, der so weit herangebildet ist, daß er die Schwierigkeiten klar zu durchschauen und sie zu überwinden vermag. Ein leuchtendes Zeugnis dieses Glaubens gaben und geben die vielen Märtyrer. Dieser Glaube muß seine Fruchtbarkeit bekunden, indem er das gesamte Leben der Gläubigen, auch das profane, durchdringt und sie zu Gerechtigkeit und Liebe, vor allem gegenüber den Armen, bewegt. Dazu, daß Gott in seiner Gegenwärtigkeit offenbar werde, trägt schließlich besonders die Bruderliebe der Gläubigen bei, wenn sie in einmütiger Gesinnung zusammenarbeiten für den Glauben an das Evangelium[18] und sich als Zeichen der Einheit erweisen.

[17] Vgl. II. Vat. Konzil, Dogm. Konst. über die Kirche Lumen Gentium, I. Kap., Nr. 8: AAS 57 (1965) 12.
[18] Vgl. Phil 1, 27.

Wenn die Kirche auch den Atheismus eindeutig verwirft, so bekennt sie doch aufrichtig, daß alle Menschen, Glaubende und Nichtglaubende, zum richtigen Aufbau dieser Welt, in der sie gemeinsam leben, zusammenarbeiten müssen. Das kann gewiß nicht geschehen ohne einen aufrichtigen und klugen Dialog. Deshalb beklagt sie die Diskriminierung zwischen Glaubenden und Nichtglaubenden, die gewisse Staatslenker in Nichtachtung der Grundrechte der menschlichen Person ungerechterweise durchführen. Für die Glaubenden verlangt die Kirche Handlungsfreiheit, damit sie in dieser Welt auch den Tempel Gottes errichten können. Die Atheisten aber lädt sie schlicht ein, das Evangelium Christi unbefangen zu würdigen.

Denn sehr genau weiß die Kirche, daß ihre Botschaft dann dem tiefsten Verlangen des menschlichen Herzens entspricht, wenn sie die Würde der menschlichen Berufung verteidigt und denen, die schon an ihrer höheren Bestimmung verzweifeln, die Hoffnung wiedergibt. Ihre Botschaft mindert nicht nur den Menschen nicht, sondern verbreitet, um ihn zu fördern, Licht, Leben und Freiheit; und außer ihr vermag nichts dem Menschenherzen zu genügen: „Du hast uns auf dich hin gemacht", o Herr, „und unruhig ist unser Herz, bis es Ruhe findet in dir"[19].

22. *(Christus, der neue Mensch).* Tatsächlich klärt sich nur im Geheimnis des fleischgewordenen Wortes das Geheimnis des Menschen wahrhaft auf. Denn Adam, der erste Mensch, war das Vorausbild des zukünftigen[20], nämlich Christi des Herrn. Christus, der neue Adam, macht eben in der Offenbarung des Geheimnisses des Vaters und seiner Liebe dem Menschen den Menschen selbst voll kund und erschließt ihm seine höchste Berufung. Es ist also nicht verwunderlich, daß in ihm die eben genannten Wahrheiten ihren Ursprung haben und ihren Gipfelpunkt erreichen.

Der „das Bild des unsichtbaren Gottes" (Kol 1, 15)[21] ist, er ist zugleich der vollkommene Mensch, der den Söhnen Adams die Gottebenbildlichkeit wiedergab, die von der ersten Sünde her verunstaltet war. Da in ihm die menschliche Natur ange-

---

[19] Augustinus, Bekenntnisse I, 1: PL 32, 661.
[20] Vgl. Röm 5, 14. Vgl. Tertullian, De carnis resurr. 6: „Was im Lehm geformt wurde, war auf Christus hin gedacht, den künftigen Menschen": PL 2, 802 (848); CSEL 47, S. 33, Z. 12–13.
[21] Vgl. 2 Kor 4, 4.

nommen wurde, ohne dabei verschlungen zu werden[22], ist sie
dadurch auch schon in uns zu einer erhabenen Würde erhöht
worden. Denn er, der Sohn Gottes, hat sich in seiner Menschwerdung gewissermaßen mit jedem Menschen vereinigt. Mit
Menschenhänden hat er gearbeitet, mit menschlichem Geist
gedacht, mit einem menschlichen Willen hat er gehandelt[23],
mit einem menschlichen Herzen geliebt. Geboren aus Maria,
der Jungfrau, ist er in Wahrheit einer aus uns geworden, in allem
uns gleich außer der Sünde[24].

Als unschuldiges Opferlamm hat er freiwillig sein Blut vergossen und uns Leben erworben. In ihm hat Gott uns mit sich
und untereinander versöhnt[25] und der Knechtschaft des Teufels
und der Sünde entrissen. So kann jeder von uns mit dem Apostel sagen: Der Sohn Gottes „hat mich geliebt und sich selbst für
mich dahingegeben" (Gal 2, 20). Durch sein Leiden für uns hat
er uns nicht nur das Beispiel gegeben, daß wir seinen Spuren
folgen[26], sondern er hat uns auch den Weg gebahnt, dem wir
folgen müssen, damit Leben und Tod geheiligt werden und
neue Bedeutung erhalten.

Der christliche Mensch empfängt, gleichförmig geworden
dem Bild des Sohnes, der der Erstgeborene unter vielen Brüdern ist[27], „die Erstlingsgaben des Geistes" (Röm 8, 23), durch
die er fähig wird, das neue Gesetz der Liebe zu erfüllen[28].
Durch diesen Geist, der das „Unterpfand der Erbschaft"
(Eph 1, 14) ist, wird der ganze Mensch innerlich erneuert
bis zur „Erlösung des Leibes" (Röm 8, 23): „Wenn der Geist
dessen, der Jesus von den Toten erweckt hat, in euch wohnt,
wird er, der Jesus Christus von den Toten erweckt hat, auch

---

[22] Vgl. II. Konzil von Konstantinopel, Can. 7: „Weder wurde das Wort (Gottes)
in die Natur des Fleisches verwandelt, noch ging das Fleisch in die Natur des
Wortes über": Denz. 219 (428). — Vgl. auch III. Konzil von Konstantinopel:
„Wie nämlich sein heiligstes und unbeflecktes beseeltes Fleisch durch die Vergöttlichung nicht verschlungen, sondern in dem ihm eigenen Zustand und Wesen
blieb": Denz. 291 (556). — Vgl. Konzil von Chalkedon: „in beiden Naturen
unvermischt, unverwandelt, ungetrennt, ungesondert": Denz. 148 (302).
[23] Vgl. III. Konzil von Konstantinopel: „So ist auch sein menschlicher Wille
durch die Vergöttlichung nicht zerstört worden": Denz. 291 (556).
[24] Vgl. Hebr 4, 15.
[25] Vgl. 2 Kor 5, 18–19; Kol 1, 20–22.
[26] Vgl. 1 Petr 2, 21; Mt 16, 24; Lk 14, 27.
[27] Vgl. Röm 8, 29; Kol 3, 10–14.
[28] Vgl. Röm 8, 1–11.

eure sterblichen Leiber lebendig machen wegen des in euch wohnenden Geistes" (Röm 8, 11)[29]. Auch auf dem Christen liegen ganz gewiß die Notwendigkeit und auch Pflicht, gegen das Böse durch viele Anfechtungen hindurch anzukämpfen und auch den Tod zu ertragen; aber dem österlichen Geheimnis verbunden und dem Tod Christi gleichgestaltet, geht er, durch Hoffnung gestärkt, der Auferstehung entgegen[30].

Das gilt nicht nur für die Christgläubigen, sondern für alle Menschen guten Willens, in deren Herzen die Gnade unsichtbar wirkt[31]. Da nämlich Christus für alle gestorben ist[32] und da es in Wahrheit nur eine letzte Berufung des Menschen gibt, die göttliche, müssen wir festhalten, daß der Heilige Geist allen die Möglichkeit anbietet, diesem österlichen Geheimnis in einer Gott bekannten Weise verbunden zu sein.

Solcher Art und so groß ist das Geheimnis des Menschen, das durch die christliche Offenbarung den Glaubenden aufleuchtet. Durch Christus und in Christus also wird das Rätsel von Schmerz und Tod hell, das außerhalb seines Evangeliums uns überwältigt. Christus ist auferstanden, hat durch seinen Tod den Tod vernichtet und uns das Leben geschenkt[33], auf daß wir, Söhne im Sohn, im Geist rufen: Abba, Vater![34]

ZWEITES KAPITEL

DIE MENSCHLICHE GEMEINSCHAFT

23. *(Die Absicht des Konzils).* Zu den charakteristischen Aspekten der heutigen Welt gehört die Zunahme der gegenseitigen Verflechtungen unter den Menschen, zu deren Entwicklung der heutige technische Fortschritt ungemein viel beiträgt. Doch das brüderliche Gespräch der Menschen findet seine Vollendung nicht in diesen Fortschritten, sondern grundlegender in jener Gemeinschaft von Personen, die eine gegenseitige Achtung der

[29] Vgl. 2 Kor 4, 14.
[30] Vgl. Phil 3, 10; Röm 8, 17.
[31] Vgl. II. Vat. Konzil, Dogm. Konst. über die Kirche Lumen Gentium, II. Kap., Nr. 16: AAS 57 (1965) 20.
[32] Vgl. Röm 8, 32.
[33] Vgl. die byzantinische Osterliturgie.
[34] Vgl. Röm 8, 15; Gal 4, 6; Jo 1, 12 u. 1 Jo 3, 1.

allseits erfaßten geistigen Würde verlangt. Zur Förderung dieser Gemeinschaft der Personen bietet die christliche Offenbarung eine große Hilfe; gleichzeitig führt sie uns zu einem tieferen Verständnis der Gesetze des gesellschaftlichen Lebens, die der Schöpfer in die geistliche und sittliche Natur des Menschen eingeschrieben hat.

Da nun neuere Dokumente des kirchlichen Lehramts die christliche Lehre über die menschliche Gesellschaft ausführlich dargelegt haben[1], ruft das Konzil nur einige Hauptwahrheiten wieder in Erinnerung und trägt deren Grundlagen im Licht der Offenbarung vor. Im Anschluß daran legt es Nachdruck auf einige Folgerungen, die in unseren Tagen von erhöhter Bedeutung sind.

24. (*Der Gemeinschaftscharakter der menschlichen Berufung im Ratschluß Gottes*). Gott, der väterlich für alle sorgt, wollte, daß alle Menschen *eine* Familie bilden und einander in brüderlicher Gesinnung begegnen. Alle sind ja geschaffen nach dem Bild Gottes, der „aus einem alle Völker hervorgehen ließ, die das Antlitz der Erde bewohnen" (Apg 17, 26), und alle sind zu einem und demselben Ziel, d. h. zu Gott selbst, berufen.

Daher ist die Liebe zu Gott und zum Nächsten das erste und größte Gebot. Von der Heiligen Schrift werden wir belehrt, daß die Liebe zu Gott nicht von der Liebe zum Nächsten getrennt werden kann: „. . . und wenn es ein anderes Gebot gibt, so ist es in diesem Wort einbegriffen: Du sollst deinen Nächsten lieben wie dich selbst . . . Demnach ist die Liebe die Fülle des Gesetzes" (Röm 13, 9–10; 1 Jo 4, 20). Das ist offenkundig von höchster Bedeutung für die immer mehr voneinander abhängig werdenden Menschen und für eine immer stärker eins werdende Welt.

Ja, wenn der Herr Jesus zum Vater betet, „daß alle eins seien . . . wie auch wir eins sind" (Jo 17, 20–22), und damit Horizonte aufreißt, die der menschlichen Vernunft unerreichbar sind, legt er eine gewisse Ähnlichkeit nahe zwischen der Einheit der göttlichen Personen und der Einheit der Kinder Gottes in der Wahrheit und der Liebe. Dieser Vergleich macht offenbar, daß der Mensch, der auf Erden die einzige von Gott um ihrer selbst

---

[1] Vgl. Johannes XXIII., Enz. Mater et Magistra, 15. Mai 1961: AAS 53 (1961) 401–404; ders., Enz. Pacem in terris, 11. Apr. 1963: AAS 55 (1963) 257–304; Paul VI., Enz. Ecclesiam suam, 6. Aug. 1964: AAS 56 (1964) 609–659.

willen gewollte Kreatur ist, sich selbst nur durch die aufrichtige Hingabe seiner selbst vollkommen finden kann[2].

25. *(Die gegenseitige Abhängigkeit von menschlicher Person und menschlicher Gesellschaft).* Aus der gesellschaftlichen Natur des Menschen geht hervor, daß der Fortschritt der menschlichen Person und das Wachsen der Gesellschaft als solcher sich gegenseitig bedingen. Wurzelgrund nämlich, Träger und Ziel aller gesellschaftlichen Institutionen ist und muß auch sein die menschliche Person, die ja von ihrem Wesen selbst her des gesellschaftlichen Lebens durchaus bedarf[3]. Da also das gesellschaftliche Leben für den Menschen nicht etwas äußerlich Hinzukommendes ist, wächst der Mensch nach allen seinen Anlagen und kann seiner Berufung entsprechen durch Begegnung mit anderen, durch gegenseitige Dienstbarkeit und durch den Dialog mit den Brüdern.

Unter den gesellschaftlichen Bindungen, die für die Entwicklung des Menschen notwendig sind, hängen die einen, wie die Familie und die politische Gemeinschaft, unmittelbarer mit seinem innersten Wesen zusammen; andere hingegen gehen eher aus seiner freien Entscheidung hervor. In unserer gegenwärtigen Zeit mehren sich beständig aus verschiedenen Ursachen die gegenseitigen Verflechtungen und Abhängigkeiten, und so entstehen mannigfache Verbindungen und Institutionen öffentlichen oder privaten Rechts. Obschon dieser Vorgang, den man als „Sozialisation" bezeichnet, gewiß nicht ohne Gefahren ist, bringt er doch viele Vorteile für die Festigung und Förderung der Eigenschaften der menschlichen Person und für den Schutz ihrer Rechte mit sich[4].

Wenn nun die menschliche Person zur Erfüllung ihrer Berufung, auch der religiösen, dem gesellschaftlichen Leben viel verdankt, so kann dennoch nicht geleugnet werden, daß die Menschen aus den gesellschaftlichen Verhältnissen heraus, in denen sie leben und in die sie von Kindheit an eingefangen sind, oft vom Tun des Guten abgelenkt und zum Bösen angetrieben werden. Ganz sicher stammen die so häufig in der gesellschaftlichen Ordnung vorkommenden Störungen zum Teil aus der

---

[2] Vgl. Lk 17, 33.
[3] Vgl. Thomas v. Aquin, L. 1 zum I. Buch der Ethik.
[4] Vgl. Johannes XXIII., Enz. Mater et Magistra: AAS 53 (1961) 418; Pius XI., Enz. Quadragesimo anno, 15. Mai 1931: AAS 23 (1931) 222ff.

Spannung in den wirtschaftlichen, politischen und gesellschaftlichen Gebilden selbst. Doch ihre tieferen Wurzeln sind Stolz und Egoismus der Menschen, die auch das gesellschaftliche Milieu verderben. Wenn aber einmal die objektiven Verhältnisse selbst von den Auswirkungen der Sünde betroffen sind, findet der mit Neigung zum Bösen geborene Mensch wieder neue Antriebe zur Sünde, die nur durch angestrengte Bemühung mit Hilfe der Gnade überwunden werden können.

26. *(Die Förderung des Gemeinwohls).* Aus der immer engeren und allmählich die ganze Welt erfassenden gegenseitigen Abhängigkeit ergibt sich als Folge, daß das Gemeinwohl, d. h. die Gesamtheit jener Bedingungen des gesellschaftlichen Lebens, die sowohl den Gruppen als auch deren einzelnen Gliedern ein volleres und leichteres Erreichen der eigenen Vollendung ermöglichen, heute mehr und mehr einen weltweiten Umfang annimmt und deshalb auch Rechte und Pflichten in sich begreift, die die ganze Menschheit betreffen. Jede Gruppe muß den Bedürfnissen und berechtigten Ansprüchen anderer Gruppen, ja dem Gemeinwohl der ganzen Menschheitsfamilie Rechnung tragen[5].

Gleichzeitig wächst auch das Bewußtsein der erhabenen Würde, die der menschlichen Person zukommt, da sie die ganze Dingwelt überragt und Träger allgemeingültiger sowie unverletzlicher Rechte und Pflichten ist. Es muß also alles dem Menschen zugänglich gemacht werden, was er für ein wirklich menschliches Leben braucht, wie Nahrung, Kleidung und Wohnung, sodann das Recht auf eine freie Wahl des Lebensstandes und auf Familiengründung, auf Erziehung, Arbeit, guten Ruf, Ehre und auf geziemende Information; ferner das Recht zum Handeln nach der rechten Norm seines Gewissens, das Recht auf Schutz seiner privaten Sphäre und auf die rechte Freiheit auch in religiösen Dingen.

Die gesellschaftliche Ordnung und ihre Entwicklung müssen sich dauernd am Wohl der Personen orientieren; denn die Ordnung der Dinge muß der Ordnung der Personen dienstbar werden und nicht umgekehrt. So deutete der Herr selbst es an, als er sagte, der Sabbat sei um des Menschen willen da, nicht der Mensch um des Sabbats willen[6]. Die gesellschaftliche Ordnung

[5] Vgl. Johannes XXIII., Enz. Mater et Magistra: AAS 53 (1961) 417.
[6] Vgl. Mk 2, 27.

muß sich ständig weiterentwickeln, muß in Wahrheit gegründet, in Gerechtigkeit aufgebaut und von Liebe beseelt werden und muß in Freiheit ein immer humaneres Gleichgewicht finden[7]. Um dies zu verwirklichen, sind Gesinnungswandel und weitreichende Änderungen in der Gesellschaft selbst notwendig.

Der Geist Gottes, dessen wunderbare Vorsehung den Lauf der Zeiten leitet und das Antlitz der Erde erneuert, steht dieser Entwicklung bei. Der Sauerteig des Evangeliums hat im Herzen des Menschen den unbezwingbaren Anspruch auf Würde erweckt und erweckt ihn auch weiter.

27. *(Die Achtung vor der menschlichen Person)*. Zu praktischen und dringlicheren Folgerungen übergehend, will das Konzil die Achtung vor dem Menschen einschärfen: alle müssen ihren Nächsten ohne Ausnahme als ein „anderes Ich" ansehen, vor allem auf sein Leben und die notwendigen Voraussetzungen eines menschenwürdigen Lebens bedacht[8]. Sonst gleichen sie jenem Reichen, der sich um den armen Lazarus gar nicht kümmerte[9].

Heute ganz besonders sind wir dringend verpflichtet, uns zum Nächsten schlechthin eines jeden Menschen zu machen und ihm, wo immer er uns begegnet, tatkräftig zu helfen, ob es sich nun um alte, von allen verlassene Leute handelt oder um einen Fremdarbeiter, der ungerechter Geringschätzung begegnet, um einen Heimatvertriebenen oder um ein uneheliches Kind, das unverdienterweise für eine von ihm nicht begangene Sünde leidet, oder um einen Hungernden, der unser Gewissen aufrüttelt durch die Erinnerung an das Wort des Herrn: „Was ihr einem der Geringsten von diesen meinen Brüdern getan habt, das habt ihr mir getan" (Mt 25, 40).

Was ferner zum Leben selbst in Gegensatz steht, wie jede Art Mord, Völkermord, Abtreibung, Euthanasie und auch der freiwillige Selbstmord; was immer die Unantastbarkeit der menschlichen Person verletzt, wie Verstümmelung, körperliche oder seelische Folter und der Versuch, psychischen Zwang auszuüben; was immer die menschliche Würde angreift, wie unmenschliche Lebensbedingungen, willkürliche Verhaftung, Verschleppung, Sklaverei, Prostitution, Mädchenhandel und Handel mit Jugend-

---

[7] Vgl. Johannes XXIII., Enz. Pacem in terris: AAS 55 (1963) 266.
[8] Vgl. Jak 2, 15–16. [9] Vgl. Lk 16, 19–31.

lichen, sodann auch unwürdige Arbeitsbedingungen, bei denen der Arbeiter als bloßes Erwerbsmittel und nicht als freie und verantwortliche Person behandelt wird: all diese und andere ähnliche Taten sind an sich schon eine Schande; sie sind eine Zersetzung der menschlichen Kultur, entwürdigen weit mehr jene, die das Unrecht tun, als jene, die es erleiden. Zugleich sind sie in höchstem Maße ein Widerspruch gegen die Ehre des Schöpfers.

28. *(Die Achtung und die Liebe gegenüber dem Gegner).* Achtung und Liebe sind auch denen zu gewähren, die in gesellschaftlichen, politischen oder auch religiösen Fragen anders denken oder handeln als wir. Je mehr wir in Menschlichkeit und Liebe inneres Verständnis für ihr Denken aufbringen, desto leichter wird es für uns, mit ihnen ins Gespräch zu kommen.

Diese Liebe und Güte dürfen uns aber keineswegs gegenüber der Wahrheit und dem Guten gleichgültig machen. Vielmehr drängt die Liebe selbst die Jünger Christi, allen Menschen die Heilswahrheit zu verkünden. Man muß jedoch unterscheiden zwischen dem Irrtum, der immer zu verwerfen ist, und dem Irrenden, der seine Würde als Person stets behält, auch wenn ihn falsche oder weniger richtige religiöse Auffassungen belasten[10]. Gott allein ist der Richter und Prüfer der Herzen; darum verbietet er uns, über die innere Schuld von irgend jemandem zu urteilen[11].

Christi Lehre fordert auch, die Beleidigung zu verzeihen; sie dehnt das Gebot der Liebe als das Gebot des Neuen Bundes auf alle Feinde aus: „Ihr habt gehört, daß gesagt wurde: Du sollst deinen Nächsten lieben und deinen Feind hassen. Ich aber sage euch: Liebet eure Feinde, tut Gutes denen, die euch hassen, und betet für eure Verfolger und Verleumder" (Mt 5, 43–44)[12].

29. *(Die wesentliche Gleichheit aller Menschen und die soziale Gerechtigkeit).* Da alle Menschen eine geistige Seele haben und nach Gottes Bild geschaffen sind, da sie dieselbe Natur und denselben Ursprung haben, da sie, als von Christus Erlöste, sich derselben göttlichen Berufung und Bestimmung erfreuen, darum muß die grundlegende Gleichheit aller Menschen immer mehr zur Anerkennung gebracht werden.

---

[10] Vgl. Johannes XXIII., Enz. Pacem in terris: AAS 55 (1963) 299–300.
[11] Vgl. Lk 6, 37–38; Mt 7, 1–2; Röm 2, 1–11; 14, 10–12.
[12] Vgl. Mt 5, 45–47.

Gewiß, was die verschiedenen physischen Fähigkeiten und die unterschiedlichen geistigen und sittlichen Kräfte angeht, stehen nicht alle Menschen auf gleicher Stufe. Doch jede Form einer Diskriminierung in den gesellschaftlichen und kulturellen Grundrechten der Person, sei es wegen des Geschlechts oder der Rasse, der Farbe, der gesellschaftlichen Stellung, der Sprache oder der Religion, muß überwunden und beseitigt werden, da sie dem Plan Gottes widerspricht. Es ist eine beklagenswerte Tatsache, daß jene Grundrechte der Person noch immer nicht überall unverletzlich gelten; wenn man etwa der Frau das Recht der freien Wahl des Gatten und des Lebensstandes oder die gleiche Stufe der Bildungsmöglichkeit und Kultur, wie sie dem Mann zuerkannt wird, verweigert.

Obschon zwischen den Menschen berechtigte Unterschiede bestehen, fordert ferner die Gleichheit der Personwürde doch, daß wir zu humaneren und der Billigkeit entsprechenden Lebensbedingungen kommen. Allzu große wirtschaftliche und gesellschaftliche Ungleichheiten zwischen den Gliedern oder Völkern in der einen Menschheitsfamilie erregen Ärgernis; sie widersprechen der sozialen Gerechtigkeit, der Billigkeit, der menschlichen Personwürde und dem gesellschaftlichen und internationalen Frieden.

Die privaten und öffentlichen menschlichen Institutionen sollen sich darum bemühen, der Würde und dem Ziel des Menschen zu dienen, indem sie gegen jedwede gesellschaftliche oder politische Verknechtung entschieden ankämpfen und die Wahrung der Grundrechte des Menschen unter jedem politischen Regime sichern. Ja die Institutionen dieser Art müssen allmählich ein entsprechendes Verhältnis finden auch zu den eigentlich geistigen Werten, die an Rang am höchsten stehen, auch wenn manchmal zur Erreichung des erstrebten Zieles eine ziemlich lange Zeit nötig sein wird.

30. *(Man muß über die individualistische Ethik hinausschreiten).* Der tiefe und rasche Wandel der Verhältnisse stellt mit besonderer Dringlichkeit die Forderung, daß niemand durch mangelnde Beachtung der Entwicklung oder durch müde Trägheit einer rein individualistischen Ethik verhaftet bleibe. Die Pflicht der Gerechtigkeit und der Liebe wird immer mehr gerade dadurch erfüllt, daß jeder gemäß seinen eigenen Fähigkeiten und den Bedürfnissen der Mitmenschen zum Gemeinwohl beiträgt

und auch die öffentlichen oder privaten Institutionen, die der Hebung der menschlichen Lebensverhältnisse dienen, fördert und unterstützt. Es gibt aber auch solche, die zwar großzügige und hochherzige Auffassungen im Munde führen, in Wirklichkeit jedoch immer so leben, als ob sie sich nicht um die Bedürfnisse der Gesellschaft zu kümmern brauchten, ja in verschiedenen Ländern beachten nicht wenige die sozialen Gesetze und Vorschriften so gut wie gar nicht. Viele scheuen sich nicht, durch Betrug und Schliche sich gerechten Steuern oder anderen der Gesellschaft geschuldeten Leistungen zu entziehen. Andere haben wenig Achtung vor gewissen Vorschriften des gesellschaftlichen Lebens, z. B. vor solchen, die zum Schutz der Gesundheit oder zur Verkehrsregelung aufgestellt wurden, und beachten nicht, daß sie durch diese Fahrlässigkeit ihr eigenes Leben und das der anderen gefährden.

Allen sei es ein heiliges Gesetz, die Forderungen aus der gesellschaftlichen Verflochtenheit unter die Hauptpflichten des heutigen Menschen zu rechnen und sie als solche zu beobachten. Je mehr nämlich die Welt zusammenwächst, desto offenkundiger greifen die Aufgaben der Menschen über die Sondergruppen hinaus und erhalten allmählich eine Bedeutung für die Welt als ganze. Das wird nur dann zur Auswirkung kommen, wenn die Einzelnen und ihre Gruppen die sittlichen und gesellschaftlichen Tugenden bei sich selbst pflegen und in der Gesellschaft zur Geltung bringen; dann werden sie mit der notwendigen Hilfe der göttlichen Gnade wahrhaft neue Menschen und Erbauer einer neuen Menschheit.

31. *(Die Verantwortung und die Beteiligung).* Damit die einzelnen Menschen ihre Gewissenspflicht sowohl gegenüber sich selbst als auch gegenüber den verschiedenen Gruppen, deren Glieder sie sind, genauer erfüllen, muß man darauf bedacht sein, sie mit den heute der Menschheit zur Verfügung stehenden reichen Hilfen zu einer umfassenderen Kultur des inneren Menschen zu erziehen. Vor allem ist die Erziehung der Jugendlichen jedweder gesellschaftlichen Herkunft so zu gestalten, daß Männer und Frauen werden, die nicht bloß intellektuell ausgezeichnet gebildet sind, sondern auch jenen hochherzigen Charakter besitzen, Menschen, wie sie unsere Zeit dringend fordert.

Doch zu diesem Verantwortungsbewußtsein kommt der

Mensch kaum, wenn die Lebensbedingungen ihn nicht zu einer Erfahrung seiner Würde und zur Erfüllung seiner Berufung durch die Hingabe seiner selbst für Gott und den Nächsten kommen lassen. Die menschliche Freiheit ist oft eingeschränkt, wenn der Mensch in äußerster Armut lebt, wie sie umgekehrt verkommt, wenn der Mensch es sich im Leben zu bequem macht und sich in einer „einsamen Selbstherrlichkeit" verschanzt. Umgekehrt gewinnt sie an Kraft, wenn der Mensch die unvermeidlichen Notwendigkeiten des gesellschaftlichen Lebens auf sich nimmt, die vielfachen Forderungen des menschlichen Zusammenlebens bejaht und sich dem Dienst an der menschlichen Gemeinschaft verpflichtet weiß.

Bei allen muß daher der Wille zur Mitwirkung an gemeinsamen Werken geweckt werden. Anerkennung verdient das Vorgehen jener Nationen, in denen ein möglichst großer Teil der Bürger in echter Freiheit am Gemeinwesen beteiligt ist. Zu berücksichtigen sind jedoch die konkrete Lage jedes einzelnen Volkes und die notwendige Stärke der öffentlichen Gewalt. Damit aber alle Bürger zur Beteiligung am Leben der verschiedenen Gruppen des Gesellschaftskörpers bereit seien, müssen sie auch in diesen Gruppen Werte finden, die sie anziehen und zum Dienst für andere willig machen. Mit Recht dürfen wir annehmen, daß das künftige Schicksal der Menschheit in den Händen jener ruht, die den kommenden Geschlechtern Triebkräfte des Lebens und der Hoffnung vermitteln können.

32. *(Das menschgewordene Wort und die menschliche Solidarität).* So wie Gott die Menschen nicht zu einem Leben in Vereinzelung, sondern zum Zusammenschluß in gesellschaftlicher Einheit erschuf, hat es ihm ebenso „gefallen, die Menschen nicht einzeln, unabhängig von aller wechselseitigen Verbindung, zu heiligen und zu retten, sondern sie zu einem Volke zu machen, das ihn in Wahrheit anerkennen und ihm in Heiligkeit dienen soll"[13]. Seit Beginn der Heilsgeschichte erwählte er Menschen nicht nur als Einzelwesen, sondern als Glieder einer bestimmten Gemeinschaft. Denn jene Erwählten, denen Gott seinen Heilsratschluß offenbarte, nannte er „sein Volk" (Ex 3, 7–12); mit ihm schloß er dann den Sinaibund[14].

[13] II. Vat. Konzil, Dogm. Konst. über die Kirche Lumen Gentium, Kap. II, Nr. 9: AAS 57 (1965) 12–13.
[14] Vgl. Ex 24, 1–8.

Dieser Gemeinschaftscharakter wird im Werk Jesu Christi vollendet und erfüllt. Als fleischgewordenes Wort wollte er selbst in die menschliche Lebensgemeinschaft eingehen. Er hat an einer Hochzeit in Kana teilgenommen, er ist in das Haus des Zachäus eingekehrt und hat mit Zöllnern und Sündern gegessen. Mit Hinweisen auf die allergewöhnlichsten gesellschaftlichen Verhältnisse und mit Redewendungen und Bildern aus dem Alltagsleben offenbarte er die Liebe des Vaters und die hohe Berufung der Menschen. Die menschlichen, besonders die familiären Verflechtungen, den Anfang der Gesellschaftlichkeit überhaupt, hat er geheiligt; freiwillig war er den Gesetzen seines Heimatlandes untertan; er hat das Leben eines Arbeiters, wie es Zeit und Land eigen war, leben wollen.

In seiner Verkündigung gab er den Kindern Gottes das klare Gebot, einander wie Brüder zu begegnen, und in seinem Gebet bat er darum, daß alle seine Jünger *eins* seien. Er selbst hat sich als der Erlöser aller bis in den Tod hinein für alle dahingegeben. „Eine größere Liebe hat niemand als der, der für seine Freunde sein Leben hergibt" (Jo 15, 13). Den Aposteln befahl er, allen Völkern die Frohbotschaft zu verkünden, damit die Menschheit zur Familie Gottes werde, in der die Liebe die Fülle des Gesetzes sein soll.

Erstgeborener unter vielen Brüdern, stiftete er nach seinem Tode und seiner Auferstehung unter allen, die ihn im Glauben und in der Liebe annehmen, durch das Geschenk seines Geistes eine neue brüderliche Gemeinschaft in seinem Leib, der Kirche, in dem alle einander Glieder sind und sich entsprechend der Verschiedenheit der empfangenen Gaben gegenseitig dienen sollen.

Diese Solidarität muß stetig wachsen bis zu jenem Tag, an dem sie vollendet sein wird und die aus Gnade geretteten Menschen als eine von Gott und Christus, ihrem Bruder, geliebte Familie Gott vollkommen verherrlichen werden.

DRITTES KAPITEL

DAS MENSCHLICHE SCHAFFEN IN DER WELT

33. *(Das Problem)*. Durch Arbeit und Geisteskraft hat der Mensch immer versucht, sein Leben reicher zu entfalten. Heute jedoch hat er, vor allem mit den Mitteln der Wissenschaft und

der Technik, seine Herrschaft über beinahe die gesamte Natur ausgebreitet und breitet sie beständig weiter aus. Vor allem dank den zwischen den Völkern zunehmenden Beziehungen der mannigfaltigsten Art erfährt und gestaltet sich die Menschheitsfamilie allmählich als *eine* die ganze Welt umfassende Gemeinschaft. Die Folge von alldem ist, daß sich der Mensch heute viele Güter, die er einst vor allem von höheren Mächten erwartete, durch seine eigene Tat beschafft.

Angesichts dieses unermeßlichen Unternehmens, das schon die ganze Menschheit erfaßt, stellen sich den Menschen viele Fragen: Was ist der Sinn und der Wert dieser angestrengten Tätigkeit? Wie sind all diese Güter zu nutzen? Was ist das Ziel dieses individuellen und kollektiven Bemühens? Die Kirche hütet das bei ihr hinterlegte Wort Gottes, aus dem die Grundsätze der religiösen und sittlichen Ordnung gewonnen werden, wenn sie auch nicht immer zu allen einzelnen Fragen eine fertige Antwort bereit hat; und so ist es ihr Wunsch, das Licht der Offenbarung mit der Sachkenntnis aller Menschen in Verbindung zu bringen, damit der Weg, den die Menschheit neuerdings nimmt, erhellt werde.

34. *(Der Wert des menschlichen Schaffens).* Eines steht für die Glaubenden fest: das persönliche und gemeinsame menschliche Schaffen, dieses gewaltige Bemühen der Menschen im Lauf der Jahrhunderte, ihre Lebensbedingungen stets zu verbessern, entspricht als solches der Absicht Gottes. Der nach Gottes Bild geschaffene Mensch hat ja den Auftrag erhalten, sich die Erde mit allem, was zu ihr gehört, zu unterwerfen, die Welt in Gerechtigkeit und Heiligkeit zu regieren[1] und durch die Anerkennung Gottes als des Schöpfers aller Dinge sich selbst und die Gesamtheit der Wirklichkeit auf Gott hinzuordnen, so daß alles dem Menschen unterworfen und Gottes Name wunderbar sei auf der ganzen Erde[2].

Das gilt auch für das gewöhnliche alltägliche Tun; denn Männer und Frauen, die, etwa beim Erwerb des Lebensunterhalts für sich und ihre Familie, ihre Tätigkeit so ausüben, daß sie ein entsprechender Dienst für die Gemeinschaft ist, dürfen überzeugt sein, daß sie durch ihre Arbeit das Werk des Schöpfers

---

[1] Vgl. Gn 1, 26–27; 9, 3; Weish 9, 3.
[2] Vgl. Ps 8, 7 u. 10.

weiterentwickeln, daß sie für die Wohlfahrt ihrer Brüder sorgen und durch ihre persönliche Bemühung zur geschichtlichen Erfüllung des göttlichen Plans beitragen [3].

Den Christen liegt es deshalb fern, zu glauben, daß die von des Menschen Geist und Kraft geschaffenen Werke einen Gegensatz zu Gottes Macht bilden oder daß das mit Vernunft begabte Geschöpf sozusagen als Rivale dem Schöpfer gegenübertrete. Im Gegenteil, sie sind überzeugt, daß die Siege der Menschheit ein Zeichen der Größe Gottes und die Frucht seines unergründlichen Ratschlusses sind. Je mehr aber die Macht der Menschen wächst, desto mehr weitet sich ihre Verantwortung, sowohl die der Einzelnen wie die der Gemeinschaften. Daraus wird klar, daß die christliche Botschaft die Menschen nicht vom Aufbau der Welt ablenkt noch zur Vernachlässigung des Wohls ihrer Mitmenschen hintreibt, sondern sie vielmehr strenger zur Bewältigung dieser Aufgaben verpflichtet [4].

35. *(Die Ordnung des menschlichen Schaffens)*. So wie das menschliche Schaffen aus dem Menschen hervorgeht, so ist es auch auf den Menschen hingeordnet. Durch sein Werk formt der Mensch nämlich nicht nur die Dinge und die Gesellschaft um, sondern vervollkommnet er auch sich selbst. Er lernt vieles, entwickelt seine Fähigkeiten, überschreitet sich und wächst über sich empor. Ein Wachstum dieser Art ist, richtig verstanden, mehr wert als zusammengeraffter äußerer Reichtum. Der Wert des Menschen liegt mehr in ihm selbst als in seinem Besitz [5]. Ebenso ist alles, was die Menschen zur Erreichung einer größeren Gerechtigkeit, einer umfassenderen Brüderlichkeit und einer humaneren Ordnung der gesellschaftlichen Verflechtungen tun, wertvoller als der technische Fortschritt. Dieser technische Fortschritt kann nämlich gewissermaßen die Basis für den menschlichen Aufstieg bieten; den Aufstieg selbst wird er von sich allein aus keineswegs verwirklichen.

Richtschnur für das menschliche Schaffen ist daher, daß es gemäß dem Plan und Willen Gottes mit dem echten Wohl der Menschheit übereinstimme und dem Menschen als Einzelwesen

---

[3] Vgl. Johannes XXIII., Enz. Pacem in terris: AAS 55 (1963) 297.
[4] Vgl. Botschaft der Konzilsväter an alle Menschen zu Beginn des II. Vat. Konzils, 20. Okt. 1962: AAS 54 (1962) 822–823.
[5] Vgl. Paul VI., Ansprache an das Diplomatische Korps, 7. Jan. 1965: AAS 57 (1965) 232.

und als Glied der Gesellschaft gestatte, seiner ganzen Berufung nachzukommen und sie zu erfüllen.

36. *(Die richtige Autonomie der irdischen Wirklichkeiten).* Nun scheinen viele unserer Zeitgenossen zu befürchten, daß durch eine engere Verbindung des menschlichen Schaffens mit der Religion die Autonomie des Menschen, der Gesellschaften und der Wissenschaften bedroht werde.

Wenn wir unter Autonomie der irdischen Wirklichkeiten verstehen, daß die geschaffenen Dinge und auch die Gesellschaften ihre eigenen Gesetze und Werte haben, die der Mensch schrittweise erkennen, gebrauchen und gestalten muß, dann ist es durchaus berechtigt, diese Autonomie zu fordern. Das ist nicht nur eine Forderung der Menschen unserer Zeit, sondern entspricht auch dem Willen des Schöpfers. Durch ihr Geschaffensein selber nämlich haben alle Einzelwirklichkeiten ihren festen Eigenstand, ihre eigene Wahrheit, ihre eigene Gutheit sowie ihre Eigengesetzlichkeit und ihre eigenen Ordnungen, die der Mensch unter Anerkennung der den einzelnen Wissenschaften und Techniken eigenen Methode achten muß. Vorausgesetzt, daß die methodische Forschung in allen Wissensbereichen in einer wirklich wissenschaftlichen Weise und gemäß den Normen der Sittlichkeit vorgeht, wird sie niemals in einen echten Konflikt mit dem Glauben kommen, weil die Wirklichkeiten des profanen Bereichs und die des Glaubens in demselben Gott ihren Ursprung haben[6]. Ja wer bescheiden und ausdauernd die Geheimnisse der Wirklichkeit zu erforschen versucht, wird, auch wenn er sich dessen nicht bewußt ist, von dem Gott an der Hand geführt, der alle Wirklichkeit trägt und sie in sein Eigensein einsetzt. Deshalb sind gewisse Geisteshaltungen, die einst auch unter Christen wegen eines unzulänglichen Verständnisses für die legitime Autonomie der Wissenschaft vorkamen, zu bedauern. Durch die dadurch entfachten Streitigkeiten und Auseinandersetzungen schufen sie in der Mentalität vieler die Überzeugung von einem Widerspruch zwischen Glauben und Wissenschaft[7].

Wird aber mit den Worten „Autonomie der zeitlichen

---

[6] Vgl. I. Vat. Konzil, Dogm. Konst. über den katholischen Glauben Dei Filius, Kap. III: Denz. 1785–1786 (3004–3005).

[7] Vgl. Pio Paschini, Vita e opere di Galileo Galilei, 2 Bde. (Päpstl. Akademie der Wissenschaften, Vatikanstadt 1964).

Dinge" gemeint, daß die geschaffenen Dinge nicht von Gott abhängen und der Mensch sie ohne Bezug auf den Schöpfer gebrauchen könne, so spürt jeder, der Gott anerkennt, wie falsch eine solche Auffassung ist. Denn das Geschöpf sinkt ohne den Schöpfer ins Nichts. Zudem haben alle Glaubenden, gleich, welcher Religion sie zugehören, die Stimme und Bekundung Gottes immer durch die Sprache der Geschöpfe vernommen. Überdies wird das Geschöpf selbst durch das Vergessen Gottes unverständlich.

37. *(Das von der Sünde verderbte menschliche Schaffen)*. Die Heilige Schrift aber, der die Erfahrung aller Zeiten zustimmt, belehrt die Menschheitsfamilie, daß der menschliche Fortschritt, der ein großes Gut für den Menschen ist, freilich auch eine große Versuchung mit sich bringt: Dadurch, daß die Wertordnung verzerrt und Böses mit Gutem vermengt wird, beachten die einzelnen Menschen und Gruppen nur das, was ihnen, nicht aber was den anderen zukommt. Daher ist die Welt nicht mehr der Raum der wahren Brüderlichkeit, sondern die gesteigerte Macht der Menschheit bedroht bereits diese selbst mit Vernichtung.

Die ganze Geschichte der Menschheit durchzieht ein harter Kampf gegen die Mächte der Finsternis, ein Kampf, der schon am Anfang der Welt begann und nach dem Wort des Herrn[8] bis zum letzten Tag andauern wird. Der einzelne Mensch muß, in diesen Streit hineingezogen, beständig kämpfen um seine Entscheidung für das Gute, und nur mit großer Anstrengung kann er in sich mit Gottes Gnadenhilfe seine eigene innere Einheit erreichen.

Deshalb kann die Kirche Christi, obwohl sie im Vertrauen auf den Plan des Schöpfers anerkennt, daß der menschliche Fortschritt zum wahren Glück der Menschen zu dienen vermag, nicht davon absehen, das Wort des Apostels einzuschärfen: „Macht euch nicht dieser Welt gleichförmig" (Röm 12, 2), das heißt, dem Geist des leeren Stolzes und der Bosheit, der das auf den Dienst Gottes und des Menschen hingeordnete menschliche Schaffen in ein Werkzeug der Sünde verkehrt.

Vor der Frage, wie dieses Elend überwunden werden kann, bekennen die Christen, daß alles Tun des Menschen, das durch Stolz und ungeordnete Selbstliebe täglich gefährdet ist, durch

---

[8] Vgl. Mt 24, 13; 13, 24–30 u. 36–43.

Christi Kreuz und Auferstehung gereinigt und zur Vollendung gebracht werden muß. Als von Christus erlöst und im Heiligen Geist zu einem neuen Geschöpf gemacht, kann und muß der Mensch die von Gott geschaffenen Dinge lieben. Von Gott empfängt er sie, er betrachtet und schätzt sie als Gaben aus Gottes Hand. Er dankt seinem Wohltäter für die Gaben; in Armut und Freiheit des Geistes gebraucht und genießt er das Geschaffene; so kommt er in den wahren Besitz der Welt als einer, der nichts hat und doch alles besitzt[9]. ,,Alles gehört euch, ihr aber gehört Christus und Christus Gott'' (1 Kor 3, 22–23).

38. *(Das im Ostergeheimnis zur Vollendung geführte menschliche Schaffen).* Das Wort Gottes, durch das alles geworden ist, ist selbst Fleisch geworden und ist, auf der Erde der Menschen wohnend[10], als wirklicher Mensch in die Geschichte der Welt eingetreten, hat sie sich zu eigen gemacht und in sich zusammengefaßt[11]. Er offenbart uns, ,,daß Gott die Liebe ist'' (1 Jo 4, 8), und belehrt uns zugleich, daß das Grundgesetz der menschlichen Vervollkommnung und deshalb auch der Umwandlung der Welt das neue Gebot der Liebe ist. Denen also, die der göttlichen Liebe glauben, gibt er die Sicherheit, daß allen Menschen der Weg der Liebe offensteht und daß der Versuch, eine allumfassende Brüderlichkeit herzustellen, nicht vergeblich ist. Zugleich mahnt er, dieser Liebe nicht nur in großen Dingen nachzustreben, sondern auch und besonders in den gewöhnlichen Lebensverhältnissen. Für uns Sünder alle nahm er den Tod auf sich[12] und belehrt uns so durch sein Beispiel, daß auch das Kreuz getragen werden muß, das Fleisch und Welt denen auf die Schultern legen, die Frieden und Gerechtigkeit suchen. Durch seine Auferstehung zum Herrn bestellt, wirkt Christus, dem alle Gewalt im Himmel und auf Erden gegeben ist[13], schon durch die Kraft seines Geistes in den Herzen der Menschen dadurch, daß er nicht nur das Verlangen nach der zukünftigen Welt in ihnen weckt, sondern eben dadurch auch jene selbstlosen Bestrebungen belebt, reinigt und stärkt, durch die die Menschheitsfamilie sich bemüht, ihr eigenes Leben humaner zu gestalten und die ganze Erde diesem Ziel dienstbar zu machen. Verschieden sind jedoch die Gaben des Geistes: die einen beruft er dazu, daß sie das Verlangen nach der

---

[9] Vgl. 2 Kor 6, 10.   [10] Vgl. Jo 1, 3 u. 14.   [11] Vgl. Eph 1, 10.
[12] Vgl. Jo 3, 14–16; Röm 5, 8–10.   [13] Vgl. Apg 2, 36; Mt 28, 18.

Heimat bei Gott deutlich bezeugen und es in der Menschheitsfamilie lebendig erhalten; andere beruft er, damit sie im irdischen Bereich den Menschen hingebungsvoll dienen und so
durch ihren Beruf die Voraussetzungen für das Himmelreich
schaffen. Alle aber befreit er, damit sie durch Absage an ihren
Egoismus und unter Dienstbarmachung aller Naturkräfte für
das menschliche Leben nach jener Zukunft streben, in der die
Menschheit selbst eine Gott angenehme Opfergabe wird[14].

Ein Angeld dieser Hoffnung und eine Wegzehrung hinterließ der Herr den Seinen in jenem Sakrament des Glaubens, in
dem unter der Pflege des Menschen gewachsene Früchte der
Natur in den Leib und das Blut des verherrlichten Herrn verwandelt werden zum Abendmahl brüderlicher Gemeinschaft
und als Vorfeier des himmlischen Gastmahls.

39. *(Die neue Erde und der neue Himmel)*. Den Zeitpunkt der
Vollendung der Erde und der Menschheit kennen wir nicht[15],
und auch die Weise wissen wir nicht, wie das Universum umgestaltet werden soll. Es vergeht zwar die Gestalt dieser Welt,
die durch die Sünde mißgestaltet ist[16], aber wir werden belehrt,
daß Gott eine neue Wohnstätte und eine neue Erde bereitet, auf
der die Gerechtigkeit wohnt[17], deren Seligkeit jede Sehnsucht
nach Frieden in den Herzen der Menschen erfüllt und übertrifft[18]. Der Tod wird besiegt sein, die Kinder Gottes werden in
Christus auferweckt werden, und was in Schwachheit und
Verweslichkeit gesät wurde, wird sich mit Unverweslichkeit
bekleiden[19]. Die Liebe wird bleiben wie das, was sie einst getan
hat[20], und die ganze Schöpfung, die Gott um des Menschen
willen schuf, wird von der Knechtschaft der Vergänglichkeit befreit sein[21].

Zwar werden wir gemahnt, daß es dem Menschen nichts
nützt, wenn er die ganze Welt gewinnt, sich selbst jedoch ins
Verderben bringt[22]; dennoch darf die Erwartung der neuen
Erde die Sorge für die Gestaltung dieser Erde nicht abschwächen,
auf der uns der wachsende Leib der neuen Menschenfamilie

---

[14] Vgl. Röm 15, 16.   [15] Vgl. Apg 1, 7.
[16] Vgl. 1 Kor 7, 31; Irenäus, Adv. Haer. V, 36: PG 7, 1222.
[17] Vgl. 2 Kor 5, 2; 2 Petr 3, 13.
[18] Vgl. 1 Kor 2, 9; Apk 21, 4–5.
[19] Vgl. 1 Kor 15, 42 u. 53.   [20] Vgl. 1 Kor 13, 8; 3, 14.
[21] Vgl. Röm 8, 19–21.   [22] Vgl. Lk 9, 25.

eine umrißhafte Vorstellung von der künftigen Welt geben kann, sondern muß sie im Gegenteil ermutigen. Obschon der irdische Fortschritt eindeutig vom Wachstum des Reiches Christi zu unterscheiden ist, so hat er doch große Bedeutung für das Reich Gottes, insofern er zu einer besseren Ordnung der menschlichen Gesellschaft beitragen kann[23].

Alle guten Erträgnisse der Natur und unserer Bemühungen nämlich, die Güter menschlicher Würde, brüderlicher Gemeinschaft und Freiheit, müssen im Geist des Herrn und gemäß seinem Gebot auf Erden gemehrt werden; dann werden wir sie wiederfinden, gereinigt von jedem Makel, lichtvoll und verklärt, dann nämlich, wenn Christus dem Vater „ein ewiges, allumfassendes Reich übergeben wird: das Reich der Wahrheit und des Lebens, das Reich der Heiligkeit und der Gnade, das Reich der Gerechtigkeit, der Liebe und des Friedens"[24]. Hier auf Erden ist das Reich schon im Geheimnis da; beim Kommen des Herrn erreicht es seine Vollendung.

VIERTES KAPITEL

DIE AUFGABE DER KIRCHE IN DER WELT VON HEUTE

40. *(Die gegenseitige Beziehung von Kirche und Welt).* Alles, was wir über die Würde der menschlichen Person, die menschliche Gemeinschaft und über den letzten Sinn des menschlichen Schaffens gesagt haben, bildet das Fundament für die Beziehung zwischen Kirche und Welt wie auch die Grundlage ihres gegenseitigen Dialogs[1]. Unter Voraussetzung all der bisherigen Aussagen dieses Konzils über das Geheimnis der Kirche ist sie nun darzustellen, insofern sie gerade in dieser Welt besteht und mit ihr lebt und wirkt.

Hervorgegangen aus der Liebe des ewigen Vaters[2], in der Zeit gestiftet von Christus dem Erlöser, geeint im Heiligen Geist[3], hat die Kirche das endzeitliche Heil zum Ziel, das erst in der künftigen Weltzeit voll verwirklicht werden kann. Sie ist

---

[23] Vgl. Pius XI., Enz. Quadragesimo anno: AAS 23 (1931) 207.

[24] Missale Romanum, Präfation vom Christkönigsfest.

[1] Vgl. Paul VI., Enz. Ecclesiam suam, III: AAS 56 (1964) 637–659.

[2] Vgl. Tit 3, 4: φιλανθρωπία.

[3] Vgl. Eph 1, 3 5 6 13–14 23.

aber schon hier auf Erden anwesend, gesammelt aus Menschen, Gliedern des irdischen Gemeinwesens, die dazu berufen sind, schon in dieser geschichtlichen Zeit der Menschheit die Familie der Kinder Gottes zu bilden, die bis zur Ankunft des Herrn stetig wachsen soll. Der himmlischen Güter willen geeint und von ihnen erfüllt, ist diese Familie von Christus „in dieser Welt als Gesellschaft verfaßt und geordnet"[4] und „mit geeigneten Mitteln sichtbarer und gesellschaftlicher Einheit"[5] ausgerüstet. So geht denn diese Kirche, zugleich „sichtbare Versammlung und geistliche Gemeinschaft"[6], den Weg mit der ganzen Menschheit gemeinsam und erfährt das gleiche irdische Geschick mit der Welt und ist gewissermaßen der Sauerteig und die Seele der in Christus zu erneuernden und in die Familie Gottes umzugestaltenden menschlichen Gesellschaft[7].

Dieses Ineinander des irdischen und himmlischen Gemeinwesens kann nur im Glauben begriffen werden, ja es bleibt ein Geheimnis der menschlichen Geschichte, die bis zur vollen Offenbarung der Herrlichkeit der Kinder Gottes durch die Sünde verwirrt ist. In Verfolgung ihrer eigenen Heilsabsicht vermittelt die Kirche nicht nur den Menschen das göttliche Leben, sondern läßt dessen Widerschein mehr oder weniger auf die ganze Welt fallen, vor allem durch die Heilung und Hebung der menschlichen Personwürde, durch die Festigung des menschlichen Gemeinschaftsgefüges, durch die Erfüllung des alltäglichen menschlichen Schaffens mit tieferer Sinnhaftigkeit und Bedeutung. So glaubt die Kirche durch ihre einzelnen Glieder und als ganze viel zu einer humaneren Gestaltung der Menschenfamilie und ihrer Geschichte beitragen zu können.

Unbefangen schätzt zudem die katholische Kirche all das hoch, was zur Erfüllung derselben Aufgabe die anderen christlichen Kirchen und kirchlichen Gemeinschaften in Zusammenarbeit beigetragen haben und noch beitragen. Zugleich ist sie der festen Überzeugung, daß sie selbst von der Welt, sei es von einzelnen Menschen, sei es von der menschlichen Gesellschaft, durch deren Möglichkeiten und Bemühungen viele und mannig-

---

[4] II. Vat. Konzil, Dogm. Konst. über die Kirche Lumen Gentium, Kap. I, Nr. 8: AAS 57 (1965) 12.
[5] Ebd. Kap. II, Nr. 9: AAS 57 (1965) 14; vgl. Nr. 8: a. a. O. 11.
[6] Ebd. Kap. I, Nr. 8: AAS 57 (1965) 11.
[7] Ebd. Kap. IV, Nr. 38: AAS 57 (1965) 43, mit Anm. 120.

fache Hilfe zur Wegbereitung für das Evangelium erfahren kann. Zur sachgemäßen Förderung dieser gegenseitigen Beziehung und Hilfe in jenem Bereich, der Kirche und Welt gewissermaßen gemeinsam ist, werden hier einige allgemeinere Grundsätze vorgelegt.

41. *(Die Hilfe, welche die Kirche den einzelnen Menschen leisten möchte)*. Der heutige Mensch ist unterwegs zur volleren Entwicklung seiner Persönlichkeit und zu einer immer tieferen Einsicht und Durchsetzung seiner Rechte. Da es aber der Kirche anvertraut ist, das Geheimnis Gottes, des letzten Zieles der Menschen, offenkundig zu machen, erschließt sie dem Menschen gleichzeitig das Verständnis seiner eigenen Existenz, das heißt die letzte Wahrheit über den Menschen. Die Kirche weiß sehr wohl, daß Gott, dem sie dient, allein die Antwort ist auf das tiefste Sehnen des menschlichen Herzens, das an den Gaben der Erde nie voll sich sättigen kann. Sie weiß auch darum, daß der Mensch unter dem ständigen Antrieb des Geistes Gottes niemals dem Problem der Religion gegenüber ganz gleichgültig sein kann, wie es nicht nur die Erfahrung so vieler vergangener Jahrhunderte, sondern auch das vielfältige Zeugnis unserer Zeit beweist. Denn immer wird der Mensch wenigstens ahnungsweise Verlangen in sich tragen, zu wissen, was die Bedeutung seines Lebens, seines Schaffens und seines Todes ist. Schon das reine Dasein der Kirche als solches erinnert ihn an diese Probleme. Gott allein, der den Menschen nach seinem Bild geschaffen und von der Sünde erlöst hat, gibt auf diese Fragen die erschöpfende Antwort in seiner Offenbarung in seinem Sohn, der Mensch geworden ist. Wer Christus, dem vollkommenen Menschen, folgt, wird auch selbst mehr Mensch.

Aus diesem Glauben heraus vermag die Kirche die Würde des menschlichen Wesens allen Meinungsschwankungen zu entziehen, die z. B. den menschlichen Leib zu sehr abwerten oder über das rechte Maß emporheben. Durch kein menschliches Gesetz können die personale Würde und die Freiheit des Menschen so wirksam geschützt werden wie durch das Evangelium Christi, das der Kirche anvertraut ist. Diese Frohbotschaft nämlich verkündet und proklamiert die Freiheit der Kinder Gottes; sie verwirft jede Art von Knechtschaft, die letztlich aus der Sünde stammt[8]; sie respektiert sorgfältig die Würde des

---

[8] Vgl. Röm 8, 14–17.

Gewissens und seiner freien Entscheidung; unablässig mahnt sie dazu, alle menschlichen Talente im Dienst Gottes und zum Wohl der Menschen Frucht bringen zu lassen; alle endlich empfiehlt sie der Liebe aller[9]. Dies entspricht dem grundlegenden Gesetz der christlichen Heilsordnung. Wenn auch derselbe Gott Schöpfer und Erlöser ist, Herr der Profangeschichte und der Heilsgeschichte, so wird doch in eben dieser göttlichen Ordnung die richtige Autonomie der Schöpfung und besonders des Menschen nicht nur nicht aufgehoben, sondern vielmehr in ihre eigene Würde eingesetzt und in ihr befestigt.

Kraft des ihr anvertrauten Evangeliums verkündet also die Kirche die Rechte des Menschen, und sie anerkennt und schätzt die Dynamik der Gegenwart, die diese Rechte überall fördert. Freilich muß diese Bewegung vom Geist des Evangeliums erfüllt und gegen jede Art falscher Autonomie geschützt werden. Wir sind nämlich der Versuchung ausgesetzt, unsere persönlichen Rechte nur dann für voll gewahrt zu halten, wenn wir jeder Norm des göttlichen Gesetzes ledig wären. Auf diesem Wege aber geht die Würde der menschlichen Person, statt gewahrt zu werden, eher verloren.

42. (*Die Hilfe, welche die Kirche der menschlichen Gemeinschaft bringen möchte*). Die Einheit der menschlichen Familie wird durch die Einheit der Familie der Kinder Gottes, die in Christus begründet ist[10], in vieler Hinsicht gestärkt und erfüllt.

Die ihr eigene Sendung, die Christus der Kirche übertragen hat, bezieht sich zwar nicht auf den politischen, wirtschaftlichen oder sozialen Bereich: das Ziel, das Christus ihr gesetzt hat, gehört ja der religiösen Ordnung an[11]. Doch fließen aus eben dieser religiösen Sendung Auftrag, Licht und Kraft, um der menschlichen Gemeinschaft zu Aufbau und Festigung nach

---

[9] Vgl. Mt 22, 39.
[10] Vgl. II. Vat. Konzil, Dogm. Konst. über die Kirche Lumen Gentium, Kap. II, Nr. 9: AAS 57 (1965) 12–14.
[11] Vgl. Pius XII., Ansprache an Historiker und Archäologen, 9. März 1956: AAS 48 (1956) 212: „Ihr göttlicher Stifter Jesus Christus gab ihr weder einen Auftrag noch eine Zielsetzung auf der Ebene der Kultur. Das Ziel, das Christus ihr anweist, ist streng religiös (. . .). Die Kirche muß die Menschen zu Gott führen, damit sie sich ihm vorbehaltlos hingeben (. . .). Die Kirche kann dieses streng religiöse und übernatürliche Ziel nie aus dem Auge verlieren. Der Sinn all ihrer Tätigkeiten, bis zum letzten Artikel ihres Rechtsbuches, kann nur der sein, direkt oder indirekt zu diesem Ziel beizutragen."

göttlichem Gesetz behilflich zu sein. Ja wo es nötig ist, kann und muß sie selbst je nach den Umständen von Zeit und Ort Werke zum Dienst an allen, besonders an den Armen, in Gang bringen, wie z. B. Werke der Barmherzigkeit oder andere dieser Art.

Die Kirche anerkennt weiterhin, was an Gutem in der heutigen gesellschaftlichen Dynamik vorhanden ist, besonders die Entwicklung hin zur Einheit, den Prozeß einer gesunden Sozialisation und Vergesellschaftung im bürgerlichen und wirtschaftlichen Bereich. Förderung von Einheit hängt ja mit der letzten Sendung der Kirche zusammen, da sie „in Christus gleichsam das Sakrament, das heißt Zeichen und Werkzeug für die innigste Vereinigung mit Gott wie für die Einheit der ganzen Menschheit"[12] ist. So zeigt sie der Welt, daß die wahre Einheit in der äußeren gesellschaftlichen Sphäre aus einer Einheit der Gesinnungen und Herzen erwächst, aus jenem Glauben und jener Liebe nämlich, auf denen im Heiligen Geist ihre unauflösliche Einheit beruht. Die Kraft nämlich, die die Kirche der menschlichen Gesellschaft von heute mitzuteilen vermag, ist jener Glaube und jene Liebe, die sich in Tat und Wahrheit des Lebens auswirken, nicht aber irgendeine äußere, mit rein menschlichen Mitteln ausgeübte Herrschaft.

Da sie weiterhin kraft ihrer Sendung und Natur an keine besondere Form menschlicher Kultur und an kein besonderes politisches, wirtschaftliches oder gesellschaftliches System gebunden ist, kann die Kirche kraft dieser ihrer Universalität ein ganz enges Band zwischen den verschiedenen menschlichen Gemeinschaften und Nationen bilden. Nur müssen diese ihr Vertrauen schenken und ihr wahre Freiheit zur Erfüllung dieser ihrer Sendung ehrlich zuerkennen. So mahnt denn die Kirche ihre Kinder, aber auch alle Menschen, sie sollen in diesem Familiengeist der Gotteskinder alle Zwistigkeiten zwischen den Nationen und den Rassen überwinden und von innen her den legitimen menschlichen Vergesellschaftungen Festigkeit verleihen.

Mit großer Achtung blickt das Konzil auf alles Wahre, Gute und Gerechte, das sich die Menschheit in den verschiedenen Institutionen geschaffen hat und immer neu schafft. Es erklärt

---

[12] II. Vat. Konzil, Dogm. Konst. über die Kirche Lumen Gentium, Kap. I, Nr. 1: AAS 57 (1965) 5.

auch, daß die Kirche alle diese Einrichtungen unterstützen und fördern will, soweit es von ihr abhängt und sich mit ihrer Sendung vereinbaren läßt. Sie selbst hat keinen dringlicheren Wunsch, als sich selbst im Dienst des Wohles aller frei entfalten zu können unter jeglicher Regierungsform, die die Grundrechte der Person und der Familie und die Erfordernisse des Gemeinwohls anerkennt.

43. (*Die Hilfe, mit der die Kirche durch die Christen das menschliche Schaffen unterstützen möchte*). Das Konzil fordert die Christen, die Bürger beider Gemeinwesen, auf, nach treuer Erfüllung ihrer irdischen Pflichten zu streben, und dies im Geist des Evangeliums. Die Wahrheit verfehlen die, die im Bewußtsein, hier keine bleibende Stätte zu haben, sondern die künftige zu suchen[13], darum meinen, sie könnten ihre irdischen Pflichten vernachlässigen, und so verkennen, daß sie, nach Maßgabe der jedem zuteil gewordenen Berufung, gerade durch den Glauben selbst um so mehr zu deren Erfüllung verpflichtet sind[14]. Im selben Grade aber irren die, die umgekehrt meinen, so im irdischen Tun und Treiben aufgehen zu können, als hätte das darum gar nichts mit dem religiösen Leben zu tun, weil dieses nach ihrer Meinung in bloßen Kultakten und in der Erfüllung gewisser moralischer Pflichten besteht. Diese Spaltung bei vielen zwischen dem Glauben, den man bekennt, und dem täglichen Leben gehört zu den schweren Verirrungen unserer Zeit. Dieses Ärgernis haben schon die Propheten im Alten Bund heftig angegriffen[15], und noch viel strenger hat es Jesus Christus selbst im Neuen Bund mit schweren Strafen bedroht[16]. Man darf keinen künstlichen Gegensatz zwischen beruflicher und gesellschaftlicher Tätigkeit auf der einen Seite und dem religiösen Leben auf der anderen konstruieren. Ein Christ, der seine irdischen Pflichten vernachlässigt, versäumt damit seine Pflichten gegenüber dem Nächsten, ja gegen Gott selbst und bringt sein ewiges Heil in Gefahr. Die Christen sollen vielmehr froh sein, in der Nachfolge Christi, der als Handwerker gearbeitet hat, ihre ganze irdische Arbeit so leisten zu können, daß sie ihre menschlichen, häuslichen, beruflichen, wissenschaftlichen oder technischen Anstrengungen mit den religiösen Werten zu einer lebendigen

---

[13] Vgl. Hebr 13, 14.   [14] Vgl. 2 Thess 3, 6–13; Eph 4, 28.
[15] Vgl. Is 58, 1–12.   [16] Vgl. Mt 23, 3–33; Mk 7, 10–13.

Synthese verbinden; wenn diese Werte nämlich die letzte Sinngebung bestimmen, wird alles auf Gottes Ehre hingeordnet.

Die Laien sind eigentlich, wenn auch nicht ausschließlich, zuständig für die weltlichen Aufgaben und Tätigkeiten. Wenn sie also, sei es als Einzelne, sei es in Gruppen, als Bürger dieser Welt handeln, so sollen sie nicht nur die jedem einzelnen Bereich eigenen Gesetze beobachten, sondern sich zugleich um gutes fachliches Wissen und Können in den einzelnen Sachgebieten bemühen. Sie sollen bereitwilligst mit denen, die die gleichen Aufgaben haben wie sie, zusammenarbeiten. In Anerkennung der Forderungen des Glaubens und in seiner Kraft sollen sie, wo es geboten ist, mit Entschlossenheit Neues planen und ausführen. Aufgabe ihres dazu von vornherein richtig geschulten Gewissens ist es, das Gebot Gottes im Leben der profanen Gesellschaft zur Geltung zu bringen. Von den Priestern aber dürfen die Laien Licht und geistliche Kraft erwarten. Sie mögen aber nicht meinen, ihre Seelsorger seien immer in dem Grade kompetent, daß sie in jeder, zuweilen auch schweren Frage, die gerade auftaucht, eine konkrete Lösung schon fertig haben könnten oder die Sendung dazu hätten. Die Laien selbst sollen vielmehr im Licht christlicher Weisheit und unter Berücksichtigung der Lehre des kirchlichen Lehramtes[17] darin ihre eigene Aufgabe wahrnehmen.

Oftmals wird gerade eine christliche Schau der Dinge ihnen eine bestimmte Lösung in einer konkreten Situation nahelegen. Aber andere Christen werden vielleicht, wie es häufiger, und zwar legitim, der Fall ist, bei gleicher Gewissenhaftigkeit in der gleichen Frage zu einem anderen Urteil kommen. Wenn dann die beiderseitigen Lösungen, auch gegen den Willen der Parteien, von vielen andern sehr leicht als eindeutige Folgerung aus der Botschaft des Evangeliums betrachtet werden, so müßte doch klar bleiben, daß in solchen Fällen niemand das Recht hat, die Autorität der Kirche ausschließlich für sich und seine eigene Meinung in Anspruch zu nehmen. Immer aber sollen sie in einem offenen Dialog sich gegenseitig zur Klärung der Frage zu helfen suchen; dabei sollen sie die gegenseitige Liebe bewahren und vor allem auf das Gemeinwohl bedacht sein.

Die Laien aber, die am ganzen Leben der Kirche ihren tätigen

---

[17] Vgl. Johannes XXIII., Enz. Mater et Magistra, IV: AAS 53 (1961) 456–457, I: a. a. O. 407 410–411.

Anteil haben, sind nicht nur gehalten, die Welt mit christlichem Geist zu durchdringen, sondern sie sind auch dazu berufen, überall, und zwar inmitten der menschlichen Schicksalsgemeinschaft, Christi Zeugen zu sein.

Die Bischöfe aber, denen das Amt, die Kirche Gottes zu leiten, anvertraut ist, sollen mit ihren Priestern die Botschaft Christi so verkündigen, daß alle irdischen Tätigkeiten der Gläubigen von dem Licht des Evangeliums erhellt werden. Zudem sollen alle Seelsorger bemüht sein, in ihrer Lebensführung und ihrem Berufseifer[18] der Welt ein solches Antlitz der Kirche zu zeigen, daß die Menschen sich daran ein Urteil über die Kraft und Wahrheit der christlichen Botschaft bilden können. In Leben und Wort sollen sie zusammen mit den Ordensleuten und ihren Gläubigen beweisen, daß die Kirche mit all ihren Gütern schon durch ihre bloße Gegenwart eine unerschöpfliche Quelle jener sittlichen Kräfte ist, deren die heutige Welt so sehr bedarf. Durch beharrliches Studium sollen sie sich fähig machen, zum Dialog mit der Welt und mit Menschen jedweder Weltanschauung ihren Beitrag zu leisten. Besonders aber sollen sie die Worte dieses Konzils beherzigen: „Weil die Menschheit heute mehr und mehr zur Einheit im bürgerlichen, wirtschaftlichen und sozialen Bereich zusammenwächst, sollen die Priester um so mehr in vereinter Sorge und Arbeit unter Leitung der Bischöfe und des Papstes jede Art von Spaltung beseitigen, damit die ganze Menschheit der Einheit der Familie Gottes zugeführt werde."[19]

Obwohl die Kirche in der Kraft des Heiligen Geistes die treue Braut des Herrn geblieben ist und niemals aufgehört hat, das Zeichen des Heils in der Welt zu sein, so weiß sie doch klar, daß unter ihren Gliedern[20], ob Klerikern oder Laien, im Lauf so vieler Jahrhunderte immer auch Untreue gegen den Geist Gottes sich fand. Auch in unserer Zeit weiß die Kirche, wie groß der Abstand ist zwischen der von ihr verkündeten Botschaft und der menschlichen Armseligkeit derer, denen das Evangelium anvertraut ist. Wie immer auch die Geschichte über all dies Versagen urteilen mag, wir selber dürfen dieses Versagen nicht vergessen, sondern müssen es unerbittlich bekämpfen,

---

[18] Vgl. II. Vat. Konzil, Dogm. Konst. über die Kirche Lumen Gentium, Kap. III, Nr. 28: AAS 57 (1965) 34–35.

[19] Ebd. Nr. 28: AAS 57 (1965) 35–36.

[20] Vgl. Ambrosius, De Virginitate, Kap. VIII, Nr. 48: PL 16, 278.

damit es der Verbreitung des Evangeliums nicht schade. Die Kirche weiß auch, wie sehr sie selbst in ihrer lebendigen Beziehung zur Welt an der Erfahrung der Geschichte immerfort reifen muß. Vom Heiligen Geist geführt, mahnt die Mutter Kirche unablässig ihre Kinder „zur Läuterung und Erneuerung, damit das Zeichen Christi auf dem Antlitz der Kirche klarer erstrahle"[21].

44. (*Die Hilfe, welche die Kirche von der heutigen Welt erfährt*). Wie es aber im Interesse der Welt liegt, die Kirche als gesellschaftliche Wirklichkeit der Geschichte und als deren Ferment anzuerkennen, so ist sich die Kirche auch darüber im klaren, wieviel sie selbst der Geschichte und Entwicklung der Menschheit verdankt.

Die Erfahrung der geschichtlichen Vergangenheit, der Fortschritt der Wissenschaften, die Reichtümer, die in den verschiedenen Formen der menschlichen Kultur liegen, durch die die Menschennatur immer klarer zur Erscheinung kommt und neue Wege zur Wahrheit aufgetan werden, gereichen auch der Kirche zum Vorteil. Von Beginn ihrer Geschichte an hat sie gelernt, die Botschaft Christi in der Vorstellungswelt und Sprache der verschiedenen Völker auszusagen und darüber hinaus diese Botschaft mit Hilfe der Weisheit der Philosophen zu verdeutlichen, um so das Evangelium sowohl dem Verständnis aller als auch berechtigten Ansprüchen der Gebildeten angemessen zu verkünden. Diese in diesem Sinne angepaßte Verkündigung des geoffenbarten Wortes muß ein Gesetz aller Evangelisation bleiben. Denn so wird in jedem Volk die Fähigkeit, die Botschaft Christi auf eigene Weise auszusagen, entwickelt und zugleich der lebhafte Austausch zwischen der Kirche und den verschiedenen nationalen Kulturen gefördert[22]. Zur Steigerung dieses Austauschs bedarf die Kirche vor allem in unserer Zeit mit ihrem schnellen Wandel der Verhältnisse und der Vielfalt ihrer Denkweisen der besonderen Hilfe der in der Welt Stehenden, die eine wirkliche Kenntnis der verschiedenen Institutionen und Fachgebiete haben und die Mentalität, die in diesen am Werk ist, wirklich verstehen, gleichgültig, ob es sich um Gläubige oder

[21] II. Vat. Konzil, Dogm. Konst. über die Kirche Lumen Gentium, Kap. II, Nr. 15: AAS 57 (1965) 20.
[22] Vgl. II. Vat. Konzil, Dogm. Konst. über die Kirche Lumen Gentium, Kap. II, Nr. 13: AAS 57 (1965) 17.

Ungläubige handelt. Es ist jedoch Aufgabe des ganzen Gottesvolkes, vor allem auch der Seelsorger und Theologen, unter dem
Beistand des Heiligen Geistes auf die verschiedenen Sprachen
unserer Zeit zu hören, sie zu unterscheiden, zu deuten und im
Licht des Gotteswortes zu beurteilen, damit die geoffenbarte
Wahrheit immer tiefer erfaßt, besser verstanden und passender
verkündet werden kann.

Da die Kirche eine sichtbare gesellschaftliche Struktur hat,
das Zeichen ihrer Einheit in Christus, sind für sie auch Möglichkeit und Tatsache einer Bereicherung durch die Entwicklung
des gesellschaftlichen Lebens gegeben, nicht als ob in ihrer von
Christus gegebenen Verfassung etwas fehle, sondern weil sie so
tiefer erkannt, besser zur Erscheinung gebracht und zeitgemäßer gestaltet werden kann. Die Kirche erfährt auch dankbar, daß sie sowohl als Gemeinschaft wie auch in ihren einzelnen
Kindern mannigfaltigste Hilfe von Menschen aus allen Ständen
und Verhältnissen empfängt. Wer nämlich die menschliche
Gemeinschaft auf der Ebene der Familie, der Kultur, des wirtschaftlichen und sozialen Lebens, der nationalen und internationalen Politik voranbringt, leistet nach dem Plan Gottes auch der
kirchlichen Gemeinschaft, soweit diese von äußeren Bedingungen abhängt, eine nicht unbedeutende Hilfe. Ja selbst die Feindschaft ihrer Gegner und Verfolger, so gesteht die Kirche, war
für sie sehr nützlich und wird es bleiben[23].

45. (*Christus*, *Alpha und Omega*). Während sie selbst der Welt
hilft oder von dieser vieles empfängt, strebt die Kirche nach dem
einen Ziel, nach der Ankunft des Reiches Gottes und der Verwirklichung des Heiles der ganzen Menschheit.

Alles aber, was das Volk Gottes in der Zeit seiner irdischen
Pilgerschaft der Menschenfamilie an Gutem mitteilen kann,
kommt letztlich daher, daß die Kirche das „allumfassende
Sakrament des Heiles"[24] ist, welches das Geheimnis der Liebe
Gottes zu den Menschen zugleich offenbart und verwirklicht.

[23] Vgl. Justin, Dialogus cum Tryphone, Kap. 110: PG 6, 729: ed. Otto (1897)
391–393: „. . . je mehr aber solches uns zugefügt wird, um so mehr entstehen
andere Gläubige und Fromme durch den Namen Jesu." Vgl. Tertullian, Apo-
logeticus, Kap. 50, 13: PL 1, 534; CChr ser. lat. I, 171: „Auch werden wir mehr,
sooft wir von euch niedergemäht werden: der Samen ist das Blut der Christen!"
Vgl. Dogm. Konst. über die Kirche Lumen Gentium, Kap. II, Nr. 9: AAS 57
(1965) 14.
[24] Vgl. II. Vat. Konzil, Dogm. Konst. über die Kirche Lumen Gentium, Kap. VII,
Nr. 48: AAS 57 (1965) 53.

Gottes Wort, durch das alles geschaffen ist, ist selbst Fleisch geworden, um in vollkommenem Menschsein alle zu retten und das All zusammenzufassen. Der Herr ist das Ziel der menschlichen Geschichte, der Punkt, auf den hin alle Bestrebungen der Geschichte und der Kultur konvergieren, der Mittelpunkt der Menschheit, die Freude aller Herzen und die Erfüllung ihrer Sehnsüchte[25]. Ihn hat der Vater von den Toten auferweckt, erhöht und zu seiner Rechten gesetzt; ihn hat er zum Richter der Lebendigen und Toten bestellt. Von seinem Geist belebt und geeint, schreiten wir der Vollendung der menschlichen Geschichte entgegen, die mit dem Plan seiner Liebe zusammenfällt: ,,alles in Christus dem Haupt zusammenzufassen, was im Himmel und was auf Erden ist" (Eph 1, 10).

Der Herr selbst spricht: ,,Sieh, ich komme bald, und mein Lohn ist mit mir, einem jeden zu vergelten nach seinen Werken. Ich bin das Alpha und das Omega, der Erste und der Letzte, Anfang und Ende" (Apk 22, 12–13).

II. Hauptteil

Wichtigere Einzelfragen

46. *(Vorwort)*. Nachdem das Konzil die Würde der menschlichen Person und die Erfüllung der individuellen und gesellschaftlichen Aufgabe dieser Person kraft ihrer Berufung in der ganzen Welt dargelegt hat, lenkt das Konzil nun im Licht des Evangeliums und der menschlichen Erfahrung die Aufmerksamkeit aller auf bestimmte besonders schwere Nöte dieser Zeit hin, welche die Menschheit in hohem Maß bedrängen.

Unter den vielen Problemen, die heute die Sorge aller wachrufen, sollen vor allem die folgenden behandelt werden: die Ehe und Familie, die Kultur, das wirtschaftliche, soziale und politische Leben, die Verbindung der Völkerfamilie und der Friede. Hinsichtlich dieser Einzelfragen sollen die lichtvollen Prinzipien, die von Christus herkommen, verdeutlicht werden, damit durch sie die Gläubigen geleitet werden und alle Menschen Klarheit finden bei der Suche nach der Lösung so vieler schwieriger Probleme.

---

[25] Vgl. Paul VI., Ansprache, 3. Febr. 1965: L'Osservatore Romano, 4. Febr. 1965.

ERSTES KAPITEL

FÖRDERUNG DER WÜRDE DER EHE UND DER FAMILIE

47. *(Ehe und Familie in der heutigen Welt).* Das Wohl der Person sowie der menschlichen und christlichen Gesellschaft ist zuinnerst mit einem Wohlergehen der Ehe- und Familiengemeinschaft verbunden. Darum begrüßen die Christen zusammen mit allen, welche diese Gemeinschaft hochschätzen, aufrichtig all die verschiedenen Hilfen, mittels derer man heute in der Förderung dieser Gemeinschaft der Liebe und im Schutz des Lebens vorwärtskommt und Gatten und Eltern bei ihrer großen Aufgabe unterstützt werden. Die Christen hoffen von daher auf noch bessere Resultate und suchen dazu beizutragen.

Jedoch nicht überall erscheint die Würde dieser Institution in gleicher Klarheit. Polygamie, um sich greifende Ehescheidung, sogenannte freie Liebe und andere Entartungen entstellen diese Würde. Darüber hinaus wird die eheliche Liebe öfters durch Egoismus, bloße Genußsucht und durch unerlaubte Praktiken gegen die Fruchtbarkeit der Ehe entweiht. Außerdem tragen die heutigen wirtschaftlichen, sozialpsychologischen und staatlichen Verhältnisse erhebliche Störungen in die Familie hinein. Schließlich werden in manchen Teilen der Welt die Probleme der Bevölkerungszunahme mit Besorgnis registriert. Durch all dies wird das Gewissen der Menschen beunruhigt. Andererseits zeigen sich Bedeutung und Stärke von Ehe und Familie als Institution gerade dadurch, daß sogar die tiefgreifenden Veränderungen der heutigen Gesellschaft trotz aller daraus entstehenden Schwierigkeiten sehr oft die wahre Eigenart dieser Institution in der verschiedensten Weise deutlich werden lassen.

Darum will das Konzil durch besondere Hervorhebung bestimmter Hauptpunkte der kirchlichen Lehre die Christen und alle jene Menschen belehren und bestärken, die die ursprüngliche Würde der Ehe und ihren hohen und heiligen Wert zu schützen und zu fördern suchen.

48. *(Die Heiligkeit von Ehe und Familie).* Die innige Gemeinschaft des Lebens und der Liebe in der Ehe, vom Schöpfer begründet und mit eigenen Gesetzen geschützt, wird durch den Ehebund, d. h. durch ein unwiderrufliches personales Einverständnis, gestiftet. So entsteht durch den personal freien Akt, in dem sich die Eheleute gegenseitig schenken und annehmen, eine nach göttlicher Ordnung feste Institution, und zwar auch gegenüber der Gesellschaft. Dieses heilige Band unterliegt im Hinblick auf das Wohl der Gatten und der Nachkommenschaft sowie auf das Wohl der Gesellschaft nicht mehr menschlicher Willkür. Gott selbst ist Urheber der Ehe, die mit verschiedenen Gütern und Zielen ausgestattet ist[1]; sie alle sind von größter Bedeutung für den Fortbestand der Menschheit, für den persönlichen Fortschritt der einzelnen Familienmitglieder und ihr ewiges Heil; für die Würde, die Festigkeit, den Frieden und das Wohlergehen der Familie selbst und der ganzen menschlichen Gesellschaft. Durch ihre natürliche Eigenart sind die Institutionen der Ehe und die eheliche Liebe auf die Zeugung und Erziehung von Nachkommenschaft hingeordnet und finden darin gleichsam ihre Krönung. Darum gewähren sich Mann und Frau, die im Ehebund nicht mehr zwei sind, sondern ein Fleisch (Mt 19, 6), in inniger Verbundenheit der Personen und ihres Tuns gegenseitige Hilfe und gegenseitigen Dienst und erfahren und vollziehen dadurch immer mehr und voller das eigentliche Wesen ihrer Einheit. Diese innige Vereinigung als gegenseitiges Sichschenken zweier Personen wie auch das Wohl der Kinder verlangen die unbedingte Treue der Gatten und fordern ihre unauflösliche Einheit[2].

Christus der Herr hat diese Liebe, die letztlich aus der göttlichen Liebe hervorgeht und nach dem Vorbild seiner Einheit mit der Kirche gebildet ist, unter ihren vielen Hinsichten in reichem Maße gesegnet. Wie nämlich Gott einst durch den Bund der Liebe und Treue seinem Volk entgegenkam[3], so begegnet nun der Erlöser der Menschen und der Bräutigam[4] der Kirche durch das Sakrament der Ehe den christlichen Gatten. Er bleibt fernerhin bei ihnen, damit die Gatten sich in gegenseitiger Hingabe und ständiger Treue lieben, so wie er selbst die Kirche geliebt und sich für sie hingegeben hat[5]. Echte eheliche Liebe wird in die göttliche Liebe aufgenommen und durch die erlö-

---

[1] Vgl. Augustinus, De bono coniugali: PL 40, 375–376 u. 394; Thomas v. Aquin, Summa Theol., Suppl. q. 49, a. 3, ad 1; Decretum pro Armenis: Denz. 702 (1327); Pius XI., Enz. Casti connubii: AAS 22 (1930) 543–555; Denz. 2227–2238 (3703–3714).

[2] Vgl. Pius XI., Enz. Casti connubii: AAS 22 (1930) 546–547; Denz. 2231 (3706).

[3] Vgl. Os 2; Jr 3, 6–13; Ez 16 u. 23; Is 54.

[4] Vgl. Mt 9, 15; Mk 2, 19–20; Lk 5, 34–35; Jo 3, 29; 2 Kor 11, 2; Eph 5, 27; Apk 19, 7–8; 21, 2 u. 9.

[5] Vgl. Eph 5, 25.

sende Kraft Christi und die Heilsvermittlung der Kirche gelenkt und bereichert, damit die Ehegatten wirksam zu Gott hingeführt werden und in ihrer hohen Aufgabe als Vater und Mutter unterstützt und gefestigt werden[6]. So werden die christlichen Gatten in den Pflichten und der Würde ihres Standes durch ein eigenes Sakrament gestärkt und gleichsam geweiht[7]. In der Kraft dieses Sakramentes erfüllen sie ihre Aufgabe in Ehe und Familie. Im Geist Christi, durch den ihr ganzes Leben mit Glaube, Hoffnung und Liebe durchdrungen wird, gelangen sie mehr und mehr zu ihrer eigenen Vervollkommnung, zur gegenseitigen Heiligung und so gemeinsam zur Verherrlichung Gottes.

Wenn somit die Eltern durch ihr Beispiel und ihr gemeinsames Gebet auf dem Weg vorausgehen, werden auch die Kinder und alle, die in der Familiengemeinschaft leben, leichter diesen Weg des echten Menschentums, des Heils und der Heiligkeit finden. Die Gatten aber müssen in ihrer Würde und Aufgabe als Vater und Mutter die Pflicht der Erziehung, vornehmlich der religiösen, die ihnen in ganz besonderer Weise zukommt, sorgfältig erfüllen.

Die Kinder als lebendige Glieder der Familie tragen auf ihre Weise zur Heiligung der Eltern bei. In Dankbarkeit, Ehrfurcht und Vertrauen müssen sie das erwidern, was die Eltern ihnen Gutes tun, und ihnen, wie es Kindern ziemt, im Unglück und in der Einsamkeit des Alters beistehen. Ein Leben, das nach dem Tod des einen Gatten als Fortführung der bisherigen ehelichen Berufung tapfer bejaht wird, soll von allen geachtet werden[8]. Von einem reichen geistlichen Leben soll die Familie auch anderen Familien in hochherziger Weise mitgeben. Daher soll die christliche Familie — entsteht sie doch aus der Ehe, die das Bild und die Teilhabe an dem Liebesbund Christi und der Kirche ist[9] — die lebendige Gegenwart des Erlösers in der Welt und die wahre Natur der Kirche allen kundmachen, sowohl durch die Liebe der Gatten, in hochherziger Fruchtbarkeit, in Einheit und Treue als auch in der bereitwilligen Zusammenarbeit aller ihrer Glieder.

[6] Vgl. II. Vat. Konzil, Dogm. Konst. über die Kirche Lumen Gentium: AAS 57 (1965) 15–16 40–41 47.
[7] Vgl. Pius XI., Enz. Casti connubii: AAS 22 (1930) 583.
[8] Vgl. 1 Tim 5, 3.
[9] Vgl. Eph 5, 32.

49. *(Die eheliche Liebe)*. Mehrfach fordert Gottes Wort Braut-
und Eheleute auf, in keuscher Liebe ihre Brautzeit zu gestalten
und in ungeteilter Liebe ihre Ehe durchzuhalten und zu entfalten[10]. Auch in unserer Zeit hat die wahre Liebe zwischen Mann
und Frau in der Ehe, wie sie sich in verschiedener Weise je nach
Volk und Zeit geziemend äußert, als hoher Wert Geltung. Diese
eigentümlich menschliche Liebe geht in frei bejahter Neigung
von Person zu Person, umgreift das Wohl der ganzen Person,
vermag so den leib-seelischen Ausdrucksmöglichkeiten eine
eigene Würde zu verleihen und sie als Elemente und besondere
Zeichen der ehelichen Freundschaft zu adeln. Diese Liebe hat der
Herr durch eine besondere Gabe seiner Gnade und Liebe geheilt,
vollendet und erhöht. Eine solche Liebe, die Menschliches und
Göttliches in sich eint, führt die Gatten zur freien gegenseitigen
Übereignung ihrer selbst, die sich in zarter Zuneigung und in
der Tat bewährt, und durchdringt ihr ganzes Leben[11]; ja
gerade durch ihre Selbstlosigkeit in Leben und Tun verwirklicht sie sich und wächst. Sie ist viel mehr als bloß eine erotische
Anziehung, die, egoistisch gewollt, nur zu schnell wieder
erbärmlich vergeht.

Diese Liebe wird durch den eigentlichen Vollzug der Ehe in
besonderer Weise ausgedrückt und verwirklicht. Jene Akte also,
durch die die Eheleute innigst und lauter eins werden, sind von
sittlicher Würde; sie bringen, wenn sie human vollzogen werden, jenes gegenseitige Übereignetsein zum Ausdruck und vertiefen es, durch das sich die Gatten gegenseitig in Freude und
Dankbarkeit reich machen. Diese Liebe, die auf gegenseitige
Treue gegründet und in besonderer Weise durch Christi Sakrament geheiligt ist, bedeutet unlösliche Treue, die in Glück und
Unglück Leib und Seele umfaßt und darum unvereinbar ist mit
jedem Ehebruch und jeder Ehescheidung. Wenn wirklich durch
die gegenseitige und bedingungslose Liebe die gleiche personale
Würde sowohl der Frau wie des Mannes anerkannt wird, wird
auch die vom Herrn bestätigte Einheit der Ehe deutlich. Um die
Pflichten dieser christlichen Berufung beständig zu erfüllen, ist
ungewöhnliche Tugend erforderlich. Von daher müssen die
Gatten, durch die Gnade zu heiligem Leben gestärkt, Festigkeit

---

[10] Vgl. Gn 2, 22–24; Spr 5, 18–20; 31, 10–31; Tob 8, 4–8; Hl 1, 1–3; 2, 16;
4, 16 – 5, 1; 7, 8–14; 1 Kor 7, 3–6; Eph 5, 25–33.
[11] Vgl. Pius XI., Enz. Casti connubii: AAS 22 (1930) 547–548; Denz. 2232
(3707).

in der Liebe, Seelengröße und Opfergeist pflegen und im Gebet erbitten.

Die echte eheliche Liebe wird höher geschätzt werden, und es wird sich eine sachgerechte öffentliche Meinung über sie bilden, wenn die christlichen Gatten durch das Zeugnis der Treue und Harmonie in dieser Liebe und durch Sorge für die Kindererziehung sich hervortun und ihre Pflicht erfüllen bei einer notwendigen kulturellen, psychologischen und sozialen Erneuerung zugunsten von Ehe und Familie. Jugendliche sollen über die Würde, die Aufgaben und den Vollzug der ehelichen Liebe am besten im Kreis der Familie selbst rechtzeitig in geeigneter Weise unterrichtet werden, damit sie, an keusche Zucht gewöhnt, im entsprechenden Alter nach einer sauberen Brautzeit in die Ehe eintreten können.

50. *(Die Fruchtbarkeit der Ehe).* Ehe und eheliche Liebe sind ihrem Wesen nach auf die Zeugung und Erziehung von Nachkommenschaft ausgerichtet. Kinder sind gewiß die vorzüglichste Gabe für die Ehe und tragen zum Wohl der Eltern selbst sehr viel bei. Derselbe Gott, der gesagt hat: ,,Es ist nicht gut, daß der Mensch allein sei" (Gn 2, 28), und der ,,den Menschen von Anfang an als Mann und Frau schuf" (Mt 19, 14), wollte ihm eine besondere Teilnahme an seinem schöpferischen Wirken verleihen, segnete darum Mann und Frau und sprach: ,,Wachset und mehret euch" (Gn 1, 28). Ohne Hintansetzung der übrigen Eheziele sind deshalb die echte Gestaltung der ehelichen Liebe und die ganze sich daraus ergebende Natur des Familienlebens dahin ausgerichtet, daß die Gatten von sich aus entschlossen bereit sind zur Mitwirkung mit der Liebe des Schöpfers und Erlösers, der durch sie seine eigene Familie immer mehr vergrößert und bereichert.

In ihrer Aufgabe, menschliches Leben weiterzugeben und zu erziehen, die als die nur ihnen zukommende Sendung zu betrachten ist, wissen sich die Eheleute als mitwirkend mit der Liebe Gottes des Schöpfers und gleichsam als Interpreten dieser Liebe. Daher müssen sie in menschlicher und christlicher Verantwortlichkeit ihre Aufgabe erfüllen und in einer auf Gott hinhörenden Ehrfurcht durch gemeinsame Überlegung versuchen, sich ein sachgerechtes Urteil zu bilden. Hierbei müssen sie auf ihr eigenes Wohl wie auf das ihrer Kinder — der schon geborenen oder zu erwartenden — achten; sie müssen die materiellen und geistigen Verhältnisse der Zeit und ihres Lebens zu erkennen suchen und schließlich auch das Wohl der Gesamtfamilie, der weltlichen Gesellschaft und der Kirche berücksichtigen. Dieses Urteil müssen im Angesicht Gottes die Eheleute letztlich selbst fällen. In ihrem ganzen Verhalten seien sich die christlichen Gatten bewußt, daß sie nicht nach eigener Willkür vorgehen können; sie müssen sich vielmehr leiten lassen von einem Gewissen, das sich auszurichten hat am göttlichen Gesetz; sie müssen hören auf das Lehramt der Kirche, das dieses göttliche Gesetz im Licht des Evangeliums authentisch auslegt. Dieses göttliche Gesetz zeigt die ganze Bedeutung der ehelichen Liebe, schützt sie und drängt zu ihrer wahrhaft menschlichen Vollendung. So verherrlichen christliche Eheleute in Vertrauen auf die göttliche Vorsehung und Opfergesinnung[12] den Schöpfer und streben zur Vollkommenheit in Christus, indem sie in hochherziger menschlicher und christlicher Verantwortlichkeit Kindern das Leben schenken. Unter den Eheleuten, die diese ihnen von Gott aufgetragene Aufgabe erfüllen, sind besonders jene zu erwähnen, die in gemeinsamer kluger Beratung eine größere Zahl von Kindern, wenn diese entsprechend erzogen werden können, hochherzig auf sich nehmen[13].

Die Ehe ist aber nicht nur zur Zeugung von Kindern eingesetzt, sondern die Eigenart des unauflöslichen personalen Bundes und das Wohl der Kinder fordern, daß auch die gegenseitige Liebe der Ehegatten ihren gebührenden Platz behalte, wachse und reife. Wenn deshalb das — oft so erwünschte — Kind fehlt, bleibt die Ehe dennoch als volle Lebensgemeinschaft bestehen und behält ihren Wert sowie ihre Unauflöslichkeit.

51. *(Die eheliche Liebe und der Fortbestand des menschlichen Lebens).* Das Konzil weiß, daß die Gatten in ihrem Bemühen, das Eheleben harmonisch zu gestalten, oft durch mancherlei Lebensbedingungen der heutigen Zeit eingeengt sind und sich in einer Lage befinden, in der die Zahl der Kinder — mindestens zeitweise — nicht vermehrt werden kann und der Vollzug treuer Liebe und die volle Lebensgemeinschaft nur schwer gewahrt werden können. Wo nämlich das intime eheliche Leben unterlassen wird, kann nicht selten die Treue als Ehegut in Gefahr

---

[12] Vgl. 1 Kor 7, 5.
[13] Vgl. Pius XII., Ansprache „Tra le visite", 20. Jan. 1958: AAS 50 (1958) 91.

geraten und das Kind als Ehegut in Mitleidenschaft gezogen werden; denn dann werden die Erziehung der Kinder und auch die tapfere Bereitschaft zu weiteren Kindern gefährdet.

Manche wagen es, für diese Schwierigkeiten unsittliche Lösungen anzubieten, ja sie scheuen selbst vor Tötung nicht zurück. Die Kirche aber erinnert daran, daß es keinen wahren Widerspruch geben kann zwischen den göttlichen Gesetzen hinsichtlich der Übermittlung des Lebens und dem, was echter ehelicher Liebe dient.

Gott, der Herr des Lebens, hat nämlich den Menschen die hohe Aufgabe der Erhaltung des Lebens übertragen, die auf eine menschenwürdige Weise erfüllt werden muß. Das Leben ist daher von der Empfängnis an mit höchster Sorgfalt zu schützen. Abtreibung und Tötung des Kindes sind verabscheuenswürdige Verbrechen. Die geschlechtliche Anlage des Menschen und seine menschliche Zeugungsfähigkeit überragen in wunderbarer Weise all das, was es Entsprechendes auf niedrigeren Stufen des Lebens gibt. Deshalb sind auch die dem ehelichen Leben eigenen Akte, die entsprechend der wahren menschlichen Würde gestaltet sind, zu achten und zu ehren. Wo es sich um den Ausgleich zwischen ehelicher Liebe und verantwortlicher Weitergabe des Lebens handelt, hängt die sittliche Qualität der Handlungsweise nicht allein von der guten Absicht und Bewertung der Motive ab, sondern auch von objektiven Kriterien, die sich aus dem Wesen der menschlichen Person und ihrer Akte ergeben und die sowohl den vollen Sinn gegenseitiger Hingabe als auch den einer wirklich humanen Zeugung in wirklicher Liebe wahren. Das ist nicht möglich ohne aufrichtigen Willen zur Übung der Tugend ehelicher Keuschheit. Von diesen Prinzipien her ist es den Kindern der Kirche nicht erlaubt, in der Geburtenregelung Wege zu beschreiten, die das Lehramt in Auslegung des göttlichen Gesetzes verwirft [14].

---

[14] Vgl. Pius XI., Enz. Casti connubii: AAS 22 (1930) 559–561; Denz.-Schönm. 3716–3718; Pius XII., Ansprache an die Hebammen, 29. Okt. 1951: AAS 43 (1951) 835–854; Paul VI., Ansprache an die Kardinäle, 23. Juni 1964: AAS 56 (1964) 581–589. Bestimmte Fragen, die noch anderer sorgfältiger Untersuchungen bedürfen, sind auf Anordnung des Heiligen Vaters der Kommission für das Studium des Bevölkerungswachstums, der Familie und der Geburtenhäufigkeit übergeben worden, damit, nachdem diese Kommission ihre Aufgabe erfüllt hat, der Papst eine Entscheidung treffe. Bei diesem Stand der Doktrin des Lehramtes beabsichtigt das Konzil nicht, konkrete Lösungen unmittelbar vorzulegen.

Mögen alle daran denken: Das menschliche Leben und die Aufgabe, es weiterzuvermitteln, haben nicht nur eine Bedeutung für diese Zeit und können deshalb auch nicht von daher allein bemessen und verstanden werden, sondern haben immer eine Beziehung zu der ewigen Bestimmung des Menschen.

52. *(Die Sorge aller um die Förderung von Ehe und Familie).* Die Familie ist eine Art Schule reich entfalteter Humanität. Damit sie aber ihr Leben und ihre Sendung vollkommen verwirklichen kann, sind herzliche Seelengemeinschaft, gemeinsame Beratung der Gatten und sorgfältige Zusammenarbeit der Eltern bei der Erziehung der Kinder erforderlich. Zu ihrer Erziehung trägt die anteilnehmende Gegenwart des Vaters viel bei. Aber auch die häusliche Sorge der Mutter, deren besonders die jüngeren Kinder bedürfen, ist zu sichern, ohne daß eine berechtigte gesellschaftliche Hebung der Frau dadurch irgendwie beeinträchtigt wird. Die Kinder sollen so erzogen werden, daß sie erwachsen in vollem Verständnis für ihre Verantwortung ihrer Berufung, auch einer geistlichen, folgen und einen Lebensstand wählen können, in dem sie, wenn sie heiraten, eine eigene Familie gründen können, und dies unter günstigen sittlichen, gesellschaftlichen und wirtschaftlichen Vorraussetzungen. Es ist Aufgabe der Eltern oder Erzieher, die jungen Menschen bei der Gründung einer Familie mit klugem Rat, den sie gern hören sollen, anzuleiten. Doch sollen sie sich dabei hüten, sie mit direktem oder indirektem Zwang zum Eingehen einer Ehe oder zur Wahl des Partners zu bestimmen.

So ist die Familie, in der verschiedene Generationen zusammenleben und sich gegenseitig helfen, um zu größerer Weisheit zu gelangen und die Rechte der einzelnen Personen mit den anderen Notwendigkeiten des gesellschaftlichen Lebens zu vereinbaren, das Fundament der Gesellschaft. Deshalb müssen alle, die einen Einfluß auf Gemeinden und gesellschaftliche Gruppen haben, zur Förderung von Ehe und Familie wirksam beitragen. Die staatliche Gewalt möge es als ihre heilige Aufgabe betrachten, die wahre Eigenart von Ehe und Familie anzuerkennen, zu hüten und zu fördern, die öffentliche Sittlichkeit zu schützen und den häuslichen Wohlstand zu begünstigen. Das Recht der Eltern auf Zeugung der Nachkommenschaft und auf Erziehung in der Familie ist zu sichern. Durch umsichtige Gesetzgebung und andere Maßnahmen soll auch für diejenigen Sorge getragen und entsprechende Hilfe gegeben werden, die das Gut der Familie leider entbehren müssen.

Die christlichen Laien, die die Gegenwart auszukaufen[15] und das Ewige von den wandelbaren Formen zu unterscheiden haben, mögen die Werte der Ehe und Familie durch das Zeugnis ihres eigenen Lebens wie durch Zusammenarbeit mit den anderen Menschen guten Willens eifrig fördern, und so werden sie trotz aller Schwierigkeiten für die Familie das erreichen, was sie braucht, und auch das, was die moderne Zeit an Vorteilen bietet. Um dieses Ziel zu erreichen, sind die christliche Gesinnung der Gläubigen, das richtige sittliche Gewissen der Menschen und eine weise Erfahrung theologischer Fachleute von großem Nutzen.

Die Fachleute in den Wissenschaften, besonders in Biologie, Medizin, Sozialwissenschaften und Psychologie, können dem Wohl von Ehe und Familie und dem Frieden des Gewissens sehr dienen, wenn sie durch ihre gemeinsame wissenschaftliche Arbeit die Voraussetzungen für eine sittlich einwandfreie Geburtenregelung genauer zu klären suchen.

Die Seelsorger haben die Aufgabe, unter Voraussetzung einer genügenden Kenntnis des Familienproblems, mittels der verschiedenen pastoralen Hilfen, durch die Verkündigung des Wortes Gottes, durch die Feier der Liturgie und durch anderen geistlichen Beistand, die Berufung der Gatten in ihrem Ehe- und Familienleben zu fördern, sie menschlich und geduldig in Schwierigkeiten zu stützen und sie in der Liebe zu stärken, damit Familien von großer Ausstrahlungskraft entstehen.

Mancherlei Einrichtungen, besonders Familienvereinigungen, mögen den Jugendlichen und den Eheleuten selbst, besonders den Jungverheirateten, durch Rat und Tat beistehen und helfen, sie zu einem Familienleben hinzuführen, das seiner gesellschaftlichen und apostolischen Aufgabe gerecht wird.

Die Ehegatten selber aber sollen, nach dem Bild des lebendigen Gottes geschaffen, in eine wahre personale Ordnung gestellt, eines Strebens, gleichen Sinnes und in gegenseitiger Heiligung vereint[16] sein, damit sie, Christus, dem Ursprung des Lebens[17], folgend, in den Freuden und Opfern ihrer Berufung

---

[15] Vgl. Eph 5, 16; Kol 4, 5.
[16] Vgl. Sacramentarium Gregorianum: PL 78, 262.
[17] Vgl. Röm 5, 15 u. 18; 6, 5–11; Gal 2, 20.

durch ihre treue Liebe Zeugen jenes Liebesgeheimnisses werden, das der Herr durch seinen Tod und seine Auferstehung der Welt geoffenbart hat[18].

53. *(Einführung)*. In der Person des Menschen selbst liegt es begründet, daß sie nur durch Kultur, das heißt durch die entfaltende Pflege der Güter und Werte der Natur, zur wahren und vollen Verwirklichung des menschlichen Wesens gelangt. Wo immer es daher um das menschliche Leben geht, hängen Natur und Kultur engstens zusammen.

Unter Kultur im allgemeinen versteht man alles, wodurch der Mensch seine vielfältigen geistigen und körperlichen Anlagen ausbildet und entfaltet; wodurch er sich die ganze Welt in Erkenntnis und Arbeit zu unterwerfen sucht; wodurch er das gesellschaftliche Leben in der Familie und in der ganzen bürgerlichen Gesellschaft im moralischen und institutionellen Fortschritt menschlicher gestaltet; wodurch er endlich seine großen geistigen Erfahrungen und Strebungen im Lauf der Zeit in seinen Werken vergegenständlicht, mitteilt und ihnen Dauer verleiht — zum Segen vieler, ja der ganzen Menschheit.

Daraus folgt, daß die Kultur des Menschen notwendig eine geschichtliche und eine gesellschaftliche Seite hat und darum der Begriff der Kultur meist das Gesellschaftliche und das Völkische mitbezeichnet. In diesem Sinn spricht man von Kulturen im Plural. Denn aus der verschiedenen Weise des Gebrauchs der Sachen, der Arbeitsgestaltung, der Selbstdarstellung, der Religion und der Sittlichkeit, der Gesetzgebung und der rechtlichen Institution, der Entfaltung von Wissenschaft, Technik und Kunst entsteht eine Verschiedenheit der gemeinschaftlichen Lebensformen und der Gestalten, in denen die Lebenswerte zu einer Einheit zusammentreten. So bildet sich aus den überlieferten Einrichtungen ein jeder menschlichen Gemeinschaft eigentümliches Erbe. So entsteht für den Menschen jedweden Volkes und jeder Zeit auch eine abgegrenzte und geschichtliche

[18] Vgl. Eph 5, 25–27.

Umwelt, in die er eingefügt bleibt und von der her er die Werte zur Weiterentwicklung der menschlichen und gesellschaftlichen Kultur empfängt.

Erster Abschnitt: Die Situation der Kultur in der Welt von heute

54. *(Neue Lebensformen).* Die Lebensbedingungen des modernen Menschen sind in gesellschaftlicher und kultureller Hinsicht zutiefst verändert, so daß man von einer neuen Epoche der Menschheitsgeschichte sprechen darf[1]. Somit öffnen sich neue Wege zur Entwicklung und weiteren Ausbreitung der Kultur durch das unerhörte Wachstum der Natur- und Geisteswissenschaften, auch der Gesellschaftswissenschaften, die Ausweitung der Technik sowie den Fortschritt im Ausbau und in der guten Organisation der Kommunikationsmittel. Dementsprechend ist die heutige Kultur durch besondere Merkmale gekennzeichnet: die sogenannten exakten Wissenschaften bilden das kritische Urteilsvermögen besonders stark aus; die neueren Forschungen der Psychologie bieten eine tiefere Erklärung des menschlichen Tuns; die historischen Fächer tragen sehr dazu bei, die Dinge unter dem Gesichtspunkt ihrer Wandelbarkeit und Entwicklung zu sehen; der Lebensstil und die ethische Haltung werden immer einheitlicher; Industrialisierung, Verstädterung und andere Ursachen, die die Vergemeinschaftung des Lebens vorantreiben, schaffen neue Kulturformen (Massenkultur), aus denen ein neues Lebensgefühl, neue Weisen des Handelns und der Freizeitgestaltung erwachsen; zugleich macht der Austausch zwischen verschiedenen Völkern und gesellschaftlichen Gruppen die Schätze verschiedener Kulturformen der Masse und den Einzelnen immer mehr zugänglich. So bildet sich allmählich eine universalere Form der menschlichen Kultur, die die Einheit der Menschheit um so mehr fördert und zum Ausdruck bringt, je besser sie die Besonderheiten der verschiedenen Kulturen achtet.

55. *(Der Mensch als Schöpfer der Kultur).* Immer größer wird die Zahl der Männer und Frauen jeder gesellschaftlichen Gruppe und Nation, die sich dessen bewußt sind, selbst Gestalter und Schöpfer der Kultur ihrer Gemeinschaft zu sein. Immer mehr

---

[1] Vgl. die Einführung dieser Konstitution, Nr. 4–10.

wächst in der ganzen Welt der Sinn für Autonomie und zugleich für Verantwortlichkeit, was ohne Zweifel für die geistige und sittliche Reifung der Menschheit von größter Bedeutung ist. Diese tritt noch deutlicher in Erscheinung, wenn wir uns die Einswerdung der Welt und die uns auferlegte Aufgabe vor Augen stellen, eine bessere Welt in Wahrheit und Gerechtigkeit aufzubauen. So sind wir Zeugen der Geburt eines neuen Humanismus, in dem der Mensch sich vor allem von der Verantwortung für seine Brüder und die Geschichte her versteht.

56. *(Schwierigkeiten und Aufgaben)*. In dieser Situation ist es nicht verwunderlich, daß der Mensch, der seine Verantwortung für den Fortschritt der Kultur erkennt, einerseits Größeres als je hofft, andererseits aber auch mit Angst auf die vielfältigen Antinomien blickt, die er selbst auflösen muß:

Was ist zu tun, damit der zunehmende Austausch der Kulturen, der zu einem wahren und fruchtbaren Dialog unter den verschiedenen Gruppen und Nationen führen müßte, das Leben der Gemeinschaften nicht in Verwirrung bringt, die Weisheit der Vorfahren nicht verwirft, noch den je eigenen Volkscharakter gefährdet?

Wie kann man für die Dynamik und Expansion der neuen Kultur eintreten, ohne daß die lebendige Treue zum überlieferten Erbe verlorengeht? Dies ist schon deshalb ein besonders drängendes Problem, weil die Kultur, die aus dem ungeheuren Fortschritt der Naturwissenschaft und der Technik entsteht, zur Einheit gefügt werden muß mit jener Geisteskultur, die von denjenigen Studien lebt, die entsprechend den verschiedenen Überlieferungen als klassisch gelten.

Wie kann eine so schnell voranschreitende Zersplitterung der Einzeldisziplinen mit der Notwendigkeit in Einklang gebracht werden, sie in eine Synthese zu bringen und dem Menschen die Fähigkeit zu jener Kontemplation und zu jenem Staunen zu wahren, die zur Weisheit führen?

Was ist zu tun, daß alle Menschen der kulturellen Güter in der Welt teilhaftig werden, wo doch zur gleichen Zeit die Kultur der Gebildeteren immer sublimer und komplexer wird?

Wie kann man endlich die Autonomie als rechtmäßig anerkennen, die die Kultur für sich beansprucht, ohne daß man zu einem rein innerweltlichen, ja religionsfeindlichen Humanismus kommt?

Inmitten all dieser Antinomien muß die menschliche Kultur heute so entwickelt werden, daß sie die volle menschliche Persönlichkeit harmonisch ausbildet und den Menschen bei den Aufgaben behilflich ist, zu deren Erfüllung alle, vor allem aber die Christen, in einer einzigen menschlichen Familie brüderlich vereint, berufen sind.

Zweiter Abschnitt: Einige Prinzipien zur richtigen Förderung der Kultur

57. *(Glaube und Kultur)*. Die Christen müssen auf der Pilgerschaft zur himmlischen Vaterstadt suchen und sinnen, was oben ist[2]; dadurch wird jedoch die Bedeutung ihrer Aufgabe, zusammen mit allen Menschen am Aufbau einer menschlicheren Welt mitzuarbeiten, nicht vermindert, sondern gemehrt. In der Tat bietet ihnen das Mysterium des christlichen Glaubens wirksame Antriebe und Hilfen, jene Aufgabe mit größerer Hingabe zu erfüllen und vor allem den vollen Sinn solchen Tuns zu entdecken, so daß die menschliche Kulturbemühung innerhalb der ganzen und einen Berufung des Menschen einen hervorragenden Platz erhält.

Wenn nämlich der Mensch mit seiner Handarbeit oder mit Hilfe der Technik die Erde bebaut, damit sie Frucht bringe und eine würdige Wohnstätte für die gesamte menschliche Familie werde, und bewußt seinen Anteil nimmt an der Gestaltung des Lebens der gesellschaftlichen Gruppen, dann führt er den schon am Anfang der Zeiten kundgemachten Auftrag Gottes aus, sich die Erde untertan zu machen[3] und die Schöpfung zu vollenden, und entfaltet er sich selbst; zugleich befolgt er das große Gebot Christi, sich in den Dienst seiner Brüder zu stellen.

Wenn überdies der Mensch sich den verschiedenen Fächern, der Philosophie und Geschichte, der Mathematik und Naturwissenschaft, widmet und sich künstlerisch betätigt, dann kann er im höchsten Grad dazu beitragen, daß die menschliche Familie zu den höheren Prinzipien des Wahren, Guten und Schönen und zu einer umfassenden Weltanschauung kommt und so heller von jener wunderbaren Weisheit erleuchtet wird, die von Ewigkeit her bei Gott war, alles mit ihm ordnete, auf dem Erdkreis spielte und ihre Wonne darin findet, bei den Menschen zu sein[4].

Ebendadurch kann sich der Geist des Menschen, von der Ver-

---

[2] Vgl. Kol 3, 1–2.   [3] Vgl. Gen 1, 28.   [4] Vgl. Spr 8, 30–31.

sklavung unter die Sachwelt befreit, ungehinderter zur Kontemplation und Anbetung des Schöpfers erheben. Ja unter dem Antrieb der Gnade wird er zur Erkenntnis des Wortes Gottes vorbereitet, das schon, bevor es Fleisch wurde, um alle zu retten und in sich als dem Haupt zusammenzufassen, „in der Welt war" als „das wahre Licht, das jeden Menschen erleuchtet" (Jo 1, 9)[5].

Freilich kann der heutige Fortschritt der Naturwissenschaft und der Technik, die kraft ihrer Methode nicht zu den innersten Seinsgründen vordringen können, einen gewissen Phänomenalismus und Agnostizismus begünstigen, wenn die Forschungsmethode dieser Disziplinen unberechtigt als oberste Norm der Findung der Wahrheit schlechthin angesehen wird. Ja es besteht die Gefahr, daß der Mensch in allzu großem Vertrauen auf die heutigen Errungenschaften sich selbst zu genügen glaubt und darüber hinaus nicht mehr sucht.

Doch diese Fehlentwicklungen ergeben sich nicht zwangsläufig aus der heutigen Kultur, und sie dürfen uns nicht dazu verleiten, ihre positiven Werte zu verkennen. Unter diesen sind zu nennen: die Pflege der Naturwissenschaften, unbedingte Sachlichkeit gegenüber der Wahrheit bei der wissenschaftlichen Forschung, die heute gegebene Unerläßlichkeit der Zusammenarbeit mehrerer in dafür organisierten Teams, der Geist der internationalen Solidarität, das immer wacher werdende Bewußtsein von der Verantwortung der Fachleute für den Dienst am Menschen und dessen Schutz, der Wille zur Verbesserung der menschlichen Lebensbedingungen aller, besonders jener, die die Verantwortung für sich selbst nicht übernehmen können oder kulturell zurückgeblieben sind. Das alles kann für die Aufnahme der Botschaft des Evangeliums in gewissem Sinn eine Vorbereitung bedeuten, die durch die göttliche Liebe von dem beseelt wird, der gekommen ist, die Welt zu retten.

58. *(Der vielfältige Zusammenhang zwischen der guten Botschaft Christi und der Kultur).* Vielfache Beziehungen bestehen zwischen der Botschaft des Heils und der menschlichen Kultur. Denn Gott hat in der Offenbarung an sein Volk bis zu seiner vollen Selbstkundgabe im fleischgewordenen Sohn entsprechend der den verschiedenen Zeiten eigenen Kultur gesprochen.

---

[5] Vgl. Irenäus, Adv. Haer. III, 11, 8: ed. Sagnard, S. 200: vgl. ebd. 16, 6, S. 290 bis 292; 21, 10–22, S. 370–372; 22, 3, S. 378 u. ö.

In gleicher Weise nimmt die Kirche, die im Lauf der Zeit in je verschiedener Umwelt lebt, die Errungenschaften der einzelnen Kulturen in Gebrauch, um die Botschaft Christi in ihrer Verkündigung bei allen Völkern zu verbreiten und zu erklären, um sie zu erforschen und tiefer zu verstehen, um sie in der liturgischen Feier und im Leben der vielgestaltigen Gemeinschaft der Gläubigen besser Gestalt werden zu lassen.

Zugleich ist die Kirche wohl zu allen Völkern, welcher Zeit und welchen Landes auch immer, gesandt, jedoch an keine Rasse oder Nation, an keine besondere Art der Sitte, an keinen alten oder neuen Brauch ausschließlich und unlösbar gebunden. Sie läßt zwar den Zusammenhang mit ihrer eigenen geschichtlichen Herkunft nicht abreißen, ist sich aber zugleich der Universalität ihrer Sendung bewußt und vermag so mit den verschiedenen Kulturformen eine Einheit einzugehen, zur Bereicherung sowohl der Kirche wie der verschiedenen Kulturen.

Die gute Botschaft Christi erneuert unausgesetzt Leben und Kultur des gefallenen Menschen und bekämpft und beseitigt Irrtümer und Übel, die aus der stets drohenden Verführung zur Sünde hervorgehen. Unablässig reinigt und hebt sie die Sitten der Völker. Die geistigen Vorzüge und Anlagen eines jeden Volkes oder einer jeden Zeit befruchtet sie sozusagen von innen her mit überirdischen Gaben, festigt, vollendet und erneuert sie in Christus[6]. Schon durch die Erfüllung der eigenen Aufgabe[7] treibt die Kirche die menschliche und mitmenschliche Kultur voran und trägt zu ihr bei; durch ihr Wirken, auch durch ihre Liturgie, erzieht sie den Menschen zur inneren Freiheit.

59. (*Verschiedene Gesichtspunkte für die rechte Pflege der Formen menschlicher Kultur*). Aus den genannten Gründen erinnert die Kirche alle daran, daß die Kultur auf die Gesamtentfaltung der menschlichen Person und auf das Wohl der Gemeinschaft sowie auf das der ganzen menschlichen Gesellschaft auszurichten ist. Darum muß der menschliche Geist so gebildet werden, daß die Fähigkeit des Staunens, der eigentlichen Wesenserkenntnis, der Kontemplation, der persönlichen Urteils-

---

[6] Vgl. Eph 1, 10.
[7] Vgl. die Worte Pius' XI. an M.-D. Roland-Gosselin: „Nie darf man aus dem Blick verlieren, daß es das Ziel der Kirche ist, zu evangelisieren, und nicht, Kultur zu treiben. Wenn sie Kultur betreibt, dann durch Evangelisation" (Semaine sociale de Versailles, 1936, 461–462).

bildung und das religiöse, sittliche und gesellschaftliche Bewußtsein gefördert werden.

Da nämlich die Kultur unmittelbar aus der vernünftigen und gesellschaftlichen Anlage des Menschen hervorgeht, bedarf sie immer des ihr zustehenden Freiheitsraumes, um sich zu entfalten, und der legitimen Möglichkeit, den eigenen Prinzipien gemäß selbständig zu handeln. Sie hat also einen berechtigten Anspruch auf Anerkennung, und ihr eignet eine gewisse Unverletzlichkeit, freilich unter Wahrung der Rechte der Person und der Gemeinschaft, von der einzelnen bis zur universalen, und innerhalb der Grenzen des Gemeinwohls.

Die Heilige Synode macht sich daher die Lehre des Ersten Vatikanischen Konzils zu eigen, daß es „zwei verschiedene Erkenntnisordnungen" gibt, nämlich die des Glaubens und die der Vernunft, und daß die Kirche keineswegs verbietet, „daß die menschlichen Künste und Wissenschaften bei ihrer Entfaltung, jede in ihrem Bereich, jede ihre eigenen Grundsätze und ihre eigene Methode gebrauchen". Daher bejaht sie „in Anerkennung dieser berechtigten Freiheit" die rechtmäßige Eigengesetzlichkeit der Kultur und vor allem der Wissenschaften[8].

Damit ist auch gefordert, daß der Mensch unter Wahrung der sittlichen Ordnung und des Gemeinnutzes frei nach der Wahrheit forschen, seine Meinung äußern und verbreiten und die Kunst nach seiner Wahl pflegen kann; schließlich, daß er wahrheitsgemäß über öffentliche Vorgänge unterrichtet werde[9].

Aufgabe der öffentlichen Gewalt ist es nicht, die Kulturformen in ihrer besonderen Eigenart jeweils festzulegen, sondern günstige Voraussetzungen zu schaffen und entsprechende Hilfen zu gewähren, um das kulturelle Leben bei allen, auch bei nationalen Minderheiten, zu fördern[10]. Darum muß man vor allem verhindern, daß die Kultur ihrem eigenen Zweck entfremdet und politischen oder wirtschaftlichen Mächten zu dienen gezwungen wird.

Dritter Abschnitt: Einige dringliche Aufgaben der Christen im Bereich der Kultur

[8] I. Vat. Konzil, Dogm. Konst. über den kath. Glauben Dei Filius, Kap. IV: D 1795 1799 (3015 3019): Vgl. Pius XI., Enz. Quadragesimo anno: AAS 23 (1931) 190.
[9] Vgl. Johannes XXIII., Enz. Pacem in terris: AAS 55 (1963) 260.
[10] Johannes XXIII., Enz. Pacem in terris: AAS 55 (1963) 283; Pius XII., Radiobotschaft, 24. Dez. 1941: AAS 34 (1942) 16–17.

60. (*Die Anerkennung und Verwirklichung des Rechts aller auf die Wohltaten der Kultur*). Da jetzt die Möglichkeit gegeben ist, die meisten Menschen aus dem Elend der Unwissenheit zu befreien, ist es heute eine höchst zeitgemäße Pflicht, vor allem für die Christen, tatkräftig darauf hinzuarbeiten, daß in der Wirtschaft wie in der Politik, auf nationaler wie auf internationaler Ebene Grundentscheidungen getroffen werden, durch die das Recht aller auf menschliche und mitmenschliche Kultur auf der ganzen Welt anerkannt wird und zur Verwirklichung kommt, ein Recht, das entsprechend der Würde der menschlichen Person allen ohne Unterschied der Rasse, des Geschlechts, der Nation, der Religion oder der sozialen Stellung zukommt. Daher ist dafür Sorge zu tragen, daß die Kulturgüter in ausreichendem Maße allen zugänglich sind, vor allem jene, die die sogenannte Grundkultur ausmachen, damit nicht weiterhin ein großer Teil der Menschheit durch Analphabetismus und Mangel an verantwortlicher Eigeninitiative von einer wahrhaft menschlichen Mitarbeit am Gemeinwohl ausgeschlossen wird.

Ziel muß also sein, daß alle, die entsprechend begabt sind, zu höheren Studien aufsteigen können, und zwar so, daß sie, soweit es möglich ist, in der Gesellschaft jene Aufgaben, Ämter und Dienste erreichen, die ihrer Begabung und ihren Fachkenntnissen entsprechen[11]. So werden jeder Einzelne und alle gesellschaftlichen Gruppen eines jeden Volkes zur vollen Entfaltung ihres kulturellen Lebens gelangen können, wie sie ihren Anlagen und Überlieferungen gemäß ist.

Darüber hinaus sind ernste Anstrengungen zu machen, daß sich alle des Rechtes auf Kultur bewußt werden und der Pflicht, sich selbst zu bilden und andere bei ihrer Bildung zu unterstützen; gibt es doch mitunter Lebens- und Arbeitsbedingungen, die die kulturellen Bemühungen der Menschen behindern und das Streben nach Kultur in ihnen ersticken. Das gilt in besonderer Weise für Landbevölkerung und Arbeiter; diesen müssen Arbeitsbedingungen geboten werden, die ihre menschliche Kultur nicht beeinträchtigen, sondern fördern. Die Frauen sind zwar schon in fast allen Lebensbereichen tätig, infolgedessen sollen sie aber auch in der Lage sein, die ihrer Eigenart angemessene Rolle voll zu übernehmen. Sache aller ist es, die je eigene und not-

---

[11] Vgl. Johannes XXIII., Enz. Pacem in terris: AAS 55 (1963) 260.

wendige Teilnahme der Frau am kulturellen Leben anzuerkennen und zu fördern.

61. *(Die Erziehung zur menschlichen Gesamtkultur).* Die verschiedenen Wissenschaften und Künste in eine Synthese zu bringen ist heute schwieriger als früher. Denn einerseits nimmt die Menge und Vielfalt der Elemente zu, die die Kultur ausmachen, andererseits verringert sich die Fähigkeit der Einzelnen, diese zu erfassen und organisch zu ordnen, so daß das Idealbild *eines universal gebildeten Menschen* immer mehr schwindet. Dennoch bleibt es Verpflichtung eines jeden, die Totalität der menschlichen Person zu wahren, die vor allem durch die Werte der Vernunft, des Willens, des Gewissens und der Brüderlichkeit bestimmt ist, Werte, die alle in Gott dem Schöpfer ihren Grund haben und in Christus wunderbar geheilt und erhoben sind.

Insbesondere in der Familie, sozusagen der Mutter und Hüterin dieser Erziehung, lernen die Kinder, von Liebe umhegt, leichter die wahre Ordnung der Wirklichkeit; die erprobten Formen der menschlichen Kultur prägen sich gleichsam von selbst dem Geist der heranwachsenden Jugend ein.

Für eben diese Erziehung gibt es in der heutigen Gesellschaft günstige Möglichkeiten, besonders durch weitere Verbreitung von Büchern und die neuen kulturellen und sozialen Kommunikationsmittel, die einer Universalkultur förderlich sein können. Da nämlich die Arbeitszeit allenthalben verkürzt wird, nimmt die frei verfügbare Zeit für sehr viele ständig zu. Die Freizeit soll nun sinnvoll zur Entspannung und zur Kräftigung der geistigen und körperlichen Gesundheit verwendet werden: durch Beschäftigung nach eigener Wahl und Studien; durch Reisen in andere Länder (Tourismus), durch die der menschliche Geist weitergebildet wird, die Menschen aber auch durch gegenseitige Bekanntschaft bereichert werden; durch den Sport mit seinen Veranstaltungen, der zum psychischen Gleichgewicht des Einzelnen und der Gesellschaft sowie zur Anknüpfung brüderlicher Beziehungen zwischen Menschen aller Lebensverhältnisse, Nationen oder Rassen beiträgt. Die Christen sollen sich also an den kollektiven Veranstaltungen und Aktionen im kulturellen Bereich beteiligen, die unserer Zeit eigentümlich sind, damit sie mit humanem und christlichem Geist durchdrungen werden.

Alle diese offenen Möglichkeiten aber vermögen eine volle kulturelle Erziehung des Menschen nicht zu verwirklichen, wenn man sich nicht gleichzeitig gründlich mit der Bedeutung von Kultur und Wissenschaft für die menschliche Person befaßt.

62. (*Das rechte Verhältnis der menschlichen und mitmenschlichen Kultur zur christlichen Bildung*). Wiewohl die Kirche zum kulturellen Fortschritt viel beigetragen hat, so steht doch durch Erfahrung fest, daß ein friedliches Verhältnis von Kultur und Christentum, wenn auch aus historisch bedingten Ursachen, sich nicht immer ohne Schwierigkeiten einstellt.

Diese Schwierigkeiten brauchen das Glaubensleben nicht notwendig zu schädigen, können vielmehr den Geist zu einem genaueren und tieferen Glaubensverständnis anregen. Denn die neuen Forschungen und Ergebnisse der Naturwissenschaften, aber auch der Geschichtswissenschaft und Philosophie stellen neue Fragen, die sogar für das Leben Konsequenzen haben und auch von den Theologen neue Untersuchungen verlangen. Außerdem sehen sich die Theologen veranlaßt, immer unter Wahrung der der Theologie eigenen Methoden und Erfordernisse nach einer geeigneteren Weise zu suchen, die Lehre des Glaubens den Menschen ihrer Zeit zu vermitteln. Denn die Glaubenshinterlage selbst, das heißt die Glaubenswahrheiten, darf nicht verwechselt werden mit ihrer Aussageweise, auch wenn diese immer den selben Sinn und Inhalt meint[12]. In der Seelsorge sollen nicht nur die theologischen Prinzipien, sondern auch die Ergebnisse der profanen Wissenschaften, vor allem der Psychologie und der Soziologie, wirklich beachtet und angewendet werden, so daß auch die Laien zu einem reineren und reiferen Glaubensleben kommen.

Auf ihre Weise sind auch Literatur und Kunst für das Leben der Kirche von großer Bedeutung. Denn sie bemühen sich um das Verständnis des eigentümlichen Wesens des Menschen, seiner Probleme und seiner Erfahrungen bei dem Versuch, sich selbst und die Welt zu erkennen und zu vollenden; sie gehen darauf aus, die Situation des Menschen in Geschichte und Universum zu erhellen, sein Elend und seine Freude, seine Not und seine Kraft zu schildern und ein besseres Los des Menschen vorausahnen zu lassen. So dienen sie der Erhebung des Menschen in seinem Leben in vielfältigen Formen je nach Zeit und Land, das sie darstellen.

[12] Vgl. Johannes XXIII., Rede zur Konzilseröffnung, 11. Okt. 1962: AAS 54 (1962) 792.

Durch angestrengtes Bemühen soll erreicht werden, daß die Künstler das Bewußtsein haben können, in ihrem Schaffen von der Kirche anerkannt zu sein, und daß sie im Besitz der ihnen zustehenden Freiheit leichter zum Kontakt mit der christlichen Gemeinde kommen. Auch die neuen Formen der Kunst, die gemäß der Eigenart der verschiedenen Völker und Länder den Menschen unserer Zeit entsprechen, sollen von der Kirche anerkannt werden. In das Heiligtum aber sollen sie aufgenommen werden, wenn sie in einer dafür angepaßten Aussageweise den Erfordernissen der Liturgie entsprechen und den Geist zu Gott erheben[13].

So wird das Wissen um Gott besser verdeutlicht, die evangelische Botschaft wird dem Geist der Menschen zugänglicher und zeigt sich als etwas, was gewissermaßen ihrem Dasein schon immer eingestiftet war.

Die Gläubigen sollen also in engster Verbindung mit den anderen Menschen ihrer Zeit leben und sich bemühen, ihre Denk- und Urteilsweisen, die in der Geisteskultur zur Erscheinung kommen, vollkommen zu verstehen. Das Wissen um die neuen Wissenschaften, Anschauungen und Erfindungen sollen sie verbinden mit christlicher Sittlichkeit und mit ihrer Bildung in der christlichen Lehre, damit religiöses Leben und Rechtschaffenheit mit der wissenschaftlichen Erkenntnis und dem täglich wachsenden technischen Fortschritt bei ihnen Schritt halten und sie so alles aus einer umfassenden christlichen Haltung zu beurteilen und zu deuten vermögen.

Die Vertreter der theologischen Disziplinen an den Seminarien und Universitäten sollen mit hervorragenden Vertretern anderer Wissenschaften in gemeinsamer Bemühung und Planung zusammenzuarbeiten suchen. Die theologische Forschung soll sich zugleich um eine tiefe Erkenntnis der geoffenbarten Wahrheit bemühen und die Verbindung mit der eigenen Zeit nicht vernachlässigen, um den in so verschiedenen Wissenszweigen gebildeten Menschen zu einem umfassenderen Glaubensverständnis verhelfen zu können. Dieses gemeinsame Bemühen wird auch für die Ausbildung der Seelsorger von größtem Nutzen sein, damit diese imstande sind, die Lehre der Kirche über Gott, den Menschen und die Welt den Menschen unserer

---

[13] Vgl. II. Vat. Konzil, Konstitution über die heilige Liturgie Sacrosanctum Concilium, Nr. 123: AAS 56 (1964) 131; Paul VI., Ansprache an die römischen Künstler („„Messa degli Artisti"), 7. Mai 1964: AAS 56 (1964) 439–442.

Zeit in geeigneter Weise darzulegen, und so das Wort der Kirche von diesen auch bereitwilliger angenommen wird[14]. Es ist sogar wünschenswert, daß einer großen Zahl von Laien eine hinreichende Bildung in der Theologie vermittelt werde und recht viele von ihnen die Theologie auch zum Hauptstudium machen und selber weiter fördern. Zur Ausführung dieser Aufgabe muß aber den Gläubigen, Klerikern wie Laien, die entsprechende Freiheit des Forschens, des Denkens sowie demütiger und entschiedener Meinungsäußerung zuerkannt werden in allen Bereichen ihrer Zuständigkeit[15].

DRITTES KAPITEL

DAS WIRTSCHAFTSLEBEN

63. *(Zum Erscheinungsbild des Wirtschaftslebens).* Auch im Wirtschaftsleben sind die Würde der menschlichen Person und ihre ungeschmälerte Berufung wie auch das Wohl der gesamten Gesellschaft zu achten und zu fördern, ist doch der Mensch Urheber, Mittelpunkt und Ziel aller Wirtschaft.

Wie die andern Bereiche des gesellschaftlichen Lebens, so ist auch die heutige Wirtschaft geprägt durch die wachsende Herrschaft des Menschen über die Natur, durch die steigende Dichte und Gewichtigkeit der Beziehungen und wechselseitigen Abhängigkeit der Einzelnen, der Gruppen und der Völker sowie durch das immer häufigere Eingreifen der öffentlichen Gewalt. Zugleich haben die Fortschritte in der Produktionstechnik wie auch im Austausch von Gütern und Dienstleistungen die Wirtschaft in den Stand gesetzt, die gestiegenen Bedürfnisse der Menschheitsfamilie besser zu befriedigen.

Es fehlt aber auch nicht an Gründen zur Beunruhigung. Nicht wenige Menschen, namentlich in den wirtschaftlich fortgeschrittenen Ländern, sind von der Wirtschaft geradezu versklavt, so daß fast ihr ganzes persönliches und gesellschaftliches Leben von ausschließlich wirtschaftlichem Denken bestimmt ist, und dies ebenso in Ländern, die einer kollektivistischen Wirt-

[14] Vgl. II. Vat. Konzil, Dekret über die Ausbildung der Priester Optatam totius und Erklärung über die christliche Erziehung Gravissimum educationis.
[15] Vgl. II. Vat. Konzil, Dogm. Konst. über die Kirche Lumen Gentium, Kap. IV, Nr. 37: AAS 57 (1965) 42–43.

schaftsweise zugetan sind, wie in anderen. Gerade zu der Zeit, da das Wachstum der Wirtschaft, vernünftig und human gelenkt und koordiniert, die sozialen Ungleichheiten mildern könnte, führt es allzuoft zu deren Verschärfung, hie und da sogar zur Verschlechterung der Lage der sozial Schwachen und zur Verachtung der Notleidenden. Während einer ungeheueren Masse immer noch das absolut Notwendige fehlt, leben einige — auch in zurückgebliebenen Ländern — in Üppigkeit und treiben Verschwendung. Nebeneinander bestehen Luxus und Elend. Einige wenige erfreuen sich weitestgehender Entscheidungsfreiheit, während viele fast jeder Möglichkeit ermangeln, initiativ und eigenverantwortlich zu handeln, und sich oft in Lebens- und Arbeitsbedingungen befinden, die des Menschen unwürdig sind.

Ähnliche Störungen des ökonomischen und sozialen Gleichgewichts bestehen zwischen Landwirtschaft, Industrie und Dienstleistungsgewerben wie auch zwischen verschiedenen Gebieten einer und derselben Nation. Zwischen den wirtschaftlich fortgeschrittenen Völkern und anderen bildet sich ein ständig sich verschärfender Gegensatz heraus, der sogar den Weltfrieden gefährden kann.

Diese Gleichgewichtsstörungen werden von unseren Zeitgenossen mit um so wacherem Bewußtsein erlebt, als sie fest überzeugt sind, die gewaltigen technischen und ökonomischen Mittel, über die wir heute verfügen, machten es nicht nur möglich, sondern zur Pflicht, diesen unseligen Zustand zu überwinden. Daher werden vielfältige institutionelle Reformen in der Wirtschaft wie auch eine allgemeine Umstellung der Gesinnung und Verhaltensweise gefordert. Hierzu hat die Kirche Grundsätze der Gerechtigkeit und Billigkeit sowohl für das persönliche und das gesellschaftliche als auch für das internationale Leben, wie die rechte Vernunft sie fordert, im Lauf der Jahrhunderte unter dem Licht des Evangeliums erarbeitet und namentlich in jüngster Zeit vorgelegt. Das Heilige Konzil möchte diese Grundsätze der heutigen Lage entsprechend unterstreichen und vorzugsweise im Hinblick auf die Bedürfnisse einer im Fortschritt befindlichen Wirtschaft einige Orientierungen geben[1].

---

[1] Vgl. Pius XII., Botschaft, 23. März 1952: AAS 44 (1952) 273; Johannes XXIII., Ansprache an die ACLI, 1. Mai 1959: AAS 51 (1959) 358.

Erster Abschnitt: Der wirtschaftliche Fortschritt

64. *(Wirtschaftlicher Fortschritt zum Dienst am Menschen).* Das Bemühen um vermehrte Erzeugung landwirtschaftlicher und industrieller Güter und um gesteigerte Darbietung von Dienstleistungen mit dem Ziel, den Bedürfnissen der wachsenden Menschenzahl gerecht zu werden und den immer höheren Ansprüchen der Menschen Genüge zu tun, erscheint heute mehr als je gerechtfertigt. Darum verdienen technischer Fortschritt, Aufgeschlossenheit für das Neue, die Bereitschaft, neue Unternehmen ins Leben zu rufen und bestehende zu erweitern, die Entwicklung geeigneter Produktionsverfahren, das ernsthafte Bemühen aller irgendwie am Produktionsprozeß Beteiligten, überhaupt alles, was zu diesem Fortschritt beiträgt, durchaus gefördert zu werden. Die fundamentale Zweckbestimmung dieses Produktionsprozesses besteht aber weder in der vermehrten Produktion als solcher noch in Erzielung von Gewinn oder Ausübung von Macht, sondern im Dienst am Menschen, und zwar am ganzen Menschen im Hinblick auf seine materiellen Bedürfnisse, aber ebenso auch auf das, was er für sein geistiges, sittliches, spirituelles und religiöses Leben benötigt. Das gilt ausdrücklich für alle Menschen und für jeden einzelnen, für jede Gruppe, für Menschen jeder Rasse und jeden Erdteils. Daraus folgt: Alle wirtschaftliche Tätigkeit ist — nach den ihr arteigenen Verfahrensweisen und Gesetzmäßigkeiten — immer im Rahmen der sittlichen Ordnung[2] so auszuüben, daß das verwirklicht wird, was Gott mit dem Menschen vorhat[3].

65. *(Der Mensch Herr des wirtschaftlichen Fortschritts).* Niemals darf der wirtschaftliche Fortschritt der Herrschaft des Menschen entgleiten; ebensowenig darf er der ausschließlichen Bestimmung durch wenige mit übergroßer wirtschaftlicher Macht ausgestattete Einzelmenschen oder Gruppen noch auch durch den Staat, noch durch einige übermächtige Nationen ausgeliefert sein. Im Gegenteil ist geboten, daß auf jeder Stufe

---

[2] Vgl. Pius XI., Enz. Quadragesimo anno: AAS 23 (1931) 190ff.; Pius XII., Botschaft, 23. März 1952: AAS 44 (1952) 276ff.; Johannes XXIII., Enz. Mater et Magistra: AAS 53 (1961) 450; II. Vat. Konzil, Dekret über die sozialen Kommunikationsmittel Inter mirifica, Kap. I, Nr. 6: AAS 56 (1964) 147.
[3] Vgl. Mt 16, 26; Lk 16, 1–31; Kol 3, 17.

möglichst viele Menschen und, soweit es sich um den zwischen-
staatlichen Bereich handelt, alle Nationen an der Lenkung des
wirtschaftlichen Fortschritts aktiv beteiligt seien. Gleicherweise
bedarf es der rechten Zusammenordnung und des sachgerechten
inneren Verbundes des der eigenen Initiative entspringenden
Wirkens der Einzelnen und der freien Gruppen einerseits und
der Maßnahmen öffentlicher Gewalten andererseits.

Das Wachstum ist weder ausschließlich dem Automatismus
des Tuns und Lassens der einzelnen Wirtschaftssubjekte noch ausschließlich dem Machtgebot der öffentlichen Gewalt zu überantworten. Sowohl die Lehren, die unter Berufung auf eine
mißverstandene Freiheit notwendigen Reformen den Weg
verlegen, als auch solche, die um einer kollektivistischen Organisation des Produktionsprozesses willen grundlegende Rechte
der Einzelpersonen und der Gruppen hintansetzen, sind daher
gleicherweise als irrig abzulehnen[4].

Die Bürger sollen sich ihrer auch von der Staatsgewalt an-
zuerkennenden Berechtigung und Verpflichtung bewußt sein,
nach Maßgabe ihrer Möglichkeiten zum wahren Fortschritt
ihres Gemeinwesens beizutragen. Namentlich in den wirtschaftlich weniger entwickelten Ländern, wo alle verfügbaren
Mittel dringend benötigt werden, heißt es das Gemeinwohl
ernstlich gefährden, wenn man seine Mittel dem produktiven
Einsatz vorenthält oder — unbeschadet des persönlichen Rechtes
auszuwandern — seinem Gemeinwesen materielle und ideelle
Hilfen, auf die es angewiesen ist, entzieht.

66. *(Abbau übergroßer sozialökonomischer Unterschiede)*. Um den
Erfordernissen von Gerechtigkeit und Billigkeit Genüge zu
tun, müssen ernsthafte Anstrengungen unternommen werden,
um — unbeschadet der Rechte der menschlichen Person und der
besonderen Veranlagung jedes einzelnen Volkes — die übergroßen und noch weiter zunehmenden Ungleichheiten der
wirtschaftlichen Lage und die damit Hand in Hand gehende
persönliche und soziale Diskriminierung möglichst rasch ab-
zubauen. Desgleichen bedarf es in manchen Gegenden an-

---

[4] Vgl. Leo XIII., Enz. Libertas praestantissimum, 20. Juni 1888: ASS 20 (1887–88)
597 ff.; Pius XI., Enz. Quadragesimo anno: AAS 23 (1931) 191 ff.; ders., Divini
Redemptoris: AAS 29 (1937) 65 ff.; Pius XII., Weihnachtsbotschaft 1941: AAS 34
(1942) 10 ff.; Johannes XXIII., Enz. Mater et Magistra: AAS 53 (1961) 401–464.

gesichts der besonderen Schwierigkeiten, denen die Landwirtschaft in bezug auf Gewinnung und Absatz ihrer Erzeugnisse unterliegt, besonderer Maßnahmen zugunsten der Bauern mit dem Ziel, ihre Produktion zu erhöhen oder günstiger abzusetzen oder erforderliche Entwicklungen und Neugestaltungen in die Wege zu leiten oder ihr Einkommen auf eine angemessene Höhe zu bringen und so zu verhüten, daß sie, wie es öfters vorkommt, auf die Dauer über die Lage von Staatsbürgern zweiter Klasse nicht hinauskommen. Sache der Bauern selbst, vor allem der jungen Generation, ist es, sich angelegentlich darum zu bemühen, ihr berufliches Können zu steigern, ohne das es keinen Fortschritt in der Landwirtschaft geben kann[5].

Gerechtigkeit und Billigkeit gebieten ferner, die für wirtschaftlichen Fortschritt unerläßliche Mobilität so zu regeln, daß das Leben der Einzelnen und der Familien nicht ungesichert oder gefährdet wird. Die aus anderen Völkern und Ländern herangezogenen Arbeiter, die durch ihre Arbeit zum wirtschaftlichen Aufstieg des Volkes oder Landes beitragen, dürfen, was Entlohnung und Arbeitsbedingungen angeht, in keiner Weise diskriminiert werden. Alle im Aufnahmeland, namentlich aber die öffentlichen Stellen, dürfen sie nicht als bloße Produktionsmittel behandeln, sondern haben ihnen als menschlichen Personen zu begegnen und sollen ihnen helfen, ihre Familien nachzuziehen und sich angemessene Wohngelegenheit zu verschaffen, sollen auch ihre Eingliederung in das gesellschaftliche Leben des Aufnahmelandes und seiner Bevölkerung begünstigen. Soweit wie möglich sollte man jedoch in ihren Heimatländern selbst Arbeitsgelegenheit schaffen.

Angesichts der heute sich vollziehenden Umwälzungen im Wirtschaftsleben und des Gestaltwandels zur industriellen Gesellschaft, wo beispielsweise die Automation im Vormarsch ist, muß Sorge dafür getragen werden, daß ausreichende und für den Einzelnen passende Arbeitsgelegenheit, verbunden mit der Möglichkeit ausreichender technischer und fachlicher Ausbildung, bereitsteht und zugleich der Lebensunterhalt und die Menschenwürde namentlich derer gesichert sind, die wegen ihres gesundheitlichen Zustandes oder ihres Alters sich in besonders schwieriger Lage befinden.

---

[5] Zum Problem der Landwirtschaft vgl. vor allem Johannes XXIII., Enz. Mater et Magistra: AAS 53 (1961) 431 ff.

Zweiter Abschnitt: Einige für das ganze sozialökonomische Leben verbindliche Grundsätze

67. *(Arbeit, Arbeitsbedingungen, Freizeit).* Die in der Gütererzeugung, der Güterverteilung und in den Dienstleistungsgewerben geleistete menschliche Arbeit hat den Vorrang vor allen anderen Faktoren des wirtschaftlichen Lebens, denn diese sind nur werkzeuglicher Art.

Die Arbeit nämlich, gleichviel, ob selbständig ausgeübt oder im Lohnarbeitsverhältnis stehend, ist unmittelbarer Ausfluß der Person, die den stofflichen Dingen ihren Stempel aufprägt und sie ihrem Willen dienstbar macht. Durch seine Arbeit erhält der Mensch sein und der Seinigen Leben, tritt in tätigen Verbund mit seinen Brüdern und dient ihnen; so kann er praktische Nächstenliebe üben und seinen Beitrag zur Vollendung des Schöpfungswerkes Gottes erbringen. Ja wir halten fest: Durch seine Gott dargebrachte Arbeit verbindet der Mensch sich mit dem Erlösungswerk Jesu Christi selbst, der, indem er in Nazareth mit eigenen Händen arbeitete, der Arbeit eine einzigartige Würde verliehen hat. Daraus ergibt sich für jeden Einzelnen sowohl die Verpflichtung zu gewissenhafter Arbeit wie auch das Recht auf Arbeit; Sache der Gesellschaft aber ist es, nach jeweiliger Lage der Dinge für ihren Teil behilflich zu sein, daß ihre Bürger Gelegenheit zu ausreichender Arbeit finden können. Schließlich ist die Arbeit so zu entlohnen, daß dem Arbeiter die Mittel zu Gebote stehen, um sein und der Seinigen materielles, soziales, kulturelles und spirituelles Dasein angemessen zu gestalten — gemäß der Funktion und Leistungsfähigkeit des Einzelnen, der Lage des Unternehmens und unter Rücksicht auf das Gemeinwohl[6].

Da der Wirtschaftsprozeß im allgemeinen auf Arbeitsvereinigung beruht, ist es unbillig und menschenunwürdig, ihn so zu gestalten und zu lenken, daß irgendwelche Arbeitenden zu Schaden kommen. Nicht selten aber geschieht es auch heute noch, daß die Werktätigen geradezu zu Sklaven ihres eigenen Werkes werden. Das aber läßt sich auf keinen Fall durch so-

---

[6] Vgl. Leo XIII., Enz. Rerum novarum: ASS 23 (1890–91) 649–662; Pius XI., Enz. Quadragesimo anno: AAS 23 (1931) 200–201; ders., Enz. Divini Redemptoris: AAS 29 (1937) 92; Pius XII., Radiobotschaft am Vorabend des Weihnachtsfestes 1942: AAS 35 (1943) 20; ders., Ansprache, 13. Juni 1943: AAS 35 (1943) 172; ders., Radiobotschaft an die Arbeiter Spaniens, 11. März 1951: AAS 43 (1951) 215; Johannes XXIII., Enz. Mater et Magistra: AAS 53 (1961) 419.

genannte Gesetzmäßigkeiten des wirtschaftlichen Lebens rechtfertigen. Der ganze Vollzug werteschaffender Arbeit ist daher
auf die Bedürfnisse der menschlichen Person und ihrer Lebensverhältnisse auszurichten, insbesondere auf die Bedürfnisse des
häuslichen Lebens, dies namentlich bei den Familienmüttern,
unter ständiger Rücksichtnahme auf Geschlecht und Alter.
Überdies sollte der arbeitende Mensch in seiner Arbeit selbst
Gelegenheit haben zur Entwicklung seiner Anlagen und Entfaltung seiner Personwerte. Alle aber, die ihre Zeit und Kraft
mit gebührendem Verantwortungsbewußtsein der Arbeit widmen, sollten auch über ausreichende Ruhezeiten und Muße verfügen für das Leben mit ihren Familien, für ihr kulturelles, gesellschaftliches und religiöses Leben. Ja sie sollten auch die Möglichkeit haben, gerade diejenigen Anlagen und Fähigkeiten frei
zu entwickeln, zu deren Entfaltung ihre berufliche Tätigkeit
vielleicht nur wenig Gelegenheit bietet.

68. *(Die Beteiligung in der Ordnung von Unternehmen und Gesamt-
wirtschaft; die Arbeitskämpfe).* In den wirtschaftlichen Unternehmen stehen Personen miteinander in Verbund, d. h. freie,
selbstverantwortliche, nach Gottes Bild geschaffene Menschen.
Darum sollte man unter Bedachtnahme auf die besonderen
Funktionen der Einzelnen, sei es der Eigentümer, der Arbeit-
geber, der leitenden oder der ausführenden Kräfte, und unbeschadet der erforderlichen einheitlichen Werkleitung die
aktive Beteiligung aller an der Unternehmensgestaltung[7] voranbringen; die geeignete Art und Weise der Verwirklichung
wäre näher zu bestimmen. In großem Umfang werden Entscheidungen über wirtschaftliche und soziale Angelegenheiten,
die für das künftige Los der Arbeiter und ihrer Nachkommenschaft von Bedeutung sind, nicht so sehr in den einzelnen Unternehmen als vielmehr an höheren Stellen getroffen; darum sollten die Arbeiter auch daran beteiligt sein, sei es unmittelbar, sei
es durch frei gewählte Abgesandte.

Eines der grundlegenden Rechte der menschlichen Person ist
das Recht der im Arbeitsverhältnis stehenden Menschen, in

---

[7] Vgl. Johannes XXIII., Enz. Mater et Magistra: AAS (1961) 408 424 427;
der Begriff „curatio" (Mitgestaltung) wurde dem lateinischen Text der Enz.
Quadragesimo anno entnommen: AAS 23 (1931) 199. Für die Entwicklung dieses
Problemkreises vgl. auch Pius XII., Ansprache, 3. Juni 1950: AAS 42 (1950)
485–488; Paul VI., Ansprache, 8. Juni 1964: AAS 56 (1964) 574–579.

voller Freiheit Organisationen zu gründen, die sie echt vertreten
und imstande sind, zur rechten Gestaltung des Wirtschaftslebens einen wirksamen Beitrag zu leisten, wie auch in diesen
Organisationen sich frei zu betätigen, ohne Gefahr zu laufen, deswegen irgendwelchen Nachteilen ausgesetzt zu sein. Durch eine
solche geordnete Beteiligung, verbunden mit steigendem wirtschaftlichem und sozialem Bildungsstand, werden bei allen das
Verständnis der eigenen Aufgabe und das Verantwortungsbewußtsein ständig zunehmen; das wird weiter dazu führen,
alle — gemäß den Anlagen und Fähigkeiten eines jeden — ihrer
Verbundenheit im gemeinsamen Bemühen um das allumfassende Werk des wirtschaftlichen und sozialen Fortschritts und
um die allseitige Verwirklichung des Gemeinwohls inne werden zu lassen.

Wo der Gegensatz wirtschaftlicher oder sozialer Interessen zu
kämpferischen Auseinandersetzungen zu führen droht, müssen
alle Bemühungen dahin zielen, eine friedliche Lösung zu finden.
An erster Stelle muß immer die ehrliche Aussprache der Beteiligten stehen. Nichtsdestoweniger wird auch unter den heutigen Verhältnissen der Streik, wenn auch nur als letzter Behelf,
unentbehrlich bleiben, um Rechte der Arbeiter zu verteidigen
oder berechtigte Forderungen durchzusetzen. So schnell als
möglich muß dann aber versucht werden, den Weg zur Wiederaufnahme von Verhandlungen und gemeinsamen Überlegungen über eine Verständigung zu finden.

69. *(Die Widmung der irdischen Güter an alle Menschen).* Gott
hat die Erde mit allem, was sie enthält, zum Nutzen aller Menschen und Völker bestimmt; darum müssen diese geschaffenen
Güter in einem billigen Verhältnis allen zustatten kommen; dabei
hat die Gerechtigkeit die Führung, Hand in Hand geht mit ihr
die Liebe[8]. Wie immer das Eigentum und seine nähere Ausgestaltung entsprechend den verschiedenartigen und wandelbaren Umständen in die rechtlichen Institutionen der Völker
eingebaut sein mag, immer gilt es, achtzuhaben auf diese allgemeine Bestimmung der Güter. Darum soll der Mensch, der
sich dieser Güter bedient, die äußeren Dinge, die er rechtmäßig
besitzt, nicht nur als ihm persönlich zu eigen, sondern muß er

[8] Vgl. Pius XII., Enz. Sertum Laetitiae: AAS 31 (1939) 642; Johannes XXIII.,
Konsistorialrede: AAS 52 (1960) 5–11; ders., Enz. Mater et Magistra: AAS 53
(1961) 411.

sie zugleich auch als Gemeingut ansehen in dem Sinn, daß sie nicht ihm allein, sondern auch anderen von Nutzen sein können[9]. Zudem steht allen das Recht zu, einen für sich selbst und ihre Familien ausreichenden Anteil an den Erdengütern zu haben. Das war die Meinung der Väter und Lehrer der Kirche, die sagen, es sei Pflicht, die Armen zu unterstützen, und zwar nicht nur vom Überfluß[10]. Wer aber sich in äußerster Notlage befindet, hat das Recht, vom Reichtum anderer das Benötigte an sich zu bringen[11]. Angesichts der großen Zahl derer, die in der Welt Hunger leiden, legt das Heilige Konzil sowohl den Einzelnen als auch den öffentlichen Gewalten dringend ans Herz, sie möchten doch eingedenk des Väterwortes: „Speise den vor Hunger Sterbenden, denn ihn nicht speisen heißt ihn töten[12]", jeder nach dem Maße dessen, was ihm möglich ist, Ernst damit machen, ihre Güter mitzuteilen und hinzugeben und dabei namentlich jene Hilfen zu gewähren, durch die sie, seien es Einzelne, seien es ganze Völker, sich selber helfen und entwickeln können.

In den wirtschaftlich wenig entwickelten Gesellschaften wird der Gemeinwidmung der Güter zu einem Teil durch Gewohn-

[9] Vgl. Thomas, Summa Theol. II–II, q. 32, a. 5, ad 2; q. 66, a. 2; vgl. die Erklärung dazu bei Leo XIII., Enz. Rerum novarum: ASS 23 (1890–91) 651; vgl. auch Pius XII., Ansprache, 1. Juni 1941: AAS 35 (1941) 199; ders., Radiobotschaft zum Weihnachtsfest 1954: AAS 47 (1955) 27.

[10] Vgl. Basilius, Homilie zu Lukas Destruam horrea mea, Nr. 2: PG 31, 263; Lactantius, Divinarum Institutionum, 5. Buch: Über die Gerechtigkeit: PL 6, 565 B; Augustinus, In Ioannis Evang. tr. 50, N. 6: PL 35, 1760; ders., Enarratio in Ps 147, 12: PL 37, 1922; Gregor d. Gr., Homilien zu den Evangelien, hom. 20, 12: PL 76, 1165; ders., Regulae Pastoralis liber, pars III, c. 21: PL 77, 87; Bonaventura, In III Sent., d. 33, dub. 1: ed. Quaracchi III, 728; ders., In IV Sent., d. 15, p. 2, a. 2, q. 4: ed. cit. IV, 371b; q. de superfluo: ms. Assisi, Bibl. Commun. 186, fol. 112a–113a; Albertus Magnus, In III Sent., d. 33, a. 3, sol. 1: ed. Borgnet XXVIII, 611; ders., In IV Sent., d. 15, a. 16: ed. cit. XXIX, 494–497. Was die Bestimmung des „superfluum" für unsere Zeit angeht, vgl. Johannes XXIII., Radio- und Fernsehbotschaft, 11. Sept. 1962: AAS 54 (1962) 682: „Pflicht eines jeden Menschen, drängende Pflicht des Christen ist es, den Überfluß am Maßstab der Not anderer zu betrachten und gut darüber zu wachen, daß die Verwaltung und Verteilung der geschaffenen Güter zum Vorteil aller erfolgt."

[11] Für diesen Fall gilt das alte Prinzip: „In äußerster Notlage ist alles gemeinsam, d. h. mitzuteilen." Andererseits vgl. für die Begründung, das Ausmaß und die Art und Weise, wie das Prinzip im vorliegenden Text angewendet wird, neben bewährten modernen Autoren schon Thomas, Summa Theol. II–II, q. 66, a. 7. Natürlich sind für die richtige Anwendung dieses Prinzips alle erforderlichen sittlichen Voraussetzungen zu erfüllen.

[12] Vgl. Gratiani Decretum, C. 21, dist. 86: ed. Friedberg I, 302. Dieser Satz findet sich schon in PL 54, 591 A und PL 56, 1132 B. Vgl. Antonianum 27 (1952) 349–366.

heiten und Überlieferungen Rechnung getragen, die jedem Glied der Gemeinschaft das unbedingt Nötige sichern. Es muß aber vermieden werden, bestimmte Gewohnheiten als starr und unveränderlich anzusehen, wenn sie neuen Bedürfnissen der Gegenwart nicht mehr genügen, nicht minder aber auch, in unkluger Weise gegen an sich achtenswerte Gewohnheiten anzugehen, die bei geschickter Anpassung an die heutigen Verhältnisse auch weiterhin großen Nutzen stiften. In ähnlicher Weise kann in wirtschaftlich weit fortgeschrittenen Ländern eine Vielfalt von Einrichtungen sozialer Vorsorge und Sicherung zu ihrem Teil die Gemeinwidmung der Güter verwirklichen. Weiter auszubauen sind Familien- und Gemeinschaftsdienste, namentlich solche mit bildenden und erzieherischen Zielen. Bei allen Maßnahmen dieser Art gilt es aber darauf zu achten, daß die Staatsbürger nicht zu Passivität gegenüber der Gesellschaft verleitet werden, nicht der Erfüllung der ihnen obliegenden Pflichten aus dem Wege gehen oder ihre Dienstleistung verweigern.

70. (*Investitionen, Währung*). Investitionen ihrerseits müssen dahin zielen, in ausreichendem Maße Arbeits- und Verdienstgelegenheiten zu schaffen nicht allein für die gegenwärtige, sondern auch für die künftige Bevölkerung. Alle, die über diese Investitionen und über die Ausrichtung der Wirtschaft zu entscheiden haben, seien es Einzelne, Gruppen oder öffentliche Gewalten, sind gehalten, diese Zielsetzung vor Augen zu haben und ihrer strengen Verpflichtung eingedenk zu sein, einerseits den derzeitigen Bedarf menschenwürdiger Lebenshaltung sowohl der Einzelnen als auch des gesellschaftlichen Ganzen zu decken, andererseits den Blick auf die Zukunft zu richten und für ein ausgewogenes Verhältnis zu sorgen zwischen dem, was zur Deckung der derzeitigen privaten und öffentlichen Verbrauchsbedürfnisse bereitgestellt wird, und den notwendigen Investitionen zugunsten der nachfolgenden Generation. Auch die dringenden Bedürfnisse der wirtschaftlich weniger fortgeschrittenen Völker und Länder sind ständig im Auge zu halten. In Sachen der Währung hüte man sich, dem wahren Wohl der eigenen oder fremder Nationen zuwiderzuhandeln. Darüber hinaus treffe man Vorsorge, daß die wirtschaftlich Schwachen nicht durch Änderungen des Geldwertes ungerecht geschädigt werden.

71. *(Der Zugang zu Eigentum und privatem Vermögen; land-wirtschaftlicher Großgrundbesitz).* Eigentum und andere Formen privater Verfügung über äußere Güter tragen bei zur Selbstdarstellung der Person; überdies geben sie dem Menschen die Möglichkeit, seine Aufgabe in Gesellschaft und Wirtschaft zu erfüllen; darum liegt viel daran, den Zugang sowohl der Einzelnen als auch der Vergemeinschaftungen zu einem gewissen Maß von Verfügungsmacht über äußere Güter zu begünstigen.

Privateigentum oder ein gewisses Maß an Verfügungsmacht über äußere Güter vermitteln den unbedingt nötigen Raum für eigenverantwortliche Gestaltung des persönlichen Lebens jedes Einzelnen und seiner Familie; sie müssen als eine Art Verlängerung der menschlichen Freiheit betrachtet werden; auch spornen sie an zur Übernahme von Aufgaben und Verantwortung; damit zählen sie zu den Voraussetzungen staatsbürgerlicher Freiheit[13].

Diese Verfügungsmacht oder dieses Eigentum gibt es heute in vielerlei Gestalt; von Tag zu Tag werden sie noch vielgestaltiger. Alle behalten auch neben den Einrichtungen der sogenannten sozialen Sicherheit, neben den von der Gesellschaft gewährleisteten Rechtsansprüchen und Dienstleistungen ihre Bedeutung als nicht geringzuschätzende Daseinssicherung. Das gilt aber nicht allein vom materiellen, sondern auch vom immateriellen Eigentum, z. B. von beruflichen Fähigkeiten.

Das Recht auf Privateigentum schließt aber die Rechtmäßigkeit von Gemeineigentum in verschiedenen Formen nicht aus. Die Überführung von Gütern in Gemeineigentum kann nur von den zuständigen obrigkeitlichen Stellen entsprechend dem, was das Gemeinwohl fordert, und in dieser Begrenzung sowie gegen billige Entschädigung erfolgen. Sache der öffentlichen Gewalt ist es auch, Vorsorge zu treffen gegen einen Mißbrauch privaten Eigentums im Widerspruch zum Gemeinwohl[14].

Aber auch das Privateigentum selbst hat eine ihm wesentliche

---

13 Vgl. Leo XIII., Enz. Rerum novarum: ASS 23 (1890–91) 643–646; Pius XI., Enz. Quadragesimo anno: AAS 23 (1931) 191; Pius XII., Radiobotschaft, 1. Juni 1941: AAS 33 (1941) 199; ders., Radiobotschaft am Vorabend des Weihnachtsfestes 1942: AAS 35 (1943) 17; ders., Radiobotschaft, 1. Sept. 1944: AAS 36 (1944) 253; Johannes XXIII., Enz. Mater et Magistra: AAS 53 (1961) 428–429.
14 Vgl. Pius XI., Enz. Quadragesimo anno: AAS 23 (1931) 214; Johannes XXIII., Enz. Mater et Magistra: AAS 53 (1961) 429.

soziale Seite; sie hat ihre Grundlage in der Widmung der Erdengüter an alle[15]. Bei Außerachtlassung dieser seiner sozialen Seite führt das Eigentum in großem Umfang zu Raffgier und schweren Verirrungen; das aber liefert seinen Gegnern den Vorwand, das Eigentumsrecht als solches in Frage zu stellen.

In manchen wirtschaftlich weniger entwickelten Ländern besteht großer, ja riesengroßer Landbesitz, der nur schwach genutzt oder gar in spekulativer Absicht völlig ungenützt liegen gelassen wird, während die Mehrheit der Bevölkerung entweder überhaupt keinen Boden besitzt oder nur äußerst geringe landwirtschaftliche Nutzflächen in Bestellung hat, während auf der anderen Seite die Steigerung der landwirtschaftlichen Erträge unverkennbar dringlich ist. Nicht selten beziehen diejenigen, die von den Eigentümern als Arbeitskräfte gedungen werden oder Teile von deren Besitz als Pächter bewirtschaften, nur einen menschenunwürdigen Lohn oder Ertragsanteil, ermangeln angemessener Unterkunft und werden von Mittelspersonen ausgebeutet. Ohne jede Daseinssicherung leben sie in einer Dienstbarkeit, die ihnen nahezu jede Möglichkeit raubt, aus eigenem Antrieb und in eigener Verantwortung etwas zu unternehmen, ihnen jeden kulturellen Fortschritt und jede Beteiligung am gesellschaftlichen und politischen Leben versagt. Hier sind Reformen geboten mit dem Ziel, je nach Lage des Falles die Bezüge zu erhöhen, die Arbeitsbedingungen zu verbessern, das Beschäftigungsverhältnis zu sichern, Anreiz zu eigener Unternehmungslust zu bieten, schließlich auch die nicht hinreichend genutzten Besitzungen aufzuteilen unter diejenigen, die imstande sind, diese Flächen ertragbringend zu machen. In letzterem Falle müssen die nötigen Sachmittel und Hilfseinrichtungen beigestellt werden, insbesondere Ausbildungsbeihilfe und organisatorischer Verbund echt genossenschaftlicher Art. Wo das Gemeinwohl die Entziehung des Eigentums erfordert, ist die Entschädigung nach Billigkeit zu bemessen unter Abwägung aller einschlägigen Gesichtspunkte.

72. *(Wirtschaft und Reich Christi).* Wer als Christ am heutigen sozialökonomischen Fortschritt mitwirkt und dabei für Gerechtigkeit und Liebe eintritt, der möge überzeugt sein, er könne viel

---

[15] Vgl. Pius XII., Radiobotschaft zum Pfingstfest 1941: AAS 33 (1941) 199; Johannes XXIII., Enz. Mater et Magistra: AAS 53 (1961) 430.

beitragen zum Wohl der Menschheit und zum Frieden auf dieser Welt. Bei all diesem seinem Wirken möge er, gleichviel, ob er als Einzelner oder im Verbund mit anderen tätig wird, leuchtendes Beispiel geben. Hat er sich erst einmal die unerläßliche Sachkenntnis und Erfahrung angeeignet, dann möge er unter den irdischen Betätigungen die rechte Ordnung innehalten, in Treue gegen Christus und seine frohe Botschaft, dergestalt, daß sein ganzes persönliches und gesellschaftliches Auftreten geprägt sei vom Geist der Bergpredigt, insbesondere von der Seligpreisung der Armut.

Wer immer im Gehorsam gegen Christus zuerst das Reich Gottes sucht, der stärkt und läutert dadurch seine Liebesgesinnung, um allen seinen Brüdern zu helfen und unter dem Antrieb der göttlichen Liebe das, was die Gerechtigkeit verlangt, zur vollen Verwirklichung zu führen[16].

VIERTES KAPITEL

DAS LEBEN DER POLITISCHEN GEMEINSCHAFT

73. *(Das öffentliche Leben heute)*. Tiefgreifende Änderungen zeigen sich heute auch innerhalb der politischen Strukturen und Einrichtungen der Völker als Folge ihrer kulturellen, wirtschaftlichen und gesellschaftlichen Entwicklung. Diese Veränderungen haben großen Einfluß auf das Leben der politischen Gemeinschaft, vor allem hinsichtlich der Rechte und Pflichten aller bei der Ausübung der staatsbürgerlichen Freiheit, zur Verwirklichung des Gemeinwohls und bei der Ordnung der Beziehungen der Bürger untereinander und zur öffentlichen Gewalt.

Aus dem lebendigeren Bewußtsein der menschlichen Würde wächst ja in den verschiedenen Teilen der Welt das Bestreben, eine neue politisch-rechtliche Ordnung zu schaffen, in der die Rechte der menschlichen Person im öffentlichen Leben besser geschützt sind, etwa das Recht auf Versammlungs-, Vereinigungs- und Meinungsfreiheit und das Recht auf privates und öffentliches Bekenntnis der Religion. Der Schutz dieser Personenrechte ist nämlich die notwendige Bedingung dafür, daß

---

[16] Zum rechten Gebrauch der Güter nach der Lehre des Neuen Testaments vgl. Lk 3, 11; 10, 30 ff.; 11, 41; 1 Petr 5, 3; Mk 8, 36; 12, 29–31; Jak 5, 1–6; 1 Tim 6, 8; Eph 4, 28; 2 Kor 8, 13 ff.; 1 Jo 3, 17–18.

die Bürger einzeln oder im Verbund am Leben und der Leitung des Staates tätigen Anteil nehmen können.

Parallel zu dem kulturellen, wirtschaftlichen und gesellschaftlichen Fortschritt wächst bei vielen das Verlangen nach mehr Anteil an der Gestaltung des Lebens der politischen Gemeinschaft. Im Bewußtsein vieler wächst das Verlangen, die Rechte der Minderheiten zu wahren, ohne daß deren Pflichten der politischen Gemeinschaft gegenüber außer acht gelassen werden; überdies nimmt die Achtung vor Menschen anderer Meinung oder Religion zu. Gleichzeitig bildet sich eine immer breitere Zusammenarbeit dafür heraus, daß alle Bürger, nicht nur einige privilegierte, wirklich in den Genuß ihrer persönlichen Rechte gelangen können.

Umgekehrt werden alle jene politischen Formen in manchen Ländern verworfen, die die staatsbürgerliche und religiöse Freiheit schmälern, die Zahl der Opfer politischer Leidenschaften und Verbrechen vermehren und die Ausübung der staatlichen Gewalt zum Eigennutz einer bestimmten Partei oder gar der Machthaber selbst und zum Schaden des Gemeinwohls mißbrauchen.

Für den Aufbau eines wirklich menschenwürdigen politischen Lebens ist nichts so wichtig wie die Pflege der inneren Einstellung auf Gerechtigkeit, Wohlwollen und Dienst am Gemeinwohl sowie die Schaffung fester Grundüberzeugungen über das wahre Wesen politischer Gemeinschaft und über das Ziel, den rechten Gebrauch und die Grenzen der öffentlichen Gewalt.

74. *(Natur und Endzweck der politischen Gemeinschaft)*. Die Einzelnen, die Familien und die verschiedenen Gruppen, aus denen sich die politische Gemeinschaft zusammensetzt, wissen, daß sie allein nicht imstande sind, alles das zu leisten, was zu einem in jeder Richtung menschlichen Leben gehört. Sie erfassen die Notwendigkeit einer umfassenderen Gesellschaft, in der alle täglich ihre eigenen Kräfte zusammen zur ständig besseren Verwirklichung des Gemeinwohls einsetzen[1]. So begründen sie denn die politische Gemeinschaft in ihren verschiedenen Formen. Die politische Gemeinschaft besteht also um dieses Gemeinwohls willen; in ihm hat sie ihre letztgültige Rechtfertigung und ihren Sinn, aus ihm leitet sie ihr ursprüngliches Eigen-

---

[1] Vgl. Johannes XXIII., Enz. Mater et Magistra: AAS 53 (1961) 417.

recht ab. Das Gemeinwohl aber begreift in sich die Summe aller jener Bedingungen gesellschaftlichen Lebens, die den Einzelnen, den Familien und gesellschaftlichen Gruppen ihre eigene Vervollkommnung voller und ungehinderter zu erreichen gestatten[2].

Aber die Menschen, die zu einer politischen Gemeinschaft zusammenfinden, sind zahlreich und verschiedenartig. Sie können mit Recht verschiedene Meinungen haben. Damit nun der Staat nicht dadurch, daß jeder seiner eigenen Ansicht folgt, zerfällt, bedarf es einer Autorität, welche die Kräfte aller Bürger auf das Gemeinwohl lenkt, nicht bloß durch die Automatismen des Institutionellen oder durch brutale Gewalt, sondern vor allem als moralische Macht, die sich stützt auf die Freiheit und auf das Bewußtsein einer übernommenen Verantwortung.

Offenkundig sind also die politische Gemeinschaft und die öffentliche Autorität in der menschlichen Natur begründet und gehören zu der von Gott vorgebildeten Ordnung, wenngleich die Bestimmung der Regierungsform und die Auswahl der Regierenden dem freien Willen der Staatsbürger überlassen bleiben[3].

Ebenso ergibt sich, daß sich die Ausübung der politischen Gewalt in der Gemeinschaft als solcher oder in den für sie repräsentativen Institutionen immer nur im Rahmen der sittlichen Ordnung vollziehen darf, und zwar zur Verwirklichung des Gemeinwohls — dieses aber dynamisch verstanden — und entsprechend einer legitimen juridischen Ordnung, die bereits besteht oder noch geschaffen werden soll. Dann aber sind auch die Staatsbürger im Gewissen zum Gehorsam verpflichtet[4]. Daraus ergeben sich also die Verantwortlichkeit, Würde und Bedeutung der Regierenden.

Wo jedoch die Staatsbürger von einer öffentlichen Gewalt, die ihre Zuständigkeit überschreitet, bedrückt werden, sollen sie sich nicht weigern, das zu tun, was das Gemeinwohl objektiv verlangt. Sie haben jedoch das Recht, ihre und ihrer Mitbürger Rechte gegen den Mißbrauch der staatlichen Autorität zu verteidigen, freilich innerhalb der Grenzen des Naturrechts und des Evangeliums.

Die konkrete Art und Weise, wie die politische Gemeinschaft ihre eigene Verfassung und die Ausübung der öffentlichen

---

[2] Vgl. ders., ebd.   [3] Vgl. Röm 13, 1–5.   [4] Vgl. Röm 13, 5.

Gewalt ordnet, kann entsprechend der Eigenart der verschiedenen Völker und der geschichtlichen Entwicklung verschieden sein. Immer aber muß sie im Dienst der Formung eines gebildeten, friedliebenden und gegenüber allen anderen wohlwollenden Menschen stehen, zum Vorteil der gesamten Menschheitsfamilie.

75. *(Die Mitarbeit aller am öffentlichen Leben)*. In vollem Einklang mit der menschlichen Natur steht die Entwicklung von rechtlichen und politischen Strukturen, die ohne jede Diskriminierung allen Staatsbürgern immer mehr die tatsächliche Möglichkeit gibt, frei und aktiv teilzuhaben an der rechtlichen Grundlegung ihrer politischen Gemeinschaft, an der Leitung des politischen Geschehens, an der Festlegung des Betätigungsbereichs und des Zwecks der verschiedenen Institutionen und an der Wahl der Regierenden[5]. Alle Staatsbürger aber sollen daran denken, von Recht und Pflicht der freien Wahl Gebrauch zu machen zur Förderung des Gemeinwohls. Die Kirche ihrerseits zollt der Arbeit jener, die sich zum Dienst an den Menschen für das Wohl des Staates einsetzen und die Lasten eines solchen Amtes tragen, Anerkennung und Achtung.

Soll die verantwortungsbewußte Mitarbeit der Bürger im täglichen Leben des Staates den gewünschten Erfolg haben, so muß eine Ordnung des positiven Rechtes vorhanden sein, in der eine sinnvolle Aufteilung der Ämter und Institutionen der öffentlichen Gewalt in Verbindung mit einem wirksamen und nach allen Seiten hin unabhängigen Schutz der Rechte gegeben ist. Die Rechte aller Personen, Familien und gesellschaftlichen Gruppen und deren Ausübung sollen anerkannt, geschützt und gefördert werden[6] zusammen mit den Pflichten, die alle Staatsbürger binden. Unter diesen Pflichten muß ausdrücklich die Pflicht genannt werden, dem Staat jene materiellen und persönlichen Dienste zu leisten, die für das Gemeinwohl notwendig sind. Die Regierenden sollen sich davor hüten, den Familien, gesellschaftlichen und kulturellen Gruppen, vorstaatlichen Körperschaften und Institutionen Hindernisse in den Weg zu legen

[5] Vgl. Pius XII., Radiobotschaft, 24. Dez. 1942: AAS 35 (1943) 9–24; ders., Radiobotschaft, 24. Dez. 1944: AAS 37 (1945) 11–17; Johannes XXIII., Enz. Pacem in terris: AAS 55 (1963) 263 272 277 f.
[6] Vgl. Pius XII., Radiobotschaft, 1. Juni 1941: AAS 33 (1941) 200; Johannes XXIII., Enz. Pacem in terris: AAS 55 (1963) 273 f.

oder ihnen den ihnen zustehenden freien Wirkungskreis zu nehmen; vielmehr sollen sie diese großzügig und geregelt fördern. Aber auch die Staatsbürger, einzeln oder in Gruppen, sollen der öffentlichen Autorität nicht eine zu umfangreiche Gewalt zugestehen noch von ihr ungebührlich große Zuwendungen und Begünstigungen fordern, so daß die Eigenverantwortung der Einzelnen, der Familien und gesellschaftlichen Gruppen gemindert wird.

Die heutzutage stets verwickelter werdenden Verhältnisse zwingen die staatliche Autorität, häufiger in soziale, wirtschaftliche und kulturelle Angelegenheiten einzugreifen; sie will damit geeignetere Voraussetzungen dafür schaffen, daß die Staatsbürger und gesellschaftlichen Gruppen wirksamer in Freiheit das Wohl des Menschen in jeder Hinsicht verwirklichen können. Je nach der Verschiedenheit der Länder und der Entwicklung der Völker können jedoch die Beziehungen zwischen der Sozialisation[7] und der Autonomie sowie der Entfaltung der Person verschieden gedacht werden. Überall jedoch, wo die Ausübung von Rechten um des Gemeinwohls willen zeitweise beschränkt wird, muß die Freiheit, sobald die Voraussetzungen für diese Beschränkung wegfallen, unverzüglich wiederhergestellt werden. Unmenschlich ist es, wenn eine Regierung auf totalitäre oder diktatorische Formen verfällt, die die Rechte der Person und der gesellschaftlichen Gruppen verletzen.

Die Staatsbürger sollen eine hochherzige und treue Vaterlandsliebe pflegen, freilich ohne geistige Enge, vielmehr so, daß sie dabei das Wohl der ganzen Menschheitsfamilie im Auge behalten, die ja durch die mannigfachen Bande zwischen den Rassen, Völkern und Nationen miteinander verbunden ist.

Die Christen sollen in der politischen Gemeinschaft jene Berufung beachten, die ihnen ganz besonders eigen ist. Sie sollen beispielgebend dafür sein, insofern sie pflichtbewußt handeln und sich für das Gemeinwohl einsetzen. Sie sollen durch ihre Tat zeigen, wie sich Autorität mit Freiheit, persönliche Initiative mit solidarischer Verbundenheit zum gemeinsamen Ganzen, gebotene Einheit mit fruchtbarer Vielfalt verbinden lassen. Berechtigte Meinungsverschiedenheiten in Fragen der Ordnung irdischer Dinge sollen sie anerkennen, und die anderen, die als Einzelne oder kollektiv solche Meinungen anständig vertreten, sollen

---

[7] Vgl. Johannes XXIII., Enz. Mater et Magistra: AAS 53 (1961) 415–418.

sie achten. Die politischer Parteien müssen das fördern, was ihres Erachtens nach vom Gemeinwohl gefordert wird; sie dürfen niemals ihre Sonderinteressen über dieses Gemeinwohl stellen.

Die heute dem Volk und besonders der Jugend so notwendige staatsbürgerliche und politische Erziehung ist eifrig zu pflegen, so daß alle Bürger am Leben der politischen Gemeinschaft aktiv teilnehmen können. Wer dazu geeignet ist oder sich dazu ausbilden kann, soll sich darauf vorbereiten, den schweren, aber zugleich ehrenvollen[8] Beruf des Politikers auszuüben, und sich diesem Beruf unter Hintansetzung des eigenen Vorteils und materiellen Gewinns widmen. Sittlich integer und klug zugleich, soll er angehen gegen alles Unrecht und jede Unterdrückung, gegen Willkürherrschaft und Intoleranz eines Einzelnen oder einer politischen Partei. Redlich und gerecht, voll Liebe und politischen Muts soll er sich dem Wohl aller widmen.

76. *(Politische Gemeinschaft und Kirche)*. Sehr wichtig ist besonders in einer pluralistischen Gesellschaft, daß man das Verhältnis zwischen der politischen Gemeinschaft und der Kirche richtig sieht, so daß zwischen dem, was die Christen als Einzelne oder im Verbund im eigenen Namen als Staatsbürger, die von ihrem christlichen Gewissen geleitet werden, und dem, was sie im Namen der Kirche zusammen mit ihren Hirten tun, klar unterschieden wird.

Die Kirche, die in keiner Weise hinsichtlich ihrer Aufgabe und Zuständigkeit mit der politischen Gemeinschaft verwechselt werden darf noch auch an irgendein politisches System gebunden ist, ist zugleich Zeichen und Schutz der Transzendenz der menschlichen Person.

Die politische Gemeinschaft und die Kirche sind auf je ihrem Gebiet voneinander unabhängig und autonom. Beide aber dienen, wenn auch in verschiedener Begründung, der persönlichen und gesellschaftlichen Berufung der gleichen Menschen. Diesen Dienst können beide zum Wohl aller um so wirksamer leisten, je mehr und besser sie rechtes Zusammenwirken miteinander pflegen; dabei sind jeweils die Umstände von Ort und Zeit zu berücksichtigen. Der Mensch ist ja nicht auf die zeitliche Ordnung beschränkt, sondern inmitten der menschlichen Geschichte vollzieht er ungeschmälert seine ewige Berufung. Die Kirche

---

[8] Pius XI., Ansprache an die Leiter der „Federazione Universitaria Cattolica": Discorsi di Pio XI, Bd. I: ed. Bertetto (Turin 1960) 743.

aber, in der Liebe des Erlösers begründet, trägt dazu bei, daß sich innerhalb der Grenzen einer Nation und im Verhältnis zwischen den Völkern Gerechtigkeit und Liebe entfalten. Indem sie nämlich die Wahrheit des Evangeliums verkündet und alle Bereiche menschlichen Handelns durch ihre Lehre und das Zeugnis der Christen erhellt, achtet und fördert sie auch die politische Freiheit der Bürger und ihre Verantwortlichkeit.

Wenn die Apostel und ihre Nachfolger mit ihren Mitarbeitern gesandt sind, den Menschen Christus als Erlöser der Welt zu verkünden, so stützen sie sich in ihrem Apostolat auf die Macht Gottes, der oft genug die Kraft des Evangeliums offenbar macht in der Schwäche der Zeugen. Wer sich dem Dienst am Wort Gottes weiht, muß sich der dem Evangelium eigenen Wege und Hilfsmittel bedienen, die weitgehend verschieden sind von den Hilfsmitteln der irdischen Gesellschaft.

Das Irdische und das, was am konkreten Menschen diese Welt übersteigt, sind miteinander eng verbunden, und die Kirche selbst bedient sich des Zeitlichen, soweit es ihre eigene Sendung erfordert. Doch setzt sie ihre Hoffnung nicht auf Privilegien, die ihr von der staatlichen Autorität angeboten werden. Sie wird sogar auf die Ausübung von legitim erworbenen Rechten verzichten, wenn feststeht, daß durch deren Inanspruchnahme die Lauterkeit ihres Zeugnisses in Frage gestellt ist, oder wenn veränderte Lebensverhältnisse eine andere Regelung fordern. Immer und überall aber nimmt sie das Recht in Anspruch, in wahrer Freiheit den Glauben zu verkünden, ihre Soziallehre kundzumachen, ihren Auftrag unter den Menschen unbehindert zu erfüllen und auch politische Angelegenheiten einer sittlichen Beurteilung zu unterstellen, wenn die Grundrechte der menschlichen Person oder das Heil der Seelen es verlangen. Sie wendet dabei alle, aber auch nur jene Mittel an, welche dem Evangelium und dem Wohl aller je nach den verschiedenen Zeiten und Verhältnissen entsprechen.

In der Treue zum Evangelium, gebunden an ihre Sendung in der Welt und entsprechend ihrem Auftrag, alles Wahre, Gute und Schöne in der menschlichen Gemeinschaft zu fördern[9] und zu überhöhen, festigt die Kirche zur Ehre Gottes den Frieden unter den Menschen[10].

---

[9] Vgl. II. Vat. Konzil, Dogm. Konst. über die Kirche Lumen Gentium, Nr. 13: AAS 57 (1965) 17.
[10] Vgl. Lk 2, 14.

FÜNFTES KAPITEL

DIE FÖRDERUNG DES FRIEDENS
UND DER AUFBAU DER VÖLKERGEMEINSCHAFT

77. *(Einführung)*. In unseren Jahren, in denen die Leiden und
Ängste wütender oder drohender Kriege noch schwer auf den
Menschen lasten, ist die gesamte Menschheitsfamilie in einer
entscheidenden Stunde ihrer Entwicklung zur Reife angelangt.
Allmählich ist sie sich untereinander nähergekommen, und
überall ist sie sich schon klarer ihrer Einheit bewußt. Da kann
sie ihre Aufgabe, die Welt für alle überall wirklich menschlicher
zu gestalten, nur erfüllen, wenn alle sich in einer inneren Erneuerung dem wahren Frieden zuwenden. Dann strahlt unserer Zeit
jene Botschaft des Evangeliums, die dem höchsten Sehnen und
Bemühen der Menschheit entspricht, in neuem Licht auf, jene
Botschaft, die die Friedensstifter seligpreist, ,,denn sie werden
Kinder Gottes heißen" (Mt 5, 9).

Darum möchte das Konzil den wahren und hohen Begriff des
Friedens klarlegen, die Unmenschlichkeit des Krieges verurteilen und mit allem Ernst einen Aufruf an alle Christen richten, mit Hilfe Christi, in dem der Friede gründet, mit allen Menschen zusammenzuarbeiten, um untereinander in Gerechtigkeit
und Liebe den Frieden zu festigen und all das bereitzustellen,
was dem Frieden dient.

78. *(Vom Wesen des Friedens)*. Der Friede besteht nicht darin,
daß kein Krieg ist; er läßt sich auch nicht bloß durch das Gleichgewicht entgegengesetzter Kräfte sichern; er entspringt ferner
nicht dem Machtgebot eines Starken; er heißt vielmehr mit
Recht und eigentlich ein ,,Werk der Gerechtigkeit" (Is 32, 17).
Er ist die Frucht der Ordnung, die ihr göttlicher Gründer selbst
in die menschliche Gesellschaft eingestiftet hat und die von den
Menschen durch stetes Streben nach immer vollkommenerer
Gerechtigkeit verwirklicht werden muß. Zwar wird das Gemeinwohl des Menschengeschlechts grundlegend vom ewigen
Gesetz Gottes bestimmt, aber in seinen konkreten Anforderungen unterliegt es dem ständigen Wandel der Zeiten; darum ist
der Friede niemals endgültiger Besitz, sondern immer wieder
neu zu erfüllende Aufgabe. Da zudem der menschliche Wille
schwankend und von der Sünde verwundet ist, verlangt die

Sorge um den Frieden, daß jeder dauernd seine Leidenschaft beherrscht und daß die rechtmäßige Obrigkeit wachsam ist.

Dies alles genügt noch nicht. Dieser Friede kann auf Erden nicht erreicht werden ohne Sicherheit für das Wohl der Person und ohne daß die Menschen frei und vertrauensvoll die Reichtümer ihres Geistes und Herzens miteinander teilen. Der feste Wille, andere Menschen und Völker und ihre Würde zu achten, gepaart mit einsatzbereiter und tätiger Brüderlichkeit — das sind unerläßliche Voraussetzungen für den Aufbau des Friedens. So ist der Friede auch die Frucht der Liebe, die über das hinausgeht, was die Gerechtigkeit zu leisten vermag.

Der irdische Friede, der seinen Ursprung in der Liebe zum Nächsten hat, ist aber auch Abbild und Wirkung des Friedens, den Christus gebracht hat und der von Gott dem Vater ausgeht. Dieser menschgewordene Sohn, der Friedensfürst, hat nämlich durch sein Kreuz alle Menschen mit Gott versöhnt und die Einheit aller in einem Volk und in einem Leib wiederhergestellt. Er hat den Haß an seinem eigenen Leib getötet[1], und durch seine Auferstehung erhöht, hat er den Geist der Liebe in die Herzen der Menschen ausgegossen.

Das ist ein eindringlicher Aufruf an alle Christen: „die Wahrheit in Liebe zu tun" (Eph 4, 15) und sich mit allen wahrhaft friedliebenden Menschen zu vereinen, um den Frieden zu erbeten und aufzubauen.

Vom gleichen Geist bewegt, können wir denen unsere Anerkennung nicht versagen, die bei der Wahrung ihrer Rechte darauf verzichten, Gewalt anzuwenden, sich vielmehr auf Verteidigungsmittel beschränken, so wie sie auch den Schwächeren zur Verfügung stehen, vorausgesetzt, daß dies ohne Verletzung der Rechte und Pflichten anderer oder der Gemeinschaft möglich ist.

Insofern die Menschen Sünder sind, droht ihnen die Gefahr des Krieges, und sie wird ihnen drohen bis zur Ankunft Christi. Soweit aber die Menschen sich in Liebe vereinen und so die Sünde überwinden, überwinden sie auch die Gewaltsamkeit, bis sich einmal die Worte erfüllen: „Zu Pflügen schmieden sie ihre Schwerter um, zu Winzermessern ihre Lanzen. Kein Volk zückt mehr gegen das andere das Schwert. Das Kriegshandwerk gibt es nicht mehr" (Is 2, 4).

---

[1] Vgl. Eph 2, 16; Kol 1, 20–22.

Kirche und Welt

Erster Abschnitt: Von der Vermeidung des Krieges

79. *(Der Unmenschlichkeit der Kriege Dämme setzen)*. Obwohl die jüngsten Kriege unserer Welt ungeheuren materiellen und moralischen Schaden zugefügt haben, setzt der Krieg doch jeden Tag in irgendeinem Teil der Welt seine Verwüstungen fort. Es droht sogar beim Gebrauch wissenschaftlicher Waffen, gleich welcher Art, eine Barbarei der Kriegführung, die die Kämpfenden zu Grausamkeiten verleitet, die die vergangener Zeiten weit übersteigt. Die Kompliziertheit der heutigen Lage und die Verflochtenheit der internationalen Beziehungen ermöglichen zudem neue hinterhältige und umstürzlerische Methoden, Kriege zu tarnen und in die Länge zu ziehen. In vielen Fällen gibt der Einsatz terroristischer Praktiken der Kriegführung eine neue Gestalt.

Diesen beklagenswerten Zustand der Menschheit vor Augen, möchte das Konzil vor allem an die bleibende Geltung des natürlichen Völkerrechts und seiner allgemeinen Prinzipien erinnern. Das Gewissen der gesamten Menschheit bekennt sich zu diesen Prinzipien mit wachsendem Nachdruck. Handlungen, die in bewußtem Widerspruch zu ihnen stehen, sind Verbrechen; ebenso Befehle, die solche Handlungen anordnen; auch die Berufung auf blinden Gehorsam kann den nicht entschuldigen, der sie ausführt. Zu diesen Handlungen muß man an erster Stelle rechnen: ein ganzes Volk, eine Nation oder eine völkische Minderheit aus welchem Grunde und mit welchen Mitteln auch immer auszurotten. Das sind furchtbare Verbrechen, die aufs schärfste zu verurteilen sind. Höchste Anerkennung verdient dagegen die Haltung derer, die sich solchen Befehlen furchtlos und offen widersetzen.

Für den Kriegsfall bestehen verschiedene internationale Konventionen, von einer recht großen Anzahl von Ländern mit dem Ziel unterzeichnet, die Unmenschlichkeit von Kriegshandlungen und -folgen zu mindern, etwa die Konventionen zum Schutz der Verwundeten und Kriegsgefangenen und verschiedene ähnliche Abmachungen. Diese Verträge müssen gehalten werden. Außerdem müssen alle, insbesondere die Regierungen und die Sachverständigen, alles tun, um diese Abmachungen nach Möglichkeit zu verbessern und dadurch die Unmenschlichkeiten des Krieges besser und wirksamer einzudämmen. Ferner scheint es angebracht, daß Gesetze für die in humaner Weise Vorsorge treffen, die aus Gewissensgründen den Wehrdienst verweigern, vorausgesetzt, daß sie zu einer anderen Form des Dienstes an der menschlichen Gemeinschaft bereit sind.

Allerdings — der Krieg ist nicht aus der Welt geschafft. Solange die Gefahr von Krieg besteht und solange es noch keine zuständige internationale Autorität gibt, die mit entsprechenden Mitteln ausgestattet ist, kann man, wenn alle Möglichkeiten einer friedlichen Regelung erschöpft sind, einer Regierung das Recht auf sittlich erlaubte Verteidigung nicht absprechen. Die Regierenden und alle, die Verantwortung für den Staat tragen, sind verpflichtet, das Wohl der ihnen anvertrauten Völker zu schützen, und sie sollen diese ernste Sache ernst nehmen. Der Einsatz militärischer Mittel, um ein Volk rechtmäßig zu verteidigen, hat jedoch nichts zu tun mit dem Bestreben, andere Nationen zu unterjochen. Das Kriegspotential legitimiert auch nicht jeden militärischen oder politischen Gebrauch. Auch wird nicht deshalb, weil ein Krieg unglücklicherweise ausgebrochen ist, damit nun jedes Kampfmittel zwischen den gegnerischen Parteien erlaubt.

Wer als Soldat im Dienst des Vaterlandes steht, betrachte sich als Diener der Sicherheit und Freiheit der Völker. Indem er diese Aufgabe recht erfüllt, trägt er wahrhaft zur Festigung des Friedens bei.

80. *(Der totale Krieg).* Mit der Fortentwicklung wissenschaftlicher Waffen wachsen der Schrecken und die Verwerflichkeit des Krieges ins Unermeßliche. Die Anwendung solcher Waffen im Krieg vermag ungeheure und unkontrollierbare Zerstörungen auszulösen, die die Grenzen einer gerechten Verteidigung weit überschreiten. Ja wenn man alle Mittel, die sich schon in den Waffenlagern der Großmächte befinden, voll einsetzen würde, würde sich daraus eine fast totale und gegenseitige Vernichtung des einen Gegners durch den anderen ergeben, abgesehen von den zahllosen Verwüstungen in der Welt, die dem Gebrauch solcher Waffen als verhängnisvolle Nachwirkungen folgen.

All dies zwingt uns, die Frage des Krieges mit einer ganz neuen inneren Einstellung zu prüfen[2]. Die Menschen unseres Zeit-

---

[2] Vgl. Johannes XXIII., Enz. Pacem in terris, 11. April 1963: AAS 55 (1963) 291: „Darum ist es in unserer Zeit, die sich des Besitzes der Atomkraft rühmt, sinnlos, den Krieg als geeignetes Mittel zur Wiederherstellung verletzter Rechte zu betrachten."

alters sollen wissen, daß sie über ihre kriegerischen Handlungen einmal schwere Rechenschaft abzulegen haben. Von ihren heutigen Entscheidungen hängt nämlich weitgehend der Lauf der Zukunft ab.

Deshalb macht sich diese Heilige Synode die Verurteilung des totalen Krieges, wie sie schon von den letzten Päpsten ausgesprochen wurde[3], zu eigen und erklärt:

Jede Kriegshandlung, die auf die Vernichtung ganzer Städte oder weiter Gebiete und ihrer Bevölkerung unterschiedslos abstellt, ist ein Verbrechen gegen Gott und gegen den Menschen, das fest und entschieden zu verwerfen ist.

Die besondere Gefahr des modernen Krieges besteht darin, daß er sozusagen denen, die im Besitz neuerer wissenschaftlicher Waffen sind, die Gelegenheit schafft, solche Verbrechen zu begehen, und in einer Art unerbittlicher Verstrickung den Willen des Menschen zu den fürchterlichsten Entschlüssen treiben kann. Damit in Zukunft so etwas nie geschieht, beschwören die versammelten Bischöfe des ganzen Erdkreises alle, insbesondere die Regierenden und die militärischen Befehlshaber, sich jederzeit der großen Verantwortung bewußt zu sein, die sie vor Gott und der ganzen Menschheit tragen.

81. *(Der Rüstungswettlauf)*. Die wissenschaftlichen Waffen werden nun allerdings nicht nur zum Einsatz im Kriegsfall angehäuft. Weil man meint, daß die Stärke der Verteidigung von der Fähigkeit abhänge, bei einem Angriff des Gegners blitzartig zurückzuschlagen, dient diese noch jährlich wachsende Anhäufung von Waffen dazu, auf diese ungewöhnliche Art mögliche Gegner abzuschrecken. Viele halten dies heute für das wirksamste Mittel, einen gewissen Frieden zwischen den Völkern zu sichern.

Wie immer man auch zu dieser Methode der Abschreckung stehen mag — die Menschen sollten überzeugt sein, daß der Rüstungswettlauf, zu dem nicht wenige Nationen ihre Zuflucht nehmen, kein sicherer Weg ist, den Frieden zu sichern, und daß das daraus sich ergebende sogenannte Gleichgewicht kein sicherer und wirklicher Friede ist. Statt daß dieser die Ursachen des Krieges beseitigt, drohen diese dadurch sogar eher weiter zu-

---

[3] Vgl. Pius XII., Ansprache, 30. Sept. 1954: AAS 46 (1954) 589; ders., Radiobotschaft, 24. Dez. 1954: AAS 47 (1955) 15 ff.; Johannes XXIII., Enz. Pacem in terris: AAS 55 (1963) 286–291; Paul VI., Ansprache an die Vereinten Nationen, 4. Okt. 1965: AAS 57 (1965) 877–885.

zunehmen. Während man riesige Summen für die Herstellung immer neuer Waffen ausgibt, kann man nicht genügend Hilfsmittel bereitstellen zur Bekämpfung all des Elends in der heutigen Welt. Anstatt die Spannungen zwischen den Völkern wirklich und gründlich zu lösen, überträgt man sie noch auf andere Erdteile. Neue Wege, von einer inneren Wandlung aus beginnend, müssen gewählt werden, um dieses Ärgernis zu beseitigen, die Welt von der drückenden Angst zu befreien und ihr den wahren Frieden zu schenken.

Darum muß noch einmal erklärt werden: Der Rüstungswettlauf ist eine der schrecklichsten Wunden der Menschheit, er schädigt unerträglich die Armen. Wenn hier nicht Hilfe geschaffen wird, ist zu befürchten, daß er eines Tages all das tödliche Unheil bringt, wozu er schon jetzt die Mittel bereitstellt.

Gewarnt vor Katastrophen, die das Menschengeschlecht heute möglich macht, wollen wir die Frist, die uns noch von oben gewährt wurde, nützen, um mit geschärftem Verantwortungsbewußtsein Methoden zu finden, unsere Meinungsverschiedenheiten auf eine Art und Weise zu lösen, die des Menschen würdiger ist. Die göttliche Vorsehung fordert dringend von uns, daß wir uns von der alten Knechtschaft des Krieges befreien. Wohin uns der verhängnisvolle Weg, den wir beschritten haben, führen mag, falls wir nicht diesen Versuch zur Umkehr machen, das wissen wir nicht.

82. *(Die absolute Ächtung des Krieges; eine weltweite Aktion, ihn zu verhindern).* Es ist also deutlich, daß wir mit all unseren Kräften jene Zeit vorbereiten müssen, in der auf der Basis einer Übereinkunft zwischen allen Nationen jeglicher Krieg absolut geächtet werden kann. Das erfordert freilich, daß eine von allen anerkannte öffentliche Weltautorität eingesetzt wird, die über wirksame Macht verfügt, um für alle Sicherheit, Wahrung der Gerechtigkeit und Achtung der Rechte zu gewährleisten. Bevor aber diese wünschenswerte Autorität konstituiert werden kann, müssen die jetzigen internationalen höchsten Gremien sich intensiv um Mittel bemühen, die allgemeine Sicherheit besser zu gewährleisten. Da der Friede aus dem gegenseitigen Vertrauen der Völker erwachsen sollte, statt den Nationen durch den Schrecken der Waffen auferlegt zu werden, sollten alle sich bemühen, dem Wettrüsten ein Ende zu machen. Man soll wirklich mit der Abrüstung beginnen, nicht einseitig, sondern in vertrag-

lich festgelegten gleichen Schritten und mit echten und wirksamen Sicherungen[4].

Inzwischen sind Versuche, wie sie schon unternommen wurden und noch werden, die Gefahr des Krieges abzuwenden, keineswegs geringzuschätzen. Man sollte vielmehr den guten Willen der überaus vielen stützen, die, beladen durch ihr hohes Amt, aber zugleich im Gewissen bedrängt durch die Schwere ihrer Verantwortung, darauf hinwirken, daß der Krieg, den sie verabscheuen, aus der Welt geschafft werde, wenn sie auch nicht an der Kompliziertheit der faktischen Verhältnisse vorbeisehen können. Inständig muß man zu Gott beten, daß er ihnen die Kraft gibt, dieses hohe Werk der Liebe zu den Menschen, den kraftvollen Aufbau des Friedens immer wieder neu zu beginnen und tapfer durchzuhalten. Dies verlangt heute sicher von ihnen, daß sie mit Geist und Herz über die Grenzen ihrer eigenen Nation hinausschauen, daß sie auf nationalen Egoismus und den Ehrgeiz, andere Nationen zu beherrschen, verzichten, daß sie eine tiefe Ehrfurcht empfinden für die ganze Menschheit, die sich so mühsam schon auf eine größere Einheit hinbewegt.

Über die Probleme des Friedens und der Abrüstung sind schon tiefe, mutige und unermüdliche Forschungen angestellt worden. Internationale Kongresse befaßten sich damit. Man sollte dies alles als erste Schritte zur Lösung dieser so schwierigen Fragen ansehen und für die Zukunft noch intensiver fördern, wenn man praktikable Ergebnisse erreichen will. Indessen soll man sich hüten, sich nur auf die Anstrengungen einiger zu verlassen, ohne die eigene Einstellung zu überprüfen. Denn die Staatsmänner, die das Gemeinwohl ihres eigenen Volkes zu verantworten und gleichzeitig das Wohl der gesamten Welt zu fördern haben, sind sehr abhängig von der öffentlichen Meinung und Einstellung der Massen. Nichts nützt ihnen ihr Bemühen, Frieden zu stiften, wenn Gefühle der Feindschaft, Verachtung, Mißtrauen, Rassenhaß und ideologische Verhärtung die Menschen trennen und zu Gegnern machen. Darum sind vor allem eine neue Erziehung und ein neuer Geist in der öffentlichen Meinung dringend notwendig. Wer sich der Aufgabe der Erziehung, vor allem der Jugend, widmet und wer die öffentliche Meinung mitformt, soll es als seine schwere Pflicht ansehen, in allen eine

[4] Vgl. Johannes XXIII., Enz. Pacem in terris, wo von der Abrüstung die Rede ist: AAS 55 (1963) 287.

neue Friedensgesinnung zu wecken. Wir alle müssen uns wandeln in unserer Gesinnung und müssen die ganze Welt und jene Aufgaben in den Blick bekommen, die wir alle zusammen zum Fortschritt der Menschheit auf uns nehmen können.

Täuschen wir uns nicht durch eine falsche Hoffnung! Wenn Feindschaft und Haß nicht aufgegeben werden, wenn es nicht zum Abschluß fester und ehrenhafter Verträge kommt, die für die Zukunft einen allgemeinen Frieden sichern, dann geht die Menschheit, die jetzt schon in Gefahr schwebt, trotz all ihrer bewundernswürdigen Wissenschaft jener dunklen Stunde entgegen, wo sie keinen andern Frieden mehr spürt als die schaurige Ruhe des Todes. Aber während die Kirche Christi mitten in den Ängsten dieser Zeit lebt und diese Worte ausspricht, hört sie nicht auf, zuversichtlich zu hoffen. Unserer Zeit will sie immer wieder — gelegen oder ungelegen — die apostolische Botschaft verkünden: „Seht, jetzt ist die Zeit der Gnade" zur Bekehrung der Herzen; „jetzt ist der Tag des Heils"[5].

Zweiter Abschnitt: Der Aufbau der internationalen Gemeinschaft

83. *(Die Ursachen der Zwietracht und ihre Heilmittel).* Um den Frieden aufzubauen, müssen vor allem die Ursachen der Zwietracht in der Welt, die zum Krieg führen, beseitigt werden, an erster Stelle die Ungerechtigkeiten. Nicht wenige entspringen allzu großen wirtschaftlichen Ungleichheiten oder auch der Verzögerung der notwendigen Hilfe. Andere entstehen aus Herrschsucht und Mißachtung der Menschenwürde und, wenn wir nach den tieferen Gründen suchen, aus Neid, Mißtrauen, Hochmut und anderen egoistischen Leidenschaften. Da der Mensch so viel Unordnung nicht ertragen kann, folgt daraus, daß die Welt auch ohne das Wüten des Krieges dauernd von zwischenmenschlichen Spannungen und gewaltsamen Auseinandersetzungen vergiftet wird. Weil außerdem dieselben Übel auch in den Beziehungen unter den Völkern zu finden sind, müssen, will man sie überwinden oder verhüten und die zügellose Gewaltanwendung verhindern, die internationalen Institutionen besser und enger zusammenarbeiten und koordiniert werden; ebenso muß auf die Bildung neuer Organe für die Förderung des Friedens unermüdlich hingearbeitet werden.

[5] Vgl. 2 Kor 2, 6.

84. (*Die Völkergemeinschaft und die internationalen Institutionen*).
Um bei der wachsenden gegenseitigen engen Abhängigkeit
aller Menschen und aller Völker auf dem ganzen Erdkreis
das allgemeine Wohl der Menschheit auf geeignetem Weg zu
suchen und in wirksamerer Weise zu erreichen, muß sich die
Völkergemeinschaft eine Ordnung geben, die den heutigen
Aufgaben entspricht, vor allem im Hinblick auf die zahlreichen
Gebiete, die immer noch unerträgliche Not leiden.

Um diese Ziele zu erreichen, müssen die Institutionen der
internationalen Gemeinschaft den verschiedenen Bedürfnissen
der Menschen nach Kräften Rechnung tragen, und zwar sowohl
in den Bereichen des sozialen Lebens, z. B. Ernährung, Gesundheit, Erziehung, Arbeit, als auch in besonderen Situationen, die
hier und dort entstehen können, z. B. die allgemein bestehende
Notwendigkeit, den Aufstieg der Entwicklungsländer zu fördern, die Leiden der Flüchtlinge in der ganzen Welt zu lindern
oder auch Auswanderer und ihre Familien zu unterstützen.

Die bereits bestehenden internationalen Institutionen, sowohl
auf weltweiter wie auf regionaler Ebene, machen sich ohne Zweifel um die Menschheit hoch verdient. Sie erscheinen als erste Versuche, eine internationale Grundlage für die Gemeinschaft der
ganzen Menschheit zu schaffen, damit so die schweren Fragen
unserer Zeit gelöst werden: den Fortschritt überall zu fördern
und Kriege in jeder Form zu verhindern. Die Kirche freut sich
über den Geist wahrer Brüderlichkeit zwischen Christen und
Nichtchristen, der auf all diesen Gebieten zu immer größeren
Anstrengungen drängt, um die ungeheure Not zu lindern.

85. (*Die internationale wirtschaftliche Zusammenarbeit*). Die heutige enge Verbundenheit der Menschheit erfordert auch auf
wirtschaftlichem Gebiet eine stärkere internationale Zusammenarbeit. Wenn auch fast alle Völker politische Unabhängigkeit
erlangt haben, ist es doch noch lange nicht so weit, daß sie von
allzu großen Ungleichheiten und jeder Form ungebührlicher
Abhängigkeit frei und jeder Gefahr schwerer innerer Konflikte
enthoben sind.

Die Entwicklung einer Nation hängt von menschlichen
und finanziellen Hilfen ab. Die Bürger einer jeden Nation
müssen durch Erziehung und Berufsausbildung für die verschiedenen Aufgaben in Wirtschaft und Gesellschaft vorbereitet
werden. Dazu ist die Hilfe ausländischer Fachkräfte erforder-

lich, die bei ihrem Einsatz nicht als Herren auftreten dürfen, sondern Helfer und Mitarbeiter sein sollen. Materielle Hilfe wird den aufstrebenden Völkern nicht zuteil werden, wenn die Praktiken des heutigen Welthandels sich nicht von Grund auf ändern. Darüber hinaus müssen von den hochentwickelten Ländern Hilfen in Form von Zuschüssen, Krediten und Kapitalinvestitionen gewährt werden. Diese sollen von der einen Seite großherzig und ohne Profitsucht gewährt und von der anderen in ehrenhafter Haltung angenommen werden.

Um zu einer echten weltumfassenden Wirtschaftsordnung zu kommen, muß auf übertriebenes Gewinnstreben, nationales Prestige, politische Herrschsucht, militaristische Überlegungen und Machenschaften zur zwangsweisen Verbreitung von Ideologien verzichtet werden. Viele wirtschaftliche und soziale Systeme werden vorgeschlagen. Es ist zu wünschen, daß Fachleute eine gemeinsame Grundlage für einen gesunden Welthandel finden können. Das wird leichter zu erreichen sein, wenn die Einzelnen ihre Vorurteile ablegen und zu einem aufrichtigen Dialog bereit sind.

86. *(Einige praktische Normen)*. Für diese Zusammenarbeit scheinen folgende Normen nützlich zu sein:

a) Den Völkern der Entwicklungsländer muß sehr daran gelegen sein, als Ziel des Fortschritts ausdrücklich und entschieden die volle menschliche Entfaltung ihrer Bürger zu erstreben. Sie sollen daran denken, daß der Fortschritt vor allem aus der Arbeit und den Fähigkeiten der Völker selbst entspringt und sich steigert und sich nicht allein auf fremde Hilfe, sondern vor allem auf die volle Erschließung der eigenen Hilfsquellen und ihren Ausbau entsprechend den eigenen Fähigkeiten und Traditionen stützen muß. Hier sollen jene Völker mit gutem Beispiel vorangehen, die größeren Einfluß auf andere haben.

b) Es ist eine schwere Verpflichtung der hochentwickelten Länder, den aufstrebenden Völkern bei der Erfüllung der genannten Aufgaben zu helfen. Darum sollen sie bei sich selbst die geistigen und materiellen Anpassungen durchführen, die zur Organisation dieser weltweiten Zusammenarbeit erforderlich sind.

So sollen sie beim Handel mit den schwächeren und ärmeren Nationen deren Wohl bewußt berücksichtigen. Denn diese brauchen den Erlös aus dem Verkauf ihrer Erzeugnisse zum eigenen Unterhalt.

c) Aufgabe der internationalen Gemeinschaft ist es, die wirtschaftliche Entwicklung zu ordnen und ihr Anreize zu geben, jedoch so, daß die dafür bestimmten Mittel so wirksam und gerecht wie möglich vergeben werden. Sache dieser Gemeinschaft ist es auch, unter Berücksichtigung des Subsidiaritätsprinzips die wirtschaftlichen Verhältnisse weltweit so zu ordnen, daß sie sich nach der Norm der Gerechtigkeit entwickeln.

Es sollen geeignete Institutionen zur Förderung und Ordnung des internationalen Handels gegründet werden, vor allem mit den weniger entwickelten Nationen, und zwar zum Ausgleich der Unzuträglichkeit, die sich aus den allzu großen Machtunterschieden zwischen den Völkern ergeben. Solche ordnende Maßnahmen in Verbindung mit technischer, kultureller und finanzieller Unterstützung sollen den aufstrebenden Nationen die notwendigen Hilfen gewähren, damit sie ein entsprechendes Wachstum ihrer Wirtschaft erreichen können.

d) In vielen Fällen besteht die Notwendigkeit, die wirtschaftliche und soziale Struktur zu überprüfen. Aber man muß sich hüten vor bloß organisatorischen, unausgereiften Lösungen, besonders vor solchen, die dem Menschen zwar materielle Erleichterungen bieten, seiner geistigen Anlage und Entwicklung aber schaden. Denn „nicht vom Brot allein lebt der Mensch, sondern von jedem Wort, das aus dem Munde Gottes kommt" (Mt 4, 4). Jeder Teil der Menschheitsfamilie trägt in sich und in seinen besten Traditionen einen Teil des geistigen Erbes, das Gott der Menschheit anvertraut hat, wenn auch viele seine Herkunft nicht kennen.

87. *(Die internationale Zusammenarbeit im Hinblick auf das Bevölkerungswachstum).* Besonders drängend wird die internationale Zusammenarbeit im Hinblick auf jene Völker, die heute häufig neben vielen anderen Problemen vor allem durch jenes bedrängt werden, das aus dem raschen Bevölkerungswachstum entsteht. Es ist dringend erforderlich, daß alle Nationen, besonders die wohlhabenden, in umfassender und gründlicher Zusammenarbeit Wege suchen, wie die zum Lebensunterhalt und zur angemessenen Ausbildung nötigen Mittel bereitgestellt und der ganzen Menschheit zugänglich gemacht werden können. Manche Völker könnten ihre Lebensbedingungen sehr verbessern, wenn sie nach entsprechender Unterweisung von veralteten Methoden der landwirtschaftlichen Erzeugung zu

neuen technischen Verfahren übergingen, die sie mit der notwendigen Klugheit ihren Verhältnissen anpassen müßten, und darüber hinaus eine bessere soziale Ordnung einführten sowie die Verteilung des Landbesitzes gerechter ordneten.

Die Regierungen aber haben in bezug auf die Bevölkerungsprobleme in ihrem eigenen Land Rechte und Pflichten innerhalb der Grenzen ihrer Zuständigkeit, z. B. was die Sozial- und Familiengesetzgebung angeht, die Landflucht und die Information über den Zustand und die Bedürfnisse der Nation. Da die Menschen heute von diesem Problem so stark bewegt werden, ist auch zu wünschen, daß katholische Fachleute, vor allem an den Universitäten, die Forschung und die Versuche auf diesem Gebiet planmäßig weiterverfolgen und entwickeln.

Vielfach wird die Behauptung aufgestellt, das Wachstum der Erdbevölkerung müsse, wenigstens in bestimmten Ländern, mit allen Mitteln, auch durch Eingriffe des Staates, gleich welcher Art, radikal gedrosselt werden. Das Konzil richtet deshalb an alle die Mahnung, sich vor öffentlich oder privat empfohlenen, manchmal auch aufgenötigten Lösungen zu hüten, die dem Sittengesetz widersprechen. Nach dem unveräußerlichen Menschenrecht auf Ehe und Kinderzeugung hängt die Entscheidung über die Zahl der Kinder vom rechten Urteil der Eltern ab und kann keinesfalls dem Urteil der staatlichen Autorität überlassen werden. Da aber das Urteil der Eltern ein richtig gebildetes Gewissen voraussetzt, ist es von großer Bedeutung, daß allen die Möglichkeit geboten wird, in sich die rechte und wahrhaft menschliche Verantwortlichkeit zu bilden, die sich am göttlichen Gesetz orientiert und die jeweiligen Verhältnisse berücksichtigt. Das erfordert aber, daß weithin die erzieherischen und sozialen Bedingungen verbessert werden und vor allem daß eine religiöse Bildung oder wenigstens eine umfassende sittliche Unterweisung geboten wird. Über die wissenschaftlichen Fortschritte in der Erforschung von sicheren und moralisch einwandfreien Methoden, die den Eheleuten bei der Regelung der Kinderzahl helfen können, sollen die Menschen in kluger Weise unterrichtet werden.

88. *(Der Auftrag der Christen zur Hilfeleistung)*. Zum Aufbau einer internationalen Ordnung, in der die rechtmäßigen Freiheiten aller wirklich geachtet werden und wahre Brüderlichkeit bei allen herrscht, sollen die Christen gern und von Herzen mit-

arbeiten, und das um so mehr, als der größere Teil der Welt noch unter solcher Not leidet, daß Christus selbst in den Armen mit lauter Stimme seine Jünger zur Liebe aufruft. Das Ärgernis soll vermieden werden, daß einige Nationen, deren Bürger in überwältigender Mehrheit den Ehrennamen „Christen" tragen, Güter in Fülle besitzen, während andere nicht genug zum Leben haben und von Hunger, Krankheit und Elend aller Art gepeinigt werden. Denn der Geist der Armut und Liebe ist Ruhm und Zeugnis der Kirche Christi.

Lob und Unterstützung verdienen jene Christen, vor allem jene jungen Menschen, die freiwillig anderen Menschen und Völkern ihre persönliche Hilfe zur Verfügung stellen. Es ist jedoch Sache des ganzen Volkes Gottes, wobei die Bischöfe mit Wort und Beispiel vorangehen müssen, die Nöte unserer Zeit nach Kräften zu lindern, und zwar nach alter Tradition der Kirche nicht nur aus dem Überfluß, sondern auch von der Substanz.

Das Sammeln und Verteilen von Mitteln muß, zwar ohne starre und einförmige Organisation, jedoch ordnungsgemäß, in den Diözesen, den Ländern und in der ganzen Welt durchgeführt werden, und das in Zusammenarbeit der Katholiken mit den übrigen Christen, wo immer es angebracht erscheint. Denn der Geist der Liebe verbietet durchaus nicht die wohlüberlegte und organisierte Durchführung einer sozialen und caritativen Aktion, sondern fordert sie sogar. Darum ist es auch notwendig, daß diejenigen, die sich dem Dienst in Entwicklungsländern widmen wollen, in geeigneten Instituten ausgebildet werden.

89. *(Die wirksame Präsenz der Kirche in der internationalen Gemeinschaft)*. Kraft ihrer göttlichen Sendung verkündet die Kirche allen Menschen das Evangelium und spendet ihnen die Schätze der Gnade. Dadurch leistet sie überall einen wichtigen Beitrag zur Festigung des Friedens und zur Schaffung einer soliden Grundlage der brüderlichen Gemeinschaft unter den Menschen und Völkern, nämlich die Kenntnis des göttlichen und natürlichen Sittengesetzes. Darum muß die Kirche in der Völkergemeinschaft präsent sein, um die Zusammenarbeit unter den Menschen zu fördern und anzuregen. Das geschieht sowohl durch ihre öffentlichen Institutionen wie durch die umfassende und aufrichtige Zusammenarbeit aller Christen, deren einziger Beweggrund der Wunsch ist, allen zu dienen.

Das wird um so eher gelingen, wenn alle Gläubigen im Bewußtsein ihrer menschlichen und christlichen Verantwortung in ihrem eigenen Lebensbereich daran mitwirken, den Wunsch zu tatkräftiger Zusammenarbeit mit der internationalen Gemeinschaft zu wecken. Besondere Sorgfalt ist dabei auf die Bildung der Jugend zu verwenden, vor allem in der religiösen und staatsbürgerlichen Erziehung.

90. *(Die Aufgabe der Christen in den internationalen Institutionen).* Eine hervorragende Form des internationalen Wirkens der Christen ist zweifellos die Mitarbeit, die sie einzeln und organisiert in den vorhandenen oder zu gründenden Institutionen zur Förderung der Zusammenarbeit unter den Nationen leisten. Darüber hinaus können die verschiedenen katholischen internationalen Organisationen auf vielfache Weise zum Aufbau einer friedlichen und brüderlichen Völkergemeinschaft beitragen. Sie verdienen gestärkt zu werden durch erhöhten Einsatz gut vorgebildeter Mitarbeiter, durch Vermehrung der notwendigen Hilfsmittel und durch geeignete Koordinierung der Kräfte. Denn in unserer Zeit sind sowohl zum Erfolg von Aktionen als auch zu dem notwendig gewordenen Dialog gemeinsame Bemühungen erforderlich. Solche Vereinigungen tragen außerdem nicht wenig dazu bei, den Sinn für die Weltprobleme zu entwickeln, was den Katholiken gemäß ist, und das Bewußtsein wahrhaft weltweiter Solidarität und Verantwortung zu wecken.

Schließlich ist zu wünschen, daß die Katholiken zur rechten Erfüllung ihrer Aufgabe in der internationalen Gemeinschaft eine tatkräftige und positive Zusammenarbeit anstreben mit den getrennten Brüdern, die sich gemeinsam mit ihnen zur Liebe des Evangeliums bekennen, und mit allen Menschen, die den wahren Frieden ersehnen.

Aber angesichts der zahllosen Drangsale, unter denen der größere Teil der Menschheit auch heute noch leidet, hält es das Konzil für sehr zweckmäßig, ein Organ der Gesamtkirche zu schaffen, um die Gerechtigkeit und Liebe Christi den Armen in aller Welt zuteil werden zu lassen. Seine Aufgabe soll es sein, die Gemeinschaft der Katholiken immer wieder anzuregen, den Aufstieg der notleidenden Gebiete und die soziale Gerechtigkeit unter den Völkern zu fördern.

Kirche und Welt

91. *(Der Auftrag der einzelnen Gläubigen und der Teilkirchen)*. Was diese Heilige Synode aus dem Schatz der kirchlichen Lehre vorlegt, will allen Menschen unserer Zeit helfen, ob sie an Gott glauben oder ihn nicht ausdrücklich anerkennen, klarer ihre Berufung unter jeder Hinsicht zu erkennen, die Welt mehr entsprechend der hohen Würde des Menschen zu gestalten, eine weltweite und tiefer begründete Brüderlichkeit zu erstreben und aus dem Antrieb der Liebe in hochherzigem, gemeinsamem Bemühen den dringenden Erfordernissen unserer Zeit gerecht zu werden.

Mit Rücksicht auf die unabsehbare Differenzierung der Verhältnisse und der Kulturen in der Welt hat diese konziliare Erklärung in vielen Teilen mit Bedacht einen ganz allgemeinen Charakter; ja, obwohl sie eine Lehre vorträgt, die in der Kirche schon anerkannt ist, wird sie noch zu vervollkommnen und zu ergänzen sein, da oft von Dingen die Rede ist, die einer ständigen Entwicklung unterworfen sind. Wir sind aber von der festen Zuversicht erfüllt, daß vieles von dem, was wir, gestützt auf Gottes Wort und den Geist des Evangeliums, vorgetragen haben, allen eine gute Hilfe sein kann, zumal wenn es von den Gläubigen unter Leitung ihrer Hirten an die Situation und Denkweisen der einzelnen Völker angepaßt sein wird.

92. *(Der Dialog mit allen Menschen)*. Die Kirche wird kraft ihrer Sendung, die ganze Welt mit der Botschaft des Evangeliums zu erleuchten und alle Menschen aller Nationen, Rassen und Kulturen in einem Geist zu vereinigen, zum Zeichen jener Brüderlichkeit, die einen aufrichtigen Dialog ermöglicht und gedeihen läßt.

Das aber verlangt von uns, daß wir vor allem in der Kirche selbst, bei Anerkennung aller rechtmäßigen Verschiedenheit, gegenseitige Hochachtung, Ehrfurcht und Eintracht pflegen, um ein immer fruchtbareres Gespräch zwischen allen in Gang zu bringen, die das eine Volk Gottes bilden, Geistliche und Laien. Stärker ist, was die Gläubigen eint als was sie trennt. Es gelte im Notwendigen Einheit, im Zweifel Freiheit, in allem die Liebe[1].

[1] Vgl. Johannes XXIII., Enz. Ad Petri Cathedram, 29. Juni 1959: AAS 51 (1959) 513.

Im Geist umarmen wir auch die Brüder, die noch nicht in voller Einheit mit uns leben, und ihre Gemeinschaften, mit denen wir aber im Bekenntnis des Vaters und des Sohnes und des Heiligen Geistes und durch das Band der Liebe verbunden sind. Dabei sind wir uns bewußt, daß heute auch von vielen Nichtchristen die Einheit der Christen erwartet und gewünscht wird. Je mehr diese Einheit unter dem mächtigen Antrieb des Heiligen Geistes in Wahrheit und Liebe wächst, um so mehr wird sie für die ganze Welt eine Verheißung der Einheit und des Friedens sein. Darum müssen wir mit vereinten Kräften und in Formen, die zur wirksamen Erreichung dieses großen Zieles immer besser geeignet sind, in immer größerer Übereinstimmung mit dem Evangelium brüderlich zusammenarbeiten, um der Menschheitsfamilie zu dienen, die in Christus Jesus zur Familie der Gotteskinder berufen ist.

Wir wenden uns dann auch allen zu, die Gott anerkennen und in ihren Traditionen wertvolle Elemente der Religion und Humanität bewahren, und wünschen, daß ein offener Dialog uns alle dazu bringt, die Anregungen des Geistes treulich aufzunehmen und mit Eifer zu erfüllen.

Der Wunsch nach einem solchen Dialog, geführt einzig aus Liebe zur Wahrheit und unter Wahrung angemessener Diskretion, schließt unsererseits niemanden aus, weder jene, die hohe Güter der Humanität pflegen, deren Urheber aber noch nicht anerkennen, noch jene, die Gegner der Kirche sind und sie auf verschiedene Weise verfolgen. Da Gott der Vater Ursprung und Ziel aller ist, sind wir alle dazu berufen, Brüder zu sein. Und darum können und müssen wir aus derselben menschlichen und göttlichen Berufung ohne Gewalt und ohne Hintergedanken zum Aufbau einer wahrhaft friedlichen Welt zusammenarbeiten.

93. *(Der Aufbau und die Vollendung der Welt)*. Die Christen können, eingedenk des Wortes des Herrn: „Daran werden alle erkennen, daß ihr meine Jünger seid, wenn ihr einander liebt" (Jo 13, 35), nichts sehnlicher wünschen, als den Menschen unserer Zeit immer großherziger und wirksamer zu dienen. Dem Evangelium gewissenhaft folgend und aus seinen Kräften lebend, verbunden mit allen, die die Gerechtigkeit lieben und pflegen, haben sie das große Werk, das sie hier auf Erden zu erfüllen haben, begonnen, über das sie ihm, der am Jüngsten Tag alle richten wird, Rechenschaft geben müssen. Nicht alle, die sagen

„Herr, Herr", werden ins Himmelreich eingehen, sondern die den Willen des Vaters tun[2] und tatkräftig ans Werk gehen. Der Vater will, daß wir in allen Menschen Christus als Bruder sehen und lieben in Wort und Tat und so der Wahrheit Zeugnis geben und anderen das Geheimnis der Liebe des himmlischen Vaters mitteilen. Auf diese Weise wird in den Menschen überall in der Welt eine lebendige Hoffnung erweckt, die eine Gabe des Heiligen Geistes ist, daß sie am Ende in Frieden und vollkommenem Glück aufgenommen werden in das Vaterland, das von der Herrlichkeit des Herrn erfüllt ist.

„Dem aber, der Macht hat, gemäß der in uns wirkenden Kraft weitaus mehr zu tun als alles, was wir erbitten oder ersinnen, ihm sei Ehre in der Kirche und in Christus Jesus durch alle Geschlechter von Ewigkeit zu Ewigkeit. Amen" (Eph 3, 20–21).

[2] Vgl. Mt 7, 21.

XIV

DAS DEKRET ÜBER DIENST UND LEBEN DER PRIESTER
„PRESBYTERORUM ORDINIS"

ging aus den 17 Entwürfen hervor, die die Vorkonziliare Kommission für die Disziplin des Klerus und des christlichen Volkes erstellt hatte. Daraus entstanden nacheinander zwei Schemata, die aufgrund der Kürzungsweisungen zu wenigen Leitsätzen gemacht wurden. Diese wurden in der III. Sitzungsperiode im Oktober 1964 diskutiert. Sie wurden mit 1199 Nein- gegen 930 Ja-Stimmen abgelehnt. Zur Neufassung wurden schriftliche Änderungsvorschläge eingeholt, die zu einer neuerlichen Bearbeitung führten. Auch diese wurde bei der zweiten Diskussion im Oktober 1965 heftig kritisiert und mit zahlreichen Änderungsvorschlägen versehen. Obwohl diese in rascher Kommissionsarbeit berücksichtigt wurden, kamen noch einmal über 10 000 Änderungsvorschläge. Nach deren Einarbeitung ergab die feierliche Schlußabstimmung 2390 Ja- gegen 4 Nein-Stimmen; am gleichen Tag, dem 7. Dezember 1965, wurde das Dekret feierlich verkündet.

Die vorliegende Fassung dieses Dekrets ist ganz unter dem Eindruck der Diskussionen über die Kirchenkonstitution entstanden. Nachdem im Konzil beanstandet worden war, man habe viel über die Bischöfe und viel über die Laien gesagt, aber fast nichts über die Priester, wurde die Kirchenkonstitution selbst (vor allem Artikel 28) in dieser Hinsicht vervollkommnet und dieses Dekret vertieft (vgl. ferner auch das Dekret über die Hirtenaufgabe der Bischöfe, Artikel 28–32).

Das Vorwort (Artikel 1) gibt den theologischen Ausgangspunkt an: durch Weihe und bischöfliche Sendung erhalten die Priester Anteil am dreifachen Amt Christi zur Auferbauung der Kirche. Das wird in den Artikeln 4–6 ausführlicher dargelegt.

Das I. Kapitel hat das Priestertum und die Sendung der Kirche zum Thema. Zuerst sammelt Artikel 2 verschiedene Elemente einer theologischen Ortsbestimmung des Priesters, ohne diese Elemente aus einer einheitlichen Grundidee zu entwickeln. Wichtig ist, daß der Artikel schon im ersten Abschnitt mit der Darlegung des gemeinsamen Priestertums aller Glaubenden beginnt und dann gemäß der paulinischen Lehre von verschiedenen Diensten der vielen Glieder im einen Leib das Priestertum des amtlichen Dienstes in diesen Zusammenhang einfügt. Das besondere Priestertum faßt er zunächst unter Zitation des Konzils von Trient und unter kurzer Wiederholung der entsprechenden Stellen der Kirchenkonstitution (Artikel 18, 21, 28) als Oberbegriff auf, in dem Bischofs- und Priesteramt zusammengefaßt sind. Jene, die wir deutsch im allgemeinen „Priester" nennen, d. h. die „Presbyter" im Unterschied zu den Bischöfen, haben am Dienstamt der Bischöfe nur in „untergeordnetem Rang" teil. Jedoch bemüht sich das Dekret, hier die eigene Würde dieser Priester mit verschiedenen, untereinander nicht recht ausgeglichenen Elementen der theologischen Tradition zu schildern. Es nennt eine eigene Sendung durch Christus, das eigene Weihesakrament, eine eigene „Salbung des Heiligen Geistes" und dadurch ein „besonderes Prägemal" (sakramentaler Charakter). Durch all dies werden die Priester Christus gleichförmig gemacht, „so daß sie in der Person des Hauptes Christus handeln können". Schließlich wird zu Beginn des vierten Abschnitts den Priestern ähnlich wie in der Kirchenkonstitution (Artikel 28) eine Teilhabe am Amt der Apostel zugesprochen. Konsequent aufgebaut ist der vierte Abschnitt des Artikels. Als wesentliche Aufgaben des neutestamentlichen Priesters nennt er den Dienst am Evangelium (der als solcher Dienst an der Einheit des Volkes Gottes ist) und die Vollendung dieses Dienstes in der Feier der Eucharistie (als Vollendung des gemeinsamen Priestertums und als sakramentale Darbringung des Opfers Christi im Namen der Kirche). Konzilsväter, die neben der „Sendung" der Priester eine stärkere Betonung des „Kultes" im weiteren Sinn gewünscht hatten, erreichten die Einfügung des Abschnittes fünf über die Verherrlichung Gottes als Ziel des Dienstes und Lebens der Priester. Artikel 3 befaßt sich mit dem „Weltverhältnis" der Priester. Bei aller Mahnung, sich der Welt nicht gleichförmig zu machen, hebt er sehr hervor, die Priester seien durch ihre Berufung und Weihe von keinem einzigen Menschen getrennt, keinem dürften sie fremd sein, sie hätten mitten unter den Menschen zu leben.

Das II. Kapitel spricht in 8 Artikeln, die in 3 Teile gruppiert sind, vom priesterlichen Dienst. Der *erste Teil* ist, wie erwähnt, den priesterlichen Ämtern gewidmet. Die Verkündigung des Evangeliums wird in Artikel 4, der gleichsam das „Lehramt" der Priester zum Thema hat, als erste Aufgabe der Priester bezeichnet. Da die Priester hier ausdrücklich als Mitarbeiter der Bischöfe genannt sind, ist die Parallele zu den Ausführungen über die Bischöfe als Diener des Wortes (Kirchenkonstitution, Artikel 21, 24) deutlich. Mitten in die beherzigenswerten Ausführungen über Glaube und Verkündigung ist der etwas seltsame Satz eingefügt: „Niemals sollen sie ihre eigenen Gedanken vortragen."

Der Abschnitt endet jedoch damit, die ewige Wahrheit des Evangeliums müsse auf die konkreten Lebensverhältnisse angewendet werden. Es ist nicht ersichtlich, wie das ohne „eigene Gedanken" möglich sein soll. Den Schluß dieses Artikels bildet eine Hervorhebung des Wortgottesdienstes in der Meßfeier. Artikel 5 behandelt die Heiligungsaufgabe der Priester, die nach dem Text vorzüglich in der Liturgie erfüllt wird. Vier Sakramente, Taufe, Buße, Krankensalbung und Eucharistie, werden ausführlicher genannt, wobei bei Taufe und Buße auch der ekklesiologische Aspekt (entsprechend der Kirchenkonstitution, Artikel 11) sehr schön zur Geltung kommt. Der Vollzug jedes Sakramentes bringe die Priester auf verschiedene Weise hierarchisch mit dem Bischof in Verbingung, sagt der Artikel, und der Bischof werde so in den Gemeinden gewissermaßen gegenwärtig (so auch die Kirchenkonstitution, Artikel 28). Dann werden die Sakramente in Zusammenhang mit der Eucharistie gebracht, die als „Mitte der Gemeinschaft der Gläubigen" geschildert wird. Auf sie werden im folgenden das geistliche Leben der Gläubigen, das Stundengebet der Priester, das Gotteshaus und die Pflege der Liturgiewissenschaft bezogen. Artikel 6 gilt nun dem Hirtenamt der Priester. In einer etwas verhaltenen Sprache enthält der Artikel doch eine sehr wichtige Aussage: die Priester sollen in ihrer Leitungsaufgabe die Gläubigen zu größtmöglicher Selbständigkeit führen. Sie sind also nicht Selbstzweck. „Noch so schöne Zeremonien und noch so blühende Vereine nutzen wenig, wenn sie nicht auf die Erziehung des Menschen zu christlicher Reife hingeordnet sind" (Abschnitt zwei). Der Artikel zählt ausführlich auf, wer alles den Priestern anvertraut ist — praktisch alle. Auch die Sorge für die Gesamtkirche obliegt ihnen mit. Und dabei sollen die Priester, so der letzte Absatz, keiner menschlichen Partei oder Ideologie zu Diensten sein.

Der *zweite Teil* handelt von der Beziehung der Priester zu anderen. Die 3 Artikel dieses Teils sind konsequent angeordnet. Artikel 7 hebt hervor, daß die Priester mit den Bischöfen an ein und demselben Priestertum und Amt Christi teilhaben und darum mit ihnen in hierarchischer Gemeinschaft stehen müssen. Das komme vorzüglich bei gelegentlicher Konzelebration, aber auch bei jeder Eucharistiefeier zum Ausdruck. Die Priester werden als *notwendige* Helfer und Ratgeber der Bischöfe bezeichnet und sind darum von diesen als Brüder und Freunde zu behandeln. Eine gewisse Betonung liegt auf den ersten Worten dieses Artikels: „alle Priester". Und so sei hier darauf aufmerksam gemacht, daß dieses Dekret stets von „den Priestern" im Plural spricht und eine Unterscheidung sekundärer kirchlicher Würden nicht kennt. Die Stimulierung klerikalen Ehrgeizes durch bloße Prälatentitel, die sich farbenprächtig äußern und sich gegebenenfalls aus Bevorzugungen seitens des Bischofs ergeben, ist vom Geist des Konzils durch einen Abgrund getrennt. Der Artikel wünscht noch im ersten Abschnitt die

Schaffung eines Priesterrates beim Bischof, der diesen mit Vorschlägen wirksam bei der Leitung der Diözese unterstützen soll (er ist vom Seelsorgerat zu unterscheiden, vgl. unser Sachregister). Ein kurzer Abschnitt weist darauf hin, daß die Priester wegen ihrer Teilhabe am Bischofsamt dem Bischof Gehorsam und Liebe schulden. Der Schlußabschnitt betont, daß kein Priester als einzelner seine Sendung hinreichend erfüllen kann. Artikel 8 spricht von der innigen sakramentalen Bruderschaft des einen Presbyteriums. Die verschiedenen möglichen Aufgaben — nicht aber verschiedene Würden — der Priester werden aufgezählt, und in diesem Zusammenhang werden die Priester erwähnt, die mit Billigung der zuständigen Autorität ,,sogar Handarbeit verrichten und damit selbst am Los der Arbeiter teilhaben''. Die Auffassung des früheren ,,Heiligen Offiziums'' (3. 7. 1959), Handarbeit sei mit dem Priesterstand unvereinbar, ist damit höchstamtlich revidiert. Wichtig ist auch, welche anderen Aufgaben der Priester hier vorgesehen werden (z. B. Wissenschaft, Lehramt). Jene, die einen Abzug aller Priester in die Seelsorgearbeit im strengen Sinn wünschten, haben also nicht recht behalten. Der Artikel hebt sehr schön die notwendige gegenseitige Liebe der Priester hervor und weist dabei auch auf das Verhältnis von Älteren zu Jüngeren hin (zu den Pfarrvikaren vgl. das Dekret über die Hirtenaufgabe der Bischöfe, Artikel 30); weiter betont er die gegenseitige Hilfe, die nach dem Wunsch des Konzils bis zu einer Art Lebensgemeinschaft gehen soll. Hier werden viele konkrete Anregungen geboten, von denen vielleicht die wichtigste ist, daß die Priester sich solchen gegenüber, die versagt haben, ,,stets als wahre Brüder und Freunde erweisen müssen''. Artikel 9 ruft nachdrücklich in Erinnerung, daß die Priester und die ,,Laien'' miteinander Jünger des Herrn sind und ,,Brüder unter Brüdern''. Die Priester werden ermahnt, die Würde und Funktion der Laien anzuerkennen, ihre Freiheit und Zuständigkeit zu achten, ihre ,,vielfältigen Charismen'' zu respektieren. In die Sorge der Priester werden die ökumenische Arbeit, die Nichtpraktizierenden, Abgefallenen und Ungläubigen empfohlen. Der Artikel schließt nicht nur damit, daß die Laien ,,*Kindes*liebe'' (ein Ausdruck, der in der Kirchenkonstitution, Artikel 37, bewußt vermieden wurde) zu ihren Priestern haben sollen, sondern auch damit, daß sie den Priestern in ihren Schwierigkeiten helfen können. Der *dritte Teil* geht auf die praktischen Fragen der Priesterverteilung und des Priesternachwuchses ein. Aus der Sorge für die Gesamtkirche, die allen Priestern obliegt, begründet Artikel 10 den Wunsch, Priester aus priesterreichen Gegenden möchten nach entsprechend guter Vorbereitung und möglichst nicht allein in priesterarme Gegenden gehen. Die Normen der Inkardinierung und Exkardinierung sollen überprüft werden. Artikel 11 ruft in Erinnerung, daß die Sorge für den Priesternachwuchs alle Christen angeht. Allen werden die Werke für Priesterberufe ans Herz gelegt. Der Ruf selbst werde, wie der Artikel im Anschluß an Diskussionen in der ersten Hälfte dieses Jahrhunderts sagt, nicht „auf außerordentliche Weise" vernehmlich sein; er wird an Zeichen im alltäglichen Leben kund.

Das III. Kapitel mit 10 Artikeln, die auf wiederum 3 Teile verteilt sind, handelt vom Leben der Priester. Der *erste Teil* hat die Berufung der Priester zur Vollkommenheit zum Thema. Artikel 12 greift den Gedanken auf, daß das Weihesakrament die Priester Christus gleichförmig macht. Hieraus folgert er die Verpflichtung der Priester zu einer immer größeren, hier individuell verstandenen Heiligkeit. Artikel 13 spricht von einem „eigenen Weg" der Priester zur Heiligkeit, nämlich der „aufrichtigen und unermüdlichen Ausübung ihrer Ämter im Geist Christi". Angefügt sind längere Ausführungen über die Möglichkeiten, den persönlichen Frömmigkeitsvollzug in Meditation, Schriftlesung, Eucharistiefeier, Breviergebet usw. für die ihnen anvertrauten Christen fruchtbar zu machen. Man merkt, wie sehr das Konzil bemüht ist, den Weltpriestern ihre eigene, unverkrampfte, aus ihrem Amt selbst gewachsene „Spiritualität" nahezulegen, so daß sie sich nicht auf einen im Grunde doch monastischen Weg festgelegt fühlen müssen. Der Artikel endet mit der Aufforderung, wenn nötig, auch neue Wege in der Seelsorge zu gehen. Artikel 14 sieht die Gefahr der Zersplitterung, d. h. die Gefährdung des inneren Lebens durch die Hektik der äußeren, notwendigen oder gesuchten Betriebsamkeit, sehr genau. Er hütet sich, die Priester deswegen moralisierend zu kritisieren. Die angeratenen Hilfen — Prüfung des Willens Gottes, Berücksichtigung der kirchlichen Richtlinien — sind freilich zu allgemein, um konkret nützlich sein zu können für die vom Konzil gewünschte „einheitliche Linie des Lebens". Gerade bei Pfarrseelsorgern fördern die kirchlichen Richtlinien, z. B. der Verwaltungsarbeit, oft die beklagte Zersplitterung noch. Der *zweite Teil* des Kapitels spricht von den besonderen Erfordernissen für das geistliche Leben der Priester, womit die Räte des Gehorsams, der Ehelosigkeit und der Armut gemeint sind. Artikel 15 sieht den Gehorsam in erster Linie als demütige Bereitschaft, in der Seelsorge ohne Pochen auf den eigenen Willen den Willen Gottes zu suchen. Der zweite Teil fordert „verantwortungsbewußten und freien Gehorsam" gegenüber denen, „die ein führendes Amt in der Leitung der Kirche" ausüben. Die einzige konkrete Anregung, die gegeben wird, geht dahin, neue Initiativen möchten vertrauensvoll den Vorgesetzten unterbreitet werden. Man mag den Artikel arm finden. Aber es darf nicht übersehen werden, daß er an einen Klerus gerichtet ist, der noch weitgehend in dem Glauben erzogen wurde, der Wille der Vorgesetzten sei von diesem selbst her schon sicher der Wille Gottes selbst. Wird beherzigt, was der Artikel über den selbstlosen Gehorsam nach dem Vorbild des Gehorsams Jesu sagt, so ergibt sich gerade aus der Uneigennützigkeit und Bescheidenheit dieses Gehorsams jene unbefangene Freiheit, in der nicht alle

Weisungen der Obrigkeit als letzte Weisheiten aufgefaßt werden müssen. Hier liegen Ansatzpunkte für eine genauere Unterscheidung von Gehorsam als Rat, von religiösem und von rein kirchlichem, an sich „funktionalem" Gehorsam, die vom Konzil nicht vorgenommen wird, für die Zukunft aber dringlich ist. Artikel 16 spricht von der „vollkommenen und ständigen Enthaltsamkeit um des Himmelreiches willen". Der Artikel enthält als lehramtliche Aussage mehrere wichtige Elemente: daß diese Enthaltsamkeit nicht vom Wesen des Priestertums selbst gefordert ist; daß das Leben im Zölibat dem Priestertum nur „angemessen" ist; daß es hochverdiente Priester im Ehestand gibt und daß auch diesen die *ganze* Hingabe ihres Lebens für die ihnen Anvertrauten möglich ist. Ehrlich weist der Artikel auf die von der heutigen Praxis verschiedene Haltung der frühesten Kirche hin (es soll kein Spaß sein, wenn hier darauf aufmerksam gemacht wird, daß dabei wohl die Pastoralbriefe zitiert werden — auch vom Konzil —, die vom Evangelium unbefangen vorausgesetzte Ehe des Apostels Petrus aber nirgendwo zur Geltung kommt). Die zugunsten des Zölibats vorgebrachten Gründe sind Konvenienzargumente, die in ihrem Gewicht mit den Erfordernissen einer Zeit, eines Landes, mit der realen Möglichkeit, einen genügend großen Klerus zu finden, immer wieder verglichen werden müssen. Eines freilich darf an diesem Artikel bedauert werden. Die Priester und alle Gläubigen werden hier wiederholt mit beschwörenden Worten aufgerufen, unablässig und inständig darum zu beten, daß Gott seiner Kirche immerdar den Zölibat schenke. Das ist in sich durchaus gut. Aber das Konzil hat in keiner anderen Frage der Kirche und Menschheit zu so inständigem Gebet aller aufgerufen, obwohl es viele dieses Gebetes würdige Probleme gibt, so daß der Eindruck erweckt wird, als sei der Zölibat eine erstrangige Größe, ein objektiv wichtigeres Gut als z. B. die Pflicht göttlichen Rechtes der Kirche, für einen Klerus zu sorgen, der zahlenmäßig groß genug ist. Andere Ausführungen zum Zölibat der Weltpriester finden sich im Dekret über die Ausbildung der Priester, Artikel 10; zum Zölibat der Ordensleute in der Kirchenkonstitution, Kapitel VI, und im Dekret über die zeitgemäße Erneuerung des Ordenslebens, Artikel 12. Artikel 17 über die Armut der Priester spricht zuerst von der Freiheit von ungeordneter Anhänglichkeit an menschliche Werte und irdische Güter. Mit Nachdruck weist er die Priester an, die Kirchengüter korrekt zu verwalten. Das kirchliche Amt darf keine Erwerbsquelle sein. Die Priester werden zu freiwilliger Armut und auch zu Gütergemeinschaft aufgerufen. Der Schlußabsatz betrifft den „Schein der Eitelkeit", der von Priestern und Bischöfen unbedingt zu vermeiden ist. Hier wird ausdrücklich die Wohnung erwähnt. Natürlich gilt Entsprechendes auch von anderen Lebensgütern. Apostolat und Präsenz der Kirche sind keine Rechtfertigungsgründe dafür, daß die Diener der Kirche weltlichen Managern im Prestige Konkurrenz zu machen versuchen.

Der Verlauf des Konzils hat das Sozialgefälle auch unter Bischöfen schmerzhaft deutlich gemacht. Der *dritte Teil* des Artikels will Hinweise auf Hilfen für das geistliche Leben der Priester geben. Artikel 18 zählt einige traditionelle Gebetsübungen auf (erwähnt aber den täglichen Rosenkranz nicht). Artikel 19 spricht mit Nachdruck von der wissenschaftlichen Weiterbildung und von der nötigen, ständig zu mehrenden Allgemeinbildung der Priester. Wie auch das Dekret über die Ausbildung der Priester mahnt er die Bischöfe an ihre Aufgabe, konkret für die pastorale, theologische und spirituelle Weiterbildung des Klerus zu sorgen, auch durch Freistellung von Klerikern zum Weiterstudium. Artikel 20 hebt hervor, daß die Priester Anspruch auf einen gerechten Lohn haben, für sich selbst, aber auch damit sie ihre Angestellten gerecht bezahlen und die Armen unterstützen können. Die Priester haben außerdem Anspruch auf jährliche Ferien; es ist Pflicht der Bischöfe, diese zu ermöglichen. Der Schluß des Artikels sieht eine Revision des Benefiziumswesens vor. Artikel 21 — der Sache nach ebenso ein Thema, das eher in das Bischofsdekret gepaßt hätte — wünscht zunächst für solche Länder, die es angeht, die Errichtung einer diözesanen Finanzstelle zur Entlohnung des Klerus und eines Fonds zur Entlohnung der Kirchenbediensteten (um die sich also auch der Bischof, nicht nur der Ortspfarrer kümmern soll). Auch ein interdiözesaner Lastenausgleich wird erwähnt. Schließlich sollen die Bischofskonferenzen auch für Krankenversicherung und Altersversorgung der Priester (sogar durch internationale Institute) sorgen. — Einige Ausführungsbestimmungen wurden im Sommer 1966 erlassen (vgl. Herder-Korrespondenz, Oktober 1966, S. 458–462).

Der Schluß des Dekrets (Artikel 22) spricht nüchtern von der Situation der Priester heute, die sie oft zur Mutlosigkeit verleitet. In seinem Anruf zu Mut und Vertrauen vermeidet er billigen Trost. „Im übrigen aber hat Jesus der Herr mit seinen Worten: ‚Habt Vertrauen, ich habe die Welt besiegt' (Jo 16, 33), seiner Kirche keineswegs einen vollständigen Sieg in dieser Weltzeit versprochen." So endet dieses wichtige Dekret damit, daß es den Priestern als den trotzdem Hoffenden, trotzdem Glaubenden, trotzdem Liebenden dankt.

Dekret über Dienst und Leben der Priester

1. Schon mehrfach hat diese Heilige Synode alle auf die große Würde des Priesterstandes in der Kirche hingewiesen[1]. Da diesem Stand jedoch bei der Erneuerung der Kirche Christi höchst bedeutsame und unstreitig immer schwierigere Aufgaben zukommen, schien es sehr angeraten, ausführlicher und gründlicher über die Priester zu sprechen. Was im folgenden gesagt wird, gilt für alle Priester, vor allem für die, die im Seelsorgsdienst stehen; bei Ordenspriestern ist Zutreffendes entsprechend anzuwenden. Durch die Weihe und die vom Bischof empfangene Sendung werden die Priester zum Dienst für Christus, den Lehrer, Priester und König, bestellt. Sie nehmen teil an dessen Amt, durch das die Kirche hier auf Erden ununterbrochen zum Volk Gottes, zum Leib Christi und zum Tempel des Heiligen Geistes auferbaut wird. Um ihr Amt in seelsorglich und menschlich vielfach so tiefgreifend veränderten Verhältnissen wirksamer zu unterstützen und ihrem Leben besser Sorge zu tragen, erklärt und bestimmt darum diese Heilige Synode das Folgende.

ERSTES KAPITEL

DAS PRIESTERTUM UND DIE SENDUNG DER KIRCHE

2. Jesus der Herr, „den der Vater geheiligt und in die Welt gesandt hat" (Jo 10, 36), gibt seinem ganzen mystischen Leib Anteil an der Geistsalbung, mit der er gesalbt worden

---

[1] II. Vat. Konzil, Konst. über die heilige Liturgie Sacrosanctum Concilium: AAS 56 (1964) 97 ff.; Dogm. Konst. über die Kirche Lumen Gentium: AAS 57 (1965) 5 ff.; Dekret über die Hirtenaufgabe der Bischöfe in der Kirche Christus Dominus: AAS 58 (1966) 673 ff.; Dekret über die Ausbildung der Priester Optatam totius: AAS 58 (1966) 713 ff.

ist[2]. In ihm werden nämlich alle Gläubigen zu einer heiligen und königlichen Priesterschaft, bringen geistige Opfer durch Jesus Christus Gott dar und verkünden die Machttaten dessen, der sie aus der Finsternis in sein wunderbares Licht berufen hat[3]. Es gibt darum kein Glied, das nicht Anteil an der Sendung des ganzen Leibes hätte; jedes muß vielmehr Jesus in seinem Herzen heilighalten[4] und durch den Geist der Verkündigung Zeugnis von Jesus ablegen[5].

Damit die Gläubigen zu einem Leib, in dem „nicht alle Glieder denselben Dienst verrichten" (Röm 12, 4), zusammenwachsen, hat der gleiche Herr einige von ihnen zu amtlichen Dienern eingesetzt. Sie sollten in der Gemeinde der Gläubigen heilige Weihevollmacht besitzen zur Darbringung des Opfers und zur Nachlassung der Sünden[6] und das priesterliche Amt öffentlich vor den Menschen in Christi Namen verwalten. Daher hat Christus die Apostel gesandt, wie er selbst vom Vater gesandt war[7], und durch die Apostel den Bischöfen als deren Nachfolgern Anteil an seiner Weihe und Sendung gegeben[8]. Ihr Dienstamt ist in untergeordnetem Rang den Priestern übertragen worden[9]; als Glieder des Priesterstandes sollten sie, in der rechten Erfüllung der ihnen von Christus anvertrauten Sendung, Mitarbeiter des Bischofsstandes sein[10].

Da das Amt der Priester dem Bischofsstand verbunden ist, nimmt es an der Vollmacht teil, mit der Christus selbst seinen Leib auferbaut, heiligt und leitet. Darum setzt das Priestertum der Amtspriester zwar die christlichen Grundsakramente voraus, wird aber durch ein eigenes Sakrament übertragen. Dieses zeichnet die Priester durch die Salbung des Heiligen Geistes

---

[2] Vgl. Mt 3, 16; Lk 4, 18; Apg 4, 27; 10, 38.

[3] Vgl. 1 Petr 2, 5 u. 9.   [4] Vgl. 1 Petr 3, 15.

[5] Vgl. Apg 19, 10; II. Vat. Konzil, Dogm. Konst. über die Kirche Lumen Gentium, Nr. 35: AAS 57 (1965) 40–41.

[6] Konzil von Trient, Sess. 23, c. 1 u. can. 1: Denz. 957 961 (1764 1771).

[7] Vgl. Jo 20, 21; II. Vat. Konzil, Dogm. Konst. über die Kirche Lumen Gentium, Nr. 18: AAS 57 (1965) 21–22.

[8] Vgl. II. Vat. Konzil, Dogm. Konst. über die Kirche Lumen Gentium, Nr. 28: AAS 57 (1965) 33–36.

[9] Ebd.

[10] Vgl. Pont. Rom., De Ordinatione Presbyterorum, Präfation. Die gleichen Worte finden sich schon im Sacramentarium Veronense: ed. L. C. Mohlberg (Rom 1956) 122; ebenso im Missale Francorum: ed. L. C. Mohlberg (Rom 1957) 9; im Liber Sacramentorum Romanae Ecclesiae: ed. L. C. Mohlberg (Rom 1960) 25; im Pontificale Romano-Germanicum: ed. Vogel-Elze (Vatikan 1963) Bd. I, S. 34.

mit einem besonderen Prägemal und macht sie auf diese Weise dem Priester Christus gleichförmig, so daß sie in der Person des Hauptes Christus handeln können[11].

Da die Priester für ihren Teil am Amt der Apostel teilnehmen, wird ihnen von Gott die Gnade verliehen, Diener Jesu Christi unter den Völkern zu sein, die das heilige Amt des Evangeliums verwalten, damit die Völker eine wohlgefällige und im Heiligen Geist geheiligte Opfergabe werden[12]. Durch die apostolische Botschaft des Evangeliums nämlich wird das Volk Gottes zur Einheit berufen, so daß alle, die zu diesem Volk gehören, im Heiligen Geist geheiligt sind und sich selbst als „lebendiges, heiliges, Gott wohlgefälliges Opfer" (Röm 12, 1) darbringen. Durch den Dienst der Priester vollendet sich das geistige Opfer der Gläubigen in Einheit mit dem Opfer des einzigen Mittlers Christus, das sie mit ihren Händen im Namen der ganzen Kirche bei der Feier der Eucharistie auf unblutige und sakramentale Weise darbringen, bis der Herr selbst kommt[13]. Darauf zielt das Dienstamt der Priester, und darin findet es seine Vollendung. Denn ihr Dienst, der in der Verkündigung des Evangeliums seinen Anfang nimmt, schöpft seine ganze Kraft aus dem Opfer Christi. So soll durch ihn „die ganze erlöste Gemeinde, die Versammlung und Gemeinschaft der Heiligen, durch den Hohenpriester als allumfassendes Opfer Gott dargebracht werden, durch ihn, der auch sich selbst in seinem Leiden für uns dargebracht hat, damit wir der Leib des so erhabenen Hauptes wären"[14]. Das Ziel also, auf das Dienst und Leben der Priester ausgerichtet sind, ist die Verherrlichung Gottes des Vaters in Christus. Diese Verherrlichung besteht darin, daß die Menschen die in Christus vollendete Tat Gottes bewußt, frei und dankbar annehmen und in ihrem ganzen Leben kundtun. Ob die Priester sich darum dem Gebet und der Anbetung hingeben, ob sie das Wort verkünden, das eucharistische Opfer darbringen und die übrigen Sakramente verwalten oder den Menschen auf andere Weise dienen, immer fördern sie die Ehre Gottes und das Wachstum des göttlichen Lebens im Menschen. All dies entströmt dem Pascha Christi des Herrn und erfährt seine Vollendung bei dessen

---

[11] Vgl. II. Vat. Konzil, Dogm. Konst. über die Kirche Lumen Gentium, Nr. 10: AAS 57 (1965) 14–15.

[12] Vgl. Röm 15, 16 griech.   [13] Vgl. 1 Kor 11, 26.

[14] Augustinus, De Civ. Dei X, 6: PL 41, 284.

glorreicher Ankunft, wenn er selbst das Reich Gott dem Vater übergeben hat[15].

3. Die Priester werden aus der Reihe der Menschen genommen und für die Anliegen der Menschen bei Gott bestellt, um Gaben und Opfer für die Sünden darzubringen[16]; allen begegnen sie deshalb als ihren Brüdern. Auch der Herr Jesus, Gottes Sohn, der vom Vater als Mensch zu den Menschen gesandt wurde, lebte ja mit uns zusammen und wollte in allem seinen Brüdern gleich werden, die Sünde ausgenommen[17]. Ihn haben schon die heiligen Apostel nachgeahmt; Paulus, der als Lehrer der Heiden „für das Evangelium erwählt" war (Röm 1, 1), bezeugt ausdrücklich, er sei allen alles geworden, um alle zu retten[18]. Die Priester des Neuen Testamentes werden zwar aufgrund ihrer Berufung und Weihe innerhalb der Gemeinde des Gottesvolkes in bestimmter Hinsicht abgesondert, aber nicht um von dieser, auch nicht von irgendeinem Menschen, getrennt zu werden, sondern zur gänzlichen Weihe an das Werk, zu dem sie Gott erwählt hat[19]. Sie könnten nicht Christi Diener sein, wenn sie nicht Zeugen und Ausspender eines anderen als des irdischen Lebens wären; sie vermöchten aber auch nicht den Menschen zu dienen, wenn diese und ihre Lebensverhältnisse ihnen fremd blieben[20]. Ihr Dienst verlangt in ganz besonderer Weise, daß sie

---

[15] Vgl. 1 Kor 15, 24. [16] Vgl. Hebr 5, 1. [17] Vgl. Hebr 2, 17; 4, 15.
[18] Vgl. 1 Kor 9, 19–23 Vg. [19] Vgl. Apg 13, 2.
[20] „Dieses Streben nach religiöser und sittlicher Vervollkommnung wird mehr und mehr auch von außen her durch die äußeren Bedingungen angespornt, unter denen die Kirche ihr Leben entfaltet. Sie kann nicht unbeeindruckt und gleichgültig bleiben angesichts der Veränderungen der Umwelt. Die Umwelt beeinflußt und bedingt auf tausend Weisen das praktische Verhalten der Kirche; denn sie lebt ja nicht von der Welt getrennt, sondern in ihr. Deshalb unterliegen die Glieder der Kirche dem Einfluß der Welt, werden durch ihre Kultur geprägt, nehmen ihre Gesetze an und machen sich ihre Gewohnheiten zu eigen. Diese innere Berührung der Kirche mit der menschlichen Gesellschaft wirft ständig schwierige Fragen auf, die gerade heute äußerst hart sind (...) Der Völkerapostel belehrte die Christen seiner Zeit mit folgenden Worten: ‚Zieht nicht im fremden Joch mit Ungläubigen; denn was hat Gerechtigkeit zu tun mit Ungesetzlichkeit? Oder was haben Licht und Finsternis miteinander gemein? ... Welchen Anteil hat der Gläubige gemeinsam mit dem Ungläubigen?' (2 Kor 6, 14–15.) Die christlichen Lehrer und Erzieher werden darum die katholische Jugend immer auf ihre ganz besondere Stellung und die sich daraus ergebende Aufgabe hinweisen müssen, nämlich in der Welt zu leben, aber nicht von der Welt zu sein, entsprechend dem Gebet Jesu für seine Jünger: ‚Ich bitte nicht, sie von der Welt wegzunehmen, sondern sie zu bewahren vor dem Bösen. Sie sind nicht aus der

sich dieser Welt nicht gleichförmig machen[21]; er erfordert aber zugleich, daß sie in dieser Welt mitten unter den Menschen leben, daß sie wie gute Hirten ihre Herde kennen und auch die heimzuholen suchen, die außerhalb stehen, damit sie Christi Stimme hören und eine Herde und ein Hirt sei[22]. Dabei helfen ihnen gerade jene Eigenschaften viel, die zu Recht in der menschlichen Gesellschaft sehr geschätzt sind: Herzensgüte, Aufrichtigkeit, Charakterfestigkeit und Ausdauer, unbestechlicher Gerechtigkeitssinn, gute Umgangsformen und Ähnliches, das der Apostel Paulus empfiehlt: „Was wahr ist, was ehrwürdig und recht, was lauter, liebenswert und ansprechend, überhaupt was Tugend ist und Lob verdient, darauf seid bedacht" (Phil. 4, 8)[23].

ZWEITES KAPITEL

DER PRIESTERLICHE DIENST

I. Die priesterlichen Ämter

4. Das Volk Gottes wird an erster Stelle geeint durch das Wort des lebendigen Gottes[1], das man mit Recht vom Priester verlangt[2]. Da niemand ohne Glaube gerettet werden kann[3], ist die erste Aufgabe der Priester als Mitarbeiter der Bischöfe,

---

Welt, so wie auch ich nicht aus der Welt bin' (Jo 17, 15–16). Die Kirche macht sich dieses Gebet zu eigen.

Aber diese Unterscheidung bedeutet nicht Trennung. Sie ist weder Gleichgültigkeit noch Furcht, noch Verachtung. Wenn die Kirche den Unterschied hervorhebt, der zwischen ihr und der Menschheit besteht, so stellt sie sich nicht in Gegensatz zu ihr, sondern verbindet sich vielmehr mit ihr": Paul VI., Enz. Ecclesiam suam, 6. Aug. 1964: AAS 56 (1964) 627 und 638.

[21] Vgl. Röm 12, 2.   [22] Vgl. Jo 10, 14–16.

[23] Vgl. Polykarp, Brief an die Gemeinde von Philippi VI, 1: „Auch die Presbyter sollen wohlwollend sein, barmherzig gegen alle; sie sollen die Verirrten zurückführen, die Kranken besuchen, Sorge tragen für Witwen, Waisen und Arme; stets sollen sie bedacht sein auf das Gute vor Gott und den Menschen; sie sollen sich frei halten vor jedem Zorn, von Parteilichkeit und ungerechtem Urteil; fern sei ihnen jegliche Geldgier, leichtfertiger Glaube an üble Nachrede, hartes Urteil, im Bewußtsein, daß wir alle der Sünde Schuldner sind": ed. F. X. Funk, Patres Apostolici I, 273.

[1] Vgl. 1 Petr 1, 23; Apg 6, 7; 12, 24. „(Die Apostel) verkündeten das Wort der Wahrheit und gebaren die Kirchen": Augustinus, Enarr. in Ps. 44, 23: PL 36, 508.

[2] Vgl. Mal 2, 7; 1 Tim 4, 11–13; 2 Tim 4, 5; Tit 1, 9.   [3] Vgl. Mk 16, 16.

allen die frohe Botschaft Gottes zu verkünden[4], um so in der
Erfüllung des Herrenauftrags: „Gehet hin in alle Welt, und
verkündet das Evangelium allen Geschöpfen" (Mk 16, 15)[5],
das Gottesvolk zu begründen und zu mehren. Durch das Heils-
wort wird ja der Glaube, durch den sich die Gemeinde der
Gläubigen bildet und heranwächst, im Herzen der Nichtgläubigen geweckt und im Herzen der Gläubigen genährt, wie
der Apostel sagt: „Der Glaube kommt aus der Predigt, die
Predigt aber durch Christi Wort" (Röm 10, 17). Die Priester
schulden also allen, Anteil zu geben an der Wahrheit des Evangeliums[6], deren sie sich im Herrn erfreuen. Niemals sollen sie
ihre eigenen Gedanken vortragen, sondern immer Gottes Wort
lehren und alle eindringlich zur Umkehr und zur Heiligung
bewegen, ob sie nun durch eine vorbildliche Lebensführung
Ungläubige für Gott gewinnen[7] oder in der ausdrücklichen
Verkündigung den Nichtglaubenden das Geheimnis Christi erschließen; ob sie Christenlehre erteilen, die Lehre der Kirche
darlegen oder aktuelle Fragen im Licht Christi zu beantworten
suchen[8]. Die priesterliche Verkündigung ist aber in den gegenwärtigen Zeitumständen nicht selten außerordentlich schwer.
Um Geist und Herz der Zuhörer zu erreichen, darf man Gottes
Wort nicht nur allgemein und abstrakt darlegen, sondern muß

[4] Vgl. 2 Kor 11, 7. Insofern die Priester Mitarbeiter der Bischöfe sind, gilt von
ihnen auch das, was über die Bischöfe gesagt wird. Vgl. Statuta Ecclesiae antiqua,
c. 3: ed. Ch. Munier (Paris 1960) 79; Decretum Gratiani, C. 6, D 88: ed. Friedberg I, 307; Konzil von Trient, Sess. V, Dekret 2, n. 9: Conc. Oec. Decreta, ed.
Herder (Rom 1962) 645; Sess. XXIV, Dekret de reform., c. 4: ebd. 739; II. Vat.
Konzil, Dogm. Konst. über die Kirche Lumen Gentium, Nr. 25: AAS 57 (1965)
29–31.

[5] Vgl. Constitutiones Apostolorum II, 26, 7: „(Die Presbyter) sollen Lehrer der
göttlichen Wissenschaft sein, da der Herr selbst uns aufgetragen hat: Gehet hin
und lehret . . .": ed. F. X. Funk, Didascalia et Constitutiones Apostolorum I
(Paderborn 1905) 105. — Sacramentarium Leonianum und die anderen Sakra-
mentarien bis zum Pontificale Romanum, Präfation der Priesterweihe: „Aus dieser Vorsorge, Herr, hast du den Aposteln deines Sohnes Lehrer des Glaubens als
Begleiter mitgesellt, mit denen sie als zweiten Verkündern (oder: Predigten)
den ganzen Erdkreis erfüllten." — Liber Ordinum Liturgiae Mozarabicae, Präfation der Priesterweihe: „Der Lehrer der Volksscharen und Lenker der Untergebenen soll den katholischen Glauben geordnet erhalten und allen das wahre
Heil verkünden": ed. M. Férotin, Le Liber Ordinum . . .: Monumenta Ecclesiae
Liturgica, Bd. V (Paris 1904) 55, 4–6.

[6] Vgl. Gal 2, 5.   [7] Vgl. 1 Petr 2, 12.

[8] Vgl. den Ritus der Priesterweihe in der Alexandrinischen Kirche der Jakobiten:
„. . . Sammle dein Volk zur Belehrung im Wort wie eine Amme, die ihre Kinder
nährt": H. Denzinger, Ritus Orientalium II (Würzburg 1863) 14.

die ewige Wahrheit des Evangeliums auf die konkreten Lebensverhältnisse anwenden.

Der Dienst am Wort wird demgemäß auf verschiedene Weise ausgeübt, je nach den Erfordernissen der Zuhörer und den Gaben der Verkündiger. In nichtchristlichen Ländern und Gemeinschaften werden die Menschen durch die Botschaft des Evangeliums zunächst einmal zum Glauben und zu den Sakramenten des Heils geführt[9]; in der Gemeinschaft der Christen hingegen fordert die Verwaltung der Sakramente die Verkündigung des Wortes, vor allem für diejenigen, die offensichtlich nur wenig von dem, was sie immer wieder tun, verstehen oder glauben; sind doch die Sakramente Geheimnisse des Glaubens, der aus der Predigt hervorgeht und durch die Predigt genährt wird[10]. Das betrifft vor allem den Wortgottesdienst innerhalb der Meßfeier, in der die Verkündigung des Todes und der Auferstehung des Herrn, die Antwort des hörenden Volkes und das Opfer selbst, durch das Christus den Neuen Bund besiegelt hat in seinem Blut und an dem die Gläubigen mit ihren Bitten und durch den Empfang des Sakramentes teilnehmen, unzertrennlich verbunden sind[11].

5. Gott, der allein Heilige und Heiligende, wollte sich Menschen gleichsam zu Gefährten und Helfern erwählen, daß sie dem Heiligungswerk demütig dienten. Darum werden die Priester von Gott durch den Dienst des Bischofs geweiht, um in besonderer Teilhabe am Priestertum Christi die heiligen Geheimnisse als Diener dessen zu feiern, der sein priesterliches Amt durch seinen Geist allezeit für uns in der Liturgie ausübt[12]. In der Taufe führen sie die Menschen dem Volk Gottes zu; im

[9] Vgl. Mt 28, 19; Mk 16, 16; Tertullian, De Baptismo 14, 2 (CChr ser. lat. I, 289, 11–13); Athanasius, Adv. Arianos 2, 42: PG 26, 237 A–B; Hieronymus, In Mt. 28, 19: PL 26, 226 D: „Zuerst lehren sie alle Völker, dann taufen sie die (im Glauben) Unterwiesenen. Der Leib kann nämlich nicht eher das Sakrament der Taufe empfangen, bevor die Seele nicht die Wahrheit des Glaubens angenommen hat"; Thomas v. Aquin, Expositio primae Decretalis, § 1: „Der Erlöser gab den Jüngern, die er zur Verkündigung ausschickte, drei Weisungen mit. Zuerst sollten sie den Glauben lehren, dann den Glaubenden die Sakramente spenden": ed. Marietti, Opuscula Theologica (Turin – Rom 1954) 1138.
[10] Vgl. II. Vat. Konzil, Konst. über die heilige Liturgie Sacrosanctum Concilium, Nr. 35, 2: AAS 56 (1964) 109.
[11] Vgl. ebd. Nr. 33 35 48 52; S. 108–109 113 114.
[12] Vgl. ebd. Nr. 7; S. 100–101; Pius XII., Enz. Mystici Corporis, 29. Juni 1943: AAS 35 (1943) 230.

Sakrament der Buße versöhnen sie die Sünder mit Gott und der Kirche; in der Krankensalbung richten sie die Kranken auf; vor allem in der Meßfeier bringen sie in sakramentaler Weise das Opfer Christi dar. In jedem Vollzug der Sakramente — so bezeugt es schon in der Urkirche der heilige Martyrer Ignatius[13] — werden sie auf verschiedene Weise mit dem Bischof hierarchisch verbunden und machen ihn so in den einzelnen Gemeinschaften der Gläubigen gewissermaßen gegenwärtig[14].

Mit der Eucharistie stehen die übrigen Sakramente im Zusammenhang; auf die Eucharistie sind sie hingeordnet; das gilt auch für die anderen kirchlichen Dienste und für die Apostolatswerke[15]. Die Heiligste Eucharistie enthält ja das Heilsgut der Kirche in seiner ganzen Fülle[16], Christus selbst, unser Osterlamm und das lebendige Brot. Durch sein Fleisch, das durch den Heiligen Geist lebt und Leben schafft, spendet er den Menschen das Leben; so werden sie ermuntert und angeleitet, sich selbst, ihre Arbeiten und die ganze Schöpfung mit ihm darzubringen. Darum zeigt sich die Eucharistie als Quelle und Höhepunkt aller Evangelisation: die Katechumenen werden allmählich zur Teilnahme an der Eucharistie vorbereitet, die schon Getauften und Gefirmten durch den Empfang der Eucharistie ganz dem Leib Christi eingegliedert.

Die Zusammenkunft zur Feier der Eucharistie, der der Priester vorsteht, ist also die Mitte der Gemeinschaft der Gläubigen. Die Priester leiten darum die Gläubigen an, die göttliche Opfergabe in der Meßfeier Gott dem Vater darzubringen und mit ihr die Hingabe ihres eigenen Lebens zu verbinden. Sie unterweisen sie im Geist Christi des Hirten, ihre Sünden reumütig der Kirche im Sakrament der Buße zu unterwerfen, so daß sie sich ständig mehr zum Herrn bekehren, eingedenk seines Wortes: „Tut Buße, denn das Himmelreich ist nahe herbeigekommen" (Mt 4, 17). Sie lehren sie ebenso, an den Feiern der heiligen Liturgie so teilzunehmen, daß sie dabei zu einem echten Gebet kommen; sie führen sie zu immer vollkommenerem Gebetsgeist, der sich ent-

---

[13] Ignatius v. Antiochien, Ad Smyrn. 8, 1–2: ed. F. X. Funk, 240; Const. Apost. VIII, 12, 3: ed. F. X. Funk, 496; VIII, 29, 2: ebd. 532.
[14] Vgl. II. Vat. Konzil, Dogm. Konst. über die Kirche Lumen Gentium, Nr. 28: AAS 57 (1965) 33–36.
[15] „Die Eucharistie ist gleichsam die Vollendung des geistlichen Lebens und das Ziel aller Sakramente": Thomas, Summa Theol. III, q. 73, a. 3 c; vgl. ebd. III, q. 65, a. 3.
[16] Vgl. Thomas, Summa Theol. III, q. 65, a. 3, ad 1; q. 79, a. 1 c u. ad 1.

sprechend den Gnaden und Erfordernissen eines jeden im ganzen Leben auswirken muß; sie halten alle an, ihre Standespflichten zu erfüllen, und laden die Fortgeschrittenen ein, die evangelischen Räte in einer Weise, die jedem angemessen ist, zu befolgen. So lehren sie die Gläubigen, in Lobgesängen und geisterfüllten Liedern dem Herrn in ihren Herzen zu singen und Gott dem Vater immerdar Dank zu sagen für alles im Namen unseres Herrn Jesus Christus[17]. Die Priester selbst setzen das Lob und die Danksagung der Eucharistie zu den verschiedenen Tageszeiten fort, wenn sie das Stundengebet verrichten, in dem sie im Namen der Kirche Gott für das ganze ihnen anvertraute Volk, ja für die ganze Welt bitten.

Das Gotteshaus, in dem die Heiligste Eucharistie gefeiert und aufbewahrt wird, in dem die Gläubigen sich versammeln und die Gegenwart des auf dem Opferaltar für uns dargebrachten Erlösers zur Hilfe und zum Trost der Gläubigen verehrt wird, soll schön sein, geeignet zu Gebet und heiliger Handlung[18]. Hirten und Gläubige sollen in ihm mit dankbarem Herzen auf die Gabe dessen antworten, der durch seine Menschheit das göttliche Leben ständig den Gliedern seines Leibes mitteilt[19]. Die Priester mögen die Wissenschaft und die Praxis der Liturgie in rechter Weise pflegen, damit durch ihren liturgischen Dienst von den ihnen anvertrauten Gemeinden Gott, dem Vater, dem Sohn und dem Heiligen Geist, immer vollkommeneres Lob werde.

6. Die Priester üben entsprechend ihrem Anteil an der Vollmacht das Amt Christi, des Hauptes und Hirten, aus. Sie versammeln im Namen des Bischofs die Familie Gottes, die als Gemeinschaft von Brüdern nach Einheit verlangt, und führen

---

[17] Vgl. Eph 5, 19–20.

[18] Hieronymus, Ep., 114, 2: „... den heiligen Kelchen und den heiligen Tüchern und den übrigen Dingen, die zum Kult der Herrenpassion gehören ... kommt wegen ihrer Berührung mit Leib und Blut des Herrn die gleiche erhabene Würde zu wie dessen Leib und Blut selbst": PL 22, 934. II. Vat. Konzil, Konst. über die heilige Liturgie Sacrosanctum Concilium, Nr. 122–127: AAS (1964) 130–132.

[19] „Außerdem sollen sie es nicht unterlassen, das Allerheiligste Sakrament, das an einem bevorzugten Ort und mit größter Ehrfurcht den liturgischen Gesetzen entsprechend aufzubewahren ist, tagsüber zu besuchen; eine solche Besuchung ist ein Beweis der Dankbarkeit und ein Zeichen der Liebe und der schuldigen Verehrung gegenüber Christus dem Herrn, der hier gegenwärtig ist": Paul VI., Enz. Mysterium Fidei, 3. Sept. 1965: AAS 57 (1965) 771.

sie durch Christus im Geist zu Gott dem Vater[20]. Wie zu den übrigen priesterlichen Ämtern wird auch zu diesem eine geistliche Vollmacht verliehen, die zur Auferbauung gegeben wird[21]. In der Auferbauung der Kirche müssen die Priester allen nach dem Beispiel des Herrn mit echter Menschlichkeit begegnen. Dabei sollen sie sich ihnen gegenüber nicht nach Menschengefallen[22] verhalten, sondern so, wie es die Lehre und das christliche Leben erheischt. Sie sollen sie belehren und sogar wie Söhne, die man liebt, ermahnen[23], nach dem Wort des Apostels: „Tritt auf, sei es gelegen oder ungelegen, überführe, gebiete, ermahne in aller Langmut und Lehre" (2 Tim 4, 2)[24].

Darum obliegt es den Priestern als Erziehern im Glauben, selbst oder durch andere dafür zu sorgen, daß jeder Gläubige im Heiligen Geist angeleitet wird zur Entfaltung seiner persönlichen Berufung nach den Grundsätzen des Evangeliums, zu aufrichtiger und tätiger Liebe und zur Freiheit, zu der Christus uns befreit hat[25]. Noch so schöne Zeremonien und noch so blühende Vereine nutzen wenig, wenn sie nicht auf die Erziehung der Menschen zu christlicher Reife hingeordnet sind[26]. Um diese zu fördern, sollen die Priester ihnen helfen, zu erkennen, was in den wichtigen und den alltäglichen Ereignissen von der Sache her gefordert ist und was Gott von ihnen will. Sie müssen die Christen auch anleiten, nicht nur sich zu leben, sondern entsprechend den Forderungen des neuen Liebesgebotes mit der Gnadengabe, die jeder empfangen hat, einander zu dienen[27]; so sollen alle ihre Aufgaben in der Gemeinschaft der Menschen christlich erfüllen.

Obgleich die Priester allen verpflichtet sind, so sollen sie sich doch vor allem der Armen und Geringen annehmen. Denn der Herr selbst war ihnen verbunden[28], und ihre Evangelisation ist zum Zeichen messianischen Wirkens gesetzt[29]. Mit besonderem Eifer sollen sie sich auch der Jugend annehmen, ebenso der Eheleute und Eltern, die in Freundeskreisen zu versammeln wün-

[20] Vgl. II. Vat. Konzil, Dogm. Konst. über die Kirche Lumen Gentium, Nr. 28: AAS 57 (1965) 33–36.

[21] Vgl. 2 Kor 10, 8; 13, 10.   [22] Vgl. Gal 1, 10.   [23] Vgl. 1 Kor 4, 14.

[24] Vgl. Didascalia II, 34, 3; 46, 6; 47, 1; Constitutiones Apost. II, 47, 1: ed. F. X. Funk, Didascalia et Constitutiones I, 116 142 u. 143.

[25] Vgl. Gal 4, 3; 5, 1 u. 13.

[26] Vgl. Hieronymus, Ep. 58, 7: „Was nützt es, wenn die Wände von Edelsteinen leuchten, Christus aber in einem Armen stirbt?": PL 22, 584.

[27] Vgl. 1 Petr 4, 10ff.   [28] Vgl. Mt 25, 34–45.   [29] Vgl. Lk 4, 18.

schenswert ist, damit sie einander helfen, ihr oft schweres Leben leichter und vollkommener christlich zu meistern. Ferner mögen die Priester daran denken, daß alle Ordensmänner und Ordensfrauen als ausgezeichneter Teil im Hause Gottes eine eigene Sorge für ihren geistlichen Fortschritt zum Wohl der ganzen Kirche verdienen. Am meisten sollen sie für die Kranken und Sterbenden besorgt sein, sie besuchen und im Herrn aufrichten[30].

Die Hirtenaufgabe beschränkt sich aber nicht auf die Sorge für die einzelnen Gläubigen, sondern umfaßt auch wesentlich die Bildung einer echten christlichen Gemeinschaft. Dieser Geist der Gemeinschaft muß, um recht gepflegt zu werden, nicht nur die Ortskirche, sondern die Gesamtkirche umfassen. Die Einzelgemeinde darf darum nicht nur die Sorge für die eigenen Gläubigen fördern, sondern muß, von missionarischem Eifer durchdrungen, allen Menschen den Weg zu Christus ebnen. Ihre besondere Sorge gelte jedoch den Katechumenen und Neugetauften; sie sind schrittweise zur Erkenntnis und Führung eines christlichen Lebens zu erziehen.

Die christliche Gemeinde wird aber nur auferbaut, wenn sie Wurzel und Angelpunkt in der Feier der Eucharistie hat; von ihr muß darum alle Erziehung zum Geist der Gemeinschaft ihren Anfang nehmen[31]. Diese Feier ist aber nur dann aufrichtig und vollständig, wenn sie sowohl zu den verschiedenen Werken der Nächstenliebe und zu gegenseitiger Hilfe wie auch zu missionarischer Tat und zu den vielfältigen Formen christlichen Zeugnisses führt.

Eine kirchliche Gemeinschaft bezeigt darüber hinaus durch Liebe, Gebet, Beispiel und Buße eine echte Mütterlichkeit, um Menschen zu Christus zu führen. Sie stellt nämlich ein wirksames

[30] Es können noch andere Gruppen genannt werden, z. B. Auswanderer, unstet Umherziehende (Zigeuner) usw.; darüber handelt das II. Vat. Konzil, Dekret über die Hirtenaufgabe der Bischöfe in der Kirche Christus Dominus.
[31] Vgl. Didascalia II, 59, 1–3: „Wenn du das Volk belehrst, so fordere von ihm, und ermahne es, daß es die Kirche häufig besuche und auf keinen Fall je davon ablasse, sondern eifrig zusammenkomme und nicht die Kirche durch sein Fernbleiben verkleinere und den Leib Christi eines Gliedes beraube . . . Ihr seid Glieder Christi; trennt euch also nicht von der Kirche, indem ihr von den Zusammenkünften fernbleibt. Ihr habt Christus zum Haupt, und nach seiner Verheißung wohnt er unter euch und hat mit euch Gemeinschaft; seid doch nicht gegen euch selbst nachlässig, haltet den Erlöser nicht fern von seinen Gliedern noch zerreißt und zerteilt seinen Leib . . .": ed. F. X. Funk, I, 170; Paul VI., Ansprache an die Teilnehmer des ital. Klerus am XIII. Kongreß über „Zeitgemäße Seelsorge" zu Orvieto, 6. Sept. 1963: AAS 55 (1963) 750 ff.

Werkzeug dar, das denen, die noch nicht glauben, den Weg zu Christus weist und bahnt und das auch die Gläubigen anregt, stärkt und zum geistlichen Kampf rüstet.

Bei der Auferbauung der christlichen Gemeinschaft sollen die Priester aber niemals irgendeiner Ideologie oder einer menschlichen Parteiung zu Diensten sein, sondern als Boten des Evangeliums und als Hirten der Kirche ihre Kraft auf das geistliche Wachstum des Leibes Christi verwenden.

II. Die Beziehung der Priester zu anderen

7. Alle Priester haben zusammen mit den Bischöfen so an ein und demselben Priestertum und Amt Christi teil, daß diese Einheit der Weihe und Sendung ihre hierarchische Gemeinschaft mit dem Stand der Bischöfe erfordert[32]. Diese Gemeinschaft bekunden sie vorzüglich bei gelegentlicher Konzelebration, desgleichen bei jeder Eucharistiefeier[33]. Die Bischöfe sollen darum die Priester, denen in der Weihe die Gabe des Heiligen Geistes verliehen wurde, als ihre notwendigen Helfer und Ratgeber im Dienstamt der Belehrung, der Heiligung und der Leitung des Gottesvolkes betrachten[34]. Dies erklären die liturgischen Dokumente schon seit den frühen Zeiten der Kirche: feierlich erbitten sie bei der Weihe von Gott, daß er über den Priester ausgieße „den Geist der Gnade und des Rates, auf daß er mit reinem Herzen dem Volk beistehe und es leite"[35], so wie in der

[32] Vgl. II. Vat. Konzil, Dogm. Konst. über die Kirche Lumen Gentium, Nr. 28: AAS 57 (1965) 35.

[33] Vgl. die sog. Constitutio Ecclesiastica Apostolorum XVIII: „Die Presbyter sind die Mitgeweihten und Mitstreiter der Bischöfe": ed. Th. Schermann, Die allgemeine Kirchenordnung I (Paderborn 1914) 26; A. Harnack, Die Quellen der sog. apostolischen Kirchenordnung, T. u. U. II, 5, S. 13, Nr. 18 u. 19; Pseudo-Hieronymus, De Septem Ordinibus Ecclesiae: „. . . in der Segnung haben sie mit den Bischöfen an den Geheimnissen Anteil": ed. A. W. Kalff (Würzburg 1937) 45; Isidor v. Sevilla, De Ecclesiasticis Officiis, II c. VII: „Sie stehen der Kirche Christi vor und zusammen mit den Bischöfen bereiten sie den Leib und das Blut, lehren und predigen sie": PL 83, 787.

[34] Vgl. Didascalia II, 28, 4: ed. F. X. Funk, 108; Const. Apost. II, 28, 4; 34, 3: ebd. S. 109 u. 117.

[35] Const. Apost. VIII, 16, 4: ed. F. X. Funk, I, 523; vgl. Epitome Const. Apost. VI: ebd. II, 80, 3–4; Testamentum Domini: „. . . verleihe ihm den Geist der Gnade, des Rates und der Hochherzigkeit, den Geist des Presbyterates . . . zum Beistand und zur Leitung deines Volkes im Werk, in der Furcht und in einem reinen Herzen": Übers. I. E. Rahmani (Mainz 1899) 69. Ebenso in: Trad. Apost., ed. B. Botte, La Tradition Apostolique de S. Hippolyte (Münster 1963) 20.

Wüste der Geist des Moses auf die siebzig weisen Männer überging[36], „mit deren Hilfe er die ungezählte Volksschar ohne Mühe leitete"[37]. Wegen dieser Gemeinschaft also im gleichen Priestertum und Dienst sollen die Bischöfe die Priester als ihre Brüder und Freunde betrachten[38]. Sie seien nach Kräften auf ihr leibliches Wohl bedacht, und vor allem ihr geistliches Wohl sei ihnen ein Herzensanliegen. Denn hauptsächlich auf ihnen lastet die schwere Sorge für die Heiligung ihrer Priester[39]; deshalb sollen sie die größte Mühe für deren ständige Formung aufwenden[40]. Sie sollen sie gern anhören, ja sie um Rat fragen und mit ihnen besprechen, was die Seelsorge erfordert und dem Wohl des Bistums dient. Um das aber in die Tat umzusetzen, soll in einer den heutigen Verhältnissen und Erfordernissen angepaßten Form[41] ein Kreis oder Rat[42] von Priestern ge-

[36] Vgl. Nm 11, 16–25.

[37] Pont. Rom., De Ordinatione Presbyterorum, Präfation; die gleichen Worte finden sich schon im Sacramentarium Leonianum, Gelasianum und Gregorianum. Ähnlich in den orientalischen Liturgien: vgl. Trad. Apost.: „. . . schaue auf diesen deinen Diener und verleihe ihm den Geist der Gnade und des Rates, damit er den Priestern helfe und dein Volk mit einem reinen Herzen leite, so wie du auf das Volk deiner Auserwählung herabgeschaut und dem Moses geboten hast, Presbyter zu erwählen, die du mit deinem Geist erfüllest, den du deinem Knecht verliehen hast", aus der alten lat. Übers. von Verona, ed. B. Botte, La Tradition Apostolique de S. Hippolyte. Essai de reconstruction (Münster 1963) 20; Const. Apost. VIII, 16, 4: ed. F. X. Funk, I, 522, 16–17; Epit. Const. Apost. VI: ed. F. X. Funk, II, 80, 5–7; Testamentum Domini: Übers. I. E. Rahmani (Mainz 1899) 69; Euchologium Serapionis XXVII: ed. F. X. Funk, Didascalia et Constitutiones II, 190, 1–7; Ritus Ordinationis in ritu Maronitarum: Übers. H. Denzinger, Ritus Orientalium II (Würzburg 1863) 161. Von den Vätern seien genannt: Theodor von Mopsuestia, In 1 Tim. 3, 8: ed. Swete, II, 119–121; Theodoret, Quaestiones in Numeros XVIII: PG 80, 369 C – 372 B.

[38] Vgl. II. Vat. Konzil, Dogm. Konst. über die Kirche Lumen Gentium, Nr. 28: AAS 57 (1965) 35.

[39] Vgl. Johannes XXIII., Enz. Sacerdotii Nostri primordia, 1. Aug. 1959: AAS 51 (1959) 576; Pius X., Exhortatio ad clerum Haerent animo, 4. Aug. 1908: S. Pii Acta, Bd. IV (1908) 237 ff.

[40] Vgl. II. Vat. Konzil, Dekret über die Hirtenaufgabe der Bischöfe in der Kirche Christus Dominus, Nr. 15 u. 16: AAS 58 (1966) 679–681.

[41] Nach dem geltenden Kirchenrecht gibt es schon ein Kathedralkapitel als *senatus et consilium* des Bischofs (CIC, can. 391) oder bei deren Fehlen ein Kreis von Diözesankonsultoren (CIC, can. 423–428). Solche Institutionen sollen aber nach dem Wunsch (des Konzils) so überprüft werden, daß sie den heutigen Verhältnissen und Erfordernissen besser entsprechen. Ein derartiger Priesterrat unterscheidet sich ganz klar von jenem Seelsorgsrat, von dem im II. Vat. Konzil, Dekret über die Hirtenaufgabe der Bischöfe Christus Dominus, 28. Okt. 1965, Nr. 27, die Rede ist; denn ihm gehören auch Laien an, und ihm obliegen allein die seelsorglichen Aufgaben. Über die Priester als Berater der Bischöfe handeln

schaffen werden, die das Presbyterium repräsentieren, wobei dessen Form und Normen noch rechtlich zu bestimmen sind. Dieser Rat kann den Bischof bei der Leitung der Diözese mit seinen Vorschlägen wirksam unterstützen.

Die Priester aber sollen die Fülle des Weihesakramentes der Bischöfe vor Augen haben und in ihnen die Autorität des obersten Hirten Christus hochachten. Sie schulden ihrem Bischof aufrichtige Liebe und Gehorsam[43]. Dieser priesterliche Gehorsam, der vom Geist der Zusammenarbeit durchdrungen sein muß, gründet in der Teilnahme am Bischofsamt, die den Priestern durch das Weihesakrament und die kanonische Sendung übertragen wird[44].

Die Einheit der Priester mit den Bischöfen wird in unseren Tagen um so mehr gefordert, als heute aus vielerlei Gründen das Apostolat notwendigerweise nicht nur verschiedene Formen annimmt, sondern auch die Grenzen einer Pfarrei oder einer Diözese überschreitet. Kein Priester kann abgesondert und als einzelner seine Sendung hinreichend erfüllen, sondern nur in Zusammenarbeit mit anderen Priestern, unter Führung derer, die die Kirche leiten.

8. Die Priester, die durch die Weihe in den Priesterstand eingegliedert wurden, sind in inniger sakramentaler Bruderschaft miteinander verbunden. Besonders in der Diözese, deren Dienst sie unter dem eigenen Bischof zugewiesen werden, bilden sie

schon die Didascalia II, 28, 4: ed. F. X. Funk, I, 108; ebenso Const. Apost. II, 28, 4: ed F. X. Funk, I, 109; Ignatius v. Antiochien, Ad Magn. 6, 1: ed. F. X. Funk, I, 194; Ad Trall. 3, 1: F. X. Funk, 204; Origenes, Contra Celsum 3, 30: „Die Presbyter sind Berater oder Ratgeber": PG 11, 957 D – 960 A.

[42] Ignatius v. Antiochien, Ad Magn. 6, 1: „Ich ermahne euch, daß ihr euch alles in der Eintracht Gottes zu tun bemüht, unter dem Vorsitz des Bischofs an Gottes Stelle und mit den Presbytern anstelle des Apostelkollegiums, einschließlich der mir so teuren Diakone, die alle mit dem Amt Christi betraut sind, der von Ewigkeit beim Vater war und am Ende (der Zeiten) erschienen ist": ed. F. X. Funk, 195; Ad Trall. 3, 1: „Ebenso sollen alle die Diakone achten wie Jesus Christus, wie auch den Bischof als das Abbild des Vaters, die Presbyter aber wie eine Ratsversammlung Gottes und ein Apostelkonzil: ohne sie kann man von keiner Kirche reden": F. X. Funk, 204; Hieronymus, In Isaiam II, 3: „Auch wir in der Kirche haben unseren Senat, die Gemeinschaft der Presbyter": PL 24, 61 D.

[43] Vgl. Paul VI., Ansprache an die römischen Kurialen und Fastenprediger, 1. März 1965: AAS 57 (1965) 326.

[44] Vgl. Const. Apost. VIII, 47, 39: „Die Presbyter . . . sollen ohne die Entscheidung des Bischofs nichts tun; ihm ist ja das Volk Gottes anvertraut, und von ihm wird über die Seelen Rechenschaft gefordert": ed. F. X. Funk, 577.

das eine Presbyterium. Trotz ihrer verschiedenen Ämter leisten sie für den Menschen den einen priesterlichen Dienst. Alle werden gesandt, an demselben Werk gemeinsam zu arbeiten, ob sie nun ein Pfarramt oder ein überpfarrliches Amt ausüben, ob sie sich der Wissenschaft widmen oder ein Lehramt versehen, ob sie — wo dies bei Gutheißung durch die zuständige Autorität angebracht erscheint — sogar Handarbeit verrichten und damit selbst am Los der Arbeiter teilhaben oder sich anderen apostolischen oder auf das Apostolat ausgerichteten Werken widmen. In dem einen kommen sie alle überein: in der Auferbauung des Leibes Christi, die besonders in unserer Zeit vielerlei Dienstleistungen und neue Anpassungen erfordert. Deshalb ist es von großer Bedeutung, daß alle, Welt- und Ordenspriester, einander helfen, damit sie stets Mitarbeiter der Wahrheit sind[45]. Mit den übrigen Gliedern dieses Presbyteriums ist jeder einzelne durch besondere Bande der apostolischen Liebe, des Dienstes und der Brüderlichkeit verbunden. Dies wird schon seit frühen Zeiten in der Liturgie bekundet, wenn die anwesenden Priester aufgefordert werden, dem Neuerwählten zusammen mit dem weihenden Bischof die Hände aufzulegen, und wenn sie einmütig die Heilige Eucharistie zusammen feiern. Die einzelnen Priester sind also mit ihren Mitbrüdern durch das Band der Liebe, des Gebetes und der allseitigen Zusammenarbeit verbunden. So wird jene Einheit sichtbar, durch die nach Christi Willen die Seinen vollkommen eins sein sollten, damit die Welt erkenne, daß der Sohn vom Vater gesandt ist[46].

Daher mögen die Älteren die Jüngeren wahrhaft als Brüder annehmen und ihnen bei den ersten Arbeiten und Schwierigkeiten ihres Dienstes zur Seite stehen. Ebenso seien sie bemüht, deren — wenn auch von der eigenen verschiedene — Mentalität zu verstehen und ihr Beginnen mit Wohlwollen zu fördern. Die Jungen mögen in gleicher Weise das Alter und die Erfahrung der Älteren achten, mit ihnen Fragen der Seelsorge besprechen und willig zusammenarbeiten.

Der Geist der Bruderliebe verpflichtet die Priester, die Gastfreundschaft zu pflegen[47], Gutes zu tun und ihre Güter zu teilen[48], wobei ihre besondere Sorge den kranken, bedrängten,

---

[45] Vgl. 3 Jo 8.   [46] Vgl. Jo 17, 23.
[47] Vgl. Hebr 13, 1–2.   [48] Vgl. Hebr 13, 16.

mit Arbeit überlasteten, den einsamen, den aus ihrer Heimat vertriebenen Mitbrüdern gelten soll sowie denen, die Verfolgung leiden[49]. Sie sollen sich auch gern und mit Freude treffen, um sich zu erholen, in Erinnerung an die Worte, mit denen der Herr selbst die müde gewordenen Apostel einlud: „Kommt her, ihr allein, an einen einsamen Ort und ruht ein wenig aus" (Mk 6, 31). Damit die Priester darüber hinaus im geistlichen Leben und für die Erweiterung ihrer Kenntnisse aneinander Hilfe haben, damit sie besser in ihrem Dienst zusammenarbeiten können und vor Gefahren geschützt sind, die vielleicht dem Einsamen drohen, soll das gemeinsame Leben oder eine Art der Lebensgemeinschaft unter ihnen gefördert werden. Die Formen können, je nach den persönlichen oder seelsorglichen Erfordernissen, verschieden sein. Beispielsweise ist ein Zusammenwohnen möglich, wo die Umstände es gestatten, oder ein gemeinsamer Tisch oder wenigstens ein häufiges und regelmäßiges Zusammenkommen. Hochzuschätzen und achtsam zu unterstützen sind auch Vereinigungen, die nach Prüfung ihrer Satzungen von der zuständigen kirchlichen Autorität durch eine geeignete und entsprechend bewährte Lebensordnung sowie durch brüderliche Hilfe die Heiligkeit der Priester in der Ausübung ihres Dienstes fördern und auf diese Weise dem ganzen Priesterstand dienen möchten.

Schließlich werden sich die Priester, aufgrund der gleichen Gemeinschaft im Priestertum, in besonderer Weise denen gegenüber verpflichtet wissen, die unter irgendwelchen Schwierigkeiten leiden; sie sollen ihnen rechtzeitig ihre Hilfe zukommen lassen, wenn nötig auch durch taktvolle Ermahnung. Mit brüderlicher Liebe und großer Herzensgüte sollen sie aber denen zur Seite stehen, die in irgendwelchen Punkten versagt haben; für sie müssen sie sich mit inständigem Gebet bei Gott verwenden und sich ihnen gegenüber stets als wahre Brüder und Freunde erweisen.

9. Wenngleich die Priester des Neuen Bundes aufgrund des Weihesakramentes das so überaus hohe und notwendige Amt des Vaters und Lehrers im Volk und für das Volk Gottes ausüben, so sind sie doch zusammen mit allen Christgläubigen Jünger des Herrn, die dank der Berufung durch Gott seines

---

[49] Vgl. Mt 5, 10.

Reiches teilhaftig geworden sind[50]. Mit allen nämlich, die wiedergeboren sind im Quell der Taufe, sind die Priester Brüder unter Brüdern[51], da sie ja Glieder ein und desselben Leibes Christi sind, dessen Auferbauung allen anvertraut ist[52].

Die Priester müssen also ihr Leitungsamt so ausüben, daß sie nicht das ihre, sondern die Sache Jesu Christi suchen[53]. Sie müssen mit den gläubigen Laien zusammenarbeiten und in deren Mitte dem Beispiel des Meisters nachleben, der zu den Menschen „nicht kam, sich bedienen zu lassen, sondern zu dienen und sein Leben hinzugeben als Lösepreis für viele" (Mt 20, 28). Die Priester sollen die Würde der Laien und die bestimmte Funktion, die den Laien für die Sendung der Kirche zukommt, wahrhaft anerkennen und fördern. Sie mögen auch mit Bedacht die gebührende Freiheit, die allen im bürgerlichen Bereich zusteht, achten. Sie sollen gern auf die Laien hören, ihre Wünsche brüderlich erwägen und ihre Erfahrung und Zuständigkeit in den verschiedenen Bereichen des menschlichen Wirkens anerkennen, damit sie gemeinsam mit ihnen die Zeichen der Zeit verstehen können. Sie sollen die Geister prüfen, ob sie aus Gott sind[54], und die vielfältigen Charismen der Laien, schlichte wie bedeutendere, mit Glaubenssinn aufspüren, freudig anerkennen und mit Sorgfalt hegen. Unter den Gaben Gottes, die sich reichlich bei den Gläubigen finden, verdienen die eine besondere Pflege, die nicht wenige zu einem intensiveren geistlichen Leben anspornen. Ebenso sollen sie vertrauensvoll den Laien Ämter zum Dienst in der Kirche anvertrauen, ihnen Freiheit und Raum zum Handeln lassen, ja sie sogar in kluger Weise dazu ermuntern, auch von sich aus Aufgaben in Angriff zu nehmen[55].

Endlich leben die Priester mitten unter den Laien, um alle zur Einheit in der Liebe zu führen, „indem sie in Bruderliebe

---

[50] Vgl. 1 Thess 2, 12; Kol 1, 13.
[51] Vgl. Mt 23, 8. „In dem Maße wir also Hirten, Väter und Lehrer der Menschen sein wollen, müssen wir uns als ihre Brüder erweisen": Paul VI., Enz. Ecclesiam suam, 6. Aug. 1964: AAS 56 (1964) 647.
[52] Vgl. Eph 4, 7 u. 16; Const. Apost. VIII, 1, 20: „Ebenso soll weder der Bischof gegen die Diakone und Presbyter überheblich sein noch die Presbyter gegen das Volk; denn aus beiden wird die Ordnung der Versammlung (Kirche) deutlich": ed. F. X. Funk, I, 467.
[53] Vgl. Phil 2, 21.   [54] Vgl. 1 Jo 4, 1.
[55] Vgl. II. Vat. Konzil, Dogm. Konst. über die Kirche Lumen Gentium, Nr. 37: AAS 57 (1965) 42–43.

einander herzlich zugetan sind, an Ehrerbietung einander übertreffen" (Röm 12, 10). Ihre Aufgabe ist es darum, die verschiedenen Meinungen so in Einklang zu bringen, daß niemand
sich in der Gemeinschaft der Gläubigen fremd fühlt. Sie sind
die Verfechter des gemeinsamen Wohls, für das sie im Namen
des Bischofs Sorge tragen, und zugleich die entschiedenen Ver-
teidiger der Wahrheit, damit die Gläubigen nicht von jedem
Wind der Lehre hin und her getrieben werden[56]. Ihrer besonderen
Sorge sind die anvertraut, die die Sakramente nicht mehr empfangen, ja vielleicht sogar vom Glauben abgefallen sind; sie
werden es nicht unterlassen, als gute Hirten gerade auch ihnen
nachzugehen.

Im Blick auf die Bestimmungen über den Ökumenismus[57]
werden sie auch die Brüder nicht vergessen, die nicht in voller
kirchlicher Gemeinschaft mit uns stehen.

Nicht zuletzt werden sie auch alle diejenigen sich anvertraut
wissen, die Christus nicht als ihren Erlöser anerkennen.

Die Christgläubigen aber sollen sich bewußt sein, daß sie
ihren Priestern gegenüber in Schuld stehen. Darum mögen sie
diesen als ihren Hirten und Vätern in Kindesliebe verbunden
sein. Sie sollen an den Sorgen und Nöten ihrer Priester Anteil
nehmen und ihnen durch Gebet und Tat nach Kräften helfen,
daß sie ihre Schwierigkeiten leichter überwinden und erfolg-
reicher ihre Aufgaben erfüllen können[58].

III. Die Verteilung der Priester und der Priesternachwuchs

10. Die Geistesgabe, die den Priestern in ihrer Weihe verliehen
wurde, rüstet sie nicht für irgendeine begrenzte und einge-
schränkte Sendung, sondern für die alles umfassende und universale Heilssendung „bis an die Grenzen der Erde" (Apg 1, 8),
denn jeder priesterliche Dienst hat teil an der weltweiten Sendung, die Christus den Aposteln aufgetragen hat. Christi
Priestertum, an dem die Priester in Wahrheit Anteil erhalten
haben, ist ja notwendig für alle Völker und alle Zeiten bestimmt und nicht auf Rassen, Nationen oder Zeitalter be-

---

[56] Vgl. Eph 4, 14.
[57] II. Vat. Konzil, Dekret über den Ökumenismus Unitatis redintegratio: AAS
57 (1965) 90 ff.
[58] Vgl. II. Vat. Konzil, Dogm. Konst. über die Kirche Lumen Gentium, Nr. 37:
AAS 57 (1965) 42–43.

schränkt, wie es schon in der Gestalt des Melchisedech in geheimnisvoller Weise vorgezeichnet ist[59]. Die Priester mögen also daran denken, daß ihnen die Sorge für alle Kirchen am Herzen liegen muß. Deshalb sollen sich die Priester jener Diözesen, die mit einer größeren Zahl von Berufungen gesegnet sind, gern bereit zeigen, mit Erlaubnis oder auf Wunsch des eigenen Ordinarius ihren Dienst in Gegenden, in Missionsgebieten oder in Seelsorgsaufgaben auszuüben, in denen es an Klerus mangelt.

Außerdem sollen die Normen bezüglich der Inkardinierung und Exkardinierung in der Weise überprüft werden, daß diese sehr alte Einrichtung zwar bestehenbleibt, jedoch den heutigen pastoralen Bedürfnissen besser entspricht. Wo das Apostolat es aber erfordert, sollen Erleichterungen gegeben werden nicht nur für eine angemessene Verteilung der Priester, sondern auch für spezielle pastorale Aufgaben bei verschiedenen sozialen Schichten, die in einer bestimmten Gegend oder Nation oder in irgendeinem Teil der Welt durchgeführt werden müssen. Zu diesem Zweck können deshalb mit Nutzen internationale Seminare, besondere Diözesen oder Personalprälaturen und andere derartige Institutionen geschaffen werden. Diesen können zum Gemeinwohl der ganzen Kirche Priester zugeteilt oder inkardiniert werden. Die Art und Weise der Ausführung ist dabei für jedes einzelne Unternehmen festzulegen, und die Rechte der Ortsordinarien müssen stets unangetastet bleiben. Priester, die in ein fremdes Gebiet gesandt werden, sollen nach Möglichkeit nicht allein gehen, vor allem wenn sie dessen Sprache und Sitten noch nicht gut kennen; man sende sie vielmehr nach dem Vorbild der Jünger Christi[60] zu zweien oder dreien, damit sie so einander Hilfe seien. Weiter ist es angebracht, sich ernstlich um ihr geistliches Leben wie auch um ihr seelisches und leibliches Wohlergehen zu kümmern. Es sollen ihnen möglichst auch Stellen und Arbeitsbedingungen gegeben werden, die den Fähigkeiten und Eigenschaften des einzelnen entsprechen. Für alle, die in ein anderes Land gehen wollen, ist es ferner sehr wichtig, nicht nur die Sprache jenes Gebietes zu erlernen, sondern sich auch den psychologischen und sozialen Charakter des Volkes, dem sie demütig dienen wollen, so vollkommen wie möglich anzueignen. Sie folgen damit dem Beispiel des Apostels Paulus, der von sich sagen konnte: „Obwohl ich

[59] Vgl. Hebr 7, 3.   [60] Vgl. Lk 10, 1.

allen gegenüber frei bin, habe ich mich doch zum Knecht aller gemacht, um möglichst viele zu gewinnen. Den Juden bin ich ein Jude gewesen, um die Juden zu gewinnen ..." (1 Kor 9, 19–20).

11. Der Hirt und Bischof unserer Seelen[61] hat seine Kirche so gestiftet, daß das Volk, das er erwählt und mit seinem Blute erworben hat[62], bis zum Ende der Welt stets seine Priester haben muß, damit die Christen nie wie Schafe ohne Hirten seien[63]. Im Gehorsam gegen diesen Willen Christi und unter Eingebung des Heiligen Geistes hielten die Apostel sich für verpflichtet, Männer zum Dienst zu erwählen, „die geeignet sein werden, auch andere zu lehren" (2 Tim 2, 2). Diese Pflicht gehört in der Tat mit zur priesterlichen Sendung, durch die der Priester teilhat an der Sorge für die ganze Kirche, damit im Gottesvolk hier auf Erden niemals die Arbeiter fehlen. Weil es jedoch „für den Steuermann eines Schiffes und alle, die darauf fahren ... ein gemeinsames Interesse gibt"[64], soll das ganze christliche Volk über seine Pflicht belehrt werden, auf verschiedene Weise mitzuhelfen — durch inständiges Gebet wie auch durch andere Mittel, die ihm zur Verfügung stehen[65] —, daß die Kirche stets die Priester habe, die zur Erfüllung ihres göttlichen Auftrags notwendig sind. Als ersten muß es darum den Priestern sehr am Herzen liegen, durch ihren Dienst am Wort und das Zeugnis ihres eigenen Lebens, das den Geist des Dienens und die wahre österliche Freude offenbar macht, den Gläubigen die Erhabenheit und Notwendigkeit des Priestertums vor Augen stellen. Jüngeren und Älteren, die sie nach sorgfältiger Beurteilung für ein solches Amt für geeignet halten, sollten sie, ohne Sorgen und Mühen zu scheuen, helfen, daß sie sich recht vorbereiten und — bei Wahrung ihrer vollen inneren und äußeren Freiheit — einmal vom Bischof gerufen werden können. Dafür ist eine sorgfältige und kluge geistliche Führung von größtem Nutzen. Die Eltern, Lehrer und alle, die in irgendeiner Weise an der Unterweisung der Jugend und der jungen Männer beteiligt sind, sollen diese so erziehen, daß sie die Sorge des Herrn für seine Herde erkennen, die Erfordernisse der

---

[61] Vgl. 1 Petr 2, 25.   [62] Vgl. Apg 20, 28.   [63] Vgl. Mt 9, 36.

[64] Pont. Rom., Die Priesterweihe.

[65] II. Vat. Konzil, Dekret über die Ausbildung der Priester Optatam totius, Nr. 2: AAS 58 (1966) 714–715.

Kirche erwägen und bereit sind, wenn der Herr ruft, mit dem Propheten hochherzig zu antworten: „Hier bin ich, sende mich" (Is 6, 8). Doch darf man von diesem Ruf des Herrn durchaus nicht erwarten, daß er auf außerordentliche Weise den zukünftigen Priestern zu Ohren gelangt. Er ist vielmehr aus Zeichen zu ersehen und zu beurteilen, durch die auch sonst der Wille Gottes einsichtigen Christen im täglichen Leben kund wird; diese Zeichen müssen die Priester aufmerksam beachten[66].

Ihnen allen werden die diözesanen und nationalen Werke für Priesterberufe sehr nahegelegt[67]. In Predigten, Katechesen und Zeitschriften müssen eindrücklich die Erfordernisse der Orts- und Gesamtkirche dargelegt sowie Sinn und besondere Stellung des Priesteramtes in helles Licht gerückt werden. Im Priesteramt sind ja mit großen Lasten auch große Freuden verbunden, und in ihm kann vor allem, wie die Väter lehren, Christus das höchste Zeugnis der Liebe gegeben werden[68].

DRITTES KAPITEL

DAS LEBEN DER PRIESTER

I. Die Berufung der Priester zur Vollkommenheit

12. Das Weihesakrament macht die Priester Christus dem Priester gleichförmig. Denn sie sind Diener des Hauptes zur vollkommenen Auferbauung seines ganzen Leibes, der Kirche,

---

[66] „Gottes Stimme drückt sich, wenn sie (den Menschen) ruft, auf zwei verschiedene Weisen aus, die wunderbar sind und zusammenklingen: die eine ist innerlich; es ist die der Gnade, des Heiligen Geistes, einer unaussprechlichen inneren Verzauberung, die die ‚lautlose' und doch so machtvolle Stimme des Herrn in der unergründlichen menschlichen Seele bewirkt; die andere ist äußerlich, menschlich, mit den Sinnen vernehmbar, sozialer und rechtlicher Natur, konkret; es ist die Stimme des bevollmächtigten Dieners des Wortes Gottes, des Apostels, der Hierarchie; sie ist ein unersetzliches, weil von Christus geschaffenes und gewolltes Werkzeug; sie soll die Botschaft des ewigen Wortes und des göttlichen Gebotes in die erfahrbare Sprache übersetzen. So sagt es mit dem hl. Paulus die katholische Lehre: Wie sollte man hören, wenn niemand verkündet . . . Der Glaube kommt vom Hören" (Röm 10, 14 u. 17): Paul VI., Ansprache, 5. Mai 1965: L'Osservatore Romano (6. 5. 1965) erste Seite.
[67] Vgl. II. Vat. Konzil, Dekret über die Priesterausbildung Optatam totius, Nr. 2: AAS 58 (1966) 715.
[68] So lehren die Väter, wenn sie die Worte Christi an Petrus: „Liebst du mich? . . . Weide meine Schafe" (Jo 21, 17), auslegen, z. B. Johannes Chrysostomus, De sacerdotio II, 2: PG 48, 633; Gregor d. Gr., Reg. Past. Liber I, 5: PL 77, 19 A.

und Mitarbeiter des Bischofsstandes. Schon in der Taufweihe haben sie, wie alle Christen, Zeichen und Geschenk der so hohen gnadenhaften Berufung zur Vollkommenheit empfangen, nach der sie, bei aller menschlichen Schwäche[1], streben können und müssen, wie der Herr sagt: „Ihr aber sollt vollkommen sein, wie euer Vater im Himmel vollkommen ist" (Mt 5, 48). Als Priester sind sie jedoch in besonderer Weise zum Streben nach dieser Vollkommenheit verpflichtet. Denn im Empfang des Weihesakramentes Gott auf neue Weise geweiht, sind sie lebendige Werkzeuge Christi des Ewigen Priesters geworden, damit sie sein wunderbares Werk, das mit Kraft von oben die ganze menschliche Gesellschaft erneuert hat, durch die Zeiten fortzuführen vermögen[2]. Jeder Priester vertritt also, seiner Weihestufe entsprechend, Christus. Darum erhält er auch die besondere Gnade, durch den Dienst an der ihm anvertrauten Gemeinde und am ganzen Volk Gottes besser der Vollkommenheit dessen nachzustreben, an dessen Stelle er steht, und für die Schwäche seiner menschlichen Natur Heilung in der Heiligkeit dessen zu finden, der für uns ein „heiliger, unschuldiger, unbefleckter, von den Sünden geschiedener" Hoherpriester (Hebr 7, 26) geworden ist.

Christus, den der Vater geheiligt, also geweiht und in die Welt gesandt hat[3], „gab sich selbst für uns dahin, um uns von aller Ungerechtigkeit zu erlösen und sich ein reines Volk zu bereiten, das Gott gefällt und guten Werken nacheifert" (Tit 2, 14); so ging er durch sein Leiden in seine Herrlichkeit ein[4]. Ähnlich die Priester: durch die Salbung des Heiligen Geistes geweiht und von Christus ausgesandt, ertöten sie in sich die Werke des Fleisches und geben sich gänzlich dem Dienst an den Menschen hin; so können sie in der Kraft der Heiligkeit, mit der sie in Christus beschenkt sind, zur Mannesvollkommenheit[5] heranreifen.

Indem sie also den Dienst des Geistes und der Gerechtigkeit[6] erfüllen, werden sie im Leben des Geistes gefestigt, sofern sie nur auf Christi Geist, der sie belebt und führt, hören. Gerade die täglichen heiligen Handlungen wie ihr gesamter Dienst, den sie in Gemeinschaft mit dem Bischof und ihren priesterlichen

---

[1] Vgl. 2 Kor 12, 9.
[2] Vgl. Pius XI., Enz. Ad catholici sacerdotii, 20. Dez. 1935: AAS 28 (1936) 10.
[3] Vgl. Jo 10, 36.
[4] Vgl. Lk 24, 26.   [5] Vgl. Eph 4, 13.   [6] Vgl. 2 Kor 3, 8–9.

13

Mitbrüdern ausüben, lenken sie auf ein vollkommenes Leben hin. Die Heiligkeit der Priester hinwiederum trägt im höchsten Maß zur größeren Fruchtbarkeit ihres besonderen Dienstes bei. Denn obwohl die Gnade Gottes auch durch unwürdige Diener das Heilswerk durchführen kann, so will Gott doch seine Heilswunder für gewöhnlich lieber durch diejenigen kundtun, die sich dem Antrieb und der Führung des Heiligen Geistes mehr geöffnet haben und darum wegen ihrer innigen Verbundenheit mit Christus und wegen eines heiligmäßigen Lebens mit dem Apostel sprechen können: „Nicht mehr ich lebe, Christus lebt in mir" (Gal 2, 20).

Um ihre pastoralen Ziele einer inneren Erneuerung der Kirche, der Ausbreitung des Evangeliums über die ganze Erde und des Gespräches mit der heutigen Welt zu verwirklichen, mahnt daher die Heilige Synode alle Priester inständig, mit Hilfe der von der Kirche empfohlenen entsprechenden Mittel[7] nach stets größerer Heiligkeit zu streben, um so immer mehr geeignete Werkzeuge für den Dienst am ganzen Gottesvolk zu werden.

13. Die Priester gelangen auf ihnen eigene Weise zur Heiligkeit, nämlich durch aufrichtige und unermüdliche Ausübung ihrer Ämter im Geist Christi.

Als Diener des Wortes Gottes lesen und hören sie täglich Gottes Wort, das sie andere lehren sollen; wenn sie es bei sich selbst ernsthaft aufzunehmen trachten, werden sie von Tag zu Tag vollkommenere Jünger des Herrn nach den Worten des Apostels Paulus an Timotheus: „Darauf richte deinen Sinn, darin lebe: daß dein Fortschritt allen offenbar werde. Hab acht auf dich selbst und auf die Lehre; verharre darin. Denn wenn du das tust, wirst du dich retten und die, welche dich hören" (1 Tim 4, 15–16). Beim Nachdenken, wie sie die Früchte ihrer eigenen Betrachtung anderen am besten weitergeben können[8], werden sie noch inniger „den unergründlichen Reichtum Christi" (Eph 3, 8) und die vielfältige Weisheit Gottes ver-

[7] Vgl. u. a. Pius X., Mahnwort an den Klerus Haerent animo, 4. Aug. 1908: S. Pii Acta, Bd. IV (1908) 237 ff.; Pius XI., Enz. Ad catholici sacerdotii, 20. Dez. 1935: AAS 28 (1936) 5 ff.; Pius XII., Apost. Ermahnung Menti Nostrae, 23. Sept. 1950: AAS 42 (1950) 657 ff.; Johannes XXIII., Enz. Sacerdotii Nostri primordia, 1. Aug. 1959: AAS 51 (1959) 545 ff.
[8] Vgl. Thomas v. Aquin, Summa Theol. II–II, q. 188, a. 7.

kosten[9]. Wenn sie vor Augen haben, daß der Herr es ist, der die Herzen öffnet[10], und daß die Tiefe nicht ihnen, sondern der Kraft Gottes entstammt[11], werden sie gerade bei der Weitergabe des Gotteswortes enger mit Christus dem Lehrer verbunden und durch seinen Geist geführt werden. Durch diese Gemeinschaft mit Christus haben sie teil an der Liebe Gottes, deren Geheimnis von Ewigkeit her verborgen war[12], nun aber in Christus offenbar geworden ist.

Im Dienst am Heiligen, vor allem beim Meßopfer, handeln die Priester in besonderer Weise an Christi Statt, der sich für das Heil der Menschen zum Opfer hingab. Darum sind sie aufgefordert, das nachzuahmen, was sie vollziehen; weil sie das geheimnisvolle Geschehen des Todes unseres Herrn vergegenwärtigen, sollen sie auch ihren Leib mit seinen Fehlern und Begierden zu ertöten trachten[13]. Im Mysterium des eucharistischen Opfers, dessen Darbringung die vornehmliche Aufgabe des Priesters ist, wird beständig das Werk unserer Erlösung vollzogen[14]; darum wird seine tägliche Feier dringend empfohlen; sie ist auch dann, wenn keine Gläubigen dabei sein können, ein Akt Christi und der Kirche[15]. Während sich so die Priester mit dem Tun des Priesters Christus verbinden, bringen sie sich täglich Gott ganz dar, und genährt mit dem Leib Christi, erhalten sie wahrhaft Anteil an der Liebe dessen, der sich seinen Gläubigen zur Speise gibt. Ähnlich sind sie bei der Verwaltung der Sakramente mit der Gesinnung und Liebe Christi geeint; zu solcher Einigung tragen sie besonders bei, wenn sie sich allgemein und stets bereit zeigen, den Liebesdienst der Spendung des Bußsakramentes zu leisten, sooft die Gläubigen begründeter-

---

[9] Vgl. Hebr 3, 9–10.   [10] Vgl. Apg 16, 14.
[11] Vgl. 2 Kor 4, 7.   [12] Vgl. Eph 3, 9.
[13] Vgl. Pont. Rom., Die Priesterweihe.
[14] Vgl. Missale Rom., Gabengebet vom 9. Sonntag nach Pfingsten.
[15] „Denn jede Messe, auch wenn sie privat vom Priester zelebriert wird, ist dennoch nicht privat, sondern ein Akt Christi und der Kirche; diese Kirche pflegt nämlich im Opfer, das sie darbringt, sich selbst als ein umfassendes Opfer darzubringen, und sie wendet die einzige und unendliche Erlösungskraft des Kreuzesopfers der ganzen Welt zum Heil zu. Denn jede Messe, die zelebriert wird, wird nicht nur für einiger Heil, sondern für das Heil der ganzen Welt dargebracht ... Darum empfehlen wir den Priestern, die Unsere besondere Freude und Unsere Krone im Herrn sind, väterlich und angelegentlich, daß sie ... täglich würdig und andächtig die Messe feiern": Paul VI., Enz. Mysterium Fidei, 3. Sept. 1965: AAS 57 (1965) 761–762. Vgl. II. Vat. Konzil, Konst. über die heilige Liturgie Sacrosanctum Concilium, Nr. 26 u. 27: AAS 56 (1964) 107.

weise darum bitten. Beim Breviergebet leihen sie ihren Mund der Kirche, die beständig im Namen des ganzen Menschengeschlechtes im Gebet verharrt mit Christus, der „allezeit lebt, um für uns einzutreten" (Hebr 7, 25).

Als Lenker und Hirten des Volkes Gottes werden sie von der Liebe des Guten Hirten angetrieben, ihr Leben für ihre Schafe hinzugeben[16], auch zum höchsten und letzten Opfer bereit nach dem Beispiel jener Priester, die auch in unserer Zeit nicht gezögert haben, ihr Leben zu opfern. Als Erzieher im Glauben und selbst voll „Zuversicht, durch das Blut Christi in das Heiligtum einzugehen" (Hebr 10, 19), treten sie vor Gott hin „mit aufrichtigem Herzen in der Überzeugung des Glaubens" (Hebr 10, 22). Vor ihren Gläubigen geben sie ein Zeichen unerschütterlichen Hoffnung[17], damit sie die, die in irgendwelcher Bedrängnis leben, trösten können durch die Ermutigung, mit der auch sie von Gott ermutigt werden[18]. Als Leiter der Gemeinschaft pflegen sie eine Aszese, wie sie einem Seelenhirten entspricht: sie verzichten auf eigene Vorteile und suchen nicht ihren Nutzen, sondern den der vielen, damit sie das Heil erlangen[19]; sie gehen den Weg der immer vollkommeneren Erfüllung ihres seelsorglichen Auftrags, bereit, wenn nötig, auch neue Wege der Seelsorge zu gehen; werden sie doch geführt vom Geist der Liebe, der weht, wo er will[20].

14. In der Welt von heute, in der die Menschen so vielen Geschäften nachzukommen haben und von so vielfältigen Problemen bedrängt werden, die oft nach einer schnellen Lösung verlangen, geraten nicht wenige in Not, weil sie sich zersplittern. Erst recht können sich Priester, die von den überaus zahlreichen Verpflichtungen ihres Amtes hin und her gerissen werden, mit bangem Herzen fragen, wie sie mit ihrer äußeren Tätigkeit noch das innere Leben in Einklang zu bringen vermögen. Zur Erzielung solcher Lebenseinheit genügt weder eine rein äußere Ordnung der Amtsgeschäfte noch die bloße Pflege der Frömmigkeitsübungen, sosehr diese auch dazu beitragen mögen. Die Priester können sie aber erreichen, wenn sie in der Ausübung ihres Amtes dem Beispiel Christi des Herrn folgen, dessen Speise es war, den Willen dessen zu tun, der ihn gesandt hatte, um sein Werk zu vollenden[21].

---

[16] Vgl. Jo 10, 11. [17] Vgl. 2 Kor 1, 7. [18] Vgl. 2 Kor 1, 4.
[19] Vgl. 1 Kor 10, 33. [20] Vgl. Jo 3, 8. [21] Vgl. Jo 4, 34.

In der Tat: um eben diesen Willen des Vaters in der Welt durch die Kirche beständig zu erfüllen, handelt Christus durch seine Diener. Darum bleibt er immerfort Ursprung und Quelle für die Einheit ihres Lebens. Die Priester werden also ihrem Leben eine einheitliche Linie geben, wenn sie sich mit Christus vereinigen im Erkennen des väterlichen Willens und in der Hingabe für die ihnen anvertraute Herde[22]. Wenn sie so die Rolle des Guten Hirten übernehmen, werden sie gerade in der Betätigung der Hirtenliebe das Band der priesterlichen Vollkommenheit finden, das ihr Leben und ihr Wirken zur Einheit verknüpft. Diese Hirtenliebe[23] erwächst am stärksten aus dem eucharistischen Opfer. Es bildet daher Mitte und Wurzel des ganzen priesterlichen Lebens, so daß der Priester in seinem Herzen auf sich beziehen muß, was auf dem Opferaltar geschieht. Dazu gelangt er jedoch nur, wenn er sich selbst immer inniger in das Geheimnis Christi betend vertieft.

Um die Einheit ihres Lebens auch konkret wahr zu machen, müssen sich die Priester all ihr Tun und Lassen vor Augen halten und prüfen, was Gottes Wille ist[24], ob und wieweit es nämlich mit den Richtlinien der Kirche für ihre Heilssendung übereinstimmt. Die Treue zu Christus kann ja von der Treue zu seiner Kirche nicht getrennt werden. Die Hirtenliebe erfordert also, daß die Priester, um nicht ins Leere zu laufen[25], immer in enger Verbindung mit den Bischöfen und mit den anderen Mitbrüdern im Priesteramt arbeiten. Wenn sie nach diesem Grundsatz handeln, werden sie die Einheit für ihr eigenes Leben in der Einheit der Sendung der Kirche finden und so mit ihrem Herrn und durch ihn mit dem Vater im Heiligen Geist vereint werden, so daß sie mit Trost und überreicher Freude erfüllt werden können[26].

II. Besondere Erfordernisse für das geistliche Leben der Priester

15. Zu den Tugenden, die für den Dienst der Priester besonders erfordert sind, muß man als ständige Seelenhaltung die innere Bereitschaft zählen, nicht den eigenen Willen zu suchen, sondern

---

[22] Vgl. 1 Jo 3, 16.
[23] „Die Herde des Herrn zu weiden, muß ein Dienst der Liebe sein": Augustinus, Tract. in Jo. 123, 5: PL 35, 1967.
[24] Vgl. Röm 12, 2. [25] Vgl. Gal 2, 2. [26] Vgl. 2 Kor 7, 4.

den Willen dessen, der sie gesandt hat[27]. Das göttliche Werk nämlich, zu dessen Durchführung der Heilige Geist sie berufen hat[28], übersteigt alle menschlichen Kräfte und menschliche Weisheit; denn „was der Welt schwach erscheint, hat Gott auserwählt, das Starke zu beschämen" (1 Kor 1, 27). Im Bewußtsein der eigenen Schwäche tut darum der wahre Diener Christi seine Arbeit demütig; er prüft, was Gott wohlgefällig ist[29], und läßt sich, gleichsam durch den Geist gebunden[30], in allem vom Willen dessen führen, der aller Menschen Heil will; diesen Willen kann er in den konkreten Umständen des täglichen Lebens entdecken und erfüllen, indem er allen Menschen demütig dient, die ihm in seinem Amt und in den vielfältigen Ereignissen seines Lebens von Gott anvertraut sind.

Weil jedoch der priesterliche Dienst ein Dienst der Kirche ist, kann er nur in der hierarchischen Gemeinschaft des ganzen Leibes ausgeübt werden. Die Hirtenliebe drängt also die Priester dazu, in dieser Gemeinschaft zu handeln und darum den eigenen Willen gehorsam in den Dienst für Gott und die Brüder zu stellen, indem sie gläubigen Geistes annehmen und ausführen, was der Papst und der eigene Bischof sowie andere Vorgesetzte vorschreiben oder nahelegen; gern geben sie alles hin und sich selbst dazu[31], in jeglichem Dienst, der ihnen anvertraut wird, sei er auch gering und ärmlich. Auf diese Weise bewahren und stärken sie die notwendige Einheit mit ihren Mitbrüdern im Amt, vor allem aber mit denjenigen, die der Herr zu sichtbaren Leitern seiner Kirche bestellt hat, und tragen so zum Aufbau des Leibes Christi bei, der „durch jedes Band der Hilfeleistung" wächst[32]. Solcher Gehorsam führt zu einer reiferen Freiheit der Kinder Gottes. Er erfordert aus seinem Wesen heraus, daß die Priester, wenn sie bei der Ausübung ihres Amtes in kluger Weise aus Liebe neue Wege zum größeren Wohl der Kirche suchen, diese ihre Vorhaben vertrauensvoll vorbringen und die besondere Lage ihrer Herde eindringlich darlegen, immer bereit, sich dem Urteil derer zu unterstellen, die ein führendes Amt in der Leitung der Kirche Gottes ausüben.

Durch diese Demut und diesen verantwortungsbewußten und freien Gehorsam machen sich die Priester Christus gleichförmig. Sie hegen die gleiche Gesinnung wie Christus Jesus in

---

[27] Vgl. Jo 4, 34; 5, 30; 6, 38. [28] Vgl. Apg 13, 2. [29] Vgl. Eph 5, 10.
[30] Vgl. Apg 20, 22.
[31] Vgl. 2 Kor 12, 15. [32] Vgl. Eph 4, 11–16.

sich, der „sich selbst entäußert hat, indem er Knechtsgestalt annahm, ... gehorsam geworden bis zum Tod" (Phil 2, 7–8),
und der durch diesen Gehorsam den Ungehorsam Adams besiegt und wiedergutgemacht hat, wie der Apostel bezeugt:
„Durch den Ungehorsam des einen Menschen sind die vielen zu
Sündern gemacht worden; so werden auch durch den Gehorsam des Einen die vielen zu Gerechten gemacht werden"
(Röm 5, 19).

16. Die Kirche hat die vollkommene und ständige Enthaltsamkeit um des Himmelreiches willen, die von Christus dem Herrn
empfohlen[33], in allen Jahrhunderten bis heute von nicht wenigen Gläubigen gern angenommen und lobenswert geübt worden
ist, besonders im Hinblick auf das priesterliche Leben immer
hoch eingeschätzt. Ist sie doch ein Zeichen und zugleich ein Antrieb der Hirtenliebe und ein besonderer Quell geistlicher
Fruchtbarkeit in der Welt[34]. Zwar ist sie nicht vom Wesen des
Priestertums selbst gefordert, wie die Praxis der frühesten
Kirche[35] und die Tradition der Ostkirchen zeigt, wo es neben
solchen, die aus gnadenhafter Berufung zusammen mit allen
Bischöfen das ehelose Leben erwählen, auch hochverdiente
Priester im Ehestand gibt. Wenn diese Heilige Synode dennoch
den kirchlichen Zölibat empfiehlt, will sie in keiner Weise
jene andere Ordnung ändern, die in den Ostkirchen rechtmäßig Geltung hat; vielmehr ermahnt sie voll Liebe diejenigen, die als Verheiratete das Priestertum empfingen, sie möchten in ihrer heiligen Berufung ausharren und weiterhin mit
ganzer Hingabe ihr Leben für die ihnen anvertraute Herde
einsetzen[36].

Der Zölibat ist jedoch in vielfacher Hinsicht dem Priestertum
angemessen. Die priesterliche Sendung ist nämlich gänzlich dem
Dienst an der neuen Menschheit geweiht, die Christus, der
Überwinder des Todes, durch seinen Geist in der Welt erweckt,
die ihren Ursprung „nicht aus dem Blut, nicht aus dem Wollen
des Fleisches noch aus dem Wollen des Mannes, sondern aus
Gott" (Jo 1, 13) hat. Durch die Jungfräulichkeit und die Ehe-

---

[33] Vgl. Mt 19, 12.
[34] Vgl. II. Vat. Konzil, Dogm. Konst. über die Kirche Lumen Gentium, Nr. 42:
AAS 57 (1965) 47–49.
[35] Vgl. 1 Tim 3, 2–5; Tit 1, 6.
[36] Vgl. Pius XI., Enz. Ad catholici sacerdotii, 20. Dez. 1935: AAS 28 (1936) 28.

losigkeit um des Himmelreiches willen[37] werden die Priester in neuer und vorzüglicher Weise Christus geweiht; sie hangen ihm leichter ungeteilten Herzens an[38], schenken sich freier in ihm und durch ihn dem Dienst für Gott und die Menschen, dienen ungehinderter seinem Reich und dem Werk der Wiedergeburt aus Gott und werden so noch mehr befähigt, die Vaterschaft in Christus tiefer zu verstehen. Auf diese Weise bezeugen sie also vor den Menschen, daß sie sich in ungeteilter Hingabe der ihnen anvertrauten Aufgabe widmen wollen, nämlich die Gläubigen *einem* Mann zu vermählen und sie als keusche Jungfrau Christus zuzuführen[39]; so weisen sie auf jenen geheimnisvollen Ehebund hin, der von Gott begründet ist und im anderen Leben ins volle Licht treten wird, in welchem die Kirche Christus zum einzigen Bräutigam hat[40]. Darüber hinaus sind sie ein lebendiges Zeichen der zukünftigen, schon jetzt in Glaube und Liebe anwesenden Welt, in der die Auferstandenen weder freien noch gefreit werden[41].

Der so im Geheimnis Christi und seiner Sendung begründete Zölibat wurde zunächst den Priestern empfohlen und schließlich in der lateinischen Kirche allen, die die heilige Weihe empfangen sollten, als Gesetz auferlegt. Diese Heilige Synode billigt und bekräftigt von neuem das Gesetz für jene, die zum Priestertum ausersehen sind, wobei ihr der Geist das Vertrauen gibt, daß der Vater die Berufung zum ehelosen Leben, das ja dem neutestamentlichen Priestertum so angemessen ist, großzügig geben wird, wenn nur diejenigen, die durch das Sakrament der Weihe am Priestertum Christi teilhaben, zusammen mit der ganzen Kirche demütig und inständig darum bitten. Das Konzil mahnt daher alle Priester, die im Vertrauen auf Gottes Gnade in freier Entscheidung nach Christi Vorbild den Zölibat auf sich genommen haben, ihm großmütig und mit ganzem Herzen anzuhangen und treu in diesem Stand auszuhalten in der Erkenntnis der hohen Gnadengabe, die ihnen vom Vater gegeben wurde und die der Herr so offenkundig gepriesen hat[42]. Sie sollen dabei

---

[37] Vgl. Mt 19, 12.   [38] Vgl. 1 Kor 7, 32–34.   [39] Vgl. 2 Kor 11, 2.
[40] Vgl. II. Vat. Konzil, Dogm. Konst. über die Kirche Lumen Gentium, Nr. 42 44: AAS 57 (1965) 47–49 50–51; Dekret über die zeitgemäße Erneuerung des Ordenslebens Perfectae caritatis, Nr. 12: AAS 58 (1966) 707.
[41] Vgl. Lk 20, 35–36; Pius XI., Enz. Ad catholici sacerdotii, 20. Dez. 1935: AAS 28 (1936) 24–28; Pius XII., Enz. Sacra Virginitas, 25. März 1954: AAS 46 (1954) 169–172.
[42] Vgl. Mt 19, 11.

immer jene Geheimnisse vor Augen haben, die durch sie bezeichnet werden und ihre Erfüllung finden. Und je mehr in der heutigen Welt viele Menschen ein Leben in vollkommener Enthaltsamkeit für unmöglich halten, um so demütiger und beharrlicher
werden die Priester und mit ihnen die ganze Kirche die Gabe der
Beständigkeit und Treue erflehen, die denen niemals verweigert
wird, die um sie bitten. Zugleich werden sie alle übernatürlichen
und natürlichen Hilfen anwenden, die jedem zur Verfügung stehen; sie sollen vor allem die durch die Erfahrung der Kirche
bewährten aszetischen Verhaltensweisen, die in der modernen
Welt nicht weniger notwendig sind, befolgen. So bittet diese
Heilige Synode nicht nur die Priester, sondern alle Gläubigen,
sie möchten sich die kostbare Gabe des priesterlichen Zölibates
ein wirkliches Anliegen sein lassen, und alle mögen Gott bitten,
daß er dieses Geschenk seiner Kirche stets in Fülle zukommen
lasse.

17. Im freundschaftlichen und brüderlichen Verkehr untereinander und mit den übrigen Menschen haben die Priester Gelegenheit, die menschlichen Werte zu pflegen und die irdischen
Güter als Geschenke Gottes zu würdigen. Mitten in der Welt
sollen sie dennoch immer wissen, daß sie nach dem Wort unseres
Herrn und Meisters nicht von der Welt sind[43]. Wenn sie also
die Dinge der Welt so gebrauchen, als gebrauchten sie sie
nicht[44], dann werden sie zu jener Freiheit von aller ungeord-
neten Anhänglichkeit und Sorge gelangen, durch die sie gelehrig
für die Stimme Gottes im täglichen Leben werden. Aus solcher
Freiheit und Gelehrigkeit erwächst das geistliche Unterschei-
dungsvermögen, durch das man die rechte Haltung zur Welt
und ihren Gütern findet. Diese Haltung ist deshalb von großer
Bedeutung für die Priester, weil sich ja die Sendung der Kirche
inmitten der Welt vollzieht und die geschaffenen Güter zum
Reifen der menschlichen Persönlichkeit unerläßlich sind. So
seien sie also dankbar für alles, was ihnen der himmlische Vater
für eine rechte Lebensführung in die Hand gibt. Doch sollen sie
alles, was ihnen begegnet, im Licht des Glaubens prüfen, damit
sie es richtig gebrauchen lernen, wie es dem Willen Gottes entspricht, und ablehnen, was ihrer Sendung im Weg steht.

Denn die Priester, deren „Anteil und Erbe" der Herr ist

[43] Vgl. Jo 17, 14–16.   [44] Vgl. 1 Kor 7, 31.

(Nm 18, 20), dürfen die zeitlichen Güter nur in dem Rahmen gebrauchen, der ihnen durch die Lehre Christi des Herrn und von der Weisung der Kirche gesteckt ist.

Die Kirchengüter im eigentlichen Sinne sollen die Priester sachgerecht und nach den Richtlinien der kirchlichen Gesetze verwalten, wenn möglich unter Zuhilfenahme erfahrener Laien; diese Güter sind stets nur für die Zwecke zu verwenden, um deretwillen die Kirche zeitliche Güter besitzen darf, nämlich für den rechten Vollzug des Gottesdienstes, für den angemessenen Unterhalt des Klerus und für die apostolischen und caritativen Werke, besonders für jene, die den Armen zugute kommen[45]. Was die Priester, nicht anders als die Bischöfe, anläßlich der Ausübung eines kirchlichen Amtes erhalten, haben sie, unbeschadet eines Partikularrechts[46], in erster Linie für ihren standesgemäßen Unterhalt und für die Erfüllung ihrer Standespflichten zu verwenden; was aber davon übrigbleibt, mögen sie dem Wohl der Kirche oder caritativen Werken zukommen lassen. Sie dürfen das kirchliche Amt weder als Erwerbsquelle betrachten noch die Einkünfte daraus für die Vermehrung des eigenen Vermögens verwenden[47]. Die Priester sollen darum ihr Herz nicht an Reichtümer hängen[48], jede Habgier meiden und sich vor aller Art weltlichen Handels sorgfältig hüten.

Sie werden vielmehr zur freiwilligen Armut ermuntert, in der sie Christus sichtbarer ähnlich und zum heiligen Dienst verfügbarer werden. Denn Christus ist für uns arm geworden, obwohl er reich war, damit wir durch seine Armut reich würden[49]. Und die Apostel haben durch ihr Beispiel bezeugt, daß die unverdienten Gaben Gottes unentgeltlich weitergegeben werden müssen[50]; sie wußten genausogut Überfluß zu haben wie Not zu ertragen[51]. Aber auch ein gewisser gemeinschaftlicher Gütergebrauch, ähnlich der Gütergemeinschaft, die in der Geschichte der Urkirche so gepriesen wird[52], kann der Hirten-

---

[45] Conc. Antioch., can. 25: Mansi 2, 1327–1328; Decretum Gratiani, c. 23, C. 12, q. 1: ed. Friedberg, I, 684–685.
[46] Das bezieht sich vor allem auf die Rechte und Gewohnheiten in den orientalischen Kirchen.
[47] Conc. Paris., a. 829, can. 15: Mon. Germ. Hist., Legum Sect. III, Concilia, t. 2, 622; Konzil v. Trient, Sess. XXV, Dekret de reform. c. 1: Conc. Oec. Decreta, ed. Herder (Rom 1962) 760–761.
[48] Vgl. Ps 62, 11 (Vg. 61).   [49] Vgl. 2 Kor 8, 9.
[50] Vgl. Apg 8, 18–25.   [51] Vgl. Phil 4, 12.   [52] Vgl. Apg 2, 42–47.

liebe vorzüglich den Weg ebnen; durch diese Lebensform können die Priester den Geist der Armut, den Christus empfiehlt, in lobenswerter Weise konkret verwirklichen.

Vom Geist des Herrn geführt, der den Erlöser gesalbt und Armen die Frohbotschaft zu bringen[53] ausgesandt hat, sollen die Priester und ebenso die Bischöfe alles vermeiden, was den Armen irgendwie Anstoß geben könnte, indem sie, mehr als die anderen Jünger des Herrn, jeden Schein von Eitelkeit in ihrer Lebenshaltung ausschließen. Ihre Wohnung sei so eingerichtet, daß sie niemandem unzugänglich erscheint und daß niemand, auch kein Niedriggestellter, sich scheut, sie zu betreten.

III. Hilfen für das priesterliche Leben

18. In allen Lebenslagen sollen die Priester die Einheit mit Christus pflegen. Sie erfreuen sich dazu, außer der bewußten Erfüllung ihres Dienstes, allgemeiner und besonderer Mittel, neuer und alter, zu denen der Heilige Geist im Volk Gottes unaufhörlich Anstoß gab und welche die Kirche zur Heiligung ihrer Glieder empfiehlt, ja bisweilen sogar befiehlt[54]. Aus allen geistlichen Hilfen ragt jene Übung hervor, durch die die Gläubigen vom zweifachen Tisch, der Heiligen Schrift und der Eucharistie, mit dem Wort Gottes genährt werden[55]. Von welcher Bedeutung ihr häufiger Vollzug für die den Priestern eigene Heiligung ist, weiß jeder.

Die Diener der sakramentalen Gnade einen sich Christus, dem Erlöser und Hirten, aufs innigste durch den würdigen Empfang der Sakramente, vor allem durch die häufig geübte sakramentale Buße; durch die tägliche Gewissenserforschung vorbereitet, fördert diese die notwendige Hinwendung des Herzens zur Liebe des Vaters der Erbarmungen gar sehr. Im Licht des durch die Schriftlesung gestärkten Glaubens vermögen sie die Zeichen des göttlichen Willens und die Antriebe seiner Gnade in den verschiedenen Ereignissen des Lebens sorgfältig zu erforschen und können so für ihre im Heiligen Geiste übernommene Sendung von Tag zu Tag empfänglicher werden. Ein bewundernswertes Beispiel solcher Empfänglichkeit haben sie stets in der seligen

---

[53] Vgl. Lk 4, 18.   [54] Vgl. CIC, can. 125 ff.
[55] Vgl. II. Vat. Konzil, Dekret über die zeitgemäße Erneuerung des Ordenslebens Perfectae caritatis, Nr. 6: AAS 58 (1966) 705; Dogm. Konst. über die göttliche Offenbarung Dei verbum, Nr. 21: AAS 58 (1966) 827 f.

Jungfrau Maria vor sich, die, vom Heiligen Geist geführt, sich selbst ganz dem Geheimnis der Erlösung der Menschen weihte[56]. Diese Mutter des höchsten und ewigen Priesters, die Königin der Apostel und Schützerin ihres Dienstes, sollen die Priester mit kindlicher Ergebung und Verehrung hochschätzen und lieben.

Zur treuen Erfüllung ihres Dienstes soll ihnen die tägliche Zwiesprache mit Christus dem Herrn in Besuchung und persönlicher Andacht der Heiligsten Eucharistie Herzenssache sein. Gern sollen sie sich für Tage geistlicher Zurückgezogenheit frei machen und die geistliche Führung hochschätzen. Auf vielfache Weise, vor allem durch das bewährte innere Gebet und frei zu wählende verschiedene Gebetsarten, suchen und erbitten die Priester von Gott inständig jenen Geist echter Anbetung, durch den sie sich zugleich mit dem ihnen anvertrauten Volk innig Christus, dem Mittler des Neuen Bundes, einen und so in der Gnade der Kindschaft rufen können: „Abba, Vater" (Röm 8, 15).

19. Die Priester werden vom Bischof bei der Priesterweihe ermahnt, daß sie „in der Wissenschaft erfahren" seien und ihre Lehre „eine geistliche Arznei für das Volk Gottes sei"[57]. Die Wissenschaft eines Dieners am Heiligen aber muß eine heilige sein; denn sie wird heiliger Quelle entnommen und ist auf ein heiliges Ziel hingeordnet. Deshalb wird sie vor allem aus der Lesung und Betrachtung der Heiligen Schrift geschöpft[58], aber auch durch das Studium der Kirchenväter, der Kirchenlehrer und anderer Urkunden der Überlieferung mit Frucht gefördert. Um auf die von den heutigen Menschen erörterten Fragen die rechte Antwort zu geben, sollen die Priester ferner die Dokumente des kirchlichen Lehramtes und besonders die der Konzilien und der Päpste gut kennen sowie die besten und anerkannten theologischen Schriftsteller zu Rat ziehen.

Da aber heute die weltliche Wissenschaft wie auch die heiligen Wissenschaften immer neue Fortschritte machen, sind die Priester anzueifern, ihre religiösen und allgemeinbildenden Kenntnisse in geeigneter Weise zu vervollständigen und sich so besser auf ein Gespräch mit ihren Zeitgenossen vorzubereiten.

[56] Vgl. II. Vat. Konzil, Dogm. Konst. über die Kirche Lumen Gentium, Nr. 65: AAS 57 (1965) 64–65.
[57] Pont. Rom., Die Priesterweihe.
[58] Vgl. II. Vat. Konzil, Dogm. Konst. über die göttliche Offenbarung Dei verbum, Nr. 25: AAS 58 (1966) 829.

Damit die Priester um so williger den Studien obliegen und sich gründlicher die Methoden der Evangelisation und des Apostolates aneignen, sollen ihnen in jeder Weise geeignete Hilfsmittel bereitgestellt werden. Dazu gehören, entsprechend den Bedingungen eines Landes, die Veranstaltungen von Kursen oder Kongressen, die Errichtung von Zentren für pastorale Studien, der Aufbau von Bibliotheken und eine angemessene Leitung durch geeignete Persönlichkeiten. Außerdem sollen die Bischöfe einzeln oder gemeinsam nach geeigneteren Möglichkeiten suchen, daß alle ihre Priester regelmäßig, vor allem aber wenige Jahre nach der Priesterweihe[59], einen Kurs besuchen, der ihnen Gelegenheit bietet sowohl zur besseren Kenntnisnahme der Seelsorgsmethoden und der theologischen Wissenschaft wie auch zur Stärkung ihres geistlichen Lebens und für einen seelsorglichen Erfahrungsaustausch mit ihren Brüdern[60]. Durch solche und ähnliche geeignete Einrichtungen soll jungen Pfarrern und denen, die neu in die Seelsorge eintreten oder die in eine andere Diözese oder ein anderes Land geschickt werden, sorgfältig Hilfe geboten werden.

Endlich sollen die Bischöfe dafür Sorge tragen, daß einige sich einem vertieften Studium der heiligen Wissenschaften widmen, damit es nie an geeigneten Lehrern für die Ausbildung der Kleriker mangelt, damit ferner den übrigen Priestern und Gläubigen bei der Erwerbung des ihnen notwendigen Wissens eine Hilfe zur Verfügung gestellt und ein für die Kirche durchaus notwendiger gesunder Fortschritt in den heiligen Disziplinen gefördert wird.

20. Die Priester, die, dem Dienst Gottes geweiht, das ihnen übertragene Amt erfüllen, haben Anspruch auf eine gerechte Entlohnung; denn „jeder Arbeiter ist seines Lohnes wert" (Lk 10, 7)[61], und „der Herr hat angeordnet, daß jene, die das Evangelium verkünden, auch vom Evangelium leben" (1 Kor 9, 14). Falls nicht anderweitig eine gerechte Entlohnung der Priester sichergestellt ist, sind darum die Gläubigen selbst, zu deren Besten die Priester ja arbeiten, in einer echten Verpflichtung gehalten,

---

[59] Dieser Kurs ist nicht mit dem gleich nach der Priesterweihe vorgesehenen Pastoralkurs identisch, über den das Dekret über die Ausbildung der Priester Optatam totius, Nr. 22: AAS 58 (1966) 726 f., handelt.
[60] Vgl. II. Vat. Konzil, Dekret über die Hirtenaufgabe der Bischöfe in der Kirche Christus Dominus, Nr. 17: AAS 58 (1966) 681.
[61] Vgl. Mt 10, 10; 1 Kor 9, 7; 1 Tim 5, 18.

dafür Sorge zu tragen, daß den Priestern das zu einem ehrbaren und würdigen Leben Notwendige gegeben werden kann. Die Bischöfe aber müssen die Gläubigen an diese ihre Verpflichtung mahnen und Richtlinien ausarbeiten lassen — sei es jeder für seine Diözese oder, besser, mehrere zugleich für ein gemeinsames Gebiet —, durch die für eine angemessene Entlohnung derer, die im Dienst am Volke Gottes irgendein Amt verwalten oder verwaltet haben, gesorgt wird. Die Entlohnung des einzelnen, die sowohl auf die Natur des Amtes wie auf die örtlichen und zeitlichen Umstände Rücksicht nimmt, muß grundsätzlich für alle die gleiche sein, die in denselben Verhältnissen leben; sie sei ihrer Stellung angemessen und gewähre ihnen außerdem die Möglichkeit, nicht nur eine pflichtgemäße Entlohnung derer vorzusehen, die den Priestern dienen, sondern auch von sich aus die Armen in einem gewissen Umfang zu unterstützen; denn der Dienst an den Armen stand in der Kirche von Anfang an hoch in Ehren. Diese Entlohnung sei außerdem so, daß sie den Priestern gestattet, jährlich den verdienten und notwendigen Urlaub zu nehmen; die Bischöfe müssen für dessen Ermöglichung sorgen.

Die erste Bedeutung freilich muß dem Amt, das die geweihten Diener ausüben, zugemessen werden. Deshalb soll das sogenannte Benefizialsystem aufgegeben oder wenigstens so reformiert werden, daß der Benefiziumsteil oder das Recht auf die aus der Übergabe des Amtes fließenden Einkünfte als zweitrangig gilt und der erste Platz im Recht dem kirchlichen Amt selbst eingeräumt wird; deshalb muß künftig jegliches ständig übertragene Amt so verstanden werden, daß es zur Erfüllung eines geistlichen Zweckes verliehen ist.

21. Man soll stets das Beispiel der Gläubigen der Urgemeinde von Jerusalem vor Augen haben, in der „ihnen alles gemeinsam war" (Apg 4, 32) und „einem jeden gegeben wurde, was er nötig hatte" (Apg 4, 35). Es ist deshalb höchst angemessen, wenigstens in Gebieten, in denen die Entlohnung des Klerus ganz oder zum Teil von den Gaben der Gläubigen abhängt, daß die zu diesem Zweck gegebenen Gelder bei einer bestimmten Diözesanstelle gesammelt werden, deren Verwaltung der Bischof hat, unter Beiziehung einiger delegierter Priester und, wo es geraten erscheint, von wirtschaftlich sachverständigen Laien. Es ist auch zu wünschen, daß außerdem in den einzelnen Diöze-

sen oder Gebieten, soweit möglich, ein gemeinsamer Fonds angelegt wird, durch den die Bischöfe Verpflichtungen gegenüber anderen, die im Kirchendienst stehen, genügen und die verschiedenen Diözesanbedürfnisse befriedigen können; daraus sollen auch reichere Diözesen ärmere unterstützen, damit ihr Überfluß deren Mangel abhelfe[62]. Dieses gemeinsame Vermögen muß in erster Linie aus den Gütern angelegt werden, die aus den Gaben der Gläubigen stammen, aber auch aus anderen Quellen, die vom Recht zu bestimmen sind.

Bei den Völkern, in denen die soziale Vorsorge zugunsten des Klerus noch nicht genügend geordnet ist, sollen ferner durch die Bischofskonferenzen, unter Beobachtung der kirchlichen und zivilen Gesetze, entweder Einrichtungen auf Diözesanebene, die auch untereinander zusammengeschlossen sein können, oder Einrichtungen für verschiedene Diözesen zusammen geschaffen oder eine Vereinigung für das ganze Gebiet gegründet werden, durch die unter Aufsicht der Hierarchie genügend für ausreichende Rücklagen und sogenannte Krankenversicherung wie auch für den gebührenden Unterhalt der kranken, invaliden und alten Priester gesorgt wird. Die Priester aber sollen eine solche Einrichtung nach ihrer Gründung, angeregt vom Geist brüderlicher Solidarität, unterstützen, an der Last der anderen teilnehmen[63] und dürfen dabei zugleich das Wissen haben, daß sie so ohne Angst vor der Zukunft, fröhlichen Sinnes, gemäß dem Evangelium, die Armut pflegen und sich ganz dem Heil der Seelen hingeben können. Die Verantwortlichen aber mögen sich darum kümmern, daß gleichartige Institute der verschiedenen Nationen sich zusammenschließen, um so größere Bedeutung und weitere Verbreitung zu erlangen.

SCHLUSSERMAHNUNG

22. Die Freuden des priesterlichen Lebens vor Augen, kann diese Heilige Synode auch an den Schwierigkeiten nicht vorübergehen, unter denen in den heutigen Zeitumständen die Priester leiden. Sie weiß, wie sehr sich die wirtschaftlichen und sozialen Verhältnisse und sogar die Sitten der Menschen in einer Wandlung befinden, wie sehr die Ordnung der Werte in der Einschät-

---

[62] Vgl. 2 Kor 8, 14.   [63] Vgl. Phil 4, 14.

zung der Menschen sich ändert. Von da her haben die Priester und bisweilen sogar die Gläubigen in der heutigen Welt das Empfinden, als gehörten sie nicht mehr zu ihr, und fragen sich angstvoll, wie sie mit ihr auf geeignete Weise im Handeln und in der Sprache noch Gemeinschaft haben können. Denn die dem Glauben neu erstandenen Hindernisse, die scheinbare Vergeblichkeit ihres seelsorglichen Wirkens und die oft schmerzlich erfahrene Einsamkeit können sie zur Mutlosigkeit verleiten.

Doch Gott hat die Welt, wie sie heute dem hingebenden Dienst der Hirten der Kirche anvertraut ist, so geliebt, daß er seinen einziggeborenen Sohn für sie dahingab[64]. In der Tat reicht diese Welt, die in so viele Sünden verstrickt ist, mit ihren nicht geringen Gaben der Kirche „lebendige Steine"[65] dar, die dem Bau des Hauses Gottes im Geist[66] miteingefügt werden. Der gleiche Heilige Geist, der die Kirche antreibt, neue Wege zur Begegnung mit der gegenwärtigen Welt zu eröffnen, rät auch entsprechende Anpassungen des priesterlichen Dienstes an und fördert sie.

So sollen denn die Priester daran denken, daß sie in der Ausübung ihres Amtes nie allein sind, sondern sich auf die Kraft des allmächtigen Gottes stützen können. Im Glauben an Christus, der sie zur Teilhabe an seinem Priestertum berufen hat, sollen sie sich mit ihrem ganzen Vertrauen ihrem Dienst weihen, im Wissen darum, daß Gott mächtig ist, die Liebe in ihnen zu mehren[67]. Sie sollen auch an die Brüder im Priestertum denken, ja um die Weggenossenschaft mit den Gläubigen der ganzen Welt wissen. Helfen doch alle Priester mit an der Ausführung des Heilsplanes Gottes, des Mysteriums Christi, des vor den Weltzeiten in Gott verborgenen Geheimnisses[68], das nur allmählich verwirklicht wird, durch den Zusammenklang der verschiedenen Dienste zum Aufbau des Leibes Christi, bis die Fülle seines Altersmaßes erreicht ist. Da dies alles mit Christus in Gott verborgen ist[69], kann es im tiefsten nur im Glauben begriffen werden. Darum müssen die Führer des Gottesvolkes im Glauben wandern, auf den Spuren des gläubigen Abraham, der im Glauben „gehorchte, fortzuziehen an einen Ort, den er als Erbschaft in Besitz nehmen sollte; und er zog fort, ohne zu wissen, wohin er gelangen werde" (Hebr 11, 8). Wahrlich: der Ausspender des Geheim-

---

[64] Vgl. Jo 3, 16.   [65] Vgl. 1 Petr 2, 5.   [66] Vgl. Eph 2, 22.
[67] Vgl. Pont. Rom., Die Priesterweihe.
[68] Vgl. Eph 3, 9.   [69] Vgl. Kol 3, 3.

nisses Gottes gleicht einem Sämann, der ausging, zu säen, und von dem der Herr sagt: „Er geht zur Ruhe und steht auf, Nacht und Tag, und die Saat sproßt und wächst, ohne daß er es merkt" (Mk 4, 27). Im übrigen aber hat Jesus der Herr mit seinen Worten: „Habt Vertrauen, ich habe die Welt besiegt" (Jo 16, 33), seiner Kirche keineswegs einen vollständigen Sieg in dieser Weltzeit versprochen. Aber die Heilige Synode freut sich, daß die Erde, in die der Same des Evangeliums hineingesenkt ist, an vielen Orten Frucht bringt unter dem Wehen des Heiligen Geistes, der den Erdkreis erfüllt und der in den Herzen vieler Priester und Gläubigen einen wahrhaft missionarischen Geist erweckt hat. Für all das sagt die Heilige Synode den Priestern der ganzen Welt Dank: „Dem aber, der über alles hinaus, was wir bitten und denken, überschwenglich mehr tun kann, gemäß der in uns wirkenden Kraft: ihm sei die Ehre in der Kirche und in Christus Jesus" (Eph 3, 20–21).

XV

DAS DEKRET ÜBER DIE MISSIONSTÄTIGKEIT DER KIRCHE „AD GENTES"

war nach 7 aufeinanderfolgenden vorkonziliaren Fassungen im Spätjahr 1963 entworfen, aber im Zug der Kürzungen 1964 auf 14 Leitsätze reduziert worden. Im November 1964 wurden diese vom Konzil diskutiert, ihre Annahme wurde vom Papst persönlich empfohlen. Die Abstimmungsfrage, ob das Konzil eine völlige Neubearbeitung des Schemas wünsche, ergab jedoch 1605 Ja- gegen 311 Nein-Stimmen bei 2 Stimmenthaltungen. Die Diskussion über die neue Fassung fand in der IV. Sitzungsperiode im Oktober 1965 statt. Bei den Abstimmungen wurde das Kapitel über die Organisation der Missionstätigkeit nicht angenommen, weil Konzilsväter in genügender Zahl eine Reorganisation der römischen „Propaganda"-Kongregation wünschten. Dem wurde in einer letzten Fassung Rechnung getragen. Die feierliche Schlußabstimmung ergab 2394 Ja- gegen 5 Nein-Stimmen; am gleichen Tag, dem 7. Dezember 1965, wurde das Dekret feierlich verkündet.

Das Dekret „Über die Missionstätigkeit der Kirche" (schon der Titel will nahelegen, daß Mission nicht eine Randerscheinung oder ein Anhängsel der Kirche ist) ist in seiner Endfassung in stärkster Anlehnung an die Kirchenkonstitution erstellt worden. Es setzt also die Kenntnis dieser Konstitution überall voraus. Dementsprechend greift die Einleitung (Artikel 1) die Selbstbezeichnung der Kirche als „umfassendes Sakrament des Heils" auf.

Kapitel I gibt in 8 Artikeln eine theologische Grundlegung der Mission. Artikel 2 bezeichnet die Kirche von ihrem Wesen her als missionarisch wegen ihres Ursprungs aus den Sendungen des Sohnes und des Geistes entsprechend dem Heilsplan des Vaters. Artikel 3 sagt, dieser Heilsplan Gottes verwirkliche sich „nicht nur" in der Innerlichkeit des Menschen, „nicht nur" durch die vielfältigen Bemühungen religiöser Art, wenn diese auch zuweilen als Hinführung zum wahren Gott oder als Bereitung für das Evangelium gelten können; vielmehr wollte Gott in neuer und endgültiger Weise in die Geschichte der Menschen eintreten. Im weiteren beschreibt der Artikel in biblisch-patristischer Sprache das Heilswerk Christi, das bis ans Ende der Erde verkündet werden muß. Daran schließt Artikel 4 über den Heiligen

Geist und sein Wirken an. Artikel 5 nimmt das Thema der Erwählung und Sendung der Zwölf bzw. der Apostel auf. Es verdient hervorgehoben zu werden, daß hier die Gründung der Kirche „als Sakrament des Heils" in der Zeit zwischen Auferstehung und Himmelfahrt Jesu gesehen wird, wodurch die Ekklesiologie einen neuen Akzent in Richtung auf jene neueren exegetischen Studien erhält, die sich mit „ekklesiologischen Auftragsworten des Auferstandenen" befassen. Die Sendung (= Mission) der Kirche wird nicht bloß vom Gebot des Herrn her, sondern auch als Fortsetzung der Sendung Christi selbst verstanden. Diese Sendung wird in Artikel 6 zuerst dem Bischofskollegium mit dem Nachfolger Petri an der Spitze unter dem Beten und Mitwirken der ganzen Kirche zugesprochen. Diese Aufgabe bleibe immer und überall. Im zweiten Absatz wird gesagt, sie sei jedoch in der Ausübung verschieden; es könne auch Rückschläge geben. Der dritte Abschnitt erstellt dann eine Definition der „Missionen" im engeren Sinn als Predigt des Evangeliums bei allen noch nicht Glaubenden und als Einpflanzung der Kirche, wobei die missionarische Tätigkeit „meist in bestimmten, vom Heiligen Stuhl bestätigten Gebieten ausgeübt" wird. Damit wird eine rein kirchenrechtlich-institutionell-territoriale Definition der Missionen überwunden. Evangelisierung und Einpflanzung der Kirche werden im vierten Abschnitt genauer beschrieben. Abschnitt fünf spricht von den sich ändernden Bedingungen der Mission und zieht die Möglichkeit in Betracht, daß eine bestimmte Zeit lang die Botschaft des Evangeliums nicht direkt und sofort vorgelegt werden kann. In diesem Fall sollen die Missionare geduldig, klug und voll Vertrauen „wenigstens Zeugnis ablegen für die Güte und Liebe Christi" und „ihn in gewissem Sinn gegenwärtig werden lassen". Der Schlußabschnitt hebt nach einer Zusammenfassung vor allem den ökumenischen Aspekt der Mission hervor: die Spaltung der Christen ist ein Schaden für die Verkündigung des Evangeliums; das Zeugnis muß einmütig sein. Solang ein volles gemeinsames Zeugnis noch nicht möglich ist, sollen gegenseitige Wertschätzung und Liebe herrschen. Artikel 7 sieht einen weiteren Grund der Missionstätigkeit in jener Verfügung Gottes, in der er die Heilsnotwendigkeit von Glaube, Taufe und Kirche gewollt hat. In diesem Zusammenhang fällt die theologisch sehr wichtige Feststellung: „Wenngleich Gott Menschen, die das Evangelium ohne ihre Schuld nicht kennen, auf Wegen, die er weiß, zum Glauben führen kann, ohne den es unmöglich ist, ihm zu gefallen (Hebr 11, 6), so liegt also doch auf der Kirche die Notwendigkeit (vgl. 1 Kor 9, 16) und zugleich das heilige Recht der Evangeliumsverkündigung." Eine genauere Klärung dieses von Gott bewirkten heilschaffenden Glaubens ohne Kenntnis des Evangeliums ist natürlich in diesem Zusammenhang nicht möglich gewesen. Aber das Bekenntnis dazu allein reicht aus, die Heilssituation der Menschheit optimistischer als üblich, die Missionspflicht weniger übertrieben auf Quantität der Leistung abgestellt als gewohnt zu betrachten und dennoch am Ernst der Sendung der Kirche keinerlei Abstriche zu machen. Der Artikel spricht weiter vom Wachstum des Leibes Christi und der Erfüllung des Heilsplans des Vaters durch die Mission. Artikel 8 führt aus, daß die Kirche in der Missionstätigkeit auch „natürlich" dem Menschen selbst nützt, indem sie ihm sein Wesen und seine Berufung deutlicher macht, dabei Brüderlichkeit und Friedensgeist in die Menschheit bringt, weil die Schranken der Rassen und Nationen überschritten werden. Darum können Christus und die Kirche niemand und nirgendwo fremd sein. Freilich wird Mission überall „anstoßen", insofern Menschen und Welt nicht nur von der Segnung Gottes, sondern auch von der Sünde gezeichnet sind und der Umkehr bedürfen. Artikel 9 erklärt, die Missionstätigkeit dauere bis zur Parusie des Herrn. Das Kapitel wird hier in eschatologischer Perspektive zusammengefaßt.

Kapitel II, in 3 Teile gegliedert, spricht in 9 Artikeln von der Missionsarbeit selbst. Der einleitende Artikel 10 weist auf die große Zahl Menschen — über zwei Milliarden — hin, die das Evangelium noch nicht oder kaum vernommen haben. Es wird nicht gesagt, diese seien alle der Kirche einzugliedern, sondern vorsichtiger: die Kirche müsse sich all den Gruppen dieser Menschheit einpflanzen. *Erster Teil:* Die Artikel 11 und 12 handeln vom Zeugnis aller Christen und betonen Solidarität, Dialog und Pflicht zur Liebe. Die Ausführungen stehen in großer Nähe zu denen der Pastoralkonstitution. Ein kleiner Abschnitt in Artikel 12 sagt ausdrücklich, die Kirche dürfe sich „in keiner Weise in die Leitung des irdischen Staatswesens einmischen". *Zweiter Teil:* Die Artikel 13 und 14 sprechen von der Verkündigung des Evangeliums und der Sammlung des Gottesvolkes. Artikel 13 hat zunächst Predigt und Umkehr zum Thema, dabei ist er bemüht, nicht nur das Schmerzende, den Bruch, sondern auch die gottgeschenkte Freude der Umkehr hervorzuheben. Der zweite Abschnitt verbietet streng jeden Zwang und jede Verlockung zur Annahme des Glaubens und fordert das Recht auf freie Annahme des Glaubens (unter Hinweis auf die Erklärung über die Religionsfreiheit). Der dritte Abschnitt verlangt, daß die Motive der Bekehrung erkundet und, wenn nötig, gereinigt werden — eine für die Missionspraxis nicht unwichtige Mahnung. Artikel 14 handelt vom Katechumenat, das nicht nur eine Unterweisung, sondern Einführung „und genügend lange Einübung" im ganzen christlichen Leben ist. Es soll in Stufen vollzogen werden. In diesem Zusammenhang wird eine Erneuerung der Fasten- und Osterliturgie im Interesse der Katechumenen verlangt. Der Schlußabschnitt fordert, daß die Rechtsstellung der Katechumenen im neuen kirchlichen Rechtsbuch klar umschrieben werde, da sie schon mit der Kirche verbunden sind (vgl. Kirchenkonstitution, Artikel 14). *Dritter Teil:* Die Artikel 15–18 behandeln den Aufbau der christlichen Gemeinschaft. Die ersten Abschnitte des Artikels 15 verlangen von den Missionaren, daß sie reife

Christen (im genauen Sinn der Kirchenkonstitution) heranziehen. Ein kleiner dritter Abschnitt sagt, die Gemeinschaft solle von Anfang an so aufgebaut werden, daß sie, soweit möglich, für ihre eigenen Bedürfnisse aufkommen kann. Abschnitt vier spricht summarisch von der Erhaltung des heimischen Erbes dieser Gemeinden, vom Laienapostolat und von der Liebe zwischen Katholiken verschiedener Riten. Der wichtige und schöne fünfte Abschnitt handelt von der Pflege des ökumenischen Geistes in den Missionen: nicht nur zwischen Privatpersonen, sondern auch zwischen Kirchen und Kirchengemeinschaften soll nach dem Urteil des Ortsordinarius zusammengearbeitet werden. Nach Abschnitt sechs sollen die Christen gute Bürger ihrer Völker sein, doch unter Ausschluß jeder Rassendiskriminierung und jedes Nationalfanatismus. Die Mahnung ist so formuliert, daß sie nicht nur für Missionsbereiche zutrifft. Abschnitt sieben greift das Thema der Kirchenkonstitution von der Beseelung und christlichen Ordnung der zeitlichen Dinge durch die Laien auf. Abschnitt acht erwähnt die verschiedenen Dienste, die zur Einpflanzung der Kirche und zum Wachstum der christlichen Gemeinde nötig sind, und nennt ausdrücklich: Priester, Diakon, Katechist, Katholische Aktion und Ordensleute. Artikel 16 spricht zunächst von den geistlichen Berufen mit Betonung des Wunsches nach eigenem Klerus in den „jungen Kirchen" (hier wird ein Begriff der evangelischen Theologie in die katholische Sprache übernommen). Hinsichtlich der Priesterausbildung wird in den Abschnitten zwei und drei die gewissenhafte Beobachtung des entsprechenden Konzilsdekrets empfohlen. Der vierte Abschnitt legt hinsichtlich der Priesterausbildung besonderes Gewicht auf allseitiges Verständnis des eigenen Landes und wiederum auf ökumenisch-dialogischen Geist. Abschnitt fünf sieht die Weiterbildung geeigneter Priester in Fachstudien im Ausland vor. Der sechste Abschnitt beschäftigt sich mit der Einführung des Diakonates als eines festen Lebensstandes. Mit viel besserer Begründung als die Kirchenkonstitution (Artikel 29) sagt er, es sei angebracht, Männer, die den diakonischen Dienst heute ausüben, zu weihen, „damit sie ihren Dienst mit Hilfe der sakramentalen Diakonatsgnade wirksamer erfüllen können". Artikel 17 spricht mit Dank und Anerkennung von den Katechisten und Hilfskatechisten und ordnet verschiedene konkrete Maßnahmen zu ihrer geistlichen, geistigen und wirtschaftlichen Förderung an. Artikel 18 handelt von den Orden in den Missionskirchen. Sie werden als von Anfang an wichtig anerkannt; sie sollen Anregungen aus den einheimischen Kulturen übernehmen; neue Ordensformen — aber nicht mehrere mit gleicher Zielsetzung! — sollen entwickelt werden; zur vollen Anwesenheit der Kirche gehört auch das „beschauliche Leben".

Das III. Kapitel spricht in 4 Artikeln über die Teilkirchen. Artikel 19 sagt eingangs, unter welchen Voraussetzungen die Einpflanzung der Kirche in eine bestimmte Gesellschaft einen gewissen Abschluß erreicht:

wenn sie eine „funktionierende" Diözese geworden ist. Nun muß die junge Kirche, so Abschnitt zwei, christlich leben im Geist der Erneuerung durch das Konzil. Das wird genauer beschrieben. Die Bischöfe mit ihrem Priesterkollegium sollen sich der Verantwortung für die Gesamtkirche bewußt werden, zwischen den Kirchen soll Austausch herrschen. Abschnitt vier weist darauf hin, daß die jungen Kirchen immer noch der Hilfe der ganzen Kirche bedürftig sind. Abschnitt fünf sieht, nicht sehr klar, ein gemeinsames (also doch wohl sehr schwer zu verwirklichendes) Pastoralprogramm dieser Kirchen zur Förderung eigener geistlicher Berufe vor. Artikel 20 zeichnet die Teilkirche als getreues Abbild der Gesamtkirche, mit entsprechenden Mahnungen an den Bischof (der zuerst Verkünder des Glaubens ist), die Priester, Ordensleute und Laien. Die Bischofskonferenzen werden — mit Hinweis auf das Dekret über Dienst und Leben der Priester — angewiesen, für die stete Weiterbildung des Klerus zu sorgen sowie gemeinsam über den Dialog mit den verschiedenen menschlichen Gruppen zu beraten. In diesem Zusammenhang findet sich ein merkwürdig dunkler Satz: „Wenn sich aber in manchen Gegenden Gruppen von Menschen finden, die von der Annahme des katholischen Glaubens dadurch abgehalten werden, daß sie sich der besonderen Erscheinungsweise der Kirche in ihrer Gegend nicht anpassen können, so wird vorgeschlagen, daß für eine solche Situation in besonderer Weise Sorge getragen werde, bis alle Christen in einer Gemeinschaft vereint werden können." Vgl. dazu Dekret über Dienst und Leben der Priester, Artikel 10, wo aber über diese kirchliche Sonderform ebenfalls nichts Genaueres gesagt wird. Der letzte Absatz des Artikels wünscht, daß die jungen Kirchen möglichst bald ihrerseits am Missionswerk der Kirche teilnehmen, auch wenn sie selbst an Priestermangel leiden. Artikel 21 beginnt mit dem bemerkenswerten Satz: „Die Kirche ist nicht wirklich gegründet, hat noch nicht ihr volles Leben, ist noch nicht ganz das Zeichen Christi unter den Menschen, wenn nicht mit der Hierarchie auch ein wahrer Laienstand da ist und arbeitet." Im folgenden wird die Funktion der Laien, wie im Konzilstext selbst und nicht nur in einer Fußnote gesagt wird, gemäß der Kirchenkonstitution und dem Laienapostolatsdekret beschrieben. Artikel 22 fordert eine tiefere theologische Besinnung in jedem „soziokulturellen Großraum", die schließlich zu einer besseren Anpassung des christlichen Lebens an Geist und Eigenart jeder Kultur führen soll. Ein imponierendes Programm, das gleichsam die Fehler des „Ritenstreites" im 17. und 18. Jahrhundert (Indien und China) wiedergutzumachen sucht! Dies alles soll dazu führen, daß „die jungen Teilkirchen mit dem ganzen Reichtum ihrer Überlieferung ihren Platz in den kirchlichen Gemeinschaften haben".

Kapitel IV handelt in 5 Artikeln von den Missionaren. Artikel 23 stellt fest, daß die missionarische Berufung eigener Art ist, vom Herrn immer wieder bewirkt, durch Sendung von der „rechtmäßigen Autorität" konkretisiert. Artikel 24 charakterisiert in biblischer Sprache den Glaubensboten, der jedoch, wie der letzte Abschnitt sagt, mit Hilfe seiner Vorgesetzten immer wieder der geistlichen Erneuerung bedarf. Artikel 25 fügt hinzu, was Ausbildung und Gesinnung der Missionare zur Verwirklichung dieses Ideals beitragen können. Zu dieser mehr grundlegenden Ausbildung muß, wie nun Artikel 26 ausführt, eine speziellere missionarische Ausbildung kommen. Sie besteht vor allem auch im Erwerb der Kenntnis des Volkes und seiner Kultur, zu dem der Missionar gesandt ist; ferner in missionswissenschaftlichen und -geschichtlichen Studien. Hierzu gibt der Artikel detaillierte Einzelweisungen. Artikel 27 rühmt die Bedeutung der Missionsgemeinschaften und nennt sie zum Schluß unentbehrlich. Dieses Kapitel enthält gewiß zahlreiche und wertvolle Hinweise für die Missionare. Fachleute (z. B. M.-J. Le Guillou OP) haben jedoch, und wohl mit Recht, beanstandet, daß es die heutigen konkreten Probleme der Missionare, gerade auch gegenüber ihren Oberen und Institutionen, nicht in den Blick bekommt.

Kapitel V befaßt sich in 7 Artikeln mit der Organisation der Missionstätigkeit. Die Notwendigkeit einer Organisation und Koordination spricht Artikel 28 aus. Artikel 29 wünscht zunächst, die neuerrichtete Bischofssynode möge der Mission besondere Aufmerksamkeit widmen. Man darf darin einen Ausdruck des Vertrauens zur Kollegialität der Bischöfe sehen. Vor allem aber soll die Zuständigkeit für alle Missionen, wie der Artikel sagt, nur bei einer einzigen Kongregation liegen, der „Propaganda" („Zur Verbreitung des Glaubens"), unbeschadet des Ostkirchenrechts. Das Konzil erwartet einiges von dieser Kongregation: eine Förderung der Spiritualität, der Information, eine Strategie der Missionen, auch in finanzieller Hinsicht, eine — gemeinsam mit dem Sekretariat zur Förderung der Einheit der Christen unternommene — Anstrengung zur ökumenischen Kooperation in den Missionen — kurzum: einen völligen Gestaltwandel. Das wird besonders dadurch deutlich, daß in dieser römischen Behörde nicht nur römische Kurialbeamte, sondern von den Bischofskonferenzen ausgewählte Bischöfe aus der ganzen Welt usw. (und zwar nicht nur als Berater!) Sitz und Stimme haben sollen. Diese Bestimmung könnte vorbildlich werden für die Organisation auch der anderen römischen Kongregationen. Artikel 30 wendet seine Aufgabe noch einmal dem Bischof zu: manches ist hier Wiederholung; neu ist, daß die Schaffung eines Seelsorgerates aus Klerikern, Ordensleuten und Laien beim (Missions-)Bischof verlangt wird. Artikel 31 empfiehlt wiederum, und auch mit konkreten Empfehlungen, die Zusammenarbeit der Bischofskonferenzen. Artikel 32 geht auf die Koordinierung der Arbeit der Missionsgemeinschaften, auch mit dem Bischof, ein. Die Schlußfolgerung lautet, diese Institute möchten dafür sorgen, daß die neue Kirche baldmöglichst einen einheimischen Bischof und Klerus erhalte. In diesem Fall sind neue rechtliche Normen (im Verhältnis Bischof—

Institute und Diözese—Institute) nötig. Artikel 33 beschäftigt sich mit der Koordinierung der Arbeit der Institute untereinander, auch in der Heimat, und erwähnt den Nutzen gemeinsamer Konferenzen. Artikel 34 geht noch einmal auf die wissenschaftliche Ausbildung der Missionare ein und wünscht die Zusammenarbeit der wissenschaftlichen Disziplinen zugunsten der Missionsarbeit. Man kann sich des Eindrucks nicht erwehren, daß dieses Kapitel viele mißliche Symptome zu kurieren versucht, jedoch nur in Artikel 29 in Sachen der „Propaganda"-Kongregation an den Nerv der Dinge herankommt. Der Vielfalt und auch Konkurrenz der Missionsorden und -gemeinschaften soll offenbar kein Ende gemacht werden. Ob eine Koordinierung möglich ist?

Kapitel VI spricht in 7 Artikeln von der gesamtkirchlichen Missionshilfe. Artikel 35 schärft kurz die Verantwortung aller für das Missionswerk ein. Das wird in Artikel 36 näher ausgeführt, wobei der Vorrang jedoch der Reform des eigenen Lebens gilt (hier wird noch einmal der ökumenische Geist beschworen). Der Schluß des Artikels fordert eine zureichende Information der Christen über das Missionswerk. Artikel 37 beschreibt eindringlich die Möglichkeiten der Pfarrgemeinden oder Diözesen, mit der Mission Kontakt zu halten. Artikel 38 wendet sich wieder den Bischöfen zu. Deren Verantwortung für die Gesamtkirche beschreibt er genauer im Hinblick auf die Mission, wobei das Konzil im Anschluß an die Enzyklika „Fidei donum" Pius' XII. (1957) wünscht, die Bischöfe möchten einige ihrer besten Priester nach freiwilliger Meldung wenigstens zeitweise in die Missionen schicken. Auch andere Hilfsmöglichkeiten werden konkreter umrissen. Artikel 39 wendet sich den Priestern zu. Ihnen wird genau gesagt, was sie für die Missionen tun können. Der Schlußabschnitt des Artikels weist die Professoren an Seminaren und Universitäten auf ihre entsprechende Pflicht hin. Artikel 40 geht noch einmal auf die Ordensinstitute und ihren Anteil an der Mission ein. Das Konzil wünscht, daß diese Gemeinschaften noch mehr in der Mission tätig werden, und bezieht in diesen Appell die Säkularinstitute eigens ein. Der dieses Kapitel abschließende Artikel 41 gilt den Laien. Wiederum wird ihre Missionsarbeit anerkannt. Ein eigener Abschnitt gilt der (nichtreligiösen) Entwicklungshilfe der Laien, ein weiterer jenen Laien in der Wissenschaft, die zur Kenntnis anderer Völker und Religionen verhelfen. Auch die Laien werden zu entsprechender Zusammenarbeit und zu genügender Vorbereitung gemahnt.

Der das Dekret abschließende Artikel 42 grüßt alle Boten des Evangeliums und endet mit einem Gebet unter Anrufung der Fürbitte Marias.

Das Dekret hat in der Ortsbestimmung der Mission Großes geleistet. Sein konkreter Mut ist in der Forderung nach Reform der „Propaganda"-Kongregation am größten. Aber seine Schwächen sind offenkundig: Es macht Einheit und Unterschied zwischen innerer und äußerer Mission theologisch nicht wirklich deutlich; es konzentriert zuviel Last in den Bischöfen; es ist in vielen Einzelvorschlägen vielleicht zuwenig realistisch. So wie die Missionare sich in ihrer harten Alltagssituation von dem Dekret nur wenig angesprochen fühlen werden, so ist auch die Analyse der Adressaten der Missionsbotschaft noch dürftig. Sind diese in der heutigen Situation der Kirche jene blanken „Heiden", die das Konzil anvisiert, sind diese die Nächsten und Bedürftigsten der Heilsbotschaft? Wo genau gibt es sie? Solche und ähnliche Fragen ändern nichts daran, daß das Dekret die Kirche mit Nachdruck aus dem partikularen Egoismus der eingewurzelten Teilkirchen herausreißt und darüber hinaus Sätze enthält, die für die Kirche an jedem Ort gültig sind. Es trägt wesentlich zu einer dynamischen Auffassung der Kirche bei. — Einige Ausführungsbestimmungen, die unter anderem Artikel 20 im Hinblick auf Personalprälaturen verdeutlichen, wurden im Sommer 1966 erlassen (vgl. Herder-Korrespondenz, Oktober 1966, S. 468–470).

Dekret über die Missionstätigkeit der Kirche

EINLEITUNG

1. Zur Völkerwelt von Gott gesandt, soll die Kirche „das all-umfassende Sakrament des Heils"[1] sein. So müht sie sich gemäß dem innersten Anspruch ihrer eigenen Katholizität und im Gehorsam gegen den Auftrag ihres Stifters[2], das Evangelium allen Menschen zu verkünden. Denn auch die Apostel, auf die die Kirche gegründet worden ist, haben, den Spuren Christi folgend, „das Wort der Wahrheit verkündet und Kirchen gezeugt"[3]. Pflicht ihrer Nachfolger ist es, diesem Werk Dauer zu verleihen, „damit das Wort Gottes seinen Lauf nehme und verherrlicht werde" (2 Thess 3, 1) und die Herrschaft Gottes überall auf Erden angekündigt und aufgerichtet werde.

In der gegenwärtigen Weltlage, aus der für die Menschheit eine neue Situation entsteht, ist die Kirche, die da ist Salz der Erde und Licht der Welt[4], mit verstärkter Dringlichkeit gerufen, dem Heil und der Erneuerung aller Kreatur zu dienen, damit alles in Christus zusammengefaßt werde und in ihm die Menschen eine einzige Familie und ein einziges Gottesvolk bilden.

Im Dank gegen Gott ob der trefflichen Arbeit, die durch den hochherzigen Einsatz der ganzen Kirche bislang vollbracht wurde, will diese Heilige Synode deshalb die Grundsätze der missionarischen Tätigkeit umreißen und die Kräfte aller Gläubigen sammeln, damit das Volk Gottes, auf dem schmalen Weg des Kreuzes voranschreitend, die Herrschaft Christi des Herrn, vor dessen Augen die Jahrhunderte stehen[5], ausbreite und seiner Ankunft die Wege bahne.

---

[1] II. Vat. Konzil, Dogm. Konst. über die Kirche Lumen Gentium, Nr. 48: AAS 57 (1965) 53.
[2] Vgl. Mk 16, 15. [3] Augustinus, Enarr. in ps. 44, 23: PL 36, 508; CChr 38, 150.
[4] Vgl. Mt 5, 13–14.   [5] Vgl. Sir 36, 19.

Missionen

2. Die pilgernde Kirche ist ihrem Wesen nach „missionarisch"
(d. h. als Gesandte unterwegs), da sie selbst ihren Ursprung aus
der Sendung des Sohnes und der Sendung des Heiligen Geistes
herleitet gemäß dem Plan Gottes des Vaters [6].

Dieser Plan entspringt der „quellhaften Liebe", dem Liebes-
wollen Gottes des Vaters. Er, der ursprungslose Ursprung, aus
dem der Sohn gezeugt wird und der Heilige Geist durch den
Sohn hervorgeht, hat uns in seiner übergroßen Barmherzigkeit
und Güte aus freien Stücken geschaffen und überdies gnaden-
weise gerufen, Gemeinschaft zu haben mit ihm in Leben und
Herrlichkeit. Er hat die göttliche Güte freigebig ausgegossen und
gießt sie immerfort aus, so daß er, der Schöpfer von allem, endlich „alles in allem" (1 Kor 15, 28) sein wird, indem er zugleich
seine Herrlichkeit und unsere Seligkeit bewirkt. Es hat aber Gott
gefallen, die Menschen nicht bloß als einzelne, ohne jede gegenseitige Verbindung, zur Teilhabe an seinem Leben zu rufen, sondern sie zu einem Volk zu bilden, in dem seine Kinder, die ver-
streut waren, in eins versammelt werden sollen [7].

3. Dieser umfassende Plan Gottes für das Heil des Menschengeschlechtes wird nicht allein auf eine gleichsam in der Innerlichkeit des Menschen verborgene Weise verwirklicht, ebenso
nicht bloß durch Bemühungen, auch religiöser Art, mit denen
die Menschen Gott auf vielfältige Weise suchen, „ob sie ihn vielleicht berühren oder finden möchten, wiewohl er nicht ferne ist
von einem jeden von uns" (vgl. Apg 17, 27). Diese Bemühungen
bedürfen nämlich der Erleuchtung und Heilung, wenn sie auch
aufgrund des gnädigen Ratschlusses des vorsorgenden Gottes
zuweilen als Hinführung zum wahren Gott oder als Bereitung
für das Evangelium gelten können [8]. Gott hat vielmehr beschlos-

---

[6] Vgl. II. Vat. Konzil, Dogm. Konst. über die Kirche Lumen Gentium, Nr. 2:
AAS 57 (1965) 5 f.

[7] Vgl. Jo 11, 52.

[8] Vgl. Irenäus, Adv. Haer. III, 18, 1: „Das Wort, welches bei Gott ist, durch das
alles gemacht worden ist und das immer dem Menschengeschlecht zugegen
war . . .": PG 7, 932; Adv. Haer. IV, 6, 7: „Der Sohn, der von Anfang an seinem
Gebilde zur Seite stand, offenbart den Vater allen, wem, wann und wie der Vater
will": ebd. 990; vgl. IV, 20, 6 u. 7: ebd. 1037; Demonstratio 34: Patr. Or. XII
773; Sources Chrét. 62 (Paris 1958) 87; Clemens v. Alexandrien, Protr. 112, 1:

sen, auf eine neue und endgültige Weise in die Geschichte der Menschen einzutreten; so wollte er Frieden und Gemeinschaft mit sich herstellen und brüderliche Verbundenheit unter den Menschen, die doch Sünder sind, stiften. Darum sandte er seinen Sohn in unserem Fleisch, damit er durch ihn die Menschen der Gewalt der Finsternis und Satans entreiße[9] und in ihm die Welt sich versöhne[10]. Ihn also, durch den er auch die Welten erschuf[11], bestimmte er zum Erben des Alls, daß er alles in ihm erneuerte[12].

Denn Christus Jesus ist in die Welt gesandt worden als wahrer Mittler Gottes und der Menschen. Da er Gott ist, „wohnt in ihm leibhaftig die ganze Fülle der Gottheit" (Kol 2, 9); der menschlichen Natur nach aber ist er, „voll Gnade und Wahrheit" (Jo 1, 14), als neuer Adam zum Haupt der erneuerten Menschheit bestellt. So hat der Sohn Gottes die Wege wirklicher Fleischwerdung beschritten, um die Menschen der göttlichen Natur teilhaft zu machen; unseretwegen ist er arm geworden, da er doch reich war, damit wir durch seine Armut reich würden[13]. Der Menschensohn kam nicht, um sich bedienen zu lassen, sondern um zu dienen und sein Leben als Lösegeld hinzugeben für die vielen, das heißt für alle[14]. Die heiligen Väter verkünden beständig, daß nicht geheilt ist, was nicht von Christus angenommen ist[15]. Er hat aber, ausgenommen die Sünde, die volle Menschennatur angenommen, wie sie sich bei uns findet, die wir elend und arm sind[16]. Christus, „den der Vater geheiligt und in die Welt gesandt hat" (Jo 10, 36), hat nämlich von sich selbst gesagt: „Der Geist des Herrn ruht auf mir; denn er hat mich gesalbt, frohe Botschaft den Armen zu künden; er hat mich gesandt, zu heilen, die zertretenen Herzens sind, den Ge-

---

GCS Clemens I, 79; Strom. VI 6, 44, 1: GCS Clemens II, 453; 13, 106, 3 u. 4: ebd. 485. Zur Lehre selbst vgl. Pius XII., Radiobotschaft, 31. Dez. 1952; II. Vat. Konzil, Dogm. Konst. über die Kirche Lumen Gentium, Nr. 16: AAS 57 (1965) 20.
    [9] Vgl. Kol 1, 13; Apg 10, 38.   [10] Vgl. 2 Kor 5, 19.
    [11] Vgl. Hebr 1, 2; Jo 1, 3 u. 10; 1 Kor 8, 6; Kol 1, 16.
    [12] Vgl. Eph 1, 10.   [13] Vgl. 2 Kor 8, 9.   [14] Vgl. Mk 10, 45.
    [15] Vgl. Athanasius, Ep. ad Epictetum 7: PG 26, 1060; Cyrill v. Jerusalem, Catech. 4, 9: PG 33, 465; Marius Victorinus, Adv. Arium 3, 3: PL 8, 1101; Basilius, Ep. 261, 2: PG 32, 969; Gregor v. Nazianz, Ep. 101: PG 37, 181; Gregor v. Nyssa, Antirrheticus, Adv. Apollin. 17: PG 45, 1156; Ambrosius, Ep. 48, 5: PL 16, 1153; Augustinus, In Ioann. Ev. tr. 23, 6: PL 35, 1585; CChr 36, 236. Er zeigt überdies von da aus, daß der Heilige Geist uns nicht erlöst hat, weil er nicht Fleisch angenommen hat: De Agone Christ. 22, 24: PL 40, 302; Cyrill v. Alexandrien, Adv. Nest. I, 1: PG 76, 20; Fulgentius, Ep. 17, 3, 5: PL 65, 454; Ad Trasimundum III, 21: PL 65, 284 (über Traurigkeit und Furcht).   [16] Vgl. Hebr 4, 15; 9, 28.

fangenen Freilassung anzukündigen und den Blinden das Augen-
licht" (Lk 4, 18). Und an anderer Stelle: „Der Menschensohn
ist gekommen, zu suchen und heil zu machen, was verloren
war" (Lk 19, 10).

Was aber vom Herrn ein für allemal verkündet oder in ihm
für das Heil des Menschengeschlechts getan worden ist, muß
ausgerufen und ausgesät werden bis ans Ende der Erde[17], beginnend von Jerusalem aus[18]. So soll, was einmal für alle zum
Heil vollzogen worden ist, in allen im Ablauf der Zeiten seine
Wirkung erlangen.

4. Um dies zu vollenden, hat Christus vom Vater her den
Heiligen Geist gesandt, der sein Heilswerk von innen her wirken
und die Kirche zu ihrer eigenen Ausbreitung bewegen soll.
Ohne Zweifel wirkte der Heilige Geist schon in der Welt,
ehe Christus verherrlicht wurde[19]. Am Pfingsttage jedoch ist
er auf die Jünger herabgekommen, um auf immer bei ihnen zu
bleiben[20]. Die Kirche wurde vor der Menge öffentlich bekannt-
gemacht, die Ausbreitung des Evangeliums unter den Heiden
durch die Verkündigung nahm ihren Anfang, und endlich
wurde die Vereinigung der Völker in der Katholizität des Glaubens vorausbezeichnet, die sich durch die Kirche des Neuen
Bundes vollziehen soll, welche in allen Sprachen spricht, in der
Liebe alle Sprachen versteht und umfängt und so die babyloni-
sche Zerstreuung überwindet[21]. Mit Pfingsten begann „die
Geschichte der Apostel", so wie durch die Herabkunft des Heili-

---

[17] Vgl. Apg 1, 8.   [18] Vgl. Lk 24, 47.
[19] Der Geist ist es, der durch die Propheten gesprochen hat: Symb. Constanti-
nopol.: Denz.-Schönmetzer 150; Leo d. Gr., Sermo 76: „Als am Pfingsttag der
Heilige Geist des Herrn die Jünger erfüllte, war dies nicht der Anfang des Ge-
schenks, sondern die Hinzufügung der Fülle, denn auch die Patriarchen, Propheten,
Priester und alle Heiligen der vorangegangenen Zeiten wurden durch des gleichen
Geistes Heiligung belebt ... wenn auch nicht dasselbe Maß der Gaben war":
PL 54, 450–406. Auch Sermo 77, 1: PL 54, 412; Leo XIII., Enz. Divinum illud,
9. Mai 1897: ASS 29 (1897) 650–651. Auch Joh. Chrysostomus, obgleich er auf
der Neuheit der Geistsendung am Pfingsttag insistiert: In Eph. c. 4 Hom. 10, 1:
PG 62, 75.   [20] Vgl. Jo 14, 16.
[21] Über Babel und Pfingsten sprechen die Väter oft: Origenes, In Gn. c. 1:
PG 12, 112; Gregor v. Nazianz, Oratio 41, 16: PG 36, 449; Joh. Chrysostomus,
Hom. 2 in Pentec. 2: PG 50, 467; In Act. Apost.: PG 60, 44; Augustinus, Enarr.
in ps. 54, 11: PL 36, 636; CChr 39, 664f.; Sermo 271: PL 38, 1245; Cyrill v.
Alexandrien, Glaphyra in Genesim II: PG 69, 79; Gregor d. Gr., Hom. in Evang.
Buch II, Hom. 30, 4: PL 76, 1222; Beda, In Hexaem. Buch III: PL 91, 125. Siehe
überdies das Bild im Atrium der Markusbasilika in Venedig.
Die Kirche spricht alle Sprachen und sammelt so alle in der Katholizität des

gen Geistes auf die Jungfrau Maria Christus empfangen worden war und wie Christus selbst dem Werk seines Dienstes zugeführt wurde, als der nämliche Heilige Geist beim Gebet auf ihn niederstieg[22]. Der Herr Jesus selbst aber hat, ehe er sein Leben freiwillig für die Welt hingab, den apostolischen Dienst so geordnet und die Sendung des Heiligen Geistes verheißen, daß beide sich darin zusammenfinden, das Werk des Heiles immer und überall zur Fruchtbarkeit zu bringen[23]. Der Heilige Geist eint die ganze Kirche alle Zeiten hindurch „in Gemeinschaft und Dienstleistung, stattet sie mit den verschiedenen hierarchischen und charismatischen Gaben aus"[24], wobei er die kirchlichen Einrichtungen gleichsam als Seele belebt[25], und senkt den gleichen Geist der Sendung, von dem Christus getrieben war, in die Herzen der Gläubigen ein. Bisweilen geht er sogar sichtbar der apostolischen Tätigkeit voran[26], wie er sie auch auf verschiedene Weisen unablässig begleitet und lenkt[27].

5. Der Herr Jesus rief von Anfang an „die zu sich, die er wollte, . . . und bestellte Zwölf, damit sie bei ihm seien und er sie sende, zu verkünden" (Mk 3, 13)[28]. So bildeten die Apostel die Keime des neuen Israel und zugleich den Ursprung der heiligen Hierarchie. Als er dann ein für allemal durch seinen Tod und seine Auferstehung in sich selbst die Geheimnisse unseres Heils und der Erneuerung von allem vollzogen hatte, gründete er, dem alle Gewalt im Himmel und auf Erden gegeben ist[29], vor der Aufnahme in den Himmel[30] seine Kirche als Sakrament des Heils, sandte die Apostel in alle Welt, so wie er selbst vom Vater

Glaubens: Augustinus, Sermones 266 267 268 269: PL 38, 1225–1237; Sermo 175, 3: PL 38, 946; Joh. Chrysostomus, In Ep. I ad Cor., Hom. 35: PG 61, 296; Cyrill v. Alexandrien, Fragm. in Act.: PG 74, 758; Fulgentius, Sermo 8, 2–3: PL 65, 743–744.
    Über Pfingsten als Konsekration der Apostel zur Mission vgl. J. A. Cramer, Catena in Acta SS. Apostolorum (Oxford 1838) 24f.
[22] Vgl. Lk 3, 22; 4, 1; Apg 10, 38.
[23] Vgl. Jo 14–17; Paul VI., Ansprache im Konzil, 14. 9.1964: AAS 56 (1964) 807.
[24] Vgl. II. Vat. Konzil, Dogm. Konst. über die Kirche Lumen Gentium, Nr. 4: AAS 57 (1965) 7.
[25] Augustinus, Sermo 267, 4: „Der Heilige Geist wirkt das in der ganzen Kirche, was die Seele in allen Gliedern eines Leibes tut": PL 38, 1231. Vgl. II. Vat. Konzil, Dogm. Konst. über die Kirche Lumen Gentium, Nr. 7 (mit Anm. 8): AAS 57 (1965) 11.   [26] Vgl. Apg 10, 44–47; 11, 15; 15, 8.
[27] Vgl. Apg 4, 8; 5, 32; 8, 26 29 39; 9, 31; 10; 11, 24–28; 13, 2 4 9; 16, 6–7; 20, 22–23; 21, 11 usw.   [28] Vgl. auch Mt 10, 1–42.   [29] Vgl. Mt 28, 18.
[30] Vgl. Apg 1, 11.

gesandt worden war[31], und trug ihnen auf: „Geht also hin, und macht alle Völker zu Jüngern, indem ihr sie tauft auf den Namen des Vaters und des Sohnes und des Heiligen Geistes und sie alles halten lehrt, was ich euch geboten habe" (Mt 28, 19 f.) „Geht in die ganze Welt, und verkündet das Evangelium aller Kreatur. Wer glaubt und sich taufen läßt, wird gerettet werden; wer aber nicht glaubt, wird verdammt werden" (Mk 16, 15). So liegt auf der Kirche die Pflicht, den Glauben und das Heil Christi auszubreiten, und zwar sowohl aufgrund des ausdrücklichen Auftrags, der von den Aposteln her dem Bischofskollegium, dem die Presbyter zur Seite stehen, in Einheit mit dem Nachfolger Petri und obersten Hirten der Kirche überkommen ist, wie auch aufgrund des Lebens, das Christus in seine Glieder einströmen läßt. „Von ihm aus wird der ganze Leib zusammengefügt und zusammengehalten durch jedes Band der Dienstleistung gemäß dem Wirken nach dem Maß eines jeden Gliedes. So geschieht das Wachstum des Leibes zum Aufbau seiner selbst in Liebe" (Eph 4, 16). Die Sendung der Kirche vollzieht sich mithin durch das Wirken, kraft dessen sie im Gehorsam gegen Christi Gebot und getrieben von der Gnade und Liebe des Heiligen Geistes allen Menschen und Völkern in voller Wirklichkeit gegenwärtig wird, um sie durch das Zeugnis des Lebens, die Verkündigung, die Sakramente und die übrigen Mitteilungsweisen der Gnade zum Glauben, zur Freiheit und zum Frieden Christi zu führen: So soll ihnen der freie und sichere Weg zur vollen Teilhabe am Christusgeheimnis eröffnet werden.

In dieser Sendung setzt die Kirche die Sendung Christi selbst fort, der den Armen frohe Botschaft zu bringen gesandt war, und entfaltet sie die Geschichte hindurch. Deshalb muß sie unter Führung des Geistes Christi denselben Weg gehen, den Christus gegangen ist, nämlich den Weg der Armut, des Gehorsams, des Dienens und des Selbstopfers bis zum Tode hin, aus dem er dann durch seine Auferstehung als Sieger hervorging. Denn solchermaßen sind alle Apostel in der Hoffnung gewandelt, sie, die in vielerlei Trübsal und Leiden ausfüllten, was an den Leiden Christi noch fehlt für seinen Leib, der da ist die Kirche[32]. Oft auch erwies sich das Blut der Christen als Same[33].

6. Diese Aufgabe, welche das Bischofskollegium mit dem Nach-

---

[31] Vgl. Jo 20, 21.   [32] Vgl. Kol 1, 24.
[33] Tertullian, Apologeticum 50, 13: PL 1, 534; CChr I, 171.

folger Petri an der Spitze unter dem Beten und Mitwirken der ganzen Kirche zu erfüllen hat, ist überall und in jeder Lage ein und dieselbe, auch wenn sie, je nach Umständen, nicht in der gleichen Weise ausgeübt wird. Folglich kommen die Unterschiede, die innerhalb dieser Tätigkeit der Kirche anzuerkennen sind, nicht aus dem inneren Wesen der Sendung selbst, sondern aus den Bedingungen, unter denen diese Sendung vollzogen wird.

Diese Bedingungen hängen entweder von der Kirche oder von den Völkern, den Gemeinschaften und den Menschen ab, an die sich die Sendung richtet. Obgleich nämlich die Kirche von sich aus die Gesamtheit oder die Fülle der Heilsmittel umgreift, wirkt sie doch nicht immer und nicht sogleich im vollen Umfang und kann dies auch nicht. Vielmehr kennt sie Anfänge und Stufen in ihrer Tätigkeit, mit der sie den Plan Gottes zu verwirklichen sucht. Ja bisweilen ist sie genötigt, nach glücklich begonnenem Voranschreiten abermals einen Rückschritt zu beklagen, oder sie verbleibt doch wenigstens in einem gewissen Zustand der Unvollständigkeit und Unzulänglichkeit. Was aber die Menschen, Gemeinschaften und Völker anlangt, so berührt und durchdringt sie diese nur schrittweise, und nimmt sie so in die katholische Fülle auf. Jeder der genannten Bedingungen bzw. Stadien müssen eigene Wirkformen und geeignete Mittel entsprechen.

Gemeinhin heißen „Missionen" die speziellen Unternehmungen, wodurch die von der Kirche gesandten Boten des Evangeliums in die ganze Welt ziehen und die Aufgabe wahrnehmen, bei den Völkern oder Gruppen, die noch nicht an Christus glauben, das Evangelium zu predigen und die Kirche selbst einzupflanzen. Sie werden durch die missionarische Tätigkeit verwirklicht und meist in bestimmten, vom Heiligen Stuhl bestätigten Gebieten ausgeübt. Das eigentliche Ziel dieser missionarischen Tätigkeit ist die Evangelisierung und die Einpflanzung der Kirche bei den Völkern und Gemeinschaften, bei denen sie noch nicht Wurzel gefaßt hat [34]. So sollen aus dem Samen des

---

[34] Schon Thomas v. Aquin spricht von der apostolischen Aufgabe, die Kirche zu pflanzen: vgl. Sent. Lib. I, dist. 16, q. 1, a. 2, ad 2 u. 4; a. 3, sol.; Summa Theol. I, q. 43, a. 7, ad 6; I–II, q. 106, a. 4, ad 4. Vgl. Benedikt XV., Enz. Maximum illud, 30. Nov. 1919: AAS 11 (1919) 445 u. 453; Pius XI., Enz. Rerum Ecclesiae, 28. Febr. 1926: AAS 18 (1926) 74; Pius XII., Ansprache an die Direktoren der Päpstlichen Missionswerke, 30. Apr. 1939; ders., Ansprache an die Direktoren der Päpstlichen Missionswerke, 24. Juni 1944: AAS 36 (1944) 210, wieder AAS 42 (1950) 727 u. 43 (1951) 508; ders., Ansprache an den einheimischen Klerus, 29. Juni 1948: AAS 40 (1948) 374; ders., Enz. Evangelii Praecones, 2. Juni 1951: AAS 43 (1951)

Gotteswortes überall auf der Welt wohlbegründete einheimische Teilkirchen heranwachsen, die mit eigener Kraft und Reife begabt sind. Sie sollen eine eigene Hierarchie in Einheit mit dem gläubigen Volk sowie die zum vollen Vollzug christlichen Lebens gehörigen Mittel in einer der eigenen Art gemäßen Weise besitzen und so ihren Teil zum Wohl der Gesamtkirche beitragen. Das hauptsächliche Mittel dieser Einpflanzung ist die Verkündigung der Frohbotschaft von Jesus Christus, die auszurufen der Herr seine Jünger in die ganze Welt gesandt hat, damit die Menschen, wiedergeboren durch das Wort Gottes[35], mittels der Taufe der Kirche eingegliedert werden, die als Leib des fleischgewordenen Wortes vom Wort Gottes und vom eucharistischen Brot genährt wird und lebt[36].

Bei dieser missionarischen Tätigkeit der Kirche treten verschiedene Bedingungen zuweilen nebeneinander auf: zunächst solche des Neubeginns oder Pflanzens, dann solche der Neuheit oder Jugend. Sind diese vorüber, so endigt dennoch die missionarische Tätigkeit der Kirche nicht. Vielmehr obliegt den inzwischen konstituierten Teilkirchen die Pflicht, sie fortzusetzen und das Evangelium den einzelnen zu verkündigen, die noch draußen stehen. Überdies ändern sich die Gemeinschaften, innerhalb deren die Kirche besteht, aus verschiedenen Ursachen nicht selten von Grund auf, so daß völlig neue Bedingungen auftreten können. Dann muß die Kirche erwägen, ob diese Bedingungen ihre missionarische Tätigkeit neuerdings erfordern.

Außerdem sind die Verhältnisse manchmal von der Art, daß für bestimmte Zeit die Möglichkeit fehlt, die Botschaft des Evangeliums direkt und sofort vorzulegen. Dann können und müssen die Missionare geduldig, klug und zugleich mit großem Vertrauen wenigstens Zeugnis ablegen für die Liebe und Güte Christi und so dem Herrn die Wege bereiten und ihn in gewissem Sinn gegenwärtig werden lassen.

So wird deutlich, daß die missionarische Tätigkeit zuinnerst

507; ders., Enz. Fidei donum, 15. Jan. 1957: AAS 49 (1957) 236; Johannes XXIII., Enz. Princeps Pastorum, 28. Nov. 1959: AAS 51 (1959) 835; Paul VI., Hom., 18. Okt. 1964: AAS 56 (1964) 911.

Sowohl die Päpste wie Kirchenväter und scholastische Theologen sprechen oft von der „Ausbreitung" der Kirche: Thomas v. Aquin, Matthäuskomm. 16, 28; Leo XIII., Enz. Sancta Dei Civitas, 3. Dez. 1880: ASS 13 (1880) 241; Benedikt XV., Enz. Maximum illud, 30. Nov. 1919: AAS 11 (1919) 442; Pius XI., Enz. Rerum Ecclesiae, 28. Febr. 1926: AAS 18 (1926) 65.

[35] Vgl. 1 Petr 1, 23.   [36] Vgl. Apg 2, 42.

aus dem Wesen der Kirche hervorquillt. Sie breitet ihren heilschaffenden Glauben aus, verwirklicht in der Ausbreitung ihre katholische Einheit und wird von ihrer Apostolizität gehalten. Sie ist Vollzug der kollegialen Gesinnung ihrer Hierarchie und bezeugt, verbreitet und fördert ihre Heiligkeit. Mithin unterscheidet sich die missionarische Tätigkeit unter den Heiden sowohl von der pastoralen Tätigkeit, die den Gläubigen gegenüber auszuüben ist, als auch von den Bemühungen, die zur Wiederherstellung der christlichen Einheit unternommen werden. Gleichwohl sind diese beiden mit dem missionarischen Wirken der Kirche aufs engste verbunden[37]; denn Spaltung der Christen „ist ein Schaden für die heilige Sache der Verkündigung des Evangeliums vor allen Geschöpfen"[38] und verschließt vielen den Zugang zum Glauben. Mithin sind von der Notwendigkeit der Mission her alle Gläubigen dazu gerufen, daß sie in einer Herde vereint werden und so vor den Völkern von Christus, ihrem Herrn, einmütig Zeugnis ablegen können. Wenn sie aber den einen Glauben noch nicht voll zu bezeugen vermögen, so müssen sie sich dennoch von gegenseitiger Wertschätzung und Liebe beseelen lassen.

7. Der Grund dieser missionarischen Tätigkeit ergibt sich aus dem Plan Gottes, der „will, daß alle Menschen heil werden und zur Erkenntnis der Wahrheit gelangen. Denn es ist nur ein Gott und nur ein Mittler zwischen Gott und den Menschen, der Mensch Christus Jesus, der sich selbst als Lösegeld für alle hingegeben hat" (1 Tim 2, 4–6), „und in keinem andern ist Heil" (Apg 4, 12). So ist es nötig, daß sich alle zu ihm, der durch die Verkündigung der Kirche erkannt wird, bekehren sowie ihm und seinem Leib, der Kirche, durch die Taufe eingegliedert werden. Christus selbst hat nämlich „mit ausdrücklichen Worten die Notwendigkeit des Glaubens und der Taufe betont[39]

---

[37] Es ist klar, daß in dieser Bestimmung der missionarischen Tätigkeit der Sache nach auch jene Gebiete Lateinamerikas eingeschlossen sind, in denen weder eine eigene Hierarchie noch ein Reifestand christlichen Lebens, noch eine ausreichende Evangeliumsverkündigung gegeben ist. Ob aber diese Gebiete vom Heiligen Stuhl tatsächlich als Missionsgebiete anerkannt werden, hängt nicht vom Konzil ab. Deshalb wird bezüglich der Verknüpfung zwischen dem Begriff der missionarischen Tätigkeit und bestimmten Gebieten absichtlich gesagt, diese Tätigkeit werde „meist" in bestimmten, vom Heiligen Stuhl bestätigten Gebieten ausgeübt.

[38] Vgl. II. Vat. Konzil, Dekret über den Ökumenismus Unitatis redintegratio, Nr. 1: AAS 57 (1965) 90.

[39] Vgl. Mk 16, 16; Jo 3, 5.

und damit zugleich die Notwendigkeit der Kirche, in die die Menschen durch die Taufe wie durch eine Tür eintreten, bekräftigt. Darum könnten jene Menschen nicht gerettet werden, die um die katholische Kirche und ihre von Gott durch Christus gestiftete Heilsnotwendigkeit wissen, in sie aber nicht eintreten oder in ihr nicht ausharren wollten"[40]. Wenngleich Gott Menschen, die das Evangelium ohne ihre Schuld nicht kennen, auf Wegen, die er weiß, zum Glauben führen kann, ohne den es unmöglich ist, ihm zu gefallen[41], so liegt also doch auf der Kirche die Notwendigkeit[42] und zugleich das heilige Recht der Evangeliumsverkündigung. Deshalb behält heute und immer die missionarische Tätigkeit ihre ungeschmälerte Bedeutung und Notwendigkeit.

Durch sie sammelt und ordnet der mystische Christusleib immerfort Kräfte zum eigenen Wachstum[43]. Ihr nachzugehen werden die Glieder der Kirche durch die Liebe getrieben, mit der sie Gott lieben und durch die sie mit allen Menschen in den geistlichen Gütern des gegenwärtigen wie des künftigen Lebens Gemeinschaft zu haben verlangen. Endlich gehört diese missionarische Tätigkeit zur vollen Verherrlichung Gottes, indem die Menschen sein Heilswerk, das er in Christus vollzogen hat, bewußt und in seiner Ganzheit annehmen. So wird durch sie der Plan Gottes erfüllt, dem Christus gehorsam und liebend gedient hat zur Herrlichkeit des Vaters, der ihn dazu gesandt hat[44], daß das ganze Menschengeschlecht *ein* Volk Gottes bilde, in den einen Leib Christi zusammenwachse und zu dem einen Tempel des Heiligen Geistes aufgebaut werde. Das entspricht, da es die brüderliche Eintracht zum Ausdruck bringt, ganz den innersten Wünschen aller Menschen. So wird endlich der Ratschluß des Schöpfers, der den Menschen nach seinem Bild und Gleichnis geschaffen, wahrhaft erfüllt, wenn alle, die an der menschlichen Natur teilhaben, in Christus durch den Heiligen Geist wiedergeboren, in einmütigem Schauen der Herrlichkeit Gottes sagen können: „Vater unser"[45].

---

[40] Vgl. II. Vat. Konzil, Dogm. Konst. über die Kirche Lumen Gentium, Nr. 14: AAS 57 (1965) 18.
[41] Vgl. Hebr 11, 6.   [42] Vgl. 1 Kor 9, 16.   [43] Vgl. Eph 4, 11–16.
[44] Vgl. Jo 7, 18; 8, 30 u. 44; 8, 50; 17, 1.
[45] Zu dieser Synthese vgl. die Rekapitulationstheologie des heiligen Irenäus. Vgl. auch Hippolyt, De Antichristo 3: „Alle begehrt er, alle möchte er retten, alle will er zu Kindern Gottes machen, und alle Geheiligten beruft er zu dem einen vollkommenen Menschen . . .": PG 10, 732; GCS Hippolyt I, 2, S. 6; Benedic-

8. Auch zu der menschlichen Natur und ihren Strebungen steht die missionarische Tätigkeit in enger Verbindung. Ebendadurch nämlich, daß sie Christus verkündet, offenbart die Kirche zugleich dem Menschen die ursprüngliche Wahrheit dessen, was es um ihn ist und worin seine volle Berufung liegt. Christus ist ja Ursprung und Urbild jener erneuerten, von brüderlicher Liebe, Lauterkeit und Friedensgeist durchdrungenen Menschheit, nach der alle verlangen. Christus und die Kirche, die von ihm durch die Predigt des Evangeliums Zeugnis gibt, überschreiten alle Besonderheit der Rasse oder der Nation und können deshalb von niemand und nirgendwo als fremd erachtet werden[46]. Christus selbst ist die Wahrheit und der Weg, welche die Predigt des Evangeliums allen zugänglich macht, indem sie an die Ohren aller die Worte eben dieses Christus heranträgt: „Tut Buße, und glaubt dem Evangelium" (Mk 1, 15). Da aber, wer nicht glaubt, schon gerichtet ist[47], so sind die Worte Christi zugleich Worte des Gerichts und der Gnade, des Todes und des Lebens; denn wir können zum neuen Leben nur hinzutreten, indem wir das alte in den Tod hineingeben. Das gilt zunächst von den Personen, dann aber auch von den verschiedenen Gütern dieser Welt, die zugleich von der Sünde des

tiones Jacob 7: TU 38, 1, S. 18, Z. 4f.; Origenes, In Ioann. I, 16: „Dann wird das Gotterkennen derer, die, geleitet von dem Wort, das bei Gott ist, zu Gott gelangt sein werden, eine einzige Handlung sein, daß so, in der Erkenntnis des Vaters gebildet, wie jetzt nur der Sohn den Vater erkennt, alle wahrhaft Söhne seien": PG 14, 49; GCS Origenes IV, 20; Augustinus, De sermone Domini in monte I, 41: „Wir wollen lieben, was mit uns zu jenem Reich kommen kann, wo niemand sagt: Mein Vater, sondern alle zu dem einen Gott sagen: Vater unser": PL 34, 1250; Cyrill v. Alex., In Ioann. I: „Wir sind nämlich alle in Christus, und die gemeinsame Person der Menschheit findet in ihm neues Leben. Deshalb trägt er ja auch den Namen ‚letzter Adam' . . . Unter uns hat er nämlich gewohnt, der von Natur aus Sohn ist und Gott; darum rufen wir in seinem Geiste: Abba, Vater! Es wohnt aber das Wort in allen als in einem einzigen Tempel, den es unseretwegen und aus uns angenommen hat, um, alle in sich tragend, alle in dem einen Leib, wie Paulus sagt, den Vater zu versöhnen": PG 73, 161–164.

[46] Benedikt XV., Enz. Maximum illud, 30. Nov. 1919: „Denn als Kirche Gottes ist sie katholisch und für kein Volk und keine Nation fremd . . .": AAS 11 (1919) 445. Vgl. Johannes XXIII., Enz. Mater et Magistra: „Von göttlichem Recht her gehört sie zu allen Völkern . . . Wenn die Kirche sozusagen in die Adern irgendeines Volkes ihre Lebenskraft einbringt, ist sie deshalb nicht irgendeine Institution, die diesem Volk von außen her aufgestülpt wird, und sie versteht sich auch selbst nicht so . . . Und deshalb unterstützen und vollenden sie (d. h. die in Christus Wiedergeborenen), was immer ihnen gut und wertvoll erscheint", 25. Mai 1961: AAS 53 (1961) 444.

[47] Vgl. Jo 3, 18.

Menschen und von der Segnung Gottes gezeichnet sind: „Alle haben nämlich gesündigt und ermangeln der Herrlichkeit Gottes" (Röm 3, 23). Niemand wird durch sich selbst und aus eigener Kraft von der Sünde erlöst und über sich hinausgehoben, niemand vollends von seiner Schwachheit, Einsamkeit oder Knechtschaft frei gemacht[48], vielmehr brauchen alle Christus als Beispiel, Lehrer, Befreier, Heilbringer, Lebensspender. In der Tat war das Evangelium in der Geschichte, auch in der profanen, den Menschen ein Ferment der Freiheit und des Fortschritts und bietet sich immerfort als Ferment der Brüderlichkeit, der Einheit und des Friedens dar. Nicht ohne Grund wird Christus von den Gläubigen gefeiert als die „Erwartung der Völker und ihr Erlöser"[49].

9. Die Zeit der missionarischen Tätigkeit liegt also zwischen der ersten Ankunft des Herrn und seiner Wiederkunft, bei der die Kirche von den vier Winden her wie die Ernte in die Herrschaft Gottes gesammelt wird[50]. Bevor nämlich der Herr kommt, muß allen Völkern die frohe Botschaft verkündigt werden[51].

Missionarische Tätigkeit ist nichts anderes und nichts weniger als Kundgabe oder Epiphanie und Erfüllung des Planes Gottes in der Welt und ihrer Geschichte, in der Gott durch die Mission die Heilsgeschichte sichtbar vollzieht. Durch das Wort der Verkündigung und die Feier der Sakramente, deren Mitte und Höhepunkt die heilige Eucharistie darstellt, läßt sie Christus, den Urheber des Heils, gegenwärtig werden. Was immer aber an Wahrheit und Gnade schon bei den Heiden sich durch eine Art von verborgener Gegenwart Gottes findet, befreit sie von der Ansteckung durch das Böse und gibt es ihrem Urheber Christus zurück, der die Herrschaft des Teufels zerschlägt und die vielfältige Bosheit üblen Tuns in Schranken hält. Was an Gutem in Herz und Sinn der Menschen oder auch in den jeweiligen Riten und Kulturen der Völker keimhaft angelegt sich findet, wird folglich nicht bloß nicht zerstört, sondern gesund gemacht, über sich hinausgehoben und vollendet zur Herrlichkeit Gottes, zur Beschämung des Satans und zur Seligkeit des

---

[48] . Vgl. Irenäus, Adv. Haer. III, 15, 3: „Sie waren Verkünder der Wahrheit und Apostel der Freiheit": PG 7, 919.
[49] O-Antiphon der Vesper am 23. Dezember im römischen Brevier.
[50] Vgl. Mt 24, 31; Didache 10, 5: ed. Funk I, 32.
[51] Vgl. Mk 13, 10.

Menschen[52]. So strebt die missionarische Tätigkeit auf die eschatologische Fülle hin[53], denn durch sie wird bis zu dem Maß und der Zeit, die der Vater in seiner Vollmacht festgesetzt hat[54], das Volk Gottes ausgebreitet, dem prophetisch gesagt ist: „Erweitere deines Zeltes Raum, und deine Zelttücher spanne aus! Spare nicht!" (Is 54, 2.)[55] So entfaltet sich der mystische Leib bis zum Maß des Vollalters Christi[56], und der geistliche Tempel, worin Gott angebetet wird in Geist und Wahrheit[57], wächst und wird aufgebaut „auf dem Fundament der Apostel und Propheten, während Christus selbst der Eckstein ist" (Eph 2, 20).

ZWEITES KAPITEL

DIE EIGENTLICHE MISSIONSARBEIT

10. Die Kirche ist von Christus gesandt, die Liebe Gottes allen Menschen und Völkern zu verkünden und mitzuteilen; sie ist sich bewußt, daß noch eine ungeheure missionarische Aufgabe vor ihr liegt. Es gibt zwei Milliarden Menschen — und ihre Zahl nimmt täglich zu —, die große, festumrissene Gemeinschaften bilden, die durch dauerhafte kulturelle Bande, durch alte religiöse Traditionen, durch feste gesellschaftliche Strukturen zusammengehalten sind und die das Evangelium noch nicht oder doch kaum vernommen haben. Die einen gehören einer der Weltreligionen an, andere bleiben ohne Kenntnis Gottes, andere leugnen seine Existenz ausdrücklich oder bekämpfen sie sogar. Um allen Menschen das Geheimnis des Heils und das von Gott kommende Leben anbieten zu können, muß sich die Kirche all diesen Gruppen einpflanzen, und zwar mit

---

[52] II. Vat. Konzil, Dogm. Konst. über die Kirche Lumen Gentium, Nr. 17: AAS 57 (1965) 20–21; Augustinus, De Civ. Dei 19, 17: PL 41, 646; Instructio der Kongregation für die Glaubensverbreitung: Collectanea I, n. 135, S. 42.

[53] Nach Origenes muß das Evangelium vor der Vollendung der Welt verkündet werden: Hom. in Lc. 21: GCS Orig. IX, 136, 21 f.; In Matth. comm. ser. 39: ebd. XI, 75, 25 f.; 76, 4 f.; Hom. in Jr. 3, 2: ebd. VIII, 308, 29 f.; Thomas v. Aquin, Summa Theol. I–II, q. 106, a. 4, ad 4.

[54] Vgl. Apg 1, 7.

[55] Hilarius v. Poitiers, In ps. 14: PL 9, 301; Eusebius v. Caesarea, In Is. 54, 2–3: PG 24, 462–463; Cyrill v. Alexandrien, In Is. V, cap. 54, 1–3: PG 70, 1193.

[56] Vgl. Eph 4, 13.   [57] Vgl. Jo 4, 23.

dem gleichen Antrieb, wie sich Christus selbst in der Mensch-werdung von der konkreten sozialen und kulturellen Welt der Menschen einschließen ließ, unter denen er lebte.

Artikel 1
Das christliche Zeugnis

11. Diesen menschlichen Gruppen also muß die Kirche gegen-wärtig sein durch ihre Kinder, die unter ihnen wohnen oder zu ihnen gesandt werden. Denn alle Christgläubigen, wo immer sie leben, müssen durch das Beispiel ihres Lebens und durch das Zeugnis des Wortes den neuen Menschen, den sie durch die Taufe angezogen haben, und die Kraft des Heiligen Geistes, der sie durch die Firmung gestärkt hat, so offenbaren, daß die anderen Menschen ihre guten Werke sehen, den Vater preisen[1] und an ihnen den wahren Sinn des menschlichen Lebens und das alle umfassende Band der menschlichen Gemeinschaft vollkommener wahrnehmen können.

Um dieses Zeugnis Christi mit Frucht geben zu können, müssen sie diesen Menschen in Achtung und Liebe verbunden sein. Sie müssen sich als Glieder der Menschengruppe, in der sie leben, betrachten; durch die verschiedenen Beziehungen und Geschäfte des menschlichen Lebens müssen sie an den kulturellen und sozialen Angelegenheiten teilnehmen. Sie müssen auch mit ihren nationalen und religiösen Traditionen vertraut sein; mit Freude und Ehrfurcht sollen sie die Saatkörner des Wortes aufspüren, die in ihnen verborgen sind. Sie sollen aber auch den tiefgreifenden Wandlungsprozeß wahrnehmen, der sich in diesen Völkern vollzieht. Sie sollen dahin zu wirken suchen, daß die Menschen unserer Zeit, allzusehr auf Naturwissenschaft und Technologie der modernen Welt bedacht, sich nicht den göttlichen Dingen entfremden, sondern im Gegenteil zu einem stärkeren Verlangen nach der Wahrheit und Liebe, die Gott uns geoffenbart hat, erwachen. Wie Christus selbst das Herz der Menschen durchschaut und sie durch echt menschliches Gespräch zum göttlichen Licht geführt hat, so sollen auch seine Jünger, ganz von Christi Geist erfüllt, die Menschen, unter denen sie leben und mit denen sie umgehen, kennen; in auf-richtigem und geduldigem Zwiegespräch sollen sie lernen, was

---

[1] Vgl. Mt 5, 16.

für Reichtümer der freigebige Gott unter den Völkern verteilt hat; zugleich aber sollen sie sich bemühen, diese Reichtümer durch das Licht des Evangeliums zu erhellen, zu befreien und unter die Herrschaft Gottes, des Erlösers, zu bringen.

12. Die Anwesenheit der Christen in den menschlichen Gemeinschaften muß von jener Liebe beseelt sein, mit der Gott uns geliebt hat, der will, daß wir einander mit derselben Liebe begegnen[2].

Die christliche Liebe erstreckt sich auf alle, ohne Unterschied von Rasse, gesellschaftlicher Stufe oder Religion; sie erwartet nicht Gewinn oder Dankbarkeit; denn wie Gott sich uns mit ungeschuldeter Liebe zugewandt hat, so sind auch die Gläubigen in ihrer Liebe auf den Menschen selbst bedacht und lieben ihn mit der gleichen Zuwendung, mit der Gott den Menschen gesucht hat. Wie also Christus durch die Städte und Dörfer zog, jederlei Krankheit und Gebrechen heilend zum Zeichen der kommenden Gottesherrschaft[3], so ist auch die Kirche durch ihre Kinder mit Menschen jeden Standes verbunden, besonders aber mit den Armen und Leidenden, und gibt sich mit Freuden für sie hin[4]. Sie nimmt an ihren Freuden und Schmerzen teil; sie weiß um die Erwartungen und die Rätsel des Lebens, sie leidet mit in den Ängsten des Todes. Denen, die Frieden suchen, bemüht sie sich in brüderlichem Gespräch zu antworten, indem sie ihnen Frieden und Licht aus dem Evangelium anbietet.

Bei der Aufrichtung einer gesunden Wirtschafts- und Sozialordnung sollen die Christgläubigen ihre Arbeit einsetzen und mit allen anderen zusammenarbeiten. Mit besonderer Sorge mögen sie sich der Erziehung der Kinder und der heranwachsenden Jugend durch Schulen verschiedener Typen annehmen; diese Schulen soll man nicht bloß als ein hervorragendes Mittel zur Bildung und zum Aufstieg der christlichen Jugend betrachten, sondern gleichzeitig als äußerst wertvollen Dienst an den Menschen, besonders an den Entwicklungsvölkern, um die menschliche Würde zu höherer Geltung zu bringen und um bessere menschliche Lebensbedingungen vorzubereiten. Ferner sollen sie sich an den Anstrengungen der Völker beteiligen, die sich bemühen, im Kampf gegen Hunger, Unwissenheit und Krankheit bessere Lebensverhältnisse zu schaffen und den Frieden in der Welt zu festigen. Es soll der Wunsch der Gläubigen

[2] Vgl. 1 Jo 4, 11.   [3] Vgl. Mt 9, 35 ff.; Apg 10, 38.   [4] Vgl. 2 Kor 12, 15.

sein, bei dieser Tätigkeit in kluger Weise bei den Vorhaben mitzuarbeiten, die von privaten sowie öffentlichen Institutionen,
von Regierungen, internationalen Organen, von den verschiedenen christlichen Gemeinschaften und auch von den nichtchristlichen Religionen unternommen werden.

Dabei will sich die Kirche auf keine Weise in die Leitung des
irdischen Staatswesens einmischen. Sie beansprucht kein anderes
Recht, als mit Gottes Hilfe in Liebe und treuer Bereitschaft den
Menschen zu dienen[5].

Die Jünger Christi hoffen, durch die enge Verbindung mit
den Menschen in ihrem Leben und Arbeiten ein wahres Zeugnis
abzulegen und auch da zu deren Heil beizutragen, wo sie
Christus nicht ganz verkünden können. Sie suchen ja nicht den
rein materiellen Fortschritt und Wohlstand der Menschen,
sondern sie fördern ihre Würde und ihre brüderliche Gemeinschaft, indem sie religiöse und sittliche Wahrheiten vermitteln,
die Christus mit seinem eigenen Licht erhellt hat; auf diese
Weise öffnen sie langsam einen volleren Zugang zu Gott. So
wird den Menschen in der Erlangung des Heils durch die Liebe
zu Gott und zum Nächsten geholfen; das Geheimnis Christi
beginnt aufzuleuchten, in dem der neue Mensch erschienen ist,
der nach Gott erschaffen wurde[6], in dem Gottes Liebe sich
geoffenbart hat.

Artikel 2
Die Verkündigung des Evangeliums und die Sammlung
des Gottesvolkes

13. Überall, wo Gott eine Tür für das Wort auftut, das Geheimnis Christi zu verkünden[7], da muß allen Menschen[8] mit Freimut
und Festigkeit[9] der lebendige Gott verkündet werden[10] und der,
den er zum Heil aller gesandt hat, Jesus Christus[11], auf daß die
Nichtchristen glaubend, mit einem Herzen, das ihnen der Heilige Geist geöffnet hat[12], sich frei zum Herrn bekehren und ihm
aufrichtig anhangen, da er als „der Weg, die Wahrheit und das

---

[5] Vgl. Mt 20, 26; 23, 11; Ansprache Pauls VI. im Konzil, 21. Nov. 1964: AAS
56 (1964) 1013.   [6] Vgl. Eph 4, 24.   [7] Vgl. Kol 4, 3.   [8] Vgl. Mk 16, 15.
[9] Vgl. Apg 4, 13 29 31; 9, 27–28; 13, 46; 14, 3; 19, 8; 26, 26; 28, 31; 1 Thess 2, 2;
2 Kor 3, 12; 7, 4; Phil 1, 20; Eph 3, 12; 6, 19 20
[10] Vgl. 1 Kor 9, 15; Röm 10, 14.
[11] Vgl. 1 Thess 1, 9–10; 1 Kor 1, 18–21; Gal 1, 31; Apg 14, 15–17; 17, 22–31.
[12] Vgl. Apg 16, 14.

Leben" (Jo 14, 6) all ihr geistliches Sehnen erfüllt, ja es unend-
lich überragt.

Diese Bekehrung muß man gewiß notwendig als anfanghaft
auffassen, aber doch als ausreichend, damit der Mensch ver-
stehe, daß er, der Sünde entrissen, in das Geheimnis der Liebe
Gottes eingeführt werde, der ihn zu seiner persönlichen Gemeinschaft in Christus ruft; denn unter dem Einfluß der Gnade
beginnt der Neubekehrte seinen geistlichen Weg, auf dem er,
durch den Glauben schon mit dem Geheimnis des Todes und
der Auferstehung verbunden, vom alten Menschen hinüber-
schreitet zum neuen Menschen, der in Christus vollendet ist[13].
Dieser Übergang bringt einen fortschreitenden Wandel seines
Empfindens und Verhaltens mit sich; er muß sich in seinen
sozialen Auswirkungen kundtun und sich während des Katechu-
menates langsam entwickeln. Da der Herr, dem er glaubt, ein
Zeichen des Widerspruchs ist[14], muß der Neubekehrte oft Bruch
und Trennung erleben, aber auch Freuden, die Gott nicht nach
Maß austeilt[15].

Die Kirche verbietet streng, daß jemand zur Annahme des
Glaubens gezwungen oder durch ungehörige Mittel beeinflußt
oder angelockt werde, wie sie umgekehrt auch mit Nachdruck
für das Recht eintritt, daß niemand durch üble Druckmittel vom
Glauben abgehalten werde[16].

Nach uraltem kirchlichem Brauch sollen die Motive der
Bekehrung erkundet und wenn nötig gereinigt werden.

14. Wer den Glauben an Christus von Gott durch die Kirche
empfangen hat[17], soll durch liturgische Zeremonien zum Katechumenat zugelassen werden. Dieses besteht nicht in einer
bloßen Erläuterung von Lehren und Geboten, sondern in der
Einführung und genügend langen Einübung im ganzen christlichen Leben, wodurch die Jünger mit Christus, ihrem Meister,
verbunden werden. Die Katechumenen müssen also in passender
Weise in das Geheimnis des Heils eingeweiht werden; durch die
Übung eines Lebenswandels nach dem Evangelium und durch

---

[13] Vgl. Kol 3, 5–10; Eph 4, 20–24.
[14] Vgl. Lk 2, 34; Mt 10, 34–39.   [15] Vgl. 1 Thess 1, 6.
[16] Vgl. II. Vat. Konzil, Erklärung über die Religionsfreiheit Dignitatis humanae,
Nr. 2 4 10; Pastorale Konst. über die Kirche in der heutigen Welt Gaudium et
spes, Nr. 21.
[17] Vgl. II. Vat. Konzil, Dogm. Konst. über die Kirche Lumen Gentium, Nr. 17:
AAS 57 (1965) 20–21.

eine Folge von heiligen Riten[18] soll man sie stufenweise in das Leben des Glaubens, der Liturgie und der liebenden Gemeinschaft des Gottesvolkes einführen.

Endlich werden sie durch die Sakramente der christlichen Initiation von der Macht der Finsternis befreit[19]; mit Christus sterben sie, werden sie begraben und erstehen sie[20]; sie empfangen den Geist der Kindschaft[21] und feiern das Gedächtnis des Todes und der Auferstehung des Herrn mit dem ganzen Gottesvolk.

Es ist zu wünschen, daß die Fasten- und Osterliturgie so erneuert werde, daß sie die Katechumenen zur Feier des österlichen Geheimnisses bereitet, bei deren festlicher Begehung sie durch die Taufe für Christus wiedergeboren werden.

Um diese christliche Initiation im Katechumenat sollen sich aber nicht bloß Katechisten und Priester kümmern, sondern die ganze Gemeinde der Gläubigen, besonders aber die Taufpaten, so daß den Katechumenen von Anfang an zum Bewußtsein kommt, daß sie zum Gottesvolk gehören. Da das Leben der Kirche apostolisch ist, sollen die Katechumenen lernen, durch das Zeugnis des Lebens und das Bekenntnis des Glaubens zur Verkündigung des Evangeliums und zum Aufbau der Kirche wirksam mitzuarbeiten.

Die Rechtsstellung der Katechumenen schließlich soll im neuen Gesetzbuch der Kirche klar umschrieben werden; denn sie sind schon mit der Kirche verbunden[22], sie gehören schon zum Hause Christi[23], und nicht selten führen sie schon ein Leben des Glaubens, der Hoffnung und der Liebe.

Artikel 3
Der Aufbau der christlichen Gemeinschaft

15. Der Heilige Geist ruft alle Menschen durch die Saat des Wortes und die Predigt des Evangeliums zu Christus; wenn er

---

[18] Vgl. II. Vat. Konzil, Konst. über die heilige Liturgie Sacrosanctum Concilium, Nr. 64–65: AAS 56 (1964) 117.

[19] Vgl. Kol 1, 13. Über diese Befreiung von der Knechtschaft Satans und der Finsternis im Evangelium vgl. Mt 12, 28; Jo 8, 44; 12, 31 (vgl. 1 Jo 3, 8; Eph 2, 1–2). In der Taufliturgie vgl. das römische Rituale.

[20] Vgl. Röm 6, 4–11; Kol 2, 12–13; 1 Petr 3, 21–22; Mk 16, 16.

[21] Vgl. 1 Thess 3, 5–7; Apg 8, 14–17.

[22] Vgl. II. Vat. Konzil, Dogm. Konst. über die Kirche Lumen Gentium, Nr. 14: AAS 57 (1965) 19.   [23] Vgl. Augustinus, Tract. in Ioann. 11, 4: PL 35, 1476.

die an Christus Glaubenden im Schoß des Taufbrunnens zu neuem Leben gebiert, dann sammelt er sie zu dem einen Gottesvolk, das „ein auserwähltes Geschlecht, eine königliche Priesterschaft, ein heiliger Stamm, ein Volk von ihm zu eigen genommen ist" (1 Petr 2, 9)[24].

Als Mitarbeiter Gottes[25] sollen die Missionare solche Gemeinden von Gläubigen erwecken, die würdig der Berufung, die sie empfangen haben[26], die Ämter, die Gott ihnen anvertraut hat, ausüben: das priesterliche, das prophetische und das königliche Amt. Auf diese Weise wird die christliche Gemeinschaft zum Zeichen der Gegenwart Gottes in der Welt. Sie ist ja selbst ständig im eucharistischen Opfer mit Christus auf dem Weg hinüber zum Vater[27]; unablässig aus dem Wort Gottes genährt[28], gibt sie Zeugnis für Christus[29]; sie wandelt in der Liebe und glüht von apostolischem Eifer[30]. Von Anfang an soll die christliche Gemeinschaft so aufgebaut werden, daß sie, soweit möglich, für ihre eigenen Bedürfnisse aufkommen kann.

Diese Gemeinschaft der Gläubigen soll durch ihre Ausstattung mit den kulturellen Reichtümern der eigenen Heimat tief im Volk verwurzelt sein: Die Familien sollen blühen im Geist des Evangeliums[31], geeignete Schulen sollen ihnen helfen. Durch die Errichtung von Vereinigungen und Gruppen soll das Apostolat der Laien die ganze Gesellschaft mit evangelischem Geist durchdringen; die Liebe zwischen Katholiken verschiedener Riten soll hell leuchten[32]. Unter den Neuchristen soll der ökumenische Geist gepflegt werden. Sie sollen alle, die an Christus glauben, auch wirklich als Christi Jünger anerkennen, die in der Taufe wiedergeboren sind und an sehr vielen Gütern des Gottesvolkes teilhaben. Den religiösen Verhältnissen entsprechend soll man die ökumenische Bewegung so fördern, daß die

[24] Vgl. II. Vat. Konzil, Dogm. Konst. über die Kirche Lumen Gentium, Nr. 9: AAS 57 (1965) 13.
[25] Vgl. 1 Kor 3, 9.   [26] Vgl. Eph 4, 1.
[27] Vgl. II. Vat. Konzil, Dogm. Konst. über die Kirche Lumen Gentium, Nr. 10 11 34: AAS 57 (1965) 10–17 39–40.
[28] Vgl. II. Vat. Konzil, Dogm. Konst. über die göttliche Offenbarung Dei verbum, Nr. 21: AAS 58 (1966) 827.
[29] Vgl. II. Vat. Konzil, Dogm. Konst über die Kirche Lumen Gentium, Nr. 12 35: AAS 57 (1965) 16 40–41.
[30] Vgl. ebd. Nr. 23 36: AAS 57 (1965) 28 41–42.
[31] Vgl. ebd. Nr. 11 35 41: AAS 57 (1965) 15–16 40–41 47.
[32] Vgl. II. Vat. Konzil, Dekret über die katholischen Ostkirchen Orientalium Ecclesiarum, Nr. 4: AAS 57 (1965) 77–78.

Katholiken mit den von ihnen getrennten Brüdern, gemäß den Richtlinien des Dekretes über die Ökumenismus, brüderlich zusammenarbeiten im gemeinsamen Bekenntnis des Glaubens an Gott und an Jesus Christus vor den Heiden, soweit dieses vorhanden ist, ebenso im Zusammenwirken in sozialen und technischen sowie kulturellen und religiösen Dingen, wobei man jeden Anschein von Indifferentismus und Verwischung sowie ungesunder Rivalität vermeiden muß. Der Grund für diese Zusammenarbeit sei vor allem Christus, ihr gemeinsamer Herr. Sein Name möge sie zueinanderbringen! Diese Zusammenarbeit soll nicht nur zwischen Privatpersonen stattfinden, sondern nach dem Urteil des Ortsordinarius auch zwischen den Kirchen oder Kirchengemeinschaften und ihren Unternehmungen.

Die aus allen Völkern in der Kirche versammelten Christgläubigen unterscheiden sich nicht von den übrigen Menschen durch Staatsform, Sprache oder Gesellschaftsordnung[33]. Darum sollen sie in den ehrbaren Lebensgewohnheiten ihres Volkes für Gott und Christus leben. Als gute Bürger sollen sie die Vaterlandsliebe wahrhaft und tatkräftig üben. Mißachtung fremder Rassen und übersteigerten Nationalismus aber sollen sie gänzlich meiden und die alle Menschen umfassende Liebe pflegen.

Um all das zu verwirklichen, sind die Laien, also die Christgläubigen, die Christus durch die Taufe eingegliedert sind und in der Welt leben, von größter Bedeutung und verdienen besondere Sorge. Denn es ist ihre eigentliche Aufgabe, vom Geist Christi erfüllt, gleichsam als Sauerteig die zeitlichen Dinge so von innen her zu beseelen und zu ordnen, daß sie immer mehr Christus gemäß werden[34].

Aber es ist nicht genug, daß das christliche Volk anwesend ist und in einem Volk Fuß gefaßt hat; es ist auch nicht genug, daß es das Apostolat des Beispiels ausübt. Dazu ist es gegründet und dazu ist es da, um den nichtchristlichen Mitbürgern in Wort und Werk Christus zu verkünden und ihnen zur vollen Annahme Christi zu helfen.

Zur Einpflanzung der Kirche und zum Wachstum der christlichen Gemeinschaft aber sind verschiedene Dienste notwendig;

---

[33] Brief an Diognet 5: PG 2, 1173; vgl. II. Vat. Konzil, Dogm. Konst. über die Kirche Lumen Gentium, Nr. 38: AAS 57 (1965) 43.
[34] Vgl. II. Vat. Konzil, Dogm. Konst. über die Kirche Lumen Gentium, Nr. 32: AAS 57 (1965) 38; Dekret über das Laienapostolat Apostolicam actuositatem, Nr. 5–7: AAS 58 (1966) 842–844.

durch göttliche Berufung werden sie in der Gemeinde der Gläubigen selbst geweckt, und sie müssen von allen sorgfältig gefördert und gepflegt werden. Dazu gehören das Amt des Priesters, des Diakons, des Katechisten und die Katholische Aktion. Ebenso leisten Ordensmänner und Ordensfrauen zur Verwurzelung und Festigung der Herrschaft Christi in den Seelen und zu ihrer Ausbreitung durch ihr Gebet und ihr Wirken einen unentbehrlichen Dienst.

16. Mit großer Freude dankt die Kirche für das unschätzbare Geschenk des Priesterberufes, das Gott so vielen jungen Menschen austeilt unter Völkern, die sich erst zu Christus bekehrt haben; denn die Kirche schlägt in einer menschlichen Gemeinschaft tiefere Wurzeln, wenn die verschiedenen Gemeinden der Gläubigen aus ihren Reihen ihre eigenen Diener des Heiles erhalten, die als Bischöfe, Priester und Diakone ihren Brüdern dienen, so daß die jungen Kirchen langsam diözesanen Aufbau mit eigenem Klerus erlangen.

Was dieses Konzil über priesterliche Berufung und Ausbildung festgesetzt hat, soll man da, wo die Kirche erst gepflanzt wird, und in den jungen Kirchen treu wahren. Besonders soll man beachten, was gesagt ist über die enge Verbindung der spirituellen mit der wissenschaftlichen und pastoralen Ausbildung, über die Lebensweise nach dem Evangelium, ohne Rücksicht auf eigenen Nutzen oder Familieninteressen, über die Pflege eines tiefen Verständnisses für das Geheimnis der Kirche. Daraus wird es ihnen wunderbar aufgehen, was es heißt, sich selbst ganz dem Dienst des Leibes Christi in der Arbeit für das Evangelium zu weihen, mit dem Bischof als treue Mitarbeiter verbunden zu sein und ihre Arbeit in Gemeinschaft mit ihren Mitbrüdern zu tun[35].

Um dieses umfassende Ziel zu erreichen, muß die ganze Ausbildung der Alumnen im Licht des Heilsgeheimnisses geplant werden, wie es in der Schrift enthalten ist. Sie müssen lernen, dieses Geheimnis Christi und des menschlichen Heils in der Liturgie gegenwärtig zu finden und in ihrem Leben zu verwirklichen[36].

Diese allgemeinen Erfordernisse der priesterlichen Ausbil-

---

[35] Vgl. II. Vat. Konzil, Dekret über die Ausbildung der Priester Optatam totius, Nr. 4 8 9: AAS 58 (1966) 716 718 719.

[36] Vgl. II. Vat. Konzil, Konst. über die heilige Liturgie Sacrosanctum Concilium, Nr. 17: AAS 56 (1964) 105.

dung, auch nach der pastoralen und praktischen Seite, müssen nach den Richtlinien des Konzils[37] mit dem Bemühen verbunden werden, den besonderen Formen des Denkens und Handelns des eigenen Volkes entgegenzukommen. Der Geist der Alumnen muß also geöffnet und geschärft werden, damit sie sich ein gutes Wissen und ein rechtes Urteil über die Kultur des eigenen Volkes erwerben können. In den philosophischen und theologischen Disziplinen sollen sie die Beziehungen verstehen, die zwischen ihrer heimatlichen Überlieferung und Religion und der christlichen Religion bestehen[38]. Ebenso muß die Priesterbildung die pastoralen Bedürfnisse des Landes berücksichtigen. Die Alumnen sollen Geschichte, Zweck und Methode der missionarischen Tätigkeit der Kirche kennenlernen, ebenso die besonderen sozialen, wirtschaftlichen und kulturellen Verhältnisse des eigenen Volkes. Sie sollen im Geist des Ökumenismus erzogen und zum brüderlichen Dialog mit den Nichtchristen gut vorbereitet werden[39]. All das verlangt, daß die Studien bis zum Priestertum soweit wie möglich im Zusammenleben mit dem eigenen Volk und seinen Lebensgewohnheiten durchgeführt werden[40]. Endlich soll man auch für die Ausbildung in der geordneten kirchlichen Verwaltung sorgen, ja sogar auf wirtschaftlichem Gebiet.

Darüber hinaus soll man geeignete Priester auswählen, die sich nach einiger pastoraler Praxis in höheren Studien an auswärtigen Universitäten, vor allem in Rom, und an anderen wissenschaftlichen Instituten weiterbilden sollen, so daß den jungen Kirchen erfahrene Fachleute aus dem eigenen Klerus für die schwierigeren Aufgaben zur Verfügung stehen.

Wo die Bischofskonferenzen es für gut halten, soll der Diakonat als fester Lebensstand wieder eingeführt werden, entsprechend den Normen der Konstitution über die Kirche[41]; denn es ist angebracht, daß Männer, die tatsächlich einen diakonalen Dienst ausüben, sei es als Katechisten in der Verkündigung des Gotteswortes, sei es in der Leitung abgelegener christlicher Gemeinden im Namen des Pfarrers und des Bischofs, sei es in

---

[37] Vgl. II. Vat. Konzil, Dekret über die Ausbildung der Priester Optatam totius, Nr. 1: AAS 58 (1966) 713. — [38] Vgl. Johannes XXIII., Enz. Princeps Pastorum, 28. Nov. 1959: AAS 51 (1959) 843–844. — [39] Vgl. II. Vat. Konzil, Dekret über den Ökumenismus Unitatis redintegratio, Nr. 4: AAS 57 (1965) 94–96. — [40] Vgl. Johannes XXIII., Enz. Princeps Pastorum, 28. Nov. 1959: AAS 51 (1959) 842. — [41] Vgl. II. Vat. Konzil, Dogm. Konst. über die Kirche Lumen Gentium, Nr. 29: AAS 57 (1965) 36.

der Ausübung sozialer oder caritativer Werke, durch die von den Aposteln her überlieferte Handauflegung gestärkt und dem Altare enger verbunden werden, damit sie ihren Dienst mit Hilfe der sakramentalen Diakonatsgnade wirksamer erfüllen können.

17. Ebenso verdient die Schar der Katechisten Anerkennung, Männer wie Frauen, die so große Verdienste um das Werk der Heidenmission haben. Erfüllt von apostolischer Gesinnung, leisten sie mit vielen Mühen ihren einzigartigen und unersetzlichen Beitrag zur Verbreitung des Glaubens und der Kirche.

Das Amt der Katechisten hat in unseren Tagen, da es für die Glaubensunterweisung solcher Massen und den Seelsorgedienst nur wenige Kleriker gibt, allergrößte Bedeutung. Deshalb muß ihre Ausbildung so vervollkommnet und dem kulturellen Fortschritt angepaßt werden, daß sie ihr Amt, das durch neue und ausgedehntere Aufgaben erschwert wird, als fähige Mitarbeiter der Priester möglichst gut ausüben können.

Man muß deshalb die diözesanen und regionalen Schulen vermehren, in denen die zukünftigen Katechisten die katholische Lehre, mit besonderer Betonung von Schrift und Liturgie, sowie die katechetischen Methoden und die pastorale Praxis erlernen und sich in stetiger Übung von Frömmigkeit und sittlichem Leben zu einem christlichen Verhalten bilden [42]. Zusammenkünfte und Kurse soll man ferner veranstalten, durch die die Katechisten in den Fächern und Fertigkeiten, die zu ihrem Dienst gehören, zu bestimmten Zeiten Auffrischung erhalten und ihr geistliches Leben genährt und gestärkt wird. Außerdem muß man denen, die sich hauptamtlich dieser Arbeit widmen, durch gerechte Vergütung einen gebührenden Lebensstandard und soziale Sicherheit gewährleisten [43]. Es besteht der Wunsch des Konzils, daß durch besondere Mittel der Heiligen Kongregation zur Verbreitung des Glaubens für Ausbildung und Unterhalt der Katechisten gesorgt werde. Wenn es für nötig und zweckmäßig gehalten wird, möge ein eigenes Werk für Katechisten gegründet werden. Die Kirchen werden auch dankbar die hochherzige Arbeit der Hilfskatechisten anerkennen, deren Mitwirkung sie brauchen. Sie leiten in ihren Gemeinden die Gebete und geben den Unterricht. Für ihre wissensmäßige und geistliche Bildung soll ordnungsgemäß gesorgt werden. Es ist außerdem zu wün-

---

[42] Vgl. Johannes XXIII., Enz. Princeps Pastorum, 28. Nov. 1959: AAS 51 (1959) 855.   [43] Es handelt sich um hauptamtliche Katechisten.

schen, daß den entsprechend ausgebildeten Katechisten, wo es
angezeigt erscheint, die kanonische Sendung in einer öffentlichen
liturgischen Feier gegeben werde, damit sie beim Volk in
Glaubensfragen größere Autorität genießen.

18. Schon von der Pflanzung der Kirche an soll das Ordensleben eifrig gefördert werden, das nicht nur für die missionarische Tätigkeit wertvolle und unbedingt notwendige Dienste
leistet, sondern auch durch die in der Kirche vollzogene, innigere
Weihe an Gott lichtvoll das innerste Wesen der christlichen Berufung offenbart und darstellt [44].

Die religiösen Genossenschaften, die bei der Pflanzung der
Kirche mitarbeiten, sollen von den geistlichen Reichtümern
ganz durchdrungen sein, die die Ordenstradition der Kirche
auszeichnen, und sie dem Geist und der Anlage eines jeden
Volkes entsprechend auszudrücken und weiterzugeben suchen.
Sie sollen sorgfältig überlegen, wie die Tradition des aszetischen
und beschaulichen Lebens, deren Keime manchmal alten Kulturen schon vor der Verkündigung des Evangeliums von Gott
eingesenkt wurden, in ein christliches Ordensleben aufgenommen werden können.

In den jungen Kirchen sollen verschiedene Formen des
Ordenslebens entwickelt werden, um die verschiedenen Aspekte
der Sendung Christi und des Lebens der Kirche auszudrücken;
sie sollen sich verschiedenen pastoralen Arbeiten widmen und
ihre Mitglieder für sie ordnungsgemäß vorbereiten. Doch sollen
die Bischöfe in ihrer Konferenz darauf achten, daß nicht Kongregationen mit dem gleichen apostolischen Zweck vervielfacht
werden, zum Schaden des Ordenslebens und des Apostolates.

Besondere Erwähnung verdienen die verschiedenen Unternehmungen, die das beschauliche Leben verwurzeln sollen; die
einen behalten die wesentlichen Elemente der monastischen
Lebensform bei und versuchen, die reiche Tradition ihres
Ordens zu verpflanzen. Andere kehren zu den einfacheren Formen des altkirchlichen Mönchswesens zurück. Alle aber sollen
sich um eine echte Anpassung an die lokalen Verhältnisse bemühen. Das beschauliche Leben gehört eben zur vollen Anwesenheit der Kirche und muß deshalb überall bei den jungen Kirchen
Eingang finden.

---

[44] Vgl. II. Vat. Konzil, Dogm. Konst. über die Kirche Lumen Gentium, Nr. 31
44: AAS 57 (1965) 37 50–51.

DRITTES KAPITEL

DIE TEILKIRCHEN

19. Die Einpflanzung der Kirche in eine bestimmte Gesellschaft erreicht einen gewissen Abschluß, wenn die Gemeinschaft der Gläubigen im gesellschaftlichen Leben verwurzelt und der örtlichen Kultur in etwa angepaßt ist und so schon Stetigkeit und Festigkeit besitzt. Das heißt: es steht ihr schon eine wenn auch noch nicht genügend große Zahl von einheimischen Priestern sowie von Ordensleuten und Laien zur Verfügung, und sie ist mit den Ämtern und Einrichtungen ausgestattet, die notwendig sind, um unter der Leitung des Bischofs das Leben des Gottesvolkes zu führen und auszubreiten.

In diesen jungen Kirchen muß das Leben des Gottesvolkes auf allen Gebieten des christlichen Lebens reifen, das nach den Richtlinien dieses Konzils zu erneuern ist. Die Gemeinden der Gläubigen werden immer mehr zu bewußt-lebendigen Gemeinschaften des Glaubens, der Liturgie und der Liebe; die Laien bemühen sich in ihrer weltlichen und apostolischen Tätigkeit, eine Ordnung der Liebe und der Gerechtigkeit im Staatswesen aufzubauen; man benützt die publizistischen Mittel nach Tunlichkeit und mit Klugheit; durch ein wahrhaft christliches Leben werden die Familien zu Pflanzstätten des Laienapostolates, sowie für Priester- und Ordensberufe. Der Glaube wird in angepaßter Katechese gelehrt, in einer dem Volkscharakter harmonierenden Liturgie gefeiert und findet durch entsprechende kirchliche Gesetzgebung Eingang in die wertvollen Einrichtungen und Gepflogenheiten des Landes.

Die Bischöfe aber sollen zusammen mit ihrem Priesterkollegium, mehr und mehr durchdrungen vom Geist Christi und der Kirche, in Verbindung mit der Gesamtkirche denken und leben. Die Gemeinschaft der jungen Kirchen mit der ganzen Kirche muß sehr eng bleiben; deren Traditionselemente sollen sie mit der eigenen Kultur verbinden, um durch den gegenseitigen Austausch von Kräften das Leben des mystischen Leibes zu entfalten[1]. Man soll deshalb die theologischen, psychologischen und menschlichen Ansätze auswerten, die dazu beitragen können, den Sinn für die Gemeinschaft mit der Gesamtkirche zu entwickeln.

[1] Vgl. Johannes XXIII., Enz. Princeps Pastorum, 28. Nov. 1959: AAS 51 (1959) 838.

Diese Kirchen sind jedoch häufig in den ärmeren Gebieten der Erde gelegen und leiden meist noch schwer unter Priestermangel und materieller Not. Sie sind deshalb sehr darauf angewiesen, daß die fortgesetzte Missionstätigkeit der ganzen Kirche ihnen die Hilfe bringt, die vor allem dem Wachstum und der Reifung des christlichen Lebens der Ortskirche dienen soll. Diese Missionstätigkeit soll auch den schon lange gegründeten Kirchen, die sich in einem Zustand des Rückschritts oder der Schwäche befinden, Hilfe bringen.

Indes sollen diese Kirchen ein gemeinsames pastorales Programm und geeignete Unternehmen einleiten, durch die die Berufe zum Diözesanklerus und zu den Orden zahlenmäßig vermehrt, sorgfältiger ausgewählt und wirksamer gepflegt werden[2], so daß sie allmählich für sich selber sorgen und anderen Hilfe bringen können.

20. Da die Teilkirche ein getreues Abbild der Gesamtkirche sein muß, soll sie sich auch ihrer Sendung an diejenigen, die mit ihr im gleichen Raum leben und noch nicht an Christus glauben, wohl bewußt sein, damit sie durch das Zeugnis des Lebens, der einzelnen sowohl wie der ganzen Gemeinde, ein Zeichen sei, das auf Christus hinweist.

Darüber hinaus ist der Dienst des Wortes notwendig, damit das Evangelium alle erreiche. Vor allem muß der Bischof Verkünder des Glaubens sein, der neue Jünger Christus zuführen soll[3]. Um diese hohe Aufgabe richtig zu erfüllen, muß er sowohl die Situation seiner Herde genau kennen als auch die Vorstellungen, die seine Landsleute sich zuinnerst von Gott gebildet haben. Dabei muß er auch auf die Wandlungen sorgfältig achthaben, die die Verstädterung, die Wanderung der Bevölkerung und der religiöse Indifferentismus bewirken.

Die einheimischen Priester sollen in den jungen Kirchen mit Eifer das Werk der Glaubensverkündigung in Angriff nehmen; dabei sollen sie mit den auswärtigen Missionaren zusammenarbeiten, mit denen sie, geeint unter der Autorität des Bischofs, eine einzige Priesterschaft bilden, und zwar nicht nur zur Betreuung der Gläubigen und zur Feier des Gottesdienstes, sondern

---

[2] Vgl. II. Vat. Konzil, Dekret über Dienst und Leben der Priester Presbyterorum ordinis, Nr. 11: AAS 58 (1966) 1008; Dekret über die Ausbildung der Priester Optatam totius, Nr. 2: AAS 58 (1966) 714–715.

[3] Vgl. II. Vat. Konzil, Dogm. Konst. über die Kirche Lumen Gentium, Nr. 25: AAS 57 (1965) 29.

auch zur Predigt des Evangeliums denen, die draußen sind. Sie sollen bereit sein, sich bei gegebener Gelegenheit sogar frohgemut ihrem Bischof zur Verfügung zu stellen, um die Missionsarbeit in entlegenen und vernachlässigten Distrikten der eigenen Diözese oder auch in anderen Diözesen aufzunehmen.

Mit gleichem Eifer sollen sich die Ordensmänner und Ordensfrauen und ebenso die Laien für ihre Mitbürger, zumal die ärmeren, einsetzen.

Die Bischofskonferenzen sollen dafür sorgen, daß in bestimmten Zeitabständen Kurse zur exegetischen, theologischen, spirituellen und pastoralen Auffrischung stattfinden, damit der Klerus bei der Vielfalt und dem Wechsel der Verhältnisse eine vollere Kenntnis der theologischen Wissenschaften und der pastoralen Methoden erhalte.

Im übrigen soll man treu befolgen, was dieses Konzil vor allem im Dekret über den Dienst und das Leben der Priester festgesetzt hat.

Um diese Missionsarbeit der Teilkirche auszuführen, sind geeignete Helfer erforderlich, und sie sind rechtzeitig in einer Weise vorzubereiten, die der Situation der einzelnen Kirche entspricht. Da aber die Menschen mehr und mehr zu Gruppen zusammenwachsen, ist es sehr angebracht, wenn sich die Bischofskonferenzen gemeinsam über den Dialog mit diesen Gruppen beraten. Wenn sich aber in manchen Gegenden Gruppen von Menschen finden, die von der Annahme des katholischen Glaubens dadurch abgehalten werden, daß sie sich der besonderen Erscheinungsweise der Kirche in ihrer Gegend nicht anpassen können, so wird vorgeschlagen, daß für eine solche Situation in besonderer Weise[4] Sorge getragen werde, bis alle Christen in einer Gemeinschaft vereint werden können. Wenn der Apostolische Stuhl zu diesem Zweck Missionare zur Verfügung haben sollte, mögen die betreffenden Bischöfe sie in ihre Diözesen rufen oder sie gern aufnehmen und ihre Bemühungen tatkräftig unterstützen.

Damit dieser missionarische Eifer bei den eigenen Landsleuten blühe, ist es sehr nützlich, daß die jungen Kirchen sobald wie

---

[4] Vgl. II. Vat. Konzil, Dekret über Dienst und Leben der Priester Presbyterorum ordinis, Nr. 10. Dort ist, soweit es zur richtigen Ausübung des Apostolates nötig ist, die Errichtung personaler Prälaturen vorgesehen, um die besondere pastorale Betreuung verschiedener gesellschaftlicher Gruppen zu erleichtern: AAS 58 (1966) 1007.

möglich an dem gesamten Missionswerk der Kirche aktiven Anteil nehmen, indem sie selbst Missionare ausschicken, die überall in der Welt das Evangelium verkünden sollen, auch wenn sie selbst an Priestermangel leiden; denn die Gemeinschaft mit der Gesamtkirche findet gleichsam ihre Krönung, wenn sie selbst an der Missionsarbeit bei anderen Völkern tätig teilnehmen.

21. Die Kirche ist nicht wirklich gegründet, hat noch nicht ihr volles Leben, ist noch nicht ganz das Zeichen Christi unter den Menschen, wenn nicht mit der Hierarchie auch ein wahrer Laienstand da ist und arbeitet; denn das Evangelium kann nicht in Geist, Leben und Arbeit eines Volkes tief Wurzel schlagen ohne die tätige Anwesenheit der Laien. Deshalb muß schon bei der Gründung der Kirche auf die Entwicklung eines reifen christlichen Laienstandes geachtet werden.

Denn die gläubigen Laien gehören gleichzeitig ganz zum Gottesvolk und ganz zur bürgerlichen Gesellschaft: Zu ihrem Volk gehören sie, in dem sie geboren wurden, an dessen Kulturgütern sie durch die Erziehung teilzunehmen begonnen haben, mit dessen Leben sie durch viele gesellschaftliche Bande verbunden sind, an dessen Aufstieg sie durch ihre eigenen Anstrengungen in ihrem Beruf mitarbeiten, dessen Probleme sie als ihre eigenen empfinden und zu lösen suchen. Sie gehören ebenso Christus an, da sie in der Kirche wiedergeboren sind durch Glaube und Taufe, damit sie in der Neuheit des Lebens und Arbeitens Christus zu eigen seien[5] und damit in Christus alles Gott unterworfen werde und endlich Gott sei alles in allem[6].

Hauptaufgabe der Laien, der Männer und der Frauen, ist das Christuszeugnis, das sie durch Leben und Wort in ihrer Familie, in ihrer Gesellschaftsschicht und im Bereich ihrer Berufsarbeit geben müssen. Denn es muß in ihnen der neue Mensch erscheinen, der nach Gottes Bild in wahrer Gerechtigkeit und Heiligkeit geschaffen ist[7]. Diese Neuheit des Lebens aber müssen sie im Bereich der heimatlichen Gesellschaft und Kultur ausdrücken, den Traditionen des eigenen Volkes entsprechend. Sie selbst müssen diese Kultur kennen, sie heilen und bewahren, sie müssen sie im Zug der modernen Entwicklung entfalten und endlich in Christus vollenden, so daß der Christusglaube und das Leben der Kirche der Gesellschaft, in der sie leben, nicht mehr äußerlich sei, sondern sie zu durchdringen

[5] Vgl. 1 Kor 15, 23.   [6] Vgl. 1 Kor 15, 28.   [7] Vgl. Eph 4, 24.

und zu verwandeln beginne. Ihren Mitbürgern seien sie in aufrichtiger Liebe verbunden, so daß in ihrem Umgang das neue Band der Einheit und der universalen Solidarität sichtbar werde, die aus dem Geheimnis Christi stammt. Auch sollen sie den Glauben an Christus unter denen verbreiten, mit denen sie durch Bande des täglichen Lebens und des Berufes verbunden sind. Diese Pflicht ist um so dringender, weil die meisten Menschen nur durch benachbarte Laien das Evangelium hören und Christus kennenlernen können. Ja, wo es möglich ist, sollen Laien bereit sein, in noch unmittelbarerer Zusammenarbeit mit der Hierarchie die besondere Sendung zu erfüllen: das Evangelium zu verkünden und christlichen Unterricht zu erteilen, um der werdenden Kirche die Kraft zu vermehren.

Die Diener der Kirche sollen das Apostolat der Laien hoch bewerten. Sie sollen die Laien formen, daß sie sich als Glieder Christi ihrer Verantwortung für alle Menschen bewußt werden; sie sollen ihnen das Geheimnis Christi tief erschließen, sie sollen sie auch in die methodische Arbeit einführen und ihnen in Schwierigkeiten zur Seite stehen, im Geiste der Konstitution über die Kirche und des Dekrets über das Laienapostolat.

Hirten und Laien haben also ihre besonderen Aufgaben und ihre eigene Verantwortung, und so soll die ganze junge Kirche ein einziges Zeugnis Christi geben, lebendig und stark, auf daß sie ein leuchtendes Zeichen des Heils sei, das in Christus zu uns gekommen ist.

22. Das Saatkorn, das heißt das Wort Gottes, sprießt aus guter, von himmlischem Tau befeuchteter Erde, zieht aus ihr den Saft, verwandelt ihn und assimiliert ihn sich, um viele Frucht zu zu bringen. In der Tat nehmen die jungen Kirchen, verwurzelt in Christus, gebaut auf das Fundament der Apostel, nach Art der Heilsordnung der Fleischwerdung in diesen wunderbaren Tausch alle Schätze der Völker hinein, die Christus zum Erbe gegeben sind[8]. Aus Brauchtum und Tradition ihrer Völker, aus Weisheit und Wissen, aus Kunststil und Fertigkeit entlehnen sie alles, was beitragen kann, die Ehre des Schöpfers zu preisen, die Gnade des Erlösers zu verherrlichen, das Christenleben recht zu gestalten[9].

[8] Vgl. Ps 2, 8.
[9] Vgl. II. Vat. Konzil, Dogm. Konst. über die Kirche Lumen Gentium, Nr. 13: AAS 57 (1965) 17–18.

Um dieses Ziel zu verwirklichen, muß in jedem sozio-kulturellen Großraum die theologische Besinnung angespornt werden, die im Licht der Tradition der Gesamtkirche die von Gott geoffenbarten Taten und Worte, die in der Heiligen Schrift aufgezeichnet sind und von Kirchenvätern und Lehramt erläutert werden, aufs neue durchforscht. So wird man klarer erfassen, auf welchen Wegen der Glaube, unter Benutzung der Philosophie und Weisheit der Völker, dem Verstehen näherkommen kann und auf welche Weise die Gepflogenheiten, die Lebensauffassung und die soziale Ordnung mit dem durch die göttliche Offenbarung bezeichneten Ethos in Einklang gebracht werden können. Von da öffnen sich Wege zu einer tieferen Anpassung im Gesamtbereich des christlichen Lebens. Wenn man so vorangeht, wird jeder Anschein von Synkretismus und falschem Partikularismus ausgeschlossen; das christliche Leben wird dem Geist und der Eigenart einer jeden Kultur angepaßt[10]; die besonderen Traditionen, zusammen mit den vom Evangelium erleuchteten Gaben der verschiedenen Völkerfamilien, werden in die katholische Einheit hineingenommen. So haben schließlich die jungen Teilkirchen mit dem ganzen Reichtum ihrer Überlieferung ihren Platz in der kirchlichen Gemeinschaft, unter voller Wahrung des Primates des Stuhles Petri, der in der ganzen Gemeinschaft der Liebe den Vorsitz führt[11].

Es ist zu wünschen, ja überaus angebracht, daß die Bischofskonferenzen innerhalb der sozio-kulturellen Großräume unter sich Verbindung aufnehmen, damit sie in gemeinsamer Überlegung einmütig dieses Ziel der Anpassung verfolgen können.

VIERTES KAPITEL

DIE MISSIONARE

23. Obwohl jedem Jünger Christi die Pflicht obliegt, nach seinem Teil den Glauben auszusäen[1], beruft Christus der Herr aus der Schar der Jünger immer wieder solche, die er selbst will, damit sie bei ihm seien und er sie zur Verkündigung bei den

---

[10] Vgl. Paul VI., Ansprache bei der Kanonisation der Martyrer von Uganda, 18. Okt. 1964: AAS 56 (1964) 908.

[11] Vgl. II. Vat. Konzil, Dogm. Konst. über die Kirche Lumen Gentium, Nr. 13: AAS 57 (1965) 18.

[1] Vgl. II. Vat. Konzil, Dogm. Konst. über die Kirche Lumen Gentium, Nr. 17: AAS 57 (1965) 21.

Völkern aussende[2]. Deshalb regt er durch den Heiligen Geist, der seine Gnadengaben, wie er will, zum allgemeinen Nutzen austeilt[3], im Herzen einzelner die Berufung zum Missionar an und erweckt gleichzeitig in der Kirche Institute[4], welche die Pflicht der Evangeliumsverkündigung, die der gesamten Kirche obliegt, gewissermaßen als ihre ureigene Aufgabe auf sich nehmen.

Denn durch eine besondere Berufung sind diejenigen gezeichnet, die, im Besitz der erforderlichen natürlichen Anlagen, nach Begabung und Charakter geeignet sind, die Missionsarbeit auf sich zu nehmen[5], seien es Einheimische oder Auswärtige: Priester, Ordensleute oder Laien. Ausgesondert zu dem Werk, zu dem sie berufen sind[6], gehen sie, von der rechtmäßige Autorität gesandt, in gläubigem Gehorsam hinaus zu jenen, die fern von Christus sind — Diener des Evangeliums, „damit die Heiden als Opfergabe wohlgefällig werden, geheiligt durch den Heiligen Geist" (Röm 15, 16).

24. Wenn Gott ruft, muß der Mensch Antwort geben, und zwar so, daß er nicht Fleisch und Blut zu Rate zieht[7], sondern sich ganz dem Dienst am Evangelium verschreibt. Eine solche Antwort kann der Mensch nur geben, wenn der Heilige Geist ihn treibt und ihm Kraft gibt. Tritt doch der Gesandte in das Leben und die Sendung dessen ein, der „sich selbst entäußert und Knechtsgestalt angenommen hat" (Phil 2, 7). So muß der Missionar bereit sein, sein Leben hindurch zu dem an ihn ergangenen Ruf zu stehen, sich selbst und allem, was er bislang als sein angesehen hat, zu entsagen, um allen alles zu werden[8].

Wenn er den Völkern die frohe Botschaft verkündet, mache er mit Freimut das Geheimnis Christi, an dessen Stelle er steht, kund. Deshalb habe er in ihm den Mut, so wie es seine Pflicht ist, zu reden[9] und sich des Ärgernisses des Kreuzes nicht zu schämen. In der Nachfolge seines Meisters, der sanft und von Herzen demütig war, mache er begreiflich, daß sein Joch nicht

[2] Vgl. Mk 3, 13f.   [3] Vgl. 1 Kor 12, 11.
[4] Unter „Instituten" werden hier Orden, Kongregationen, Institute und Vereinigungen, die in den Missionen arbeiten, verstanden.
[5] Vgl. Pius XI., Enz. Rerum Ecclesiae, 28. Febr. 1926: AAS 18 (1926) 69–71; Pius XII., Enz. Saeculo exeunte, 13. Juni 1940: AAS 32 (1940) 256; ders., Enz. Evangelii Praecones, 2. Juni 1951: AAS 43 (1951) 506.
[6] Vgl. Apg 13, 2.   [7] Vgl. Gal 1, 16.   [8] Vgl. 1 Kor 9, 22.
[9] Vgl. Eph 6, 19f.; Apg 4, 31.

drückt und seine Bürde nicht lastet[10]. Durch ein Leben ganz nach den Evangelium[11], in großer Geduld, in Langmut und Güte und in aufrichtiger Liebe[12] lege er Zeugnis ab für seinen Herrn, wenn es sein muß bis zur Hingabe des Lebens. Die Kraft und Tapferkeit dazu wird er im Gebet von Gott erlangen, und so wird er erfahren, daß aus aller Prüfung durch Trübsal und bitterste Armut übergroße Freude strömt[13]. Er sei überzeugt, daß der Gehorsam die besondere Tugend des Dieners Christi ist, der durch seinen Gehorsam das Menschengeschlecht erlöst hat.

Damit die Herolde der Frohbotschaft die Gnade, die ihnen geworden ist, nicht geringachten, sollen sie sich täglich im Geist erneuern[14]. Die Ordinarien und die Oberen aber sollen die Missionare in bestimmten Zeitabständen versammeln, damit sie durch die Hoffnung ihrer Berufung gefestigt und im apostolischen Dienst neu ausgerichtet werden, gegebenenfalls in eigens dazu gegründeten Häusern.

25. Auf seine so hohe Aufgabe muß der künftige Missionar durch eine besondere geistliche und sittliche Formung vorbereitet werden[15]. Der Missionar muß initiativfreudig sein, beharrlich in der Durchführung von Unternehmen und ausdauernd in Schwierigkeiten. Geduldig und starkmütig muß er Einsamkeit, Ermüdung und Mißerfolge tragen lernen. In geistiger Aufgeschlossenheit und Offenheit des Herzens muß er auf die Menschen zugehen können. Aufgaben, die ihm übertragen werden, wird er bereitwillig annehmen. Selbst fremd anmutenden Bräuchen des Volkes muß er sich ebenso wie neu entstehenden Situationen bereitwilligst anzupassen wissen. In aller Eintracht und in gegenseitiger Liebe wird er mit seinen Mitbrüdern und allen, die sich der gleichen hohen Aufgabe widmen, im Team zusammenarbeiten. So werden sie zusammen mit den Gläubigen ein Abbild der apostolischen Gemeinde bieten und ein Herz und eine Seele sein[16]. Eine solche Geisteshaltung muß schon in der

---

[10] Vgl. Mt 11, 29f.
[11] Vgl. Benedikt XV., Enz. Maximum illud, 30. Nov. 1919: AAS 11 (1919) 449–450.   [12] Vgl. 2 Kor 6, 4f.   [13] Vgl. 2 Kor 8, 2.
[14] Vgl. 1 Tim 4, 14; Eph 4, 23; 2 Kor 4, 16.
[15] Vgl. Benedikt XV., Enz. Maximum illud, 30. Nov. 1919: AAS 11 (1919) 448–449; Pius XII., Enz. Evangelii Praecones, 2. Juni 1951: AAS 43 (1951) 507.
Bei der Vorbereitung der Priestermissionare ist auch zu beachten, was im Dekret über die Ausbildung der Priester Optatam totius des II. Vat. Konzils festgesetzt worden ist.   [16] Vgl. Apg 2, 42; 4, 32.

Zeit der Vorbereitung eifrigst eingeübt und gepflegt und im geistlichen Leben aufbereitet und genährt werden. Von lebendigem Glauben und unerschütterlicher Hoffnung durchdrungen, muß der Missionar ein Mann des Gebetes sein. Er erglühe vom Geist der Kraft, der Liebe und der Besonnenheit[17]; er lerne, mit seinen Verhältnissen zufrieden zu sein[18]. In Opfergesinnung trage er an seinem Leibe das Todesleiden Jesu, damit das Leben Jesu in denen wirksam werde, zu denen er gesandt ist[19]. Im Eifer für die Seelen bringe er gern Opfer, ja opfere er sich selbst für die Seelen auf[20]. So wird er „durch seine tägliche Pflichterfüllung in der Liebe zu Gott und zum Nächsten wachsen"[21]. Auf diese Weise führt er, mit Christus dem Willen des Vaters gehorchend, die Sendung Jesu im Gehorsam gegen die kirchliche Autorität weiter und wirkt am Geheimnis des Heils mit.

26. Die zu den verschiedenen Völkern ausgesandt werden, sollen „durch die Worte des Glaubens und der guten Lehre zu tüchtigen Dienern Christi herangebildet werden" (1 Tim 4, 6). Sie schöpfen sie vor allem aus der Heiligen Schrift, indem sie tief in das Geheimnis Christi einzudringen versuchen, dessen Herolde und Zeugen sie sein sollen.

Deshalb sind alle Missionare — Priester, Brüder, Schwestern und Laien — entsprechend ihrem Stand vorzubereiten und auszubilden, damit sie den Anforderungen ihrer künftigen Arbeit gerecht werden können[22]. Ihre wissenschaftliche Ausbildung soll gleich von Anfang an sowohl der Universalität der Kirche als auch der Andersartigkeit der Völker Rechnung tragen. Dieser Grundsatz gilt für alle Disziplinen, die sie auf ihren künftigen Dienst vorbereiten; er gilt aber auch für die übrigen Wissenschaften, in denen sie nutzbringend unterrichtet werden, um eine allgemeine Kenntnis der Völker, ihrer Kulturen und Religionen zu besitzen, die nicht nur die Vergangenheit, sondern auch die Gegenwart berücksichtigt. Denn wer sich zu einem anderen Volk begeben will, muß dessen Erbe, Sprache und Brauchtum hochachten. Vor allem soll der künftige Missionar sich mit missionswissenschaftlichen Studien befassen, das

---

[17] Vgl. 2 Tim 1, 7.   [18] Vgl. Phil 4, 11.   [19] Vgl. 2 Kor 4, 10ff.
[20] Vgl. 2 Kor 12, 15 f.
[21] II. Vat. Konzil, Dogm. Konst. über die Kirche Lumen Gentium, Nr. 41: AAS 57 (1965) 46.
[22] Vgl. Benedikt XV., Enz. Maximum illud, 30. Nov. 1919: AAS 11 (1919) 440; Pius XII., Enz. Evangelii Praecones, 2. Juni 1951: AAS 43 (1951) 507.

heißt, er soll die Lehre und die Grundsätze der Kirche bezüglich der Missiontätigkeit kennen; er soll wissen, welche Wege die Boten des Evangeliums im Lauf der Jahrhunderte gegangen sind; er soll die gegenwärtige Missionssituation kennen und die Methoden, die heutzutage als besonders erfolgreich gelten[23].

Wenn auch diese gesamte Ausbildung vom Geist pastoraler Sorge durchdrungen sein muß, so soll dennoch eine eigene und planmäßige Anleitung zum Apostolat geboten werden, sowohl in der Theorie wie durch praktische Übungen[24].

Von den Brüdern und Schwestern sollen möglichst viele katechetisch geschult und gut ausgebildet werden, damit sie noch besser im Apostolat mitwirken können.

Auch wer auf Zeit Aufgaben der Missionsarbeit übernimmt, soll unbedingt eine entsprechende Vorbildung erwerben.

Diese Ausbildungsfächer sollen in den Ländern, in welche die Missionare gesandt werden, so ergänzt werden, daß sie ausführlicher die Geschichte, das gesellschaftliche Gefüge und das Brauchtum der Völker kennenlernen und tieferen Einblick gewinnen in die sittliche Ordnung, die religiösen Vorschriften und die Vorstellungen, die sie sich nach den ihnen heiligen Überlieferungen über Gott, Welt und Mensch zuinnerst gebildet haben[25]. Ihre Sprachen sollen sie so gründlich erlernen, daß sie sich fließend und gewandt ihrer bedienen können und dadurch leichteren Zugang zu Geist und Herz der Menschen finden[26]. Außerdem müssen sie in die besonderen pastoralen Erfordernisse gut eingeführt werden.

Einige aber sollen an missionswissenschaftlichen Instituten oder sonstigen Fakultäten und Universitäten eine gründlichere Ausbildung erhalten, damit sie Spezialaufgaben wirksamer wahrnehmen[27] und den übrigen Missionaren durch ihr Fachwissen Hilfe in der Missionsarbeit leisten können, die zumal in

[23] Benedikt XV., Enz. Maximum illud, 30. Nov. 1919: AAS 11 (1919) 448; Dekret der Kongregation für die Glaubensverbreitung, 20. Mai 1923: AAS 15 (1923) 369–370; Pius XII., Enz. Saeculo exeunte, 2. Juni 1940: AAS 32 (1940) 256; Enz. Evangelii Praecones, 2. Juni 1951: AAS 43 (1951) 507; Johannes XXIII., Enz. Princeps Pastorum, 28. Nov. 1959: AAS 51 (1959) 843–844.
[24] II. Vat. Konzil, Dekret über Dienst und Leben der Priester Optatam totius, Nr. 19–21: AAS 58 (1966) 725–726; Const. Apost. Sedes Sapientiae mit den allgemeinen Festlegungen, 31. Mai 1956: AAS 48 (1956) 354–365.
[25] Pius XII., Enz. Evangelii Praecones, 2. Juni 1951: AAS 43 (1951) 523–524.
[26] Benedikt XV., Enz. Maximum illud, 30. Nov. 1919: AAS 11 (1919) 449; Pius XII., Enz. Evangelii Praecones, 2. Juni 1951: AAS 43 (1951) 507.
[27] Vgl. Pius XII., Enz. Fidei donum, 15. Juni 1957: AAS 49 (1957) 234.

unserer Zeit so viele Schwierigkeiten und Möglichkeiten bietet. Außerdem wäre sehr zu wünschen, daß die regionalen Bischofskonferenzen genügend viele solcher Fachleute zur Verfügung hätten und sich ihres Wissens und ihrer Erfahrung in den schwer zu lösenden Aufgaben ihres Amtes mit Gewinn bedienen könnten. Auch sollte es nicht an Spezialisten fehlen, die die Hilfsmittel der Technik und der Publizistik, deren Bedeutung niemand unterschätzen sollte, vollendet zu handhaben verstehen.

27. Wenn auch dies alles für jeden, der zu den Völkern gesandt wird, unbedingt notwendig ist, kann es doch kaum wirklich von einzelnen erreicht werden. Da auch die Missionsarbeit, wie die Erfahrung beweist, von einzelnen nicht geleistet werden kann, hat die gemeinsame Berufung die einzelnen zu Gemeinschaften vereinigt, in denen sie mit vereinten Kräften zweckentsprechend ausgebildet werden sollen und das Missionswerk im Auftrag der Kirche und auf Geheiß der hierarchischen Autorität durchführen wollen. Diese Institute haben sich ganz oder mit einem Teil ihrer Mitglieder der Missionsarbeit geweiht und seit Jahrhunderten Last und Hitze des Tages getragen. Oft sind ihnen vom Heiligen Stuhl weite Gebiete zur Evangelisation übertragen worden, in denen sie Gott ein neues Volk gesammelt haben: die Ortskirche, die um ihre eigenen Hirten geschart ist. Diesen Kirchen, die sie mit ihrem Schweiß, oft sogar mit ihrem Blut gegründet haben, werden die Institute mit ihrem Eifer und ihrer Erfahrung weiterhin zu Diensten sein und in brüderlicher Zusammenarbeit Seelsorge ausüben oder Sonderaufgaben zum allgemeinen Wohl ausführen.

Manchmal werden sie im Bereich einer ganzen Region dringlichere Aufgaben übernehmen, wie z. B. die Verkündigung des Evangeliums bei Gruppen oder Völkerschaften, die aus bestimmten Gründen die Frohbotschaft noch nicht gehört oder ihr bislang widerstanden haben[28].

Wo es nötig ist, werden sie bereit sein, jene, die sich auf Zeit der Missionstätigkeit widmen wollen, durch ihre Erfahrung vorzubereiten und ihnen zu helfen.

Aus all diesen Gründen und weil es noch viele Völker gibt, die zu Christus geführt werden müssen, bleiben die Institute vollauf unentbehrlich.

[28] Vgl. II. Vat. Konzil, Dekret über Dienst und Leben der Priester Presbyterorum ordinis, Nr. 10, wo von Personaldiözesen und -prälaturen und dergleichen gehandelt wird: AAS 58 (1966) 1007.

28. Da die Christgläubigen verschiedenartige Gnadengeschenke haben[1], soll ein jeder nach Gelegenheit, Fähigkeit, Gnadengabe und Amt[2] am Evangelium mitwirken; alle, die säen und ernten[3], die pflanzen und begießen, sollen eins sein[4], damit sie „auf dasselbe Ziel hin sich frei und in geordneter Weise zusammentun"[5] und eines Sinnes ihre Kräfte einsetzen zur Auferbauung der Kirche.

Aus diesem Grunde ist es notwendig, die Arbeiten der Künder der Frohbotschaft und die Hilfeleistungen der übrigen Christgläubigen so zu lenken und zusammenzufassen, daß in sämtlichen Bereichen der Missionsarbeit und der Missionshilfe „alles in der rechten Ordnung geschehe" (1 Kor 14, 40).

29. Da die Sorge für die weltweite Verkündigung des Evangeliums besonders bei der Gemeinschaft der Bischöfe liegt[6], möge die Bischofssynode oder „der beständige, für die ganze Kirche zuständige Rat der Bischöfe"[7] unter den Obliegenheiten von allgemeiner Bedeutung[8] der missionarischen Tätigkeit als der wichtigsten und heiligsten Aufgabe der Kirche[9] besondere Aufmerksamkeit zuwenden.

Für alle Missionen und die gesamte missionarische Tätigkeit soll nur eine einzige Kongregation zuständig sein, nämlich die „Zur Verbreitung des Glaubens"; ihr steht es zu, die missionarischen Belange auf der ganzen Welt, die Missionsarbeit und die Missionshilfe, zu leiten und zu koordinieren, unbeschadet jedoch des Rechtes der Orientalischen Kirchen[10].

Wenn der Heilige Geist auch auf vielfache Weise den Missions-

---

[1] Vgl. Röm 12, 6. [2] Vgl. 1 Kor 3, 10. [3] Vgl. Jo 4, 37. [4] Vgl. 1 Kor 3, 8.
[5] Vgl. II. Vat. Konzil, Dogm. Konst. über die Kirche Lumen Gentium, Nr. 18: AAS 57 (1965) 22.
[6] Vgl. ebd. Nr. 23: AAS 57 (1965) 28.
[7] Vgl. Motupr. Apostolica sollicitudo, 15. Sept. 1965: AAS 57 (1965) 776.
[8] Vgl. Paul VI., Ansprache im Konzil, 21. Nov. 1964: AAS 56 (1964) 1011.
[9] Vgl. Benedikt XV., Enz. Maximum illud, 30. Nov. 1919: AAS 11 (1919) 440.
[10] Wo aus besonderen Umständen vorübergehend noch einige Missionen anderen Kongregationen unterstellt sind, mögen diese mit der Heiligen Kongregation für die Verbreitung des Glaubens Kontakt halten, damit die Leitung und Lenkung aller Missionen in wirklich beständiger und einheitlicher Weise geschehen könne.

geist in der Kirche Gottes weckt und nicht selten der Tätigkeit
derer, die das Leben der Kirche zu leiten haben, vorauseilt, so
soll diese Kongregation doch ihrerseits die missionarische
Berufung und Spiritualität, den Eifer und das Gebet für die
Missionen sowie eine zuverlässige und ausreichende Nachrich-
tenvermittlung über sie fördern; sie soll sich um Missionare
bemühen und sie entsprechend der Vordringlichkeit der Bedürfnisse in den einzelnen Gebieten verteilen. Von ihr sollen ein
geplantes Arbeitsprogramm entworfen, angepaßte Direktiven
und Prinzipien für die Evangelisierung erarbeitet, Impulse
gegeben werden. Von ihr soll die wirksame Beschaffung der
materiellen Hilfsmittel angeregt und koordiniert werden, die
dann unter Berücksichtigung der Notwendigkeit oder Nützlich-
keit, nach der Größe der kirchlichen Distrikte, nach der Zahl der
Gläubigen und Ungläubigen, der Werke und Institute, der Helfer und Missionare verteilt werden sollen.

Gemeinsam mit dem Sekretariat zur Förderung der Einheit
der Christen suche sie Wege und Mittel, um eine brüderliche
Zusammenarbeit mit den Missionsunternehmungen anderer
christlicher Gemeinschaften zu ermöglichen und zu ordnen,
damit man so miteinander leben könne, daß das Ärgernis der
Spaltung soweit wie möglich beseitigt werde.

Deshalb ist es nötig, daß diese Kongregation sowohl ein
Instrument der Verwaltung als auch ein Organ dynamischer
Steuerung sei, das sich wissenschaftlicher Methoden und zeitgemäßer Arbeitsinstrumente bedient und dabei den heutigen
theologischen, methodologischen und missionspastoralen For-
schungsergebnissen Rechnung trägt. An der Leitung dieser
Kongregation sollen ausgewählte Vertreter all derer wirksamen
Anteil mit entscheidender Stimme haben, die am Missionswerk
mitarbeiten: Bischöfe aus der ganzen Welt, nach Anhören
der Bischofskonferenzen, wie auch Leiter der Institute und
der Päpstlichen Missionswerke. Verfahrensweise und Verfassung werden vom Papst festgelegt. Sie alle sind in bestimmten
Zeitabständen zusammenzurufen, um unter der Autorität des
Papstes die oberste Leitung des gesamten Missionswerkes auszuüben. Der Kongregation soll ein ständiger Kreis fachmännischer
Berater von bewährter Kenntnis und Erfahrung zur Verfügung
stehen. Ihre Aufgabe wird unter anderem darin bestehen, über
die besonderen Verhältnisse der verschiedenen Gebiete und die
geistige Orientierung der verschiedenen Menschengruppen

sowie auch über die anzuwendenden Evangelisierungsmethoden brauchbare Informationen zu sammeln und wissenschaftlich begründete Folgerungen für die Missionsarbeit und die Missionshilfe vorzulegen.

Die Schwesterngenossenschaften, die regionalen Missionswerke wie auch die Laienorganisationen — zumal die internationalen — seien in einer angemessenen Weise vertreten.

30. Um das Ziel der Missionsarbeit tatsächlich zu erreichen, sollen alle, die im Missionsdienst tätig sind, „ein Herz und eine Seele" (Apg 4, 32) sein.

Obliegenheit des Bischofs als des Leiters und des einigenden Zentrums im diözesanen Apostolat ist es, die missionarische Tätigkeit voranzutreiben, zu lenken und zu koordinieren, so jedoch, daß die spontane Initiative derer, die am Werk beteiligt sind, erhalten und gefördert werde. Ihm sind alle Missionare, auch die exemten Religiosen, bei den verschiedenen Arbeiten unterstellt, die zur Ausübung des Apostolates gehören[11]. Zur besseren Koordinierung schaffe der Bischof nach Möglichkeit einen Seelsorgerat, in welchem die Kleriker, Religiosen und Laien durch ausgewählte Delegierte vertreten seien. Überdies möge er Sorge tragen, daß die apostolische Tätigkeit nicht auf die schon Bekehrten beschränkt bleibe, daß vielmehr ein angemessener Anteil der Mitarbeiter und der Mittel für die Evangelisierung der Nichtchristen bestimmt werde.

31. Die Bischofskonferenzen mögen schwerwiegendere Fragen und dringende Probleme in gemeinsamer Beratung behandeln, ohne jedoch örtlich gegebene Unterschiede unbeachtet zu lassen[12]. Damit die unzureichende Zahl der Kräfte und Mittel nicht zersplittert und die Unternehmungen nicht unnötigerweise vervielfältigt werden, wird empfohlen, Werke, die dem Wohl aller dienen, mit vereinten Kräften zu gründen, wie z. B. Seminarien, höhere und technische Schulen, Zentren für Pastoral, Katechetik, Liturgik und Publizistik.

Wenn zweckmäßig, möge eine derartige Zusammenarbeit auch zwischen verschiedenen Bischofskonferenzen aufgenommen werden.

---

[11] Vgl. II. Vat. Konzil, Dekret über die Hirtenaufgabe der Bischöfe in der Kirche Christus Dominus, Nr. 35, 4: AAS 58 (1966) 691.
[12] Vgl. ebd. Nr. 36–38: AAS 58 (1966) 692–693.

32. Wünschenswert ist ebenfalls eine Koordinierung der von den Instituten und kirchlichen Vereinigungen ausgeübten apostolischen Tätigkeit. Sie alle, gleich welcher Art sie sind, sollen sich in allem, was die missionarische Tätigkeit betrifft, dem Ortsordinarius zur Verfügung halten. Deswegen wird es von großem Nutzen sein, besondere Übereinkünfte zu treffen, wodurch die Beziehungen zwischen dem Ortsordinarius und dem Leiter des Instituts geregelt werden.

Wenn einem Institut ein Territorium anvertraut wurde, mögen der kirchliche Obere und das Institut es sich angelegen sein lassen, alles daraufhin anzulegen, daß die neue christliche Gemeinschaft zur Ortskirche heranwachse, die zu gegebener Zeit von einem eigenen Hirten mit seinem eigenen Klerus geleitet werde.

Hört die Überlassung eines Gebietes auf, entsteht eine neue Situation. Die Bischofskonferenzen und die Institute sollen in gemeinsamen Überlegungen die Richtlinien festlegen, die die Beziehungen zwischen den Ortsordinarien und den Instituten regeln[13]. Sache des Heiligen Stuhles aber wird es sein, allgemeine Grundsätze zu umreißen, nach denen regionale oder auch partikulare Übereinkünfte getroffen werden.

Obwohl die Institute bereit sein werden, das begonnene Werk durch Mitwirken in der ordentlichen Seelsorge fortzusetzen, soll doch bei Zunahme des Ortsklerus Vorsorge getroffen werden, daß die Institute, sofern dies ihren Zielen entspricht, der Diözese treu bleiben und großzügig besondere Aufgaben oder einen bestimmten Gebietsteil in ihr übernehmen.

33. Institute, die in dem gleichen Territorium missionarisch tätig sind, mögen auf Wege und Mittel bedacht sein, ihre Arbeiten zu koordinieren. Deshalb sind Religiosenkonferenzen und Vereinigungen der weiblichen Ordensgemeinschaften, in denen alle Institute derselben Nation oder Region vertreten sind, von größtem Nutzen. Diese Konferenzen sollen überlegen, was in gemeinsamem Bemühen durchgeführt werden kann, und enge Verbindung mit den Bischofskonferenzen halten.

Dies alles wäre in gleicher Weise auch auf die Zusammenarbeit der Missionsinstitute in der Heimat auszudehnen, so daß die Fragen und Aufgaben, die allen gemeinsam sind, leichter und

---

[13] Vgl. ebd. Nr. 35, 5–6: AAS 58 (1966) 692.

mit geringeren Ausgaben gelöst und durchgeführt werden können, wie zum Beispiel die wissenschaftliche Ausbildung der
zukünftigen Missionare, Kurse für Missionare, Beziehungen zu
den öffentlichen Behörden oder zu den internationalen und
übernationalen Organisationen.

34. Eine sach- und ordnungsgemäße Ausübung der missionarischen Tätigkeit verlangt eine wissenschaftliche Vorbereitung
der Missionare auf ihre Aufgaben, vor allem auf den Dialog mit
den nichtchristlichen Religionen und Kulturen. Diese wird ihnen
bei der tatsächlichen Durchführung ihrer Arbeit eine wirksame
Hilfe bedeuten. Darum ist es wünschenswert, daß wissenschaftliche Institute, die Missiologie und andere den Missionen dien-
liche Fachgebiete und Wissenschaften, wie Ethnologie und
Sprachkunde, Religionsgeschichte und Religionswissenschaft,
Soziologie, Pastoralwissenschaft und ähnliches, betreiben, zum
Wohl der Missionen untereinander brüderlich und großzügig
zusammenarbeiten.

SECHSTES KAPITEL

DIE GESAMTKIRCHLICHE MISSIONSHILFE

35. Da die ganze Kirche missionarisch und das Werk der Evangelisation eine Grundpflicht des Gottesvolkes ist, lädt die Heilige
Synode alle zu einer tiefgreifenden, inneren Erneuerung ein,
damit sie im lebendigen Bewußtsein der eigenen Verantwortung
um die Ausbreitung des Evangeliums ihren Anteil am Missionswerk bei den Völkern übernehmen.

36. Als Glieder des lebendigen Christus, durch Taufe, Firmung
und Eucharistie ihm eingegliedert und gleichgestaltet, ist allen
Gläubigen die Pflicht auferlegt, an der Entfaltung und an dem
Wachstum seines Leibes mitzuwirken, damit dieser so bald wie
möglich zur Vollgestalt gelange[1].

Deshalb mögen alle Kinder der Kirche ein lebendiges Verantwortungsbewußtsein gegenüber der Welt besitzen, eine
wahrhaft katholische Gesinnung in sich hegen und ihre Kräfte
für das Werk der Evangelisierung einsetzen. Doch seien alle eingedenk, daß die erste und wichtigste Verpflichtung bei der Aus-

[1] Vgl. Eph 4, 13.

breitung des Glaubens darin besteht, ein tiefchristliches Leben zu führen. Ihr Eifer im Dienste Gottes und ihre Liebe zum Nächsten werden der ganzen Kirche neuen geistlichen Antrieb verleihen, so daß sie als Zeichen erscheint, aufgerichtet unter den Völkern[2], als „Licht der Welt" (Mt 5, 14) und als „Salz der Erde" (Mt 5, 13). Dieses Zeugnis des Lebens wird eher seine Wirkung hervorbringen, wenn es — nach den Richtlinien des Dekrets über den Ökumenismus[3] — zusammen mit anderen christlichen Gruppen abgelegt wird.

Aus diesem erneuerten Geiste werden spontan Gebete und Bußwerke Gott dargebracht werden, damit seine Gnade die Arbeit der Missionare befruchte; Missionsberufe werden erstehen und die den Missionen notwendigen Mittel gespendet werden. Damit aber die Christgläubigen, einzeln und insgesamt, über die gegenwärtige Situation der Kirche in der Welt gut unterrichtet sind und die Stimme der Scharen hören, die da rufen: „Hilf uns"[4], sollen ihnen die Nachrichten über die Missionen, auch durch Einsatz der modernen publizistischen Mittel, so dargeboten werden, daß sie die missionarische Aufgabe als ihre eigene erfassen, für die unermeßlichen und tiefen Nöte der Menschen ihre Herzen öffnen und sich gedrängt fühlen, ihnen zu Hilfe zu kommen.

Von Wichtigkeit ist auch die Koordinierung der Nachrichten und die Zusammenarbeit mit den nationalen und internationalen Organen.

37. Da das Volk Gottes in Gemeinschaften lebt, besonders in der Diözesan- und Pfarrgemeinschaft, und in ihnen gewissermaßen seine Sichtbarkeit erfährt, fällt es auch diesen zu, Christus vor den Völkern zu bezeugen.

Die Gnade der Erneuerung kann in den Gemeinschaften nicht wachsen, wenn nicht eine jede den Raum ihrer Liebe bis zu den Grenzen der Erde hin ausweitet und eine ähnliche Sorge für jene trägt, die in der Ferne leben, wie für jene, die ihre eigenen Mitglieder sind.

So betet die ganze Gemeinschaft und wirkt mit und übt unter den Völkern ihre Tätigkeit aus durch ihre Kinder, die Gott für diese erhabene Aufgabe erwählt.

---

[2] Vgl. Is 11, 12.
[3] Vgl. II. Vat. Konzil, Dekret über den Ökumenismus Unitatis redintegratio, Nr. 12: AAS 57 (1965) 99.   [4] Vgl. Apg. 16, 9.

Von sehr großem Nutzen wäre es, sofern darüber nur das universale Missionswerk nicht vernachlässigt wird, Verbindung mit den aus der Gemeinde selbst hervorgegangenen Missionaren oder mit irgendeiner Pfarrei oder Diözese in den Missionen zu pflegen, damit so die Verbundenheit der Gemeinschaften sichtbar werde und dem gegenseitigen inneren Aufbau diene.

38. Alle Bischöfe haben als Glieder des in der Nachfolge des Apostelkollegiums stehenden Episkopates nicht nur für eine bestimmte Diözese, sondern für das Heil der ganzen Welt die Weihe empfangen. Der Auftrag Christi, aller Kreatur das Evangelium zu predigen[5], gilt mit und unter Petrus zuerst und unmittelbar ihnen. Daraus erwächst jene Gemeinschaft und Zusammenarbeit der Kirchen, die für die Fortführung des Werkes der Evangelisierung heute so notwendig ist. Kraft dieser Gemeinschaft tragen die einzelnen Kirchen auch für alle anderen Sorge, sie erschließen einander ihre Nöte und treten miteinander in Austausch, da ja das Wachstum des Leibes Christi Aufgabe des gesamten Bischofskollegiums ist[6].

Indem der Bischof in seiner Diözese, mit der er eine Einheit bildet, das Missionswerk anregt, fördert und leitet, läßt er den missionarischen Geist und Eifer des Gottesvolkes gegenwärtig und gleichsam sichtbar werden, so daß die ganze Diözese missionarisch wird.

Aufgabe des Bischofs wird es sein, in seinem Volk, besonders unter den Kranken und Notleidenden, Seelen zu erwecken, die Gott mit bereitem Herzen Gebete und Bußwerke für die Evangelisierung der Welt darbringen; Berufungen von Jugendlichen und Klerikern für die Missionsinstitute bereitwillig zu fördern und es dankbaren Sinnes anzunehmen, wenn Gott einige erwählt, um sie der aktiven Missionsarbeit der Kirche einzugliedern; die Kongregationen diözesanen Rechts zu einem eigenen Beitrag am Missionswerk zu ermuntern und ihnen dabei zu helfen; die Werke der Missionsinstitute, vor allem freilich die Päpstlichen Missionswerke, bei den Gläubigen zu fördern. Letzteren gebührt mit Recht der erste Platz, da sie Mittel darstellen, die Katholiken von Kindheit an mit einer wahrhaft universalen und missionarischen Gesinnung zu erfüllen und zur tatkräftigen

[5] Vgl. Mk 16, 15.
[6] Vgl. II. Vat. Konzil, Dogm. Konst. über die Kirche Lumen Gentium, Nr. 23 bis 24: AAS 57 (1965) 27–29.

Sammlung von Hilfsmitteln zum Wohl aller Missionen gemäß den jeweiligen Bedürfnissen anzueifern[7].

Weil aber der Bedarf an Arbeitern für den Weinberg des Herrn immer weiter wächst und die Diözesanpriester auch ihrerseits einen immer größeren Anteil an der Evangelisierung der Welt haben möchten, wünscht die Heilige Synode, daß die Bischöfe in Anbetracht des großen Mangels an Priestern, durch den die Evangelisierung vieler Gebiete gehemmt wird, einige ihrer besten Priester, die sich für das Missionswerk anbieten, nach entsprechender Vorbereitung in Diözesen schicken, denen es an Klerus fehlt, wo sie wenigstens für einige Zeit im Geiste des Dienstes das missionarische Amt ausüben mögen[8].

Damit jedoch die missionarische Tätigkeit der Bischöfe sich wirksamer gestalten könne, ist es angebracht, daß die Bischofskonferenzen sich der Angelegenheiten annehmen, die die geordnete Missionshilfe des eigenen Gebietes betreffen. Die Bischöfe sollen in ihren Konferenzen handeln über die Priester des Diözesanklerus, die sich der Evangelisierung der Heiden widmen wollen; über den bestimmten Geldbetrag, den eine jede Diözese in entsprechendem Verhältnis zu den eigenen Einkünften jährlich für das Missionswerk abtreten soll[9]; über die verschiedenen direkten Hilfsmaßnahmen zugunsten der Missionen und deren Leitung und Organisation; über die Unterstützung der Missionsinstitute und der Seminare des Diözesanklerus für die Missionen und nötigenfalls deren Gründung; über die Pflege eines engeren Kontaktes zwischen eben diesen Instituten und den Diözesen.

Zu den Aufgaben der Bischofskonferenzen gehört es gleichfalls, Werke einzurichten und zu fördern, in denen jene, die aufgrund von Arbeiten oder zum Zwecke des Studiums aus den Missionsgebieten einreisen, brüderlich Aufnahme finden und angemessene pastorale Betreuung erhalten. Durch sie werden uns die fernen Völker gewissermaßen zu Nachbarn und wird den von alters her christlichen Gemeinschaften die beste Gelegenheit geboten, mit Nationen ins Gespräch zu kommen, die das Evan-

---

[7] Vgl. Benedikt XV., Enz. Maximum illud, 30. Nov. 1919: AAS 11 (1919) 453 bis 454; Pius XI., Enz. Rerum Ecclesiae, 28. Febr. 1926: AAS 18 (1926) 71–73; Pius XII., Enz. Evangelii Praecones, 2. Juni 1951: AAS 43 (1951) 525–526; ders., Enz. Fidei donum, 15. Jan. 1957: AAS 49 (1957) 241.

[8] Vgl. Pius XII., Enz. Fidei donum, 15. Jan. 1957: AAS 49 (1957) 245–246.

[9] II. Vat. Konzil, Dekret über die Hirtenaufgabe der Bischöfe in der Kirche Christi Dominus, Nr. 6: AAS 58 (1966) 675–676.

gelium noch nicht vernommen haben, und ihnen in dem ur-
eigenen Dienst der Liebe und des Beistandes das wahre Antlitz
Christi zu zeigen[10].

39. Die Priester sind Stellvertreter Christi und Mitarbeiter der
Bischöfe in dem dreifachen heiligen Amt, das seiner Natur nach
auf die Sendung der Kirche ausgerichtet ist[11]. Sie mögen sich
also zutiefst bewußt sein, daß ihr Leben auch dem Dienst an den
Missionen geweiht ist. Da sie aber aufgrund ihres eigenen Amtes
— das vorzugsweise im Vollzug der die Kirche vollendenden
Eucharistie besteht — mit Christus als dem Haupte in Gemeinschaft stehen und andere zu dieser Gemeinschaft hinführen,
können sie unmöglich übersehen, wieviel noch an der Vollgestalt des Leibes fehlt und wieviel deshalb noch zu tun ist,
damit er immer weiter wachse. Sie mögen darum die Seelsorge
so ausrichten, daß sie der Ausbreitung des Evangeliums unter
den Nichtchristen dient.

Die Priester sollen in der Seelsorge den Eifer für die Evangelisierung der Welt unter den Gläubigen anfachen und bewahren.
In Katechese und Predigt sollen sie über die Aufgabe der Kirche,
Christus den Völkern zu verkünden, unterrichten; sie sollen den
christlichen Familien die Notwendigkeit und die Ehre vor Augen
stellen, missionarische Berufungen in ihren Söhnen und Töch-
tern zu pflegen; sie sollen unter den Jugendlichen in den Schulen
und katholischen Vereinigungen den Missionseifer mehren, so
daß aus ihnen zukünftige Boten des Evangeliums hervorgehen.
Sie mögen die Gläubigen lehren, für die Missionen zu beten, und
sich nicht schämen, von ihnen Gaben zu erbitten und so gleichsam Bettler zu werden für Christus und das Heil der Seelen[12].

Die Professoren der Seminare und Universitäten werden den
Jugendlichen die wahre Situation der Welt und der Kirche darlegen, damit die Notwendigkeit einer intensiveren Evangelisierung der Nichtchristen ihnen deutlich werde und ihren Eifer
anfache. In der Darstellung der dogmatischen, biblischen,
moraltheologischen und historischen Disziplinen werden sie die
in jenen enthaltenen missionarischen Aspekte ins Licht rücken,
damit auf diese Weise in den zukünftigen Priestern ein missio-
narisches Bewußtsein gebildet werde.

---

[10] Vgl. Pius XII., Enz. Fidei donum, 15. Jan. 1957: AAS 49 (1957) 245.
[11] Vgl. II. Vat. Konzil, Dogm. Konst. über die Kirche Lumen Gentium, Nr. 28:
AAS 57 (1965) 34.
[12] Vgl. Pius XI., Enz. Rerum Ecclesiae, 28. Febr. 1926: AAS 18 (1926) 72.

40. Die religiösen Institute des kontemplativen und aktiven Lebens hatten und haben bisher den größten Anteil an der Evangelisierung der Welt. Ihre Verdienste erkennt die Heilige Synode gern an und sagt Gott Dank für so viele zu seiner Ehre und im Dienst an den Seelen aufgewandte Mühen. Sie ermuntert sie, unverdrossen mit dem begonnenen Werk fortzufahren und sich bewußt zu bleiben, daß die Kraft der Liebe, die sie aufgrund ihrer Berufung vollkommen üben müssen, sie zu wahrhaft katholischem Geist und Werk antreibt und verpflichtet[13].

Die Institute des kontemplativen Lebens sind durch ihre Gebete, Bußwerke und Entsagungen von größter Bedeutung für die Bekehrung der Seelen, da Gott es ist, der auf die Bitte hin Arbeiter in seine Ernte schickt[14], die Nichtchristen für die Botschaft des Evangeliums öffnet[15] und das Wort des Heiles in ihren Herzen Frucht bringen läßt[16]. Ja, diese Institute werden gebeten, Niederlassungen in den Missionsgebieten zu gründen, wie das nicht wenige schon getan haben, damit sie dort in einer den echten religiösen Überlieferungen des Volkes angepaßten Weise ihr Leben führen und so dem Zeugnis der Herrlichkeit und Liebe Gottes und der Einheit in Christus unter den Nichtchristen Leuchtkraft verleihen.

Die Institute des aktiven Lebens aber — sei ihre Zielsetzung ausgesprochen missionarisch oder nicht — mögen sich aufrichtig vor Gott fragen, ob sie in der Lage sind, ihre Tätigkeit zugunsten der Ausbreitung der Gottesherrschaft unter den Heiden auszuweiten; ob sie irgendwelche Aufgaben anderen überlassen können, um so die eigenen Kräfte für die Missionen einzusetzen; ob es ihnen möglich ist, in die Missionsarbeit einzutreten, notfalls durch entsprechende Anpassung ihrer Konstitutionen, freilich im Geiste des Stifters; ob sich ihre Mitglieder nach Kräften am Missionswerk beteiligen; ob ihre Lebensweise ein der Eigenart und den Verhältnissen des Volkes gemäßes Zeugnis für das Evangelium ist.

Da durch die Eingebung des Heiligen Geistes die Säkularinstitute in der Kirche ständig zunehmen, kann auch ihr Wirken, in Unterordnung unter die Autorität des Bischofs, auf vielfache

---

[13] Vgl. II. Vat. Konzil, Dogm. Konst. über die Kirche Lumen Gentium, Nr. 44: AAS 57 (1965) 50.
[14] Vgl. Mt 9, 38. [15] Vgl. Apg 16, 14. [16] Vgl. 1 Kor 3, 7.

Weise in den Missionen fruchtbar sein als ein Zeichen der vollkommenen Hingabe für die Evangelisierung der Welt.

41. Die Laien wirken am Evangelisierungswerk der Kirche mit und haben als Zeugen ebenso wie als lebendige Werkzeuge Anteil an ihrer heilbringenden Sendung[17], besonders wenn sie, von Gott berufen, durch die Bischöfe zu diesem Werk herangezogen werden.

In den schon christlichen Ländern arbeiten die Laien am Werk der Evangelisierung mit, indem sie Kenntnis und Liebe der Missionen bei sich und bei anderen pflegen, Berufe in der eigenen Familie, in den katholischen Vereinigungen und in den Schulen wecken und Unterstützung jeglicher Art anbieten, auf daß sie das Geschenk des Glaubens, das sie umsonst empfingen, anderen weiterschenken.

In den Missionsländern mögen die Laien — seien sie von auswärts oder aus dem Lande — in den Schulen unterrichten, sich der weltlichen Angelegenheiten annehmen, im Pfarr- und Diözesanleben mithelfen wie auch die verschiedenen Formen des Laienapostolates einrichten und fördern, damit die Gläubigen der jungen Kirchen so bald wie möglich ihre eigene Rolle im kirchlichen Leben übernehmen können[18].

Endlich mögen die Laien den auf dem Wege der Entwicklung befindlichen Völkern bereitwillig wirtschaftliche und soziale Zusammenarbeit anbieten. Diese Hilfe ist um so mehr zu loben, wenn sie die Gründung solcher Einrichtungen zum Gegenstand hat, die es mit den Grundstrukturen des sozialen Lebens zu tun haben oder die für die Ausbildung derjenigen bestimmt sind, welche Verantwortung im öffentlichen Leben tragen.

Besonderen Lobes wert sind jene Laien, die an Universitäten oder wissenschaftlichen Instituten durch ihre geschichtlichen oder religionswissenschaftlichen Forschungen die Kenntnis über die Völker und Religionen vertiefen und dadurch den Boten des Evangeliums helfen und den Dialog mit den Nichtchristen vorbereiten.

Im Geiste der Brüderlichkeit mögen sie mit den anderen Christen, den Nichtchristen und besonders mit den Mitgliedern der internationalen Verbände zusammenarbeiten und immer dabei

[17] Vgl. ebd. Nr. 33 35: AAS 57 (1965) 39 40–41.
[18] Vgl. Pius XII., Enz. Evangelii Praecones, 2. Juni 1951: AAS 43 (1951) 510–514; Johannes XXIII., Enz. Princeps Pastorum, 28. Nov. 1959: AAS 51 (1959) 851–852.

im Auge behalten, daß „der Aufbau des irdischen Gemeinwesens im Herrn gegründet und auf ihn hin ausgerichtet werde"[19].

Um all diesen Aufgaben gewachsen zu sein, ist für die Laien eine technische und geistliche Vorbereitung unerläßlich, die in dazu bestimmten Instituten vermittelt werden soll, damit ihr Leben unter den Nichtchristen zum Zeugnis für Christus werde nach dem Wort des Apostels: „Gebt kein Ärgernis, weder Juden noch Heiden, noch der Kirche Gottes, so wie auch ich allen in allem zu Gefallen bin und nicht meinen Vorteil, sondern den Nutzen der vielen suche, damit sie gerettet werden" (1 Kor 10, 32–33).

SCHLUSS

42. Im Wissen um ihre überaus ernste Pflicht, die Gottesherrschaft überall auszubreiten, grüßen die Konzilsväter, gemeinsam mit dem römischen Oberhirten, aus ganzem Herzen alle Boten des Evangeliums, besonders jene, die um des Namens Christi willen Verfolgung leiden, und machen sich zu Gefährten ihres Leidens[20].

Von derselben Liebe, von der Christus zu den Menschen entflammt war, erglühen auch sie. Eingedenk jedoch, daß Gott es ist, der den Anbruch seiner Herrschaft auf Erden bewirkt, beten sie inständig mit allen Christgläubigen, daß auf die Fürbitte der Jungfrau Maria, der Königin der Apostel, die Völker baldmöglichst zur Erkenntnis der Wahrheit geführt werden[21] und die Herrlichkeit Gottes, die im Antlitz Christi erstrahlt, durch den Heiligen Geist allen aufleuchte[22].

---

[19] Vgl. II. Vat. Konzil, Dogm. Konst. über die Kirche Lumen Gentium, Nr. 46: AAS 57 (1965) 52.
[20] Vgl. Pius XII., Enz. Evangelii Praecones, 2. Juni 1951: AAS 43 (1951) 527; Johannes XXIII., Enz. Princeps Pastorum, 28. Nov. 1959: AAS 51 (1959) 864.
[21] Vgl. 1 Tim 2, 4.
[22] Vgl. 2 Kor 4, 6.

XVI

DIE ERKLÄRUNG ÜBER DIE RELIGIONSFREIHEIT „DIGNITATIS HUMANAE"

gehörte ursprünglich als Kapitel V zum Schema über den Ökumenismus, das vom Sekretariat für die Förderung der Einheit der Christen erarbeitet worden war. Es wurde in der II. Sitzungsperiode im November 1963 dem Konzil vorgelegt, aber nur über die ersten drei Kapitel wurde abgestimmt. Der Text über die Religionsfreiheit wurde (nicht vom Konzil) zusammen mit dem früheren Kapitel IV über die Juden in den Anhang des ökumenischen Schemas verwiesen, später ganz davon abgetrennt und inhaltlich sechsmal überarbeitet. Eine eingehende Diskussion fand im September 1964 statt. Bei der Vorlage des überarbeiteten Textes im November 1964 war daraus eine selbständige Erklärung geworden. Eine Abstimmung erfolgte in der III. Sitzungsperiode „aus Zeitmangel" nicht. Weitere Abänderungsvorschläge wurden eingereicht, ein neuer Text wurde dem Konzil im September 1965 vorgelegt. In einer Abstimmung wurde er als Diskussionsgrundlage angenommen, wobei der Papst zum Zustandekommen dieser Abstimmung beitrug. Der überarbeitete Text wurde im Oktober 1965 der detaillierten Abstimmung unterzogen und danach neuerlich verändert. Die feierliche Schlußabstimmung ergab 2308 Ja- gegen 70 Nein-Stimmen bei 8 ungültigen; am gleichen Tag, dem 7. Dezember 1965, wurde die Erklärung feierlich verkündet.

In Sachen der Religionsfreiheit hatte noch das IX. Kapitel des Entwurfs „Über die Kirche" 1962 jene Auffassung vertreten, die im 19. Jahrhundert besonders deutlich formuliert wurde und als Inbegriff katholischer Intoleranz galt: Ist die Mehrheit der Menschen in einem Staat katholisch, dann muß der Staat ebenfalls katholisch sein. Für die Bekenner eines anderen Glaubens gibt es kein Recht, diesen Glauben öffentlich zu bekennen. Der Staat kann und muß unter Umständen aber wegen des Gemeinwohls ihr Bekenntnis tolerieren. Ist die Mehrheit der Menschen in einem Staat nichtkatholisch, dann hat sich der Staat nach dem Naturrecht zu richten, d. h., er hat sowohl den einzelnen Katholiken als auch der Kirche alle Freiheit zu lassen. In dieser Auffassung ist Toleranz bloße Duldung, und von eigentlicher Religionsfreiheit kann keine Rede sein. Dieses Kapitel verschwand mit dem ersten

Entwurf über die Kirche, und Johannes XXIII. bevollmächtigte das Sekretariat für die Einheit der Christen, sich des Themas auf dem Konzil anzunehmen.

Die fünfte Textfassung enthielt jenen Untertitel, der dem Dokument heute beigegeben ist und zum Verständnis des Inhalts wesentlich beiträgt. Thema der Erklärung ist weder die Wahrheitsfrage in sich noch das Gottesverhältnis des einzelnen Menschen, noch direkt die Freiheit in der Kirche. Thema sind vielmehr die Beziehungen physischer und moralischer Personen in der menschlichen und politischen Gesellschaft und deren Verhältnis zur öffentlichen Gewalt in Sachen der Religion. Durch diese Eingrenzung des Themas war es möglich, die namentlich von einer gewissen römischen Theologie stereotyp wiederholte „philosophische" These: „Nur die Wahrheit hat Recht, der Irrtum hat keinerlei Recht", von vornherein entschieden außer Betracht zu lassen.

Der 1. Artikel enthält drei Abschnitte. Der erste bringt die Basis der ganzen Erklärung und das Leitmotiv, warum die Erklärung abgegeben wird. Basis ist die Würde der menschlichen Person, die sich in immer größerem Anspruch auf Freiheit äußert, welche Freiheit ihrerseits als Vollzug der Eigenverantwortlichkeit begriffen wird. Leitmotiv ist die schlichte Tatsache, daß, wie die Pastoralkonstitution oft betont (vgl. z. B. das ganze I. Kapitel des I. Teils), das Bewußtsein dieser personalen Würde des Menschen erst in unserer Zeit so deutlich wird, daß es seine Forderungen auch im gesellschaftlichen Bereich mit allen Konsequenzen anmeldet. Der zweite und dritte Abschnitt erwähnen das Thema der „wahren Religion", die — entsprechend der Kirchenkonstitution, Artikel 8, — in der katholischen Kirche verwirklicht ist, wodurch zwar ein Anruf an die freie individuelle Gewissensentscheidung aller Menschen gegeben ist, keineswegs aber irgendeine Forderung der Rechtseinschränkung oder -bevorzugung im individuellen und öffentlichen Bereich gestellt wird. Der Schlußsatz des dritten Abschnitts weist absichtlich auf die Lehre der „neueren Päpste" hin, um die Vorstellung abzuweisen, als sei die katholische Lehre des 19. Jahrhunderts eine nicht mehr weiter entwicklungsfähige, abgeschlossene Größe; seit Leo XIII. gab es Weiterführungen der Lehre in Äußerungen Pius' XII. und vor allem in der Enzyklika Johannes' XXIII. „Pacem in terris", die ihrerseits nun durch das Konzil kontinuierlich weiterentwickelt werden sollen.

Artikel 2 entfaltet in zwei Abschnitten die Aussage dieser Erklärung. Der erste Abschnitt spricht der menschlichen Person das Recht auf religiöse Freiheit zu. Diese Freiheit wird definiert als Freiheit von jedem Zwang, so daß in religiösen Dingen niemand von irgendeiner Instanz gezwungen werden darf, gegen sein Gewissen, d. h. seine eigene Entscheidung, zu handeln, noch „innerhalb der gebührenden Grenzen" (darüber später Artikel 7) gehindert werden darf, entsprechend seinem Gewissen zu handeln. Das Konzil sieht hier bewußt von der Frage des wahren oder irrigen Gewissens ab, weil das Recht selbst von dieser Frage in keiner Weise berührt wird. Das Konzil erklärt, dieses Recht gründe in der Würde der menschlichen Person, die (man beachte die Reihenfolge) durch Offenbarung und Vernunft erkannt wird. Dieses Recht müsse in der politischen Gesellschaft zum bürgerlichen Recht werden. Manche Konzilsväter vertraten einen rechtspositivistischen und pragmatischen Standpunkt und verlangten, dieses Recht solle, weil das der heutigen pluralistischen Situation angemessen sei, als bürgerliches Recht begründet werden. Das Konzil lehnte diesen Standpunkt ab. Dieses Recht wird nicht erst vom Staat eingeräumt. Der zweite Abschnitt versucht, die Begründung der Sätze des ersten Abschnitts zu geben. Das Konzil sieht diese Begründung darin, daß der Mensch als Person wesenhaft zur Suche und Realisierung der Wahrheit (vor allem der religiösen Wahrheit) gehalten ist, was ihm nur möglich ist, wenn er über den dazu notwendigen inneren und äußeren Freiheitsraum verfügt. Ein (objektiver oder auch subjektiver) Mißbrauch dieses Rechts ändert, „wenn nur die gerechte öffentliche Ordnung gewahrt bleibt", an der Existenz dieses Rechts nichts. Artikel 3 geht nun genauer auf die erwähnte Suche und Realisierung der Wahrheit ein. Über den vorhergehenden Artikel hinaus faßt er den Menschen nicht nur individualistisch, sondern intersubjektiv auf: der Mensch ist auf Mitteilung der (wirklich oder vermeintlich) erkannten Wahrheit angelegt. So ist auch die Verwirklichung der Religion nicht nur in freien inneren Akten allein gegeben; vielmehr fordert das gesellschaftliche Wesen des Menschen äußere, gemeinschaftliche Akte. An diesen darf er, „vorausgesetzt, daß die gerechte öffentliche Ordnung gewahrt bleibt", nicht gehindert werden. Es würde, wie der letzte Satz sagt, die Kompetenz der öffentlichen Gewalt übersteigen, wollte sie religiöse Akte bestimmen oder verhindern. Von da aus kommt Artikel 4 zum Thema der religiösen Gemeinschaften. Sie werden entsprechend den bisherigen Ausführungen hier konsequent als gleichberechtigt betrachtet. Das Thema der wahren Religion ist bereits behandelt; es wurde deutlich genug gesagt, daß das Recht der Religionsfreiheit in keinem Zusammenhang steht mit der Wahrheit oder Falschheit einer Religion; somit ist nun der Weg frei, in dem Artikel *allen* religiösen Gemeinschaften gleiche Rechte zuzusprechen (das Konzil ist damit konsequenter als manche moderne Staatsverfassungen). Diese werden hier detailliert beschrieben. Hervorzuheben ist die Eingrenzung (nicht rechtlicher Art) im vierten Abschnitt: die Religionsgemeinschaften dürfen auch nicht scheinbar Zwang, unehrenhafte oder ungehörige Überredung anwenden, weil das ein Mißbrauch des eigenen Rechtes wäre. Artikel 5 zieht eine Parallele von den Religionsgemeinschaften zu den Familien und hebt das Elternrecht in der Erziehung und Schulwahl hervor (Weiteres in der Erklärung über die christliche Erziehung). Artikel 6 wendet sich an die, die das Recht auf Religionsfreiheit zu schützen haben.

Im ersten Abschnitt wird gesagt, weil die Wahrung des Rechts auf Religionsfreiheit zum Gemeinwohl gehöre, obliege die Sorge für dieses Recht entsprechend jeder Person, Gruppe oder Gewalt, die eine Pflicht gegenüber dem Gemeinwohl haben. Der zweite Abschnitt leitet aus der Pflicht der staatlichen Gewalt gegenüber den Menschenrechten ihre Pflicht zum Schutz und zur Förderung der Religionsfreiheit ab. Der dritte Abschnitt fordert nachdrücklich, daß dort, wo in einer staatlichen Rechtsordnung eine Religionsgemeinschaft besonders anerkannt ist, dennoch *allen* Menschen und Religionsgemeinschaften das Recht auf Religionsfreiheit zuerkannt und dieses gewahrt wird. Der letzte Absatz verlangt, daß die Gleichheit aller Bürger vor dem Gesetz niemals, weder offen noch verborgen, um der Religion willen verletzt wird. Keine Diskriminierung darf erfolgen. Diese Mahnungen sind an die staatliche Gewalt gerichtet. Artikel 7 geht auf die Frage ein, unter welchen Umständen die Ausübung des Rechts auf Religionsfreiheit eingeschränkt werden darf. Der Artikel beginnt mit der Feststellung, daß sich die Normen dieser Ausübung aus dem Zusammenleben in menschlicher Gesellschaft ergeben. Dies erfordert a), daß die Ausübung der Rechte das Sittengesetz respektiert, b) daß die Staatsgewalt nach rechtlichen Normen, die der objektiven sittlichen Ordnung entsprechen, die Gesellschaft vor Mißbräuchen unter dem Vorwand der Religionsfreiheit schützt. Dieses zweite wird näher präzisiert. Das Konzil übernimmt den Begriff der „öffentlichen Ordnung", der in zahlreichen modernen Staatsverfassungen verwendet wird, und bestimmt ihn durch Rechtsschutz der Bürger, ehrenhaften öffentlichen Frieden und Wahrung der öffentlichen Sittlichkeit. Die Wahrung dieser Elemente also — und nur dieser — berechtigt die Staatsgewalt zur Begrenzung der Ausübung des Rechts auf Religionsfreiheit. Im übrigen, sagt der Artikel abschließend, sei dem Menschen ein möglichst weiter Freiheitsraum zuzuerkennen. Artikel 8 weist auf die heutige innere und äußere Gefährdung der Freiheit und somit auf die Notwendigkeit, zur geordneten Ausübung der Freiheit zu erziehen, hin.

Nun wendet sich das Konzil der Frage zu, inwieweit die Religionsfreiheit in der Offenbarung begründet ist. Artikel 9 sagt, die Offenbarung lehre zwar nicht ausdrücklich das Recht auf Freiheit von äußerem Zwang, lasse aber die Würde der menschlichen Person in ihrem ganzen Umfang ans Licht treten. Das entspricht in der Tat der neueren biblischen Anthropologie. Der Artikel weist ferner darauf hin, daß Jesus die Freiheit des Menschen zu glauben respektiert hat und die Jünger diesem Geist des Meisters treu waren. Von da aus würden die in den Artikeln 2–8 dargelegten allgemeinen Prinzipien der Religionsfreiheit verdeutlicht. Schließlich nennt der Artikel noch die Freiheit des Glaubensaktes. Hierüber spricht ausdrücklich Artikel 10. Er sagt mit Recht, daß die Freiheit des Glaubensaktes (die die Gnade schenkt) ein Hauptbestandteil der katholischen Lehre ist. Der relativ lange Artikel 11 entfaltet mit biblischen Belegen die Respektierung der menschlichen Freiheit durch Jesus und die Apostel sowie die biblische Lehre von Recht und Grenzen der öffentlichen Gewalt. Artikel 12 sagt, daß die Kirche nun diesen Weg Jesu und der Apostel weitergehen wolle. Das Konzil bekennt, daß im Leben des Volkes Gottes bisweilen „eine Weise des Handelns vorgekommen ist, die dem Geist des Evangeliums wenig entsprechend, ja sogar entgegengesetzt war". Die schlichte und ehrliche Art dieses Eingeständnisses ist überzeugend. Im nächsten Satz wird gesagt, daß wenigstens die Norm, niemand dürfe zum Glauben gezwungen werden, die Zeiten des dem Evangelium nicht entsprechenden Handelns überdauert habe. Der Schlußsatz weist darauf hin, daß die allmählich deutlichere Erkenntnis der Würde der Person der allmählichen Wirkung des Evangeliums mit zu verdanken ist. Artikel 13 beschäftigt sich mit dem konkreteren Verhältnis von katholischer Kirche und Religionsfreiheit. Er fordert für die katholische Kirche die Anerkennung und rechtliche Verankerung des Rechts auf Religionsfreiheit. In Artikel 14 werden die Christen gemahnt, die kirchliche Lehre gut kennenzulernen und treu zu befolgen, sie zu verkündigen und zu verteidigen, jedoch „unter Ausschluß aller Mittel, die dem Geist des Evangeliums entgegengesetzt sind". Dies wird mit der Rücksicht auf Jesus Christus selbst wie auf die Rechte der menschlichen Person begründet, und so ist es offenkundig, daß damit nicht nur die Beziehungen der Katholiken zu den Nichtkatholiken, sondern auch die Beziehungen der Katholiken untereinander gemeint sind. In diesem Sinn verkündet das Konzil auch das Recht auf Freiheit von Zwang in religiösen Dingen innerhalb der Kirche. Der abschließende Artikel 15 geht zunächst auf die Verwirklichung der Religionsfreiheit in der heutigen Welt ein. Im ersten Abschnitt wird festgestellt, daß die meisten Verfassungen und internationale Dokumente die Religionsfreiheit anerkennen. Der zweite Abschnitt sagt, daß gewisse Regierungsformen trotz dieser Anerkennung gegen die Religionsfreiheit verstoßen. Da der nächste Abschnitt Katholiken und alle Menschen um Beachtung der Religionsfreiheit bittet, ist deutlich, daß mit jener Klage auch totalitäre Regierungsformen unter Katholiken gemeint sind. Der vierte Abschnitt erinnert an die wachsende Einheit der Menschheit, deren friedliche Entwicklung gefördert wird, wenn die Religionsfreiheit überall wirksamen Rechtsschutz genießt. Der Schlußabsatz ist eine Bitte zu Gott für die Menschheitsfamilie.

Erklärung über die Religionsfreiheit

DAS RECHT DER PERSON UND DER GEMEINSCHAFTEN
AUF GESELLSCHAFTLICHE UND BÜRGERLICHE FREIHEIT
IN RELIGIÖSEN DINGEN

1. Die Würde der menschlichen Person kommt den Menschen unserer Zeit immer mehr zum Bewußtsein[1], und es wächst die Zahl derer, die den Anspruch erheben, daß die Menschen bei ihrem Tun ihr eigenes Urteil und eine verantwortliche Freiheit besitzen und davon Gebrauch machen sollen, nicht unter Zwang, sondern vom Bewußtsein der Pflicht geleitet. In gleicher Weise fordern sie eine rechtliche Einschränkung der öffentlichen Gewalt, damit die Grenzen einer ehrenhaften Freiheit der Person und auch der Gesellschaftsformen nicht zu eng umschrieben werden. Diese Forderung nach Freiheit in der menschlichen Gesellschaft bezieht sich besonders auf die geistigen Werte des Menschen und am meisten auf das, was zur freien Übung der Religion in der Gesellschaft gehört. Das Vatikanische Konzil wendet diesen Bestrebungen seine besondere Aufmerksamkeit zu in der Absicht, eine Erklärung darüber abzugeben, wie weit sie der Wahrheit und Gerechtigkeit entsprechen, und deshalb befragt es die heilige Tradition und die Lehre der Kirche, aus denen es immer Neues hervorholt, das mit dem Alten in Einklang steht.

Fürs erste bekennt die Heilige Synode: Gott selbst hat dem Menschengeschlecht Kenntnis gegeben von dem Weg, auf dem die Menschen, ihm dienend, in Christus erlöst und selig werden können. Diese einzige wahre Religion, so glauben wir, ist ver-

---

Vgl. Johannes XXIII., Enz. Pacem in terris, 11. Apr. 1963: AAS 55 (1963) 279
65; Pius XII., Radiobotschaft, 24. Dez. 1944: AAS 37 (1945) 14.

wirklicht in der katholischen, apostolischen Kirche, die von Jesus dem Herrn den Auftrag erhalten hat, sie unter allen Menschen zu verbreiten. Er sprach ja zu den Aposteln: „Gehet hin, und lehret alle Völker, taufet sie im Namen des Vaters und des Sohnes und des Heiligen Geistes, und lehret sie alles halten, was ich euch geboten habe" (Mt 28, 19–20). Alle Menschen sind ihrerseits verpflichtet, die Wahrheit, besonders in dem, was Gott und seine Kirche angeht, zu suchen und die erkannte Wahrheit aufzunehmen und zu bewahren.

In gleicher Weise bekennt sich das Konzil dazu, daß diese Pflichten die Menschen in ihrem Gewissen berühren und binden, und anders erhebt die Wahrheit nicht Anspruch als kraft der Wahrheit selbst, die sanft und zugleich stark den Geist durchdringt. Da nun die religiöse Freiheit, welche die Menschen zur Erfüllung der pflichtgemäßen Gottesverehrung beanspruchen, sich auf die Freiheit von Zwang in der staatlichen Gesellschaft bezieht, läßt sie die überlieferte katholische Lehre von der moralischen Pflicht der Menschen und der Gesellschaften gegenüber der wahren Religion und der einzigen Kirche Christi unangetastet. Bei der Behandlung dieser Religionsfreiheit beabsichtigt das Heilige Konzil, zugleich die Lehre der neueren Päpste über die unverletzlichen Rechte der menschlichen Person wie auch ihre Lehre von der rechtlichen Ordnung der Gesellschaft weiterzuführen.

I. Allgemeine Grundlegung der Religionsfreiheit

2. Das Vatikanische Konzil erklärt, daß die menschliche Person das Recht auf religiöse Freiheit hat. Diese Freiheit besteht darin, daß alle Menschen frei sein müssen von jedem Zwang sowohl von seiten Einzelner wie gesellschaftlicher Gruppen, wie jeglicher menschlichen Gewalt, so daß in religiösen Dingen niemand gezwungen wird, gegen sein Gewissen zu handeln, noch daran gehindert wird, privat und öffentlich, als einzelner oder in Verbindung mit anderen — innerhalb der gebührenden Grenzen — nach seinem Gewissen zu handeln. Ferner erklärt das Konzil, das Recht auf religiöse Freiheit sei in Wahrheit auf die Würde der menschlichen Person selbst gegründet, so wie sie durch das geoffenbarte Wort Gottes und durch die Vernunft

selbst erkannt wird[2]. Dieses Recht der menschlichen Person auf religiöse Freiheit muß in der rechtlichen Ordnung der Gesellschaft so anerkannt werden, daß es zum bürgerlichen Recht wird.

Weil die Menschen Personen sind, d. h. mit Vernunft und freiem Willen begabt und damit auch zu persönlicher Verantwortung erhoben, werden alle — ihrer Würde gemäß — von ihrem eigenen Wesen gedrängt und zugleich durch eine moralische Pflicht gehalten, die Wahrheit zu suchen, vor allem jene Wahrheit, welche die Religion betrifft. Sie sind auch dazu verpflichtet, an der erkannten Wahrheit festzuhalten und ihr ganzes Leben nach den Forderungen der Wahrheit zu ordnen. Der Mensch vermag aber dieser Verpflichtung auf die seinem eigenen Wesen entsprechende Weise nicht nachzukommen, wenn er nicht im Genuß der inneren, psychologischen Freiheit und zugleich der Freiheit von äußerem Zwang steht. Demnach ist das Recht auf religiöse Freiheit nicht in einer subjektiven Verfassung der Person, sondern in ihrem Wesen selbst begründet. So bleibt das Recht auf religiöse Freiheit auch denjenigen erhalten, die ihrer Pflicht, die Wahrheit zu suchen und daran festzuhalten, nicht nachkommen, und ihre Ausübung darf nicht gehemmt werden, wenn nur die gerechte öffentliche Ordnung gewahrt bleibt.

3. Dies tritt noch klarer zutage, wenn man erwägt, daß die höchste Norm des menschlichen Lebens das göttliche Gesetz selber ist, das ewige, objektive und universale, durch das Gott nach dem Ratschluß seiner Weisheit und Liebe die ganze Welt und die Wege der Menschengemeinschaft ordnet, leitet und regiert. Gott macht den Menschen seines Gesetzes teilhaftig, so daß der Mensch unter der sanften Führung der göttlichen Vorsehung die unveränderliche Wahrheit mehr und mehr zu erkennen vermag[3]. Deshalb hat ein jeder die Pflicht und also auch das Recht, die Wahrheit im Bereich der Religion zu suchen, um sich in Klugheit unter Anwendung geeigneter Mittel und Wege rechte und wahre Gewissensurteile zu bilden.

Die Wahrheit muß aber auf eine Weise gesucht werden, die

[2] Vgl. Johannes XXIII., Enz. Pacem in terris, 11. Apr. 1963: AAS 55 (1963) 260 f.; Pius XII., Radiobotschaft, 24. Dez. 1942: AAS 35 (1943) 19; Pius XI., Enz. Mit brennender Sorge, 14. März 1937: AAS 29 (1937) 160; Leo XIII., Enz. Libertas praestantissimum, 20. Juni 1888: Acta Leonis XIII., Bd. VIII (1888) 237 f.
[3] Vgl. Thomas v. Aquin, Summa Theol. I–II, q. 91, a. 1; q. 93, a. 1–2.

der Würde der menschlichen Person und ihrer Sozialnatur eigen ist, d. h. auf dem Wege der freien Forschung, mit Hilfe des Lehramtes oder der Unterweisung, des Gedankenaustauschs und des Dialogs, wodurch die Menschen einander die Wahrheit, die sie gefunden haben oder gefunden zu haben glauben, mitteilen, damit sie sich bei der Erforschung der Wahrheit gegenseitig zu Hilfe kommen; an der einmal erkannten Wahrheit jedoch muß man mit personaler Zustimmung festhalten.

Nun aber werden die Gebote des göttlichen Gesetzes vom Menschen durch die Vermittlung seines Gewissens erkannt und anerkannt; ihm muß er in seinem gesamten Tun in Treue folgen, damit er zu Gott, seinem Ziel, gelange. Er darf also nicht gezwungen werden, gegen sein Gewissen zu handeln. Er darf aber auch nicht daran gehindert werden, gemäß seinem Gewissen zu handeln, besonders im Bereiche der Religion. Denn die Verwirklichung und Ausübung der Religion besteht ihrem Wesen nach vor allem in inneren, willentlichen und freien Akten, durch die sich der Mensch unmittelbar auf Gott hinordnet; Akte dieser Art können von einer rein menschlichen Gewalt weder befohlen noch verhindert werden[4]. Die Sozialnatur des Menschen erfordert aber, daß der Mensch innere Akte der Religion nach außen zum Ausdruck bringt, mit anderen in religiösen Dingen in Gemeinschaft steht und seine Religion gemeinschaftlich bekennt.

Es geschieht also ein Unrecht gegen die menschliche Person und gegen die Ordnung selbst, in die die Menschen von Gott hineingestellt sind, wenn jemandem die freie Verwirklichung der Religion in der Gesellschaft verweigert wird, vorausgesetzt, daß die gerechte öffentliche Ordnung gewahrt bleibt.

Hinzu kommt, daß die religiösen Akte, womit sich der Mensch privat und öffentlich aufgrund einer geistigen Entscheidung auf Gott hinordnet, ihrem Wesen nach die irdische und zeitliche Ordnung übersteigen. Demnach muß die staatliche Gewalt, deren Wesenszweck in der Sorge für das zeitliche Gemeinwohl besteht, das religiöse Leben der Bürger nur anerkennen und begünstigen, sie würde aber, wie hier betont werden muß, ihre Grenzen überschreiten, wenn sie so weit ginge, religiöse Akte zu bestimmen oder zu verhindern.

[4] Vgl. Johannes XXIII., Enz. Pacem in terris, 11. Apr. 1963: AAS 55 (1963) 270; Paul VI., Radiobotschaft, 22. Dez. 1964: AAS 57 (1965) 181 f.; Thomas v. Aquin, Summa Theol. I–II, q. 91, a. 4c.

4. Die Freiheit als Freisein vom Zwang in religiösen Dingen, die den Einzelnen zukommt, muß ihnen auch zuerkannt werden, wenn sie in Gemeinschaft handeln. Denn die Sozialnatur des Menschen wie auch der Religion selbst verlangt religiöse Gemeinschaften.

Deshalb steht diesen Gemeinschaften, wenn nur die gerechten Erfordernisse der öffentlichen Ordnung nicht verletzt werden, Rechtens die Freiheit zu, daß sie sich gemäß ihren eigenen Normen leiten, der Gottheit in öffentlichem Kult Ehre erweisen, ihren Gliedern in der Betätigung ihres religiösen Lebens beistehen, sie durch Unterricht unterstützen und jene Einrichtungen fördern, in denen die Glieder zusammenarbeiten, um das eigene Leben nach ihren religiösen Grundsätzen zu ordnen.

In gleicher Weise steht den religiösen Gemeinschaften das Recht zu, daß sie nicht durch Mittel der Gesetzgebung oder durch verwaltungsrechtliche Maßnahmen der staatlichen Gewalt daran gehindert werden, ihre eigenen Amtsträger auszuwählen, zu erziehen, zu ernennen und zu versetzen, mit religiösen Autoritäten und Gemeinschaften in anderen Teilen der Erde in Verbindung zu treten, religiöse Gebäude zu errichten und zweckentsprechende Güter zu erwerben und zu gebrauchen.

Auch haben die religiösen Gemeinschaften das Recht, keine Behinderung bei der öffentlichen Lehre und Bezeugung ihres Glaubens in Wort und Schrift zu erfahren. Man muß sich jedoch bei der Verbreitung des religiösen Glaubens und bei der Einführung von Gebräuchen allzeit jeder Art der Betätigung enthalten, die den Anschein erweckt, als handle es sich um Zwang oder um unehrenhafte oder ungehörige Überredung, besonders wenn es weniger Gebildete oder Arme betrifft. Eine solche Handlungsweise muß als Mißbrauch des eigenen Rechtes und als Verletzung des Rechtes anderer betrachtet werden.

Es gehört außerdem zur religiösen Freiheit, daß die religiösen Gemeinschaften nicht daran gehindert werden, die besondere Fähigkeit ihrer Lehre zur Ordnung der Gesellschaft und zur Beseelung des ganzen menschlichen Tuns zu zeigen. Schließlich ist in der gesellschaftlichen Natur des Menschen und im Wesen der Religion selbst das Recht begründet, wonach Menschen aus ihrem eigenen religiösen Sinn sich frei versammeln oder Vereinigungen für Erziehung, Kultur, Caritas und soziales Leben schaffen können.

5. Einer jeden Familie, die ja eine Gesellschaft eigenen und ursprünglichen Rechtes ist, steht das Recht zu, ihr häusliches religiöses Leben unter der Leitung der Eltern in Freiheit zu ordnen. Die Eltern haben das Recht, die Art der religiösen Erziehung ihrer Kinder gemäß ihrer eigenen religiösen Überzeugung zu bestimmen. Daher muß von seiten der staatlichen Gewalt das Recht der Eltern anerkannt werden, in wahrer Freiheit Schulen und andere Erziehungseinrichtungen zu wählen, und aufgrund dieser Wahlfreiheit dürfen ihnen weder direkt noch indirekt irgendwelche ungerechten Lasten auferlegt werden. Außerdem werden die Rechte der Eltern verletzt, wenn die Kinder gezwungen werden, einen Schulunterricht zu besuchen, der der religiösen Überzeugung der Eltern nicht entspricht, oder wenn nur eine einzige Erziehungsform für alle verpflichtend gemacht wird, bei der die religiöse Ausbildung völlig ausgeschlossen ist.

6. Das Gemeinwohl der Gesellschaft besteht in der Gesamtheit jener Bedingungen des sozialen Lebens, unter denen die Menschen ihre eigene Vervollkommnung in größerer Fülle und Freiheit erlangen können; es besteht besonders in der Wahrung der Rechte und Pflichten der menschlichen Person[5]. Somit obliegt die Sorge für das Recht auf religiöse Freiheit sowohl den Bürgern wie auch den sozialen Gruppen und den Staatsgewalten, der Kirche und den anderen religiösen Gemeinschaften, dies je nach ihrer eigenen Weise und je nach der Pflicht, die sie dem Gemeinwohl gegenüber haben.

Der Schutz und die Förderung der unverletzlichen Menschenrechte gehört wesenhaft zu den Pflichten einer jeden staatlichen Gewalt[6]. Die Staatsgewalt muß also durch gerechte Gesetze und durch andere geeignete Mittel den Schutz der religiösen Freiheit aller Bürger wirksam und tatkräftig übernehmen und für die Förderung des religiösen Lebens günstige Bedingungen schaffen, damit die Bürger auch wirklich in der Lage sind, ihre religiösen Rechte auszuüben und die religiösen Pflichten zu erfüllen, und damit der Gesellschaft selber die Werte der Gerechtigkeit und des Friedens zugute kommen, die aus der

---

[5] Vgl. Johannes XXIII., Enz. Mater et Magistra: AAS 53 (1961) 417; ders., Enz. Pacem in terris: AAS 55 (1963) 273.
[6] Vgl. Johannes XXIII., Enz. Pacem in terris: AAS 55 (1963) 273f.; vgl. Pius XII., Radiobotschaft, 1. Juni 1941: AAS 33 (1941) 200.

Treue der Menschen gegenüber Gott und seinem heiligen Willen hervorgehen[7].

Wenn in Anbetracht besonderer Umstände in einem Volk einer einzigen religiösen Gemeinschaft in der Rechtsordnung des Staates eine spezielle bürgerliche Anerkennung gezollt wird, so ist es notwendig, daß zugleich das Recht auf Freiheit in religiösen Dingen für alle Bürger und religiösen Gemeinschaften anerkannt und gewahrt wird.

Endlich muß die Staatsgewalt dafür sorgen, daß die Gleichheit der Bürger vor dem Gesetz, die als solche zum Gemeinwohl der Gesellschaft gehört, niemals entweder offen oder auf verborgene Weise um der Religion willen verletzt wird und daß unter ihnen keine Diskriminierung geschieht. Hieraus folgt, daß es für die öffentliche Gewalt ein Unrecht wäre, den Bürgern durch Zwang oder Furcht oder auf andere Weise das Bekenntnis oder die Verwerfung irgendeiner Religion aufzuerlegen oder jemand daran zu hindern, sich einer religiösen Gemeinschaft anzuschließen oder sie zu verlassen. Um so mehr wird gegen den Willen Gottes und gegen die geheiligten Rechte der Person und der Völkerfamilie gehandelt, wenn auf irgendeine Weise Gewalt angewendet wird zur Zerstörung oder Behinderung der Religion, sei es im ganzen Menschengeschlecht oder in irgendeinem Lande oder in einer bestimmten Gemeinschaft.

7. Das Recht auf Freiheit in religiösen Dingen wird innerhalb der menschlichen Gesellschaft verwirklicht, und deshalb ist ihre Ausübung gewissen umgrenzenden Normen unterworfen. Beim Gebrauch einer jeden Freiheit ist das sittliche Prinzip der personalen und sozialen Verantwortung zu beobachten: Die einzelnen Menschen und die sozialen Gruppen sind bei der Ausübung ihrer Rechte durch das Sittengesetz verpflichtet, sowohl die Rechte der andern wie auch die eigenen Pflichten den anderen und dem Gemeinwohl gegenüber zu beachten. Allen Menschen gegenüber muß man Gerechtigkeit und Menschlichkeit walten lassen.

Da die bürgerliche Gesellschaft außerdem das Recht hat, sich gegen Mißbräuche zu schützen, die unter dem Vorwand der Religionsfreiheit vorkommen können, so steht es besonders der Staatsgewalt zu, diesen Schutz zu gewähren; dies darf indessen

---

[7] Vgl. Leo XIII., Enz. Immortale Dei, 1. Nov. 1885: ASS 18 (1885) 161.

nicht auf willkürliche Weise oder durch unbillige Begünstigung einer Partei geschehen, sondern nur nach rechtlichen Normen, die der objektiven sittlichen Ordnung entsprechen und wie sie für den wirksamen Rechtsschutz im Interesse aller Bürger und ihrer friedvollen Eintracht erforderlich sind, auch für die hinreichende Sorge um jenen ehrenhaften öffentlichen Frieden, der in einem geordneten Zusammenleben in wahrer Gerechtigkeit besteht, und schließlich für die pflichtgemäße Wahrung der öffentlichen Sittlichkeit. Dies alles gehört zum grundlegenden Wesensbestand des Gemeinwohls und fällt unter den Begriff der öffentlichen Ordnung. Im übrigen soll in der Gesellschaft eine ungeschmälerte Freiheit walten, wonach dem Menschen ein möglichst weiter Freiheitsraum zuerkannt werden muß, und sie darf nur eingeschränkt werden, wenn und soweit es notwendig ist.

8. In unserer Zeit stehen die Menschen unter vielfachem äußerem Druck und geraten dabei in Gefahr, die eigene Wahlfreiheit zu verlieren. Auf der anderen Seite zeigen manche die Neigung, unter dem Vorwand der Freiheit jederlei Unterordnung abzulehnen und den schuldigen Gehorsam geringzuschätzen.

Deshalb richtet das Vatikanische Konzil die Mahnung an alle, besonders aber an die, denen es obliegt, andere zu erziehen, daß sie danach streben, Menschen zu bilden, die der sittlichen Ordnung gemäß der gesetzlichen Autorität gehorchen und zugleich Liebhaber der echten Freiheit sind; Menschen, die die Dinge nach eigener Entscheidung im Licht der Wahrheit beurteilen, ihr Handeln verantwortungsbewußt ausrichten und bemüht sind, was immer wahr und gerecht ist, zu erstreben, wobei sie zu gemeinsamem Handeln sich gern mit anderen zusammenschließen. So muß denn die Religionsfreiheit auch dazu dienen und dahin geordnet werden, daß die Menschen bei der Erfüllung ihrer Pflichten im Leben der Gesellschaft mit Verantwortung handeln.

II. Die Religionsfreiheit im Licht der Offenbarung

9. Was das Vatikanische Konzil über das Recht des Menschen auf religiöse Freiheit erklärt, hat seine Grundlage in der Würde

der Person, deren Forderungen die menschliche Vernunft durch die Erfahrung der Jahrhunderte vollständiger erkannt hat. Jedoch hat diese Lehre von der Freiheit ihre Wurzeln in der göttlichen Offenbarung, weshalb sie von Christen um so gewissenhafter beobachtet werden muß. Denn obgleich die Offenbarung das Recht auf Freiheit von äußerem Zwang in religiösen Dingen nicht ausdrücklich lehrt, läßt sie doch die Würde der menschlichen Person in ihrem ganzen Umfang ans Licht treten; sie zeigt, wie Christus die Freiheit des Menschen in Erfüllung der Pflicht, dem Wort Gottes zu glauben, beachtet hat, und belehrt uns über den Geist, den die Jünger eines solchen Meisters anerkennen und dem sie in allem Folge leisten sollen. All dies verdeutlicht die allgemeinen Prinzipien, auf welche die Lehre dieser Erklärung über die Religionsfreiheit gegründet ist. Besonders ist die religiöse Freiheit in der Gesellschaft völlig im Einklang mit der Freiheit des christlichen Glaubensaktes.

10. Es ist ein Hauptbestandteil der katholischen Lehre, in Gottes Wort enthalten und von den Vätern ständig verkündet[8], daß der Mensch freiwillig durch seinen Glauben Gott antworten soll, daß dementsprechend niemand gegen seinen Willen zur Annahme des Glaubens gezwungen werden darf[9]. Denn der Glaubensakt ist seiner Natur nach ein freier Akt, da der Mensch, von seinem Erlöser Christus losgekauft und zur Annahme an Sohnes Statt durch Jesus Christus berufen[10], dem sich offenbarenden Gott nicht anhangen könnte, wenn er nicht, indem der Vater ihn zieht[11], Gott einen vernunftgemäßen und freien Glaubensgehorsam leisten würde. Es entspricht also völlig der

---

[8] Vgl. Lactantius, Divinarum Institutionum V, 19: CSEL 19, 463 f. 465; PL 6, 614 und 6, 616 (Kap. 20); Ambrosius, Ep. ad Valentinianum Imp., Ep. 21: PL 16, 1005; Augustinus, Contra litt. Petiliani II Kap. 83: CSEL 52, 112; PL 43, 315; vgl. C. 23 q. 5 c. 33 (ed. Friedberg 939); ders., Ep. 23: PL 33, 98; ders., Ep. 34; PL 33, 132; ders., Ep. 35: PL 33, 135; Gregor d. Gr., Ep. ad Virgilium et Theodorum Episcopos Massiliae Galliarum, Registrum Epistolarum I 45: MGH Ep. 1, 72; PL 77, 510 f. (I Ep. 47); ders., Ep. ad Joannem Episcopum Constantinopolitanum, Registrum Epistolarum III 52: MGH Ep. 1, 210; PL 77, 649 (III Ep. 53); vgl. D. 45, c. 1 (ed. Friedberg 160); IV. Konzil von Toledo, can. 57: Mansi 10, 633; vgl. D. 45, c. 5 (ed. Friedberg 161–162); Clemens III.: X., V 6, 9 (ed. Friedberg 774); Innozenz III., Ep. ad Arelatensem Archiepiscopum X., III 42, 3 (ed. Friedberg 646).
[9] Vgl. CIC can. 1351; Pius XII., Anspr. an die Prälaten usw. des Gerichtshofes der Hl. Röm. Rota, 6. Okt. 1946: AAS 38 (1946) 394; ders., Enz. Mystici Corporis, 29. Juni 1943: AAS 35 (1943) 243.
[10] Vgl. Eph 1, 5.   [11] Vgl. Jo 6, 44.

Wesensart des Glaubens, daß in religiösen Dingen jede Art von Zwang von seiten der Menschen ausgeschlossen ist. Und deshalb trägt der Grundsatz der Religionsfreiheit nicht wenig bei zur Begünstigung solcher Verhältnisse, unter denen die Menschen ungehindert die Einladung zum christlichen Glauben vernehmen, ihn freiwillig annehmen und in ihrer ganzen Lebensführung tatkräftig bekennen können.

11. Gott ruft die Menschen zu seinem Dienst im Geiste und in der Wahrheit, und sie werden deshalb durch diesen Ruf im Gewissen verpflichtet, aber nicht gezwungen. Denn er nimmt Rücksicht auf die Würde der von ihm geschaffenen menschlichen Person, die nach eigener Entscheidung in Freiheit leben soll. Dies aber ist vollendet in Christus Jesus erschienen, in dem Gott sich selbst und seine Wege vollkommen kundgetan hat. Denn Christus, unser Meister und Herr[12] und zugleich sanft und demütig von Herzen[13], hat seine Jünger in Geduld zu gewinnen gesucht und eingeladen[14]. Gewiß hat er seine Predigt mit Wundern unterstützt und bekräftigt, um den Glauben der Hörer anzuregen und zu bestätigen, nicht aber um einen Zwang auf sie auszuüben[15]. Gewiß hat er den Unglauben seiner Hörer gescholten, aber so, daß er die Züchtigung Gottes für den Tag des Gerichtes zurückstellte[16]. Bei der Aussendung der Apostel in die Welt sprach er zu ihnen: „Wer glaubt und sich taufen läßt, wird selig werden; wer aber nicht glaubt, wird verdammt werden" (Mk 16, 16). Als er bemerkte, daß Unkraut zugleich mit dem Weizen gesät war, befahl er, daß man beides wachsen lasse bis zur Ernte, die am Ende der Weltzeit geschehen wird[17] Er lehnte es ab, ein politischer Messias zu sein, der äußere Machtmittel anwendet[18]. Statt dessen zog er es vor, sich den Menschensohn zu nennen, der gekommen ist, „um zu dienen und sein Leben hinzugeben als Lösegeld für die vielen" (Mk 10, 45). Er erwies sich als der vollkommene Gottesknecht[19], der „das geknickte Rohr nicht zerbricht und den glimmenden Docht

---

[12] Vgl. Jo 13, 13.   [13] Vgl. Mt 11, 29.

[14] Vgl. Mt 11, 28–30; Jo 6, 67 f.

[15] Vgl. Mt 9, 28–29; Mk 9, 23–24; 6, 5–6; vgl. Paul VI., Enz. Ecclesiam suam, 6. Aug. 1964: AAS 56 (1964) 642 f.

[16] Vgl. Mt 11, 20–24; Röm 12, 19–20; 2 Thes 1, 8.

[17] Vgl. Mt 13, 30 40–42.

[18] Vgl. Mt 4, 8–10; Jo 6, 15.

[19] Vgl. Is 42, 1–4.

nicht auslöscht" (Mt 12, 20). Die staatliche Gewalt und ihre Rechte erkannte er an, als er befahl, dem Kaiser Steuer zu zahlen, mahnte aber deutlich, daß die höheren Rechte Gottes zu wahren seien: ,,Gebt dem Kaiser, was des Kaisers ist, und Gott, was Gottes ist" (Mt 22, 21). Schließlich hat er durch das Erlösungswerk am Kreuz, um den Menschen das Heil und die wahre Freiheit zu erwerben, seine Offenbarung zur Vollendung gebracht. Er gab der Wahrheit Zeugnis [20], und dennoch wollte er sie denen, die ihr widersprachen, nicht mit Gewalt aufdrängen. Sein Reich wird ja nicht mit dem Schwert beschützt[21], sondern wird gefestigt im Bezeugen und Hören der Wahrheit und wächst in der Kraft der Liebe, in der Christus, am Kreuz erhöht, die Menschen an sich zieht [22].

Die Apostel sind, belehrt durch das Wort und das Beispiel Christi, den gleichen Weg gegangen. Schon in den Anfängen der Kirche haben sich die Jünger Christi abgemüht, die Menschen zum Bekenntnis zu Christus dem Herrn zu bekehren, nicht durch Zwang und durch Kunstgriffe, die des Evangeliums nicht würdig sind, sondern vor allem in der Kraft des Wortes Gottes[23]. Mit Festigkeit verkündigten sie allen den Ratschluß des Erlösergottes, der ,,will, daß alle Menschen selig werden und zur Erkenntnis der Wahrheit gelangen" (1 Tim 2, 4); dabei aber nahmen sie Rücksicht auf die Schwachen, selbst wenn sie im Irrtum waren; so zeigten sie, wie ,,jeder von uns Gott Rechenschaft für sich geben wird" (Röm 14, 12)[24] und dementsprechend zum Gehorsam in seinem Gewissen verpflichtet ist. Gleich wie Christus waren die Apostel allzeit bestrebt, der Wahrheit Gottes Zeugnis zu geben, und sie nahmen dabei in reichem Maße das Wagnis auf sich, vor dem Volk und seinen Vorstehern ,,mit Freimut das Wort zu sagen" (Apg 4, 31)[25]. Mit starkem Glauben hielten sie daran fest, daß das Evangelium wahrhaft eine Kraft Gottes zum Heil ist für jeden, der glaubt[26]. So verschmähten sie alle ,,fleischlichen Waffen"[27]. Dem Beispiel der Güte und Bescheidenheit Christi folgend, verkündeten sie das Wort Gottes, im vollen Vertrauen, daß die göttliche Kraft dieses Wortes imstande ist, die gottwidrigen Mächte zu zer-

---

[20] Vgl. Jo 18, 37.   [21] Vgl. Mt 26, 51–53; Jo 18, 36.
[22] Vgl. Jo 12, 32.   [23] Vgl. 1 Kor 2, 3–5; 1 Thess 2, 3–5.
[24] Vgl. Röm 14, 1–23; 1 Kor 8, 9–13; 10, 23–33.
[25] Vgl. Eph 6, 19–20.   [26] Vgl. Röm 1, 16.
[27] Vgl. 2 Kor 10, 4; 1 Thess 5, 8–9.

stören[28] und die Menschen dahin zu führen, an Christus zu glauben und ihm zu gehorchen[29]. Wie ihr Meister, so achteten auch die Apostel die legitime staatliche Autorität: „Es gibt keine Gewalt, die nicht von Gott stammt", lehrt der Apostel, und deshalb befiehlt er: „Jedermann sei den obrigkeitlichen Gewalten untertan . . .; wer sich der Gewalt widersetzt, widersteht der Anordnung Gottes" (Röm 13, 1–2)[30]. Dabei scheuten sie sich nicht, der öffentlichen Gewalt zu widersprechen, wenn sie zu dem heiligen Willen Gottes in Gegensatz trat: „Man muß Gott mehr gehorchen als den Menschen" (Apg 5, 29)[31]. Märtyrer und Gläubige ohne Zahl sind zu allen Zeiten überall diesen Weg gegangen.

12. Somit verfolgt die Kirche in Treue zur Wahrheit des Evangeliums den Weg Christi und der Apostel, wenn sie anerkennt und dafür eintritt, daß der Grundsatz der religiösen Freiheit der Würde des Menschen und der Offenbarung Gottes entspricht. Sie hat die Lehre, die sie von ihrem Meister und von den Aposteln empfangen hatte, im Laufe der Zeit bewahrt und weitergegeben. Gewiß ist bisweilen im Leben des Volkes Gottes auf seiner Pilgerfahrt — im Wechsel der menschlichen Geschichte — eine Weise des Handelns vorgekommen, die dem Geist des Evangeliums wenig entsprechend, ja sogar entgegengesetzt war; aber die Lehre der Kirche, daß niemand zum Glauben gezwungen werden darf, hat dennoch die Zeiten überdauert.

Der Sauerteig des Evangeliums hat sich so im Geist der Menschen schon lange ausgewirkt und hat viel dazu beigetragen, daß die Menschen im Laufe der Zeit die Würde ihrer Person besser erkannten und daß die Überzeugung heranreifte, in religiösen Dingen müsse sie in der bürgerlichen Gesellschaft vor jedem menschlichen Zwang geschützt werden.

13. Im Rahmen alles dessen, was zum Wohl der Kirche, ja auch zum Wohl der irdischen Gesellschaft selbst gehört und was immer und überall gewahrt und gegen alles Unrecht zu verteidigen ist, steht sicherlich mit an erster Stelle, daß die Kirche eine so große Handlungsfreiheit genießt, wie sie die Sorge für

---

[28] Vgl Eph 6, 11–17.   [29] Vgl. 2 Kor 10, 3–5.
[30] Vgl. 1 Petr 2, 13–17.   [31] Vgl. Apg 4, 19–20.

das Heil der Menschen erfordert[32]. In der Tat ist sie etwas Heiliges, diese Freiheit, mit der der eingeborene Sohn Gottes die Kirche beschenkt hat, die er sich in seinem Blute erwarb. Sie gehört in Wahrheit der Kirche so sehr zu eigen, daß, wer immer gegen sie streitet, gegen den Willen Gottes handelt. Die Freiheit der Kirche ist das grundlegende Prinzip in den Beziehungen zwischen der Kirche und den öffentlichen Gewalten sowie der gesamten bürgerlichen Ordnung.

In der menschlichen Gesellschaft und angesichts einer jeden öffentlichen Gewalt erhebt die Kirche Anspruch auf Freiheit als geistliche, von Christus dem Herrn gestiftete Autorität, die kraft göttlichen Auftrags die Pflicht hat, in die ganze Welt zu gehen, um das Evangelium allen Geschöpfen zu verkündigen[33]. Ebenso fordert die Kirche Freiheit für sich, insofern sie auch eine Gesellschaft von Menschen ist, die das Recht besitzen, nach den Vorschriften des christlichen Glaubens in der bürgerlichen Gesellschaft zu leben[34].

Wenn der Grundsatz der Religionsfreiheit nicht nur mit Worten proklamiert oder durch Gesetze festgelegt, sondern auch ernstlich in die Praxis übergeführt ist und in Geltung steht, dann erst erhält die Kirche rechtlich und tatsächlich die gefestigte Stellung, welche die Bedingung zu jener Unabhängigkeit darstellt, die für ihre göttliche Sendung nötig ist und wie sie die kirchlichen Autoritäten in der Gesellschaft mit immer größerem Nachdruck gefordert haben[35]. Zugleich haben die Christen wie die übrigen Menschen das bürgerliche Recht, daß sie nach ihrem Gewissen leben dürfen und darin nicht gehindert werden. So steht also die Freiheit der Kirche im Einklang mit jener religiösen Freiheit, die für alle Menschen und Gemeinschaften als ein Recht anzuerkennen und in der juristischen Ordnung zu verankern ist.

14. Damit die katholische Kirche ihren göttlichen Auftrag: „Lehret alle Völker" (Mt 28, 19–20), erfüllen kann, muß sie mit

---

[32] Vgl. Leo XIII., Litt. Officio sanctissimo, 22. Dez. 1887: ASS 20 (1887) 269; ders., Litt. Ex litteris, 7. Apr. 1887: ASS 19 (1886–1887) 465.

[33] Vgl. Mk 16, 15; Mt 28, 18–20; Pius XII., Enz. Summi Pontificatus, 20. Okt. 1939: AAS 31 (1939) 445 f.

[34] Vgl. Pius XI., Enz. Firmissimam constantiam, 28. März 1937: AAS 29 (1937) 196.

[35] Vgl. Pius XII., Ansprache Ci riesce, 6. Dez. 1953: AAS 45 (1953) 802.

eifriger Hingabe dafür arbeiten, „daß das Wort Gottes seinen Lauf nehme und verherrlicht werde" (2 Thess 3, 1).

Inständig bittet deshalb die Kirche ihre Söhne, daß „an erster Stelle Bitten, Gebete, Fürbitten und Danksagungen für alle Menschen verrichtet werden . . .; denn das ist gut und wohlgefällig vor Gott, vor unserm Erlöser, der will, daß alle Menschen gerettet werden und zur Erkenntnis der Wahrheit gelangen" (1 Tim 2, 1–4).

Bei ihrer Gewissensbildung müssen jedoch die Christgläubigen die heilige und sichere Lehre der Kirche sorgfältig vor Augen haben [36]. Denn nach dem Willen Christi ist die katholische Kirche die Lehrerin der Wahrheit; ihre Aufgabe ist es, die Wahrheit, die Christus ist, zu verkündigen und authentisch zu lehren, zugleich auch die Prinzipien der sittlichen Ordnung, die aus dem Wesen des Menschen selbst hervorgehen, autoritativ zu erklären und zu bestätigen. Ferner sollen die Christen bemüht sein, in Weisheit wandelnd vor den Außenstehenden, „im Heiligen Geist, in ungeheuchelter Liebe, im Wort der Wahrheit" (2 Kor 6, 6–7), mit der Tapferkeit der Apostel bis zur Hingabe des Blutes das Licht des Lebens mit allem Freimut zu verbreiten [37].

Denn der Jünger hat gegenüber Christus, dem Meister, die ernste Pflicht, die von ihm empfangene Wahrheit immer vollkommener kennenzulernen, in Treue zu verkünden und kraftvoll zu verteidigen unter Ausschluß aller Mittel, die dem Geist des Evangeliums entgegengesetzt sind. Zugleich wird er von der Liebe Christi gedrängt, den Menschen, die in Irrtum oder Unwissenheit in den Dingen des Glaubens befangen sind [38], in Liebe, Klugheit und Geduld zu begegnen. So ist Rücksicht zu nehmen sowohl auf die Pflichten gegenüber Christus, dem lebendigmachenden Wort, das es zu verkünden gilt, wie auch auf die Rechte der menschlichen Person und auf das Maß der Gnade, das von Gott durch Christus dem Menschen gewährt wird, an den sich die Einladung richtet, den Glauben freiwillig anzunehmen und zu bekennen.

15. Zweifellos verlangen die Menschen unseres Zeitalters danach, die Religion privat und öffentlich in Freiheit bekennen

---

[36] Vgl. Pius XII., Radioansprache, 23. März 1952: AAS 44 (1952) 270–278.
[37] Vgl. Apg 4, 29.
[38] Vgl. Johannes XXIII., Enz. Pacem in terris, 11. Apr. 1963: AAS 55 (1963) 299 f.

zu können; bekanntlich ist die Religionsfreiheit auch in den meisten Verfassungen schon zum bürgerlichen Recht erklärt[39], und sie wird in internationalen Dokumenten feierlich anerkannt.

Anderseits gibt es auch Regierungsformen, in denen die öffentlichen Gewalten trotz der Anerkennung der religiösen Kultusfreiheit durch ihre Verfassung doch den Versuch machen, die Bürger vom Bekenntnis der Religion abzubringen und den religiösen Gemeinschaften das Leben aufs äußerste zu erschweren und zu gefährden.

Indem das Konzil jene glückhaften Zeichen unserer Zeit mit Freude begrüßt, diese beklagenswerten Tatsachen jedoch mit großem Schmerz feststellt, richtet es die Mahnung an die Katholiken und die Bitte an alle Menschen, daß sie sich angelegentlich vor Augen stellen, wie notwendig die Religionsfreiheit ist, besonders in der gegenwärtigen Situation der Menschheitsfamilie.

Denn es ist eine offene Tatsache, daß alle Völker immer mehr eine Einheit werden, daß Menschen verschiedener Kultur und Religion enger miteinander in Beziehung kommen und daß das Bewußtsein der eigenen Verantwortlichkeit im Wachsen begriffen ist. Damit nun friedliche Beziehungen und Eintracht in der Menschheit entstehen und gefestigt werden, ist es erforderlich, daß überall auf Erden die Religionsfreiheit einen wirksamen Rechtsschutz genießt und daß die höchsten Pflichten und Rechte des Menschen, ihr religiöses Leben in der Gesellschaft in Freiheit zu gestalten, wohl beachtet werden.

Gebe Gott, der Vater aller, daß die Menschheitsfamilie unter sorgsamer Wahrung des Grundsatzes der religiösen Freiheit in der Gesellschaft durch die Gnade Christi und die Kraft des Heiligen Geistes zu jener höchsten und ewigen herrlichen „Freiheit der Söhne Gottes" (Röm 8, 21) geleitet werde.

[39] Vgl. Johannes XXIII., Enz. Pacem in terris, 11. Apr. 1963: AAS 55 (1963) 295 f.

Sachregister

Dieses Register soll einer genaueren Übersicht über die Thematik des Konzils dienen. Es hält sich im allgemeinen streng an die Sprache des Konzils; nur in einigen evidenten Fällen werden hier Sachen aufgeführt, die das Konzil behandelt, aber nicht unter diesen Stichworten (z. B. „Proselytismus", „Diasporasituation", „Toleranz"). Theologisch wichtige Aussagen des Konzils werden wörtlich zitiert. Die wichtigsten Christus-Stellen sind unter „Jesus Christus" aufgeführt.

Da sämtliche 16 Konzilstexte in ihren Artikeln fortlaufend numeriert sind (während z. B. die Kapiteleinteilung ungleichmäßig vorgenommen wurde), werden die Stichworte hier nach diesen Nummern der Artikel aufgeführt. Die Titel der Konzilstexte selbst werden in diesem Register in folgender, leicht verständlicher Weise abgekürzt und in dieser chronologischen Reihenfolge angeführt:

Lit.	=	Konstitution über die heilige Liturgie
KommM.	=	Dekret über die sozialen Kommunikationsmittel
Kirche	=	Dogmatische Konstitution über die Kirche
Nota	=	Bekanntmachungen und erläuternde Vorbemerkung
Ostk.	=	Dekret über die katholischen Ostkirchen
Oek.	=	Dekret über den Ökumenismus
Bisch.	=	Dekret über die Hirtenaufgabe der Bischöfe in der Kirche
PrAusb.	=	Dekret über die Ausbildung der Priester
Ord.	=	Dekret über die zeitgemäße Erneuerung des Ordenslebens
Erz.	=	Erklärung über die christliche Erziehung
Nichtchr.	=	Erklärung über das Verhältnis der Kirche zu den nichtchristlichen Religionen
Offb.	=	Dogmatische Konstitution über die göttliche Offenbarung
Laienap.	=	Dekret über das Apostolat der Laien
Kirche/Welt	=	Pastoralkonstitution über die Kirche in der Welt von heute
Priest.	=	Dekret über Dienst und Leben der Priester
Miss.	=	Dekret über die Missionstätigkeit der Kirche
RelFr.	=	Erklärung über die Religionsfreiheit

Andere Abkürzungen sind: Vorw. = Vorwort, Schlußw. = Schlußwort, Anm. = Anmerkung. Die Fußnoten der Konzilstexte werden, da sie in einer „editio typica" erst noch vervollkommnet werden, in diesem Register nicht berücksichtigt. — Die sinnvolle Benützung des Registers setzt voraus, daß auch bei häufig vorkommenden Stichworten (z. B. Bischof, Bischöfe, Kirche, Laien) alle Stellen berücksichtigt werden.

ABC-Waffen s. Waffen, wissenschaftliche

Abel Kirche 2

Abendland, dort entstandene getrennte Kirchen und kirchliche Gemeinschaften Oek. 19

—, Spaltungen der Kirche Oek. 13

Abendmahl, heiliges, bei den getrennten kirchlichen Gemeinschaften Oek. 22

Abendmahl Jesu Lit. 47

Aberglaube, wird heute aufgegeben Kirche/Welt 7

Abraham Offb. 3

—, Bedeutung im Islam Nichtchr. 3

—, Muslim im Glauben Abrahams Kirche 16

—, Vorbild der Führer des Gottesvolkes Priest. 22

Abraham-Bund Offb. 14

Abrahams Söhne, die Christen Nichtchr. 4

Abrahams Stamm Nichtchr. 4

Abrüstung Kirche/Welt 82

Abschreckungswaffen Kirche/Welt 81

Abtreibung Kirche/Welt 27 51

Abtsweihe, Konzelebration Lit. 57 (§ 1, 1 c)

Achtung vor Andersdenkenden Kirche/Welt 28, s. auch Toleranz

— vor dem Menschen, dringende Forderung Kirche/Welt 27

Adam Kirche 2; Kirche/Welt 22; Priest. 15

—, neuer Miss. 3

Adoption s. Sohnesannahme

Advent-Wortgottesdienste Lit. 35 (4)

Agape und Eucharistie Laienap. 8

Agnostizismus Kirche/Welt 57

Akklamationen in der Liturgie Lit. 30

Akte, religiöse, übersteigen ihrem Wesen nach die irdische und zeitliche Ordnung RelFr. 3

Allgemeines Gebet, soll wieder eingeführt werden Lit. 53

Alltägliche Arbeit, Würde Kirche/Welt 34

Alltägliches Leben und Christentum Kirche 33 35; Priest. 6, s. auch Leben, christliches

— und Glaube, Spaltung zwischen beiden gehört zu den schweren Verirrungen unserer Zeit Kirche/Welt 43

— und Vereinigung mit Christus Laienap. 4

Alpha und Omega Kirche/Welt 45

Altar, liturgische Anforderungen Lit. 128

Altargemeinschaft Kirche 26

Alter Bund — Neuer Bund, Altes Testament — Neues Testament Offb. 16

Altersfürsorge Laienap. 11; Kirche/Welt 66

Altes Testament Nichtchr. 4

—, Offenbarung des Reiches in Vorbildern Kirche 6

—, Ort göttlicher Machterweise als Vorspiel zur vollendeten Verherrlichung Lit. 5

—, seine besondere Würde Offb. 15

—, seine Bücher gelten in ihrer Ganzheit mit allen ihren Teilen als heilig und kanonisch Offb. 11

—, wahres Wort Gottes, von unvergänglichem Wert Offb. 14

—, wunderbare Vorbereitung der Kirche Kirche 2

Alumnen, Ausbildungsgrundsätze Miss. 16

—, erwünschter Bildungsgrad PrAusb. 13

—, geistliche Formung PrAusb. 8

—, grundsätzliche Anforderungen PrAusb. 4

—, ihre Ausbildung PrAusb. 15 16

—, pastorale Eigenschaften PrAusb. 19

—, Prüfung auf geistliche, moralische und intellektuelle Eignung; auf physische und seelische Gesundheit PrAusb. 6

—, Reife, Charakterbildung und menschliche Qualitäten PrAusb. 11

—, sollen schon während des Studiums mit der pastoralen Praxis vertraut werden PrAusb. 21

— und Laienapostolat PrAusb. 20

—, Wechsel ihres Berufsweges PrAusb. 3 6

— s. auch Priesterausbildung

Alumnenausbildung, auf ihre Einheit und Gründlichkeit ist großer Wert zu legen PrAusb. 17

—, soll vor allem innere Formung anstreben PrAusb. 17

Alumnenerziehung, soll von pastoraler Sorge durchdrungen sein PrAusb. 19

Ambrosius, Lehre über Maria als Typus der Kirche Kirche 63

Amt der Bischöfe ist Diakonia Kirche 24

Amt, dreifaches, Christi Laienap. 2 10; Priest. 1

—, dreifaches, der Apostel und ihrer Nachfolger Laienap. 2

—, dreifaches, der Zwölf Oek. 2

— (ministerium) in der Kirche, göttlich eingesetzt, die Aufgaben mehrfach abgestuft, in verschiedenen Ordnungen ausgeübt von Bischöfen, Prie-

stern und Diakonen Kirche 28

Ämter Christi (Lehrer, König und Priester) Kirche 13, (Lehrer, Hirt und Priester) Kirche 21

Ämter des Bischofs (Heiligung, Lehre, Leitung), übertragen durch die Bischofsweihe, aber auszuüben nur in der hierarchischen Gemeinschaft (communio) Kirche 21, s. auch 20; Bisch. 2

Ämter, drei, der Gläubigen Miss. 15

Ämter, Weihe und Vollmachten der Bischöfe nach dem Konzil Nota 2

Amtspriester (sacerdos ministerialis) s. Priester

Analogie des Glaubens Offb. 12

Analphabetismus Oek. 12; Erz. Vorw.; Kirche/Welt 4 60

Anbetung Gottes Erz. 2; Kirche/Welt 57; Priest. 18

—, durch Heiligenverehrung nicht abgeschwächt, sondern reicher gestaltet Kirche 51

Andachtsübungen, sollen mit der liturgischen Zeit und Liturgie zusammenstimmen Lit. 13

—, traditionelle, in den Seminarien, Berechtigung und Grenzen PrAusb. 8

— (pia exercitia), werden empfohlen Lit. 13

Anglikanische Gemeinschaft Oek. 13

Angst Kirche/Welt 1 3

Anpassung der Teilkirchen an zeitliche und örtliche Notwendigkeiten Ostk. 2

— der Priesterausbildungsordnung an örtliche und zeitliche Verhältnisse PrAusb. 1

— der Verkündigung an die

—, Sorge für Entlohnung der Priester Priest. 20

—, Sorge für jährlichen Urlaub der Priester Priest. 20

—, Sorgfaltspflicht für die Missionen Kirche 23

—, Sorgfaltspflicht für Glaubenseinheit, Disziplin, Liebe Kirche 23

—, soziale Fürsorge und soziologische Kenntnisse Bisch. 16

— stellen einzeln je ihre Kirche dar Kirche 23

—, stellen zusammen mit dem Papst die ganze Kirche dar (repraesentant) Kirche 23

—, üben ihr Hirtenamt nur über ihre Teilkirchen aus Kirche 23

— und Arme Priest. 17

— und Autorität Kirche 27

— und Gesamtkirche Miss. 19

— und Heiligkeit Bisch. 15

— und Leib Christi Kirche 23

— und leidende Mitbrüder Bisch. 7

— und Liturgie Bisch. 15

— und Ordensleute Kirche 45

— und Papst Bisch. 2 3 4

— und Priesterberufe, Förderung und Prüfung PrAusb. 2

— und Priester-, Ordens- und Missionsberufe Bisch. 15

— und Sakramente, besonders Eucharistie, Taufe, Firmung (erstberufene Firmspender), Weihe und Buße Kirche 26

— und Teilkirchen Bisch. 3

— und Überlieferung Offb. 8

— und Weiterbildung ihrer Priester Priest. 19

—, unter ihren hauptsächlichen Aufgaben hat Verkündung des Evangeliums den Vorrang Bisch. 12

—, Verhältnis zu den Priestern Priest. 7

—, Verpflichtung, anderen Kirchen zu helfen Kirche 23

—, Verpflichtung, in Arbeitsgemeinschaft zu treten Kirche 23

—, Verpflichtung in der Liebe Kirche 23

—, Verpflichtung zur Heiligkeit durch Ausübung ihres Amtes Kirche 41

—, Verpflichtung zur Mission Kirche 23 24 27

—, Vollmacht zur Gesetzgebung Kirche 27

—, vom Heiligen Geist eingesetzt, Nachfolger der Apostel, gesandt, das Werk Christi fortzusetzen Bisch. 2

—, Vorsteher der Herde, deren Hirten, Lehrer in der heiligen Unterweisung, Priester im heiligen Kult, Diener in der Leitung Kirche 20

—, Weihe für das Heil der ganzen Welt Miss. 38

—, wirken in eigener Vollmacht Kirche 22 27 (dort auch deren Grenzen)

—, zusammen mit dem Haupt ihrer „Ordnung" Träger der höchsten und vollen Gewalt in der Kirche Kirche 22

— s. auch Kollegium, Körperschaft, Ämter des Bischofs, Teilkirchen, Papst

Bischöfliche Vikare Bisch. 26 27

Bischöflicher Vikar Bisch. 23 (3)

Bischofsamt bei nichtkatholischen Christen Kirche 15

Bischofskonferenz aus Bischöfen mehrerer Länder und Beziehungen mehrerer Bischofskonferenzen Bisch. 38 (5)

Demut der Kirche Kirche 8, s. auch Kirche

Denkmalpflege, kirchliche Lit. 129

Depositum fidei Offb. 10; Kirche/ Welt 62

—, die Art der Lehrverkündigung ist von ihm genau zu unterscheiden Oek. 6, s. auch Kirche/ Welt 62

Diakon als Leiter des Wortgottesdienstes Lit. 35 (4)

— und Taufe Lit. 68

Diakonat als pastorale Schulung vor der Priesterweihe PrAusb. 12

—, nach dem dringenden Wunsch des Konzils in den Ostkirchen als dauerndes Amt wiedereinzuführen Ostk. 17

— und Zölibat Kirche 29

—, Wiedereinführung bei Männern, die tatsächlich einen diakonischen Dienst ausüben, angebracht Miss. 16

—, Wiederherstellung in der lateinischen Kirche Kirche 29

Diakonatsweihe, sakramentale Kirche 29; Miss. 16

Diakone, Aufgaben Kirche 29

—, Dienst des Wortes Offb. 25

—, Einsetzung durch die Apostel Lit. 86

— (von apostolischer Überlieferung her) Helfer der Bischöfe im Dienstamt in der Gemeinschaft Kirche 20

—, notwendig in der neuen christlichen Gemeinschaft Miss. 15

—, Sakramentalität der Diakonatsweihe Kirche 29; Miss. 16

—, seit alters eine Ordnung des göttlich eingesetzten kirchlichen Dienstamtes Kirche 28

—, Verpflichtung zur Heiligkeit Kirche 41

—, zum Dienst geweiht, vom Bischof abhängig Bisch. 15

Diakonia, Bezeichnung des Amtes der Bischöfe Kirche 24

Diakonie der Diakone Kirche 29

Diakonischer Dienst, Beschreibung Miss. 16

Dialog Kirche/ Welt 85 90 92

— bei Meinungsverschiedenheiten Kirche/ Welt 43

—, Beratung der Bischofskonferenzen Miss. 20

—, brüderlicher, mit Nichtchristen Miss. 16

— der Priester und Ordensleute mit der Welt und mit Menschen jedweder Weltanschauung Kirche/ Welt 43

— der Sachverständigen in der ökumenischen Bewegung Oek. 4

— des Konzils mit der Menschheitsfamilie Kirche/ Welt 3

—, erforderlich zur Entfaltung des Menschen Kirche/ Welt 25

— mit Atheisten Kirche/ Welt 21

— mit den Menschen, Pflicht der Bischöfe Bich. 13

— mit den getrennten Brüdern auf der Ebene der Gleichheit Oek. 9, s. auch 11

— mit den getrennten Kirchen des Abendlandes Oek. 19 21 (über die Heilige Schrift), 22 (über Abendmahl, Sakramente, Liturgie und Dienstämter der Kirche), 23 (über Fragen der Moral)

— mit den getrennten Ostkirchen Oek. 14 18

— mit den Nichtchristen Miss 41

— mit Gott, Berufung des Menschen Kirche/ Welt 19

693

— und legitime Freiheit der Kinder Kirche/Welt 52

—, Verantwortung gegenüber Druckerzeugnissen und ähnlichem KommM. 10

—, von ihnen hängt die Entscheidung über die Zahl der Kinder ab Kirche/Welt 50 87

— s. auch Ehegatten, Eheleute

Elternrecht Erz. Vorw.; Laienap. 11; Kirche/Welt 52; RelFr. 5

— und katholische Schulen Erz. 8

— und Schulwahl Erz. 6

Elternschaft, verantwortete Kirche/Welt 50 87

Elternvereinigungen Erz. 6

Elternwillen Erz. 3

Ende der Zeiten, ist schon zu uns gekommen Kirche 48

Engel Kirche 49 50

Enteignung der Großgrundbesitzer Kirche/Welt 71

Enthaltsamkeit Priest. 16

Enthaltsamkeit, eheliche, Gefahren für die Ehe durch Enthaltsamkeit Kirche/Welt 51

Entwicklungshelfer Kirche/Welt 85 88

Entwicklungshilfe Miss. 41

Entwicklungshilfe, Prinzipien Kirche/Welt 85 86

Entwicklungsländer Oek. 12; Laienap. 14; Kirche/Welt 6 8 9 65 69 84 86; Miss. 12

Entwicklungsländer, Studenten Erz. 10

Ephesus, Konzil Kirche 23 66; Oek. 13 15

Episkopat bei den getrennten Christen Kirche 15

— s. Bischof, Bischöfe

Erbsünde Kirche/Welt 13

—, der Mensch ist erbsündlich verwundet KommM. 7

—, die Menschen „in Adam gefallen" Kirche 2

—, Folgen Laienap. 7

Erdengüter s. Güter, irdische

Erfahrung, geistliche Offb. 8

Erholung KommM. 1; Kirche/Welt 61

—, geistige und körperliche Kirche 34

Erkenntnisordnungen, zwei verschiedene Kirche/Welt 59

Erlösung Kirche/Welt 22; Miss. 3 8

—, gewirkt durch den Gehorsam Christi Kirche 3, in der menschlichen Natur des Sohnes Gottes gewirkt Kirche 7

—, Vollzug in der Liturgie Lit. 2

Erlösungsbedürftigkeit alles menschlichen Tuns Kirche/Welt 37

Erlösungswerk Christi, zielt an sich auf das Heil der Menschen, umfaßt aber auch den Aufbau der gesamten zeitlichen Ordnung Laienap. 5

Erneuerung der Kirche Kirche 4 7 8 9 15; Oek. 4; PrAusb. Vorw.; PrAusb. Schlußw.; Erz. Schlußw.; Kirche/Welt 21 43; Miss. 37

— der Kirche besteht wesentlich im Wachstum der Treue gegenüber ihrer eigenen Berufung Oek. 6

— der Kirche, Ordensinstitute sollen sich daran beteiligen Ord. 2 (c)

— des christlichen Lebens Miss. 19

— des Ordenslebens, Wesen Ord. 2

— und Reform der Kirche notwendig Oek. 4

Erneuerungsbewegungen der Kirche Oek. 6

Gotteslob in den Ostkirchen (ähnlich dem lateinischen Stundengebet) Ostk. 15 22 (Kleriker und Laien)

Gotteskindschaft Kirche 9 32

Gottes- und Nächstenliebe Ord. 8

—, Einheit Laienap. 8; Kirche/Welt 24; s. Liebe

Göttliches und Menschliches in der Kirche Lit. 2; Kirche 8

Gregorianischer Choral, der Gesang der römischen Liturgie Lit. 116, Buch-Ausgaben Lit. 117

Großerzbischöfe Ostk. 10

Großgrundbesitz, Bodenreform und Enteignung Kirche/Welt 71

Grundkultur Kirche/Welt 60

Gründonnerstag, Konzelebration Lit. 57 (§ 1, 1 a)

Grundrechte s. Menschenrechte

Gruppen in Missionsländern Miss. 20

Güter der Kirche s. Elemente

Güter, irdische, Bestimmung und Verteilung Kirche/Welt 69

Gütergemeinschaft in der Urkirche Priest. 17 21

Güterverteilung Kirche/Welt 9

—, ungerechte Oek. 12

Gutheit, natürliche, der zeitlichen Ordnung Laienap. 7

Hagiographen Offb. 11

Handauflegung bei den Diakonen Kirche 29

— der Apostel auf ihre Helfer Kirche 21

Haupt, Christus das Haupt des Leibes Kirche 7 9, das Haupt des Volkes der Söhne Gottes Kirche 13, das Haupt aller Kirche 17 (Hauptstellen)

Hausbesuche Bisch. 30 (2); Priest. 6

Hauskirche Kirche 11; Laienap. 11

Heiden, Wahrheit und Gnade bei ihnen Miss. 9

— s. auch Nichtchristen

Heil aller Menschen Nichtchr. 4

— der Menschen im Glauben an Christus und in seiner Gnade Laienap. 6

— der Nichtchristen Kirche 16

—, erst in der künftigen Weltzeit voll verwirklicht Kirche/Welt 40

—, Volk Gottes Keimzelle des Heils für das ganze Menschengeschlecht Kirche 9

— vor Christus, jederzeit Hilfen zum Heil um Christi willen Kirche 2

Heilige, durch die Gnade vollkommen, Fürsprecher und Beispiele Lit. 104

—, ihre Fürbitte für uns Kirche 49

Heilige Schrift als inspirierte Bücher, in ihnen hat die apostolische Predigt besonders deutlichen Ausdruck gefunden Offb. 8

—, Bedeutung für die getrennten Christen Oek. 21

—, der Zugang zu ihr muß für die an Christus Glaubenden weit offen stehen Offb. 22

—, enthält das Wort Gottes und ist das Wort Gottes Offb. 24

—, Glaubens- und Lebensnorm nichtkatholischer Christen Kirche 15

—, gleichsam die Seele der ganzen Theologie PrAusb. 16

—, ihr Studium sei gleichsam die Seele der Theologie Offb. 24

—, ihre Bücher lehren sicher, getreu und ohne Irrtum die

Wahrheit, die Gott um unseres Heiles willen in heiligen Schriften aufgezeichnet haben wollte Offb. 11

—, in der Kirche immer verehrt wie der Herrenleib selbst Offb. 21

—, reichere Lesung in der Liturgie wird gewünscht Lit. 35 (1) 51 92 (a) (Stundengebet)

—, Studium PrAusb. 16

— und Kirchenmusik Lit. 112 121

— und Laienapostolat Laienap. 32

— und Lehramt Oek. 21

— und (oder) Überlieferung Kirche 25

— und Verkündigung Offb. 21

—, von größter Bedeutung für die Liturgie Lit. 24

—, vom Diakon vorgelesen Kirche 29

—, Weitergabe der Offenbarung Kirche 25

—, Wesensbeschreibung Offb. 9

—, zusammen mit der Heiligen Überlieferung von der Kirche als höchste Richtschnur des Glaubens gesehen Offb. 21

— s. auch Überlieferung

Heiligenfeste, Wesensbeschreibung Lit. 104, nur für Heilige von allgemeiner Bedeutung auf die ganze Kirche auszudehnen Lit. 111, s. auch Herrenfeste

Heiligenleben Kirche 40

— im Stundengebet sollen der geschichtlichen Wahrheit entsprechen Lit. 92 (c)

Heiligenverehrung, Anfänge und Wesen Kirche 50

— der Ostkirchen Oek. 15

— in der Liturgie Lit. 8 111

—, Mißbräuche, Übertreibungen und Mängel Kirche 51

Heiliger Geist, Beistand zum Glauben Offb. 5

—, durch seine Ausgießung Offenbarung der Kirche Kirche 2

—, Gaben in der Kirche; er ist gleichsam die Seele der kirchlichen Einrichtungen; er geht bisweilen sichtbar der apostolischen Tätigkeit voran Miss. 4

—, Gaben und Gnaden bei den getrennten Christen Kirche 15

—, Lebens- und Einheitsprinzip des Leibes Christi Kirche 7 8 13

—, Macht in der Kirche Kirche 44

—, Prinzip der Einheit der Kirche Oek. 2

—, schenkt den Laien das Bewußtsein ihrer eigenen Verantwortung und ruft sie zum Dienst für Christus und seine Kirche auf Laienap. 1

—, sein Heiligungswerk Kirche 4

—, Sendung und Offenbarung Offb. 17

—, stärkt immerfort die organische Struktur und Eintracht der ganzen Kirche 22

— und Apostel Kirche 19 20

— und Berufung zum Glauben Miss. 13 15

— und Bischöfe Kirche 21 24 27

— und charismatische Gaben Kirche 4 7 12

— und Erneuerung der Kirche Kirche 9

— und Feier des Pascha-Mysteriums Lit. 6

— und Fortschritt der apostolischen Überlieferung Offb. 8

— und Glaubenserkenntnis Kirche/Welt 15

— und Glaubenssinn Kirche 12

— und Heiligkeit Kirche 39 40

709

Kollegialer Akt Kirche 23; Nota 4; Bisch. 4

Kollegialität s. Kollegium

Kollegium der Apostel Kirche 19 22 (besteht weiter)

— der Apostel, ihm sind alle Güter des Neuen Bundes anvertraut Oek. 3

— der Bischöfe Kirche 21 22; Miss. 5 6 38

— der Bischöfe, alle Glieder haben das Recht, am Ökumenischen Konzil teilzunehmen Bisch. 4

— der Bischöfe als Träger der höchsten und vollen Gewalt über die ganze Kirche Nota 3

— der Zwölf Oek. 2

—, fester Kreis, Ordnung oder Körperschaft der Bischöfe nach dem Konzil Nota 1

— und Körperschaft der Bischöfe Bisch. 3 4

Kollektivismus in der Wirtschaft Kirche/Welt 65

Kommentatoren in der Liturgie Lit. 29

Kommission, nachkonziliare, für Fragen der christlichen Erziehung Erz. Vorw.

Kommunikationsmittel Erz. 4; Laienap. 8; Kirche/Welt 6 54 61; Miss. 19 26 36

—, Ausbildung in christlichem Geist für aktive Gestaltung KommM. 15

—, Errichtung einer päpstlichen Stelle KommM. 19

—, Errichtung nationaler Stellen unter bischöflicher Leitung KommM. 21, deren internationale Verbindung KommM. 22

—, Erziehung zu rechtem Gebrauch KommM. 16

—, finanzielle Unterstützung durch einzelne Gläubige und Verbände KommM. 17

—, Gewissensgrundsätze KommM. 4 5 9 10 11

—, jährlicher „Tag der Kommunikationsmittel" mit Ermahnung, Gebet und Geldsammlung KommM. 18

—, positive Funktion Erz. Vorw.

—, Recht der Kirche auf deren Besitz und Benutzung KommM. 3

—, Übertragung liturgischer Handlungen Lit. 20

— und Bischöfe Bisch. 13

— s. auch Film, Fernsehen, Rundfunk, Presse

Kommunion, Darstellung der Einheit des Volkes Gottes Kirche 11

— aus derselben Opferfeier (Konsekration in der Messe) wird mit Nachdruck empfohlen Lit. 55

— unter beiden Gestalten s. Kelchkommunion

— s. auch Eucharistie

Komplet Lit. 89 (b)

Konferenzen der Seminaroberen PrAusb. 5

Kongregation zur Verbreitung des Glaubens, Sorge für Katechisten Miss. 17

Kongregation zur Verbreitung des Glaubens, Wesen und Reorganisation Miss. 29

Konsekration in der Messe s. Kommunion

Kontemplation Lit. 2; Kirche/Welt 8 56 57 59

— der Überlieferung Offb. 8

— und apostolische Liebe im Ordensleben Ord. 5

— s. auch Beschauliche Orden

der Heilssendung der Kirche selbst Kirche 33

—, ihr apostolisches Wirken ist anzuregen und zu fördern PrAusb. 20

—, ihr Gehorsam gegenüber den geweihten Hirten Kirche 37

—, ihr Recht auf geistliche Güter, auf freie Meinungsäußerung Kirche 37

—, ihr Recht, aus den geistlichen Gütern reichlich zu empfangen Kirche 37

—, ihr Recht, Vereinigungen zu gründen, zu leiten und gegründeten beizutreten Laienap. 19, vgl. auch 24

—, ihr Tun dient dem Heil der Menschen Laienap. 2

—, ihr Tun legt Zeugnis für Christus ab Laienap. 2

—, ihr Verhältnis zu den Hirten und ihre eigenen Initiativen Kirche 37

—, ihr Weltcharakter Kirche 31

—, ihre Aufgabe bei Auferbauung der Kirche ist von allen, auch den Bischöfen und Pfarrern, zu respektieren Laienap. 25

—, ihre Aufgabe, die Kommunikationsmittel mit humanem und christlichem Geist zu beseelen KommM. 3, ihre apostolische Aufgabe mit den Kommunikationsmitteln KommM. 13 15

—, ihre Aufgabe ist der Aufbau der zeitlichen Ordnung, aus der spezifischen Sachkenntnis der Laien und in deren eigener Verantwortung, unter Wahrung der eigentümlichen Gesetze der zeitlichen Ordnung, entsprechend den höheren Grundsätzen des christlichen Lebens, den verschiedenen Situationen angepaßt Laienap. 7

—, ihre Würde und Funktion, ihre Freiheit im bürgerlichen Bereich, ihre Erfahrung und Zuständigkeit müssen von den Priestern anerkannt werden Priest. 9

— in Aufgaben, die enger mit den Ämtern der Hirten verbunden sind, unterstehen voll der höheren kirchlichen Leitung Laienap. 24

— in der Mission Miss. 19 20

— in der religionsgeschichtlichen oder -wissenschaftlichen Forschung Miss. 41

— in „hauptamtlicher" Tätigkeit für kirchliche Institutionen und Werke, Fürsorgepflicht der Hirten für sie Laienap. 22

— in Mönchsklöstern, Rechte und Pflichten Ord. 15

— in Orden, Vollwertigkeit Ord. 10

—, Mitarbeit in Erziehungsfragen Erz. 6

—, Mitarbeiter Gottes, des Schöpfers, Erlösers und Heiligmachers Laienap. 16

— können von der Hierarchie zu gewissen kirchlichen Ämtern mit geistlichen Zielen herangezogen werden Kirche 33

— können zu unmittelbarerer Mitarbeit mit dem Apostolat der Hierarchie berufen werden Kirche 33

—, Kurzform des Taufritus für Laien Lit. 68

—, mit dem Glaubenssinn und der Gnade des Wortes ausgerüstet Kirche 35

sich jeweils nach ihren eigenen Grundsätzen zu richten Ostk. 5

—, Förderung durch Errichtung eigener Pfarreien und eigener Hierarchie Ostk. 4

—, gemeinsame Beratungen der Hierarchen Ostk. 4

—, gottesdienstliche Feiern Lit. 13

—, grundsätzliche Aussage ihrer Existenz und Berechtigung Kirche 13, ihr theologischer Rang Kirche 26

— im Orient Oek. 14

—, in ihnen und aus ihnen besteht die eine und einzige katholische Kirche Kirche 23

—, mit „Riten" gleichgesetzt Ostk. 2

—, sind nach dem Bild der Gesamtkirche gestaltet; ihr Prinzip und Fundament die Einzelbischöfe Kirche 23, s. auch 27

— und Gesamtkirche Miss. 19 38

— und Primat des Papstes Ostk. 3

— und Schiedsrichteramt des Apostolischen Stuhls Ostk. 4

Terror in der Kriegführung Kirche/Welt 79

Teufel Kirche/Welt 22; Miss. 9

— (daemon), soll durch das Missionswerk der Kirche beschämt werden Kirche 17

Theater, menschliche und sittliche Bildung KommM. 14

Theologen, katholische, gemeinsame Forschungsarbeit mit den getrennten Brüdern Oek. 11

Theologie Priest. 19

—, Anordnung des Studiums PrAusb. 16

—, Anstrengung in jedem soziokulturellen Großraum Miss. 22

—, Freiheit in der Ausarbeitung der Offenbahrungswahrheit Oek. 4

—, missionarischer Aspekt der einzelnen Disziplinen Miss. 39

—, muß ökumenisch sein Oek. 10

—, neue Aufgaben Kirche/Welt 62

—, ruht auf dem geschriebenen Wort Gottes, zusammen mit der Heiligen Überlieferung, wie auf einem bleibenden Fundament Offb. 24

—, Studium PrAusb. 16

— und Seelsorge Kirche/Welt 62

—, wissenschaftliche Erz. 11

—, Zusammenarbeit mit anderen Wissenschaften Kirche/Welt 62

— s. auch Liturgiewissenschaft, Kirchenmusik-Ausbildung, Kunst, sakrale, Ausbildung, Studien

Theologiestudium, Überprüfung der Lehrmethoden ist erwünscht PrAusb. 17

—, zu große Vermehrung von Fächern und Vorlesungen ist nicht erwünscht PrAusb. 17

Theologische Hauptfächer und ihre Beziehung zur Liturgiewissenschaft Lit. 16

Theologische Schulen, Freiheit in mariologischen Auffassungen Kirche 54

Theologische Studien, höhere akademische PrAusb. 17

Theologische Tugenden Laienap. 3 4

— als Zeugnis Laienap. 16

— der Seminaristen PrAusb. 8

— in der Ehe Kirche/Welt 48

— s. auch Glaube, Hoffnung, Liebe

Thomas v. Aquin PrAusb. 16; Erz. 10

761

Literaturhinweise

Wir haben für dieses Buch folgende Werke beigezogen:

Das Zweite Vatikanische Konzil. Ergänzungsbände zum Lexikon für Theologie und Kirche, 3 Bände (Freiburg, Herder 1966 ff.)

Documents conciliaires, 4 Bände (Paris, Ed. Centurion 1965–66)

W. M. Abbott SJ (Hrsg.), The Documents of Vatican II (New York, Guild Press u. a. 1965)

L. Kard. Jaeger, Das Konzilsdekret über den Ökumenismus (Paderborn, Bonifacius-Druckerei 1965)

E. Stakemeier, Die Konzilskonstitution „Über die göttliche Offenbarung" (ebd. 1966)

Ders., Das Konzilsdekret „Über die Ausbildung der Priester" (ebd. 1966)

O. Semmelroth – M. Zerwick, Vaticanum II über das Wort Gottes (Stuttgarter Bibelstudien 16, 1966).

Über die wichtigste Konzilsliteratur unterrichtete D. A. Seeber in „Die Welt der Bücher" (Literarische Beihefte zur Herder-Korrespondenz), Zweite Folge, 505 ff., Dritte Folge, 57 ff., 169 ff. und 337 ff. Wir möchten auf die unentbehrlichen Konzilschroniken von J. Ratzinger, Y. Congar, L. A. Dorn – (G. Denzler –) W. Seibel, R. Laurentin, G. Maron, A. Wenger und X. Rynne ausdrücklich aufmerksam machen. Die von M. v. Galli und B. Moosbrugger besorgten Bildbände bedürfen keiner besonderen Empfehlung mehr.

An Reflexionen über das Konzilsereignis sind hervorzuheben:

H. Fesquet, Le journal du Concile (Paris, Robert Morel 1966)

L. Waltermann (Hrsg.), Konzil als Prozeß (Köln, Bachem 1966)

M. Plate, Weltereignis Konzil (Freiburg, Herder 1966)

O. Karrer, Das Zweite Vatikanische Konzil (München, Kösel 1966)

E. Schlink, Nach dem Konzil (München, Siebenstern 1966)

H. Helbling, Das Zweite Vatikanische Konzil (Basel, Reinhardt 1966)

D. A. Seeber, Das Zweite Vaticanum (Freiburg, Herder 1966)

Für die wissenschaftliche Verarbeitung der Konzilsergebnisse ist die von G. Caprile SJ besorgte mehrbändige Dokumentation (Rom, Ed. Civiltà Cattolica 1966 ff.) unentbehrlich.

Von den inländischen lateinisch-deutschen Textausgaben sind die des Paulinus-Verlages (Trier) und des Aschendorff-Verlages (Münster), jeweils mehrere Bändchen mit Einleitungen, zu nennen. Für sämtliche

Ausgaben brauchbar ist das von R. Spiecker OP u. a. herausgegebene Register zu den Konzilsdokumenten mit Übersichtsschemata (Luzern, Rex-Verlag 1966).

Größere Sammelwerke zu einzelnen Konzilsdokumenten:
De Ecclesia, hrsg. von G. Baraúna (Frankfurt-Freiburg, Knecht und Herder 1966), 2 Bände, zur Kirchenkonstitution
La Chiesa e il mondo contemporaneo nel Vaticano II (Turin, Elle di ci 1966), zur Pastoralkonstitution.
Die Kirche in der Welt von heute, hrsg. von G. Baraúna (Salzburg, Otto Müller Verlag 1967), zur Pastoralkonstitution.
Das Päpstliche Bibelinstitut in Rom bereitet einen großen Kommentar zur Offenbarungskonstitution vor.

Eine systematische Gruppierung der Konzilstexte (deutsch) mit ökumenischen Kommentaren und der bisher umfangreichsten Sammlung von Konzilsreden bietet J. Chr. Hampe, Die Autorität der Freiheit, 3 Bände (München, Kösel Verlag 1967).

Sämtliche Konzilsbeiträge der melchitischen Hierarchie mit den Voten des Patriarchen Maximos sind gesammelt in: L'Eglise grecque melkite au Concile (Beirut, Dar Al-Kalima 1967).

Nachtrag:
Die nachkonziliare Arbeit der römischen Kirchenleitung

Das „Kleine Konzilskompendium" hat nicht die Aufgabe, über die Aufnahme der Konzilsbeschlüsse in der Kirche und über die „Verwirklichung des Konzils" zu berichten. Wohl aber sind hier in den einzelnen Einleitungen und auch an manchen Stellen der Konzilstexte selbst Ausführungen gemacht worden, die drei Jahre nach Abschluß des Konzils ergänzt werden müssen durch Hinweise auf römische Initiativen und Entscheidungen, die diese Ausführungen unmittelbar betreffen. Diese Hinweise werden im folgenden nach der Reihenfolge der Konzilstexte in diesem Buch geordnet, auch wenn dabei manche Wiederholungen in Kauf genommen werden müssen.

Die römische *Liturgie* ist zweifellos jener Bereich, in dem die Erneuerung der Kirche am meisten greifbar geworden und von Rom aus am stärksten unterstützt worden ist. Schon im Januar 1964 wurde ein Rat (Consilium) zur Ausführung der Liturgiekonstitution des Konzils gegründet, der zusammen mit der alten Ritenkongregation für die Liturgiereform verantwortlich ist. Seit Januar 1968 werden beide Institutionen von Kardinal B. Gut OSB in Personalunion geleitet. Die vom Konzil grundsätzlich bejahte Verwendung der Muttersprache auch in der eucharistischen Liturgie wurde mit Entschiedenheit in der Praxis eingeführt und in der zweiten liturgischen Instruktion vom 4. 5. 1967 — die erste datierte vom 26. 9. 1964 — auf das eucharistische Hochgebet (Meßkanon) ausgedehnt. Neben Reformen der Karwochenliturgie, des Breviers und der Kirchenmusik ist vor allem ein Dekret vom 7. 3. 1965 zu nennen, das vom Ritus der Konzelebration handelt und die Möglichkeiten der Kelchkommunion beträchtlich erweitert. 1968 wurden zusätzlich zu dem seit Jahrhunderten fixierten Meßkanon weitere eucharistische Hochgebete mit Präfationen geschaffen. Die Reform der Gesamtgestalt der römischen Messe ist zügig im Gang.

Im Sinne des Dekrets über die *sozialen Kommunikationsmittel* wurde im April 1964 eine Kommission errichtet, die sich zunächst mit der Einführung eines „Welttags der Massenmedien" (erstmals im Mai 1967) befaßte.

Die Konstitution über die *Kirche* ist ein Grundsatzdokument, das in anderen Konzilstexten (Bischöfe, Priester, Ordensleute, Laien, Ökumenismus usw.) konkretisiert wird. Insofern ist nicht hier darüber zu sprechen. Einige Bemerkungen zum Prinzip der Kollegialität werden später gemacht. Die Konstitution greift jedoch eine Detailfrage auf, die hier erwähnt werden muß: die Erneuerung des Diakonates. Nach einem internationalen römischen Kongreß im Oktober 1965 und Sitzungen eines Bischofsausschusses in Rom im Februar 1967 wurde am 18. 6. 1967 ein päpstliches Motu proprio mit einem Rahmengesetz zur Wiedereinführung des ständigen Diakonats in der lateinischen Kirche erlassen. Die ersten ständigen und verheirateten Diakone wurden im April 1968 in der Erzdiözese Köln geweiht.

Die Fragen der *katholischen Ostkirchen* sind naturgemäß in dem größeren Zusammenhang der Ökumenischen Bewegung zu sehen (darüber unten), wenn sie auch gleichberechtigte Teilkirchen der katholischen Kirche sind. Hinsichtlich der inneren Ordnung dieser Kirchen wurden von Rom aus Regelungen getroffen: im Februar 1965 über die Stellung ihrer Patriarchen im Verhältnis zu den Kardinälen (unter heftigen Protesten nahmen mehrere dieser Patriarchen im gleichen Monat ihre Ernennung zu Kardinälen an), im Februar 1967 über die Mischehen in den Ostkirchen und im Mai 1967 über die Dispensvollmachten der ostkirchlichen Bischöfe.

Nächst der Liturgie ist die *Ökumenische Bewegung* der Bereich für den die größte nachkonziliare Wirksamkeit zu verzeichnen ist. Zuerst sei als gemeinsame Initiative aller großen christlichen Kirchen die Gründung eines ökumenischen theologischen Instituts in Jerusalem im Januar 1966 erwähnt. Das Sekretariat für die Einheit der Christen veröffentlichte am 14. 5. 1967 den I. Teil eines ökumenischen Direktoriums, in dem für römisch-katholische Christen Leitlinien, vor allem in Fragen des gemeinsamen Gottesdienstes und Gebetes, angegeben werden. Die ökumenische Aktivität der katholischen Kirche hinsichtlich der seit der Reformationszeit entstandenen Kirchen äußerte sich in erster Linie durch Bildung gemeinsamer Arbeitsgruppen und Konsultativausschüsse, so mit dem Weltrat der Kirchen, mit der Anglikanischen Gemeinschaft, mit dem Lutherischen Weltbund und mit dem Weltrat der Methodisten. Eine Versöhnungszeremonie mit der Altkatholischen Kirche fand im November 1966 in Utrecht statt. Auf der Vollversammlung des Weltrates der Kirchen in Uppsala im Juli 1968 wurde beschlossen, 9 römisch-katholische Theologen als vollberechtigte Mitglieder in die Kommission „Faith and Order" aufzunehmen. Der Besuch des Erzbischofs von Canterbury beim Papst war der Versöhnung mit den Anglikanern förderlich. Ein schwerer Rückschlag für die Ökumenische Bewegung war dagegen die am 18. 3. 1966 von der Kongregation für die Glaubenslehre unter Kardinal Ottaviani ohne Konsultation des Einheitssekretariats erlassene Instruktion über die Mischehen. — Die ökumenischen Kontakte mit den orthodoxen Ostkirchen waren nicht weniger intensiv, spielten sich aber kaum auf theologischer Ebene ab. Zu nennen sind die gegenseitigen Besuche des Papstes und des Patriarchen von Konstantinopel sowie anderer Patriarchen, bei denen es jedoch nicht zur eucharistischen Gemeinschaft gekommen ist. Gemeinsame Tagungen mit der russisch-orthodoxen Kirche in Moskau und Leningrad waren vor allem der sozialen Frage gewidmet. Die römische Kirche gab verschiedenen Ostkirchen Reliquien zurück, die im Westen aufbewahrt waren; für die Verbesserung des ökumenischen Klimas waren diese Gesten von Bedeutung.

Von den im Dekret über die Hirtenaufgabe der *Bischöfe* vorgesehenen Initiativen wurden vor allem drei verwirklicht: die Bischofssynode, ein Anfang der Kurienreform und die Regelung der Dispensen (diese in einem eigenen Motu proprio). Die Bischofssynode trat erstmals am 29. 9. 1967 zusammen. Die ihr vorgegebenen Themen waren: Revision des Kodex des Kirchenrechts, Liturgie, Mischehen, Priesterausbildung, Glaube und Unglaube in der Gegenwart. Der bloß beratende Charakter der Synode läßt unter den gegenwärtigen Verhältnissen Zweifel an ihrer Wirksamkeit aufkommen. Die im März 1968 in Kraft getretene erste Kurienreform bedeutet vor allem: Internationalisierung, auch in den leitenden Funktionen, Beiziehung von Diözesanbischöfen als vollberechtigten Mitgliedern, Beiziehung von Laien als Konsultoren und Begrenzung der Amtszeit der Leiter, Mitglieder und Konsultoren der Kurienbehörden auf 5 Jahre. Im einzelnen wichtig war an der Kurienreform die Umgestaltung des sog. Heiligen Offiziums zur Kongregation für die Glaubenslehre im Dezember 1965 und die praktische Abschaffung des Index der verbotenen Bücher im Juni 1966 (im November 1966 präzisiert). Die Ausführungsbestimmungen zum Bischofsdekret im Motu proprio „Ecclesiae sanctae" vom

6. 8. 1966 wurden in der Einleitung (S. 256) schon erwähnt. Die im Dekret bestätigten Bischofskonferenzen formierten sich, und es fanden im Geist der bischöflichen Kollegialität auch überregionale Bischofssymposien statt. Die vom Dekret vorgesehenen neuen Institutionen des Bischöflichen Vikars und der Seelsorgeräte wurden in vielen Teilen der Kirche gegründet. Ebenso beginnt sich allmählich der Amtsverzicht aus Altersgründen durchzusetzen.

Die Themen des Dekrets über die *Priesterausbildung* sind Gegenstand intensiver Beratungen in Rom wie auf regionaler Ebene. Studienreform und theologischer Grundkurs werden in den einzelnen Ländern gründlich diskutiert. Von römischer Seite sind Erlasse zur liturgischen Ausbildung der Priesterkandidaten und zur Förderung der geistlichen Berufe zu verzeichnen sowie vor allem Normen der Studienkongregation vom 20. 5. 1968 zur Revision der Konstitution „Deus scientiarum Dominus" (Theologiestudium).

Das Dekret über die Erneuerung des *Ordenslebens* wurde, wie oben erwähnt (S. 316), durch Ausführungsbestimmungen des Motu proprio „Ecclesiae sanctae" vom 6. 8. 1966 ergänzt. Auch in diesem Bereich hat eine intensive Beratungtätigkeit der zuständigen Gremien (Generalkapitel, Ordensobere) eingesetzt. Die Vollmachten der Generaloberen wurden in einem Dekret vom Mai 1967 erweitert.

Auf dem Gebiet der Beziehung der katholischen Kirche zu den *nichtchristlichen Religionen* ist die nachkonziliare Bilanz mager. Sie beschränkt sich auf Besuchsaustausche, eine Erklärung des Sekretariats für die Nichtchristen über die Beziehungen zu den Muslim vom 30. 12. 1967 und die Erarbeitung eines Handbuches dieses Sekretariats. Die Beziehungen zu den Juden kamen gleichfalls nicht nennenswert voran.

Die dogmatische Konstitution über die göttliche *Offenbarung* enthält in ihrem letzten Kapitel praktische Hinweise, die nach dem Konzil in Angriff genommen wurden. Im November 1965 wurde eine Kommission für die Revision der Vulgata (authentische lateinische Bibelübersetzung) errichtet; im April 1966 wurde dem Einheitssekretariat der Auftrag gegeben, mit nichtkatholischen Kirchen, insbesondere den Bibelgesellschaften, die Möglichkeiten zu gemeinsamer Bibelübersetzung zu prüfen. Die ökumenisch erarbeiteten Richtlinien dazu wurden Anfang 1968 veröffentlicht.

Die nachkonziliare Arbeit für das *Laienapostolat* (hierzu auch unten zur Pastoralkonstitution) stand römischerseits ganz im Zeichen des III. Weltkongresses für das Laienapostolat, der vom 11. bis 18. 10. 1967 in Rom stattfand und eine Reihe vorwärtsweisender Resolutionen faßte. In den einzelnen Ländern wurde die Verfassung der sog. Katholischen Aktion überprüft. Durch die Erlaubnis, daß Laien die Kommunion austeilen können, wurden (neben der fühlbaren Seelsorgehilfe) psychologische Fortschritte im Verhältnis von Klerus und Laien erzielt. Zu erwähnen sind auch die Mitgliedschaft von Laien in den beim Bischofsdekret genannten Seelsorgeräten und die Ernennung von Laien zu Konsultoren römischer Behörden.

Die nachkonziliare Integrierung der Pastoralkonstitution über *die Kirche in der Welt von heute* in das Leben der Kirche kann hier begreiflicherweise nicht registriert werden, insoweit es sich um Fragen der Offenheit, des Stils, des Klimas usw. handelt. An institutionellen Faktoren sind hier fünf Dinge anzuführen. Die in der Pastoralkonstitution (Art. 50–52 und 87) bejahte, aber in der Methode offen gelassene Frage der Geburtenregelung versuchte die Enzyklika „Humanae vitae" zu beantworten (siehe unten). Die Ausführungen des Konzils hier im V. Kapitel des II. Teils über Entwicklungshilfe wurden durch die Enzyklika „Populorum progressio" (siehe unten) wesentlich weitergeführt. Zusammen mit dem vom Laienapostolatsdekret gewünschten Laienorgan wurde die von der Pastoralkonstitution angeregte Kommission für soziale Gerechtigkeit im Juli 1966 provisorisch, am 6. 1. 1967 definitiv errichtet. Das erstere Gremium heißt „Consilium de laicis", das zweite „Iustitia et Pax". Befremden erregte, daß beide unter klerikaler Leitung (des Kardinals Roy) stehen und daß bei „Iustitia et Pax" die Friedensarbeit (peace research) hinter die Entwicklungshilfe völlig zurücktritt. Der an mehreren Stellen geforderte Dialog mit den Atheisten wurde in einem Dokument des Sekretariats für die Nichtglaubenden vom 28. 8. 1968 erneut empfohlen.

Für das Dekret über Dienst und Leben der *Priester* sind bisher nur die oben (S. 559) erwähnten Ausführungsbestimmungen rechtlicher Art des Motu proprio „Ecclesiae sanctae" vom 6. 8. 1966 und die Zölibatsenzyklika (siehe unten) bekannt geworden. Das Thema des Priestertums ist jedoch Gegenstand vielfältiger Untersuchungen auf der Ebene der Bischofskonferenzen. Die vom Dekret vorgesehenen Priesterräte wurden in vielen Diözesen errichtet.

Auch für das *Missionsdekret* gelten die Ausführungsbestimmungen des Motu proprio „Ecclesiae sanctae" (siehe oben S. 606). Am 30. 12. 1967 wurde der „Rat der Vierundzwanzig" gegründet, der die Kongregation für die Evangelisierung der Völker (früher Propagandakongregation) international unterstützen soll. Auch dieser gehören seit Anfang 1968 Laienkonsultoren an.

Wie ersichtlich, fehlen in dieser nachkonziliaren Bilanz zwei Konzilstexte, der über die *christliche Erziehung* und der über die *Religionsfreiheit*.

Im folgenden soll noch über römische Verfügungen berichtet werden, die mit der Erneuerung der Kirche zusammenhängen, aber weniger einzelnen Konzilstexten zugeordnet werden können. Seit 24. 7. 1967 besteht eine Kommission für die *Auslegung der Dekrete* des Konzils, die die Beschlüsse auf Anfragen authentisch interpretieren soll und sich hierzu auf die Konzilsakten stützen kann, die vom *Konzilsarchiv*, in Personalunion mit dieser Kommission von Kardinal Felici geleitet, schrittweise publiziert werden. Ebenfalls unter der Leitung dieses Kardinals steht die Kommission für die *Reform des Kodex des Kirchenrechts*, die seit 1965 an der Arbeit ist. Die Notwendigkeit einer rechtlichen Normierung des Lebens der Kirche wurde durch Paul VI. mit Nachdruck hervorgehoben.

Vom *Papst* selbst gingen verschiedene Initiativen aus, mit denen er teils den tragenden Ideen des Konzils Geltung verschaffen, teils einer seiner Meinung nach mißbräuchlichen Deutung des Konzils in Fragen des Glaubens und der Moral wehren wollte. Von allen diesen päpstlichen Initiativen wurden innerhalb und außerhalb der Kirche nur die leidenschaftlichen Appelle zur Rettung des Friedens uneingeschränkt begrüßt. Sie können als Dienst am Frieden im Geist des V. Kapitels des II. Teils der Pastoralkonstitution angesehen werden. Die päpstliche Proklamation eines Weltfriedenstages am 8. 12. 1967 fand dagegen teilweise Widerspruch, weil sie ohne vorherige ökumenische Vereinbarung vorgenommen wurde und eine unnuancierte Verurteilung der Pazifisten enthielt.

Gleichfalls im Dienst des Friedens gemäß dem III. und V. Kapitel des II. Teils der Pastoralkonstitution steht die Enzyklika „Populorum progressio" vom 26. 3. 1967. Sie ruft die reichen Staaten nachdrücklich zur Entwicklungshilfe auf und ermutigt die jungen und armen Völker, ihr Geschick entschlossen in die eigene Hand zu nehmen. In diesem Zusammenhang fällt ein Ja zur Revolution im äußersten Notfall, das der Papst bei seiner Reise nach Lateinamerika 1968 wieder zurückgenommen zu haben scheint. Wegen ihrer scharfen Worte gegen den Kapitalismus wurde die Enzyklika auch von seiten katholischer Unternehmer heftig kritisiert oder weitgehend bewußt totgeschwiegen.

Der ehelichen Liebe und Fruchtbarkeit ist das I. Kapitel des II. Teils der Pastoralkonstitution gewidmet. Dort und im V. Kapitel des II. Teils wird auch die verantwortete Elternschaft durch Empfängnisregelung bejaht, die Methodenfrage jedoch offengelassen. Das Thema steht im V. Kapitel im Zusammenhang mit der sog. Bevölkerungsexplosion und dem Hunger in der Welt. Zu diesen Fragen erging am 25. 7. 1968 die Enzyklika „Humanae vitae". Ihr berechtigter Anlaß ist die tiefe Sorge wegen des bedenkenlosen Mißbrauchs des Geschlechtlichen. Sie findet schöne Worte über die Ehe als Liebesgemeinschaft, die von den mehr rechtlichen Aspekten in den Äußerungen früherer Päpste weitgehend absehen. Sie bejaht die verantwortete Elternschaft, spricht jedoch (außer für therapeutische Fälle) zu allen Methoden der Empfängnisregelung mit Ausnahme der Enthaltsamkeit und Beobachtung der unfruchtbaren Tage der Frau ein entschiedenes Nein. Auch jeder einzelne Vollzug der Ehe müsse an sich auf die Weitergabe des Lebens hingeordnet bleiben. Die Enzyklika wurde in Rom als authentische, aber nicht unfehlbare Äußerung des kirchlichen Lehramtes vorgetragen. Sie argumentiert nicht mit der Offenbarung, sondern versteht sich als Auslegung des Naturrechts in einem Bereich, der für die menschliche Vernunft heute besonders leicht durchschaubar sei, gibt für ihre Antwort aber keine anderen Gründe an als die stets „gleichbleibende Lehre" der Kirche in dieser Frage und den besonderen Beistand des Heiligen Geistes, den der Papst genieße. Wie bei kaum einem anderen kirchlichen Dokument wurde für diese Enzyklika in ihrem Text selbst, durch wiederholte Appelle des Papstes und durch kirchenpolitische Interventionen innerer und äußerer Gehorsam verlangt. Der „Osservatore Romano" stellte dem römischen Dominikaner M. R. Gagnebet seine erste Seite für eine Artikelserie zur Verfügung, in der es hieß, es handle sich nicht um eine wissenschaftliche Frage, es handle sich um Wahrheiten, die über das natürliche Verstandesvermögen des Menschen hinausgingen. Die Kirche fordere gegen alle wissenschaftlichen Gründe eine Unterwerfung, wie sie die Soldaten des letzten Krieges geübt hätten, ohne die Strategie und Taktik ihrer Offiziere zu kennen. Kardinal Felici, der während des Konzils strikte Weisung gegeben hatte, niemand dürfe zugunsten einer Änderung der bisherigen Lehre sprechen, schrieb im gleichen Blatt, der Papst habe nur den Auftrag des Konzils ausgeführt, da ja nur wenige Konzilsväter zugunsten einer Änderung gesprochen hätten.

Im Unterschied zu diesem Standpunkt haben mehrere Bischofskonferenzen kundgetan, daß die Diskussion weitergehen dürfe und daß der Mensch das Recht habe, seinem sorgfältig gebildeten Gewissen zu folgen. In der theologischen Diskussion wurde vor allem darauf hingewiesen, daß die Enzyklika die Mehrheit der päpstlichen Experten- und Bischofskommission und damit auch das Prinzip der Kollegialität übergangen habe, während nachträglich die Stimme der Mehrheit der Katholiken durch die zustimmenden Äußerungen der (unter Druck gesetzten) Bischöfe als Argument für die Richtigkeit der Entscheidung angeführt wurde. Die Enzyklika hat so eine schwere Krise innerhalb der katholischen Kirche herbeigeführt.

Auch andere päpstliche Verlautbarungen der nachkonziliaren Zeit zeigen eher eine restriktive Tendenz. In der Enzyklika „Mysterium fidei" vom 3. 9. 1965 sahen viele eine Zurücknahme der von Johannes XXIII. in der Konzilseröffnungsrede getroffenen Unterscheidungen zwischen dem „Depositum fidei" und der sprachlichen (philosophisch-begrifflichen) Ausdeutung des Dogmas. Die Enzyklika verteidigt nachdrücklich den popularphilosophischen Begriff der „Transsubstantiation" und setzt sich für den außerliturgischen eucharistischen Kult ein. Die Apostolischen Konstitutionen über die Neuordnung des Bußwesens vom 17. 2. 1966 und über die Neuordnung der Ablässe vom 1. 1. 1967 sind fühlbar von Kompromissen geprägt und so für eine erneuerte Auffassung der vom christlichen Glauben verlangten täglichen Buße und radikalen Neubesinnung nicht fruchtbar geworden. Die Enzyklika „Sacerdotalis caelibatus" vom 24. 6. 1967 kennt dagegen im Prinzip des Zölibatsgesetzes für die lateinische Kirche keine Kompromisse; sie schärft wie die Konzilsdekrete über die Priesterausbildung und über Dienst und Leben der Priester dieses Gesetz von neuem ein. Dabei nimmt sie keine Rücksicht auf die in vielen Gebieten der Kirche vom Priestermangel bestimmte Seelsorgesituation, vielmehr fordert sie, inskünftig bei der Auswahl der Priesterkandidaten unter dem Aspekt des zölibatären Lebens noch schärfer vorzugehen. Milderungen kennt sie nur beim Verhalten gegenüber denjenigen Priestern, die sich dem Zölibatsgesetz nicht gewachsen zeigen. Das „Glaubensbekenntnis des Gottesvolkes", das Paul VI. im Juni 1968 sprach — er wollte damit nicht eine dogmatische Definition vorlegen —, wurde innerhalb und außerhalb der Kirche weithin nicht positiv aufgenommen, weil es unbeachtet der heutigen Glaubensschwierigkeiten nur alte Glaubensformulierungen wiederholt, ohne selber einen Weg zu ihrem redlichen Vollzug aufzuzeigen, und weil es im Unterschied zu den alten Glaubensbekenntnissen Glaubenswahrheiten aneinanderreiht, die nach dem Ökumenismusdekret des Konzils (Artikel 11) von unterschiedlicher Gewichtigkeit für den Glauben sind.

Das „Kleine Konzilskompendium" registriert diese Vorgänge rein historisch, ohne darüber Urteile äußern zu wollen. Zu einem der Sache gerecht sein wollenden Referat gehört jedoch auch die Feststellung, daß innerhalb der „Infrastruktur" der Kirche die brüderliche Einheit von „Klerus" und „Laien", die dialogischere Auffassung von Autorität, ein größerer Mut zum „freien Wort in der Kirche" sich durchzusetzen beginnen, das Konzil also — wenn auch unter Geburtsschmerzen und mit nicht immer taktvollen Nebengeräuschen — nach Geist und Buchstaben lebendig geblieben ist.

Die nachkonziliaren amtlichen Texte werden mit Kommentaren herausgegeben in der Reihe „Nachkonziliare Dokumentation" (Paulinus-Verlag Trier).

Karl Rahner im Verlag Herder

Gebete des Lebens
Herausgegeben von Albert Raffelt
208 Seiten, Herderbücherei Band 1797
ISBN 3-451-08797-0

Gott ist Mensch geworden
Das Geheimnis von Weihnachten
128 Seiten, Herderbücherei Band 1771
ISBN 3-451-08771-5

Das große Kirchenjahr
Geistliche Texte
Herausgegeben von Albert Raffelt
4. Auflage, 568 Seiten, gebunden.
ISBN 3-451-21055-X

Grundkurs des Glaubens
Einführung in den Begriff des Christentums
6. Auflage, 448 Seiten, Sonderausgabe, Paperback.
ISBN 3-451-20297-2

Praxis des Glaubens
Geistliches Lesebuch
Einleitung und hrsg. von Karl Lehmann und Albert Raffelt
3. Auflage, 480 Seiten, gebunden.
ISBN 3-451-19396-5

Über die Sakramente der Kirche
Meditationen
Vorwort von Karl Lehmann
160 Seiten, Herderbücherei Band 1740
ISBN 3-451-08740-5

Von der Not und dem Segen des Gebetes
2. Auflage, 192 Seiten, gebunden.
ISBN 3-451-22421-6

Verlag Herder Freiburg · Basel · Wien

Herbert Vorgrimler im Verlag Herder

Karl Rahner verstehen
Eine Einführung in sein Leben und Denken
224 Seiten, Paperback.
ISBN 3-451-21315-X

Karl Rahner – Sehnsucht nach dem geheimnisvollen Gott
Profil - Bilder - Texte
Herausgegeben von Herbert Vorgrimler
196 Seiten, gebunden.
ISBN 3-451-21864-X

Jesus – Gottes und des Menschen Sohn
128 Seiten, Herderbücherei Band 1107
ISBN 3-451-08107-5

Eheschließung – mehr als ein rechtlich Ding?
Herausgegeben von Klemens Richter
Quaestiones disputatae Band 120
180 Seiten, Paperback.
ISBN 3-451-02120-X)

Glauben durch Lesen?
Für eine christliche Lesekultur
Herausgegeben von Adel Theodor Khoury und Ludwig Muth
Quaestiones disputatae Band 128
152 Seiten, Paperback.
ISBN 3-451-02128-5

Wagnis Theologie
Erfahrungen mit der Theologie Karl Rahners
Herausgegeben von Herbert Vorgrimler
624 Seiten, gebunden.
ISBN 3-451-18491-5

Verlag Herder Freiburg · Basel · Wien

Kleine theologische Bibliothek

Herderbücherei

Kleine theologische Bibliothek

Herderbücherei

Bibel lesen

Georg Baudler
Jesus erzählt von sich
Die Gleichnisse als Ausdruck seiner Lebenserfahrung
Band 1616

Johannes Bours
Der Gott, der mein Hirte war mein Leben lang
Band 1793

Basilius Doppelfeld
Christsein heißt anfangen
Biblische Beispiele ermutigen
Band 1726

Helmut Hark
Der Traum als Gottes vergessene Sprache
Symbolpsychologische Deutung biblischer und heutiger Träume
Band 1791

Helmut Jaschke
„Aus der Tiefe rufe ich, Herr, zu Dir"
Psychotherapie aus den Psalmen
Band 1603

Alfons Kemmer
Das Glaubensbekenntnis in den Evangelien
Eine Einführung in die biblischen Ursprünge des Credo
Band 1166

Gerhard Lohfink
Wem gilt die Bergpredigt?
Zur Glaubwürdigkeit des Christlichen
Band 1777

Herderbücherei

Bibel lesen

Norbert Lohfink
Unsere neuen Fragen und das Alte Testament
Wiederentdeckte Lebensweisung
Band 1594

Carlo M. Martini
Damit ihr Frieden habt
Leben und glauben nach dem Johannesevangelium
Band 1766

Carlo M. Martini
Ich bin bei euch
Leben im Glauben nach dem Matthäusevangelium
Band 1799

Carlo M. Martini
Was allein notwendig ist
Jesusnachfolge nach dem Lukasevangelium
Band 1752

Alfred Schilling
„Verstehst du auch, was du liest?„
Vom rechten Umgang mit der Bibel
Band 1585

Rudolf Schnackenburg
Alles kann, wer glaubt
Bergpredigt und Vaterunser in der Absicht Jesu
Band 1751

Anton Vögtle
Das Ostergeheimnis
Schlüssel zur Botschaft des Matthäus
Band 1773

Herderbücherei

Glaube praktisch

Ladislaus Boros
Im Leben Gott erfahren
Berührungen
Band 1796

Dieter Emeis
Des Lebens Ruf heißt Liebe
Liebe, Ehe, Partnerschaft
Band 1756

Romano Guardini
Vom Geist der Liturgie
Zur aktuellen Situation
Mit einem Nachwort von Hans Maier
Band 1049

Kurt Koch
Grundpfeiler des Glaubens
Vom Sinn der christlichen Feste
Band 1768

Walter Nigg
Die Hoffnung der Heiligen
Wie sie starben und uns sterben lehren
Band 1800

Klemens Richter
Feste und Brauchtum im Kirchenjahr
Lebendiger Glaube in Zeichen und Symbolen
Band 1763

Erwin Ringel/Alfred Kirchmayr
Religionsverlust durch religiöse Erziehung?
Tiefenpsychologische Ursachen und Folgerungen
Band 1784

Herderbücherei

Glaube im Gespräch

Herderbücherei